Gola/Schomerus
Bundesdatenschutzgesetz

BDSG
Bundesdatenschutzgesetz

Kommentar

bearbeitet von

Peter Gola
Professor a. D. an der
Verwaltungsfachhochschule
in Wiesbaden

Christoph Klug
Rechtsanwalt, Köln

Barbara Körffer
Ltd. Verwaltungsdirektorin beim
Unabhängigen Landeszentrum für
Datenschutz Schleswig-Holstein

Dr. Rudolf Schomerus †
Ministerialrat a. D.
im Bundesministerium des Innern
(bis 9. Auflage)

12., überarbeitete und ergänzte Auflage 2015

www.beck.de

ISBN 978 3 406 67176 0

© 2015 Verlag C. H. Beck oHG
Wilhelmstraße 9, 80801 München

Druck und Bindung: Druckerei C. H. Beck, Nördlingen
(Adresse wie Verlag)

Satz: Meta Systems Publishing & Printservices GmbH, Wustermark

Gedruckt auf säurefreiem, alterungsbeständigem Papier
(hergestellt aus chlorfrei gebleichtem Zellstoff)

Vorwort

Nachdem feststeht, dass sich das Verfahren zur Verabschiedung der EU-Datenschutz-Grundverordnung hinziehen wird, ist auch klar, dass das BDSG noch geraume Zeit die Grundnorm des Datenschutzes in Deutschland sein wird. Demgemäß bestand auch der Bedarf, den Kommentar wieder in dem bisher üblichen Zeitrahmen um aktuelle Rechtsprechung, Stellungnahmen der Aufsichtsbehörden und Literatur zu ergänzen.

Zwischen den Autoren besteht Arbeitsteilung: Barbara Körffer ist im Wesentlichen für den die öffentliche Hand betreffenden zweiten Gesetzesabschnitt und die die Tätigkeiten der Aufsichtsbehörden betreffenden Normen federführend. Christoph Klug widmet sich insbesondere den Fragen des grenzüberschreitenden Datenverkehrs, der Auftragsdatenverarbeitung und des Scorings nebst automatisierten Einzelentscheidungen. Die sonstigen Bestimmungen des Allgemeinen Teils, die Fragen der Zulässigkeit der Datenverarbeitung im privaten Bereich, die diesbezüglichen Rechte der Betroffenen und die betriebliche Selbstkontrolle sind Schwerpunkt der Tätigkeit von Peter Gola.

Königswinter/Köln/Kiel im November 2014   *Die Verfasser*

Inhaltsverzeichnis

Vorwort	V
Abkürzungen	XI
Text des Bundesdatenschutzgesetzes	1
Einleitung	47

Kommentar zum Bundesdatenschutzgesetz
Erster Abschnitt. Allgemeine und gemeinsame Bestimmungen

§ 1	Zweck und Anwendungsbereich des Gesetzes	57
§ 2	Öffentliche und nicht-öffentliche Stellen	72
§ 3	Weitere Begriffsbestimmungen	81
§ 3a	Datenvermeidung und Datensparsamkeit	104
§ 4	Zulässigkeit der Datenerhebung, -verarbeitung und -nutzung	109
§ 4a	Einwilligung	128
§ 4b	Übermittlung personenbezogener Daten ins Ausland sowie an über- oder zwischenstaatliche Stellen	147
§ 4c	Ausnahmen	159
§ 4d	Meldepflicht	170
§ 4e	Inhalt der Meldepflicht	178
§ 4f	Beauftragter für den Datenschutz	182
§ 4g	Aufgaben des Beauftragten für den Datenschutz	208
§ 5	Datengeheimnis	223
§ 6	Rechte des Betroffenen	229
§ 6a	Automatisierte Einzelentscheidung	233
§ 6b	Beobachtung öffentlich zugänglicher Räume mit optisch-elektronischen Einrichtungen	241
§ 6c	Mobile personenbezogene Speicher- und Verarbeitungsmedien	256
§ 7	Schadensersatz	261
§ 8	Schadensersatz bei automatisierter Datenverarbeitung durch öffentliche Stellen	267
§ 9	Technische und organisatorische Maßnahmen	271
§ 9a	Datenschutzaudit	283
§ 10	Einrichtung automatisierter Abrufverfahren	288
§ 11	Erhebung, Verarbeitung oder Nutzung personenbezogener Daten im Auftrag	295

Zweiter Abschnitt. Datenverarbeitung der öffentlichen Stellen
Erster Unterabschnitt. Rechtsgrundlagen der Datenverarbeitung

§ 12	Anwendungsbereich	312
§ 13	Datenerhebung	316
§ 14	Datenspeicherung, -veränderung und -nutzung	331
§ 15	Datenübermittlung an öffentliche Stellen	346
§ 16	Datenübermittlung an nicht-öffentliche Stellen	358
§ 18	Durchführung des Datenschutzes in der Bundesverwaltung	367

Zweiter Unterabschnitt. Rechte des Betroffenen

§ 19	Auskunft an den Betroffenen	373
§ 19a	Benachrichtigung	386
§ 20	Berichtigung, Löschung und Sperrung von Daten; Widerspruchsrecht	390
§ 21	Anrufung des Bundesbeauftragten für den Datenschutz und die Informationsfreiheit	402

Inhaltsverzeichnis

Dritter Unterabschnitt. Bundesbeauftragter für den Datenschutz und die Informationsfreiheit

§ 22	Wahl des Bundesbeauftragten für den Datenschutz und die Informationsfreiheit	405
§ 23	Rechtsstellung des Bundesbeauftragten für den Datenschutz und die Informationsfreiheit	410
§ 24	Kontrolle durch den Bundesbeauftragten für den Datenschutz und die Informationsfreiheit	417
§ 25	Beanstandungen durch den Bundesbeauftragten für den Datenschutz und die Informationsfreiheit	425
§ 26	Weitere Aufgaben des Bundesbeauftragten für den Datenschutz und die Informationsfreiheit	429

Dritter Abschnitt. Datenverarbeitung nicht-öffentlicher Stellen und öffentlich-rechtlicher Wettbewerbsunternehmen

Erster Unterabschnitt. Rechtsgrundlagen der Datenverarbeitung

§ 27	Anwendungsbereich	433
§ 28	Datenerhebung und -speicherung für eigene Geschäftszwecke	439
§ 28a	Datenübermittlung an Auskunfteien	470
§ 28b	Scoring	475
§ 29	Geschäftsmäßige Datenerhebung und -speicherung zum Zweck der Übermittlung	480
§ 30	Geschäftsmäßige Datenerhebung und -speicherung zum Zweck der Übermittlung in anonymisierter Form	496
§ 30a	Geschäftsmäßige Datenerhebung und -speicherung für Zwecke der Markt- oder Meinungsforschung	500
§ 31	Besondere Zweckbindung	504
§ 32	Datenerhebung, -verarbeitung und -nutzung für Zwecke des Beschäftigungsverhältnisses	507

Zweiter Unterabschnitt. Rechte des Betroffenen

§ 33	Benachrichtigung des Betroffenen	530
§ 34	Auskunft an den Betroffenen	547
§ 35	Berichtigung, Löschung und Sperrung von Daten	561

Dritter Unterabschnitt. Aufsichtsbehörde

§ 38	Aufsichtsbehörde	573
§ 38a	Verhaltensregeln zur Förderung der Durchführung datenschutzrechtlicher Regelungen	587

Vierter Abschnitt. Sondervorschriften

§ 39	Zweckbindung bei personenbezogenen Daten, die einem Berufs- oder besonderen Amtsgeheimnis unterliegen	590
§ 40	Verarbeitung und Nutzung personenbezogener Daten durch Forschungseinrichtungen	593
§ 41	Erhebung, Verarbeitung und Nutzung personenbezogener Daten durch die Medien	600
§ 42	Datenschutzbeauftragter der Deutschen Welle	607
§ 42a	Informationspflicht bei unrechtmäßiger Kenntniserlangung von Daten	610

Fünfter Abschnitt. Schlussvorschriften

§ 43	Bußgeldvorschriften	615
§ 44	Strafvorschriften	627

Sechster Abschnitt. Übergangsvorschriften

§ 45	Laufende Verwendungen	630

Inhaltsverzeichnis

§ 46	Weitergeltung von Begriffsbestimmungen	631
§ 47	Übergangsregelung	633
§ 48	Bericht der Bundesregierung	634

Anhang EG-Datenschutz-Richtlinie 635

Stichwortverzeichnis 659

Abkürzungen

a. A.	anderer Ansicht
a. a. O.	am angeführten Ort
Abs.	Absatz
ADV	Automatisierte Datenverarbeitung
AG	Amtsgericht
AGBG	Gesetz über allgemeine Geschäftsbedingungen
AGG	Allgemeines Gleichbehandlungsgesetz
AktG	Aktiengesetz
Anm.	Anmerkung
AO	Abgabenordnung
AP	Arbeitsgerichtliche Praxis (Entscheidungssammlung)
ArbG	Arbeitsgericht
ArbGG	Arbeitsgerichtsgesetz
ArbZG	Arbeitszeitgesetz
ArbuR	Arbeit und Recht (Zeitschrift)
AöR	Archiv des öffentlichen Rechts (Zeitschrift)
ARSt	Arbeitsrecht in Stichworten (Zeitschrift)
Art.	Artikel
AuA	Arbeit und Arbeitsrecht (Zeitschrift)
Auernhammer, BDSG 90	Bundesdatenschutzgesetz, Kommentar, 3. Aufl., Köln 1993
AuslG	Ausländergesetz
AZO	Arbeitszeitordnung
B2B	Business to Business
BAG	Bundesarbeitsgericht
BAT	Bundesangestelltentarifvertrag
Baumbach/ Lauterbach, ZPO	Zivilprozessordnung mit Gerichtsverfassungsgesetz und anderen Nebengesetzen, Kurz-Kommentar, 70. Aufl., bearb. von Albers und Hartmann, München 20102
BayDSG	Bayerisches Datenschutzgesetz
BayLDA	Bayerisches Landesamt für Datenschutzaufsicht
BayObLG	Bayerisches Oberstes Landesgericht
BB	Betriebs-Berater (Zeitschrift)
BBankG	Bundesbankgesetz
BBauG	Bundesbaugesetz
BBG	Bundesbeamtengesetz
BbgDSG	Brandenburgisches Datenschutzgesetz
BCR	Binding Corporate Rules
Bd.	Band
BDO	Bundesdisziplinarordnung
BDSG	Bundesdatenschutzgesetz
BeamtStG	Beamtenstatusgesetz
Bergmann/ Möhrle/Herb, BDSG	Datenschutzrecht, Handkommentar zum BDSG, Loseblattausgabe

XI

Abkürzungen

BetrVG	Betriebsverfassungsgesetz
BfDI	Bundesbeauftragter für den Datenschutz und die Informationsfreiheit
BFH	Bundesfinanzhof
BGB	Bürgerliches Gesetzbuch
BGBl.	Bundesgesetzblatt
BGH	Bundesgerichtshof
BGHZ	Bundesgerichtshof, Entscheidungssammlung in Zivilsachen
BGSG	Bundesgrenzschutzgesetz
BHO	Bundeshaushaltsordnung
BImSchG	Bundes-Immissionsschutzgesetz
BKA	Bundeskriminalamt
BKAG	Gesetz über die Einrichtung eines Bundeskriminalpolizeiamtes
BKR	Zeitschrift für Kapitalmarktrecht (Zeitschrift)
BlnBfDI	Berliner Beauftragter für Datenschutz und Informationsfreiheit
BlnDSG	Berliner Datenschutzgesetz
BMG	Bundesmeldegesetz
BMI	Bundesministerium des Inneren
BMinG	Bundesministergesetz
BNDG	Gesetz über den Bundesnachrichtendienst
BPersVG	Bundespersonalvertretungsgesetz
BPolG	Bundespolizeigesetz
BR-Drs.	Bundesrats-Drucksache
BrDSG	Bremisches Datenschutzgesetz
BSeuchG	Bundes-Seuchengesetz
BStatG	Gesetz über die Statistik für Bundeszwecke
BSG	Bundessozialgericht
BT-Drs.	Bundestags-Drucksache
BVerfG	Bundesverfassungsgericht
BVerfGE	Bundesverfassungsgericht, Entscheidungssammlung
BVerfSchG	Bundesverfassungsschutzgesetz
BVerwG	Bundesverwaltungsgericht
BWG	Bundeswahlgesetz
BWO	Bundeswahlordnung
BYOD	Bring your own Device
BZRG	Bundeszentralregistergesetz
bzw.	beziehungsweise
CAD	Computer Aided Design
CCZ	Corporate Compliance Zeitschrift (Zeitschrift)
CD-ROM	Compact Disk – Read-Only Memory
c. i. c.	culpa in contrahendo
Computer-Fachwissen	Computer Fachwissen, Fachzeitschrift für Betriebs- und Personalräte zu EDV-Einsatz, Mitbestimmung und Datenschutz (Zeitschrift)
CR	Computer und Recht (Zeitschrift)
CRM	Customer Relationship Management
CuA	Computer und Arbeit (Zeitschrift)
CW	Computerwoche (Zeitschrift)
d. h.	das heißt
Dammann/Simitis, EG-RL	EG-Datenschutzrichtlinie, Kommentar, Baden-Baden 1997
DANA	Datenschutz-Nachrichten (Zeitschrift)

Abkürzungen

DB	Der Betrieb (Zeitschrift)
Däubler, Gläserne Belegschaften?	Gläserne Belegschaften? Das Handbuch zum Arbeitnehmerdatenschutz, 5. Aufl., Frankfurt a.M. 2009
DDV	Deutscher Direktmarketing Verband
ders.	derselbe
DIHT	Deutscher Industrie- und Handelstag
DKWW	Däubler/Klebe/Wedde/Weichert, Bundesdatenschutzgesetz, Kompaktkommentar, 4. Aufl. 2014
DÖV	Die öffentliche Verwaltung (Zeitschrift)
DRG	Deutsches Richtergesetz
DSB	Datenschutzbeauftragter, Datenschutz-Berater (Zeitschrift)
DSG	Datenschutzgesetz
DSG-LSA	Datenschutzgesetz Sachsen-Anhalt
DSG-MV	Landesdatenschutzgesetz Mecklenburg-Vorpommern
DSG NW	Datenschutzgesetz Nordrhein-Westfalen
DuD	Datenschutz und Datensicherung (Zeitschrift)
DVBl.	Deutsches Verwaltungsblatt (Zeitschrift)
DVR	Datenverarbeitung im Recht, Archiv für die gesamte Wissenschaft der Rechtsinformatik, der Rechtskybernetik und der Datenverarbeitung in Recht und Verwaltung (Zeitschrift)
ebs.	ebenso
EDV	Elektronische Datenverarbeitung
EFZG	Entgeltfortzahlungsgesetz
EG	Europäische Gemeinschaft
Ehmann/Helfrich	EG-Datenschutzrichtlinie, Kurzkommentar, Köln 1999
EKD	Evangelische Kirche in Deutschland
E-Mail	Electronic Mail
EMRK	Europäische Konvention zum Schutz der Menschenrechte und Grundfreiheiten
Erl.	Erläuterung
etc.	und so weiter
EU	Europäische Union
EG-DatSchRL	EG-Datenschutzrichtlinie (RL 95/46/EG)
EU-DS-GVO	Entwurf EU-Datenschutz-Grundverordnung
EuGH	Europäischer Gerichtshof
EuZW	Europäische Zeitschrift für Wirtschaftsrecht (Zeitschrift)
evtl.	eventuell
EWR	Europäischer Wirtschaftsraum
f.	folgend
FAG	Gesetz über Fernmeldeanlagen
FAZ	Frankfurter Allgemeine Zeitung
FernAbsG	Fernabsatzgesetz
ff.	folgende
Fischer, StGB	Strafgesetzbuch, Kommentar, 59. Aufl., München 2012
Fitting, BetrVG	Fitting/Engels/Schmidt/Trebinger/Linsenmaier, Betriebsverfassungsgesetz, Handkommentar, 27. Aufl., München 2014
Fn.	Fußnote
Forgó/Helfrich/Schneider	Forgó/Helfrich/Schneider (Hrsg.), Betrieblicher Datenschutz, 2014

Abkürzungen

GBO	Grundbuchordnung
GDD	Gesellschaft für Datenschutz und Datensicherheit e. V.
gem.	gemäß
GewO	Gewerbeordnung
GG	Grundgesetz für die Bundesrepublik Deutschland
ggf.	gegebenenfalls
GMBl.	Gemeinsames Ministerialblatt
GO BReg	Geschäftsordnung der Bundesregierung
Gola/Wronka, Handbuch	Handbuch Arbeitnehmerdatenschutz, 6. Aufl., Köln 2013
Göhler, OWiG	Ordnungswidrigkeitengesetz, Kommentar, 15. Aufl., München 2009
GRUR	Gewerblicher Rechtsschutz und Urheberrecht (Zeitschrift)
GVBl.	Gesetz- und Verordnungsblatt
GVG	Gerichtsverfassungsgesetz
HDSG	Hessisches Landesdatenschutzgesetz
HmbDSG	Landesdatenschutzgesetz Hamburg
h. M.	herrschende Meinung
Hess. DSB	Hessischer Datenschutzbeauftragter
HGB	Handelsgesetzbuch
Hlbs.	Halbsatz
Hrsg.	Herausgeber
HWO	Handwerksordnung
i. d. F.	in der Fassung
i. d. R.	in der Regel
IFG	Informationsfreiheitsgesetz
i. G.	im Gegensatz
i. S. d. G.	im Sinne des Gesetzes
i. S. v.	im Sinne von
ITRB	Der IT-Rechtsberater (Zeitschrift)
IT-Sicherheit	Praxis der Daten- und Netzsicherheit (Zeitschrift)
ISDN	Integrated Services Digital Network
i. V. m.	in Verbindung mit
IuKDG	Informations- und Kommunikationsdienstegesetz
IuR	Informatik und Recht (Zeitschrift)
JAG	Justizausbildungsgesetz
JuS	Juristische Schulung (Zeitschrift)
JZ	Juristenzeitung (Zeitschrift)
KG	Kammergericht Berlin
KGSt	Kommunale Gemeinschaftsstelle für Verwaltungsvereinfachung
Knack, VwVfG	Knack/Henneke, Verwaltungsverfahrensgesetz, Kommentar, 9. Aufl., Köln 2009
KO	Konkursordnung
KpS-Richtlinien	Richtlinien für die Führung Kriminalpolizeilicher Sammlungen
K&R	Kommunikation & Recht (Zeitschrift)
Kreditwesen	Zeitschrift für das gesamte Kreditwesen (Zeitschrift)
KSchG	Kündigungsschutzgesetz
KUG	Kunsturhebergesetz
Kühling/Seidel/Sivridis, Datenschutzrecht	2. Aufl., Heidelberg 2011
KWG	Gesetz über das Kreditwesen

Abkürzungen

LAG	Landesarbeitsgericht
LDSG	Landesdatenschutzgesetz
LDSG BW	Landesdatenschutzgesetz Baden-Württemberg
LDSG RPf	Landesdatenschutzgesetz RheinlandPfalz
LDSG SH	Landesdatenschutzgesetz Schleswig-Holstein
LG	Landgericht
Louis, Grundzüge	Grundzüge des Datenschutzrechts, Köln 1981
Ls.	Leitsatz
m. w. N.	mit weiteren Nachweisen
MADG	Gesetz über den militärischen Abschirmdienst
Mattke, Adressenhandel	Adressenhandel, Das Geschäft mit Konsumentenadressen – Praktiken und Abwehrrechte, Frankfurt a.M. 1995
Maunz/Düring/Herzog, GG	Grundgesetz, Kommentar, München, Loseblatt, Stand Oktober 2011
MDR	Monatsschrift für Deutsches Recht (Zeitschrift)
MDStV	Mediendienstestaatsvertrag
Meyer/Borgs, VwVfG	Verwaltungsverfahrensgesetz, Kommentar, Frankfurt a.M. 1976, 2. Aufl., 1982
MRRG	Melderechtsrahmengesetz
MMR	MultiMedia und Recht (Zeitschrift)
MiStra	Anordnung über Mitteilungen in Strafsachen
NDSG	Niedersächsisches Landesdatenschutzgesetz
NJW	Neue Juristische Wochenschrift (Zeitschrift)
Nr.	Nummer
Nrn.	Nummern
NVwZ	Neue Zeitschrift für Verwaltungsrecht (Zeitschrift)
NZA	Neue Zeitschrift für Arbeitsrecht (Zeitschrift)
o. g.	oben genannt
OECD	Organization for Economic Cooperation and Development (Organisation für wirtschaftliche Zusammenarbeit und Entwicklung)
OLG	Oberlandesgericht
ÖVD	Öffentliche Verwaltung und Datenverarbeitung (Zeitschrift)
OVG	Oberverwaltungsgericht
OWiG	Ordnungswidrigkeitengesetz
PAG	Polizeiaufgabengesetz
PC	Personalcomputer
PersR	Der Personalrat (Zeitschrift)
PersV	Die Personalvertretung (Zeitschrift)
PIN	Persönliche Identifikationsnummer
PinG	Privacy in Germany (Zeitschrift)
Plath, BDSG	Plath (Hrsg.), Kommentar zum BDSG sowie den Datenschutzbestimmungen des TMG und TKG, 2013
PR	Personalrat
PStG	Personenstandsgesetz
RdA	Recht der Arbeit (Zeitschrift)
RFID	Radio Frequency Identification
Rn.	Randnummer

Abkürzungen

RDV	Recht der Datenverarbeitung (Zeitschrift)
RiA	Recht im Amt (Zeitschrift)
Roßnagel (Hrsg.), Handbuch	Handbuch Datenschutzrecht – Die neuen Grundlagen für Wirtschaft und Verwaltung, München 2003
RStV	Rundfunkstaatsvertrag
RVO	Reichsversicherungsordnung
S.	Seite
s.	siehe
SächsDSG	Sächsisches Datenschutzgesetz
Schaffland/ Wiltfang, BDSG	Bundesdatenschutzgesetz, Ergänzbarer Kommentar nebst einschlägigen Rechtsvorschriften, Berlin
Scholz/Pitschas	Informationelle Selbstbestimmung und staatliche Informationsverantwortung, Berlin 1984
SCHUFA	Schutzgemeinschaft für allgemeine Kreditsicherung
SDSG	Saarländisches Datenschutzgesetz
SGB	Sozialgesetzbuch
Simitis, BDSG	Kommentar zum Bundesdatenschutzgesetz hrsg. von Simitis, 8. Aufl., Baden-Baden 2014
sog.	sogenannt
StAnz.	Staatsanzeiger
Stelkens/Bonk/ Sachs, VwVfG	Verwaltungsverfahrensgesetz, Kommentar, 7. Aufl., München 2008
StGB	Strafgesetzbuch
str.	strittig
SÜG	Sicherheitsüberprüfungsgesetz
StVG	Straßenverkehrsgesetz
StUG	Stasiunterlagengesetz
Taeger/Gabel	Taeger/Gabel (Hrsg.), Kommentar zum BDSG und den Datenschutzvorschriften des TKG und TMG, 2. Aufl., Frankfurt a.M. 2014
TB	Tätigkeitsbericht
TDDSG	Teledienstedatenschutzgesetz
TDG	Teledienstegesetz
TDSV	Telekommunikations-Datenschutzverordnung
ThürDSG	Thüringer Datenschutzgesetz
Thomas/Putzo, ZPO	Zivilprozessordnung mit Gerichtsverfassungsgesetz und den Einführungsgesetzen, 32. Aufl., München 2011
Tinnefeld/ Ehmann, Einführung	Einführung in das Datenschutzrecht, 4. Aufl., München 2005
TKG	Telekommunikationsgesetz
TMG	Telemediengesetz
u. a.	unter anderem
u. U.	unter Umständen
UrhG	Urheberrechtsgesetz
UWG	Gesetz gegen den unlauteren Wettbewerb
VerfGH	Verfassungsgerichtshof
VG	Verwaltungsgericht

Abkürzungen

VGH	Verwaltungsgerichtshof
vgl.	vergleiche
Vogelgesang	Grundrecht auf informationelle Selbstbestimmung?, Baden-Baden 1987
VwGO	Verwaltungsgerichtsordnung
VwVfG	Verwaltungsverfahrensgesetz
WWW	World Wide Web
Wächter	Datenschutz im Unternehmen, 4. Aufl., München 2014
WBeauftG	Gesetz über den Wehrbeauftragten
WDO	Wehrdisziplinarordnung
Wolff/Brink, DatenschutzR	Wolff/Brink (Hrsg.), Datenschutzrecht in Bund und Ländern, München 2013
WP	Working Paper
z. B.	zum Beispiel
ZD	Zeitschrift für Datenschutz (Zeitschrift)
ZEWIS	Zentrales Verkehrsinformationssystem
Ziff.	Ziffer
ZIP	Zeitschrift für Gesellschaftsrecht und Insolvenzpraxis (Zeitschrift)
Zöllner, Der Datenschutzbeauftragte	Der Datenschutzbeauftragte im Verfassungssystem – Grundsatzfragen der Datenschutzkontrolle, Köln 1995
ZPO	Zivilprozessordnung
ZRP	Zeitschrift für Rechtspolitik (Zeitschrift)
ZTR	Zeitschrift für Tarifrecht (Zeitschrift)
ZUM	Zeitschrift für Urheber- und Medienrecht (Zeitschrift)

Bundesdatenschutzgesetz (BDSG)[1, 2]

In der Fassung der Bekanntmachung vom 14. Januar 2003
(BGBl. I S. 66)
Zuletzt geändert durch Art. 1 Gesetz zur Änderung datenschutzrechtlicher Vorschriften
vom 14.8.2009 (BGBl. I S. 2814)

FNA 204-3

Inhaltsübersicht §§

Erster Abschnitt. Allgemeine und gemeinsame Bestimmungen

Zweck und Anwendungsbereich des Gesetzes	1
Öffentliche und nicht-öffentliche Stellen	2

---

[1] **Amtl. Anm.:** Dieses Gesetz dient der Umsetzung der Richtlinie 95/46/EG des Europäischen Parlaments und des Rates vom 24. Oktober 1995 zum Schutz natürlicher Personen bei der Verarbeitung personenbezogener Daten und zum freien Datenverkehr (ABl. EG Nr. L 281 S. 31).

[2] Siehe hierzu folgende landesrechtliche Vorschriften:
Baden-Württemberg: LandesdatenschutzG (LDSG) idF der Bek. v. 18.9.2000 (GBl. S. 648, zuletzt geänd. durch G v. 18.11.2008, GBl. S. 387).
Bayern: Bayer. DatenschutzG (BayDSG) v. 23.7.1993 (BayRS 204-1-I, GVBl. S. 498, zuletzt geänd. durch G v. 27.7.2009, GVBl. S. 400), DatenschutzVO v. 1.3.1994 (BayRS 204-1-1-I, GVBl. S. 153, zuletzt geänd. durch VO v. 10.2.2009, GVBl. S. 22).
Berlin: Berliner DatenschutzG (BlnDSG) idF der Bek. v. 17.12.1990 (GVBl. 1991 S. 16, ber. S. 54, zuletzt geänd. durch G v. 30.11.2007, GVBl. S. 598).
Brandenburg: Brandenburgisches DatenschutzG (BbgDSG) idF der Bek. v. 15.5.2008 (GVBl. II S. 114).
Bremen: Bremisches DatenschutzG (BrDSG) idF der Bek. v. 4.3.2003 (GBl. S. 85).
Hamburg: Hamb. DatenschutzG (HmbDSG) v. 5.7.1990 (GVBl. S. 133, ber. S. 165, 226, zuletzt geänd. durch G v. 15.12.2009, GVBl. S. 405).
Hessen: Hessisches DatenschutzG (HDSG) idF v. 7.1.1999 (GVBl. S. 98).
Mecklenburg-Vorpommern: Landesdatenschutz (DSG M-V) idF der Bek. v. 28.3.2002 (GVBl. S. 154, zuletzt geänd. durch G v. 25.10.2005, GVBl. S. 535).
Niedersachsen: Niedersächs. DatenschutzG (NDSG) idF der Bek. v. 29.1.2002 (GVBl. S. 22, zuletzt geänd. durch G v. 25.3.2009, GVBl. S. 72).
Nordrhein-Westfalen: DatenschutzG Nordrhein-Westfalen (DSG NW) idF der Bek. v. 9.6.2000 (GVBl. S. 542, zuletzt geänd. durch G v. 8.12.2009, GVBl. S. 765).
Rheinland-Pfalz: LandesdatenschutzG idF der Bek. v. 5.7.1994 (GVBl. S. 293, zuletzt geänd. durch G v. 17.6.2008, GVBl. S. 99).
Saarland: Saarländ. DatenschutzG (SDSG) v. 28.1.2008 (Amtsbl. S. 293 ber. S. 883).
Sachsen: Sächsisches DatenschutzG (SächsDSG) v. 25.8.2003 (GVBl. S. 330, zuletzt geänd. durch G v. 8.12.2008 (GVBl. S. 940).
Sachsen-Anhalt: G zum Schutz personenbezogener Daten der Bürger (DSG-LSA) idF der Bek. v. 18.2.2002 (GVBl. S. 54, zuletzt geänd. durch G v. 15.12.2009, GVBl. S. 648).
Schleswig-Holstein: LandesdatenschutzG (LDSG) idF der Bek. v. 9.2.2000 (GVBl. S. 169, zuletzt geänd. durch G v. 26.3.2009, GVBl. S. 93).
Thüringen: DatenschutzG idF der Bek. v. 10.10.2001 (GVBl. S. 276, zuletzt geänd. durch G v. 25.11.2004, GVBl. S. 853).

	§§
Weitere Begriffsbestimmungen	3
Datenvermeidung und Datensparsamkeit	3a
Zulässigkeit der Datenerhebung, -verarbeitung und -nutzung	4
Einwilligung	4a
Übermittlung personenbezogener Daten ins Ausland sowie an über- oder zwischenstaatliche Stellen	4b
Ausnahmen	4c
Meldepflicht	4d
Inhalt der Meldepflicht	4e
Beauftragter für den Datenschutz	4f
Aufgaben des Beauftragten für den Datenschutz	4g
Datengeheimnis	5
Rechte des Betroffenen	6
Automatisierte Einzelentscheidung	6a
Beobachtung öffentlich zugänglicher Räume mit optisch-elektronischen Einrichtungen	6b
Mobile personenbezogene Speicher- und Verarbeitungsmedien	6c
Schadensersatz	7
Schadensersatz bei automatisierter Datenverarbeitung durch öffentliche Stellen	8
Technische und organisatorische Maßnahmen	9
Datenschutzaudit	9a
Einrichtung automatisierter Abrufverfahren	10
Erhebung, Verarbeitung oder Nutzung personenbezogener Daten im Auftrag	11

Zweiter Abschnitt. Datenverarbeitung der öffentlichen Stellen
Erster Unterabschnitt. Rechtsgrundlagen der Datenverarbeitung

Anwendungsbereich	12
Datenerhebung	13
Datenspeicherung, -veränderung und -nutzung	14
Datenübermittlung an öffentliche Stellen	15
Datenübermittlung an nicht-öffentliche Stellen	16
(weggefallen)	17
Durchführung des Datenschutzes in der Bundesverwaltung	18

Zweiter Unterabschnitt. Rechte des Betroffenen

Auskunft an den Betroffenen	19
Benachrichtigung	19a
Berichtigung, Löschung und Sperrung von Daten; Widerspruchsrecht	20
Anrufung des Bundesbeauftragten für den Datenschutz und die Informationsfreiheit	21

Dritter Unterabschnitt. Bundesbeauftragter für den Datenschutz und die Informationsfreiheit

Wahl des Bundesbeauftragten für den Datenschutz und die Informationsfreiheit	22
Rechtsstellung des Bundesbeauftragten für den Datenschutz und die Informationsfreiheit	23
Kontrolle durch den Bundesbeauftragten für den Datenschutz und die Informationsfreiheit	24
Beanstandungen durch den Bundesbeauftragten für den Datenschutz und die Informationsfreiheit	25
Weitere Aufgaben des Bundesbeauftragten für den Datenschutz und die Informationsfreiheit	26

	§§
Dritter Abschnitt. Datenverarbeitung nicht-öffentlicher Stellen und öffentlich-rechtlicher Wettbewerbsunternehmen	
Erster Unterabschnitt. Rechtsgrundlagen der Datenverarbeitung	
Anwendungsbereich	27
Datenerhebung und -speicherung für eigene Geschäftszwecke	28
Datenübermittlung an Auskunfteien	28a
Scoring	28b
Geschäftsmäßige Datenerhebung und -speicherung zum Zweck der Übermittlung	29
Geschäftsmäßige Datenerhebung und -speicherung zum Zweck der Übermittlung in anonymisierter Form	30
Geschäftsmäßige Datenerhebung und -speicherung für Zwecke der Markt- oder Meinungsforschung	30a
Besondere Zweckbindung	31
Datenerhebung, -verarbeitung und -nutzung für Zwecke des Beschäftigungsverhältnisses	32
Zweiter Unterabschnitt. Rechte des Betroffenen	
Benachrichtigung des Betroffenen	33
Auskunft an den Betroffenen	34
Berichtigung, Löschung und Sperrung von Daten	35
Dritter Unterabschnitt. Aufsichtsbehörde	
(weggefallen)	36
(weggefallen)	37
Aufsichtsbehörde	38
Verhaltensregeln zur Förderung der Durchführung datenschutzrechtlicher Regelungen	38a
Vierter Abschnitt. Sondervorschriften	
Zweckbindung bei personenbezogenen Daten, die einem Berufs- oder besonderen Amtsgeheimnis unterliegen	39
Verarbeitung und Nutzung personenbezogener Daten durch Forschungseinrichtungen	40
Erhebung, Verarbeitung und Nutzung personenbezogener Daten durch die Medien	41
Datenschutzbeauftragter der Deutschen Welle	42
Informationspflicht bei unrechtmäßiger Kenntniserlangung von Daten	42a
Fünfter Abschnitt. Schlussvorschriften	
Bußgeldvorschriften	43
Strafvorschriften	44
Sechster Abschnitt. Übergangsvorschriften	
Laufende Verwendungen	45
Weitergeltung von Begriffsbestimmungen	46
Übergangsregelung	47
Bericht der Bundesregierung	48
Anlage (zu § 9 Satz 1)	

Erster Abschnitt. Allgemeine und gemeinsame Bestimmungen

§ 1 Zweck und Anwendungsbereich des Gesetzes

(1) Zweck dieses Gesetzes ist es, den Einzelnen davor zu schützen, dass er durch den Umgang mit seinen personenbezogenen Daten in seinem Persönlichkeitsrecht beeinträchtigt wird.

(2) Dieses Gesetz gilt für die Erhebung, Verarbeitung und Nutzung personenbezogener Daten durch
1. öffentliche Stellen des Bundes,
2. öffentliche Stellen der Länder, soweit der Datenschutz nicht durch Landesgesetz geregelt ist und soweit sie
   a) Bundesrecht ausführen oder
   b) als Organe der Rechtspflege tätig werden und es sich nicht um Verwaltungsangelegenheiten handelt,
3. nicht-öffentliche Stellen, soweit sie die Daten unter Einsatz von Datenverarbeitungsanlagen verarbeiten, nutzen oder dafür erheben oder die Daten in oder aus nicht automatisierten Dateien verarbeiten, nutzen oder dafür erheben, es sei denn, die Erhebung, Verarbeitung oder Nutzung der Daten erfolgt ausschließlich für persönliche oder familiäre Tätigkeiten.

(3) [1]Soweit andere Rechtsvorschriften des Bundes auf personenbezogene Daten einschließlich deren Veröffentlichung anzuwenden sind, gehen sie den Vorschriften dieses Gesetzes vor. [2]Die Verpflichtung zur Wahrung gesetzlicher Geheimhaltungspflichten oder von Berufs- oder besonderen Amtsgeheimnissen, die nicht auf gesetzlichen Vorschriften beruhen, bleibt unberührt.

(4) Die Vorschriften dieses Gesetzes gehen denen des Verwaltungsverfahrensgesetzes vor, soweit bei der Ermittlung des Sachverhalts personenbezogene Daten verarbeitet werden.

(5) [1]Dieses Gesetz findet keine Anwendung, sofern eine in einem anderen Mitgliedstaat der Europäischen Union oder in einem anderen Vertragsstaat des Abkommens über den Europäischen Wirtschaftsraum belegene verantwortliche Stelle personenbezogene Daten im Inland erhebt, verarbeitet oder nutzt, es sei denn, dies erfolgt durch eine Niederlassung im Inland. [2]Dieses Gesetz findet Anwendung, sofern eine verantwortliche Stelle, die nicht in einem Mitgliedstaat der Europäischen Union oder in einem anderen Vertragsstaat des Abkommens über den Europäischen Wirtschaftsraum belegen ist, personenbezogene Daten im Inland erhebt, verarbeitet oder nutzt. [3]Soweit die verantwortliche Stelle nach diesem Gesetz zu nennen ist, sind auch Angaben über im Inland ansässige Vertreter zu machen. [4]Die Sätze 2 und 3 gelten nicht, sofern Datenträger nur zum Zweck des Transits durch das Inland eingesetzt werden. [5]§ 38 Abs. 1 Satz 1 bleibt unberührt.

§ 2 Öffentliche und nicht-öffentliche Stellen

(1) [1]Öffentliche Stellen des Bundes sind die Behörden, die Organe der Rechtspflege und andere öffentlich-rechtlich organisierte Einrichtungen des Bundes, der bundesunmittelbaren Körperschaften, Anstalten und Stiftungen des öffentlichen Rechts sowie deren Vereinigungen ungeachtet ihrer Rechtsform. [2]Als öffentliche Stellen gelten die aus dem Sondervermögen Deutsche Bundespost durch Gesetz hervorgegangenen Unternehmen, solange ihnen ein ausschließliches Recht nach dem Postgesetz zusteht.

(2) Öffentliche Stellen der Länder sind die Behörden, die Organe der Rechtspflege und andere öffentlich-rechtlich organisierte Einrichtungen eines Landes, einer Gemeinde, eines Gemeindeverbandes und sonstiger der Aufsicht des Landes unterstehender juristischer Personen des öffentlichen Rechts sowie deren Vereinigungen ungeachtet ihrer Rechtsform.

(3) ¹Vereinigungen des privaten Rechts von öffentlichen Stellen des Bundes und der Länder, die Aufgaben der öffentlichen Verwaltung wahrnehmen, gelten ungeachtet der Beteiligung nicht-öffentlicher Stellen als öffentliche Stellen des Bundes, wenn
1. sie über den Bereich eines Landes hinaus tätig werden oder
2. dem Bund die absolute Mehrheit der Anteile gehört oder die absolute Mehrheit der Stimmen zusteht.

²Andernfalls gelten sie als öffentliche Stellen der Länder.

(4) ¹Nicht-öffentliche Stellen sind natürliche und juristische Personen, Gesellschaften und andere Personenvereinigungen des privaten Rechts, soweit sie nicht unter die Absätze 1 bis 3 fallen. ²Nimmt eine nicht-öffentliche Stelle hoheitliche Aufgaben der öffentlichen Verwaltung wahr, ist sie insoweit öffentliche Stelle im Sinne dieses Gesetzes.

§ 3 Weitere Begriffsbestimmungen

(1) Personenbezogene Daten sind Einzelangaben über persönliche oder sachliche Verhältnisse einer bestimmten oder bestimmbaren natürlichen Person (Betroffener).

(2) ¹Automatisierte Verarbeitung ist die Erhebung, Verarbeitung oder Nutzung personenbezogener Daten unter Einsatz von Datenverarbeitungsanlagen. ²Eine nicht automatisierte Datei ist jede nicht automatisierte Sammlung personenbezogener Daten, die gleichartig aufgebaut ist und nach bestimmten Merkmalen zugänglich ist und ausgewertet werden kann.

(3) Erheben ist das Beschaffen von Daten über den Betroffenen.

(4) ¹Verarbeiten ist das Speichern, Verändern, Übermitteln, Sperren und Löschen personenbezogener Daten. ²Im Einzelnen ist, ungeachtet der dabei angewendeten Verfahren:
1. Speichern das Erfassen, Aufnehmen oder Aufbewahren personenbezogener Daten auf einem Datenträger zum Zweck ihrer weiteren Verarbeitung oder Nutzung,
2. Verändern das inhaltliche Umgestalten gespeicherter personenbezogener Daten,
3. Übermitteln das Bekanntgeben gespeicherter oder durch Datenverarbeitung gewonnener personenbezogener Daten an einen Dritten in der Weise, dass
   c) die Daten an den Dritten weitergegeben werden oder
   d) der Dritte zur Einsicht oder zum Abruf bereitgehaltene Daten einsieht oder abruft,
4. Sperren das Kennzeichnen gespeicherter personenbezogener Daten, um ihre weitere Verarbeitung oder Nutzung einzuschränken,
5. Löschen das Unkenntlichmachen gespeicherter personenbezogener Daten.

(5) Nutzen ist jede Verwendung personenbezogener Daten, soweit es sich nicht um Verarbeitung handelt.

(6) Anonymisieren ist das Verändern personenbezogener Daten derart, dass die Einzelangaben über persönliche oder sachliche Verhältnisse nicht mehr oder nur mit einem unverhältnismäßig großen Aufwand an Zeit, Kosten und Arbeitskraft einer bestimmten oder bestimmbaren natürlichen Person zugeordnet werden können.

(6a) Pseudonymisieren ist das Ersetzen des Namens und anderer Identifikationsmerkmale durch ein Kennzeichen zu dem Zweck, die Bestimmung des Betroffenen auszuschließen oder wesentlich zu erschweren.

(7) Verantwortliche Stelle ist jede Person oder Stelle, die personenbezogene Daten für sich selbst erhebt, verarbeitet oder nutzt oder dies durch andere im Auftrag vornehmen lässt.

(8) [1]Empfänger ist jede Person oder Stelle, die Daten erhält. [2]Dritter ist jede Person oder Stelle außerhalb der verantwortlichen Stelle. [3]Dritte sind nicht der Betroffene sowie Personen und Stellen, die im Inland, in einem anderen Mitgliedstaat der Europäischen Union oder in einem anderen Vertragsstaat des Abkommens über den Europäischen Wirtschaftsraum personenbezogene Daten im Auftrag erheben, verarbeiten oder nutzen.

(9) Besondere Arten personenbezogener Daten sind Angaben über die rassische und ethnische Herkunft, politische Meinungen, religiöse oder philosophische Überzeugungen, Gewerkschaftszugehörigkeit, Gesundheit oder Sexualleben.

(10) Mobile personenbezogene Speicher- und Verarbeitungsmedien sind Datenträger,
1. die an den Betroffenen ausgegeben werden,
2. auf denen personenbezogene Daten über die Speicherung hinaus durch die ausgebende oder eine andere Stelle automatisiert verarbeitet werden können und
3. bei denen der Betroffene diese Verarbeitung nur durch den Gebrauch des Mediums beeinflussen kann.

(11) Beschäftigte sind:
1. Arbeitnehmerinnen und Arbeitnehmer,
2. zu ihrer Berufsbildung Beschäftigte,
3. Teilnehmerinnen und Teilnehmer an Leistungen zur Teilhabe am Arbeitsleben sowie an Abklärungen der beruflichen Eignung oder Arbeitserprobung (Rehabilitandinnen und Rehabilitanden),
4. in anerkannten Werkstätten für behinderte Menschen Beschäftigte,
5. nach dem Jugendfreiwilligendienstegesetz Beschäftigte,
6. Personen, die wegen ihrer wirtschaftlichen Unselbständigkeit als arbeitnehmerähnliche Personen anzusehen sind; zu diesen gehören auch die in Heimarbeit Beschäftigten und die ihnen Gleichgestellten,
7. Bewerberinnen und Bewerber für ein Beschäftigungsverhältnis sowie Personen, deren Beschäftigungsverhältnis beendet ist,
8. Beamtinnen, Beamte, Richterinnen und Richter des Bundes, Soldatinnen und Soldaten sowie Zivildienstleistende.

§ 3a Datenvermeidung und Datensparsamkeit

[1]Die Erhebung, Verarbeitung und Nutzung personenbezogener Daten und die Auswahl und Gestaltung von Datenverarbeitungssystemen sind an dem Ziel auszurichten, so wenig personenbezogene Daten wie möglich zu erheben, zu verarbeiten oder zu nutzen. [2]Insbesondere sind personenbezogene Daten zu anonymisieren oder zu pseudonymisieren, soweit dies nach dem Verwendungszweck möglich ist und keinen im Verhältnis zu dem angestrebten Schutzzweck unverhältnismäßigen Aufwand erfordert.

§ 4 Zulässigkeit der Datenerhebung, -verarbeitung und -nutzung

(1) Die Erhebung, Verarbeitung und Nutzung personenbezogener Daten sind nur zulässig, soweit dieses Gesetz oder eine andere Rechtsvorschrift dies erlaubt oder anordnet oder der Betroffene eingewilligt hat.

(2) [1]Personenbezogene Daten sind beim Betroffenen zu erheben. [2]Ohne seine Mitwirkung dürfen sie nur erhoben werden, wenn

1. eine Rechtsvorschrift dies vorsieht oder zwingend voraussetzt oder
2. a) die zu erfüllende Verwaltungsaufgabe ihrer Art nach oder der Geschäftszweck eine Erhebung bei anderen Personen oder Stellen erforderlich macht oder
   b) die Erhebung beim Betroffenen einen unverhältnismäßigen Aufwand erfordern würde

und keine Anhaltspunkte dafür bestehen, dass überwiegende schutzwürdige Interessen des Betroffenen beeinträchtigt werden.

(3) ¹Werden personenbezogene Daten beim Betroffenen erhoben, so ist er, sofern er nicht bereits auf andere Weise Kenntnis erlangt hat, von der verantwortlichen Stelle über
1. die Identität der verantwortlichen Stelle,
2. die Zweckbestimmungen der Erhebung, Verarbeitung oder Nutzung und
3. die Kategorien von Empfängern nur, soweit der Betroffene nach den Umständen des Einzelfalles nicht mit der Übermittlung an diese rechnen muss,

zu unterrichten. ²Werden personenbezogene Daten beim Betroffenen aufgrund einer Rechtsvorschrift erhoben, die zur Auskunft verpflichtet, oder ist die Erteilung der Auskunft Voraussetzung für die Gewährung von Rechtsvorteilen, so ist der Betroffene hierauf, sonst auf die Freiwilligkeit seiner Angaben hinzuweisen. ³Soweit nach den Umständen des Einzelfalles erforderlich oder auf Verlangen, ist er über die Rechtsvorschrift und über die Folgen der Verweigerung von Angaben aufzuklären.

§ 4a Einwilligung

(1) ¹Die Einwilligung ist nur wirksam, wenn sie auf der freien Entscheidung des Betroffenen beruht. ²Er ist auf den vorgesehenen Zweck der Erhebung, Verarbeitung oder Nutzung sowie, soweit nach den Umständen des Einzelfalles erforderlich oder auf Verlangen, auf die Folgen der Verweigerung der Einwilligung hinzuweisen. ³Die Einwilligung bedarf der Schriftform, soweit nicht wegen besonderer Umstände eine andere Form angemessen ist. ⁴Soll die Einwilligung zusammen mit anderen Erklärungen schriftlich erteilt werden, ist sie besonders hervorzuheben.

(2) ¹Im Bereich der wissenschaftlichen Forschung liegt ein besonderer Umstand im Sinne von Absatz 1 Satz 3 auch dann vor, wenn durch die Schriftform der bestimmte Forschungszweck erheblich beeinträchtigt würde. ²In diesem Fall sind der Hinweis nach Absatz 1 Satz 2 und die Gründe, aus denen sich die erhebliche Beeinträchtigung des bestimmten Forschungszwecks ergibt, schriftlich festzuhalten.

(3) Soweit besondere Arten personenbezogener Daten (§ 3 Abs. 9) erhoben, verarbeitet oder genutzt werden, muss sich die Einwilligung darüber hinaus ausdrücklich auf diese Daten beziehen.

§ 4b Übermittlung personenbezogener Daten ins Ausland sowie an über- oder zwischenstaatliche Stellen

(1) Für die Übermittlung personenbezogener Daten an Stellen
1. in anderen Mitgliedstaaten der Europäischen Union,
2. in anderen Vertragsstaaten des Abkommens über den Europäischen Wirtschaftsraum oder
3. der Organe und Einrichtungen der Europäischen Gemeinschaften

gelten § 15 Abs. 1, § 16 Abs. 1 und §§ 28 bis 30a nach Maßgabe der für diese Übermittlung geltenden Gesetze und Vereinbarungen, soweit die Übermittlung im Rahmen von Tätigkeiten erfolgt, die ganz oder teilweise in den Anwendungsbereich des Rechts der Europäischen Gemeinschaften fallen.

BDSG § 4c

(2) ¹Für die Übermittlung personenbezogener Daten an Stellen nach Absatz 1, die nicht im Rahmen von Tätigkeiten erfolgt, die ganz oder teilweise in den Anwendungsbereich des Rechts der Europäischen Gemeinschaften fallen, sowie an sonstige ausländische oder über- oder zwischenstaatliche Stellen gilt Absatz 1 entsprechend. ²Die Übermittlung unterbleibt, soweit der Betroffene ein schutzwürdiges Interesse an dem Ausschluss der Übermittlung hat, insbesondere wenn bei den in Satz 1 genannten Stellen ein angemessenes Datenschutzniveau nicht gewährleistet ist. ³Satz 2 gilt nicht, wenn die Übermittlung zur Erfüllung eigener Aufgaben einer öffentlichen Stelle des Bundes aus zwingenden Gründen der Verteidigung oder der Erfüllung über- oder zwischenstaatlicher Verpflichtungen auf dem Gebiet der Krisenbewältigung oder Konfliktverhinderung oder für humanitäre Maßnahmen erforderlich ist.

(3) Die Angemessenheit des Schutzniveaus wird unter Berücksichtigung aller Umstände beurteilt, die bei einer Datenübermittlung oder einer Kategorie von Datenübermittlungen von Bedeutung sind; insbesondere können die Art der Daten, die Zweckbestimmung, die Dauer der geplanten Verarbeitung, das Herkunfts- und das Endbestimmungsland, die für den betreffenden Empfänger geltenden Rechtsnormen sowie die für ihn geltenden Standesregeln und Sicherheitsmaßnahmen herangezogen werden.

(4) ¹In den Fällen des § 16 Abs. 1 Nr. 2 unterrichtet die übermittelnde Stelle den Betroffenen von der Übermittlung seiner Daten. ²Dies gilt nicht, wenn damit zu rechnen ist, dass er davon auf andere Weise Kenntnis erlangt, oder wenn die Unterrichtung die öffentliche Sicherheit gefährden oder sonst dem Wohl des Bundes oder eines Landes Nachteile bereiten würde.

(5) Die Verantwortung für die Zulässigkeit der Übermittlung trägt die übermittelnde Stelle.

(6) Die Stelle, an die die Daten übermittelt werden, ist auf den Zweck hinzuweisen, zu dessen Erfüllung die Daten übermittelt werden.

§ 4c Ausnahmen

(1) ¹Im Rahmen von Tätigkeiten, die ganz oder teilweise in den Anwendungsbereich des Rechts der Europäischen Gemeinschaften fallen, ist eine Übermittlung personenbezogener Daten an andere als die in § 4b Abs. 1 genannten Stellen, auch wenn bei ihnen ein angemessenes Datenschutzniveau nicht gewährleistet ist, zulässig, sofern
1. der Betroffene seine Einwilligung gegeben hat,
2. die Übermittlung für die Erfüllung eines Vertrags zwischen dem Betroffenen und der verantwortlichen Stelle oder zur Durchführung von vorvertraglichen Maßnahmen, die auf Veranlassung des Betroffenen getroffen worden sind, erforderlich ist,
3. die Übermittlung zum Abschluss oder zur Erfüllung eines Vertrags erforderlich ist, der im Interesse des Betroffenen von der verantwortlichen Stelle mit einem Dritten geschlossen wurde oder geschlossen werden soll,
4. die Übermittlung für die Wahrung eines wichtigen öffentlichen Interesses oder zur Geltendmachung, Ausübung oder Verteidigung von Rechtsansprüchen vor Gericht erforderlich ist,
5. die Übermittlung für die Wahrung lebenswichtiger Interessen des Betroffenen erforderlich ist oder
6. die Übermittlung aus einem Register erfolgt, das zur Information der Öffentlichkeit bestimmt ist und entweder der gesamten Öffentlichkeit oder allen Personen, die ein berechtigtes Interesse nachweisen können, zur Einsichtnahme offen steht, soweit die gesetzlichen Voraussetzungen im Einzelfall gegeben sind.

²Die Stelle, an die die Daten übermittelt werden, ist darauf hinzuweisen, dass die übermittelten Daten nur zu dem Zweck verarbeitet oder genutzt werden dürfen, zu dessen Erfüllung sie übermittelt werden.

(2) ¹Unbeschadet des Absatzes 1 Satz 1 kann die zuständige Aufsichtsbehörde einzelne Übermittlungen oder bestimmte Arten von Übermittlungen personenbezogener Daten an andere als die in § 4b Abs. 1 genannten Stellen genehmigen, wenn die verantwortliche Stelle ausreichende Garantien hinsichtlich des Schutzes des Persönlichkeitsrechts und der Ausübung der damit verbundenen Rechte vorweist; die Garantien können sich insbesondere aus Vertragsklauseln oder verbindlichen Unternehmensregelungen ergeben. ²Bei den Post- und Telekommunikationsunternehmen ist der Bundesbeauftragte für den Datenschutz und die Informationsfreiheit zuständig. ³Sofern die Übermittlung durch öffentliche Stellen erfolgen soll, nehmen diese die Prüfung nach Satz 1 vor.

(3) Die Länder teilen dem Bund die nach Absatz 2 Satz 1 ergangenen Entscheidungen mit.

§ 4d Meldepflicht

(1) Verfahren automatisierter Verarbeitungen sind vor ihrer Inbetriebnahme von nicht-öffentlichen verantwortlichen Stellen der zuständigen Aufsichtsbehörde und von öffentlichen verantwortlichen Stellen des Bundes sowie von den Post- und Telekommunikationsunternehmen dem Bundesbeauftragten für den Datenschutz und die Informationsfreiheit nach Maßgabe von § 4e zu melden.

(2) Die Meldepflicht entfällt, wenn die verantwortliche Stelle einen Beauftragten für den Datenschutz bestellt hat.

(3) Die Meldepflicht entfällt ferner, wenn die verantwortliche Stelle personenbezogene Daten für eigene Zwecke erhebt, verarbeitet oder nutzt, hierbei in der Regel höchstens neun Personen ständig mit der Erhebung, Verarbeitung oder Nutzung personenbezogener Daten beschäftigt und entweder eine Einwilligung des Betroffenen vorliegt oder die Erhebung, Verarbeitung oder Nutzung für die Begründung, Durchführung oder Beendigung eines rechtsgeschäftlichen oder rechtsgeschäftsähnlichen Schuldverhältnisses mit dem Betroffenen erforderlich ist.

(4) Die Absätze 2 und 3 gelten nicht, wenn es sich um automatisierte Verarbeitungen handelt, in denen geschäftsmäßig personenbezogene Daten von der jeweiligen Stelle
1. zum Zweck der Übermittlung,
2. zum Zweck der anonymisierten Übermittlung oder
3. für Zwecke der Markt- oder Meinungsforschung
gespeichert werden.

(5) ¹Soweit automatisierte Verarbeitungen besondere Risiken für die Rechte und Freiheiten der Betroffenen aufweisen, unterliegen sie der Prüfung vor Beginn der Verarbeitung (Vorabkontrolle). ²Eine Vorabkontrolle ist insbesondere durchzuführen, wenn
1. besondere Arten personenbezogener Daten (§ 3 Abs. 9) verarbeitet werden oder
2. die Verarbeitung personenbezogener Daten dazu bestimmt ist, die Persönlichkeit des Betroffenen zu bewerten einschließlich seiner Fähigkeiten, seiner Leistung oder seines Verhaltens,
es sei denn, dass eine gesetzliche Verpflichtung oder eine Einwilligung des Betroffenen vorliegt oder die Erhebung, Verarbeitung oder Nutzung für die Begründung, Durchführung oder Beendigung eines rechtsgeschäftlichen oder rechtsgeschäftsähnlichen Schuldverhältnisses mit dem Betroffenen erforderlich ist.

(6) ¹Zuständig für die Vorabkontrolle ist der Beauftragte für den Datenschutz. ²Dieser nimmt die Vorabkontrolle nach Empfang der Übersicht nach § 4g Abs. 2 Satz 1 vor. ³Er hat sich in Zweifelsfällen an die Aufsichtsbehörde oder bei den Post- und Telekommunikationsunternehmen an den Bundesbeauftragten für den Datenschutz und die Informationsfreiheit zu wenden.

§ 4e Inhalt der Meldepflicht

¹Sofern Verfahren automatisierter Verarbeitungen meldepflichtig sind, sind folgende Angaben zu machen:
1. Name oder Firma der verantwortlichen Stelle,
2. Inhaber, Vorstände, Geschäftsführer oder sonstige gesetzliche oder nach der Verfassung des Unternehmens berufene Leiter und die mit der Leitung der Datenverarbeitung beauftragten Personen,
3. Anschrift der verantwortlichen Stelle,
4. Zweckbestimmungen der Datenerhebung, -verarbeitung oder -nutzung,
5. eine Beschreibung der betroffenen Personengruppen und der diesbezüglichen Daten oder Datenkategorien,
6. Empfänger oder Kategorien von Empfängern, denen die Daten mitgeteilt werden können,
7. Regelfristen für die Löschung der Daten,
8. eine geplante Datenübermittlung in Drittstaaten,
9. eine allgemeine Beschreibung, die es ermöglicht, vorläufig zu beurteilen, ob die Maßnahmen nach § 9 zur Gewährleistung der Sicherheit der Verarbeitung angemessen sind.

²§ 4d Abs. 1 und 4 gilt für die Änderung der nach Satz 1 mitgeteilten Angaben sowie für den Zeitpunkt der Aufnahme und der Beendigung der meldepflichtigen Tätigkeit entsprechend.

§ 4f Beauftragter für den Datenschutz

(1) ¹Öffentliche und nicht-öffentliche Stellen, die personenbezogene Daten automatisiert verarbeiten, haben einen Beauftragten für den Datenschutz schriftlich zu bestellen. ²Nicht-öffentliche Stellen sind hierzu spätestens innerhalb eines Monats nach Aufnahme ihrer Tätigkeit verpflichtet. ³Das Gleiche gilt, wenn personenbezogene Daten auf andere Weise erhoben, verarbeitet oder genutzt werden und damit in der Regel mindestens 20 Personen beschäftigt sind. ⁴Die Sätze 1 und 2 gelten nicht für nicht-öffentliche Stellen, die in der Regel höchstens neun Personen ständig mit der automatisierten Verarbeitung personenbezogener Daten beschäftigen. ⁵Soweit aufgrund der Struktur einer öffentlichen Stelle erforderlich, genügt die Bestellung eines Beauftragten für den Datenschutz für mehrere Bereiche. ⁶Soweit nicht-öffentliche Stellen automatisierte Verarbeitungen vornehmen, die einer Vorabkontrolle unterliegen, oder personenbezogene Daten geschäftsmäßig zum Zweck der Übermittlung, der anonymisierten Übermittlung oder für Zwecke der Markt- oder Meinungsforschung automatisiert verarbeiten, haben sie unabhängig von der Anzahl der mit der automatisierten Verarbeitung beschäftigten Personen einen Beauftragten für den Datenschutz zu bestellen.

(2) ¹Zum Beauftragten für den Datenschutz darf nur bestellt werden, wer die zur Erfüllung seiner Aufgaben erforderliche Fachkunde und Zuverlässigkeit besitzt. ²Das Maß der erforderlichen Fachkunde bestimmt sich insbesondere nach dem Umfang der Datenverarbeitung der verantwortlichen Stelle und dem Schutzbedarf der personenbezogenen Daten, die die verantwortliche Stelle erhebt oder verwendet. ³Zum Beauftragten für den Datenschutz kann auch eine Person außerhalb der verantwortli-

chen Stelle bestellt werden; die Kontrolle erstreckt sich auch auf personenbezogene Daten, die einem Berufs- oder besonderen Amtsgeheimnis, insbesondere dem Steuergeheimnis nach § 30 der Abgabenordnung, unterliegen. [4]Öffentliche Stellen können mit Zustimmung ihrer Aufsichtsbehörde einen Bediensteten aus einer anderen öffentlichen Stelle zum Beauftragten für den Datenschutz bestellen.

(3) [1]Der Beauftragte für den Datenschutz ist dem Leiter der öffentlichen oder nicht-öffentlichen Stelle unmittelbar zu unterstellen. [2]Er ist in Ausübung seiner Fachkunde auf dem Gebiet des Datenschutzes weisungsfrei. [3]Er darf wegen der Erfüllung seiner Aufgaben nicht benachteiligt werden. [4]Die Bestellung zum Beauftragten für den Datenschutz kann in entsprechender Anwendung von § 626 des Bürgerlichen Gesetzbuchs, bei nicht-öffentlichen Stellen auch auf Verlangen der Aufsichtsbehörde, widerrufen werden. [5]Ist nach Absatz 1 ein Beauftragter für den Datenschutz zu bestellen, so ist die Kündigung des Arbeitsverhältnisses unzulässig, es sei denn, dass Tatsachen vorliegen, welche die verantwortliche Stelle zur Kündigung aus wichtigem Grund ohne Einhaltung einer Kündigungsfrist berechtigen. [6]Nach der Abberufung als Beauftragter für den Datenschutz ist die Kündigung innerhalb eines Jahres nach der Beendigung der Bestellung unzulässig, es sei denn, dass die verantwortliche Stelle zur Kündigung aus wichtigem Grund ohne Einhaltung einer Kündigungsfrist berechtigt ist. [7]Zur Erhaltung der zur Erfüllung seiner Aufgabe erforderlichen Fachkunde hat die verantwortliche Stelle dem Beauftragten für den Datenschutz die Teilnahme an Fort- und Weiterbildungsveranstaltungen zu ermöglichen und deren Kosten zu übernehmen.

(4) Der Beauftragte für den Datenschutz ist zur Verschwiegenheit über die Identität des Betroffenen sowie über Umstände, die Rückschlüsse auf den Betroffenen zulassen, verpflichtet, soweit er nicht davon durch den Betroffenen befreit wird.

(4a) [1]Soweit der Beauftragte für den Datenschutz bei seiner Tätigkeit Kenntnis von Daten erhält, für die dem Leiter oder einer bei der öffentlichen oder nichtöffentlichen Stelle beschäftigten Person aus beruflichen Gründen ein Zeugnisverweigerungsrecht zusteht, steht dieses Recht auch dem Beauftragten für den Datenschutz und dessen Hilfspersonal zu. [2]Über die Ausübung dieses Rechts entscheidet die Person, der das Zeugnisverweigerungsrecht aus beruflichen Gründen zusteht, es sei denn, dass diese Entscheidung in absehbarer Zeit nicht herbeigeführt werden kann. [3]Soweit das Zeugnisverweigerungsrecht des Beauftragten für den Datenschutz reicht, unterliegen seine Akten und andere Schriftstücke einem Beschlagnahmeverbot.

(5) [1]Die öffentlichen und nicht-öffentlichen Stellen haben den Beauftragten für den Datenschutz bei der Erfüllung seiner Aufgaben zu unterstützen und ihm insbesondere, soweit dies zur Erfüllung seiner Aufgaben erforderlich ist, Hilfspersonal sowie Räume, Einrichtungen, Geräte und Mittel zur Verfügung zu stellen. [2]Betroffene können sich jederzeit an den Beauftragten für den Datenschutz wenden.

§ 4g Aufgaben des Beauftragten für den Datenschutz

(1) [1]Der Beauftragte für den Datenschutz wirkt auf die Einhaltung dieses Gesetzes und anderer Vorschriften über den Datenschutz hin. [2]Zu diesem Zweck kann sich der Beauftragte für den Datenschutz in Zweifelsfällen an die für die Datenschutzkontrolle bei der verantwortlichen Stelle zuständige Behörde wenden. [3]Er kann die Beratung nach § 38 Abs. 1 Satz 2 in Anspruch nehmen. [4]Er hat insbesondere
1. die ordnungsgemäße Anwendung der Datenverarbeitungsprogramme, mit deren Hilfe personenbezogene Daten verarbeitet werden sollen, zu überwachen; zu diesem Zweck ist er über Vorhaben der automatisierten Verarbeitung personenbezogener Daten rechtzeitig zu unterrichten,
2. die bei der Verarbeitung personenbezogener Daten tätigen Personen durch geeignete Maßnahmen mit den Vorschriften dieses Gesetzes sowie anderen Vorschrif-

ten über den Datenschutz und mit den jeweiligen besonderen Erfordernissen des Datenschutzes vertraut zu machen.

(2) ¹Dem Beauftragten für den Datenschutz ist von der verantwortlichen Stelle eine Übersicht über die in § 4e Satz 1 genannten Angaben sowie über zugriffsberechtigte Personen zur Verfügung zu stellen. ²Der Beauftragte für den Datenschutz macht die Angaben nach § 4e Satz 1 Nr. 1 bis 8 auf Antrag jedermann in geeigneter Weise verfügbar.

(2a) Soweit bei einer nichtöffentlichen Stelle keine Verpflichtung zur Bestellung eines Beauftragten für den Datenschutz besteht, hat der Leiter der nichtöffentlichen Stelle die Erfüllung der Aufgaben nach den Absätzen 1 und 2 in anderer Weise sicherzustellen.

(3) ¹Auf die in § 6 Abs. 2 Satz 4 genannten Behörden findet Absatz 2 Satz 2 keine Anwendung. ²Absatz 1 Satz 2 findet mit der Maßgabe Anwendung, dass der behördliche Beauftragte für den Datenschutz das Benehmen mit dem Behördenleiter herstellt; bei Unstimmigkeiten zwischen dem behördlichen Beauftragten für den Datenschutz und dem Behördenleiter entscheidet die oberste Bundesbehörde.

§ 5 Datengeheimnis

¹Den bei der Datenverarbeitung beschäftigten Personen ist untersagt, personenbezogene Daten unbefugt zu erheben, zu verarbeiten oder zu nutzen (Datengeheimnis). ²Diese Personen sind, soweit sie bei nicht-öffentlichen Stellen beschäftigt werden, bei der Aufnahme ihrer Tätigkeit auf das Datengeheimnis zu verpflichten. ³Das Datengeheimnis besteht auch nach Beendigung ihrer Tätigkeit fort.

§ 6 Rechte des Betroffenen

(1) Die Rechte des Betroffenen auf Auskunft (§§ 19, 34) und auf Berichtigung, Löschung oder Sperrung (§§ 20, 35) können nicht durch Rechtsgeschäft ausgeschlossen oder beschränkt werden.

(2) ¹Sind die Daten des Betroffenen automatisiert in der Weise gespeichert, dass mehrere Stellen speicherungsberechtigt sind, und ist der Betroffene nicht in der Lage festzustellen, welche Stelle die Daten gespeichert hat, so kann er sich an jede dieser Stellen wenden. ²Diese ist verpflichtet, das Vorbringen des Betroffenen an die Stelle, die die Daten gespeichert hat, weiterzuleiten. ³Der Betroffene ist über die Weiterleitung und jene Stelle zu unterrichten. ⁴Die in § 19 Abs. 3 genannten Stellen, die Behörden der Staatsanwaltschaft und der Polizei sowie öffentliche Stellen der Finanzverwaltung, soweit sie personenbezogene Daten in Erfüllung ihrer gesetzlichen Aufgaben im Anwendungsbereich der Abgabenordnung zur Überwachung und Prüfung speichern, können statt des Betroffenen den Bundesbeauftragten für den Datenschutz und die Informationsfreiheit unterrichten. ⁵In diesem Fall richtet sich das weitere Verfahren nach § 19 Abs. 6.

(3) Personenbezogene Daten über die Ausübung eines Rechts des Betroffenen, das sich aus diesem Gesetz oder aus einer anderen Vorschrift über den Datenschutz ergibt, dürfen nur zur Erfüllung der sich aus der Ausübung des Rechts ergebenden Pflichten der verantwortlichen Stelle verwendet werden.

§ 6a Automatisierte Einzelentscheidung

(1) ¹Entscheidungen, die für den Betroffenen eine rechtliche Folge nach sich ziehen oder ihn erheblich beeinträchtigen, dürfen nicht ausschließlich auf eine automatisierte Verarbeitung personenbezogener Daten gestützt werden, die der Bewer-

tung einzelner Persönlichkeitsmerkmale dienen. ²Eine ausschließlich auf eine automatisierte Verarbeitung gestützte Entscheidung liegt insbesondere dann vor, wenn keine inhaltliche Bewertung und darauf gestützte Entscheidung durch eine natürliche Person stattgefunden hat.

(2) Dies gilt nicht, wenn
1. die Entscheidung im Rahmen des Abschlusses oder der Erfüllung eines Vertragsverhältnisses oder eines sonstigen Rechtsverhältnisses ergeht und dem Begehren des Betroffenen stattgegeben wurde oder
2. die Wahrung der berechtigten Interessen des Betroffenen durch geeignete Maßnahmen gewährleistet ist und die verantwortliche Stelle dem Betroffenen die Tatsache des Vorliegens einer Entscheidung im Sinne des Absatzes 1 mitteilt sowie auf Verlangen die wesentlichen Gründe dieser Entscheidung mitteilt und erläutert.

(3) Das Recht des Betroffenen auf Auskunft nach den §§ 19 und 34 erstreckt sich auch auf den logischen Aufbau der automatisierten Verarbeitung der ihn betreffenden Daten.

§ 6b Beobachtung öffentlich zugänglicher Räume mit optisch-elektronischen Einrichtungen

(1) Die Beobachtung öffentlich zugänglicher Räume mit optisch-elektronischen Einrichtungen (Videoüberwachung) ist nur zulässig, soweit sie
1. zur Aufgabenerfüllung öffentlicher Stellen,
2. zur Wahrnehmung des Hausrechts oder
3. zur Wahrnehmung berechtigter Interessen für konkret festgelegte Zwecke
erforderlich ist und keine Anhaltspunkte bestehen, dass schutzwürdige Interessen der Betroffenen überwiegen.

(2) Der Umstand der Beobachtung und die verantwortliche Stelle sind durch geeignete Maßnahmen erkennbar zu machen.

(3) ¹Die Verarbeitung oder Nutzung von nach Absatz 1 erhobenen Daten ist zulässig, wenn sie zum Erreichen des verfolgten Zwecks erforderlich ist und keine Anhaltspunkte bestehen, dass schutzwürdige Interessen der Betroffenen überwiegen. ²Für einen anderen Zweck dürfen sie nur verarbeitet oder genutzt werden, soweit dies zur Abwehr von Gefahren für die staatliche und öffentliche Sicherheit sowie zur Verfolgung von Straftaten erforderlich ist.

(4) Werden durch Videoüberwachung erhobene Daten einer bestimmten Person zugeordnet, ist diese über eine Verarbeitung oder Nutzung entsprechend den §§ 19a und 33 zu benachrichtigen.

(5) Die Daten sind unverzüglich zu löschen, wenn sie zur Erreichung des Zwecks nicht mehr erforderlich sind oder schutzwürdige Interessen der Betroffenen einer weiteren Speicherung entgegenstehen.

§ 6c Mobile personenbezogene Speicher- und Verarbeitungsmedien

(1) Die Stelle, die ein mobiles personenbezogenes Speicher- und Verarbeitungsmedium ausgibt oder ein Verfahren zur automatisierten Verarbeitung personenbezogener Daten, das ganz oder teilweise auf einem solchen Medium abläuft, auf das Medium aufbringt, ändert oder hierzu bereithält, muss den Betroffenen
1. über ihre Identität und Anschrift,
2. in allgemein verständlicher Form über die Funktionsweise des Mediums einschließlich der Art der zu verarbeitenden personenbezogenen Daten,

3. darüber, wie er seine Rechte nach den §§ 19, 20, 34 und 35 ausüben kann, und
4. über die bei Verlust oder Zerstörung des Mediums zu treffenden Maßnahmen unterrichten, soweit der Betroffene nicht bereits Kenntnis erlangt hat.

(2) Die nach Absatz 1 verpflichtete Stelle hat dafür Sorge zu tragen, dass die zur Wahrnehmung des Auskunftsrechts erforderlichen Geräte oder Einrichtungen in angemessenem Umfang zum unentgeltlichen Gebrauch zur Verfügung stehen.

(3) Kommunikationsvorgänge, die auf dem Medium eine Datenverarbeitung auslösen, müssen für den Betroffenen eindeutig erkennbar sein.

§ 7 Schadensersatz

[1]Fügt eine verantwortliche Stelle dem Betroffenen durch eine nach diesem Gesetz oder nach anderen Vorschriften über den Datenschutz unzulässige oder unrichtige Erhebung, Verarbeitung oder Nutzung seiner personenbezogenen Daten einen Schaden zu, ist sie oder ihr Träger dem Betroffenen zum Schadensersatz verpflichtet. [2]Die Ersatzpflicht entfällt, soweit die verantwortliche Stelle die nach den Umständen des Falles gebotene Sorgfalt beachtet hat.

§ 8 Schadensersatz bei automatisierter Datenverarbeitung durch öffentliche Stellen

(1) Fügt eine verantwortliche öffentliche Stelle dem Betroffenen durch eine nach diesem Gesetz oder nach anderen Vorschriften über den Datenschutz unzulässige oder unrichtige automatisierte Erhebung, Verarbeitung oder Nutzung seiner personenbezogenen Daten einen Schaden zu, ist ihr Träger dem Betroffenen unabhängig von einem Verschulden zum Schadensersatz verpflichtet.

(2) Bei einer schweren Verletzung des Persönlichkeitsrechts ist dem Betroffenen der Schaden, der nicht Vermögensschaden ist, angemessen in Geld zu ersetzen.

(3) [1]Die Ansprüche nach den Absätzen 1 und 2 sind insgesamt auf einen Betrag von 130 000 Euro begrenzt. [2]Ist aufgrund desselben Ereignisses an mehrere Personen Schadensersatz zu leisten, der insgesamt den Höchstbetrag von 130 000 Euro übersteigt, so verringern sich die einzelnen Schadensersatzleistungen in dem Verhältnis, in dem ihr Gesamtbetrag zu dem Höchstbetrag steht.

(4) Sind bei einer automatisierten Verarbeitung mehrere Stellen speicherungsberechtigt und ist der Geschädigte nicht in der Lage, die speichernde Stelle festzustellen, so haftet jede dieser Stellen.

(5) Hat bei der Entstehung des Schadens ein Verschulden des Betroffenen mitgewirkt, gilt § 254 des Bürgerlichen Gesetzbuchs.

(6) Auf die Verjährung finden die für unerlaubte Handlungen geltenden Verjährungsvorschriften des Bürgerlichen Gesetzbuchs entsprechende Anwendung.

§ 9 Technische und organisatorische Maßnahmen

[1]Öffentliche und nicht-öffentliche Stellen, die selbst oder im Auftrag personenbezogene Daten erheben, verarbeiten oder nutzen, haben die technischen und organisatorischen Maßnahmen zu treffen, die erforderlich sind, um die Ausführung der Vorschriften dieses Gesetzes, insbesondere die in der Anlage zu diesem Gesetz genannten Anforderungen, zu gewährleisten. [2]Erforderlich sind Maßnahmen nur, wenn ihr Aufwand in einem angemessenen Verhältnis zu dem angestrebten Schutzzweck steht.

§ 9a Datenschutzaudit

[1]Zur Verbesserung des Datenschutzes und der Datensicherheit können Anbieter von Datenverarbeitungssystemen und -programmen und datenverarbeitende Stellen ihr Datenschutzkonzept sowie ihre technischen Einrichtungen durch unabhängige und zugelassene Gutachter prüfen und bewerten lassen sowie das Ergebnis der Prüfung veröffentlichen. [2]Die näheren Anforderungen an die Prüfung und Bewertung, das Verfahren sowie die Auswahl und Zulassung der Gutachter werden durch besonderes Gesetz geregelt.

§ 10 Einrichtung automatisierter Abrufverfahren

(1) [1]Die Einrichtung eines automatisierten Verfahrens, dass die Übermittlung personenbezogener Daten durch Abruf ermöglicht, ist zulässig, soweit dieses Verfahren unter Berücksichtigung der schutzwürdigen Interessen der Betroffenen und der Aufgaben oder Geschäftszwecke der beteiligten Stellen angemessen ist. [2]Die Vorschriften über die Zulässigkeit des einzelnen Abrufs bleiben unberührt.

(2) [1]Die beteiligten Stellen haben zu gewährleisten, dass die Zulässigkeit des Abrufverfahrens kontrolliert werden kann. [2]Hierzu haben sie schriftlich festzulegen:
1. Anlass und Zweck des Abrufverfahrens,
2. Dritte, an die übermittelt wird,
3. Art der zu übermittelnden Daten,
4. nach § 9 erforderliche technische und organisatorische Maßnahmen.

[3]Im öffentlichen Bereich können die erforderlichen Festlegungen auch durch die Fachaufsichtsbehörden getroffen werden.

(3) [1]Über die Einrichtung von Abrufverfahren ist in Fällen, in denen die in § 12 Abs. 1 genannten Stellen beteiligt sind, der Bundesbeauftragte für den Datenschutz und die Informationsfreiheit unter Mitteilung der Festlegungen nach Absatz 2 zu unterrichten. [2]Die Einrichtung von Abrufverfahren, bei denen die in § 6 Abs. 2 und in § 19 Abs. 3 genannten Stellen beteiligt sind, ist nur zulässig, wenn das für die speichernde und die abrufende Stelle jeweils zuständige Bundes- oder Landesministerium zugestimmt hat.

(4) [1]Die Verantwortung für die Zulässigkeit des einzelnen Abrufs trägt der Dritte, an den übermittelt wird. [2]Die speichernde Stelle prüft die Zulässigkeit der Abrufe nur, wenn dazu Anlass besteht. [3]Die speichernde Stelle hat zu gewährleisten, dass die Übermittlung personenbezogener Daten zumindest durch geeignete Stichprobenverfahren festgestellt und überprüft werden kann. [4]Wird ein Gesamtbestand personenbezogener Daten abgerufen oder übermittelt (Stapelverarbeitung), so bezieht sich die Gewährleistung der Feststellung und Überprüfung nur auf die Zulässigkeit des Abrufes oder der Übermittlung des Gesamtbestandes.

(5) [1]Die Absätze 1 bis 4 gelten nicht für den Abruf allgemein zugänglicher Daten. [2]Allgemein zugänglich sind Daten, die jedermann, sei es ohne oder nach vorheriger Anmeldung, Zulassung oder Entrichtung eines Entgelts, nutzen kann.

§ 11 Erhebung, Verarbeitung oder Nutzung personenbezogener Daten im Auftrag

(1) [1]Werden personenbezogene Daten im Auftrag durch andere Stellen erhoben, verarbeitet oder genutzt, ist der Auftraggeber für die Einhaltung der Vorschriften dieses Gesetzes und anderer Vorschriften über den Datenschutz verantwortlich. [2]Die in den §§ 6, 7 und 8 genannten Rechte sind ihm gegenüber geltend zu machen.

(2) [1]Der Auftragnehmer ist unter besonderer Berücksichtigung der Eignung der von ihm getroffenen technischen und organisatorischen Maßnahmen sorgfältig aus-

zuwählen. ²Der Auftrag ist schriftlich zu erteilen, wobei insbesondere im Einzelnen festzulegen sind:
1. der Gegenstand und die Dauer des Auftrags,
2. der Umfang, die Art und der Zweck der vorgesehenen Erhebung, Verarbeitung oder Nutzung von Daten, die Art der Daten und der Kreis der Betroffenen,
3. die nach § 9 zu treffenden technischen und organisatorischen Maßnahmen,
4. die Berichtigung, Löschung und Sperrung von Daten,
5. die nach Absatz 4 bestehenden Pflichten des Auftragnehmers, insbesondere die von ihm vorzunehmenden Kontrollen,
6. die etwaige Berechtigung zur Begründung von Unterauftragsverhältnissen,
7. die Kontrollrechte des Auftraggebers und die entsprechenden Duldungs- und Mitwirkungspflichten des Auftragnehmers,
8. mitzuteilende Verstöße des Auftragnehmers oder der bei ihm beschäftigten Personen gegen Vorschriften zum Schutz personenbezogener Daten oder gegen die im Auftrag getroffenen Festlegungen,
9. der Umfang der Weisungsbefugnisse, die sich der Auftraggeber gegenüber dem Auftragnehmer vorbehält,
10. die Rückgabe überlassener Datenträger und die Löschung beim Auftragnehmer gespeicherter Daten nach Beendigung des Auftrags.

³Er kann bei öffentlichen Stellen auch durch die Fachaufsichtsbehörde erteilt werden. ⁴Der Auftraggeber hat sich vor Beginn der Datenverarbeitung und sodann regelmäßig von der Einhaltung der beim Auftragnehmer getroffenen technischen und organisatorischen Maßnahmen zu überzeugten. ⁵Das Ergebnis ist zu dokumentieren.

(3) ¹Der Auftragnehmer darf die Daten nur im Rahmen der Weisungen des Auftraggebers erheben, verarbeiten oder nutzen. ²Ist er der Ansicht, dass eine Weisung des Auftraggebers gegen dieses Gesetz oder andere Vorschriften über den Datenschutz verstößt, hat er den Auftraggeber unverzüglich darauf hinzuweisen.

(4) Für den Auftragnehmer gelten neben den §§ 5, 9, 43 Abs. 1 Nr. 2, 10 und 11, Abs. 2 Nr. 1 bis 3 und Abs. 3 sowie § 44 nur die Vorschriften über die Datenschutzkontrolle oder die Aufsicht, und zwar für
1. a) öffentliche Stellen,
   b) nicht-öffentliche Stellen, bei denen der öffentlichen Hand die Mehrheit der Anteile gehört oder die Mehrheit der Stimmen zusteht und der Auftraggeber eine öffentliche Stelle ist,
die §§ 18, 24 bis 26 oder die entsprechenden Vorschriften der Datenschutzgesetze³ der Länder,
2. die übrigen nicht-öffentlichen Stellen, soweit sie personenbezogene Daten im Auftrag als Dienstleistungsunternehmen geschäftsmäßig erheben, verarbeiten oder nutzen, die §§ 4f, 4g und 38.

(5) Die Absätze 1 bis 4 gelten entsprechend, wenn die Prüfung oder Wartung automatisierter Verfahren oder von Datenverarbeitungsanlagen durch andere Stellen im Auftrag vorgenommen wird und dabei ein Zugriff auf personenbezogene Daten nicht ausgeschlossen werden kann.

---

³ Siehe Tit. Anm.

Zweiter Abschnitt. Datenverarbeitung der öffentlichen Stellen

Erster Unterabschnitt. Rechtsgrundlagen der Datenverarbeitung

§ 12 Anwendungsbereich

(1) Die Vorschriften dieses Abschnittes gelten für öffentliche Stellen des Bundes, soweit sie nicht als öffentlich-rechtliche Unternehmen am Wettbewerb teilnehmen.

(2) Soweit der Datenschutz nicht durch Landesgesetz geregelt ist, gelten die §§ 12 bis 16, 19 bis 20 auch für die öffentlichen Stellen der Länder, soweit sie
1. Bundesrecht ausführen und nicht als öffentlich-rechtliche Unternehmen am Wettbewerb teilnehmen oder
2. als Organe der Rechtspflege tätig werden und es sich nicht um Verwaltungsangelegenheiten handelt.

(3) Für Landesbeauftragte für den Datenschutz gilt § 23 Abs. 4 entsprechend.

(4) Werden personenbezogene Daten für frühere, bestehende oder zukünftige Beschäftigungsverhältnisse erhoben, verarbeitet oder genutzt, gelten § 28 Absatz 2 Nummer 2 und die §§ 32 bis 35 anstelle der §§ 13 bis 16 und 19 bis 20.

§ 13 Datenerhebung

(1) Das Erheben personenbezogener Daten ist zulässig, wenn ihre Kenntnis zur Erfüllung der Aufgaben der verantwortlichen Stelle erforderlich ist.

(1a) Werden personenbezogene Daten statt beim Betroffenen bei einer nicht-öffentlichen Stelle erhoben, so ist die Stelle auf die Rechtsvorschrift, die zur Auskunft verpflichtet, sonst auf die Freiwilligkeit ihrer Angaben hinzuweisen.

(2) Das Erheben besonderer Arten personenbezogener Daten (§ 3 Abs. 9) ist nur zulässig, soweit
1. eine Rechtsvorschrift dies vorsieht oder aus Gründen eines wichtigen öffentlichen Interesses zwingend erfordert,
2. der Betroffene nach Maßgabe des § 4a Abs. 3 eingewilligt hat,
3. dies zum Schutz lebenswichtiger Interessen des Betroffenen oder eines Dritten erforderlich ist, sofern der Betroffene aus physischen oder rechtlichen Gründen außerstande ist, seine Einwilligung zu geben,
4. es sich um Daten handelt, die der Betroffene offenkundig öffentlich gemacht hat,
5. dies zur Abwehr einer erheblichen Gefahr für die öffentliche Sicherheit erforderlich ist,
6. dies zur Abwehr erheblicher Nachteile für das Gemeinwohl oder zur Wahrung erheblicher Belange des Gemeinwohls zwingend erforderlich ist,
7. dies zum Zweck der Gesundheitsvorsorge, der medizinischen Diagnostik, der Gesundheitsversorgung oder Behandlung oder für die Verwaltung von Gesundheitsdiensten erforderlich ist und die Verarbeitung dieser Daten durch ärztliches Personal oder durch sonstige Personen erfolgt, die einer entsprechenden Geheimhaltungspflicht unterliegen,
8. dies zur Durchführung wissenschaftlicher Forschung erforderlich ist, das wissenschaftliche Interesse an der Durchführung des Forschungsvorhabens das Interesse

des Betroffenen an dem Ausschluss der Erhebung erheblich überwiegt und der Zweck der Forschung auf andere Weise nicht oder nur mit unverhältnismäßigem Aufwand erreicht werden kann oder
9. dies aus zwingenden Gründen der Verteidigung oder der Erfüllung über- oder zwischenstaatlicher Verpflichtungen einer öffentlichen Stelle des Bundes auf dem Gebiet der Krisenbewältigung oder Konfliktverhinderung oder für humanitäre Maßnahmen erforderlich ist.

§ 14 Datenspeicherung, -veränderung und -nutzung

(1) ¹Das Speichern, Verändern oder Nutzen personenbezogener Daten ist zulässig, wenn es zur Erfüllung der in der Zuständigkeit der verantwortlichen Stelle liegenden Aufgaben erforderlich ist und es für die Zwecke erfolgt, für die die Daten erhoben worden sind. ²Ist keine Erhebung vorausgegangen, dürfen die Daten nur für die Zwecke geändert oder genutzt werden, für die sie gespeichert worden sind.

(2) Das Speichern, Verändern oder Nutzen für andere Zwecke ist nur zulässig, wenn
1. eine Rechtsvorschrift dies vorsieht oder zwingend voraussetzt,
2. der Betroffene eingewilligt hat,
3. offensichtlich ist, dass es im Interesse des Betroffenen liegt, und kein Grund zu der Annahme besteht, dass er in Kenntnis des anderen Zwecks seine Einwilligung verweigern würde,
4. Angaben des Betroffenen überprüft werden müssen, weil tatsächliche Anhaltspunkte für deren Unrichtigkeit bestehen,
5. die Daten allgemein zugänglich sind oder die verantwortliche Stelle sie veröffentlichen dürfte, es sei denn, dass das schutzwürdige Interesse des Betroffenen an dem Ausschluss der Zweckänderung offensichtlich überwiegt,
6. es zur Abwehr erheblicher Nachteile für das Gemeinwohl oder einer Gefahr für die öffentliche Sicherheit oder zur Wahrung erheblicher Belange des Gemeinwohls erforderlich ist,
7. es zur Verfolgung von Straftaten oder Ordnungswidrigkeiten, zur Vollstreckung oder zum Vollzug von Strafen oder Maßnahmen im Sinne des § 11 Abs. 1 Nr. 8 des Strafgesetzbuchs oder von Erziehungsmaßregeln oder Zuchtmitteln im Sinne des Jugendgerichtsgesetzes oder zur Vollstreckung von Bußgeldentscheidungen erforderlich ist,
8. es zur Abwehr einer schwerwiegenden Beeinträchtigung der Rechte einer anderen Person erforderlich ist oder
9. es zur Durchführung wissenschaftlicher Forschung erforderlich ist, das wissenschaftliche Interesse an der Durchführung des Forschungsvorhabens das Interesse des Betroffenen an dem Ausschluss der Zweckänderung erheblich überwiegt und der Zweck der Forschung auf andere Weise nicht oder nur mit unverhältnismäßigem Aufwand erreicht werden kann.

(3) ¹Eine Verarbeitung oder Nutzung für andere Zwecke liegt nicht vor, wenn sie der Wahrnehmung von Aufsichts- und Kontrollbefugnissen, der Rechnungsprüfung oder der Durchführung von Organisationsuntersuchungen für die verantwortliche Stelle dient. ²Das gilt auch für die Verarbeitung oder Nutzung zu Ausbildungs- und Prüfungszwecken durch die verantwortliche Stelle, soweit nicht überwiegende schutzwürdige Interessen des Betroffenen entgegenstehen.

(4) Personenbezogene Daten, die ausschließlich zu Zwecken der Datenschutzkontrolle, der Datensicherung oder zur Sicherstellung eines ordnungsgemäßen Betriebes einer Datenverarbeitungsanlage gespeichert werden, dürfen nur für diese Zwecke verwendet werden.

Bundesdatenschutzgesetz §§ 15, 16 BDSG

(5) ¹Das Speichern, Verändern oder Nutzen von besonderen Arten personenbezogener Daten (§ 3 Abs. 9) für andere Zwecke ist nur zulässig, wenn
1. die Voraussetzungen vorliegen, die eine Erhebung nach § 13 Abs. 2 Nr. 1 bis 6 oder 9 zulassen würden oder
2. dies zur Durchführung wissenschaftlicher Forschung erforderlich ist, das öffentliche Interesse an der Durchführung des Forschungsvorhabens das Interesse des Betroffenen an dem Ausschluss der Zweckänderung erheblich überwiegt und der Zweck der Forschung auf andere Weise nicht oder nur mit unverhältnismäßigem Aufwand erreicht werden kann.
²Bei der Abwägung nach Satz 1 Nr. 2 ist im Rahmen des öffentlichen Interesses das wissenschaftliche Interesse an dem Forschungsvorhaben besonders zu berücksichtigen.
(6) Die Speicherung, Veränderung oder Nutzung von besonderen Arten personenbezogener Daten (§ 3 Abs. 9) zu den in § 13 Abs. 2 Nr. 7 genannten Zwecken richtet sich nach den für die in § 13 Abs. 2 Nr. 7 genannten Personen geltenden Geheimhaltungspflichten.

§ 15 Datenübermittlung an öffentliche Stellen

(1) Die Übermittlung personenbezogener Daten an öffentliche Stellen ist zulässig, wenn
1. sie zur Erfüllung der in der Zuständigkeit der übermittelnden Stelle oder des Dritten, an den die Daten übermittelt werden, liegenden Aufgaben erforderlich ist und
2. die Voraussetzungen vorliegen, die eine Nutzung nach § 14 zulassen würden.

(2) ¹Die Verantwortung für die Zulässigkeit der Übermittlung trägt die übermittelnde Stelle. ²Erfolgt die Übermittlung auf Ersuchen des Dritten, an den die Daten übermittelt werden, trägt dieser die Verantwortung. ³In diesem Fall prüft die übermittelnde Stelle nur, ob das Übermittlungsersuchen im Rahmen der Aufgaben des Dritten, an den die Daten übermittelt werden, liegt, es sei denn, dass besonderer Anlass zur Prüfung der Zulässigkeit der Übermittlung besteht. ⁴§ 10 Abs. 4 bleibt unberührt.

(3) ¹Der Dritte, an den die Daten übermittelt werden, darf diese für den Zweck verarbeiten oder nutzen, zu dessen Erfüllung sie ihm übermittelt werden. ²Eine Verarbeitung oder Nutzung für andere Zwecke ist nur unter den Voraussetzungen des § 14 Abs. 2 zulässig.

(4) Für die Übermittlung personenbezogener Daten an Stellen der öffentlich-rechtlichen Religionsgesellschaften gelten die Absätze 1 bis 3 entsprechend, sofern sichergestellt ist, dass bei diesen ausreichende Datenschutzmaßnahmen getroffen werden.

(5) Sind mit personenbezogenen Daten, die nach Absatz 1 übermittelt werden dürfen, weitere personenbezogene Daten des Betroffenen oder eines Dritten so verbunden, dass eine Trennung nicht oder nur mit unvertretbarem Aufwand möglich ist, so ist die Übermittlung auch dieser Daten zulässig, soweit nicht berechtigte Interessen des Betroffenen oder eines Dritten an deren Geheimhaltung offensichtlich überwiegen; eine Nutzung dieser Daten ist unzulässig.

(6) Absatz 5 gilt entsprechend, wenn personenbezogene Daten innerhalb einer öffentlichen Stelle weitergegeben werden.

§ 16 Datenübermittlung an nicht-öffentliche Stellen

(1) Die Übermittlung personenbezogener Daten an nicht-öffentliche Stellen ist zulässig, wenn

1. sie zur Erfüllung der in der Zuständigkeit der übermittelnden Stelle liegenden Aufgaben erforderlich ist und die Voraussetzungen vorliegen, die eine Nutzung nach § 14 zulassen würden, oder
2. der Dritte, an den die Daten übermittelt werden, ein berechtigtes Interesse an der Kenntnis der zu übermittelnden Daten glaubhaft darlegt und der Betroffene kein schutzwürdiges Interesse an dem Ausschluss der Übermittlung hat. Das Übermitteln von besonderen Arten personenbezogener Daten (§ 3 Abs. 9) ist abweichend von Satz 1 Nr. 2 nur zulässig, wenn die Voraussetzungen vorliegen, die eine Nutzung nach § 14 Abs. 5 und 6 zulassen würden oder soweit dies zur Geltendmachung, Ausübung oder Verteidigung rechtlicher Ansprüche erforderlich ist.

(2) Die Verantwortung für die Zulässigkeit der Übermittlung trägt die übermittelnde Stelle.

(3) [1]In den Fällen der Übermittlung nach Absatz 1 Nr. 2 unterrichtet die übermittelnde Stelle den Betroffenen von der Übermittlung seiner Daten. [2]Dies gilt nicht, wenn damit zu rechnen ist, dass er davon auf andere Weise Kenntnis erlangt, oder wenn die Unterrichtung die öffentliche Sicherheit gefährden oder sonst dem Wohle des Bundes oder eines Landes Nachteile bereiten würde.

(4) [1]Der Dritte, an den die Daten übermittelt werden, darf diese nur für den Zweck verarbeiten oder nutzen, zu dessen Erfüllung sie ihm übermittelt werden. [2]Die übermittelnde Stelle hat ihn darauf hinzuweisen. [3]Eine Verarbeitung oder Nutzung für andere Zwecke ist zulässig, wenn eine Übermittlung nach Absatz 1 zulässig wäre und die übermittelnde Stelle zugestimmt hat.

§ 17 (weggefallen)

§ 18 Durchführung des Datenschutzes in der Bundesverwaltung

(1) [1]Die obersten Bundesbehörden, der Präsident des Bundeseisenbahnvermögens sowie die bundesunmittelbaren Körperschaften, Anstalten und Stiftungen des öffentlichen Rechts, über die von der Bundesregierung oder einer obersten Bundesbehörde lediglich die Rechtsaufsicht ausgeübt wird, haben für ihren Geschäftsbereich die Ausführung dieses Gesetzes sowie anderer Rechtsvorschriften über den Datenschutz sicherzustellen. [2]Das Gleiche gilt für die Vorstände der aus dem Sondervermögen Deutsche Bundespost durch Gesetz hervorgegangenen Unternehmen, solange diesen ein ausschließliches Recht nach dem Postgesetz zusteht.

(2) [1]Die öffentlichen Stellen führen ein Verzeichnis der eingesetzten Datenverarbeitungsanlagen. [2]Für ihre automatisierten Verarbeitungen haben sie die Angaben nach § 4e sowie die Rechtsgrundlage der Verarbeitung schriftlich festzulegen. [3]Bei allgemeinen Verwaltungszwecken dienenden automatisierten Verarbeitungen, bei welchen das Auskunftsrecht des Betroffenen nicht nach § 19 Abs. 3 oder 4 eingeschränkt wird, kann hiervon abgesehen werden. [4]Für automatisierte Verarbeitungen, die in gleicher oder ähnlicher Weise mehrfach geführt werden, können die Festlegungen zusammengefasst werden.

Zweiter Unterabschnitt. Rechte des Betroffenen

§ 19 Auskunft an den Betroffenen

(1) [1]Dem Betroffenen ist auf Antrag Auskunft zu erteilen über
1. die zu seiner Person gespeicherten Daten, auch soweit sie sich auf die Herkunft dieser Daten beziehen,

2. die Empfänger oder Kategorien von Empfängern, an die die Daten weitergegeben werden, und
3. den Zweck der Speicherung.
²In dem Antrag soll die Art der personenbezogenen Daten, über die Auskunft erteilt werden soll, näher bezeichnet werden. ³Sind die personenbezogenen Daten weder automatisiert noch in nicht automatisierten Dateien gespeichert, wird die Auskunft nur erteilt, soweit der Betroffene Angaben macht, die das Auffinden der Daten ermöglichen, und der für die Erteilung der Auskunft erforderliche Aufwand nicht außer Verhältnis zu dem vom Betroffenen geltend gemachten Informationsinteresse steht. ⁴Die verantwortliche Stelle bestimmt das Verfahren, insbesondere die Form der Auskunftserteilung, nach pflichtgemäßem Ermessen.

(2) Absatz 1 gilt nicht für personenbezogene Daten, die nur deshalb gespeichert sind, weil sie aufgrund gesetzlicher, satzungsmäßiger oder vertraglicher Aufbewahrungsvorschriften nicht gelöscht werden dürfen, oder ausschließlich Zwecken der Datensicherung oder der Datenschutzkontrolle dienen und eine Auskunftserteilung einen unverhältnismäßigen Aufwand erfordern würde.

(3) Bezieht sich die Auskunftserteilung auf die Übermittlung personenbezogener Daten an Verfassungsschutzbehörden, den Bundesnachrichtendienst, den Militärischen Abschirmdienst und, soweit die Sicherheit des Bundes berührt wird, andere Behörden des Bundesministeriums der Verteidigung, ist sie nur mit Zustimmung dieser Stellen zulässig.

(4) Die Auskunftserteilung unterbleibt, soweit
1. die Auskunft die ordnungsgemäße Erfüllung der in der Zuständigkeit der verantwortlichen Stelle liegenden Aufgaben gefährden würde,
2. die Auskunft die öffentliche Sicherheit oder Ordnung gefährden oder sonst dem Wohle des Bundes oder eines Landes Nachteile bereiten würde oder
3. die Daten oder die Tatsache ihrer Speicherung nach einer Rechtsvorschrift oder ihrem Wesen nach, insbesondere wegen der überwiegenden berechtigten Interessen eines Dritten, geheim gehalten werden müssen,
und deswegen das Interesse des Betroffenen an der Auskunftserteilung zurücktreten muss.

(5) ¹Die Ablehnung der Auskunftserteilung bedarf einer Begründung nicht, soweit durch die Mitteilung der tatsächlichen und rechtlichen Gründe, auf die die Entscheidung gestützt wird, der mit der Auskunftsverweigerung verfolgte Zweck gefährdet würde. ²In diesem Fall ist der Betroffene darauf hinzuweisen, dass er sich an den Bundesbeauftragten für den Datenschutz und die Informationsfreiheit wenden kann.

(6) ¹Wird dem Betroffenen keine Auskunft erteilt, so ist sie auf sein Verlangen dem Bundesbeauftragten für den Datenschutz und die Informationsfreiheit zu erteilen, soweit nicht die jeweils zuständige oberste Bundesbehörde im Einzelfall feststellt, dass dadurch die Sicherheit des Bundes oder eines Landes gefährdet würde. ²Die Mitteilung des Bundesbeauftragten an den Betroffenen darf keine Rückschlüsse auf den Erkenntnisstand der verantwortlichen Stelle zulassen, sofern diese nicht einer weitergehenden Auskunft zustimmt.

(7) Die Auskunft ist unentgeltlich.

§ 19a Benachrichtigung

(1) ¹Werden Daten ohne Kenntnis des Betroffenen erhoben, so ist er von der Speicherung, der Identität der verantwortlichen Stelle sowie über die Zweckbestimmungen der Erhebung, Verarbeitung oder Nutzung zu unterrichten. ²Der Betroffene ist auch über die Empfänger oder Kategorien von Empfängern von Daten zu

BDSG § 20   Bundesdatenschutzgesetz

unterrichten, soweit er nicht mit der Übermittlung an diese rechnen muss. [3]Sofern eine Übermittlung vorgesehen ist, hat die Unterrichtung spätestens bei der ersten Übermittlung zu erfolgen.

(2) [1]Eine Pflicht zur Benachrichtigung besteht nicht, wenn
1. der Betroffene auf andere Weise Kenntnis von der Speicherung oder der Übermittlung erlangt hat,
2. die Unterrichtung des Betroffenen einen unverhältnismäßigen Aufwand erfordert oder
3. die Speicherung oder Übermittlung der personenbezogenen Daten durch Gesetz ausdrücklich vorgesehen ist.

[2]Die verantwortliche Stelle legt schriftlich fest, unter welchen Voraussetzungen von einer Benachrichtigung nach Nummer 2 oder 3 abgesehen wird.

(3) § 19 Abs. 2 bis 4 gilt entsprechend.

§ 20 Berichtigung, Löschung und Sperrung von Daten; Widerspruchsrecht

(1) [1]Personenbezogene Daten sind zu berichtigen, wenn sie unrichtig sind. [2]Wird festgestellt, dass personenbezogene Daten, die weder automatisiert verarbeitet noch in nicht automatisierten Dateien gespeichert sind, unrichtig sind, oder wird ihre Richtigkeit von dem Betroffenen bestritten, so ist dies in geeigneter Weise festzuhalten.

(2) Personenbezogene Daten, die automatisiert verarbeitet oder in nicht automatisierten Dateien gespeichert sind, sind zu löschen, wenn
1. ihre Speicherung unzulässig ist oder
2. ihre Kenntnis für die verantwortliche Stelle zur Erfüllung der in ihrer Zuständigkeit liegenden Aufgaben nicht mehr erforderlich ist.

(3) An die Stelle einer Löschung tritt eine Sperrung, soweit
1. einer Löschung gesetzliche, satzungsmäßige oder vertragliche Aufbewahrungsfristen entgegenstehen,
2. Grund zu der Annahme besteht, dass durch eine Löschung schutzwürdige Interessen des Betroffenen beeinträchtigt würden, oder
3. eine Löschung wegen der besonderen Art der Speicherung nicht oder nur mit unverhältnismäßig hohem Aufwand möglich ist.

(4) Personenbezogene Daten, die automatisiert verarbeitet oder in nicht automatisierten Dateien gespeichert sind, sind ferner zu sperren, soweit ihre Richtigkeit vom Betroffenen bestritten wird und sich weder die Richtigkeit noch die Unrichtigkeit feststellen lässt.

(5) [1]Personenbezogene Daten dürfen nicht für eine automatisierte Verarbeitung oder Verarbeitung in nicht automatisierten Dateien erhoben, verarbeitet oder genutzt werden, soweit der Betroffene dieser bei der verantwortlichen Stelle widerspricht und eine Prüfung ergibt, dass das schutzwürdige Interesse des Betroffenen wegen seiner besonderen persönlichen Situation das Interesse der verantwortlichen Stelle an dieser Erhebung, Verarbeitung oder Nutzung überwiegt. [2]Satz 1 gilt nicht, wenn eine Rechtsvorschrift zur Erhebung, Verarbeitung oder Nutzung verpflichtet.

(6) Personenbezogene Daten, die weder automatisiert verarbeitet noch in einer nicht automatisierten Datei gespeichert sind, sind zu sperren, wenn die Behörde im Einzelfall feststellt, dass ohne die Sperrung schutzwürdige Interessen des Betroffenen beeinträchtigt würden und die Daten für die Aufgabenerfüllung der Behörde nicht mehr erforderlich sind.

(7) Gesperrte Daten dürfen ohne Einwilligung des Betroffenen nur übermittelt oder genutzt werden, wenn
1. es zu wissenschaftlichen Zwecken, zur Behebung einer bestehenden Beweisnot oder aus sonstigen im überwiegenden Interesse der verantwortlichen Stelle oder eines Dritten liegenden Gründen unerlässlich ist und
2. die Daten hierfür übermittelt oder genutzt werden dürften, wenn sie nicht gesperrt wären.

(8) Von der Berichtigung unrichtiger Daten, der Sperrung bestrittener Daten sowie der Löschung oder Sperrung wegen Unzulässigkeit der Speicherung sind die Stellen zu verständigen, denen im Rahmen einer Datenübermittlung diese Daten zur Speicherung weitergegeben wurden, wenn dies keinen unverhältnismäßigen Aufwand erfordert und schutzwürdige Interessen des Betroffenen nicht entgegenstehen.

(9) § 2 Abs. 1 bis 6, 8 und 9 des Bundesarchivgesetzes ist anzuwenden.

§ 21 Anrufung des Bundesbeauftragten für den Datenschutz und die Informationsfreiheit

¹Jedermann kann sich an den Bundesbeauftragten für den Datenschutz und die Informationsfreiheit wenden, wenn er der Ansicht ist, bei der Erhebung, Verarbeitung oder Nutzung seiner personenbezogenen Daten durch öffentliche Stellen des Bundes in seinen Rechten verletzt worden zu sein. ²Für die Erhebung, Verarbeitung oder Nutzung von personenbezogenen Daten durch Gerichte des Bundes gilt dies nur, soweit diese in Verwaltungsangelegenheiten tätig werden.

Dritter Unterabschnitt. Bundesbeauftragter für den Datenschutz und die Informationsfreiheit

§ 22 Wahl des Bundesbeauftragten für den Datenschutz und die Informationsfreiheit

(1) ¹Der Deutsche Bundestag wählt auf Vorschlag der Bundesregierung den Bundesbeauftragten für den Datenschutz und die Informationsfreiheit mit mehr als der Hälfte der gesetzlichen Zahl seiner Mitglieder. ²Der Bundesbeauftragte muss bei seiner Wahl das 35. Lebensjahr vollendet haben. ³Der Gewählte ist vom Bundespräsidenten zu ernennen.

(2) ¹Der Bundesbeauftragte leistet vor dem Bundesminister des Innern folgenden Eid:
„Ich schwöre, dass ich meine Kraft dem Wohle des deutschen Volkes widmen, seinen Nutzen mehren, Schaden von ihm wenden, das Grundgesetz und die Gesetze des Bundes wahren und verteidigen, meine Pflichten gewissenhaft erfüllen und Gerechtigkeit gegen jedermann üben werde. So wahr mir Gott helfe."
²Der Eid kann auch ohne religiöse Beteuerung geleistet werden.

(3) ¹Die Amtszeit des Bundesbeauftragten beträgt fünf Jahre. ²Einmalige Wiederwahl ist zulässig.

(4) ¹Der Bundesbeauftragte steht nach Maßgabe dieses Gesetzes zum Bund in einem öffentlich-rechtlichen Amtsverhältnis. ²Er ist in Ausübung seines Amtes unabhängig und nur dem Gesetz unterworfen. ³Er untersteht der Rechtsaufsicht der Bundesregierung.

(5) ¹Der Bundesbeauftragte wird beim Bundesministerium des Innern eingerichtet. ²Er untersteht der Dienstaufsicht des Bundesministeriums des Innern. ³Dem

Bundesbeauftragten ist die für die Erfüllung seiner Aufgaben notwendige Personal- und Sachausstattung zur Verfügung zu stellen; sie ist im Einzelplan des Bundesministeriums des Innern in einem eigenen Kapitel auszuweisen. ⁴Die Stellen sind im Einvernehmen mit dem Bundesbeauftragten zu besetzen. ⁵Die Mitarbeiter können, falls sie mit der beabsichtigten Maßnahme nicht einverstanden sind, nur im Einvernehmen mit ihm versetzt, abgeordnet oder umgesetzt werden.

(6) ¹Ist der Bundesbeauftragte vorübergehend an der Ausübung seines Amtes verhindert, kann der Bundesminister des Innern einen Vertreter mit der Wahrnehmung der Geschäfte beauftragen. ²Der Bundesbeauftragte soll dazu gehört werden.

§ 23 Rechtsstellung des Bundesbeauftragten für den Datenschutz und die Informationsfreiheit

(1) ¹Das Amtsverhältnis des Bundesbeauftragten für den Datenschutz und die Informationsfreiheit beginnt mit der Aushändigung der Ernennungsurkunde. ²Es endet
1. mit Ablauf der Amtszeit,
2. mit der Entlassung.
³Der Bundespräsident entlässt den Bundesbeauftragten, wenn dieser es verlangt oder auf Vorschlag der Bundesregierung, wenn Gründe vorliegen, die bei einem Richter auf Lebenszeit die Entlassung aus dem Dienst rechtfertigen. ⁴Im Fall der Beendigung des Amtsverhältnisses erhält der Bundesbeauftragte eine vom Bundespräsidenten vollzogene Urkunde. ⁵Eine Entlassung wird mit der Aushändigung der Urkunde wirksam. ⁶Auf Ersuchen des Bundesministers des Innern ist der Bundesbeauftragte verpflichtet, die Geschäfte bis zur Ernennung seines Nachfolgers weiterzuführen.

(2) ¹Der Bundesbeauftragte darf neben seinem Amt kein anderes besoldetes Amt, kein Gewerbe und keinen Beruf ausüben und weder der Leitung oder dem Aufsichtsrat oder Verwaltungsrat eines auf Erwerb gerichteten Unternehmens noch einer Regierung oder einer gesetzgebenden Körperschaft des Bundes oder eines Landes angehören. ²Er darf nicht gegen Entgelt außergerichtliche Gutachten abgeben.

(3) ¹Der Bundesbeauftragte hat dem Bundesministerium des Innern Mitteilung über Geschenke zu machen, die er in Bezug auf sein Amt erhält. ²Das Bundesministerium des Innern entscheidet über die Verwendung der Geschenke.

(4) ¹Der Bundesbeauftragte ist berechtigt, über Personen, die ihm in seiner Eigenschaft als Bundesbeauftragter Tatsachen anvertraut haben, sowie über diese Tatsachen selbst das Zeugnis zu verweigern. ²Dies gilt auch für die Mitarbeiter des Bundesbeauftragten mit der Maßgabe, dass über die Ausübung dieses Rechts der Bundesbeauftragte entscheidet. ³Soweit das Zeugnisverweigerungsrecht des Bundesbeauftragten reicht, darf die Vorlegung oder Auslieferung von Akten oder anderen Schriftstücken von ihm nicht gefordert werden.

(5) ¹Der Bundesbeauftragte ist, auch nach Beendigung seines Amtsverhältnisses, verpflichtet, über die ihm amtlich bekannt gewordenen Angelegenheiten Verschwiegenheit zu bewahren. ²Dies gilt nicht für Mitteilungen im dienstlichen Verkehr oder über Tatsachen, die offenkundig sind oder ihrer Bedeutung nach keiner Geheimhaltung bedürfen. ³Der Bundesbeauftragte darf, auch wenn er nicht mehr im Amt ist, über solche Angelegenheiten ohne Genehmigung des Bundesministeriums des Innern weder vor Gericht noch außergerichtlich aussagen oder Erklärungen abgeben. ⁴Unberührt bleibt die gesetzlich begründete Pflicht, Straftaten anzuzeigen und bei Gefährdung der freiheitlichen demokratischen Grundordnung für deren Erhaltung einzutreten. ⁵Für den Bundesbeauftragten und seine Mitarbeiter gelten die §§ 93, 97, 105 Abs. 1, § 111 Abs. 5 in Verbindung mit § 105 Abs. 1 sowie § 116 Abs. 1 der Abgabenordnung nicht. ⁶Satz 5 findet keine Anwendung, soweit die

Bundesdatenschutzgesetz §24 BDSG

Finanzbehörden die Kenntnis für die Durchführung eines Verfahrens wegen einer Steuerstraftat sowie eines damit zusammenhängenden Steuerverfahrens benötigen, an deren Verfolgung ein zwingendes öffentliches Interesse besteht, oder soweit es sich um vorsätzlich falsche Angaben des Auskunftspflichtigen oder der für ihn tätigen Personen handelt. [7]Stellt der Bundesbeauftragte einen Datenschutzverstoß fest, ist er befugt, diesen anzuzeigen und den Betroffenen hierüber zu informieren.

(6) [1]Die Genehmigung, als Zeuge auszusagen, soll nur versagt werden, wenn die Aussage dem Wohle des Bundes oder eines deutschen Landes Nachteile bereiten oder die Erfüllung öffentlicher Aufgaben ernstlich gefährden oder erheblich erschweren würde. [2]Die Genehmigung, ein Gutachten zu erstatten, kann versagt werden, wenn die Erstattung den dienstlichen Interessen Nachteile bereiten würde. [3]§ 28 des Bundesverfassungsgerichtsgesetzes bleibt unberührt.

(7)[4] [1]Der Bundesbeauftragte erhält vom Beginn des Kalendermonats an, in dem das Amtsverhältnis beginnt, bis zum Schluss des Kalendermonats, in dem das Amtsverhältnis endet, im Fall des Absatzes 1 Satz 6 bis zum Ende des Monats, in dem die Geschäftsführung endet, Amtsbezüge in Höhe der einem Bundesbeamten der Besoldungsgruppe B 9 zustehenden Besoldung. [2]Das Bundesreisekostengesetz und das Bundesumzugskostengesetz sind entsprechend anzuwenden. [3]Im Übrigen sind § 12 Abs. 6 sowie die §§ 13 bis 20 und 21a Abs. 5 des Bundesministergesetzes mit den Maßgaben anzuwenden, dass an die Stelle der vierjährigen Amtszeit in § 15 Abs. 1 des Bundesministergesetzes eine Amtszeit von fünf Jahren und an die Stelle der Besoldungsgruppe B 11 in § 21a Abs. 5 des Bundesministergesetzes die Besoldungsgruppe B 9 tritt. [4]Abweichend von Satz 3 in Verbindung mit den §§ 15 bis 17 und 21a Abs. 5 des Bundesministergesetzes berechnet sich das Ruhegehalt des Bundesbeauftragten unter Hinzurechnung der Amtszeit als ruhegehaltsfähige Dienstzeit in entsprechender Anwendung des Beamtenversorgungsgesetzes, wenn dies günstiger ist und der Bundesbeauftragte sich unmittelbar vor seiner Wahl zum Bundesbeauftragten als Beamter oder Richter mindestens in dem letzten gewöhnlich vor Erreichen der Besoldungsgruppe B 9 zu durchlaufenden Amt befunden hat.

(8) Absatz 5 Satz 5 bis 7 gilt entsprechend für die öffentlichen Stellen, die für die Kontrolle der Einhaltung der Vorschriften über den Datenschutz in den Ländern zuständig sind.

§ 24 Kontrolle durch den Bundesbeauftragten für den Datenschutz und die Informationsfreiheit

(1) Der Bundesbeauftragte für den Datenschutz und die Informationsfreiheit kontrolliert bei den öffentlichen Stellen des Bundes die Einhaltung der Vorschriften dieses Gesetzes und anderer Vorschriften über den Datenschutz.

(2) [1]Die Kontrolle des Bundesbeauftragten erstreckt sich auch auf
1. von öffentlichen Stellen des Bundes erlangte personenbezogene Daten über den Inhalt und die näheren Umstände des Brief-, Post- und Fernmeldeverkehrs und
2. personenbezogene Daten, die einem Berufs- oder besonderen Amtsgeheimnis, insbesondere dem Steuergeheimnis nach § 30 der Abgabenordnung, unterliegen.

[2]Das Grundrecht des Brief-, Post- und Fernmeldegeheimnisses des Artikels 10 des Grundgesetzes wird insoweit eingeschränkt. [3]Personenbezogene Daten, die der Kontrolle durch die Kommission nach § 15 des Artikel 10-Gesetzes unterliegen, unterliegen nicht der Kontrolle durch den Bundesbeauftragten, es sei denn, die Kommission ersucht den Bundesbeauftragten, die Einhaltung der Vorschriften über den Datenschutz bei bestimmten Vorgängen oder in bestimmten Bereichen zu kontrollieren und ausschließlich ihr darüber zu berichten. [4]Der Kontrolle durch den Bundesbeauf-

---

[4] § 23 Abs. 7 Sätze 3 und 4 in der seit 1.1.2003 geltenden Fassung.

tragten unterliegen auch nicht personenbezogene Daten in Akten über die Sicherheitsüberprüfung, wenn der Betroffene der Kontrolle der auf ihn bezogenen Daten im Einzelfall gegenüber dem Bundesbeauftragten widerspricht.

(3) Die Bundesgerichte unterliegen der Kontrolle des Bundesbeauftragten nur, soweit sie in Verwaltungsangelegenheiten tätig werden.

(4) [1]Die öffentlichen Stellen des Bundes sind verpflichtet, den Bundesbeauftragten und seine Beauftragten bei der Erfüllung ihrer Aufgaben zu unterstützen. [2]Ihnen ist dabei insbesondere
1. Auskunft zu ihren Fragen sowie Einsicht in alle Unterlagen, insbesondere in die gespeicherten Daten und in die Datenverarbeitungsprogramme, zu gewähren, die im Zusammenhang mit der Kontrolle nach Absatz 1 stehen,
2. jederzeit Zutritt in alle Diensträume zu gewähren.

[3]Die in § 6 Abs. 2 und § 19 Abs. 3 genannten Behörden gewähren die Unterstützung nur dem Bundesbeauftragten selbst und den von ihm schriftlich besonders Beauftragten. [4]Satz 2 gilt für diese Behörden nicht, soweit die oberste Bundesbehörde im Einzelfall feststellt, dass die Auskunft oder Einsicht die Sicherheit des Bundes oder eines Landes gefährden würde.

(5) [1]Der Bundesbeauftragte teilt das Ergebnis seiner Kontrolle der öffentlichen Stelle mit. [2]Damit kann er Vorschläge zur Verbesserung des Datenschutzes, insbesondere zur Beseitigung von festgestellten Mängeln bei der Verarbeitung oder Nutzung personenbezogener Daten, verbinden. [3]§ 25 bleibt unberührt.

(6) Absatz 2 gilt entsprechend für die öffentlichen Stellen, die für die Kontrolle der Einhaltung der Vorschriften über den Datenschutz in den Ländern zuständig sind.

§ 25 Beanstandungen durch den Bundesbeauftragten für den Datenschutz und die Informationsfreiheit

(1) [1]Stellt der Bundesbeauftragte für den Datenschutz und die Informationsfreiheit Verstöße gegen die Vorschriften dieses Gesetzes oder gegen andere Vorschriften über den Datenschutz oder sonstige Mängel bei der Verarbeitung oder Nutzung personenbezogener Daten fest, so beanstandet er dies
1. bei der Bundesverwaltung gegenüber der zuständigen obersten Bundesbehörde,
2. beim Bundeseisenbahnvermögen gegenüber dem Präsidenten,
3. bei den aus dem Sondervermögen Deutsche Bundespost durch Gesetz hervorgegangenen Unternehmen, solange ihnen ein ausschließliches Recht nach dem Postgesetz zusteht, gegenüber deren Vorständen,
4. bei den bundesunmittelbaren Körperschaften, Anstalten und Stiftungen des öffentlichen Rechts sowie bei Vereinigungen solcher Körperschaften, Anstalten und Stiftungen gegenüber dem Vorstand oder dem sonst vertretungsberechtigten Organ

und fordert zur Stellungnahme innerhalb einer von ihm zu bestimmenden Frist auf. [2]In den Fällen von Satz 1 Nr. 4 unterrichtet der Bundesbeauftragte gleichzeitig die zuständige Aufsichtsbehörde.

(2) Der Bundesbeauftragte kann von einer Beanstandung absehen oder auf eine Stellungnahme der betroffenen Stelle verzichten, insbesondere wenn es sich um unerhebliche oder inzwischen beseitigte Mängel handelt.

(3) [1]Die Stellungnahme soll auch eine Darstellung der Maßnahmen enthalten, die aufgrund der Beanstandung des Bundesbeauftragten getroffen worden sind. [2]Die in Absatz 1 Satz 1 Nr. 4 genannten Stellen leiten der zuständigen Aufsichtsbehörde gleichzeitig eine Abschrift ihrer Stellungnahme an den Bundesbeauftragten zu.

§ 26 Weitere Aufgaben des Bundesbeauftragten für den Datenschutz und die Informationsfreiheit

(1) ¹Der Bundesbeauftragte für den Datenschutz und die Informationsfreiheit erstattet dem Deutschen Bundestag alle zwei Jahre einen Tätigkeitsbericht. ²Er unterrichtet den Deutschen Bundestag und die Öffentlichkeit über wesentliche Entwicklungen des Datenschutzes.

(2) ¹Auf Anforderung des Deutschen Bundestages oder der Bundesregierung hat der Bundesbeauftragte Gutachten zu erstellen und Berichte zu erstatten. Auf Ersuchen des Deutschen Bundestages, des Petitionsausschusses, des Innenausschusses oder der Bundesregierung geht der Bundesbeauftragte ferner Hinweisen auf Angelegenheiten und Vorgänge des Datenschutzes bei den öffentlichen Stellen des Bundes nach. ²Der Bundesbeauftragte kann sich jederzeit an den Deutschen Bundestag wenden.

(3) ¹Der Bundesbeauftragte kann der Bundesregierung und den in § 12 Abs. 1 genannten Stellen des Bundes Empfehlungen zur Verbesserung des Datenschutzes geben und sie in Fragen des Datenschutzes beraten. ²Die in § 25 Abs. 1 Nr. 1 bis 4 genannten Stellen sind durch den Bundesbeauftragten zu unterrichten, wenn die Empfehlung oder Beratung sie nicht unmittelbar betrifft.

(4) ¹Der Bundesbeauftragte wirkt auf die Zusammenarbeit mit den öffentlichen Stellen, die für die Kontrolle der Einhaltung der Vorschriften über den Datenschutz in den Ländern zuständig sind, sowie mit den Aufsichtsbehörden nach § 38 hin. ²§ 38 Abs. 1 Satz 4 und 5 gilt entsprechend.

Dritter Abschnitt. Datenverarbeitung nicht-öffentlicher Stellen und öffentlich-rechtlicher Wettbewerbsunternehmen

Erster Unterabschnitt. Rechtsgrundlagen der Datenverarbeitung

§ 27 Anwendungsbereich

(1) ¹Die Vorschriften dieses Abschnittes finden Anwendung, soweit personenbezogene Daten unter Einsatz von Datenverarbeitungsanlagen verarbeitet, genutzt oder dafür erhoben werden oder die Daten in oder aus nicht automatisierten Dateien verarbeitet, genutzt oder dafür erhoben werden durch
1. nicht-öffentliche Stellen,
2. a) öffentliche Stellen des Bundes, soweit sie als öffentlich-rechtliche Unternehmen am Wettbewerb teilnehmen,
   b) öffentliche Stellen der Länder, soweit sie als öffentlich-rechtliche Unternehmen am Wettbewerb teilnehmen, Bundesrecht ausführen und der Datenschutz nicht durch Landesgesetz geregelt ist.

²Dies gilt nicht, wenn die Erhebung, Verarbeitung oder Nutzung der Daten ausschließlich für persönliche oder familiäre Tätigkeiten erfolgt. ³In den Fällen der Nummer 2 Buchstabe a gelten anstelle des § 38 die §§ 18, 21 und 24 bis 26.

(2) Die Vorschriften dieses Abschnittes gelten nicht für die Verarbeitung und Nutzung personenbezogener Daten außerhalb von nicht automatisierten Dateien, soweit es sich nicht um personenbezogene Daten handelt, die offensichtlich aus einer automatisierten Verarbeitung entnommen worden sind.

§ 28 Datenerhebung und -speicherung für eigene Geschäftszwecke

(1) ¹Das Erheben, Speichern, Verändern oder Übermitteln personenbezogener Daten oder ihre Nutzung als Mittel für die Erfüllung eigener Geschäftszwecke ist zulässig,
1. wenn es für die Begründung, Durchführung oder Beendigung eines rechtsgeschäftlichen oder rechtsgeschäftsähnlichen Schuldverhältnisses mit dem Betroffenen erforderlich ist,
2. soweit es zur Wahrung berechtigter Interessen der verantwortlichen Stelle erforderlich ist und kein Grund zu der Annahme besteht, dass das schutzwürdige Interesse des Betroffenen an dem Ausschluss der Verarbeitung oder Nutzung überwiegt, oder
3. wenn die Daten allgemein zugänglich sind oder die verantwortliche Stelle sie veröffentlichen dürfte, es sei denn, dass das schutzwürdige Interesse des Betroffenen an dem Ausschluss der Verarbeitung oder Nutzung gegenüber dem berechtigten Interesse der verantwortlichen Stelle offensichtlich überwiegt.

²Bei der Erhebung personenbezogener Daten sind die Zwecke, für die die Daten verarbeitet oder genutzt werden sollen, konkret festzulegen.

(2) Die Übermittlung oder Nutzung für einen anderen Zweck ist zulässig:
1. unter den Voraussetzungen des Absatzes 1 Satz 1 Nummer 2 oder Nummer 3,
2. soweit es erforderlich ist,
   a) zur Wahrung berechtigter Interessen eines Dritten oder
   b) zur Abwehr von Gefahren für die staatliche und öffentliche Sicherheit oder zur Verfolgung von Straftaten und kein Grund zu der Annahme besteht, dass der Betroffene ein schutzwürdiges Interesse an dem Ausschluss der Übermittlung oder Nutzung hat, oder
3. wenn es im Interesse einer Forschungseinrichtung zur Durchführung wissenschaftlicher Forschung erforderlich ist, das wissenschaftliche Interesse an der Durchführung des Forschungsvorhabens das Interesse des Betroffenen an dem Ausschluss der Zweckänderung erheblich überwiegt und der Zweck der Forschung auf andere Weise nicht oder nur mit unverhältnismäßigem Aufwand erreicht werden kann.

(3) ¹Die Verarbeitung oder Nutzung personenbezogener Daten für Zwecke des Adresshandels oder der Werbung ist zulässig, soweit der Betroffene eingewilligt hat und im Falle einer nicht schriftlich erteilten Einwilligung die verantwortliche Stelle nach Absatz 3a verfährt. ²Darüber hinaus ist die Verarbeitung oder Nutzung personenbezogener Daten zulässig, soweit es sich um listenmäßig oder sonst zusammengefasste Daten über Angehörige einer Personengruppe handelt, die sich auf die Zugehörigkeit des Betroffenen zu dieser Personengruppe, seine Berufs-, Branchen- oder Geschäftsbezeichnung, seinen Namen, Titel, akademischen Grad, seine Anschrift und sein Geburtsjahr beschränken, und die Verarbeitung oder Nutzung erforderlich ist
1. für Zwecke der Werbung für eigene Angebote der verantwortlichen Stelle, die diese Daten mit Ausnahme der Angaben zur Gruppenzugehörigkeit beim Betroffenen nach Absatz 1 Satz 1 Nummer 1 oder aus allgemein zugänglichen Adress-, Rufnummern-, Branchen oder vergleichbaren Verzeichnissen erworben hat,
2. für Zwecke der Werbung im Hinblick auf die berufliche Tätigkeit des Betroffenen und unter seiner beruflichen Anschrift oder
3. für Zwecke der Werbung für Spenden, die nach § 10b Absatz 1 und § 34g des Einkommensteuergesetzes steuerbegünstigt sind.

³Für Zwecke nach Satz 2 Nummer 1 darf die verantwortliche Stelle zu den dort genannten Daten weitere Daten hinzuspeichern. ⁴Zusammengefasste personenbezo-

Bundesdatenschutzgesetz § 28 **BDSG**

gene Daten nach Satz 2 dürfen auch dann für Zwecke der Werbung übermittelt werden, wenn die Übermittlung nach Maßgabe des § 34 Absatz 1a Satz 1 gespeichert wird; in diesem Fall muss die Stelle, die die Daten erstmalig erhoben hat, aus der Werbung eindeutig hervorgehen. [5]Unabhängig vom Vorliegen der Voraussetzungen des Satzes 2 dürfen personenbezogene Daten für Zwecke der Werbung für fremde Angebote genutzt werden, wenn für den Betroffenen bei der Ansprache zum Zwecke der Werbung die für die Nutzung der Daten verantwortliche Stelle eindeutig erkennbar ist. [6]Eine Verarbeitung oder Nutzung nach den Sätzen 2 bis 4 ist nur zulässig, soweit schutzwürdige Interessen des Betroffenen nicht entgegenstehen. [7]Nach den Sätzen 1, 2 und 4 übermittelte Daten dürfen nur für den Zweck verarbeitet oder genutzt werden, für den sie übermittelt worden sind.

(3a) [1]Wird die Einwilligung nach § 4a Absatz 1 Satz 3 in anderer Form als die Schriftform erteilt, hat die verantwortliche Stelle dem Betroffenen den Inhalt der Einwilligung schriftlich zu bestätigen, es sei denn, dass die Einwilligung elektronisch erklärt wird und die verantwortliche Stelle sicherstellt, dass die Einwilligung protokolliert wird und der Betroffene deren Inhalt jederzeit abrufen und die Einwilligung jederzeit mit Wirkung für die Zukunft widerrufen kann. [2]Soll die Einwilligung zusammen mit anderen Erklärungen schriftlich erteilt werden, ist sie in drucktechnisch deutlicher Gestaltung besonders hervorzuheben.

(3b) [1]Die verantwortliche Stelle darf den Abschluss eines Vertrags nicht von einer Einwilligung des Betroffenen nach Absatz 3 Satz 1 abhängig machen, wenn dem Betroffenen ein anderer Zugang zu gleichwertigen vertraglichen Leistungen ohne die Einwilligung nicht oder nicht in zumutbarer Weise möglich ist. [2]Eine unter solchen Umständen erteilte Einwilligung ist unwirksam.

(4) [1]Widerspricht der Betroffene bei der verantwortlichen Stelle der Verarbeitung oder Nutzung seiner Daten für Zwecke der Werbung oder der Markt- oder Meinungsforschung, ist eine Verarbeitung oder Nutzung für diese Zwecke unzulässig. [2]Der Betroffene ist bei der Ansprache zum Zweck der Werbung oder der Markt- oder Meinungsforschung und in den Fällen des Absatzes 1 Satz 1 Nummer 1 auch bei Begründung des rechtsgeschäftlichen oder rechtsgeschäftsähnlichen Schuldverhältnisses über die verantwortliche Stelle sowie über das Widerspruchsrecht nach Satz 1 zu unterrichten; soweit der Ansprechende personenbezogene Daten des Betroffenen nutzt, die bei einer ihm nicht bekannten Stelle gespeichert sind, hat er auch sicherzustellen, dass der Betroffene Kenntnis über die Herkunft der Daten erhalten kann. [3]Widerspricht der Betroffene bei dem Dritten, dem die Daten im Rahmen der Zwecke nach Absatz 3 übermittelt worden sind, der Verarbeitung oder Nutzung für Zwecke der Werbung oder der Markt- oder Meinungsforschung, hat dieser die Daten für diese Zwecke zu sperren. [4]In den Fällen des Absatzes 1 Satz 1 Nummer 1 darf für den Widerspruch keine strengere Form verlangt werden als für die Begründung des rechtsgeschäftlichen oder rechtsgeschäftsähnlichen Schuldverhältnisses.

(5) [1]Der Dritte, dem die Daten übermittelt worden sind, darf diese nur für den Zweck verarbeiten oder nutzen, zu dessen Erfüllung sie ihm übermittelt werden. [2]Eine Verarbeitung oder Nutzung für andere Zwecke ist nicht-öffentlichen Stellen nur unter den Voraussetzungen der Absätze 2 und 3 und öffentlichen Stellen nur unter den Voraussetzungen des § 14 Abs. 2 erlaubt. [3]Die übermittelnde Stelle hat ihn darauf hinzuweisen.

(6) Das Erheben, Verarbeiten und Nutzen von besonderen Arten personenbezogener Daten (§ 3 Abs. 9) für eigene Geschäftszwecke ist zulässig, soweit nicht der Betroffene nach Maßgabe des § 4a Abs. 3 eingewilligt hat, wenn
1. dies zum Schutz lebenswichtiger Interessen des Betroffenen oder eines Dritten erforderlich ist, sofern der Betroffene aus physischen oder rechtlichen Gründen außerstande ist, seine Einwilligung zu geben,

BDSG § 28a Bundesdatenschutzgesetz

2. es sich um Daten handelt, die der Betroffene offenkundig öffentlich gemacht hat,
3. dies zur Geltendmachung, Ausübung oder Verteidigung rechtlicher Ansprüche erforderlich ist und kein Grund zu der Annahme besteht, dass das schutzwürdige Interesse des Betroffenen an dem Ausschluss der Erhebung, Verarbeitung oder Nutzung überwiegt, oder
4. dies zur Durchführung wissenschaftlicher Forschung erforderlich ist, das wissenschaftliche Interesse an der Durchführung des Forschungsvorhabens das Interesse des Betroffenen an dem Ausschluss der Erhebung, Verarbeitung und Nutzung erheblich überwiegt und der Zweck der Forschung auf andere Weise nicht oder nur mit unverhältnismäßigem Aufwand erreicht werden kann.

(7) [1]Das Erheben von besonderen Arten personenbezogener Daten (§ 3 Abs. 9) ist ferner zulässig, wenn dies zum Zweck der Gesundheitsvorsorge, der medizinischen Diagnostik, der Gesundheitsversorgung oder Behandlung oder für die Verwaltung von Gesundheitsdiensten erforderlich ist und die Verarbeitung dieser Daten durch ärztliches Personal oder durch sonstige Personen erfolgt, die einer entsprechenden Geheimhaltungspflicht unterliegen. [2]Die Verarbeitung und Nutzung von Daten zu den in Satz 1 genannten Zwecken richtet sich nach den für die in Satz 1 genannten Personen geltenden Geheimhaltungspflichten. [3]Werden zu einem in Satz 1 genannten Zweck Daten über die Gesundheit von Personen durch Angehörige eines anderen als in § 203 Abs. 1 und 3 des Strafgesetzbuchs genannten Berufes, dessen Ausübung die Feststellung, Heilung oder Linderung von Krankheiten oder die Herstellung oder den Vertrieb von Hilfsmitteln mit sich bringt, erhoben, verarbeitet oder genutzt, ist dies nur unter den Voraussetzungen zulässig, unter denen ein Arzt selbst hierzu befugt wäre.

(8) [1]Für einen anderen Zweck dürfen die besonderen Arten personenbezogener Daten (§ 3 Abs. 9) nur unter den Voraussetzungen des Absatzes 6 Nr. 1 bis 4 oder des Absatzes 7 Satz 1 übermittelt oder genutzt werden. [2]Eine Übermittlung oder Nutzung ist auch zulässig, wenn dies zur Abwehr von erheblichen Gefahren für die staatliche und öffentliche Sicherheit sowie zur Verfolgung von Straftaten von erheblicher Bedeutung erforderlich ist.

(9) [1]Organisationen, die politisch, philosophisch, religiös oder gewerkschaftlich ausgerichtet sind und keinen Erwerbszweck verfolgen, dürfen besondere Arten personenbezogener Daten (§ 3 Abs. 9) erheben, verarbeiten oder nutzen, soweit dies für die Tätigkeit der Organisation erforderlich ist. [2]Dies gilt nur für personenbezogene Daten ihrer Mitglieder oder von Personen, die im Zusammenhang mit deren Tätigkeitszweck regelmäßig Kontakte mit ihr unterhalten. [3]Die Übermittlung dieser personenbezogenen Daten an Personen oder Stellen außerhalb der Organisation ist nur unter den Voraussetzungen des § 4a Abs. 3 zulässig. [4]Absatz 2 Nummer 2 Buchstabe b gilt entsprechend.

§ 28a Datenübermittlung an Auskunfteien

(1) [1]Die Übermittlung personenbezogener Daten über eine Forderung an Auskunfteien ist nur zulässig, soweit die geschuldete Leistung trotz Fälligkeit nicht erbracht worden ist, die Übermittlung zur Wahrung berechtigter Interessen der verantwortlichen Stelle oder eines Dritten erforderlich ist und
1. die Forderung durch ein rechtskräftiges oder für vorläufig vollstreckbar erklärtes Urteil festgestellt worden ist oder ein Schuldtitel nach § 794 der Zivilprozessordnung vorliegt,
2. die Forderung nach § 178 der Insolvenzordnung festgestellt und nicht vom Schuldner im Prüfungstermin bestritten worden ist,
3. der Betroffene die Forderung ausdrücklich anerkannt hat,

Bundesdatenschutzgesetz § 28b BDSG

4. a) der Betroffene nach Eintritt der Fälligkeit der Forderung mindestens zweimal schriftlich gemahnt worden ist,
   b) zwischen der ersten Mahnung und der Übermittlung mindestens vier Wochen liegen,
   c) die verantwortliche Stelle den Betroffenen rechtzeitig vor der Übermittlung der Angaben, jedoch frühestens bei der ersten Mahnung über die bevorstehende Übermittlung unterrichtet hat und
   d) der Betroffene die Forderung nicht bestritten hat oder
5. das der Forderung zugrunde liegende Vertragsverhältnis aufgrund von Zahlungsrückständen fristlos gekündigt werden kann und die verantwortliche Stelle den Betroffenen über die bevorstehende Übermittlung unterrichtet hat.

[2]Satz 1 gilt entsprechend, wenn die verantwortliche Stelle selbst die Daten nach § 29 verwendet.

(2) [1]Zur zukünftigen Übermittlung nach § 29 Abs. 2 dürfen Kreditinstitute personenbezogene Daten über die Begründung, ordnungsgemäße Durchführung und Beendigung eines Vertragsverhältnisses betreffend ein Bankgeschäft nach § 1 Abs. 1 Satz 2 Nr. 2, 8 oder Nr. 9 des Kreditwesengesetzes an Auskunfteien übermitteln, es sei denn, dass das schutzwürdige Interesse des Betroffenen an dem Ausschluss der Übermittlung gegenüber dem Interesse der Auskunftei an der Kenntnis der Daten offensichtlich überwiegt. [2]Der Betroffene ist vor Abschluss des Vertrages hierüber zu unterrichten. [3]Satz 1 gilt nicht für Giroverträge, die die Einrichtung eines Kontos ohne Überziehungsmöglichkeit zum Gegenstand haben. [4]Zur zukünftigen Übermittlung nach § 29 Abs. 2 ist die Übermittlung von Daten über Verhaltensweisen des Betroffenen, die im Rahmen eines vorvertraglichen Vertrauensverhältnisses der Herstellung von Markttransparenz dienen, an Auskunfteien auch mit Einwilligung des Betroffenen unzulässig.

(3) [1]Nachträgliche Änderungen der einer Übermittlung nach Absatz 1 oder Absatz 2 zugrunde liegenden Tatsachen hat die verantwortliche Stelle der Auskunftei innerhalb von einem Monat nach Kenntniserlangung mitzuteilen, solange die ursprünglich übermittelten Daten bei der Auskunftei gespeichert sind. [2]Die Auskunftei hat die übermittelnde Stelle über die Löschung der ursprünglich übermittelten Daten zu unterrichten.

§ 28b Scoring

Zum Zweck der Entscheidung über die Begründung, Durchführung oder Beendigung eines Vertragsverhältnisses mit dem Betroffenen darf ein Wahrscheinlichkeitswert für ein bestimmtes zukünftiges Verhalten des Betroffenen erhoben oder verwendet werden, wenn
1. die zur Berechnung des Wahrscheinlichkeitswerts genutzten Daten unter Zugrundelegung eines wissenschaftlich anerkannten mathematisch-statistischen Verfahrens nachweisbar für die Berechnung der Wahrscheinlichkeit des bestimmten Verhaltens erheblich sind,
2. im Fall der Berechnung des Wahrscheinlichkeitswerts durch eine Auskunftei die Voraussetzungen für eine Übermittlung der genutzten Daten nach § 29 und in allen anderen Fällen der Voraussetzungen einer zulässigen Nutzung der Daten nach § 28 vorliegen,
3. für die Berechnung des Wahrscheinlichkeitswerts nicht ausschließlich Anschriftendaten genutzt werden,
4. im Fall der Nutzung von Anschriftendaten der Betroffene vor Berechnung des Wahrscheinlichkeitswerts über die vorgesehene Nutzung dieser Daten unterrichtet worden ist; die Unterrichtung ist zu dokumentieren.

§ 29 Geschäftsmäßige Datenerhebung und -speicherung zum Zweck der Übermittlung

(1) [1]Das geschäftsmäßige Erheben, Speichern, Verändern oder Nutzen personenbezogener Daten zum Zweck der Übermittlung, insbesondere wenn dies der Werbung, der Tätigkeit von Auskunfteien oder dem Adresshandel dient, ist zulässig, wenn
1. kein Grund zu der Annahme besteht, dass der Betroffene ein schutzwürdiges Interesse an dem Ausschluss der Erhebung, Speicherung oder Veränderung hat,
2. die Daten aus allgemein zugänglichen Quellen entnommen werden können oder die verantwortliche Stelle sie veröffentlichen dürfte, es sei denn, dass das schutzwürdige Interesse des Betroffenen an dem Ausschluss der Erhebung, Speicherung oder Veränderung offensichtlich überwiegt, oder
3. die Voraussetzungen des § 28a Abs. 1 oder Abs. 2 erfüllt sind; Daten im Sinne von § 28a Abs. 2 Satz 4 dürfen nicht erhoben oder gespeichert werden.

[2]§ 28 Absatz 1 Satz 2 und Absatz 3 bis 3b ist anzuwenden.

(2) [1]Die Übermittlung im Rahmen der Zwecke nach Absatz 1 ist zulässig, wenn
1. der Dritte, dem die Daten übermittelt werden, ein berechtigtes Interesse an ihrer Kenntnis glaubhaft dargelegt hat und
2. kein Grund zu der Annahme besteht, dass der Betroffene ein schutzwürdiges Interesse an dem Ausschluss der Übermittlung hat.

[2]§ 28 Absatz 3 bis 3b gilt entsprechend. [3]Bei der Übermittlung nach Satz 1 Nr. 1 sind die Gründe für das Vorliegen eines berechtigten Interesses und die Art und Weise ihrer glaubhaften Darlegung von der übermittelnden Stelle aufzuzeichnen. [4]Bei der Übermittlung im automatisierten Abrufverfahren obliegt die Aufzeichnungspflicht dem Dritten, dem die Daten übermittelt werden. [5]Die übermittelnde Stelle hat Stichprobenverfahren nach § 10 Abs. 4 Satz 3 durchzuführen und dabei auch das Vorliegen eines berechtigten Interesses einzelfallbezogen festzustellen und zu überprüfen.

(3) [1]Die Aufnahme personenbezogener Daten in elektronische oder gedruckte Adress-, Rufnummern-, Branchen- oder vergleichbare Verzeichnisse hat zu unterbleiben, wenn der entgegenstehende Wille des Betroffenen aus dem zugrunde liegenden elektronischen oder gedruckten Verzeichnis oder Register ersichtlich ist. [2]Der Empfänger der Daten hat sicherzustellen, dass Kennzeichnungen aus elektronischen oder gedruckten Verzeichnissen oder Registern bei der Übernahme in Verzeichnisse oder Register übernommen werden.

(4) Für die Verarbeitung oder Nutzung der übermittelten Daten gilt § 28 Abs. 4 und 5.

(5) § 28 Abs. 6 bis 9 gilt entsprechend.

(6) Eine Stelle, die geschäftsmäßig personenbezogene Daten, die zur Bewertung der Kreditwürdigkeit von Verbrauchern genutzt werden dürfen, zum Zweck der Übermittlung erhebt, speichert oder verändert, hat Auskunftsverlangen von Darlehensgebern aus anderen Mitgliedstaaten der Europäischen Union oder anderen Vertragsstaaten des Abkommens über den Europäischen Wirtschaftsraum genauso zu behandeln wie Auskunftsverlangen inländischer Darlehensgeber.

(7) [1]Wer den Abschluss eines Verbraucherdarlehensvertrags oder eines Vertrags über eine entgeltliche Finanzierungshilfe mit einem Verbraucher infolge einer Auskunft einer Stelle im Sinne des Absatzes 6 ablehnt, hat den Verbraucher unverzüglich hierüber sowie über die erhaltene Auskunft zu unterrichten. [2]Die Unterrichtung unterbleibt, soweit hierdurch die öffentliche Sicherheit oder Ordnung gefährdet würde. [3]§ 6a bleibt unberührt.

§ 30 Geschäftsmäßige Datenerhebung und -speicherung zum Zweck der Übermittlung in anonymisierter Form

(1) ¹Werden personenbezogene Daten geschäftsmäßig erhoben und gespeichert, um sie in anonymisierter Form zu übermitteln, sind die Merkmale gesondert zu speichern, mit denen Einzelangaben über persönliche oder sachliche Verhältnisse einer bestimmten oder bestimmbaren natürlichen Person zugeordnet werden können. ²Diese Merkmale dürfen mit den Einzelangaben nur zusammengeführt werden, soweit dies für die Erfüllung des Zwecks der Speicherung oder zu wissenschaftlichen Zwecken erforderlich ist.

(2) Die Veränderung personenbezogener Daten ist zulässig, wenn
1. kein Grund zu der Annahme besteht, dass der Betroffene ein schutzwürdiges Interesse an dem Ausschluss der Veränderung hat, oder
2. die Daten aus allgemein zugänglichen Quellen entnommen werden können oder die verantwortliche Stelle sie veröffentlichen dürfte, soweit nicht das schutzwürdige Interesse des Betroffenen an dem Ausschluss der Veränderung offensichtlich überwiegt.

(3) Die personenbezogenen Daten sind zu löschen, wenn ihre Speicherung unzulässig ist.

(4) § 29 gilt nicht.

(5) § 28 Abs. 6 bis 9 gilt entsprechend.

§ 30a Geschäftsmäßige Datenerhebung und -speicherung für Zwecke der Markt- oder Meinungsforschung

(1) ¹Das geschäftsmäßige Erheben, Verarbeiten oder Nutzen personenbezogener Daten für Zwecke der Markt- oder Meinungsforschung ist zulässig, wenn
1. kein Grund zu der Annahme besteht, dass der Betroffene ein schutzwürdiges Interesse an dem Ausschluss der Erhebung, Verarbeitung oder Nutzung hat, oder
2. die Daten aus allgemein zugänglichen Quellen entnommen werden können oder die verantwortliche Stelle sie veröffentlichen dürfte und das schutzwürdige Interesse des Betroffenen an dem Ausschluss der Erhebung, Verarbeitung oder Nutzung gegenüber dem Interesse der verantwortlichen Stelle nicht offensichtlich überwiegt.
²Besondere Arten personenbezogener Daten (§ 3 Absatz 9) dürfen nur für ein bestimmtes Forschungsvorhaben erhoben, verarbeitet oder genutzt werden.

(2) ¹Für Zwecke der Markt- oder Meinungsforschung erhobene oder gespeicherte personenbezogene Daten dürfen nur für diese Zwecke verarbeitet oder genutzt werden. ²Daten, die nicht aus allgemein zugänglichen Quellen entnommen worden sind und die verantwortliche Stelle auch nicht veröffentlichen dürfte, dürfen nur für das Forschungsvorhaben verarbeitet oder genutzt werden, für das sie erhoben worden sind. ³Für einen anderen Zweck dürfen sie nur verarbeitet oder genutzt werden, wenn sie zuvor so anonymisiert werden, dass ein Personenbezug nicht mehr hergestellt werden kann.

(3) ¹Die personenbezogenen Daten sind zu anonymisieren, sobald dies nach dem Zweck des Forschungsvorhabens, für das die Daten erhoben worden sind, möglich ist. ²Bis dahin sind die Merkmale gesondert zu speichern, mit denen Einzelangaben über persönliche oder sachliche Verhältnisse einer bestimmten oder bestimmbaren Person zugeordnet werden können. ³Diese Merkmale dürfen mit den Einzelangaben nur zusammengeführt werden, soweit dies nach dem Zweck des Forschungsvorhabens erforderlich ist.

(4) § 29 gilt nicht.

(5) § 28 Absatz 4 und 6 bis 9 gilt entsprechend.

BDSG §§ 31–33

§ 31 Besondere Zweckbindung

Personenbezogene Daten, die ausschließlich zu Zwecken der Datenschutzkontrolle, der Datensicherung oder zur Sicherstellung eines ordnungsgemäßen Betriebes einer Datenverarbeitungsanlage gespeichert werden, dürfen nur für diese Zwecke verwendet werden.

§ 32 Datenerhebung, -verarbeitung und -nutzung für Zwecke des Beschäftigungsverhältnisses

(1) ¹Personenbezogene Daten eines Beschäftigten dürfen für Zwecke des Beschäftigungsverhältnisses erhoben, verarbeitet oder genutzt werden, wenn dies für die Entscheidung über die Begründung eines Beschäftigungsverhältnisses oder nach Begründung des Beschäftigungsverhältnisses für dessen Durchführung oder Beendigung erforderlich ist. ²Zur Aufdeckung von Straftaten dürfen personenbezogene Daten eines Beschäftigten nur dann erhoben, verarbeitet oder genutzt werden, wenn zu dokumentierende tatsächliche Anhaltspunkte den Verdacht begründen, dass der Betroffene im Beschäftigungsverhältnis eine Straftat begangen hat, die Erhebung, Verarbeitung oder Nutzung zur Aufdeckung erforderlich ist und das schutzwürdige Interesse des Beschäftigten an dem Ausschluss der Erhebung, Verarbeitung oder Nutzung nicht überwiegt, insbesondere Art und Ausmaß im Hinblick auf den Anlass nicht unverhältnismäßig sind.

(2) Absatz 1 ist auch anzuwenden, wenn personenbezogene Daten erhoben, verarbeitet oder genutzt werden, ohne dass sie automatisiert verarbeitet oder in oder aus einer nicht automatisierten Datei verarbeitet, genutzt oder für die Verarbeitung oder Nutzung in einer solchen Datei erhoben werden.

(3) Die Beteiligungsrechte der Interessenvertretungen der Beschäftigten bleiben unberührt.

Zweiter Unterabschnitt. Rechte des Betroffenen

§ 33 Benachrichtigung des Betroffenen

(1) ¹Werden erstmals personenbezogene Daten für eigene Zwecke ohne Kenntnis des Betroffenen gespeichert, ist der Betroffene von der Speicherung, der Art der Daten, der Zweckbestimmung der Erhebung, Verarbeitung oder Nutzung und der Identität der verantwortlichen Stelle zu benachrichtigen. ²Werden personenbezogene Daten geschäftsmäßig zum Zweck der Übermittlung ohne Kenntnis des Betroffenen gespeichert, ist der Betroffene von der erstmaligen Übermittlung und der Art der übermittelten Daten zu benachrichtigen. ³Der Betroffene ist in den Fällen der Sätze 1 und 2 auch über die Kategorien von Empfängern zu unterrichten, soweit er nach den Umständen des Einzelfalles nicht mit der Übermittlung an diese rechnen muss.

(2) ¹Eine Pflicht zur Benachrichtigung besteht nicht, wenn
1. der Betroffene auf andere Weise Kenntnis von der Speicherung oder der Übermittlung erlangt hat,
2. die Daten nur deshalb gespeichert sind, weil sie aufgrund gesetzlicher, satzungsmäßiger oder vertraglicher Aufbewahrungsvorschriften nicht gelöscht werden dürfen oder ausschließlich der Datensicherung oder der Datenschutzkontrolle dienen und eine Benachrichtigung einen unverhältnismäßigen Aufwand erfordern würde,

Bundesdatenschutzgesetz § 34 **BDSG**

3. die Daten nach einer Rechtsvorschrift oder ihrem Wesen nach, namentlich wegen des überwiegenden rechtlichen Interesses eines Dritten, geheim gehalten werden müssen,
4. die Speicherung oder Übermittlung durch Gesetz ausdrücklich vorgesehen ist,
5. die Speicherung oder Übermittlung für Zwecke der wissenschaftlichen Forschung erforderlich ist und eine Benachrichtigung einen unverhältnismäßigen Aufwand erfordern würde,
6. die zuständige öffentliche Stelle gegenüber der verantwortlichen Stelle festgestellt hat, dass das Bekanntwerden der Daten die öffentliche Sicherheit oder Ordnung gefährden oder sonst dem Wohle des Bundes oder eines Landes Nachteile bereiten würde,
7. die Daten für eigene Zwecke gespeichert sind und
   a) aus allgemein zugänglichen Quellen entnommen sind und eine Benachrichtigung wegen der Vielzahl der betroffenen Fälle unverhältnismäßig ist, oder
   b) die Benachrichtigung die Geschäftszwecke der verantwortlichen Stelle erheblich gefährden würde, es sei denn, dass das Interesse an der Benachrichtigung die Gefährdung überwiegt,
8. die Daten geschäftsmäßig zum Zweck der Übermittlung gespeichert sind und
   a) aus allgemein zugänglichen Quellen entnommen sind, soweit sie sich auf diejenigen Personen beziehen, die diese Daten veröffentlicht haben, oder
   b) es sich um listenmäßig oder sonst zusammengefasste Daten handelt (§ 29 Absatz 2 Satz 2) und eine Benachrichtigung wegen der Vielzahl der betroffenen Fälle
   unverhältnismäßig ist.
9. aus allgemein zugänglichen Quellen entnommene Daten geschäftsmäßig für Zwecke der Markt- oder Meinungsforschung gespeichert sind und eine Benachrichtigung wegen der Vielzahl der betroffenen Fälle unverhältnismäßig ist.

²Die verantwortliche Stelle legt schriftlich fest, unter welchen Voraussetzungen von einer Benachrichtigung nach Satz 1 Nr. 2 bis 7 abgesehen wird.

§ 34 Auskunft an den Betroffenen

(1) ¹Die verantwortliche Stelle hat dem Betroffenen auf Verlangen Auskunft zu erteilen über
1. die zu seiner Person gespeicherten Daten, auch soweit sie sich auf die Herkunft dieser Daten beziehen,
2. den Empfänger oder die Kategorien von Empfängern, an die Daten weitergegeben werden, und
3. den Zweck der Speicherung.

²Der Betroffene soll die Art der personenbezogenen Daten, über die Auskunft erteilt werden soll, näher bezeichnen. ³Werden die personenbezogenen Daten geschäftsmäßig zum Zweck der Übermittlung gespeichert, ist Auskunft über die Herkunft und die Empfänger auch dann zu erteilen, wenn diese Angaben nicht gespeichert sind. ⁴Die Auskunft über die Herkunft und die Empfänger kann verweigert werden, soweit das Interesse an der Wahrung des Geschäftsgeheimnisses gegenüber dem Informationsinteresse des Betroffenen überwiegt.

(1a) ¹Im Fall des § 28 Absatz 3 Satz 4 hat die übermittelnde Stelle die Herkunft der Daten und den Empfänger für die Dauer von zwei Jahren nach der Übermittlung zu speichern und dem Betroffenen auf Verlangen Auskunft über die Herkunft der Daten und den Empfänger zu erteilen. ²Satz 1 gilt entsprechend für den Empfänger.

BDSG § 34 Bundesdatenschutzgesetz

(2) ¹Im Fall des § 28b hat die für die Entscheidung verantwortliche Stelle dem Betroffenen auf Verlangen Auskunft zu erteilen über
1. die innerhalb der letzten sechs Monate vor dem Zugang des Auskunftsverlangens erhobenen oder erstmalig gespeicherten Wahrscheinlichkeitswerte,
2. die zur Berechnung der Wahrscheinlichkeitswerte genutzten Datenarten und
3. das Zustandekommen und die Bedeutung der Wahrscheinlichkeitswerte einzelfallbezogen und nachvollziehbar in allgemein verständlicher Form.

²Satz 1 gilt entsprechend, wenn die für die Entscheidung verantwortliche Stelle
4. die zur Berechnung der Wahrscheinlichkeitswerte genutzten Daten ohne Personenbezug speichert, den Personenbezug aber bei der Berechnung herstellt oder
5. bei einer anderen Stelle gespeicherte Daten nutzt.

³Hat eine andere als die für die Entscheidung verantwortliche Stelle
1. den Wahrscheinlichkeitswert oder
2. einen Bestandteil des Wahrscheinlichkeitswerts

berechnet, hat sie die insoweit zur Erfüllung der Auskunftsansprüche nach den Sätzen 1 und 2 erforderlichen Angaben auf Verlangen der für die Entscheidung verantwortlichen Stelle an diese zu übermitteln. ⁴Im Fall des Satzes 3 Nr. 1 hat die für die Entscheidung verantwortliche Stelle den Betroffenen zur Geltendmachung seiner Auskunftsansprüche unter Angabe des Namens und der Anschrift der anderen Stelle sowie der Bezeichnung des Einzelfalls notwendigen Angaben unverzüglich an diese zu verweisen, soweit sie die Auskunft nicht selbst erteilt. ⁵In diesem Fall hat die andere Stelle, die den Wahrscheinlichkeitswert berechnet hat, die Auskunftsansprüche nach den Sätzen 1 und 2 gegenüber dem Betroffenen unentgeltlich zu erfüllen. ⁶Die Pflicht der für die Berechnung des Wahrscheinlichkeitswerts verantwortlichen Stelle nach Satz 3 entfällt, soweit die für die Entscheidung verantwortliche Stelle von ihrem Recht nach Satz 4 Gebrauch macht.

(3) ¹Eine Stelle, die geschäftsmäßig personenbezogene Daten zum Zweck der Übermittlung speichert, hat dem Betroffenen auf Verlangen Auskunft über die zu seiner Person gespeicherten Daten zu erteilen, auch wenn sie weder automatisiert verarbeitet werden noch in einer nicht automatisierten Datei gespeichert sind. ²Dem Betroffenen ist auch Auskunft zu erteilen über Daten, die
1. gegenwärtig noch keinen Personenbezug aufweisen, bei denen ein solcher aber im Zusammenhang mit der Auskunftserteilung von der verantwortlichen Stelle hergestellt werden soll,
2. die verantwortliche Stelle nicht speichert, aber zum Zweck der Auskunftserteilung nutzt.

³Die Auskunft über die Herkunft und die Empfänger kann verweigert werden, soweit das Interesse an der Wahrung des Geschäftsgeheimnisses gegenüber dem Informationsinteresse des Betroffenen überwiegt.

(4) ¹Eine Stelle, die geschäftsmäßig personenbezogene Daten zum Zweck der Übermittlung erhebt, speichert oder verändert, hat dem Betroffenen auf Verlangen Auskunft zu erteilen über
1. die innerhalb der letzten zwölf Monate vor dem Zugang des Auskunftsverlangens übermittelten Wahrscheinlichkeitswerte für ein bestimmtes zukünftiges Verhalten des Betroffenen sowie die Namen und letztbekannten Anschriften der Dritten, an die die Werte übermittelt worden sind,
2. die Wahrscheinlichkeitswerte, die sich zum Zeitpunkt des Auskunftsverlangens nach den von der Stelle zur Berechnung angewandten Verfahren ergeben,
3. die zur Berechnung der Wahrscheinlichkeitswerte nach den Nummern 1 und 2 genutzten Datenarten sowie
4. das Zustandekommen und die Bedeutung der Wahrscheinlichkeitswerte einzelfallbezogen und nachvollziehbar in allgemein verständlicher Form.

Bundesdatenschutzgesetz § 35 **BDSG**

²Satz 1 gilt entsprechend, wenn die verantwortliche Stelle
1. die zur Berechnung des Wahrscheinlichkeitswerts genutzten Daten ohne Personenbezug speichert, den Personenbezug aber bei der Berechnung herstellt oder
2. bei einer anderen Stelle gespeicherte Daten nutzt.

(5) Die nach den Absätzen 1a bis 4 zum Zweck der Auskunftserteilung an den Betroffenen gespeicherten Daten dürfen nur für diesen Zweck sowie für Zwecke der Datenschutzkontrolle verwendet werden; für andere Zwecke sind sie zu sperren.

(6) Die Auskunft ist auf Verlangen in Textform zu erteilen, soweit nicht wegen der besonderen Umstände eine andere Form der Auskunftserteilung angemessen ist.

(7) Eine Pflicht zur Auskunftserteilung besteht nicht, wenn der Betroffene nach § 33 Abs. 2 Satz 1 Nr. 2, 3 und 5 bis 7 nicht zu benachrichtigen ist.

(8) ¹Die Auskunft ist unentgeltlich. ²Werden die personenbezogenen Daten geschäftsmäßig zum Zweck der Übermittlung gespeichert, kann der Betroffene einmal je Kalenderjahr eine unentgeltliche Auskunft in Textform verlangen. ³Für jede weitere Auskunft kann ein Entgelt verlangt werden, wenn der Betroffene die Auskunft gegenüber Dritten zu wirtschaftlichen Zwecken nutzen kann. ⁴Das Entgelt darf über die durch die Auskunftserteilung entstandenen unmittelbar zurechenbaren Kosten nicht hinausgehen. ⁵Ein Entgelt kann nicht verlangt werden, wenn
1. besondere Umstände die Annahme rechtfertigen, dass Daten unrichtig oder unzulässig gespeichert werden, oder
2. die Auskunft ergibt, dass die Daten nach § 35 Abs. 1 zu berichtigen oder nach § 35 Abs. 2 Satz 2 Nr. 1 zu löschen sind.

(9) ¹Ist die Auskunftserteilung nicht unentgeltlich, ist dem Betroffenen die Möglichkeit zu geben, sich im Rahmen seines Auskunftsanspruchs persönlich Kenntnis über die ihn betreffenden Daten zu verschaffen. ²Er ist hierauf hinzuweisen.

§ 35 Berichtigung, Löschung und Sperrung von Daten

(1) ¹Personenbezogene Daten sind zu berichtigen, wenn sie unrichtig sind. ²Geschätzte Daten sind als solche deutlich zu kennzeichnen.

(2) ¹Personenbezogene Daten können außer in den Fällen des Absatzes 3 Nr. 1 und 2 jederzeit gelöscht werden. ²Personenbezogene Daten sind zu löschen, wenn
1. ihre Speicherung unzulässig ist,
2. es sich um Daten über die rassische oder ethnische Herkunft, politische Meinungen, religiöse oder philosophische Überzeugungen, Gewerkschaftszugehörigkeit, Gesundheit, Sexualleben, strafbare Handlungen oder Ordnungswidrigkeiten handelt und ihre Richtigkeit von der verantwortlichen Stelle nicht bewiesen werden kann.
3. sie für eigene Zwecke verarbeitet werden, sobald ihre Kenntnis für die Erfüllung des Zwecks der Speicherung nicht mehr erforderlich ist, oder
4. sie geschäftsmäßig zum Zweck der Übermittlung verarbeitet werden und eine Prüfung jeweils am Ende der vierten, soweit es sich um Daten über erledigte Sachverhalte handelt und der Betroffene der Löschung nicht widerspricht, am Ende des dritten Kalenderjahrs beginnend mit dem Kalenderjahr, das der erstmaligen Speicherung folgt, ergibt, dass eine längerwährende Speicherung nicht erforderlich ist.

³Personenbezogende Daten, die auf der Grundlage von § 28a Abs. 2 Satz 1 oder § 29 Abs. 1 Satz 1 Nr. 3 gespeichert werden, sind nach Beendigung des Vertrages auch zu löschen, wenn der Betroffene dies verlangt.

(3) An die Stelle einer Löschung tritt eine Sperrung, soweit
1. im Fall des Absatzes 2 Satz 2 Nr. 3 einer Löschung gesetzliche, satzungsmäßige oder vertragliche Aufbewahrungsfristen entgegenstehen,

BDSG §§ 36–38   Bundesdatenschutzgesetz

2. Grund zu der Annahme besteht, dass durch eine Löschung schutzwürdige Interessen des Betroffenen beeinträchtigt würden, oder
3. eine Löschung wegen der besonderen Art der Speicherung nicht oder nur mit unverhältnismäßig hohem Aufwand möglich ist.

(4) Personenbezogene Daten sind ferner zu sperren, soweit ihre Richtigkeit vom Betroffenen bestritten wird und sich weder die Richtigkeit noch die Unrichtigkeit feststellen lässt.

(4a) Die Tatsache der Sperrung darf nicht übermittelt werden.

(5) ¹Personenbezogene Daten dürfen nicht für eine automatisierte Verarbeitung oder Verarbeitung in nicht automatisierten Dateien erhoben, verarbeitet oder genutzt werden, soweit der Betroffene dieser bei der verantwortlichen Stelle widerspricht und eine Prüfung ergibt, dass das schutzwürdige Interesse des Betroffenen wegen seiner besonderen persönlichen Situation das Interesse der verantwortlichen Stelle an dieser Erhebung, Verarbeitung oder Nutzung überwiegt. ²Satz 1 gilt nicht, wenn eine Rechtsvorschrift zur Erhebung, Verarbeitung oder Nutzung verpflichtet.

(6) ¹Personenbezogene Daten, die unrichtig sind oder deren Richtigkeit bestritten wird, müssen bei der geschäftsmäßigen Datenspeicherung zum Zweck der Übermittlung außer in den Fällen des Absatzes 2 Nr. 2 nicht berichtigt, gesperrt oder gelöscht werden, wenn sie aus allgemein zugänglichen Quellen entnommen und zu Dokumentationszwecken gespeichert sind. ²Auf Verlangen des Betroffenen ist diesen Daten für die Dauer der Speicherung seine Gegendarstellung beizufügen. ³Die Daten dürfen nicht ohne diese Gegendarstellung übermittelt werden.

(7) Von der Berichtigung unrichtiger Daten, der Sperrung bestrittener Daten sowie der Löschung oder Sperrung wegen Unzulässigkeit der Speicherung sind die Stellen zu verständigen, denen im Rahmen einer Datenübermittlung diese Daten zur Speicherung weitergegeben wurden, wenn dies keinen unverhältnismäßigen Aufwand erfordert und schutzwürdige Interessen des Betroffenen nicht entgegenstehen.

(8) Gesperrte Daten dürfen ohne Einwilligung des Betroffenen nur übermittelt oder genutzt werden, wenn
1. es zu wissenschaftlichen Zwecken, zur Behebung einer bestehenden Beweisnot oder aus sonstigen im überwiegenden Interesse der verantwortlichen Stelle oder eines Dritten liegenden Gründen unerlässlich ist und
2. die Daten hierfür übermittelt oder genutzt werden dürften, wenn sie nicht gesperrt wären.

Dritter Unterabschnitt. Aufsichtsbehörde

§§ 36, 37 (weggefallen)

§ 38 Aufsichtsbehörde

(1) ¹Die Aufsichtsbehörde kontrolliert die Ausführung dieses Gesetzes sowie anderer Vorschriften über den Datenschutz, soweit diese die automatisierte Verarbeitung personenbezogener Daten oder die Verarbeitung oder Nutzung personenbezogener Daten in oder aus nicht automatisierten Dateien regeln einschließlich des Rechts der Mitgliedstaaten in den Fällen des § 1 Abs. 5. ²Sie berät und unterstützt die Beauftragten für den Datenschutz und die verantwortlichen Stellen mit Rücksicht auf deren typischen Bedürfnisse. ³Die Aufsichtsbehörde darf die von ihr gespeicher-

Bundesdatenschutzgesetz § 38a **BDSG**

ten Daten nur für Zwecke der Aufsicht verarbeiten und nutzen; § 14 Abs. 2 Nr. 1 bis 3, 6 und 7 gilt entsprechend. [4]Insbesondere darf die Aufsichtsbehörde zum Zweck der Aufsicht Daten an andere Aufsichtsbehörden übermitteln. [5]Sie leistet den Aufsichtsbehörden anderer Mitgliedstaaten der Europäischen Union auf Ersuchen ergänzende Hilfe (Amtshilfe). [6]Stellt die Aufsichtsbehörde einen Verstoß gegen dieses Gesetz oder andere Vorschriften über den Datenschutz fest, so ist sie befugt, die Betroffenen hierüber zu unterrichten, den Verstoß bei den für die Verfolgung oder Ahndung zuständigen Stellen anzuzeigen sowie bei schwerwiegenden Verstößen die Gewerbeaufsichtsbehörde zur Durchführung gewerberechtlicher Maßnahmen zu unterrichten. [7]Sie veröffentlicht regelmäßig, spätestens alle zwei Jahre, einen Tätigkeitsbericht. [8]§ 21 Satz 1 und § 23 Abs. 5 Satz 4 bis 7 gelten entsprechend.

(2) [1]Die Aufsichtsbehörde führt ein Register der nach § 4d meldepflichtigen automatisierten Verarbeitungen mit den Angaben nach § 4e Satz 1. [2]Das Register kann von jedem eingesehen werden. [3]Das Einsichtsrecht erstreckt sich nicht auf die Angaben nach § 4e Satz 1 Nr. 9 sowie die Angabe der zugriffsberechtigten Personen.

(3) [1]Die der Kontrolle unterliegenden Stellen sowie die mit deren Leitung beauftragten Personen haben der Aufsichtsbehörde auf Verlangen die für die Erfüllung ihrer Aufgaben erforderlichen Auskünfte unverzüglich zu erteilen. [2]Der Auskunftspflichtige kann die Auskunft auf solche Fragen verweigern, deren Beantwortung ihn selbst oder einen der in § 383 Abs. 1 Nr. 1 bis 3 der Zivilprozessordnung bezeichneten Angehörigen der Gefahr strafgerichtlicher Verfolgung oder eines Verfahrens nach dem Gesetz über Ordnungswidrigkeiten aussetzen würde. [3]Der Auskunftspflichtige ist darauf hinzuweisen.

(4) [1]Die von der Aufsichtsbehörde mit der Kontrolle beauftragten Personen sind befugt, soweit es zur Erfüllung der der Aufsichtsbehörde übertragenen Aufgaben erforderlich ist, während der Betriebs- und Geschäftszeiten Grundstücke und Geschäftsräume der Stelle zu betreten und dort Prüfungen und Besichtigungen vorzunehmen. [2]Sie können geschäftliche Unterlagen, insbesondere die Übersicht nach § 4g Abs. 2 Satz 1 sowie die gespeicherten personenbezogenen Daten und die Datenverarbeitungsprogramme, einsehen. [3]§ 24 Abs. 6 gilt entsprechend. [4]Der Auskunftspflichtige hat diese Maßnahmen zu dulden.

(5) [1]Zur Gewährleistung der Einhaltung dieses Gesetzes und anderer Vorschriften über den Datenschutz, kann die Aufsichtsbehörde Maßnahmen zur Beseitigung festgestellter technischer oder organisatorischer Mängel anordnen. [2]Bei schwerwiegenden Verstößen oder Mängeln, insbesondere solchen, die mit einer besonderen Gefährdung des Persönlichkeitsrechts verbunden sind, kann sie die Erhebung, Verarbeitung oder Nutzung oder den Einsatz einzelner Verfahren untersagen, wenn die Verstöße oder Mängel entgegen der Anordnung nach Satz 1 und trotz der Verhängung eines Zwangsgeldes nicht in angemessener Zeit beseitigt werden. [3]Sie kann die Abberufung des Beauftragten für den Datenschutz verlangen, wenn er die zur Erfüllung seiner Aufgaben erforderliche Fachkunde und Zuverlässigkeit nicht besitzt.

(6) Die Landesregierungen oder die von ihnen ermächtigten Stellen bestimmen die für die Kontrolle der Durchführung des Datenschutzes im Anwendungsbereich dieses Abschnittes zuständigen Aufsichtsbehörden.

(7) Die Anwendung der Gewerbeordnung auf die den Vorschriften dieses Abschnittes unterliegenden Gewerbebetriebe bleibt unberührt.

§ 38a Verhaltensregeln zur Förderung der Durchführung datenschutzrechtlicher Regelungen

(1) Berufsverbände und andere Vereinigungen, die bestimmte Gruppen von verantwortlichen Stellen vertreten, können Entwürfe für Verhaltensregeln zur Förde-

rung der Durchführung von datenschutzrechtlichen Regelungen der zuständigen Aufsichtsbehörde unterbreiten.

(2) Die Aufsichtsbehörde überprüft die Vereinbarkeit der ihr unterbreiteten Entwürfe mit dem geltenden Datenschutzrecht.

Vierter Abschnitt. Sondervorschriften

§ 39 Zweckbindung bei personenbezogenen Daten, die einem Berufs- oder besonderen Amtsgeheimnis unterliegen

(1) [1]Personenbezogene Daten, die einem Berufs- oder besonderen Amtsgeheimnis unterliegen und die von der zur Verschwiegenheit verpflichteten Stelle in Ausübung ihrer Berufs- oder Amtspflicht zur Verfügung gestellt worden sind, dürfen von der verantwortlichen Stelle nur für den Zweck verarbeitet oder genutzt werden, für den sie sie erhalten hat. [2]In die Übermittlung an eine nicht-öffentliche Stelle muss die zur Verschwiegenheit verpflichtete Stelle einwilligen.

(2) Für einen anderen Zweck dürfen die Daten nur verarbeitet oder genutzt werden, wenn die Änderung des Zwecks durch besonderes Gesetz zugelassen ist.

§ 40 Verarbeitung und Nutzung personenbezogener Daten durch Forschungseinrichtungen

(1) Für Zwecke der wissenschaftlichen Forschung erhobene oder gespeicherte personenbezogene Daten dürfen nur für Zwecke der wissenschaftlichen Forschung verarbeitet oder genutzt werden.

(2) [1]Die personenbezogenen Daten sind zu anonymisieren, sobald dies nach dem Forschungszweck möglich ist. [2]Bis dahin sind die Merkmale gesondert zu speichern, mit denen Einzelangaben über persönliche oder sachliche Verhältnisse einer bestimmten oder bestimmbaren Person zugeordnet werden können. [3]Sie dürfen mit den Einzelangaben nur zusammengeführt werden, soweit der Forschungszweck dies erfordert.

(3) Die wissenschaftliche Forschung betreibenden Stellen dürfen personenbezogene Daten nur veröffentlichen, wenn
1. der Betroffene eingewilligt hat oder
2. dies für die Darstellung von Forschungsergebnissen über Ereignisse der Zeitgeschichte unerlässlich ist.

§ 41 Erhebung, Verarbeitung und Nutzung personenbezogener Daten durch die Medien

(1) Die Länder haben in ihrer Gesetzgebung vorzusehen, dass für die Erhebung, Verarbeitung und Nutzung personenbezogener Daten von Unternehmen und Hilfsunternehmen der Presse ausschließlich zu eigenen journalistisch-redaktionellen oder literarischen Zwecken den Vorschriften der §§ 5, 9 und 38a entsprechende Regelungen einschließlich einer hierauf bezogenen Haftungsregelung entsprechend § 7 zur Anwendung kommen.

(2) Führt die journalistisch-redaktionelle Erhebung, Verarbeitung oder Nutzung personenbezogener Daten durch die Deutsche Welle zur Veröffentlichung von Gegendarstellungen des Betroffenen, so sind diese Gegendarstellungen zu den gespeicherten Daten zu nehmen und für dieselbe Zeitdauer aufzubewahren wie die Daten selbst.

(3) ¹Wird jemand durch eine Berichterstattung der Deutschen Welle in seinem Persönlichkeitsrecht beeinträchtigt, so kann er Auskunft über die der Berichterstattung zugrunde liegenden, zu seiner Person gespeicherten Daten verlangen. ²Die Auskunft kann nach Abwägung der schutzwürdigen Interessen der Beteiligten verweigert werden, soweit
1. aus den Daten auf Personen, die bei der Vorbereitung, Herstellung oder Verbreitung von Rundfunksendungen berufsmäßig journalistisch mitwirken oder mitgewirkt haben, geschlossen werden kann,
2. aus den Daten auf die Person des Einsenders oder des Gewährsträgers von Beiträgen, Unterlagen und Mitteilungen für den redaktionellen Teil geschlossen werden kann,
3. durch die Mitteilung der recherchierten oder sonst erlangten Daten die journalistische Aufgabe der Deutschen Welle durch Ausforschung des Informationsbestandes beeinträchtigt würde.
³Der Betroffene kann die Berichtigung unrichtiger Daten verlangen.

(4) ¹Im Übrigen gelten für die Deutsche Welle von den Vorschriften dieses Gesetzes die §§ 5, 7, 9 und 38a. ²Anstelle der §§ 24 bis 26 gilt § 42, auch soweit es sich um Verwaltungsangelegenheiten handelt.

§ 42 Datenschutzbeauftragter der Deutschen Welle

(1) ¹Die Deutsche Welle bestellt einen Beauftragten für den Datenschutz, der an die Stelle des Bundesbeauftragten für den Datenschutz und die Informationsfreiheit tritt. ²Die Bestellung erfolgt auf Vorschlag des Intendanten durch den Verwaltungsrat für die Dauer von vier Jahren, wobei Wiederbestellungen zulässig sind. ³Das Amt eines Beauftragten für den Datenschutz kann neben anderen Aufgaben innerhalb der Rundfunkanstalt wahrgenommen werden.

(2) ¹Der Beauftragte für den Datenschutz kontrolliert die Einhaltung der Vorschriften dieses Gesetzes sowie anderer Vorschriften über den Datenschutz. ²Er ist in Ausübung dieses Amtes unabhängig und nur dem Gesetz unterworfen. ³Im Übrigen untersteht er der Dienst- und Rechtsaufsicht des Verwaltungsrates.

(3) Jedermann kann sich entsprechend § 21 Satz 1 an den Beauftragten für den Datenschutz wenden.

(4) ¹Der Beauftragte für den Datenschutz erstattet den Organen der Deutschen Welle alle zwei Jahre, erstmals zum 1. Januar 1994 einen Tätigkeitsbericht. ²Er erstattet darüber hinaus besondere Berichte auf Beschluss eines Organes der Deutschen Welle. ³Die Tätigkeitsberichte übermittelt der Beauftragte auch an den Bundesbeauftragten für den Datenschutz und die Informationsfreiheit.

(5) ¹Weitere Regelungen entsprechend den §§ 23 bis 26 trifft die Deutsche Welle für ihren Bereich. ²Die §§ 4f und 4g bleiben unberührt.

§ 42a Informationspflicht bei unrechtmäßiger Kenntniserlangung von Daten

¹Stellt eine nichtöffentliche Stelle im Sinne des § 2 Absatz 4 oder eine öffentliche Stelle nach § 27 Absatz 1 Satz 1 Nummer 2 fest, dass bei ihr gespeicherte
1. besondere Arten personenbezogener Daten (§ 3 Absatz 9),
2. personenbezogene Daten, die einem Berufsgeheimnis unterliegen,
3. personenbezogene Daten, die sich auf strafbare Handlungen oder Ordnungswidrigkeiten oder den Verdacht strafbarer Handlungen oder Ordnungswidrigkeiten beziehen, oder
4. personenbezogene Daten zu Bank- oder Kreditkartenkonten

BDSG § 43

unrechtmäßig übermittelt oder auf sonstige Weise Dritten unrechtmäßig zur Kenntnis gelangt sind, und drohen schwerwiegende Beeinträchtigungen für die Rechte oder schutzwürdigen Interessen der Betroffenen, hat sie dies nach den Sätzen 2 bis 5 unverzüglich der zuständigen Aufsichtsbehörde sowie den Betroffenen mitzuteilen. ²Die Benachrichtigung des Betroffenen muss unverzüglich erfolgen, sobald angemessene Maßnahmen zur Sicherung der Daten ergriffen worden oder nicht unverzüglich erfolgt sind und die Strafverfolgung nicht mehr gefährdet wird. ³Die Benachrichtigung der Betroffenen muss eine Darlegung der Art der unrechtmäßigen Kenntniserlangung und Empfehlungen für Maßnahmen zur Minderung möglicher nachteiliger Folgen enthalten. ⁴Die Benachrichtigung der zuständigen Aufsichtsbehörde muss zusätzlich eine Darlegung möglicher nachteiliger Folgen der unrechtmäßigen Kenntniserlangung und der von der Stelle daraufhin ergriffenen Maßnahmen enthalten. ⁵Soweit die Benachrichtigung der Betroffenen einen unverhältnismäßigen Aufwand erfordern würde, insbesondere aufgrund der Vielzahl der betroffenen Fälle, tritt an ihre Stelle die Information der Öffentlichkeit durch Anzeigen, die mindestens eine halbe Seite umfassen, in mindestens zwei bundesweit erscheinenden Tageszeitungen oder durch eine andere, in ihrer Wirksamkeit hinsichtlich der Information der Betroffenen gleich geeignete Maßnahme. ⁶Eine Benachrichtigung, die der Benachrichtigungspflichtige erteilt hat, darf in einem Strafverfahren oder in einem Verfahren nach dem Gesetz über Ordnungswidrigkeiten gegen ihn oder einen in § 52 Absatz 1 der Strafprozessordnung bezeichneten Angehörigen des Benachrichtigungspflichtigen nur mit Zustimmung des Benachrichtigungspflichtigen verwendet werden.

Fünfter Abschnitt. Schlussvorschriften

§ 43 Bußgeldvorschriften

(1) Ordnungswidrig handelt, wer vorsätzlich oder fahrlässig
1. entgegen § 4d Abs. 1, auch in Verbindung mit § 4e Satz 2, eine Meldung nicht, nicht richtig, nicht vollständig oder nicht rechtzeitig macht,
2. entgegen § 4f Abs. 1 Satz 1 oder 2, jeweils auch in Verbindung mit Satz 3 und 6, einen Beauftragten für den Datenschutz nicht, nicht in der vorgeschriebenen Weise oder nicht rechtzeitig bestellt,
2a. entgegen § 10 Absatz 4 Satz 3 nicht gewährleistet, dass die Datenübermittlung festgestellt und überprüft werden kann,
2b. entgegen § 11 Absatz 2 Satz 2 einen Auftrag nicht richtig, nicht vollständig oder nicht in der vorgeschriebenen Weise erteilt oder entgegen § 11 Absatz 2 Satz 4 sich nicht vor Beginn der Datenverarbeitung von der Einhaltung der beim Auftragnehmer getroffenen technischen und organisatorischen Maßnahmen überzeugt,
3. entgegen § 28 Abs. 4 Satz 2 den Betroffenen nicht, nicht richtig oder nicht rechtzeitig unterrichtet oder nicht sicherstellt, dass der Betroffene Kenntnis erhalten kann,
3a. entgegen § 28 Absatz 4 Satz 4 eine strengere Form verlangt,
4. entgegen § 28 Abs. 5 Satz 2 personenbezogene Daten übermittelt oder nutzt,
4a. entgegen § 28a Abs. 3 Satz 1 eine Mitteilung nicht, nicht richtig, nicht vollständig oder nicht rechtzeitig macht,
5. entgegen § 29 Abs. 2 Satz 3 oder 4 die dort bezeichneten Gründe oder die Art und Weise ihrer glaubhaften Darlegung nicht aufzeichnet,
6. entgegen § 29 Abs. 3 Satz 1 personenbezogene Daten in elektronische oder gedruckte Adress-, Rufnummern-, Branchen- oder vergleichbare Verzeichnisse aufnimmt,

Bundesdatenschutzgesetz § 44 **BDSG**

7. entgegen § 29 Abs. 3 Satz 2 die Übernahme von Kennzeichnungen nicht sicherstellt,
7a. entgegen § 29 Abs. 6 ein Auskunftsverlangen nicht richtig behandelt,
7b. entgegen § 29 Abs. 7 Satz 1 einen Verbraucher nicht, nicht richtig, nicht vollständig oder nicht rechtzeitig unterrichtet,
8. entgegen § 33 Abs. 1 den Betroffenen nicht, nicht richtig oder nicht vollständig benachrichtigt,
8a. entgegen § 34 Absatz 1 Satz 1, auch in Verbindung mit Satz 3, entgegen § 34 Absatz 1a, entgegen § 34 Absatz 2 Satz 1, auch in Verbindung mit Satz 2, oder entgegen § 34 Absatz 2 Satz 5, Absatz 3 Satz 1 oder Satz 2 oder Absatz 4 Satz 1, auch in Verbindung mit Satz 2, eine Auskunft nicht, nicht richtig, nicht vollständig oder nicht rechtzeitig erteilt oder entgegen § 34 Absatz 1a Daten nicht speichert,
8b. entgegen § 34 Abs. 2 Satz 3 Angaben nicht, nicht richtig, nicht vollständig oder nicht rechtzeitig übermittelt,
8c. entgegen § 34 Abs. 2 Satz 4 den Betroffenen nicht oder nicht richtig an die andere Stelle verweist,
9. entgegen § 35 Abs. 6 Satz 3 Daten ohne Gegendarstellung übermittelt,
10. entgegen § 38 Abs. 3 Satz 1 oder Abs. 4 Satz 1 eine Auskunft nicht, nicht richtig, nicht vollständig oder nicht rechtzeitig erteilt oder eine Maßnahme nicht duldet oder
11. einer vollziehbaren Anordnung nach § 38 Abs. 5 Satz 1 zuwiderhandelt.

(2) Ordnungswidrig handelt, wer vorsätzlich oder fahrlässig
1. unbefugt personenbezogene Daten, die nicht allgemein zugänglich sind, erhebt oder verarbeitet,
2. unbefugt personenbezogene Daten, die nicht allgemein zugänglich sind, zum Abruf mittels automatisierten Verfahrens bereithält,
3. unbefugt personenbezogene Daten, die nicht allgemein zugänglich sind, abruft oder sich oder einem anderen aus automatisierten Verarbeitungen oder nicht automatisierten Dateien verschafft,
4. die Übermittlung von personenbezogenen Daten, die nicht allgemein zugänglich sind, durch unrichtige Angaben erschleicht,
5. entgegen § 16 Abs. 4 Satz 1, § 28 Abs. 5 Satz 1, auch in Verbindung mit § 29 Abs. 4, § 39 Abs. 1 Satz 1 oder § 40 Abs. 1, die übermittelten Daten für andere Zwecke nutzt,
5a. entgegen § 28 Absatz 3b den Abschluss eines Vertrages von der Einwilligung des Betroffenen abhängig macht,
5b. entgegen § 28 Absatz 4 Satz 1 Daten für Zwecke der Werbung oder der Markt- oder Meinungsforschung verarbeitet oder nutzt,
6. entgegen § 30 Absatz 1 Satz 2, § 30a Absatz 3 Satz 3 oder § 40 Absatz 2 Satz 3 ein dort genanntes Merkmal mit einer Einzelangabe zusammenführt oder
7. entgegen § 42a Satz 1 eine Mitteilung nicht, nicht richtig, nicht vollständig oder nicht rechtzeitig macht.

(3) ^{1}Die Ordnungswidrigkeit kann im Fall des Absatzes 1 mit einer Geldbuße bis zu fünfzigtausend Euro, in den Fällen des Absatzes 2 mit einer Geldbuße bis zu dreihunderttausend Euro geahndet werden. ^{2}Die Geldbuße soll den wirtschaftlichen Vorteil, den der Täter aus der Ordnungswidrigkeit gezogen hat, übersteigen. ^{3}Reichen die in Satz 1 genannten Beträge hierfür nicht aus, so können sie überschritten werden.

§ 44 Strafvorschriften

(1) Wer eine in § 43 Abs. 2 bezeichnete vorsätzliche Handlung gegen Entgelt oder in der Absicht, sich oder einen anderen zu bereichern oder einen anderen zu schädigen, begeht, wird mit Freiheitsstrafe bis zu zwei Jahren oder mit Geldstrafe bestraft.

(2) ¹Die Tat wird nur auf Antrag verfolgt. ²Antragsberechtigt sind der Betroffene, die verantwortliche Stelle, der Bundesbeauftragte für den Datenschutz und die Informationsfreiheit und die Aufsichtsbehörde.

Sechster Abschnitt. Übergangsvorschriften

§ 45 Laufende Verwendungen

¹Erhebungen, Verarbeitungen oder Nutzungen personenbezogener Daten, die am 23. Mai 2001 bereits begonnen haben, sind binnen drei Jahren nach diesem Zeitpunkt mit den Vorschriften dieses Gesetzes in Übereinstimmung zu bringen. ²Soweit Vorschriften dieses Gesetzes in Rechtsvorschriften außerhalb des Anwendungsbereichs der Richtlinie 95/46/EG des Europäischen Parlaments und des Rates vom 24. Oktober 1995 zum Schutz natürlicher Personen bei der Verarbeitung personenbezogener Daten und zum freien Datenverkehr zur Anwendung gelangen, sind Erhebungen, Verarbeitungen oder Nutzungen personenbezogener Daten, die am 23. Mai 2001 bereits begonnen haben, binnen fünf Jahren nach diesem Zeitpunkt mit den Vorschriften dieses Gesetzes in Übereinstimmung zu bringen.

§ 46 Weitergeltung von Begriffsbestimmungen

(1) ¹Wird in besonderen Rechtsvorschriften des Bundes der Begriff Datei verwendet, ist Datei
1. eine Sammlung personenbezogener Daten, die durch automatisierte Verfahren nach bestimmten Merkmalen ausgewertet werden kann (automatisierte Datei), oder
2. jede sonstige Sammlung personenbezogener Daten, die gleichartig aufgebaut ist und nach bestimmten Merkmalen geordnet, umgeordnet und ausgewertet werden kann (nicht automatisierte Datei).

²Nicht hierzu gehören Akten und Aktensammlungen, es sei denn, dass sie durch automatisierte Verfahren umgeordnet und ausgewertet werden können.

(2) ¹Wird in besonderen Rechtsvorschriften des Bundes der Begriff Akte verwendet, ist Akte jede amtlichen oder dienstlichen Zwecken dienende Unterlage, die nicht dem Dateibegriff des Absatzes 1 unterfällt; dazu zählen auch Bild- und Tonträger. ²Nicht hierunter fallen Vorentwürfe und Notizen, die nicht Bestandteil eines Vorgangs werden sollen.

(3) ¹Wird in besonderen Rechtsvorschriften des Bundes der Begriff Empfänger verwendet, ist Empfänger jede Person oder Stelle außerhalb der verantwortlichen Stelle. ²Empfänger sind nicht der Betroffene sowie Personen und Stellen, die im Inland, in einem anderen Mitgliedstaat der Europäischen Union oder in einem anderen Vertragsstaat des Abkommens über den Europäischen Wirtschaftsraum personenbezogene Daten im Auftrag erheben, verarbeiten oder nutzen.

§ 47 Übergangsregelung

Für die Verarbeitung und Nutzung vor dem 1. September 2009 erhobener oder gespeicherter Daten ist § 28 in der bis dahin geltenden Fassung weiter anzuwenden
1. für Zwecke der Markt- oder Meinungsforschung bis zum 31. August 2010,
2. für Zwecke der Werbung bis zum 31. August 2012.

Bundesdatenschutzgesetz § 48 **BDSG**

§ 48 Bericht der Bundesregierung

¹Die Bundesregierung berichtet dem Bundestag
1. bis zum 31. Dezember 2012 über die Auswirkungen der §§ 30a und 42a,
2. bis zum 31. Dezember 2014 über die Auswirkungen der Änderungen der §§ 28 und 29.

²Sofern sich aus Sicht der Bundesregierung gesetzgeberische Maßnahmen empfehlen, soll der Bericht einen Vorschlag enthalten.

Anlage
(zu § 9 Satz 1)

¹Werden personenbezogene Daten automatisiert verarbeitet oder genutzt, ist die innerbehördliche oder innerbetriebliche Organisation so zu gestalten, dass sie den besonderen Anforderungen des Datenschutzes gerecht wird. ²Dabei sind insbesondere Maßnahmen zu treffen, die je nach der Art der zu schützenden personenbezogenen Daten oder Datenkategorien geeignet sind,

1. Unbefugten den Zutritt zu Datenverarbeitungsanlagen, mit denen personenbezogene Daten verarbeitet oder genutzt werden, zu verwehren (Zutrittskontrolle),
2. zu verhindern, dass Datenverarbeitungssysteme von Unbefugten genutzt werden können (Zugangskontrolle),
3. zu gewährleisten, dass die zur Benutzung eines Datenverarbeitungssystems Berechtigten ausschließlich auf die ihrer Zugriffsberechtigung unterliegenden Daten zugreifen können, und dass personenbezogene Daten bei der Verarbeitung, Nutzung und nach der Speicherung nicht unbefugt gelesen, kopiert, verändert oder entfernt werden können (Zugriffskontrolle),
4. zu gewährleisten, dass personenbezogene Daten bei der elektronischen Übertragung oder während ihres Transports oder ihrer Speicherung auf Datenträger nicht unbefugt gelesen, kopiert, verändert oder entfernt werden können, und dass überprüft und festgestellt werden kann, an welche Stellen eine Übermittlung personenbezogener Daten durch Einrichtungen zur Datenübertragung vorgesehen ist (Weitergabekontrolle),
5. zu gewährleisten, dass nachträglich überprüft und festgestellt werden kann, ob und von wem personenbezogene Daten in Datenverarbeitungssysteme eingegeben, verändert oder entfernt worden sind (Eingabekontrolle),
6. zu gewährleisten, dass personenbezogene Daten, die im Auftrag verarbeitet werden, nur entsprechend den Weisungen des Auftraggebers verarbeitet werden können (Auftragskontrolle),
7. zu gewährleisten, dass personenbezogene Daten gegen zufällige Zerstörung oder Verlust geschützt sind (Verfügbarkeitskontrolle),
8. zu gewährleisten, dass zu unterschiedlichen Zwecken erhobene Daten getrennt verarbeitet werden können.

²Eine Maßnahme nach Satz 2 Nummer 2 bis 4 ist insbesondere die Verwendung von dem Stand der Technik entsprechenden Verschlüsselungsverfahren.

Einleitung

1. Der Datenschutz gehört zu den – seltenen – Problemfeldern in unserer technisierten Gesellschaft, die von Politik und Gesetzgebung bereits angegangen wurden, als der Öffentlichkeit und den Betroffenen ein entsprechender Regelungsbedarf und selbst der den Regelungsbereich kennzeichnende Begriff „Datenschutz" noch weitgehend unbekannt waren (vgl. auch Abel, Zur Geschichte des Datenschutzrechts, in: Roßnagel (Hrsg.), Handbuch Datenschutzrecht, Nr. 2 f.). Bereits Anfang der sechziger Jahre wuchs – im Hinblick auf zunächst in den USA gemachte Erfahrungen – die Erkenntnis, dass dem fortschreitenden Einsatz der Informationstechnologien Rahmenbedingungen gesetzt werden müssen, um der „Beeinträchtigung der schutzwürdigen Belange der Betroffenen bei der Verarbeitung ihrer Daten" entgegenzuwirken (so § 1 Abs. 1 BDSG 77). So wurde dann im Jahre 1971, nachdem bereits zuvor das Land Hessen im Jahre 1970 ein Landesdatenschutzgesetz, und zwar **das erste allgemeine Datenschutzgesetz der Welt** überhaupt, – das Land Rheinland-Pfalz folgte 1974 – verabschiedet hatte, ein erster Referentenentwurf für ein Bundesdatenschutzgesetz vorgelegt. Mehrjährige, von auch heute noch die Datenschutzdiskussion beherrschenden unterschiedlichen Standorten (vgl. nur Sutschet, RDV 2000, 107; Simitis, DuD 2000, 714) gekennzeichnete Beratungen und Neufassungen der Texte folgten, bis schließlich die Erstfassung des BDSG am 1.2.1977 im Bundesgesetzblatt (BGBl. I S. 201) verkündet und am 1.1.1979 in vollem Umfang in Kraft treten konnte. Bis auf Hamburg, das erst 1991 folgte, hatten bis Ende 1979 alle Bundesländer teils neue, teils novellierte Datenschutzgesetze erlassen (vgl. Gola, MDR 1980, 18; Tinnefeld/Ehmann, Einführung in das Datenschutzrecht, S. 14 f.).

2. In den folgenden Jahren, in denen das Bundesdatenschutzgesetz Gestalt in der Praxis annahm, vollzog sich jedoch gleichzeitig eine wesentliche Veränderung des Datenumfelds. Vornehmlich gilt das für die **technische Entwicklung in der Datenverarbeitung.** Diese Entwicklungen waren zwar Mitte der siebziger Jahre in ihren Trends erkennbar, ihre praktischen Auswirkungen haben aber alle überrascht. Der Computer hat am individuellen Arbeitsplatz und auch im häuslichprivaten Bereich seinen Platz gefunden. Dabei vollzog sich auch ein andauernder Wandel der Verarbeitungstechniken. Die Möglichkeiten des Direktzugriffs, der Verwendung freier Abfragesprachen, die fortschreitende, inzwischen weltweite Vernetzung verschiedener Informationssysteme sowie die zunehmende Dezentralisierung der Verarbeitungen sind Beispiele hierfür.

3. Auch das rechtliche Umfeld wurde wesentlich verändert. Damit ist vorrangig das in dem Urteil des Bundesverfassungsgerichts zum Volkszählungsgesetz (BVerfGE 65, 1 = NJW 1984, 419) gefundene „Recht auf informationelle Selbstbestimmung" gemeint, aber auch die Vielzahl der Veränderungen im positiven Recht durch neue „bereichsspezifische" Vorschriften, die das Datenschutzrecht präzisierende und fortschreibende Rechtsprechung und auch ein gewandeltes Rechtsempfinden der Bürger (vgl. hierzu die jährlichen Übersichten zur Entwicklung des Datenschutzrechts in den Anfangsjahren von Gola, NJW 1982, 1498; 1983, 915; 1984, 1155; 1986, 1913; 1987, 1675; 1988, 1637). Den Rang des Anspruchs auf Datenschutz macht schließlich deutlich, dass die Gesetzgeber in den Ländern Nordrhein-Westfalen und Saarland (Art. 4 Abs. 2 LV-NW; Art. 2 LV-Saar) sowie in allen neuen Bundesländern (Berlin: Art. 21b; Brandenburg: Art. 11; Mecklenburg-Vorpommern: Art. 6; Sachsen: Art. 33; Sachsen-Anhalt: Art. 6; Thüringen: Art. 6) und zuletzt (RDV 2000, 179) in Rheinland-Pfalz (Art. 4a) das **Grundrecht auf Datenschutz in die Landesverfassungen aufgenommen** haben.

Einleitung

4   4. Zunehmend wurde erkannt, dass Datenschutz an den Grenzen nicht halt macht, sondern allein schon durch die wirtschaftlichen Verflechtungen und die Erfordernisse des „transborder-data-flows" als **grenzüberschreitende Problemstellung** (vgl. Bergmann, Grenzüberschreitender Datenschutz, 1985; Scheller, Rechtsfragen des grenzüberschreitenden Datenverkehrs, 1987; Simitis in: Simitis, BDSG, Einleitung Rn. 119 f.) internationaler und insbesondere im Hinblick auf den europäischen Binnenmarkt jedenfalls europaeinheitlicher Regelungen bedarf. Insoweit ist vornehmlich auf die Datenschutz-Konvention des **Europarats** hinzuweisen, die nach Verabschiedung des Ratifikationsgesetzes seit dem 1.10.1985 (BGBl. II S. 538) in der Bundesrepublik geltendes Recht ist (vgl. Burkert, CR 1988, 75; Henke, Die Datenschutz-Konvention des Europarats, 1986). Das Datenschutzrecht wird ferner maßgebend durch Rechtsentscheidung in der **Europäischen Gemeinschaft** mitbestimmt. Die EG-Kommission hatte im Rahmen eines „Datenschutzpakets" (vgl. bei Weichert, DuD 1991, 140) bereits unter dem Datum vom 27.7.1990 (BR-Drs. 690/90; wiedergegeben auch in DuD 1990, 511, 634; 1991, 24) einen „Vorschlag für eine Richtlinie des Rates zum Schutz von Personen bei der Verarbeitung personenbezogener Daten" vorgelegt, der in überarbeiteter Fassung im Jahre 1995 verabschiedet wurde (vgl. hierzu nachstehend Ziff. 8). Des Weiteren sind auf einer gewichtigen Reihe von bereichsspezifischen Gebieten, so für die Telekommunikation (vgl. Krader, RDV 2000, 251), zur elektronischen Signatur (vgl. Bieser, RDV 2000, 197 u. 264) oder zur E-Commerce-Richtlinie ergangen, die ihre Umsetzung in bereichsspezifisches nationales Datenschutzrecht erfahren haben bzw. noch erfahren müssen (zu den internationalen und nationalen Grundlagen, vgl. Kühling/Seidel/Sivridis, Datenschutzrecht, S. 5 ff.).

5   5. Seit Verabschiedung des BDSG 77 sind – auch im Hinblick auf die angesprochenen technischen und rechtlichen Veränderungen des Datenschutzumfeldes – verschiedentlich Anläufe zu seiner **Novellierung** gemacht worden (insgesamt haben 10 Gesetzesentwürfe dem Parlament vorgelegen), die jedoch alle in den jeweiligen Legislaturperioden nicht zur Verabschiedung kamen. Das BDSG hat in seiner ersten Fassung daher länger gelebt, als mancher gedacht hatte und wohl auch ohne dass der Datenschutz mangels Überarbeitung des Gesetzestextes Schaden genommen hätte. Während noch nach Verabschiedung des BDSG 77 starke, wenn auch unterschiedliche Kritik andauerte, indem die einen die Regelungen zu weit gingen und unerträgliche Belastungen nebst unnützem Kostenaufwand befürchtet wurden, und den anderen die in unbestimmten Rechtsbegriffen gefassten Zulässigkeitstatbestände zu auslegungsfähig formuliert waren, fiel die Bilanz der Fachwelt nach „Praktizierung" des Gesetzes (vgl. Krebs, RDV 1988, 68) durchaus positiv aus. Auch nach Wertung der Aufsichtsinstanzen (Baumann, RDV 1988, 9; Schweinoch, RDV 1988, 64) hatte das BDSG seine Bewährungsprobe erfolgreich bestanden, wenngleich das Erfordernis, aus den gewonnenen Erfahrungen den eingetretenen bzw. zu erwartenden Entwicklungen entsprechende Überarbeitungen des Gesetzes vorzunehmen, allgemein betont wurden.

6   6. Das Erfordernis einer Konkretisierung und Erweiterung der Datenschutznormen hatte zudem das **Bundesverfassungsgericht** mit seinen Aussagen zur Rechtmäßigkeit staatlicher Datenverarbeitung und dem diesbezüglichen Anspruch des Bürgers auf Schutz seines **informationellen Selbstbestimmungsrechts** sowohl im öffentlichen wie auch im privaten Bereich deutlich aufgezeigt (BVerfG, NJW 1984, 419 – Volkszählungsurteil). Da die in den Grundrechten zum Ausdruck kommende Wertordnung sich auf alle Bereiche des Rechts auswirkt, war der Gesetzgeber zu einem generell umfassenderen Schutz der Persönlichkeitsrechte bei der Verarbeitung personenbezogener Daten verpflichtet. In dieser Konsequenz hat der Gesetzgeber auch davon abgesehen, bei der im Jahre 1990 vollzogenen ersten Neufassung des BDSG vornehmlich aus der Wirtschaft laut gewordenen Forderungen nach getrennter Überarbeitung der Vorschriften für den öffentlichen Bereich einerseits

Einleitung

und für die Privatwirtschaft andererseits, d. h. nach einer Zweiteilung des Datenschutzes (z. B. Drews, DuD 1987, 273; Zöllner, RDV 1985, 1) nachzukommen.

7. Somit lag der Schwerpunkt des als Artikel 1 des Gesetzes zur Fortentwicklung der Datenverarbeitung und des Datenschutzes (vom 20.12.1990, BGBl. I S. 2954) verabschiedeten und am 1.6.1991 in Kraft getretenen „zweiten" BDSG bei den den **öffentlichen Bereich** betreffenden Datenschutzregelungen. Zwar hatte auch der private Bereich Neuregelungen erfahren; diese hielten sich jedoch in Grenzen, so dass die Neufassung in ersten Kommentierungen der Anwenderseite auch als „tragfähiger" Kompromiss (Wind, Computerwoche v. 19.10.1990, S. 8) gewertet wurde, wohingegen Datenschutzaufsichtsinstanzen auch unter diesem Aspekt das Ergebnis als „enttäuschend" (BlnDSB, 19. JB, 1990, S. 4) und als „Flickwerk" und „Provisorium" (HessDSB, 19. TB, 1990, S. 21) bezeichneten, da das Gefälle zwischen dem Datenschutzstandard im öffentlichen und privaten Bereich nicht gemindert, sondern eher noch verschärft worden sei. Schaute man sich die im Bereich privater Datenverarbeitung vorgenommenen Erweiterungen der Positionen der Betroffenen näher an, so hielten sich diese zumindest die Waage mit gleichzeitig erweiterten Befugnissen der Daten verarbeitenden Stellen (vgl. Einwag, DSB 2/1991, 1). Wesentliche Veränderungen des Anwendungsbereichs des Gesetzes, z. B. die Einbeziehung der Phase der Datenerhebung und der Verarbeitung in Akten, betrafen fast ausschließlich den öffentlichen Bereich. Gleiches galt für den verschuldensunabhängigen Schadensersatzanspruch und die gesetzliche Festschreibung eines finanziellen Ausgleichs bei Nicht-Vermögensschäden (vgl. hierzu Dammann, NVwZ 1991, 640; Gola/Wronka, RDV 1991, 165; Walz, CR 1991, 368).

8. Mit der Novellierung der allgemeinen Datenschutzgesetze in Bund und Ländern – nach Verabschiedung des BDSG zogen die Länder, soweit sie nicht schon tätig geworden waren, nach – war jedoch kein Stillstand der Entwicklung des Datenschutzrechts eingetreten. Schritt für Schritt wurde in einem noch andauernden Prozess (vgl. u. a. Strafverfahrensänderungsgesetz 1999) (BGBl. I S. 1253 vom 11.8.2000 = RDV 2000, 283; hierzu Brodersen, NJW 2000, 2536) die **bereichsspezifische Gesetzgebung** ergänzt bzw. überarbeitet (vgl. hierzu auch die Neuregelung im 2. SozGÄndG vom 17.6.1994, BGBl. I S. 1229; die datenschutzkonformen Regelungen diverser öffentlicher Register durch das Ausländerzentralregistergesetz vom 2.9.1994, BGBl. I S. 2265; das Krebsregistergesetz vom 4.11.1994, BGBl. I S. 3351; die Neufassung des Schuldnerverzeichnisses durch Ergänzung des § 915 ZPO vom 15.7.1994, BGBl. I S. 1566; die Neufassungen der Vorschriften über Führung der Register bei Industrie- und Handelskammern vom 21.12.1992, BGBl. I S. 2133; und bei Handwerkskammern vom 13.12.1993, BGBl. I S. 2256; oder die gesetzlichen Grundlagen für die Tätigkeit der Sicherheitsbehörden: z. B. das zum 1.8.1997 in Kraft getretene Bundeskriminalamtsgesetz BGBl. I S. 1650; hierzu Schreiber, NJW 1997, 2137; oder das Justizmitteilungsgesetz vom 18.6.1997 (BGBl. I S. 1430; hierzu Wollweber, NJW 1997, 2488). Von Bedeutung waren auch die für den öffentlichen Dienst durch die Novellierung des Personalaktenrechts in den Beamtengesetzen des Bundes (vom 11.6.1992, BGBl. I S. 1030) und der Länder und die Sicherheitsüberprüfungsgesetze (SÜG des Bundes vom 20.4.1994, BGBl. I S. 1867) geschaffenen neuen Vorschriften zum Umgang mit Bedienstetendaten. Durch das Dienstrechtsneuordnungsgesetz und Neufassungen der Beamtengesetze des Bundes und der Länder im Jahre 2009 wurden diese Bestimmungen novelliert. Gleichwohl ist jedoch auch nach wie vor bereichsspezifischer Regelungsbedarf im Bereich öffentlicher und privater Datenverarbeitung unerledigt; erinnert sei nur an das immer noch ausstehende Arbeitnehmerdatenschutzgesetz (vgl. hierzu und zur zwischenzeitlich in Gesetzgebung und Rechtsprechung erfolgten Entwicklung insgesamt: Gola, NJW 1993, 3109; 1994, 3138; 1995, 3283; 1996, 3312; 1997, 3411; 1998, 3750; 1999, 3753; 2000, 3749; sowie Gola/Klug, NJW 2001, 3747). Ein

Einleitung

erster Schritt zu einer bereichsspezifischen Regelung des Arbeitnehmerdatenschutzes ist nunmehr § 32.

9 9. Besonderer Erwähnung bedürfen in diesem Zusammenhang die für den Multimedia-Bereich ergangenen datenschutzrechtlichen Bestimmungen im Telekommunikationsgesetz – TKG – (vom 25.6.1996, BGBl. I S. 1120); dem Teledienstedatenschutzgesetz (vom 22.7.1997, BGBl. I S. 1871), dem Mediendienste-Staatsvertrag und dem Rundfunkstaatsvertrag der Länder, wobei diese bereichsspezifischen Regelungen im Vorgriff auf die an sich vordringlich anstehende Überarbeitung des BDSG 90 eine Fortschreibung allgemeiner Datenschutzregelungen beinhalteten (zur Kritik Gola/Müthlein, RDV 1997, 193). Inzwischen haben diese Gesetze u. a. auf Grund von EU-Vorgaben (E-Commerce-Richtlinie 2000/31/EG; E-Kommunikations-Datenschutzrichtlinie 2002/58/EG) mehrere Überarbeitungen erfahren. An der Stelle des TDDSG ist das Telemediengesetz (TMG) (vom 26.2.2007, BGBl. I S. 179) getreten. Eine Neufassung des TKG erging am 22.6.2004 (BGBl. I S. 1190).

10 10. Der Bundes- und die Landesgesetzgeber waren nach Inkrafttreten der **EG/ EU-Richtlinie „zum Schutz natürlicher Personen bei der Verarbeitung personenbezogener Daten und zum freien Datenverkehr"** (zum Inhalt vgl. Rüpke, ZRP 1995, 185; Tinnefeld, DuD 1995, 18; Korff, RDV 1994, 209) zum 24.10.1995 (vgl. Text und Erwägungsgründe im Anhang) verpflichtet, ihr Datenschutzrecht innerhalb von drei Jahren den Vorgaben der Richtlinie anzupassen, wobei zunächst insoweit auch keine bedeutsamen Schwierigkeiten zu erwarten waren. Die Richtlinie enthält keine Ansätze für ein neues Datenschutzrecht, sondern knüpft u. a. auch an in Deutschland bestehende, bereits in der Datenschutzkonvention des Europarats (vgl. Ellger, CR 1994, 558) enthaltene Regelungsprinzipien an, so dass sie für das deutsche Recht nach allgemeiner Einschätzung (Bachmeier, RDV 1995, 49; Weber, CR 1995, 297; Wronka, RDV 1995, 197; Wohlgemuth, BB 1996, 690; Wuermeling, DB 1996, 663) jedenfalls zwingend keine gravierenden Umwälzungen bringen musste (weitergehend: Brühann, RDV 1996, 12; Brühann/Zerdick, CR 1996, 429).

11 11. Gleichwohl wurde der von der EG-DatSchRL gesetzte Termin (24.10.1998) weit überschritten, bis das EU-konforme BDSG 2001 zum 23.5.2001 in Kraft treten konnte. Allein die Länder Hessen (in der Neufassung vom 7.1.1999, GVBl. S. 98; hierzu Arlt, DuD 1998, 704) und Brandenburg (i. d. F. vom 9.3.1999, GVBl. I S. 66; hierzu Dix, RDV 1999, 143) konnten ihre überarbeiteten Landesgesetze noch im Jahre 1998 verabschieden. Ebenfalls noch vor dem Bundesgesetzgeber wurden dann im Jahre 2000 Schleswig-Holstein (vom 9.2.2000, GVOBl. S. 169), Nordrhein-Westfalen (i. d. F. vom 9.6.2000, GVBl. S. 542), Baden-Württemberg (Änderungsgesetz vom 23.5.2000, GBl. S. 450) und Bayern (vom 25.10.2000, GVBl. S. 752) tätig. Die Novellierung des BDSG zog sich nicht nur auf Grund des zwischenzeitlichen Endes der Legislaturperiode hin, sondern auch deshalb, weil gewichtige Stimmen (vgl. BfD, 16. TB (1995/96), Anl. 16; Simitis, NJW 1997, 282; Bull, ZRP 1998, 310; ders., RDV 1999, 154) nicht nur eine Anpassung an das EU-Recht, sondern eine grundlegende Modernisierung des Datenschutzrechts forderten. Angesichts des Zeitdrucks wurde hiervon schließlich abgesehen, wobei jedoch die die Modernisierung enthaltene „zweite Stufe" der Novellierung (vgl. hierzu Tauss/ Özdemir, RDV 2000, 143; Simitis, DuD 2000, 714; Roßnagel, RDV 2002, 61) zügig nachfolgen soll.

12 12. Die Novelle des BDSG vom 18.5.2001 (BGBl. I S. 904) enthält neben den sich aus der EG-DatSchRL zwingend ergebenden Gesetzesänderungen auch bereits einige **Grundsätze „modernen Datenschutzrechts"** wie das dem sog. Systemdatenschutz zuzuordnende Prinzip der Datenvermeidung und Datensparsamkeit, des Datenschutzes durch Technik oder eines Datenschutzaudits. Ebenso sind erste Ansätze zu einer Selbstregulierung des Datenschutzes durch die Anwender vorhanden, indem – ggf. nach „Einsegnung" durch die Aufsichtsbehörden – Vertragslösungen oder sog. Codes of Conduct Datenschutzgefährdungen begegnen sollen (Bizer,

Einleitung

DuD 2001, 126 und 168; Heil, DuD 2001, 129; Karstedt-Meierricks, DuD 2001, 287). Ferner wurden Regelungen zur Videoüberwachung und zu sog. mobilen Speicher- und Verarbeitungsmedien (Chipkarten) aufgenommen.

13. Beibehalten wurde die Grundkonzeption des Gesetzes mit einem vorangestellten, jedoch erheblich erweiterten Allgemeinen Teil mit für alle Datenverarbeiter geltenden Normen und nachfolgend weiterhin für den öffentlichen und privaten Bereich getrennten ergänzenden Regelungen. Ohne dass dies für die Anwendung des Gesetzes bedeutsame Auswirkungen hätte, werden einige neue Begriffe eingeführt, so die des Pseudonymisierens, des Empfängers und der verantwortlichen Stelle. Das BDSG kennt erstmalig „besondere Arten personenbezogener Daten", die aufgrund ihrer besonderen Sensibilität restriktiven Zulässigkeitsregelungen unterliegen. Insgesamt hat das Gesetz an Umfang und Regelungsdichte erheblich zugenommen, so dass die ebenfalls als Kernpunkt modernen Datenschutzrechts angestrebte Rückkehr zu lesbaren und für Betroffene und Praxis noch überschaubaren Regelungen weitgehend konterkariert wird.

14. Als Eckpunkte der Neuerungen (vgl. auch Gerhold/Heil, DuD 2001, 377; Schierbaum, PersR 2001, 275; Tinnefeld, NJW 2001, 3078) können festgehalten werden:

– *Erweiterter Geltungsbereich*

Der sachliche Anwendungsbereich des Gesetzes wurde insbesondere für die Privatwirtschaft erweitert, indem jede unter Einsatz von Datenverarbeitungsanlagen erfolgende Verarbeitung personenbezogener Daten erfasst wird (§ 1 Abs. Nr. 3). Der Dateibegriff bleibt zwar für die Privatwirtschaft Abgrenzungskriterium bei nichtautomatisierter Speicherung, wobei nunmehr auch solche Dateien in den Anwendungsbereich einbezogen werden, deren Daten nicht zur Übermittlung bestimmt sind, d. h. rein betriebsinternen Zwecken dienen. Bislang für sog. Zwischen- und Kurzfristdateien bestehende Anwendungsbeschränkungen sind ebenfalls entfallen. Auch bislang dem Aktenbegriff zugeordnete Bild- und Tonträger können automatisiert verarbeitete personenbezogene Daten beinhalten bzw. sich als manuell auswertbare Datei darstellen. Ferner wurde der dem Verbot mit Erlaubnisvorbehalt unterworfene Umgang mit personenbezogenen Daten um den Vorgang der Erhebung erweitert (§ 4 Abs. 1), wobei gleichzeitig die Zulässigkeitskriterien für eine ohne Mitwirkung des Betroffenen stattfindende Erhebung präzisiert wurden (§ 4 Abs. 2).

Für die Anwendung des Gesetzes bei Aktivitäten von EU-Ausländern soll zunächst das **Sitzland-/Drittlandprinzip** maßgebend sein, d. h. das anzuwendende nationale Recht richtet sich nicht nach dem Ort der Erhebung, Verarbeitung etc., sondern nach dem Sitz der verantwortlichen Stelle (§ 1 Abs. 5). Der EU-Ausländer ist jedoch dem BDSG unterworfen, wenn er mit Hilfe einer deutschen Niederlassung agiert. Da die Zuständigkeit der Aufsichtsbehörden durch diese Regelung nicht berührt wird, werden sich diese nunmehr auch mit dem Datenschutzrecht anderer EU-Staaten vertraut machen müssen (vgl. hierzu Dammann, RDV 2002, 70).

– *Erweiterte Transparenz gegenüber dem Betroffenen*

Insoweit ist zunächst die nunmehr auch für nicht-öffentliche Stellen vollzogene **Vorverlagerung der Benachrichtigungspflicht** relevant, indem die verantwortliche Stelle bei Datenerhebungen beim Betroffenen ihre Identität und den Zweck der Erhebung und nachfolgender Verarbeitungen nennen muss (§ 4 Abs. 3). Werden Daten nicht beim Betroffenen erhoben, besteht für öffentliche Stellen erstmals (§ 19a) und für nicht öffentliche Stellen weiterhin (§ 33) eine entsprechende **Benachrichtigungspflicht** bei erstmaliger Speicherung bzw. Übermittlung. Die Benachrichtigungspflicht privater Stellen ist zwar in § 33 Abs. 1 nominell hinsichtlich des Umfangs der Information erweitert worden; aufgrund des weitgehend beibehaltenen und teilweise erweiterten Ausnahmekatalogs in § 33 Abs. 2 verbleibt es aber dabei, dass in der Praxis Benachrichtigungen so gut wie nicht stattfinden müs-

Einleitung

sen. Eine besondere Informationspflicht besteht nunmehr bei der Nutzung von Daten zur werblichen Ansprache des Betroffenen, indem er über das ihm insoweit zustehende Widerspruchsrecht und dessen Adressaten, d. h. die für die Verarbeitung der Werbedaten verantwortlichen Stelle zu unterrichten ist (§ 28 Abs. 4 Satz 2). Schließlich steht es nunmehr jedem Interessenten offen, sich durch Einsicht in das von den betrieblichen und behördlichen Datenschutzbeauftragten zu führende **„Verfahrensverzeichnis"** darüber zu informieren, ob ihn betreffende Verarbeitungen stattfinden. Erweitert wurde auch das Auskunftsrecht des Betroffenen, indem es grundsätzlich die Empfänger von Daten umfasst und die bisherigen Ausnahmetatbestände reduziert wurden. Bei automatisierten Einzelentscheidungen ist dem Betroffenen auch Auskunft über den „logischen Aufbau der Verarbeitung" zu geben (§ 6a Abs. 3).

– *Erweiterte Verarbeitungsbeschränkungen*

18 Dem Betroffenen wird erstmals ausdrücklich ein allgemeines **Widerspruchsrecht** gegenüber ihn betreffende Datenverarbeitungen eingeräumt (§ 20 Abs. 5, § 35 Abs. 5), das aber nur dann greift, wenn er dartun kann, dass aufgrund – der verantwortlichen Stelle bislang nicht bekannten – konkreten persönlichen Umstände seinem Schutzinteresse Vorrang einzuräumen ist (vgl. Gola, DuD 2001, 278). Umfangreich geregelt sind nunmehr die Rechtmäßigkeitsvoraussetzungen der Datenerhebung mit dem bislang nur für die öffentliche Verwaltung geltenden Vorrang der **Direkterhebung** beim Betroffenen und detaillierten Informationspflichten (§ 4 Abs. 2 und 3). Ferner werden sog. „besondere Arten" personenbezogener Daten (§ 3 Abs. 9) aufgrund ihrer generell zu vermutenden Sensitivität unter ein nochmaliges und nur durch spezielle Ausnahmetatbestände durchbrochenes Verarbeitungsverbot gestellt (z. B. § 28 Abs. 6 bis 9). Besonderen Zulässigkeits- bzw. Verbotsregelungen unterworfen sind ferner **„automatisierte Einzelentscheidungen"** (§ 6a), d. h. Verarbeitungen, die eine ausschließlich automatisiert herbeigeführte, für den Betroffenen nachteilige Entscheidung bewirken.

19 Während dem Ziel der EG-DatSchRL entsprechend Datenübermittlungen in EU-Länder so zu behandeln sind, wie derartige Verarbeitungsschritte zwischen inländischen Stellen (§ 4b Abs. 1), sind **Datenübermittlungen** in sog. **Drittländer** ggf. unzulässig, wenn das Drittland kein angemessenes Datenschutzniveau gewährleistet. Die entsprechende Beurteilung nimmt die übermittelnde Stelle selbst vor, wobei die EU-Kommission insoweit auch allgemeine Feststellungen treffen kann. Kann kein hinreichendes Datenschutzniveau festgestellt werden und liegen auch nicht dem Willen des Betroffenen entsprechende Übermittlungsbefugnisse nach § 4c vor, so kann die übermittelnde Stelle sich den grenzüberschreitenden Datenverkehr einzel- oder fallgruppenbezogen von der obersten Aufsichtsbehörde genehmigen lassen. Voraussetzung für die Genehmigung ist die Schaffung ausreichender Garantien für den Schutz der Betroffenen z. B. durch Vereinbarungen mit dem Datenempfänger.

– *Erweiterte Datenschutzkontrolle*

20 Das BDSG setzt – auch zur Entlastung der staatlichen Aufsichtsbehörden von ansonsten wahrzunehmenden Meldefunktionen – weiterhin auf das Primat der betrieblichen und innerbehördlichen **Selbstkontrolle** durch interne Datenschutzbeauftragte, deren Rechtsstellung und Aufgaben nunmehr in dem Allgemeinen Teil des Gesetzes dargestellt sind (§§ 4f und 4g). Als neue Aufgaben wurden den DSB die sog. Vorabkontrolle bei besonders risikoreichen Verarbeitungen (vgl. Klug, RDV 2001, 12; Schild, DuD 2001, 282) und die Führung des nunmehr von jedermann einsehbaren Verfahrensverzeichnisses zugewiesen. Weggefallen ist die beratende Mitwirkung bei der Auswahl von DV-Personal.

21 **15.** Wie aufgezeigt, sollte der 2001 vollzogenen Novellierung des BDSG schnellstmöglich eine grundlegende, die bisherige Konzeption des Datenschutzrechts ablösende **Modernisierung des Datenschutzrechts** nachfolgen. Ziel der

Einleitung

Neufassung solle die Verbesserung und Vereinheitlichung des Schutzes der Betroffenen im öffentlichen und privaten Bereich sein (BR-Drs. 461/100, 74 ff.). Zur Vorbereitung dieser umfassenden Novellierung hatte die Bundesregierung ein Gutachten in Auftrag gegeben, das 2001 vorgelegt wurde (Roßnagel/Pfitzmann/Garstka, Modernisierung des Datenschutzrechts (2001); s. dazu auch Roßnagel, RDV 2002, 61; Roßnagel/Pfitzmann/Garstka, DuD 2001, 253; Bizer, DuD 2001, 274). Die Diskussion um eine tragfähige Konzeption des Datenschutzrechts geht weiter. Kilian (CR 2002, 921) will personenbezogene Daten als marktfähige Güter verstanden wissen, über die der Betroffene vertragliche Verfügungen treffen kann. Kritisch setzen sich mit dem Gutachten einige Datenschutzbeauftragte aus Großunternehmen der Wirtschaft auseinander. Sie fordern, den Unternehmen einen weitgehenden Spielraum zur Selbstregulierung des Datenschutzes zu geben (Ahrend/Bijoh/Dieckmann/Eitschberger/Guthmann/Eul/Schmidt/Schwarzhaupt, DuD 2003, 433 f.). Bull (NJW 2006, 1617; ders., Zweifelsfragen um die informationelle Selbstbestimmung – Datenschutz als Datenaskese, NJW 2006, 1617; ders., RDV 2008, 47) sieht Datenverarbeitung als Bestandteil des normalen Alltags, der datenschutzrechtliche Regelungen als selbstverständlich akzeptiert. Die Aussicht, dass es in absehbarer Zeit zu der angekündigten Modernisierung des Datenschutzrechts kommt, sind nach den bisherigen Erfahrungen mit den Novellierungszeiträumen bzw. mit den nachfolgenden weiteren Spezifizierungen des Gesetzes allerdings nach wie vor als gering einzuschätzen.

16. Die in den Jahren 2006 (Erstes Gesetz zum Abbau bürokratischer Hemmnisse insbesondere in der mittelständischen Wirtschaft (BGBl. I S. 1970) und im Jahre 2009 mit drei parallel gelaufenen Novellierungen (BGBl. I S. 2254; BGBl. I S. 2814; BGBl. I S. 2355) erfolgten Ergänzungen belegen das. Während sich im Jahre 2006 erfolgte Änderung im Wesentlichen mit dem betrieblichen Datenschutzbeauftragten befasste und die **Bestellpflicht** erst bei der Zahl von zehn bei der DV beschäftigten Mitarbeitern abhängig machte, enthielten die Novellierungen I–III des Jahres 2009 einen Katalog unterschiedlichster Regelungen. **22**

17. Insbesondere die Kritik von Verbraucherschützern und Datenschutzaufsichtsbehörden (bereits Weichert, DuD 2005, 582; zu Geodaten ders., DuD 2007, 113; weitere Nachweise bei Gola/Klug, NJW 2008, 2481 (2486)) an mangelnder Transparenz und unzureichender Rechtssicherheit im Auskunfteiwesen und speziell beim sog. (Kredit-)Scoring hat den Gesetzgeber dazu bewogen, mit der BDSG-Novelle I Informations- und Auskunftsrechte der Betroffenen zu stärken und spezifische Erlaubnistatbestände einzuführen. Ergänzend ist im Rahmen der BDSG-Novelle III Artikel 9 der Verbraucherkreditrichtlinie (2008/48/EG), wonach Darlehensgebern aus sämtlichen Mitgliedstaaten bei grenzüberschreitenden Krediten ein diskriminierungsfreier Zugang zu den zur Bewertung der Kreditwürdigkeit des Verbrauchers verwendeten Auskunftssystemen zu gewähren ist, umgesetzt worden. **23**

18. Die BDSG-Novelle II ist maßgeblich durch „**Datenschutzskandale**" motiviert, die insbesondere durch illegalen Datenhandel und Fälle ausufernder Mitarbeiterkontrolle gekennzeichnet waren. Über die Einschränkung der Erlaubnis zur Verwendung personenbezogener Daten zu Zwecken des Adresshandels und der Werbung sowie neue Klarstellungsvorschriften zum Beschäftigtendatenschutz hinaus, wurden Neuregelungen verabschiedet, die eine Anpassung der betrieblichen Datenschutzorganisation erforderlich machen, zumal parallel auch Vorschriften zur Effektivierung der Datenschutzkontrolle geschaffen worden sind. **24**

19. Den mit der Einfügung des § 32 gemachten ersten Schritt zur Schaffung bereichsspezifischer Normen des Beschäftigtendatenschutzes hat der Gesetzgeber nicht fortgesetzt. Der am 25.3.2011 in den Bundestag eingebrachte Gesetzesentwurf (BT-Drs. 17/4230) kam nicht zur Verabschiedung. Einen Neuanlauf will die derzeitige Koalition erst unternehmen, wenn klar ist, welche Möglichkeiten die in den **25**

Einleitung

Verhandlungen befindliche EU-DS-GVO den Nationalstaaten zur eigenständigen Regelung der Thematik lassen wird (vgl. hierzu Rn. 29).

26 **20.** Die in den letzten Novellierungen vorgenommenen Ergänzungen betreffen weitgehend nur die Privatwirtschaft. Parallel zu betrachten ist aber auch der ständig zunehmende „Datenhunger" des Staates. Der 11. September 2001 und die ihm folgenden terroristischen Anschläge haben zu einem Paradigmenwechsel dergestalt geführt, dass das Thema Sicherheit gegenüber dem der Freiheit an Bedeutung gewonnen hat. Die Stichworte „Kronzeugenregelung, Vermummungsverbot, Telefonüberwachung, Vorratsspeicherung von Telefondaten, Lauschangriff, Rasterfahndung, Antiterrordatei" belegen es. Ziel dieser staatlichen Vorkehrungen ist, ein Frühwarnsystem zu installieren, das imstande ist, kriminelle und terroristische Aktivitäten schon im Vorfeld zu erkennen und präventiv zu bekämpfen. Dies setzt voraus, dass man nicht – wie es die Strafprozessordnung vorsieht – erst dann tätig wird, wenn ein konkreter Tatverdacht vorliegt, sondern bereits dann, wenn die bloße Möglichkeit besteht, dass ein solcher Angriff erfolgen könnte. Konsequenz ist, dass auch zunächst Unverdächtige einbezogen werden. Damit wird jeder Einzelne zu einem Risikofaktor. Dieser aus datenschutzrechtlicher Sicht bedenklichen Entwicklung hat nun auch das Bundesverfassungsgericht Grenzen gesetzt. Der **große Lauschangriff** endet an der Wohnungstür. Gespräche innerhalb der Wohnung im Familien- und Freundeskreis gehören zum Kernbereich privater Lebensgestaltung. Sie sind tabu gegen staatliche Abhörmaßnahmen. Die Rasterfahndung ist nur noch zulässig, wenn eine hinreichend konkrete Gefahr für ein bedrohtes Rechtsgut besteht. Dies gilt auch, wenn Kanzleiräume von Strafverteidigern durchsucht oder ihre Gespräche abgehört werden sollen. Telefonüberwachungen zur Verhütung und zur Vorsorge für die Verfolgung von eventuellen künftigen Straftaten sind nur dann hinnehmbar, wenn der zu schützende Gemeinwohlbelang allgemein sowie im konkreten Fall überragend wichtig ist. Diese Grenzen werden bei jeder künftigen Datenschutzgesetzgebung zu beachten sein.

27 **21.** Einen neuen Markstein hat das Bundesverfassungsgericht (NJW 2008, 822 = MMR 2008, 315) mit der Formulierung eines über das Recht auf informationelle Selbstbestimmung hinausgehenden **Grundrechts auf Gewährleistung der Vertraulichkeit und Integrität informationstechnischer Systeme** (Kutschka, NJW 2009, 1042; Roßnagel/Schabel, NJW 2008, 3534) gesetzt. Zum Schutz gegen sog. Onlineüberwachung hat es das Fernmeldegeheimnis und das Recht auf informationelle Selbstbestimmung als nicht ausreichend angesehen, weil der Zugriff auf die in den IT-Systemen umfangreich vorhandenen persönlichen Dateien in seinem Gewicht für die Persönlichkeit des Betroffenen weit über einzelne Datenerhebungen, von denen das informationelle Selbstbestimmungsrecht ausgehe, hinausgehe (vgl. auch Hoffmann-Riem, JZ 2008, 1009; Gusy, DuD 2009, 39).

28 **22.** Bereits mit Inkrafttreten des in Art. 8 EU-Grundrechte-Charta verankerten europäischen **Grundrechts auf Datenschutz** Ende 2009 hat der Schutz personenbezogener Daten auf EU-Ebene eine richtungsweisende Aufwertung erfahren. Gleichzeitig hat der Vertrag von Lissabon zu einer Aufhebung des Säulenkonzepts der EU geführt und damit den Weg für sektorübergreifende Datenschutzprinzipien frei gemacht (zu den unionsrechtlichen Grundlagen des Datenschutzes vgl. Kühling/Seidel/Sivridis, Datenschutzrecht, 2. Aufl., 2011, S. 13 ff.). Vor diesem Hintergrund und mit Blick auf die technologische Entwicklung bei gleichzeitig fortschreitender Globalisierung sowie angesichts der Erkenntnis, dass die modernen Verfahren zur Verarbeitung personenbezogener Daten immer „raffinierter" werden, hat die **EU-Kommission** auf Basis ihrer Mitteilung KOM(2010) 609 endg. (Überblick aus Unternehmenssicht bei Klug, RDV 2011, 129) am 25.1.2012 eine umfassende Reform der in die Jahre gekommenen EU-Datenschutzvorschriften vorgeschlagen. Die Vorschläge der Kommission bestehen aus einer Mitteilung über die politischen Ziele der Kommission – KOM(2012) 9 endg. – und zwei Legislativvorschlägen;

Einleitung

dabei handelt es sich um eine **Verordnung** zur Festlegung eines allgemeinen Datenschutz-Rechtsrahmens der EU – KOM(2012) 11 endg. – und eine **Richtlinie** speziell zum Schutz personenbezogener Daten, die zum Zweck der Verhütung, Aufdeckung, Untersuchung oder Verfolgung von Straftaten und für damit verbundene justizielle Tätigkeiten verarbeitet werden – KOM(2012) 10 endg. Die beiden Rechtsinstrumente durchlaufen zunächst das legislative Verfahren und sollen zwei Jahre nach ihrer Annahme in Kraft treten. Dem Reformvorhaben liegen im Wesentlichen die nachstehenden übergeordneten Zielsetzungen der Kommission zugrunde (vgl. hierzu im Einzelnen Klug, RDV 2011, 129 sowie Mitteilung KOM(2012) 9).
– **Stärkung der Rechte des Einzelnen**
    – Stärkung der Eigenkontroll- und Rechtsschutzmöglichkeiten von Betroffenen
    – Verstärkung der Datensicherheit
    – Ausbau der Verantwortlichkeiten bzw. Rechenschaftspflichten der Daten verarbeitenden Stellen
– **Stärkung der Binnenmarktdimension des Datenschutzes**
    – Mehr Rechtssicherheit und Wirtschaftlichkeit durch einheitliches Datenschutzrecht in allen Mitgliedstaaten
    – Abbau unnötiger administrativer Bürokratie (z. B. Wegfall der allgemeinen Meldepflicht)
    – Stärkung der Datenschutzaufsichtsbehörden
    – Zuständigkeit nur einer europäischen Datenschutzbehörde am Sitz der Hauptniederlassung der verantwortlichen Stelle
    – Schaffung von Rahmenbedingungen für eine effiziente Zusammenarbeit zwischen den nationalen Datenschutzbehörden
    – Einführung eines Kohärenz-Verfahrens zur Gewährleistung einer einheitlichen Rechtsanwendung durch die Datenschutzbehörden
    – Ausbau der Datenschutzgruppe nach Artikel 29 zu einem unabhängigen Europäischen Datenschutzausschuss
– **Anpassungen an die globale Dimension des Datenschutzes**
    – Klarstellende Regelungen zur Anwendbarkeit des EU-Datenschutzrechts auf in Drittländern ansässige verantwortliche Stellen
    – Klarstellung der Kriterien für datenschutzrechtliche Angemessenheitsentscheidungen
    – Straffung und Vereinfachung der Regeln für Datenübermittlungen in „unsichere" Drittländer (insbesondere Förderung von verbindlichen unternehmensinternen Datenschutzregeln – auch im Hinblick auf Auftragsverarbeiter und Unternehmensgruppen)
    – Förderung universeller Datenschutzgrundsätze
– **Schaffung von harmonisierten Datenschutzstandards für die polizeiliche und justizielle Zusammenarbeit in Strafsachen**
Die Wahl des Rechtsinstruments einer in den Mitgliedstaaten unmittelbare Rechtswirkung entfaltenden **EU-Verordnung** verdeutlicht die Absicht der EU-Kommission bislang bestehende nationale Unterschiedlichkeiten im Datenschutzrecht im Wege einer Vollharmonisierung zu beseitigen (zu diesem Aspekt und zum Verordnungsvorschlag insgesamt vgl. Hornung, ZD 2012, 99; Härting, BB 2012, 459; Eckardt, CR 2012, 195; Lang, K&R 2012, 145; sowie Kuner, BNA-Privacy and Security Law Report, Issue 6. Feb. 2012). Obwohl der Verordnungsvorschlag an einigen Stellen durchaus ein gewisse Parallelität zu Vorschriften des BDSG erkennen lässt, würde er im Fall seines Inkrafttretens insgesamt doch erhebliche Auswirkungen auf das BDSG und die Datenschutzlandschaft in Deutschland insgesamt haben (zu potenziellen Auswirkungen auf das BDSG s. etwa § 1 Rn. 28; § 4b Rn. 6 und 11; § 4c Rn. 16; § 6a Rn. 1 und 7; § 11 Rn. 16; zu den Auswirkungen auf den Beschäftigtendatenschutz vgl. Gola, RDV 2012, 60 sowie Wybitul/Fladung, BB 2012, 509; zur Datenverwendung für werbliche Zwecke vgl. Breinlinger/Scheuing, RDV 2012,

Einleitung

64; zur Rolle betrieblicher Datenschutzbeauftragter vgl. Jaspers/Reif, RDV 2012, 78; zum technisch-organisatorischen Datenschutz vgl. Münch, RDV 2012, 72; zu einer möglichen Verkürzung des Grundrechtsschutzes im Bereich des Datenschutzes vgl. Masing, Süddeutsche Zeitung v. 9.1.2012, S. 10 sowie Schwartmann, RDV 2012, 55). Auch die Datenschutzrichtlinie über die polizeiliche und justizielle Zusammenarbeit in Strafsachen, die in nationales Datenschutzrecht umzusetzen wäre, ließe das BDSG wohl nicht unberührt (s. etwa § 4b Rn. 1). Ohne die übergeordneten Zielsetzungen der EU-Kommission grundsätzlich in Frage zu stellen – allerdings unter Berücksichtigung zahlreicher Änderungsanträge – hat das EU-Parlament am 12.3.2014 mit breiter Mehrheit einen sog. Kompromisstext zur geplanten EU-Datenschutz-Grundverordnung (DS-GVO) verabschiedet. Damit ist – auch nach den Neuwahlen zum EU-Parlament 2014 – im Sinne einer Kontinuität die Möglichkeit der Fortführung der kontroversen Diskussion mit dem Rat der EU auf Basis der umfangreichen Vorarbeiten von Kommission und Parlament gewährleistet (Literaturhinweise zur geplanten DS-GVO bei Gola/Klug, NJW 2012, 2489 (2492); dies., NJW 2013, 2487 ff.; dies., NJW 2014, 667 (668); dies., NJW 2014, 2622 sowie Gola/Schulz, RDV 2013, 1).

29   **23.** Der Umstand, dass Art. 82 des vorgenannten Verordnungsvorschlags der EU-Kommission – auch in der geänderten Fassung des EU-Parlaments – eine Öffnungsklausel für eigene mitgliedstaatliche Regelungen zum Beschäftigtendatenschutz enthält, mag dem deutschen Gesetzgeber dazu dienen, das bereits begonnene parlamentarische Verfahren zum Erlass eines Beschäftigtendatenschutzgesetzes nunmehr fortzusetzen bzw. neu aufzugreifen (zum bisherigen Diskussionsstand s. § 32 Rn. 1). Anzumerken ist insofern, dass der Bundesgesetzgeber im Hinblick auf möglichst zukunftsfeste nationalen Regelungen im Bereich des Beschäftigtendatenschutzes gut beraten sein dürfte, sich vorausschauend an den allgemeinen Vorgaben des – ebenfalls noch im legislativen Verfahren befindlichen – EU-Verordnungsentwurfs zu orientieren, denn dieser gestattet die nationale Regelung dieser Spezialmaterie nur im Rahmen der durch ihn vorgegebenen Grenzen (vgl. Gola, RDV 2012, 60 sowie Wybitul/Fladung, BB 2012, 509).

Bundesdatenschutzgesetz (BDSG)

Kommentar

Erster Abschnitt. Allgemeine und gemeinsame Bestimmungen

§ 1 Zweck und Anwendungsbereich des Gesetzes

(1) Zweck dieses Gesetzes ist es, den Einzelnen davor zu schützen, dass er durch den Umgang mit seinen personenbezogenen Daten in seinem Persönlichkeitsrecht beeinträchtigt wird.

(2) Dieses Gesetz gilt für die Erhebung, Verarbeitung und Nutzung personenbezogener Daten durch
1. öffentliche Stellen des Bundes,
2. öffentliche Stellen der Länder, soweit der Datenschutz nicht durch Landesgesetz geregelt ist und soweit sie
   a) Bundesrecht ausführen oder
   b) als Organe der Rechtspflege tätig werden und es sich nicht um Verwaltungsangelegenheiten handelt,
3. nicht-öffentliche Stellen, soweit sie die Daten unter Einsatz von Datenverarbeitungsanlagen verarbeiten, nutzen oder dafür erheben oder die Daten in oder aus nicht automatisierten Dateien verarbeiten, nutzen oder dafür erheben, es sei denn, die Erhebung, Verarbeitung oder Nutzung der Daten erfolgt ausschließlich für persönliche oder familiäre Tätigkeiten.

(3) [1]Soweit andere Rechtsvorschriften des Bundes auf personenbezogene Daten einschließlich deren Veröffentlichung anzuwenden sind, gehen sie den Vorschriften dieses Gesetzes vor. [2]Die Verpflichtung zur Wahrung gesetzlicher Geheimhaltungspflichten oder von Berufs- oder besonderen Amtsgeheimnissen, die nicht auf gesetzlichen Vorschriften beruhen, bleibt unberührt.

(4) Die Vorschriften dieses Gesetzes gehen denen des Verwaltungsverfahrensgesetzes vor, soweit bei der Ermittlung des Sachverhalts personenbezogene Daten verarbeitet werden.

(5) [1]Dieses Gesetz findet keine Anwendung, sofern eine in einem anderen Mitgliedstaat der Europäischen Union oder in einem anderen Vertragsstaat des Abkommens über den Europäischen Wirtschaftsraum belegene verantwortliche Stelle personenbezogene Daten im Inland erhebt, verarbeitet oder nutzt, es sei denn, dies erfolgt durch eine Niederlassung im Inland. [2]Dieses Gesetz findet Anwendung, sofern eine verantwortliche Stelle, die nicht in einem Mitgliedstaat der Europäischen Union oder in einem anderen Vertragsstaat des Abkommens über den Europäischen Wirtschaftsraum belegen ist, personenbezogene Daten im Inland erhebt, verarbeitet oder nutzt. [3]Soweit die verantwortliche Stelle nach diesem Gesetz zu nennen ist, sind auch Angaben über im Inland ansässige Vertreter zu machen. [4]Die Sätze 2 und 3 gelten nicht, sofern Datenträger nur zum Zweck des Transits durch das Inland eingesetzt werden. [5]§ 38 Abs. 1 Satz 1 bleibt unberührt.

§ 1 Zweck und Anwendungsbereich des Gesetzes

Literatur: *Abel,* Umsetzung der Selbstregulierung im Datenschutz – Probleme und Lösungen, RDV 2003, 11; *Albers,* Informationelle Selbstbestimmung, 2005; *Bäumler,* Der neue Datenschutz in der Realität, DuD 2000, 257; *ders.,* Der neue Datenschutz, RDV 1999, 5; *Benda,* Das Recht auf informationelle Selbstbestimmung und die Rechtsprechung des Bundesverfassungsgerichts zum Datenschutz, DuD 1984, 86; *Bizer,* Ziele und Elemente der Modernisierung des Datenschutzrechts, DuD 2001, 274; *ders.,* Strukturplan modernes Datenschutzrecht, DuD 2004, 6; *Brühann,* EU-Datenschutzrichtlinie – Umsetzung in einem vernetzten Europa, RDV 1996, 12; *Bull,* Zeit für einen grundlegenden Wandel des Datenschutzes?, CR 1997, 711; *ders.,* Neue Konzepte, neue Instrumente?, ZRP 1998, 310; *ders.,* Aus aktuellem Anlaß: Bemerkungen über Stil und Technik der Datenschutzgesetzgebung, RDV 1999, 148; *ders.,* Zweifelsfragen um die informationelle Selbstbestimmung – Datenschutz als Datenaskese, NJW 2006, 1617; *ders.,* Informationsrecht ohne Informationskultur?, RDV 2008, 47; *Büllesbach* (Hrsg.), Datenverkehr ohne Datenschutz? Eine globale Herausforderung, 1999; *ders.,* Datenschutz bei Data Warehouses und Data Mining, CR 2000, 11; *ders.,* Datenschutz in einem globalen Unternehmen, RDV 2000, 1; *ders.,* Datenschutz und Datensicherung als Qualitäts- und Wettbewerbsfaktor, RDV 1997, 239; *Büllesbach/Garstka,* Meilensteine auf dem Weg zu einer datenschutzgerechten Gesellschaft, CR 2005, 720; *Dammann,* Internationaler Datenschutz, RDV 2002, 70; *Ehmann, H.,* Prinzipien des deutschen Datenschutzrechts – unter Berücksichtigung der Datenschutzrichtlinie der EG, RDV 1998, 235 u. 1999, 12; *Faber,* Verrechtlichung – ja, aber immer noch kein Grundrecht! – zwanzig Jahre informationelle Selbstbestimmung, RDV 2003, 278; *Gallwas,* Der allgemeine Konflikt zwischen dem Recht auf informationelle Selbstbestimmung und der Informationsfreiheit, NJW 1992, 2785; *Gerhold/Heil,* Das neue Datenschutzgesetz 2001, DuD 2001, 377; *Gola/Jaspers,* Das neue BDSG im Überblick, 2001; *Gola/Klug,* Grundzüge des Datenschutzrechts, 2003; *Gurlit,* Die Verfassungsrechtsprechung zur Privatheit im gesellschaftlichen und technologischen Wandel, RDV 2006, 43; *Hohmann-Dennhardt,* Freiräume zum Schutz der Privatheit, NJW 2006, 545; *Jacob,* Perspektiven des neuen Datenschutzrechts, DuD 2000, 5; *dies.,* 25 Jahre Datenschutzrecht in der Wirtschaft, RDV 2002, 1; *dies.,* Informationeller Selbstschutz als Bestandteil der Persönlichkeitsrechts, RDV 2008, 1; *Jarass,* Das allgemeine Persönlichkeitsrecht im Grundgesetz, NJW 1989, 857; *Kilian,* Informationelle Selbstbestimmung und Marktprozesse. Zur Notwendigkeit der Modernisierung des Modernisierungsgutachtens zum Datenschutzrecht, CR 2002, 921; *Klug,* Beispiele richtlinienkonformer Auslegung des BDSG, RDV 2001, 266; *Körner-Dammann,* Der zweite Entwurf einer EG-Datenschutzrichtlinie, RDV 1993, 14; *Krause,* Das Recht auf informationelle Selbstbestimmung – BVerfGE 65, 1, JuS 1984, 268; *Kutschka,* Datenschutz durch Zweckbindung – ein Auslaufmodell?, ZRP 1999, 156; *ders.,* Mehr Schutz von Computerdaten durch ein neues Grundrecht, NJW 2009, 1042; *Nitsch,* Datenschutz und Informationsgesellschaft, ZRP 1995, 361; *Petri,* Vollzugsdefizite bei der Umsetzung des BDSG, DuD 2002, 726; *Podlech/Pfeifer,* Die informationelle Selbstbestimmung im Spannungsfeld moderner Wettbewerbsstrategien, RDV 1998, 139; *Rohlf,* Der grundrechtliche Schutz der Privatsphäre, 1980; *Ronellenfitsch,* Von den informationellen Selbstbestimmung zum Mediengeheimnis, RDV 2008, 55; *Roßnagel,* Modernisierung des Datenschutzrechts, RDV 2002, 61; *ders.,* Modernisierung des Datenschutzrechts für eine Welt allgegenwärtiger Datenverarbeitung, MMR 2005, 71; *Roßnagel/Pfitzmann/Garstka,* Modernisierung des Datenschutzes, DuD 2001, 253; *Roßnagel/Schnabel,* Das Grundrecht auf Gewährleistung der Vertraulichkeit und Integrität informationstechnischer Systeme und sein Einfluss auf das Privatrecht, NJW 2008, 3534; *Schierbaum,* Das neue Bundesdatenschutzgesetz – Novellierung mit erheblicher Verzögerung, PersR 2001, 275; *Simitis,* Die informationelle Selbstbestimmung – Grundbedingung einer verfassungskonformen Informationsordnung, NJW 1994, 398; *ders.,* Datenschutz und die Europäische Gemeinschaft, RDV 1990, 3; *ders.,* Auf dem Weg zu einem neuen Datenschutzkonzept, DuD 2000, 714; *Sutschet,* Über Informationsverbote zur Wissensgesellschaft?!, RDV 2000, 107; *Tauss/Özdemir,* Umfassende Modernisierung des Datenschutzrechts in zwei Stufen, RDV 2000, 143; *Tinnefeld,* Die Novelle des BDSG im Zeichen des Gemeinschaftsrechts, NJW 2001, 3078; *Vogelgesang,* Grundrecht auf informationelle Selbstbestimmung, 1987; *Wanckel,* Persönlichkeitsrechtsschutz in der Informationsgesellschaft, 1999; *Weber,* EG-Datenschutzrichtlinie – Konsequenzen für die Deutsche Gesetzgebung, CR 1995, 297; *Wittig,* Die datenschutzrechtliche

Zweck und Anwendungsbereich des Gesetzes § 1

Problematik der Anfertigung von Persönlichkeitsprofilen zu Marketingzwecken, RDV 2000, 59; *Wuermeling,* Handelshemmnis Datenschutz, 2000.

Übersicht

	Rn.
1. Allgemeines	1
2. Das BDSG als Schutzgesetz	3
3. Der Schutzgegenstand	6
4. Das Recht auf informationelle Selbstbestimmung	9
5. Bürger- und techniknaher Datenschutz	14
6. Das BDSG als Eingriffsnorm	16
7. Allgemeines Informationszugangsrecht	18
8. Die Normadressaten	19
9. Der Anwendungsbereich	22
10. Subsidiarität des BDSG	23
11. Verhältnis zum Verwaltungsverfahrensgesetz	26
12. Tätigkeiten ausländischer Stellen im Inland	27
13. Landesrecht	32

1. Allgemeines

1.1 Absatz 1 enthält mit der Festlegung des Gesetzeszwecks zugleich eine Art 1 **Legaldefinition** des Begriffs „Datenschutz". Es ist aber bezeichnend, dass das Gesetz den Begriff selbst nicht nennt. Es handelt sich also nicht um eine Legaldefinition im gesetzestechnischen Sinne. Es wird nur der Zweck „dieses Gesetzes" festgelegt. Damit wird der Tatsache Rechnung getragen, dass sich der Datenschutz nicht in und mit diesem einen Gesetz verwirklicht, sondern dass er seine Ausprägung in zahlreichen weiteren speziellen Gesetzen und sonstigen Maßnahmen erfährt (Simitis in: Simitis, BDSG § 1 Rn. 23). Der **Begriff „Datenschutz"** selbst ist inzwischen zu einem festen Bestandteil der Rechtssprache geworden, obwohl er nach wie vor missverständlich ist; denn Datenschutz erschöpft sich nicht – wie der Wortlaut des Begriffs vermuten lässt – im Schutz von Daten (vgl. hierzu auch § 9 Rn. 1). Gegenstand des Schutzes ist vielmehr der einzelne Betroffene, der vor den Gefahren, die die Datenverarbeitung für ihn mit sich bringt, geschützt werden soll (zu den diesbezüglichen Verfassungsregelungen vgl. Faber, RDV 2003, 278; Vogelgesang, CR 1995, 554).
1.2 Der Betroffene soll vor der **Beeinträchtigung von Persönlichkeitsrechten** 2 geschützt werden; dies soll geschehen durch Regeln für den **„Umgang"** durch andere mit seinen personenbezogenen Daten. Die **EG-DatSchRL** beschreibt in Art. 1 Abs. 2 ebenfalls nur das Schutzziel, dies aber jedenfalls in der Formulierung umfassender als das BDSG, indem der Schutz der „Grundrechte und Grundfreiheiten" generell und hierbei aber insbesondere der „Schutz der Privatsphäre" zu gewährleisten ist. Gleichwohl bleiben die Schutzzielbeschreibungen identisch (vgl. Rn. 6 ff.).

2. Das BDSG als Schutzgesetz

2.1 Das BDSG ist also ein **Schutzgesetz,** woraus sich vielfältige Konsequenzen 3 ergeben. So ist bei einem Verstoß gegen diejenigen Normen, die auf den **Schutz des Betroffenen** abstellen (hierzu gehören im Ersten Abschnitt des BDSG: §§ 4 Abs. 1, 4a (Verarbeitung ohne Erlaubnis oder korrekte Einwilligung); § 5 (fehlende Schulung und Verpflichtung der Mitarbeiter); § 6a (unzulässige automatisierte Einzelentscheidung); § 9 (Verstoß gegen Erfordernisse der Datensicherung); § 10 (unzulässiges Abrufverfahren); § 11 (Sorgfaltsmängel bei der Auftragsvergabe bzw. Auf-

§ 1 Zweck und Anwendungsbereich des Gesetzes

tragsdurchführung)), ggf. ein **Schadensersatzanspruch nach § 823 Abs. 2 BGB** begründet.

4   **2.2** Bedeutsam ist auch die Frage ob und ggf. welche Normen des BDSG auch **verbraucherschützende Funktion** haben mit der Folge, dass ihre Verletzung auch im Wege der **Verbandsklage** nach § 8 UWG bzw. § 2 UKlaG verfolgt werden kann. Die Instanzgerichte beurteilen diese Frage kontrovers (befürwortend u.a. OLG Köln, RDV 2010, 35; sowie NJW 2014, 1820; OLG Karlsruhe, RDV 2012, 305; OLG Hamburg, RDV 2013, 260; OLG Stuttgart, MMR 2007, 437; KG Berlin, ZD 2014, 412; ablehnend u. a. OLG München, RDV 2012, 149; OLG Frankfurt a.M., GRUR 2005, 785). Für ein verbraucherschützendes UWG plädiert Weichert (DuD 2001, 131). Die Verbraucherschutzfunktion des BDSG und anderer datenschutzrechtlicher Normen soll nunmehr gesetzlich geregelt werden (vgl. hierzu Reif, RDV 2014, 206). Dazu hat der BMJ den Entwurf eines „Gesetzes zur Verbesserung der zivilrechtlichen Durchsetzung von verbraucherschützenden Vorschriften des Datenschutzrechts" vorgelegt (zur Kritik vgl. Schulz, ZD 2014, 510). Gleichfalls ergeben sich schon derzeit Möglichkeiten der **Verbraucherverbände** über die Regelungen des UKlaG formularmäßige Einwilligungen überprüfen zu lassen (vgl. u. a. BGH, RDV 2008, 201 = NJW 2008, 3055 – Payback).

5   **2.3** Ferner ist es Aufgabe von **Personal-** (§ 68 Abs. 1 Nr. 2 BPersVG) **und Betriebsrat** (§ 80 Abs. 1 Nr. 1 BetrVG), darüber zu wachen, dass die zu Gunsten der Beschäftigten geschaffenen Gesetze eingehalten werden, wobei das BDSG nach durch die Rechtsprechung bestätigter Auffassung (BAG, DB 1987, 491 = RDV 1987, 189; DB 1987, 1791 = RDV 1988, 26; Fitting u. a., BetrVG, § 1 Rn. 206 ff.) ebenfalls zu den dort in Bezug genommenen **arbeitsrechtlichen Schutzgesetzen** zu zählen ist. Das bedeutet, dass der Betriebs- und Personalrat nicht nur die Rechtmäßigkeit der Personaldatenverarbeitung oder die Art und Weise, wie den Rechten der Beschäftigten entsprochen wird, überprüfen kann, sondern auch die Ordnungsmäßigkeit der Datensicherung und der Kontrollmaßnahmen (von Hoyningen-Huene, NZA Beilage Nr. 1/1985, Heft 13/1985; ferner m. N. Gola/Wronka, Handbuch, Rn. 1579 ff.), woraus sich auch die Befugnis ergibt, der arbeitsrechtlichen Installation des **Datenschutzbeauftragten** die ggf. erforderliche Zustimmung zu versagen, wenn Zweifel hinsichtlich der Fachkunde oder Zuverlässigkeit bestehen (BAG, DB 1994, 1678 = RDV 1994, 182).

3. Der Schutzgegenstand

6   **3.1** Das BDSG nennt als Schutzgegenstand gemäß der Formulierung in Absatz 1 das **„Persönlichkeitsrecht"**. Nicht übernommen hat der Gesetzgeber den vom BVerfG (BVerfGE 65, 1 = NJW 1984, 419) geprägten Begriff des **„Rechts auf informationelle Selbstbestimmung"** (kritisch hierzu Simitis, DuD 2000, 714 (719)), so wie er in der Mehrzahl der Landesdatenschutzgesetze zur Beschreibung des Schutzzwecks des Gesetzes entweder wörtlich oder in der vom BVerfG vorgenommenen Umschreibung (vgl. nachstehend Rn. 9 ff.) Eingang gefunden hat (vgl. u. a. § 1 Abs. 1 DSG NW; § 1 Abs. 1 Nr. 1 BlnDSG; § 1 BbgDSG; § 1 LDSG-SH). Ein materieller Unterschied ist darin jedoch weder gegenüber den Aussagen des BVerfG noch gegenüber den anders lautenden Landesdatenschutzgesetzen zu sehen (a. A. Simitis, DuD 2000, 714 (719), der einen Übergang vom eigentumsähnlichen Persönlichkeitsrecht hin zu einem Kommunikationsgrundrecht sieht). Datenschutz orientiert sich am allgemeinen Persönlichkeitsrecht in der Ausprägung, die dieses durch die Rechtsprechung des BVerfGs erfahren hat. Das Gericht hat auf eine inhaltliche Abgrenzung des Begriffs „allgemeines Persönlichkeitsrecht" verzichtet und dessen Entwicklungsoffenheit stets betont (BVerfGE 54, 148 (153); 72, 155 (170); 79, 256 (268)). Der die „schutzwürdige Belange" ersetzende Begriff des Persönlichkeits-

Zweck und Anwendungsbereich des Gesetzes § 1

rechts findet sich jedoch außer an dieser Stelle nur noch in einigen wenigen nachfolgenden Bestimmungen des Gesetzes (so §§ 8 Abs. 2; 38 Abs. 5). Klar ist jedoch: Das Gesetz bringt zum Ausdruck, dass es Ziel und Zweck des Datenschutzes ist, den Betroffenen vor einer Beeinträchtigung in seinem Persönlichkeitsrecht zu schützen (zu den Wurzeln im Grundrechtskatalog: Schrader, CR 1995, 75). Dies ist wirksam und effektiv nur zu realisieren, wenn der tatsächliche Schutz möglichst weit vorverlegt wird, so dass es zu einer Beeinträchtigung des Persönlichkeitsrechts gar nicht erst kommen kann. Datenschutz ist daher nach der Konzeption des Gesetzes präventiv; eine Art **Vorfeldsicherung** (Weitnauer in: Aktuelle Beiträge, S. 122 ff.; Zöllner, Daten- und Informationsschutz im Arbeitsverhältnis, S. 6; Ehmann, RDV 1988, 178 Fn. 65 m. N.; Denninger, CR 1988, 51; Bull, NJW 2006, 1623). Es ist daher nur konsequent, dass in den einzelnen Regelungen des Gesetzes, in denen Rechte und Interessen der Betroffenen konkret angesprochen sind, der Begriff des Persönlichkeitsrechts nicht mehr verwandt wird. Hier ist der Schutz vielmehr weiter gezogen, indem auch vermögenswerte Interessen das Schutzinteresse des Betroffenen bestimmen können.

3.2 Dennoch bleibt es wichtig, **Ziel und Zweck des Datenschutzes,** das 7 geschützte Rechtsgut also, zu bestimmen und inhaltlich abzugrenzen (zu diesbezüglichen unterschiedlichen Ansätzen vgl. auch Meister, DuD 1983, 163; Lindemann, DuD 1979, 221; Ehmann, RDV 1988, 172 (178) m. w. N.). Das BVerfG hat sich dieser Aufgabe im Volkzählungsurteil (BVerfGE 65, 1 = NJW 1984, 422) angenommen und u. a. ausgeführt: Prüfungsmaßstab ist in erster Linie das durch Art. 2 Abs. 1 i. V. m. Art. 1 Abs. 1 GG geschützte allgemeine Persönlichkeitsrecht. Im Mittelpunkt der grundgesetzlichen Ordnung stehen Wert und Würde der Person, die in freier Selbstbestimmung als Glied einer freien Gesellschaft wirken. Ihrem Schutz dient – neben speziellen Freiheitsverbürgungen – das in Art. 2 Abs. 1 i. V. m. Art. 1 Abs. 1 GG gewährleistete allgemeine Persönlichkeitsrecht, das gerade auch im Blick auf moderne Entwicklungen und die mit ihnen verbundenen Gefährdungen der menschlichen Persönlichkeit Bedeutung gewinnen kann (vgl. BVerfGE 54, 148 (153)). Die bisherigen Konkretisierungen durch die Rechtsprechung umschreiben den Inhalt des Persönlichkeitsrechts nicht abschließend. Er umfasst – wie bereits in der Entscheidung BVerfGE 54, 148 (155) unter Fortführung früherer Entscheidungen (BVerfGE 27, 1 (6) – Mikrozensus; 27, 344 (350 f.) – Scheidungsakten; 44, 353 (379) – Arztkartei; 35, 202 (220) – Lebach; 44, 353 (372 f.) – Suchtkrankenberatungsstelle) angedeutet worden ist – auch die aus dem Gedanken der Selbstbestimmung folgende Befugnis des Einzelnen, grundsätzlich selbst zu entscheiden, wann und innerhalb welcher Grenzen persönliche Lebenssachverhalte offenbart werden (vgl. ferner BVerfGE 56, 37 (41 ff.) – Selbstbezichtigung; 63, 131 (142 f.) – Gegendarstellung). Diese am Prinzip der **Relativität der Privatsphäre** orientierte Betrachtungsweise hat durch das Urteil des BVerfG zum sog. **Großen Lauschangriff** (NJW 2004, 999 ff., dazu näher § 13 Rn. 5a) eine gewisse Korrektur erfahren. Das Gericht hat in dieser Entscheidung den sog. „unantastbaren Kernbereich privater Lebensgestaltung", ein Begriff, den es bereits 1953 im sog. Elfes-Urteil (BVerfGE 6, 32 (41)) geprägt hat, zu einer Art Tabuzone erklärt, vor jeder Form der Überwachung durch staatliche Stellen – zu welchem Zweck auch immer – geschützt ist. Das Urteil kann daher als ein weiterer Schritt in die oben angeregte Richtung, das Ziel und den Zweck des Datenschutzes zu bestimmen, gesehen werden. Es erweitert den Schutz des informationellen Selbstbestimmungsrechts. Im Kernbereich privater Lebensgestaltung ist dieses Recht nunmehr auch vor Einschränkungen durch den Gesetzgeber geschützt. Einen solchen Schutz gab es im Volkszählungsurteil noch nicht. Dort waren „Einschränkungen im überwiegenden Allgemeininteresse" (s. u. Rn. 10) auf gesetzlicher Grundlage noch möglich. Das ist Vergangenheit! Einschränkbar ist das informationelle Selbstbestimmungsrecht künftig nur noch in der Sphäre außerhalb des **Kernbereichs privater Lebensgestaltung.** Diese Rechtspre-

§ 1 Zweck und Anwendungsbereich des Gesetzes

chung ist inzwischen durch andere Gerichte und durch das BVerfG selbst bestätigt und konkretisiert worden (s. dazu näher § 13 Rn. 5a). Die Entscheidung des Gerichts zur **Vorratsspeicherung von Telefondaten** zwecks staatlichen Zugriffs zeigt diese Voraussetzungen einmal mehr auf (BVerfG, NVwZ 2008, 543 = RDV 2008, 112, RDV 2010, 75). Gleiches gilt hinsichtlich der ohne konkreten Anlass erfolgenden **automatisierten Erfassung von Kfz-Kennzeichen** zum Zwecke des Abgleichs mit der Fahndungsdatei (BVerfG, NJW 2008, 1505; zur Geschwindigkeitsmessung per Video, RDV 2009, 222).

8   3.3 Informationelle Selbstbestimmung verwirklicht sich darin, dass der Betroffene selbst über die Preisgabe seiner Daten entscheidet, indem er sie in Kenntnis des Verwendungszwecks freiwillig bereitstellt und die diesbezügliche Bereitschaft ggf. in Form einer ausdrücklichen Einwilligung erklärt. Diese Einwilligung gewinnt für sensiblere Datenverarbeitung der Wirtschaft mehr und mehr Gewicht, wobei jedoch dem Betroffenen häufig, wenn er die mit der Datenbekanntgabe gewünschte Leistung in Anspruch nehmen will, nichts anderes übrig bleibt, als die Erklärung abzugeben. Das BVerfG (RDV 2007, 27) sieht das Recht (also Gerichte oder Gesetzgeber) als gehalten an, in derartigen Situationen auf die Wahrung der Grundrechtspositionen beider Vertragspartner hinzuwirken und gewährt den Betroffenen ein **Recht auf informationellen Selbstschutz**. Im konkreten Fall sah es dieses Recht durch Abverlangen einer pauschalen Schweigepflichtentbindungserklärung bei Abschluss einer Berufsunfallversicherung als verletzt an und verpflichtete die Versicherung mögliche aufwendigere Einzelfallermächtigungen zumindest als Alternative anzubieten.

4. Das Recht auf informationelle Selbstbestimmung

9   4.1 Individuelle Selbstbestimmung setzt – gerade auch unter den Bedingungen moderner Informationstechnologien – voraus, dass dem Einzelnen Entscheidungsfreiheit über vorzunehmende oder zu unterlassende Handlungen einschließlich der Möglichkeit gegeben ist, sich auch entsprechend dieser Entscheidung tatsächlich zu verhalten. Wer nicht mit hinreichender Sicherheit überschauen kann, welche ihn betreffenden Informationen in bestimmten Bereichen seiner sozialen Umwelt bekannt sind, und wer das Wissen möglicher Kommunikationspartner nicht einigermaßen abzuschätzen vermag, kann in seiner Freiheit wesentlich gehemmt sein, aus eigener Selbstbestimmung zu planen oder zu entscheiden. Wer unsicher ist, ob abweichende Verhaltensweisen jederzeit notiert und als Information dauerhaft gespeichert, verwendet oder weitergegeben werden, wird versuchen, nicht durch solche Verhaltensweisen aufzufallen. Wer damit rechnet, dass etwa die Teilnahme an einer Versammlung oder einer Bürgerinitiative behördlich registriert wird und dass ihm dadurch Risiken entstehen können, wird möglicherweise auf eine Ausübung seiner entsprechenden Grundrechte (Art. 8, 9 GG) verzichten. Dies würde nicht nur die individuellen Entfaltungschancen des Einzelnen beeinträchtigen, sondern auch das Gemeinwohl, weil Selbstbestimmung eine elementare Funktionsbedingung eines auf Handlungs- und Mitwirkungsfähigkeit seiner Bürger begründeten freiheitlichen demokratischen Gemeinwesens ist.

10   4.2 Das Recht auf **informationelle Selbstbestimmung** macht den Einzelnen grundsätzlich zum Herrn der ihn betreffenden Daten. Es gewährt ihm weitgehende Rechte über die Verwendung dieser Daten zu entscheiden. Im Verhältnis zur Datenverarbeitung von privaten Dritten, die Daten über ihn erheben und verarbeiten, gerät es in Konflikt mit deren individuellen Informations- und Informationsverarbeitungsrecht (vgl. die sicherlich einseitige Stellungnahme zugunsten des letztgenannten Rechtsguts von Ehmann, RDV 1998, 235 und 1999, 12; ebenso Sutschet, RDV 2000, 107).

Zweck und Anwendungsbereich des Gesetzes § 1

4.3 Der im „**Volkszählungsurteil**" zu entscheidende Fall bot dem Gericht kei- 11
nen Anlass, sich zu dem Inhalt und den Grenzen des informationellen Selbstbestimmungsrechts abschließend zu äußern (vgl. auch Benda, DuD 1984, 86). Gegenstand der Entscheidung waren die im Zuge der Volkszählung 1983 erhobenen personenbezogenen Daten. Im Hinblick darauf hat das Gericht die Notwendigkeit einer **bereichsspezifischen Gesetzgebung** bejaht, weil es sich um einen Fall zwangsweiser Erhebung personenbezogener Daten handelte. Diesen Grundsatz hat es in seinem Beschluss vom 9.3.1988 (NJW 1988, 3031) ausdrücklich bestätigt. Darüber hinaus sieht es ein überwiegendes Allgemeininteresse an einschränkenden gesetzlichen Regelungen bei Daten mit Sozialbezug unter „Ausschluss unzumutbarer intimer Angaben und Selbstbezichtigungen" als gegeben an.

4.4 Vor diesem Hintergrund wird deutlich, dass auch das informationelle Selbst- 12
bestimmungsrecht keine größere Klarheit über den Inhalt des geschützten Rechtsguts erbringt. Es ist kein eigenständiges Grundrecht (Fiedler, CR 1989, 131 ff.). Es schützt nur davor, dass unter staatlichem Zwang erhobene Daten nicht ohne gesetzliche Grundlage bzw. ohne Zustimmung des Betroffenen erhoben und verarbeitet werden dürfen (Vogelgesang, Grundrecht auf informationelle Selbstbestimmung?, S. 204). Albers (Informationelle Selbstbestimmung) hält die Konzeption des informationellen Selbstbestimmungsrechts als Verfügungsrecht über Darstellungen der eigenen Person für missglückt (S. 280). Sie fragt mit Recht, ob „bei jedem staatlichen Umgang mit personenbezogenen Daten die grundrechtliche Gewährleistung berührt" (S. 159) sei. Die Bedenken gegen ein aus der Verfassung abgeleitetes informationelles Selbstbestimmungsrecht hat ebenso Vogelgesang (a. a. O., S. 136 f.) aufgezeigt.

4.5 Die unklare Reichweite des informationellen Selbstbestimmungsrechts wird 13
darin deutlich, dass das BVerfG (NJW 2008, 822 = MMR 2008, 315) es nicht als Schutzbereich gegenüber staatlicher Online-Spionage heranzog, sondern aus Art. 2 Abs. 1 i. V. m. Art 1 GG „**ein Grundrecht auf Gewährleistung der Vertraulichkeit und Integrität informationstechnischer Systeme**" entwickelte. Das Fernmeldegeheimnis und das Recht auf informationelle Selbstbestimmung genügten nicht, weil der Zugriff auf die in den IT-Systemen umfangreich vorhandenen persönlichen Daten in seinem Gewicht für die Persönlichkeit des Betroffenen weit über einzelne Datenerhebungen, von denen das informationelle Selbstbestimmungsrecht ausgehe, hinausgehe (kritisch zu dieser Schutzlücke Hornung, CR 2008, 299). Betroffen sind dabei Systeme, die man als eigene oder zusammen mit anderen nutzt. Dazu gehört das Internet, Personalcomputer, Mobiltelefone, ebenso wie elektrische Geräte in Kraftfahrzeugen oder elektronische Terminkalender. Die Vertraulichkeits- und Integritätserwartung des Benutzers wird geschützt vor dem „Zugriff" des Staates, wenn der Zugriff sich auf die Kenntnisnahme wesentlicher Teile der **Lebensgestaltung einer Person oder seiner Persönlichkeit** erstreckt. Der Eingriff unterliegt dem Richtervorbehalt, wobei nur drohende Gefahren für ein überwiegendes Rechtsgut Voraussetzung und die Intensität des Eingriffs und der Verhältnismäßigkeit im konkreten Fall zu beachten sind. Nicht eingegriffen werden darf in den Kernbereich privater Lebensgestaltung (vgl. auch Hoffmann-Riem, JZ 2008, 1009). Roßnagel/Schnabel (NJW 2008, 3534) leiten aus diesem Grundrecht auch Konsequenzen für private Rechtsverhältnisse und die Verpflichtung des Gesetzgebers zu entsprechender Gesetzgebung ab.

5. Bürger- und techniknaher Datenschutz

5.1 Die Funktion des BDSG als Lücken füllendes und ggf. bereichsspezifischen 14
Problemen nicht gerecht werdendes **Auffanggesetz** hat zu einer **Zersplitterung des Datenschutzrechts** geführt. Im Vordergrund bisheriger gesetzgeberischer Akti-

§ 1 Zweck und Anwendungsbereich des Gesetzes

vität stand nämlich die zweite Kernaussage des Urteils, nach der das informationelle Selbstbestimmungsrecht im überwiegenden Allgemeininteresse auf gesetzlicher Grundlage eingeschränkt werden darf. Das Schwergewicht des Datenschutzes wurde damit auf den **bereichsspezifischen Teil der Gesetzgebung** (Simitis, CR 1987, 602; ders., RDV 1990, 3 f.) – mit dem eindeutigen Vorrang im öffentlichen Bereich – verlagert. Diese Lösung des Datenschutzproblems durch Reglementierung der Datenverarbeitung wird indes auch nicht dadurch zur Ideallösung, dass das Bundesverfassungsgericht ihr seinen Segen gegeben hat. Sie basiert auf der Annahme, dass jeder staatliche Akt der Informationsbeschaffung und jede Weitergabe von personenbezogenen Informationen einen Eingriff in Freiheitsrechte des Einzelnen darstellt und damit einer gesetzlichen Grundlage bedarf, sofern er nicht durch die Einwilligung des Betroffenen gedeckt ist. Diese Theorie steht und fällt mit der Richtigkeit ihrer Voraussetzung, die Datenverarbeitung sei generell und uneingeschränkt gefährlich (a. A. Weichert in: DKWW, BDSG, § 1 Rn. 2). Das BDSG basiert auf dieser Auffassung (Verbot mit Erlaubnisvorbehalt). Dies behebt aber nicht die Zweifelhaftigkeit dieser These, denn Datenverarbeitung ist nur dann und insoweit gefährlich, als sie geeignet oder intendiert ist, das Persönlichkeitsrecht zu beeinträchtigen.

15 5.2 Die mit dieser Konzeption verbundenen Probleme sind offenkundig. Auf die **zu erwartende und eingetretene Normenflut** ist mehrfach hingewiesen worden (Fiedler, CR 1989, 131; Teske, CR 1988, 670; v. Petersdorf, CR 1989, 615; Schaar, DuD 2004, 4; Bizer, DuD 2004, 6 (11); Roßnagel/Pfitzmann/Garstka, Gutachten, Modernisierung des Datenschutzrechts, 2001, S. 43 ff.). Sie wird auch durch die Rechtsprechung herbeijudiziert. Es bleibt daher notwendig, „das Dickicht der bereichsspezifischen Vorschriften zu lichten, ihre Vereinbarkeit mit den generell geltenden Verarbeitungsgrundsätzen zu prüfen und sie schließlich in ein konsistentes Regelungssystem einzubringen" (Simitis, DuD 2000, 714 (725)). Ansätze hierzu sind bisher nicht gemacht worden.

6. Das BDSG als Eingriffsnorm

16 6.1 Gleichwohl, auch unter diesen Vorgaben ist das BDSG nicht nur ein Schutzgesetz, sondern – jedenfalls was staatliche Datenverarbeitung betrifft – notwendigerweise ein **Eingriffsgesetz,** da der Staat und zumindest in bestimmten, ebenfalls von dem Prinzip der Über- und Unterordnung beherrschten privatrechtlichen Beziehungen auch die private datenverarbeitende Stelle (vgl. Simitis in: Simitis, BDSG § 1 Rn. 106 ff.; für das Arbeitsverhältnis: Gola/Wronka, Handbuch zum Arbeitnehmerdatenschutz, Rn. 16 ff.; für das Gesundheitswesen: Vahle, DuD 1991, 614) für den durch die Verarbeitung **personenbezogener Daten** bewirkten Eingriff in das Persönlichkeitsrecht eine diesen legitimierende Rechtsnorm benötigen. Dabei stellt sich auch für das novellierte BDSG die Frage, ob die notwendigerweise mit unbestimmten Rechtsbegriffen arbeitenden Zulässigkeitstatbestände in jedem Falle den Anforderungen des Bundesverfassungsgerichts an die „Konkretheit" und „Normenklarheit" solcher Eingriffsnormen entsprechen (vgl. § 4 Rn. 8). Das BDSG wird sich daher auch weiterhin auf eine lückenfüllende Auffangposition beschränken müssen, da in einer Reihe von sensiblen Bereichen staatlicher und auch privater Datenverarbeitung die Rechtsprechung die allgemeinen Eingriffsnormen des BDSG als nicht genügend ansieht und die datenspeichernden Stellen – jedenfalls nach Ablauf einer immer kürzer werdenden und z. T. auch schon als abgelaufen angesehenen Übergangszeit (vgl. hierzu Simitis, NJW 1989, 21) zur Einstellung derzeitiger Verarbeitungen zwingen wird, wenn nicht bereichsspezifische Erlaubnistatbestände geschaffen werden (vgl. hierzu Gola, RDV 1988, 109; Bull in: Hohmann (Hrsg.), Freiheitssicherung durch Datenschutz, S. 173; ferner Busch, DVBl. 1984, 387; Hufen, JZ 1984, 1076; Simitis, NJW 1984, 398; Beispiele für die teilweise erfüllten

Zweck und Anwendungsbereich des Gesetzes § 1

Forderungen nach bereichsspezifischen Rechtsgrundlagen aus der Rechtsprechung: OLG Hamm, NJW 1988, 1402 für Datenübermittlungen aufgrund der MiStra durch Strafverfolgungsbehörden an Dienstherrn und Arbeitgeber des öffentlichen Dienstes; BayVerfGH, NJW 1986, 915 zu kriminalpolizeilichen Unterlagen; VG Frankfurt, NJW 1987, 2248 = RDV 1987, 88 zur Speicherung erkennungsdienstlicher Unterlagen; VG Oldenburg, CR 1989, 731 zur Spudok-Datei; VG Frankfurt, NJW 1988, 1613 = RDV 1988, 210 bezüglich Daten in Gesundheitsakten; OLG Frankfurt, NJW 1989, 47, 1995, 1102 sowie BayVerfGH, JZ 1995, 229 zu der zentralen Namensdatei der Staatsanwaltschaften; VG Hannover, NJW 1988, 95 bezüglich Datenspeicherungen beim Verfassungsschutz; VG München, RDV 1988, 88 = CR 1988, 829 zu kriminalpolizeilichen Unterlagen; zur Videoüberwachung durch Sicherheitsbehörden BGH, NJW 1991, 2651, m. krit. Anm. Merten, NJW 1992, 354; die ausreichende Legitimation und Konkretheit bestehender Normen bejahend: BVerfG, DVBl. 1988, 530 = RDV 1989, 45 bezüglich der Sicherheitsüberprüfung von Beamten; BVerfG, CR 1996, 372 zur Pflicht zur Angabe von Personalien; BVerwG, DÖV 1985, 357 zu Datenübermittlungen durch das Bundesluftfahrtamt; BVerwG, DÖV 1990, 117 zur Aufbewahrung erkennungsdienstlicher Unterlagen; VGH Mannheim, NJW 1987, 2031, 2762 zur Speicherung erkennungsdienstlicher Unterlagen; ebenso OVG Münster, CR 1989, 729; VGH Mannheim, CR 1988, 250 zur melderechtlichen Feststellung der Hauptwohnung; BayVerfGH, NJW 1985, 1212 bezüglich der Meldepflichten des Wohnungsgebers; BayVerfGH, RDV 1987, 78 zur Unterrichtung der Ausländerbehörden durch Meldebehörden; OVG Berlin, NJW 1985, 1236 hinsichtlich der Gruppenauskünfte aus dem Melderegister zur Wahlwerbung; OLG Hamburg, NJW 1985, 2541 zur Weitergabe von Daten von Asylbewerbern an die Strafverfolgungsbehörden; OLG Düsseldorf, NJW 1985, 2537 zur Führung des Grundbuchs als öffentliches Register; LG Berlin, CR 1985, 141 = RDV 1986, 23 zur Auskunft aus dem Schuldnerverzeichnis; BayObLG, RDV 1993, 27 zum Verwertungsverbot eines Briefes im Strafverfahren; BVerfG, NStZ 1995, 25 = RDV 1995, 234 zur Offenlegung von Einkommensverhältnissen als Bewährungsauflage; OLG Hamburg, NJW 1995, 1440 zur Akteneinsicht Dritter im Strafverfahren; vgl. insoweit auch OLG Hamburg, RDV 1996, 205; OLG Hamm, RDV 1996, 206; BVerfG, RDV 2001, 129 zur Auskunftspflicht eines Stromversorgers über seine Kunden an die Finanzbehörde; EuGH, RDV 2009, 65 zur Speicherung von Daten im Ausländerzentralregister).

6.2 Die letztgenannten Entscheidungen machen deutlich, dass sich auch die derzeitigen und ggf. zukünftigen bereichsspezifischen Eingriffsnormen daran messen lassen müssen, ob sie den vom BVerfG geforderten Kriterien entsprechen, d. h. sie sich rechtfertigen aus einem überwiegenden **Allgemeininteresse** und sie die Grundsätze der Verhältnismäßigkeit und Normenklarheit beachten; gleichzeitig müssen sie Schutzvorkehrungen unter dem Aspekt der Datensicherung und Aufklärungs-, Auskunfts- und Korrekturrechte des Betroffenen berücksichtigen. Diese Anforderungen gelten jedoch nicht nur für neue Normen auf dem Gebiet der Datenverarbeitung. Zu überprüfen ist auch geltendes Recht bzw. dessen Praktizierung. Als nicht mit den Grenzen der Eingriffsbefugnisse des Staates vereinbar hat das BVerfG u. a. die bisherige Praxis der Bekanntgabe wirtschaftlicher Verhältnisse von Bürgern in einem Planfeststellungsbeschluss (DVBl. 1987, 1263 = RDV 1988, 32; vgl. hierzu auch VG München, NJW 1980, 475, sowie RDV 1991, 32) oder die der öffentlichen Bekanntgabe von Entmündigungen (NJW 1988, 2031 = RDV 1988, 194; vgl. hierzu auch BVerfG, RDV 1992, 38) angesehen. Hinzuweisen ist ferner auf die Entscheidung des Hess. StaatsGH zur Verfassungswidrigkeit der im ehemaligen HPVG vorgeschriebenen Weitergabe von Personaldaten an Gewerkschaftsvertreter ohne Einwilligung des Betroffenen (DVBl. 1986, 936 = RDV 1986, 149) oder des BayVerfGH zur partiellen Verfassungswidrigkeit der BayMeldeDÜV (CR 1989, 646 = NVwZ 1989, 748; zum Melderecht ferner BayVerfGH, NJW

17

65

§ 1 Zweck und Anwendungsbereich des Gesetzes

1985, 1212 (Meldepflicht des Wohnungsgebers); RDV 1987, 78 (Unterrichtung der Ausländerbehörden); zur Unzulässigkeit personenbezogener Daten im Verfassungsschutzbericht, OVG Lüneburg, NJW 1992, 192; zur Telefonüberwachung nach dem Verbrechensbekämpfungsgesetz BVerfG, RDV 1996, 28).

7. Allgemeines Informationszugangsrecht

18 Ergänzend dazu werden gleichsam als Kehrseite der Datenschutzmedaille und mit extensivem Verständnis des Rechts auf **informationelle Selbstbestimmung** auch Regelungen für ein **Informationszugangsrecht** (freedom of information) gefordert (vgl. bei Simitis, Hess. DSB, 14. Tätigkeitsbericht, 1985, S. 165; Schindel, DuD 1989, 591; ders., ZRP 1989, 137; Gurlit, ZRP 1989, 253; Biber, DÖV 1991, 857). Die Verknüpfung ist jedoch nicht zwingend geboten. Gleichwohl sind Tendenzen der Gesetzgebung unverkennbar, dem Bürger losgelöst von einem spezifischen eigenen Informationsinteresse – anknüpfend an vielfältige ausländische Beispiele (vgl. bei Gurlit, ZRP 1989, 253; Schild, RDV 2000, 96) – ein Recht auf Zugang zu den Datenbeständen der Behörden und ggf. auch privater Stellen einzuräumen. Die Gesetzgebung auf dem Gebiet des Archivwesens oder die gemäß europarechtlicher Vorgaben erforderliche gesetzliche Regelung des Zugangs zu **Umweltinformationen** (Umweltinformationsgesetz vom 8.7.1994, BGBl. I S. 1490; vgl. Schwanenflügel, DVBl. 1991, 93; Kremer, NVwZ 1990, 483; Schroeder, NVwZ 1990, 905; zur Vorbildfunktion für allgemeine Informationszugangsregelungen: König, DÖV 2000, 45) bilden hierfür Beispiele. Hinzuweisen ist auf die in den Bundesländern in Kraft getretenen **„Akteneinsichts- und Informationszugangsgesetze"** in Brandenburg (vgl. hierzu Kneifel-Haverkamp, DuD 1998, 438; Dix, DuD 1999, 6; Breidenbach/Palenda, NJW 1999, 1307), Schleswig-Holstein (vgl. hierzu Bäumler, NJW 2000, 1982; Weichert, DuD 2000, 262; Nordmann, RDV 2001, 71), Berlin (vgl. hierzu BlnDSB, JB 1999, 29) oder Nordrhein-Westfalen. Das Informationsfreiheitsgesetz des Bundes (BGBl. I S. 2722) ist am 1.1.2007 in Kraft getreten (vgl. Kloepfer, K&R 2006, 19; Kugelmann, NJW 2005, 3609; Sokol, CR 2005, 835; Weber, RDV 2005, 243).

8. Die Normadressaten

19 **8.1 Absatz 2** benennt die Stellen, die als Verarbeiter oder Nutzer personenbezogener Daten Adressaten des Gesetzes sind. Es sind dies einmal **öffentliche Stellen des Bundes** (Abs. 2 Nr. 1; zur Definition vgl. § 2 Abs. 1). Erfasst ist damit der **gesamte Bereich der öffentlich-rechtlichen Tätigkeit des Bundes,** unabhängig davon, ob sie von Bundesbehörden selbst oder von bundesunmittelbaren Körperschaften, Anstalten oder Stiftungen des öffentlichen Rechts ausgeübt wird.

19a **8.2** Öffentliche Stellen der Länder fallen zwar in den in Abs. 2 Nr. 2 geregelten Teilbereichen ihrer Tätigkeit unter das BDSG. Dies jedoch nur, sofern der Datenschutz nicht durch Landesrecht geregelt ist. Die Vorschrift ist damit gegenstandslos, da in allen Bundesländern **Landesdatenschutzgesetze** in Kraft sind. Die Befugnis des Landes, den Datenschutz in seiner Verwaltung einheitlich zu regeln, gilt aber nur für die in § 2 Abs. 2 und 3 Satz 2 definierten Bereiche, d. h. für öffentliche Stellen und deren – ggf. privatrechtliche – Vereinigungen, deren Tätigkeit in der Wahrnehmung der Aufgaben der öffentlichen Verwaltung besteht (vgl. § 2 Rn. 5a). Auffassungen, nach denen den Ländern ein Freiraum eingeräumt sei, den von ihnen zu regelnden Bereich öffentlicher Verwaltung selbst und voneinander abweichend festzulegen, wobei § 2 Abs. 2 bzw. 3 allenfalls als Auslegungshilfe herangezogen werden könne, kann – auch wenn die Länder teilweise so verfahren sind (vgl. § 2 Rn. 18a) – nicht gefolgt werden. Der Begriff der öffentlichen Stelle kann von der

Zweck und Anwendungsbereich des Gesetzes **§ 1**

Sache her schon im Hinblick auf die Gesetzgebungskompetenz aus Art. 31, 70 Abs. 1 und Art. 74 Abs. 1 Nr. 11 GG auf Bundesebene grundsätzlich nicht anders verstanden werden als auf Landesebene. Hätte der Bundesgesetzgeber in Selbstbegrenzung seiner konkurrierenden Gesetzgebungskompetenz allgemein den Ländern die Befugnis eingeräumt, auch nicht mit Verwaltungsaufgaben betraute Stellen nur wegen der Besitzverhältnisse aus der Geltung des BDSG hinauszunehmen, so hätte dies klargestellt sein müssen. Folgt man dem, so kann sich der anderenfalls ergebende Konflikt, dass die Stelle eines Landes im Geltungsbereich des BDSG als nichtöffentlich und im Geltungsbereich des Landesgesetzes als öffentlich verstanden werden müsse, vermieden werden.

8.3 Nichtöffentliche Stellen (vgl. die Definition in § 2 Abs. 4) unterliegen – 20 weiterhin – grundsätzlich der Anwendung des BDSG nur, wenn sie personenbezogene Daten automatisiert oder dateigebunden verarbeiten. Die Verarbeitung in **Akten** – sofern sie nicht den Dateibegriff erfüllen (vgl. § 3 Rn. 20) – ist nur in zwei Fällen in die für die Privatwirtschaft geltenden Regelungen einbezogen (vgl. §§ 27 Abs. 2, 34 Abs. 2 Satz 1), wobei im Falle des § 27 Abs. 2 ein mittelbarer Dateibezug erforderlich ist.

8.4 Nichtöffentliche Stellen unterliegen nach Absatz 2 Nr. 2 bzw. § 27 Abs. 1 21 S. 2 nicht den Reglementierungen des BDSG, wenn die Erhebung, Verarbeitung oder Nutzung der Daten ausschließlich für **persönliche oder familiäre Tätigkeiten** erfolgt. Die bisherige „positiv" formulierte Begrenzung des Anwendungsbereichs auf kommerzielle Verarbeitungen, d. h. solche, die geschäftsmäßig oder für berufliche oder gewerbliche Zwecke erfolgen, wird nunmehr „negativ" mit dem Nicht-Anwendungsbereich beschrieben. Nach der hier bereits bisher vertretenen Auffassung beinhaltet die Neuformulierung eine begrüßenswerte Klarstellung des auch bislang vom Gesetzgeber Gewollten.

9. Der Anwendungsbereich

9.1 Das BDSG regelt gemäß Absatz 1 den **„Umgang"** mit **personenbezogenen** 22 **Daten.** Dieser nun keineswegs als glücklich gewählt zu bezeichnende Begriff fand Eingang in das Gesetz, weil neben der bisher nur reglementierten Verarbeitung der Daten im engeren Sinne auch das Erheben und das Nutzen der Daten erfasst werden, wobei der Bundesgesetzgeber – im Gegensatz zu den Begriffsprägungen der EG-DatSchRL und in Landesdatenschutzgesetzen (vgl. § 3 Rn. 25) – nicht bereit war, den Begriff der Verarbeitung entsprechend zu erweitern. Der Umgang mit Daten ist somit der vom BDSG – aber nur einmalig – verwendete Oberbegriff für die sieben Phasen des Erhebens, Speicherns, Veränderns, Übermittelns, Sperrens, Löschens und Nutzens.

9.2 Die Begrenzung des Anwendungsbereichs des Gesetzes auf den Umgang mit 22a Daten „in oder aus Dateien" gilt im Bereich privater, nicht dateigebundener bzw. automatisierter Datenverarbeitung weiterhin (§§ 1 Abs. 2 Nr. 3, 27 Abs. 1). Das Gesetz enthält Regelungen für die Verarbeitung und Nutzung personenbezogener Daten in **Akten** bzw. sonstigen nicht den Dateibegriff erfüllenden Unterlagen im Wesentlichen nur für den öffentlichen Bereich. Die für die Erhebung und Verarbeitung von Beschäftigtendaten 2009 in das BDSG eingefügte Zulässigkeitsnorm greift jedoch unabhängig von der Art der Verarbeitung (§ 32 Abs. 2).

10. Subsidiarität des BDSG

10.1 In **Absatz 3** ist das Prinzip der Subsidiarität des BDSG, sein Charakter als 23 **„Auffanggesetz"** wiedergegeben. Nach Satz 1 sind alle Vorschriften des Bundes

§ 1   Zweck und Anwendungsbereich des Gesetzes

relevant, die den Umgang mit personenbezogenen Daten regeln. Von der **Vorrangigkeit nach Absatz 3** werden nur Vorschriften des **Bundes** erfasst. Neben den Gesetzen im formellen Sinne kommen sämtliche materiellen Rechtsnormen in Betracht. Regelungen, die eine Rechtsverordnung enthält, gehen den Vorschriften des BDSG folglich im gleichen Umfang vor, wie einschlägige Bestimmungen in der Satzung einer bundesunmittelbaren juristischen Person des öffentlichen Rechts. Allgemeine Verwaltungsvorschriften und sonstige Verwaltungsanordnungen haben keinen Vorrang; sie können jedoch zur Interpretation von vorrangigen Normen herangezogen werden, so dass sie auch im Rahmen der hier erörterten Problematik nicht ohne Belang sind. Inzwischen unzweifelhaft ist auch, dass **Tarifverträge und Betriebsvereinbarungen** nicht unter die Vorrangregelung des § 1 Abs. 3 Satz 1 fallen. Trotz der durch bundesrechtliche Regelungen angeordneten zwingenden Wirkung des normativen Teils von Tarifverträgen, Betriebsvereinbarungen und Sprüchen von Einigungsstellen können diese als vorrangige Rechtsnormen im Sinne von § 1 Abs. 3 Satz 1 deswegen nicht angesehen werden, weil der Wortlaut eindeutig von „Rechtsvorschriften des Bundes" spricht. Tarifverträge und Betriebs-/Dienstvereinbarungen werden vielmehr im Rahmen der in § 4 Abs. 1 genannten anderweitigen Erlaubnisnormen relevant (vgl. hierzu § 4 Rn. 10). Vorschriften des Landesrechts gehen dem BDSG nicht vor, abgesehen von der Subsidiaritätsregelung des § 12 Abs. 2. Aber auch diese Vorschriften werden, soweit sie Zulässigkeitsregelungen enthalten, im Rahmen des § 4 Abs. 1 relevant (ungenau bzw. unzutreffend insofern Schaffland/Wiltfang, BDSG § 1 Rn. 38 und 45).

24   **10.2** § 1 Abs. 3 Satz 1 verdeutlicht mit dem Wort „soweit", dass der Vorrang einer anderweitigen Bundesnorm nur dann in Betracht kommen kann, wenn und soweit die einzelnen eventuell zu berücksichtigenden Vorschriften genau den Sachverhalt ansprechen, der auch Gegenstand der Regelung des BDSG ist. Deshalb kann nur eine **deckungsgleiche** Regelung der betreffenden Bestimmung des BDSG vorgehen. Die Subsidiaritätswirkung tritt mit anderen Worten nur bei **Tatbestandskongruenz** ein. Demnach ist eine Vorschrift des BDSG anwendbar, soweit keine fach- oder bereichsspezifische Datenschutzregelung für den gleichen Sachverhalt in einem anderen Bundesgesetz gilt; das BDSG wird damit zum **Auffanggesetz,** das eine lückenfüllende Funktion übernimmt. Rechtsgrundlagen mit derartigen bereichsspezifischen Regelungen gelten unabhängig davon, ob sie im Vergleich zum BDSG weitergehende oder engere gesetzliche Bestimmungen für die Datenverarbeitung treffen (a. A. Dix in: Simitis, BDSG § 1 Rn. 172). Der Regelungsgegenstand des jeweils in Betracht kommenden Gesetzes spielt nämlich ebenso wenig eine Rolle wie der Umstand, dass möglicherweise die spezialgesetzliche Regelung datenschutzrechtlich schwächer ausgestaltet ist, als es das datenschutzrechtliche Grundgesetz – das BDSG – vorsieht. Eine nur teilweise Regelung in einem Spezialgesetz schließt nicht die Anwendbarkeit des BDSG insgesamt aus; regelt eine fachspezifische Rechtsvorschrift zwar die Zulässigkeit des Speicherns, so gilt hinsichtlich der weiteren Phasen der Verarbeitung von Daten und der Rechte des Betroffenen das BDSG; es sei denn, dass das Schweigen des Fachgesetzes zu den anderen Verarbeitungsphasen ausnahmsweise im Wege der Auslegung als deren Verbot zu werten wäre.

25   **10.3** Die Regelung des § 1 Abs. 3 Satz 2 enthält eine weitere Ausprägung des Subsidiaritätsgrundsatzes. Datenschutz hat es schließlich schon vor dem Erlass des BDSG gegeben. Er hat seinen Ausdruck in zahlreichen spezifischen Geheimhaltungsregelungen gefunden. Dazu zählen gesetzlich geregelte **Geheimhaltungspflichten** (z. B. Steuergeheimnis, § 30 AO; Sozialgeheimnis, § 35 SGB I; Statistikgeheimnis, § 16 Abs. 1 BStatG), aber auch das Verbot der Offenbarung von Betriebs- und Geschäftsgeheimnissen (§ 17 UWG). Daneben gibt es gesetzlich nicht geregelte, nur im **Standesrecht** wurzelnde Geheimhaltungspflichten. Hierzu zählt z. B. das Arztgeheimnis, die Schweigepflicht der Rechtsanwälte (vgl. bei Abel (Hrsg.), Datenschutz in Anwaltschaft, Notariat und Justiz, 2003) und das **Bankgeheimnis** (zum

Bankgeheimnis und dem informationellen Selbstbestimmungsrecht, Fisahn, CR 1995, 632; zu den Grundlagen: Glauben, DRiZ 2002, 104). Eine dritte Fallgruppe bilden die besonderen **Amtsgeheimnisse**, wie etwa das Personalaktengeheimnis. Diese Geheimhaltungspflichten bleiben unberührt. Dies bedeutet: Wo der Schutz der besonderen Geheimhaltungspflichten weitergehend als der des BDSG ist, gilt dieser weitergehende Schutz. Ist das Schutzniveau gleich, gibt es keine Besonderheiten. Ist das Schutzniveau geringer, gilt für Daten, die unter das BDSG fallen, dieses Gesetz, in allen anderen Fällen der Schutz der speziellen Geheimhaltungsregelung (ebenso Walz in: Simitis, BDSG § 1 Rn. 174 f.; a. A. Weichert in: DKWW, BDSG § 1 Rn. 14 mit der Folge, dass die Einwilligung in die Aufhebung des Patientengeheimnisses nicht den Anforderungen des § 4a genügen muss). Hinzuweisen ist insoweit auch auf die Weiterleitung der sich aus dem Berufs- oder Amtsgeheimnis ergebenden Schweigepflicht auf den Empfänger von Daten in § 39.

11. Verhältnis zum Verwaltungsverfahrensgesetz

Absatz 4 (vormals Absatz 5) ist erst im Vermittlungsausschuss in die Neufassung **26**
des BDSG 90 aufgenommen worden (BR-Drs. 379/1/90). Der Vorrang des BDSG bei der Sachverhaltsermittlung bezieht sich auf die §§ 24 und 26 VwVfG, die der Behörde weitreichende Befugnisse bei der **Sachverhaltsermittlung** einräumen. Werden im Zuge dieser Ermittlungen **personenbezogene Daten** erhoben, ist nunmehr nach § 4 Abs. 2 Satz 1 vom Grundsatz der Datenerhebung beim Betroffenen auszugehen. Abweichungen hiervon sind nach § 4 Abs. 2 Satz 2 zulässig. Es ist ferner nach § 4 Abs. 3 auf den Erhebungszweck hinzuweisen. Werden im Zuge der Datenermittlung personenbezogene Daten gespeichert, hat § 14 Vorrang vor § 26 VwVfG, der gestattet, alle beigezogenen Beweismittel zu den Akten zu nehmen.

12. Tätigkeiten ausländischer Stellen im Inland

12.1 Absatz 5 trägt der Tatsache Rechnung, dass Art. 4 EG-DatSchRL hinsicht- **27**
lich des Anwendungsbereichs nationalen Datenschutzrechts im **EU-grenzüberschreitenden Datenverkehr** im Grundsatz nicht vom **Territorialprinzip,** sondern vom **Sitzprinzip** ausgeht, d. h. das insoweit anzuwendende nationale Recht richtet sich nicht nach dem am Ort der Erhebung, Verarbeitung oder Nutzung geltenden Recht, sondern nach dem Recht des Ortes, an dem die hierfür verantwortliche Stelle ihren Sitz hat. Die Regelung will erreichen, dass ein international tätiges Unternehmen mit – jedenfalls für Aktivitäten innerhalb der EU bzw. einem anderen Vertragsstaat des Abkommens über den **Europäischen Wirtschaftsraum** (das sind Norwegen, Island und Liechtenstein, die die EG-DatSchRL ebenfalls übernommen haben) – nicht mit vielen, ggf. unterschiedlichen Datenschutzrechten auseinandersetzen muss, sondern sein Handeln an seinem gewohnten Datenschutzrecht ausrichten kann. Für die gleichwohl zuständigen nationalen Aufsichtsbehörden (§§ 1 Abs. 5 Satz 5, 38 Abs. 1 Satz 1) hat dies zur Folge, dass sie sich mit der Anwendung der diversen nationalen Datenschutznormen der EU-Staaten auseinanderzusetzen haben.

12.2 Das Territorialprinzip kommt jedoch wieder zum Tragen, wenn die aus **28**
einem EU-Staat tätige Stelle eine **Niederlassung** im Inland hat und von dieser Niederlassung aus agiert. Für die Erhebungen, Verarbeitungen und Nutzungen durch diese Niederlassung gilt dann wieder deutsches Datenschutzrecht. Von einer Niederlassung ist nach Erwägungsgrund 19 der EG-DatSchRL auszugehen, wenn die Tätigkeit effektiv und tatsächlich von einer „festen Einrichtung" ausgeübt wird. Die Rechtsform, in der die Niederlassung organisiert ist, ist nicht maßgeblich.

§ 1 Zweck und Anwendungsbereich des Gesetzes

Zurückgegriffen werden kann insoweit auf § 42 Abs. 2 GewO, nach dem eine Niederlassung vorhanden ist, wenn der Gewerbetreibende einen zum dauernden Gebrauch eingerichteten, ständig oder in regelmäßiger Wiederkehr von ihm benutzten Raum für den Betrieb seines Gewerbes besitzt (vgl. zu alledem Dammann, RDV 2002, 70). Der am 25.1.2012 von der EU-Kommission vorgelegte Entwurf für eine Datenschutz-Grundverordnung (KOM(2012) 11 endg.) sieht demgegenüber eine erhebliche Erweiterung des räumlichen Anwendungsbereichs vor. Nach dessen Art. 3 soll die Anwendbarkeit der Verordnung nicht mehr an eine Datenverarbeitung in der EU anknüpfen. Die Verordnung ist bereits dann anzuwenden, wenn verantwortliche Stellen außerhalb der EU Daten über Unionsbürger auch außerhalb der EU verarbeiten, wenn die Datenverarbeitung dazu dient, dem Unionsbürger in der EU Waren oder Dienstleistungen anzubieten oder dessen Verhalten zu beobachten.

29 **12.3** Stellen, die aus dem **EU-Ausland** heraus in Deutschland operieren, haben hierbei das BDSG zu beachten (zum Bereich der Telemedien vgl. Weichert in: DKWW, BDSG § 1 Rn. 19; Jotzo, MMR 2009, 232 (237), Ott, MMR 2009, 158 (160)). Der dies festschreibende Satz 2 des Absatzes 5 hat im Grunde nur klarstellende Bedeutung, da diese Rechtsfolge aufgrund des für das BDSG geltenden Territorialprinzips auch ohne diese Aussage eintritt. Als besondere Regelung verlangt Satz 3 jedoch von der außerhalb der EU belegenen verantwortlichen Stelle die Benennung eines **inländischen Vertreters.** Durch die Benennung eines Vertreters, dies kann z. B. ein Rechtsanwalt oder ein DV-Serviceunternehmen sein, soll sowohl der Betroffene als auch die Aufsichtsbehörde einen geeigneten Ansprechpartner im Inland haben.

30 **12.4** Das **Sitzlandprinzip** kommt schließlich wieder zum Tragen, wenn „gespeicherte" Daten nur durch das Inland transportiert werden (Abs. 5 Satz 4), d. h. ein **Datentransfer** erfolgt, ohne dass die Daten in Deutschland zur Kenntnis genommen werden (hierzu auch bei Wuermeling, Handelshemmnis Datenschutz, S. 79 ff.).

31 **12.5** Nicht berührt werden durch die EG-DatSchRL (vgl. Erwägungsgrund Nr. 21) die im **Strafrecht** geltenden **Territorialitätsregeln.** Die Strafbarkeitsbestimmungen des § 44 gelten somit auch für strafbare Datenschutzverletzungen von EU-Bürgern in Deutschland.

13. Landesrecht

32 **13.1** Die Landesdatenschutzgesetze haben die Aufgabe und den Gegenstand des Datenschutzes einerseits und den Anwendungsbereich andererseits je in gesonderten Vorschriften geregelt. Bayern (Art. 1) und Baden-Württemberg (§ 1) erklären die Schutzfunktion zur Aufgabe des Datenschutzes: die Einzelnen davor schützen, durch die Verarbeitung personenbezogener Daten in ihrem Persönlichkeitsrecht in unzulässiger Weise beeinträchtigt zu werden. Berlin stellt den Gedanken der Verrechtlichung der Verarbeitung personenbezogener Daten in den Vordergrund (§ 1 Abs. 1). Die Definition des Bundesverfassungsgerichts hinsichtlich des informationellen Selbstbestimmungsrechts wird übernommen. Als drittes Element des Datenschutzes wird die Bewahrung der auf dem Grundsatz der Gewaltenteilung beruhenden verfassungsmäßigen Ordnung vor einer Gefährdung infolge der automatisierten Datenverarbeitung genannt. Die übrigen novellierten Landesdatenschutzgesetze haben im Grundsatz die Regelungen des Berliner Datenschutzgesetzes übernommen. Rheinland-Pfalz (§ 1) und Sachsen-Anhalt (§ 1 Abs. 2) haben auch den Grundsatz der Datensparsamkeit sowie die Anonymisierung und Pseudonymisierung (soweit möglich) zum Zweck des Gesetzes erklärt.

33 **13.2** Zum Anwendungsbereich (zum Geltungsbereich vgl. vorstehend Rn. 19a und § 2 Rn. 5a) behält Bayern die Regelung für vorübergehend gespeicherte personenbezogene Daten bei (Art. 2 Abs. 3). Berlin bleibt dabei, dass das Landesdaten-

Zweck und Anwendungsbereich des Gesetzes § 1

schutzgesetz den Datenschutz vorrangig regelt und nur notwendige Abweichungen in anderen Landesgesetzen zulässig sind (§ 2 Abs. 5). Alle übrigen Länder bleiben bei dem Grundsatz der Subsidiarität des Landesdatenschutzgesetzes gegenüber anderen Rechtsvorschriften, die die Verarbeitung personenbezogener Daten zum Gegenstand haben.

§ 2 Öffentliche und nicht-öffentliche Stellen

(1) ¹Öffentliche Stellen des Bundes sind die Behörden, die Organe der Rechtspflege und andere öffentlich-rechtlich organisierte Einrichtungen des Bundes, der bundesunmittelbaren Körperschaften, Anstalten und Stiftungen des öffentlichen Rechts sowie deren Vereinigungen ungeachtet ihrer Rechtsform. ²Als öffentliche Stellen gelten die aus dem Sondervermögen Deutsche Bundespost durch Gesetz hervorgegangenen Unternehmen, solange ihnen ein ausschließliches Recht nach dem Postgesetz zusteht.

(2) Öffentliche Stellen der Länder sind die Behörden, die Organe der Rechtspflege und andere öffentlich-rechtlich organisierte Einrichtungen eines Landes, einer Gemeinde, eines Gemeindeverbandes und sonstiger der Aufsicht des Landes unterstehender juristischer Personen des öffentlichen Rechts sowie deren Vereinigungen ungeachtet ihrer Rechtsform.

(3) ¹Vereinigungen des privaten Rechts von öffentlichen Stellen des Bundes und der Länder, die Aufgaben der öffentlichen Verwaltung wahrnehmen, gelten ungeachtet der Beteiligung nicht-öffentlicher Stellen als öffentliche Stellen des Bundes, wenn
1. sie über den Bereich eines Landes hinaus tätig werden oder
2. dem Bund die absolute Mehrheit der Anteile gehört oder die absolute Mehrheit der Stimmen zusteht.

²Andernfalls gelten sie als öffentliche Stellen der Länder.

(4) ¹Nicht-öffentliche Stellen sind natürliche und juristische Personen, Gesellschaften und andere Personenvereinigungen des privaten Rechts, soweit sie nicht unter die Absätze 1 bis 3 fallen. ²Nimmt eine nicht-öffentliche Stelle hoheitliche Aufgaben der öffentlichen Verwaltung wahr, ist sie insoweit öffentliche Stelle im Sinne dieses Gesetzes.

Literatur: *Dammann*, Die Vereinigung öffentlicher Stellen nach dem neuen BDSG, RDV 1992, 157; *ders.*, Die Anwendung des neuen Bundesdatenschutzgesetzes auf die öffentlich-rechtlichen Religionsgesellschaften, NVwZ 1992, 1147; *Schild*, Die Flucht ins Privatrecht, NVwZ 1990, 339; *ders.*, Der Geltungsbereich des Hessischen Datenschutzgesetzes für juristische Personen des Privatrechts oder die Flucht ins Privatrecht, RDV 1989, 232; *Simitis*, Privatisierung und Datenschutz, DuD 1995, 648.

Übersicht

	Rn.
1. Allgemeines	1
2. Öffentliche Stellen	4
3. Begriff der Behörde	6
4. Organe der Rechtspflege	10
5. Andere öffentlich-rechtlich organisierte Einrichtungen	14
6. Beliehene Unternehmer	15
7. Öffentliche Stellen des Bundes	17
8. Öffentliche Stellen der Länder	18
9. Nichtöffentliche Stellen	19
10. Landesrecht	22

1. Allgemeines

1   1.1 Die Vorschrift des § 2 ergänzt § 1 dadurch, dass sie für die **Normadressaten** des Gesetzes, die öffentlichen und nichtöffentlichen Daten verarbeitenden Stellen,

Öffentliche und nicht-öffentliche Stellen § 2

Begriffsbestimmungen enthält. Sie blieb bei der Novellierung 2001 unverändert. Zwar regelt die **EG-DatSchRL** den öffentlichen und privaten Bereich in gemeinsamen Vorschriften, so dass auch eine begriffliche Trennung der öffentlichen und privaten Stellen entbehrlich gewesen wäre. Gleichwohl war der deutsche Gesetzgeber nicht gezwungen, bei Aufrechterhaltung bzw. Erweiterung gleicher Datenschutzgrundsätze im Detail differenzierende Regelungen aufzugeben (Wuermeling, DB 1996, 663; a. A. Brühann, RDV 1996, 12).

1.2 Die Vorschrift enthält ausschließlich Definitionen. So definiert **Absatz 4** die 2 nichtöffentliche Stelle und grenzt sie von der öffentlichen Stelle ab. Ob und hinsichtlich welcher Vorschriften das BDSG auf die beschriebenen Stellen Anwendung findet, richtet sich nach § 1 (Bergmann/Möhrle/Herb, BDSG, § 2 Rn. 2, vgl. aber auch § 1 Rn. 19a). Die zunehmende **Privatisierung** öffentlicher Aufgaben im Rahmen der Reorganisation der öffentlichen Verwaltung löst insoweit jedoch nicht unerhebliche Zuordnungsfragen aus (Simitis, DuD 1995, 648).

1.3 Nunmehr nur noch für die **Deutsche Post AG** enthält § 2 Abs. 1 Satz 2 eine 3 Übergangsregelung, die mit dem Wegfall des Monopols in absehbarer Zeit obsolet ist. § 51 Postgesetz gibt der Post AG noch ein Exklusivrecht im Bereich der Briefbeförderung bis 2007. Die Regelung ist zudem deshalb weitgehend bedeutungslos, da der Datenschutz für **Telekommunikationsdienstleister** und die Erbringer von **Postdienstleistungen** bereits spezifisch (z. B. §§ 91 ff. TKG vom 22.6.2004, BGBl. I S. 1190; § 41 PostG vom 22.12.1997, BGBl. I S. 3294; PDS V vom 2.7.2002, BGBl. I S. 2494) geregelt ist. Soweit die Unternehmen am Wettbewerb teilnehmen, gilt im Übrigen weiterhin die Verweisung auf den 3. Abschnitt (§ 27 Abs. 1) (vgl. BT-Drs. 12/6718, S. 119, nach dem der Nachfolgeunternehmen der Post „wie bisher" und deswegen als öffentliche Stelle qualifiziert werden, um die Kontrollkompetenz des BfDI beizubehalten, wie sie nunmehr auch § 15 Abs. 4 TKG vorsieht).

2. Öffentliche Stellen

2.1 § 2 unterscheidet in den **Absätzen 1 und 2** zwischen den öffentlichen Stellen 4 des Bundes und denen der Länder, d. h. der gesamte Bereich der Betätigung der öffentlichen Hand wird mit dem Zentralbegriff **„öffentliche Stelle"** erfasst, wobei dazu einheitlich die Behörden, die Organe der Rechtspflege und andere öffentlich organisierte Einrichtungen gehören ungeachtet ihrer Rechtsform. Gemäß Absatz 4 Satz 2 zählen auch nichtöffentliche Stellen hierzu, soweit sie **hoheitliche Aufgaben** der öffentlichen Verwaltung wahrnehmen. Öffentliche Unternehmen wiederum, die generell zu den erwähnten „anderen öffentlich-rechtlich organisierten Einrichtungen" zählen, sind jedoch hiervon weitgehend ausgenommen, wie sich nicht aus § 2, sondern aus §§ 12 Abs. 1, 27 Abs. 1 Satz 1 Nr. 2 ergibt, wenn sie am Wettbewerb teilnehmen.

2.2 Auch **Vereinigungen** von öffentlichen Stellen des Bundes (Abs. 1) oder der 5 Länder (Abs. 2) zählen zu den öffentlichen Stellen des jeweiligen staatlichen Bereichs und zwar unabhängig von der Rechtsform. Bei diesbezüglichen Mischformen, d. h. bei gleichzeitiger Beteiligung von Bund und Land, greift Absatz 3. Besteht eine GmbH jedoch allein aus dem Gesellschafter Bund, gleichgültig ob mit oder ohne private Beteiligung, so gilt Absatz 1. Voraussetzung ist jedoch, dass der Bund die Gesellschaft rechtlich oder auch finanziell beherrscht (vgl. im Einzelnen Dammann, RDV 1992, 157 ff.). Der Besitz einiger weniger Anteile oder Aktien reicht nicht aus. Nimmt die Einrichtung am **Wettbewerb** teil, so unterliegt sie als öffentliche Stelle zwar der Kontrolle des BfDI, ansonsten gelten die Vorschriften für nichtöffentliche Stellen (so liegt der Sachverhalt z. B. bei der Treuhand Liegenschafts-GmbH, an der der Bund alleiniger Gesellschafter ist).

§ 2 Öffentliche und nicht-öffentliche Stellen

5a 2.3 Im Übrigen muss der Vereinigung die Erledigung einer **Aufgabe der öffentlichen Verwaltung** übertragen sein. Auch wenn das Gesetz diese Anforderung nur in Absatz 3 ausdrücklich erwähnt, ergibt sich die Eingrenzung aus dem Normzweck, dass „Verwaltungstätigkeit" nach einheitlichen Grundsätzen kontrolliert werden soll (vgl. Dammann in: Simitis, BDSG § 2 Rn. 41 f.). Der ungeschriebene Normzweck der Wahrnehmung der Aufgaben der öffentlichen Verwaltung ist gegeben, wenn der betroffene Hoheitsträger (Bund, Land, Kommune) die Aufgabe auch hoheitlich oder schlicht-hoheitlich erfüllen könnte, er sich jedoch einer „eigenen" privatrechtlichen Vereinigung bedient (Wilde/Ehmann/Niese/Knobloch, BayDSG, Art. 2 Rn. 44 ff.). Auch wenn der Begriff weit auszulegen ist, so fallen jedenfalls reine Finanzbeteiligungen nicht hierunter. Besitzt der Bund oder das Land VW-Aktien, so wird das Unternehmen deshalb also in keinem Falle zu einer Vereinigung i. S. v. § 2.

3. Begriff der Behörde

6 3.1 Die klassische und wichtigste Organisationseinheit öffentlicher Tätigkeit ist die **Behörde**, gleichwohl definiert das Gesetz den Begriff nicht. Eine solche Definition ist jedoch u. a. von maßgebender Bedeutung für die Feststellung, wer **verantwortliche Stelle** und wer im Hinblick auf den verwaltungsinternen Datenfluss Dritter ist (vgl. hierzu § 3 Rn. 48 ff.). Mangels eigener Definition durch das BDSG ist der **Behördenbegriff** – wie bisher – unter Heranziehung der Verwaltungsverfahrensgesetze abzugrenzen. § 1 Abs. 4 VwVfG (entsprechend § 1 Abs. 2 SGB X) definiert als Behörde „jede Stelle, die Aufgaben der öffentlichen Verwaltung wahrnimmt". Die Behörde nach der Legaldefinition des § 1 VwVfG wird durch ihre Funktion bestimmt. Auch Verfassungsorgane und Gerichte sind daher insoweit Behörde, als sie intern oder nach außen Aufgaben der öffentlichen Verwaltung wahrnehmen. Auch nichtöffentliche Stellen, die Aufgaben der öffentlichen Verwaltung wahrnehmen, sind als sog. beliehene Unternehmer Behörden (Abs. 4 Satz 2; Kopp/Ramsauer, VwVfG § 1 Rn. 58 ff.). Auch organisatorisch unselbstständige Teile einer Behörde können ihrerseits Behörde sein, wenn ihnen eine selbstständige öffentlich-rechtliche Verwaltungstätigkeit zugewiesen worden ist (z. B. Bundespersonalausschuss nach §§ 95 f. BBG; Standesamt nach § 51 PStG; Jugendamt nach § 70 SGB VIII; weitere Beispiele bei Schliesky in: Knack/Henneke, VwVfG § 1 Rn. 72).

7 3.2 Die **Funktionsbezogenheit des Behördenbegriffs** ist jedoch nicht dahingehend zu verstehen, dass jede einzelne Verwaltungsaufgabe ihrem Träger die Behördeneigenschaft vermittelt (gegen eine damit verbundene „Atomisierung der öffentlichen Verwaltung" auch Schaffland/Wiltfang, BDSG § 2 Rn. 2 m. N.). Der Behördenbegriff des § 1 Abs. 4 VwVfG erfasst zunächst „jede öffentliche Stelle, die durch Organisationsakt gebildet, vom Wechsel des Amtsinhabers unabhängig und nach der jeweiligen Zuständigkeitsregelung berufen ist, unter eigenem Namen nach außen eigenständige Aufgaben der öffentlichen Verwaltung wahrzunehmen (Schmitz in: Stelkens/Bonk/Sachs, VwVfG § 1 Rn. 241 m. w. N.). Danach sind unselbstständige Arbeitseinheiten einer Behörde (z. B. Referate in Ministerien, Dezernate in nachgeordneten Behörden, Ämter in Kommunen) im Regelfall keine Behörde. Hat das „Amt" der Kommune jedoch gesetzlich zugewiesene, datenschutzrechtlich zweckbestimmt abgeschottete Aufgaben (z. B. Sozialamt, Standesamt), so ist der Behördenbegriff erfüllt. Die Abgrenzung wirft datenschutzrechtliche Probleme auf, weil in einer Behörde höchst unterschiedliche Aufgaben zu erfüllen sein können. Sind diese Verwaltungseinheiten einer Behörde im Verhältnis zueinander nicht Dritte nach § 3 Abs. 8, so ist der Schutz der Daten innerhalb einer Behörde mit gefächertem Aufgabenspektrum gefährdet (vgl. zur Problematik der Zusammenfassung unterschiedlicher Aufgaben in sog. **Bürgerbüros** Gola, Datenschutz im Call Center, S. 111 m. N.).

Öffentliche und nicht-öffentliche Stellen § 2

3.3 Eine Lösung wäre, die **Verwaltungseinheiten** als „sonstige öffentliche Stellen" anzusehen (Meyer/Borgs, VwVfG § 1 Rn. 29). Ein anderer Lösungsansatz liegt darin, den funktionalen Behördenbegriff auch auf die unselbstständigen Verwaltungseinheiten zu erstrecken. Auszugehen ist dann davon, dass die Einheit einer Behörde oder einer Stelle durch die Einheit der ihr übertragenen Aufgabe oder der von ihr wahrgenommenen Funktion bestimmt wird. Behörde wäre damit auch der (organisatorisch) unselbstständige Teil einer größeren Organisationseinheit. Das Einwohnermeldeamt wäre damit gegenüber dem Ordnungsamt derselben Gemeinde eine Behörde und damit datenschutzrechtlich Dritter (Dammann in: Simitis, BDSG § 2 Rn. 15 ff.; Tubies, DuD 1979, 157 f.). Diese Auffassung mag aus datenschutzrechtlicher Sicht erwünscht sein, weil sie die Datenverarbeitung innerhalb größerer Organisationseinheiten, namentlich die Übermittlung den Beschränkungen des BDSG überwirft. Dies war aber nicht die Absicht des Gesetzgebers, der vom Behördenbegriff des Verwaltungsverfahrensgesetzes ausging. Es würde auch zu einer zu starken Aufsplitterung des Stellenbegriffs führen. Der Verkehr funktional getrennter Organisationsuntereinheiten würde sich nach den Grundsätzen der Amtshilfe vollziehen und zu einer rechtspolitisch unerwünschten Atomisierung der öffentlichen Verwaltung führen. Folgerichtig müsste dann auch der Personalrat selbstständige speichernde Stelle und Dritter gegenüber seiner Behörde sein. Diese Konsequenz wird aber nicht gezogen und der Personalrat einhellig als Teil der verantwortlichen Stelle angesehen (Lorenzen, Die Personalvertretung, 1979, 305 f.; vgl. hierzu ferner im Einzelnen § 3 Rn. 45; § 27 Rn. 3 m. N.). 8

3.4 Angesichts dieser offenkundigen Problemlage konnte erwartet werden, dass der Bundesgesetzgeber hierzu eine Entscheidung treffen würde. Er hat jedoch auch im Rahmen der jüngsten Novellierung § 2 unverändert bestehen lassen. Es ist also weiterhin vom Behördenbegriff des Verwaltungsverfahrensgesetzes auszugehen. In § 15 Abs. 6 ist jedoch bestimmt, dass die Übermittlungsregelungen entsprechend anzuwenden sind, wenn personenbezogene Daten innerhalb einer öffentlichen Stelle weitergegeben werden. 9

4. Organe der Rechtspflege

4.1 **Organe der Rechtspflege** sind die Gerichte des Bundes und der Länder, soweit sie in ihrer originären Funktion der Streitentscheidung in Rechtssachen und im Bereich der freiwilligen Gerichtsbarkeit (zum insoweit bestehenden Datenschutz und Akteneinsichtsrechten Pardey, NJW 1988, 1647) tätig werden und zu diesem Zweck personenbezogene Daten erheben, verarbeiten oder nutzen. Soweit sie Aufgaben der öffentlichen Verwaltung (**Justizverwaltung**) wahrnehmen, sind sie Behörde. Zu den Organen der Rechtspflege gehören auch die Staatsanwaltschaften und die Strafvollzugsbehörden. 10

4.2 Zur Frage, inwieweit das **DSG NRW** auf **Notare** Anwendung zu finden hat, hat der BGH (NJW 1991, 568 = RDV 1991, 139) wie folgt ausgeführt: „Das DSG NRW 1988 erfasst gemäß § 2 Abs. 1 Satz 1 alle Behörden, Einrichtungen und sonstige öffentliche Stellen des Landes. Dazu gehören auch die im Land tätigen Notare (vgl. Lüke/Dutt, Rpfleger 1984, 253, 255 f.; Simitis/Dammann/Mallmann/Reh, BDSG, 3. Aufl., § 22 Rn. 93 f.). Sie sind die Träger eines öffentlichen Amtes (§ 1 BNotO), die durch Hoheitsakt bestellt werden (§ 3 Abs. 1 BNotO), und unterliegen der Dienstaufsicht der Landesjustizverwaltung (§§ 92 ff. BNotO). Dabei ist es ohne Belang, dass die im Geltungsbereich des DSG NRW 1988 bestehenden Notariate nicht unmittelbar in die staatliche Organisation eingegliedert werden. Es reicht aus, dass sie auf der Grundlage einer Beleihung tätig werden (vgl. 6. Aufl., § 7 Anm. 2; Simitis/Dammann/Mallmann/Reh, a. a. O., § 7 Rn. 12). Notare sind also Träger eines öffentlichen Amtes und Organe der Rechtspflege (vgl. § 1 BNotO; 11

§ 2 Öffentliche und nicht-öffentliche Stellen

BVerfGE 17, 371 (376 ff.) = NJW 1964, 1516). Sie sind „öffentliche Stellen" i. S. d. allgemeinen Bundesdatenschutzrechts, dessen Geltung hier jedoch wegen § 7 Abs. 2 BDSG 77 (§§ 1 Abs. 2, 12 Abs. 2 BDSG n. F.) i. V. m. § 21 DSG NRW 1988 dem allgemeinen Landesdatenschutzrecht, welches nur Gerichte von seiner Geltung ausnimmt, weicht". Diese Auffassung des BGH führt in anderen Bundesländern zu einem ähnlichen rechtlichen Ergebnis (vgl. bei Rüpke, NJW 1991, 549). Soweit jedoch die BNotO und das BeurkG Spezialregelungen enthalten, werden die Vorschriften der Datenschutzgesetze verdrängt (vgl. im Einzelnen Bergmann/Möhrle/Herb, BDSG § 2 Rn. 23; zur Datenschutzaufsicht Nihm, NJW 1998, 1591).

12   **4.3 Rechtsanwälte** zählen zwar nach § 1 BRAO zu den Organen der Rechtspflege, sind jedoch nicht solche des Bundes oder der Länder. Somit finden die Vorschriften der §§ 27 ff. Anwendung, wobei sich jedoch die Frage nach der Subsidiarität des BDSG im Hinblick auf das zu wahrende **Berufsgeheimnis des Anwalts** (§ 203 StGB) stellt (zur Problematik ausführlich: Rüpke, Freie Advokatur, anwaltliche Informationsverarbeitung und Datenschutzrecht, 1995; Abel (Hrsg.), Datenschutz in Anwaltschaft, Notariat und Justiz, 2003; Henssler, NJW 1994, 1817). Diese Problematik stellt sich insbesondere für die Kompetenz der Kontrollinstanzen (zur datenschutzrechtlichen Kontrolle in der Rechtspflege allgemein Schmidt, RDV 1995, 215; zur Kontrolle der Rechtsanwälte durch die Datenschutzaufsichtsbehörden Rn. 4 zu § 38; zur anwaltlichen Informationsverarbeitung Rüpke, DuD 1995, 703; ders., RDV 2003, 72).

13   **4.4** Der HessVGH (RDV 1999, 171) folgt der Auffassung des Hessischen Ministers der Justiz, dass **Gerichtsvollzieher,** die die Daten von einem Vollstreckungsverfahren betroffener Schuldner automatisiert verarbeiten, den betroffenen Personenkreis nach § 18 Abs. 2 HDSG zu benachrichtigen haben, wobei diese Informationspflicht nicht durch Akteneinsichtsregelungen der ZPO verdrängt werde.

5. Andere öffentlich-rechtlich organisierte Einrichtungen

14   **5.1** Mit dem Begriff „andere öffentlich-rechtlich organisierte Einrichtungen" soll sichergestellt werden, dass der Gesamtbereich staatlichen Handelns, in welcher Erscheinungsform auch immer er auftritt, abgedeckt ist. Mit dem Sammelbegriff der **anderen öffentlich-rechtlichen Einrichtungen** werden also alle sonstigen öffentlichen Stellen erfasst, die nicht den Behörden oder den Rechtspflegeorganen zugeordnet werden können (Schaffland/Wiltfang, BDSG § 2 Rn. 4 mit Beispielen). Hierzu gehören u. a. die **gesetzgebenden Körperschaften** im Bereich des Bundes und der Länder, die Kommunalvertretungen sowie sonstige öffentliche Selbstverwaltungsorgane oder **unselbstständige Eigenbetriebe** der öffentlichen Hand (Bergmann/Möhrle/Herb, BDSG § 2 Rn. 9). Ferner gehören hierher die in Absatz 1 und Absatz 2 jeweils erwähnten **Vereinigungen** von juristischen Personen des öffentlichen Rechts (Körperschaften, Anstalten, Stiftungen), gleichgültig, ob diese Vereinigung öffentlich-rechtlich, z. B. als Zweckverband, oder privatrechtlich, z. B. als Verein, organisiert ist. Maßgebend ist allein die Struktur der Mitgliedschaft.

14a **5.2** Für öffentlich-rechtliche **Religionsgesellschaften** gilt – da sie weder öffentliche Stellen des Bundes noch der Länder sind – jedenfalls im Bereich der kirchlichen Tätigkeit das BDSG mangels diesbezüglicher eindeutiger Aussage des Gesetzes unmittelbar nicht (vgl. ausführlich zur Problematik Dammann in: Simitis, BDSG § 2 Rn. 84 ff.). Gleichwohl sind Religionsgesellschaften dem Verfassungsgebot zur Wahrung des informationellen Selbstbestimmungsrechts unterworfen, dem sie durch eigene Datenschutzgesetze nachgekommen sind. Soweit Religionsgemeinschaften am allgemeinen Geschäftsverkehr teilnehmen, gelten §§ 27 ff. (Schaffland/Wiltfang, BDSG § 2 Rn. 4a; Simitis in: Simitis, BDSG § 2 Rn. 136 ff.).

Öffentliche und nicht-öffentliche Stellen § 2

6. Beliehene Unternehmer

6.1 Nach **Absatz 4 Satz 2** zählen Privatpersonen oder privatrechtliche Unternehmen, die **hoheitliche Aufgaben** wahrnehmen **(beliehene Unternehmen)** mit den Bereichen ihrer Tätigkeit, die der Wahrnehmung der hoheitlichen Funktionen dienen oder zur vorbereitenden Durchführung dieser Tätigkeiten erforderlich sind (Bergmann/Möhrle/Herb, BDSG § 2 Rn. 14) zu den öffentlichen Stellen. Hierzu gehören u. a. **Schornsteinfeger** als Organe der Feuerstättenschau, bei der Bauabnahme und dem Immissionsschutz (BGH, NJW 1974, 1507); der Technische Überwachungsverein – TÜV – (BGH, NJW 1978, 2548), soweit seine Sachbearbeiter hoheitlich tätig werden; der TÜV selbst ist keine hoheitlich tätige öffentliche Stelle (vgl. aber auch ausführlich Wächter, DuD 1993, 391, der ggf. Landesdatenschutzrecht anwenden will). **15**

6.2 Ferner zählen die in **Absatz 3** genannten aus Bund und Land gebildeten privatrechtlichen Vereinigungen zu den öffentlichen Stellen. Die Regelung des Absatzes 3 hat sich als notwendig erwiesen, um Schwierigkeiten bei der Durchführung der Datenschutzkontrolle zu beheben. Sie bezieht sich auf Vereinigungen des privaten Rechts, deren Aufgaben der öffentlichen Verwaltung wahrnehmen und die sich aus öffentlichen Stellen des Bundes und der Länder zusammensetzen. Bei ihnen wird fingiert, dass sie als öffentliche Stellen des Bundes unter das BDSG fallen, wenn sie über den Bereich eines Landes hinaus tätig sind – dies gilt z. B. für die Deutsche Rentenversicherung Bund (vgl. hierzu auch bei Bergmann/Möhrle/Herb, BDSG § 2 Rn. 30), wenn der Bund die Mehrheit der Anteile oder Stimmen hat (dies kann z. B. bei einem privatrechtlich organisierten Verkehrsverbund der Fall sein; weitere Beispiele bilden der Hauptverband der gewerblichen Berufsgenossenschaften e. V., ferner die zahlreichen Beispiele bei Dammann, RDV 1992, 157 (160 f.)). Andernfalls unterliegt die Vereinigung dem jeweiligen Landesdatenschutzgesetz. Dabei ist es in jedem Falle unerheblich, dass an der die öffentlichen Aufgaben wahrnehmenden Vereinigung auch private Stellen beteiligt sind. Ein Beispiel bilden hierfür die **Landesinnungsverbände,** bei denen nach § 79 Abs. 3 HwO auch Einzelbetriebe Mitglied sein können, die aber einen in der Handwerksordnung festgelegten Katalog (§§ 80 ff. HwO) öffentlicher Aufgaben wahrnehmen. Gegenstand der Vorschrift sind nur Vereinigungen, in denen der Bund und die Länder beteiligt sind. Der gesetzgeberische Wille ist eindeutig: Nur in den in Nummern 1 und 2 aufgeführten Ausnahmefällen sollen die Vereinigungen als öffentliche Stellen des Bundes anzusehen sein. **16**

6.3 In allen anderen Fällen gelten sie nach Satz 2 als öffentliche Stellen der Länder. Dies ergibt sich überdies bereits aus Absatz 2, der Vereinigungen der dort aufgeführten öffentlichen Stellen den öffentlichen Stellen der Länder zuordnet, auch wenn sie der Rechtsform des privaten Rechts bedienen („ungeachtet ihrer Rechtsform"). Dies können auch Vereinigungen aus öffentlichen Stellen mehrerer Länder sein. Die daraus resultierenden praktischen Probleme bei der Datenschutzkontrolle müssen die beteiligten Länder lösen. Aber auch hier bleibt es bei der **Wahrnehmung öffentlicher Aufgaben** durch die mit Landes- oder kommunaler Mehrheit betriebene juristische Person, wobei nach den Gemeindeordnungen die Kommunen sich auch in der Regel gar nicht anders betätigen dürfen. Zu beachten ist, dass insbesondere kommunale Einrichtungen (Sparkassen, Verkehrsbetriebe, Krankenhäuser etc.) im Rahmen der zunehmenden Privatisierung im **Wettbewerb** mit privaten Einrichtungen stehen und insoweit (§ 27 Abs. 1 Satz 1 und einschlägiges Landesrecht) dem BDSG unterstellt sind. **16a**

7. Öffentliche Stellen des Bundes

7.1 Zu den **Behörden im Bundesbereich** zählen die obersten Bundesbehörden (z. B. Bundesministerien, Bundespräsidialamt, Bundeskanzleramt, Bundesverfas- **17**

sungsgericht, Bundesrechnungshof), die Bundesoberbehörden (z. B. Bundesamt für Verfassungsschutz, Bundeskriminalamt, Statistisches Bundesamt, Bundesverwaltungsamt, Bundesgesundheitsamt, Bundesanwaltschaft beim BGH, Oberbundesanwalt beim BVerwG, Bundesarchiv, Kraftfahrtbundesamt, Bundeskartellamt), Bundesmittelbehörden (z. B. Oberfinanzdirektionen als Bundesbehörden, Wasser- und Schifffahrtsdirektionen) sowie Bundesunterbehörden (z. B. Passkontrollämter, Hauptzollämter, Kreiswehrersatzämter) (vgl. auch die ausführliche Aufzählung bei Bergmann/Möhrle/Herb, BDSG § 2 Rn. 26).

17a 7.2 Zu den anderen öffentlich-rechtlich organisierten Einrichtungen gehören die Verfassungsorgane mit ihren Untergliederungen (Bundestag mit Fraktionen, Bundespräsident mit Bundespräsidialamt (als Behörde)). Öffentlich-rechtlich organisierte Einrichtungen der **bundesunmittelbaren Körperschaften,** Anstalten und Stiftungen des öffentlichen Rechts sind Stellen, die zwar nicht bundeseigene Verwaltungen sind, wohl aber dem Bund unterstehen. Zu den rechtsfähigen bundesunmittelbaren Körperschaften gehören z. B. die Deutsche Rentenversicherung Bund und die Berufsgenossenschaften, während den entsprechenden Anstalten z. B. die Deutsche Bundesbank mit den Landeszentralbanken zuzurechnen ist. Die **Deutsche Welle** lässt sich nicht eindeutig in dieses Schema einordnen; sie unterliegt aber, soweit nicht § 41 greift, ebenfalls dem BDSG. Betriebskrankenkassen sind rechtlich selbstständige Körperschaften des öffentlichen Rechts, für die, soweit nicht im Bereich der Verarbeitung von Sozialdaten das SGB greift, das Landesdatenschutzgesetz gilt, soweit sie in einem Bundesland tätig sind; werden sie über den Bereich eines Landes hinaus tätig, gilt das BDSG. Zu den bundesunmittelbaren **öffentlich-rechtlichen Kreditinstituten** zählen: Deutsche Girozentrale, die DG-Bank, die Deutsche Ausgleichsbank und andere Institute mit Sonderaufgaben (vgl. Ungnade, Datenschutz im Kreditgewerbe, S. 19 f.).

8. Öffentliche Stellen der Länder

18 **8.1 Absatz 2** enthält die dem Absatz 1 entsprechende Aufzählung der **öffentlichen Stellen der Länder,** die jedoch nur Normadressat des BDSG sind, wenn der Datenschutz – was in keinem Bundesland zutrifft – nicht durch Landesrecht geregelt ist (§ 1 Abs. 2). Erfasst sind die Behörden der Länder (oberste Landesbehörden, Landesoberbehörden, untere Landesbehörden), Gemeinden und Gemeindeverbände (Kreis-, Stadt- und Gemeindeverwaltungen). Ferner sind die Organe der Rechtspflege einbezogen (Staatsanwaltschaften, Gerichte sowie alle anderen öffentlichen Einrichtungen). Von Bedeutung ist, dass auch die juristischen Personen des öffentlichen Rechts, die der Aufsicht eines Landes unterstehen (z. B. kommunale Zweckverbände, Hochschulen, Industrie- und Handelskammern, Handwerkskammern, Kreishandwerkerschaften) zu den öffentlichen Stellen des Landes zählen. Diese Aussage gilt auch für Handwerksinnungen, wenngleich diese auch als Körperschaften des öffentlichen Rechts (§ 53 HwO) nicht der Aufsicht des jeweiligen Bundeslandes, sondern der der Handwerkskammer (§ 75 HwO) unterstehen, wie dies auch bei dem Zusammenschluss der **Handwerksinnungen** eines Stadt- oder Landkreises (§ 89 Abs. 1 Nr. 5 HwO) der Fall ist. Aufgrund des öffentlich-rechtlichen Charakters der Innungen und Kreishandwerkerschaften und der zumindest mittelbar bestehenden Landesaufsicht ist es als sachgerecht anzusehen, sie auch den öffentlichen Stellen des Landes zuzuordnen (vgl. Gola, Handwerksorganisation und Datenschutz, S. 5; Aberle/Karad/Pauli, Datenschutz im Handwerk, S. 79). Vereinigungen der vorgenannten Stellen sind öffentliche Stellen der Länder „ungeachtet ihrer Rechtsform". Damit können sich die Stellen auch zu Vereinigungen des privaten Rechts zusammenschließen. Im Gesetzestext dürfte die Formulierung „deren" wohl zutreffender sein.

Öffentliche und nicht-öffentliche Stellen **§ 2**

8.2 Auch wenn der Landesgesetzgeber wegen der **Vorrangigkeit des Landesda-** 18a
tenschutzgesetzes (§ 1 Abs. 2 Nr. 2) auch dessen Geltungsbereich durch Festlegung des Begriffs der von seinem Gesetz erfassten öffentlichen Stellen eigenständig regeln kann (vgl. § 1 Rn. 18a), bleibt zumindest der Rahmen des Regelungsbereichs durch § 2 Abs. 2 vorgegeben. Der von dem Land zu regelnde Bereich des Datenschutzes seiner öffentlichen Stellen, d. h. im weit verstandenen Sinne der Landesverwaltung, lässt es nicht zu, nichtöffentliche Stellen, die keine **Aufgaben öffentlicher Verwaltung,** wahrnehmen, der Bundesregelung zu entziehen. Erbt z. B. eine Kommune einen als GmbH geführten Hotelbetrieb, so regelt sich der Datenschutz weiterhin nach dem BDSG. Auszugehen ist auch davon, dass das Land oder die Kommune in der privaten Einrichtung auch das „Sagen haben" muss (so u. a. ausdrücklich in § 3 Abs. 2 Satz 1 DSG-MV; § 2 Abs. 1 Satz 2 SDSG; § 2 Abs. 2 Satz 1 SächsDSG; § 2 Abs. 2 Satz 1 ThürDSG), d. h. dass jedenfalls ein bei sonstiger privatrechtlicher Beteiligung der Kommune gehörender Splitteranteil nicht genügt (vgl. zur bayerischen Regelung, die keine Mehrheitsbeteiligung verlangt, Wilde/Ehmann/Niese/Knoblauch, BayDSG Art. 2 Rn. 43). In Kollision mit dem Bundesdatenschutzgesetz steht jedenfalls § 2 Abs. 1 Satz 2 NDSG, nach dem jede Person oder Stelle außerhalb des öffentlichen Bereichs, der öffentliche Aufgaben übertragen sind, unter das NDSG fällt. Schon gar nicht zulässig wäre es, ausschließlich von privater Hand betriebene Einrichtungen, die ansonsten von der öffentlichen Hand zu übernehmende Pflichtaufgaben wahrnehmen, wie es z. B. bei einer Kindergarteninitiative der Fall ist, dem Landesdatenschutzgesetz zu unterwerfen.

9. Nichtöffentliche Stellen

9.1 Maßgebend dafür, dass eine Daten verarbeitende Stelle dem privaten Bereich 19
zuzuordnen ist, ist zunächst allein die **privatrechtliche Organisationsform. Natürliche Personen** – gleichgültig ob als Privatperson auftreten oder bei der Ausübung einer selbständigen Tätigkeit (Einzelfirma, Freie Berufe) – sowie alle privatrechtlich organisierten Unternehmungen und Vereinigungen (GmbH, OHG, KG, Verein, Stiftung, Partei etc.) gehören hierzu, es sei denn, dass sie ausnahmsweise wegen der Wahrnehmung öffentlicher Aufgaben dem öffentlichen Bereich zugerechnet werden. Das BDSG findet für die nichtöffentlichen Stellen nur Anwendung, wenn sie Daten nicht zu privat-persönlichen Zwecken verarbeiten oder nutzen (§§ 1 Abs. 2 Nr. 3, 27 Abs. 1; vgl. im Einzelnen § 27 Rn. 3 ff.).

9.2 Dem BDSG entweder als verantwortliche Stelle gem. § 3 Abs. 7 oder als 20
Auftragsdatenverarbeiter gem. § 11 verpflichtete Normadressaten können also auch „Gesellschaften oder andere Personenvereinigungen des privaten Rechts" **ohne eigene Rechtspersönlichkeit sein.** Betroffen ist damit jede **Personengesellschaft,** wobei das Maß der juristischen Selbstständigkeit oder der Kapitalisierungsgrad keine Rolle spielt (vgl. Simitis in: Simitis, BDSG § 2 Rn. 117), so dass u. a. auch **BGB-Gesellschaften** oder nicht rechtsfähige Vereine erfasst werden (Bergmann/Möhrle/Herb, BDSG § 2 Rn. 48). Betreiben mehrere Stellen gemeinsam ein Rechenzentrum oder speichern sie gemeinsam Daten in einer sog. **Verbunddatei** (das BDSG kennt derartige Verarbeitungen nur im Rahmen der Informationspflicht des § 6 Abs. 2; unterstellt sie jedoch als zulässig. Spezielle Zulässigkeitsvoraussetzungen für sog. **„gemeinsame Verfahren",** wie sie z. B. § 15 HDSG enthält, fehlen), so bedarf es genauerer Prüfung, ob es sich um jeweils eigenständige Nutzungen der personellen und maschinellen Infrastruktur des Rechenzentrums handelt oder ob die Betreiber als „Gemeinschaft" eine nichtöffentliche Stelle bilden, die die Verarbeitungen ggf. im Auftrag durchführt.

9.3 Für die Verarbeitung von Personaldaten ist der jeweilige Arbeitgeber die ver- 21
antwortliche Stelle. Dass im Rahmen der Globalisierung enge konzernmäßige Ver-

§ 2 Öffentliche und nicht-öffentliche Stellen

flechtungen bestehen, ändert daran nichts (vgl. im Einzelnen § 27 Rn. 4). Der Datenfluss im **Konzern** erfüllt somit – soweit keine Auftragsdatenverarbeitung vorliegt (vgl. § 11 Rn. 4) – den dem Verbot mit Erlaubnisvorbehalt (§ 4 Abs. 1) unterliegenden Tatbestand der Übermittlung (vgl. ausführlich Simitis in: Simitis, BDSG § 2 Rn. 142 ff.). Andererseits ist die Mitarbeitervertretung keine nichtöffentliche Stelle (vgl. § 27 Rn. 3).

10. Landesrecht

22   Die Landesdatenschutzgesetze weisen hinsichtlich der Legaldefinition der öffentlichen Stellen keine materiellen Änderungen gegenüber den Vorgängerregelungen auf. Sie enthalten vielmehr, wenn auch in unterschiedlicher Formulierung, dem § 2 entsprechende Unterscheidungen der öffentlichen Stellen des Bundes und der Länder, und verweisen für Wettbewerbsunternehmen auf die Vorschriften des BDSG für die Privatwirtschaft. Hierbei erfolgt jedoch teilweise keine dem § 27 Abs. 1 Satz 2 entsprechende Einschränkung (vgl. u. a. § 2 Abs. 1 und 2 LDSGBW; Art. 2 Abs. 1 und 2 BayDSG; § 2 Abs. 1–3 BlnDSG; § 2 Abs. 1 und 2 BbgDSG; § 1 Abs. 2 und 5 BremDSG; § 2 Abs. 1–3 HmbDSG; § 3 Abs. 1 und 6 HDSG; § 2 Abs. 1 und 5 DSG M-V; § 2 Abs. 1–4 NDSG; § 2 Abs. 1 und 2 DSG NRW; § 2 Abs. 1 und 3–4 LDSG-RPf; § 2 Abs. 1 und 2 SDSG; § 2 Abs. 1 und 3 SächsDSG; § 3 Abs. 1 und 2 DSG-LSA; § 3 Abs. 1 und 2 LDSGSH; § 2 Abs. 1 und § 26 ThürDSG).

§ 3 Weitere Begriffsbestimmungen

(1) Personenbezogene Daten sind Einzelangaben über persönliche oder sachliche Verhältnisse einer bestimmten oder bestimmbaren natürlichen Person (Betroffener).

(2) ¹Automatisierte Verarbeitung ist die Erhebung, Verarbeitung oder Nutzung personenbezogener Daten unter Einsatz von Datenverarbeitungsanlagen. ²Eine nicht automatisierte Datei ist jede nicht automatisierte Sammlung personenbezogener Daten, die gleichartig aufgebaut ist und nach bestimmten Merkmalen zugänglich ist und ausgewertet werden kann.

(3) Erheben ist das Beschaffen von Daten über den Betroffenen.

(4) ¹Verarbeiten ist das Speichern, Verändern, Übermitteln, Sperren und Löschen personenbezogener Daten. ²Im Einzelnen ist, ungeachtet der dabei angewendeten Verfahren:
1. Speichern das Erfassen, Aufnehmen oder Aufbewahren personenbezogener Daten auf einem Datenträger zum Zweck ihrer weiteren Verarbeitung oder Nutzung,
2. Verändern das inhaltliche Umgestalten gespeicherter personenbezogener Daten,
3. Übermitteln das Bekanntgeben gespeicherter oder durch Datenverarbeitung gewonnener personenbezogener Daten an einen Dritten in der Weise, dass
   a) die Daten an den Dritten weitergegeben werden oder
   b) der Dritte zur Einsicht oder zum Abruf bereitgehaltene Daten einsieht oder abruft,
4. Sperren das Kennzeichnen gespeicherter personenbezogener Daten, um ihre weitere Verarbeitung oder Nutzung einzuschränken,
5. Löschen das Unkenntlichmachen gespeicherter personenbezogener Daten.

(5) Nutzen ist jede Verwendung personenbezogener Daten, soweit es sich nicht um Verarbeitung handelt.

(6) Anonymisieren ist das Verändern personenbezogener Daten derart, dass die Einzelangaben über persönliche oder sachliche Verhältnisse nicht mehr oder nur mit einem unverhältnismäßig großen Aufwand an Zeit, Kosten und Arbeitskraft einer bestimmten oder bestimmbaren natürlichen Person zugeordnet werden können.

(6a) Pseudonymisieren ist das Ersetzen des Namens und anderer Identifikationsmerkmale durch ein Kennzeichen zu dem Zweck, die Bestimmung des Betroffenen auszuschließen oder wesentlich zu erschweren.

(7) Verantwortliche Stelle ist jede Person oder Stelle, die personenbezogene Daten für sich selbst erhebt, verarbeitet oder nutzt oder dies durch andere im Auftrag vornehmen lässt.

(8) ¹Empfänger ist jede Person oder Stelle, die Daten erhält. ²Dritter ist jede Person oder Stelle außerhalb der verantwortlichen Stelle. ³Dritte sind nicht der Betroffene sowie Personen und Stellen, die im Inland, in einem anderen Mitgliedstaat der Europäischen Union oder in einem anderen Vertragsstaat des Abkommens über den Europäischen Wirtschaftsraum personenbezogene Daten im Auftrag erheben, verarbeiten oder nutzen.

(9) Besondere Arten personenbezogener Daten sind Angaben über die rassische und ethnische Herkunft, politische Meinungen, religiöse oder philosophische Überzeugungen, Gewerkschaftszugehörigkeit, Gesundheit oder Sexualleben.

§ 3 Weitere Begriffsbestimmungen

(10) **Mobile personenbezogene Speicher- und Verarbeitungsmedien sind Datenträger,**
1. **die an den Betroffenen ausgegeben werden,**
2. **auf denen personenbezogene Daten über die Speicherung hinaus durch die ausgebende oder eine andere Stelle automatisiert verarbeitet werden können und**
3. **bei denen der Betroffene diese Verarbeitung nur durch den Gebrauch des Mediums beeinflussen kann.**

(11) **Beschäftigte sind:**
1. **Arbeitnehmerinnen und Arbeitnehmer,**
2. **zu ihrer Berufsbildung Beschäftigte,**
3. **Teilnehmerinnen und Teilnehmer an Leistungen zur Teilhabe am Arbeitsleben sowie an Abklärungen der beruflichen Eignung oder Arbeitserprobung (Rehabilitanden),**
4. **in anerkannten Werkstätten behinderte Menschen Beschäftigte,**
5. **nach dem Jugendfreiwilligendienstegesetz Beschäftigte,**
6. **Personen, die wegen ihrer wirtschaftlichen Unselbständigkeit als arbeitnehmerähnliche Person anzusehen sind; zu diesen gehören auch die in Heimarbeit Beschäftigten und die ihnen Gleichgestellten,**
7. **Bewerberinnen und Bewerber für ein Beschäftigungsverhältnis sowie Personen, deren Beschäftigungsverhältnis beendet ist,**
8. **Beamtinnen, Beamte, Richterinnen und Richter des Bundes, Soldatinnen und Soldaten sowie Zivildienstleistende.**

Literatur: *Forgó/Krügel*, Der Personenbezug von Geodaten – Cui bono, wenn alles bestimmbar ist?, MMR 2010, 17; *Forst*, Wer ist „Beschäftigter" i. S. d. § 3 Abs. 11 BDSG?, RDV 2014, 128; *Gerlach*, Personenbezug von IP-Adressen, CR 2013, 478; *Härting*, Anonymität und Pseudonymität im Datenschutzrecht, NJW 2013, 2065; *Karg*, Die Rechtsfigur des personenbezogenen Datums – Ein Anachronismus des Datenschutzes, ZD 2012, 255; *Katko/Knöpfle/Kirschner*, Archivierung und Löschung von Daten, ZD 2014, 238; *Krüger/Maucher*, Ist die IP-Adresse wirklich ein personenbezogenes Datum? – Ein falscher Trend mit großen Auswirkungen auf die Praxis, MMR 2011, 433; *Meyerdierks*, Sind IP-Adressen personenbezogene Daten?, MMR 2009, 8; *Roßnagel/Scholz*, Datenschutz durch Anonymität und Pseudonymität – Rechtsfolgen anonymer und pseudonymer Daten, MMR 2000, 721; *Wojtowicz*, Wirksame Anonymisierung im Kontext von Big Data, PinG 2013, 65.

Übersicht

	Rn.
1. Allgemeines	1
2. Personenbezogene Daten	2
3. Betroffener	13
4. Automatisierte Verarbeitung	15
5. Datei	16
6. Akte	22
7. Erheben	23
8. Verarbeiten	25
9. Speichern	26
10. Verändern	30
11. Übermitteln	32
12. Sperren	38
13. Löschen	40
14. Nutzen	41
15. Anonymisieren	43

Weitere Begriffsbestimmungen § 3

		Rn.
16.	Pseudonymisieren	45
17.	Verantwortliche Stelle	48
18.	Empfänger und Dritter	51
19.	Besondere Arten personenbezogener Daten	56
20.	Chipkarten	58
21.	Beschäftigte	59a
22.	Landesrecht	60

1. Allgemeines

In § 3 sind die wesentlichen Begriffsdefinitionen wiedergegeben. Es finden sich 1
gleich lautende, z. T. aber den Sachverhalt auch ausführlicher beschreibende Definitionen in Art. 2 EG-DatSchRL. Nicht übernommen wurde der „weite" Verarbeitungsbegriff der Richtlinie, der „jeden mit oder ohne Hilfe automatisierter Verfahren ausgeführten Vorgang im Zusammenhang mit personenbezogenen Daten" umfasst.

2. Personenbezogene Daten

2.1 Der Begriff „personenbezogene Daten" ist keine dem BDSG spezifische For- 2
mulierung; sie findet sich auch anderweitig in der Gesetzgebung. So bezeichnen
§ 12 des Gesetzes über Statistik für Bundeszwecke, andere statistische Einzelgesetze und § 203 Abs. 2 StGB ebenfalls personenbezogene Daten als „Einzelangaben über persönliche und sachliche Verhältnisse", bzw. § 11 Abs. 1 Bundesstatistikgesetz formuliert dahingehend negativ, dass eine Zusammenfassung von Angaben mehrerer Auskunftspflichtiger sich nicht als Einzelangabe darstellt. Ferner ist auf § 35 Abs. 1 SGB I, § 67 Abs. 1 SGB X hinzuweisen, die den Begriff unter Begrenzung auf die Verarbeitungen im Rahmen des SGB als „Sozialdaten" übernehmen (vgl. hierzu Binne, NZS 1995, 97; Schöning, DAngV 1994, 20; Gola/Pappai, RDV 1996, 57).

2.2 Einzelangaben sind Informationen, die sich auf eine bestimmte – einzelne – 3
natürliche Person beziehen (hierzu gehören z. B. Adresse, den Inhaber benennende E-Mail-Adresse. Familienstand ebenso wie Angaben über die beruflichen Aktivitäten) oder geeignet sind, einen Bezug zu ihr herzustellen (z. B. Ausweisnummer, Versicherungsnummer, Telefonnummer (zur Nummer der betrieblichen Telefonnebenstelle als personenbezogenes Datum: BAG, NJW 1987, 674 = RDV 1986, 199)). Keine Einzelangaben i. S. d. Gesetzes sind Angaben, die sich zwar auf eine einzelne Person beziehen, die jedoch nicht identifizierbar ist (vgl. nachfolgende Rn. 10 ff.). Einzelangaben sind ferner nicht mehr gegeben bei aggregierten oder anonymisierten Daten (vgl. hierzu BFH, NJW 1994, 2246; nachstehend Rn. 43 f.) sowie bei Sammelangaben über Personengruppen. Wird jedoch eine Einzelperson als **Mitglied einer Personengruppe** gekennzeichnet, über die bestimmte Angaben gemacht werden, so handelt es sich auch um Einzelangaben zu dieser Person, wenn die Daten auf die Einzelperson „durchschlagen" (vgl. BAG, RDV 1986, 138; 1995, 29 = NZA 1995, 185). Dies gilt selbst dann, wenn es sich bei den Angaben zur Beschreibung der Personengruppe um statistische oder auf **Durchschnittswerten** beruhende Angaben handelt. Dies ist z. B. bei der Klassifizierung von zu Werbezwecken gespeicherten Daten der Fall, wenn ein Adresseninhaber aufgrund statistischer Erkenntnisse nach einer bestimmten Wahrscheinlichkeit einer bestimmten Käufergruppe oder **Kaufkraftklasse** zugeordnet und so „behandelt" wird, als ob er die entsprechenden Eigenschaften aufweist. § 35 Abs. 1 Satz 2 verpflichtet im Hinblick auf die Fragwürdigkeit der Information, dass derartige Schätzdaten ausdrücklich zu kennzeichnen sind. Nicht unter Begriff der „natürlichen Person" fallen verstorbene

§ 3 Weitere Begriffsbestimmungen

Personen (vgl. aber nachfolgend Rn. 12; zum Schutz juristischer Personen nachfolgend Rn. 11 f).

3a 2.3 Personenbezogene Angaben sind daher auch aus statistischen Erfahrungswerten ermittelte Ergebnisse der Kreditwürdigkeit von Betroffenen im Rahmen eines Verfahrens nach § 6a (vgl. § 6a Rn. 15). Die durch sog. **Scoring** gewonnene Aussage, dass eine bestimmte Person einer nach bestimmten Kriterien zusammengestellten und bewerteten Gruppe zugehört, ist eine Einzelangabe über diese Person (h. M. Florax, NJW 2003, 2724; Koch, MMR 1998, 458; Kloepfer/Kutschbach, MMR 1998, 657). Der Personenbezug besteht nur solange nicht, solange die Scorewerte isoliert ohne Vergleich mit einer Person gespeichert sind. Zumindest ist damit noch nicht entschieden ist, ob diese Angabe auch eine konkrete Aussage über die **„Verhältnisse"** dieser Person beinhaltet. Wird beispielsweise der Adressenbestand der Stadt X jeweils um die Angabe ergänzt, dass 90% der Bevölkerung die Y-Partei gewählt hat, so wird damit die Einzelangabe festgehalten, dass der Betroffene zu einer derart strukturierten Bevölkerungsgruppe gehört, ob über sein persönliches Wahlverhalten Aussagen gemacht werden, hängt von der Bewertung dieser Information durch die verantwortliche Stelle ab; mit anderen Worten: Maßgebend ist, ob das **Gruppenergebnis** auch dem einzelnen Gruppenmitglied zugerechnet werden soll. So sieht das BAG (RDV 1986, 138; 1995, 29 = NZA 1995, 185) bei der Überwachung von Arbeitnehmergruppen auch die Leistung und das Verhalten des einzelnen, der Gruppe angehörenden Arbeitnehmers als erfasst an, wenn der mit der Überwachung verbundene Effekt auf den einzelnen Arbeitnehmer „durchschlägt", z. B. indem er entsprechenden Anpassungszwängen ausgesetzt wird. Maßgebend hierfür ist die Zweckbestimmung der erfassten Information, d. h. ob sie auch dazu dienen soll, das einzelne Gruppenmitglied zu bewerten (zur Problematik vgl. bei Gola/Wronka, Handbuch Arbeitnehmerdatenschutz, Rn. 1873 ff.; vgl. ferner OLG Hamburg, NJW 1987, 659 zur Löschung zweifelhafter mit dem Vermerk „Identität nicht feststellbar" gespeicherter Negativdaten: „Denn nach § 35 Abs. 2 dürfen auch Daten, die nur möglicherweise eine bestimmte Person betreffen, möglicherweise aber auf diese Person bezogen unrichtig sind, nicht verwendet werden").

4 2.4 Daten, die von **Markt- und Sozialforschungsinstituten** zur Erstellung sog. **Random-Stichproben** erhoben werden, können personenbezogene Daten sein. Bei diesen Stichproben werden nur **Haushalte** erfasst (Angaben über Haushalt Brunnenweg 1, 1. Obergeschoss); aus diesen Angaben und dem Erhebungsbogen lässt sich ermitteln, wer zurzeit der Erhebung dort wohnte. Dies ist ohne unverhältnismäßigen Aufwand, z. B. durch den Abgleich mit einem ggf. auch automatisiert gespeicherten Adressverzeichnis, durch Einblick in das Telefonbuch etc. möglich. Ist die Herstellung eines solchen Personenbezugs beabsichtigt, so handelt es sich unzweifelhaft um personenbezogene Daten. Ist er nicht beabsichtigt und können allenfalls Dritte hieran ein Interesse im Hinblick auf Einzelfälle haben, so reicht dies nicht aus, um die Daten zu personenbezogenen Daten zu machen. Vielmehr muss nach der Lebenserfahrung eine derartige Möglichkeit mit gewisser Wahrscheinlichkeit auch erwartet werden können, was eine unter dem Gesichtspunkt der **Verhältnismäßigkeit** (vgl. hierzu nunmehr auch Absatz 6, der die diesbezügliche Aussage zu nachträglich anonymisierten Daten macht) vorzunehmende **Risikoanalyse** voraussetzt (vgl. Dammann in: Simitis, BDSG § 3 Rn. 23). Daraus folgt z. B. für die Angaben in einem Stadtführer, in dem Sehenswürdigkeiten wie z. B. historische Häuser der Stadt gemacht werden, dass es sich um Sachdaten und nicht um personenbezogene Daten der Hausinhaber oder -bewohner handelt. Das BDSG findet keine Anwendung, selbst wenn die Daten zur Herstellung des Fremdenführers automatisiert gespeichert sein sollten. Personenbezogen sind auch durch **Scoring** gewonnene Erkenntnisse über die wahrscheinliche Kreditwürdigkeit (Weichert, DuD 2005, 582; Abel, RDV 2006, 108) durch das Verbraucherverhalten einer Person (vgl. Rn. 3a).

Weitere Begriffsbestimmungen **§ 3**

2.5 Die Einzelangaben müssen Aussagen enthalten über **"persönliche oder** 5
sachliche" Verhältnisse der natürlichen Person. Es muss sich also um Daten handeln, die Informationen über den Betroffenen selbst oder über einen auf ihn beziehbaren Sachverhalt enthalten. Die Aufzählung von persönlichen und sachlichen Verhältnissen soll lediglich verdeutlichen, dass der Begriff umfassend zu verstehen und nicht auf Daten beschränkt ist, die ihrer Natur nach personenbezogen sind, also etwa auf Daten, die auf menschliche Eigenschaften bezogen sind. Auch Daten, die Aussagen über eine Sache enthalten, können personenbezogen sein (z. B. Beschreibung eines Autos nebst Angabe des Kfz-Kennzeichens). Eine exakte Trennung der Inhalte der Begriffe „persönlich und sachlich" ist weder möglich noch erforderlich, da das Gesetz keine unterschiedlichen Rechtsfolgen daran knüpft, ob persönliche oder sachliche Verhältnisse beschrieben sind. Es muss allerdings ein unmittelbarer Bezug zur Person des Betroffenen herstellbar sein. Daten, die Rückschlüsse auf andere natürliche Personen zulassen oder diese nennen, sind ggf. keine personenbezogenen Daten des Betroffenen (dies kann z. B. der Fall sein bei Angaben einer Krankenkasse über den behandelnden Arzt des Betroffenen einerseits und dessen Krankheiten andererseits; vgl. bei Dammann in: Simitis, BDSG § 3 Rn. 43 ff.). Insofern können auch Herkunfts- (z. B. Name des Informanten) oder Quellenangaben (übermittelnde Person) doppelten Personenbezug haben, indem sowohl der Informant wie der „Denunzierte" hinsichtlich der gespeicherten Information „Betroffene" sind.

2.6 Als **„persönliche"** **Verhältnisse** werden Angaben über den Betroffenen 6
selbst, seine Identifizierung und Charakterisierung anzusehen sein (z. B. Name, Anschrift, Familienstand, Geburtsdatum, Staatsangehörigkeit, Konfession, Beruf, Erscheinungsbild, Eigenschaften, Aussehen, Gesundheitszustand, Überzeugungen). Auch **Werturteile** können Angaben über persönliche Verhältnisse sein (Dammann in: Simitis, BDSG § 3 Rn. 12), auch wenn sie die subjektive Meinung des Äußernden sind (vgl. zu Bewertungsportalen BGH, RDV 2010, 27; LG Hamburg, MMR 2011, 488; OLG Hamburg, RDV 2012, 85; § 29 Rn. 26a). Ferner gehören hierzu **biometrische Daten** wie Fotografien (VG Hamburg, DuD 1981, 57), Fingerabdrücke, Röntgenbilder (LG Göttingen, NJW 1979, 601), der Tastenanschlag oder die Sprechweise. Einem Betroffenen zugeordnete RFID- oder Handy -und **GPS-Standortdaten** (BGH, NJW 2013, 2530) zählen ebenso dazu wie Angaben auf einem Fahrtenschreiber (BAG, RDV 1988, 197).

2.7 „Sachliche" Verhältnisse werden beschrieben durch Angaben über einen 7
auf den Betroffenen beziehbaren Sachverhalt, z. B. seinen Grundbesitz (vgl. zur Offenlegung solcher Daten im Rahmen der Bauplanung BVerfG, DVBl. 1990, 1041 = RDV 1991, 31), vertragliche oder sonstige Beziehungen zu Dritten, so auch das Führen eines Telefongesprächs mit Dritten (BAG, NJW 1987, 674 = RDV 1986, 199; NZA 1987, 515 = RDV 1987, 136). Sog. **Geodaten** sind jedenfalls personenbezogen, wenn es sich um Punktdaten handelt (Weichert, DuD 2009, 347 (350)). Andererseits sind **Verfahrensdaten,** d. h. Daten, die für andere Daten das Verfahren ihrer Verarbeitung festlegen, keine personenbezogenen Daten, weil noch nicht absehbar ist, ob der Verfahrensvorgang (z. B. programmierter Befehl, bei Vorliegen bestimmter Voraussetzungen personenbezogene Daten an Dritte zu übermitteln), ausgeführt wird. Zu einem personenbezogenen Datum wird die Angabe jedoch, wenn das Verfahren im Einzelfall durchgeführt worden ist. Der Hinweis: „Datum X ist am ... an Y übermittelt worden" ist eine Einzelangabe über sachliche Verhältnisse des Betroffenen. Als personenbezogenes Datum ist ferner die Bezeichnung der Datei, in der die Daten des Betroffenen gespeichert sind, zu werten (HessVGH, RDV 1991, 187); dies jedenfalls dann, wenn sich aus der **Dateibezeichnung** auch Selektionskriterien für die Aufnahme in die Datei ergeben (vgl. § 34 Rn. 9).

§ 3 Weitere Begriffsbestimmungen

8 **2.8** Die Einzelangaben müssen sich auf persönliche oder sachliche „**Verhältnisse**" beziehen. Dies sind nicht immer alle Daten, die in einem räumlichen Zusammenhang mit dem Namen einer natürlichen Person gespeichert sind. Der Name auf der technischen Zeichnung eines Werkstückteils macht die Daten auf der Zeichnung nicht zu personenbezogenen Daten des Zeichners. Es sind vielmehr „sachbezogene" Daten; d. h. auf das Gesamtwerkstück bezogene. Personenbezogen ist jedoch die Tatsache, dass der angegebene Zeichner der Urheber des Werkes ist. Die gleiche Aussage gilt für Aufzeichnungen im Rahmen der **Eingabekontrolle**, die wegen der auf die Arbeitsleistung der Beschäftigten gerichteten Auswertungsmöglichkeiten auch der Mitbestimmung der Mitarbeitervertretung unterliegt (vgl. Gola/Wronka, Handbuch Arbeitnehmerdatenschutz, Rn. 1732 m. w. N.).

9 **2.9** Auch **Prognose- und Planungsdaten**, d. h. Angaben über in der Zukunft liegende Verhältnisse, auch wenn sie hinsichtlich ihrer Realisierung noch ungewiss sind, beschreiben ggf. schon Verhältnisse des Betroffenen (einschränkend Bergmann/Möhrle/Herb, BDSG § 3 Rn. 20 für „abstrakte" Planungsdaten; ebenso Buchner in: Taeger/Gabel, BDSG § 3 Rn. 6; Plath/Schreiber in: Plath, BDSG § 3 Rn. 9). Die Planungen eines Arbeitgebers über die berufliche Entwicklung eines Arbeitnehmers beruhen auf dessen Erkenntnissen über die Fachkunde, Erfahrungen und gegenwärtigen Leistungen des Arbeitnehmers. Sind sie falsch oder unvollständig, so kann die weitere Karriere des Arbeitnehmers stark davon beeinflusst werden. Planungen des Arbeitgebers, die ihren Niederschlag in automatisiert geführten „**Human Resource**"-**Systemen** finden, berühren daher nicht nur die künftigen, sondern bereits die gegenwärtigen „Verhältnisse" des Arbeitnehmers nachhaltig. Die Planung kann auch ergeben, dass ein hochqualifizierter Fachmann in einem Unternehmen keinerlei Entwicklungsmöglichkeiten mehr hat, weil sich die Unternehmensziele ändern werden. Es ist kaum bestreitbar, dass sich dies auch auf seine gegenwärtigen „Verhältnisse" auswirkt, etwa die Entscheidung, den Arbeitgeber zu wechseln. Allerdings wird das gegenwärtige Arbeitsverhältnis als Rechtsverhältnis dadurch noch nicht berührt; daher sind Planungsdaten nicht Bestandteil der Personalakte (zum materiellen **Personalaktenbegriff** vgl. bei Gola/Wronka, Handbuch Arbeitnehmerdatenschutz, Rn. 99 ff.). Die Personalakte soll von ihrer Zweckbestimmung her nicht alle personenbezogenen Daten des Arbeitnehmers umfassen, sondern nur diejenigen, die für das Arbeitsverhältnis rechtlich von Bedeutung sind (vgl. hierzu BVerwG, RDV 1991, 252). Der datenschutzrechtliche Begriff des „Verhältnisses" geht aber weiter; er umfasst alle auf eine natürliche Person bezogenen Daten. Dies kann zu praktischen Schwierigkeiten führen. Wer **Personalplanung** betreibt und sie automatisiert oder in Dateien fixiert, unterliegt dem Gesetz. Soweit in der Planungsdatei auch subjektive Werturteile, Absichten und persönliche Meinungen des Planenden gespeichert sind, handelt es sich auch um ihn betreffende personenbezogene Daten, die ihrerseits geschützt sind.

10 **2.10 Personenbezogen** sind nur die Daten, die sich auf eine bestimmte oder bestimmbare natürliche Person beziehen. Ersteres ist der Fall, wenn die Daten mit dem Namen des Betroffenen verbunden sind oder sich aus dem Inhalt bzw. dem Zusammenhang der Bezug unmittelbar herstellen lässt. Ist dies nicht der Fall, sind die Daten nur dann personenbezogen, wenn der Betroffene bestimmbar ist (vgl. BGH, NJW 1991, 568). Für die **Bestimmbarkeit** kommt es auf die Kenntnisse, Mittel und Möglichkeiten der verantwortlichen Stelle an. Sie muss den Bezug mit den ihr normalerweise zur Verfügung stehenden Hilfsmitteln und ohne unverhältnismäßigen Aufwand durchführen können (vgl. auch § 3 Rn. 44). Der Begriff des Personenbezugs ist daher relativ (vgl. Louis, Grundzüge, Rn. 26; Plath/Schreiber in: Plath, BDSG § 3 Rn. 15; Wojtowicz, PinG 2013, 65), d. h. dieselben Daten können für den einen anonym und für den anderen der betroffenen Person zuordenbar sein (a. A. Weichert in: DKWW, BDSG, § 3 Rn. 13; Buchner in: Taeger/Gabel, BDSG § 3 Rn. 13; Pahlen-Brandt, DuD 2008, 34, die auf die objektive, technische Möglichkeit abstellen.

Irrelevant soll auch sein, dass die **Zusatzinformation** nur durch Verstöße gegen Gesetze erlangt werden kann, Rn. 15; a. A. Meyerdierks, MMR 2009, 9). Werden anonyme Daten an eine Stelle übermittelt, die in der Lage ist, den Personenbezug herzustellen, so ist der Übermittlungstatbestand des BDSG erfüllt. Wird jedoch ein großer nicht personenbezogener oder ein eine Personengruppe betreffender Datenbestand übermittelt, bei dem der Empfänger ggf. nur einige wenige Betroffene aufgrund eines im Einzelfall eventuell vorhandenen Zusatzwissens möglicherweise identifizieren kann, ist die übermittelnde Stelle noch von hinreichender **Anonymisierung** auszugehen (vgl. zu alledem § 3 Rn. 43 ff.).

2.11 Somit sind pseudonymisierte **E-Mail-Adressen** für den Provider personenbeziehbar, da er sie auf den Inhaber rückführen kann. Für andere, die dieses **Zusatzwissen** nicht haben, handelt es sich nicht um ein personenbezogenes Datum (vgl. Härting, Internetrecht, 4. Aufl., Rn. 26 ff.; Eckhardt, K&R 2007, 602; siehe aber auch Dammann, in: Simitis, BDSG § 3 Rn. 62 mit einer Aufzählung der diversen Möglichkeiten des Erwerbs des Zusatzwissens). Daran ändert nichts, dass der Inhaber über die Adresse z. B. – wettbewerbswidrig – werblich angesprochen werden kann. Die gleiche Relativität besteht z. B. bei PINs oder TANs. Gleiches gilt für **IP-Adressen**, für die zwar für den Provider nicht aber für den sonstigen Regelfall ein Personenbeug mit normalen Mitteln ohne weiteres Zusatzwissen herstellbar ist (OLG Hamburg, RDV 2011, 34). So wird bei der Verfolgung von Urheberrechtsverletzungen der Personenbezug für den Rechteinhaber erst durch Auskunft des Providers hergestellt (vgl. zur diesbezüglichen Befugnis OLG Hamm, MMR 2011, 193; OLG Hamburg, MMR 2011, 475). Gleichwohl unterscheiden insoweit Rechtsprechung und Literatur z.T. zwischen statischen, d. h. fest vergebenen und dynamischen, d. h. bei jeder Einwahl neu vergebenen Adressen. Für eine feste IP-Adresse, mit der sich der Rechner und damit der Anschlussinhaber im Internet regelmäßig identifizieren, soll nach der allgemeinen Meinung Personenbezug bestehen (Härting, Internetrecht, 4. Aufl., Rn. 89 ff.; ders., CR 2008, 743; Kirchberg-Lennartz/Weber, DuD 2010, 479; Barnitzke, DuD 2010, 482; Heidrich/Wegener, DuD 2010, 172).

2.12 Die Begriffsbestimmung des Absatzes 1 enthält ferner die bedeutsame Regelung, dass nur **natürliche Personen** dem Schutz des Gesetzes unterliegen. Dies ist keineswegs selbstverständlich, denn nach Art. 19 Abs. 3 GG gelten Grundrechte auch für inländische juristische Personen, soweit sie ihrem Wesen nach auf sie anwendbar sind (vgl. Leibholz/Rinck, GG Art. 19 Anm. III). Demgemäß haben Datenschutzgesetze anderer Länder (z. B. Österreich, Dänemark, Luxemburg) juristische Personen in ihren Schutzbereich mit einbezogen (vgl. bei Tuner, DuD 1986, 20). Gleichwohl sind juristische Personen (z. B. Kapitalgesellschaften, eingetragene Vereine) und sonstige Personengemeinschaften, wie nicht rechtsfähige Vereine, Gesellschaften des BGB, offene Handelsgesellschaften, Kommanditgesellschaften oder Wohngemeinschaften nicht vom Gesetz geschützt (OLG Karlsruhe, DuD 1983, 229). Sie können datenschutzrechtliche Ansprüche nur aus dem ggf. auch für sie geltenden allgemeinen Persönlichkeitsrecht ableiten (zum Persönlichkeitsschutz juristischer Personen und ihrer Organe vgl. auch OLG Frankfurt a.M., RDV 1990, 84; BGH, RDV 1994, 181).

2.13 Einzelne Mitglieder der juristischen Personen bzw. eine oder mehrere hinter der juristischen Person stehende natürliche Personen sind jedoch geschützt, wenn sich die Angaben über die **Personengemeinschaft** auch auf sie beziehen, d. h. auf sie „durchschlagen" (vgl. vorstehend Rn. 3; vgl. auch BGH, DB 1986, 855 = BB 1986, 485, der umgekehrt auch die Speicherung von Angaben über die finanzielle Situation des Geschäftsführers einer GmbH im Rahmen von Kreditauskünften über die GmbH als zulässig bejahte; bestätigt durch BGH, RDV 2003, 291). So können Angaben über eine GmbH zu den Gesellschaftern oder Geschäftsführern dieser GmbH Bezug haben, sofern zwischen der GmbH und den „hinter" ihr stehenden Personen eine enge finanzielle, personelle oder wirtschaftliche Verflechtung besteht (LG Bonn, ZIP 1984,

§ 3 Weitere Begriffsbestimmungen

181). Bei derartigen Verbindungen zwischen einer natürlichen oder einer juristischen Person, die häufig bei der „Ein-Mann-GmbH" oder einer **Einzelfirma** (vgl. hierzu KG, DB 1980, 1062) auftreten, kann in der Regel davon ausgegangen werden, dass ein Bezug zu der „hinter" der juristischen Person stehenden natürlichen Person besteht (BGH, NJW 1986, 2505 = RDV 1986, 81). Andere Stimmen differenzieren hier noch (vgl. bei Dammann in: Simitis BDSG § 3 Rn. 44: „Angaben über eine Personengesellschaft beziehen sich regelmäßig zugleich auf die Verhältnisse der einzelnen Gesellschafter; ... Daten einer Kapitalgesellschaft sind auch nicht deshalb zugleich Daten eines Gesellschafters, weil es sich um eine Ein-Mann-GmbH handelt ... Rechtliche Identität besteht dagegen bei einem Einzelkaufmann. Zur Firma gespeicherte Angaben sind daher stets Daten zur Person des Inhabers"). Dies übersieht v. Lewinski (DuD 2000, 39), der zur Schaffung gleicher Wettbewerbslage Einzelkaufleute aus dem Schutz des BDSG ausnehmen will). Herabsetzende Äußerungen über „die Frauen" als Personengruppe geben dagegen nicht jeder Frau Ansprüche wegen Verletzung ihrer Persönlichkeitsrechte (LG Hamburg, NJW 1980, 56).

12 2.14 Natürliche Personen sind nur lebende Personen. **Daten Verstorbener** werden vom BDSG nicht geschützt. Das Gesetz geht davon aus, dass der Betroffene eine handelnde, d. h. eine lebende Person ist, wie sich aus den Kontroll- und Mitwirkungspflichten ergibt (a. A. Bergmann/Möhrle/Herb, BDSG § 3 Rn. 4 ff., die auch den **nasciturus** und den Verstorbenen in den Schutz mit einbeziehen; so wohl auch Schild in: Wolff/Brink, DatenschutzR, BDSG § 3 Rn. 6. Daten Verstorbener sollen für 30 Jahre „Personenbezug" haben; a. A. Dammann in: Simitis, BDSG § 3 Rn. 17). Zudem geht das Bundesverfassungsgericht (BVerfGE 30, 194 = NJW 1971, 1645) davon aus, dass das vom Grundgesetz geschützte Persönlichkeitsrecht mit dem Tode des Betroffenen erlischt; die gleiche Aussage gilt allein schon vom Begriff her notwendigerweise auch für das „informationelle Selbstbestimmungsrecht". Gegen diese Einschränkung des Schutzbereichs spricht nicht, dass einzelne in die gleiche Zielrichtung gehende Gesetze den Betroffenen nach seinem Tode schützen (so § 22 KUG; § 203 Abs. 4 StGB; vgl. hierzu auch OLG Frankfurt a.M., RDV 1990, 191; auch das Arztgeheimnis besteht nach dem Tode des Patienten fort: BGH, NJW 1983, 2627; BayObLG, NJW 1987, 1492; OLG Naumburg, RDV 2005, 273; Barta, Datenschutz im Krankenhaus, S. 42 f.). Daten Verstorbene werden damit jedoch nicht schutzlos (vgl. auch BFH, NJW 1991, 568). Die Menschenwürde, die auch zu den den Datenschutz gestaltenden Rechtsgütern gehört, wirkt nach dem Tode fort (vgl. Schild in: Wolff/Brink, DatenschutzR, BDSG § 3 Rn. 5). Daher kann eine Verpflichtung zum Schutze der Daten unmittelbar aus dem Grundgesetz hergeleitet werden (zu dem sich mit der Zeit abschwächenden Schutzanspruch vgl. BGH, NJW 1990, 1986). Unabhängig davon können ggf. auch die noch lebenden Angehörigen durch den Missbrauch von Daten Verstorbener in ihrem eigenen Persönlichkeitsrecht beeinträchtigt werden (vgl. dazu BGH, NJW 1980, 45; Thüringer OLG, RDV 2006, 20 zum Schmerzensgeld der Hinterbliebenen wegen Presseveröffentlichung über den Tod eines Angehörigen). Darüber hinaus trägt die Rechtsprechung der Tatsache Rechnung, dass das allgemeine Persönlichkeitsrecht nicht nur dem Schutz ideeller, sondern auch kommerzieller Interessen dient. Diese **vermögenswerten Bestandteile des Persönlichkeitsrechts** bestehen nach dem Tode seines Trägers fort bzw. gehen auf die Erben des Trägers des Persönlichkeitsrechts über, denen z. B. bei unbefugter Verwendung des Namens oder Bildes des Verstorbenen unabhängig von der Schwere des Eingriffs Schadensersatzansprüche zustehen (BGH, NJW 2000, 2195 = RDV 2000, 161 = DuD 2000, 610 (Marlene Dietrich)).

3. Betroffener

13 3.1 In **Absatz 1** wird mit dem Begriff des „personenbezogenen" Datums gleichzeitig der Begriff des Betroffenen definiert. Der Betroffene ist derjenige, dessen

Weitere Begriffsbestimmungen **§ 3**

Schutz das Gesetz zum Ziele hat und dem die Rechte aus dem Gesetz – ggf. unabdingbar (§ 6) – eingeräumt sind. „Betroffene" sind nicht nur Deutsche. Auch **Ausländer** – unabhängig davon, ob sie in Deutschland oder im Ausland leben – sind dazu zu rechnen, wenn die Daten nur im Geltungsbereich des BDSG verarbeitet werden (Bäumler, DuD 1994, 540).

3.2 Der Begriff „Betroffener" ist zu unterscheiden von dem des „Dritten" (vgl. **14** Abs. 8) und der „verantwortlichen" Stelle. Ferner unterscheidet das Gesetz diejenigen Stellen, die Daten im Auftrag verarbeiten (vgl. hierzu § 11 Rn. 3 sowie nachstehend Rn. 50). Wie aufgezeigt (Rn. 4) können Daten zu mehreren Personen in „Bezug" stehen, d. h. mehrere „Betroffene" betreffen (vgl. ausführlich Dammann in: Simitis, BDSG § 3 Rn. 41 ff.). So haben **Telefondaten** Bezug zu dem Anrufenden wie dem Angerufenen (BAG, RDV 1986, 199; 1996, 30). Auch Herkunfts- oder Empfängerdaten sind personenbezogene Daten desjenigen, den die Daten betreffen.

4. Automatisierte Verarbeitung

4.1 Kriterium für die Anwendung des BDSG bei nichtöffentlichen Stellen ist **15** nach der Aussage des § 1 Abs. 2 Nr. 3 und des § 27 Abs. 1 Satz 1 der **Einsatz von Datenverarbeitungsanlagen.** In § 3 Abs. 2 wird dieses Abgrenzungsmerkmal für den Geltungsbereich des BDSG weilgehend gleichgesetzt mit dem Begriff der **automatisierten Datenverarbeitung.** Dabei macht das Gesetz jedoch eine Differenzierung. Während § 1 Abs. 2 und Nr. 3 und § 27 Abs. 1 Satz 1 es für die Einbeziehung der Phase der **Datenerhebung** genügen lassen, dass personenbezogene für eine nachfolgende automatisierter Verarbeitung erhoben werden, erfasst die automatisierte Verarbeitung die Erhebung nur, wenn sie unter Einsatz von Datenverarbeitungsanlagen erfolgt. Die in sich widersprüchliche Definition, in der der Begriff der automatisierten Verarbeitung einmal als Oberbegriff verstanden wird, der sich dann jedoch in der Zusammenfassung der Erhebung, Verarbeitung und Nutzung versteht, kann nur darin begründet sein, dass eine automatisierte Erhebung mit der Speicherung in der Regel einhergeht (z. B. automatisierte Kontoabhebung etc.). Das OVG Hamburg (RDV 2006, 73) hat die Unterschiede der Definitionen bei in Abgrenzung der Kompetenz der Aufsichtsbehörde nach § 38 Abs. 1 Satz 1 aufgezeigt, wonach der Überwachung nur die automatisierte Erhebung unterliegt. Für die Aufsichtsbehörde ergibt sich daher aus § 38 Abs. 5 keine Befugnis zur Anordnung von Maßnahmen, die die Recht- und Ordnungsmäßigkeit von Datenerhebungen (hier manuelle Erhebungen durch ein Detektivbüro) betrifft, die nicht unter Einsatz von Datenverarbeitungsanlagen erfolgen. Gleiches gilt für den Inhalt der Meldepflicht nach § 4d.

4.2 Automatisierte Verarbeitung setzt voraus, dass neben der durch technische **15a** Anlagen erfolgenden Erhebung (z. B. ungesteuerte Videoübertragung ohne Aufzeichnung), Speicherung (Aufzeichnung der Videoaufnahme in nicht digitalisierter Form) auch eine automatisierte Auswertung der Daten, d. h. ein Nutzen der Daten ermöglicht wird (digitalisierte Videoaufzeichnung mit der Möglichkeit der Heraussuche bestimmter Personen etc., oder Möglichkeit der Verknüpfung der Kontoabhebungsdaten mit gleichzeitig stattgefundenen Fotoaufnahmen; vgl. bei Dammann in: Simitis, BDSG § 3 Rn. 79 ff.). Es bedarf also der Möglichkeit der technischen Auswertung der erhobenen und gespeicherten Daten (Schaffland/Wiltfang, BDSG § 3 Rn. 96, zum Vorliegen einer automatisierten (Zwischen)Speicherung von Kopien durch **Kopierer mit eigenem Speichermedium** vgl. Innenministerium Baden-Württemberg, Hinweis Nr. 41, RDV 2004, 238). Denkbar ist aber auch eine reine automatisiert gesteuerte Erhebung, indem z. B. Videoaufnahmen nur von Personen mit vorprogrammierten Auswahlkriterien hergestellt werden.

§ 3 Weitere Begriffsbestimmungen

5. Datei

16 **5.1** Nur bei nicht automatisierter Erhebung, Verarbeitung oder Nutzung ist relevant, ob diese Vorgänge für, in oder aus Dateien geschehen. Das Kriterium der **Datei** ist für die Anwendung des BDSG also nur noch von Relevanz, soweit es um nichtautomatisierte Erhebung, Verarbeitung und Nutzung personenbezogener Daten im nichtöffentlichen Bereich geht. Andererseits kann jedoch regelmäßig davon ausgegangen werden, dass bei automatisierter Speicherung auch der Dateibegriff erfüllt ist. Werden also Personaldaten z. B. durch biometrische Abgleiche im Rahmen einer Zugangskontrolle automatisiert erhoben und erfasst, so greift das BDSG. Werden Personaldaten per Personalfragebogen manuell erhoben, so ist entscheidend, ob dies für die nachfolgende Speicherung in einer Datei geschieht.

16a **5.2** Da das BDSG im öffentlichen Bereich auch bei nicht dateigebundener Verarbeitung der Daten Anwendung findet, sind die Begriffe automatisierte Verarbeitung bzw. der **Dateibegriff** vorrangig für die Abgrenzung des Schutzbereichs bei den Verarbeitungen personenbezogener Daten durch nichtöffentliche Stellen von Bedeutung. Darüber hinaus sieht das Gesetz jedoch auch für öffentliche Stellen unterschiedliche Verpflichtungen vor, je nachdem ob die Daten in Akten oder dateimäßig verarbeitet werden (vgl. §§ 8 Abs. 4, 18 Abs. 2, 20 Abs. 2 und 4).

17 **5.3** Eine **nicht automatisierte Datei** ist „jede strukturierte Sammlung personenbezogener Daten, die nach bestimmten Kriterien zugänglich sind". Eine Sammlung von Daten liegt vor, wenn Daten, die zueinander in einem inneren Zusammenhang stehen, auf einem oder auf mehreren zusammengehörenden Datenträgern gespeichert sind. Erforderlich ist ein **gleichartiger Aufbau**, der einen leichten Zugriff auf die Daten ermöglicht. Abgestellt wird auf die Auswertbarkeit der Sammlung nach bestimmten Merkmalen, d. h. nach den den gesammelten Daten gemeinsamen, den aufgezeigten Sinnzusammenhang herstellenden personenbezogenen Kriterien.

18 **5.4** Das Erfordernis der **„gleichartig aufgebauten Sammlung"** charakterisiert die äußere Form der Datei. Bestimmend ist also, dass die einzelnen Aufbauelemente (Karteikarten, Lochkarten, Sichtlochkarten, Formulare etc.) einheitlich und gleichartig gestaltet sind. Entscheidend ist ferner, dass die Datensammlung nach bestimmten personenbezogenen Merkmalen zugänglich ist, d. h. ausgewertet werden kann (Dammann in: Simitis, BDSG § 3 Rn. 89 ff.). Da eine Umordnung der Daten nicht mehr gefordert wird, erfüllt auch eine **Gehaltsliste** den Dateibegriff (vgl. BlnDSB, Materialien zum Datenschutz Nr. 30, S. 7). Als **Merkmal** werden nur solche Kriterien anzusehen sein, die für eine sinnvolle Ordnung der Datei notwendig sind, ungeachtet dessen, dass sich das Merkmal noch in weitere Kriterien auflösen lässt. Das Merkmal **„Anschrift"** umfasst z. B. sowohl den Wohnort als auch die Straße und Hausnummer; es ist also ggf. auch möglich, die Datei nach diesen Einzelmerkmalen zu ordnen bzw. auszuwerten. Dennoch bildet das Merkmal „Anschrift" ein einziges Merkmal, sofern die Datei nach der Anschrift geordnet oder ausgewertet wird. Soll die Sortierung hingegen eine Unterscheidung innerhalb der Anschrift ermöglichen (z. B. Suchmerkmal: alle Bewohner der X-Straße), dann bilden die Bestandteile der Anschrift selbstständige Merkmale. Was als Merkmal anzusehen ist, lässt sich daher nicht generell, sondern immer nur nach dem Aufbau und der Zweckbestimmung jeder Datei festlegen. Es ist nicht erforderlich, dass die Merkmale selbst personenbezogene Daten sind, sie müssen sich jedoch auf die in der Sammlung genannten natürlichen Personen beziehen.

19 **5.5** In der Sammlung brauchen nicht Daten von mehreren Personen enthalten sein. Auch wenn über eine Einzelperson mehrere Daten gespeichert werden, liegt eine Sammlung personenbezogener Daten vor. Eine Untergrenze enthält das Gesetz nicht, so dass bereits zwei an den Betroffenen gerichtete und in einer **Textverarbei-**

Weitere Begriffsbestimmungen **§ 3**

tungsanlage abgespeicherte Briefe den Tatbestand der automatisierten Datei erfüllen.

5.6 Da zwei (nach Weichert in: DKWW, BDSG § 3 Rn. 24 genügt ein Merkmal) 20 eine Sortierung oder Auswertung ermöglichende Merkmale genügen, um den **Dateibegriff** zu erfüllen, können an sich auch **Akten oder Aktensammlungen** hierunter fallen, wenn sie unter den Begriff der nicht automatisierten Datei subsumierbar sind, so z. B. wenn sie nach Aktenzeichen geordnet und nach der Betreffsangabe bzw. dem Namen umgeordnet werden können. Die noch im BDSG 90 enthaltene Ausnahmeregelung, nach der Akten und Aktensammlungen nur dann unter den Dateibegriff fallen, wenn sie durch automatisierte Verfahren umgeordnet und ausgewertet werden können, ist entfallen. Akten und Aktensammlungen und die Deckblätter dazu fallen nur dann nicht unter den Dateibegriff, wenn ihr Inhalt nicht in der Art einer Datei strukturiert ist, d. h. eine manuelle Auswertbarkeit nicht gegeben ist.

5.7 Bild- und Tonträger unterfallen – entgegen der früheren Ausnahmeregelung 21 in § 3 Abs. 3 Satz 1 BDSG 90 – nunmehr ebenfalls dem BDSG, wenn sie von dem Begriff der automatisierten Verarbeitung oder der nicht automatisierten Datei erfasst werden. Daher können auch eine Tonbandaufnahme oder eine **Videoaufzeichnung** (zum Dateibegriff bei nicht digitalisierten Verfahren Gola/Klug, RDV 2004, 65), sofern die aufgezeichneten Personen bekannt oder zumindest identifizierbar sind, dem BDSG unterliegende automatisierte Verarbeitungen personenbezogener Daten beinhalten (inwieweit § 6b auch für diesen Fall eine spezielle Zulässigkeitsregelung darstellt vgl. § 6b Rn. 4).

Als Gedächtnisstütze gemachte Notizen oder Vorentwürfe eines Textes, fallen **21a** nicht unter den Begriff der nicht automatisierten Datei, solange sie nicht zum Bestandteil des Vorgangs gemacht werden, sondern alsbald vernichtet werden (Schild in: Wolff/Brink, DatenschutzR, BDSG § 3 Rn. 41). Für Beschäftigtendaten greift jedoch § 32 Abs. 2.

6. Akte

Der **Begriff der Akte wird nicht mehr definiert,** da er für die Anwendung 22 des BDSG nunmehr ohne Belang ist. Für öffentliche Stellen, die das BDSG auch für in Akten gespeicherte Daten zu beachten haben, enthält das Gesetz jedoch spezielle Regelungen (z. B. § 20 Abs. 6) bezogen auf „personenbezogene Daten, die weder automatisiert verarbeitet noch in einer nichtautomatisierten Datei gespeichert sind". Ferner ist auf § 27 Abs. 2 hinzuweisen.

7. Erheben

7.1 Die in **Absatz 3** wiedergegebene Definition des Begriffes des **Erhebens** 23 gewinnt dadurch Bedeutung, dass auch diese Phase des Umgangs mit personenbezogenen Daten sowohl im öffentlichen als auch nichtöffentlichen Bereich dem Verbot mit Erlaubnisvorbehalt (§ 4 Abs. 1) unterliegt und hinsichtlich der Zulässigkeit speziellen Vorgaben unterworfen wurde (§ 4 Abs. 2). Das Erheben erfolgt im Geltungsbereich des BDSG, wenn es per automatisierter Datenverarbeitungsanlage geschieht oder manuell zum Zwecke der Speicherung in einer Datei.

7.2 Das BDSG ordnet die Erhebung der Daten weiterhin nicht der Verarbeitung 24 der Daten zu. Das „**Beschaffen der Daten** über den Betroffenen" wird als Vorphase, d. h. Voraussetzung für die nachfolgende Verarbeitung oder Nutzung angesehen (vgl. § 1 Abs. 2 Nr. 3 … „dafür erheben"). Demgemäß ist nach § 28 Abs. 1 Satz 2 bei der Erhebung der Verarbeitungs- oder Nutzungszweck festzulegen. Eine

§ 3 Weitere Begriffsbestimmungen

Datenerhebung auf Vorrat, d.h. für jetzt noch nicht erkennbare Zwecke ist unzulässig (Schild in: Wolff/Brink, DatenschutzR, BDSG § 3 Rn. 58 f.). Gleichgültig ist, ob die Daten mündlich oder schriftlich beschafft werden, ob der Betroffene befragt wird oder die Daten beibringen soll oder ob Dritte befragt oder Unterlagen von der speichernden Stelle eingesehen werden. Auch eine reine Tathandlung, wie sie bei der Kontrolle des Spinds eines Mitarbeiter vorliegt, zählt hierzu (vgl. BAG, RDV 2014, 103). Ein Erheben liegt (z. B. bei gezielter Meinungsumfrage) auch vor, wenn die Daten anschließend anonymisiert verarbeitet werden. Werden Daten bei Dritten beschafft, so liegt gleichzeitig der ggf. an den Zulässigkeitstatbeständen zu messende Tatbestand der Datenübermittlung vor. Erforderlich ist jedoch ein **zielgerichtetes Beschaffen** der Daten durch die öffentliche oder private Stelle (zu dem insoweit geforderten „aktiven und subjektiven Element" vgl. Dammann in: Simitis, BDSG § 3 Rn. 102 ff.). Bei zufälligen Beobachtungen gewonnene Daten oder solche, die der verantwortlichen Stelle unaufgefordert zugeleitet werden (eine aufgedrängte Information liegt auch vor, wenn der Bürger sich von sich aus an die Behörde wendet, es sei denn, er verwendet ein von der Behörde erstelltes Antragsformular; vgl. aber auch Dammann, RDV 2002, 71, der für das Ausfüllen eines „Datenfelds" im Internet bei Bestellungen etc. das „gezielte Beschaffen" verneint), wurden nicht „erhoben". Ein Erheben von Daten liegt auch nicht vor, wenn Daten aus bereits vorliegenden Unterlagen zusammengestellt werden (zu den Problemen der Erhebung im Bereich der Forschung vgl. Tinnefeld, RDV 1991, 241).

8. Verarbeiten

25 In **Absatz 4** werden die einzelnen Phasen der **Verarbeitung** von Daten definiert. Dabei wird im Satz 1 gleichzeitig noch einmal verdeutlicht, dass das BDSG weder die Phase der Datenerhebung noch die des Nutzens der Datenverarbeitung zurechnen will. Der insoweit alle vom BDSG geregelten Phasen umfassende Oberbegriff ist der in § 1 Satz 1 verwendete Begriff des **„Umgangs"**. Ferner taucht in § 3 Abs. 5 noch der Begriff des **„Verwendens"** von Daten auf, der die Verarbeitung und Nutzung zusammenfasst. Dass die Festlegung des Begriffs der Datenverarbeitung nicht glücklich gewählt ist, zumal sie von den Begriffsdefinitionen des Landesrechts abweicht, wurde bereits aufgezeigt (vgl. § 1 Rn. 22 und vorstehend Rn. 15).

9. Speichern

26 9.1 Der Begriff des **Speicherns** oder der Speicherung wird durch die Erfüllung der ihn prägenden Merkmale Erfassen, Aufnehmen oder Aufbewahren bestimmt, wobei diese drei alternativ aufgezählten Vorgänge kaum eigenständige Bedeutung haben, zumal sie häufig zusammenfallen. **Erfassen** ist das schriftliche Fixieren der Daten. Das **Aufnehmen** kennzeichnet primär das Fixieren der Daten mit Aufnahmetechniken, d. h. per Tonband, Film, Video etc. Das gesonderte Erwähnen des **Aufbewahrens** soll deutlich machen, dass auch das bloße Aufbewahren anderweitig fixierter Daten den Tatbestand des Speicherns erfüllt. Erforderlich ist, dass das personenbezogene Datum unter einem dieser Kriterien auf einem **Datenträger** „gespeichert" ist, wobei jedoch der Begriff des Datenträgers nicht näher definiert wird (vgl. zum Begriff des dauerhaften Datenträgers Härting, K&R 2001, 310). Vom Sinn der Vorschrift her ist darunter jedes Medium zu verstehen, das zum Aufnehmen personenbezogener Daten geeignet ist, d. h. auf dem Informationen für eine spätere Wahrnehmung festgehalten werden können. Eine Einschränkung ergibt sich für nichtöffentliche Stellen daraus, dass nur die automatisierte bzw. dateigebundene Datenspeicherung von den Regelungen des Gesetzes erfasst wird (§ 1 Abs. 2 Nr. 3;

Weitere Begriffsbestimmungen **§ 3**

Ausnahme § 32 Abs. 2) und daher insoweit nur solche nicht automatisierten Datenträger relevant sind, die Bestandteile einer Datei sein können oder die Datei selbst **aufnehmen**.

9.2 Der Tatbestand des **Speicherns** ist daher – wie aufgezeigt – einmal gegeben, wenn von der „verantwortlichen Stelle" erhobene oder ihr sonst bekannte Informationen wie auch immer „nachlesbar" fixiert werden, er ist aber auch dann gegeben, wenn von anderer Seite, z. B. dem Betroffenen oder einem Dritten, der die Daten übermittelt hat, die Daten bereits auf einem Datenträger zur Verfügung gestellt wurden und nunmehr von der verantwortlichen Stelle weiter vorrätig gehalten werden.

9.3 Dieses Vorrätighalten muss **zum Zwecke der weiteren Verarbeitung oder Nutzung** geschehen. Die Zweckbestimmung der weiteren Verwendung wird zumeist unproblematisch sein. In der Praxis werden Daten regelmäßig nicht gespeichert, wenn man nicht die Absicht hat, sie anschließend zu verarbeiten oder zu nutzen. Demgemäß ist auch der Ankauf von **Adressaufklebern** ein Erheben und Speichern von personenbezogenen Daten, auch wenn der Nutzungszweck allein im Bekleben von Briefen besteht. (Die Anwendung des BDSG ergibt sich unabhängig vom Dateibegriff aus § 27 Abs. 2.) Ist der Speicherungszweck entfallen und sollen die Daten gelöscht werden, so bleiben sie bis zur endgültigen **Löschung** „gespeichert", da auch das Löschen noch einen Fall „weiterer Verarbeitung" beinhaltet (Bergmann/Möhrle/Herb, BDSG § 3 Rn. 73). Es kommt nicht mehr darauf an, wie lange die Daten gespeichert werden. Jedoch wird bei aus rein technischen Gründen kurzfristig zwischengespeicherten Daten der Tatbestand „zum Zwecke weiterer Verwendung" entfallen (Dammann in: Simitis, BDSG § 3 Rn. 124).

9.4 Auch **gesperrte Daten** bleiben gespeicherte Daten. Als gespeichert sind daher auch solche Daten anzusehen, die „normalerweise" nicht mehr verwendet werden sollen, d. h. die z. B. als **Sicherungskopien** dienen, um im Falle von Störungen oder Katastrophen die Wiederaufnahme des Betriebs zu ermöglichen oder Archivbestände zu bilden, die aufgrund von Rechtsvorschriften (meist zu Revisionszwecken) geführt werden.

27

28

29

10. Verändern

10.1 Unter den Begriff des **Veränderns** von Daten fällt jede inhaltliche Umgestaltung von gespeicherten Daten dergestalt, dass sich der Informationswert ändert. Verändern ist – abgesehen von dem sonst gegebenen Tatbestand des Nutzens der Daten – auch das **Verknüpfen von Daten** aus verschiedenen Dateien. Zwar werden Daten im Falle ihrer Verknüpfung nicht in dem Sinne verändert, dass die einzelne Information einen anderen Inhalt bekommt; die Veränderung kann aber darin liegen, dass die Daten durch die Zusammenfassung ihren bisherigen **Kontext** verlieren und durch ihre häufig sehr starke Verkürzung insgesamt eine neue Qualität, einen neuen Informationsgehalt bekommen (Bergmann/Möhrle/Herb, BDSG § 3 Rn. 78). Diese Form der Datenverarbeitung ist erst durch die automatisierte Datenverarbeitung in größerem Umfang möglich geworden. Allerdings ist Verändern im Sinne des Gesetzes nur das inhaltliche Umgestalten, nicht bereits das Verändern der äußeren Form (z. B. Chiffrierung von Daten, Änderungen einzelner Feldbezeichnungen). Nur wenn die Daten durch die Veränderung insgesamt einen neuen, abgewandelten Informationswert erhalten sollen, liegt eine Veränderung im Sinne dieser Vorschrift vor. Hierfür kann auch die **Zweckbestimmung** der Datei maßgebend sein, in die die Daten von einer anderen Datei überspielt werden (z. B. Daten aus der Datei säumiger Kunden in die Personaldatei). Die Abgrenzung des Begriffs des Veränderns ist jedoch nicht so erheblich, da eine Auswertung der Daten, die sich – noch – nicht als Veränderung darstellt, den Tatbestand des Nutzens erfüllt und somit auch unter dem

30

§ 3
Weitere Begriffsbestimmungen

Grundsatz des Verbots mit Erlaubnisvorbehalt (§ 4 Abs. 1) steht (vgl. bei Weichert in: DKWW, BDSG § 3 Rn. 35 zur Frage, ob die Erstellung eines Scorewerts auf einer Veränderung oder Nutzung beruht).

31   10.2 Das **Löschen, Pseudonymisieren und Anonymisieren** von personenbezogenen Daten stellen in der Regel – wenngleich Absatz 6 für das Anonymisieren den Begriff Verändern verwendet – keine Veränderung der betroffenen Daten dar, weil die Information entweder vernichtet oder gekürzt aber nicht verändert wird. Führt die Löschung jedoch zu einer Neuaussage (z. B. Löschung der Angabe „evang." im Melderegister besagt gleichzeitig, dass der Betroffene nicht mehr kirchensteuerpflichtig ist), so kann dies eine Veränderung sein (Dammann in: Simitis, BDSG § 3 Rn. 131, 141 f. sieht hier die Löschungsregelung als vorrangig an). Werden Daten in der Form berichtigt, dass falsche Daten gelöscht und die zutreffenden Daten gespeichert werden, so erfüllen die Tatbestände des Löschens und Speicherns gleichzeitig den Tatbestand des Veränderns. Da jedoch jedenfalls die Vorgänge des Speicherns, Veränderns und Nutzens den gleichen Zulässigkeitsbedingungen unterliegen, ist eine strikte Trennung der Begriffe nicht erforderlich. Gegenüber dem Tatbestand des Löschens ist jedoch der des gleichzeitig bewirkten Veränderns als subsidiär zu betrachten.

11. Übermitteln

32   11.1 Der Tatbestand der **Übermittlung** von Daten, d. h. deren Weitergabe an einen Dritten (vgl. hierzu nachstehend Rn. 52) kann dadurch erfüllt werden, dass die verantwortliche Stelle personenbezogene Daten an den Dritten weitergibt (vgl. hierzu aber auch Rn. 44a) oder dadurch, dass dieser dazu bereitgestellte Daten einsieht oder abruft (vgl. zur Einsicht in öffentliche Register: Schimpf, DÖV 1985, 264; zur Handwerksrolle: Gola, RDV 1987, 225; zu Registern der Kfz-Zulassungsstellen: Knüppel, DÖV 1983, 100; Hirte, NJW 1986, 1899 und BVerwG, DVBl. 1986, 731; zu Akteneinsichtsrechten Dritter: Bieber, DÖV 1991, 857; Pardey, NJW 1988, 1647). In welcher Form die Weitergabe erfolgt (schriftlich oder mündlich, per Telefax, durch Weitergabe des Datenträgers selbst), ist unerheblich.

33   11.2 Auch wenn die Bekanntgabe der Daten nicht an einen einzelnen, bestimmten **Dritten** erfolgt (z. B. durch Anschlag am Schwarzen Brett zur Kenntnisnahme durch die Belegschaft) ist der Tatbestand erfüllt (vgl. Aufsichtsbeh. Baden-Württemberg, Hinweis zum BDSG Nr. 17, Staatsanz. 1982, Nr. 52, S. 6 zum unzulässigen Aushang von Fehlzeitendaten). Zutreffend sieht das OVG Lüneburg (NJW 1992, 192) in der **Veröffentlichung** von Daten einer Behörde die intensivste Form der Übermittlung (h. M.; vgl. bei Dammann in: Simitis, BDSG § 3 Rn. 157). Demgemäß ist auch das Einstellen von **Personaldaten in das Internet** eine – zudem **grenzüberschreitende** – Übermittlung, die nur ausnahmsweise ohne Einwilligung der Betroffenen zulässig ist (vgl. hierzu Gola, NJW 2000, 3749 (3752); differenzierter EuGH, RDV 2004, 16 m. krit. Anm. Dammann; ferner kritisch Brühann, DuD 2004, 201; vgl. zum Erlaubnisrahmen im Beschäftigungsverhältnis Gola/Wronka, Handbuch Arbeitnehmerdatenschutz, Rn. 862 ff.).

34   11.3 Keine Übermittlung liegt vor, wenn Daten nicht an einen Dritten, sondern an den Betroffenen, einen **Auftragnehmer** oder Personen oder Stellen innerhalb der verantwortlichen Stelle weitergegeben werden (vgl. nachstehend Rn. 50, 55).

35   11.4 Eine Übermittlung von Daten liegt auch dann vor, wenn nicht Daten aus einer Datei, sondern **komplette Dateien** an einen Dritten weitergegeben werden. Relevant wird dies u. a. bei einer Geschäfts-, **Praxis- oder Firmenübergabe** (vgl. Aufsichtsbeh. Baden-Württemberg, Hinweis zum BDSG Nr. 26, Staatsanz. 1987, Nr. 1/2, S. 7). Da eine Einwilligung der betroffenen Kunden oder Patienten aus praktischen Gründen regelmäßig nicht einholbar sein wird, ist dem Betroffenen

Weitere Begriffsbestimmungen   § 3

zumindest die Möglichkeit des **Widerspruchs** einzuräumen (vgl. hierzu § 4a
Rn. 19a). Anders ist es im Rahmen einer **Gesamtrechtsnachfolge.** Ein **Betriebsübergang** nach § 613a BGB soll dagegen nicht zum „Verfügungsrecht" über Personaldaten führen, sondern eine Übermittlung nach § 28 Abs. 1 Satz 1 Nr. 2 erfordern
(vgl. bei Däubler, RDV 2004, 55; Gola/Wronka, Handbuch Arbeitnehmerdatenschutz, Rn. 914 f.; vgl. auch § 32 Rn. 32). Bei dem Verkauf einer ärztlichen oder
anwaltlichen (vgl. BGH, NJW 1995, 2026; RDV 1996, 32 u. 33; NJW 1996, 2080,
ferner Diepold, MDR 1995, 23) Praxis stellt sich zudem die Frage nach der Vereinbarkeit der Weitergabe der **Patienten-/Klientendaten** mit der ärztlichen bzw.
anwaltlichen **Schweigepflicht** (der BGH fordert die **Einwilligung** des einzelnen
Patienten, BGH, NJW 1992, 737; zur Erfordernis der Einwilligung bei Verkauf der
Daten eines Augenoptikers, ULD 33. TB (2011), S. 63; zur Rechtswidrigkeit der
Übermittlung der Mandantendaten einer Rechtsanwalts- oder Steuerberatungspraxis, vgl. § 4a Rn. 3). Auch interne Schweigepflichten können zur unbefugten Weitergabe führen (vgl. v. Falkenhausen/Widder zur Weitergabe von **Insiderinformationen,** BB 2004, 165).

11.5 Eine unbefugte und nach § 44 Abs. 1 strafbare Übermittlung von Daten **36**
kann ggf. auch in **mittelbarer Täterschaft** erfolgen. Dies ist z. B. der Fall, wenn
ein Datenempfänger ein berechtigtes Interesse an der Übermittlung durch nicht der
Wahrheit entsprechende Angaben vorspiegelt und so die speichernde Stelle zu einer
unzulässigen Datenübermittlung veranlasst (Aufsichtsbeh. Baden-Württemberg,
Hinweis zum BDSG Nr. 18, Staatsanz. 1983, Nr. 1/2, S. 5).

11.6 Datenübermittlung kann auch bei der Nutzung von Adressen im **Letter-** **37**
shop-Verfahren „mit Hilfe" des Betroffenen geschehen (vgl. hierzu § 29 Rn. 18).
Eine Übermittlung erfolgt auch im Rahmen des **„Adressenwaschens",** sofern
rekonstruiert werden kann, welche Adressen selektiert wurden, infolge des Abgleichverfahrens (Dammann in: Simitis, BDSG § 3 Rn. 163). Auch das Erheben von Daten
kann mit einer Übermittlung verbunden sein, wie es z. B. bei einer Arbeitgeberanfrage der Fall ist (vgl. § 4 Rn. 27).

12. Sperren

12.1 Das **Sperren** von Daten ist in **Absatz 4 Nr. 4** als eigenständige Phase der **38**
Verarbeitung der Daten definiert. Sperren von Daten (das können sein einzelne
Daten, Datensätze oder Dateien) hat zum Inhalt, dass diese nur noch eingeschränkt
verarbeitet oder genutzt werden dürfen, wobei diese Beschränkung kenntlich zu
machen ist. Dabei mag dahinstehen, inwieweit es begrifflich gerechtfertigt ist, dieses
grundsätzliche Verbot des Umgangs mit den gespeicherten Daten als spezielle Phase
einer Verarbeitung zu verstehen. Wann Sperrverpflichtungen bestehen und welche
Verarbeitungs- und Nutzungsbeschränkungen dann bestehen, regelt nicht Absatz 4
Nr. 4, sondern die für die öffentlichen Stellen (§ 20 Abs. 3 bis 4) bzw. nichtöffentlichen Stellen (§ 35 Abs. 3, 4 und 7) jeweils maßgebenden Normen des 2. und
3. Abschnitts.

12.2 Das Gesetz schreibt nicht vor, wie die Kennzeichnung der Sperrung zu **39**
erfolgen hat. Dies wird wesentlich auch von der Art des Mediums abhängen, mit
Hilfe dessen die Daten gespeichert sind; so kann der **Sperrvermerk** bei dem betroffenen Datum oder dem fraglichen Datensatz gespeichert werden; wird ein ganzer
Datenbestand gesperrt, so kann dies in Form eines Vermerks (Aufkleber etc.) auf
dem Datenträger (CD, Diskette, Band etc.) geschehen; ggf. kann in dem Datenträgerarchiv auch ein gesonderter Schrank für gesperrte Datenträger vorgesehen werden.

Bereichsspezifische Regelungen greifen, wenn Daten der öffentlichen Hand **39a**
archiviert werden müssen. Der Wunsch des Arbeitnehmers auf Speicherung einer

§ 3 Weitere Begriffsbestimmungen

Gegendarstellung bei bestrittenen Vorgängen in der Personalakte (§ 83 Abs. 2 BetrVG) steht der Sperrung entgegen (§ 35 Rn. 9).

13. Löschen

40   **13.1** Die Phase des Löschens von Daten (Abs. 4 Nr. 5) beendet die Verarbeitung der Daten. Unter **Löschung** ist jede Form der Unkenntlichmachung zu verstehen, von der physischen Vernichtung bis hin zu den üblichen Hinweisen, die kennzeichnen, dass ein Text nicht mehr gelten soll (Überschreiben, Durchstreichen, Übermalen mit Tipp-Ex). In jedem Fall muss der Text **unlesbar** geworden sein. Die Information darf der verantwortlichen Stelle nicht mehr zur Verfügung stehen. Demgemäß erfüllt der **grundbuchrechtliche Löschungsbegriff** nicht den Tatbestand des Absatzes 4 Nr. 5, da hier der Text unverändert erhalten bleibt und lediglich durch rotes Unterstreichen die Ungültigkeit zum Ausdruck gebracht wird (vgl. auch LAG Köln, RDV 1989, 131, wonach dem personalaktenrechtlichen Löschungsanspruch nicht durch Überkleben der entsprechenden Passagen genügt wird). Ist aber der Tatbestand der Löschung erst mit dem **vollständigen Unkenntlichmachen** erfüllt, so sind alle Vorstufen wie z. B. die Freigabe der Daten zum Überschreiben noch keine Löschung i. S. d. Gesetzes (zum Löschen durch Vernichten der Datenträger vgl. auch Gräff/Günsel, DuD 1990, 77; Jürgens, DuD 1998, 449).

40a   **13.2** Die Pflicht zur Löschung ist mit den sich aus § 9 ergebenden **Datensicherungspflichten** in Einklang zu bringen. Der Löschungsvorgang erfolgt hier ggf. mehrstufig (vgl. Dammann in: Simitis, BDSG § 3, Rn. 184 ff.).

14. Nutzen

41   **14.1** Als ebenfalls unter dem Verbot mit Erlaubnisvorbehalt des § 4 Abs. 1 stehende eigenständige Phase des „Umgangs" mit personenbezogenen Daten unterscheidet das Gesetz die **Nutzung** der gespeicherten Daten. Nach der in **Absatz 5** enthaltenen Definition wird hiervon jede Verwendung der Daten erfasst, die nicht bereits als Verarbeitung aber auch als die unerwähnte Erhebung der Daten definiert ist. Absatz 5 enthält somit neben der Definition des Nutzens gleichzeitig einen weiteren Oberbegriff für den Umgang mit Daten (vgl. auch § 91 Abs. 1 TKG), nämlich den des **Verwendens.** Hierunter fällt das Verarbeiten einschließlich des Nutzens. Gleichwohl verwendet das BDSG diesen Begriff in seinen vorstehenden und nachfolgenden Bestimmungen in diesem Sinne nicht mehr, sondern wählt regelmäßig das Begriffspaar „Verarbeiten und Nutzen".

42   **14.2** Das Nutzen ist als **Auffangtatbestand** zu verstehen (Bergmann/Möhrle/Herb, BDSG § 3 Rn. 107), der immer dann greift, wenn die Verwendung der Daten keiner der Phasen der Verarbeitung von Daten zugewiesen werden kann. Ein Nutzen der gespeicherten Daten liegt dann vor, wenn die Daten mit einer bestimmten Zweckbestimmung ausgewertet, zusammengestellt, abgerufen oder auch nur ansonsten zielgerichtet zur Kenntnis genommen werden sollen. Die genutzten Daten müssen nicht unmittelbar der Datei entnommen sein. Dadurch wird der Nutzungsbegriff nicht uferlos, da nur Nutzungen im Geltungsbereich des Gesetzes gespeicherter Daten erfasst werden. Erfasst wird jeder **zweckbestimmte „Gebrauch"** der Daten, was eine Handlung mit erkennbarer Wirkung voraussetzt. Mit dem Tatbestand des Nutzens wird nunmehr auch der Bandabgleich, der weder Speicherung noch Veränderung ist, den Zulässigkeitsregelungen des BDSG unterworfen. Hierunter wäre auch die **Veröffentlichung** der Daten zu fassen, sofern sich diese nicht als Übermittlung – was mit der h. M. bejaht wird (vgl. bei Dammann in: Simitis, BDSG § 3 Rn. 157; ferner vorstehend Rn. 33) – darstellt.

Weitere Begriffsbestimmungen § 3

14.3 Nutzen ist auch das bloße Kopieren von Daten. Nutzen setzt eine personenbezogene Verwendung voraus. **Statistische Auswertungen** erfüllen also nicht den Tatbestand (Dammann in: Simitis, BDSG § 3 Rn. 191). Werden Daten an einen Auftragsdatenverarbeitet weitergegeben, liegt zwar keine Übermittlung, eher eine unter den Zulässigkeitskriterien des § 11 stehende Nutzung vor. 42a

15. Anonymisieren

15.1 Der Tatbestand des **Anonymisierens** von Daten wird in **Absatz 6** definiert, wobei das Anonymisieren als eine Form der Veränderung von Daten betrachtet wird (jedenfalls nach dem Wortlaut des Gesetzes, vgl. hierzu aber Rn. 31). Das Anonymisieren von Daten kann dadurch geschehen, dass aus einem Bestand personenbezogener Daten Angaben ohne Personenbezug per entsprechender Auswertung herausgefiltert und für planerische oder **statistische Zwecke** genutzt werden, wobei die diesbezügliche „Veränderung" und die nachfolgende Nutzung oder Verarbeitung mangels Personenbezug (vgl. hierzu vorstehend Rn. 42a) der Daten nicht mehr den Regeln des BDSG unterliegen. Sie kann dadurch geschehen, dass der Personenbezug insgesamt durch Löschung der Identifikationsmerkmale entfällt (vgl. z. B. die Verpflichtungen nach § 40), wobei das BDSG hinsichtlich der Löschung, nicht jedoch hinsichtlich der weiteren Verarbeitung Anwendung findet. Werden von vorneherein Daten ohne Personenbezug erhoben und gespeichert, so findet das BDSG mangels Verarbeitung und Nutzung personenbezogener Daten von vorneherein keine Anwendung. 43

15.2 Die Daten sind in beiden der oben genannten Fallvarianten zunächst jedoch nur dann anonym, wenn der Personenbezug nicht mehr herstellbar, d. h. eine **Reanonymisierung** – unter normalen Bedingungen – unmöglich ist. Dabei ist maßgebend, ob die Reanonymisierung der verantwortlichen Stelle möglich ist. Insoweit wurde schon aufgezeigt, dass der Begriff des personenbezogenen Datums relativ ist, d. h. dass ein Datum für den einen, der über das erforderliche **Zusatzwissen** verfügt, Personenbezug hat und für den anderen – mangels dieser Kenntnis – nicht (Gola, Datenschutz am Arbeitsplatz, Rn. 40; Härting, NJW 2013, 2065; Wojtowicz, PinG 2013, 64). Maßgebend ist die Verfügbarkeit des zur Reanonymisierung erforderlichen Wissens. „**Verfügbarkeit**" heißt aber zum einen nicht, dass die Zusatzinformation schon oder noch bei der verantwortlichen Stelle vorhanden ist und zum anderen nicht, dass eine Absicht der Reanonymisierung bestehen muss (vgl. zur gem. § 295 Abs. 2 SGB V vorgeschriebenen Anonymisierung der Abrechnungsdaten der Kassenärztlichen Vereinigungen Gola/Pappai, RDV 1996, 57). Bereits bisher wurde aber andererseits anerkannt, dass eine absolute Anonymisierung angesichts der Möglichkeiten der ADV nur in den seltensten Fällen möglich ist (Dittrich/ Schlörer, DuD 1987, 30). Dem folgt nunmehr auch der Gesetzgeber, indem er darauf abstellt, ob die Reanonymisierung einen **unverhältnismäßig großen Aufwand** an Zeit, Kosten und Arbeitskraft erfordern würde. Der Begriff des „unverhältnismäßig" hohen Aufwands macht deutlich, dass es sich immer um eine aus objektiver Sicht zu treffende Einzelfallentscheidung handelt. Insoweit wird auch das mögliche Interesse der speichernden Stelle an einer Reanonymisierung einzelner Daten und der damit gewonnene wirtschaftliche Nutzen, der ggf. auch hohe Kosten gerechtfertigt erscheinen lässt, maßgebend sein (a. A. unter Ablehnung der „Relativität" des Personenbezugs Weichert in: DKWW, BDSG § 3 Rn. 47). Ist die verantwortliche Stelle bereit, den unverhältnismäßig hohen Aufwand zu betreiben, so sind die Daten nicht anonym (vgl. insgesamt LfD-NW (Hrsg.), Datenschutz und Anonymität). 44

15.3 Die **Relativität des Personenbezugs** wirkt sich auf den Tatbestand der **Übermittlung** von Daten aus, d. h. sollen Daten, die für die verantwortliche Stelle ohne Personenbezug sind, an einen Dritten weitergegeben werden, dem die Herstel- 44a

§ 3 Weitere Begriffsbestimmungen

lung des Personenbezugs möglich ist, so ist der Tatbestand der Übermittlung erfüllt. Insofern obliegt der weitergebenden Stelle bei der Weitergabe „relativ" anonymisierter Daten die Verpflichtung, die Zwecke und Möglichkeiten der Verwendung durch den Empfänger und z. B. die Voraussetzungen für die Übermittlungstatbestände der §§ 28, 29 festzustellen.

16. Pseudonymisieren

45   **16.1** Der Begriff des Pseudonyms steht für einen erfundenen Namen. Diesen seine Identität verdeckenden Namen kann sich der Betroffene selbst geben. Er kann ihm aber auch von einem Dritten zugewiesen sein. Dies kann mit oder auch ohne Information des Betroffenen geschehen (vgl. zu den Arten der Pseudonymisierung: Schild in: Wolff/Brink, DatenschutzR, BDSG § 3 Rn. 102 m. w. N.). Auch verschlüsselte Daten sind pseudonymisierte personenbezogene Daten.

46   **16.2** Pseudonymisierung hat das Ziel, die unmittelbare Kenntnis der vollen Identität der Betroffenen während solcher Verarbeitungs- und Nutzungsvorgänge, bei denen der Personenbezug nicht zwingend erforderlich ist, auszuschließen. Die Daten werden durch eine **Zuordnungsvorschrift** derart verändert, dass die Einzelangaben ohne Kenntnis oder Nutzung der Zuordnungsvorschrift nicht mehr einer natürlichen Person zugeordnet werden können. Pseudonymisieren oder Handeln unter Pseudonym stellt nicht zwingend Anonymität her (vgl. hierzu aber auch Scholz in: Simitis, BDSG § 3 Rn. 218 ff.). Die verantwortliche Stelle verfügt ggf. über eine **Referenzdatei,** mit deren Hilfe das Pseudonym aufgelöst werden kann. Eine Verpflichtung zur pseudonymisierten Verarbeitung beinhalten, ohne den Begriff zu erwähnen, § 40 Abs. 2 S. 2 für Forschungsdaten und § 30 Abs. 1 für geschäftsmäßige Verarbeitung zum Zwecke der Übermittlung in anonymisierter Form.

47   **16.3** Hinsichtlich der verschiedenen Arten und Verfahren der Pseudonymisierung (vgl. Hinweise des AK „Technische und organisatorische Datenschutzfragen" der Konferenz der Datenschutzbeauftragten in BfD, 17. TB (1997/98), S. 601 = RDV 1999, 277) kann danach unterschieden werden, ob der Personenbezug nur vom Betroffenen (selbstgenerierte Pseudonyme), nur über eine Referenzliste (Referenz-Pseudonyme) oder nur unter Verwendung einer sog. Einweg-Funktion mit geheimen Parametern (Einweg-Pseudonyme) wiederhergestellt werden kann.

17. Verantwortliche Stelle

48   **17.1 Verantwortliche Stelle** gemäß **Absatz 7** ist der Sammelbegriff für die in § 2 als **Normadressaten** des Gesetzes beschriebenen Personen oder Stellen. Der zuvor vom Gesetz verwandte Begriff der „speichernden Stelle" war schon deshalb aufzugeben, weil Normadressat des Gesetzes auch Stellen sind, die keine Speicherung, sondern z. B. nur die Erhebung von Daten durchführen. Die Richtlinie (Art. 2 Buchst. d S. 1) definiert „die für die Verarbeitung Verantwortlichen" als „die natürliche oder juristische Person, Behörde, Einrichtung oder jede andere Stelle, die allein oder gemeinsam mit anderen über die Zwecke und Mittel der Verarbeitung von personenbezogenen Daten entscheidet". Jede „Stelle", die personenbezogene Daten über Dritte „verwendet", d. h. erhebt, verarbeitet oder verarbeiten lässt oder nutzt, wird erfasst. Verantwortliche Stelle ist nicht – nur – diejenige Organisationseinheit einer Behörde oder eines Unternehmens, die die Daten tatsächlich speichert, z. B. das Rechenzentrum, sondern die Behörde (zum insoweit maßgebenden funktionalen Behördenbegriff vgl. § 2 Rn. 6 ff.) oder juristische Person, der dieser Organisationseinheit angehört, einschließlich sämtlicher

Weitere Begriffsbestimmungen **§ 3**

Untergliederungen (Abteilungen, Dezernate, Referate etc.) und unselbstständigen Zweigstellen.

17.2 Obwohl die **Mitarbeitervertretung** (Betriebs-/Personalrat) im Hinblick 49 auf die ihr hinsichtlich der Einhaltung des Datenschutzes vom BAG (NJW 1998, 2466 = RDV 1998, 64) zugesprochene Eigenverantwortlichkeit nunmehr insoweit „verantwortliche" Stelle ist, kann sie dem Begriff i. S. v. § 3 Abs. 7 gleichwohl nicht zugeordnet werden, da sie dann gleichzeitig zum **„Dritten"** würde. Zutreffend wurde nämlich bislang der **Betriebsrat** als Teil der speichernden Stelle und damit nicht als „Dritter" i. S. v. Abs. 8 verstanden (Fitting, BetrVG § 1 Rn. 180 ff.); dies u. a. deshalb, weil der Datenfluss innerhalb des Betriebes, also von einer Abteilung an eine andere oder von der Personalabteilung an den Betriebsrat nicht dem Tatbestand der Übermittlung gemäß Absatz 4 Nr. 3 zuzuordnen ist. Dies bedeutet jedoch nicht, dass dieser Datenfluss zur Mitarbeitervertretung, der sich als **Nutzen** der Daten darstellt, nicht datenschutzrechtlichen Restriktionen unterworfen ist. Sofern das BetrVG keine konkrete Verpflichtung zur Datenweitergabe enthält (so z. B. bei dem Recht auf Einsicht in Bruttolohn- und Gehaltslisten (§ 80 Abs. 2)), muss die die „pauschale" aufgabenbezogene Informationspflicht des § 80 Abs. 2 BetrVG an § 32 Abs. 1 Satz 1 oder § 28 Abs. 6 BDSG (vgl. BAG; RDV 2012, 192 = NZA 2012, 744; BAG, NZA 2014, 738) gemessen werden (vgl. Gola, DuD 1987, 440; Gola/Wronka, NZA 1991, 790; sowie beispielsweise BAG, DB 1989, 1033; RDV 2014, 165; BVerwG, RDV 1991, 35). Abzustellen ist darauf, dass die Weitergabe zur Erfüllung der Informationsansprüche z. B. aus § 80 Abs. 2 BetrVG als nach § 32 Abs. 1 Satz 1 erforderlich zu bewerten ist (LAG Köln, ZD 2011, 183; Jordan/Bissels/Löw, BB 2010, 2889). Ferner ist auf die insoweit bestehende besondere Eigenverantwortung des Betriebsrats hinzuweisen (vgl. Wedde, Computer-Fachwissen 8–9/2001, 18; Schierbaum, PersR 2002, 499; Gola/Wronka, Handbuch Arbeitnehmerdatenschutz, Rn. 1967 ff.). Dieses erstreckt sich auch auf die zu ergreifenden **Datensicherungsmaßnahmen** (LAG Berlin-Brandenburg, RDV 2011, 197). Gleiches gilt für die **Schwerbehindertenvertretung.** Außerhalb des Unternehmens bestehende Vertretungen (Konzern-, Euro-, Betriebsräte) sind Dritte ebenso wie in ihrer Funktion als **Vertrauensleute** tätige Mitarbeiter.

17.3 Verantwortliche Stellen sind auch Personen und Stellen, die selbst keine 50 Daten verarbeiten, sondern hiermit andere beauftragt haben. Dies entspricht den vom Gesetz im Falle der **Auftragsdatenverarbeitung** (vgl. hierzu im Einzelnen § 11 Rn. 3) dem Auftraggeber und dem Auftragnehmer zugewiesenen Verantwortlichkeiten. So wie der Auftragnehmer nicht Dritter ist (vgl. Abs. 8 S. 3), so bleibt der Auftraggeber als Herr der Daten für die Beachtung der datenschutzrechtlichen Vorgaben für die von ihm veranlassten Verarbeitungen verantwortlich. Das gilt auch, wenn Daten in eine „Cloud" ausgelagert werden (Schild in: Wolff/Brink, DatenschutzR, BDSG § 3 Rn. 111).

18. Empfänger und Dritter

18.1 **Absatz 8** erläutert die Begriffe Empfänger und Dritter, d. h. bezeichnet 51 diejenigen, an die Daten weitergegeben werden, wobei der Begriff des **Empfängers** als den Vorgang der Weitergabe erfassender Oberbegriff neu in den Definitionskatalog aufgenommen wurde. Er umfasst neben dem bislang vom Gesetz definierten Dritten alle datenempfangenden Organisationseinheiten innerhalb der verantwortlichen Stelle, also z. B. den **Betriebs-/Personalrat** (a. A. Weichert in: DKWW, BDSG § 3 Rn. 64) bzw. den der verantwortlichen Stelle insoweit zuzurechnenden **Auftragsdatenverarbeiter.** Bedeutsam ist der Begriff im Rahmen der Informations-, Benachrichtigungs- und Meldepflichten, die nunmehr auch die Angabe der

§ 3 Weitere Begriffsbestimmungen

Empfänger bzw. zumindest der „Kategorien" von Empfängern beinhalten (vgl. §§ 4 Abs. 3 Satz 1 Nr. 3; 4e Satz 1 Nr. 6; 33 Abs. 1 Satz 3).

52 **18.2 Dritter** ist jede natürliche oder juristische Person außerhalb der verantwortlichen Stelle mit Ausnahme des Betroffenen und eines Auftragnehmers im Bundesgebiet bzw. im EU-Ausland, wenn die dortige Verarbeitung unter den Anwendungsbereich der EU-Richtlinie fällt. Auch Behörden oder sonstige öffentliche Stellen können Dritte sein. Unselbstständige **Zweigstellen** eines Unternehmens oder Teile einer Behörde (hierzu vgl. jedoch im Einzelnen § 2 Rn. 6 ff.; zum funktionalen Behördenbegriff ferner Bergmann/Möhrle/Herb, BDSG § 3 Rn. 126 ff.) sind in der Regel nicht Dritte.

53 **18.3** Ist die **unselbstständige Zweigstelle** jedoch **im EU-Ausland** gelegen und unterliegt sie dem Recht des Gastlandes (das ist z. B. bei diplomatischen Vertretungen ausnahmsweise nicht der Fall), so ist sie Dritte (Schomerus, DuD 1980, 7; Dammann in: Simitis, BDSG § 3 Rn. 247; a. A. u. a. Wittek, DuD 1980, 9; Schaffland/Wiltfang, BDSG § 28 Rn. 154 und 127, § 27 Rn. 17 ff.). Gerechtfertigt ist diese Auffassung daraus, dass das BDSG als Auffanggesetz einen lückenlosen Schutz des Einzelnen vor „Verdatung" gewährleisten soll, was ohne entsprechende Einstufung der im EU-Ausland gelegenen unselbstständigen Zweigstelle nicht möglich wäre. Andernfalls könnten nämlich personenbezogene Daten ohne jede Prüfung den Schutzbereich des EU-einheitlichen Datenschutzes verlassen (vgl. hierzu auch Bergmann, Grenzüberschreitender Datenschutz, S. 90 ff.). Im Übrigen hat der Gesetzgeber diese Konsequenz bei der **Auftragsdatenverarbeitung** auch selbst gezogen, da Auftragnehmer nur dann von der Eigenschaft als Dritte ausgenommen sind, wenn sie im Geltungsbereich des EU-Datenschutzrechts tätig werden (vgl. hierzu § 11 Rn. 16).

54 **18.4 Personen innerhalb der verantwortlichen Stelle,** also u. a. die dort beschäftigten Mitarbeiter (vgl. § 5) sind in der Regel nicht Dritte. Nimmt ein Angehöriger eines Unternehmens im Rahmen seiner Tätigkeit personenbezogene Daten zur Kenntnis und verwendet er sie „unbefugt" (vgl. § 5 Satz 1), so erfüllt die Kenntnisnahme der Daten nicht den Tatbestand der Übermittlung. Anderes gilt, wenn er die Daten an andere Außenstehende unbefugt weitergibt. Werden dem Bediensteten jedoch Daten außerhalb seiner dienstlichen Obliegenheiten, z. B. zur privaten oder geschäftlichen Nutzung bekannt gegeben (Mitteilung der Anschriften der neu eingestellten Auszubildenden an einen Mitarbeiter, der im Nebenamt **„Vertrauensmann"** einer Versicherung oder Bausparkasse ist), so ist der Bedienstete Dritter (Bergmann/Möhrle/Herb, BDSG § 3 Rn. 133). Ob eine Person innerhalb der verantwortlichen Stelle tätig ist, richtet sich nach der rechtlichen Ausgestaltung des zugrunde liegenden Vertragsverhältnisses, nicht nach der tatsächlich ausgeübten Tätigkeit. Ein selbstständiger **Handelsvertreter** (§ 84 HGB) bleibt Dritter, obgleich er für die verantwortliche Stelle tätig ist. Gleiches gilt für den **externen Datenschutzbeauftragten** (a. A. Dammann in: Simitis, § 3 Rn. 239), sofern er nicht ausnahmsweise in den Betrieb eingegliedert ist.

55 **18.5** Nicht zum Kreis der Dritten gehören Personen und Stellen, die **Daten im Auftrag verarbeiten.** Dies gilt zunächst ohne Einschränkungen für Auftragnehmer im Inland. Für Auftragnehmer innerhalb der EU gilt diese Privilegierung dann, wenn sie im Geltungsbereich des EU-Datenschutzrechts tätig sind. Sie sind zwar im eigentlichen Wortsinn die „speichernde Stelle", der Gesetzgeber betrachtet sie jedoch rechtlich als eine Einheit mit der fachlich zuständigen, auftrags- und weisungsgebenden Stelle (vgl. im Einzelnen § 11 Rn. 3). Da auch die Nutzung im Auftrag (§ 11 Abs. 1 Satz 1) in die Regelungen über die Auftragsdatenverarbeitung einbezogen ist, ist auch die Person oder Stelle, die Daten im Auftrag nutzt, nicht Dritter. Erfasst werden hiermit Fälle der **Datennutzung im Auftrag** im Bereich der Werbewirtschaft (z. B. bei Anmietung von Adressen und der Einschaltung eines Lettershops).

19. Besondere Arten personenbezogener Daten

19.1 In **Absatz 9** werden einige für den Betroffenen in der Regel besonders **56** sensible Angaben unter dem Begriff „**besondere Arten von personenbezogenen Daten**" wiedergegeben. Relevant sind Angaben über die rassische und ethnische Herkunft, politische Meinungen, religiöse oder philosophische Überzeugungen, Gewerkschaftszugehörigkeit, Gesundheit oder Sexualleben. Diese Definition gewinnt dadurch Bedeutung, dass die Erhebung, Verarbeitung und Nutzung dieser Daten besonderen Restriktionen (vgl. § 28 Rn. 67 ff.) unterworfen ist (vgl. ausführlich BlnDSB, Jahresbericht 2002, 25 = RDV 2003, 308). Der damit bestimmten, als besonders sensitiv bewerteten Daten generell gewährte besondere Schutz mag einem diesbezüglichen europäischen Standard entsprechen, widerspricht gleichwohl dem bisherigen Verständnis des deutschen Datenschutzrechts, das davon ausging, dass die Sensitivität eines Datums sich nur in Bezug auf den jeweiligen Verwendungszweck feststellen lässt (vgl. bei Gola, RDV 2001, 125), und insofern auch die reine Adresse je nach Verwendungszweck (z. B. Adresse in der Kartei einer Drogenberatungsstelle oder die Justizanstalt der Wohnanschrift (AG Bremen, RDV 2011, 252)) und ggf. dazu vorhandenen Zusatzwissen keine „harmlose" Information über den Betroffenen darstellt.

19.2 Die Information über die besonders sensiblen Gegebenheiten kann sich auch **56a** mittelbar aus dem Gesamtzusammenhang ergeben. So können bereits Informationen über Arztbesuche Angaben über die Gesundheit enthalten (vgl. BlnDSB, Materialien zum BDSG Nr. 30, S. 9). Die „**Schwerbehinderteneigenschaft**" zählt in jedem Fall hierzu. Andererseits sind „Grunddaten", die Rückschlüsse auf sensible Informationen eröffnen, nicht dem besonderen Schutz unterworfen, wenn keine derartige Auswertungsabsicht besteht (z. B. **Passbild** eines Brillenträgers als Gesundheitsdatum; Adresse der Bewohner eines Wohnhauses für Drogenabhängige bei einem Pizzalieferservice). Die in einer Adressendatei gespeicherten islamischen Vornamen werden erst dann von Abs. 9 erfasst, wenn eine diesbezügliche Auswertung (z. B. gezielte Bewerbung von Konsumenten islamischen Glaubens (zur Unzulässigkeit sog. Ethnowerbung vgl. HessDSB, 42. TB (2013), Ziff. 4.4.1) erfolgt. Ob Angaben über die Teilnahme an einer politischen Veranstaltung Aussagen über die politische Auffassung enthalten, hängt von deren Inhalt ab. Während es sich bei dem Besuch einer Wahlkampfveranstaltung der Bundeskanzlerin um einen reinen Informationsbesuch eines Nichtparteianhängers handeln kann, ist das bei der Teilnahme an einem Protestmarsch der NPD anders.

19.3 Soll die Erhebung, Verarbeitung oder Nutzung besonderer Arten personen- **57** bezogener Daten per **Einwilligung** legitimiert werden, so verlangt § 4a Abs. 3 zu den ansonsten für eine wirksame Einwilligung gestellten Anforderungen ergänzend den **ausdrücklichen** Bezug auf diese Daten, was wohl regelmäßig die Schriftform und die Benennung der Daten im Einwilligungstext erfordert (zur auch mündlichen Einwilligung z. B. bei telefonischen politischen Umfragen, BlnDSB, Jahresbericht 2002, 25 = RDV 2003, 308).

19.4 Die besonders sensiblen Daten enthalten im übrigen Daten, deren Erhebung, **57a** Verarbeitung oder Nutzung auch diskriminierenden Zwecken im Sinne **des Allgemeinen Gleichbehandlungsgesetzes** (AGG) dienen können bzw. zumindest eine – ggf. bereits zum Schadensersatz verpflichtende – Vermutung der Diskriminierung begründen (vgl. Gola, RDV 2006, 224). Nicht genannt sind in Absatz 9 Daten über das **Alter** und das **Geschlecht** (zur ausnahmsweisen Zulässigkeit der Berücksichtigung diesbezüglicher Information im Rahmen des AGG (§§ 8–10) und des § 28 Abs. 1 Satz 1 Nr. 1 bzw. bei den sensitiven Daten nach § 28 Abs. 6 Nr. 3 vgl. Willemsen/Schweibert, NJW 2006, 2583; im Übrigen § 28 Rn. 71 ff.).

§ 3 Weitere Begriffsbestimmungen

57b Für das Beschäftigungsverhältnis wird es in § 75 Abs. 1 BetrVG untersagt, Personen aus Gründen ihrer Rasse oder ihrer ethnischen Herkunft, ihrer Abstammung oder sonstigen Herkunft, ihrer Nationalität, ihrer Religion oder Weltanschauung, ihrer Behinderung oder ihres Alters, ihrer politischen oder gewerkschaftlichen Betätigung oder Einstellung oder ihrer sexuellen Identität zu benachteiligen.

57c Nicht genannt sind in den aufgezeigten Diskriminierungsschutznormen **biometrische** und **genetische** Daten. Ggf. sind sie den Gesundheitsdaten zuzuordnen. Ggf. greift hier der spezielle Schutz des **Gendiagnostikgesetzes**.

20. Chipkarten

58 **20.1** Die Definition der – als Chipkarte oder „Smartcard" bezeichneten – **mobilen personenbezogenen Speicher- und Verarbeitungsmedien** in **Absatz 10** ergibt sich aus den in § 6c geregelten speziellen Verpflichtungen der insoweit verantwortlichen Stellen. Erfasst werden ausschließlich Medien, auf denen personenbezogene Daten über die Speicherung hinaus automatisiert verarbeitet werden können, die also mit einem **Prozessorchip** ausgestattet sind. Auch „blanko" ausgegebene Medien, auf denen noch keine Verfahren oder personenbezogene Daten gespeichert sind, werden erfasst, so dass auch zukünftig Betroffene geschützt sind. Auf die Gestaltung des Mediums kommt es nicht an. Statt einer Chipkarte kann daher auch ein Armband u. ä. Träger der Daten sein.

59 **20.2** Maßgebend ist, dass der Betroffene zwar über den „Gebrauch" des Mediums – z. B. durch Eingeben in ein Lesegerät – entscheidet, er aber die Verarbeitung der Daten selbst nicht steuern kann. Keine mobilen Speicher- und Verarbeitungsmedien sind somit z. B. **tragbare Personalcomputer** (vgl. BT-Drs. 14/4329). Beispiele sind EC-Karten mit Geldkartenfunktion oder „elektronische Fahrscheine" (BlnDSB, Materialien zum Dokument Nr. 30, S. 22 f.).

21. Beschäftigte

59a **21.1** Die Definition des Begriffs des Beschäftigten bezieht sich einzig auf den § 32, der im Grunde nicht viel anderes enthält, als die Bekundung des Willens des Gesetzgebers **Arbeitnehmerdatenschutz** demnächst speziell zu regeln. Die Reichweite des Begriffs macht deutlich, dass das nun mit dem Titel angedachte Beschäftigtendatenschutzgesetz weitgehend alle in abhängiger Tätigkeit Beschäftigte erfassen soll; angefangen von den Arbeitnehmern im eigentlichen Sinne (Angestellte, Arbeiter, Auszubildende) bis hin zu den Beamten (vgl. hierzu § 32 Rn. 2). Einbezogen sind auch Bewerber oder ehemalige Angehörige eines der genannten Beschäftigungsverhältnisse. Einzubeziehen sind – obwohl sie nicht genannt sind – auch **Leiharbeitnehmer** (Seifert in: Simitis, BDSG § 3 Rn. 283; vgl. auch § 3 Abs. 11 Entw. BeschäftigtenDSG; gegen eine Analogie Forst, RDV 2014, 128; zur zu verneinenden Einbeziehung ehrenamtlich Tätiger vgl. Schild in: Wolff/Brink, DatenschutzR, BDSG § 3 Rn. 176).

59b **21.2** Mit der Nennung der Angestellten, Arbeiter und zu ihrer Berufsausbildung Beschäftigten werden die auch in anderen Normen (z. B. § 5 BetrVG) als Arbeitnehmer bezeichneten Gruppen von Beschäftigten erfasst. Zu den arbeitnehmerähnlichen Personen zählen aufgrund der ihrer arbeitnehmerähnlichen Abhängigkeit z. B. (vgl. auch Definition in § 12a TVG) **Einfirmenvertreter**, freie Mitarbeiter von Medien, Rundfunkgebührenbeauftragte, Heimarbeiter. Fraglich ist jedoch die Erstreckung auf **Organmitglieder** (s. Seifert in: Simitis, BDSG § 3 Rn. 284; a. A. Zöll in: Taeger/Gabel, BDSG § 3 Rn. 13). Zur Berufsausbildung Beschäftigte sind jedoch nicht nur Auszubildende, sondern alle i. S. v. § 1 Abs. 1 BBiG in Bildungsmaßnahmen Befindliche. Leistungen zur Teilhabe am Arbeitsleben, zur Abklärung der beruf-

Weitere Begriffsbestimmungen　　　　　　　　　　　　　　　　**§ 3**

lichen Eignung oder Arbeitserprobung sind u. a. **Ein-Euro-Jobs** (§ 16d SGB II), Maßnehmen der Arbeitstherapie (§§ 27 Satz 2 Nr. 6, 42 SGB V) oder Beschäftigung zur Wiedereingliederung nach längerer Krankheit (§ 74 SGB V). Die Beschäftigung in Werkstätten für behinderte Menschen erfolgt nach §§ 136 ff. SGB IX.

22. Landesrecht

22.1 Die Landesdatenschutzgesetze haben die Änderungen der datenschutzrecht- 60
lichen Begriffe, die sich aus der Umsetzung der EG-DatSchRL als notwendig erwiesen haben, nahezu vollständig mit vollzogen. Der Dateibezug für die Anwendung des Gesetzes war bereits im BDSG 90 aufgegeben worden. Jetzt ist er nur noch für die nicht automatisierte Erhebung, Verarbeitung oder Nutzung von personenbezogenen Daten erhalten geblieben. Im Grundsatz gilt das Gesetz für die **automatisierte Verarbeitung** personenbezogener Daten. Die Länder haben dies materiell umgesetzt, wenngleich es in den Begriffsbestimmungen nicht so deutlich zum Ausdruck kommt wie im BDSG.

22.2 Den Verzicht auf eine Legaldefinition der Akte (Streichung des § 3 Abs. 3 61
BDSG 90) haben die Landesdatenschutzgesetze nicht mitgemacht, sondern – bis auf Hamburg und Schleswig-Holstein – eine allgemeine Definition beibehalten.

22.3 Die Begriffsbestimmung für das **Pseudonymisieren** haben Baden-Würt- 62
temberg (§ 3 Abs. 7), Berlin (§ 4 Abs. 3 Nr. 8), Brandenburg (§ 3 Abs. 3 Nr. 2), Bremen (§ 2 Abs. 5), Hamburg (§ 4 Abs. 10), Mecklenburg-Vorpommern (§ 3 Abs. 4 Nr. 9), Nordrhein-Westfalen (§ 3 Abs. 8), Rheinland-Pfalz (§ 3 Abs. 8), Saarland (§ 3 Abs. 8), Sachsen-Anhalt (§ 2 Abs. 7a), Schleswig-Holstein (§ 2 Abs. 2 Nr. 7) und Thüringen (§ 3 Abs. 10) übernommen.

22.4 Den bisher allgemein verwandten Begriff der speichernden Stelle hat das 63
BDSG durch den der **verantwortlichen Stelle** ersetzt. Die Länder haben den bisherigen Begriff entweder beibehalten (Bayern) oder den des Bundes übernommen (Baden-Württemberg, Bremen, Nordrhein-Westfalen, Rheinland-Pfalz, Saarland und Sachsen-Anhalt) oder ihn durch den Begriff datenverarbeitende Stelle ersetzt (Berlin, Brandenburg, Hamburg, Hessen, Mecklenburg-Vorpommern, Niedersachsen, Sachsen, Schleswig-Holstein und Thüringen).

22.5 Der Begriff **Empfänger** ist aufgrund der Richtlinie erweitert worden. Er 64
umfasst jetzt den Dritten, den Betroffenen, den Auftragnehmer im Geltungsbereich des BDSG und die Organisationseinheiten innerhalb der verantwortlichen Stelle. Der **Dritte** ist nunmehr nur noch negativ definiert (nicht der Betroffene) und in Umsetzung der Richtlinie um die Personen und Stellen erweitert worden, die in den Mitgliedstaaten der EU personenbezogene Daten im Auftrag verarbeiten. Die Landesdatenschutzgesetze haben dies weitgehend übernommen (Baden-Württemberg zählt den Betroffenen nicht zu den Empfängern (§ 3 Abs. 4)).

22.6 Die Neuregelung des Schutzes **besonderer Arten personenbezogener** 65
Daten und deren Definition (§ 3 Abs. 9) haben alle Landesdatenschutzgesetze übernommen (Art. 15 BayDSG; § 33 LDSG BW; § 6a BlnDSG; § 4a BbgDSG; § 3 Abs. 2 BremDSG; § 5 Abs. 1 Satz 2 HmbDSG; § 7 Abs. 4 HDSG; § 7 Abs. 2 u. 3 DSG M-V; § 4 Abs. 3 DSG NRW; Niedersachsen erwähnt diese Daten nur im Rahmen der Einwilligungsregelung (§ 4 Abs. 2 Satz 2); § 12 DSG RPf; § 4 Abs. 5 SDSG; § 4 Abs. 2 SächsDSG; § 26 DSG-LSA; § 11 Abs. 3 LDSG SH; § 4 Abs. 5 ThürDSG).

22.7 Die neu aufgenommene Definition der **mobilen personenbezogenen** 66
Speicher- und Verarbeitungsmedien (§ 3 Abs. 10) haben Berlin (§ 4 Abs. 3 Nr. 9), Brandenburg (§ 3 Abs. 3 Nr. 4), Hamburg (§ 5b), Mecklenburg-Vorpommern (§ 36), Niedersachsen (§ 6a), Nordrhein-Westfalen (§ 29a), Rheinland-Pfalz (§ 35), das Saarland (§ 3 Abs. 9), Sachsen (§ 35), Sachsen-Anhalt (§ 2 Abs. 11) und Schleswig-Holstein (§ 18) übernommen.

§ 3a Datenvermeidung und Datensparsamkeit

¹Die Erhebung, Verarbeitung und Nutzung personenbezogener Daten und die Auswahl und Gestaltung von Datenverarbeitungssystemen sind an dem Ziel auszurichten, so wenig personenbezogene Daten wie möglich zu erheben, zu verarbeiten oder zu nutzen. ²Insbesondere sind personenbezogene Daten zu anonymisieren oder zu pseudonymisieren, soweit dies nach dem Verwendungszweck möglich ist und keinen im Verhältnis zu dem angestrebten Schutzzweck unverhältnismäßigen Aufwand erfordert.

Literatur: *Bachmeier*, Vorgaben für datenschutzgerechte Technik, DuD 1996, 285; *Bäumler*, Der neue Datenschutz, RDV 1999, 5; *ders.*, Technik oder Recht – Neue Steuerungsinstrumente im Datenschutz, in: Sokol (Hrsg.), 20 Jahre Datenschutz – Individualismus oder Gemeinsinn, 1998; *ders.*, Datenschutz durch Technikgestaltung, in: Bäumler (Hrsg.), Datenschutz der Dritten Generation, 1999; *Borking*, Einsatz datenschutzfreundlicher Technologien in der Praxis, DuD 1998, 636; *Dittrich/Schlörer*, Anonymisierung von Forschungsdaten und Identifikation anonymer Datensätze, DuD 1987, 30; *Hampel*, Handlungsempfehlungen beim Datenabgleich zur Aufdeckung wirtschaftskrimineller Handlungen durch die interne Revision, ZIR 2009, 99; *Heinson*, Compliance durch Datenabgleiche, BR 2010, 3084; *Heldmann*, Betrugs- und Korruptionsbekämpfung zur Herstellung von Compliance, DB 2010, 1235; *Jacob*, Perspektiven des neuen Datenschutzrechts, DuD 2000, 5; *Pfitzmann*, Datenschutz durch Technik, DuD 1999, 405; *Kock/Francke*, Mitarbeiterkontrolle durch systematischen Datenabgleich zur Korruptionsbekämpfung, NZA 2009, 646; *Kort*, Zum Verhältnis von Datenschutz und Compliance im geplanten Beschäftigtendatenschutzgesetz, DB 2011, 651; *Roßnagel*, Modernisierung des Datenschutzrechts – Empfehlungen eines Gutachtens für den Bundesinnenminister, RDV 2002, 61; *Roßnagel/Schulz*, Datenschutz durch Anonymität und Pseudonymität, MMR 2000, 721; *Salvenmoser/Hauschka*, Korruption, Datenschutz und Compliance, NJW 2010, 331; *Trute*, Der Schutz personenbezogener Informationen in der Informationsgesellschaft, JZ 1998, 823; *Wilke/Kiesche*, Datenschutz durch Datenvermeidung und -sparsamkeit, CuA 11/2009, 16; *Wybitul*, Das neue BDSG: Verschärfte Regeln für die Compliance und interne Ermittlungen, BB 2009, 1582; *Zikesch/Reimer*, Datenschutz und präventive Korruptionsbekämpfung – kein Zielkonflikt, DuD 2010, 96.

Übersicht

	Rn.
1. Vorbemerkung	1
2. Datenvermeidung und Datensparsamkeit	4
3. Zielvorgabe der Anonymisierung und Pseudonymisierung	7
4. Landesrecht	12

1. Vorbemerkung

1   1.1 Die Beachtung der Grundsätze der **Datenvermeidung und -sparsamkeit** mit ihrer Präferenz der anonymen und pseudonymen Verarbeitung der Daten wurde gesetzlich erstmals in § 3 Abs. 4 und § 4 Abs. 1 TDDSG den Anbietern von Telediensten aufgegeben. § 78b SGB X stellt das Prinzip für den Umgang mit Sozialdaten auf. Mit der Forderung nach einer datenschutzfreundlichen Technikgestaltung hat der Gesetzgeber ein Prinzip aufgegriffen, das unter den Grundlagen eines „modernen" (vgl. hierzu Simitis, NJW 1997, 281; ferner 54. Konferenz der Datenschutzbeauftragten des Bundes und der Länder; RDV 1998, 40) oder „neuen" (vgl. die diversen Beiträge bei Bäumler (Hrsg.), Der neue Datenschutz) Datenschutzes bilden soll. Man will weg von der mit einer unüberschaubar gewordenen Gesetzesflut praktizierten „Verrechtlichung" des Datenschutzes (vgl. Bull, ZRP 1998, 310; ders., RDV 1999, 143) zu einem „Datenschutz durch Technik" (Hassemer, DuD 1995,

Datenvermeidung und Datensparsamkeit §3a

448; Nitsch, ZRP 1995, 361; Bäumler, RDV 1999, 5). Dadurch soll der Tatsache Rechnung getragen werden, dass das geltende Datenschutzrecht mit der dynamischen Entwicklung der IuK-Technologie nicht Schritt halten konnte bzw. kann. Durch entsprechende Technikgestaltung sollen Gefährdungen des informationellen Selbstbestimmungsrechts bereits präventiv reduziert werden. Weitere Aspekte dieses modernen „Systemdatenschutzes" spiegeln Stichworte wie Verschlankung, Förderung des **Selbstdatenschutzes,** Datenvermeidung, Verschlüsselung, Anonymisierung und Pseudonymisierung sowie das Datenschutzaudit wider. Wenn die anonyme oder pseudonyme Nutzung von Telediensten möglich ist, soll sie daher dem Betroffenen diese und deren Abrechnung zum Selbstdatenschutz zumindest alternativ eröffnet werden (vgl. § 13 Abs. 6 TMG).

1.2 Die Bestimmung wurde durch die Novelle II 2009 neu gefasst. Der Grundsatz **1a** der Datenvermeidung wurde über den erwähnten technischen Aspekt der Datenverarbeitungssysteme hinaus generell auf die Erhebung, Verarbeitung und Nutzung ausgedehnt. Die Umsetzung des Gebots wird daran geknüpft, was in dem betroffenen Fall möglich und verhältnismäßig ist.

1.3 Das Gebot der Datensparsamkeit verlangt nicht nur eine Reduzierung der **1b** Anzahl der verarbeiteten Daten sondern auch die Anzahl der Nutzungen von Daten reduziert vorzunehmen. D. h. **mehrfache Auswertungen** von Daten, die weitgehen jedoch die gleichen Informationen enthalten, verletzen § 3a. Der Datensparsamkeit dient es auch, den Kreis der von der Verarbeitung betroffenen Personen einzuschränken. Auch die Bereitstellung der Daten nur zum Lesen auf dem Bildschirm ohne Ausdruck und damit **Vervielfältigungsmöglichkeit** träge dem Gedanken Rechnung.

1.4 Die Bestimmung – mag sie auch zu den wesentlichen Grundprinzipien der **2** deutschen Datenschutzkultur zählen (Schulz in: Wolff/Brink, DatenschutzR, BDSG § 3a) – enthält nach wie vor eine Zielvorgabe, d. h. – jedenfalls im Hinblick auf ihre Sanktionierung – einen reinen **Programmsatz** (vgl. Gesetzesbegründung zur Novellierung der Norm, BT-Drs. 16/3657, S. 17), dessen Nichtbeachtung keine Rechtswidrigkeit der gleichwohl verarbeiteten Daten zu Folge hat, sofern die in den Zulässigkeitstatbeständen verankerte Erforderlichkeit gegeben ist (für eine in einem „Korridor" zu realisierende Rechtspflicht Scholz in: Simitis, BDSG § 3a Rn. 48; ebenso Bäumler, DuD 1999, 258 (260); Zscherpe in: Taeger/Gabel, BDSG § 3a Rn. 20 ff.). § 3a ist im Streitfall daher eher eine unverbindliche, weil praktisch nicht zwangsweise durchsetzbare **Zielvorgabe**. Der hier geforderte Einsatz bestimmter Technik und Systeme ist hinsichtlich seiner gesetzlichen Verpflichtung nicht anders zu werten, als die technischen und organisatorischen Vorgaben des § 9 nebst seiner Anlage. Auch hier führt ein Verstoß gegen gebotene Sicherungsmaßnahmen nicht unbedingt zur Unzulässigkeit der Verarbeitung gegenüber dem Betroffenen. Auch den **Aufsichtsbehörden** stehen insoweit nur beratende Einwirkungsmöglichkeiten zu. Zwangsmaßnahmen, wie § 38 Abs. 5 sie der Aufsichtsbehörde bei mangelnder Datensicherung einräumt, können jedenfalls nicht ergriffen werden, da das Gebot der Datenvermeidung nicht unter die Anforderungen nach § 9 zu subsumieren ist (im Ergebnis wohl so auch Scholz in: Simitis, BDSG § 3a Rn. 57 ff., der auf positive Umsetzungseffekte durch das Datenschutzaudit setzt). Entscheidet sich ein Unternehmen, nur unbare Zahlung per Scheck oder Kreditkarte zu akzeptieren, so bestehen keine Zwangsmittel, das Unternehmen zur Ermöglichung der anonymen Barzahlung zu zwingen. Der Einsatz datenvermeidender Technik hängt zudem von einem entsprechenden Angebot von Hard- und Software durch die Hersteller ab, wobei der den Markt beherrschende Wettbewerb nicht ohne Einfluss sein wird.

1.5 Indirekt Gewicht enthält die Verwirklichung des Grundsatzes der Datenver- **3** meidung durch die Forderung des BVerfG (RDV 2007, 21), dem Betroffenen bei dem Abverlangen einer Einwilligung in eine Datenverarbeitung, die auch in „abgespeckter" Form möglich ist, zumindest die insoweit bestehende Möglichkeit zum „**informationellen Selbstschutz**" als Alternative einzuräumen (vgl. § 1 Rn. 8a; § 4a Rn. 7a).

2. Datenvermeidung und Datensparsamkeit

4 2.1 Die Regelung in Satz 1 verpflichtet die verantwortlichen Stellen unter dem Aspekt des „**Systemdatenschutzes**" (vgl. hierzu Roßnagel, DuD 1999, 253) auf das Ziel der Datenvermeidung. Bereits durch die Gestaltung der technischen Systeme soll die Erhebung und Verwendung personenbezogener Daten begrenzt und ggf. ganz vermieden werden; dies natürlich unter der Prämisse, dass das angestrebte Ziel auch ohne die Verarbeitung erreichbar ist (vgl. Bericht der Bundesregierung zur Umsetzung des IuKDG, BT-Drs. 14/1191, S. 13: „Dies kann durch **dateneinsparende Organisation** der Übermittlung, der Abrechnung oder Bezahlung sowie durch die Abschottung von Verarbeitungsbereichen unterstützt werden. . . . So führen beispielsweise neue Angebots- und Abrechnungsmodelle für den Zugang und die Nutzung des Internets bei einzelnen Unternehmen dazu, daß ausschließlich Verbindungsdaten für Abrechnungszwecke verwendet werden müssen, sodaß sich die Notwendigkeit des Vorhaltens von Nutzungsdaten nicht mehr stellt. Mit der Vergabe wechselnder IP-Adressen für die Nutzung des Internets kann beispielsweise dazu beigetragen werden, daß eine zumindest teilweise pseudonyme Nutzung von Telediensten ermöglicht wird.").

5 2.2 Wenn auch der Zusammenhang aufgrund der gemeinsamen Zielrichtung nicht zu verkennen ist, handelt es sich bei dem Gebot der „technischen" Datenvermeidung und dem daneben für jede Datenverarbeitung nach wie vor maßgebenden Erforderlichkeitsgebot um zwei unterschiedliche, nacheinander vorzunehmende Prüfungsschritte mit unterschiedlichem Regelungsinhalt (vgl. Roßnagel, NJW 1998, 1 (4); Bäumler, DuD 1999, 258 (260)). Soll z. B. eine bargeldlose Zahlungsmöglichkeit geschaffen werden, so soll der Anwender die Auswahl der hierfür benötigten Technik bzw. der in Betracht kommenden Verfahren „an dem Ziel ausrichten", die Erhebung und Verarbeitung personenbezogener Daten, soweit wie möglich zu vermeiden, d. h. also z. B. statt Bezahlung per Kredit- oder Scheckkarte den Einsatz „anonymer" Geldkarten ermöglichen bzw. dem Betroffenen zumindest als eine Möglichkeit anbieten.

6 2.3 Zweifelsohne „optimaler" Datenschutz ist erreicht, wenn für den mit dem Einsatz der DV verfolgten Zweck keine personenbezogenen Daten verarbeitet werden müssen. Das Ziel ist erreicht, wenn der Personenbezug nach § 3 Abs. 1 nicht besteht, d. h. die Daten zumindest faktisch anonymisiert sind i. S. v. § 3 Abs. 7.

3. Zielvorgabe der Anonymisierung und Pseudonymisierung

7 3.1 Das bereits allgemein in Satz 1 zum Ausdruck gebrachte Prinzip der Datenvermeidung wird in Satz 2 konkretisiert, indem die Daten der Betroffenen nach Möglichkeit in anonymisierter oder pseudonymisierter Form erhoben oder verarbeitet werden sollen. Wie Satz 2 ausdrücklich erwähnt, müssen der mit der Anonymisierung und Pseudonymisierung gegebene Aufwand und sein (Datenschutz-)Erfolg in einem angemessenen Verhältnis stehen.

8 3.2 Die Beweislast für die technische Unmöglichkeit oder Unzumutbarkeit obliegt zwar dem Verantwortlichen (für Anbieter von Telediensten Bäumler, DuD 1999, 258 (260)), die Frage bleibt aber auch hier, wem gegenüber ein diesbezüglicher Rechtfertigungsdruck bestehen sollte (zur Zuständigkeit und zu den Möglichkeiten der Aufsichtsbehörden vgl. § 38 Rn. 19 ff.). Tendenz ist es, bei **Mitbestimmungs-**

Datenvermeidung und Datensparsamkeit § 3a

rechten des Betriebsrats, der bei Verstoß gegen § 3a seine Zustimmung zu Recht verweigert. Gleiches gilt – wenn auch hier wieder ohne Konsequenzen (vgl. § 4g Rn. 30a ff.) für die **Vorabkontrolle** des DSB.

3.3 Für die Definition des Vorgangs des **Anonymisierens** ist § 3 Abs. 6 heranzuziehen. Das Gesetz lässt es offen, wann die Anonymisierung erfolgen soll. Das kann je nach den Gegebenheiten – aber immer frühestmöglich – bereits bei der Erhebung oder auch erst später im Laufe der Verarbeitung oder Nutzung geschehen. Mit der Anonymisierung entfällt jedoch der Personenbezug der Daten und damit die Anwendung des BDSG. 9

3.4 Der Begriff des „Pseudonyms" oder der **Pseudonymisierung** ist in § 3 Abs. 6a definiert, d. h. Pseudonymisieren ist das Ersetzen des Namens und anderer Identifikationsmerkmale durch ein Kennzeichen zu dem Zweck, die Bestimmung des Betroffenen auszuschließen oder wesentlich zu erschweren. Pseudonymisieren oder Handeln unter Pseudonym stellt somit keine absolute, aber ggf. eine relative Anonymität her. Pseudonymität stellt einen Kompromiss zwischen notwendiger Identifizierung des Geschäftspartners und dessen Wunsch nach Anonymität dar (Roßnagel, DuD 1999, 253, 255). Der Betroffene bleibt für den, der die Pseudonymisierung durchführt, identifizierbar, da die als Pseudonym dienende Kennung (Ziffer u. ä.) zwar die Person zunächst nicht kenntlich macht, die verarbeitende Stelle jedoch durch eine **Referenzliste** über Informationen verfügt, um den Personenbezug wiederherzustellen. Gleichwohl ist der Betroffene gegen missbräuchliche Verwendung seiner Daten in erhöhtem Maße geschützt, da insoweit insbesondere von unbefugten Dritten höhere Hürden zu überwinden bzw. die Daten für Unbefugte, die nicht über die Zuordnungsdaten verfügen, anonym sind (Roßnagel/Scholz, MMR 2000, 721, 724). Während also das Pseudonym „Kfz-Nummer" nicht gleichzeitig zur – ggf. relativen – Anonymisierung führt, weil der Halter verhältnismäßig leicht ermittelbar ist, ist das bei der Personalnummer oder der Matrikelnummer von Studenten (so ist die listenmäßigen Bekanntgabe von Prüfungsergebnissen am schwarzen Brett unter Nennung der Matrikelnummer datenschutzrechtlich nicht zu beanstanden) für „Nichteingeweihte" regelmäßig nicht der Fall. Werden also pseudonymisierte Datenbestände an einen Dritten weitergeben, der nicht über die Referenzliste verfügt und nach der Wahrscheinlichkeit auch ansonsten keine Möglichkeiten hat, den Personenbezug wiederherzustellen, handelt es sich nicht um eine dem Verbot mit Erlaubnisvorbehalt des § 4 Abs. 1 unterliegende Übermittlung personenbezogener Daten (vgl. zur Relativität personenbezogener Daten § 3 Rn. 101). Eine Unterscheidung zwischen „absolut" und **„faktisch" anonymen** Daten, wobei für Letztere das BDSG fortgelten soll (so Dammann in: Simitis, BDSG § 3 Rn. 20; Auernhammer, BDSG 90 § 3 Rn. 47; Wojtowicz, PinG 2013, 65) ist abzulehnen. 10

3.5 Zur Datensparsamkeit soll auch die Verwendung von zunächst pseudonymisierten Daten beim **Screening** personenbezogener Daten zum Zwecke der Aufdeckung von gegen das Unternehmen gerichteten kriminellen Handlungen dienen (vgl. bei Thüsing, Arbeitnehmerdatenschutz und Compliance, Rn. 145 ff.; Heldmann, DB 2010, 1235; Kort, DB 2011, 651; Salvenmoser/Hauschka, NJW 2010, 331; Zikesch/Reimer, DuD 2010, 96). Erst wenn sich ein Verdachtsfall ergibt, muss dieser anonymisiert und dann mit Personenbezug versehen werden. Nur in **abgestuften Verfahren** ist die Pseudonymisierung sinnvoll. Ebenso können im Vorfeld durchgeführte anonymisierte Abläufe, d. h. es werden Mitarbeiter mit einer hinreichend großen Gruppe abgeglichen (vgl. bei Heinson, BB 2010, 3084) zum Schutz der Mitarbeiter dienen. 10a

3.6 Eine Verpflichtung, den Betroffenen über die eventuellen Möglichkeiten der anonymen oder pseudonymen Inanspruchnahme von Leistungen, wie sie § 13 Abs. 6 TMG bei der Nutzung von Telediensten vorsieht, zu informieren, enthält das BDSG nicht. 11

4. Landesrecht

12 Regelungen zur Datenvermeidung enthalten von den Gesetzen der „dritten Generation" bislang § 5a BlnDSG; § 7 Abs. 1 Satz 2 BbgDSG; § 7 BremDSG; § 5 Abs. 4 HmbDSG; § 10 Abs. 2 HDSG; § 5 DSG M-V; § 7 Abs. 4 NDSG; § 4 Abs. 2 DSG NRW; § 1 Abs. 2 LDSG RPf; § 4 Abs. 4 SDSG; § 1 Abs. 2 DSG-LSA, § 4 LDSG S-H und § 1 Abs. 2 ThürDSG.

§ 4 Zulässigkeit der Datenerhebung, -verarbeitung und -nutzung

(1) Die Erhebung, Verarbeitung und Nutzung personenbezogener Daten sind nur zulässig, soweit dieses Gesetz oder eine andere Rechtsvorschrift dies erlaubt oder anordnet oder der Betroffene eingewilligt hat.

(2) [1]Personenbezogene Daten sind beim Betroffenen zu erheben. [2]Ohne seine Mitwirkung dürfen sie nur erhoben werden, wenn
1. eine Rechtsvorschrift dies vorsieht oder zwingend voraussetzt oder
2. a) die zu erfüllende Verwaltungsaufgabe ihrer Art nach oder der Geschäftszweck eine Erhebung bei anderen Personen oder Stellen erforderlich macht oder
   b) die Erhebung beim Betroffenen einen unverhältnismäßigen Aufwand erfordern würde

und keine Anhaltspunkte dafür bestehen, dass überwiegende schutzwürdige Interessen des Betroffenen beeinträchtigt werden.

(3) [1]Werden personenbezogene Daten beim Betroffenen erhoben, so ist er, sofern er nicht bereits auf andere Weise Kenntnis erlangt hat, von der verantwortlichen Stelle über
1. die Identität der verantwortlichen Stelle,
2. die Zweckbestimmungen der Erhebung, Verarbeitung oder Nutzung und
3. die Kategorien von Empfängern nur, soweit der Betroffene nach den Umständen des Einzelfalles nicht mit der Übermittlung an diese rechnen muss,

zu unterrichten. [2]Werden personenbezogene Daten beim Betroffenen aufgrund einer Rechtsvorschrift erhoben, die zur Auskunft verpflichtet, oder ist die Erteilung der Auskunft Voraussetzung für die Gewährung von Rechtsvorteilen, so ist der Betroffene hierauf, sonst auf die Freiwilligkeit seiner Angaben hinzuweisen. [3]Soweit nach den Umständen des Einzelfalles erforderlich oder auf Verlangen, ist er über die Rechtsvorschrift und über die Folgen der Verweigerung von Angaben aufzuklären.

Literatur: *Bizer,* Datenschutzrechtliche Informationspflichten, DuD 2005, 451; *Buchner,* Die Einwilligung im Datenschutzrecht, DuD 2010, 39; *Eichler/Weichert,* EC-Kartennutzung, elektronischen Lastschriftverfahren und Datenschutz, DuD 2011, 201; *Gola,* Das Gebot der Direkterhebung im Arbeitsverhältnis und Informationspflichten gegenüber Bewerbern, RDV 2003, 177; *ders.,* Bewerberdaten – was darf „ergoogelt" werden?, CuA 3/2010, 31; *Härting,* Datenschutz zwischen Transparenz und Einwilligung, CR 2011, 169; *Kamp,* Der Abgleich von Mitarbeiterdaten gegen Antiterrorlisten, IT-Sicherheit 1/2010, 58; *Koch/Marx/Elmar,* Informationelle Selbstbestimmung und Patientensouveränität im vernetzten Gesundheitswesen, DuD 2013, 131; *Nord/Manzel,* Datenschutzerklärungen – misslungene Erlaubnisregelungen zur Datennutzung, NJW 2010, 3756; *Peuser,* EU-Verordnung zur Terrorismusbekämpfung im Unternehmen, DuD 2006, 680; *Sassenberg/Bamberg,* Betriebsvereinbarungen contra BDSG?, DuD 2006, 226; *Taeger,* Informationspflichten über den Datenschutz im E-Commerce, DuD 2010, 246; *Voigt,* Einwilligungsbasiertes Marketing, K&R 2013, 371; *Weichert,* Drittauskünfte über Beschäftigte, AuR 2010, 16; vgl. ferner die Hinweise zu §§ 4a, 13 ff., 28 ff.

Übersicht

	Rn.
1. Allgemeines	1
2. Das Verbot mit Erlaubnisvorbehalt	3
3. Andere Rechtsvorschriften als Zulässigkeitsnorm	7
4. Andere Rechtsvorschriften als Verbotsnorm	11

§ 4 Zulässigkeit der Datenerhebung, -verarbeitung und -nutzung

	Rn.
5. Zulässigkeit nach dem BDSG	13
6. Die Einwilligung	15
7. Verfahren beim Erheben von Daten	17
8. Der Grundsatz der Direkterhebung	19
9. Erheben ohne Mitwirkung des Betroffenen	22
10. Hinweis auf die beabsichtigten Verwendungszwecke	29
11. Hinweis auf die Datenempfänger	32
12. Wegfall der Hinweispflicht aufgrund anderweitiger Kenntnis	36
13. Hinweis auf eine eventuelle Auskunftsverpflichtung	41
14. Folgen zu Unrecht unterbliebener Unterrichtung	46
15. Landesrecht	51

1. Allgemeines

1 **1.1** Die Vorschrift setzt das Volkszählungsurteil um, indem sie den Betroffenen „gegen unbegrenzte Erhebung, Speicherung, Verwendung und Weitergabe seiner Daten" schützt und andererseits Transparenz schafft (BVerfG, NJW 1984, 422).

2 **1.2** Die Beispiele, die Gegner der Einbeziehung der **Erhebung** im Hinblick auf eine Einschränkung der freien Kommunikation aufführen (z. B. bei Sutschet, RDV 2000, 107 f.) nähren die Zweifel, ob es wirklich sinnvoll und notwendig ist, die Erhebung auch für den Fall gesetzlich zu regeln, indem diese nicht mit einer Speicherung der Daten verbunden ist (vgl. zu § 6b Rn. 10 ff.). Nach wie vor sachgerecht ist es, wenn der Zweck des Datenschutzes als **Vorfeldsicherung** im Blickfeld bleibt und das Gesetz nicht bewusst zur Diskreditierung des Datenschutzes angewendet wird (vgl. Bull, NJW 2006, 1617). Gleichwohl rechtfertigt sich die Erhebung aus der Zweckbestimmung, die zumeist in der Speicherung der Daten liegt.

2. Das Verbot mit Erlaubnisvorbehalt

3 **2.1 Absatz 1** enthält den prägenden Grundsatz des deutschen Datenschutzrechts. Gemäß dem Grundsatz des **„Verbots mit Erlaubnisvorbehalt"** ist die Erhebung, Verarbeitung und Nutzung personenbezogener Daten verboten, sofern nicht eine spezielle Erlaubnis durch Rechtsnorm bzw. durch den Betroffenen selbst erteilt ist.

4 **2.2** Das Gesetz stellt – was an sich selbstverständlich ist – fest, dass Rechtsnormen, aus denen sich die Zulässigkeit der Datenverarbeitung ergibt, nicht nur solche sind, die eine diesbezügliche Erlaubnis beinhalten, sondern auch solche, die ein entsprechendes Gebot enthalten. Ferner sind insoweit, auch wenn das Gesetz das nicht erwähnt, „negative" Erlaubnisnormen, d. h. Normen, die z. B. die automatisierte Datenverarbeitung schlechthin oder in einer bestimmten Phase verbieten, relevant. Auch hier gilt: soweit derartige Ge- und Verbote sich aus Bundesrecht ergeben, begründet sich ihre **Vorrangigkeit** bereits aus § 1 Abs. 3 Satz 1.

5 **2.3** Das BDSG fordert zur Wahrung der Persönlichkeitsrechte bzw. des informationellen Selbstbestimmungsrechts des Betroffenen, dass die Verwendung von geschützten personenbezogenen Daten in jeder ihrer Phasen einer besonderen Rechtfertigung bedarf. Die Verwendung personenbezogener Daten ist nach § 4 Abs. 1 daher nur zulässig,
– der Betroffene eingewilligt hat,
– eine spezielle Rechtsvorschrift die Datenverarbeitung gestattet,
– das BDSG selbst die Datenverarbeitung gestattet.

Das Vorliegen des erforderlichen **Erlaubnistatbestands** ist für jede einzelne Phase der Verwendung der Daten gesondert bzw. erneut zu prüfen. Bei der Aufzählung

Zulässigkeit der Datenerhebung, -verarbeitung und -nutzung **§ 4**

der Zulässigkeitsvoraussetzungen ist zwar „dieses Gesetz" an erster Stelle genannt, gemäß dem Charakter des BDSG als **Auffanggesetz** wird jedoch zunächst die „andere Rechtsvorschrift", also die vorrangige bereichsspezifische Norm relevant. Rechtssystematisch hätte im Hinblick auf die vom BDSG zu schützende informationelle Selbstbestimmung die **Einwilligung** an erster Stelle der Zulässigkeitstatbestände genannt werden müssen; was die Praxis betrifft, so hat die Einwilligung jedoch in der Tat nur Bedeutung für den „Notfall", in dem sonst kein Rechtfertigungsgrund zu finden ist (vgl. nachstehend Rn. 16).

2.4 Da das BDSG ein generelles Verarbeitungs- und Nutzungsverbot verfügt, war 6 es nicht erforderlich, bestimmte Verarbeitungen noch einmal zu untersagen, wie z. B. das nach BVerfG (BVerfGE 27, 1 (6)) unzulässige Erstellen von **Persönlichkeitsprofilen.** In ähnliche Richtung geht das in der **EG-DatSchRL** verfügte (Art. 15) und in § 6a umgesetzte Verbot automatisierter Entscheidungen zum Nachteil des Betroffenen.

3. Andere Rechtsvorschriften als Zulässigkeitsnorm

3.1 Der Vorrang bereichsspezifischer **Erlaubnisnormen** ergibt sich auf drei Ebe- 7 nen:
- **fach- und bereichsspezifische Rechtsnormen des Bundes**
  Eine die Datenverarbeitung rechtfertigende Wirkung geht von allen Rechtsvorschriften des Bundes aus, die in fach- und bereichsspezifischer Weise auf „personenbezogene Daten einschließlich deren Veröffentlichung anzuwenden sind" (§ 1 Abs. 3 Satz 1). Liegt eine solche Rechtsnorm vor, so verdrängt sie das BDSG und gestattet die Verarbeitung auf Grund ihrer speziellen Tatbestandsfassung. Ob die Spezialregelung im Hinblick auf das datenschutzrechtliche Schutzniveau hinter dem BDSG zurückbleibt oder es höher ansetzt, ist unbeachtlich (keine praktische Bedeutung sieht Sokol in: Simitis, BDSG § 4 Rn. 8 in der Differenzierung der Normen).
- **andere Rechtsvorschriften i. S. v. § 4 Abs. 1**
  Liegt keine die Anwendung des BDSG gem. § 1 Abs. 4 verdrängende Rechtsvorschrift des Bundes vor, so richtet sich die Zulässigkeit der Datenverarbeitung nach § 4. **Absatz 1** verweist auf „andere Rechtsvorschriften" und meint damit gegenüber Bundesrecht nachrangige Rechtsvorschriften wie Bestimmungen des Landesrechts, kommunales Recht, normative Teile von Tarifverträgen, Betriebsvereinbarungen etc. Kann auf eine derartige Bestimmung zurückgegriffen werden, bestimmt sich die Zulässigkeit der Verarbeitung der Daten ausschließlich nach dem betreffenden gesetzlichen oder in sonstiger Form statuierten Tatbestand – das BDSG wirkt sich auf die Frage der Zulässigkeit zumindest unmittelbar nicht mehr aus. Erforderlich ist jedoch, dass die betreffende Norm die Verarbeitung von personenbezogenen Daten in den einzelnen Phasen konkret anspricht. Es genügt nicht, dass die Verarbeitung bestimmter Informationen „stillschweigend" vorausgesetzt wird (Bergmann/Möhrle/Herb, BDSG § 4 Rn. 17).
- **Festlegung der Zweckbestimmung des Vertragsverhältnisses**
  Nicht als Erlaubnisvorschriften im eigentlichen Sinne können solche Vorschriften eingestuft werden, die der verantwortlichen Stelle die Verwendung bestimmter Informationen vorschreiben, ohne dass sie diese und die Art der Verarbeitung konkret benennen. Diese Normen können jedoch mittelbar für die Zulässigkeit der Verarbeitung bestimmend sein, da über sie die diesbezüglichen, sich im Rahmen der Zweckbestimmung eines Vertragsverhältnisses ergebenden Berechtigungen und ggf. auch Verpflichtungen des Vertragspartners festgelegt werden (vgl. im Einzelnen Rn. 9).

§ 4   Zulässigkeit der Datenerhebung, -verarbeitung und -nutzung

8   3.2 Ebenso wie § 1 Abs. 3 Satz 1 verlangt auch **§ 4 Abs. 1** eine Norm, die die Verarbeitung personenbezogener Daten eindeutig, d. h. unter Nennung zumindest der Art der Daten und des Zwecks der Verarbeitung für zulässig erklärt. Nach Bäcker (in: Wolff/Brink, DatenschutzR, BDSG § 4 Rn. 6) soll es ausreichen, wenn sich diese Fragen durch Auslegung der Norm ermitteln lassen. Er stimmt aber zu, dass es prinzipiell nicht ausreicht, wenn eine bestimmte Aufgabe beschrieben wird, deren Verwirklichung die Kenntnis bestimmter Informationen voraussetzt (Sokol in: Simitis, BDSG § 4 Rn. 15; Bergmann/Möhrle/Herb, BDSG § 4 Rn. 17). Als Erlaubnisnorm bereits eine „indirekte" Informationsbefugnis in obigem Sinne genügen zu lassen, kann angesichts der Aussagen des BVerfG (BVerfGE 65, 1 = NJW 1984, 419) zur Verfassungsmäßigkeit von Normen, die das Recht des Einzelnen auf informationelle Selbstbestimmung einschränken, nicht mehr gelten. Die Norm muss dem verfassungsrechtlichen **Bestimmtheitsgrundsatz** genügen. Derartige Regelungen können jedoch zur Ausfüllung der Erlaubnistatbestände des BDSG herangezogen werden. Wenn in §§ 13 bis 16 die dort geregelte Datenverarbeitung zulässig ist, wenn eine Rechtsvorschrift dies zwingend voraussetzt, dann kann damit nichts anderes gemeint sein, als dass die zu erfüllende Aufgabe diese Form der Verarbeitung erfordert. Das Bundesverfassungsgericht (a. a. O.) hat zwar festgehalten, dass es von Art, Umfang und denkbaren Verwendungen der personenbezogenen Daten sowie der Gefahr des Missbrauchs abhängt, inwieweit das Recht auf informationelle Selbstbestimmung und im Zusammenhang damit der Grundsatz der Verhältnismäßigkeit zu konkreten gesetzlichen Regelungen der Datenverarbeitung zwingen, so dass auch die mit unbestimmten Rechtsbegriffen arbeitenden allgemeinen Zulässigkeitstatbestände des BDSG weiterhin generell verfassungskonform sind, wenn ihre Interpretation unter Heranziehung der Prinzipien des informationellen Selbstbestimmungsrechts erfolgt. In „sensiblen" Bereichen können jedoch weder die allgemeinen Zulässigkeitstatbestände des BDSG und auch nicht nur „aufgabenbeschreibende" bereichsspezifische Regelungen die Verarbeitung rechtfertigen. Relevant wird die aufgabenbeschreibende Norm jedoch bei der vom BDSG zur Feststellung der Zulässigkeit der Verarbeitung geforderten Interessenabwägung, indem sie die „berechtigten Interessen" der verantwortlichen Stelle zweckbezogen festlegt.

9   3.3 So wird die **Zweckbestimmung des Arbeitsverhältnisses** durch vielfältige Regelungen des Arbeitnehmerdatenschutzrechts gestaltet. Aus den sich insoweit ergebenden Rechten und Pflichten der Parteien rechtfertigen sich Informationsbefugnisse des Arbeitgebers und Nutzungen der gespeicherten Beschäftigtendaten (§ 32 Abs. 1 S. 1). Will der Arbeitgeber seinen arbeitsrechtlichen Schutzpflichten nachkommen, so muss er wissen, welche seiner Mitarbeiter in welchem Umfang schutzbedürftig sind und ggf. zu besonders geschützten Personenkreisen gehören. Will er eine sachgerechte und fundierte Personalentscheidung treffen und hierbei von den im öffentlichen Dienst sogar gesetzlich vorgegebenen Kriterien der Eignung, Befähigung und fachlichen Leistung (Art. 33 Abs. 2 GG) ausgehen, so muss er auf entsprechende Informationen zurückgreifen können (zur automatisierten Speicherung von Prüfungsergebnissen in PERFIS vgl. BVerwG, RDV 1988, 203). Will der Arbeitgeber den gesetzlichen Verpflichtungen im Bereich des Arbeitsplatzschutzes nachkommen, so muss er bei einer betriebsbedingten Kündigung soziale Gesichtspunkte zugrunde legen (§ 1 Abs. 4 KSchG), was ihm nur bei Kenntnis der entsprechenden **Sozialdaten** möglich ist (BAG, DB 1987, 1048 = RDV 1987, 129; zur datenschutzrechtlichen Problematik des § 1 Abs. 4 KSchG vgl. Gola, DuD 1984, 32; Rasch, DB 1982, 2296; BAG, DB 1983, 1822; ArbG Berlin, ARSt 1983, 10). Gleichwohl können, um an den letztgenannten Beispielen anzuknüpfen, § 1 Abs. 4 KSchG oder Art. 33 Abs. 2 GG nicht als vorrangige Erlaubnisnormen i. S. v. § 1 Abs. 3 angesehen werden. Sie beschreiben zwar gesetzliche Verpflichtungen des Arbeitgebers, die ohne Kenntnis von entsprechenden personenbezogenen Daten nicht erfüllt werden können. Jedoch ist nichts dazu gesagt, welche Daten insoweit relevant werden dürfen

Zulässigkeit der Datenerhebung, -verarbeitung und -nutzung   § 4

und in welcher Weise sie verarbeitet werden. Diese Fragen können nur im Rahmen der nach § 28 Abs. 1 Satz 1 bzw. § 32 erforderlichen Abwägungen entschieden werden. Gleiches gilt für die Informationspflicht in § 80 Abs. 2 BetrVG, die den Arbeitgeber generell verpflichtet, dem Betriebsrat die zur Wahrnehmung seiner Aufgaben benötigten Daten zur Verfügung zu stellen. Die die diesbezügliche Nutzung rechtfertigende Norm ist § 32 Abs. 1 bzw. ggf. § 28 Abs. 6 BetrVG (vgl. BAG, NZA 2014, 738, BAG, NZA 2012, 744; vgl. im Einzelnen bei Gola/Wronka, Handbuch Arbeitnehmerdatenschutz, Rn. 1669 ff.; ferner nachstehend § 32 Rn. 37).

3.4 Fraglich ist der Charakter der Normen des **Energiewirtschaftsgesetzes** (EnWG), die die Energieversorgungsunternehmen verpflichten, bei Neubauten und Umbauten intelligente Zähler **(Smart Meter)** gem. § 21d EnWG) zur Messung der verbrauchten Energiemenge einzubauen (§ 21b Abs. 3a EnWG). Die Ermöglichung der detaillierten Ausforschung diesbezüglicher Lebensgewohnheiten berührt neben dem Recht auf informationelle Selbstbestimmung auch weitere Grundrechte der Betroffenen (vgl. Hornung/Fuchs, DuD 2012, 20; Müller, DuD 2010, 359; Wiesemann, MMR 2011, 355). Mit dem Gesetz zur Neuregelung energiewirtschaftlicher Vorschriften (EnWRNRG, BGBl. I 2011 S. 1554) wurden Aussagen gemacht zur Erforderlichkeit (§ 21g Abs. 1 EnWG) und der Datenverarbeitungszwecken, über bereichsspezifische **Auskunftsansprüche** (§ 21h Abs. 1 EnWG), zur Anonymisierung und Pseudonymisierung (§ 21g Abs. 3 und Abs. 5 EnWG) und zur Informationspflicht bei Datenpannen (§ 21h Abs. 2 EnWG) sowie über ein **Koppelungsverbo**t (§ 21g Abs. 6 EnWG), die durch Rechtsverordnung ergänzt werden sollen. Gleichwohl bleibt die Einwilligung des Kunden erforderlich. Gem. § 21g Abs. 6 Satz 5 EnWG dürfen **Fernwirken** und **Fernmessen** nur vorgenommen werden, wenn der Letztverbraucher nach entsprechender Information eingewilligt hat. Maßgebend für die Abgabe der Einwilligung ist § 4a BDSG. Eine Befugnis zur Fernmessung von Wärme und Warmwasser leitet der BGH (RDV 2011, 295, wobei datenschutzrechtliche Überlegungen nicht angestellt werden) aus § 4 Abs. 2 **HeizkostenV** ab, nach der die Mieter es zu dulden haben, dass der Gebäudeeigentümer zur Ermittlung des anteiligen Verbrauch der Nutzer an Wärme und Warmwasser die vermieteten Räume mit Ausstattungen zur Verbrauchserfassung versieht. Zur Erfassung des anteiligen Wärmeverbrauchs sind Wärmezähler oder Heizkostenverteiler, zur Erfassung des anteiligen Warmwasserverbrauchs Warmwasserzähler oder andere geeignete Ausstattungen zu verwenden. Der BGH (a. a. O.) sah es als zulässig an, dass vor jährlichen manueller Erhebung auf monatliche Erhebung per Funk gewechselt wurde. Fraglich ist, ob nicht auch diese Intensivierung der Datenverarbeitung der Einwilligung des Betroffenen bedurft hätte.

3.5 Vorrangige Erlaubnisnormen i. S. v. § 4 Abs. 1 stellen auch die ggf. in **Betriebs- und Dienstvereinbarungen** (zur insoweit bestehenden Vorrangigkeit von Tarifverträgen, vgl. Wächter, Datenschutz im Unternehmen, Rn. 544; Sassenberg/Bamberg, DuD 2006, 226) enthaltenen Regelungen über die Zu- bzw. Unzulässigkeit der Verarbeitung von **Beschäftigtendaten** durch den Arbeitgeber/Dienstherrn dar (BAG, DB 1986, 2080 = RDV 1986, 199; NZA 1996, 218). Ihre normative Wirkung ergibt sich aus § 4 Abs. 1 TVG bzw. § 77 Abs. 4 S. 1 BetrVG. Die Einbeziehung von Tarifverträgen und Betriebsvereinbarungen in den Kreis der anderen Rechtsvorschriften (vgl. hierzu auch Wohlgemuth, CR 1988, 1005), durch die die Zulässigkeit der Verarbeitung abweichend vom BDSG geregelt werden kann, sieht das BAG (a. a. O.) als erforderlich an, weil die Verarbeitung von Personaldaten im Betrieb sinnvoll nur nach einheitlichen Gesichtspunkten erfolgen könne (vgl. hierzu im Einzelnen Gola/Wronka, Handbuch Arbeitnehmerdatenschutz, Rn. 332 ff.). Dabei soll eine Betriebsvereinbarung – nach bisher zwar nur einmalig geäußerter Ansicht des BAG – nicht darauf beschränkt sein, nur unbestimmte Rechtsbegriffe des BDSG unter Berücksichtigung der betrieblichen Gegebenheiten zu konkretisieren oder den Datenschutz der Beschäftigten zu verstärken,

9a

10

113

§ 4 Zulässigkeit der Datenerhebung, -verarbeitung und -nutzung

sie soll vielmehr im kollektiven Interesse auch hinter dem Datenschutzstandard, den das BDSG gewährt, zurückbleiben können (zustimmend Bäcker in: Wolff/Brink, DatenschutzR, BDSG § 4 Rn. 14f; zur Fragwürdigkeit dieser Aussage Latendorf/Rademacher, CR 1989, 1105; Wohlgemuth, Datenschutz für Arbeitnehmer, Rn. 613 ff.; Sokol in: Simitis, BDSG § 4 Rn. 17).

10a Gleichwohl bleibt der Gestaltungsfreiraum der Parteien der Betriebs- oder Dienstvereinbarung in jedem Falle begrenzt, da sie sich an den „grundgesetzlichen Wertungen, zwingendem Gesetzesrecht und den sich aus allgemeinen Grundsätzen des Arbeitsrechts ergebenden Beschränkungen" (BAG, a. a. O.; Taeger in: Taeger/Gabel, BDSG § 4 Rn. 34 ff.) auszurichten haben. Zieht man den sich aus § 75 Abs. 2 BetrVG für Arbeitgeber und Betriebsrat gleichermaßen ergebenden Schutzauftrag hinzu, an dem z. B. das BAG (NZA 2013, 1433 und NZA 2014, 551) unter Hintanstellung des § 32 die Betriebsvereinbarung zu einer Torkontrolle misst und dann die Vereinbarkeit mit § 32 Abs. 1 bejaht, so sind Beispiele, in denen eine an sich nach BDSG unzulässige Personaldatenverarbeitung durch Betriebsvereinbarung gleichwohl gestattet sein könnte, kaum denkbar (vgl. auch Fitting, BetrVG § 83 Rn. 30, zur Gestattung von Internetveröffentlichungen Gola, Computer-Fachwissen, 1/2001, 24; vgl. zur Übermittlung von Personaldaten in ein **Drittland** auf der Grundlage einer Betriebsvereinbarung HambLDSB, TB 2000/01, 193 = RDV 2002, 211: „Betriebsvereinbarungen werden nach überwiegender Ansicht als eine ‚andere Rechtsvorschrift' i. S. d. § 4 Abs. 1 BDSG und damit als Erlaubnistatbestand angesehen. Zweifelhaft ist allerdings, ob Betriebsvereinbarungen die Übermittlung personenbezogener Daten in Drittstaaten rechtfertigen können. Betriebsvereinbarungen können nur soweit vom BDSG abweichen, wie sie die dort getroffenen Regelungen durch Schutzvorkehrungen ersetzen, die den besonderen Beschäftigungsbedingungen besser angepasst, allerdings mindestens so weitreichend sind"). Zugleich ergeben sich Grenzen der Regelungsautonomie aus dem **Unionsrecht**, d.h. die Vereinbarung muss sich in Spielräumen bewegen, die die EG-DatSchRL offenlässt (Bäcker in: Wolff/Brink, DatenschutzR, BDSG § 4 Rn. 15).

4. Andere Rechtsvorschriften als Verbotsnorm

11 **4.1** Vorrangige Vorschriften sowohl i. S. v. § 1 Abs. 3 Satz 1 als auch von § 4 Abs. 1 sind aber auch solche Normen, die das Verbot der Verarbeitung personenbezogener Daten aussprechen. Dazu gehören insbesondere Vorschriften, die das **Verbot der Übermittlung** beinhalten. Auf bestimmte derartige Verbotsnormen weist § 1 Abs. 3 Satz 2 nunmehr ausdrücklich hin. **Schweige- und Geheimhaltungsgebote** bestehen beispielsweise auch bei der Verarbeitung von Personaldaten. Nach § 1 Abs. 3 Satz 1 vorrangig sind u. a. für den Arbeitgeber § 39b EStG mit dem Geheimhaltungsgebot bezüglich der Angaben auf der Lohnsteuerkarte, für den **Betriebsrat** die Geheimhaltungsvorschriften nach § 79 BetrVG, für den betriebsärztlichen Dienst die Schweigepflicht nach §§ 8 Abs. 1 Satz 2 ASiG, 203 Abs. 1 Nr. 1 StGB, für den einzelnen Beschäftigten die Verpflichtung zur Wahrung von Geschäfts- und Betriebsgeheimnissen nach § 17 UWG. Sind derartige Geheimhaltungsgebote oder Verbotsregelungen in nicht dem Bundesrecht zuzurechnenden Normen enthalten, also z. B. in einer Betriebs- der Dienstvereinbarung, so ist diese die Zulässigkeit der Verarbeitung „negativ" abweichend vom BDSG festlegende Norm dem BDSG vorrangig nach § 4 Abs. 1. Relevant sind auch **berufliche Schweigepflichten** (u. a. § 203 StGB). Diese gelten ggf. auch gegenüber Aufsichtsbehörden (so HessVGH zur Auskunftspflicht eines **Rechtsanwalts** gegenüber der BaFin über Mandantendaten (DöV 2011, 244; gegenüber der Datenschutzaufsichtsbehörde, KG, RDV 2010, 285; ferner § 28 Rn. 37).

Zulässigkeit der Datenerhebung, -verarbeitung und -nutzung § 4

4.2 Obgleich spezielle Geheimhaltungsgebote und Übermittlungsverbote nach 12
Bundesrecht bereits nach § 1 Abs. 3 Satz 1 vorrangig sind, spricht § 1 Abs. 3 Satz 2
diese **Geheimhaltungsgebote** – insoweit überflüssigerweise – noch einmal ausdrücklich an, wobei er auch solche als vorrangig festlegt, die nicht auf Bundesrecht
beruhen. Dieser letztere Hinweis ist jedoch bei § 1 Abs. 3 unzutreffend platziert.
Der Gesetzessystematik entsprechend hätten sonstige, nicht dem Bundesrecht zuzurechnende, die Zulässigkeitsregelungen des BDSG verdrängende spezielle Regelungen in § 4 genannt werden müssen. Auch wenn dies nicht geschehen ist, so bedarf
es keiner Frage, dass die allgemeinen Zulässigkeitstatbestände nicht greifen, wenn
spezielle „negative" Erlaubnisnormen der Datenverarbeitung in einer bestimmten
Phase oder vollständig entgegenstehen. Dies gilt, wie § 1 Abs. 3 Satz 2 nunmehr
deutlich macht, nicht nur für Verbote, die auf Rechtsnormen beruhen, sondern
auch für von der Rechtsprechung aus dem Standesrecht für spezielle Geheimnisse
entwickelte Grundsätze (zum Bankgeheimnis vgl. Ungnade, Datenschutz im Kreditgewerbe, S. 88 ff.; zur ärztlichen Schweigepflicht Barta, Datenschutz im Krankenhaus, S. 12 ff.; im öffentlichen Gesundheitsdienst Zilkens, RDV 2011, 180).

5. Zulässigkeit nach dem BDSG

5.1 Die **allgemeinen Zulässigkeitstatbestände** des BDSG können unter den 13
aufgezeigten Aussagen über die Verfassungsmäßigkeit des Eingriffs in das informationelle Selbstbestimmungsrecht nur noch **Auffangfunktion** haben, d. h. das BDSG
kann bereichsspezifische Regelungen nicht ersetzen bzw. generell überflüssig
machen. Dies gilt auch für Datenverarbeitungen des privaten Bereichs jedenfalls
dann, wenn der Betroffene – ähnlich wie im Verhältnis Bürger zum Staat – der
Daten verarbeitenden Stelle „untergeordnet" ist und insofern „zwangsweise" in
seinem informationellen Selbstbestimmungsrecht eingeschränkt ist (vgl. Simitis in:
Simitis, BDSG § 1 Rn. 107, 161; zur Forderung nach bereichsspezifischen Datenschutznormen vgl. auch schon Beschluss der Konferenz der Datenschutzbeauftragten
des Bundes und der Länder vom 27./28.3.1984, DÖV 1984, 504; ferner BfD,
15. TB, S. 38 f.; für das Arbeitsverhältnis vgl. die Regelungen im Entwurf eines
Beschäftigtendatenschutzgesetzes (BT-Drs.1774230) in Gola, Datenschutz am
Arbeitsplatz).

5.2 Wann eine Verarbeitung und Nutzung personenbezogener Daten nach „diesem Gesetz" erlaubt oder angeordnet ist, ist nach den für die Stelle, die den 14
„Umgang" mit den Daten vornimmt, maßgebenden Normen des zweiten, dritten
oder ggf. vierten Abschnitts des Gesetzes zu beantworten. Für die öffentlichen
Stellen des Bundes sind maßgebend § 14 für die Speicherung, Veränderung und
Nutzung; §§ 15 bis 16 für die Übermittlung; § 20 Abs. 2 für die Löschung und
Absatz 3 für die Sperrung. Für den Privatbereich sind maßgebend zunächst § 28 für
die Speicherung, Veränderung, Übermittlung und Nutzung und § 35 für die Sperrung und Löschung; sofern Daten geschäftsmäßig zum Zwecke der Übermittlung
gespeichert werden, greifen die Zulässigkeitstatbestände der §§ 29, 30 und 35.

6. Die Einwilligung

6.1 Wenn keine Rechtsnorm die Verarbeitung der Daten erlaubt, wobei der 15
Begriff „erlaubt" neben der Anordnung auch das freie Ermessen beinhaltet, ist die
Erlaubnis durch den Betroffenen, d. h. seine **vorherige Einverständniserklärung**
erforderlich. Die Anforderungen an eine wirksame Einwilligung stellt § 4a auf. Weitere Aussagen enthalten § 28 Abs. 3a und § 7 Abs. 2 Nr. 2 und 3 UWG.

6.2 Die Einwilligung sollte nur dann eingeholt werden, wenn ansonsten kein 16
Erlaubnistatbestand zu finden ist, damit nicht bei dem Betroffenen der Eindruck

§ 4   Zulässigkeit der Datenerhebung, -verarbeitung und -nutzung

entsteht, dass die Verarbeitung tatsächlich voll und ganz im Rahmen seines **informationellen Selbstbestimmungsrechts** liegt (vgl. auch Stellungnahme 8/2001 der Artikel 29-Datenschutzgruppe zur Verarbeitung personenbezogener Daten von Beschäftigten vom 13.9.2001 – 5062/01/DE/endg. WP 48: „Die Artikel-29-Datenschutzgruppe ist der Auffassung, dass es in den Fällen, in denen ein Arbeitgeber zwangsläufig aufgrund des Beschäftigungsverhältnisses personenbezogene Daten verarbeiten muss, irreführend ist, wenn er versucht, diese Verarbeitungen auf die Einwilligung der betroffenen Person zu stützen. Die Einwilligung der betroffenen Person sollte nur in den Fällen in Anspruch genommen werden, in denen der Beschäftigte eine echte Wahl hat und seine Einwilligung zu einem späteren Zeitpunkt widerrufen kann, ohne dass ihm Nachteile erwachsen."). Zudem ist fraglich, ob für den Fall, dass die Einwilligung rechtsunwirksam ist oder vom Betroffenen widerrufen wird, unter Beachtung von § 242 BGB noch auf die Erlaubnistatbestände z. B. der §§ 32, 28, 29 BDSG zurückgegriffen werden kann (vgl. Gola, RDV 2002, 109). Im öffentlichen Bereich kann eine Einwilligung nur ausnahmsweise zum Zuge kommen, da dieser in der Regel nur gesetzlich definierten Aufgaben nachgehen darf (vgl. Sokol in: Simitis, BDSG § 4 Rn. 6). So ist es nicht zulässig, ohne konkrete Anhaltspunkte für Zweifel an der Anspruchsberechtigung von einem **Sozialhilfe-Antragsteller** eine Einwilligung zur Einholung von Bankauskünften zu verlangen (HessVGH, RDV 1995, 175).

7. Verfahren beim Erheben von Daten

17   **7.1** Neben dem in Absatz 1 statuierten „Verbot mit Erlaubnisvorbehalt" stellt § 4 bei der Datenerhebung zu beachtende Verfahrensweisen auf. Dabei geht es einmal um den **Grundsatz der Direkterhebung** in Absatz 2 und zum anderen um die **Vorverlagerung der Benachrichtigungspflicht** in die Phase der Erhebung in Absatz 3.

18   **7.2** Erheben von personenbezogenen Daten ist gemäß der Definition in § 3 Abs. 4 das aktive **Beschaffen von Daten** durch Befragen, Anfordern von Unterlagen, Anhören und Beobachten. Geht bei der Behörde die Anzeige eines Bürgers ein, stellt ein Bürger einen Antrag, so liegt kein Fall der Erhebung vor. Verwendet der Bürger hierbei ein von der Behörde erstelltes **Formular,** handelt es sich um eine Erhebung (Wilde u. a., BayDSG Art. 4 Rn. 56). Kein Erheben ist die zufällige Wahrnehmung von Fakten und Informationen (vgl. im Einzelnen § 3 Rn. 24). Erlangt eine öffentliche Stelle aus den von ihr erhobenen Daten neue Informationen (eine Straftat lässt auch den Schluss auf eine Geisteskrankheit zu, die eine Behandlung erfordert), ist auch dies keine Erhebung (zur Frage der „Spontanübermittlung" zwischen öffentlichen Stellen ohne Erhebungsrecht bzw. in Umgehung des Direkterhebungsgrundsatzes vgl. bei Sokol in: Simitis, BDSG § 4 Rn. 29). Das Erheben setzt im öffentlichen Bereich nicht zwingend voraus, dass die Daten auch gespeichert werden (OVG NW, RDV 2002, 127). Öffentliche Stellen vollziehen den Prozess der Erhebung durch alle Formen der Ermittlung eines Sachverhalts von Amts wegen oder auf Antrag des Betroffenen. Polizeiliche Ermittlungen zählen dazu ebenso wie gerichtliche, behördliche oder medizinische Untersuchungen. Private Stellen erheben Daten je nach ihrer Aufgabenstellung zur Eingehung von Geschäftsbeziehungen (z. B. auf Fragebogen, Bestellformularen, Couponanzeigen etc.) oder auch durch persönliche Befragung (z. B. bei Meinungsumfragen) oder auch durch Auswertung allgemein zugänglicher Quellen. Eingehende **„Spontanmitteilungen"** können von dem Betroffenen selbst oder von Dritten stammen. Sie dürfen gespeichert und verwertet werden, wenn die empfangende Stelle sich auf eine Erlaubnisnorm berufen kann, wobei z. B. bei anonymen Mitteilungen dem Schutzinteresse

Zulässigkeit der Datenerhebung, -verarbeitung und -nutzung **§ 4**

des Betroffenen besonderes Gewicht haben muss (zum Whistleblowing vgl. Gola/ Wronka, Handbuch Arbeitnehmerdatenschutz, Rn. 747 ff.).

8. Der Grundsatz der Direkterhebung

8.1 Sollen Daten zwecks automatisierter oder dateimäßiger Speicherung erhoben 19 werden, besteht zunächst das Verbot mit Erlaubnisvorbehalt des Absatzes 1. So ist bei der Erhebung der Daten eines Bewerbers festzustellen, ob die Daten im Rahmen der Zweckbestimmung des vorvertraglichen Anbahnungsverhältnisses für eine fundierte Einstellungsentscheidung benötigt werden (vgl. im Einzelnen § 32 Rn. 12 f.). Findet sich ein Erlaubnistatbestand für die Erhebung, so ist dann als nächster Schritt für die Rechtmäßigkeit zu prüfen, ob die Daten nur beim Betroffenen – also z. B. bei dem Mietinteressenten – oder ausnahmsweise bei einem Dritten – also z. B. bei einer Auskunftei – oder ansonsten **ohne Mitwirkung** des Betroffenen erhoben werden können (zum Einsatz von Detektiven Maier/Garding, DB 2010, 559).

8.2 Keine Erhebung bei Dritten bzw. ohne Mitwirkung des Betroffenen liegt vor, 20 wenn Daten mit **Doppelbezug** (vgl. auch § 3 Rn. 4) erhoben werden, d. h. Daten, die sich sowohl auf den befragten Betroffenen als auch auf nicht informierte Dritte beziehen. Die Frage nach dem **Ehepartner** in einem Personalfragebogen, das Verlangen nach Vorlage einer Heiratsurkunde zwecks Gewährung hiervon anhängiger Leistungen an den Betroffenen ist keine „Dritterhebung" im Hinblick auf die Daten des Ehepartners.

8.3 Der Grundsatz des **Absatzes 2,** dass personenbezogene Daten beim Betroffe- 21 nen zu erheben sind, ist unmittelbarer Ausfluss des Volkszählungsurteils und des informationellen Selbstbestimmungsrechts. Der Betroffene soll wissen, wer was wann über ihn an Daten sammelt, speichert und verarbeitet. Deshalb sind im Grundsatz personenbezogene Daten beim Betroffenen selbst und nicht hinter seinem Rücken oder sonst ohne sein Wissen zu erheben. „Beim Betroffenen" bedeutet, dass die Daten **mit seiner Kenntnis oder Mitwirkung** erhoben werden (vgl. Sokol in: Simitis, BDSG § 4 Rn. 20). Für den Bundesgesetzgeber ist Kenntnis gegeben, wenn der Betroffene dabei mitwirkt. Das ergibt sich aus Satz 2: „Ohne seine Mitwirkung . . .". Mitwirken ist hier als bewusstes aktives oder auch passives Tun zu verstehen. Den Regelfall bildet die direkte Ansprache beim Betroffenen, sei es mündlich oder schriftlich. Trifft die erhebende Stelle hinreichende Vorkehrungen (z. B. Hinweisschild zur Videoüberwachung), um die Datenerhebung erkennbar zu machen, und nimmt der Betroffene diese nicht zur Kenntnis, so liegt keine Erhebung „hinter seinem Rücken" vor (vgl. Bäcker in: Wolff/Brink, DatenschutzR, BDSG § 4 Rn. 29, der insoweit auch hier eine Direkterhebung bejaht).

Er wirkt auch mit, wenn die Daten bei einem Bevollmächtigten (Sokol in: Simitis, 21a BDSG § 4 Rn. 23) oder – nach den Umständen des Einzelfalls – bei einem Familienangehörigen erhoben werden. Beim Betroffenen ist immer und nur dann erhoben, wenn ihm die reale **Möglichkeit** bleibt, darüber zu **entscheiden,** ob er die zu erhebenden Daten zu dem ihm offenbarenden Zweck preisgeben will und welche dies sein sollen (zur bei einer Blutentnahme entstehenden Pflicht zur Aufklärung über die beabsichtigten Untersuchungen Forst, RDV 2010, 8). Ob eine zwangsweise Datenerhebung eine Direkterhebung darstellt (so Bäcker in: Wolff/Brink, DatenschutzR, BDSG § 4 Rn. 29) kann wohl offen bleiben, da es hierfür einer speziellen Rechtfertigungsnorm bedarf. Eine Datenerhebung „hinter dem Rücken" oder sonst ohne Wissen des Betroffenen ist damit zunächst verboten. Die Erhebung ohne seine Mitwirkung ist die nur ausnahmsweise unter den Voraussetzungen des Satzes 2 des Absatzes 2 zulässige Ausnahme.

117

§ 4 Zulässigkeit der Datenerhebung, -verarbeitung und -nutzung

9. Erheben ohne Mitwirkung des Betroffenen

22 9.1 Vom Grundsatz der Direkterhebung darf nach Absatz 2 Satz 2 ggf. abgewichen werden. Ausnahmen bestehen, wenn
– eine Rechtsvorschrift dies vorsieht oder zwingend voraussetzt oder
wenn nach einer Abwägung mit eventuell überwiegenden schutzwürdigen Interessen des Betroffenen
– die Erforderlichkeit für eine Verwaltungsaufgabe oder eines Geschäftszwecks oder
– ein ansonsten entstehender unverhältnismäßig hoher Aufwand die Dritterhebung rechtfertigt.
Darüber hinaus besteht auch hier – ohne dass das Gesetz es erwähnt – die Möglichkeit, dass der Betroffene in die Erhebung bei Dritten ausdrücklich einwilligt.

23 9.2 Die Regelung der **Nummer 1** des Absatzes 2 Satz 2 1. Alt., nach der das Abweichen vom Prinzip der Direkterhebung gestattet ist, wenn eine Rechtsvorschrift die **Erhebung ohne Mitwirkung vorsieht,** dient an dieser Stelle primär dem Zweck, den Katalog der Ausnahmen vollständig aufzuführen, da die entsprechende Rechtsvorschriften außerhalb des BDSG entweder nach § 1 Abs. 4 oder § 4 Abs. 1 bereits als vorrangige Rechtsvorschrift die Regelung des Absatzes 2 verdrängt (vgl. vorstehend Rn. 7). Eine Rechtsvorschrift sieht die Erhebung vor, wenn sie **ausdrücklich** festlegt, dass Daten zur Erfüllung einer Aufgabe ohne Mitwirkung des Betroffenen erhoben werden dürfen. Normen, die zur Datenerhebung bei Dritten berechtigten, enthalten oft auch die Berechtigung/Verpflichtung des Dritten zur Auskunft, d. h. rechtfertigen die für die Erhebung erforderliche Datenübermittlung. So gestattet § 275 SGB V dem Arbeitgeber im Rahmen der **Krankenkontrolle** die Krankenkasse einzuschalten. **Strafverfolgungsbehörden** können im Rahmen einer nach §§ 100a, 100b StPO angeordneten Überwachung der Telekommunikation mit einem Mobilfunktelefon bei dem Netzbetreiber Daten darüber erheben, in welcher Funkzelle sich das Telefon befindet (BGH, RDV 2001, 182). **Finanzbehörden** dürfen nach § 93 Abs. 1 AO 1977 Daten über den Steuerschuldner bei Dritten erheben (vgl. BVerfG, RDV 2001, 129 zur Verpflichtung eines Stromversorgungsunternehmens die Bankverbindung von Kunden bekannt zu geben; BFH, DB 1990, 358 zu Sammelauskunftsersuchen gegenüber einer Bank; BB 1990, 51 zu Auskunftsersuchen an Dritte im Vollstreckungsverfahren; RDV 1991, 143 zur Datenerhebung bei Familienmitgliedern; zu weiteren Erhebungsbefugnissen vgl. z. B. § 62 Abs. 3 des Gesetzes zur Neuordnung des Kinder- und Jugendhilferechts; § 111 TKG, kritisch dazu Rieß, DuD 1996, 332). Rechtsvorschriften, die eine Erhebung ohne Kenntnis des Betroffenen vorsehen, sind z. B. auch §§ 915e f. ZPO, die den Industrie- und Handelskammern die Bereitstellung von Schuldnerlisten für ihre Mitglieder gestatten. Der Bezug löst bei dem Empfänger eine Erhebung ohne unmittelbare Mitwirkung des Betroffenen aus (BlnDSB, Materialien zum Datenschutz Nr. 30, 24).

24 9.3 Datenerhebung ohne Mitwirkung des Betroffenen findet auch statt bei der Auswertung **allgemein zugänglicher Datenquellen.** Die allgemeine Zugänglichkeit der Datenquelle regeln entweder – wie das bei öffentlichen Registern etc. der Fall ist – einschlägige Vorschriften (vgl. hierzu § 28 Rn. 45) oder sie ergibt sich aus der Natur der Sache – so z. B. bei der Auswertung von Anzeigen in der Tagespresse oder der Mitteilung auf sog. Bauschildern. Mit der jedermann eröffneten Erhebungsmöglichkeit ist jedoch noch nicht die Zulässigkeit der Erhebung zum Zwecke der weiteren Verarbeitung im Geltungsbereich des BDSG beantwortet. Ob beispielsweise private Stellen derartige Daten erheben dürfen, regelt sich nach § 28 Abs. 1 Satz 1 Nr. 3 oder § 29 Abs. 1 Satz 1 Nr. 2. Insoweit ist davon auszugehen, dass die Vorschrift des § 4 Abs. 2 Satz 2 Nr. 1 diese speziellen BDSG-Normen in den Katalog der eine Datenerhebung ohne Mitwirkung des Betroffenen „vorsehenden" Vor-

Zulässigkeit der Datenerhebung, -verarbeitung und -nutzung **§ 4**

schriften mit einbezieht (so auch Bäcker in: Wolff/Brink, DatenschutzR, BDSG § 4 Rn. 34.1). Wäre das nicht der Fall, würde die in den Zulässigkeitstatbeständen der §§ 28, 29 erleichterte Verarbeitung von jedermann zugänglichen Daten weitgehend aufgehoben (zum hieraus abgeleiteten zulässigen „googeln" von Bewerberdaten Gola, CuA 3/2010, 31; a. A. Däubler in: DKWW, BDSG § 32 Rn. 56; vgl. auch § 32 Rn. 51 f.). Demgemäß sehen landesrechtliche Bestimmungen – soweit sie nicht für in öffentlich zugänglichen Quellen gespeicherten Daten per se keine Anwendung finden (vgl. § 3 Abs. 4 HDSG) – das Gebot der Direkterhebung nicht für den Fall vor, dass Daten aus allgemein zugänglichen Quellen entnommen werden (vgl. u. a. § 13 Abs. 2 LDSGBW; Art. 16 Abs. 2 Satz 1 BayDSG; § 12 Abs. 2 i. V. m. § 13 Abs. 2 Satz 1 Buchst. f BbgDSG). Würde die Erlaubnisvorschrift des BDSG insoweit nicht greifen, ließe sich die Erhebung aus allgemein zugänglichen Quellen im konkreten Fall nur daraus rechtfertigen, dass die Direkterhebung demgegenüber einen **unverhältnismäßigen Aufwand** bedeuten würde (vgl. Rn. 28).

9.4 In der behördlichen Praxis bedeutsam ist die zweite Alternative, die die Erhe- 25 bung ohne Mitwirkung des Betroffenen gestattet, wenn eine Rechtsvorschrift dies **zwingend voraussetzt.** Diese Ausnahme ist sehr weitreichend, weil unbestimmt. Sicher ist sie geboten, um den Stellen, die von Amts wegen Sachverhalte zu ermitteln haben, eine rechtliche Handhabe zu geben, solche Ermittlungen auch ohne Mitwirkung und damit auch ohne Kenntnis des Betroffenen durchführen zu können. Die **Telefonüberwachung** nach §§ 100a bis 101 StPO ist ihrer Natur nach nur wirksam, wenn der Betroffene davon nichts weiß (dazu näher Bär, CR 1993, 578 f.). Die Vorfeldermittlungen der **Steuerfahndung** nach §§ 93 Abs. 1 Satz 3, 208 Abs. 1 Nr. 3 AO (1977) sind mit Erfolg nur durchführbar, wenn Dritte ohne Wissen des Betroffenen befragt werden können (BVerfG, CR 1989, 827 m. Anm. Eilers). Es wäre unangemessen, in der Rechtsvorschrift zusätzlich festzulegen, dass die Ermittlungen ohne Mitwirkung des Betroffenen durchgeführt werden können. Die Beschlagnahme von **Tagebüchern** im Rahmen eines strafrechtlichen Ermittlungsverfahrens ist jedoch nur zulässig, wenn dies für eine funktionsfähige Strafrechtspflege unabweisbar ist (BGH, NJW 1994, 1970; ferner MDR 1987, 952). Mit dem Gesetz zur Bekämpfung des illegalen Rauschgifthandels und anderer Erscheinungsformen der organisierten Kriminalität vom 15.7.1992 (BGBl. I S. 1302) wurde die gesetzliche Basis für die Einführung der Rasterfahndung (§§ 98a, b StPO) und des Datenabgleichs nach § 98c StPO und für eine Erweiterung der Überwachung des Fernmeldeverkehrs (§ 100a StPO) geschaffen. § 100c StPO regelt die Zulässigkeit des Einsatzes technischer Mittel zum Zwecke der optischen und akustischen Observation (vgl. auch BVerfG, RDV 2009, 113 zum **Screening** von **Kreditkartendaten** zwecks Aufzeigen vom Bezug kinderpornografischer Bilder). Die Grenze dieser Regelung ist Art. 13 GG. Die Grundlage für den Eingriff in die Unverletzlichkeit der Wohnung wurde in Art. 13 Abs. 3 GG geschaffen. Zulässig ist allein die akustische Überwachung einer Wohnung, in der der Beschuldigte sich vermutlich aufhält. Die Überwachung ist überdies nur zur Verfolgung besonders schwerer Straftaten, die in § 100 StPO aufgeführt sind, zulässig. Anderes gilt für die Überwachung eines Kraftfahrzeugs, da es nicht zum durch Art. 13 GG geschützten Wohnbereich gehört. Es dient der Fortbewegung, nicht der Behausung (BGH, RDV 1997, 255). Außerhalb von Wohnungen sind Videoüberwachungen nach § 100c Abs. 1 Nr. 1a StPO zum Zwecke der Observation zulässig (BGH, RDV 1998, 212; vgl. auch BVerfG, RDV 2010, 276 zur Überwachung von Verkehrsverstößen).

9.5 Die Ausnahmeregelung der **Nummer 2a** erweitert noch diejenige nach 26 Nr. 1. Ergibt sich aus der Art einer **Verwaltungsaufgabe**, dass personenbezogene Daten über den Betroffenen bei Dritten erhoben werden müssen, ist dies zulässig. Gemeint sind hier primär Aufgaben staatlicher Leistungsgewährung mit oder ohne Antrag des Betroffenen. **Staatliche Leistungen** sollen nur denen zugute kommen, die die Voraussetzungen tatsächlich erfüllen. Dies muss auch durch Ermittlungen

119

§ 4   Zulässigkeit der Datenerhebung, -verarbeitung und -nutzung

bei Dritten ohne Mitwirkung des Betroffenen geprüft werden können. Bei Leistungen nach dem Bundesausbildungsförderungsgesetz übermitteln die Ämter für Ausbildungsförderung dem Bundeszentralamt für Steuern (BZSt) Angaben des Auszubildenden zu seinen Einkünften. Das BZSt gleicht sie mit den bei ihm gespeicherten Daten ab und kann so feststellen, ob z. B. die mitgeteilten Zinseinkünfte zutreffen. Dieses Verfahren hat in § 42 Abs. 4 des 21. BAföG-ÄndG vom 2.12.2004 (BGBl. I S. 3127) eine spezialgesetzliche Rechtsgrundlage erhalten (BfD 20.TB Nr. 24.1). Die Ausnahmeregelung gilt auch in Fällen der Einholung von Auskünften bei beabsichtigten Auszeichnungen oder Ehrungen (Bergmann/Möhrle/Herb, BDSG § 13 Rn. 25). Die auszeichnende Stelle (z. B. **Ordenskanzlei** im Bundespräsidialamt) ist bei der Entscheidung über Art und Umfang der Datenerhebung an die Bestimmungen des BDSG gebunden. Eine schrankenlose Ausforschung wäre nicht zulässig (Taeger in: Taeger/Gabel, BDSG § 4 Rn. 67). Ohne Mitwirkung bedeutet nicht zwingend: ohne Kenntnis. Die leistende Verwaltung wird den Betroffenen im Regelfall darauf hinweisen, dass seine Angaben ggf. überprüft werden. Dies liegt auch in seinem Interesse. Mit der dem Sozialstaatsprinzip immanenten Fürsorgepflicht wäre es unvereinbar, wenn sich die leistungspflichtige öffentliche Stelle auf den Hinweis nach Absatz 3 (nachteilige Folgen einer Auskunftsverweigerung) beschränkte. Eine Erhebung bei Dritten kann auch dann gerechtfertigt sein, wenn der Betroffene notwendige Angaben nicht oder nicht binnen einer ihm gesetzten Frist macht oder machen kann (z. B. mangels Kenntnis über Vorerkrankungen nach § 67a Abs. 2 SGB X). Beim Verdacht der Leistungserschleichung im Sozialbereich kann es in Ausnahmefällen zulässig sein, eine **Detektei** einzuschalten, sofern zuvor das gesetzlich vorgesehene Instrumentarium im Umgang mit solchen Fällen ausgeschöpft worden ist (BfD 17. TB S. 433; zum nur ausnahmsweisen Einsatz sog. **Sozialdetektive** auf der Basis des § 62 Abs. 3 SGB VIII: Thüringer OVG, DuD 2011, 214). Entsprechendes gilt für die Anlage von **Warndateien** zur Abwehr von Leistungserschleichungen. Dem Erforderlichkeitsgrundsatz ist besonderes Gewicht beizumessen.

27   9.6 Privaten Stellen wird die Datenerhebung ohne Mitwirkung des Betroffenen nach **Nummer 2a** eröffnet, wenn der **Geschäftszweck** eine Erhebung bei anderen Stellen oder Personen erforderlich macht. Dies ist zunächst der Fall, wenn eine Direkterhebung mangels Kenntnis der Adresse oder fehlender Kontaktmöglichkeit mit dem Betroffenen gar nicht möglich ist. Wenn die Adresse des unbekannt verzogenen Schuldners beim **Einwohnermeldeamt** erhoben wird, um eine ausstehende Forderung einzutreiben, kann der „Geschäftszweck" anders gar nicht erreicht werden. Gleiches gilt regelmäßig für die Erhebung von Adressen bei Adresshändlern etc. zu Zwecken des Direktmarketings. Eine Datenerhebung bei Dritten wird ferner durch den Geschäftszweck gedeckt, wenn es um eine erforderliche Überprüfung von Angaben des Betroffenen oder ergänzende Auskünfte Dritter geht (z. B. durch Einholung einer **Bankauskunft**). Auch wenn der Geschäftszweck das Abweichen von dem Prinzip der Direkterhebung rechtfertigen würde, ist damit noch nicht entschieden, ob die mit der Dritterhebung verbundenen Datenübermittlungen zulässig sind (vgl. zur Arbeitgeberauskunft Gola/Wronka, Handbuch zum Arbeitnehmerdatenschutz, Rn. 577 ff.).

27a 9.7 Insoweit ist generell auch die Tätigkeit des **Detektivgewerbes** gerechtfertigt (BlnDSG, Materialien zum Datenschutz Nr. 30, S. 25; Maier/Garding, DB 2010, 559; ferner BAG, RDV 2011, 87 und NZA 2009, 1300; vgl. aber AG Siegburg, RDV 2005, 73 zur Sittenwidrigkeit eines durch berechtigte Interessen nicht gedeckten Detektivvertrages). Bei der Art der Überprüfung der Angaben ist jedoch den schutzwürdigen Interessen des Betroffenen Rechnung zu tragen, so dass z. B. die Einholung einer Bankauskunft gerechtfertigt sein kann, sich entsprechende Erkundungen in der Nachbarschaft des Betroffenen aber verbieten. Den berechtigten Interessen ist auch bei Gestaltung des internen **„Whistleblowing"** Rechnung zu

Zulässigkeit der Datenerhebung, -verarbeitung und -nutzung **§ 4**

tragen. Die Mitteilungspflicht muss sich auf gravierende Vergehen beschränken, anonymisierte Angaben nur im Ausnahmefall akzeptieren und eine baldmöglichste Information des „Beschuldigten" vorsehen (vgl. Breinlinger/Krader, RDV 2006, 60; Schmidl, DuD 2006, 353; vgl. ferner § 28 Rn. 16a und § 33 Rn. 34).

9.8 Schließlich sind Datenerhebungen ohne Mitwirkung zulässig, wenn die Erhebung bei dem Betroffenen einen **unverhältnismäßigen Aufwand** erfordern würde. Bei der Feststellung des unbestimmten Rechtsbegriffs „unverhältnismäßiger Aufwand" spielen Kostengesichtspunkte nur eine Rolle. Auch der Zeit- und Arbeitsaufwand u. a. gemessen an der Sensibilität der Daten fällt ins Gewicht. Stehen Informationen über den Betroffenen in allgemein zugänglichen Quellen zur Verfügung, so wird die Direkterhebung vielfach unverhältnismäßig sein (vgl. hierzu aber auch vorstehend Rn. 24). 28

9.9 Ein Abweichen von dem Grundsatz der Direkterhebung unter den Voraussetzungen von § 4 Abs. 2 Satz 2 Nr. 2 Buchst. a und b setzt voraus, dass **überwiegende schutzwürdige Interessen** des Betroffenen nicht entgegenstehen. Entgegenstehende Interessen können sich aus der Art der Erhebung (ein **Detektiv** befragt die Nachbarschaft) oder der befragten Person (der **Verfassungsschutz** erhebt Daten beim Arbeitgeber; vgl. hierzu BVerwG, RDV 1998, 171) und den insoweit bei den Befragten entstehenden Rückschlüssen (Rufschädigung, berufliche Nachteile) ergeben. Ein Arbeitgeber darf daher Auskünfte über einen Bewerber bei dessen derzeitigem Arbeitgeber nur mit Einwilligung des Betroffenen erfragen (zur Arbeitgeberauskunft vgl. bei Gola/Wronka, Handbuch Arbeitnehmerdatenschutz, Rn. 625 ff.). 28a

Werden z. B. Daten über einen Bewerber im Rahmen des **Pre-employment-Checks** oder durch Recherchen im Internet überprüft (vgl. bei Gola/Wronka, Handbuch Arbeitnehmerdatenschutz, Rn. 499 f zur gleichwohl gegebenen Zweckmäßigkeit), bedarf das nach derzeitiger Rechtslage keiner vorherigen Information (a. A. Bäcker in: Wolff/Brink, DatenschutzR, BDSG § 4 Rn. 49), Jedoch ist eine Benachrichtigungspflicht zu bejahen (vgl. § 33 Rn. 16). 28b

Werden Daten unbefugt, unter Verstoß gegen Abs. 2, bei Dritten erhoben, führt das nicht zwangsläufig zu einem Verwertungsverbot bzw. zu einer Löschungspflicht. Dies gilt jedenfalls dann, wenn die Daten für den erfragten Zweck erforderlich sind und vom Betroffenen bei dessen Befragung auch hätten mitgeteilt werden müssen (Bäcker in: Wolff/Brink, DatenschutzR, BDSG § 4 Rn. 52). Der Betroffene ist jedoch zu informieren und ggf. vor einer für ihn negativen Verwertung anzuhören. Die Ordnungswidrigkeit der unbefugten Datenerhebung in § 43 Abs. 2 Nr. 1 ist zu bejahen, wenn die Daten nur auf die untersagte Weise erlangt werden konnten. 28c

10. Hinweis auf die beabsichtigten Verwendungszwecke

10.1 Durch die Hinweis- und Aufklärungspflichten des **Absatzes 3** soll der Betroffene in die Lage versetzt werden, darüber zu entscheiden, ob er die Daten preisgeben will oder nicht (vgl. auch die entsprechenden Regelungen in § 93 Satz 1 TKG). Absatz 3 gilt mithin nur für den Fall der **Erhebung beim Betroffenen** selbst (mit seiner Kenntnis). Daraus folgt, dass der Hinweis **rechtzeitig** gegeben werden muss, also bevor der Betroffene entschieden hat. Mitzuteilen sind zunächst neben der regelmäßig sich aus der Natur der Sache ergebenden Information über die verantwortliche Stelle die Zweckbestimmungen und ggf. die Kategorien von Datenempfängern. Insoweit ist die mit der Benachrichtigungspflicht des § 33 Abs. 1 bestehende **Transparenzpflicht** im Falle der Direkterhebung in diese erste Phase des „Umgangs" mit personenbezogenen Daten vorverlagert. 29

10.2 Die Information über die **Identität der verantwortlichen Stelle** ist durch Art. 10 EG-DatSchRL notwendig geworden. Anzugeben sind der Name und die 30

§ 4 Zulässigkeit der Datenerhebung, -verarbeitung und -nutzung

Anschrift der verantwortlichen öffentlichen bzw. nicht öffentlichen Stelle. Die Angaben müssen – ebenso wie bei der Benachrichtigung – so präzise sein, dass die betroffene Person im Bedarfsfalle ihre Rechte aus dem Gesetz (Auskunft, Berichtigung, Löschung etc.) wahrnehmen kann. Es genügt also nicht die Angabe einer Internet- oder E-Mail-Adresse. Die Anschrift muss der betroffenen Person ermöglichen, die verantwortliche Stelle aufzusuchen, um dort ihre Rechte wahrzunehmen.

31 **10.3** Der Hinweis auf den **Zweck der Erhebung** soll die betroffene Person darüber unterrichten, wozu die Daten benötigt werden. Dies kann eine einzelne Aufgabe, es können aber auch mehrere sein. Es sind alle Zwecke anzugeben, die die verantwortliche Stelle im Zeitpunkt der Erhebung verfolgt. Werden die Daten für mehrere **Zwecke** benötigt, ist der Betroffene auf alle hinzuweisen. Der Hinweis muss so erfolgen, dass der Betroffene ihn versteht. Wird durch mündliche Befragung erhoben, kann auch mündlich auf den Erhebungszweck hingewiesen werden. Bei schriftlicher Befragung ist entsprechend schriftlich hinzuweisen. Ein Hinweis auf die ermächtigende Rechtsvorschrift reicht nicht aus, wenn sich daraus der Erhebungszweck nicht eindeutig ergibt. Nicht angegeben zu werden brauchen anderweitige Verwendungen, die bei Eintritt besonderer Voraussetzungen eine zweckändernde Verarbeitung nach § 14 Abs. 2 zulassen (Dammann in: Simitis/Dammann, EG-DatSchRL Art. 10 Rn. 6). Die Zweckbestimmung der Erhebung kann nach den Gegebenheiten so offenkundig sein, dass auf eine gesonderte Unterrichtung ganz verzichtet werden kann (so bei Erhebungen im Bewerbungsverfahren, BlnDSB, Materialien zum Datenschutz Nr. 30, S. 24) oder ein Stichwort (Entscheidung über den gestellten Antrag) genügt. Der Zweck der Erhebung kann, sofern der Informationsgehalt nicht missverständlich wird, auch „positiv" dargestellt werden. So kann eine Erhebung zum Zwecke der Vertragsabwicklung, der weiteren Werbung bei dem ehemaligen Vertragspartner und ggf. die Übermittlung an bzw. Nutzung der „strukturierten" Daten durch Dritte zu Werbezwecken wie folgt lauten: „Wir speichern und nutzen die Daten zur Abwicklung der abgeschlossenen Vertragsbeziehung und der weiteren Pflege der Kundenbeziehung. Die Daten werden ggf. auch anderen Firmen unseres Konzerns zur Verfügung gestellt, damit diese Ihnen Angebote zukommen lassen können." Auf diese Klausel finden die bei Einwilligung relevanten AGB-Regelungen des BGB keine Anwendung (hierzu § 4a Rn. 23).

11. Hinweis auf die Datenempfänger

32 **11.1** Die Pflicht des Absatzes 2 Satz 1 Nr. 3 zur Unterrichtung des Betroffenen über die **Kategorien von Empfängern** ist ebenfalls durch Art. 10 EG-DatSchRL veranlasst. Diese fordert von den Mitgliedstaaten, in ihrem Recht eine Information über die Empfänger oder über Kategorien der Empfänger vorzusehen. Der Gesetzgeber des BDSG hat sich – wohl aus Gründen der Praktikabilität – für die letztere Alternative entschieden. Offenzulegen sind also sowohl der unternehmensinterne Datenfluss als auch die stattfindenden Datenübermittlungen, es sei denn, dass der Betroffene diesen Datenfluss kennt bzw. mit ihm nach der Lebenserfahrung rechnen muss.

33 **11.2** Gegen die Offenlegung des **internen Datenflusses** oder der Weitergabe an **Auftragsdatenverarbeiter** und damit für die Offenlegung nur der Datenweitergabe nach an Dritte könnte zwar der Wortlaut der Ausnahmenorm sprechen, der die Unterrichtungspflicht entfallen lässt, wenn der Betroffene nach den Umständen des Einzelfalls mit der **Übermittlung** – was nach § 3 Abs. 4 Nr. 3 die Weitergabe an Dritte bedeutet – rechnen muss. Bei der missverständlichen Verwendung des Begriffs der Übermittlung kann es sich jedoch nur um ein redaktionelles Versehen handeln, einmal weil von der Übermittlung an Empfänger die Rede ist, und zum anderen weil der hier umgesetzte Art. 10 EG-DatSchRL eindeutig auch den internen Daten-

fluss in die Transparenzpflicht einbezieht (vgl. bei Klug, RDV 2001, 266; a. A. Schaffland/Wiltfang, BDSG § 4 Rn. 14; vgl. Hinweise Nr. 41 des Innenministeriums Baden-Württemberg: Datenschutz im nichtöffentlichen Bereich, RDV 2004, 244: „Offenzulegen sind auch Kategorien von Empfängern der Daten, zu denen im Einzelfall auch Stellen gehören können, die die Daten im Auftrag verarbeiten sollen. Die Unterrichtungspflicht entfällt, wenn die betroffene Person von der Information, die sie erhalten soll, bereits auf andere Weise Kenntnis erlangt hat. Die verantwortliche Stelle muss dies, wenn sie sich hierauf berufen will, allerdings nachweisen können. Hierzu genügt es nicht, dass die Datenübermittlung (z. B. eine **Bonitätsanfrage** bei einer Auskunftei) oder sonstige Datenweitergabe „branchenüblich" ist; erforderlich ist auch, dass dies den Betroffenen bekannt ist."

11.3 Die Information kann entfallen, wenn der Betroffene nach den **Umständen des Einzelfalls und der Lebenserfahrung** mit der Weitergabe an den oder die Empfänger rechnen muss. So muss ein Bewerber damit rechnen, dass seine **Personaldaten** dem **Betriebsrat** zwecks Mitbestimmung bei der Einstellungsentscheidung mitgeteilt werden. Nicht dagegen muss er damit rechnen, dass der Arbeitgeber einen **externen Personalberater** einschaltet. Hierüber ist somit zu informieren, ohne dass jedoch der Personalberater namentlich zu benennen ist. Geschieht letzteres, so entfällt jedoch für Berater, sofern dieser die Daten im Geltungsbereich des BDSG speichert, die ansonsten nach § 33 entstehende Benachrichtigungspflicht.

11.4 Insoweit ist fraglich, ob auch über die Weitergabe der Daten an **Auftragsdatenverarbeiter** zu informieren ist. Eine Auffassung, dass hiermit im Rahmen der allgemeinen **Outsourcing-**Tendenz der Wirtschaft in der Regel gerechnet werden müsse, wäre jedenfalls in dieser allgemeinen Form nicht haltbar. Wird im Rahmen der **„Allfinanzklausel"** der Banken und Versicherungen über konzerninterne Datenflüsse informiert, so mag hieraus auch auf die gegenseitige Unterstützung durch Auftragsdatenverarbeitung geschlossen werden können. Lässt der Arbeitgeber jedoch die Personaldatenverarbeitung – gleichgültig ob im Wege der Funktionsübertragung oder als Auftragsdatenverarbeitung – z. B. durch die Konzernmutter durchführen, so ist dies offen zu legen. Werden mehrere Auftragsdatenverarbeiter tätig – von der Gehaltsabrechnung bis zur Entsorgung – so wird der Hinweis auf die Einschaltung von diesbezüglichen Dienstleistungsunternehmen der Hinweispflicht genügen. Geht es aber um einen spezifischen Datenempfänger, besteht kein Anlass, den Hinweis zu abstrahieren und diesen Empfänger nur unter Nennung „seiner Kategorie" offen zu legen.

12. Wegfall der Hinweispflicht aufgrund anderweitiger Kenntnis

12.1 Die Information kann ansonsten nur entfallen, wenn die betroffene Person bereits informiert ist, auf welche Weise auch immer. Die verantwortliche Stelle muss allerdings **sichere Kenntnis** haben, dass dies der Fall ist. Deutlich wird dies aus dem bei der Information über die Kategorien von Empfänger zusätzlich greifenden Ausnahmetatbestand, der darauf abstellt, dass der Betroffene nach der Lebenserfahrung mit bestimmten Weitergaben rechnen muss. Die Ausnahme wäre überflüssig, wenn der Fortfall der Hinweispflicht insgesamt bereits unter dieser Einschränkung stehen würde.

12.2 Der Hinweis kann jedoch unterbleiben, wenn der Betroffene die der Erhebung zugrunde liegende Rechtsvorschrift kennt und damit die Zweckbestimmung der Erhebung kennt. Entsprechendes gilt, wenn Anträge an eine öffentliche Stelle gestellt werden und die betroffene Person Angaben zur Begründung machen muss. Weiterhin kann Kenntnis gegeben sein, wenn bereits früher aber noch ausreichend zeitnah entsprechende Hinweise gegeben wurden (Sokol in: Simitis, BDSG § 4 Rn. 40).

Denkbar und datenschutzrechtlich zulässig sind auch Verfahren mittels derer die Betroffenen vorab über die beabsichtigte Erhebung informiert werden. Beispiel: Ein Verein informiert seine Mitglieder über eine bevorstehende Meinungsumfrage (Dammann in: Dammann/Simitis, EG-DatSchRL Art. 10 Rn. 4).

38 12.3 Werden auf einem Vertrags- oder Antragsformular Name und Adressdaten des Vertragspartners/Antragstellers erhoben und dienen die Daten nur der Zweckbestimmung Vertragsabwicklung/ Bearbeitung des Antrags, so erübrigt sich der Hinweis auf diese Zweckbestimmung, da der Betroffene von dieser zwangsläufigen Zweckbestimmung Kenntnis hat. Behält sich die Bank vor, den Anspruch auf Rückzahlung an andere Kreditinstitute abzutreten, so muss auf die in Betracht kommenden **Zessionare** und die zur Übertragung erforderliche Übermittlung der Daten des Darlehensnehmers nicht gesondert hingewiesen werden, weil die Übermittlung für die gesetzlich gestattete **Abtretung der Forderung** unumgänglich ist, d. h. mit der Information über die Abtretung ist auch über die entsprechende Verwendung der hierfür zwangsläufig benötigten Daten Kenntnis vermittelt (zur regelmäßig zulässigen Abtretung einer Darlehensforderung eines Kreditinstitutes BGH, RDV 2007, 118; bestätigt durch BVerfG, RDV 2008, 68; vgl. aber § 33 Rn. 33 und 39 zur Benachrichtigung des Darlehensnehmers).

39 12.4 Werden die Daten für Zweckbestimmungen erhoben, von denen der Betroffene Kenntnis hat, und beabsichtigt die verantwortliche Stelle auch die Verwendung für andere Zweckbestimmungen, so sollten alle Zweckbestimmungen in dem Hinweis genannt werden, damit der Betroffene nicht durch nur teilweise Information in die Irre geführt wird (vgl. insoweit die Formulierung in Rn. 31).

40 12.5 Die Hinweispflicht entfällt ferner, wenn die Erhebung und nachfolgende Verarbeitung der **Einwilligung** des Betroffenen bedarf. Da § 4a die Einwilligung nur gelten lässt, wenn sie von einem umfassend informierten Betroffenen abgegeben wurde, setzt die rechtsgültige Einwilligung in jedem Falle die Informationen voraus, die § 4 Abs. 2 Satz 1 vorschreibt (vgl. § 4a Rn. 11).

13. Hinweis auf eine eventuelle Auskunftsverpflichtung

41 13.1 In **Absatz 3 Satz 2** stellt das Gesetz weitere **Hinweispflichten** auf, die im Grunde nur eine sinnvolle Berechtigung bei Datenerhebungen **öffentlicher Stellen** haben, für die sie auch im § 13 BDSG 90 ausschließlich galten. Während der Bürger bei der Datenerhebung öffentlicher Stellen, insbesondere wenn diese ihm gegenüber hoheitlich tätig werden, durchaus im Ungewissen sein kann, ob er zur Auskunft verpflichtet ist, stellt sich diese Frage im Privatrechtsverkehr regelmäßig nicht. Ebenso wie für den Abschluss eines Vertrags selbst das Prinzip der Vertragsfreiheit gilt, so gilt dieses Prinzip für jeden Betroffenen eindeutig auch, wenn er zum Zwecke des Vertragsabschlusses von dem potentiellen Vertragspartner nach bestimmten Daten gefragt wird. Die Problematik stellt sich hier vielmehr in anderem Zusammenhang, nämlich ob der Vertragsabschluss von der Mitteilung von Daten abhängig gemacht werden darf, die durch den Vertragszweck nicht gedeckt sind. Eine Erhebung unter derartigem „Abpressen" der Daten ist dann im Hinblick auf einen Verstoß gegen § 242 BGB bzw. eines im Gesetz enthaltenen **Koppelungsverbots** (§ 12 Abs. 3 TMG, § 28 Abs. 3b BDSG) zu prüfen. Die Hinweispflichten des Absatzes 3 Satz 2 des sind daher – sollen sie sich nicht selbst ad absurdum führen – je nachdem ob der öffentliche oder der private Bereich betroffen ist, sachgerecht auszulegen. Auch Art. 10 EG-DatSchRL schreibt die Informationen des Betroffenen nur insoweit vor, wie sie notwendig sind, um gegenüber der betroffenen Person eine Verarbeitung nach Treu und Glauben zu gewährleisten.

42 13.2 Werden die Daten auf Grund **einer gesetzlichen Auskunftspflicht** erhoben (z. B. § 149 Abs. 1 AO i. V. m. § 25 EStG), ist der Betroffene darauf hinzuweisen.

Zulässigkeit der Datenerhebung, -verarbeitung und -nutzung § 4

Dies gilt auch, wenn er verpflichtet ist, Untersuchungen (Hausdurchsuchungen) oder andere Maßnahmen hinzunehmen. Insoweit zwischen öffentlichen und nicht öffentlichen Stellen zu differenzieren, besteht kein Anlass. Verlangt der Arbeitgeber die Vorlage eines ärztlichen Attests, um die Fehlzeiten zu verarbeiten, so hat er den Arbeitnehmer auf seine Vorlagepflicht nach § 5 EFZG hinzuweisen.

13.3 Zu unterscheiden sind die Fälle, in denen eine Auskunftspflicht nicht besteht, **43** die Gewährung **staatlicher Leistungen** und anderer **Rechtsvorteile** aber von den Angaben der Betroffenen abhängt. Die Mitwirkung des Betroffenen ist in diesen Fällen eine Obliegenheit. Es genügt zunächst der Hinweis, dass die Daten für die Gewährung der Rechtsvorteile benötigt werden unter Angabe der Rechtsvorschrift, aus der sich die Obliegenheit ergibt. Besteht keine derartige Rechtsvorschrift, beschränkt sich der Hinweis darauf, dass die zu erhebenden Daten für die Gewährung des Rechtsvorteils erforderlich sind (ebenso Sokol in: Simitis, BDSG § 4 Rn. 48). Das Gesetz erwähnt nur die Rechtsvorteile, es ist aber entsprechend anzuwenden auf Fälle der Datenerhebung, die zum Ziel haben, Rechtsnachteile zu vermeiden.

13.4 Im Zusammenhang mit einem **Rechtsgeschäft,** mit dem der Betroffene **43a** bestimmte Leistungen erhalten will, ist ein Hinweis darauf, dass z. B. die Angabe zu seiner Person freiwillig ist, bei Verweigerung der Angaben aber das Rechtsgeschäft nicht zu Stande kommt, regelmäßig wegen der Selbstverständlichkeit dieser Gegebenheit überflüssig. Werden jedoch Daten erhoben, die für den Abschluss des Rechtsgeschäfts nicht benötigt werden, wird z. B. zwecks telefonischen Kontakts bei den Adressdaten auch die **Telefonnummer** erfragt, sollte insoweit auf die Freiwilligkeit dieser Angabe hingewiesen werden.

13.5 Für öffentliche Stellen ist jedoch ein Hinweis auf **Freiwilligkeit** der **Her- 44 gabe** der Angaben durch den Betroffenen regelmäßig geboten. Die Freiwilligkeit kann in einer Rechtsvorschrift festgelegt sein; dann ist sowohl darüber wie über die Freiwilligkeit zu unterrichten. Bezieht sich die Freiwilligkeit nur auf einen Teil der zu erhebenden Daten, ist dies deutlich kenntlich zu machen (z. B. bei statistischen Erhebungen). Der Hinweis auf die Freiwilligkeit muss **eindeutig und verständlich** sein. Dies ist wichtig, weil manche Betroffene allein auf Grund der Tatsache einer Datenerhebung durch eine öffentliche Stelle meinen, zur Auskunft verpflichtet zu sein. Namentlich bei Fragebögen ist darauf zu achten, dass die freiwillig zu machenden Angaben deutlich gekennzeichnet sind.

13.6 Der Gesetzgeber unterscheidet zwischen der **Hinweis-** und der **Aufklä- 45 rungspflicht.** In der Regel sind die Hinweise nach Absatz 3 Satz 2 so verständlich und erschöpfend, dass der Betroffene entscheiden kann, ob und welche Daten er angeben will. Ist das nicht der Fall und erkennt die verantwortliche Stelle, dass hier auf Seiten der betroffenen Person ein Informationsdefizit besteht, ist sie verpflichtet, sie über den Inhalt der Rechtsvorschrift und die Folgen der Verweigerung aufzuklären (Sokol in: Simitis, BDSG § 4 Rn. 53). Erscheint dies der verantwortlichen Stelle nicht erforderlich, etwa weil der zuständige Bearbeiter im Gespräch mit der betroffenen Person den Eindruck gewinnt, dass sie die Zusammenhänge kennt, kann er auf die Information verzichten. Das Gesetz gibt der betroffenen Person aber das Recht, eine entsprechende Aufklärung zu verlangen. In welcher Form die Information ergeht, hängt von der Art der Datenerhebung ab. Bei schriftlicher Datenerhebung ist auch die hierzu abzugebende Information in Schriftform mit anzugeben (Sokol in: Simitis, BDSG § 4 Rn. 55).

14. Folgen zu Unrecht unterbliebener Unterrichtung

14.1 Fraglich ist, welche Konsequenzen sich für die nachfolgende Verarbeitung **46** der Daten ergeben, wenn die in Absatz 3 geregelten Unterrichtungs-, Hinweis- und Aufklärungspflichten nicht beachtet wurden (offensichtlich keine Konsequenzen

§ 4   Zulässigkeit der Datenerhebung, -verarbeitung und -nutzung

sehen Schaffland/Wiltfang, BDSG § 4 Rn. 17). Dabei ist gleichgültig, ob der Betroffenen nicht über die verantwortliche Stelle und die Zweckbestimmung der Daten, über eine Rechtsvorschrift zur Auskunftserteilung bzw. die Freiwilligkeit der Auskunft oder die eventuellen Konsequenzen der Auskunftsverweigerung informiert wurde. Auszugehen ist zunächst davon, dass sich die Zulässigkeit der Erhebung und Verarbeitung grundsätzlich nach § 4 Abs. 1 richtet (a. A. Sokol in: Simitis, BDSG § 5 Rn. 57 f., mit der im Regelfall eintretenden Folge des Verwertungsverbots der gewonnenen Tatsachenerkenntnisse, wobei sie aber zutreffend den eine Auskunft begehrenden **Verwaltungsakt** nur dann wegen des formalen Fehlers bei der Datenerhebung aufhebbar sein lässt, wenn auch eine andere Entscheidung möglich gewesen wäre). Gleichzeitig ist jedoch festzuhalten, dass die Erhebung, so wie § 28 Abs. 1 Satz 2 BDSG 90 noch formulierte, auf **rechtmäßige Weise** und unter Beachtung von **Treu und Glauben** erfolgen muss.

47 **14.2** Auf nicht rechtmäßige Weise erfolgt die Erhebung u. a., wenn der Betroffene über die verantwortliche Stelle, die Zweckbestimmung der Daten oder eine Auskunftspflicht bewusst **getäuscht** wurde oder die Erhebung der Daten z. B. gegen Schutzvorschriften des Gesetzes gegen den **unlauteren Wettbewerb** (UWG) verstieß (vgl. bei Gola/Reif, Kundendatenschutz, Rn. 63 f.), indem die Entscheidungsfreiheit z. B. im Rahmen des Abschlusses von Geschäften durch Ausübung von Druck (§ 4 Nr. 1 UWG), durch das Ausnutzen der Unerfahrenheit von Kindern (§ 4 Nr. 2 UWG), durch Verschleierung des Werbecharakters der Werbemaßnahme (§ 4 Nr. 3 UWG) oder das „Ausspionieren" des Betroffenen im Rahmen unzulässiger **Laienwerbung** erfolgt (BGH, NJW 1992, 2419 = RDV 1993, 124).

48 **14.3** Gegen Treu und Glauben (vgl. hierzu auch vorstehend Rn. 41) wird grundsätzlich immer dann verstoßen, wenn nach objektiver Sicht davon auszugehen ist, dass zumindest ein Teil der Betroffenen bei Vermittlung der gesetzlich vorgesehenen Informationen, die Daten ganz oder teilweise nicht mitgeteilt hätte (vgl. Hinweis Nr. 41 des Innenministeriums Baden-Württemberg: Datenschutz in nichtöffentlichen Bereich, RDV 2004, 244: „Die Informationspflicht ist in der zentralen Vorschrift über die Zulässigkeit der DV in § 4 BDSG verankert. Wenn bei Nichtbeachtung der Informationspflichten der Grundsatz von Treu und Glauben verletzt wird, kann es sich um eine unzulässige Datenerhebung handeln mit der Folge, dass die Daten nicht weiterverwendet (verarbeitet oder genutzt) werden dürfen und der Betroffene einen Anspruch auf **Löschung** der Daten hat nach § 35 (2) Nr. 1 BDSG. Dann liegt auch eine **Ordnungswidrigkeit** nach § 43 (2) Nr. 1 BDSG vor."). Um die Mängel bei der Datenerhebung zu bereinigen, ist der Betroffene zumindest nunmehr nach § 33 zu **benachrichtigen**, wobei dieser sich nunmehr auf den ihm ggf. zustehenden Löschungsanspruch bzw. ein sich aus § 35 Abs. 5 ergebendes subjektives Löschungsinteresse berufen kann. Ist der Verstoß derart, dass Daten eindeutig für rechtwidrige Zwecke erhoben wurden (so z. B. Erhebung der E-Mail-Adresse ohne Hinweis auf die Freiwilligkeit der Angabe und ohne Einholung der Einwilligung in die Zusendung von Werbe-E-Mail) ist die Löschungsverpflichtung evident und ohne weiteres umzusetzen.

49 **14.4** Zu beachten ist jedoch, dass die unter Verstoß gegen die Informationspflichten erfolgte Datenerhebung nachträglich gerechtfertigt ist, wenn sie Grundlage des Abschlusses eines Rechtsgeschäfts ist (§ 28 Abs. 1 Satz 1 Nr. 1). Selbst wenn der **Vertragsabschluss** durch arglistige Täuschung herbeigeführt wurde, bleibt er wirksam, solange er von dem Betroffenen nicht angefochten wird. Dienen die rechtswidrig erhobenen Daten der **Werbung,** so steht dem Betroffenen sowieso das Widerspruchsrecht des § 28 Abs. 4 Satz 1 zu. Bedarf die Erhebung bzw. nachfolgende Nutzung der **Einwilligung,** so ergibt sich die Löschungsverpflichtung aus dem Verbot mit Erlaubnisvorbehalt des § 4 Abs. 1 (vgl. auch Sokol in: Simitis, BDSG § 4 Rn. 60 für Datenerhebungen nichtöffentlicher Stellen „auf freiwilliger Grundlage").

14.5 Im Übrigen bleibt der Verstoß gegen die Informationspflicht des § 4 Abs. 3 **50**
weitgehend unsanktioniert. Im Gegensatz zum Verstoß gegen die Benachrichtigungspflicht (§§ 33, 43 Abs. 1 Nr. 8) liegt hier keine Ordnungswidrigkeit vor. Der **Aufsichtsbehörde** sind insoweit ebenfalls keine Kompetenzen nach § 38 eingeräumt, außer dass sie den Betroffenen oder die Gewerbeaufsicht zwecks Einleitung eigener Maßnahmen informiert (Bizer, DuD 2005, 451; vgl. dort auch zum evtl. Tätigwerden von **Verbraucherschutzvereinigungen** und Wettbewerbern; Kamlah/Hoke, RDV 2008, 226; Gola/Reif, RDV 2009, 89).

15. Landesrecht

Der in § 4 enthaltene Grundsatz des Verbots mit Erlaubnisvorbehalt ist in allen **51**
Landesdatenschutzgesetzen beibehalten worden (Art. 15 Abs. 1 BayDSG; § 4 Abs. 1 LDSG BW; § 6 Abs. 1 BlnDSG; § 4 Abs. 1 BbgDSG; § 3 Abs. 1 BremDSG; § 5 Abs. 1 HmbDSG; § 7 HDSG; § 7 Abs. 1 DSG M-V; § 4 Abs. 1 NDSG; § 4 Abs. 1 DSG NRW; § 5 Abs. 1 LDSG RPf; § 4 Abs. 1 SDSG; § 4 Abs. 1 SächsDSG; § 4 Abs. 1 DSG-LSA; § 11 LDSG SH; § 4 Abs. 1 ThürDSG). Die Länder unterscheiden zwischen der Erhebung mit Kenntnis und ohne Kenntnis des Betroffenen (vgl. u. a. Art. 16 BayDSG; § 13 LDSG BW; § 10 BlnDSG; § 12 BbgDSG; § 10 BremDSG; § 12 Abs. 2 HmbDSG (Sollvorschrift), § 12 HDSG; § 9 DSG M-V; § 9 NDSG; § 12 DSG NRW; § 12 Abs. 2–4 LDSG RPf; § 12 SDSG; § 12 Abs. 2–4 SächsDSG; § 9 Abs. 2 DSG-LSA; § 13 Abs. 1 LDSG SH; § 19 ThürDSG). Den Begriff „Mitwirkung" enthalten sie nicht (vgl. ferner die Hinweise bei § 13).

§ 4a Einwilligung

(1) ¹Die Einwilligung ist nur wirksam, wenn sie auf der freien Entscheidung des Betroffenen beruht. ²Er ist auf den vorgesehenen Zweck der Erhebung, Verarbeitung oder Nutzung sowie, soweit nach den Umständen des Einzelfalles erforderlich oder auf Verlangen, auf die Folgen der Verweigerung der Einwilligung hinzuweisen. ³Die Einwilligung bedarf der Schriftform, soweit nicht wegen besonderer Umstände eine andere Form angemessen ist. ⁴Soll die Einwilligung zusammen mit anderen Erklärungen schriftlich erteilt werden, ist sie besonders hervorzuheben.

(2) ¹Im Bereich der wissenschaftlichen Forschung liegt ein besonderer Umstand im Sinne von Absatz 1 Satz 3 auch dann vor, wenn durch die Schriftform der bestimmte Forschungszweck erheblich beeinträchtigt würde. ²In diesem Fall sind der Hinweis nach Absatz 1 Satz 2 und die Gründe, aus denen sich die erhebliche Beeinträchtigung des bestimmten Forschungszwecks ergibt, schriftlich festzuhalten.

(3) Soweit besondere Arten personenbezogener Daten (§ 3 Abs. 9) erhoben, verarbeitet oder genutzt werden, muss sich die Einwilligung darüber hinaus ausdrücklich auf diese Daten beziehen.

Literatur: *Buchner*, Die Einwilligung im Datenschutzrecht, DuD 2010, 39; *Drewes/Siegert*, Die konkludente Einwilligung in das Telefonmarketing und das Ende des Dogmas von der datenschutzrechtlichen Schriftform, RDV 2006, 139; *Duisberg*, Bleibt die Einwilligung zur konzerninternen Weitergabe von personenbezogenen Daten im Unternehmenskauf bestehen?, RDV 2004, 104; *Evers/Kiene*, Auslagerung von Finanzdienstleistern auf Handelsvertreter: Anforderungen an die Einwilligungserklärung hinsichtlich der Weitergabe von Kundendaten, DB 2003, 2762; *Geiger*, Die Einwilligung in die Verarbeitung personenbezogener Daten als Ausübung des Rechts auf informationelle Selbstbestimmung, NVwZ 1989, 35; *Gola*, Informationelle Selbstbestimmung in Form des Widerspruchsrechts, DuD 2001, 278; *ders.*, Die Einwilligung als Legitimation zur Verarbeitung von Arbeitnehmerdaten, RDV 2002, 109; *Gola/Wronka*, Zur datenschutzrechtlichen Auswirkung einseitig erklärter oder vertraglich gezogener Verarbeitungs- und Verwertungsgrenzen personenbezogener Daten, RDV 2007, 51; *Härting*, Datenschutz zwischen Transparenz und Einwilligung, CR 2011, 169; *Hanloser*, „opt in" im Datenschutzrecht und Wettbewerbsrecht, CR 2008, 713; *Heidemann-Peuser*, Rechtskonforme Gestaltung von Datenschutzklauseln, DuD 2002, 389; *Henssler/Kilian*, Erwerb von Anwaltssozietäten – Das Prinzip des sanften Übergangs, MDR 2001, 1274; *Hilpert*, Verstoß gegen das Bankgeheimnis? Zum Verkauf von Darlehnsforderungen durch die Bank, DSB 3/2005, 11; *Hoenike/Hülsdunk*, Outsourcing im Versicherungs- und Gesundheitswesen ohne Einwilligung?, MMR 2004, 788; *Iraschko-Luscher*, Einwilligung – ein stumpfes Schwert des Datenschutzes?, DuD 2006, 706; *Kartheuser/Klar*, Wirksamkeitskontrolle von Einwilligungen auf Webseiten, ZD 2014, 500; *Kilian*, Informationelle Selbstbestimmung und Marktprozesse, CR 2002, 921; *Körner-Dammann*, Weitergabe von Patientendaten an ärztliche Verrechnungsstellen, NJW 1992, 730; *Menzel*, Datenschutzrechtliche Einwilligungen, DuD 2008, 400; *van Raay/Meyer-van Raay*, Opt-in, Opt-out und (k)ein Ende der Diskussion, VuR 2009, 103; *Schafft/Ruoff*, Nutzung personenbezogener Daten für Werbezwecke zwischen Einwilligung und Vertragserfüllung, CR 2006, 499; *Schmittmann*, Die Zulässigkeit von E-Mail-Werbung nach deutschem Recht unter Berücksichtigung europarechtlicher Parameter, RDV 2001, 172; *Sester/Glos*, Keine Verletzung von Privatgeheimnissen? Zum § 203 StGB, DB 2005, 375; *Simon*, Schufa-Verfahren und neue Schufa-Klausel, CR 1988, 637; *Steding/Meyer*, Outsourcing von Bankdienstleistungen; Bank- und datenschutzrechtliche Probleme der Aufgabenverlagerung von Kreditinstituten auf Tochtergesellschaften und sonstige Dritte, BB 2001, 1093; *Voigt*, Gesprächsaufzeichnungen im Servicecallcenter – Opt-in oder Opt-out?, DuD 2008, 780; *Wedde*, Die wirksame Einwilligung im Arbeitnehmerschutzrecht, DuD 2004, 169; *Zehentmeier*, Unaufgeforderte E-Mail-Werbung – Ein wettbewerbs-

Einwilligung **§ 4a**

widriger Boom im Internet?, BB 2000, 940; *Zscherpe,* Anforderungen an die datenschutzrechtliche Einwilligung im Internet, MMR 2004, 723.

Übersicht

Rn.

1. Allgemeines 1
2. Die Einwilligung als Ausübung des Selbstbestimmungsrechts 2
3. Die Einwilligung als Voraussetzung werblicher Ansprache per Telekommunikation 4
4. Anwendung des § 4a auf Einwilligung zur Aufhebung des § 88 TKG 18
5. Die Freiwilligkeit der Einwilligung 19
6. Die informierte Einwilligung 25
7. Form, Zeitpunkt und Dauer der Einwilligung 29
8. Privilegierung der Forschung 33
9. Einwilligung bei sensitiven Daten 34
10. Mitbestimmung 36
11. Widerspruch gegen die Verarbeitung/Widerruf der Einwilligung ... 37
12. Landesrecht 45

1. Allgemeines

Die Aussage zur Abgabe der **Einwilligung** nach § 4 Abs. 1 hat in § 4a eine **1** eigenständige Regelung. Satz 1 berücksichtigt Art. 2 Buchst. h EG-DatSchRL, wonach die Einwilligung „ohne Zwang" erfolgen muss. Ferner erstreckt sich das Erfordernis der Einwilligung auf alle vom BDSG erfassten Phasen des Umgangs mit personenbezogenen Daten, d. h. die Erhebung, Verarbeitung und Nutzung. Absatz 3 ergibt sich aus dem von der EG-DatSchRL (Art. 8 Abs. 3) verfügten besonderem Schutz sog. sensibler Daten gem. § 3 Abs. 9.

2. Die Einwilligung als Ausübung des Selbstbestimmungsrechts

2.1 Wenn keine Rechtsnorm die Verarbeitung der Daten erlaubt, wobei der **2** Begriff „erlaubt" neben der Anordnung auch das freie Ermessen beinhaltet, ist die „Erlaubnis" durch den Betroffenen erforderlich. Das Gesetz fordert die Einwilligung, d. h. die **vorherige Einverständniserklärung** des Betroffenen. Nach der wohl herrschenden Meinung (vgl. bei Simitis in: Simitis, BDSG § 4a Rn. 20, 25 m. N.) handelt es sich um eine rechtsgeschäftliche Erklärung oder um eine geschäftsähnliche Handlung (Kühling in: Wolff/Brink, DatenschutzR, BDSG § 4a Rn. 33) und nicht um einen bloßen Rechtsakt (vgl. nachfolgend Rn. 10). Sie ist dann als **Willenserklärung** auslegbar (§ 133 BGB) und ggf. im Anfechtungsfall **ex tunc** zurücknehmbar und unterliegt als AGB der richterlichen Kontrolle (vgl. Rn. 14). Der Begriff entspricht der Terminologie des BGB (§ 183 BGB: Einwilligung = vorherige Zustimmung) und auch der Tatsache, dass in der wissenschaftlichen Erörterung der Begriff „Einwilligung" verwendet wird, wenn ein Eingriff in das Persönlichkeitsrecht des Betroffenen mit dessen Einverständnis erfolgt (vgl. Erman/Schiemann, BGB § 823 Rn. 146 f.; Palandt/Thomas, BGB § 823 Rn. 42). Der Gesetzgeber verwendet auch in § 22 KUG den Begriff der „Einwilligung" in Zusammenhang damit, ob ein Bildnis des Betroffenen verbreitet oder zur Schau gestellt werden darf; § 7 Abs. 2 Nr. 2 und 3 UWG fordert die Einwilligung bei telefonischer Werbung (vgl.

§ 4a
Einwilligung

hierzu Rn. 5 ff.). Zu beachten ist jedoch, dass die Einwilligung auch zum Kommerzialisierungsinstrument, d. h. Gegenstand eines gegenseitigen Vertrages wird (Buchner, DuD 2010, 39). Besondere, die Anforderungen des § 4a präzisierende bzw. verschärfende Regelung bestehen bei der Einwilligung für Werbezwecke (§ 28a Abs. 3a und 3b bzw. § 7 UWG).

2a Ob ein Minderjähriger eine Einwilligung wirksam abgeben kann oder der Zustimmung der Eltern bedarf, wird überwiegend von dessen Einsichtsfähigkeit abhängig gemacht, (vgl. OLG Frankfurt a.M., RDV 2007, 270, wonach die Erhebung von Daten von Kindern zwecks Beitritt zu einem Internet-Kinder-Automobilclub mit dem Ziel früher Kundenbindung zum einen ohne Einwilligung der Eltern unlauter gem. § 4 Nr. 2 UWG, zum anderen datenschutzwidrig wegen Fehlens der Einsichtsfähigkeit der bis zu zwölf Jahre alten Kinder (kein wirksames rechtsgeschäftliches Schuldverhältnis i.S.v. § 28 Abs. 1 Satz 1 Nr. 1) ist). Nach dem OLG Hamm (RDV 2013, 91) hat eine Krankenkasse es nach §§ 8 Abs. 1, 3 und 4 Nr. 2 UWG zu unterlassen, ohne Zustimmung der Erziehungsberechtigten bei Gewinnspielen die persönliche Daten auch von über 15 Jahre alten minderjährigen Verbrauchern zu erheben, um diese u.a. telefonisch, per E-Mail oder brieflich als Kunden bewerben zu können.Schließt der Minderjährige jedoch ein Rechtsgeschäft unter Verwendung seines Taschengeldes ab (§ 110 BGB), mit der gesetzlichen Konsequenz, dass § 28 Abs. 3 die Nutzung und Vermarktung seiner Listendaten zu Werbezwecken erlaubt, bedarf es für diese werbliche Nutzung keiner Einwilligung (vgl. hierzu und zu dem Minderjährigenschutz in der EU-DS-GVO Gola/Schulz, ZD 2013, 475).

3 **2.2** Beispiele für mit den Aufsichtsbehörden abgestimmte Einwilligungsklauseln betreffen den Datenfluss innerhalb (konzern-)verbundener Finanzdienstleister (zur sog. **Allfinanzklausel** vgl. bei BfD, 15. TB, 437; 16. TB, 410; HmbDSB, 15. TB (1996), Nr. 25.1; Kilian/Scheja, RDV 2002, 177; Schaffland/Wiltfang, § 4a Anh. 1; vgl. OLG Köln, ZD 2011, 34 zur Zulässigkeit einer formularmäßigen Einwilligung zur Übermittlung der konkret festgelegten Daten des Bankkunden, wenn sie mit der Befreiung von dem Bankgeheimnis verknüpft ist und auf die Freiwilligkeit hingewiesen wird), die sog. **Datenermächtigungsklausel** im Versicherungsgewerbe (vgl. VerBAV 1997, 408; Schapper/Dauer, CR 1987, 497 und vgl. auch das Beispiel bei Wächter, Datenschutz im Unternehmen, Rn. 187) oder die **SCHUFA-Klausel** (vgl. RDV 2002, 158; HambLDSB, TB 2000/01, 176 = RDV 2002, 158; zur Reichweite OLG Frankfurt a.M., RDV 2003, 245; OLG Koblenz, CR 1990, 644; ferner Simon, CR 1988, 637; zur Problematik derartiger Klauseln unter dem Aspekt allgemeiner Geschäftsbedingungen vgl. Rn. 8). Die Rechtsprechung zum Erfordernis der Einwilligung in Datenerhebungen, -verarbeitungen und -weitergaben umfasst ein weites Spektrum des Persönlichkeitsschutzes. Verdeckte **Aids-Tests** bei Bewerbern verstoßen gegen Art. 8 EMRK (EuGH, NJW 1994, 3005) und stellen eine strafbare Körperverletzung dar (StA Mainz, NJW 1987, 2946; StA beim KG, NJW 1987, 1485 f. m. N.). Die rechtswidrig erhobenen Daten sind zu löschen (zum Löschungsanspruch des Ergebnisses eines ohne Einwilligung durchgeführten Tests aus der Personalakte eines Strafgefangenen: OLG Koblenz, RDV 1990, 37). Der Einwilligung bedarf die Speicherung der **Religionszugehörigkeit** des Patienten durch ein Krankenhaus (BVerfG, NJW 1978, 583) oder die **graphologische Begutachtung** eines Bewerbers (BAG, NJW 1984, 446 = BB 1984, 140). Gleiches gilt im Hinblick auf die besondere Schweigepflicht des § 203 StGB für die Weitergabe von Patienten- oder Klientendaten an eine ärztliche Abrechnungsstelle (BGH, NJW 1991, 2955 = RDV 1992, 38) oder beim **Praxisverkauf** (für Rechtsanwälte oder Steuerberater: BGH, NJW 2001, 2462 m. w. N.; OLG Naumburg, RDV 2003, 29). Soll ein **Telefongespräch** zwecks späterer Beweisführung mitgehört werden, bedarf es regelmäßig der Einwilligung des Gesprächspartners (BVerfG, RDV 2003, 23; 1992, 121; BGH, RDV 2003, 237).

Einwilligung § 4a

2.3 Zweifelhaft (Gola, RDV 2002, 109), ist der Verzicht auf das Erfordernis einer Einwilligung bei der „Beurteilung" von Lehrveranstaltungen und Dozenten im Rahmen der **Evaluierung** der Lehre (so Simitis in: Simitis, BDSG § 4a Rn. 12 m. N.; vgl. aber auch Giesen, DuD 1995, 256; kritisch Tinnefeld, DuD 2001, 21), da es sich um die Erhebung von Leistungsdaten handeln kann, die die Lehrenden gewichtig auch in ihrer Funktion als Bedienstete und nicht nur als „Amtswalter" betreffen (a. A. LfD RPf, 14. TB, 62). Demgemäß unterliegen derartige Verarbeitungen der Mitbestimmung (OVG Berlin, RDV 1992, 40) und bedürfen i. d. R. einer – landesrechtlichen – Erlaubnisnorm (keinen Verstoß gegen das Datenschutzrecht sieht der HessLDSB bei der Bewertung von Vorlesungen durch Studierende, 29. TB (2000), 114; zur Unzulässigkeit der von Privatfirmen Studierenden eröffneten Möglichkeit der Bewertung von Professoren im Internet vgl. Schilde/Stenzel, RDV 2006, 104; ferner BlnBDI, TB 2005, 192). Anders beurteilt der BGH den Sachverhalt im Falle der Internetseite „spickmich.de" (NJW 2009, 2888). Danach stellen die Bewertungen der Lehrer durch ihre Schüler Meinungsäußerungen dar, die die berufliche Tätigkeit der Betroffenen betreffen, bei der der Einzelne grundsätzlich nicht den gleichen Schutz wie in der Privatsphäre genießt. In einer Abwägung des Rechts auf informationelle Selbstbestimmung gegen das Recht auf freien Meinungsaustausch wurde insofern ein schutzwürdiges Interesse der Betroffenen im Hinblick auf die konkret veröffentlichten Daten verneint (zutreffend a. A. Dorn, DuD 2008, 98). 3a

3. Die Einwilligung als Voraussetzung werblicher Ansprache per Telekommunikation

3.1 Auch außerhalb des Geltungsbereichs des BDSG erfordert der mit der Erhebung und Speicherung personenbezogener Daten verbundene Eingriff in das **Persönlichkeitsrecht** des Betroffenen häufig seine regelmäßig ausdrücklich erklärte Einwilligung. Die gilt z. B. für Eingriffe in das **Recht am eigenen Bild** (vgl. §§ 22, 23 KUG, § 201a StGB) oder **am gesprochenen Wort** (vgl. § 201 StGB, § 88 TKG, § 206 StGB), wobei in diesen Bestimmungen eine Regelung über Art und Weise der Erklärung, wie sie § 4a aufstellt, nicht enthalten ist. Gleiches gilt für die Erhebung und Nutzung von Daten zur Werbung mit Hilfe der Telekommunikation (Telefon, E-Mail, Fax, SMS). Zwar ist es keineswegs generell unzulässig, dass z. B. Call Center eine Privatperson zu „geschäftlichen Zwecken" unter Nutzung entsprechender personenbezogener Datenbestände unaufgefordert anrufen. Geht es hierbei nicht um eine **Wettbewerbshandlung** i. S. v. § 2 Abs. 1 Nr. 1 UWG oder sonstige **Werbung,** wird z. B. eine Meinungsumfrage durchgeführt, so ist der Anruf regelmäßig unproblematisch, es sei denn, der Angerufene hat zum Ausdruck gebracht, dass er sich subjektiv durch den Anruf belästigt, d. h. in der **freien Entfaltung seiner Persönlichkeit** gestört fühlt. Hat der Betroffene den Wunsch, nicht oder zu diesen Zwecken nicht angerufen zu werden, zum Ausdruck gebracht, ist die Missachtung eine unerlaubte Handlung nach § 823 Abs. 1 BGB. Der Wunsch im Rahmen einer Umfrage nicht als befragte Person ausgewählt zu werden, wird schon dann anzunehmen sein, wenn der Betroffene seine Telefonnummer gar nicht oder nicht in automatisiert geführten Verzeichnissen bekannt gegeben hat. 4

3.2 Geht es jedoch um **Werbung,** d. h. um eine geschäftliche Handlung zugunsten des eigenen oder eines fremden Unternehmens, die mit der Förderung des Absatzes oder des Bezugs von Waren oder Dienstleistungen oder dem Abschluss entsprechender Verträge (§ 2 Abs. 1 Nr. 1 UWG) zusammenhängt, so sind die Nutzung der Kundendaten zwecks Ansprache per Telefon, Fax SMS oder E-Mail wettbewerbsrechtliche Grenzen gezogen. Eine Werbung mit Telefonanrufen i. S. d. § 7 Abs. 2 Nr. 2 UWG, d. h. eine Handlung, die darauf gerichtet ist, die Erbringung 4a

§ 4a Einwilligung

von Dienstleistungen zu fördern, liegt auch vor, wenn ein hierzu beauftragtes Demoskopieinstitut sich an Verbraucher wendet, um die Zufriedenheit mit Produkten des Auftraggebers zu erfragen. Die vorherige Information über den Anruf durch das Institut nebst Einräumung einer Widerspruchsmöglichkeit genügt den Anforderungen an eine Einwilligung nicht (OLG Köln, RDV 2009, 75; OLG Hamburg, RDV 2009, 178). Auch **Nachfragehandlungen** hinsichtlich von dem Empfänger zu erbringender Dienstleistungen unterfallen dem Tatbestand (vgl. BGH, RDV 2008, 199 zur Anfrage hinsichtlich der Anbringung von Bannerwerbung auf einem Sportplatz; vgl. ferner BGH, RDV 2008, 200).

5   **3.3** Der **Telefonwerbung** und auch der unerbetenen E-Mail- und Faxwerbung sind seit langem von der Rechtsprechung (vgl. bereits BGH, GRUR 1970, 524 = MDR 1970, 826 (Telefonwerbung I); BGH, NJW 1989, 2820 = MDR 1990, 23 (Telefonwerbung II)) und seit 2004 auch vom Gesetzgeber in § 7 Abs. 2 UWG unter wettbewerbsrechtlichen Gesichtspunkten enge Grenzen gezogen, wobei der Schutz gegen unlautere geschäftliche Handlungen maßgebend der Verletzung der Privatsphäre und des **Persönlichkeitsrechts** des Beworbenen vorbeugen soll. § 7 Abs. 2 Nr. 2 UWG konkretisiert das in § 3 Abs. 1 UWG ausgesprochene Verbot unzulässiger geschäftlicher Handlungen für den Bereich des Telefonmarketings dahingehend, dass **unzulässig** handelt, wer Werbung mit Telefonanrufen gegenüber **Verbrauchern** (§ 13 BGB) ohne deren ausdrückliche Einwilligung oder gegenüber sonstigen Marktteilnehmern (§ 2 Abs. 1 Nr. 2 UWG) ohne deren zumindest mutmaßliche Einwilligung betreibt (zur Übereinstimmung mit den Regelungen des früheren Fernabsatzgesetzes vgl. bei Gola, Datenschutz im Call Center, m. N., S. 83 f.; dazu dass sich an den bis dato von der Rechtsprechung gezogenen Zulässigkeitsgrenzen durch das neue UWG nichts geändert hat vgl. Heil, RDV 2004, 205; Schulze zur Wiesche, CR 2004, 742).

6   **3.4** Für die telefonische Werbe-Ansprache einer Privatperson ist in jedem Falle – also auch wenn schon geschäftliche Beziehungen bestehen, es sich also um einen Kunden handelt – das **Einverständnis** des Betroffenen erforderlich. Die schriftlich oder telefonisch geäußerte Bitte um **Zusendung von Informationsmaterial** (BGH, MDR 1990, 511 = GRUR 1990, 280 (Telefonwerbung III)) oder die Angabe der Telefonnummer bei Abschluss eines Vertrages (OLG Frankfurt a.M., RDV 2005, 269) kann auch nicht als konkludente Einwilligung gewertet werden. Auch „Telefonberatung" im Rahmen konkreter Geschäftsbeziehungen lässt der BGH (BGH, RDV 1995, 170 = MDR 1995, 379 (Telefonwerbung V)) bei Privatleuten nur sehr eingeschränkt zu, indem z. B. möglicher zusätzlicher Versicherungsbedarf des Kunden nicht zur telefonischen Kontaktaufnahme berechtigt (OLG Frankfurt a.M., RDV 2005, 269). Demgemäß sind sog. „Follow up-" und **„After Sales"-Kontakte,** d. h. Anrufe, in denen z. B. angefragt wird, ob angefordertes Informationsmaterial oder die bestellte Ware zufrieden stellend waren, oder warum der Kunde die Geschäftsbeziehung beendet hat, nur zulässig, wenn jeweils eine den Gegenstand des Anrufs betreffende Einwilligung vorliegt, so wenn z. B. der Interessent um Angabe der Telefonnummer gebeten wurde, damit ihm weitere Informationen auch über andere Produkte gegeben werden dürfen. Die Angabe der Telefonnummer bei Abschluss einer vertraglichen Beziehung, z. B. Abonnement einer Zeitung, berechtigt zum Anruf im Rahmen der bestehenden Geschäftsbeziehung, nicht jedoch zur **Kundenrückgewinnung** (OLG Koblenz, WRP 1991, 332) bei Abonnementkündigung. Beispiele zulässigen Telefonkontakts sind der Anruf zur Abwicklung eines Versicherungsschadens oder im Rahmen einer Rückrufaktion des Autohändlers. Ebenfalls als unzulässig bewertet wird es, wenn bei einer grundsätzlich ohne Einwilligung zulässigen telefonischen Marktforschungsaktion erhobene Daten genutzt werden, um gleichzeitig oder nachfolgend konkrete Werbeangebote zu machen bzw. die Kundenzufriedenheit abzufragen.

Einwilligung § 4a

3.5 Im geschäftlichen, gewerblichen Bereich, d. h. gegenüber „**sonstigen** 7 **Marktteilnehmern**" wird Telefonwerbung dagegen etwas großzügiger zugelassen, indem § 7 Abs. 2 Nr. 2 UWG hier auch die mutmaßliche Einwilligung genügen lässt. Zulässig ist die Telefonwerbung schon, wenn eine Geschäftsbeziehung besteht oder ein „kalter" Anruf den „eigentlichen Geschäftsbereich" des Unternehmens (vgl. für eine Anwaltskanzlei OLG Koblenz, RDV 2005, 32) oder aber zumindest ein „Hilfsgeschäft" betrifft (BGH, NJW 1991, 2087) oder eine Empfehlung eines Dritten vorliegt, so dass das Einverständnis vermutet werden kann.

3.6 E-Mail-Werbung ist für eigene Angebote nach § 7 Abs. 3 UWG ausnahms- 8 weise ohne Einwilligung erlaubt, solange der Beworbene keinen Widerspruch erhebt, wobei er auf diese Widerspruchsmöglichkeit bei jedem Kontakt hinzuweisen ist. Voraussetzung ist, dass der Unternehmen die Mail-Adresse im Zusammenhang mit dem Verkauf einer Ware oder Dienstleistung vom Kunden erhalten hat (zum Begriff ähnlicher Waren OLG Jena, RDV 2011, 96).

3.7 Nach der von dem BVerfG (NJW 2002, 2938) bestätigten Auffassung der 9 Zivilgerichte (OLG Stuttgart, ZIP 1988, 674) verletzten auch unerbetene Telefonanrufe oder E-Mail-Zusendungen (LG München I, NJW-RR 2003, 764) **politischer Parteien** im Wahlkampf das Persönlichkeitsrecht des Betroffenen. Gewerkschaftswerbung per E-Mail an die dienstlichen E-Mailadressen muss der Arbeitgeber hinnehmen (BAG, RDV 2009, 172), ob dass auch für angesprochene Nicht-Gewerkschaftsmitglieder gilt, ist jedoch eine andere Frage (Gola, MMR 2005, 17).

3.8 Die Einwilligung zu Werbezwecken angerufen oder „angemailt" zu werden, 10 bedarf nach dem Wortlaut des § 7 Abs. 2 UWG – abgesehen davon, dass sie ausdrücklich zu geschehen hat – keiner besonderen Form. Nach dem BGH (RDV 2008, 201=NJW 2008, 3055) liegt eine ausdrückliche Erklärung nur bei einer positiven Erklärung und nicht bei einer diesbezüglichen Opt-out-Klausel vor (vgl. LG Düsseldorf, MMR 2007, 458). Eine ausdrückliche Erklärung fordert zudem, dass die Zustimmungserklärung ausschließlich die elektronische Werbesprache erfasst. Beinhaltet die Klausel zugleich die Zustimmung zur Information über einen Gewinn bei einem Gewinnspiel, ist sie unwirksam (BGH, RDV 2011, 187; MMR 2011, 531; LG Magdeburg, RDV 2011, 150; gleiches gilt für eine voreingestellte Einwilligungserklärung für einen Newsletter, OLG Jena, RDV 2011, 96).

3.9 Ein Formzwang ergibt sich jedoch daraus, dass der Werbende im Streitfall 11 erläutern und beweisen muss, dass die Einwilligung tatsächlich erteilt wurde (OLG Hamburg, VuR 2010, 104; LG Dresden, RDV 2011, 178). Die Dokumentation ist auch weiter aufzuheben, wenn der Betroffene die Einwilligung zurückgenommen hat. Demgemäß müssen mit der Erhebung der Daten auch die Zustimmung zu deren Verwendung festgehalten werden. Wird die Einwilligung telefonisch erteilt, ist ggf. – nach daneben erteilter Einwilligung (§ 201 StGB) – eine Aufzeichnung des Gesprächs angezeigt (zum Inhalt der Dokumentation und der Dauer ihrer Aufbewahrung, vgl. bei Bahr, Recht des Adresshandels, Rd. 341 ff.). Die Dokumentation ist auch deshalb erforderlich, weil der Erwerber der Einwilligungsdaten verpflichtet ist, sich über die Erteilung der Einwilligung kundig zu machen (OLG Düsseldorf, RDV 2010, 35).

3.10 Fraglich ist, ob die Vorschrift des § 7 Abs. 2 Nr. 2 und 3 UWG durch § 4a 12 BDSG ergänzt wird, d. h. dass die Erklärung in der Regel schriftlich zu erfolgen hat. Die Aufsichtsbehörden (Düsseldorfer Kreis, RDV 2007, 86) vertreten die Auffassung, dass § 4a nicht durch § 7 Abs. 2 Nr. 2 und 3 UWG verdrängt werde. In jedem Falle habe § 7 Abs. 2 Nr. 2 und 3 UWG jedoch Vorrang, soweit seine Regelung reiche. Über die in § 4a geregelten Themen, insbesondere die Hinweispflichten und die Schriftlichkeit schweige die Norm jedoch. Zutreffend ist, auch im Hinblick auf den im § 28 Abs. 3a geäußerten Willen der Verschriftlichung mündlicher Erklärungen, dass § 4a parallel zu beachten ist. Die Anrufe beruhen auf einer Nutzung der Kundendaten, die regelmäßig schutzwürdige Interessen des Betroffe-

## § 4a	Einwilligung

nen verletzt (vgl. OLG Hamm, MMR 2011, 539, das eine Einwilligung von einer in Geschäftsbedingungen enthaltenen Einwilligungserklärung daran scheitern lässt, dass sie bereits nach § 4a nicht hinreichend hervorgehoben ist, dass sie aber im Übrigen einer gesonderten Unterschrift bedurft hätte; a. A. 10. Aufl. unter Berufung auf Drewes/Siegert, RDV 2006, 139; zur gleichen Auffassung des DDV, vgl. bei Bahr, Recht des Adresshandels, Rn. 377 ff.). Erfordert die Telefonwerbung das Einverständnis des Umworbenen, so muss sie vor Beginn des Gesprächs vorliegen. Es genügt nicht, dass der Angerufene sich nach Erkennung der Zweckbestimmung auf das Gespräch einlässt (BGH, MDR 2002, 960).

12a	**3.11** Erforderlich ist aber auch hier die gebotene **Transparenz**, d. h. dass der Kunde in vollem Umfang informiert wurde, worauf er sich einlässt, d. h. von wem er – nur von der datenerhebenden Stelle oder auch (von welchen?) Dritten (vgl. hierzu jedoch OLG Hamm, RDV 2006, 263, das die Einwilligung in die telefonische Ansprache durch beliebige Dritte auf Grund des für den Betroffenen unüberschaubaren Adresshandels per se für unwirksam ansieht) – zu welchen Zwecken angerufen werden soll (Innenministerium Baden-Württemberg, 3. Tätigkeitsbericht 2005, 57). Das bloße Ankreuzen einer Erklärung zu Unterbreitung interessanter Angebote angerufen zu werden oder nur die bloße – ggf. noch nicht einmal deutlich gemachte – Möglichkeit einen derartigen Passus zu streichen, reicht nicht aus. Zudem darf die Einwilligung nicht derart lange zurückliegen, dass sie dem Betroffenen regelmäßig (LG Berlin, RDV 2005, 32) nicht mehr präsent ist.

13	**3.12** Soll die Einwilligung zur Telefonwerbung „**formularmäßig**" eingeholt werden, so ist – ebenso wie bei Einwilligungen nach § 4a (vgl. Rn. 8) eine derartige, als **allgemeine Geschäftsbedingung** zu verstehende Klausel an § 307 BGB und ggf. an § 4 Abs. 5 UWG zu messen und unwirksam (BGH, NJW 1999, 1864; sowie NJW 2000, 2677; kritisch hierzu unter Hinweis darauf, dass die Einwilligung jederzeit widerruflich ist, von Westfalen, BB 1999, 1131). Demgemäß genügt die auf einer Teilnehmerkarte für ein Gewinnspiel unter der Rubrik „Telefonnummer" enthaltene Angabe „Zur Gewinnbenachrichtigung und für weitere interessante telefonische Angebote aus dem Abonnentenbereich, freiwillige Angabe, das Einverständnis kann jederzeit widerrufen werden", zudem auch nicht dem Transparenzgebot des § 4 Nr. 5 UWG (BGH, MMR 2011, 531). Die in einem Gewinnspiel formulierte Klausel zur Verbrauchereinwilligung in Telefonwerbung, die die zu bewerbende Produktgattung nicht nennt, ist eine wegen Intransparenz unwirksame allgemeine Geschäftsbedingung (KG Berlin, RDV 2013, 44).

14	**3.13** Kommen **automatische Anrufmaschinen** zum Einsatz, so stellen § 7 Abs. 2 Nr. 3 und Abs. 3 UWG besondere Zulässigkeitsvoraussetzungen auf. Betroffen sind „automatische Anrufsysteme ohne menschlichen Eingriff", d. h. Anrufautomaten (Voice Mail), die Rufnummern automatisch anwählen und dem Angerufenen vorgefertigte Ansagen vorspielen. Dies ist gem. § 7 Abs. 2 Nr. 3 UWG immer nur gestattet, wenn die Einwilligung des Adressaten vorliegt. Gleiche Voraussetzungen gelten für die Werbung per Fax oder SMS. Auch hier muss eine Einwilligung vorliegen. Eine mutmaßliche Einwilligung genügt auch im geschäftlichen Bereich nach § 7 Abs. 2 Nr. 3 UWG nicht.

15	**3.14** Näherer Betrachtung bedarf, inwieweit per unzulässiger Telefonansprache gewonnenen Daten als rechtswidrig erhoben anzusehen sind, mit der Folge, dass sie einem **Verarbeitungsverbot** nach dem BDSG unterliegen. Grundsätzlich gilt für das BDSG, dass eine rechtswidrige Datenerhebung auch die nachfolgende Verarbeitung rechtswidrig macht, bzw. zur Löschungspflicht nach § 35 Abs. 2 Satz 1 Nr. 2 führt. Zutreffend ist hier jedoch zu differenzieren (Busse, RDV 2005, 260, 263). Lässt der Angerufene sich auf den unzulässigen Anruf ein und nimmt das Angebot zum Vertragsabschluss über einen Kauf, eine Dienstleistung etc. an, so ist die Speicherung der Daten, die der Zweckbestimmung des nunmehr geschlossenen **Vertragsverhältnisses** dienen, durch § 28 Abs. 1 Satz 1 Nr. 1 gerechtfertigt. Das Verbot

Einwilligung § 4a

des UWG, Vertragsabschlüsse nicht per kalten Anrufen zu tätigen, führt nicht dazu, dass der gleichwohl zustande gekommene Vertrag etwa wegen Gesetzesverstoßes (§ 134 BGB) bzw. Sittenwidrigkeit (§ 138 BGB) nichtig wäre. Selbst wenn der Kunde bei dem Telefonat auch noch vor den Anrufer etc. getäuscht worden wäre, würde dies nicht zur Unwirksamkeit, sondern ggf. zur Anfechtbarkeit (§§ 119, 123 BGB) führen. Gleiches gilt, wenn zwar kein Vertrag zustande gekommen war, sich der Angerufene jedoch an den Produkten interessiert gezeigt und z. B. personenbezogene Daten zwecks Aufnahme in eine Interessendatei mitgeteilt hatte; vorausgesetzt, dass die Informationspflichten nach § 4 Abs. 3 gewahrt wurden. Anders ist es jedoch, wenn der Angerufene sich nicht auf das Angebot einlässt bzw. das Gespräch, nachdem der Werbecharakter erkannt ist – ggf. unter Ausdruck seines Unwillens über die Belästigung – abbricht. Wurden bei diesem Gespräch Daten über den Kunden gewonnen, so dürfen diese nicht in einer Werbedatei gespeichert werden.

3.15 Hinzuweisen ist noch darauf, dass der Werbetreibende unabhängig von Auseinandersetzungen mit der Datenschutzaufsichtsbehörde und unabhängig davon, dass der Angerufene sich gegen weitere telefonische Belästigung durch unerbetene Werbeanrufe durch einen gerichtlich geltend gemachten **Unterlassungsanspruch** (§ 1004 BGB) wehren kann, ggf. auch mit Auseinandersetzungen mit Wettbewerbern und insoweit klagebefugten Verbänden rechnen. In den §§ 8 bis 10 UWG werden Ansprüche auf Beseitigung und Unterlassung, auf Schadensersatz und auf Abschöpfung des unlauter erzielten Gewinns geregelt. **16**

3.16 Den im UWG privilegierten Verbänden und Institutionen stehen neben der Klagebefugnis nach § 8 Abs. 3 UWG auch noch die Klagebefugnisse aus dem **Unterlassungsklagegesetz** (UKlaG) offen. Relevant sind insofern auch die Auskunftspflichten von geschäftsmäßigen Telekommunikationsdienstleistern nach §§ 13, 13a UKlaG, wonach den Klageberechtigten ein Anspruch auf Auskunft über den Inhaber des Anschlusses mitzuteilen ist, demgegenüber Ansprüche aus dem UKlaG bzw. UWG (§ 8 Abs. 5 UWG) geltend gemacht werden sollen. **17**

4. Anwendung des § 4a auf Einwilligung zur Aufhebung des § 88 TKG

Gestattet der Arbeitgeber die **private Nutzung** der betrieblichen Kommunikationstechnik wird er – bezogen auf diese Kommunikation – nach wohl noch h.M. (eine im Vordringen befindliche Gegenauffassung verneint die Anwendbarkeit des Fernmeldegeheimnisses in Beschäftigungsverhältnissen mit der Begründung mangelnder Vergleichbarkeit mit einem klassischen Diensteanbieter-Nutzerverhältnis; vgl. u.a. Schuster, CR 2014, 21; Panzer-Heemeier, DuD 2012, 49; LAG Berlin-Brandenburg, RDV 2011, 251 sowie LAG Niedersachsen, MMR 2010, 639; OVG Lüneburg, ZD 2012, 44) zum **Anbieter einer Telekommunikationsdienstleistung**. Damit ist er hinsichtlich Inhalt und näherer Umstände der Kommunikation, d. h. insbesondere der Frage wer mit wem, ggf. wie lange kommuniziert hat, der Einhaltung des strafrechtlich abgesicherten (§ 206 StGB) Fernmeldegeheimnisses des § 88 TKG unterworfen. In der Regel gestattet der Arbeitgeber die private Kommunikation unter bestimmten Vorgaben hinsichtlich Umfang oder bei der Internetnutzung zulässigen Inhalten. Will er die Einhaltung dieser Vorgaben kontrollieren, bedarf er für den Eingriff in das **Fernmeldegeheimnis** der Einwilligung eines Mitarbeiters. Da es gleichzeitig um die Erhebung und Speicherung von Beschäftigtendaten geht, hat sich die Einwilligung mangels spezieller Formulierung in § 88 TKG an § 4a auszurichten. Regelmäßig bedarf es damit der Erklärung in Schriftform. Akzeptiert wird aber auch eine konkludente Erklärung, wenn dem Mitarbeiter das System auf der Basis einer ihm bekannt gemachten Nutzungsordnung oder Betriebsvereinbarung nutzt (so BfDI, Datenschutzrechtliche Grundsätze bei der dienstlichen/privaten Internet- und E-Mail-Nut- **18**

§ 4a Einwilligung

zung am Arbeitsplatz, www.bfdi.bund.de). Die Einwilligung bezieht sich nicht auf die Durchführung des Beschäftigungsverhältnisses. Für die Einwilligung in die zur Bereitstellung von Telemediendiensten verwendeten Bestands- und Nutzungsdaten gelten §§ 11 Abs. 2, 12 Abs. 2 TMG; im Falle der Offline-Abgabe gem. § 12 Abs. 3 TMG wiederum § 4a BDSG.

5. Die Freiwilligkeit der Einwilligung

19 **5.1** Gegen die Einwilligung ist eingewandt worden, dass sie vielfach als Zulässigkeitstatbestand ungeeignet sei. Dem Bürger bleibe im Verhältnis zu Behörden, Unternehmen oder Arbeitgebern häufig gar keine andere Wahl, als die geforderten Daten zur Verfügung zu stellen (Schmidt, JZ 1974, 247; Bull, ZRP 1975, 10; für das Arbeitsverhältnis: vgl. Wohlgemuth, Datenschutz für Arbeitnehmer, Rn. 120 ff.; ferner Gola, RDV 2002, 109). Zutreffend ist insoweit, dass eine Einwilligung dann als Rechtsgrundlage fragwürdig wird, wenn der Betroffene die **Entscheidung nicht „freiwillig" getroffen** hat, insbesondere wenn ihm die Einwilligung unter Ausnutzung einer wirtschaftlichen Machtposition „abgepresst" wurde (Schapper/Dauer, RDV 1987, 170 m. N. und Beispielen).

20 **5.2** Problematisch ist insofern insbesondere, wenn die Gewährung von Leistungen von der Einwilligung in Datenverarbeitungen abhängig gemacht wird, die nicht dem eigentlichen „Geschäft" dienen (vgl. bei Schafft/Ruoff, CR 2006, 499 (504)). Dass Einwilligungsklauseln, bei denen dem Betroffenen, falls er die für sich relevante Leistung in Anspruch nehmen will, nichts anderes übrig bleibt, als sie vorformuliert zu akzeptieren, nur dann zulässig sind, wenn sie dem Verhältnismäßigkeitsprinzip entsprechen, hat das BVerfG (RDV 2007, 20; bekräftigt in RDV 2014, 34) bei der Überprüfung versicherungsvertraglicher Schweigepflichtbindungserklärung festgestellt und zumindest die alternative Möglichkeit für einen informellen Selbstschutz gefordert. Das Gericht hält fest: „Besteht beim Abschluss eines (Versicherungs-)Vertrages ein derart erhebliches Verhandlungsungleichgewicht, dass der Betroffene nicht eigenverantwortlich und selbständig seinen informationellen Selbstschutz sicherstellen kann, so ist es Aufgabe des Rechts, auf die Wahrung der Grundrechtspositionen beider Partner hinzuwirken." Statt dem Abverlangen einer umfassenden pauschalen Schweigepflichtentbindung muss zumindest ein – ggf. mit Zeitverzögerung und Kosten – verbundener Weg angeboten werden, der die durch die Schweigepflichtentbindung ermöglichten Auskünfte im Einzelfall und konkret beschreibt (vgl. hierzu auch Gola/Wronka, RDV 2007, 51, zu den Fällen, in denen die Verarbeitung in rechtlich zulässiger Weise zum Inhalt eines Vertrages gemacht wurde und damit nach § 28 Abs. 1 Nr. 1 BDSG zulässig ist). Dieses bereits bislang vorausgesetzte Erfordernis der „Freiwilligkeit" wird nun in Absatz 1 Satz 1 vom Gesetz ausdrücklich formuliert. In § 4 Abs. 3 Satz 2 wird dem Gebot dadurch Rechnung getragen, dass die Angabe der für das Rechtsgeschäft nicht erforderlichen Daten als freiwillig zu kennzeichnen ist (vgl. § 4 Rn. 41 ff.).

21 **5.3** Zu beachten ist insoweit auch das sog. **Koppelungsverbot**, das in § 95 Abs. 5 TKG und § 13 Abs. 3 TMG seine gesetzlichen Niederschlag gefunden hat (zu einer darüber hinausgehenden allgemeinen Geltung, Simitis in: Simitis, BDSG § 4a Rn. 63). Für die Einwilligung in die werbliche Nutzung personenbezogener Daten enthält § 28 Abs. 3b eine abgestufte Regelung (vgl. § 28 Rn. 46). Sie macht deutlich, dass die Gewährung einer Leistung im Regelfall auch von der Einwilligung in die Verarbeitung von für die Gewährung der Leistung nicht erforderlichen Daten abhängig gemacht werden kann (Plath in: Plath, BDSG § 4a Rn. 30). Vielfach tritt dabei jedoch die Freiwilligkeit in den Hintergrund. So, wenn der akut die Behandlung des Krankenhauses oder des Arztes benötigende Patient zunächst einmal Ein-

Einwilligung **§ 4a**

willigungserklärungen vorgelegt bekommt (vgl. Kühling in: Wolff/Brink, DatenschutzR, BDSG § 4a Rn. 62 ff).

5.4 Erzwungene oder aufgrund arglistiger Täuschung abgegebene oder nicht hinreichend erläuterte Einwilligungen geben nicht den Wahren Willen des Betroffenen wieder. Ohne Einhaltung der gesetzlichen Informationspflicht eingeholte Einwilligungen sind nichtig (§ 134 BGB). Gleiches gilt bei fehlender Freiwilligkeit des Erklärenden. Eine Anfechtung wegen Irrtums (§ 119 BGB) ist zulässig, wird aber nur noch ausnahmsweise in Betracht kommen. Bereits erfolgte Verarbeitungen sind ohne Rechtsgrundlage erfolgt (Simitis in: Simitis, BDSG § 4a Rn. 25). Nichtigkeit liegt auch dann vor, wenn die Einholung der Einwilligung gegen zwingende Schutznormen bzw. -prinzipien verstößt. 22

5.5 Ein Arbeitgeber kann nicht über die Einwilligung des Arbeitnehmers Informationen verarbeiten, die ihm nach den für das Arbeitsrecht geltenden Grundsätzen unzugänglich sind (vgl. Aufsichtsbehörde Baden-Württemberg, Hinweis zum BDSG Nr. 34, Staatsanz. Nr. 1 vom 2.1.1996, S. 10: „Das **Fragerecht** des Arbeitsbers kann durch Einholung einer Einwilligung des Bewerbers oder Arbeitnehmers nicht wirksam erweitert werden, da dies dazu führen würde, dass die arbeitsrechtliche Beschränkung des Fragerechts dadurch unterlaufen würde. Zudem sind Einwilligungen, nach denen Arbeitgeber von Bewerbern oder neu eingestellten Arbeitnehmern Arbeitsunfähigkeitszeiten und **Krankheitsdiagnosen** bei der **Krankenkasse** erheben dürfen, vielfach auch deshalb unwirksam, weil die Einwilligung wegen des bestehenden Abhängigkeitsverhältnisses nicht freiwillig erteilt worden ist. Nach Auffassung der Aufsichtsbehörde ist daher die Einholung von Angaben über Arbeitsunfähigkeitszeiten und Krankheitsdiagnosen für einen bestimmten zurückliegenden Zeitraum durch Arbeitgeber bei Krankenkassen rechtlich unzulässig. Dies gilt unabhängig davon, ob der Bewerber oder Arbeitnehmer eine Einwilligung erteilt hat, Krankenkassen dürfen daher Arbeitgebern in solchen Fällen keine entsprechenden Daten übermitteln."). Gleiches gilt, wenn der Arbeitgeber oder der Vermieter eine **SCHUFA-Auskunft** über den Bewerber auf dem Wege zu erhalten versucht, indem er den Betroffenen auffordert, eine Selbstauskunft nach § 34 einzuholen und vorzulegen. 22a

Sicherlich nicht zutreffend ist es jedoch, die Freiwilligkeit der Einwilligung im Arbeitsverhältnis auf Grund des Abhängigkeitsverhältnisses generell zu verneinen (so u.a. Däubler in: DKWW, BDSG § 4a Rn. 23). Es gibt Situationen, da ist die Abgabe der Einwilligung „conditio sine qua non" für den Abschluss des Arbeitsvertrages. Das gilt bei der erforderlichen Einwilligung zur Besichtigung des häuslichen Arbeitsplatzes bei Telearbeit (Gola/Wronka, Handbuch Arbeitnehmerdatenschutz, Rn. 412 f.) oder des Mithörens oder Aufzeichnens von Telefonaten im Call Center. Auch personenbezogene Mitarbeiterbefragungen können ggf. nur mit Einwilligung der teilnehmenden Beschäftigten erfolgen (vgl. Gola, ZD 2013, 379). 22b

5.6 Gleichermaßen problematisch ist es, wenn in Allgemeinen Geschäftsbedingungen Ermächtigungen für bestimmte Datenverarbeitungen enthalten sind. Die Klauseln sind dann im Hinblick auf eine eventuelle Unwirksamkeit u. a. daraufhin zu überprüfen, ob sie ungewöhnlich und damit für den Betroffenen überraschend (§ 305c BGB) sind oder ob sie ihn entgegen den Geboten von Treu und Glauben unangemessen benachteiligen (§ 307 BGB) Geschäftsbedingungen sollen einseitig vorgegebene Vertragsverhältnisse gestalten. Häufig scheitern Einwilligungen in Geschäftsbestimmungen daran, dass sie aufgrund ihrer allgemeinen und schwammigen Formulierung sowohl das Transparenzgebot des § 4a als auch des § 307 Abs. 2 Satz 1 BGB verletzen (vgl. Gola/Reif, Kundendatenschutz, Rn. 283 ff.; Relevanz haben die Regelungen insbesondere bei Werbeeinwilligungen, vgl. hierzu u. a. OLG Köln, RDV 2010, 37 = MMR 2009, 470; OLG Hamburg, RDV 2009, 178 = MMR 2009, 557; LG Hamburg, MMR 2009, 578; LG Berlin, RDV 2010, 88; LG Bonn, MMR 2007, 124). Weitere Beispiele sind die Unwirksamkeit pauschaler 23

137

§ 4a Einwilligung

Einwilligung bei Partnervermittlung (OLG Düsseldorf, RDV 1995, 246), die in den Teilnahmebedingungen eines „Sweepstakes" vorgesehenen Veröffentlichung der Gewinner (OLG Karlsruhe, NJW-RR 1988, 302 = RDV 1988, 146), die pauschale Ermächtigung der Verarbeitung von Daten von Leasingnehmern und der uneingeschränkten Befugnis zur Übermittlung an die Refinanzierungsbank (OLG Karlsruhe, RDV 1997, 180), die Einwilligung in die Verarbeitung von „Softdaten" durch eine Bank (OLG Frankfurt a.M., DuD 1999, 231) sowie weitere Beispiele bei Heidemann-Peuser, DuD 2002, 389. Dies gilt nach der Schuldrechtsreform auch für Einwilligungsklauseln in Arbeitsverträgen (§ 310 Abs. 4 BGB). Bei dieser Ausdehnung des Verbraucherschutzes (§ 13 BGB) auf Arbeitnehmer (vgl. ausführlich bei Hümmerich, Arbeitsrecht, § 1 Rn. 55 ff. m. w. N.) sind die Besonderheiten des Arbeitsrechts zu berücksichtigen. Die Vorschriften der §§ 305 ff. BGB finden auch Anwendung auf von Veranstaltern vorformulierte Erklärungen zu Werbeanrufen, die Verbraucher im Rahmen von Gewinnspielen abgeben und mit denen sie ihr Einverständnis zum Ausdruck bringen. Dies setzt voraus, dass der Verbraucher hinreichend auf die Möglichkeit von Werbeanrufen hingewiesen wird und weiß, auf welche Unternehmen sich seine Einwilligung bezieht (BGH, RDV 2013, 250).

24   **5.7** Gleichwohl wäre es mit dem Recht auf informationelle Selbstbestimmung unvereinbar, den Betroffenen in der Weise zu entmündigen, dass er nicht mehr berechtigt wäre, eine Verarbeitung seiner Daten zu billigen und für deren Zulässigkeit nur noch objektive Kriterien und nicht sein subjektives Empfinden maßgebend sein zu lassen. Der Betroffene muss auch berechtigt sein, eine Datenverarbeitung zu billigen, an der er selbst kein Interesse hat oder die dem äußeren Anschein nach gegen sein Interesse gerichtet sein mag. Unter diesem Aspekt als problematisch müssen auch **Betriebs- und Dienstvereinbarungen** angesehen werden, die die zulässigen Verarbeitungen der Arbeitnehmerdaten abschließend festlegen und damit eine ggf. von einem einzelnen Arbeitnehmer gewünschte nicht vorgesehene Verarbeitung oder Nutzung nicht zulassen (vgl. hierzu Gola/Wronka, NZA 1991, 790, 794).

6. Die informierte Einwilligung

25   **6.1** Ob der Betroffene einwilligt oder nicht, muss seiner freien Entscheidung unterliegen. Demgemäß muss er wissen, worin er einwilligt. Dies setzt hinsichtlich seiner Person die **Einsichtsfähigkeit** in die Tragweite seiner Entscheidung voraus. Gleichgültig, ob die Einwilligung s als Realakt a tatsächliche Handlungen betrifft oder rechtsgeschäftlichen Charakter hat (vgl. vorstehend Rn. 2) ist **Geschäftsfähigkeit** nicht erforderlich (Schaffland/Wiltfang, BDSG § 4a Rn. 21; Schütte, NJW 1979, 592; vgl. auch bei Wächter, Datenschutz im Unternehmen, Rn. 231 ff.; vgl. auch Schafft/Ruoff, CR 2006, 499; so auch Simitis in: Simitis, BDSG § 4a Rn. 20). Die Einwilligung muss jedoch nicht persönlich (a. A. Simitis in: Simitis, BDSG § 4a Rn. 30 ff., der nur Übermittlung durch Boten zulassen will) erteilt werden, sie kann durch einen **Vertreter** erklärt werden. Eine diesbezügliche Vollmacht muss sich jedoch ausdrücklich auf die Erteilung der Einwilligung erstrecken (Kühling in: Wolff/Brink, DatenschutzR, BDSG § 4a Rn. 47). Es genügt nicht, wenn der „Haushaltsvorstand" oder der Mieter der Wohnung bei der Anmeldung zum Melderegister oder bei einem Nachsendeantrag gegenüber der Post Einwilligungs- bzw. Nicht-Widerspruchserklärungen „nebenbei" auch für die Mitbewohner angibt. Bei Ehegatten kann der eine Ehegatte bei Geschäften für den Lebensbedarf den anderen berechtigen und verpflichten (§ 1357 Abs. 1 BGB), d.h. bei einem gemeinsamen Telefonanschluss kann sich der andere Ehepartner nicht gegen bei einem Vertragsabschluss gestattete Werbeanrufe wehren (Plath in: Plath, BDSG § 4a Rn. 10).

26   **6.2** In **Absatz 1 Satz 2** wird nunmehr die zuvor bereits in Literatur und Rechtsprechung bejahte **Hinweispflicht** festgeschrieben. Der Betroffene kann nur frei

Einwilligung § 4a

über die Einwilligung entscheiden, wenn er die vorgesehenen Verarbeitungen kennt und daher auch eine hinreichend bestimmte Erklärung abgeben kann. Vorformulierte Einwilligungen müssen dies auch in der Überschrift deutlich machen. Eine Überschrift „Datenschutz" genügt dem nicht (AG Elmshorn, RDV 2005, 174). Eine Erklärung des Betroffenen, er sei mit jeder weiteren Form der Verarbeitung seiner Daten einverstanden, kann nicht ausreichen. Der Betroffene muss wissen, was mit den Daten geschehen soll. Dazu muss er zunächst wissen, auf welche personenbezogenen Daten sich die Einwilligung bezieht. Dies kann nach Auffassung der Aufsichtsbehörde Baden-Württemberg (Hinweis zum BDSG Nr. 3, Staatsanz. 1978, Nr. 52, S. 4) auf zweifache Weise erreicht werden: Entweder durch Nennung der betreffenden Daten oder durch Bezugnahme auf einen Datensatz (z. B.: „die auf der Vorderseite; die im Auftrag vom . . . unter Nr. 1 bis 12; im Schreiben vom . . . aufgeführten Daten"). Bei einer derartigen Bezugnahme dürfen keine Zweifel über den Umfang der Daten bestehen. Unklarheiten gehen zu Lasten der verantwortlichen Stelle.

6.3 Der Betroffene ist ferner über den **Zweck der Speicherung** aufzuklären 27 sowie über den Zweck und Empfänger ggf. vorgesehener Übermittlungen. Eine Erklärung: „Ich willige ein, dass meine Daten auch an andere Firmen weitergegeben werden", genügt auch bei der Weitergabe für Werbezwecke nicht (Simitis in: Simitis, BDSG § 4a Rn. 82). Nach dem OLG Hamm (RDV 2006, 263) wird ein Betroffener bei Einholung einer Pauschalen Einwilligung in **Telefonwerbung** unangemessen benachteiligt, wenn sich die Erklärung nicht nur auf Werbung im Rahmen der konkreten Vertragsbeziehung, sondern auch die Werbung für sonstige Vertragsabschlüsse mit Dritten beinhaltet. Für den Verbraucher wäre es angesichts des bestehenden Adressenhandels undurchschaubar, wer sich auf ein solches Einverständnis berufen könnte.

6.4 Ein Hinweis darauf, welche Folgen eine **Verweigerung der Einwilligung** 28 hat, ist nur dann, wenn es nach den Umständen des Einzelfalls erforderlich ist oder der Betroffene es verlangt. Erforderlich ist der Hinweis, falls der Betroffene ansonsten nach objektiver Sicht „die Sachlage nicht erkennen kann" (vgl. Art. 2 Buchst. h EG-DatSchRL). Die Hinweispflicht setzt voraus, dass die Einwilligung beim Betroffenen „eingeholt" wird, d. h. von ihm erbeten bzw. von ihm abverlangt wird beim Ausfüllen eines Antragsformulars, eines Datenerhebungsbogens etc. (vgl. AG Elmshorn, RDV 2005, 174 im Hinblick auf die Unwirksamkeit der „unaufgeklärten" Abforderung). Die Pflicht besteht nicht, wenn der Betroffene seine Daten von sich aus zur Verfügung stellt und dabei ausdrücklich oder – ausnahmsweise – konkludent für bestimmte Zwecke seine Einwilligung erklärt.

7. Form, Zeitpunkt und Dauer der Einwilligung

7.1 Gem. **Absatz 1 Satz 3** bedarf die Einwilligung grundsätzlich der **Schrift-** 29 **form,** wobei damit die in § 126a BGB geregelte elektronische Form nicht ausgeschlossen ist (§ 126 Abs. 3 BGB). Regelmäßig bedarf sie der Unterschrift, Fax oder E-Mail genügen nicht. Ist die Einwilligung Teil eines Vertragstextes ist sie drucktechnisch besonders hervorzuheben. Einer gesonderten Unterschrift bedarf es nicht (BGH MMR 2008, 731). Ist die Erteilung nicht für das Rechtsgeschäft zwingend, genügt eine **Opt-out-Klausel** bzw. der Hinweis auf die Möglichkeit den Einwilligungstext zu streichen (BGH, CR 2010, 87). Anderes gilt bei Einwilligungen in Telefon- und E-Mail-Werbung. Hier bedarf es einer ausdrücklichen Erklärung, gefordert ist also ein **Opt-in** (BGH,CR 2008, 720). Um den Nachweis der Abgabe der im elektronischen Wege abgegebenen Einwilligung führen zu können, wird hier der Weg des „**Double-Opt-in**" praktiziert, d.h. die erklärte Zustimmung soll durch ein Anklicken eines Links oder eine Bestätigungs-Mail bekräftigt werden. Ein Formverstoß würde in entsprechender Anwendung der §§ 125, 126 BGB die Einwilligung unwirksam machen und zur Unzulässigkeit der darauf basierenden Datenverarbeitungen führen.

29a Nur unter besonderen Umständen kann eine andere Form angemessen sein (nach Simitis in: Simitis, BDSG § 4a Rn. 43 ff. m. w. N. kann das nur eine ausdrückliche mündliche – nicht eine stillschweigende, konkludente – Erklärung sein; vgl. auch Körner-Dammann, NJW 1992, 730). Eine fortdauernde „stillschweigende" Einwilligung kann z. B. bei einer Geschäftsbeziehung von längerer Dauer angenommen werden. Hier ist es nicht vertretbar, bei jeder neuen Datenerhebung eine schriftliche Einwilligung zu verlangen. Hat sich der Betroffene mit der Datenverarbeitung einmal einverstanden erklärt, so kann bei unveränderten Verhältnissen davon ausgegangen werden, dass die Einwilligung auch fortdauernd wirksam ist. Ein Sonderfall wird z. B. auch bei telefonisch durchgeführten **Meinungsumfragen** vorliegen, bei denen eine schriftliche Einwilligung nicht eingeholt werden kann (vgl. hierzu auch § 30 Rn. 5) oder wenn eine schriftliche Einwilligung die Tätigkeit des Interviewers unangemessen erschweren würde, wobei jedoch der mit der Schriftlichkeit der Einwilligung verbundene „Abschreckungseffekt" durchaus vom Gesetzgeber gewollt keine Rolle spielen darf. Auch eine besondere Eilbedürftigkeit kann die Schriftform verzichtbar werden lassen. Eine konkludente Einwilligung zur Informationszusendung kann nach Auffassung der Aufsichtsbehörden in der Überreichung einer Visitenkarte im Rahmen eines geschäftlichen Kontakts vorliegen.

30 7.2 Eine besondere Verpflichtung bei mündlich eingeholten Einwilligungen regelt § 28 Abs. 3a, indem dem Betroffenen die Abgabe der **Einwilligung schriftlich zu bestätigen** ist. Nach Ansicht der Aufsichtsbehörden kann das in Textform (E-Mail; PDF-Dokument) geschehen (vgl. RDV 2014, 49 (51)). Die Bestätigung kann bei hinreichender Deutlichkeit zusammen mit der ersten werblichen Ansprache erfolgen. Für elektronisch erklärte Einwilligungen genügt die Abrufbarkeit des protokollierten Vorgangs (vgl. im Einzelnen § 28 Rn. 44). Diese Bestimmung betrifft – wie ihr Standort deutlich macht – jedoch nur im Zusammenhang mit zu Werbezwecken erteilten Einwilligungen (vgl. BGH, RDV 2011, 235: „Für den Nachweis des Einverständnisses ist es erforderlich, dass der Werbende eine konkrete Einverständniserklärung jedes einzelnen Verbrauchers vollständig dokumentiert, was im Falle einer elektronisch übermittelten Einverständniserklärung deren Speicherung und jederzeitige Möglichkeit des Ausdrucks voraussetzt.").

31 7.3 Durch **Absatz 1 Satz 4** soll weiterhin verhindert werden, dass die Einwilligung bei **Formularverträgen** in sog. „Kleingedruckten" versteckt wird und der Betroffene sie durch seine Unterschrift erteilt, ohne sich dessen bewusst zu sein. Die Einwilligungsklausel ist also in derartigen Fällen an deutlich sichtbarer Stelle und z. B. drucktechnisch von dem anderen Text abgesetzt darzustellen. Ein bloßer Hinweis auf die **allgemeinen Geschäftsbedingungen,** in denen die Einwilligung – wenn auch in Fettdruck – enthalten ist, genügt jedoch den gesetzlichen Anforderungen nicht (Aufsichtsbehörde Baden-Württemberg, Hinweis zum BDSG Nr. 3, Staatsanz. 1978, Nr. 52, S. 5). Ebenso wenig genügt bei der Übermittlung von **Patientendaten** an eine ärztliche Verrechnungsstelle ein entsprechender Aushang im Sprechzimmer des Arztes (BGH, NJW 1992, 2348; OLG Bremen, NJW 1992, 757 = RDV 1992, 133).

32 7.4 Ein **nachträgliches Einverständnis** genügt den Anforderungen des § 4a Abs. 2 nicht (OLG Köln, MDR 1992, 447; NJW 1993, 793) und ändert damit nichts an der Rechtswidrigkeit der bis dahin erfolgten Verarbeitungen; es kann aber evtl. Schadensersatzansprüche ausschließen. Ob die Daten jetzt zu löschen sind, hängt davon ab, ob die nachträgliche Genehmigung nicht gleichzeitig als Einwilligung für zukünftige Verarbeitungen zu verstehen ist (a. A. Simitis in: Simitis, BDSG § 4a Rn. 29).

Einwilligung **§ 4a**

7.5 Sofern die Einwilligung nicht ausnahmsweise befristet erteilt wird, gilt sie bis 32a zum Widerruf. Nach Auffassung der Aufsichtsbehörden und der Rechtsprechung soll eine **ungenutzte Einwilligung** durch Zeitablauf ihre Wirkung verlieren, wenn der Betroffene nicht mehr nachvollziehen kann, ob und wann er die Erklärung abgegeben hat. Es kommt jedoch auf den Einzelfall und den Gegenstand der Einwilligung an. Das LG München I (Urt. v. 8.4.2010 – 17 HK O 138/10) – lässt eine vor 17 Monaten erteilte und bisher nicht genutzte Einwilligung zur E-Mail-Werbung „ihre Aktualität" und damit ihre rechtliche Grundlage verlieren; vgl. ferner LG Berlin, Urt. v. 2.7.2004 – 15 O 653/03 und LG Hamburg, Urt. v. 17.2.2004 – 312 O 645/02). Fraglich ist auch, in welchen Abständen die Einwilligung anschließend „genutzt" werden muss, um nicht zu „verfallen".

Auch wenn die Einwilligung keine Wirkung mehr entfaltet oder widerrufen 32b wurde, darf sie zu Beweiszwecken zunächst weiter gespeichert werden (LG Hamburg, Urt. v. 20.12.2008 – 312 O 362/08). Die Frist hängt davon ab, wie lange realistisch noch die Berechtigung zuvor erfolgter Werbung nachgewiesen werden können sollte (§§ 28 Abs. 1 Satz 1 Nr. 2, 35 Abs. 1 Nr. 3).

7.8 Wer von Adresshändlern etc. **„Einwilligungsadressen"** erwirbt, kann sich 32c nicht allein auf die diesbezügliche Zusicherung des Verkäufers verlassen (vgl. OLG Düsseldorf, MMR 2010, 99): „Vor der Verwendung von „eingekauften" E-Mail-Adressen zu Werbezwecken gehört es zur Sorgfaltspflicht des Werbenden, die Angaben des Verkäufers, dass die Betroffenen ihre Einwilligung in die Zusendung von Werbe-E-Mails erteilt haben, zu überprüfen. Dies kann an Hand der Dokumentation erfolgen, die zum Nachweis der „ausdrücklich" zu erteilenden Einwilligung erforderlich ist"). Gemäß KG Berlin (RDV 2013, 44) handelt erheblich schuldhaft, wer trotz gerichtlichen Verbots eingekaufte Einwilligungsadressen nutzt und dabei ohne stichprobenartige Kontrolle der notwendigen Dokumentation allein auf die Zusicherung des Datenlieferanten vertraut. Gemäß der Zahl der unzulässigen Anrufe wurde ein Bußgeld von 78000 Euro verhängt.

8. Privilegierung der Forschung

Absatz 2 enthält eine von mehreren Regelungen des BDSG, die in privilegieren- 33 der Weise den besonderen Belangen der **wissenschaftlichen Forschung** Rechnung tragen soll (vgl. hierzu § 40 Rn. 1). Auf die Schriftform kann verzichtet werden, wenn ansonsten der Forschungszweck beeinträchtigt würde. Wohlgemerkt: Das Forschungsinstitut ist nicht davon befreit, unter Erteilung der erforderlichen Aufklärung des Betroffenen die Einwilligung einzuholen. Allein vom Formzwang ist Befreiung erteilt. Derartige besondere Umstände können insbesondere bei empirischen Forschungsvorhaben vorliegen (vgl. auch Simitis in: Simitis, BDSG § 4a Rn. 47 ff., der die Einwilligung als entbehrlich ansieht, wenn die Einholung unmöglich ist, z. B. bei Fehlen der Anschrift des Betroffenen).

9. Einwilligung bei sensitiven Daten

9.1 Da die Verarbeitung **besonderer Arten personenbezogener Daten** von 34 dem BDSG (vgl. § 28 Abs. 6 ff.) nur unter engen Vorgaben zulässig ist, spielt hier die Einwilligung eine gewichtigere Rolle. Gleichzeitig werden aber auch besondere Anforderungen an die Erklärung gestellt. Soll die Einwilligung die Verwendung **sensitiver Daten** (§ 3 Abs. 9) gestatten, so muss sie sich gemäß **Absatz 3 ausdrücklich** darauf beziehen. Da jedoch bereits die Einwilligung allgemein eine konkrete Erklärung verlangt (vgl. Rn. 13), stellt sich die Frage nach den in Absatz 3 ggf. geforderten zusätzlichen Anforderungen. Jedenfalls sind die verwendeten Daten

§ 4a Einwilligung

konkret und der Verwendungszweck genau zu benennen (Kühling in: Wolff/Brink, DatenschutzR, BDSG § 4a Rn. 56). Ob auch eine mündliche Erklärung zulässig ist (vgl. § 3 Rn. 57), d. h. Absatz 1 Satz 3 auch für Absatz 3 gilt, erscheint fraglich (so jedoch BlnDSB, Jahresbericht 2002, 25 = RDV 2003, 308). Praxisgerecht ist die Auffassung insofern, da dann auch **telefonische Meinungsumfragen** z. B. zu Wählerverhalten mit „ausdrücklicher" mündlicher Einwilligung möglich sind. Hinzuweisen ist jedenfalls darauf, dass die nachfolgende anonymisierte Verarbeitung das Erfordernis der Einwilligung für die personenbezogen stattfindende Erhebung nicht aufhebt (Simitis in: Simitis, BDSG § 4a Rn. 60). Eine konkludente oder stillschweigende Erklärung muss aber als ausgeschlossen angesehen werden (zur Speicherung unaufgefordert zugesandter sensitiver Daten und zu dem Erfordernis der Einwilligung für evtl. weitere Verarbeitungsschritte vgl. BlnDSB, Jahresbericht 2002, 25 = RDV 2003, 308).

35 9.2 Bei den besonders sensiblen Daten handelt es sich weitgehend um Daten, die Eigenschaften belegen, die im Rahmen des **Diskriminierungsverbots** des AGG (vgl. § 28 Rn. 71) keine Verwendung finden dürfen, falls sie zum Nachteil des Betroffenen verwendet werden, wobei bereits die Erhebung die schadensersatzpflichtige Diskriminierung indiziert (vgl. Gola, RDV 2006, 224). Eine Einwilligung des Betroffenen kann hier nicht greifen, das gilt auch für Verarbeitung bzw. Nutzung von Daten, die der Betroffene selbst mitteilt (z. B. über sein Alter, Rasse etc.) mit dem Ziel andere zu diskriminieren (vgl. § 32 Rn. 14).

10. Mitbestimmung

36 Ggf. unterliegt die formularmäßige Einholung von Einwilligungen in Arbeitsverträgen etc. der **Mitbestimmung** des Betriebsrats nach § 94 Abs. 1 BetrVG. Der in der Literatur (Fitting u. a., BetrVG § 94 Rn. 11; Klebe in: DKK, § 94 Rn. 11 m. w. N.; a. A. Lambrich/Cahlik, RDV 2002, 287) vertretenen Auffassung ist insoweit zuzustimmen, wie durch die Einwilligung eine ansonsten nicht realisierbare Datenerhebung ermöglicht werden soll. Will der Arbeitgeber z. B. im Rahmen eines standardisierten „Anwesenheitsverbesserungsprozess" Krankheitsdaten der Mitarbeiter unter bestimmten Bedingungen bei deren **Arzt** erheben, so ist die Erfragung der dafür erforderlichen Entbindung von der Schweigepflicht – die Zulässigkeit des Vorgehens einmal unterstellt – mitbestimmungspflichtig (Gola/Wronka, Handbuch zum Arbeitnehmerdatenschutz, Rn. 1003). Soll die Einwilligung nicht für eine Erhebung, sondern für andere Verarbeitungs- oder Nutzungsschritte, z. B. die Übermittlung an die Konzernmutter eingeholt werden, so wird zwar an alle Beschäftigten formularmäßig eine Frage gestellt; gleichwohl ist die Zustimmung oder Ablehnung keine den Inhalt eines Personalfragebogens i. S. v. § 94 BetrVG ausmachende Information. Daran ändert nichts, dass z. B. aus der Erteilung der Einwilligung z. B. erkennbar wird, dass der Mitarbeiter an einem konzernweiten Einsatz interessiert ist (vgl. aber auch BAG, NZA 2009, 180, wonach Mitbestimmung nach § 87 Abs. 1 Nr. 1 BetrVG bei der Einholung von inhaltlich standardisierten Erklärungen, in denen sich der Arbeitnehmer zum Stillschweigen über bestimmte betriebliche Vorgänge verpflichten soll, dann greift, wenn die Verschwiegenheit das betriebliche Ordnungsverhalten betrifft).

11. Widerspruch gegen die Verarbeitung/Widerruf der Einwilligung

37 11.1 Das BDSG äußert sich – mit der Ausnahme der Regelung in § 28 Abs. 3, § 29 Abs. 3 sowie dem besonderen Widerspruchsrecht nach § 20 Abs. 5 und § 35

Einwilligung §4a

Abs. 5 (vgl. hierzu Gola, DuD 2001, 278; ferner § 35 Rn. 27 ff.) – nicht zu dem Fall, dass der Betroffene einer – ggf. sogar per Einwilligung legitimierten – Verarbeitung später widerspricht bzw. diese Einwilligung widerruft. Gleichwohl kann ein solcher **Widerruf** unter verschiedenen Aspekten für die Zulässigkeit der Verarbeitung relevant werden. Einer Form bedarf es nicht (a. A. Däubler in: BDSG § 4a Rn. 36).

11.2 Zunächst ist insoweit festzuhalten, dass der Betroffene eine einmal erteilte 38 Genehmigung regelmäßig auch wieder zurücknehmen kann (vgl. auch die diesbezügliche Hinweispflicht in § 13 Abs. 2 Nr. 4 TMG). Der mit dem **Widerruf der Einwilligung** zum Ausdruck kommende Widerspruch gegen weitere Verarbeitungen ist von der datenspeichernden Stelle für die Zukunft zu beachten, d. h. der Widerruf der Einwilligung entzieht den Verarbeitungen ex nunc die erforderliche Rechtsgrundlage. Es folgt ein Verbot weiterer Verwertung (im Hinblick auf bereits stattgefundene Verarbeitungen) bzw. eine Löschungspflicht. Allerdings sollte die Einwilligung nicht willkürlich, sondern entsprechend den Grundsätzen von Treu und Glauben nur dann zurückgenommen werden, wenn für ihre Erteilung maßgebende Gründe entfallen sind, sich wesentlich geändert oder die tatsächlichen Voraussetzungen für die Erteilung sich verändert haben (den Verzicht auf den Widerruf bejaht Wächter, Datenschutz im Unternehmen, Rn. 232; a. A. Schaffland/Wiltfang, BDSG § 4a Rn. 26). Das LG Hamburg (RDV 2006, 77) lässt den Widerruf einer nach § 22 KUG erteilten Einwilligung in die **Veröffentlichung von Filmaufnahmen** im Fernsehen u. a. zu, wenn veränderte Umstände das Festhalten an der Einwilligung unzumutbar machen oder wenn der Betroffene überrumpelt wurde und den Eingriff in sein Persönlichkeitsrecht nicht hinreichend abschätzen konnte (so hier bei unangekündigten Filmaufnahmen eines Kontrollbesuchs des Sozialamts).

11.3 Eine Einwilligung ist zudem dann nicht widerrufbar, wenn sie verbunden 39 ist mit rechtsgeschäftlichen Abreden und die Einwilligung der Abwicklung einer vertraglichen Beziehung dient (§ 28 Abs. 1 Satz 1 Nr. 1 BDSG) (vgl. Gola/Wronka, RDV 2007, 51). Werden z. B. personenbezogene Daten gegen Honorar zum Zwecke der **Veröffentlichung verkauft**, so ist die Einwilligung Gegenstand eines Vertrages, der nicht einseitig rückgängig gemacht werden kann (vgl. hierzu insgesamt auch Simitis in: Simitis, BDSG § 4a Rn. 99). Will ein Arbeitgeber Daten der Beschäftigten an eine zentrale „Überwachungsstelle" (vgl. LAG Hamburg, RDV 1990, 3) oder will ein Arzt **Patientendaten** an eine privatärztliche **Verrechnungsstelle** (vgl. BGH, NJW 1991, 2955 = RDV 1992, 38; Bongen/Kremer, NJW 1990, 2911) übermitteln, so ist hierfür die Einwilligung des Betroffenen erforderlich (zur Form dieser Erklärung ausführlich Plath in: Plath, BDSG § 4a Rn. 18); ein Widerruf wird aber nach Vertragsabschluss jedenfalls dann nicht mehr möglich sein, wenn damit die weitere Abwicklung des Vertrages mit dem Betroffenen in Frage gestellt oder unbillig erschwert wird.

11.4 Auch wenn das informationelle Selbstbestimmungsrecht nicht so weit greift, 40 dass der Betroffene der Verarbeitung seiner Daten grundsätzlich widersprechen kann, so ist ein eventueller **Widerspruch** – auch abgesehen von dem besonders geregelten Fall des § 20 Abs. 5 und § 35 Abs. 5 – bzw. die Nichtausübung eines eingeräumten Widerspruchsrechts für die Beurteilung der Zulässigkeit der Verarbeitung gleichwohl relevant. Das BDSG macht die Zulässigkeit mehrfach davon abhängig, dass schutzwürdige Interessen des Betroffenen nicht beeinträchtigt werden. Für die verantwortliche Stelle ist es oft schwierig, dies zu beurteilen, insbesondere dann, wenn eine Einzelfallprüfung erforderlich ist (vgl. hierzu § 28 Rn. 27). Hier kann es sinnvoll sein, zur Sicherheit eine Einwilligung einzuholen (insoweit gegen sog. „Angstklauseln", Wächter, Datenschutz im Unternehmen, Rn. 303). Generell sollte die Einholung der Einwilligung jedoch „ultima ratio" gegenüber anderen Erlaubnistatbeständen sein (vgl. § 4 Rn. 16).

§ 4a   Einwilligung

41 **11.5** Ggf. ist es aber auch ausreichend, dem Betroffenen die Möglichkeit des Widerspruchs einzuräumen. Diese **Widerspruchsmöglichkeit** ersetzt nicht etwa die Einwilligung. Ist jedoch wegen der Art der zu verarbeitenden Daten oder wegen der beabsichtigten Nutzung davon auszugehen, dass schutzwürdige Interessen im Regelfall nicht beeinträchtigt werden, so kann aus der Tatsache, dass von der ausdrücklich eingeräumten Widerspruchsmöglichkeit kein Gebrauch gemacht wurde, darauf geschlossen werden, dass eventuelle, für die verantwortliche Stelle nicht erkennbare, entgegenstehende Interessen Einzelner nicht vorliegen (so z. B. für die vereinsinterne Veröffentlichung von **Vereinsmitgliederlisten** Weichert, DuD 1994, 200; für die Übermittlung von Vereinsmitgliederdaten zwecks Abschluss eines günstigen Gruppenversicherungsvertrages LfDI Bremen, 31. TB (2008) Ziff. 18.11; Veröffentlichungen **betrieblicher Jubilare** Gola/Wronka, Handbuch Arbeitnehmerdatenschutz, Rn. 854, 962). Dazu ist ebenfalls erforderlich, dem Betroffenen präzise anzugeben, welche Daten zu welchen Zwecken verarbeitet werden sollen, sofern er nicht in der vorgesehenen Form, z. B. durch Ankreuzen eines hierfür vorgesehenen Kästchens, widerspricht. Durch die Widerspruchslösung wird erreicht, dass auch dann, wenn nur in möglichen Einzelfällen eventuelle Zweifel an der Zulässigkeit bestehen, und in denen aus Gründen der Praktikabilität eine ausdrückliche Einwilligung nicht einholbar ist, ein Grund zur Annahme der Verarbeitung entgegenstehender schutzwürdiger Interessen nicht mehr gegeben ist (vgl. auch § 28 Rn. 28 ff.).

42 **11.6** Nicht ausreichend ist das Einräumen eines Widerspruchsrechts bei der Weitergabe von Arbeitnehmerdaten an ein Versicherungsunternehmen. Die Aufsichtsbehörde Baden-Württemberg (Hinweis zum BDSG Nr. 32, Staatsanz. Nr. 3 vom 12.1.1994) stellt hierzu fest: „**Versicherungsunternehmen** treten häufig mit der Bitte an Betriebe heran, ihnen Namen und Adressen von Mitarbeitern zur Bewerbung mit Versicherungsleistungen zu überlassen. Besonderes Interesse finden dabei regelmäßig die Daten von Berufsanfängern und **Auszubildenden**. Hierzu wird darauf hingewiesen, dass die Übermittlung von Arbeitnehmerdaten zum Zwecke der **Werbung** nur mit schriftlicher Einwilligung des Betroffenen zulässig ist, wobei dieser auf den Zweck der Datenübermittlung und den Empfänger der Daten hinzuweisen ist. Es reicht nicht aus, statt einer Einwilligung dem Arbeitnehmer die beabsichtigte Datenübermittlung nur allgemein (z. B. durch Betriebszeitung oder Aushang am Schwarzen Brett) oder in anderer Form bekannt zugeben und ihm ein Widerspruchsrecht einzuräumen (vgl. zur Unzulässigkeit der Übermittlung der Mitgliederadressen einer Partei an einen Verlag nach nicht ausgeübtem Widerspruchsrecht, 1. TB des Innenm. Baden-Württemberg (2001), S. 153; vgl. im Übrigen § 28 Rn. 29).

43 **11.7** Soll ein Unternehmen verkauft oder in ein anderes eingegliedert werden, kann der Hinweis hierauf und der Hinweis auf die Möglichkeit der Weitergabe der Kunden- oder Lieferantendaten zu widersprechen, die Weitergabe nach nach § 28 Abs. 1 Satz 1. Nr.2 erlauben (s. Rn. 43a). Geschieht die Umstrukturierung als sog. „**share deal**" d.h. der Übertragung von (allen) Vermögensanteilen an einer Gesellschaft erfolgt keine Übertragung von personenbezogenen Daten an Dritte infolge gesetzlich geregelter Gesamtrechtsnachfolge (infolge Verschmelzung, Spaltung oder Vermögensübernahme nach UmwG; Erbfolge nach BGB).

43a **11.8** Anders ist es beim „**Asset Deal**", d.h. der Übertragung einzelner Vermögenswerte und Vertragsbeziehungen oder Datenbeständen im Wege der Einzelrechtsnachfolge durch Rechtsgeschäft. Hier erfolgt eine Übermittlung personenbezogener Daten an den Erwerber. Bei Kundendaten bedarf es je nach der Sensitivität der Einwilligung bzw. kann auch eine Widerspruchslösung genügen (für Personaldaten und § 613a BGB vgl. § 32 Rn. 33). Wird die Kundenkartei eines Handwerksbetriebes zwecks Fortführung des Unternehmens übertragen, ist § 28 Abs. 1 Saz 1 Nr. 2 die Rechtsgrundlage, wobei eventuell entgegenstehende schutzwürdige Interessen

Einwilligung §4a

bei vorher mitgeteilter Widerspruchsmöglichkeit nicht mehr anzunehmen sind. Sollen allein die Kundendaten vermarktet werden, greift § 28 Abs. 3 als Spezialnorm. Eine Übertragbarkeit der durch Einwilligung vermittelten Befugnis zur E-Mail-Werbung gem. § 413 BGB scheitert daran, dass E-Mail-Werbung gem. § 7 Abs. 2 Nr. 3 UWG eine Einwilligung voraussetzt, die sich auf eine konkrete werbende Stelle bezieht. Es ist allerdings möglich, Einwilligungserklärungstexte so zu formulieren, dass sie mehreren Stellen eine ausreichende Legitimation für werbliche Maßnahmen bieten. Die Wirksamkeit entsprechender Einwilligungsklauseln setzt voraus, dass neben den Vorgaben des § 7 UWG auch die Rahmenbedingungen beachtet werden, die aus § 4a BDSG bzw. dem AGB-Recht resultieren. E-Mail-Adressen, welche ein Unternehmen nach Maßgabe von § 7 Abs. 3 UWG generiert hat und zu Werbezwecken nutzen darf, solange der Kunde dies „duldet", können von dem Erwerber beim Asset Deal werblich nicht genutzt werden. Daran ändert nichts, dass der Kunde, wenn auch von einem anderen Absender, nach wie vor die gleiche Art der Information erhält und ein zusätzlicher Belästigungseffekt wahrscheinlich nicht eintritt.

11.9 Die Übermittlung von Patientendaten beim Verkauf einer Arztpraxis bedarf **43b** der Einwilligung der Patienten (Aufhebung des Verbots unbefugter Weitergabe in § 203 Abs. 1 StGB). Bei laufender Behandlung können die Patienten mündlich befragt werden; ansonsten ist die schriftliche Zustimmung erforderlich. Möglich ist die Einschaltung eines **Treuhänders** bzw. des **Zwei-Schrank-Modells**, d.h. es erfolgt der eingewilligte Zugriff für den Nachfolger, wenn der frühere Patient wieder zur Behandlung erscheint. Übernimmt ein Mitglied einer Gemeinschaftspraxis oder ein in der Praxis angestellter Arzt die Praxis bzw. die Patienten des Kollegen, verstößt die praxisinterne Weitergabe nicht gegen die Schweigepflicht. Die Gründung einer Gemeinschaftspraxis bedarf nicht der Einwilligung der bisherigen Patienten.

11.10 Bei der Einwilligung in Datenflüsse im Konzern können ggf. neue Konzerntöchter von der Einwilligung profitieren. Wird z. B. von einer Bank die Einwilligung eingeholt, dass bestimmte Daten an bestimmte, konkret zu benennende Kooperationspartner im Rahmen von **Allfinanzkonzepten** zwecks sog. **Cross Selling** weitergegeben werden dürfen, so stellt sich die Frage, ob bei späteren konzerninternen Veränderungen auch neu hinzugekommene Firmen in den Verbund mit einbezogen werden dürfen. Dabei kann, wenn das neue Unternehmen die Daten im Rahmen der eingewilligten Zweckbestimmungen nutzt, die Weitergabe und Nutzung dann im Rahmen einer Interessenabwägung gem. § 28 Abs. 1 Satz 1 Nr. 2 als zulässig bewertet werden, wenn der Betroffene über den neuen „Datenempfänger" gem. § 33 benachrichtigt wurde und er ausdrücklich auf sein Recht, der Speicherung seiner Daten zu widersprechen, d. h. die erteilte Einwilligung zu widerrufen, hingewiesen wurde (vgl. Däubler in: DKWW, BDSG § 4a Rn. 44 ff.). **43c**

11.11 Die **EG-DatSchRL** räumt dem Betroffenen in Art. 14 ein Widerspruchs- **44** recht nicht nur bei unerwünschter Werbung, sondern auch in weiteren Fällen der Interessenabwägung ein (Art. 14 Abs. 1 Satz 1a). Der Widerspruch ist aber auch hier nur zu beachten, wenn er aus „überwiegenden, schutzwürdigen" Gründen, also „berechtigt", erfolgt (vgl. hierzu § 20 Abs. 5 und § 35 Abs. 5 Anm. 9). Eine grundlegende Änderung der Rechtslage bedeutet diese Regelung daher zwar nicht; gleichwohl wird die Rechtsposition des Betroffenen gestärkt (Gola, DuD 2001, 278).

12. Landesrecht

Die Landesdatenschutzgesetze gehen von dem gleichen Prinzip des „Verbots mit **45** Erlaubnisvorbehalt" aus wie das BDSG und sehen als Erlaubnistatbestand auch die – regelmäßig schriftlich zu erteilende – Einwilligung vor. Die Vorgabe der EG-DatSchRL, dass die **Einwilligung** ohne Zwang erfolgen muss, haben von den

§ 4a
Einwilligung

Landesdatenschutzgesetzen Berlin (§ 6 Abs. 5), Bremen (§ 3 Abs. 3), Hamburg (§ 5 Abs. 2), Niedersachsen (§ 4 Abs. 3), Nordrhein-Westfalen (§ 4 Abs. 1) und Rheinland-Pfalz (§ 5 Abs. 2) übernommen. Die übrigen enthalten die allgemeinen Regelungen zum Inhalt und zur Form der Einwilligung (Art. 15 BayDSG; § 4 Abs. 2–4 LDSG BW; § 6 Abs. 4–6 BlnDSG; § 4 Abs. 2 und 3 BbgDSG; § 5 Abs. 2 HmbDSG; § 7 Abs. 2 HDSG; § 8 DSG M-V; § 4 Abs. 2 NDSG; § 4 Abs. 1 SDSG; § 4 Abs. 3–5 SächsDSG; § 4 Abs. 2 DSG-LSA; § 12 LDSG SH; § 4 Abs. 2 ThürDSG).

§ 4b Übermittlung personenbezogener Daten ins Ausland sowie an über- oder zwischenstaatliche Stellen

(1) Für die Übermittlung personenbezogener Daten an Stellen
1. in anderen Mitgliedstaaten der Europäischen Union,
2. in anderen Vertragsstaaten des Abkommens über den Europäischen Wirtschaftsraum oder
3. der Organe und Einrichtungen der Europäischen Gemeinschaften

gelten § 15 Abs. 1, § 16 Abs. 1 und §§ 28 bis 30a nach Maßgabe der für diese Übermittlung geltenden Gesetze und Vereinbarungen, soweit die Übermittlung im Rahmen von Tätigkeiten erfolgt, die ganz oder teilweise in den Anwendungsbereich des Rechts der Europäischen Gemeinschaften fallen.

(2) ¹Für die Übermittlung personenbezogener Daten an Stellen nach Absatz 1, die nicht im Rahmen von Tätigkeiten erfolgt, die ganz oder teilweise in den Anwendungsbereich des Rechts der Europäischen Gemeinschaften fallen, sowie an sonstige ausländische oder über- oder zwischenstaatliche Stellen gilt Absatz 1 entsprechend. ²Die Übermittlung unterbleibt, soweit der Betroffene ein schutzwürdiges Interesse an dem Ausschluss der Übermittlung hat, insbesondere wenn bei den in Satz 1 genannten Stellen ein angemessenes Datenschutzniveau nicht gewährleistet ist. ³Satz 2 gilt nicht, wenn die Übermittlung zur Erfüllung eigener Aufgaben einer öffentlichen Stelle des Bundes aus zwingenden Gründen der Verteidigung oder der Erfüllung über- oder zwischenstaatlicher Verpflichtungen auf dem Gebiet der Krisenbewältigung oder Konfliktverhinderung oder für humanitäre Maßnahmen erforderlich ist.

(3) Die Angemessenheit des Schutzniveaus wird unter Berücksichtigung aller Umstände beurteilt, die bei einer Datenübermittlung oder einer Kategorie von Datenübermittlungen von Bedeutung sind; insbesondere können die Art der Daten, die Zweckbestimmung, die Dauer der geplanten Verarbeitung, das Herkunfts- und das Endbestimmungsland, die für den betreffenden Empfänger geltenden Rechtsnormen sowie die für ihn geltenden Standesregeln und Sicherheitsmaßnahmen herangezogen werden.

(4) ¹In den Fällen des § 16 Abs. 1 Nr. 2 unterrichtet die übermittelnde Stelle den Betroffenen von der Übermittlung seiner Daten. ²Dies gilt nicht, wenn damit zu rechnen ist, dass er davon auf andere Weise Kenntnis erlangt, oder wenn die Unterrichtung die öffentliche Sicherheit gefährden oder sonst dem Wohl des Bundes oder eines Landes Nachteile bereiten würde.

(5) Die Verantwortung für die Zulässigkeit der Übermittlung trägt die übermittelnde Stelle.

(6) Die Stelle, an die die Daten übermittelt werden, ist auf den Zweck hinzuweisen, zu dessen Erfüllung die Daten übermittelt werden.

Literatur: *Backes/Eul/Guthmann/Martwich/Schmidt*, Entscheidungshilfe für die Übermittlung personenbezogener Daten in Drittländer, RDV 2004, 156; *Blume*, Personal Data Transfer: Possibilities and Limitations, CRi 2005, 71; *Breinlinger/Krader*, Whistleblowing – Chancen und Risiken bei der Umsetzung von anonym nutzbaren Hinweisgebersystemen im Rahmen des Compliance-Managements, RDV 2006, 60; *Brisch/Laue*, E-Discovery und Datenschutz, RDV 2010, 1; *Büllesbach, Achim*, Transnationalität und Datenschutz – Die Verbindlichkeit von Unternehmensregelungen, Diss., 2008; *Büllesbach, Alfred*, Überblick über europäische Datenschutzregelungen bezüglich des Datenaustauschs mit Ländern außerhalb der Europäischen Union, RDV 2002, 55; *ders.*, Datenschutz in einem globalen Unternehmen, RDV 2000, 1; *ders.* (Hrsg.), Datenverkehr ohne Datenschutz? Eine globale Herausforderung, 1999; *Büllesbach/Höss-Löw*, Vertragslösung, Safe-Harbor oder Privacy Code of Conduct – Handlungsoptionen globaler Unternehmen, DuD 2001, 135;

§ 4b Übermittlung personenbezogener Daten ins Ausland

Burianski/Reindl, Deutsches Datenschutzrecht in internationalen Schiedsverfahren, RDV 2011, 214; *Conrad,* Transfer von Mitarbeiterdaten zwischen verbundenen Unternehmen, ITRB 2005, 164; *Däubler,* Grenzüberschreitender Datenschutz – Handlungsmöglichkeiten des Betriebsrats, RDV 1998, 96; *ders.,* Übermittlung von Arbeitnehmerdaten ins Ausland, in: Büllesbach (Hrsg.), Datenverkehr ohne Datenschutz, S. 7; *Dammann,* Internationaler Datenschutz, RDV 2002, 70; *Dammann/Simitis,* EG-Datenschutzrichtlinie (1997), Art. 25, 26; *Dix/Gardain,* Datenexport in Drittstaaten, DuD 2006, 343; *Draf,* Die Regelung der Übermittlung personenbezogener Daten in Drittländer nach Art. 25, 26 der EG-Datenschutzrichtlinie, Diss., 1999; *Drewes/Monreal,* Grenzenlose Auftragsdatenverarbeitung, PinG 2014, 143; *Duhr/Naujok/Peter/Seiffert,* Neues Datenschutzrecht für die Wirtschaft, DuD 2002, 5 (14); *Ehmann/Helfrich,* EG-Datenschutzrichtlinie, 1999, Art. 25, 26; *Ehricke/Becker/Walzel,* Übermittlung von Fluggastdaten in die USA, RDV 2006, 149; *Ellger,* Der Datenschutz im grenzüberschreitenden Datenverkehr, 1990; *Erd,* Zehn Jahre Safe Harbor Abkommen – kein Grund zum Feiern, K&R 2010, 624; *ders.,* Auftragsdatenverarbeitung in sicheren Drittstaaten – Plädoyer für eine Reform von § 3 Abs. 8 Satz 3 BDSG, DuD 2011, 275; *Eul/Eul,* Datenschutz International, 2011; *Eul/Godefroid,* Übermittlung personenbezogener Daten ins Ausland nach Ablauf der Umsetzungsfrist der EG-Datenschutzrichtlinie, RDV 1998, 185; *Filip,* Binding Corporate Rules (BCR) aus der Sicht einer Datenschutzaufsichtsbehörde – Praxiserfahrungen mit der europaweiten Anerkennung von BCR, ZD 2013, 51; *Gackenholz,* Datenübermittlungen ins Ausland unter besonderer Berücksichtigung internationaler Konzerne, DuD 2000, 727; *Giesen,* Datenverarbeitung im Auftrag in Drittstaaten – eine misslungene Gesetzgebung, CR 2007, 543; *ders.,* Die Kontrolle des Datenverkehrs mit Drittländern – Modelle und Grenzen, DuD 1996, 394; *Grapentin,* Datenschutz und Globalisierung – Binding Corporate Rules als Lösung?, CR 2009, 693; *Greer,* Safe Harbor – ein bewährter Rechtsrahmen, RDV 2011, 267; *Hanloser,* e-discovery – Datenschutzrechtliche Probleme und Lösungen, DuD 2008, 785; *Hartmann,* Konzernweiter Kundendatenschutz – mit oder ohne Codes of Conduct (CoC)?, DuD 2008, 455; *Heil,* Safe Harbor – Ein Zwischenstandsbericht, DuD 2000, 444; *ders.,* Europäische Herausforderung – Transatlantische Debatte, DuD 1999, 458; *Hillenbrand-Beck,* Aktuelle Fragestellungen des internationalen Datenverkehrs, RDV 2008, 231; *Hoeren,* EU-Standardvertragsklauseln, BCR und Safe Harbor Principles – Instrumente für ein angemessenes Datenschutzniveau, RDV 2012, 271; *Kübler,* Die Säulen der Union: Einheitliche Grundrechte?, 2002; *Klug,* Persönlichkeitsschutz beim Datentransfer in die USA – Die Safe-Harbor-Lösung, RDV 2000, 212; *ders.,* Globaler Arbeitnehmerdatenschutz – Ausstrahlungswirkung der EG-Datenschutzrichtlinie auf Drittländer am Beispiel der USA, RDV 1999, 109; *Kroschwald,* Kollektive Verantwortung für den Datenschutz in der Cloud – Datenschutzrechtliche Folgen einer geteilten Verantwortlichkeit beim Cloud Computing, ZD 2013, 388; *Kuner,* Transborder Data Flows and Data Privacy Law, 2013; *ders.,* European Data Privacy Law and Online Business, 2007; *Kuner/Hladjk,* Die alternativen Standardvertragsklauseln der EU für internationale Datenübermittlungen, RDV 2005, 193; *Lambrich/Cahlik,* Austausch von Arbeitnehmerdaten im multinationalen Konzern – Datenschutz- und betriebsverfassungsrechtliche Rahmenbedingungen, RDV 2002, 287; *Lejeune,* Datentransfer in das außereuropäische Ausland, ITRB 2005, 94; *Lensdorf,* Autragsdatenverarbeitung in der EU/EWR und Unterauftragsdatenverarbeitung in Drittländern: Besonderheiten der neuen EU-Standardvertragsklauseln, CR 2010, 735; *Martin,* Kunden- und Mitarbeiterdaten im weltweiten Fluss, DuD 2007, 126; *Moos,* Die EU-Standardvertragsklauseln für Auftragsverarbeiter 2010, CR 2010, 281; *Moritz/Tinnefeld,* Der Datenschutz im Zeichen einer wachsenden Selbstregulierung, JurPC WebDok. 181/2003; *Nink/Müller,* Beschäftigtendaten im Konzern – Wie die Mutter so die Tochter? – Arbeits- und datenschutzrechtliche Aspekte einer zentralen Personalverwaltung, ZD 2012, 505; *Palm,* Die Übermittlung personenbezogener Daten in das Ausland, CR 1998, 65; *Rath/Klug,* e-Discovery in Germany?, K&R 2008, 596; *Räther,* Die EU-US-Flugdaten-Affäre, DuD 2004, 468; *Räther/Seitz,* Übermittlung personenbezogener Daten in Drittländern, MMR 2002, 425; *dies.,* Ausnahmen bei Datentransfer in Drittländer – Die beiden Ausnahmen nach § 4c Abs. 2 BDSG, MMR 2002, 520; *Riemann,* Künftige Regelungen des grenzüberschreitenden Datenverkehrs, CR 1997, 762; *Rittweger/Saltzman,* Germany takes the lead on binding corporate rules, Privacy Laws Business International Newsletter, Issue 70 (Oct./Nov. 2003), 28; *Rittweger/Schmidl,* Einwirkung von Standardvertragsklauseln auf § 28 BDSG, DuD 2004, 617; *Rittweger/Weiße,* Unternehmensrichtlinien für den Datenschutz in Drittländern, CR 2003, 142; *Roßnagel/Jandt/Richter,* Die Zulässigkeit der Übertragung personenbezogener Daten in die USA im Kontext der NSA-Überwachung, DuD 2014, 545; *Runte/Schreiber/Held/Bond/Dana/Flower,* Anonymous Hotlines for Whistleblowers, CRi 2005, 135; *Ruppmann,* Der konzerninterne Austausch personenbezogener Daten, Diss., 1998/99; *Scheja,* Datenschutzrechtliche Zulässigkeit einer weltweiten Kundendatenbank, Diss., 2005; *Schild/Tinnefeld,* Datenverarbeitung im internationalen Konzern, DuD 2011, 629; *Schmidl,* Datenschutzrechtliche Anforderungen an innereuropäische Personaldatenübermittlungen in Matrixorganisationen, DuD 2009, 364; *ders.,* Übermittlung von Arbeitnehmerdaten auf Grundlage des Standardvertrags Set II, DuD 2008, 258; *ders.,* Die Whistleblowing-Stellungnahme der Artikel-29-Gruppe, DuD 2008, 414; *ders.,* Datenschutz für Whistleblowing Hotlines, DuD 2006, 353; *Scholz/Lutz,* Standardvertragsklauseln für Auftragsverarbeiter und § 11 BDSG, CR 2011, 424; *Schröder,* Verbindliche Unternehmensregelungen, DuD 2004, 462; *ders.,* Der Zugriff der USA auf Daten europäischer Flugpassagiere – Neue Gefahren durch Passagier-Profilbildung? (CAPPS II), RDV 2003, 285; *Schröder/Haag,* Stellungnahme der Art. 29-Datenschutzgruppe zum Cloud Computing, ZD 2012, 495; *Schuppert/ von Reden,* Einsatz internationaler Cloud-Anbieter: Entkräftung der Mythen, ZD 2013, 210; *Selzer,* Datenschutz bei internationalen Cloud Computing Services, DuD 2014, 470; *Simitis,* Übermittlung von Daten von Flugpassagieren in die USA – Dispens von Datenschutz?, NJW 2006, 2011; *ders.,* Der Transfer von Daten in Drittländer – ein Streit ohne Ende?, CR 2000, 472; *Spies,* Keine „Genehmigungen" mehr zum USA-Datenexport nach Safe Harbor? – Übertragung personenbezogener Daten aus Deutschland in die USA, ZD 2013, 535; *Taraschka,* „Auslandsübermittlung" personenbezogener Daten im Internet, CR 2004, 280; *Tinnefeld/Rauhofer,* Whistleblowing: Verantwortungsbewusste Mitarbeiter oder Denunzianten?, DuD 2008, 717; *Voigt,* Auftragsdatenverarbeitung mit ausländischen Auftragnehmern – Geringere Anforderungen an die Vertragsausgestaltung als im Inland?, ZD 2012, 546; *Weber/Voigt,* Internationale Auftragsdatenverarbeitung – Praxisempfehlungen für die Auslagerung von IT-Systemen in Drittstaaten mittels Standardvertragsklauseln, ZD 2011, 74; *Wedde,* Weltweite Datenübertragung – Arbeitnehmerdaten im Ausland?, AiB 2007, 80; *Weiß,* Die Angemessenheitsentscheidungen der Europäischen Kommission – Anspruch und Wirklichkeit, RDV 2013, 273; *Weniger,* Grenzüberschreitende Datenübermittlungen international tätiger Unternehmen, Diss., 2004; *Wisskirchen,* Grenzüberschreitender Verkehr von Arbeitnehmerdaten, CR 2004, 862; *Wuermeling,* Handelshemmnis Datenschutz – Die Drittländerregelung der Europäischen Datenschutzrichtlinie, Diss., 2000; *Wybitul/Patzak,* Neue Anforderungen beim grenzüberschreitenden Datenverkehr, RDV 2011, 11; *von Zimmermann,* Whistleblowing und Datenschutz, RDV 2006, 242; *ders.,* Whistleblowing, Anforderungen des Sarbanes-Oxley-Acts, WM 2007, 1060.

Übersicht

	Rn.
1. Allgemeines	1
2. Ungehinderter Datenfluss innerhalb der EU/des EWR	2
3. Datenübermittlung in Drittländer und an über- oder zwischenstaatliche Stellen	6
4. Die Angemessenheit des Datenschutzniveaus	10
5. Feststellung der Angemessenheit durch die EU-Kommission	14
6. Unterrichtung der Betroffenen	17
7. Verantwortung für die Zulässigkeit der Übermittlung	18
8. Hinweispflicht gegenüber dem Empfänger	19
9. Landesrecht	21

1. Allgemeines

§ 4b regelt im Fall seiner Anwendbarkeit (vgl. hierzu § 1 Rn. 27 ff. und 22 ff.) die **1** Übermittlung personenbezogener Daten durch **öffentliche** und **nicht öffentliche**

§ 4b Übermittlung personenbezogener Daten ins Ausland

Stellen ins Ausland und zwar sowohl in Länder innerhalb als auch außerhalb der EU/des EWR (vgl. Übersicht des Innenministeriums Baden-Württemberg, Hinweise zum BDSG für die Privatwirtschaft Nr. 39, A. – Staatsanzeiger für Baden-Württemberg Nr. 2 v. 24.1.2000, 12). Bei Übermittlungen innerhalb der EU/des EWR wird unterschieden zwischen Verarbeitungen, die von der EU-Datenschutzrichtlinie erfasst sind (Abs. 1), und solchen, für die weiterhin ausschließlich nationales Recht gilt. Diese bislang außerhalb des Anwendungsbereichs der EU-Richtlinie (sog. 2. bzw. 3. Säule des EU-Vertrages, s. Art. 3 Abs. 2 Spiegelstrich 1 EG-DatSchRL; zum ursprünglichen Drei-Säulen-Konzept vgl. Bergmann/Möhrle/Herb, Datenschutzrecht, § 4b Rn. 3) stattfindenden EU-internen Verarbeitungen, betroffen sind im Wesentlichen die **Sicherheits- und Strafverfolgungsbehörden**, werden in Absatz 2 wie Übermittlungen in nicht der EU bzw. dem EWR angehörige Länder (sog. Drittstaaten) behandelt. In diesen Fällen ist im Rahmen der Zulässigkeitsprüfung nach den Erlaubnisnormen des BDSG ein besonderes Augenmerk auf das Datenschutzniveau beim Datenempfänger zu richten, es sei denn, dass eine Ausnahme nach § 4c vorliegt. Der am 1.12.2009 in Kraft getretene Vertrag von Lissabon hat nicht nur ein europäisches Grundrecht auf Datenschutz (Art. 8 EU-GR-Ch, ABl. EU vom 14.12.2007, Nr. C 303/1) mit sich gebracht, sondern auch zu einer weitgehenden Auflösung des Drei-Säulen-Konzepts geführt (zur Lage nach Inkrafttreten des Lissabon-Vertrags vgl. Ronellenfitsch, DuD 2009, 451 (460)). Für die Verarbeitung von Daten durch Polizei- und Justizbehörden im strafrechtlichen Bereich gilt derzeit in erster Linie der Rahmenbeschluss 2008/977/JI. Im Rahmen ihres Vorschlags für eine umfassende Reform des europäischen Rechtsrahmens für den Datenschutz (s. Einleitung Rn. 28) strebt die EU-Kommission nun den Erlass einer EU-Richtlinie „zum Schutz natürlicher Personen bei der Verarbeitung personenbezogener Daten durch die zuständigen Behörden zum Zwecke der Verhütung, Aufdeckung, Untersuchung oder Verfolgung von Straftaten oder der Strafvollstreckung sowie zum freien Datenverkehr" – KOM(2012) 10 endg. – an. Durch die Richtlinie sollen allgemeine Datenschutzgrundsätze und -regeln für die polizeiliche und justizielle Zusammenarbeit in Strafsachen eingeführt werden. Die Bestimmungen sollen sowohl für inländische als auch für grenzüberschreitende Datenübermittlungen gelten und machen langfristig ggf. eine Anpassung von § 4b notwendig (geplantes Inkrafttreten: zwei Jahre nach Annahme der Richtlinie). Bislang bestehende Abgrenzungsschwierigkeiten in diesem Bereich (vgl. EuGH, NJW 2006, 2029 – Flugpassagierdaten; EuGH, NJW 2009, 1801 – Vorratsdatenspeicherung; vgl. ferner Ehricke/Becker/Walzel, RDV 2006, 149; Simitis, NJW 2006, 2011; Räther, DuD 2004, 468; Schröder, RDV 2003, 285) könnten sich somit relativieren. Zudem fallen die auf Basis des Lissabon-Vertrags gestärkten Kompetenzen bzw. Mitentscheidungsbefugnisse des Europäischen Parlaments im Rahmen des Abschlusses internationaler Übermittlungsabkommen zunehmend ins Gewicht, was sich bereits frühzeitig an der Notwendigkeit der Nachverhandlung des sog. SWIFT-Abkommens mit den USA hinsichtlich der Übermittlung von Geldüberweisungsdaten (ABl. EU v. 27.7.2010, Nr. L 195/5) manifestiert hat.

2. Ungehinderter Datenfluss innerhalb der EU/des EWR

2   **2.1** Wie der vollständige Titel der EG-DatSchRL schon zum Ausdruck bringt, will sie einerseits **Persönlichkeitsrechtsschutz** und andererseits **freien Datenverkehr** gewährleisten. Aufgrund des durch die Richtlinie innerhalb der EU harmonisierten Datenschutzes verbietet es Art. 1 Abs. 2 EG-DatSchRL den Mitgliedstaaten, den freien Verkehr personenbezogener Daten zwischen den Mitgliedstaaten aus Gründen des Datenschutzes zu beschränken oder zu untersagen. Nach dem Ersten Kommissionsbericht – KOM (2003) 265 endg. – haben alle zehn Länder, die der

EU zum 1.5.2004 beigetreten sind, Datenschutzgesetze erlassen (Fundstellen in RDV 2004, 88). Sie nehmen an den Sitzungen der Artikel-29-Datenschutzgruppe und des Ausschusses nach Art. 31 der Richtlinie teil. Die EWR-Vertragsstaaten Norwegen, Island und Liechtenstein haben die Richtlinie übernommen und partizipieren ebenfalls am freien Datenverkehr.

2.2 Die **Zulässigkeit** der Datenübermittlung ist also im Anwendungsbereich der Richtlinie gemäß **Absatz 1** allein geknüpft an die – auch für Übermittlungen im Inland geltenden – das Verbotsprinzip durchbrechenden Erlaubnistatbestände. Sofern keine spezielleren Erlaubnisse oder Verbote bestehen (vgl. z. B. § 77 SGB X – hierzu Steinbach, NZS 2002, 21; § 92 TKG gilt nur für die Übermittlung an nicht öffentliche Stellen und verweist auf die Zulässigkeitsvoraussetzungen des BDSG) und der Betroffene nicht eingewilligt hat (zu den Voraussetzungen einer wirksamen Einwilligung beim Drittlandtransfer vgl. § 4c Rn. 5), greifen die Übermittlungstatbestände des zweiten bzw. dritten Abschnitts des BDSG (§§ 15 Abs. 1, 16 Abs. 1 bzw. §§ 28–30a; die unterbliebene Verweisung auf § 32 dürfte auf einem Versehen des Gesetzgebers beruhen; ebenso Seifert, in: Simitis, BDSG, § 32 Rn. 120; Thüsing, Arbeitnehmerdatenschutz und Compliance, 2010, Rn. 434 sowie Wybitul/Patzak, RDV 2011, 11). Dies gilt auch für Übermittlungen an Organe und Einrichtungen der Europäischen Gemeinschaft (zu diesen vgl. Gola/Klug, Grundzüge des Datenschutzrechts, S. 28). 3

2.3 Im Falle automatisierter Übermittlung von Mitarbeiterdaten ist nach § 87 Abs. 1 Nr. 6 BetrVG regelmäßig die **Mitbestimmung** des Betriebsrats geboten. Als vorrangige Erlaubnisvorschrift i. S. v. § 4 Abs. 1 werden Betriebsvereinbarungen aber nur insoweit in Betracht kommen, als sie auch den Datenempfänger rechtlich zu binden vermögen. Empfohlen wird diesbezüglich, die Betriebsvereinbarung in Vertragsklauseln oder verbindlichen Unternehmensregelungen (s. hierzu § 4c Rn. 10 ff.) für verbindlich zu erklären (BlnDSB, Jahresbericht 2002, Ziff. 4.7.3). 4

2.4 Aufgrund der durch die EG-DatSchRL bewirkten Harmonisierung gilt auch hinsichtlich der Übergabe personenbezogener Daten an einen **Auftragsdatenverarbeiter** im **EU/EWR-Bereich** das Prinzip der Gleichbehandlung mit der inländischen Situation (§ 3 Abs. 8 Satz 3), so dass keine durch eine Erlaubnisnorm zu rechtfertigende Datenübermittlung an Dritte vorliegt (zur internationalen Auftragsdatenverarbeitung vgl. auch BlnDSB, Jahresbericht 2003, Ziff. 4.7.2). Für den Fall, dass der Auftragnehmer seinen Sitz in einem **Drittstaat** hat, wird die Auffassung vertreten, dass die Privilegierung des § 11 BDSG nicht greift und daher stets von einer Datenübermittlung auszugehen ist (vgl. z. B. Wedde in: DKWW, BDSG, § 11 Rn. 20; Dammann, RDV 2002, 70 (73); 15. Bericht der Landesregierung über die Tätigkeit der für den Datenschutz im nicht öffentlichen Bereich in Hessen zuständigen Aufsichtsbehörde, LT-Drs. 15/4659, Ziff. 7.1; a. A. Müthlein/Heck, Outsourcing und Datenschutz, 2006, S. 73 ff.; vgl. auch Nielen/Thum, K&R 2006, 171 sowie unter Hinweis auf ein Klarstellungsbegehren des Bundesrates Kort, RDV 2011, 79); zur Anwendbarkeit des § 11 bei der Auftragsvergabe in Drittländer s. auch § 11 Rn. 16). Eigens für diese Konstellation hat die EU-Kommission Standardvertragsklauseln anerkannt (vgl. § 4c Rn. 13). Die oftmals schwierige Abgrenzung zwischen Auftragsdatenverarbeitung und Datenübermittlung an Dritte ist beispielsweise auch bei der **Serververlagerung** im internationalen Konzern relevant (zur Thematik vgl. Hilber/Knorr/Müller, CR 2011, 417 (421 f.)). Auch sofern im Rahmen von sog. **Cloud Computing** personenbezogene Daten weltweit verteilt bearbeitet und abgelegt werden, sind die BDSG-Anforderungen an den Drittlandtransfer zu beachten (vgl. auch § 11 Rn. 8). Bei der Rückübertragung der Daten an einen Auftraggeber im Drittland gelten die §§ 4b, 4c nicht (vgl. § 11 Rn. 16a). 5

3. Datenübermittlung in Drittländer und an über- oder zwischenstaatliche Stellen

6 3.1 Nach § 4b **Abs. 2 Satz 1** gilt Abs. 1 für innereuropäische Datenflüsse, die im Rahmen von nicht dem Gemeinschaftsrecht unterfallenden Tätigkeiten erfolgen (s. Rn. 1), sowie beim Datentransfer in **Drittländer** oder an **über- oder zwischenstaatliche Stellen** entsprechend. Mithin sind auch in diesen Fällen zunächst die allgemeinen Zulässigkeitstatbestände relevant (s. Rn. 3).

Die Aufsichtsbehörden prüfen die Zulässigkeit der Datenübermittlung in **Drittstaaten** in einem **zweistufigen Verfahren** (vgl. Beschluss der Aufsichtsbehörden für den Datenschutz im nicht-öffentlichen Bereich (Düsseldorfer Kreis) vom 11./12. September 2013.

– 1. Stufe: Zulässigkeit nach nationalen Datenschutzvorschriften (insbesondere § 28; aber wohl auch § 32 – vgl. Rn. 3)

– 2. Stufe: Einhaltung der besonderen Anforderungen bzgl. des Drittstaatentransfers nach den §§ 4b, 4c)

Dem liegt die Überlegung zugrunde, dass das nach deutschem Datenschutzrecht gewährleistete Datenschutzniveau gewahrt bleiben soll. Deswegen muss die Übermittlung zunächst durch einen **Erlaubnistatbestand** des deutschen Datenschutzrechts gedeckt sein **(1. Stufe).** Die in der Praxis häufig einschlägige Erlaubnisnorm des § 28 Abs. 1 Satz 1 Nr. 2 setzt eine **Interessenabwägung** voraus. Insofern werden im Prinzip zunächst dieselben Maßstäbe angelegt, wie bei Übermittlungen innerhalb der EU/des EWR.

Erst, wenn das Vorliegen einer grundsätzlichen Übermittlungsbefugnis festgestellt worden ist, werden im Rahmen der **2. Stufe** die besonderen Voraussetzungen nach den §§ 4b, 4c überprüft. § 4b Abs. 2 Satz 2 enthält zunächst die ausdrückliche Feststellung, dass Drittlandsübermittlungen insbesondere bei entgegenstehenden Ausschlussinteressen des Betroffenen, insbesondere im Fall des Nichtvorliegens eines angemessenen Datenschutzniveaus zu unterbleiben haben. Vor diesem Hintergrund wird auf der 2. Stufe insbesondere überprüft, ob bei dem Datenempfänger im Drittland ein **angemessenes Datenschutzniveau** durch die in § 4c Abs. 2 ausdrücklich genannten **Schutzgarantien** (Vertragsklauseln, verbindliche Unternehmensregelungen) oder andere ausreichende Garantien (z. B. Safe-Harbor-Zertifizierung eines US-amerikanischen Datenempfängers) gewährleistet ist bzw. ob **ausnahmsweise** eine Übermittlung an einen Datenempfänger im Drittland gestattet ist, der **kein angemessenes Schutzniveau** vorweisen kann (s. § 4c Rn. 3 ff.).

6a 3.2 Trotz dieser grundsätzlichen Zweistufigkeit räumen die Aufsichtsbehörden ein, dass Fragestellungen der 2. Stufe bei der Prüfung der 1. Stufe von Bedeutung sein können. Dies liegt jedenfalls insofern auf der Hand, als die Angemessenheit des Schutzniveaus bereits bei der Interessenabwägung eine Rolle spielt. Unter Harmonisierungsgesichtspunkten zu bedenklichen Ergebnissen führt das Stufenmodell der Aufsichtsbehörden, wenn sie – streng am Maßstab des deutschen Datenschutzrechts orientiert – im Rahmen der 1. Stufe höhere Anforderungen stellen, als dies nach der EG-DatSchRL bzw. darauf basierenden Kommissionsentscheidungen notwendig ist (s. etwa § 4c Rn. 12 sowie § 11 Rn. 16).

6b 3.3 Mit Blick auf den Drittlandtransfer bemerkenswert ist eine zutreffend kritisierte Entscheidung des **EuGH** (MMR 2004, 95 = DuD 2004, 244 = RDV 2004, 16. m. krit. Anm. Dammann; ferner CRi 1/2004 m. krit. Anm. Retzer/Ritter; ebenfalls krit. Brühann, DuD 2004, 201; ferner Taraschka, CR 2004, 280) im Rahmen derer das Gericht in der Speicherung personenbezogener Daten auf einer frei zugänglichen **Website** keine Datenübermittlung in Drittstaaten sah, solange der Hostprovider in einem EU-Mitgliedstaat ansässig ist (zur Anwendbarkeit des BDSG bei auslandsgesteuertem Rückgriff auf in Deutschland belegene Mittel wie z. B. Ser-

Übermittlung personenbezogener Daten ins Ausland § 4b

ver, Modems, Leitungen etc. vgl. Duhr/Naujok/Peter/Seiffert, DuD 2002, 5 (7); BlnDSB, Neuregelungen im Bundesdatenschutzgesetz, Materialien zum Datenschutz Nr. 30, Ziff. 3.1; zu dem neuen Ansatz der EU-Kommission zur Anwendbarkeit des EU-Datenschutzrechts unabhängig vom geografischen Standort der verantwortlichen Stelle s. § 1 Rn. 28).

3.4 Ein entgegenstehendes **schutzwürdiges Interesse** ist z. B. regelmäßig anzunehmen, wenn bei den empfangenden Stellen ein **angemessenes Datenschutzniveau** (vgl. Rn. 10 ff.) nicht gegeben ist. Zu beachten ist insofern jedoch, dass § 4c als Ausnahmevorschrift unter bestimmten Voraussetzungen auch Übermittlungen an Stellen ohne angemessenes Schutzniveau gestattet. Anders als die EG-DatSchRL, die eine Angemessenheit im **Drittland** voraussetzt, verlangt Abs. 2 Satz 2 lediglich ein angemessenes Schutzniveau bei der empfangenden **Stelle** (vgl. hierzu Gola/Klug, Grundzüge des Datenschutzrechts, S. 63; Backes/Eul/Guthmann/Martwich/Schmidt, RDV 2004, 156). Diesbezüglich wird teilweise (vgl. Moritz/Tinnefeld, JurPC Web-Dok. 181/2003, Abs. 13; Rittweger/Weiße, CR 2003, 142 (147)) eine mangelhafte Richtlinienumsetzung moniert. 7

3.5 Neben dem Schutzniveau beim Datenimporteur können auch **andere schutzwürdige Interessen** des Betroffenen einer Datenübermittlung in Drittländer entgegenstehen. Insofern handelt es sich um voneinander unabhängige Tatbestandsmerkmale. Solche Interessen kommen insbesondere bei gefahrenträchtigen Datenübermittlungen in Betracht. Für die Übermittlung von sensiblen Daten gem. § 3 Abs. 9 gelten die restriktive Voraussetzungen nach den §§ 13 Abs. 2, 28 Abs. 6–9 (vgl. Simitis in: Simitis, BDSG § 4b Rn. 50). Soll die **Gehaltsabrechnung** durch einen Dienstleister im Drittland erfolgen, so müssten – soweit man die Privilegierung des § 11 hier nicht gelten lassen will (vgl. vorstehend Rn. 5) – auch sensitive Daten nach § 3 Abs. 9 (z. B. Krankheitszeiten, Religionszugehörigkeit) übermittelt werden. Der hiermit verbundene Datentransfer lässt sich ohne Einwilligung der Mitarbeiter allenfalls über eine weite Auslegung des § 28 Abs. 6 Nr. 3 rechtfertigen (vgl. etwa Rittweger/Schmidl, DuD 2004, 617 (620)). Als rechtliche Anknüpfungspunkte kommen insofern die Gewerbefreiheit (vgl. BlnDSB Materialien zum Datenschutz Nr. 30, Ziff. 4.4) oder die Lohnzahlungspflicht des Arbeitgebers in Betracht. Im internationalen Unternehmensverbund spielt der grenzüberschreitende Transfer von **Mitarbeiterdaten** eine zunehmend wichtige Rolle. Ist der Konzernbezug bei Abschluss des Arbeitsvertrages erkennbar, so ist die Datenübermittlung an ein Verbundunternehmen im Ausland regelmäßig gem. § 32 Abs. 1 Satz 1 zulässig. Die Erstellung eines konzernweit verfügbaren elektronischen **Kommunikationsverzeichnisses** mit Namen der Mitarbeiter, dienstlicher Anschrift, Aufgabengebiet, dienstlicher Telefon- und Faxnummer sowie dienstlicher E-Mail-Adresse im Interesse einer reibungslosen konzerninternen Kommunikation wurde bislang weitgehend als zulässig angesehen, wobei im Einzelfall eine Zugriffsbeschränkung auf Teile des Verzeichnisses geboten sein kann (vgl. 15. Bericht der Hessischen Landesregierung über die Tätigkeit der für den nicht öffentlichen Bereich zuständigen Aufsichtsbehörden – LT-Drs. 15/4659 vom 26.11.2002 –, Ziff. 7.4). International tätige Unternehmen realisieren zunehmend konzernübergreifende **Skill-Datenbanken**, um die Stellen im Konzern bestmöglich besetzen zu können. Die damit einhergehende Datenübermittlung kann nach § 32 Abs. 1 Satz 1 oder § 28 Abs. 1 Satz 1 Nr. 2 gerechtfertigt sein. Den schutzwürdigen Belangen der betroffenen Mitarbeiter kann durch die Einräumung eines Widerspruchsrechts Rechnung getragen werden (zur Einrichtung globaler Personalinformationssysteme vgl. den 13. Bericht der für den Datenschutz im nicht öffentlichen Bereich in Hessen zuständigen Aufsichtsbehörden – LT-Drs. 15/1539 –, Ziff. 10.2 sowie HmbDSB, 18. Tätigkeitsbericht, 2000/2001, Ziff. 28.1). Bei sog. **Matrixstrukturen** arbeiten Mitarbeiter häufig abwechselnd an verschiedenen Stellen im Konzern, was sich u. a. auch in der Vorgesetztenstruktur widerspiegelt. Die damit einherge- 8 henden Datenflüsse sind bei entsprechender Transparenz für den Mitarbeiter in der Regel über § 32 Abs. 1 Satz 1 oder ggf. auf Grundlage eines Datenschutzvertrags (hierzu Schmidl, DuD 2009, 364) gerechtfertigt. Ansonsten kann die Übermittlung auch auf Grundlage einer Interessenabwägung nach § 28 Abs. 1 Satz 1 Nr. 2 zulässig sein. Im Rahmen einer **Serververlagerung** im internationalen Konzern kommt das berechtigte Interesse der dem BDSG unterliegenden verantwortlichen Stelle und des Konzerns an effektiven Strukturen als Erlaubnistatbestand in Betracht. Allerdings kann das Interesse der Betroffenen an der Wahrung ihrer Privatsphäre das berechtigte Interesse des Konzerns an einer effektiven Bündelung der IT-Ressourcen überwiegen, wenn nicht geeignete Datenschutzvorkehrungen getroffen werden (vgl. Hilber/Knorr/Müller, CR 2011, 417 (421 f.)). Im Rahmen der Erfüllung allgemeiner **Compliancevorgaben** (z. B. Sarbanes Oxley Act, Corporate Governance Codex) entstehen unternehmensübergreifende Reportingstrukturen, über welche personenbezogene Informationen über die Verletzung gesetzlicher oder betrieblicher Vorgaben erfasst, unter Beteiligung der Konzernrevisions- und/oder Konzernsicherheitsabteilung zentral aufgeklärt und zentralen Entscheidungsstellen (Compliance Officer, Clearing Committee, Konzernvorstand) zugeleitet werden (zum sog. Whistleblowing vgl. Becker, DB 2011, 2202; Fahrig, NZA 2010, 1223; Tinnefeld/Rauhofer, DuD 2008, 717; Breinlinger/Krader, RDV 2006, 60; von Zimmermann, RDV 2006, 242 sowie Schmidl, DuD 2006, 353). Als rechtliche Grundlagen kommen § 32 Abs. 1 Sätze 1 und 2, § 28 Abs. 1 Satz 1 Nr. 2 oder § 28 Abs. 2 in Betracht.

9   **3.6** Für öffentliche Stellen des Bundes enthält Abs. 2 Satz 3 Ausnahmen von dem Übermittlungsverbot. Erlaubt sind danach Übermittlungen, die aus zwingenden Gründen der **Verteidigung** erfolgen. Ferner dürfen Übermittlungen stattfinden, wenn sie zur Erfüllung über- und zwischenstaatlicher Verpflichtungen im Bereich der **Krisenbewältigung** bzw. der **Konfliktverhinderung** oder für **humanitäre Hilfsmaßnahmen** erforderlich sind.

4. Die Angemessenheit des Datenschutzniveaus

10   **4.1** In **Absatz 3** wurden die in Art. 25 Abs. 2 EG-DatSchRL zur Beurteilung eines angemessenen Datenschutzniveaus beispielhaft vorgegebenen Kriterien fast wörtlich übernommen. Herangezogen werden können insbesondere:
   – die Art der Daten,
   – die Zweckbestimmung,
   – die Dauer der geplanten Verarbeitung,
   – das Herkunfts- und das Endbestimmungsland,
   – die für den Empfänger geltenden Rechtsnormen und Standesregeln sowie
   – Maßnahmen der Datensicherheit.

11   **4.2** Maßgebend für die Beurteilung des angemessenen Schutzniveaus sind aber **alle Umstände** der konkret in Aussicht genommenen Übermittlung. Wegen der Verwendung des wertausfüllungsbedürftigen Angemessenheitsbegriffs ermöglichen die Richtlinie und das BDSG eine Beurteilung von Fall zu Fall, wobei der Grad der Persönlichkeitsrechtsgefährdung als Maßstab dient. Die Risiken für die Betroffenen sind umso größer, je sensibler die Daten sind, je weiter die Zweckbestimmung gefasst wird, je länger der Verarbeitungszeitraum ist, je mehr Zwischenstationen zwischen dem Herkunfts- und dem Endbestimmungsland vorgesehen sind, je weniger Schutzgarantien die Datenschutzgesetze – soweit solche überhaupt vorhanden sind – und sonstigen Normen im Empfängerland bieten und je weniger Maßnahmen der Datensicherheit vom Datenimporteur getroffen werden. Grundlegende Bedeutung wird dem Arbeitspapier WP 12 der Datenschutzgruppe nach Art. 29 EG-DatSchRL beigemessen (GD XV D/5025/98, v. 24.7.1998). Darin wird u. a. festge-

Übermittlung personenbezogener Daten ins Ausland   **§ 4b**

stellt, dass jede sinnvolle Analyse des angemessenen Datenschutzniveaus zwei Grundelemente berücksichtigen muss, den Inhalt der im Drittland geltenden Vorschriften und die Mittel zur Sicherung ihrer wirksamen Anwendung (zur Beurteilungszuständigkeit s. Rn. 18). Nicht nur mit Blick auf eigene Angemessenheitsentscheidungen bzgl. „sicherer Drittländer" sondern auch aufgrund ihrer Feststellung, dass Unternehmen und Datenschutzbehörden bei ihrer Angemessenheitsprüfung unterschiedlich vorgehen, zieht die EU-Kommission im Rahmen der von ihr vorgeschlagenen Gesamtreform des EU-Datenschutzrechts (s. Einleitung Rn. 28) eine genauere Regelung der Angemessenheitskriterien in Betracht.

4.3 Entspricht das Schutzniveau beim Empfänger aufgrund der für den konkreten   12
Fall geltenden **Datenschutznormen** in Deutschland geltendem Datenschutzrecht, so erleidet der Betroffene durch die Übermittlung in den Drittstaat keine Einbußen hinsichtlich seiner Datenschutzposition. Die Rechte des Betroffenen können ggf. auch durch verbindliche und beachtete **berufsständische Regeln** gewahrt sein. Angemessenheit bedeutet aber **nicht Gleichwertigkeit** (ebenso Däubler in: DKWW, BDSG, § 4b Rn. 12). Das Schutzniveau im Drittland ist dann als angemessen anzusehen, wenn der betroffenen Person dort in Bezug auf die Verarbeitung ihrer Daten ein Schutz zuteil wird, der dem Kernbestand der Schutzprinzipien der EG-DatSchRL im Wesentlichen gerecht wird. Abstriche bei einzelnen Schutzinstrumenten sind ebenso möglich, wie eine gewisse Minderung des Schutzniveaus im Ganzen (vgl. Dammann in: Dammann/Simitis, EG-Datenschutzrichtlinie, Art. 25 Erl. 8; vgl. ferner Simitis in: Simitis, BDSG, § 4b Rn. 52, der jedenfalls keine Deckungsgleichheit voraussetzt).

4.4 Ins Kalkül zu ziehen ist ferner die **Art der Daten**, die zur Übermittlung   13
anstehen, wobei von besonderer Relevanz ist, ob auch besondere Arten von Daten nach § 3 Abs. 9 – hier müssen primär die restriktiven Zulässigkeitsvoraussetzungen der §§ 13 Abs. 2, 28 Abs. 6–9 vorliegen – betroffen sind, und wie hoch die Gefährdung von Persönlichkeitsrechten einzuschätzen ist. Ferner sind die **Zweckbestimmung** und die **Dauer** der geplanten Verarbeitung zu betrachten. Die Zweckbestimmung ist Grundlage der Abwägung des potenziellen Gefährdungsgrads der Betroffenenrechte. Schließlich ist der Kreis derjenigen, die die Daten zur Kenntnis erhalten im Sinne eines angemessenen Schutzes zu begrenzen. Zu den Verwendungsrestriktionen, die unter Angemessenheitsgesichtspunkten eine wichtige Rolle spielen, gehören daher auch die **Weiterübermittlung** sowie **Datensicherheitsmaßnahmen** zur Wahrung der Vertraulichkeit.

5. Feststellung der Angemessenheit durch die EU-Kommission

5.1 Nach Art. 25 Abs. 6 EG-DatSchRL kann die Kommission im Rahmen des   14
in Art. 31 Abs. 2 EG-DatSchRL geregelten Verfahrens für die Mitgliedstaaten verbindlich feststellen, dass ein Drittland aufgrund seiner innerstaatlichen Rechtsvorschriften oder internationaler Verpflichtungen ein angemessenes Datenschutzniveau aufweist (vgl. hierzu auch Weiß, RDV 2013, 273). Bei Redaktionsschluss waren entsprechende Angemessenheitsentscheidungen für folgende Länder getroffen worden:
– Andorra (ABl. EU v. 21.10.2010, Nr. L 277/27),
– Argentinien (ABl. EU v. 5.7.2003, Nr. L 168/19),
– Australien, Sonderfall PNR-Daten (ABl. EU v. 8.8.2008, Nr. L 213/47),
– Färöer (ABl. EU v. 9.3.2010, Nr. L 58/17),
– Guernsey (ABl. EU v. 25.11.2003, Nr. L 308/27),
– Isle of Man (ABl. EU v. 30.4.2004, Nr. L 151/51 sowie Berichtigung in ABl. EU v. 10.6.2004, Nr. L 208/47),

§ 4b Übermittlung personenbezogener Daten ins Ausland

- Israel (ABl. EU v. 1.2.2011, Nr. L 27/39),
- Jersey (ABl. EU v. 28.5.2008, Nr. L 138/21),
- Kanada (ABl. EG v. 4.1.2000, Nr. L 2/13), Sonderfall PNR-Daten (ABl. EU v. 29.3.2006, Nr. L 91/49),
- Neuseeland (ABl. EU v. 30.1.2013, Nr. L 28/12),
- Schweiz (ABl. EG v. 25.8.2000, Nr. L 215/1),
- Uruguay – Eastern Republic of Uruguay (ABl. EU v. 23.8.2012, Nr. L 227/11)
- USA: *Sonderfall Safe Harbor* (ABl. EG v. 25.8.2000, Nr. L 215/7; s. hierzu nachstehend Anm. 5.2); Sonderfall PNR-Daten (ABl. EU v. 4.8.2007, Nr. L 204/16); Sonderfall SWIFT-Abkommen zur Übermittlung von Zahlungsverkehrsdaten (ABl. EU v. 27.5.2010, Nr. L 195/3 u. 5).

Vorbehaltlich des Vorliegens der Übermittlungsvoraussetzungen nach dem BDSG können Übermittlungen an in diesen Ländern ansässige Empfänger ohne eine gesonderte Überprüfung der Angemessenheit des Schutzniveaus erfolgen. Im Fall der Übermittlung in die USA bedarf es jedoch ggf. der zuvorigen Überprüfung, ob und inwieweit der Datenempfänger dem Safe Harbor angehört (Safe Harbor List unter http://www.export.gov/safeharbor; s. auch Rn. 15). Nachdem der EuGH das Abkommen zur Übermittlung sog. **Passenger Name Records** (PNR) in die USA für nichtig erklärt hatte (vgl. NJW 2006, 2029; ausführlich zu der Entscheidung Ehricke/Becker/Walzel, RDV 2006, 149 sowie Simitis, NJW 2006, 2011), bedurfte es eines neuen – auf anderer Rechtsgrundlage basierenden – PNR-Abkommens, das am 26.7.2007 abgeschlossen (ABl. EU v. 4.8.2007, Nr. L 204/18) und anschließend in Deutschland ratifiziert worden ist (BGBl. II 2007 S. 1978). Nachfolgend hat die EU-Kommission einen Vorschlag für ein abermals überarbeitetes Fluggastdaten-Abkommen vorgelegt – KOM (2011) 807 endg. –, dem das Europäische Parlament und der Rat der EU zugestimmt haben. Auch die entsprechenden Abkommen mit Australien und Kanada sind inzwischen überarbeitet worden. Besondere Brisanz beinhaltet inzwischen die Übertragung personenbezogener Daten in die USA im Kontext der **NSA-Überwachung** (vgl. hierzu Roßnagel/Jandt/Richter, DuD 2014, 545; vgl. ferner WP 215 der Artikel-29-Datenschutzgruppe bzgl. der Überwachung der elektronischen Kommunikation zu nachrichtendienstlichen und nationalen Sicherheitszwecken); nach Auffassung der Artikel-29-Datenschutzgruppe können weder die Grundsätze des „sicheren Hafens" noch Standardvertragsklauseln oder unternehmensinterne Datenschutzregelungen als Rechtsgrundlage herangezogen werden, um die Übermittlung personenbezogener Daten an eine Drittstaatsbehörde zum Zwecke massiver und willkürlicher Überwachung zu rechtfertigen (WP 125, S. 3). Ob und inwieweit der Datenschutz in dem aktuell diskutierten Freihandelsabkommen mit den USA berücksichtigt wird, bleibt abzuwarten.

15 **5.2** Eine spezielle Entscheidung nach Art. 25 Abs. 6 EG-DatSchRL hat die Kommission nach mehrjährigen Verhandlungen über Datenübermittlungen in die USA getroffen. Danach gewährleistet das mit dem US-Handelsministerium ausgehandelte **„Safe-Harbor"-Paket** einen angemessenen Datenschutz. Voraussetzung ist, dass der Empfänger in den USA sich durch Erklärung gegenüber der zuständigen US-Behörde zur Einhaltung bestimmter Datenschutzprinzipien verpflichtet (vgl. Klug, RDV 2000, 212; Heil, DuD 2000, 444), wobei besondere Regelungen für den Datentransfer von Personaldaten greifen. Die sog. Safe-Harbor-Prinzipien werden durch als Leitlinien fungierende „Frequently Asked Questions (FAQs)" sowie weitere Anlagen ergänzt (zum Safe-Harbor-Paket s. Dammann/Simitis, BDSG, S. 693 ff.). Die Safe-Harbor-Lösung ist allerdings nicht unkritisiert geblieben (kritisch z. B. Däubler in: DKWW, BDSG, § 4b Rn. 16, sowie Erd, K&R 2010, 624; ferner Spies, ZD 2013, 535; die Tragfähigkeit des Safe Harbor bejahend Greer, RDV 2011, 267). Die obersten Aufsichtsbehörden für den Datenschutz im nicht-öffentlichen Bereich (Düsseldorfer Kreis) haben am 28./29.4.2010 einen Beschluss zur Prüfung der Selbst-Zertifizierung des Datenimporteurs nach dem Safe-Harbor-

Abkommen durch das Daten exportierende Unternehmen gefasst. Danach müssen die exportierenden Unternehmen mindestens klären, ob die Safe-Harbor-Zertifizierung des Importeurs noch gültig ist (zur Reichweite der Zertifizierung vgl. den 21. Bericht der Landesregierung über die Tätigkeit der für den Datenschutz im nichtöffentlichen Bereich in Hessen zuständigen Aufsichtsbehörde – LT-Drs. 17/663, Ziff. 10.1). Außerdem soll sich das Daten exportierende Unternehmen nachweisen lassen, wie das importierende Unternehmen seinen Informationspflichten nach Safe Harbor gegenüber den von der Datenverarbeitung Betroffenen nachkommt. Diese Mindestprüfung soll von den exportierenden Unternehmen zu dokumentieren und auf Nachfrage der Aufsichtsbehörden nachzuweisen sein (zu den praktischen Konsequenzen diese Forderungen vgl. Wybitul/Patzak, RDV 2011, 11 (14 f.)). Sollten nach der Prüfung Zweifel an der Einhaltung der Safe-Harbor-Kriterien durch das US-Unternehmen bestehen, empfehlen die Aufsichtsbehörden, der Verwendung von Standardvertragsklauseln oder bindenden Unternehmensrichtlinien zur Gewährleistung eines angemessenen Datenschutzniveaus beim Datenimporteur den Vorzug zu geben (zum Verhältnis der Safe-Harbor-Lösung zu anderen Schutzgarantien vgl. den 19. Bericht der Landesregierung über die Tätigkeit der für den Datenschutz im nicht öffentlichen Bereich in Hessen zuständigen Aufsichtsbehörde – LT-Drs. 16/5892, Ziff. 11.1). Abzuwarten bleibt, ob das Safe-Harbor-Abkommen demnächst neu verhandelt werden muss und wie sich der EuGH nach dem Vorlagebeschluss des irischen High Court v. 18.6.2014 zu der Safe-Harbor-Lösung positioniert.

Die Weitergabe personenbezogener Daten durch ein Safe Harbor zertifiziertes Unternehmen ist jedenfalls bereits jetzt nur unter bestimmten Voraussetzungen zulässig (vgl. auch den 21. Bericht der Landesregierung über die Tätigkeit der für den Datenschutz im nicht öffentlichen Bereich in Hessen zuständigen Aufsichtsbehörde – LT-Drs. 17/663, Ziff. 10.2).

5.3 Ein angemessenes Schutzniveau besteht auch dann, wenn zwischen den verantwortlichen Stellen die von der Kommission verabschiedeten **Standardvertragsklauseln** zur Gewährleistung der Schutzinteressen der Betroffenen vereinbart werden. Überdies können nach dem BDSG auch konzernweit **verbindliche Unternehmensregelungen** als Schutzgarantien dienen (zu den Schutzgarantien s. § 4c Rn. 10 ff.). **16**

6. Unterrichtung der Betroffenen

Nach **Absatz 4** besteht für öffentliche Stellen, die Datenübermittlungen an nicht öffentliche Stellen im Rahmen der Erlaubnis des § 16 Abs. 1 Nr. 2, d. h. auf Grundlage einer Interessenabwägung (Nr. 2 Satz 1) bzw. bei besonderen Arten von personenbezogenen Daten (§ 3 Abs. 9) nach den für diese geltenden Voraussetzungen (Nr. 2 Satz 2) vornehmen, die Verpflichtung, den Betroffenen über die Übermittlung seiner Daten zu informieren. Die **Unterrichtungspflicht** entfällt, wenn damit zu rechnen ist, dass der Betroffene auf andere Weise Kenntnis erlangt. **17**

7. Verantwortung für die Zulässigkeit der Übermittlung

Gemäß **Absatz 5** ist die übermittelnde Stelle für die Zulässigkeit der Übermittlung verantwortlich (zur Bestimmung der datenexportierenden Stelle auf Basis tatsächlicher Entscheidungsbefugnis bzgl. des Datenexports vgl. Hillenbrand-Beck, RDV 2007, 231 ff.). Dies bedeutet, dass grundsätzlich die **verantwortliche Stelle** (§ 3 Abs. 7) nicht nur auf die Einhaltung der allgemeinen Übermittlungsvoraussetzungen zu achten hat, sie beurteilt im Fall des Drittlandtransfers – vorbehaltlich **18** des Vorliegens einschlägiger Kommissionsentscheidungen (vgl. Rn. 14) – auch das Schutzniveau beim Datenempfänger in eigener Verantwortung (ebenso Bergmann/ Möhrle/Herb, BDSG § 4b Rn. 33). Dies ist sachgerecht, denn die verantwortliche Stelle kennt die Übermittlungsumstände am besten (s. auch Simitis in: Simitis, BDSG § 4b Rn. 89). Soweit allerdings besondere Schutzgarantien wie individuelle Vertragsklauseln oder verbindliche Unternehmensregelungen das Schutzniveau beim Datenempfänger auf einen angemessenen Standard heben sollen, kann dies nicht gänzlich ohne eine Koordination mit den Aufsichtsbehörden geschehen (s. § 4c Rn. 14 ff.).

8. Hinweispflicht gegenüber dem Empfänger

19   8.1 Nach **Absatz 6** besteht für die übermittelnde Stelle die Pflicht, den im Ausland ansässigen Empfänger auf die Zwecke hinzuweisen, zu deren Erfüllung die Daten übermittelt werden. Eine entsprechende Pflicht findet sich aber auch schon anderweitig, da Abs. 1 und Abs. 2 Satz 1 die für die Privatwirtschaft geltenden Übermittlungsbestimmungen der §§ 28 bis 30a für entsprechend anwendbar erklären und § 28 Abs. 5 Satz 3 bzw. § 29 Abs. 4 eine die **Zweckbindung** noch konkreter betonende **Hinweispflicht** enthalten.

20   8.2 Inwieweit die Stelle, an die die Daten übermittelt wurden, diese für andere als die ursprünglichen Übermittlungszwecke verarbeiten oder nutzen darf, hängt von den Regelungen ab, die beim Datenempfänger ein angemessenes Datenschutzniveau sicherstellen (zur Weiterübermittlung durch ein Safe Harbor zertifiziertes Unternehmen s. Rn. 15). Grundsätzlich ist eine Orientierung an den Vorgaben der EG-DatSchRL geboten, d. h. eine mit der ursprünglichen, rechtmäßigen Zweckbestimmung nicht zu vereinbarende Erhebung bzw. Verarbeitung ist zu vermeiden.

9. Landesrecht

21   Die Landesdatenschutzgesetze haben die Vorgaben der Richtlinie für die Übermittlung personenbezogener Daten ins Ausland sowie an über- und zwischenstaatliche Stellen ausnahmslos übernommen (Art. 21 BayDSG; § 20 LDSG BW; § 17 BbgDSG; § 18 BremDSG; § 17 HmbDSG; § 17 HDSG; § 16 DSG M-V; § 14 NDSG; § 17 DSG NRW; § 17 LDSG R-P; § 13 DSG-LSA; § 17 SDSG; § 16 LDSG SH; § 17 SächsDSG; § 23 ThürDSG; § 14 BlnDSG mit Ausnahmeregelungen in Absatz 5 für Daten, die nicht automatisiert verarbeitet und nicht in Dateien gespeichert sind oder werden).

§ 4c Ausnahmen

(1) ¹Im Rahmen von Tätigkeiten, die ganz oder teilweise in den Anwendungsbereich des Rechts der Europäischen Gemeinschaften fallen, ist eine Übermittlung personenbezogener Daten an andere als die in § 4b Abs. 1 genannten Stellen, auch wenn bei ihnen ein angemessenes Datenschutzniveau nicht gewährleistet ist, zulässig, sofern
1. der Betroffene seine Einwilligung gegeben hat,
2. die Übermittlung für die Erfüllung eines Vertrags zwischen dem Betroffenen und der verantwortlichen Stelle oder zur Durchführung von vorvertraglichen Maßnahmen, die auf Veranlassung des Betroffenen getroffen worden sind, erforderlich ist,
3. die Übermittlung zum Abschluss oder zur Erfüllung eines Vertrags erforderlich ist, der im Interesse des Betroffenen von der verantwortlichen Stelle mit einem Dritten geschlossen wurde oder geschlossen werden soll,
4. die Übermittlung für die Wahrung eines wichtigen öffentlichen Interesses oder zur Geltendmachung, Ausübung oder Verteidigung von Rechtsansprüchen vor Gericht erforderlich ist,
5. die Übermittlung für die Wahrung lebenswichtiger Interessen des Betroffenen erforderlich ist oder
6. die Übermittlung aus einem Register erfolgt, das zur Information der Öffentlichkeit bestimmt ist und entweder der gesamten Öffentlichkeit oder allen Personen, die ein berechtigtes Interesse nachweisen können, zur Einsichtnahme offen steht, soweit die gesetzlichen Voraussetzungen im Einzelfall gegeben sind.
²Die Stelle, an die die Daten übermittelt werden, ist darauf hinzuweisen, dass die übermittelten Daten nur zu dem Zweck verarbeitet oder genutzt werden dürfen, zu dessen Erfüllung sie übermittelt werden.

(2) ¹Unbeschadet des Absatzes 1 Satz 1 kann die zuständige Aufsichtsbehörde einzelne Übermittlungen oder bestimmte Arten von Übermittlungen personenbezogener Daten an andere als die in § 4b Abs. 1 genannten Stellen genehmigen, wenn die verantwortliche Stelle ausreichende Garantien hinsichtlich des Schutzes des Persönlichkeitsrechts und der Ausübung der damit verbundenen Rechte vorweist; die Garantien können sich insbesondere aus Vertragsklauseln oder verbindlichen Unternehmensregelungen ergeben. ²Bei den Post- und Telekommunikationsunternehmen ist der Bundesbeauftragte für den Datenschutz und die Informationsfreiheit zuständig. ³Sofern die Übermittlung durch öffentliche Stellen erfolgen soll, nehmen diese die Prüfung nach Satz 1 vor.

(3) Die Länder teilen dem Bund die nach Absatz 2 Satz 1 ergangenen Entscheidungen mit.

Literatur: Vgl. die Hinweise zu § 4b.

Übersicht

	Rn.
1. Allgemeines	1
2. Die Ausnahmetatbestände	4
3. Hinweispflicht gegenüber dem Empfänger	9
4. Genehmigung durch die Aufsichtsbehörde	10
5. Kontrolle durch die EU-Kommission	19
6. Landesrecht	21

§ 4c Ausnahmen

1. Allgemeines

1 **1.1** Die Vorschrift gestattet unter den genannten Ausnahmetatbeständen eine Datenübermittlung an Stellen in Drittstaaten bzw. an zwischen- oder überstaatliche Stellen, wenn sie **kein angemessenes Datenschutzniveau** aufweisen. Die Ausnahmen gelten nur, soweit es um Tätigkeiten geht, die in den Anwendungsbereich der EG-DatSchRL fallen (vgl. hierzu § 4b Rn. 1). Die Ausnahmen sollen dafür Sorge tragen, dass der Wirtschaftsverkehr mit Drittstaaten nicht unangemessen behindert wird. Dazu zählen insbesondere – was im Grunde eine Selbstverständlichkeit ist – die Einwilligung und Übermittlungen, die im Rahmen eines Vertrages erforderlich sind, der vom Betroffenen selbst oder durch einen Dritten in seinem Interesse geschlossen worden ist (Abs. 1 Satz 1 Nr. 1–3).

2 **1.2** Greifen die Ausnahmen des Absatzes 1 nicht und kann ein angemessenes Datenschutzniveau nicht festgestellt werden, so kann die übermittelnde Stelle „**ausreichende Garantien**" zur Gewährleistung der Schutzansprüche der Betroffenen schaffen. Hierzu ermöglicht Absatz 2 u. a. die sog. Vertragslösung oder für internationale Konzerne auch das Inkraftsetzen verbindlicher Unternehmensregelungen (sog. Binding Corporate Rules).

3 **1.3** Sollen die Daten nach § 4c in einen Drittstaat übermittelt werden, ist nach Auffassung der Aufsichtsbehörden eine **zweistufige Zulässigkeitsprüfung** angezeigt (s. § 4b Rn. 6; vgl. auch Simitis in: Simitis, BDSG § 4c Rn. 6). Nach der vorgelagerten Prüfung der allgemeinen Zulässigkeitsvorschriften (insbesondere §§ 28 und 32) ist in einem zweiten Prüfschritt nach § 4c Folgendes abzuklären:
– Fehlt im Drittland ein angemessenes Datenschutzniveau?
– Greifen trotz unzureichendem Datenschutzniveau die Erlaubnisse des § 4c Abs. 1?
– Können angemessene Garantien durch Vertragsklauseln oder verbindliche Unternehmensregelungen nach § 4c Abs. 2 geschaffen werden?
Fragestellungen der 2. Stufe können bereits bei der Prüfung der 1. Stufe – insbesondere im Rahmen der Interessenabwägung (vgl. § 4b Rn. 7) – von Bedeutung sein.

2. Die Ausnahmetatbestände

4 **2.1** Der dem Art. 26 EG-DatSchRL entnommene Ausnahmekatalog des **Absatzes 1** basiert auf dem Gedanken, dass das Schutzbedürfnis des Betroffenen im Hinblick auf sein Persönlichkeitsrecht in den aufgezählten Fällen vergleichsweise gering ist (zur Auslegung des zu Grunde liegenden Art. 26 EG-DatSchRL vgl. WP 114 v. 25.11.2005 der Datenschutzgruppe nach Art. 29 der Richtlinie). Während die Einwilligung nach Nr. 1 eine informierte Selbstbestimmung des Betroffenen voraussetzt, verlangen Nrn. 2–5 die Beachtung des Grundsatzes der Erforderlichkeit (vgl. hierzu § 28 Rn. 13 und 34). Dabei stellen Nrn. 2 und 3 auf (vor-)vertragliche Notwendigkeiten, Nrn. 4 und 5 auf Interessen der Öffentlichkeit bzw. mutmaßliche Interessen des Betroffenen selbst ab. Nr. 6 trägt dem Umstand Rechnung, dass Daten, die für andere berechtigterweise ohnehin verfügbar sind, keines besonderen Schutzes bedürfen.

5 **2.2** Nach **Nr. 1** besteht eine Ausnahme vom grundsätzlichen Verbot des Transfers personenbezogener Daten in Drittländer ohne angemessenes Schutzniveau, wenn der Betroffene seine **Einwilligung** gegeben hat. Das BDSG verlangt eine **informierte** Einwilligung (s. auch § 4a Rn. 10). Die notwendige Kenntnis der Sachlage setzt im Fall des Drittlandtransfers voraus, dass die betroffene Person über das konkrete Risiko der Übermittlung der Daten in ein Land ohne angemessenes Schutzniveau ordnungsgemäß informiert ist. Damit besteht die Pflicht zu einer umfassenden Aufklärung, die Informationen darüber beinhalten muss, auf welche personenbezogenen Daten und auf welche Verarbeitungsvorgänge sich die Zustimmung bezieht;

Ausnahmen **§ 4c**

insbesondere bedarf es der Angabe des Empfängers und des Zielortes (14. Bericht der Hessischen Landesregierung über die Tätigkeit der für den Datenschutz im nicht-öffentlichen Bereich zuständigen Aufsichtsbehörden, LT-Drs. 15/2950 vom 18.9.2001, Ziff. 9, auszugsweise abgedruckt in RDV 2002, 38). Der Betroffene muss auch auf die dortigen Verarbeitungsvoraussetzungen, insbesondere auf etwaige Auswertungen, Überwachungen und sonstige Nutzungen hingewiesen werden. Da die Einwilligung **ohne jeden Zweifel** erfolgen muss, führt jeglicher Zweifel daran, ob die Einwilligung tatsächlich gegeben worden ist, dazu, dass die Ausnahmeregelung nicht gilt. Der Erlaubnistatbestand der Einwilligung ist damit auch in einer Vielzahl von Fällen, in denen die Einwilligung unterstellt wird – etwa weil die betreffende Person auf die Übermittlung aufmerksam gemacht wurde und keinen Einwand dagegen erhoben hat – nicht gegeben. Schweigen kann grundsätzlich nicht als Zustimmung interpretiert werden. Ferner muss die Einwilligung für den **konkreten Fall** gegeben werden. Dies schließt die Möglichkeit von Pauschaleinwilligungen in Drittlandübermittlungen aus (vgl. HmbDSB, Tätigkeitsbericht 2000/2001, Ziff. 28.2 = RDV 2002, 212; zur Anwendbarkeit von § 4c Abs. 1 Nr. 1 im Fall der Datenweitergabe in einer internationalen Hotelgruppe auf Basis eines Informationsblatts vgl. den 18. Bericht der Landesregierung über die Tätigkeit der für den Datenschutz im nicht-öffentlichen Bereich zuständigen Aufsichtsbehörde – LT-Drs. 16/4758, Ziff. 13). Schließlich verlangt das Datenschutzrecht eine Willensbekundung **ohne Zwang** (vgl. § 4a Rn. 6). Ob eine die Einwilligungsfähigkeit ausschließende Zwangssituation vorliegt, ist eine Frage des Einzelfalls (vgl. die Praxisbeispiele zu Kongressteilnehmern bzw. zu sog. Stock Options im 14. Bericht der Hessischen Landesregierung, LT-Drs. 15/2950 vom 18.9.2001, Ziff. 9, auszugsweise abgedruckt in RDV 2002, 38). Im **Arbeitsverhältnis** (vgl. Gola, RDV 2002, 109 (115); Däubler, Gläserne Belegschaften?, 2002, Rn. 150) sollte die Einwilligung schon aus Praktikabilitätsgründen (vgl. Backes/Eul/Guthmann/Martwich/Schmidt, RDV 2004, 156, 159) nur in den Fällen in Anspruch genommen werden, in denen kein anderer Erlaubnistatbestand ersichtlich ist und der Beschäftigte eine echte Wahl hat (z. B. bei karrierefördernden Übermittlungen), wobei er seine Einwilligung zu einem späteren Zeitpunkt widerrufen können muss, ohne dass ihm daraus Nachteile entstehen. Die Datenschutzgruppe nach Art. 29 EG-DatSchRL hat die Auffassung vertreten, dass die Einwilligung als Zulässigkeitsvoraussetzung in Fällen der wiederholten oder gar routinemäßigen Datenübermittlung – z. B. im Rahmen der Zentralisierung einer HR-Datenbank im Drittland – wahrscheinlich langfristig nicht geeignet ist (WP 114, S. 13).

2.3 Die **Nrn. 2 und 3** gestatten Drittlandtransfers, die im Rahmen von vorvertraglichen Maßnahmen bzw. zur Vertragsabwicklung erforderlich sind. **Nr. 2** ist einschlägig, wenn die vertragliche Leistung bzw. das vorvertragliche Verhältnis die Datenübermittlung ins Drittland bedingt. Die Vorschrift setzt voraus, dass der Betroffene **Vertragspartei** ist bzw. dass er die vorvertraglichen Maßnahmen **veranlasst** hat. Erlaubt ist hiernach beispielsweise die Verarbeitung von Daten zur Ausarbeitung von Angeboten über touristische Leistungen und ggf. zur vorläufigen Reservierung durch ein Reisebüro auf Wunsch des Betroffenen. Wer bei einem **Reisebüro** ein Hotelzimmer etc. im Ausland bucht, erwartet, dass er bei Ankunft ein auf seinen Namen reserviertes Zimmer etc. vorfindet. Wird nicht der Reisekunde selbst, sondern das Reisebüro (in seinem Interesse) Vertragspartner der einzelnen Leistungsträger (vgl. hierzu Palandt/Sprau, BGB Einf vor § 651a) kommt Nr. 3 in Betracht. Neben internationalen Beförderungsleistungen und der Reservierung von Hotels, Mietwagen etc. im Drittland kommen auch Datenübermittlungen im Rahmen des internationalen Zahlungsverkehrs und per Versand abgewickelte Kaufverträge als typische Beispiele in Betracht (vgl. auch Dammann in: Dammann/Simitis, EG-Datenschutzrichtlinie, Art. 26 Erl. 6 sowie Art. 7 Erl. 5). Auch die Übermittlung von **Arbeitnehmerdaten** kann nach Nr. 2 gerechtfertigt sein (so auch BlnDSB, Neuregelungen im BDSG,

6

§ 4c Ausnahmen

Materialien zum Datenschutz Nr. 30, Ziff. 3.1.3), so z. B. wenn Mitarbeiter im Ausland eingesetzt werden oder die im Drittland ansässige Konzernmutter erkennbar über die Einstellung entscheidet. Maßgeblich ist hierbei, dass dem Mitarbeiter der Konzernbezug transparent ist (zur Übermittlung von Mitarbeiterdaten vgl. § 4b Rn. 8). Die Übermittlung von Mitarbeiterdaten zum Zwecke der Zentralisierung von Gehalts- und Personalverwaltungsfunktionen im Drittland soll dagegen mangels Erforderlichkeit zur Abwicklung des Beschäftigungsvertrages nicht von dem Ausnahmetatbestand erfasst sein (Artikel-29-Datenschutzgruppe, WP 114, S. 15).

6a 2.4 **Nr. 3** betrifft Fälle, in denen die Übermittlung zum Abschluss oder zur Erfüllung eines Vertrages, der **im Interesse des Betroffenen** von der verantwortlichen Stelle mit einem Dritten geschlossen wurde bzw. geschlossen werden soll, erforderlich ist. Der Betroffene selbst ist hierbei **nicht Vertragspartner.** In Betracht kommen insbesondere Verträge zugunsten Dritter i. S. v. § 328 BGB. Aus dem Bereich des Arbeitsrechts lässt sich beispielhaft der Abschluss einer **Mitarbeiterversicherung** bei einer ausländischen Gesellschaft anführen. Die Ausnahme soll dagegen nicht anwendbar sein, wenn es darum geht, einen in einem Drittland ansässigen Dienstleister mit dem Gehaltszahlungsmanagement oder der Verwaltung von Aktienoptionsplänen zu beauftragen (Artikel-29-Datenschutzgruppe, WP 114, S. 16). In diesen Fällen sollte ein Datenschutzvertrag mit dem **Auftragsverarbeiter** geschlossen werden. Ausweislich der Begründung des geänderten Kommissionsvorschlags für die EU-Datenschutzrichtlinie kommt den Ausnahmebestimmungen nach Nr. 2 und 3 auch bei der Weitergabe von Daten im Zusammenhang mit Vorgängen von Banken und anderen Kreditinstituten Relevanz zu.

7 2.5 Die **Nrn. 4 und 5 ermöglichen** Übermittlungen aufgrund vorrangiger Interessen. Die erste Alternative von **Nr. 4** erlaubt Drittlandtransfers ausnahmsweise, wenn ein **wichtiges öffentliches Interesse** besteht. Ein solches dürfte bei Datenübermittlungen im privatwirtschaftlichen Sektor wohl nur ausnahmsweise vorliegen. Als Beispiel aus dem öffentlichen Bereich nennt Erwägungsgrund 58 der EG-DatSchRL den internationalen Datenaustausch zwischen **Steuer- oder Zollverwaltungen** oder zwischen **Diensten,** die für Angelegenheiten der sozialen Sicherheit zuständig sind. Auch die internationale Zusammenarbeit im Zusammenhang mit der Bekämpfung von **Geldwäsche** oder im Rahmen der Überwachung der Finanzinstitute soll durch die Ausnahmevorschrift ermöglicht werden.

7a 2.6 Die zweite Alternative von **Nr. 4** ermöglicht die ausnahmsweise Übermittlung in „unsichere" Drittländer, wenn dies zur Geltendmachung, Ausübung oder Verteidigung von **Rechtsansprüchen** vor Gericht erforderlich ist. Sie räumt damit dem Interesse an der Verfolgung und Realisierung von Rechtsansprüchen den Vorrang ein. Nach Auffassung des Düsseldorfer Kreises sind Datenübermittlungen an US-amerikanische Unternehmen im Rahmen sog. **Pre-Trial Discovery** im Vorfeld von Rechtsstreitigkeiten grundsätzlich nicht durch § 4c Abs. 1 Satz 1 Nr. 4 gedeckt, da es sich nicht um die Ausübung oder Verteidigung von Rechtsansprüchen vor einem Gericht handele (vgl. BlnDSB, Tätigkeitsbericht 2007, Ziff. 10.3; vgl. aber auch Hanloser, DuD 2008, 785). Demgegenüber hält die Artikel-29-Datenschutzgruppe (WP 158, S. 13) Einzelübermittlungen nach Art. 26 Abs. 1 Buchst. d EG-DatSchRL für möglich; nicht aber den pauschalen Transfer aller Mitarbeiterdateien an die US-Mutter. Vorrangig empfiehlt die Gruppe eine Übermittlung auf Basis des im Verhältnis zu den USA geltenden Haager Übereinkommens über die Beweisaufnahme im Ausland vom 18.3.1970 (HBÜ – BGBl. II 1977 S. 1472 ff.). Die Gruppe und der BlnDSB empfehlen eine zweistufige Vorgehensweise, wonach in einem ersten Schritt nur pseudonymisierte Daten und erst in einem zweiten Schritt, im Bedarfsfall, personenbezogene Daten übermittelt werden (BlnDSB, Tätigkeitsbericht 2007, Ziff. 10.3). Mit Blick auf die Datenübermittlung an US-Behörden weist der BlnDSB darauf hin, dass nach Inkrafttreten des Vertrags über die Rechtshilfe in Strafsachen eine direkte Übermittlung an das US-Justizministerium unzulässig ist.

Ausnahmen **§ 4c**

Auch soweit es um die Übermittlung elektronisch gespeicherter Informationen im Rahmen sog. **E-Discovery** geht, ist das deutsche Datenschutz- und Telekommunikationsrecht maßgeblich (zu den entsprechenden Datenschutzpflichten von Unternehmen vgl. den Praxis-Leitfaden von Deutlmoser/Filip, ZD-Beilage 6/2012; vgl. ferner Rath/Klug, K&R 2008, 596; sowie Brisch/Laue, RDV 2010, 1; zur etwaigen Einführung einer Auskunftspflicht im Rahmen von Discovery-Verfahren über deutsches Datenschutzrecht vgl. Kempermann/Deiters/Fischer, ZD 2013, 313). Dem entsprechend ist in der aufsichtsbehördlichen Praxis die Offenlegung von Daten aus dem Inland im Rahmen eines US-Prozesses unter Hinweis auf deutsches Datenschutzrecht und das Fernmeldegeheimnis bereits beschränkt worden (vgl. Bayerisches Landesamt für Datenschutzaufsicht, Tätigkeitsbericht 2009/2010, Ziff. 11.1).

2.7 § 4c Abs. 1 **Nr. 5** lässt Drittlandübermittlungen zu, wenn sie zur Wahrung **lebenswichtiger Interessen** des Betroffenen erforderlich sind. Die Ausnahmevorschrift erfasst beispielsweise die Weitergabe medizinischer Daten in Fällen, in denen der Betroffene nicht einwilligen kann (zur Wahrung lebenswichtiger Interessen vgl. § 28 Abs. 6 Nr. 1, dessen Voraussetzungen entsprechend anzuwenden sind). **7b**

2.8 Nr. 6 regelt die Übermittlung aus Registern, die zur Information der Öffentlichkeit bestimmt sind. Dies betrifft in Deutschland vor allem behördliche Register wie z. B. **Handels-** oder **Vereinsregister**. Gemeint sind nicht nur Register, die der gesamten Öffentlichkeit zur Einsichtnahme offen stehen, sondern auch solche, die Personen aufgrund eines berechtigten Interesses zugänglich sind, wie etwa das **Grundbuch**. Allerdings müssen die gesetzlichen Voraussetzungen für die Einsichtnahme im konkreten Fall vorliegen. Nach ihrem Wortlaut ist die Vorschrift nicht auf behördliche Register beschränkt. Z. T. wird auch die grenzüberschreitende Übermittlung aus einer **Schuldnerliste** unter die Vorschrift subsumiert (vgl. Dammann in: Dammann/Simitis, EG-Datenschutzrichtlinie Art. 26 Erl. 11). Insofern ist aber aufsichtsbehördlich klargestellt worden, dass der Ausnahmetatbestand des § 4c Abs. 1 Satz 1 Nr. 6 mangels eines berechtigten Interesses jedenfalls dann nicht erfüllt ist, wenn Schuldnerverzeichnisdaten zum Zwecke des Einpflegens und der Zuordnung dieser Daten zum vorhandenen Datenbestand einer in Deutschland niedergelassenen Auskunftei an einen Dienstleister nach Indien gegeben werden sollen (vgl. den 17. Bericht der Landesregierung über die Tätigkeit der für den Datenschutz im nicht öffentlichen Bereich in Hessen zuständigen Aufsichtsbehörde – LT-Drs. 16/3650, Ziff. 9.1; zur Kritik an gesetzgeberischen Plänen, wonach der Inhalt des Schuldnerverzeichnisses ab dem 1.1.2013 über eine zentrale und länderübergreifende Abfrage im Internet einsehbar gemacht werden soll vgl. Entschließung der Konferenz der Datenschutzbeauftragten des Bundes und der Länder vom 7.2.2012). Ist ein Register zur Einsichtnahme durch Personen mit berechtigtem Interesse bestimmt, so soll die Übermittlung nur auf Antrag dieser Personen oder nur dann erfolgen, wenn diese Personen Adressaten der Übermittlung sind (vgl. Erwägungsgrund 58 der EG-DatSchRL). Die Übermittlung soll nicht die Gesamtheit oder ganze Kategorien der im Register enthaltenen Daten umfassen. **8**

3. Hinweispflicht gegenüber dem Empfänger

Der Datenempfänger ist gem. Abs. 1 Satz 2 darauf hinzuweisen, dass die Daten nur zu dem **Zweck** verarbeitet oder genutzt werden dürfen, zu dem sie übermittelt wurden. Die Formulierung weicht von der in § 4b Abs. 6 geregelten ab, was zu unterschiedlichen Interpretationen hinsichtlich des Umfangs der Hinweispflicht geführt hat (für eine am Wortlaut von § 4c Abs. 1 Satz 2 orientierte, eine strikte Zweckbindung einbeziehende Hinweispflicht Simitis in: Simitis, BDSG § 4c Rn. 25; demgegenüber für eine weniger weitreichende, an § 4b Abs. 6 orientierte Hinweispflicht Bergmann/Möhrle/Herb, BDSG § 4c Rn. 13, 14). **9**

4. Genehmigung durch die Aufsichtsbehörde

10 4.1 Greifen die Ausnahmeerlaubnisse des Absatzes 1 nicht, können die Aufsichtsbehörden **Ausnahmegenehmigungen** für Drittlandtransfers erteilen, wenn das fehlende Datenschutzniveau durch eigene Maßnahmen der verantwortlichen Stelle ausgeglichen wird. Die **Zuständigkeit** der Behörden richtet sich nach § 38 Abs. 6 (Aufsichtsbehörden) bzw. § 4c Abs. 2 Satz 2 (Bundesbeauftragter für den Datenschutz bei Post- und Telekommunikationsunternehmen). Im öffentlichen Bereich stellen die verantwortlichen Stellen selbst das Vorliegen ausreichender Garantien fest (Abs. 2 Satz 2). Geprüft wird im Genehmigungsverfahren, ob ein angemessenes Schutzniveau hergestellt worden ist. Stellt die Behörde jedoch dabei das Nichtvorliegen eines Erlaubnistatbestandes fest, so hat sie dies im Rahmen des Kontrollrechts nach § 38 Abs. 1 zu beanstanden und die Genehmigung zu versagen. **Genehmigungsgegenstand** sind nach dem Gesetzeswortlaut einzelne Übermittlungen bzw. bestimmte Arten von Übermittlungen, nicht also die das Schutzniveau herstellenden **Schutzgarantien** selbst. Das für die Übermittlung erforderliche angemessene Datenschutzniveau kann insbesondere durch **Vertragsklauseln** oder **verbindliche Unternehmensregelungen** „garantiert" werden. Der letzte Aspekt hat für international verbundene Unternehmen Bedeutung, wenn einzelne ihrer Firmen in Ländern ohne angemessenes Datenschutzniveau angesiedelt sind. In diesen Fällen können konzernweit geltende „Binding Corporate Rules" ein umfangreiches Vertragsmanagement entbehrlich machen. Die „ausreichenden Garantien" müssen sich entsprechend dem Schutzzweck der EG-DatSchRL auf den Schutz der Grundrechte, die Persönlichkeitsrechte und speziell die damit verbundenen Ausübungsrechte erstrecken (vgl. Wuermeling, Handelshemmnis Datenschutz, S. 155 ff. zu den entsprechenden Regelungen der EU-Länder). Da **Betriebsvereinbarungen** (zur Qualität als vorrangige Rechtsvorschriften i. S. v. § 4 Abs. 1 s. § 4 Rn. 10) in der Regel nur die übermittelnden Stellen binden, ist ggf. zu erwägen, ihre Regelungen im Rahmen eines Vertrages oder einer sonstigen Unternehmensregelung für verbindlich zu erklären (BlnDSB, Jahresbericht 2002, S. 138).

11 4.2 Der Gedanke, durch **vertragliche Regelungen** Gefährdungen der Betroffenenrechte beim grenzüberschreitenden Datenverkehr auszuschließen oder auf ein akzeptables Maß zu minimieren, ist nicht neu, aber hinsichtlich der Effektivität auch nicht unumstritten (zur älteren Kritik vgl. Körner-Dammann, RDV 1993, 14 (18); Simitis, RDV 1990, 3; Wohlgemuth, BB 1996, 690). Aufgabe des Vertrages zwischen der für die Übermittlung verantwortlichen Stelle und dem Empfänger im nicht EU-datenschutzkonformen Ausland es ist, dort bestehende Lücken dadurch zu schließen, dass der Empfänger sich individuell verpflichtet, die Grundregeln des EU-Datenschutzrechts einzuhalten. Von Bedeutung ist dabei, wer (die als Vertragspartner auftretende verantwortliche Stelle oder auch der Betroffene aufgrund einer Vertragsregelung zugunsten Dritter) die Einhaltung des Vertrages rechtlich und auch tatsächlich durchsetzen kann. Im Fall der Verarbeitung durch einen dem Safe Harbor angehörenden Auftragnehmer in den USA wird die Verwendung eines an § 11 BDSG angelehnten Mustervertrags für erforderlich gehalten (vgl. 19. Bericht der Landesregierung über die Tätigkeit der für den Datenschutz im nicht öffentlichen Bereich in Hessen zuständigen Aufsichtsbehörden, LT-Drs. 16/5892 v. 16.8.2006, Ziff. 11).

12 4.3 Eine Genehmigung ist mit Blick auf Art. 26 Abs. 4 i. V. m. Art. 31 Abs. 2 EG-DatSchRL nicht erforderlich, wenn die Vertragsregelungen gewählt werden, die von der **EU-Kommission** als ausreichende Garantien anerkannt worden sind. **Allgemeine Standardvertragsklauseln** hat die Kommission am 15. 6. **2001** (ABl. EG Nr. L 181/19 = RDV 2001, 192 – sog. **Set I**) sowie am 27. 12. **2004** (ABl. EG Nr. L 385/74 = RDV 2005, 77 – sog. **Set II**) verabschiedet. Die Kommissionsentscheidungen sind bindend und verpflichten die Mitgliedstaaten anzuerkennen, dass

Ausnahmen § 4c

Unternehmen, die diese Vertragsklauseln verwenden, einen angemessenen Schutz der Daten bieten. Die Standardklauseln aus 2001 enthalten eine rechtlich durchsetzbare Erklärung (Garantie), nach der sich sowohl der Exporteur als auch der Importeur der Daten in gesamtschuldnerischer Haftung gegenüber dem Betroffenen verpflichten, die für ein angemessenes Datenschutzniveau maßgebenden Datenschutzgrundsätze einzuhalten (Checkliste des Innenministeriums Baden-Württemberg zum Inhalt der Klauseln im Hinweise zum BDSG für die Privatwirtschaft Nr. 40, B 3. – Bekanntmachung v. 18.2.2002, Az. 2–0552.1/17 = RDV 2002, 153). Die Standardklauseln aus 2004 gelten als wirtschaftsgerechter und beinhalten statt einer Gesamtschuld eine verursacherbezogene Haftung (erläuternd Kuner/Hladjk, RDV 2005, 193). Soweit die Aufsichtsbehörden die Auffassung vertreten, dieser sog. **alternative Standardvertrag** sei grundsätzlich für Arbeitnehmerdaten nicht geeignet (und evtl. ergänzungsbedürftig), da die Haftung und Auskunftspflicht des Datenexporteurs (des deutschen Arbeitgebers) eingeschränkt seien, werden sie diesen Standpunkt auch vor dem Hintergrund des Harmonisierungsgedankens und der Verbindlichkeit von Kommissionsentscheidungen kritisch hinterfragen müssen (zu den praktischen Auswirkungen dieser Auffassung vgl. Däubler in: DKWW, BDSG, § 4c Rn. 18a). Immerhin hat die Kommission die alternative Standardvertragsklauseln insgesamt – und nicht etwa nur beschränkt auf bestimmte Datenarten – als ausreichende Schutzgarantien anerkannt (zu möglichen Ergänzungen bei der Verwendung von Standardverträgen zwecks Vermeidung von Wertungswidersprüchen vgl. 22. Bericht der Hess. Landesregierung über die Tätigkeit der für den Datenschutz im nicht öffentlichen Bereich in Hessen zuständigen Aufsichtsbehörden, LT-Drs. 18/1015 v. 1.9.2009, Ziff. 11 Buchst. a). Zum Teil wird vorgeschlagen, die monierten Schwächen der Standardvertragsklauseln Set II durch entsprechende arbeitgeberseitige Zusicherungen mittels Richtlinien oder – bei Neueinstellungen – im Rahmen von Arbeitsverträgen auszugleichen (vgl. Schmidl, DuD 2008, 258). Wegen eines ansonsten vorliegenden In-Sich-Geschäfts können die EU-Standardklauseln von **unselbstständigen Niederlassungen** nur sinngemäß im Rahmen einer Garantieerklärung verwendet werden (vgl. 19. Bericht der Landesregierung über die Tätigkeit der für den Datenschutz im nicht öffentlichen Bereich in Hessen zuständigen Aufsichtsbehörden, LT-Drs. 16/5892 v. 16.8.2006, Ziff. 11.2).

4.4 Im **Dezember 2001** hat die EU-Kommission erstmals ein **Standardvertragswerk** genehmigt, das speziell den Fall der **Auftragsdatenverarbeitung** mit einem im Drittland ansässigen Auftragnehmer betrifft (ABl. EG vom 10.1.2002, Nr. L 6/52 = RDV 2002, 88). Die Klauseln sehen vor, dass ein Auftraggeber mit Sitz in der EU bzw. einem EWR-Vertragsstaat den Datenimporteur im Drittland anweist, die ihm weitergegebenen personenbezogenen Daten nur im Auftrag des – nach wie vor verantwortlichen – Datenexporteurs und in Übereinstimmung mit den für diesen geltenden Datenschutzbestimmungen zu verarbeiten (zur internationalen Auftragsdatenverarbeitung vgl. § 4b Rn. 5 sowie § 11 Rn. 16 f.). Insbesondere angesichts des verstärkten Einsatzes von Subunternehmern hatte die Kommission eine Anpassung des Standardvertragsklauselwerks 2001 an die neuen Bedingungen internationaler Auftragsdatenverarbeitung vorgeschlagen (vgl. hierzu WP 161 der Artikel-29-Datenschutzgruppe; zur Einschaltung von Subunternehmern in Drittstaaten vgl. auch Hillenbrand-Beck, RDV 2008, 231 (234)). Im **Februar 2010** hat die Kommission dann ein entsprechend **überarbeitetes Standardvertragswerk** beschlossen (ABl. EG vom 12.2.2010, Nr. L 39/5). Die neuen Standardvertragsklauseln ermöglichen es einem in einem Drittstaat ansässigen Auftragsdatenverarbeiter mit vorheriger schriftlicher Einwilligung des Datenexporteurs einen Verarbeitungsauftrag an einen Unterauftragnehmer zu vergeben (zu Besonderheiten der neuen EU-Standardvertragsklauseln vgl. Lensdorf, CR 2010; zu Weisungs- und Kontrollrechten gegenüber Subauftragnehmern in der Auftragskette vgl. Bogers/Krupna, RDV 2014, 19; zur Thematik s. auch § 11 Rn. 18e). Diese Möglichkeit

13

§ 4c

Ausnahmen

soll indes nicht bestehen, wenn der Auftragnehmer in der EU/dem EWR ansässig ist (so Bayerisches Landesamt für Datenschutzaufsicht, 4. Tätigkeitsbericht 2009/ 2010, Ziff. 11.2 unter Hinweis auf WP 176 der Artikel-29-Datenschutzgruppe; zu Standardvertragsklauseln als Basis intraeuropäischer Auftragsdatenverarbeitung vgl. auch. Schmidl/Kone, DuD 2010, 838). Bestehende Verträge auf Basis der Klauseln von 2001 bleiben so lange gültig, wie die Übermittlung und die Datenverarbeitung unverändert fortgeführt werden. Beschließen die Vertragsparteien hingegen Änderungen oder werden neue Unteraufträge vergeben, müssen die neuen Klauseln verwendet werden (vgl. LDI NRW, 20. Datenschutzbericht 2011, Ziff. 5.3). Wird der alte Standardvertrag zur Auftragsdatenverarbeitung nach dem 15.5.2010 um Regelungen zur Anpassung an § 11 Abs. 2 Satz 2 ergänzt, handelt es sich nicht um relevante Änderungen i. S. d. Art. 7 Nr. 2 Satz 2 der Kommissionsentscheidung vom 5.2.2010, welche die Vertragsparteien zwingen könnte, den neuen Standardvertrag abzuschließen (vgl. 23. Bericht der Landesregierung über die Tätigkeit der für den Datenschutz im nicht öffentlichen Bereich in Hessen zuständigen Aufsichtsbehörde – LT-Drs. 16/3650, Ziff. 9.1). Hinsichtlich der Vertragsgestaltung vor der Verabschiedung der Standardvertragsklauseln 2010 haben die Aufsichtsbehörden instruktive Hinweise gegeben (vgl. Anlage zum Beschluss des Düsseldorfer Kreises vom 19./20. April 2007 „Handreichung des Düsseldorfer Kreises zur rechtlichen Bewertung von Fallgruppen zur internationalen Auftragsdatenverarbeitung", abrufbar unter http://www.bfdi.bund.de/DE/Entschliessungen/DuesseldorferKreis/ DKreis_node.html). Die Frage, welche Auswirkungen die in 2009 erfolgte Änderung des § 11 auf den internationalen Datenverkehr hat, wird unterschiedlich beantwortet (s. Rn. 14 sowie § 11 Rn. 16) Im Jahr 2014 hat die Artikel-29-Datenschutzgruppe den Entwurf von Ad-hoc-Vertragsklauseln „EU-Datenverarbeiter an Unterauftragsverarbeiter außerhalb der EU" zur Diskussion gestellt (WP 214). Um von der EU-Kommission offiziell anerkannte Standardvertragsklauseln handelt es sich hierbei allerdings zunächst nicht.

14 **4.5** Werden die Standardvertragsklauseln unverändert vereinbart, ist eine aufsichtsbehördliche **Genehmigung entbehrlich** (so z. B. Innenministerium Baden-Württemberg, Hinweise zum BDSG für die Privatwirtschaft Nr. 40, B 2.8 – Bekanntmachung v. 18.2.2002, Az.: 2–0552.1/17 = RDV 2002, 148; Backes/Eul/Guthmann/ Martwich/Schmidt, RDV 2002, 156, 160; a. A. BlnDSB, Materialien zum Datenschutz Nr. 30, Ziff. 3.1.3; Duhr/Naujok/Peter/Seiffert, DuD 2002, 5, 18; zur positiven Bescheidung eines Genehmigungsantrags auf Basis von an die EU-Standardvertragsklauseln angelehnte vertragliche Regelungen vgl. 22. Bericht der Hess. Landesregierung über die Tätigkeit der für den Datenschutz im nicht öffentlichen Bereich in Hessen zuständigen Aufsichtsbehörden, LT-Drs. 18/1015, Ziff. 3.1). Allerdings müssen die Aufsichtsbehörden in der Lage versetzt werden, die tatsächliche Verwendung der authentischen Klauseln überprüfen zu können; hierzu erscheint eine Vorlage des Vertragswerks auf Aufforderung der Behörde ausreichend. Die Arbeitsgruppe Internationaler Datenverkehr des Düsseldorfer Kreises hat festgestellt, dass Ergänzungen oder Präzisierungen, die erfolgen, um § 11 Abs. 2 Satz 2 umzusetzen (s. § 11 Rn. 16), keine Genehmigungspflicht auslösen (vgl. 23. Bericht der Landesregierung über die Tätigkeit der für den Datenschutz im nicht öffentlichen Bereich in Hessen zuständigen Aufsichtsbehörde – LT-Drs. 18/2942, Ziff. 11.1; vgl. auch Bayerisches Landesamt für Datenschutzaufsicht, 4. Tätigkeitsbericht 2009/ 2010, Ziff. 11.3 = RDV 2011, 155). Soweit die Musterklauseln maßgeblich modifiziert werden, bzw. bei der Verwendung selbst gestalteter, individueller Vertragsklauseln, kann nicht ohne Weiteres vom Vorliegen ausreichender Schutzgarantien ausgegangen werden. Hier ist unter Umständen eine aufsichtsbehördliche **Genehmigung angezeigt**, wobei der Text in deutscher Sprache vorzulegen ist (Genehmigungspflicht bejahend z. B. Regierung von Mittelfranken, Bayerische Datenschutzaufsichtsbehörde für den nicht öffentlichen Bereich, 1. Tätigkeitsbericht 2002/2003,

Ausnahmen § 4c

S. 47; vgl. aber auch den Beschluss des Düsseldorfer Kreises vom 19./20.4.2007, wonach die Änderung eines Standardvertrags, die eindeutig zugunsten des Betroffenen ausfällt, unter Umständen nicht nach § 4c Abs. 2 genehmigungspflichtig ist, aber durch Rückfrage bei der zuständigen Aufsichtsbehörde zu klären sein soll). Im Rahmen der ersten Genehmigungsverfahren hat das Regierungspräsidium Darmstadt (vgl. 16. Bericht der Hessischen Landesregierung über die Tätigkeit der für den Datenschutz im nicht öffentlichen Bereich zuständigen Aufsichtsbehörden, LT-Drs. 16/1680, S. 10 und 15 = RDV 2004, 89) gewisse Abweichungen von den Standardvertragsklauseln zugelassen. Während die Drittbegünstigungsklausel zur Wahrung der Betroffenenrechte als unverzichtbar angesehen wurde, soll es ausreichen, dass nach dem Vertragswerk eine aufsichtsbehördliche Kontrolle beim Datenimporteur nicht jederzeit erfolgen kann, sondern lediglich dann, wenn der Datenexporteur es ablehnt oder nicht in der Lage ist, dem Datenimporteur angemessene Anweisungen zu geben. Die in den Standardvertragsklauseln enthaltene Haftungsregelung ist bei US-amerikanischen Datenimporteuren wegen des dort geltenden strengen Haftungsrechts vielfach auf Akzeptanzschwierigkeiten gestoßen. Die Aufsichtsbehörde hat daher in den entschiedenen Genehmigungsverfahren eine klarstellende Regelung akzeptiert, wonach sowohl formell (Gerichtsstand, Prozessrecht) als auch materiell (§ 7 BDSG und BGB als Anspruchsgrundlagen) ausschließlich deutsches Recht gilt. Internationale Unternehmensgruppen und Konzerne schließen vielfach einen **Mehrparteienvertrag** zwischen ihren Mitgliedsunternehmen, der als Grundlage für Datenübermittlungen innerhalb der Gruppe bzw. des Konzerns dienen soll. Ob in solchen Fällen eine Genehmigungspflicht besteht, hängt davon ab, ob und inwieweit die Mehrparteienverträge auf den EU-Standardverträgen basieren. Vorausgesetzt wird eine hinreichende Bestimmtheit, d.h. es muss klar geregelt sein, wer an wen welche Daten zu welchem Zweck übermittelt (vgl. 23. Bericht der Landesregierung über die Tätigkeit der für den Datenschutz im nicht öffentlichen Bereich in Hessen zuständigen Aufsichtsbehörde – LT-Drs. 18/2942, Ziff. 11.1).

4.6 Der deutsche Gesetzgeber hat über die vertraglichen Lösungen hinaus noch 15 weitere Schutzgarantien anerkannt. Gemäß § 4c Abs. 2 können sich ausreichende Garantien auch aus **verbindlichen Unternehmensregelungen** ergeben (vgl. Achim Büllesbach, Transnationalität und Datenschutz, Diss., 2008; ferner BlnDSB, Jahresbericht 2002, Ziff. 3.2 = RDV 2003, 206; Innenministerium Baden-Württemberg, Hinweise zum BDSG für die Privatwirtschaft Nr. 40, B 2.5 – Bekanntmachung v. 18.2.2002, Az. 2–0552.1/17 = RDV 2002, 151 sowie 2. Tätigkeitbericht 2003, S. 19; Schröder, DuD 2004, 462; Räther/Seitz, MMR 2002, 520; Rittweger/Weiße, CR 2003, 142; Moritz/Tinnefeld, JurPC Web-Dok. 181/2003, Abs. 1–36; Gackenholz, DuD 2000, 727 (732)). Hinsichtlich der **inhaltlichen Ausgestaltung** der Unternehmensregelungen kommt es auf die **Angemessenheit** des Schutzniveaus an (s. § 4b Rn. 10 ff.; zu mit den obersten Aufsichtsbehörden im sog. Düsseldorfer Kreis abgestimmten Unternehmensregelungen s. LfD Bbg/BlnDSB, Dokumente zu Datenschutz und Informationsfreiheit 2002, S. 38; BlnDSB, Jahresbericht 2003, Ziff. 4.7. 2 = RDV 2004, 135; ders., Jahresbericht 2002, Ziff. 4.7.3). Das Schutzniveau im Drittland ist dann als angemessen anzusehen, wenn den Betroffenen in Bezug auf die Verarbeitung ihrer Daten ein Schutz zuteil wird, der dem Kernbestand der Schutzprinzipien der Richtlinie im Wesentlichen gerecht wird (vgl. § 4b Rn. 12). Das Innenministerium Baden-Württemberg (Hinweise zum BDSG für die Privatwirtschaft Nr. 40, B 2.5 – Bekanntmachung v. 18.2.2002, Az. 2–0552.1/17 = RDV 2002, 153) verweist hinsichtlich der notwendigen Schutzgarantien auf den Inhalt der von der Kommission verabschiedeten Standardvertragsklauseln und speziell auf die dort enthaltene **Drittbegünstigungsklausel** und die **Haftungsregelungen.** Gleichzeitig lässt die Aufsichtsbehörde aber auch inhaltliche Abweichungen zu, wenn sie durch sonstige verbindliche unternehmensinterne Regelungen oder organisatorische Maßnahmen hinreichend kompensiert werden. Wichtige formale

§ 4c Ausnahmen

und inhaltliche Leitlinien für **Binding Corporate Rules** (BCR) sind insbesondere folgenden den Arbeitspapieren der Artikel-29-Datenschutzgruppe zu entnehmen: WP 153–155, WP 133, WP 108, WP 107, WP 102 und WP 74. WP 212 stellt eine gemeinsame Arbeit von Sachverständigen der Artikel-29-Datenschutzgruppe und der APEC-Länder dar und ist als informelle Checkliste für Unternehmen gedacht, die die Genehmigung von BCR und/oder die Zertifizierung von Regelungen für den grenzüberschreitenden Datenschutz (Cross Border Privacy Rules – CBPR) beantragen möchten. WP 195, WP 195a sowie WP 204 der Artikel-29-Datenschutzgruppe betreffen speziell die Verwendung von **BCR für Auftragsverarbeiter** und beinhalten ebenfalls Hinweise zur inhaltlichen Ausgestaltung und zur Antragstellung. Ein Überblick über BCR einschließlich eine Liste bereits abgeschlossener BCR-Verfahren (zu Praxiserfahrungen mit der europaweiten Anerkennung aus Sicht der Aufsichtsbehörden vgl. Filip, ZD 2013, 51) ist auf den Webseiten der EU-Kommission veröffentlicht (http://ec.europa.eu/justice/data-protection/document/international-transfers/binding-corporate-rules/index_en.htm).

16 4.7 Die Frage, ob auf verbindlichen Unternehmensregelungen basierende konzernweite Datenflüsse einer formellen aufsichtsbehördlichen **Genehmigung** bedürfen, wurde – auch von den Aufsichtsbehörden (zum Meinungsstand vgl. BlnDSB, Jahresbericht 2003, Ziff. 4.7.2 = RDV 2004, 135; eine Genehmigungspflicht ablehnend z. B. Innenministerium Baden-Württemberg, 2. Tätigkeitsbericht, 2003, S. 19) – unterschiedlich beurteilt (vgl. auch Gola/Klug, Grundzüge des Datenschutzrechts, S. 71). Ein Rückgriff auf die Ausnahmevorschrift des Art. 26 Abs. 2 EG-DatSchRL bzw. auf § 4c Abs. 2 ist entbehrlich, wenn im Drittland ein angemessenes Schutzniveau gewährleistet ist. Gem. Art. 25 Abs. 2 der Richtlinie bzw. § 4b Abs. 3 wird die Angemessenheit des Schutzniveaus unter Berücksichtigung aller Umstände, die bei dem Datentransfer eine Rolle spielen, beurteilt (vgl. § 4b Rn. 11). Mithin sind bei der Bestimmung der Angemessenheit auch verbindliche Unternehmensregelungen **beurteilungsrelevant.** Vor diesem Hintergrund wird deutlich, dass eine staatliche Genehmigung in Form eines Verwaltungsaktes aber nicht zwingend ist, wenn die verbindlichen Unternehmensregelungen ein angemessenes Schutzniveau gewährleisten (a. A. Simitis in: Simitis, BDSG § 4c Rn. 66 sowie Däubler in: DKWW, BDSG, § 4d Rn. 23; zur Verantwortlichkeit für die Zulässigkeit der Übermittlung vgl. § 4b Rn. 18). Die Rechte der Aufsichtsbehörden nach § 38 bleiben unbenommen und geplante Drittlandübermittlungen sind Gegenstand der Meldepflicht gem. § 4e Satz 1 Nr. 4. Soweit besondere Schutzgarantien, wie individuelle Vertragsklauseln oder verbindliche Unternehmensregelungen das Schutzniveau beim Datenempfänger auf einen angemessenen Standard heben sollen, kann dies aber insofern nicht ohne eine **Beteiligung** der **Aufsichtsbehörden** geschehen, als nach Art. 26 Abs. 3 EG-DatSchRL eine mitgliedstaatliche Unterrichtungspflicht gegenüber der Kommission zwecks Gewährleistung eines EU-weit möglichst einheitlichen Einsatzes solcher Schutzgarantien besteht (Harmonisierungsgedanke). In Deutschland ist es ohnehin geübte Praxis, dass sich die Unternehmen mit den obersten Aufsichtsbehörden (Düsseldorfer Kreis) hinsichtlich des Schutzgrades ihrer verbindlichen Unternehmensregelungen ins Benehmen setzen. Insoweit ist auch keine richtlinienwidrige Zuständigkeitsverlagerung hinsichtlich der Prüfung des Datenschutzniveaus ersichtlich (krit. hierzu Moritz/Tinnefeld, JurPC Web-Dok. 181/2003, Abs. 13 sowie Rittweger/Weiße, CR 2003, 142 (147)). Schließlich ist die Einschaltung der Aufsichtsbehörde bei der Verwendung von verbindlichen Unternehmensregelungen auch zur Minimierung von Rechtsunsicherheit bzgl. drohender Ordnungswidrigkeiten- und Strafverfahren nach §§ 43, 44 sowie zur Vermeidung von Haftungsrisiken empfehlenswert. Die von der EU-Kommission angestrebte Datenschutzreform (s. Einleitung Rn. 28) soll auch das Verfahren zur Anerkennung von BCR vereinfachen und straffen. BCR sollen nur durch eine Datenschutzbehörde beurteilt werden, wobei sichergestellt werden soll, dass andere

Ausnahmen § 4c

betroffene Datenschutzbehörden zügig einbezogen werden. Sobald eine Datenschutzbehörde die verbindlichen unternehmensinternen Datenschutzregelungen genehmigt hat, soll diese Genehmigung für die gesamte EU gelten, ohne dass es einer zusätzlichen Genehmigung auf nationaler Ebene bedarf.

4.8 Wird – etwa aus Gründen erhöhter Rechtssicherheit – eine offizielle Genehmigung beantragt, so sind nicht die Binding Corporate Rules **Genehmigungsgegenstand.** Die Genehmigung bezieht sich nach dem Wortlaut von Absatz 2 auf einzelne Übermittlungen oder bestimmte Arten von Übermittlungen. Ergeben sich die einzelnen Übermittlungen oder Arten von Übermittlungen und deren Übermittlungszweck nicht aus der Unternehmensregelung selbst, so sind diese Angaben zwingend im Genehmigungsantrag zu machen, damit der Gegenstand der Genehmigung feststeht. Die Erteilung einer „Blanko-Genehmigung" ist aus verwaltungsverfahrensrechtlichen Gründen nicht möglich (so Innenministerium Baden-Württemberg, Hinweise zum BDSG für die Privatwirtschaft Nr. 40, B 2.2 – Bekanntmachung v. 18.2.2002, Az. 2 – 0552.1/17 = RDV 2002, 152). 17

4.9 Die formelle **Genehmigung** ist ein Verwaltungsakt mit Drittwirkung (Wuermeling, Handelshemmnis Datenschutz, S. 163), über den im Rahmen pflichtgemäßen Ermessens zu entscheiden ist. Erlaubt werden können einzelne oder einheitlich zu regelnde Kategorien von Übermittlungen. Die rechtliche Überprüfung, eine Rücknahme der Genehmigung etc. richten sich nach allgemeinem Verwaltungsrecht. Zuständig ist die Behörde, in deren Bezirk die übermittelnde verantwortliche Stelle ihren Sitz hat (BlnDSB, Jahresbericht 2001, Ziff. 4.7). Hinsichtlich der Genehmigungspraxis wird auf EU-Ebene ein zwischen den nationalen Datenschutzbehörden koordiniertes Verfahren angestrebt (zur Einbindung deutscher Aufsichtsbehörden in das Koordinierungsverfahren vgl. etwa den 22. Bericht der Hess. Landesregierung über die Tätigkeit der für den Datenschutz im nicht öffentlichen Bereich in Hessen zuständigen Aufsichtsbehörden, LT-Drs. 18/1015 v. 1.9.2009, Ziff. 3.2). Das Verfahren soll es ermöglichen, dass international agierende Unternehmen im Fall von „ähnlichen Arten des Datenexports" aus verschiedenen Mitgliedstaaten ihren Genehmigungsantrag lediglich bei der Datenschutzbehörde eines Mitgliedstaates zu stellen brauchen (vgl. bereits Artikel-29-Datenschutzgruppe, WP 74 Ziff. 6 sowie WP 107 und WP 108). 18

5. Kontrolle durch die EU-Kommission

5.1 Die Mitgliedstaaten haben die Kommission über erteilte Genehmigungen zu informieren (Art. 26 Abs. 3 EG-DatSchRL). Um dieser Pflicht nachkommen zu können, sind die für die Genehmigung zuständigen Landesbehörden nach **Absatz 3** ihrerseits verpflichtet, dem Bund die ergangenen Entscheidungen mitzuteilen. 19

5.2 Vertritt die Kommission die Auffassung, dass ihr mitgeteilte Genehmigungen nicht hätten erteilt werden dürfen, so berührt dies deren Wirksamkeit nicht. Die Mitgliedstaaten sind jedoch verpflichtet, entsprechende Maßnahmen zu ergreifen, damit zukünftig ein **EU-konformes Verhalten** gewährleistet ist. Ggf. ist auch eine Rücknahme des entsprechenden Verwaltungsakts nach Maßgabe des Verwaltungsverfahrensrechts geboten. Dementsprechend ist die Genehmigung unter Widerrufsvorbehalt zu erteilen. 20

6. Landesrecht

Die auf der Richtlinie beruhenden Ausnahmen haben auch Eingang in die Landesdatenschutzgesetze gefunden (vgl. hierzu die Ausführungen unter § 4b Rn. 21). 21

169

§ 4d Meldepflicht

(1) Verfahren automatisierter Verarbeitungen sind vor ihrer Inbetriebnahme von nicht öffentlichen verantwortlichen Stellen der zuständigen Aufsichtsbehörde und von öffentlichen verantwortlichen Stellen des Bundes sowie von den Post- und Telekommunikationsunternehmen dem Bundesbeauftragten für den Datenschutz und die Informationsfreiheit nach Maßgabe von § 4e zu melden.

(2) Die Meldepflicht entfällt, wenn die verantwortliche Stelle einen Beauftragten für den Datenschutz und die Informationsfreiheit bestellt hat.

(3) Die Meldepflicht entfällt ferner, wenn die verantwortliche Stelle personenbezogene Daten für eigene Zwecke erhebt, verarbeitet oder nutzt, hierbei in der Regel neun Personen ständig mit der Erhebung, Verarbeitung oder Nutzung personenbezogener Daten beschäftigt und entweder eine Einwilligung des Betroffenen vorliegt oder die Erhebung, Verarbeitung oder Nutzung für die Begründung, Durchführung oder Beendigung eines rechtsgeschäftlichen oder rechtsgeschäftsähnlichen Schuldverhältnisses mit dem Betroffenen erforderlich ist.

(4) Die Absätze 2 und 3 gelten nicht, wenn es sich um automatisierte Verarbeitungen handelt, in denen geschäftsmäßig personenbezogene Daten von der jeweiligen Stelle
1. zum Zweck der Übermittlung,
2. zum Zweck der anonymisierten Übermittlung oder
3. für Zwecke der Markt- und Meinungsforschung
gespeichert werden.

(5) [1]Soweit automatisierte Verarbeitungen besondere Risiken für die Rechte und Freiheiten der Betroffenen aufweisen, unterliegen sie der Prüfung vor Beginn der Verarbeitung (Vorabkontrolle). [2]Eine Vorabkontrolle ist insbesondere durchzuführen, wenn
1. besondere Arten personenbezogener Daten (§ 3 Abs. 9) verarbeitet werden oder
2. die Verarbeitung personenbezogener Daten dazu bestimmt ist, die Persönlichkeit des Betroffenen zu bewerten einschließlich seiner Fähigkeiten, seiner Leistung oder seines Verhaltens,
es sei denn, dass eine gesetzliche Verpflichtung oder eine Einwilligung des Betroffenen vorliegt oder die Erhebung, Verarbeitung oder Nutzung der für die Begründung, Durchführung oder Beendigung eines rechtsgeschäftlichen oder rechtsgeschäftsähnlichen Schuldverhältnisses mit dem Betroffenen erforderlich ist.

(6) [1]Zuständig für die Vorabkontrolle ist der Beauftragte für den Datenschutz. [2]Dieser nimmt die Vorabkontrolle nach Empfang der Übersicht nach § 4g Abs. 2 Satz 1 vor. [3]Er hat sich in Zweifelsfällen an die Aufsichtsbehörde oder bei den Post- und Telekommunikationsunternehmen an den Bundesbeauftragten für den Datenschutz und die Informationsfreiheit zu wenden.

Literatur: *Engelien-Schulz*, Die Vorabkontrolle gemäß § 4d Abs. 5 und 6 BDSG, RDV 2003, 270; *Hallermann*, Der „Teilzeitdatenschutzbeauftragte" und das Verfahrensverzeichnis: Praxistipps für eine schlanke Umsetzung der BDSG-Vorgaben, RDV 2013, 173; *Klug*, Die Vorabkontrolle – Eine neue Aufgabe für betriebliche und behördliche Datenschutzbeauftragte, RDV 2001, 12; *Petri*, Inhaltliche Anforderungen an die Verfahrensübersicht nach §§ 4g Abs. 2, 4e BDSG als Grundlage für ein effektives Datenschutzmanagement, RDV 2003, 267; *Schild*, Meldepflicht und Vorabkontrolle, DuD 2001, 282; *Schierbaum*, Behördlicher Datenschutzbeauftragter und

Meldepflicht § 4d

Personalrat – doppelter Kontrollauftrag bei der Verarbeitung von Beschäftigtendaten, PersR 2001, 454; *ders.,* Vorabkontrolle – neu im BDSG, Computer-Fachwissen 11/2001, 25; *Voßbein,* Vorabkontrolle gemäß BDSG, DuD 2003, 427; *Weniger,* Das Verfahrensverzeichnis als Mittel datenschutzkonformer Unternehmensorganisation, RDV 2005, 153.

Übersicht

	Rn.
1. Allgemeines	1
2. Die Meldepflicht	6
3. Die der Vorabkontrolle unterliegenden Verfahren	9
4. Zuständigkeit des Datenschutzbeauftragten	14
5. Verfahren und Kontrollmaßstab	16
6. Einschaltung der Aufsichtsbehörde	18
7. Landesrecht	20

1. Allgemeines

1.1 § 4d regelt i. V. m. § 4e die **Meldepflicht für automatisierte Verarbeitun-** 1
gen öffentlicher und nichtöffentlicher Stellen. Regelmäßiger Adressat der Meldungen ist der interne Datenschutzbeauftragte, der die Angaben in dem von ihm zu führenden Verfahrensregister (§ 4g Abs. 2) jedermann zur Verfügung zu stellen hat. Die Meldung an die Aufsichtsbehörde scheidet auf Grund der insoweit bestehenden Ausnahmen weitgehend aus (vgl. nachstehend Rn. 7).

1.2 In den **Absätzen 5 und 6** wird der Vorgabe des Art. 20 Abs. 1 EG-DatSchRL 2
entsprochen, wonach automatisierte Verarbeitungen, die „spezifische Risiken für die Rechte und Freiheiten der Personen beinhalten können", einer speziellen Prüfung vor Beginn der Verarbeitung **(Vorabkontrolle)** zu unterziehen sind. Welche Verarbeitungen im Einzelnen insoweit betroffen sein können, ist den nationalen Gesetzgebern zur Festlegung überlassen. Ferner stehen den nationalen Gesetzgebern zwei Alternativen offen, wem sie die Durchführung der Vorabkontrolle übertragen. In Betracht kommt einmal die staatliche Kontrollbehörde, der die für Verarbeitung Verantwortlichen dann derartige Verarbeitungen vorab zu melden haben; zum anderen kann die Vorabkontrolle dem DSB übertragen werden; dies jedoch mit der Einschränkung, dass nunmehr er im Zweifelsfall die Aufsichtsbehörde konsultieren muss.

1.3 Der deutsche Gesetzgeber hat sich dafür entschieden, die Vorabkontrolle in 3
dem Betrieb bzw. der Behörde anzusiedeln und dem **internen Kontrollorgan DSB** zu übertragen. Begrüßenswerte Gründe hierfür sind die Vermeidung von Meldepflichten gegenüber der staatlichen Aufsicht und damit überflüssiger, kosten- und zeitaufwändiger **Bürokratie** sowie die realistische Einschätzung, dass die Aufsichtsbehörden jedenfalls im Rahmen ihrer derzeitigen Personalausstattung die Aufgabe einer umfassenden Überprüfung der Meldungen gar nicht leisten könnten (zum Vorteil der sog. Eigenkontrolle vgl. auch Wächter, Datenschutz im Unternehmen, Rn. 324 ff.). Ob die vom Bundesgesetzgeber getroffenen Festlegungen einer Vorabkontrolle dem beabsichtigten Betroffenenschutz gerecht werden, erscheint fraglich. Wirft man einen Blick in die bislang EU-konform novellierten Landesdatenschutzgesetze, so sind sinnvollere bzw. effektivere Lösungen erkennbar.

1.4 Aus der Verlagerung der Vorabkontrolle in die verantwortliche Stelle ergibt 4
sich, dass nunmehr auch für die öffentliche Verwaltung sowohl im BDSG für den Bund als auch in den Landesdatenschutzgesetzen für die Behörden im Landesbereich – soweit das nicht bereits schon der Fall war – die Bestellung eines **behördlichen Datenschutzbeauftragten** mit der von der EG-DatSchRL vorgeschriebenen unabhängigen Stellung vorgesehen ist (vgl. hierzu Gola, DuD 1999, 341) – teilweise

jedoch als freiwillige Option (so in Schleswig-Holstein, vgl. hierzu Bäumler, DuD 2000, 257, 259).

5 **1.5** Durch die Verlagerung der Kontrolle in den Betrieb bestehen Meldepflichten gegenüber der Aufsichtsbehörde im privaten Bereich nur noch für Stellen,
– die wegen ihrer Beschäftigtenzahl keinen betrieblichen Datenschutzbeauftragten bestellen müssen
– die geschäftsmäßig personenbezogene Daten zum Zwecke der Übermittlung, der Übermittlung in anonymisierter Form oder der Markt- und Meinungsforschung speichern.

Im öffentlichen Bereich geht die Meldepflicht generell „ins Leere", da hier immer ein DSB zu bestellen ist und die Ausnahme von der Ausnahme in Absatz 4 nicht zur Anwendung kommt.

2. Die Meldepflicht

6 **2.1 Absatz 1** verpflichtet zunächst öffentliche und nicht öffentliche verantwortliche Stellen zur Meldung von Vorhaben automatisierter Datenverarbeitung gegenüber den für sie zuständigen **Aufsichtsbehörden.** Die Meldepflicht entfällt nicht dadurch, dass die Datenverarbeitung bei einem Auftragsdatenverarbeiter durchgeführt wird. Durch die Ausnahmen der Absätze 2 und 3 wird diese zunächst als Regel formulierte Pflicht jedoch zur seltenen Ausnahme.

7 **2.2** Die Meldepflicht entfällt zunächst, wenn die verantwortliche Stelle einen **Datenschutzbeauftragten** bestellt hat, was für öffentliche Stellen generelle Verpflichtung ist, und für nichtöffentliche Stellen nur bei **„Kleinstbetrieben"** entfällt (§ 4f Abs. 1). Aber auch für die privaten Stellen, die keinen Datenschutzbeauftragten bestellen müssen, weil sie bei der automatisierten Verarbeitung weniger als zehn Mitarbeiter beschäftigten, entfällt nach Absatz 3 die Meldepflicht, wenn die Daten für eigene Zwecke erhoben, verarbeitet oder genutzt werden und sich die Befugnis hierzu entweder aus der Einwilligung des Betroffenen oder im Rahmen der Begründung, Durchführung oder Beendigung eines rechtsgeschäftlichen oder rechtsgeschäftsähnlichen Schuldverhältnisses (§§ 28 Abs. 1 Satz 1 Nr. 1, 32 Abs. 1) ergibt. Diese Ausnahme rechtfertigt sich daraus, dass nach Art. 18 Abs. 2 EG-DatSchRL die Meldepflicht entfallen kann für Verarbeitungen, bei denen unter Berücksichtigung des Verfahrens der Verarbeitung eine Beeinträchtigung der Rechte und Freiheiten des Betroffenen unwahrscheinlich ist. Anwendungsbeispiele sind Verarbeitungen bei **Handwerkern, Ärzten, Apothekern** oder kleinen Gewerbetreibenden. Verarbeitet die von der Bestellpflicht befreite verantwortliche Stelle die Daten aufgrund eines anderen Erlaubnistatbestands, so kann sie der Meldepflicht durch die **freiwillige Bestellung** eines DSB entgehen.

8 **2.3** Trotz der für sie bei automatisierter Verarbeitung bestehenden Pflicht zur Bestellung eines Datenschutzbeauftragten (§ 4f Abs. 1 Satz 6) bleiben solche verantwortlichen Stellen meldepflichtig, die geschäftsmäßig personenbezogene Daten zum Zwecke der Übermittlung oder zum Zwecke der Übermittlung – sei es in personenbezogener oder anonymisierter Form oder für Zwecke der Markt- und Meinungsforschung (§§ 29, 30) speichern.

8a **2.4** Empfänger der Meldung ist die „zuständige Aufsichtsbehörde" (vgl. hierzu § 38 Rn. 33), die die Meldungen in ein öffentlich zugängliches Register aufnimmt. Die Meldepflicht von privaten Telekommunikationsunternehmen gegenüber der BfDI bezieht sich gemäß der Zuständigkeitszuweisung in § 115 Abs. 4 TKG nur auch den Bereich der zur Erbringung ihrer Dienste verarbeiteten Nutzerdaten.

8b **2.5** Mangels entsprechender Regelung, ist die verantwortliche Stelle hinsichtlich der **Art und Weise der Meldung** frei. Jedoch bietet es sich an, die hierzu von den Aufsichtsbehörden entwickelten Formulare zu verwenden.

Meldepflicht § 4d

2.6 Nach der vor der Inbetriebnahme des Verfahrens erfolgten Meldung kann ohne **Wartezeit** das Verfahren begonnen werden. In welchem Umfang die Aufsichtsbehörde die Meldung über die formale Korrektheit hinaus inhaltlich überprüft, steht in ihrem Ermessen. Schuldhaft unterlassene oder nicht vollständige Meldungen sind ordnungswidrig (§ 43 Abs. 1 Nr. 1). 8c

3. Die der Vorabkontrolle unterliegenden Verfahren

3.1 In **Absatz 5** Satz 1 ist eine **Vorabkontrolle** zunächst dann vorgesehen, wenn eine automatisierte Verarbeitung unter Betrachtung des konkreten Anwendungsfalls „**besondere Risiken** für die Rechte und Freiheiten der Betroffenen aufweist". Da die nachfolgend genannten beiden Fälle regelmäßiger Annahme eines besonderen Risikos für das Persönlichkeitsrecht des Betroffenen nicht abschließend sind, ist zunächst bei jeder beabsichtigten Erhebung, Verarbeitung oder Nutzung von Daten die Prüfung angezeigt, ob sie „besondere Risiken" aufweisen, wobei einerseits der Bandbreite der Interpretation des unbestimmten Rechtsbegriff des „besonderen Risikos" kaum Grenzen gesetzt sind, andererseits jedoch die verantwortliche Stelle in keinem Fall der Vornahme der Prüfung enthoben ist. 9

3.2 Gegenstand der Meldepflicht und der Vorabkontrolle ist das „**Verfahren**" automatisierter Verarbeitungen. Das Gesetz definiert den Begriff des Verfahrens nicht. Mit dem Begriff soll sichergestellt werden, dass nicht einzelne Verarbeitungsvorgänge, d. h. das Erheben oder Übermitteln bestimmter Daten, sondern einer bestimmten Zweckbestimmung dienende „Verarbeitungspakete" (vgl. bei Petri in: Simitis, BDSG § 4d Rn. 25 f.) erfasst und bewertet werden (vgl. auch ausführlich bei Wächter, Datenschutz im Unternehmen, Rn. 346 ff.). Es geht um Vorhaben, die einem einheitlichen übergreifenden Zweck dienen. Beispiele sind Mitglieder- oder Personalverwaltung, Telefondatenerfassung, Videoüberwachung, Warnsysteme der Wirtschaft, CRM-Systeme zur Kundenbetreuung, Online-Bewertungsplattformen. Letztlich liegt die Entscheidung darüber, welche Verarbeitungsschritte zu einen Verfahren zusammengefasst werden, im Ermessen der verantwortlichen Stelle, wobei jedoch der Zweck so konkret beschrieben bleiben muss, dass die Aufsichtsbehörde bzw. der das Verfahrensverzeichnis einsehende Betroffene eine zumindest pauschale Überprüfung vornehmen kann (vgl. v.d. Bussche in: Plath (Hrsg.) BDSG § 4d Rn. 6; Meltzian in: Wolff/Brink, DatenschutzR, BDSG § 4d Rn. 7). Ein Verfahren „Beschäftigtendaten" oder „Kundendaten" ist hinsichtlich des betroffenen Personenkreises und der in Betracht kommenden Datenverarbeitungen zu unbestimmt (vgl. Hallermann, RDV 2013, 173). 9a

3.3 Nach Satz 2 sollen solche Risiken regelmäßig dann bestehen, wenn
— Daten besonderer Art, d. h. besonders sensible Daten verarbeitet werden oder
— die Verarbeitung dazu bestimmt, „die Persönlichkeit der betroffenen Person zu bewerten, einschließlich ihrer Kompetenz, ihrer Leistung oder ihres Verhaltens".
Gleichwohl entfällt jedoch auch dann wieder die Vorabkontrolle, wenn
— eine gesetzliche Verpflichtung
— eine Einwilligung oder
— die Erforderlichkeit bei der Begründung, Durchführung oder Beendigung eines rechtsgeschäftlichen oder rechtsgeschäftsähnlichen Schuldverhältnisses
die Erhebung, Verarbeitung oder Nutzung rechtfertigt. 10

3.4 Bereits hier stellt sich die erste Auslegungsfrage, nämlich ob der Katalog der „**Befreiungstatbestände**" in § 4d Abs. 5 Satz 2 sich auf beide der zuvor genannten „regelmäßigen" Vorabkontrollfälle bezieht oder nur den zweiten Fall erfassen soll. Auch wenn sich aus dem Wortlaut der Norm dies sprachlich keineswegs zwingend ergibt, ist davon auszugehen, dass der „Befreiungskatalog" beide Tatbestände erfasst. Dafür spricht auch, dass — wie oben bereits dargelegt — die beiden Tatbestände nur 11

173

Beispielsfälle sind. Daraus folgt, dass die Verpflichtung zur Vorabkontrolle generell entfällt, wenn einer der aufgeführten Ausnahmetatbestände vorliegt.

12 **3.5** Somit ist die Durchführung der Vorabkontrolle bei der Verarbeitung von **Daten besonderer Art** nach § 3 Abs. 9 grundsätzlich geboten in den Fällen der §§ 13 Abs. 2, 14 Abs. 5, 16 Abs. 1 Nr. 2 bzw. 28 Abs. 6 bis 9, § 29 Abs. 5, 39 Abs. 5. Sie entfällt, wenn die Daten aufgrund einer gesetzlichen Verpflichtung verarbeitet werden oder die Einwilligung des Betroffenen vorliegt. Fraglich ist, ob der Befreiungstatbestand nach Absatz 5 letzter Teilsatz auch greift, wenn sensible Daten zur Begründung oder Durchführung eines rechtsgeschäftlichen Schuldverhältnisses bzw. eines Beschäftigungsverhältnisses verarbeitetet werden. Dies kann nur zutreffen, wenn der Ausnahmetatbestand nicht nur auf die in § 28 Abs. 1 Satz 1 Nr. 1 bzw. § 32 Abs. 1 enthaltenen Erlaubnistatbestände abstellt, sondern hinsichtlich sensibler Daten auch § 28 Abs. 6 mit einbezieht. So hält der LfD Baden-Württemberg (31. TB (2012/2013), Ziff. 7.10) fest, dass in Arztpraxen die Bestellpflicht für einen DSB regelmäßig erst bei Überschreiten der in § 4 f Abs. 1 genannten Zahl der bei der Verarbeitung personenbezogener Daten Beschäftigten eintritt. Auch wenn es hier vornehmlich um die Verarbeitung von Patienten- und Gesundheitsdaten, also um besonders sensible Daten i. S. d. § 3 Abs. 9 gehe, bestehe nicht die ansonsten eine Bestellpflicht auslösende Pflicht zur Vorabkontrolle nach § 4d Abs. 5, da im Regelfall ein Behandlungsvertrag nach§ 630a BGB vorliege, d.h. die Erhebung und Verarbeitung zur Durchführung eines Rechtsgeschäftes bzw. teilweise sogar auf Grund einer Einwilligung des Patienten erfolge. Somit obliegt in kleineren Praxen die Erfüllung der BDSG-Pflichten dem Praxisinhaber selbst (§ 4g Abs. 2a). Gleiches gilt für Apotheken.

13 **3.6** Ferner sind solche Verarbeitungen einer Vorabkontrolle zu unterziehen, die dazu bestimmt sind, eine **Persönlichkeitsbewertung** der betroffenen Person einschließlich ihrer Kompetenz, ihrer Leistung oder ihres Verhaltens vorzunehmen. Hierfür wird unter den aufgezeigten „Befreiungstatbeständen" insbesondere der Tatbestand relevant werden, der darauf abstellt, dass die Verarbeitung im Rahmen rechtsgeschäftlicher oder rechtsgeschäftsähnlicher, d. h. vertraglicher oder vertragsähnlicher Beziehungen mit dem Betroffenen erforderlich ist. Damit tritt das erstaunliche Ergebnis ein, dass **Personalinformations- und -auswahlsysteme** jedenfalls nicht regelmäßig der Vorabkontrolle unterliegen (vgl. aber auch Petri in: Simitis, BDSG § 4d Rn. 3 für die Vorabkontrollfälle bei **Assessmentverfahren**, Beförderungsranglisten oder Skilldatenbanken). Beispiele für risikobehaftete Verfahren sind im Bereich der Privatwirtschaft **Warndateien** der Versicherungswirtschaft, Hausverbotsdateien (vgl. weitere Beispiele bei Meltzian in: Wolff/Brink, DatenschutzR, BDSG § 4d Rn. 37), Verfahren zur Bewertung der Kreditwürdigkeit einer Person (vgl. Weber, DuD 1995, 698, 700; Schild, RDV 1998, 52, 55) oder Verfahren, die Verbraucherprofile erstellen im Rahmen von **Lifestyle-Datenbanken** oder personenbezogenen **Data-Warehouse-Auswertungen** (Klug, RDV 2001, 12, 16), wobei hier jedoch der Ausnahmetatbestand der Einwilligung greifen wird (vgl. § 28 Rn. 12). Ebenso soll die Vorabkontrolle vor einem übermäßigen Einsatz der **Videoüberwachung** schützen (Jacob, RDV 2000, 5 (7); vgl. § 6b Rn. 33).

4. Zuständigkeit des Datenschutzbeauftragten

14 **4.1 Absatz 6** überträgt die Zuständigkeit für die Vorabkontrolle dem Datenschutzbeauftragten. Die verantwortliche Stelle hat entsprechende automatisierte Verfahren statt der Aufsichtsbehörde dem DSB zu melden (§ 4g Abs. 2 i. V. m. § 4e), der dann die Vorabkontrolle vornimmt. Die in Abs. 6 Satz 2 als Auslöser der Vorabkontrolle angesprochene Meldung kann nicht losgelöst von der parallelen und umfassenderen Informationspflicht des § 4g Satz 2 Nr. 1 Halbs. 2 gesehen werden, nach-

Meldepflicht **§ 4d**

dem der DSB vor dem Einsatz neuer automatisierter Verarbeitungsvorhaben rechtzeitig zu unterrichten ist. Anhand dieser Unterrichtung wird er auch das Vorliegen **„besonderer Risiken"** untersuchen müssen und ggf. das Erfordernis der besonderen Prüfung im Rahmen der Vorabkontrolle feststellen. Damit obliegt dem DSB nicht nur die Zuständigkeit für die Vorabkontrolle, sondern auch die Kompetenz zur Beurteilung, ob ein Fall des § 4d Abs. 5 vorliegt (v. d. Bussche in: Plath, BDSG § 4d Rn. 18; Scheja in: Taeger/Gabel, BDSG § 4d Rn. 73).

4.2 Das BDSG trifft keine Aussage dazu, ob die Vorabkontrolle **Rechtmäßig-** 15 **keitsvoraussetzung** für den Einsatz des beabsichtigten Verfahrens ist, bzw. der Einsatz eines Verfahrens erst erfolgen darf, wenn der DSB sein Placet erteilt hat, sei es, weil er keinen Fall des § 4d Abs. 5 als gegeben oder aber im Rahmen der Vorabkontrolle trotz der besonderen Risiken des Verfahrens das informationelle Selbstbestimmungsrecht des Betroffenen nicht als gefährdet ansieht. Da dem DSB im Rahmen der Vorabkontrolle jedoch **kein formales Genehmigungsrecht** (vgl. a. A. Petri in: Simitis, BDSG § 4d Rn. 40 ff., der in der Vorabkontrolle ein formelles Rechtmäßigkeitskriterium sieht, deren Missachtung zur Rechtswidrigkeit der Verarbeitung führt; ebenso Spindler in: Spindler/Schuster, Recht der elektronischen Medien, Rn. 16) eingeräumt ist, ist weder das Placet des DSB noch die ordnungsgemäße Durchführung der Vorabkontrolle überhaupt zusätzliche Rechtmäßigkeitsvoraussetzung für die Verarbeitung (v. d. Bussche in: Plath, BDSG § 4d Rn. 20). Die verantwortliche Stelle kann sich über das Votum des DSB hinwegsetzen. Tut sie dies oder schaltet sie den DSB nicht oder nicht rechtzeitig ein, spricht das im Falle einer Fehlbeurteilung der Rechtmäßigkeit des Verfahrens zumindest für fahrlässiges Verhalten. Da auch in den Straf- und Bußgeldtatbeständen der §§ 43, 44 ein Verstoß nicht erfasst ist, obliegt es insoweit allein der Aufsichtsbehörde tätig zu werden, wobei es auch hier bei dem Aussprechen von Beanstandungen sein Bewenden haben wird. Rechtliche Konsequenzen entstehen jedoch im Bereich mitbestimmungspflichtiger **Personaldatenverarbeitung**, da die **Mitarbeitervertretung** ihre Zustimmung erst nach der Mitteilung des Ergebnisses der Vorabkontrolle erteilen braucht und darf (vgl. § 80 Abs. 1 Ziff. 1 BetrVG).

5. Verfahren und Kontrollmaßstab

5.1 Das BDSG äußert sich nicht zum Verfahren der Vorabkontrolle. Im Rahmen 16 ordnungsgemäßer Organisation i. S. v. § 9 muss die **schriftliche Dokumentation** der Prüfung und ihres Ergebnisses als zwingend angesehen werden. Als Ergebnis der Vorabprüfung sieht Erwägungsgrund 54 der EG-DatSchRL vor, dass die Kontrollstelle gemäß einzelstaatlichem Recht entweder eine Stellungnahme abgeben oder die Verarbeitung genehmigen kann. Auch wenn das BDSG ein förmliches Genehmigungsrecht des DSB nicht vorsieht, so obliegt ihm die Pflicht zur Abgabe einer für die Verantwortlichen nicht bindenden Stellungnahme (vgl. Ehmann/Helfrich, Art. 20 Rn. 17), die jedoch schon im Hinblick auf eine Kontrollierbarkeit durch die Aufsichtsbehörde **schriftlich** zu fixieren ist.

5.2 Gegenstand der Prüfung ist die „Rechtmäßigkeit" des Verfahrens, wozu die 17 Frage der Zulässigkeit, d. h. die Durchbrechung des Verbots mit Erlaubnisvorbehalts des § 4 Abs. 1 ebenso gehören wird wie die Frage, ob den besonderen Risiken gerecht werdende organisatorische Maßnahmen getroffen sind.

6. Einschaltung der Aufsichtsbehörde

6.1 Im Gegensatz zu der allgemeinen Regelung des § 4g Abs. 1 Satz 4, nach der 18 der Datenschutzbeauftragte das Recht, aber nicht die Pflicht hat, sich in Zweifelsfäl-

175

len an die zuständige **Aufsichtsbehörde** zu wenden, schreibt § 4d Abs. 6 Satz 3 die **Einschaltung der Aufsichtsbehörde** in Konfliktfällen als **verbindliche Verpflichtung** fest (Meltzian in: Wolff/Brink, DatenschutzR, BDSG § 4d Rn. 60). Das Gesetz statuiert keine Pflicht, auch nicht für den behördlichen DSB, sich insoweit mit der Leitung der verantwortlichen Stelle abzustimmen. Gleichwohl muss ihm dies jedoch im Rahmen seiner **arbeitsvertraglichen Treuepflicht** angeraten werden. Schaltet der DSB gegen den Willen der Leitung der verantwortlichen Stelle die Aufsichtsbehörde ein, so ist die damit verbundene Konfliktsituationen nicht zu verkennen (vgl. bei Klug, RDV 2001, 12 (17); Gola/Jaspers, RDV 1998, 47).

19   6.2 Zu fragen ist, welche „Zweifelsfälle" die Konsultationspflicht auslösen. Teilweise wird vertreten, dass es allein um die „**Notwendigkeit einer Vorabkontrolle**" geht (Meltzian in: Wolff/Brink, DatenschutzR, BDSG § 4d Rn. 62 ff). Zutreffend sind aber auch solche „**Zweifelsfälle**" gemeint, in denen der DSB und die Leitung der verantwortlichen Stelle zu unterschiedlichen Bewertungen hinsichtlich der Rechtmäßigkeit des Verfahrens gekommen sind (Petri in: Simitis, BDSG § 4d Rn. 38). Will man den DSB nicht – trotz seines **Kündigungsschutzes** (vgl. § 4f Rn. 39) – in für ihn unzumutbare Konfliktsituationen treiben, so können nur beim DSB vorhandene Zweifel die Pflicht zur Einschaltung der Aufsichtsbehörde auslösen. Lassen sich diese Zweifel auch nach Erörterung mit dem Arbeitgeber nicht beheben, ist die Aufsichtsbehörde die vom Gesetz vorgesehene Instanz zur Klärung der Situation. Hat der DSB jedoch als Ergebnis der Vorabkontrolle die Unzulässigkeit eines Verfahrens „ohne Zweifel" festgestellt und dem Arbeitgeber mitgeteilt, und setzt sich dieser über die Meinung des DSB hinweg, so besteht jedenfalls keine Pflicht des DSB zur „Anzeige" des Arbeitgebers bei der Aufsichtsbehörde (v.d. Bussche in: Plath, BDSG § 4d Rn. 19; Kort, RDV 2011, 79; a. A. Scheja in: Taeger/Gabel, BDSG § 4d Rn. 78).

7. Landesrecht

20   7.1 Alle Landesdatenschutzgesetze haben die **Vorabkontrolle** eingeführt (Art. 26 BayDSG; § 12 LDSG BW; § 19a Abs. 1 Nr. 1 BlnDSG; § 10a BbgDSG; § 7 Abs. 2 BremDSG; § 8 Abs. 4 i. V. m. § 10a Abs. 5 Nr. 3 HmbDSG; § 7 Abs. 6 i. V. m. § 5 Abs. 2 Nr. 5 HDSG; § 19 DSG M-V; § 8a Abs. 3 NDSG; § 10 Abs. 3 DSG NRW; § 9 Abs. 5 LDSG RPf; § 11 Abs. 1 SDSG; § 10 Abs. 4 SächsDSG; § 14 Abs. 2 DSG-LSA; § 9 LDSG SH; § 34 Abs. 2 ThürDSG). Die Landesdatenschutzgesetze haben die Vorabkontrolle – was ihre Effektivität wesentlich erhöht und Streitigkeiten über ihre gesetzliche Notwendigkeit ausschließt – teilweise zu einem generellen Freigabeverfahren ausgestaltet. § 10 Abs. 3 DSG NRW sieht die Vorabkontrolle als Teil der im Rahmen eines dokumentierten **Sicherheitskonzepts** zu treffenden technischen und organisatorischen Maßnahmen, d. h. im Rahmen einer schriftlich zu fixierenden Vorabkontrolle ist jedes automatisierte Verfahren vor dem Einsatz auf mögliche Gefahren für das informationelle Selbstbestimmungsrechts zu untersuchen. Das Verfahren darf nur eingesetzt werden, wenn solche Gefahren nicht bestehen oder durch entsprechende Schutzmaßnahmen verhindert werden können. Die Gesetzesbegründung (LT-Drs. 12/4476 vom 2.12.1999, S. 66) weist dazu darauf hin, dass die Vorabkontrolle nur dann sinnvoll ist, wenn sie nicht nur beim Einsatz bestimmter vorher festgelegter Verfahren, sondern **generell** erfolgt, weil erst dann festgestellt werden kann, ob die aufgezeigten Risiken vorliegen. Durchzuführen hat die Vorabkontrolle dann konsequenterweise die verantwortliche Stelle; das Ergebnis ist dann von dem behördlichen Datenschutzbeauftragten zu prüfen.

21   7.2 Ähnlich verfügen § 7 Abs. 3 BbgDSG, § 7 Abs. 6 HDSG und § 34 Abs. 2 ThürDSG, indem jedes automatisierte Verfahren der **schriftlichen Freigabe** bedarf, die nur erfolgen darf, wenn die Prüfung die „besonderen Risiken" ausschließt.

Meldepflicht § 4d

Auch hier ist das Ergebnis der Prüfung aufzuzeichnen und dem behördlichen DSB zuzuleiten. Damit obliegt auch hier die Vorabkontrolle zunächst der für den Einsatz des Systems verantwortlichen Stelle, deren Ergebnis vom DSB überprüft wird.

7.3 Eine **Meldepflicht,** wie sie hier vorgesehen ist, haben nur diejenigen Länder 22 eingeführt, die die Bestellung des behördlichen Datenschutzbeauftragten in das Ermessen der verantwortlichen Stelle gelegt haben. Es sind dies Baden-Württemberg (§ 32), Hamburg (§ 9 Abs. 3), das Saarland (§ 9 Abs. 3), Sachsen (§ 10 Abs. 3) und Schleswig-Holstein (§ 7 Abs. 3). Die übrigen Landesdatenschutzgesetze haben die Bestellung behördlicher DSB verbindlich vorgeschrieben und sind damit von der Meldepflicht befreit (Art. 25 BayDSG; § 19a BlnDSG; § 7a BbgDSG; § 7a BremDSG; § 5 HDSG; § 20 DSG M-V; § 8a NDSG mit Ausnahmemöglichkeit für öffentliche Stellen, die personenbezogene Daten verarbeiten, bei denen datenschutzrechtliche Beeinträchtigungen nicht zu erwarten sind (Abs. 5); § 32a DSG NRW; § 11 LDSG RPf (für Behörden mit mindestens zehn regelmäßig Beschäftigten); § 14a Abs. 1 DSG-LSA; § 10a ThürDSG).

§ 4e Inhalt der Meldepflicht

¹Sofern Verfahren automatisierter Verarbeitungen meldepflichtig sind, sind folgende Angaben zu machen:
1. Name oder Firma der verantwortlichen Stelle,
2. Inhaber, Vorstände, Geschäftsführer oder sonstige gesetzliche oder nach der Verfassung des Unternehmens berufene Leiter und die mit der Leitung der Datenverarbeitung beauftragten Personen,
3. Anschrift der verantwortlichen Stelle,
4. Zweckbestimmungen der Datenerhebung, -verarbeitung oder -nutzung,
5. eine Beschreibung der betroffenen Personengruppen und der diesbezüglichen Daten oder Datenkategorien,
6. Empfänger oder Kategorien von Empfängern, denen die Daten mitgeteilt werden können,
7. Regelfristen für die Löschung der Daten,
8. eine geplante Datenübermittlung in Drittstaaten,
9. eine allgemeine Beschreibung, die es ermöglicht, vorläufig zu beurteilen, ob die Maßnahmen nach § 9 zur Gewährleistung der Sicherheit der Verarbeitung angemessen sind.

²§ 4d Abs. 1 und 4 gilt für die Änderung der nach Satz 1 mitgeteilten Angaben sowie für den Zeitpunkt der Aufnahme und der Beendigung der meldepflichtigen Tätigkeit entsprechend.

Literatur: *Hallermann*, Der „Teilzeit-Datenschutzbeauftragte" und das Verfahrensverzeichnis: Praxistipps für eine schlanke Umsetzung der BDSG-Vorhaben, RDV 2013, 123; *Petri*, Inhaltliche Anforderungen an die Verfahrensübersicht nach §§ 4g Abs. 2, 4e BDSG als Grundlage für ein effektives Datenschutzmanagement, RDV 2003, 267; *Weniger*, Das Verfahrensverzeichnis als Mittel datenschutzkonformer Unternehmensorganisation, RDV 2005, 153; vgl. ferner die Hinweise zu § 4d.

Übersicht

	Rn.
1. Allgemeines	1
2. Das öffentliche Register	2
3. Zuständigkeiten	3
4. Die meldepflichtigen Angaben im Einzelnen	5
5. Weitere Angaben	12
6. Verstoß gegen die Meldepflicht	14
7. Landesrecht	15

1. Allgemeines

1 § 4e ergänzt die Regelung der gegenüber der **Aufsichtsbehörde** meldepflichtigen Unternehmen in § 4d um die Aussage zum Inhalt der vorzunehmenden Meldung. Zum Teil entspricht der Inhalt der Meldung den Informationen, die die verantwortliche Stelle bereits bei der Erhebung (§ 4 Abs. 3) bzw. bei der erstmaligen Speicherung bzw. Übermittlung (§ 33 Abs. 1) dem Betroffenen (§ 4 Abs. 3) zu geben hat. Durch die vor Inbetriebnahme einer automatisierten Verarbeitung erfolgende Meldung soll die Aufsichtsbehörde in den beiden betroffenen Bereichen der **geschäftsmäßigen Verarbeitung** personenbezogener Daten bzw. ansonsten dem betrieblichen DSB jenes Minimum an Informationen erhalten, das ihr zumindest

Inhalt der Meldepflicht § 4e

im Rahmen einer pauschalen Prüfung die Bewertung der Zulässigkeit der beabsichtigten Verfahren ermöglicht.

2. Das öffentliche Register

Die Angaben der Meldung führt die Aufsichtsbehörde in einem für **jedermann** 2
einsehbaren Register (§ 38 Abs. 2), wobei das Register in dieser Funktion als Informationsquelle des Betroffenen – mangels Interesse der Betroffenen und auch auf Grund der Kompliziertheit des Zugangs – wohl weiterhin nur von geringer Bedeutung sein wird. Die Aufsichtsbehörde hat die Meldung zunächst nur zu **registrieren.** Sie kann aber, wenn ihr im Hinblick auf die geschilderte Verarbeitung Bedenken hinsichtlich deren Zulässigkeit oder hinsichtlich der erforderlichen Datensicherungsmaßnahmen kommen, von ihren **Kontrollbefugnissen** nach § 38 Gebrauch machen. Die verantwortliche Stelle hat mit der Meldung ihrer Informationspflicht genügt. Danach kann sie mit der Verarbeitung beginnen; eine Stellungnahme der Aufsichtsbehörde u. ä. muss nicht abgewartet werden.

3. Zuständigkeiten

3.1 Die Meldung obliegt nicht dem **Datenschutzbeauftragten,** sondern der 3
Leitung der verantwortlichen Stelle; der DSB hat jedoch darauf zu achten, dass diese Pflicht erfüllt wird. Er ist insofern intern für die Meldung verantwortlich, wenn ihm diese Aufgabe per Stellenbeschreibung zusätzlich zugewiesen wurde (Scheja in: Taeger/Gabel, BDSG § 4e Rn. 4); insbesondere sollte er es sein, der aufgrund seiner zentralen Übersicht über die diesbezüglichen Aktivitäten der verantwortlichen Stelle für die nach Satz 2 erforderlichen Änderungsmeldungen Sorge trägt (vgl. hierzu aber auch § 4f Rn. 23a).
3.2 Die Meldung muss bei der gem. § 38 Abs. 1 **zuständigen Aufsichtsbe-** 4
hörde erfolgen, in deren Aufsichtsbezirk die meldepflichtige Stelle ihren Sitz hat. An welchem Ort im Inland die Verarbeitung erfolgt, ist unerheblich. Hat die meldepflichtige Stelle ihren Sitz außerhalb der EU, muss die Meldung bei der Aufsichtsbehörde erfolgen, in deren Zuständigkeitsbereich der im Inland ansässige Vertreter der meldepflichtigen Stelle (vgl. § 1 Rn. 29) seinen Sitz hat. Für die Durchführung der Meldung haben die Aufsichtsbehörden Vordrucke entwickelt (vgl. RDV 2001, 48). Das Formular kann auch unter http://www.datenschutz.de abgerufen werden.

4. Die meldepflichtigen Angaben im Einzelnen

4.1 Die in den Nummern 1 bis 3 geforderten Angaben, sind zwingend erforder- 5
lich zur **Identifikation der verantwortlichen Stelle** bzw. der für die Umsetzung der Datenschutznormen verantwortlichen Personen. Bei natürlichen Personen genügt Vor- und Nachname. Als Anschrift ist die Adresse anzugeben, bei der die Stelle aufgesucht werden kann (v. d. Bussche in: Plath, BDSG § 4e Rn. 6). Sinnvoll ist es zur Kontaktaufnahme den DSB und eine telefonische Erreichbarkeit zu benennen.
4.2 Nach Nummer 4 sind die Zwecke mitzuteilen, zu deren Erfüllung die Erhe- 6
bung, Verarbeitung oder Nutzung der Daten erfolgt. Hier ist der gleiche Maßstab anzulegen wie er für § 4d Abs. 1 gilt (v. d. Bussche in: Plath, BDSG § 4e Rn. 8; vgl. vorstehend Rn. 1). Ergänzend zu der Verpflichtung aus § 3 Abs. 3 Nr. 2 wird der verantwortlichen Stelle aufgegeben, vor Aufnahme einer – automatisierten –

§ 4e

Inhalt der Meldepflicht

Datenverarbeitung die **Zweckbestimmung** der beabsichtigten Datenerhebung, -verarbeitung und -nutzung verbindlich **schriftlich zu dokumentieren** (vgl. auch § 28 Abs. 1 Satz 2 und § 4 Abs. 3 Satz 1 Nr. 2). Spätere Zweckänderungen sind nachzumelden. Beispiele sind Personal-, Lieferantenverwaltung oder Handelsvertreter- und Interessenbetreuung.

7 **4.3** Die weiter geforderte Angabe zu den **betroffenen Personengruppen** und der diesbezüglichen **Daten oder Datenkategorien** soll insbesondere ersichtlich machen, ob es sich um Daten nach § 3 Abs. 9 handelt. Im Hinblick auf die insoweit ggf. anfallende **Vorabkontrolle**, ist diese Datenkategorie in jedem Fall offen zu legen. Fraglich ist ansonsten der zulässige Abstrahierungsgrad der Angaben (Schild, DuD 2001, 284 nennt als Beispiele Wohnungssuchende, Fahrzeughalter). In dem Darlehensprogramm einer Bank fallen ggf. an: Kreditnehmer, Bürgen und gesetzliche Vertreter (vgl. Petri in: Simitis, BDSG § 4e Rn. 8, der den Detaillierungsgrad zutreffend davon abhängig macht, dass die Angabe zur vorläufigen Rechtmäßigkeitskontrolle des Verfahrens hinreichend ist, so dass bei einem Bonitätsprüfungsprogramm einer Bank die Angabe „Kunden" nicht genügt). Da die Angabe der Daten in unmittelbarem Zusammenhang mit der „einheitlichen" Zweckbestimmung steht, können auch Angaben wie beispielsweise „Kunden" oder „Arbeitnehmer" hinreichend sein. Letzteres würde bei der Zweckbestimmung Videoüberwachung genügen, bei einem Scoring-Verfahren aber zu ungenau sein (Meltzian in: Wolff/Brink, DatenschutzR, BDSG § 4e Rn. 5.1). Ferner werden regelmäßig IT-Nutzungsdaten anfallen.

8 **4.4** Die Informationspflicht bezüglich der **Empfänger bzw. Empfängerkategorien** bezieht sich auf solche, an die Daten mitgeteilt werden „können", wobei „sollen" gemeint ist (weitergehend Petri in: Simitis, § 4e Rn. 10, der die „realistische Möglichkeit" der Weitergabe genügen lässt). Zu beachten ist, dass als Empfänger auch Nutzer innerhalb der verantwortlichen Stelle und auch **Auftragsdatenverarbeiter** in Betracht kommen (§ 3 Abs. 8). Bei internen Empfängern sollte die Funktionsbezeichnung zur Klarstellung hinzugefügt werden bzw. genügen (z. B. Betriebsrat). Entsprechende ergänzende Angaben sind erforderlich, wenn es sich um in sog. **Drittstaaten** ansässige Dritte handelt, da die Behörde bzw. der Einsichtnehmende nur bei entsprechender Information die besonderen Anforderungen an die Rechtmäßigkeit der Übermittlung prüfen kann. Die Angabe der geplanten Übermittlungen in Drittstaaten umfasst bei der Erstmeldung auch bereits bestehende Datenflüsse. Nicht erforderlich ist, dass die geplante Übermittlung schon im Detail konkretisiert ist.

9 **4.5** Die Festlegung von **Regelfristen für die Löschung** hat die verantwortliche Stelle, ggf. bei der Festlegung der Verarbeitungszwecke zu treffen. Entfällt das die Verarbeitung rechtfertigende Verarbeitungsinteresse, sind die Daten regelmäßig zu löschen, es sei denn, gesetzliche Aufbewahrungspflichten stehen dem entgegen (vgl. aber auch Gassner/Schmidl, RDV 2004, 153 zu datenschutzrechtlichen Löschungsfristen und Verjährungsvorschriften).

9a Nach Satz 1 Nr. 6 sind geplante Übermittlungen in Drittstaaten, die den Regelungen der §§ 4b und 4c unterliegen, anzugeben. Die Angaben müssen so konkret sein, dass das Datenschutzniveau im Empfängerland überprüfbar ist, d.h. dass sämtliche Zielländer genannt werden müssen.

10 **4.6** Schließlich bedarf es der Darstellung einer Grobskizze der getroffenen bzw. geplanten **Maßnahmen zur Datensicherung** nach § 9. Dabei wird zumindest hinsichtlich der Erfüllung der 8 Gebote der Datensicherung der Anlage zu § 9 zu spezifizieren sein.

11 **4.7** Satz 2 verpflichtet die verantwortliche Stelle auch, **Änderungen** der Angaben mitzuteilen sowie den Zeitpunkt des Eintritts der Änderung, gleichgültig ob eine Verarbeitung neu aufgenommen oder beendet werden soll.

Inhalt der Meldepflicht § 4e

5. Weitere Angaben

5.1 Eine weitere Meldepflicht ergibt sich aus § 1 Abs. 5. Danach haben außerhalb 12
der EU gelegene verantwortliche Stellen, die vom Ausland aus in Deutschland Daten
erheben, verarbeiten oder nutzen, soweit sie Angaben über die verantwortliche Stelle
zu machen haben, auch Angaben über **im Inland ansässige Vertreter** zu machen,
was logischerweise zu einer diesbezüglichen Bestellpflicht führt. Durch die Bestellung eines inländischen Vertreters sollen sowohl der Betroffene als auch die Aufsichtsbehörde einen geeigneten Ansprechpartner haben, dem insoweit eine Mittlerfunktion zukommt.

5.2 Der Katalog der meldepflichtigen Angaben enthält nicht die ausdrückliche 13
Pflicht zur **Nennung des betrieblichen Datenschutzbeauftragten**. Die Aufsichtsbehörden haben diese Angabe gleichwohl in das von ihnen entwickelte Meldeformular als Angabe des Verfahrensregister aufgenommen, da der DSB nach § 4f
Abs. 5 Satz 2 auch der Ansprechpartner der Betroffenen ist, den diese bei Einsicht
in das Register bei der Aufsichtsbehörde dann feststellen können.

6. Verstoß gegen die Meldepflicht

Wenn eine verantwortliche nichtöffentliche Stelle vorsätzlich oder fahrlässig ent- 14
gegen § 4d Abs. 1 und 4, auch i. V. m. § 4e Satz 2 eine Meldung nicht oder unrichtig
erstattet, begeht sie nach § 43 Abs. 1 Nr. 1 eine **Ordnungswidrigkeit,** die mit
Geldbuße bis zu 50 000 Euro geahndet werden kann (zur Praxis vgl. Petri in: Simitis,
BDSG § 4e Rn. 15). Nicht bußgeldbewehrt ist dagegen die Nichterstellung der
internen dem DSB zur Verfügung zu stellenden Übersicht. Die Aufsichtsbehörde
kann die Übersicht anfordern bzw. ihre Erstellung mittels Bußgeld nach § 43 Satz 1
Nr. 11 durchsetzen.

7. Landesrecht

Von den novellierten Landesdatenschutzgesetzen haben nur Baden-Württemberg 15
(§ 32), Hamburg (§ 9 Abs. 3), das Saarland (§ 9 Abs. 3), Sachsen (§ 10 Abs. 3) und
Schleswig-Holstein (§ 7 Abs. 3) die Meldepflicht eingeführt. In den angeführten
Regelungen ist auch der Inhalt der Meldepflicht festgelegt.

§ 4f Beauftragter für den Datenschutz

(1) [1]Öffentliche und nicht-öffentliche Stellen, die personenbezogene Daten automatisiert verarbeiten, haben einen Beauftragten für den Datenschutz schriftlich zu bestellen. [2]Nicht-öffentliche Stellen sind hierzu spätestens innerhalb eines Monats nach Aufnahme ihrer Tätigkeit verpflichtet. [3]Das Gleiche gilt, wenn personenbezogene Daten auf andere Weise erhoben, verarbeitet oder genutzt werden und damit in der Regel mindestens 20 Personen beschäftigt sind. [4]Die Sätze 1 und 2 gelten nicht für nicht-öffentliche Stellen, die in der Regel höchstens neun Personen ständig mit der automatisierten Verarbeitung personenbezogener Daten beschäftigen. [5]Soweit aufgrund der Struktur einer öffentlichen Stelle erforderlich, genügt die Bestellung eines Beauftragten für den Datenschutz für mehrere Bereiche. [6]Soweit nicht-öffentliche Stellen automatisierte Verarbeitungen vornehmen, die einer Vorabkontrolle unterliegen, oder personenbezogene Daten geschäftsmäßig zum Zweck der Übermittlung, der anonymisierten Übermittlung oder für Zwecke der Markt- und Meinungsforschung automatisiert verarbeiten, haben sie unabhängig von der Anzahl der mit der automatisierten Verarbeitung beschäftigten Personen einen Beauftragten für den Datenschutz zu bestellen.

(2) [1]Zum Beauftragten für den Datenschutz darf nur bestellt werden, wer die zur Erfüllung seiner Aufgaben erforderliche Fachkunde und Zuverlässigkeit besitzt. [2]Das Maß der erforderlichen Fachkunde bestimmt sich insbesondere nach dem Umfang der Datenverarbeitung der verantwortlichen Stelle und dem Schutzbedarf der personenbezogenen Daten, die die verantwortliche Stelle erhebt oder verwendet. [3]Zum Beauftragten für den Datenschutz kann auch eine Person außerhalb der verantwortlichen Stelle bestellt werden; die Kontrolle erstreckt sich auch auf personenbezogene Daten, die einem Berufs- oder besonderen Amtsgeheimnis, insbesondere dem Steuergeheimnis nach § 30 der Abgabenordnung, unterliegen. [4]Öffentliche Stellen können mit Zustimmung ihrer Aufsichtsbehörde einen Bediensteten aus einer anderen öffentlichen Stelle zum Beauftragten für den Datenschutz bestellen.

(3) [1]Der Beauftragte für den Datenschutz ist dem Leiter der öffentlichen oder nicht-öffentlichen Stelle unmittelbar zu unterstellen. [2]Er ist in Ausübung seiner Fachkunde auf dem Gebiet des Datenschutzes weisungsfrei. [3]Er darf wegen der Erfüllung seiner Aufgaben nicht benachteiligt werden. [4]Die Bestellung zum Beauftragten für den Datenschutz kann in entsprechender Anwendung von § 626 des Bürgerlichen Gesetzbuchs, bei nicht-öffentlichen Stellen auch auf Verlangen der Aufsichtsbehörde, widerrufen werden. [5]Ist nach Absatz 1 ein Beauftragter für den Datenschutz zu bestellen, so ist die Kündigung des Arbeitsverhältnisses unzulässig, es sei denn, das Tatsachen vorliegen, welche die verantwortliche Stelle zur Kündigung aus wichtigem Grund ohne Einhaltung einer Kündigungsfrist berechtigen. [6]Nach der Abberufung als Beauftragter für den Datenschutz ist die Kündigung innerhalb eines Jahres nach der Beendigung der Bestellung unzulässig, es sei denn, dass die verantwortliche Stelle zur Kündigung aus wichtigem Grund ohne Einhaltung einer Kündigungsfrist berechtigt ist. [7]Zur Erhaltung der zur Erfüllung seiner Aufgaben erforderlichen Fachkunde hat die verantwortliche Stelle dem Beauftragten für den Datenschutz die Teilnahme an Fort- und Weiterbildungsmaßnahmen zu ermöglichen und deren Kosten zu übernehmen.

§ 4f

(4) Der Beauftragte für den Datenschutz ist zur Verschwiegenheit über die Identität des Betroffenen sowie über Umstände, die Rückschlüsse auf den Betroffenen zulassen, verpflichtet, soweit er nicht davon durch den Betroffenen befreit wird.

(4a) ¹Soweit der Beauftragte für den Datenschutz bei seiner Tätigkeit Kenntnis von Daten erhält, für die dem Leiter oder einer bei der öffentlichen oder nichtöffentlichen Stelle beschäftigten Person aus beruflichen Gründen ein Zeugnisverweigerungsrecht zusteht, steht dieses Recht auch dem Beauftragten für den Datenschutz und dessen Hilfspersonal zu. ²Über die Ausübung dieses Rechtes entscheidet die Person, der das Zeugnisverweigerungsrecht aus beruflichen Gründen zusteht, es sei denn, dass diese Entscheidung in absehbarer Zeit nicht herbeigeführt werden kann. ³Soweit das Zeugnisverweigerungsrecht des Beauftragten für den Datenschutz reicht, unterliegen seine Akten und andere Schriftstücke einem Beschlagnahmeverbot.

(5) ¹Die öffentlichen und nicht-öffentlichen Stellen haben den Beauftragten für den Datenschutz bei der Erfüllung seiner Aufgaben zu unterstützen und ihm insbesondere, soweit dies zur Erfüllung seiner Aufgaben erforderlich ist, Hilfspersonal sowie Räume, Einrichtungen, Geräte und Mittel zur Verfügung zu stellen. ²Betroffene können sich jederzeit an den Beauftragten für den Datenschutz wenden.

Literatur: *Abel,* Der behördliche Datenschutzbeauftragte, in: Roßnagel (Hrsg.), Handbuch Datenschutzrecht, 2003, Nr. 5.6; *Barton,* Der Compliance Officer im Minenfeld des Strafrechts, RDV 2010, 19; *Brink,* Der betriebliche Datenschutzbeauftragte – eine Annäherung, ZD 2012, 55; *Büllesbach,* Konzeption und Funktion des Datenschutzbeauftragten vor dem Hintergrund der EG-Richtlinie und der Novellierung des BDSG, RDV 2001, 1; *Däubler,* Neue Unabhängigkeit für die betrieblichen Datenschutzbeauftragten, RDV 2010, 20; *Dorn,* Aufgaben des betrieblichen Datenschutzbeauftragten (Kontroll- oder Vertreterfunktion, DSB 10/2006, 9; *Drews/Kranz,* Argumente gegen die gesetzliche Regelung eines Datenschutzaudits, DuD 1998, 93; *Dzida/Kröpelin,* Sonderkündigungsschutz des Datenschutzbeauftragten bei Umstrukturierung und Personalabbau, BB 2010, 1026; *Ehmann* (Hrsg.), Der Datenschutzbeauftragte im Unternehmen, 1993; *Fuchs,* Verwalten durch Beauftragte, DÖV 1986, 363; *Garstka,* Vorabkontrolle durch behördliche und betriebliche Datenschutzbeauftragte, in: Sokol (Hrsg.), Neue Instrumente im Datenschutz, 1999; *Gerhold,* Aktuelle Überlegungen zur Änderung der Bestellpflicht von betrieblichen Datenschutzbeauftragten, RDV 2006, 6; *Gelhaar,* Der Kündigungsschutz des betrieblichen Datenschutzbeauftragten, NZA 2010, 373; *Gola,* Der auditierte Datenschutzbeauftragte – oder von der Kontrolle der Kontrolleure, RDV 2000, 93; *ders.,* Mitarbeitervertretung und Datenschutzbeauftragter – Kontrolle und/oder Kooperation beim Personaldatenschutz, ZfPR 1997, 94; *ders.,* Der behördliche Datenschutzbeauftragte, DuD 1999, 341; *ders.,* Die Umsetzung der gesetzlichen Vorgaben zur Eingliederung des betrieblichen Datenschutzbeauftragten in die Unternehmensorganisation, RDV 201, 263; *Gola/Jaspers,* Von der Unabhängigkeit des betrieblichen Datenschutzbeauftragten – Erkenntnisse aus der aktuellen Rechtsprechung, RDV 1998, 47; *Gola/Klug,* Neuregelungen zur Bestellung betrieblicher Datenschutzbeauftragter, NJW 2007, 118; *Hallermann,* Wann ist der Datenschutzbeauftragte fachkundig und unabhängig?, DuD 2012, 122; *Jaspers/Reif,* Der betriebliche Datenschutzbeauftragte nach der geplanten EU-Datenschutz-Grundverordnung- Vergleich mit dem BDSG, RDV 2012, 78; *Karper/Stutz,* Die aktuellen Neuerungen des Bundesdatenschutzgesetzes, DuD 2006, 789; *Klug,* Internationalisierung der Selbstkontrolle im Datenschutz, RDV 2005, 163; *Kaufmann,* Bestellpflicht betrieblicher Datenschutzbeauftragter – Analyse zum Schwellenwert nicht automatisierter Verarbeitung, CR 2012, 413; *Koch* (Hrsg.), Der betriebliche Datenschutzbeauftragte, 4. Aufl. 1995; *Kuring/Thomas,* Kontrolle des Betriebsrats durch den betrieblichen Datenschutzbeauftragten, DuD 2000, 159; *Müller-Wächter,* Der Datenschutzbeauftragte, 2. Aufl. 1999; *Münch,* Zum fachlichen

§ 4f Beauftragter für den Datenschutz

Profil des Beauftragten für den Datenschutz und Datensicherheit, RDV 1993, 157; *Pahlen-Brand,* Mehr Kompetenzen für den behördlichen Datenschutzbeauftragten, DuD 2003, 637; *Reinhard,* Interner Datenschutzbeauftragter im Konzern – Bestellung, Widerruf und Kündigung, NZA 2013, 1049; *Roßnagel,* Audits stärken Datenschutzbeauftragte, DuD 2000, 231; *Rudolf,* Aufgaben und Stellung des betrieblichen Datenschutzbeauftragten, NZA 1996, 297; *Schäfer,* Datenschutzbeauftragte im Gesundheitswesen, DuD 2004, 417; *Schierbaum,* Behördlicher Datenschutzbeauftragter und Personalrat – doppelter Kontrollauftrag bei der Verarbeitung von Beschäftigtendaten, PersR 2001, 473; *Schild,* Der behördliche Datenschutzbeauftragte, DuD 2001, 31; *ders.,* Der interne Datenschutzbeauftragte – Neue Aufgaben durch neues BDSG in Betrieb und Verwaltung, RDV 1998, 52; *ders.,* Externe Datenschutzbeauftragte im Gesundheitsbereich: Rechtliche Grenzen, DuD 2004, 414; *Schlemann,* Recht des betrieblichen Datenschutzbeauftragten, 1996; *Schwab/Ehrhard,* Sonderkündigungsschutz für Datenschutzbeauftragte, NZA 2009, 1118; *Simitis,* Die betrieblichen Datenschutzbeauftragten – Zur notwendigen Korrektur einer notwendigen Kontrollinstanz, NJW 1998, 1395; *Strecker,* Standpunkt –Die Unkündbarkeit des internen Datenschutzbeauftragten, BB 211, 1213; *Taeger,* Rechtsstellung der Beauftragten der Dienststelle und Beteiligung des Personalrats bei der Bestellung, PersR 2000, 400; *Wagner,* Gewerbesteuerpflicht externer Datenschutzbeauftragter, RDV 2006, 146; *Weber,* Der betriebliche Datenschutzbeauftragte im Lichte der EG-Datenschutzrichtlinie, DuD 1995, 698; *Weidemann,* Kontrollbefugnisse des betrieblichen/behördlichen Datenschutzbeauftragten hinsichtlich der Datenverarbeitungen durch Betriebs- und Personalräte, ZfPR 1999, 31; *Wohlgemuth,* Mitbestimmung bei Versetzung eines Datenschutzbeauftragten, BB 1995, 673; *Wolber,* Keine Kontrolle der Personalvertretung durch den behördlichen Datenschutzbeauftragten, PersR 1998, 31; *Wybitul,* Neue Anforderungen an betriebliche Datenschutzbeauftragte, MMR 2011, 372; *Zillkens,* Behördlicher Datenschutzbeauftragter in Landes- und Kommunalbehörden Nordrhein-Westfalen, RDV 2001, 178; *Zilkens/Eikel,* Zur Bestellung eines „weiteren" behördlichen Datenschutzbeauftragten, RDV 2012, 138.

Übersicht

	Rn.
1. Allgemeines	1
2. Voraussetzung für die Bestellung	7
3. Die Person des Beauftragten	17
4. Die erforderliche Fachkunde	20
5. Die erforderliche Zuverlässigkeit	23
6. Folgen fehlender Fachkunde und Zuverlässigkeit	29
7. Die Bestellung des DSB	30
8. Die Beteiligung des Betriebs-/Personalrats	33
9. Der Widerruf der Bestellung	37
10. Der Kündigungsschutz	40
11. Die organisatorische Stellung	46
12. Die Verschwiegenheitspflicht	50
13. Das Benachteiligungsverbot	53
14. Die Unterstützungspflicht	54
15. Anwalt der Betroffenen	57
16. Landesrecht	58

1. Allgemeines

1 1.1 Die Verantwortung für die ordnungsgemäße Durchführung der nach dem Gesetz notwendigen Datenschutzmaßnahmen obliegt der Leitung der jeweiligen Daten verarbeitenden Stelle. Ergänzend schreibt das Gesetz für private Unternehmen ab einer gewissen Größenordnung bzw. abhängig von der Art der Datenverarbeitung

Beauftragter für den Datenschutz **§ 4f**

und nunmehr für öffentliche Stellen generell in § 4f die Bestellung eines **Beauftragten für den Datenschutz** vor. Damit greift der Gesetzgeber in die Organisationsfreiheit der Behörden- bzw. Unternehmensleitung ein und zwingt diese, zur Ausführung des Gesetzes bestimmte Maßnahmen zu ergreifen. Mit diesem Eingriff folgt er jedoch einem verfassungsrechtlichen Gebot, indem zur Gewährleistung des Anspruchs des Betroffenen auf Schutz seines Rechts auf informationelle Selbstbestimmung auch organisatorische und verfahrensrechtliche (Kontroll-)Vorkehrungen erforderlich sind (BVerfGE 65, 1 = Volkszählungsurteil). Dass hierbei auch und vorrangig auf das Instrument der innerbetrieblichen bzw. innerbehördlichen **Selbstkontrolle** zurückgegriffen wird, entlastet den Staat von der Schaffung kostenträchtiger Verwaltungsinstanzen und die Privatwirtschaft vor bürokratischer Gängelei. Die staatlichen Kontrollbehörden sollen und können – auch nach der seit Inkrafttreten des BDSG dreimaligen Erweiterung ihrer Kompetenzen (vgl. § 38 Rn. 2) – nur begleitend tätig werden.

1.2 Durch das Erste Gesetz zum Abbau bürokratischer Hemmnisse insbesondere 2 in der mittelständischen Wirtschaft (vom 22.8.2006, BGBl. I S. 1970) hat § 4f eine Reihe von Änderungen erfahren. So wurde die die Bestellpflicht bei automatisierter Verarbeitung auslösende Grenzzahl von fünf auf zehn Personen – also nicht mehr nur Arbeitnehmer – erhöht. Die bei geschäftsmäßig zum Zwecke der Übermittlung bisher generell bestehende Bestellpflicht besteht nur noch bei automatisierter Verarbeitung. Gleichzeitig macht der Gesetzgeber in § 4g Abs. 2a klar, dass in den Stellen, in denen kein DSB zu bestellen ist, die Leitung die dem DSB übertragenen Aufgaben ansonsten sicherstellen muss. Ferner wurde die Fachkunde des Beauftragten von der Art der Datenverarbeitung der verantwortlichen Stelle abhängig gemacht. Für den Fall der Bestellung eines externen DSB wird klargestellt, dass seinem Kontrollrecht auch Berufs- und Amtsgeheimnisse unterliegen, wobei durch **Absatz 4a** und **Nr. 7 des § 203 Abs. 1 StGB** die zur Gewährleistung der dortigen **Berufsgeheimnisse** bestehende Zeugnisverweigerungs- und Schweigepflicht auf den internen und externen DSB ausdrücklich erstreckt wird (zum Hintergrund der Regelung vgl. Gerhold, RDV 2006, 6; zum Inhalt Gola/Klug, NJW 2007, 118; Karper/Stutz, DuD 2006, 789).

1.3 Die Bestellung eines internen Datenschutzbeauftragten ist durch die EG- 3 DatSchRL nicht zwingend vorgegeben; vielmehr ist der DSB für die nationalen Gesetzgeber auf deutschen Wunsch (vgl. bei Weber, DuD 1995, 698) als eine von verschiedenen Kontrollalternativen vorgesehen. Erwähnung findet der DSB in der EG-DatSchRL an zwei Stellen. Dies geschieht einmal im Zusammenhang mit der in Art. 28 geregelten **Meldepflicht.** Von der Meldung automatisierter Verarbeitungen bei der staatlichen Kontrollbehörde kann nach Art. 18 Abs. 2 abgesehen werden, wenn entsprechend dem einzelstaatlichen Recht ein Datenschutzbeauftragter bestellt ist, dem insbesondere
– die „unabhängige Überwachung" der Anwendung der Datenschutznormen und
– hierzu die Führung eines ansonsten bei den Kontrollbehörden zu führenden Verzeichnisses der stattfindenden Verarbeitungen
obliegt. Ferner müssen die Mitgliedstaaten nach Art. 20 der Richtlinie vorsehen, dass vor besonders sensiblen Verarbeitungen „eine **Vorabprüfung** durch die Kontrollstelle oder in Zusammenarbeit mit ihr durch den Datenschutzbeauftragten vorgenommen wird." Abgesehen von diesen Aufgabenbeschreibungen und der Vorgabe, dass der DSB zur „unabhängigen" Überwachung in der Lage sein muss, äußert sich die Richtlinie zur Rechtsstellung des internen Datenschutzbeauftragten ausdrücklich nicht. Vielmehr verweist sie auf das diesbezügliche einzelstaatliche Recht.

1.4 Die EG-DatSchRL fordert also auch für die Kontrollinstanz DSB **völlige** 4 **Unabhängigkeit** (Art. 18 Abs. 2 EG-DatSchRL). Nur wenn diese gewährleistet ist, kann der DSB die Aufgaben – Verfahrensregister, Vorabkontrolle – wahrnehmen,

§ 4f Beauftragter für den Datenschutz

die ansonsten auf die externe Kontrollbehörde übertragen werden müssten (vgl. Gola, DuD 1999, 341; Gola/Jaspers, RDV 1998, 47; zur Kompetenzausstattung Pahlen-Brand, DuD 2003, 637). Trotz des inzwischen gewährten **Kündigungsschutzes** bedarf es, wie die Erfahrungen in der Vergangenheit gezeigt haben, weiterer Schritte zur Sicherung der Aufgabenwahrnehmung. Bislang bleibt jeder Verstoß gegen die gebotene Einschaltung des DSB ohne rechtliche Folgen (vgl. Gola, RDV 2010, 97).

4a 1.5 Eine Reihe von EU-Staaten (Schweden, Niederlande, Frankreich, Luxemburg) haben die Möglichkeit der Bestellung eines DSB zumindest als eine den Unternehmen angebotene Alternative aufgegriffen. Bei der Bestellung, die der Aufsichtsbehörde zu melden ist, entfällt die **Meldepflicht** bezüglich der Datenverarbeitungsverfahren. Auch andere Staaten (z. B. Polen, Slowakei) sehen die Bestellung vor, jedoch ohne dass die Meldepflicht entfällt (vgl. Klug, RDV 2005, 163).

4b Die EU-Kommission hat am 25.1.2012 den Vorschlag für eine **EU-Datenschutz-Grundverordnung** in das EU-Rechtsetzungsverfahren eingebracht (DS-GVO, KOM (2012) 11 endg.; zum Inhalt Gola, EuZW 2012, 332; Hornung, ZD 2012, 100; Jaspers, DuD 2012, 571; Lang, K&R 2012, 145; Reding, ZD 2012, 195). Diese Verordnung, die mit unmittelbarer Wirkung an die Stelle des BDSG treten würde, sieht die Bestellung des Datenschutzbeauftragten zwingend in allen EU-Ländern vor, wobei in den Beratungen im Parlament unterschiedliche Voraussetzungen für das Einsetzen der Bestellpflicht diskutiert wurden (zum Parlamentsvorschlag vgl. Klug, RDV 2013, 14). Im Jahr 2015 sollen die Beratungen zwischen Kommission, Rat und Parlament (Trilog) ggf. abgeschlossen werden.

5 1.6 Der vom Gesetzgeber gewählte Weg der **innerbetrieblichen Selbstkontrolle** ist nicht einmalig; insbesondere auf dem Gebiet des Umweltschutzes wird für die Durchführung der innerbetrieblichen Kontrollverpflichtungen vielfach die Bestellung von internen Beauftragten gesetzlich vorgeschrieben (vgl. bei Taeger, PersR 2000, 400). So ist hinzuweisen auf den Immissionsschutzbeauftragten (§§ 53 ff. BImSchG), den Beauftragten für Gewässerschutz (§§ 3, 21a ff. WHG), den Betriebsbeauftragten für Abfall (§§ 54 f. KrW-/AbfG und § 1 ff. BbAV), den Gefahrgutbeauftragten (§§ 1 ff. GbV i. V. m. § 3 Abs. 1 Nr. 14 GGBefG), den Beauftragten für biologische Sicherheit (§ 11 Abs. 2 Nr. 3 i. V. m. § 3 Nr. 11 GenTG i. V. m. §§ 16 ff. GenTSV) oder den Strahlenschutzbeauftragten (§§ 29, 55 1. StrahlenschutzVO; § 13 RöntgenVO). Ferner haben ähnlich gelagerte Funktionen die Sicherheitsbeauftragten (§ 22 SGB VII) oder die nach § 10 Abs. 2 ArbSchG zu bestellenden Beauftragten für erste Hilfe, Brandbekämpfung und Evakuierung. Die Rechtspositionen der diversen Beauftragten können jedoch nicht generell als vergleichbar angesehen werden, so dass Parallelen nur bedingt gezogen werden können.

6 1.7 Eine gesetzliche Verpflichtung zur Bestellung eines DSB kann sich für private und öffentliche Stellen auch aus „bereichsspezifischen" Datenschutzvorschriften (vgl. z. B. § 51 KrankenhausG B-W) ergeben. Hinzuweisen ist insoweit auf § 81 Abs. 4 SGB X, der **Sozialleistungsträger** (hierzu zählen die in § 35 SGB I genannten Stellen) zur Bestellung eines DSB verpflichtet (vgl. bei Hartleb, Sonderheft zu RDV 1/1995, 14; Andre, RDV 1994, 239). Ferner gelten ggf. **kirchliche Einrichtungen** zur DSB-Bestellung auf Grund eigenständiger Regelungen verpflichtet (§ 22 DSG EKD; § 16 KDO). Hinsichtlich der Rechtsstellung und der Modalitäten der Aufgabenwahrnehmung wird weitgehend auf die Aussagen des BDSG zurückgegriffen, wobei der DSB, da er für eine gesamte öffentliche Einheit zuständig ist, eher mit einem Landesdatenschutzbeauftragten vergleichbar ist.

6a 1.8 Teilweise in Frage gestellt wird, ob auch Anwaltskanzleien für den Bereich ihrer mandantenbezogenen Informationsverarbeitung der Bestellpflicht unterliegen, indem die §§ 4f, 4g dem anwaltlichen Berufsrecht als nachrangig angesehen werden. Zudem wurde die Bestellung eines externen DSB als mit dem Berufsgeheimnis nicht vereinbar angesehen (vgl. Rüpke, RDV 2004, 252; Härting, NJW 2003, 1248;

Beauftragter für den Datenschutz § 4f

ebenso BRAK-Stellungnahme Nr. 31/2004). Der Deutsche Anwaltsverein und die Aufsichtsbehörden sehen jedoch auch die Anwaltskanzlei und andere besonderen Berufsgeheimnissen unterworfene Stellen zur Bestellung auch hinsichtlich des Umgangs mir den Mandanten-/Klientendaten als verpflichtet an, wobei detaillierte Kontrollen von Einzelvorgängen von der Einwilligung des Betroffenen abhängig gemacht werden sollten. Dass auch externe Datenschutzbeauftragte ohne Verstoß gegen § 203 StGB dem Berufsgeheimnis unterliegende Daten einsehen dürfen, hat der Gesetzgeber 2006 durch eine diesbezügliche Ergänzung in § 4f Abs. 2 klargestellt. Gleichzeitig wurde durch Einfügung des Absatzes 4a der DSB für den Fall, dass er Daten zur Kenntnis erhält, in ein dem Geheimnisträger aus beruflichen Gründen zustehendes Zeugnisverweigerungsrecht einbezogen. Abgerundet wird der Schutz des Betroffenen bei einer Schweigepflicht unterliegenden Daten durch einen in § 203 StGB eingefügten Abschnitt 2a, der die unbefugte Offenbarung von dem Geheimhaltungsschutz des § 203 StGB gegenüber dem DSB sanktioniert (vgl. im Einzelnen Gola/Klug, NJW 2007, 118; Karper/Stutz, DuD 2006, 789; Redeker, NJW 2009, 554 zu den Kontrollbefugnissen der Aufsichtsbehörde; Weichert, NJW 2009, 550).

2. Voraussetzung für die Bestellung

2.1 Bei der **Voraussetzung** für die **Bestellpflicht** ist zwischen öffentlichen und 7 nichtöffentlichen Stellen zu differenzieren. Öffentliche Stellen, die personenbezogene Daten automatisiert erheben, verarbeiten oder nutzen, sind unabhängig von der Zahl der hiermit beschäftigten Personen zur Bestellung des DSB verpflichtet. Des Weiteren gestattet § 4f Abs. 1 Satz 5 die bereichsübergreifende Bestellung eines DSB für mehrere Behörden, indem beispielsweise für die Behörden des Bundesgrenzschutzes der DSB bei einer Mittelbehörde mit gleichzeitiger Zuständigkeit für die nachgeordneten Dienststellen etabliert werden kann.

2.2 Im Bereich der Privatwirtschaft trifft die Bestellpflicht die nicht öffentliche 8 Stelle, d. h. den Unternehmensinhaber bzw. die Leitung der juristischen Person, der das Unternehmen gehört. Der Gesetzgeber hat davon abgesehen, einen sog. **„Konzernbeauftragten"** vorzusehen, d. h. einen Beauftragten der uno actu durch die Konzernleitung für alle konzernangehörigen Firmen bestellt wird. Hier muss es dabei bleiben, dass der Konzernbeauftragte von allen Firmen einzeln bestellt wird (zur Problematik derartige Sammelbestellungen vgl. Rn. 24), wobei er im Rahmen seiner Datenschutzorganisation in den einzelnen Betrieben ihm zuarbeitende **Datenschutz-Koordinatoren** einsetzen muss. Diese Koordinatoren sind in den einzelnen Betrieben bzw. Betriebsstellen Ansprechpartner der Mitarbeiter und sammeln gleichzeitig Informationen für den DSB (vgl. TB 1999 zum Datenschutz im nicht-öffentlichen Bereich in Hessen, LT-Drs. 15/1539 = RDV 2000, 289).

2.3 Bei nichtöffentlichen Stellen ist auch bei automatisierter Verarbeitung die 9 Bestellpflicht weiterhin an einen **Mindestumfang der Datenverarbeitung** und damit ein bestimmtes Gefährdungspotential geknüpft. Die private Stelle muss in der Regel im Falle automatisierter Datenverarbeitung zehn oder im Falle herkömmlicher Verarbeitung zwanzig Personen ständig mit der Verarbeitung personenbezogener Daten betraut haben. Solange im Bereich der automatisierten Datenverarbeitung weniger als zehn und bei der herkömmlichen manuellen Datenverarbeitung weniger als 20 Personen beschäftigt sind, bedarf es keines betrieblichen Beauftragten, auch dann nicht, wenn in beiden Bereichen zusammen mehr als zehn oder 20 Beschäftigte mit der Verarbeitung personenbezogener Daten betraut werden (zust. Schaffland/Wiltfang, BDSG § 4f Rn. 10; Linnenkohl, NJW 1979, 1190; für eine Addition aufgrund anteiliger Umrechnung der Werte Däubler in: DKWW, BDSG § 4f Rn. 19). Durch die durch das Erste Gesetz zum Abbau bürokratischer Hemmnisse

§ 4f Beauftragter für den Datenschutz

verfügte Erhöhung der für die Bestellung maßgeblichen Personenzahl auf zehn soll nach der Gesetzesbegründung (BT-Drs. 16/1407, 9) „ein sachgerechter Ausgleich geschaffen werden im Spannungsfeld zwischen dem Ziel, kleinere Unternehmen zu entlasten und dem Erfordernis, personenbezogene Daten, zu schützen". Abgestellt wird darauf, dass Unternehmen, die weniger als zehn Personen mit automatisierter Verarbeitung beschäftigen, in der Regel entweder ein im Hinblick auf den Datenschutz eher weniger belastendes Massengeschäft abwickeln oder einen überschaubaren Kundenkreis bedienen (vgl. auch Kaufmann, CR 2012, 413). Da für diese Betriebe aber auch keine Meldepflicht nach § 4d Abs. 3 besteht, wird in der Regelung teilweise ein Verstoß gegen Art. 18 Abs. 1 EG-DatSchRL gesehen (Gerhold, RDV 2006, 6).

10   2.4 Diese Mindestvoraussetzungen entfallen jedoch, wenn sich aus der Art der verarbeiteten Daten bzw. der Verwendungszwecke **besondere Gefährdungen für das Persönlichkeitsrecht** der Betroffenen ergeben können. Dies ist einmal der Fall, wenn die nichtöffentliche Stelle Datenverarbeitungen vornimmt, die einer **Vorabkontrolle** durch einen Datenschutzbeauftragten gem. § 4d Abs. 5 unterliegen; zum anderen besteht die Bestellpflicht unabhängig von der Zahl der Beschäftigten für Unternehmen, die personenbezogene Daten **geschäftsmäßig zum Zwecke der** personenbezogenen oder auch nur anonymisierten **Übermittlung** automatisiert verarbeiten (Abs. 1 Satz 6). Bei den mit dieser Regelung gemeinten **Auskunfteien, Adresshandelsunternehmen und Markt- und Meinungsforschungsinstitute** sieht der Gesetzgeber ein besonderes Gefährdungspotential für die Betroffenenrechte, dem durch verstärkte Kontrolle begegnet werden soll. Diese wird einmal durch den in jedem Falle zu bestellenden internen DSB und zum anderen durch die ergänzend in § 4d Abs. 4 begründete Pflicht zur Meldung bei der Aufsichtsbehörde geschaffen. Die Bestellpflicht entfällt also bei derartigen Betrieben, die mit weniger als zwanzig Mitarbeitern nur manuell vorgehen. Obwohl es um besonders sensible Daten i. S. d. § 3 Abs. 9 geht, besteht z. B. auch in Arztpraxen die Bestellpflicht für einen DSB regelmäßig erst bei Überschreiten der in § 4 f Abs. 1 genannten Beschäftigtenzahl, da die ansonsten eine Bestellpflicht auslösende Pflicht zur Vorabkontrolle nach § 4d Abs. 5 nicht besteht, wenn die Verarbeitung der Daten der Patienten auf Grund eines Behandlungsvertrag nach § 630a BGB bzw. teilweise sogar auf Grund einer Einwilligung des Patienten erfolgt (vgl. LfD Baden-Württemberg (31. TB (2012/2013), Ziff. 7.10). Somit obliegt in kleineren Praxen die Erfüllung der BDSG-Pflichten dem Praxisinhaber selbst (§ 4g Abs. 2a).

10a   2.5 Die Bestellpflicht hängt nicht mehr von der mit der Datenverarbeitung beschäftigten Arbeitnehmern, sondern von den insoweit eingesetzten *„Personen"* ab (§ 4f Abs. 1 Satz 4 und Satz 6). Da auch bisher von dem im Arbeitsrecht üblichen „weiten" Arbeitnehmerbegriff, der Angestellte, Arbeiter, und Auszubildende umfasst, ausgegangen wurde, handelt es zunächst um eine Klarstellung. Nach der Gesetzesbegründung sollen alle Personen – unabhängig von ihrem arbeitsrechtlichen Status –, d. h. also auch **freie Mitarbeiter** oder **Leiharbeitnehmer** erfasst werden. Die Person wird aber nicht mehr bei der verantwortlichen Stelle beschäftigt, wenn sie beispielsweise von einer Fremdfirma zur Wartung der DV-Anlage entsandt ist. Fraglich ist, ob bei enger Interpretation des Beschäftigungsbegriffs die Befürchtung des Bundesrats (BR-Drs. 302/1/06, S. 3) entfällt, dass nunmehr auch Vereine mit ehrenamtlich tätigen Mitgliedern, von der Bestellpflicht betroffen sind. Zu fordern ist zumindest ein Beschäftigungsverhältnis, d. h. also eine Vertragsbeziehung, die Weisungsbefugnis des Arbeitgebers voraussetzt (vgl. aber auch Simitis in: Simitis, BDSG § 4 f. Rn. 22 der bereits bisher die Arbeitnehmereigenschaft als irrelevant ansetzt).

11   2.6 Die Tatbestandsmerkmale **„in der Regel"** und **„ständig beschäftigt"** finden sich mit entsprechendem Inhalt auch in § 1 BetrVG (vgl. dazu näher Fitting,

Beauftragter für den Datenschutz § 4f

BetrVG, § 1 Rn. 55). **„In der Regel"** bedeutet hier, dass zur Bewältigung der Aufgabe „Verarbeitung personenbezogener Daten" zehn bzw. zwanzig Beschäftigte benötigt werden, sie also hierbei ihre Dauerbeschäftigung finden. Anhaltspunkt ist, dass für diese Aufgabe im Organisationsplan des Unternehmens eine entsprechende Anzahl von Dienstposten ausgewiesen ist. Sicher brauchen diese Stellen nicht auf unbegrenzte Dauer zu bestehen, sie müssen aber für einen längeren Zeitraum, mindestens wohl ein Jahr (Bergmann/Möhrle/Herb, BDSG § 4f Rn. 18 ff.) festliegen. Abzustellen ist also auf die „normale" Beschäftigtenzahl des Betriebes (LAG Berlin, BB 1988, 1388). Außergewöhnliche Arbeitsanhäufungen oder zeitweiser Arbeitsrückgang bleiben außer Betracht (Schaffland/Wiltfang, BDSG § 4f Rn. 14). Dabei kommt es nicht darauf an, ob der den Dienstposten ausfüllende Arbeitnehmer als Vollzeitkraft oder als **Teilzeitbeschäftigter** tätig ist (Simitis in: Simitis, BDSG § 4f Rn. 23; Linnenkohl, NJW 1979, 1192). Sollte also unter den angezeigten Bedingungen, die maßgebende Zahl der Beschäftigten unter die Norm vorübergehend absinken, so ändert das an der fortbestehenden Verpflichtung zur Bestellung eines DSB nichts. Irrelevant sind auch Saisonarbeitskräfte. Verteilt der Arbeitgeber die Arbeit infolge einer Neuorganisation um, d. h. werden z. B. statt sechs Teilzeitkräften zukünftig nur noch drei Vollzeitkräfte bei automatisierter Verarbeitung tätig, so entfällt auch die Verpflichtung zur Bestellung eines DSB (Schaffland/Wiltfang, BDSG § 4f Rn. 13).

2.7 „Ständig" beschäftigt ist die Person, wenn sie für diese Aufgabe, die nicht 12 ihre Hauptaufgabe zu sein braucht, auf unbestimmte, zumindest aber längere Zeit vorgesehen ist und sie entsprechend wahrnimmt. Das Tatbestandmerkmal „ständig" ist mithin auch erfüllt, wenn die Aufgabe selbst nur gelegentlich (einmal im Monat) anfällt, der Arbeitnehmer sie aber stets wahrzunehmen hat. Nicht ständig beschäftigt ist, wer die anderen eigentlich obliegenden Aufgaben gelegentlich mit übernimmt oder nur vorübergehend zwecks „Anlernen" als **Auszubildender** in diesem Bereich tätig ist (Linnenkohl, NJW 1979, 1191). Ständig bedeutet daher, dass der Mitarbeiter immer dann im Bereich der Verarbeitung personenbezogener Daten beschäftigt ist, wenn diese Tätigkeit anfällt. Auf den Anteil dieser Arbeit kommt es nicht an (so Aufsichtsbeh. Baden-Württemberg, Hinweis zum BDSG Nr. 6, Staatsanz. 1979, Nr. 1/2, S. 6; a. A. wohl Schaffland/Wiltfang, BDSG § 4f Rn. 12, für die die Beschäftigung mit der DV eine der Hauptaufgaben des Mitarbeiters sein muss; ähnlich und da BayLDA, TB 2011/2012, Ziff. 3.1, wonach ein erheblicher Teil der Arbeit betroffen sein muss). Hat jemand nur gelegentlich und ggf. zur Erledigung anderer Aufgaben auch mit der Datenverarbeitung zu tun (z. B. Revision, **betrieblicher DSB,** Wartungstechniker), so ist er nicht „ständig damit" beschäftigt (vgl. Däubler in: DKWW, BDSG § 4 f. Rn. 15).

2.8 Die zehn bzw. zwanzig Personen müssen **bei der Verarbeitung** personenbe- 13 zogener Daten, d. h. „damit" beschäftigt sein. Zu berücksichtigen sind in jedem Falle die Mitarbeiter, die – im Falle automatisierter Datenverarbeitung – unmittelbar an den Datenverarbeitungsanlagen tätig sind und eigens dafür eingestellt wurden, Daten einschließlich personenbezogener in automatisierter Form zu speichern, zu verändern, zu übermitteln, zu sperren und zu löschen. Dazu ist z. B. neben dem Programmierer und dem Operator auch der Personalsachbearbeiter zu zählen, der von seinem Arbeitsplatz aus mittels eines Endgeräts die Daten verarbeiten kann, mag begrifflich insoweit auch nur ein Nutzen der Daten vorliegen. Generell kann festgehalten werden, dass nicht nur die Arbeitnehmer bei der Berechnung zu berücksichtigen sind, deren Aufgabenbereich die Wahrnehmung aller Phasen der Datenverarbeitung umfasst, sondern dass auch diejenigen mit zu zählen sind, die z. B. nur mit Vorarbeiten (Lochen) oder Nacharbeiten (Versendung von Ausdrucken) beschäftigt sind (Simitis in: Simitis, BDSG § 4f Rn. 23). Demgemäß zählt hierzu auch **Kassenpersonal,** das Zahlung per Kreditkarteneingabe realisiert (Schaffland/Wiltfang, BDSG § 4f Rn. 7). Im weiteren Sinne sind auch die Letzteren „mit der Daten-

§ 4f Beauftragter für den Datenschutz

verarbeitung" beschäftigt, so dass es vom Wortlaut her vertretbar ist, sie mit einzubeziehen.

14 2.9 Unerheblich ist insoweit auch, ob die weitere Verarbeitung außer Haus „im Auftrag" durchgeführt wird, da der Auftraggeber verantwortliche Stelle bleibt und bereits Tätigkeit beim Erfassen der Daten zur Begründung der DSB-Bestellpflicht genügt. Dass insoweit auch die Personen relevant sind, die – nur – Zugriff zu gespeicherten Daten zum Zwecke der **Nutzung** haben, liegt auf der Hand. Mitzuzählen sind also auch Mitarbeiter, die die Kompetenz haben, Daten sich per Terminal anzeigen zu lassen (Schaffland/Wiltfang, BDSG § 4f Rn. 6). Maßstab für die Bestellung sind aber immer nur vom Unternehmen selbst beschäftige Personen, nicht auch diejenigen, die im Falle der Datenverarbeitung „außer Haus" vom Rechenzentrum für die Verarbeitung dieser Daten eingesetzt werden. Mit der Verarbeitung befasst sind auch nicht diejenigen Mitarbeiter, die den Vorgenannten gegenüber weisungsberechtigt sind (wie z. B. der Personalchef oder der Leiter der EDV) und ihre Tätigkeit sich insoweit auf die Erteilung von Weisungen und die allgemeine Kontrolle beschränkt.

15 2.10 Der Beauftragte ist bei nichtöffentlichen Stellen spätestens **binnen eines Monats** nach dem Eintreten der Voraussetzungen zu bestellen. Für die öffentlichen Stellen ist eine Frist nicht genannt, so dass die Bestellpflicht bei Schaffung der Behörde bzw. bei Entstehen der Voraussetzungen unverzüglich zu erfüllen ist.

16 2.11 Sinkt bei der nichtöffentlichen Stelle die maßgebende Beschäftigtenzahl dauerhaft unter die gesetzlich vorgesehene Anzahl, so entfällt auch die Bestellungsvoraussetzung nach § 4f Abs. 1. Ein spezieller Widerruf der Bestellung sollte zwar zur Klarstellung der arbeitsvertraglichen Situation erfolgen – ggf. ist insoweit auch eine Kündigung erforderlich (Simitis in: Simitis, BDSG § 4f Rn. 17). Dies gilt auch deshalb, weil es der Daten verarbeitenden Stelle freisteht, den DSB „freiwillig" weiterhin mit den bisherigen Aufgaben zu betrauen, wovon auch bei stillschweigender Weiterbeschäftigung auszugehen ist. Begründet sich die Bestellpflicht daraus, dass die stattfindende Verarbeitung einer Vorabkontrolle unterlag, so ist der DSB solange „im Amt", wie diese Verarbeitung durchgeführt wird.

3. Die Person des Beauftragten

17 3.1 Das Gesetz stellt nunmehr klar, dass die Aufgabe des DSB sowohl einem Beschäftigten des Unternehmens bzw. der Dienststelle als sog. **„internem" DSB** als auch einer Person außerhalb der verantwortlichen Stelle als sog. **„externem" DSB** übertragen werden kann, wobei öffentliche Stellen bei der Bestellung eines externen DSB jedoch auf einen Bediensteten einer anderen öffentlichen Stelle zurückgreifen müssen (Abs. 2 Satz 3). In der Regel wird ein Angehöriger des Unternehmens bzw. der Dienststelle, der den „Betrieb" und die in der Datenverarbeitung beschäftigten Personen kennt, sinnvollerweise mit der Wahrnehmung dieser Aufgabe betraut werden. Namentlich in kleineren Stellen bietet sich diese Lösung an. Dort kann der Beauftragte daneben auch andere Funktionen wahrnehmen, d. h. in der weit überwiegenden Mehrzahl wird die Aufgabe des DSB einem Mitarbeiter übertragen, der diese neben seinen bisher full-time wahrgenommenen Aufgaben zu erledigen hat.

17a 3.2 Es ist auch möglich, eine einem anderen Betrieb angehörende Person zu bestellen. Davon machen große, **konzernangehörige** Unternehmen häufig Gebrauch (zur Sinnhaftigkeit im Rahmen der Konzentrierung von Verarbeitung vgl. Simitis in: Simitis, BDSG § 41 f. Rn. 36). Freilich wird ein solcher Datenschutzbeauftragter seine Aufgaben nur dann erfüllen können, wenn ihm in jedem Einzelunternehmen „vor Ort" ein angemessener Stab von Mitarbeitern zur Verfügung steht. Eine solche Lösung kann jedoch zu Interessenkonflikten führen (vgl. Rn. 24).

Beauftragter für den Datenschutz **§ 4f**

Gleiches gilt, wenn der Bedienstete einer IT-Dienstleistungsfirma bestellt wird, die gleichzeitig dem Unternehmen IT-Leistungen erbringt (Rn. 24a). Fragwürde ist diese Regelung jedoch, da der dem DSB gewährte Kündigungsschutz gegenüber Unternehmen, mit denen kein Arbeitsverhältnis besteht, ins Leere geht (vgl. Däubler in: DKWW, BDSG § 4f Rn. 7, der Arbeitsverhältnisse mit allen beteiligten Unternehmen, die nur durch gemeinsame Entscheidung aller „Arbeitgeber" gelöst werden können, vorschlägt.

3.3 Für nichtöffentliche Stellen ist aber auch die Bestellung völlig Außenstehen- **18** der, die den Datenschutz hauptberuflich ausüben und u. U. auf diese Weise mehrere Unternehmen betreuen, nicht ausgeschlossen. Der betriebliche Beauftragte kann seine Funktionen jedoch nur dann voll entfalten, wenn er sich möglichst nahe am Ort des Geschehens befindet und nicht nur nachträglich kontrolliert, sondern die Verantwortlichen kontinuierlich berät und bereits bei der Planung und Vorbereitung von Datenverarbeitungsvorhaben dadurch mitwirkt, dass dem Datenschutz frühzeitig Rechnung getragen wird (vgl. dazu näher Poths, DuD 1977, 22 ff.; Simitis, NJW 1977, 11; Schomerus, NJW 1979, 1197). Als Vorteil wird für eine solche Lösung anzuführen sein, dass der ggf. für mehrere Unternehmen tätige, „hauptberufliche" **externe DSB** – eben weil er sich hauptberuflich mit Datenschutzfragen befasst – regelmäßig auch die erforderliche allgemeine Fachkunde haben wird (Schaffland/Wiltfang, BDSG § 4f Rn. 50). Auch der externe DSB nimmt „interne" Aufgaben wahr, so dass er bei der Wahrnehmung personenbezogener Daten nicht als **Dritter** zu bewerten ist (Simitis in: Simitis BDSG § 4f Rn. 45).

3.4 Der Bestellung einer **juristischen Person** (z. B. Unternehmensberatungsge- **19** sellschaft) zum betrieblichen Datenschutzbeauftragten stehen die Voraussetzungen des Absatzes 2 entgegen; denn Fachkunde und Zuverlässigkeit sind nur von einer **natürlichen Person** erfüllbar, und die nach Absatz 3 Satz 1 vorgesehene unmittelbare Unterstellung unter die Leitung der verantwortlichen Stelle kann nur von einer natürlichen Person verwirklicht werden (vgl. ebenso Schaffland/Wiltfang, BDSG § 4f Rn. 45; vgl. aber auch die a. A. von Simitis in: Simitis, BDSG § 4f Rn. 48 ff.; ebenso ULD Schleswig Holstein, GDD-Mitteilung 3–4/2006, 6: Moos in: Wolff/Brink, DatenschutzR, BDSG § 4f Rn. 37, der u.a. auf § 35 GewO hinweist). Keine Bedenken bestehen jedoch, einen qualifizierten Angehörigen einer juristischen Person namentlich und verantwortlich zum betrieblichen Datenschutzbeauftragten zu bestellen. Der entsprechende Geschäftsbesorgungsvertrag wird dann mit dem Beratungsunternehmen etc. abgeschlossen, das den zu bestellenden Mitarbeiter benennt. Dabei muss die erforderliche **Weisungsfreiheit** des DSB aber auch gegenüber seinem Arbeitgeber gewährleistet sein.

4. Die erforderliche Fachkunde

4.1 Die nach **Absatz 2** Satz 1 geforderte **Fachkunde** umfasst sowohl das allge- **20** meine Grundwissen, das jeder Beauftragte aufweisen muss, als auch die ggf. erforderlichen betriebsspezifischen Kenntnisse. Zum Grundwissen gehören in erster Linie das Datenschutzrecht und Grundkenntnisse über Verfahren und Techniken der automatisierten Datenverarbeitung (Moos in: Wolff/Brink, DatenschutzR, BDSG § 4f Rn. 39f). Unerlässlich ist ferner das Verständnis für betriebswirtschaftliche Zusammenhänge. Eine Fachausbildung in einem oder mehreren dieser Bereiche könnte zwar nützlich sein, ist aber vom Gesetzgeber nicht vorgeschrieben Schaffland/Wiltfang, BDSG § 4f Rn. 22; Münch, RDV 1993, 157).

4.2 Der Gesetzgeber hat in § 4 Abs. 2 dem bereits in § 9 Satz 2 enthaltenen Prinzip **20a** der Verhältnismäßigkeit folgend klargestellt, dass der für den DSB eines Handwerksbetriebs erforderliche Schulungsaufwand anders aussieht als bei einem Versicherungsunternehmen oder einem Adresshändler. So kann für den Erwerb der erforder-

§ 4f   Beauftragter für den Datenschutz

lichen Fachkunde der Grundkenntnisse für den einen Fall ein auf dem Markt angebotener 14-Tage-Kurs und für den anderen ein mehrere Stunden umfassender Abendkurs der IHK genügen.

20b   **4.3** Gleichwohl müssen nach Auffassung der Aufsichtsbehörden (Düsseldorfer Kreis am 24./25.11.2010, RDV 2011, 52; BfDI, Tätigkeitsbericht (2009-10), Ziff. 8.9 = RDV 2011, 261) vor dem Hintergrund der gestiegenen Anforderungen an die Funktion des DSB diese mindestens über folgende datenschutzrechtlich und technisch-organisatorische Kenntnisse verfügen (vgl. zu diesen Anforderungen auch Wybitul, MMR 2011, 372; Hallermann, DuD 2012, 122):

- **Datenschutzrecht allgemein – unabhängig von der Branche und der Größe der verantwortlichen Stelle**
    - Grundkenntnisse zur verfassungsrechtlich garantierten Persönlichkeitsrechten der Betroffenen und Mitarbeiter der verantwortlichen Stelle und
    - umfassende Kenntnisse zum Inhalt und zur rechtlichen Anwendung der für die verantwortlichen Stellen einschlägigen Regelungen des BDSG, auch technischer und organisatorischer Art,
    - Kenntnisse des Anwendungsbereichs datenschutzrechtlicher und einschlägiger technischer Vorschriften, der Datenschutzprinzipien und der Datensicherheitsanforderungen insbesondere nach § 9.
- **Branchenspezifisch – abhängig von der Branche, Größe oder IT-Infrastruktur der verantwortlichen Stelle und der Sensibilität der zu verarbeitenden Daten**
    - Umfassende Kenntnisse der spezialgesetzlichen datenschutzrelevanten Vorschriften, die für das eigene Unternehmen relevant sind,
    - Kenntnisse der Informations- und Telekommunikationstechnologie und der Datensicherheit (physische Sicherheit, Kryptographie, Netzwerksicherheit, Schadsoftware und Schutzmaßnahmen etc.),
    - betriebswirtschaftliche Grundkompetenz (Personalwirtschaft, Controlling, Finanzwesen, Vertrieb, Management, Marketing etc.),
    - Kenntnisse der technischen und organisatorischen Struktur sowie deren Wechselwirkung in der zu betreuenden verantwortlichen Stelle (Aufbau- und Ablaufstruktur bzw. Organisation der verantwortlichen Stelle) und
    - Kenntnisse im praktischen Datenschutzmanagement einer verantwortlichen Stelle (z. B. Durchführung von Kontrollen, Beratung, Strategieentwicklung, Dokumentation, Verzeichnisse, Logfile-Auswertung, Risikomanagement, Analyse von Sicherheitskonzepten, Betriebsvereinbarungen, Videoüberwachungen, Zusammenarbeit mit dem Betriebsrat etc.).

21   **4.4** Der Beauftragte muss mit der Organisation und den Funktionen seines Betriebes/seiner Dienststelle vertraut sein, sich namentlich einen Überblick über alle Fachaufgaben verschaffen, zu deren Erfüllung personenbezogene Daten verarbeitet werden. Es liegt auf der Hand, dass in größeren öffentlichen oder nichtöffentlichen Stellen mit breit gefächertem Aufgabenspektrum, der Beauftragte nicht sämtliche Fachgebiete beherrschen kann. Hier muss ihm ein Stab von Fachleuten zugeteilt werden, der ihn bei der Erfüllung seiner Aufgaben gemäß der Verpflichtung nach § 4f Abs. 5 unterstützt; in jedem Fall muss einem externen DSB in dem oder dem von ihm zu betreuenden Unternehmen ein Ansprechpartner als **Kontaktperson** vor Ort zur Verfügung stehen (Schaffland/Wiltfang, BDSG § 4f Rn. 62). Der oder diese Mitarbeiter können dem DSB direkt zugeordnet sein oder aber den Fachabteilungen angehören. In ihrer Funktion als Mitarbeiter des DSB unterliegen sie dessen Weisungen, nehmen aber nach außen an dessen Weisungsfreiheit nicht teil.

21a   **4.5** Nach Absatz 4 letzter Satz ist dem DSB auch ein Rechtsanspruch auf Fortbildung eingeräumt, indem die verantwortliche Stelle verpflichtet wird, dem Beauftragten die Teilnahme an Fort- und Weiterbildungsmaßnahmen zu ermöglichen und deren Kosten zu übernehmen. Es handelt sich um eine Konkretisierung der Unter-

Beauftragter für den Datenschutz § 4f

stützungspflicht in § 4f Abs. 5. Da es zu der Zuverlässigkeit des DSB gehört, seine Fachkunde „up to date" zu halten, wird insoweit auch eine Fortbildungspflicht zu bejahen sein (Moos in: Wolff/Brink, DatenschutzR, BDSG § 4f Rn. 95). Maßgebend ist die konkrete Erforderlichkeit der Maßnahme, was nicht nur den Inhalt, sondern auch die Kosten betrifft (Däubler in: DKWW, BDSG § 4f Rn. 61 ff.). Stehen dem DSB keine eigenen Fortbildungsmittel zur Verfügung, wird die Entscheidung über die Gestattung des Dienstreiseantrags und die Erforderlichkeit der Maßnahme faktisch beim Arbeitgeber liegen. Externe und ggf. mit verschiedenen Fachkundeanforderungen für mehrere Auftraggeber tätige DSB sollten diesen Aspekt beim Abschluss ihres Vertrages berücksichtigen.

4.6 Während Landesdatenschutzgesetze (z. B. § 5 Abs. 1 Satz 1 HDSG) auch die Bestellung eines Vertreters des behördlichen DSB vorsehen (§ 32a Abs. 1 Satz 4 LDSG NW sieht sogar mehrere DSB vor; OVG NRW, RDV 2012, 251), hat das BDSG auf eine ausdrückliche derartige Regelung verzichtet. Ein ständiger Vertreter des DSB muss daher zwingend jedenfalls nicht bestellt werden; auch für den Fall vorübergehender Verhinderung (Urlaub, Krankheit) braucht kein neuer DSB befristet zur Vertretung bestellt werden (Schaffland/Wiltfang, BDSG § 4f Rn. 44; Simitis in: Simitis, BDSG § 4f Rn. 145). 22

5. Die erforderliche Zuverlässigkeit

5.1 Neben der Fachkunde muss der Beauftragte auch die zur Erfüllung seiner Aufgaben erforderliche **Zuverlässigkeit** besitzen. Es wird also niemand zum Datenschutzbeauftragten bestellt werden können, der durch persönliche Unzuverlässigkeit aufgefallen ist, ohne dass das Arbeitsvertragsverhältnis beendet worden wäre. Das Erfordernis der persönlichen Integrität soll verhindern, dass ein Ruf sich belastender nicht qualifizierter Arbeitnehmer auf die Position des Datenschutzbeauftragten „abgeschoben" wird. Mit dem Begriff ist allerdings nicht nur die generelle charakterliche Zuverlässigkeit gemeint, sondern sie ist bezogen auf die besonderen Anforderungen, die diese Aufgabe an ihren Inhaber stellt. Wer eine Person bestellt, der ersichtlich Fachkunde und Zuverlässigkeit fehlen, hat keinen Datenschutzbeauftragten bestellt und damit eine **Ordnungswidrigkeit** nach § 43 Abs. 1 Nr. 2 begangen. Da es aber keinerlei Kriterien gibt, wann Fachkunde und Zuverlässigkeit in ausreichendem Maße vorhanden sind, wird es zu entsprechenden Sanktionen nur in Extremfällen kommen. Die Position des Beauftragten kann sich von der anderer Beschäftigten unter Umständen dadurch unterscheiden, als er ggf. auch gegen die Interessen bzw. Auffassungen der Leitung der verantwortlichen Stelle zu handeln verpflichtet ist. Jedenfalls darf er sich mit den Geschäftszwecken und Zielen seines Betriebes/seiner Dienststelle nicht so weitgehend identifizieren, dass dadurch die Erfüllung seiner Kontrollfunktion beeinträchtigt wird (ebenso Simitis, NJW 1977, 735). Die gesetzlich geforderte Zuverlässigkeit des betrieblichen Datenschutzbeauftragten (§ 4f Abs. 2 Satz 1) ist daher in Frage gestellt, wenn der **Finanzleiter** eines Unternehmens, an dem er gleichzeitig als **Mitgesellschafter** beteiligt ist, zum Datenschutzbeauftragten bestellt wird. Es muss die naheliegende Gefahr ausgeschlossen werden, dass von dem Betroffenen – auch im höchsteigenen Interesse – zu berücksichtigende Finanzinteressen des Unternehmens der Wahrnehmung der unabhängigen Rolle des DSB entgegenstehen (vgl. LfD Sachsen, 6. TB für den nicht öffentl. Bereich (2011/3/2023), Ziff. 8.13.3). Fraglich ist auch, ob familiäre Beziehungen insoweit relevant sein können, d. h. ob z. B. die Ehefrau des Geschäftsinhabers die Tätigkeit wahrnehmen kann. Zumindest könnte bei den Mitarbeitern und Kunden der Eindruck entstehen, hier keinen unabhängigen Anwalt ihrer Interessen zu haben (HessDSB, 41. TB 2012, S. 188; vgl. ferner nachstehend Rn. 26). 23

193

§ 4f Beauftragter für den Datenschutz

23a 5.2 Mit der nach dem BDSG zugewiesenen Aufgabenstellung nicht vereinbar ist es ggf. auch, wenn der DSB das Unternehmen nach außen in Datenschutzfragen – so z. B. in der Beantwortung von Anfragen der Aufsichtsbehörde – als maßgebender Ansprechpartner vertritt. Die Ausübung einer echten Vertreterfunktion in Sachen Datenschutz, d. h. ein Sprechen in Namen des Unternehmens bzw. seiner Leitung ist sowohl im Hinblick auf den in § 4g beschriebenen „internen" Aufgabenbereich als auch im Hinblick auf zu vermeidende Interessenkollisionen abzulehnen. Nichts dagegen spricht jedoch, dass der DSB z. B. bei Anfragen der Aufsichtsbehörde oder von nicht an ihn gerichteten Anfragen von Betroffenen etc. mit eingeschaltet wird und seine Auffassung in eigener Kompetenz abgibt. Für das Unternehmen, d. h. die in der primären Verantwortung stehende Unternehmensleitung sprechen sollte er jedoch nicht (vgl. Dorn, DSB 10/2006, 9).

24 5.3 Die Zuverlässigkeit des DSB kann besonderer Prüfung bedürfen, wenn er für mehrere Daten verarbeitende Stellen gleichzeitig tätig wird und hierdurch möglicherweise in **Interessenkollision** gelangen kann. Dies gilt sowohl für den internen als auch für den externen DSB. Soll der bei der Konzernmutter angestellte DSB gleichzeitig als DSB der Töchter fungieren, so mag dies nicht unproblematisch sein (zum **Konzernbeauftragten** vgl. Ulmer in: Voßbein, Die Organisation des betrieblichen Datenschutzes, S. 199; Kaspers, DuD 1980, 82; Knabben, DB 1978, 148; Krieger, DuD 1980, 205). Andererseits kann die **Mehrfachtätigkeit** des externen DSB auch gerade dazu beitragen, dass er die erforderliche Fachkunde hat, bzw. durch ständigen umfangreichen Praxisbezug fortentwickelt. Derartige Synergieeffekte sind bei einem zentralen DSB nicht oder nur gering vorhanden, wenn das Konzernunternehmen sehr unterschiedliche Geschäftsfelder aufweist. Hier sollte möglichst dezentral für jedes Tochterunternehmen ein eigener DSB ernannt werden (vgl. TB 1999 zum Datenschutz im nicht öffentlichen Bereich in Hessen, LT-Drs. 15/1539 = RDV 2000, 289).

24a 5.4 Stellt ein **IT-Dienstleistungsunternehmen,** das der verantwortlichen Stelle zugleich IT-Dienstleistungen erbringt, den externen DSB, hängt die zu vermeidende Interessenkollision von dem Umfang der Mitwirkung des Dienstleisters bei der Verarbeitung personenbezogener Daten bzw. davon ab, inwieweit der die DSB-Tätigkeit wahrnehmende Mitarbeiter selbst bei der Erbringung der von ihm zu kontrollierenden Produkteinsatz und Verarbeitungen mitwirkt. Der DSB muss zudem in dieser Funktion von allen Weisungen seines Arbeitgebers freigestellt sein (vgl. zur diesbezüglichen Auffassung der Aufsichtsbehörden: GDD-Mitteilungen 3–4/2006, 6). Gleiches muss gelten, wenn ein Wirtschaftsprüfungsunternehmen oder eine Rechtsanwaltskanzlei den DSB stellt (insoweit generell ablehnend Simitis in: Simitis, BDSG § 4 Rn. 110).

25 5.5 Die Zuverlässigkeit des DSB bedingt auch, dass ihm – wird ihm die Aufgabe nebenamtlich zu einer bisher full-time ausgeübten Tätigkeit übertragen – die hierfür **erforderliche Arbeitszeit**, d. h. Freistellung von bisheriger Tätigkeit gewährt wird. Dies sollte zur Klarstellung in einer Arbeitsplatzbeschreibung festgelegt werden (Gola/Jaspers, Das neue BDSG im Überblick, S. 52). Die Auffassung des ArbG Offenbach (RDV 1993, 83), nach der bei einem Betrieb mit weniger als 300 Beschäftigten die Position des DSB mit in der Regel weniger als 20 Prozent der Tätigkeit ausgeübt werden kann, kann zumindest als Anhaltspunkt dienen.

26 5.6 Wird ein Beschäftigter nur „**nebenamtlich**" mit der Aufgabe des DSB betraut, so – kann sich auch insoweit – das Problem einer eventuellen **Interessenkollision** stellen, die seine vom Gesetz geforderte Zuverlässigkeit in Frage stellen kann. Die Bestimmungen über den Beauftragen für den Datenschutz bringen den Gedanken einer qualifizierten Selbstkontrolle zum Ausdruck. Daraus folgt, dass bestimmte Personen, unabhängig von ihrer Fachkunde und Zuverlässigkeit nicht zum Datenschutzbeauftragten bestellt werden dürfen. Dies gilt ausnahmslos für den Inhaber selbst, den Vorstand, den Geschäftsführer oder den sonstigen gesetzlich oder

Beauftragter für den Datenschutz § 4f

verfassungsmäßig berufenen Leiter. Darüber hinaus sollen auch Personen nicht zum Datenschutzbeauftragten berufen werden, die in dieser Funktion in Interessenkonflikte geraten würden, die über das unvermeidliche Maß hinausgehen; dies soll nach der Auffassung der Aufsichtsbehörden (vgl. Aufsichtsbeh. Baden-Württemberg, Hinweis zum BDSG Nr. 2, Staatsanz. 1978, Nr. 26, S. 6) regelmäßig der Fall sein, wenn z. B. der **Leiter der EDV** (gleiche Bedenken meldet das BAG, DB 1994, 1678 = MDR 1995, 291 = RDV 1994, 182 auch für einen Mitarbeiter der EDV-Abteilung an; siehe ferner LAG Düsseldorf, RDV 2013, 207), der IT-Administrator), der **Personalleiter** (HessDSB, 41. TB 2012, S. 188; einschränkend in soweit jedoch Schaffland/Wiltfang, BDSG § 4f Rn. 30) oder bei **Direktvertrieb** der Vertriebsleiter zum Datenschutzbeauftragten bestellt werden soll. Unzulässige Interessenkonflikte träten auf, wenn der DSB gleichzeitig Antikorruptions- oder Geldwäschebeauftragter wäre (BlnLDI, TB 2012, S. 184; BayLDA, TB 2011/2013, S. 16). Ggf. obliegt es dem Leiter der verantwortlichen Stelle nachzuweisen, dass er niemand anderen zum Datenschutzbeauftragten bestellen kann, als z. B. den Leiter der Datenverarbeitung. Dies wird in aller Regel nur bei kleineren Einheiten der Fall sein. Die Bestellung des Leiters der EDV ist demgemäß nicht generell unzulässig (Schaffland/Wiltfang, BDSG § 4f Rn. 34; Bergmann/Möhrle/Herb, BDSG § 4f Rn. 108; für generelle Unzulässigkeit: Simitis in: Simitis, BDSG § 4f Rn. 100 m. w. N.). Insoweit ist aber auch zu beachten, dass der Leiter des Rechenzentrums zwar in den meisten Fällen nicht Herr der Daten ist, sondern die Fachabteilung, er aber im Gegensatz zum DSB vorrangig an einer möglichst rationellen, kostengünstigen und effizienten Datenverarbeitung interessiert sein wird.

5.7 Als empfehlenswerte Kombination verschiedener Tätigkeiten sieht die Aufsichtsbehörde (Aufsichtsbehörde Baden-Württemberg, Hinweis zum BDSG Nr. 5, Staatsanz. 1979, Nr. 1/2, S. 7; ferner Hinweis Nr. 31 Staatsanz. Nr. 1/2 vom 9.1.1993 = RDV 1993, 54) die von **Revision** (vgl. hierzu Peltier, RDV 2002, 121) oder **Sicherheitsbeauftragten** und Datenschutzbeauftragten an (a. A. Simitis in: Simitis, BDSG § 4f Rn. 104 und 107). Gleiches gibt sicherlich für einen Mitarbeiter in den Bereichen Organisation oder in der Rechtsabteilung (Schaffland/Wiltfang, BDSG § 4f Rn. 32, 37, 38; gegen den Leiter der Rechtsabteilung Simitis in: Simitis, BDSG § 4f Rn. 103). 27

5.8 Fraglich ist, ob Interessenkollisionen auftreten, wenn ein **Betriebsrats-/Personalratsmitglied** zum DSB bestellt werden soll. Die Mitarbeitervertretung hat auf Grund ihrer auch den Arbeitnehmerdatenschutz umfassenden allgemeinen Kontrollfunktion nach § 80 Abs. 1 Nr. 1 BetrVG (§ 68 Abs. 1 Nr. 1 BPersVG) im Rahmen der Verarbeitung von Personaldaten weitgehend gleichgeartete Aufgaben wie der betriebliche DSB (vgl. BAG, DB 1987, 1491, sowie bei Gola/Wronka, Handbuch zum Arbeitnehmerdatenschutz, Rn. 1634 ff. m. w. N.). Ihre Überwachungspflicht erstreckt sich dann auch darauf, dass ein Datenschutzbeauftragter bestellt wird, der den Anforderungen des § 4f Abs. 2 genügt, und dass dieser seine Aufgaben ordnungsgemäß wahrnimmt (Linnenkohl, NJW 1981, 202 (204); Stellungnahme des BMI vom 13.11.1985: RDV 1986, 160 f.; Fitting, BetrVG § 80 Rn. 5; BAG, DB 1994, 1678 = MDR 1995, 281 = RDV 1994, 182). Durch eine solche Überwachung wird die Weisungsfreiheit des DSB nicht beeinträchtigt. Adressat für Auskünfte über die Tätigkeit des DSB und eventuelle Beanstandungen ist zudem nicht der DSB unmittelbar, sondern der Arbeitgeber. Gleichwohl ist es irrig anzunehmen, dass es sich auf Grund dieses Sachverhalts verbiete, ein **Betriebsratsmitglied** zum DSB zu bestellen (so aber Beder, CR 1990, 475; Schemann, Recht des betrieblichen Datenschutzbeauftragten, S. 208 ff. m. w. N.; ebenso Simitis in: Simitis, BDSG § 4f Rn. 108). Eher könnte dieses Ergebnis daraus gefolgert werden, dass es ggf. auch Aufgabe des DSB ist, **Personaldatenverarbeitungen und -nutzungen des Betriebsrats** zu überwachen. Diese Zuständigkeit wird dem betrieblichen DSB jedoch nach einer fragwürdigen Entscheidung des BAG (RDV 1998, 64; ebenso 28

Grunewald, RDV 1993, 226; Wagner, BB 1993, 1729; Wedde, CR 2000, 20; a. A. Kuhring/Werner, DuD 2000, 159; Gola, ZfPR 1997, 94; Rudolf, NZA 1996, 296) abgesprochen (vgl. § 4g Rn. 11). Auch wenn nicht zu leugnen ist, dass ein BR-Mitglied ggf. personenbezogene Informationswünsche gegenüber dem Arbeitgeber geltend macht, die mit den Datenschutzansprüchen der Beschäftigten kollidieren und der DSB sich insoweit gegen den Betriebsrat stellen muss (hierauf weist Simitis in: Simitis, BDSG § 4f Rn. 108 zur Begründung der Inkompatibilität hin), kann das nicht dazu führen, einem Betriebsratsmitglied wegen seiner Funktion die „Befähigung" für die Position des DSB schlechthin abzusprechen oder die Wahl eines DSB in den Betriebsrat als wichtigen Grund für seine Abberufung anzusehen. Dies kann weder aus § 4f Abs. 2 abgeleitet werden, noch wäre es mit dem **Benachteiligungsverbot** des § 78 BetrVG vereinbar. Entsprechendes gilt für Personalratsmitglieder (Innenministerium Brandenburg, 2. TB S. 11). Demgemäß sieht das BAG auch keinen Grund zur Beendigung der Bestellung, wenn der DSB Betriebsratsmitglied ist oder als solches gewählt wird (BAG, RDV 2011, 237).

6. Folgen fehlender Fachkunde und Zuverlässigkeit

29 **6.1** Da man die erforderliche Fachkunde und Zuverlässigkeit einzelfallbezogen an den sich dem DSB stellenden Aufgaben und Problemen messen muss, darf das nicht dazu führen, dem DSB ein nicht erfüllbares „allround-Wissen" abzuverlangen (vgl. hierzu vorstehend Rn. 20a); die §§ 4f und 4g müssen in der betrieblichen Praxis anwendbar bleiben. Wo das Schwergewicht der Fachkunde des DSB gemäß seiner Ausbildung und Berufserfahrung liegt, d. h. z. B. auf technischen, rechtlichen oder organisatorischen Gebieten, ist generell irrelevant, sofern auch auf den übrigen Gebieten das für die Gegebenheiten der jeweiligen Stelle **erforderliche Grundwissen** vorhanden ist, das ihn in die Lage versetzt, – mit der ihm vom Unternehmen zu gewährenden Unterstützung – die anstehenden Aufgaben zu bewältigen.

29a **6.2** Fraglich ist, welche Folgen die fehlende Fachkunde oder Zuverlässigkeit mit sich bringt. Wird ein Beauftragter für den Datenschutz nicht, nicht in der vorgeschriebenen Weise oder nicht rechtzeitig bestellt, so erfüllt dies gem. § 43 Abs. 1 Nr. 2 einen Bußgeldtatbestand. Vielfach wird vertreten, dass auch im Fall der **fehlenden Fachkunde bzw. Zuverlässigkeit** der Datenschutzbeauftragte als nicht bestellt gilt mit der Folge, dass die Verhängung eines Bußgeldes gem. § 43 Abs. 1 Nr. 2 in Betracht kommt (Däubler in: DKWW, BDSG, § 4f Rn. 35; Scheja in: Taeger/Gabel, BDSG, § 4f Rn. 72; Simitis in: Simitis, BDSG, § 4f Rn. 112; v. d. Bussche in: Plath, BDSG, § 4f Rn. 69.) Angesichts des im Ordnungswidrigkeitenrecht geltenden Bestimmtheitsgrundsatzes (Art. 103 Abs. 2 GG) muss dies allerdings zweifelhaft erscheinen bzw. kann allenfalls in den wenigen Fällen in Betracht kommen, in denen die fehlende Fachkunde oder Unzuverlässigkeit offenkundig ist (vgl. auch vorstehend Rn. 23 und § 43 Rn. 6). Aus demselben Grund erscheint fraglich, ob man Beauftragte, denen nicht die zur ordnungsgemäßen Aufgabenwahrnehmung notwendigen zeitlichen Ressourcen zur Verfügung gestellt werden, als nicht bestellt ansehen kann.

29b **6.3** Die Gesetzwidrigkeit der Bestellung führt jedoch nicht dazu (a. A. Däubler in: DKWW, BDSG § 4f. Rn. 35 ebenso noch Gola/Klug, NJW 2007, 118), dass die Bestellung unwirksam ist. Dies geht aus der Regelung des § 38 Abs. 5 Satz 3 hervor, nach der im Falle der fehlenden Fachkunde bzw. Zuverlässigkeit die Aufsichtsbehörde von der ihr gem. § 4f Abs. 3 Satz 4 eingeräumten Möglichkeit Gebrauch machen kann, die Abberufung des Datenschutzbeauftragten zu verlangen. Diese Abberufung ginge ins Leere, wenn gar keine Ernennung vorgelegen hätte. Konsequenz ist, dass die verantwortliche Stelle zum unverzüglichen Widerruf der Bestellung verpflichtet ist. Aber auch ohne Verlangen der Aufsichtsbehörde kann bzw.

muss die verantwortliche Stelle – auch wenn sie den Mangel der Bestellung kannte – den gesetzwidrigen Zustand beenden. Eine Kündigung des Beschäftigungsverhältnisses scheitert jedoch an Abs. 3 Satz 5 und 6. Dies gilt regelmäßig auch für den Fall, dass ein anderweitiger Arbeitsplatz für den DSB nicht zur Verfügung steht. Das Gehalt ist ohne Beschäftigung fortzuzahlen, bis der Kündigungsschutz entfällt (vgl. dazu BAG, NJW 2014, 3180) jedenfalls, wenn 27,5 Monate ohne Beschäftigung abzuwarten sind.

7. Die Bestellung des DSB

7.1 Die Bestellung des DSB muss **schriftlich** erfolgen, wobei auch Aufgabe und 30 organisatorische Stellung zu konkretisieren sind. Die Wahrung der Schriftform ist konstitutiv. Dabei ist zu beachten, dass das schriftlich zu übertragene Amt des DSB und das zugrunde liegende Beschäftigungsverhältnis zwar getrennt zu betrachten sind (zum sog. Trennungsprinzip auch in vergleichbaren Fällen vgl. bei Ehrich, DB 1991, 1981; ders., NZA 1993, 248; zutreffend einschränkender BAG, DB 1994, 1678 = MDR 1995, 291 = RDV 1994, 182), dass aber die Bestellung durch den Arbeitgeber nur erfolgen kann, wenn dies arbeitsvertraglich bzw. dienstrechtlich zulässig ist. Ob also der DSB die Bestellung auch gegenzeichnen muss (so aus dem Schriftformerfordernis folgernd: Simitis in: Simitis, BDSG § 4f Rn. 61; Bergmann/Möhrle/Herb, BDSG § 4f Rn. 54) und welche rechtliche Bedeutung diese „Erklärung" des DSB hat, hängt von dem der Bestellung zugrunde liegenden Beschäftigungsverhältnis ab. Wird einem Arbeitnehmer die Tätigkeit als DSB zu den bisherigen Aufgaben zusätzlich übertragen, so hängt es von den Bedingungen des Arbeitsvertrages ab, ob die Bestellung im Rahmen des **Direktionsrechts** einseitig von den Arbeitnehmer oder nur aus Beweisgründen zu quittierendes Ernennungsschreiben verfügt werden kann (vgl. aber auch Simitis in: Simitis, BDSG § 4f Rn. 82, der für die Zuweisung der DSB-Tätigkeit aufgrund der „Einzigartigkeit" der Arbeitsbedingungen immer einen Änderungsvertrag oder eine Änderungskündigung für erforderlich hält), oder ob die Bestellung wegen der erforderlichen gleichzeitigen Änderung des Arbeitsvertrags der Zustimmung des betroffenen Mitarbeiters bedarf. Sind die vom Arbeitnehmer wahrzunehmenden Funktionen in seinem Arbeitsvertrag konkret festgelegt und soll ihm die Tätigkeit des DSB zusätzlich oder anstelle der bisher vereinbarten Aufgaben übertragen werden, so bedarf dies einer einvernehmlich vorzunehmenden **Vertragsänderung.** Ist der gemäß Arbeitsvertrag zu übernehmende Aufgabenkreis jedoch weit gefasst, so kann die Übertragung der Funktion des DSB als neue Konkretisierung der geschuldeten Arbeitspflicht einseitig durch den Arbeitgeber erfolgen. Diese Maßnahme bedarf zwar in ihrer äußeren Gestaltung einer besonderen Form, sie wird aber dadurch nicht von der arbeitsvertraglichen Zustimmung des Arbeitnehmers abhängig.

7.2 Verweigert der ausgewählte Mitarbeiter die Zustimmung, so ist dies im letzt- 31 genannten Fall für seine arbeitsvertragliche Verpflichtung ohne Belang. Die Verweigerung wird jedoch insofern von Bedeutung sein, dass der „widerwillige" DSB nicht die erforderliche **Zuverlässigkeit** gewährleistet. Gleiches gilt für den Fall, dass der DSB seine Zustimmung nachträglich zurückzieht, wozu er zwar ebenfalls arbeitsvertraglich nicht einseitig berechtigt sein kann, was aber gleichwohl die Bestellung hinfällig macht bzw. zum Widerruf verpflichtet. Dies gilt auch bezüglich eines externen DSB. Auch er ist aufgrund des abgeschlossenen Vertrags zur Übernahme der vereinbarten Tätigkeit verpflichtet und kann diese Tätigkeit nur dann beenden, wenn der Vertrag das vorsieht. Verweigert er – vertragswidrig – die weitere Wahrnehmung der Tätigkeit, so liegt tatsächlich keine Bestellung mehr vor, d. h. die verantwortliche Stelle muss einen neuen DSB bestellen.

32 7.3 Ob die Bestellung des DSB auch – z. B. zum Zwecke der Erprobung – **befristet** oder **kommissarisch** erfolgen kann, muss im Hinblick auf den an einen wichtigen Grund geknüpften Widerruf als fraglich erscheinen (bejahend: Schlemann, Recht des betrieblichen Datenschutzbeauftragten, S. 261; Simitis in: Simitis, BDSG § 4f Rn. 61 f. m. w. N., der die gesetzliche Regelung einer Mindestzeit fordert). Unzulässig wäre es jedenfalls, durch die Befristung den „Widerrufsschutz" des DSB unterlaufen zu wollen. Eine Befristung oder kommissarische Bestellung kann daher nur dann als zulässig angesehen werden, wenn auch hierfür bereits ein wichtiger Grund vorliegt (vgl. Herb, Anm. zu AG Sigmaringen, DuD 1998, 95, 103 = RDV 1998, 75). Es kann nicht genügen, dass die verantwortliche Stelle hinsichtlich der Besetzung der Funktion flexibel bleiben möchte (so aber wohl Moos in: Wolff/Brink, DatenschutzR, BDSG § 4 f Rn. 23). Bei einer kommissarischen oder vertretungsweisen Bestellung, müssen deren Grund und deren Ende im Vorhinein feststehen. Jedenfalls darf eine kommissarische oder befristete Bestellung den DSB nicht daran hindern, seine Befugnisse voll auszuschöpfen (insoweit mag eine Fünf-Jahres-Frist akzeptabel sein; so Däubler, Gläserne Belegschaften?, Rn. 615). Für externe DSB empfiehlt der Düsseldorfer Kreis (Beschluss vom 24./25.11. 2010= RDV 2011, 524) eine Mindestvertragszeit von vier Jahren und bei Erstverträgen zum Zwecke der Eignungsprüfung von ein bis zwei Jahren.

32b 7.4 Unzulässig ist es, den mit dem DSB abgeschlossenen Arbeitsvertrag mit einer Probezeit und der Möglichkeit der ordentlichen Kündigung zu versehen. Diese Abrede wäre auf Grund des Verstoßes gegen den mit Beginn des Beschäftigungsverhältnisses bestehenden Kündigungsschutz unwirksam (ArbG Dortmund, RDV 2013, 319).

8. Die Beteiligung des Betriebs-/Personalrats

33 8.1 Die Bestellung des DSB unterliegt keinem speziellen Beteiligungsrecht des Betriebsrats. Ein **Mitbestimmungsrecht** entsteht im Fall der Bestellung eines nichtleitenden Angestellten vor dem Hintergrund des § 99 BetrVG (Fitting, BetrVG § 99 Rn. 166), d. h. Mitbestimmung greift, wenn die Bestellung verknüpft ist mit der **Einstellung** oder der **Versetzung** (vgl. BAG, RDV 1994, 182; ArbG Offenbach, RDV 1993, 83; ArbG Dortmund, RDV 1998, 77) eines Mitarbeiters. Dabei ist ferner anzumerken, dass das Mitbestimmungsrecht in der Regel nicht deshalb entfällt, weil der DSB **leitender Angestellter** würde; die Funktion des DSB begründet nämlich diese Eigenschaft nicht (Simitis in: Simitis, BDSG § 4f Rn. 71; vgl. aber auch LAG München, DB 1979, 1561, das den DSB regelmäßig in der Nähe leitender Angestellter sieht, ebenso sieht es in der Zuweisung der Tätigkeit regelmäßig den Tatbestand der Versetzung nach § 95 Abs. 3 BetrVG erfüllt). Mitbestimmung besteht ferner wegen der unter Umständen engen Eingliederung in die betriebliche Organisation auch für die Bestellung eines externen DSB (LAG Frankfurt, RDV 1990, 150; Fitting, BetrVG § 99 Rn. 69). Wird einem leitenden Angestellten die Funktion des DSB zusätzlich übertragen, so ist der Betriebsrat hierüber gemäß §§ 105, 80 Abs. 1 Nr. 1 BetrVG zumindest zu informieren.

34 8.2 Für den auf der Basis des BPersVG tätigen **Personalrat** gelten die obigen Ausführungen entsprechend, da das BPersVG im Gegensatz zu einer Reihe der Landespersonalvertretungsgesetze (§ 74 Abs. 1 Nr. 3 HPVG; § 79 Abs. 3 Nr. 2 LPVG B-W; § 66 PersVG Bbg) ein ausdrückliches Mitbestimmungsrecht bei der Personalvertretung nicht vorsieht. Wird jedoch einem Bediensteten der Dienststelle die Aufgabe (zusätzlich) übertragen, so liegt eine Umsetzung vor, die nur ausnahmsweise unter die Mitbestimmung fällt (§ 75 BPersVG).

35 8.3 Klargestellt hat das BAG (DB 1994, 1678 = MDR 1995, 291 = RDV 1994, 182 m. N. der insoweit übereinstimmenden h.M. der Literatur), dass die Mitarbeiter-

vertretung ihre Zustimmung zur Einstellung oder Versetzung im Hinblick auf ihr diesbezügliches Kontrollrecht aus § 80 Abs. 1 BetrVG bzw. § 68 Abs. 1 BPersVG auch mit der Begründung verweigern kann, dem Arbeitnehmer fehle die erforderliche Fachkunde oder Zuverlässigkeit (siehe auch LAG Hamm, ZD 2012, 83).

8.4 Datenschutzbeauftragter und Mitarbeitervertretung sollten, soweit es um die 36 Verarbeitung von Personaldaten geht, **eng zusammenarbeiten** (vgl. Gola, DuD 1978, 27; 1987, 440; Schierbaum/Kiesche, CR 1993, 151; Simitis in: Simitis, BDSG § 4f Rn. 8). Insofern ist es auch zulässig, dem Betriebsrat per Betriebsvereinbarung bei der Bestellung des DSB freiwillig ein Mitbestimmungsrecht einzuräumen, was jedoch im Nichteinigungsfall für den Arbeitgeber problematisch werden kann (vgl. LAG Düsseldorf, RDV 1989, 48; vgl. dazu bei Simitis in: Simitis, BDSG § 4f Rn. 68 f.). Ferner können dem DSB Kontroll- und Berichtspflichten übertragen werden; zumal der DSB in Datenschutzfragen der „geborene" **Sachverständige** für den Betriebsrat ist, der zunächst gefragt werden muss, bevor externer Sachverstand gem. § 80 Abs. 3 BetrVG hinzugezogen werden kann (BAG, NZA 1988, 208 = DB 1987, 1491 = RDV 1987, 189; LAG Berlin, ARSt 1986, 65; OVG NRW, PersR 2001, 211; im Einzelnen bei Gola/Wronka, Handbuch, Rn. 1697 ff.). Hinzuweisen ist insoweit auf die Verpflichtung des Arbeitgebers (§ 80 Abs. 2 Satz 3 BetrVG) dem Betriebsrat auf Anforderung sachkundige Arbeitnehmer zur Auskunft zur Verfügung zu stellen (hierzu Oetker, NZA 2003, 1233).

9. Der Widerruf der Bestellung

9.1 Absatz 3 Satz 4 reduziert das Recht der Unternehmensleitung zur Abberu- 37 fung des DSB auf zwei Tatbestände. Die Bestellung kann nur widerrufen werden, wenn die Aufsichtsbehörde dies verlangt oder ein wichtiger Grund i. S. v. § 626 BGB gegeben ist.

9.2 § 38 Abs. 5 Satz 3 räumt der **Aufsichtsbehörde** das Recht ein, die Abberu- 37a fung des DSB zu verlangen, wenn er nicht die erforderliche Fachkunde und Zuverlässigkeit besitzt, wobei die Daten verarbeitende Stelle dann auch gut daran tun wird, dieser Aufforderung nachzukommen, da in einem solchen Fall keine ordnungsgemäße Bestellung vorliegt und der Bußgeldtatbestand des § 43 Abs. 1 Nr. 2 erfüllt ist. Dies gilt jedenfalls dann, wenn die entsprechende Bewertung der Person des DSB zutreffend ist. Gleichwohl braucht sich der Arbeitgeber auch im Hinblick auf die Fürsorgepflicht gegenüber dem Arbeitnehmer insoweit nicht auf einen Streit mit der Aufsichtsbehörde einzulassen, da das entsprechende Verlangen der Aufsichtsbehörde ihn gegenüber dem Mitarbeiter – unabhängig davon, ob tatsächlich das als wichtiger Grund zu bewertende Fehlen der Fachkunde und Zuverlässigkeit gegeben ist – zum Widerruf berechtigt (a. A. Bergmann/Möhrle/Herb, BDSG § 4f Rn. 84, die in dem Abberufungsverlangen einen privatrechtsgestaltenden Verwaltungsakt sehen, der die Bestellung – und bei einem externen DSB auch das zugrunde liegende Vertragsverhältnis – mit Bestandskraft der Verfügung beenden soll). Jedoch steht dem Arbeitnehmer das Recht zu, sich im Verwaltungsverfahren gegen den ihn belastenden Verwaltungsakt zur Wehr zu setzen (Däubler in: DKWW, BDSG § 4f Rn. 66).

9.3 Der für den Widerruf der Bestellung im Übrigen durch den Hinweis auf 38 § 626 BGB geforderten wichtigen Grund liegt vor, wenn Tatsachen oder Umstände gegeben sind, die unter Berücksichtigung der Gegebenheiten des Einzelfalls und unter Abwägung der Interessen beider Vertragsteile eine Fortsetzung der Beschäftigung unzumutbar machen. Als wichtiger Grund kommen daher sowohl Aspekte in Betracht, die die weitere Beschäftigung als Datenschutzbeauftragter betreffen, aber auch solche, die das Arbeitsverhältnis allgemein bzw. seinen Nicht-DSB-Teil betreffen.

§ 4f Beauftragter für den Datenschutz

39 9.4 Bereits daraus folgt, dass der Widerruf der Bestellung regelmäßig arbeitsrechtlich einer Änderung bzw. der Kündigung des der Beschäftigung zugrunde liegenden Arbeitsverhältnisses bedarf (vgl. LAG Sachsen, RDV 2005, 121; bestätigt vom BAG, RDV 2007, 138). Ob dies eine Änderungs- oder Beendigungskündigung ist, hängt davon ab, ob es dem Arbeitgeber unzumutbar ist, statt der Beendigungskündigung eine Änderungskündigung auszusprechen, die die Fortsetzung des Rest-Arbeitsverhältnisses als Datenschutzbeauftragter mit entsprechender Teilzeitbeschäftigung zum Inhalt hätte, woran im Übrigen auch der Datenschutzbeauftragte regelmäßig nicht interessiert sein dürfte. Als einseitige, das zugrunde liegende Arbeitsverhältnis nicht berührende Maßnahme des Arbeitgebers ist der Widerruf der Bestellung dann zu verstehen, wenn der Arbeitgeber nach dem oben zur Bestellung Gesagten (Rn. 30) ausnahmsweise im Rahmen des Direktionsrechts dem Arbeitnehmer zur Konkretisierung seiner Arbeitspflicht bestimmten Tätigkeiten zuweisen und auch wieder entziehen kann. Hier ist sein Direktionsrecht nunmehr gesetzlich Restriktionen unterworfen, indem die Voraussetzungen des § 626 BGB vorliegen müssen.

10. Der Kündigungsschutz

40 10.1 Neben dieser Einschränkung des Widerrufs genießt der in einem Arbeitsverhältnis beschäftigte DSB einen **besonderen Kündigungsschutz (§ 4f Abs. 3 Satz 4)**. Es muss ein Grund vorliegen, der den Arbeitgeber zur Kündigung ohne Einhaltung einer Kündigungsfrist berechtigt. Dieser Schutz gilt jedoch nur für nach § 4f Abs. 1 pflichtgemäße DSB, also nicht für den Fall, dass ein Kleinbetrieb freiwillig einen DSB bestellt. Dass der externe DSB den Kündigungsschutz nicht genießt, mag für Unternehmen zur Überlegung führen, von einem DSB im Anstellungsverhältnis abzusehen. Derartige oder sonstige wirtschaftliche Überlegungen können jedoch nicht als wichtiger Grund für die Kündigung des angestellten DSB dienen (vgl. BAG, BeckRS 2011, 74713=RDV 2011, 237 in Bestätigung von LAG Berlin-Brandenburg, RDV 2009, 284).

40a 10.2 Zutreffend ist insoweit zunächst festzuhalten (vgl. vorstehend Rn. 20), dass die Bestellung und damit auch die Abberufung des DSB sich in einem datenschutz- und einem arbeitsrechtlichen Vorgang darstellen. Ist die Tätigkeit des Datenschutzbeauftragten jedoch Gegenstand arbeitsvertraglicher Vereinbarung – und das muss nicht nur der Fall bei einem hauptamtlich, d. h. ausschließlich mit Aufgaben des DSB betrauten Arbeitnehmer der Fall sein – so kann sich der **Widerruf** nur in Form der gleichzeitigen **Kündigung** dieser arbeitsvertraglichen Abrede vollziehen, wobei die Kündigung je nachdem, ob das Arbeitsverhältnis beendet werden oder unter Wahrnehmung anderer Aufgaben fortgesetzt werden soll, sich als Beendigungs- oder Änderungskündigung darstellt (undeutlich insoweit Schwab/Ehrhard, NZA 2009, 1118). Nach Auffassung des BAG (RDV 2007, 128 = DB 2007, 1198) kommt sogar eine im Arbeitsverhältnis die Ausnahme bildende **Teilkündigung** in Betracht, die das alte Arbeitsverhältnis eines Teilzeit-DSB im früheren Umfang weiter bestehen lässt. Das setzt aber wohl voraus, dass der Mitarbeiter vor der Übertragung der zusätzlichen DSB-Tätigkeit mit der Haupttätigkeit volltags beschäftigt war. In einer nachfolgenden Entscheidung hat das BAG (RDV 2011, 237) aber festgestellt, dass im Regelfall auch eine mit dem Widerruf der Bestellung eines nebenamtlichen DSB verbundene Teilkündigung unzulässig ist.

41 10.3 Sind der datenschutzrechtlich geregelte Widerruf der Bestellung und die arbeitsrechtlichen Vorgaben unterliegende Änderung bzw. Beendigung des Arbeitsvertrages des DSB unlösbar miteinander verknüpft, so können sie nur einheitlich und insgesamt nur aus wichtigem Grund erfolgen (vgl. aber auch Ehrich, DB 1991, 1981; ders., NZA 1993, 248, der jedoch eine ordentliche Kündigung des Arbeitsverhältnisses des DSB aus nicht amtsbezogenen Gründen zulassen will; ebenso Ostro-

Beauftragter für den Datenschutz § 4f

wicz, RDV 1995, 112; Berger-Delhey, ZTR 1994, 14; sowie LAG Niedersachsen, RDV 2004, 177; schon unter allgemeinen Kündigungsschutz jedenfalls unzutreffend ArbG Dresden, RDV 1994, 139 m. Anm. Wronka).

10.4 Der Kündigungsschutz greift auch, wenn der Datenschutzbeauftragte gemäß 42 der im Arbeitsvertrag getroffenen Regelung überwiegend andere Tätigkeiten ausübt und die DSB-Tätigkeit dem Arbeitsverhältnis nicht das Gepräge gibt. Jedoch ist zu beachten, dass sich aus dieser bzw. in Bezug auf diese anderweitige Tätigkeit für den Arbeitgeber Gründe ergeben können, das Arbeitsverhältnis insgesamt zu beenden, d. h. dass die Beendigung des überwiegend ausgeübten Teils der Tätigkeit „wichtiger Grund" für die gleichzeitige Beendigung der DSB-Tätigkeit durch Widerruf sein kann.

10.5 Das Gesetz äußert sich zu Form, Inhalt und Frist des Widerrufs der Bestel- 43 lung – im Gegensatz zum Vorgang der Bestellung selbst – nicht. Es gilt daher **Formfreiheit.** Eine entsprechende Anwendung der Regelungen über die Schriftlichkeit und gesonderte Vornahme der Bestellungshandlung auf den Widerruf scheidet nach dem insoweit als gewollt anzunehmenden Regelungsverzicht des Gesetzgebers aus. Damit kann der Widerruf auch **konkludent** erfolgen und wird jedenfalls mit der Beendigung des Arbeitsverhältnisses verbunden sein, die jedoch nunmehr gemäß § 623 BGB immer der **Schriftform** bedarf (Schriftform immer als zwingend bejahend: Simitis in: Simitis, BDSG § 4f Rn. 199; Bergmann/Möhrle/Herb, BDSG § 4f Rn. 58). Hinsichtlich der Frist für die „Ausnutzung" des wichtigen Grundes für den Widerruf gilt jedoch die Zwei-Wochen-Frist des § 626 BGB (Bergmann/ Möhrle/Herb, BDSG § 4f Rn. 95; Schaffland/Wiltfang, BDSG § 4f Rn. 65d).

10.6 Im Gegensatz zum Kündigungsschutz beschränkt sich die Forderung des 44 wichtigen Grundes für den Widerruf der Bestellung nicht nur auf die Funktion des Datenschutzbeauftragten, der im Rahmen eines Arbeitsverhältnisses beschäftigt ist. Die obigen Ausführungen gelten auch für einen Beamten oder einen per Dienstvertrag beschäftigten freien Mitarbeiter. Nicht anzuwenden ist die Regelung jedoch bei Werkleistungsverträgen oder ähnlicher Vertragsgestaltung mit einer externen Beratungsfirma etc., da § 626 BGB auf diese Vertragstypen keine Anwendung findet.

10.7 Vor der Kündigung des DSB ist die Mitarbeitervertretung zu beteiligen. 44a Greift der gekündigte DSB die Kündigung vor Gericht an, so sind die Fristen des Kündigungsschutzgesetzes zu beachten. Es besteht regelmäßig ein **Weiterbeschäftigungsanspruch** (ArbG Erfurt, RDV 1996, 39; anders LAG Erfurt, RDV 1996, 195; ebenso Simitis in: Simitis, BDSG § 4f Rn. 196) daraus, dass das Gesetz nur einen DSB vorsieht und eine, wenn ggf. auch nur an die Wirksamkeit der Abberufung des Vorgängers geknüpfte „Zweitbestellung" unwirksam wäre.

10.8 Eine besondere Problematik ergibt sich bei der **Fusion von Firmen,** wobei 45 sich die Frage stellt, ob der DSB der eingegliederten Firma bzw. bei Neugründung jeder der bisherigen DSB (vgl. SächsDSB, 14. TB (2009), S. 16), wegen des Wegfalls der ihn bestellenden verantwortlichen Stelle und weil das Gesetz nur einen DSB kennt, automatisch sein Amt verliert. Für den Fall, dass die DSB-Tätigkeit arbeitsvertraglich vereinbart ist, verfügt jedoch andererseits § 613a BGB, dass der neue Arbeitgeber in den bestehenden Arbeitsvertrag eintritt (für Beibehaltung der Position ArbG Frankfurt a.M., RDV 2001, 290; vgl. ferner hierzu bei Däubler, RDV 2004, 55; ferner auch Simitis in: Simitis, BDSG § 4f Rn. 200, der das Arbeitsverhältnis bestehen lässt, die DSB-Bestellung jedoch als erloschen ansieht; siehe auch Däubler in: DKWW, BDSG § 4f Rn. 77 f., der bei Eingliederung in einen DSB-losen Betrieb ein Überhangsmandat befürwortet). Das BAG (RDV 2011, 882) hat jedoch für den Fall der Fusion zweier Krankenkassen das Amt des DSB infolge Wegfall des ihn bestellenden Arbeitgebers als erloschen bewertet (ebenso ArbG Cottbus, RDV 2013, 207). Uneinheitlich wird beantwortet, ob gleichwohl ein Widerruf der Bestellung erfolgen muss bzw. sollte (hierzu nachfolgend Rn. 45a). Im Falle der Insolvenz erlischt die Pflicht des Unternehmens zur Bestellung eines Datenschutzbeauftragten erst dann, wenn – nach Abschluss des Insolvenzverfahrens – der Betrieb eingestellt wird bzw. im Rahmen der Abwicklung des Unternehmens die Mitarbeiterzahl i. S. d. § 4f Abs. 1 unter die gesetzliche Bestellgrenze fällt (LfD Baden Württemberg, 31. TB (2012/2013) Ziff. 10.1). Der Eintritt der Insolvenz ist jedoch kein wichtiger Grund, der zum Widerruf oder zur Kündigung berechtigt. Ggf. geht der DSB somit als letzter.

45a **10.9** Endet die Bestellpflicht durch Reduzierung der bei der Datenverarbeitung Beschäftigten oder z. B. durch Änderung der Geschäftstätigkeit oder Betriebsstilllegung, so verliert der DSB sein „gesetzliches" Amt. Eines ausdrücklichen Widerrufs der Bestellung bedarf es nicht (vgl. zum diesbezüglichen Meinungsstreit v. d. Bussche in: Plath, BDSG § 4f Rn. 67). Der DSB kann aber ggf. als „freiwilliger" DSB seine Aufgaben weiter wahrnehmen. In derartigen Fällen ist zur Klarstellung ein „vorsorglicher" Widerruf und eine Zuweisung einer neuen Tätigkeit geboten, da anderenfalls eine konkludente Weiterbeschäftigung als „freiwillig" bestellter DSB die Folge sein könnte. Sollen auf diesen die Regelungen der §§ 4f und 4g intern weiter Anwendung finden, bedarf auch das einer Vereinbarung.

11. Die organisatorische Stellung

46 **11.1** Der Beauftragte für den Datenschutz wäre angesichts seiner Sonderstellung innerhalb des Betriebes bzw. der Behörde überfordert, wenn er die ihm gesetzlich übertragenen Aufgaben nur durch persönlichen Einsatz erfüllen müsste. Der Gesetzgeber hat dem dadurch Rechnung getragen, dass er den Beauftragten funktionsgerecht eingegliedert (Abs. 3 S. 1), ihn mit der notwendigen **Unabhängigkeit** ausgestattet (Abs. 3 S. 2 und 3) und die Leitung der verantwortlichen Stelle und damit auch die seiner Kontrolle Unterliegenden zur Unterstützung verpflichtet hat (Abs. 5).

47 **11.2** Mit der unmittelbaren Unterstellung **unter die Leitung** der verantwortlichen Stelle nach Absatz 3 Satz 1 wird verdeutlicht, dass der Datenschutz deren originäre Aufgabe ist. Die Unterstellung ist nur funktionsbezogen, sie bleibt also grundsätzlich ohne Auswirkungen auf die rangmäßige Eingliederung des Datenschutzbeauftragten in die Hierarchie des Unternehmens/der Dienststelle und seine tarifliche Eingruppierung. Der Beauftragte erhält ein **direktes Vortragsrecht** und kann in datenschutzrelevanten Angelegenheiten die Entscheidung der Leitung ohne Einhaltung des Dienstweges herbeiführen. Seine Sonderstellung verschafft ihm darüber hinaus bei denjenigen, die personenbezogene Daten verarbeiten, die notwendige Autorität. Aus der Regelung, dass der DSB dem Leiter zu unterstellen ist, ergibt sich im Übrigen auch, dass ein Mitglied des Leitungsgremiums nicht zum DSB bestellt werden kann (so auch Bergmann/Möhrle/Herb, BDSG § 4f Rn. 65; a. A. Schaffland/Wiltfang, BDSG § 4f Rn. 40; ferner Gola, RDV 2001, 263).

48 **11.3** Die Autorität des Beauftragten ist keine abgeleitete, die etwa der des Erfüllungsgehilfen vergleichbar wäre, denn der Beauftragte unterliegt nicht den Weisungen der Leitung. Diese Unabhängigkeit, die er zur Erfüllung seiner gesetzlichen Aufgaben benötigt, wird ihm durch Absatz 3 Satz 2 garantiert. Die **Weisungsfreiheit** ist ebenso wie die organisatorische Eingliederung nur auf die Funktion, d. h. seine Kontroll- und Beratungstätigkeit bezogen. Insofern erstreckt sich die Weisungsfreiheit auch auf Mitarbeiter des DSB, d. h. sie unterliegen bei Anwendung der Fachkunde ausschließlich seinen Weisungen (Simitis in: Simitis, BDSG § 4f Rn. 123; Schaffland/Wiltfang, BDSG § 4f Rn. 27). Damit sind ihm innerhalb dieses Freiraums jedoch **keine Entscheidungsbefugnisse** übertragen. Entscheidungen zur Gewährleistung des Datenschutzes obliegen allein der Leitung der verantwortlichen Stelle, der eine unabhängige Beratung zur Seite gestellt wird. Weisungsfreiheit bedeutet auch nicht, dass der Beauftragte der allgemeinen Dienstaufsicht entzogen wäre. Die Leitung hat sich auch nach seiner Bestellung im Rahmen der Dienstaufsicht davon zu überzeugen, dass er seinen gesetzlichen Pflichten nachkommt. Sie kann hiermit im konkreten Fall andere Stellen – z. B. die Revision – beauftragen. Eine generelle Delegation an den Vorgesetzten, dem der DSB dienstlich untersteht, scheidet jedoch aus (vgl. 11. TB für die Datenschutzaufsicht im nichtöffentlichen Bereich in Hessen, LT-Drs. 14/4159 = RDV 1999, 35), so dass sich aus der funktionsbezogenen Zuordnung eine organisatorische Unterstellung unter die Unternehmensleitung ergibt; dies freilich nur, soweit unmittelbar die DSB-Tätigkeit betroffen ist.

11.4 Weisungsfreiheit bedeutet auch nicht, dass der Beauftragte der allgemeinen Dienstaufsicht entzogen wäre. Die Leitung hat sich auch nach seiner Bestellung im Rahmen der Dienstaufsicht davon zu überzeugen, dass er seinen gesetzlichen Pflichten nachkommt. Das beginnt mit der Einhaltung der Arbeitszeiten und endet mit der Vorlage eines von Prüfungsumfang und -inhalt her angemessenen Prüfungsberichts. Die verantwortliche Stelle hat ein Anordnungsrecht, wenn Datenschutzaufgaben nicht oder mangelhaft wahrgenommen werden. Ggf. folgt hieraus auch ein Widerrufsrecht. Jedoch ist die Problematik bei unterschiedlicher fachkundlicher Bewertung eines Sachverhalts nicht zu verkennen (vgl. v. d. Bussche in: Plath, BDSG § 4f Rn. 39 m. N.). Sie kann hiermit im konkreten Fall andere Stellen – z. B. die Revision – beauftragen. Eine generelle Delegation an den Vorgesetzten, dem der DSB dienstlich untersteht, scheidet jedoch aus (vgl. 11. TB für die Datenschutzaufsicht im nicht-öffentlichen Bereich in Hessen, LT-Drs. 14/4159 = RDV 1999, 35), so dass sich aus der funktionsbezogenen Zuordnung eine organisatorische Unterstellung unter die Unternehmensleitung ergibt; dies freilich nur, soweit unmittelbar die DSB-Tätigkeit betroffen ist. **48a**

11.5 Die Weisungsfreiheit erstreckt sich auch auf die Mitarbeiter des DSB, d. h. sie unterliegen hinsichtlich der Anwendung der Fachkunde ausschließlich seinen Weisungen (Simitis in: Simitis, BDSG § 4f Rn. 123). Ist ein **Konzerndatenschutzbeauftragter** in der Form bestellt, dass er auch Beauftragter der Einzelfirmen in Personalunion ist, unterliegen die ihm notwendigerweise zuarbeitenden „Koordinatoren" in den einzelnen Betrieben insoweit seinen Weisungen. Haben die Einzelbetriebe eigene Datenschutzbeauftragte bestellt, so kann der Konzernbeauftragte allein eine auf die einheitliche Datenschutzgestaltung im Konzern ausgerichtete Koordinationsfunktion haben (vgl. die Beispiele bei Moos in: Wolff/Brink, DatenschutzR, BDSG § 4f Rn. 72). **48b**

11.6 Der Weisungsfreiheit steht auch nicht entgegen, dem DSB bestimmte **Prüfaufträge** zu erteilen, sofern er dadurch nicht an der Wahrnehmung von Aufgaben behindert wird, die er im Rahmen seiner Fachkunde für vordringlich hält (Bergmann/Möhrle/Herb, BDSG § 4f Rn. 73; a. A. Moos in: Wolff/Brink, DatenschutzR, BDSG § 4f Rn. 67 f., der unter Hinweis auf die europarechtlich vorgegebene Unabhängigkeit „bereits eine Weisung, bestimmte Bereiche nicht zu vernachlässigen" und sich damit der Kontrolle und Prüfung bestimmter Bereiche zuzuwenden, als unzulässige Einflussnahme ansieht). Gleiches gilt, wenn in einer **Betriebs-/Dienstvereinbarung** dem DSB bestimmte Kontrollaufgaben übertragen werden. Grundsätzlich entscheidet der DSB eigenverantwortlich, welche Maßnahmen er wann und wie zur Wahrnehmung seiner Kontrollfunktion ergreifen will. Gleichwohl kann der DSB verpflichtet werden, dem Betriebs-/Personalrat als **Sachverständiger** (vgl. § 80 Abs. 2 Satz 3 BetrVG) zur Verfügung zu stehen. Dies gilt umso mehr, als sich eine Zusammenarbeit für den DSB mit der Mitarbeitervertretung im Rahmen der beiderseitigen, sich ergänzenden Kontrollfunktionen beim **Personaldatenschutz** geradezu anbietet. **48c**

Die Funktion und Unabhängigkeit des DSB sollte deutlich gemacht werden, indem sie sowohl im Unternehmen als auch nach außen bekannt gemacht wird **48d**

§ 4f Beauftragter für den Datenschutz

(Düsseldorfer Kreis, Beschluss vom 24./25.11.2010 = RDV 2011, 52; zum Verfahren Wybitul, MMR 2011, 372).

49 **11.7** Im Hinblick auf die gebotene Unabhängigkeit kritisch zu betrachten ist das in § 9a vorgesehene **Datenschutzaudit** durch externe Gutachter (vgl. Gola, RDV 2000, 93; Drews/Kranz, DuD 1998, 93; dies., DuD 2000, 226). Wird ein in der Regel unter Federführung des DSB erstelltes **Datenschutzkonzept** einer von der Leitung der verantwortlichen Stelle initiierten externen Auditierung unterzogen, so können Konflikte und faktische Zwänge für den DSB, sich den Vorstellungen des Auditors zu beugen, trotz der auch denkbaren Entlastungs- und Unterstützungseffekte (Roßnagel, DuD 2000, 331; ebenso Bizer in: Simitis, BDSG § 9a Rn. 29) nicht ausgeschlossen werden. Soll die durch Art. 18 Abs. 2 Satz 2 EG-DatSchRL geforderte unabhängige Überwachung nicht in Frage gestellt werden, muss das zur Realisierung des Audits noch vorgesehene Gesetz bzw. eine diesbezügliche Ergänzung des Aufgabenkatalogs des § 4g BDSG die zwingende Beteiligung des DSB hierbei vorsehen.

12. Die Verschwiegenheitspflicht

50 **12.1** Die unabhängige Stellung des DSB wird auch durch die Verschwiegenheitsregelung des **Absatzes 4** gefördert. Danach ist der DSB verpflichtet – und natürlich auch berechtigt – über die Identität eines Betroffenen, Stillschweigen zu bewahren. Diese **Verschwiegenheitspflicht** betrifft den Fall, dass ein Betroffener sich mit einer Beschwerde oder Anfrage an den DSB wendet. Sie kann in dieser Form nicht zur Anwendung kommen, wenn der DSB im Rahmen seiner Kontrolltätigkeit Unregelmäßigkeiten bei der Verarbeitung oder Nutzung von Daten eines bestimmten Betroffenen feststellt (vgl. bei Schaffland/Wiltfang, BDSG § 4f Rn. 67). Soweit es zur Sicherstellung des Datenschutzes erforderlich ist, darf und muss er natürlich auch „Ross und Reiter" nennen dürfen; dies jedoch nur unter Wahrung des Datenschutzes. Stellt der DSB bei der Kontrolle der Dateien des Werksarztes unzulässige Speicherungen fest, muss er gegenüber dem Arzt konkret, betroffenenbezogen initiativ werden. Eine Mitteilung an den Arbeitgeber im Rahmen seiner **Berichtspflicht** darf aber insoweit nur abstrakte Angaben enthalten.

51 **12.2** Ein **Recht zur Verschwiegenheit** gegenüber der Leitung der verantwortlichen Stelle muss aber unter Beachtung der Weisungsunabhängigkeit auch dann bestehen, wenn sich ein Nicht-Betroffener an den DSB wendet. Dem DSB muss das Recht zustehen, z. B. um Informationen zu erhalten, die ihm sonst nicht mitgeteilt werden, dem Betreffenden die vertrauliche Behandlung der von ihm gegebenen Informationen zusichern zu können. Die vom Gesetz verfügte Unterstellung unter die Leitung der verantwortlichen Stelle bedeutet nämlich nicht, dass dem DSB dieser gegenüber eine uneingeschränkte Informationspflicht auferlegt werden könnte (Simitis in: Simitis, BDSG § 4f Rn. 119 und 166 ff.). Demgemäß ist der DSB auch berechtigt und ggf. verpflichtet, Informationen vertraulich zu behandeln, die ihm im Rahmen einer Kooperation mit, bzw. der (freiwilligen) Kontrolle des **Betriebs-/Personalrats** bekannt geworden sind. Die Verschwiegenheitspflicht wird jedoch durchbrochen, wenn der sich an den DSB wendende Beschäftigte selbst einen schweren Datenschutzverstoß begangen hat (vgl. Scheja in: Taeger/Gabel, BDSG § 4f Rn. 86; bei Bergmann/Möhrle/Herb, BDSG § 4f Rn. 100). Zur Gewährleistung der Verschwiegenheitspflicht gehört eine entsprechende interne Organisation der Kommunikationswege von und zu dem Datenschutzbeauftragten. Die an ihn gerichtete Post darf nicht im allgemeinen Postgang zentral geöffnet werden, sondern muss ihn unkontrolliert erreichen. Ebenfalls müssen seine Telefonate aus einer ggf. stattfindenden betrieblichen **Telefondatenerfassung** ausgenommen werden. Selbstverständlich ist auch, dass ihm zur Führung vertraulicher Gespräche ein Einzel-

zimmer zur Verfügung steht. Wird gegen die Verschwiegenheitspflicht verstoßen, so kann dies zu **Schadensersatzansprüchen** des Betroffenen gegenüber dem DSB nach § 823 Abs. 2 BGB führen.

12.3 Im Hinblick auf diese Verschwiegenheitspflicht und auch im Hinblick auf 52 bei seiner Prüftätigkeit ggf. zur Kenntnis genommenen personenbezogenen Daten (vgl. hierzu § 5 Rn. 9) ist der DSB zu dem auf das **Datengeheimnis** zu verpflichtenden Personenkreis zu zählen (vgl. Aufsichtsbeh. Baden-Württemberg, Hinweis zum BDSG Nr. 33, Ziff. 5; Staatsanz. vom 4.1.1995 = RDV 1995, 94). Ein schwerwiegender Verstoß gegen die Verschwiegenheitspflicht stellt sich ggf. auch als Abberufungsgrund nach Abs. 3 S. 4 dar (vgl. Landesbeauftragter für den Datenschutz Niedersachsen, 12. TB (1993/94); LT-Drs. 13/610, S. 66).

12.4 Dem Schutz der einem **Berufsgeheimnis** unterliegenden Daten wird 52a dadurch Rechnung getragen, dass die **Schweigepflicht** nach § 203 Abs. 1 Nr. 7 StGB auch auf den von Ärzten, Rechtsanwälten etc. bestellten externen DSB erstreckt (für interne DSB galt die Schweigepflicht bereits bisher aufgrund § 203 Abs. 3 Satz 2 StGB), womit auch hier die Bestellung externer Datenschutzbeauftragter eindeutig ermöglicht wird (vgl. Gerhold, RDV 2006, 6; Karper/Stutz, DuD 2006, 789).

12.5 Der Schutz wird durch **Absatz 4a** ergänzt, der dem DSB auch ein **Zeugnis-** 52b **verweigerungsrecht** im Hinblick auf Daten einräumt, die der beruflichen Geheimhaltungspflicht unterliegen. Gleiches gut – jedoch ohne die strafrechtliche Absicherung – für sein Hilfspersonal (vgl. hierzu Gola/Klug, NJW 2007, 118). Darüber hinaus schafft die Vorschrift ein **Beschlagnahmeverbot** für Akten und Schriftstücke des Beauftragten, (vgl. § 53 Abs. 1 Nr. 3 StPO; § 97 StPO). Über die Ausübung des Zeugnisverweigerungsrechts entscheidet der Auftraggeber des DSB bzw. der ggf. hiervon abweichende Inhaber des Rechts.

13. Das Benachteiligungsverbot

13.1 Das **Verbot der Benachteiligung** des Beauftragten für den Datenschutz 53 nach **Absatz 3 Satz 3** ist eine Konsequenz aus seiner Unabhängigkeit. Ein Arbeitgeber/Dienstherr hat vielseitige Möglichkeiten, einen ihm missliebigen Beauftragten zu „bestrafen". Sie reichen von der Übergehung bei der Beförderung bis hin zur Entlassung. Vor einer ihn benachteiligenden Entlassung ist der betriebliche DSB nunmehr speziell durch den nur bei wichtigem Grund zulässigen Widerruf seiner Bestellung geschützt. Aber auch mit anderen Benachteiligungen muss ein DSB, der seine Aufgaben sorgfältig erfüllt, rechnen. Werden sie offenkundig, kann er ihnen unter Berufung auf das Benachteiligungsverbot entgegentreten. Im Konfliktfalle, namentlich bei einer nachhaltigen Störung des Vertrauensverhältnisses, werden indes die Grenzen seiner Wirkungsmöglichkeiten erkennbar. Hier wird die Aufsichtsbehörde unterstützend eingreifen müssen. Auch die **Mitarbeitervertretung** wird, wenn die Benachteiligung sich in einer mitbestimmungspflichtigen Personalmaßnahme niederschlägt, bzw. der DSB bei solchen Maßnahmen übergangen wird, für den DSB aktiv werden müssen. Das Benachteiligungsverbot dauert auch nach der Abberufung des DSB an, soweit Vorgänge aus der DSB-Zeit noch bei Personalentscheidungen relevant werden.

13.2 Das Gesetz verbietet nicht nur Benachteiligungen, sondern fordert die aktive 53a Unterstützung des DSB. Damit ist es unvereinbar, in einer Betriebsvereinbarung eine auf konkrete Verdachtsfälle begrenzte und an die Mitwirkung des DSB gebundene Überwachung der Internetnutzung rückwirkend abzuändern, um anlassunabhängige Kontrollen ohne Einschaltung des DSB durchführen zu können (vgl. 25. TB des ULD-SH, S. 39 = RDV 2003, 261).

14. Die Unterstützungspflicht

54 14.1 Der Erfolg des Beauftragten für den Datenschutz beruht wesentlich darauf, dass die Leitung der verantwortlichen Stelle seine Aufgaben grundsätzlich bejaht und ihn bei deren Erfüllung unterstützt. Es reicht also nicht aus, ihn nicht zu benachteiligen, sich sonst aber völlig passiv zu verhalten. Eine solche Haltung ist mit der Verantwortlichkeit für den Datenschutz im Betrieb unvereinbar. Das Gesetz fordert daher in **Absatz 4** eine **aktive Unterstützung** des Beauftragten. Sie besteht darin, ihn über alle datenschutzrelevanten Vorgänge zu unterrichten, ihm seine Arbeit durch organisatorische Vorkehrungen (z. B. Einrichtung eines besonderen Ausschusses) zu erleichtern und ihm die Möglichkeit der **Fortbildung** zu gewähren (vgl. hierzu 25. TB des ULD S-H, S. 56 = RDV 2003, 260). Im Bereich der ihm gesetzlich übertragenen Aufgaben sollte die Unternehmensleitung dem Beauftragten die Federführung überlassen, beispielsweise keine eigenen Schulungsaktivitäten entfalten. Schließlich gehört es auch vorrangig zu der Unterstützungspflicht, dass einem Mitarbeiter, dem die Aufgabe DSB zusätzlich zu den bisher wahrgenommenen Aufgaben übertragen wird, die erforderliche Zeit zur Wahrnehmung der Tätigkeit eingeräumt wird, d. h. dass er von anderen Aufgaben entlastet wird.

55 14.2 Die **Unterstützungspflicht** der Daten verarbeitenden Stelle wird dahingehend konkretisiert, dass dem DSB „insbesondere" **personelle, sachliche und finanzielle Mittel** zur Verfügung zu stellen sind (vgl. auch § 2 Abs. 2 ASiG, § 55 Abs. 4 BImSchG). Dieser Anspruch des DSB steht jedoch unter dem Vorbehalt der Erforderlichkeit, so dass es letztlich in der Entscheidung des Arbeitgebers verbleibt, welche Hilfsmittel er für erforderlich ansieht. Gleiches gilt für den in Absatz 3 letzter Satz festgeschriebenen Fortbildungsanspruch. Ein Rechtsstreit, wie er zwischen **Betriebsräten** und Arbeitgebern zur Klärung der „Erforderlichkeit" angeforderter Sach- und Finanzmittel an der Tagesordnung ist (vgl. bei Gola/Wronka, NZA 1991, 790, für die Bereitstellung eines PCs; zum Anspruch auf Zugang zum Internet BAG, RDV 2004, 76), wird wohl kaum stattfinden. Die gesetzliche Aussage dient jedoch dazu, dem Arbeitgeber die Verpflichtung, dem DSB eine ordnungsgemäße Wahrnehmung seiner Funktion zu ermöglichen, deutlich vor Augen zu führen. Eine Konkretisierung der Unterstützungspflicht bedeutet auch die Regelung in § 4g Abs. 1 Satz 5 Ziff. 1, nach der ihm neue Vorhaben der automatisierten Verarbeitung personenbezogener Daten rechtzeitig mitzuteilen sind, und die in § 4g Abs. 2 der Daten verarbeitenden Stelle auferlegte Pflicht, dem DSB eine Verfahrensübersicht zur Verfügung zu stellen (Weniger, RDV 2005, 153; Caster, RDV 2006, 29).

56 14.3 Geregelt werden muss insofern auch die Vertretung des DSB, die Kooperation mit Revision, Rechtsabteilung etc., die Bestellung von „Beauftragten" in Filialbetrieben oder auch die Installation eines Datenschutz-Arbeitskreises.

15. Anwalt der Betroffenen

57 In **Absatz 5 Satz 2** wird jedem Betroffenen, also Arbeitnehmern ebenso wie externen Personen, ausdrücklich das uneingeschränkte **Recht zur Anrufung** des betrieblichen bzw. behördlichen Datenschutzbeauftragten eingeräumt. Diese Rechtsposition kann erst dadurch Bedeutung erlangen, wenn sie sich nicht nur als Recht des Betroffenen, sondern auch als Pflicht des Beauftragten darstellt, d. h. den Beauftragten verpflichtet, das Anliegen des Betroffenen zu prüfen, der Sache ggf. nachzugehen und wenn er Datenschutzverletzungen zum Nachteil des Betroffenen feststellt, auf deren Abstellung hinzuwirken und den Betroffenen auch über das Geschehene zu informieren (s. dazu auch § 4g Rn. 32).

16. Landesrecht

Die Landesdatenschutzgesetze sehen ebenfalls die Bestellung eines behördlichen 58
Datenschutzbeauftragten vor, wobei sie die Rechtsstellung und den Aufgabenkatalog
zum Teil konkreter festgeschrieben haben (vgl. § 5 HDSG). Einige Gesetze sehen
auch die Bestellung eines Vertreters des DSB bzw. die Bestellung mehrerer Beauftragter vor (u. a. § 32a DSG NRW). Es ist auch möglich, dass mehrere Stellen einen
gemeinsamen Beauftragten bestellen (z. B. § 10 Abs. 2 Satz 3 LDSG BW; § 19a
BlnDSG; § 5 Abs. 3 Satz 2 HDSG; § 32a Abs. 1 Satz 3 DSG NRW; § 10 Abs. 1
LDSG SH; § 10a Abs. 6 ThürDSG). In Niedersachsen kann die Pflicht zur Bestellung eingeschränkt werden, soweit in der Stelle eine Beeinträchtigung des informationellen Selbstbestimmungsrechts nicht zu erwarten ist (§ 8a Abs. 5). Einige Gesetze
haben die interne Kontrolle nur optional eingerichtet (§ 10 LDSG BW; § 10a
HmbDSG; § 8 SDSG; § 11 SächsDSG; § 10 LDSG SH); wird kein DSB bestellt,
besteht ggf. Meldepflicht gegenüber dem Landesdatenschutzbeauftragten bzw. hat
dieser die Aufgabe der Vorabkontrolle (vgl. § 9 Abs. 1 LDSG SH). § 10a Abs. 3
Satz 2 HmbDSG verstärkt den Abberufungsschutz, indem der Landesdatenschutzbeauftragte vor einem Widerruf der Bestellung gehört werden muss. Regelmäßig wird
auch ausdrücklich darauf hingewiesen, dass der nur „nebenamtlich" tätige DSB
keinem Interessenkonflikt mit sonstigen Aufgaben ausgesetzt wird (z. B. § 19a Abs. 2
BlnDSG).

§ 4g Aufgaben des Beauftragten für den Datenschutz

(1) ¹Der Beauftragte für den Datenschutz wirkt auf die Einhaltung dieses Gesetzes und anderer Vorschriften über den Datenschutz hin. ²Zu diesem Zweck kann sich der Beauftragte für den Datenschutz in Zweifelsfällen an die für die Datenschutzkontrolle bei der verantwortlichen Stelle zuständige Behörde wenden. ³Es kann die Beratung noch § 38 Abs. 1 Satz 2 in Anspruch nehmen. ⁴Er hat insbesondere
1. die ordnungsgemäße Anwendung der Datenverarbeitungsprogramme, mit deren Hilfe personenbezogene Daten verarbeitet werden sollen, zu überwachen; zu diesem Zweck ist er über Vorhaben der automatisierten Verarbeitung personenbezogener Daten rechtzeitig zu unterrichten,
2. die bei der Verarbeitung personenbezogener Daten tätigen Personen durch geeignete Maßnahmen mit den Vorschriften dieses Gesetzes sowie anderen Vorschriften über den Datenschutz und mit den jeweiligen besonderen Erfordernissen des Datenschutzes vertraut zu machen.

(2) ¹Dem Beauftragten für den Datenschutz ist von der verantwortlichen Stelle eine Übersicht über die in § 4e Satz 1 genannten Angaben sowie über zugriffsberechtigte Personen zur Verfügung zu stellen. ²Der Beauftragte für den Datenschutz macht die Angaben nach § 4e Satz 1 Nr. 1 bis 8 auf Antrag jedermann in geeigneter Weise verfügbar.

(2a) Soweit bei einer nicht-öffentlichen Stelle keine Verpflichtung zur Bestellung eines Beauftragten für den Datenschutz besteht, hat der Leiter der nicht-öffentlichen Stelle die Erfüllung der Aufgaben nach Absätzen 1 und 2 in anderer Weise sicherzustellen.

(3) ¹Auf die in § 6 Abs. 2 Satz 4 genannten Behörden findet Absatz 2 Satz 2 keine Anwendung. ²Absatz 1 Satz 2 findet mit der Maßgabe Anwendung, dass der behördliche Beauftragte für den Datenschutz das Benehmen mit dem Behördenleiter herstellt; bei Unstimmigkeiten zwischen dem behördlichen Beauftragten für den Datenschutz und dem Behördenleiter entscheidet die oberste Bundesbehörde.

Literatur: *Aßmus*, Kontrolle des Betriebsrats durch den betrieblichen Datenschutzbeauftragten, ZD 2011, 27; *Bogers/Krupna*, Haftungsrisiken des internen Datenschutzbeauftragten. Zivilrechtliche Haftung, Bußgelder und Strafen, ZD 2013, 594; *Caster*, Erfolgsfaktoren eines internen Verfahrensverzeichnisses, RDV 2006, 29; *Hallermann*, Der Teilzeitdatenschutzbeauftragte und das Verfahrensverzeichnis: Praxistipps für eine schlanke Umsetzung der BDSG-Vorgaben, RDV 2013, 173; *Marschall*, Strafrechtliche Haftungsrisiken des betrieblichen Datenschutzbeauftragten? – Notwendige Handlungsempfehlungen, ZD2014, 66; *Petri*, Inhaltliche Anforderungen an die Verfahrensübersicht nach §§ 4g Abs. 2, 4e BDSG als Grundlage eines effektiven Datenschutzmanagements, RDV 2003, 267; *Weniger*, Das Verfahrensverzeichnis als Mittel datenschutzkonformer Unternehmensorganisation, RDV 2005, 153; *Zimmermann*, Die straf- und zivilrechtliche Verantwortlichkeit des Compliance Officers, BB 2011, 634; vgl. ferner die Hinweise zu § 4 f.

Übersicht

	Rn.
1. Allgemeines	1
2. Die Aufgabenstellung	2
3. Konkretisierung der Aufgaben durch Stellenbeschreibung	8
4. Grenzen des Kontrollrechts	10
5. Die Einschaltung der Aufsichtsbehörden	12
6. Meldepflicht	17c
7. Die Programmüberwachung	18

	Rn.
8. Die Schulungsfunktion	20
9. Das „Verfahrensverzeichnis"	23
10. Die „Verfügbarmachung" für jedermann	29
11. Die Vorabkontrolle	30a
12. Nichtöffentliche Stellen ohne DSB	31
13. Die Haftung des DSB gegenüber dem Betroffenen	32
14. Haftung des DSB gegenüber dem Arbeitgeber/Dienstherrn	35
15. Strafrechtliche Haftung aus Garantenstellung	36
16. Landesrecht	37

1. Allgemeines

Da die Aufgaben der für die Privatwirtschaft wie die öffentliche Verwaltung verbindlich vorgeschriebenen internen Datenschutzbeauftragten weitgehend identisch festgelegt sind, ist auch diese Bestimmung „vor die Klammer" in den allgemeinen Teil des Gesetzes vorgezogen. Durch das Erste Gesetz zum Abbau bürokratischer Hemmnisse insbesondere in der mittelständischen Wirtschaft (BGBl. I S. 1970 vom 14.8.2006) hat die Bestimmung zwei Änderungen erfahren. Einmal wurde das Recht des DSB sich in Zweifelsfällen an die Aufsichtsbehörde zu wenden (Abs. 1 Satz 2) um ein allgemeines Recht auf Beratung durch die Aufsichtsbehörde erweitert (Abs. 1 Satz 3). Weiterhin wurde durch die Einfügung des Absatzes 2a klargestellt, dass bei nichtöffentlichen Stellen, für die keine DSB-Bestellpflicht besteht (vgl. § 4f Rn. 7 f.), deren Leiter die Erfüllung der ansonsten dem DSB zugewiesenen Aufgaben obliegt. Nicht aus § 4g, sondern aus § 4d Abs. 6 ergibt sich die weitere Aufgabe der Vorabkontrolle. **1**

2. Die Aufgabenstellung

2.1 Die Aufgaben des Beauftragten für den Datenschutz zunächst sind in **Absatz 1 Satz 1** festgelegt. Danach hat er auf die Einhaltung dieses Gesetzes und anderer Vorschriften über den Datenschutz **„hinzuwirken"**. Schließlich kann er nicht mehr bewirken, als ihm im Rahmen der vom Gesetz gegebenen Befugnisse möglich ist. Da der Datenschutzbeauftragte einzelne Datenschutzmaßnahmen nicht gegen den Willen der Unternehmensleitung durchsetzen kann, bleibt die **„Sicherstellungsaufgabe"** bei der verantwortlichen Stelle. Dabei ist sie – selbst bei einer von ihm vorgenommenen Vorabkontrolle (vgl. § 4d Abs. 6) – nicht an das Votum des Datenschutzbeauftragten gebunden. Allerdings sollte die Leitung der verantwortlichen Stelle im Hinblick auf ihre Verpflichtung aus § 4f Abs. 5 keine Entscheidung treffen, ohne dem DSB zuvor Gelegenheit gegeben zu haben sich zu äußern. **2**

2.2 Aufgabe des DSB ist es nicht nur und ggf. noch nicht einmal vorrangig – je nach den Gegebenheiten der Dienststelle bzw. des Betriebes –, die Sicherstellung der Umsetzung des BDSG; gleichgewichtig sind auch die **„anderen Vorschriften"** zu beachten, wobei hier nicht – wie in § 38 Abs. 1 bei der Kompetenzzuweisung der Aufsichtsbehörde – nur dateimäßige Verarbeitungen reglementierende Vorschriften relevant sind. **3**

2.3 In die **Kompetenz des DSB** fällt daher auch der Einsatz von nicht durch § 6b erfasster **Videobeobachtung** bzw. -aufzeichnung (zur Zulässigkeit am Arbeitsplatz: BAG, NZA 1988, 92 = RDV 1988, 64; ferner RDV 1992, 178 sowie NJW 2003, 3436 = RDV 2003, 293 sowie RDV 2005, 21) ebenso wie etwa das Mithören von Telefongesprächen der Bediensteten (BVerfG, NJW 1992, 815 = RDV 1992, 121; siehe aber auch BAG, NZA 1996, 218; Gola, RDV 2005, 105) oder auch die **Personalaktenkontrolle,** d. h. die Überwachung der arbeitsrechtlichen Vorschriften zur **4**

§ 4g   Aufgaben des Beauftragten für den Datenschutz

Erhebung, Speicherung, Übermittlung etc. von Personaldaten bei herkömmlicher **Personalaktenführung**. Im Bereich der Werbung obliegt ihm auch die Überwachung der Nutzung von Kundendaten im Rahmen von **Telefonmarketing** oder Telefaxwerbung (vgl. § 28 Rn. 70 f.). Bei grenzüberschreitenden Datenflüssen können auch die Datenschutznormen anderer EU-Staaten bzw. von Drittländern eine Rolle spielen (vgl. vorstehend § 1 Rn. 27 f.).

5   **2.4** Die dem DSB vom Gesetz gegebenen Möglichkeiten dürfen nicht unterschätzt werden. Sie erschöpfen sich nicht in den in Absatz 1 Satz 5 und in § 4d Abs. 6 ausdrücklich genannten Aufgaben, wie sich aus dem Wort „insbesondere" ergibt. Eine der Hauptfunktionen des Beauftragten besteht darin, die Bestimmungen des BDSG im Hinblick auf die besonderen Verhältnisse der datenverarbeitenden Stelle zu konkretisieren: in den Fällen der Verarbeitung personenbezogener Daten nach den §§ 28, 29 legt er die Zulässigkeitsgrenzen fest. Für die Benachrichtigung und Auskunftserteilung nach §§ 33, 34, die Berichtigung, Sperrung und Löschung von personenbezogenen Daten nach § 35 schlägt er die geeigneten Verfahren bzw. wirkt darauf hin, dass die erforderlichen technischen und organisatorischen Vorkehrungen getroffen werden. Im Hinblick auf andere einschlägige Vorschriften über den Datenschutz muss er prüfen, welche Maßnahmen zu deren Durchführung notwendig sind und das dafür Erforderliche initiieren.

6   **2.5** Bei der Verarbeitung von **Personaldaten** hat er insoweit auch auf die Beachtung der **Mitbestimmungsrechte** der Mitarbeitervertretung zu achten (Fitting, BetrVG § 87 Rn. 184), da die Missachtung der Mitbestimmung zur Unzulässigkeit der nachfolgenden Datenverarbeitung führt (vgl. BAG, DB 1987, 1048; LAG Frankfurt, CR 1990, 274 = PersR 1990, 52; Bergmann/Möhrle/Herb, BDSG § 4f Rn. 7, 8). Bedeutsam ist auch das **Zweckbindungsgebot** für die Kontrolle nachträglicher Nutzungen für andere Zwecke und auch im Hinblick darauf, dass auch die „internen" Empfänger festzuhalten und dem Betroffenen transparent zu machen sind. Auch wenn die Schwierigkeiten, neue, der ursprünglichen Zweckbestimmung der Daten ggf. widersprechende Nutzungen zu unterbinden bzw. zunächst auf ihre Zulässigkeit zu untersuchen, nicht verkannt werden, so sind derartige Nutzungen jedenfalls im Nachhinein feststellbar und damit zumindest für die Zukunft zu unterbinden.

7   **2.6** Die in Absatz 1 Satz 4 Nr. 1 und 2 und in Absatz 2 genannten Aufgaben und Befugnisse bilden eine Art „Mindestausrüstung", die den Beauftragten in die Lage versetzt, seine Aufgaben zu erfüllen. Sie sind nur auf ihn bezogen, fallen daher auch nur in denjenigen Stellen an, die nach § 4f verpflichtet sind, einen Datenschutzbeauftragten zu bestellen.

7a   **2.7** Stellen, die die Voraussetzungen nach § 4f Abs. 1 nicht erfüllen, sind von den Verpflichtungen des § 4g Abs. 1 und 2 zunächst entbunden; was nicht bedeutet, dass sie sich nicht ggf. in entsprechender Weise um den Datenschutz zu kümmern hätten. In diesen Fällen obliegen – wie **Absatz 2a** ausdrücklich klarstellt – die gesetzlichen Verpflichtungen aus dem BDSG der Leitung der verarbeitenden Stelle unmittelbar. Sie erleichtert sich deren Erfüllung, wenn sie durch geeignete innerorganisatorische Maßnahmen sicherstellt, dass die in § 4g aufgeführten Aufgaben anderweitig erledigt werden. Mit anderen Worten: Der Wegfall der Pflicht zur Bestellung eines DSB entlastet die verantwortliche Stelle nicht von der ansonsten vom DSB wahrzunehmenden „Bürokratie". Das Unternehmen bietet sich jedoch die Möglichkeit zu einer seiner Struktur angepassten Organisation.

3. Konkretisierung der Aufgaben durch Stellenbeschreibung

8   **3.1** Muss bzw. soll ein Datenschutzbeauftragter bestellt werden, so empfiehlt es sich zur Klarstellung und Festlegung seiner Position, die in § 4f und 4d Abs. 6

geregelten und die weiteren sich aus den Besonderheiten der Daten verarbeitenden Stelle ergebenden Aufgaben und Befugnisse in einer mit seiner Bestellung in Kraft zu setzenden **Stellenbeschreibung** festzulegen (vgl. die Muster solcher Stellenbeschreibung; Bergmann/Möhrle/Herb, BDSG § 4g Rn. 14; Hinweise des Sächsischen Landesdatenschutzbeauftragten, RDV 1992, 268; Aufsichtsbeh. Baden-Württemberg, Hinweis zum BDSG Nr. 31, Staatsanz. Nr. 1/2, 1993, = RDV 1993, 54; BfD – Info 4 – Die Datenschutzbeauftragten in Behörde und Betrieb). Darin kann seine Tätigkeit so geregelt sein, dass er in reiner **Stabsfunktion** Überwachungs-, Koordinierungs-, Vorschlags- und Berichtsfunktionen hat. Es können ihm aber auch eigene Linienaufgaben mit Weisungsrechten zugewiesen werden, was im Einzelfall sicher zweckmäßig sein kann. So könnte er z. B. durch die Erstellung von Richtlinien, die dann er oder die Behörden-/Unternehmensleitung in Kraft setzt, die interne **Datenschutzorganisation** gestalten. Auch bei Gestaltung von Betriebs-/Dienstvereinbarungen zur Personaldatenverarbeitung oder zur Regelung von datenschutzrelevanten Arbeitsbedingungen wie z. B. bei der Gestaltung von **Telearbeit** (vgl. hierzu Gola, Computer-Fachwissen 12/1999, 12) oder der Arbeit in **Call-Centern** sollte der DSB ein Beteiligungsrecht haben.

3.2 Zu seinen Aufgaben kann insoweit gehören, die die interne Datenschutzorganisation gestaltenden Regelungen in einer **„Datenschutzordnung"** bzw. „Datenschutz-Dienstanweisung" zusammengefasst darzustellen. Als weitere Einzelaufgaben können dem DSB die Durchführung der Verpflichtung auf das **Datengeheimnis** nach § 5 Abs. 2, die Erledigung von Auskunftsersuchen Betroffener, die Durchführung der ggf. erforderlichen Meldungen gegenüber der Aufsichtsbehörde oder die Mitwirkung bei der datenschutzkonformen Gestaltung von Formularen und Verträgen (z. B. bei der Auftragsdatenverarbeitung) zugewiesen werden. Ferner sollte der DSB zu einer in regelmäßigen Abständen zu vollziehenden **Berichterstattung** verpflichtet werden.

4. Grenzen des Kontrollrechts

4.1 Fraglich ist, inwieweit der Kontrolle des DSB in konkreten Datenbeständen und zwar insbesondere solchen des **Personalakten**bereichs ggf. Datenschutzbelange der Betroffenen entgegenstehen. In der Privatwirtschaft kann dem DSB – trotz des zu beachtenden Prinzips der auch internen Vertraulichkeit von Personaldaten – eine unter Beachtung des Verhältnismäßigkeitsprinzips ausgeübte Kontrolle nicht versagt werden (so BlnLDSB, JB 1992, S. 96; vgl. zur gleichgelagerten Problematik und der Befugnis stichprobenartiger Einsichtnahme in Personalakten durch die interne Revision BAG, NJW 1990, 2272 = RDV 1999, 184; ferner zur strittigen Frage der stichprobenartigen Kontrolle durch den **Betriebsrat** aufgrund § 80 Abs. 1 BetrVG Fitting, BetrVG § 80 Rn. 58; Simitis, AuR 1977, 104; dies darf jedoch nicht zur Umgehung des Selbstbestimmungsrecht des Beschäftigten bezüglich der Personalakte gem. § 83 BetrVG bzw. § 68 Abs. 2 BPersVG führen; Gola/Wronka, Handbuch Arbeitnehmerdatenschutz, Rn. 1669 ff.).

Die gleiche Auffassung vertritt der BfD zutreffend für den behördlichen DSB (19. Tätigkeitsbericht 2001/2002, S. 122): „Nach In-Kraft-Treten des Änderungsgesetzes zum BDSG am 23. Mai 2001 sind durch § 4f BDSG behördliche Datenschutzbeauftragte bei den Bundesbehörden zwingend vorgeschrieben. Nach § 4g BDSG hat der behördliche Datenschutzbeauftragte auf die Einhaltung des BDSG und anderer Vorschriften über den Datenschutz hinzuwirken; zu diesen Vorschriften gehören die §§ 90 bis 90g des Bundesbeamtengesetzes, in denen der Umgang mit Personalaktendaten geregelt ist. Aufgrund der neuen Rechtslage hat der behördliche Datenschutzbeauftragte nunmehr ein Recht auf Einsicht in **Personalakten;** dieses erstreckt sich auch auf die Einsichtnahme in Personaldateien, in denen Perso-

§ 4g Aufgaben des Beauftragten für den Datenschutz

nalaktendaten gespeichert sind. Um den Interessen der Beschäftigten gerecht zu werden, sollte der behördliche Datenschutzbeauftragte von der Einsichtnahme absehen, wenn der Beschäftigte ihm gegenüber der Einsichtnahme widersprochen hat; dies entspricht meiner Praxis bei der Kontrolle von Personalakten". A. A. ist der HessLDSB (RDV 2000, 38), wonach der DSB nicht zu den Personen gehöre, denen Personalakten vorgelegt werden dürfen, so dass der DSB aus eigenem Recht ohne Einwilligung keine Einsicht vornehmen dürfe. Da der Dienststellenleiter jedoch bestimmte Personen mit der Erledigung von Personalangelegenheiten beauftragen kann, kann er dazu auch den behördlichen DSB bestimmen. Die Kontrollbefugnis auch externer Datenschutzbeauftragter im Bereich der Verarbeitung von einer besonderen **Schweigepflicht** unterliegenden Daten ist in § 4f Abs. 4a und § 203 Abs. 2 Nr. 7 StGB geregelt (vgl. § 4f Rn. 52 f.).

11   4.2 Eine besondere Problematik stellt sich für die Kontrolle des DSB bei **Datenverarbeitungen der Mitarbeitervertretung**, nachdem das BAG (NJW 1998, 2466 = RDV 1998, 64) in einer umstrittenen (zustimmend z. B. Wedde, AiB 1999, 695; zur Gegenmeinung Gola/Jaspers, RDV 1998, 47; Kuhring/Werner, DuD 2000, 159; Leutze, ZTR 2002, 558; vgl. Vorschläge für Anpassung der Rechtslage, Aßmus, ZD 2011, 27) Entscheidung dem betrieblichen DSB die Kompetenz zur **Kontrolle** des Datenschutzes **beim Betriebsrat** abgesprochen hat, obwohl der Betriebsrat andererseits nach wie vor als Teil der verantwortlichen Stelle betrachtet wird (vgl. § 3 Rn. 49). Wesentliches Argument des Gerichts war, dass der betriebliche DSB infolge fehlenden ausdrücklichen Mitbestimmungsrechts bei der Bestellung (vgl. hierzu aber § 4f Rn. 33 f.) trotz seiner unabhängigen Stellung dem Arbeitgeber zuzuordnen sei und es andererseits mit der unabhängigen Stellung des Betriebsrats nicht vereinbar sei, wenn „einem Vertreter des Arbeitgebers grundsätzlich Zugang zu sämtlichen Dateien des Betriebsrats eröffnet würde" (hierzu kritisch Moos in: Wolff/Brink, DatenschutzR, BDSG § 4g Rn. 5; v. d. Bussche in: Plath, BDSG § 4g Rn. 29 ff.). Ob diese Bedenken in den Ländern ausgeräumt sind, die dem Personalrat ein ausdrückliches Mitbestimmungsrecht bei der DSB-Bestellung (z. B. § 74 Abs. 1 Nr. 3 HPVG) eingeräumt haben, ist ebenfalls umstritten (vgl. Schild, RDV 1999, 52 (54); HessLDSB, RDV 2000, 87, der bei einer Kontrolle ohne Zustimmung des Personalrats die Friedenspflicht verletzt sieht.) Ob es sinnvoll ist, diese Problematik in dem geplanten Beschäftigtendatenschutzgesetz und nicht in § 4f oder g zu regeln, muss fraglich erscheinen (vgl. Simitis, NJW 1998, 2395; Gola/Jaspers, RDV 1998, 47). Abwegig ist auch der Gedanke, dass der Betriebsrat nun einen eigenen betrieblichen Datenschutzbeauftragten zu bestellen hätte (so Däubler, Gläserne Belegschaften?, Rn. 342c); ein solcher Schritt kann jedoch als Akt der freiwilligen Selbstkontrolle verstanden werden, wobei dieser „eigene" DSB auch der betriebliche DSB in „Personalunion" sein kann (vgl. Schierbaum, PersR 2002, 499).

5. Die Einschaltung der Aufsichtsbehörden

12   5.1 Die in **Abs. 1** Satz 1 und 2 getroffenen Regelungen zur Befugnis des DSB, sich an die zuständige Datenschutzaufsichtsbehörde zu wenden, unterscheiden hinsichtlich der Modalitäten danach, ob die die Einschaltung begründenden „Zweifelsfälle" in einer Behörde oder einem Betrieb auftreten oder ob es sich um eine Beratung zur Meinungsbildung des DSB handelt (hierzu nachstehend Rn. 17a). Während das bei Zweifelsfällen gegebene **Anfragerecht** – eine Pflicht begründet das Gesetz insoweit gem. § 4d Abs. 6 Satz 3 nur bei Zweifelsfällen im Rahmen der **Vorabkontrolle** (vgl. hierzu § 4d Anm. 6) – dem behördlichen DSB im Rahmen sachgerechter Ermessensausübung uneingeschränkt zusteht (vgl. Moos in: Wolff/Brink, DatenschutzR, BDSG § 4g Rn. 11), hat der behördliche DSB bestimmter Behörden (§ 6 Abs. 2 Satz 4) ein solches Vorgehen mit der Behördenleitung abzu-

stimmen, wobei das letzte Wort zur Anrufung des BfDI bei der zuständigen obersten Bundesbehörde liegt. Aber auch die für den betrieblichen DSB uneingeschränkte Befugnis zur **Einschaltung der Aufsichtsbehörde in Satz 2 des** Absatzes 1 ist im Rahmen der **arbeitsvertraglichen Treuepflicht** so zu verstehen, dass davon nur in Ausnahmefällen Gebrauch gemacht werden sollte (vgl. Rn. 16).

5.2 Für den behördlichen DSB ist zuständige Aufsichtsbehörde der BfDI (§ 24). Die Aufsicht für die Privatwirtschaft nehmen zunächst die von den Ländern eingerichteten Behörden nach § 38 wahr. Die Zuständigkeit besteht hier nur aufgrund der speziellen Zuständigkeitszuweisung nach § 115 Abs. 4 TKG (vgl. hierzu Moos, DuD 1998, 162), d.h. wenn der Arbeitgeber die private Nutzung der betrieblichen Kommunikationsmittel erlaubt (vgl. hierzu Gola, Datenschutz am Arbeitsplatz, Rn. 225 ff. und 271 ff.). **13**

5.3 Ein ggf. zur Einschaltung der externen Kontrollbehörde berechtigender **„Zweifelsfall"** kann vorliegen, wenn der DSB über die Auslegung einschlägiger gesetzlicher Vorschriften oder die Angemessenheit einzelner Datenschutzmaßnahmen im Unklaren ist. Ob ein Zweifelsfall auch dann zu bejahen ist, wenn der DSB und die Unternehmens-/Behördenleitung sich über die Not- oder Zweckmäßigkeit bestimmter Datenschutzmaßnahmen nicht einigen können (Bergmann/Möhrle/Herb, BDSG § 4g Rn. 14), muss fraglich erscheinen (vgl. hierzu bei § 4d Rn. 19). **14**

5.4 Ein Anlass, sich an die **Aufsichtsbehörde** zu wenden, kann auch dann vorliegen, wenn der Datenschutzbeauftragte strafrechtlich relevante Verstöße gegen das BDSG aufdeckt und sich vor die Frage gestellt sieht, ob er den Betroffenen – ggf. im Wege über die Aufsichtsbehörde – benachrichtigt, damit ein Strafantrag gestellt werden kann. Während § 4g sich der Information des Betroffenen durch den DSB nicht äußert, ist der Aufsichtsbehörde (§ 38 Abs. 1 Satz 5), nicht jedoch dem BfD, zumindest ein solches Recht eingeräumt. Eine Pflicht des DSB **den Betroffenen** unmittelbar oder über die Aufsichtsbehörde **zu informieren,** ist jedoch nur dann zu bejahen, wenn der Verstoß auf Grund einer Beschwerde des Betroffenen festgestellt wurde. Das Recht des Betroffenen, sich an den Datenschutzbeauftragten zu wenden, muss für diesen auch das Recht beinhalten, den Betroffenen von der Ergebnissen der Überprüfung der Beschwerde zu informieren (vgl. § 4f Anm. 13). Zudem besteht jedenfalls keine Pflicht zum Tätigwerden, wenn diese die verantwortliche Stelle nach § 42a trifft, es sei denn, dass die verantwortliche Stelle dieser Pflicht nicht nachkommt (Moos in: Wolff/Brink, DatenschutzR, BDSG § 4g Rn. 12). **15**

5.5 Bei Einschaltung der Aufsichtsbehörde hat der betriebliche DSB abzuwägen zwischen seinem Recht aus § 4g Abs. 1 Satz 4 und seiner **Treuepflicht als Arbeitnehmer** gegenüber dem Arbeitgeber. Wendet er sich an die Aufsichtsbehörde, so kann dies für die Aufsichtsbehörde den Anlass bieten, eine förmliche Kontrolle durchzuführen, der dann ggf. weitere Konsequenzen gem. § 38 Abs. 4 nachfolgen. Der DSB wird daher in jedem Falle interne Möglichkeiten auszuschöpfen haben, um einen Datenschutzverstoß zu beenden und die Folgen zu beseitigen. Dazu wird er sich an die Geschäftsleitung wenden. Erst wenn auf diese Weise kein Erfolg erreichbar ist, kommt in gravierenden Streitfällen mit der Unternehmensleitung die Anrufung der Aufsichtsbehörde in Betracht. (Die Verpflichtung zur Einschaltung der Aufsichtsbehörde bejaht Simitis in: Simitis, BDSG § 4g Rn. 23, der auch eine sich aus der Treuepflicht ergebende Pflicht, den Arbeitgeber vorab zu informieren, verneint (Rn. 24); a. A. Schaffland/Wiltfang, BDSG § 4g Rn. 5.) Mag es auch grundsätzlich Sache des DSB sein, die Unternehmensleitung von der Einschaltung der Aufsichtsbehörde zu unterrichten oder nicht (so Aufsichtsbehörde Baden-Württemberg, Hinweis zum BDSG Nr. 8, Staatsanz. 1979, Nr. 80, S. 6); in Streitfällen mit der Unternehmensleitung muss der DSB aber als verpflichtet angesehen werden, der Unternehmensleitung diesen Schritt anzukündigen. Anders mag dies sein, wenn der DSB den Rat der Aufsichtsbehörde einholt, um im Unternehmen oder bei ihm selbst bestehende Unsicherheiten zu beseitigen. **16**

§ 4g Aufgaben des Beauftragten für den Datenschutz

17 5.6 Auch **behördliche Datenschutzbeauftragte** entscheiden vom Grundsatz her selbstständig über die – unmittelbare – Einschaltung des **BfDI** (vgl. aber auch insoweit die in Rn. 16 gemachten Vorgaben). Für den behördlichen DSB der in § 6 Abs. 2 Satz 4 angesprochenen Sicherheitsbehörden etc. schreibt Abs. 3 Satz 2 vor, dass die Einschaltung des BfDI im Benehmen mit dem Behördenleiter bzw. dem Leiter der obersten Bundesbehörde zu erfolgen hat (kritisch hierzu Simitis in: Simitis, BDSG § 4g Rn. 25 ff.).

17a 5.7 Das Recht zur Einschaltung der Aufsichtsbehörde wird für Datenschutzbeauftragte der Privatwirtschaft in Abs. 1 Satz 3 im Hinblick auf § 38 Abs. 1 Satz 2 um die zusätzliche Aussage ergänzt, dass der DSB auch von der dort verankerten allgemeinen Beratungspflicht der Behörde Gebrauch machen kann (vgl. § 38 Rn. 7a). Die Beratung hängt insofern nicht mehr von zu klärenden Zweifelsfällen ab und soll primär nicht der Einzelberatung dienen, sondern kann sich z. B. auch auf Hinweise zur Schulung der Mitarbeiter erstrecken. Für den BfDI ist keine derartige Pflicht im Gesetz enthalten. Das gilt auch für den Fall, in dem er nach § 115 Abs. 4 TKG die Aufsicht über die Privatwirtschaft bei **Telekommunikationsdienstleistern** ausübt (vgl. bei Simitis in: Simitis, BDSG § 4g Rn. 17; ferner § 38 Rn. 29a). Das ändert aber nichts daran, dass er – damit das Anrufungsrecht nicht ins Leere geht – auch zur Bearbeitung und Beantwortung einer DSB-Anfrage verpflichtet ist.

17b 5.8 Unabhängig von der Möglichkeit sich aus eigenem Antrieb an die Aufsichtsbehörde zu wenden, besteht für einige Unternehmen die gesetzliche Meldepflicht des §§ 4d und 4e.

6. Meldepflicht

17c 6.1 Eine zweite Frage hinsichtlich der Zusammenarbeit zwischen Unternehmen und Aufsichtsbehörde ist, ob das Unternehmen seine Tätigkeit und den DSB bei der Behörde melden muss (§§ 4d, 4e BDSG). Maßgebend ist insoweit zunächst die Ausnahme von der Meldepflicht für Unternehmen, die einen Datenschutzbeauftragten bestellt haben (§ 4 Abs. 2). Für Kleinunternehmen, die die Bestellgrenze nicht erreichen, entfällt sie aber auch schon dann, wenn Daten mit Einwilligung des Betroffenen oder im Rahmen vertraglicher Beziehungen verarbeitet werden.

17d 6.2 Eine Ausnahme von diesen Ausnahmen greift aber wieder dann, wenn es sich um automatisierte Verfahren handelt, in denen geschäftsmäßig Daten zum Zwecke der Übermittlung (§§ 29, 30) gespeichert werden. Meldepflichtig sind damit nur die vorab genannten Stellen und Kleinbetriebe, die Daten ohne Einwilligung außerhalb vertraglicher Zweckbestimmung verarbeiten. Der Inhalt der Meldung ergibt sich aus § 4e BDSG. Auch wenn das Gesetz dies nicht vorsieht, sehen die Aufsichtsbehörden auch die Angabe des DSB vor, da dieser Ansprechpartner der Betroffenen sein soll und durch Einsicht in das Register ermittelt werden können soll.

7. Die Programmüberwachung

18 7.1 Die **Überwachung** der ordnungsgemäßen Anwendung **der Datenverarbeitungsprogramme,** mit deren Hilfe personenbezogene Daten verarbeitet werden, gehört zu den Schwerpunkten der Tätigkeit des DSB. Durch diese begleitende Kontrolle soll verhindert werden, dass es überhaupt zu gesetzwidriger Verarbeitung personenbezogener Daten kommt. Der Beauftragte soll daher schon bei der Erstellung der Programme eingeschaltet werden. Die gesetzlich vorgeschriebene „**rechtzeitige**" **Unterrichtung** des DSB über neue Vorhaben des EDV-Einsatzes ist nur gewahrt, wenn er ausreichend Zeit zur Stellungnahme hat und seine Stellungnahme die Planungen auch noch beeinflussen kann. **Absatz 1 Satz 5 Nr. 1** enthält insofern

Aufgaben des Beauftragten für den Datenschutz   **§ 4g**

nicht nur ein Unterrichtungsrecht, sondern auch ein **Anhörungsrecht** des DSB. Dies kann aber nicht bedeuten, dass der DSB das vorgesehene Programm „nach"-programmieren müsste, was nur möglich wäre, wenn er mit einem nahezu gleich großen Stab von Datenverarbeitungsfachleuten ausgestattet wäre, wie die Fachabteilung selbst. Die gesetzliche Regelung ist den Gegebenheiten angepasst anzuwenden. Sie ermöglicht es dem DSB, sich dort einzuschalten, wo er es auf Grund der potentiellen Gefährdung der Daten für geboten hält.

7.2 Nach Auffassung der Aufsichtsbehörde (vgl. Aufsichtsbehörde Baden-Württemberg, Hinweise zum BDSG Nr. 10, Staatsanz. 1980, Nr. 27/28, S. 4) hat die Pflicht zur Überwachung der ordnungsgemäßen Programmanwendung insbesondere auch die regelmäßige Durchführung von angemeldeten und unvermuteten **Prüfungen** zum Inhalt. Umfang und Intensität der Prüfungen sollten sich mindestens an der Prüfpraxis der Aufsichtsbehörden ausrichten. Für die systematische Überprüfung wird ein jährlicher Turnus empfohlen. Das Prüfergebnis sollte in einem allen Beteiligten zuzustellenden Bericht festgehalten werden. Unbeschadet der Verpflichtung, den DSB frühzeitig bei der Programmentwicklung zu beteiligen, wird es als zweckdienlich anzusehen sein, das Verfahren der **Programmfreigabe** ausdrücklich unter Beteiligung des DSB zu formalisieren (vgl. hierzu Münch, RDV 2003, 223).   19

7.3 Inwieweit der DSB bei komplexen Sachverhalten die Heranziehung externer Sachverständiger beanspruchen kann, hängt von der Erforderlichkeit der externen Unterstützung ab (v. d. Bussche in: Plath, BDSG § 4g Rn. 15; Moos in: Wolff/Brink, DatenschutzR, BDSG § 4d Rn. 18). Die verantwortliche Stelle hat ggf. die entsprechenden Mittel bzw. Personen zur Verfügung zu stellen (§ 4f Abs. 5 Satz 1).   19a

8. Die Schulungsfunktion

8.1 Das Gesetz will, dass alle an der Datenverarbeitung beteiligten und damit für den Datenschutz verantwortlichen Mitarbeiter mit Ziel und Inhalt des Datenschutzes vertraut gemacht werden (Abs. 1 Satz 3 Nr. 2). Erforderlich ist, dass bei allen, die personenbezogene Daten verarbeiten, das nötige Bewusstsein für Bedeutung und Notwendigkeit des Datenschutzes vorhanden ist. Die dafür erforderlichen Kenntnisse zu vermitteln, ist ausdrückliche Aufgabe des DSB. Im Rahmen seiner Weisungsfreiheit ist er berechtigt, unter Berücksichtigung der Erfordernisse und Möglichkeiten des Betriebes selbst zu bestimmen, welches die geeigneten **Maßnahmen zur Schulung** der Mitarbeiter sind. Die Unternehmens- bzw. Behördenleitung hat hierfür die erforderlichen Räume, Mittel, Materialien etc. zur Verfügung zu stellen und ggf. die Teilnahme an der Schulungsveranstaltung für die in Betracht kommenden Mitarbeiter anzuordnen. Dabei hat er jedoch den insoweit bestehenden **Mitbestimmungsrechte** der Mitarbeitervertretung Rechnung zu tragen (§§ 96 bis 98 BetrVG, §§ 75 Abs. 3 Nr. 7, 76 Abs. 2 Nr. 1 BPersVG).   20

8.2 Die Möglichkeiten zur Information und Schulung der Mitarbeiter sind vielfältig. Sie reichen von Veranstaltungen, Seminaren bis hin zum persönlichen Gespräch, von der Herausgabe allgemeiner Lehr- und Schulungsunterlagen bis hin zu aktuellen arbeitsplatzbezogenen Informationen und Verfahrensrichtlinien. So kann mit der Schulung beginnen, indem jeder neu eingestellte Mitarbeiter – unabhängig, ob er auf das Datengeheimnis zu verpflichten ist oder nicht –, zunächst einmal grundsätzlich mit allgemeinen Fragen des Datenschutzes und der Funktion des DSB in einem **„Einführungsschreiben"** vertraut gemacht wird. Für die Mitarbeiter, die auf das **Datengeheimnis** gem. § 5 Satz 2 zu verpflichten sind, muss sich zwangsläufig eine weitere Information anschließen. Das rein formalistische Abfordern einer Verpflichtungserklärung, möglicherweise sogar noch als Pauschalerklärung in Form einer Klausel des Arbeitsvertrages, genügt nicht, um die Anforderungen des § 5 Satz 2 zu erfüllen. Vielmehr muss der DSB sicherstellen, dass die dem Datengeheimnis   21

215

§ 4g Aufgaben des Beauftragten für den Datenschutz

unterliegenden Mitarbeiter auch im Hinblick auf die Gegebenheiten ihres Arbeitsplatzes über die Anforderungen des Datenschutzes informiert sind. Ausscheidende Mitarbeiter können auf ihre fortbestehenden Datenschutzrechte und -pflichten durch ein Merkblatt hingewiesen werden. Schließlich können regelmäßige Hinweise (z. B. von allgemeiner Art in der Werkszeitung oder im Intranet) und Verfahrensvorschläge Schulungszwecke erfüllen.

22 8.3 In der behördlichen Praxis sind Informationen und Anweisungen zum Datenschutz auch häufig Gegenstand von Dienstanweisungen, die insofern die Abstimmung mit den behördlichen DSB erfordern.

9. Das „Verfahrensverzeichnis"

23 **9.1** Gem. **Absatz 2 Satz 1** ist dem DSB von der verantwortlichen Stelle eine „**Übersicht**" zur Verfügung zu stellen, die einmal die ansonsten zum Inhalt einer Meldung gegenüber der Aufsichtsbehörde nach § 4e zu machenden Angaben enthält und hierzu ergänzend die zugriffsberechtigten Personen benennen soll. Dem DSB obliegt es nach dem Wortlaut des BDSG nicht, selbst diese „Übersicht" zu erstellen; sie ist ihm vielmehr unaufgefordert bereitzustellen. In welcher Art und Weise dies erfolgt, z. B. auf Formularen oder in automatisierter Form, überlässt das Gesetz der Leitung der verantwortlichen Stelle. Gemäß den zuvor nach § 37 Abs. 2 BDSG 90 zu erfassenden Angaben, in deren Mittelpunkt die Bezeichnung und Art der Daten und Dateien stand, wurde diese Übersicht mit dem Begriff „Dateiübersicht" erfasst (vgl. Gola/Schomerus, 6. Aufl., § 37 Anm. 7). Nach dem nunmehrigen Inhalt, der in den Mittelpunkt der Betrachtung die Zweckbestimmungen der Erhebung, Verarbeitung und Nutzung der Daten und die weiteren wesentlichen Verwendungen der Daten, also die „Verarbeitungsverfahren" stellt (vgl. auch BR-Drs. 461/00, S. 3, wonach § 4d so zu verstehen ist, dass sich die Meldepflicht nicht auf jeden einzelnen Verarbeitungsvorgang, sondern auf den Einsatz eines **automatisierten Verfahrens** als Ganzes bezieht), erscheint die in den Landesdatenschutzgesetzen (z. B. § 6 HDSG; § 8 DSG NRW; § 7 LDSG-SH) für die Übersicht gewählte Bezeichnung als „**Verfahrensverzeichnis**" auch für das BDSG passend (vgl. auch Hallermann, RDV 2013, 173 mit Praxistipps).

24 **9.2** Dass diese Übersicht dem DSB von der verantwortlichen Stelle zur Verfügung zu stellen ist und es – wie es bisher vielfach der betrieblichen Praxis entsprach – nicht dem DSB – ggf. nach entsprechender ergänzender Aufgabenübertragung in der **Stellenbeschreibung** auferlegt werden darf, die benötigten Informationen durch Anfordern bei den einzelnen Organisationseinheiten einzuholen und durch Überprüfung der vorliegenden Meldungen und durch entsprechende Nachfragen in angemessenen Zeitabständen auf dem aktuellen Stand zu halten (vgl. auch Schild, RDV 1998, 52 (54); Weniger, RDV 2005, 153; Scheja in: Taeger/Gabel, BDSG § 4d Rn. 21) folgt daraus, dass die verantwortliche Stelle nunmehr bereits bei der Erhebung die Zweckbestimmung der Datenverarbeitung konkret festzulegen (§ 28 Abs. 1 Satz 2) und dem Betroffenen mitzuteilen (§ 4 Abs. 2) hat (vgl. § 4 Rn. 29 ff.). Die gesetzlich geforderte konkrete Festlegung muss allein schon im Hinblick auf die erforderliche Kontrollierbarkeit **schriftlich** erfolgen (vgl. § 28 Rn. 48) und ist dem DSB bereits bei der Planung des Verarbeitungsvorhabens gem. Absatz 1 Satz 3 Nr. 1 Teilsatz 2 mitzuteilen. Andererseits wird die Hinwirkungspflicht des DSB auch die Pflicht enthalten, beratend und nachfragend für die Komplettheit des Verfahrensverzeichnisses tätig zu werden. Ggf. kann er auch „freiwillig" die notwendigen Informationen selbst erheben (Moos in: Wolff/Brink, DatenschutzR, BDSG § 4g Rn. 30; Hallermann, RDV 2013, 173), wenn die verantwortliche Stelle nicht tätig wird, wobei die einzelnen Stellen des Unternehmens im Rahmen der Unterstützungspflicht auch auskunftspflichtig sind.

Aufgaben des Beauftragten für den Datenschutz § 4g

9.3 Das Verfahrensverzeichnis korrespondiert inhaltlich mit den Angaben im 25 Rahmen einer **Meldepflicht** nach § 4d, d. h. es soll die Rechtmäßigkeit der Verarbeitungen durch die gesetzliche Kontrollinstanz überprüfbar und besondere Risiken – zwecks Vorabkontrolle – erkennbar machen (vgl. bei Petri, RDV 2003, 267). Es verschafft dem Beauftragten die Informationen, die er zur Durchführung seiner sonstigen Angaben benötigt. Die Übersicht muss und kann sich nicht auf die im Gesetz geforderten, ggf. öffentlich zu machenden Angaben beschränken. Vielmehr sollte unterschieden werden zwischen der **„Übersicht für jedermann"** und den weiteren zur Wahrnehmung der Kontrollaufgaben des DSB darüber hinaus erforderlichen Informationen. Der **„interne Teil der Übersicht"** sollte die jeweilige Rechtsgrundlage der Speicherung mit aufnehmen. Die Übersicht sollte auch die sowieso schriftlich zu treffende Festlegung (§ 19 Abs. 2 Satz 2, § 33 Abs. 2 Satz 2) enthalten, in welchen Fällen von einer **Benachrichtigung** des Betroffenen abgesehen wird. Die Übersicht kann auch dazu dienen, Auskunftsersuchen Betroffener zu erledigen. Sie dient in der Regel auch der Aufsichtsbehörde als erstes Informationsmittel im Rahmen ihrer Kontrolltätigkeit.

9.4 Auf das Recht **der Mitarbeitervertretung,** im Rahmen ihrer Unterrich- 25a tungs- und **Kontrollrechte** nach § 80 Abs. 1 und 2 BetrVG bzw. § 68 Abs. 2 Nr. 2 BPersVG über die stattfindenden Personaldatenverarbeitungen informiert zu werden, wozu die Übersicht ein guter Ausgangspunkt ist, ist ebenfalls hinzuweisen (vgl. BAG, RDV 1986, 160; Gola, ZfPR 1997, 94). Der entsprechende Anspruch des Betriebs-/Personalrats richtet sich gegen den Arbeitgeber/Dienststellenleiter, der insoweit wiederum dem DSB gegenüber, trotz dessen Unabhängigkeit, zur Vornahme der Information der Mitarbeitervertretung nebst ergänzenden Erläuterungen weisungsbefugt ist (vgl. hierzu auch VG Wiesbaden, RDV 2005, 177, wonach die Einführung eines gemäß dem **Verfahrensverzeichnis** erhebliche Datenschutzmängel aufweisendes Verfahrens von dem Personalrat kraft einstweiliger Verfügungsgefahren gestoppt werden kann).

9.5 Der Mindestinhalt der Übersicht ist zunächst durch § 4e festgelegt (vgl. hierzu 26 § 4e Rn. 5 ff.). Ferner sind die **zugriffsberechtigten Personen** mitzuteilen. Das Gesetz geht hierbei wohl von einer namentlichen Benennung und nicht nur von der abstrakten Angabe des entsprechenden Arbeitsplatzes/Dienstpostens aus. Jedenfalls ist erforderlich, dass der DSB die betroffenen Personen jederzeit individualisieren kann (vgl. Moos in: Wolff/Brink, DatenschutzR, BDSG § 4g Rn. 28). Dies geht auch daraus hervor, dass die Empfänger bzw. Kategorien von Empfängern der Daten – hierzu gehören nach § 3 Abs. 8 Satz 1 auch Personen innerhalb der verantwortlichen Stelle – bereits nach § 4e Satz 1 Nr. 6 Gegenstand der Übersicht sind, wobei hier die Angabe der Funktionsbezeichnung genügt.

9.6 Ein wohl in jedem Unternehmen stattfindendes **„Verfahren"** stellt die **Perso-** 27 **nalverwaltung** dar (vgl. hierzu da an Petri, RDV 2003, 267 (270); zum Verfahren der Protokollierung der Internetzugriffe vgl. bei Wilde/Ehmann/Niese/Knoblauch, BayDSG Ziff. 9215; zur Videoüberwachung vgl. Gola/Klug, RDV 2004, 73 sowie Aufsichtsbehörde Baden-Württemberg, Hinweis Nr. 40, Staatsanz. v. 18.2.2002 = RDV 2002, 148) angelehnte Beispiel eines mittelständischen Unternehmens:
Nr. 4 Zweckbestimmung der Datenerhebung, -verarbeitung oder -nutzung:
Personalverwaltung; Erfüllung sozialversicherungsrechtlicher und sonstiger gesetzlicher Verpflichtungen
Nr. 5 Betroffene Personengruppen (a) und diesbezügliche Daten oder -kategorien (b);
a) Bewerber, Beschäftigte und ehemalige Beschäftigte:
b) Name, Personalnummer, Staatsangehörigkeit, Adressdaten, Geburtsdatum, Angaben zur Qualifikation, Ein- und Austritt, Lohn- und Gehaltsdaten, Rentenund Sozialversicherungsdaten, Bankverbindung, Abmahnung, Zeugnisse, Bewerbungsunterlagen

§ 4g Aufgaben des Beauftragten für den Datenschutz

Nr. 6 Empfänger oder Empfängerkategorien, denen die Daten mitgeteilt werden: Personalabteilung, Vorgesetzte des Betroffenen, Betriebsrat, Kreditinstitute (zwecks Gehaltsüberweisung), Gläubiger (bei Lohn- und Gehaltspfändungen), Sozialversicherungsträger, Finanzamt

Nr. 7 Regelfristen für die Löschung:
Abmahnung: drei Jahre, Bewerbungsdaten unverzüglich bei Entscheidung über – Nicht-Einstellung; ansonsten nach Auflösung des Beschäftigungsverhältnisses, Lohn- und Gehaltsdaten: zehn Jahre; sonstige Daten: 30 Jahre

Nr. 8 Geplante Übermittlungen in Drittstaaten:
Im Zusammenhang mit Auslandseinsätzen).

28   9.7 Aufgrund der Verweisung in **Absatz 2 Satz 2** des in § 4g in Bezug genommenen § 4e auf § 4d erfasst die Meldepflicht bzw. die an ihre Stelle getretene Pflicht zur Bereitstellung der Übersicht an den DSB auch die Pflicht, **Änderungen mitzuteilen**. Das Gesetz enthält dazu zwar keine Zeitangaben, jedoch kann im Hinblick auf die erforderliche rechtzeitige Kontrolle durch den DSB nur davon ausgegangen werden, dass der DSB, wenn gemäß der Pflicht nach Absatz 1 Satz 3 Nr. 1 nicht vorher, unverzüglich über Ergänzungen und Änderungen zu informieren ist.

10. Die „Verfügbarmachung" für jedermann

29   **10.1** Da aufgrund der Regelung des § 4d eine Meldepflicht zum bei der Aufsichtsbehörde geführten und von jedermann einsehbaren Register (§ 38 Abs. 2) nur noch ausnahmsweise besteht, wird die bereits bisher insofern gewollte **Transparenz** durch ein nunmehr für jedermann gegenüber dem DSB bestehendes Informationsrecht hergestellt. Der DSB hat die Angaben der Übersicht – mit Ausnahme der Beurteilung der angemessenen Sicherheitsmaßnahmen nach § 4e Satz 1 Nr. 9 und den zugriffsberechtigten Personen nach § 4g Abs. 2 Satz 2 – jedem Interessierten in **geeigneter Weise verfügbar zu machen**. Ist ein DSB nicht bestellt, weil die kritische Zahl der Mitarbeiter nicht erreicht ist und entfällt auch hier unter den in § 4d Abs. 3 genannten Voraussetzungen die Meldepflicht, so obliegt der verantwortlichen Stelle gemäß Absatz 2a die gegenüber jedermann bestehende Informationspflicht. Ausgenommen von der Informationspflicht sind gem. Absatz 3 Satz 1 die in § 6 Abs. 2 Satz 4 genannten Sicherheitsbehörden.

30   **10.2** Während Landesdatenschutzgesetze dem Interessenten nur ein **Einsichtsrecht** bei der Daten verarbeitenden Stelle gewähren (z. B. § 8 Abs. 2 DSG NRW), sind die Angaben nach dem BDSG „verfügbar" zu machen. Fraglich ist, ob der Begriff „zur Verfügung zu stellen" über ein Einsichtsrecht hinausgeht, d. h. ob der Interessent auch verlangen kann, dass ihm die Angaben übermittelt werden, d. h. er sie per Internet auch abrufen können muss. Berücksichtigt man, dass die Informationspflicht das früher und auch jetzt nur in Form des Einsichtsrechts bestehende Informationsrecht des § 38 Abs. 2 Satz 2 ersetzen soll, so ist die Verfügbarkeit auch durch Gewährung der Einsichtnahme gegeben. Wie die „Verfügbarkeit" hergestellt wird, ist somit dem DSB überlassen. Er kann die Übersicht sowohl zur Einsicht bereithalten, wobei das Verlangen nach einer vorherige Anmeldung bzw. Terminvereinbarung mit dem Interessenten nicht unangemessen ist. Die Übersicht kann ebenso automatisiert geführt werden und dem Interessenten als eine – über die gesetzliche Verpflichtung hinausgehende – Informationsmöglichkeit per **Internet** zugänglich gemacht werden.

11. Die Vorabkontrolle

30a   **11.1** Eine weitere dem DSB speziell zugewiesene Aufgabe ist die in § 4d Abs. 5 geregelte Vorabkontrolle. Soweit automatisiert Verarbeitungen „spezifische Risiken

Aufgaben des Beauftragten für den Datenschutz **§ 4g**

für die Rechte und Freiheiten der Personen beinhalten können", sind sie einer speziellen Prüfung vor Beginn der Verarbeitung (Vorabkontrolle) (so Art. 20 Abs. 1 DatSchRL) zu unterziehen. Die deutschen Gesetzgeber (Bund und Länder) haben sich dafür entschieden, die Vorabkontrolle in dem Betrieb bzw. der Behörde anzusiedeln und dem internen **Selbstkontrollorgan** DSB zu übertragen. Begrüßenswerte Gründe hierfür sind die Vermeidung von Meldepflichten gegenüber der staatlichen Aufsicht und damit überflüssiger, kosten- und zeitaufwendiger Bürokratie sowie die realistische Einschätzung, dass die Aufsichtsbehörden jedenfalls im Rahmen der derzeitigen Personalausstattung diese Aufgabe gar nicht leisten könnten.

11.2 § 4d Abs. 5 Satz 1 sieht eine Vorabkontrolle zunächst dann vor, wenn die automatisierte Verarbeitung untere Betrachtung des konkreten Anwendungsfalls „besondere Risiken für die Rechte und Freiheiten der Betroffenen aufweist". Bei nicht automatisierten Verfahren entfällt die Verpflichtung generell. Da die anschließend ausdrücklich genannten beiden Fälle regelmäßiger Annahme eines **besonderen Risikos** für das Persönlichkeitsrecht des Betroffenen keine abschließende Aufzählung sind, ist zunächst bei jeder beabsichtigten Erhebung, Verarbeitung oder Nutzung von Daten die Prüfung angezeigt, ob sie die „besonderen Risiken" aufweisen, wobei einerseits der Bandbreite der Interpretation des unbestimmten Rechtsbegriffs des „besonderen Risikos" kaum Grenzen gesetzt sind, andererseits jedoch die verantwortliche Stelle in keinem Fall der Vornahme der Prüfung enthoben ist. Die diesbezügliche Prüfungskompetenz liegt bei dem DSB (vgl. § 4d Rn. 14). Nach Satz 2 sollen solche Risiken regelmäßig dann bestehen, wenn Daten besonderer Art, d. h. besonders sensible Daten gem. § 3 Abs. 9 verarbeitet werden oder die Verarbeitung dazu bestimmt ist, „die Persönlichkeit des Betroffenen zu bewerten, einschließlich seiner Fähigkeiten, seiner Leistung oder seines Verhaltens". Nicht gemeint ist hier ein umfassendes Persönlichkeitsprofil; auch Skill-Datenbanken oder Verbraucherprofile genügen (vgl. im Einzelnen die Beispiele bei Moos in: Wolff/ Brink, DatenschutzR, BDSG § 4d Rn. 37 und 42). Ob Videoüberwachung erfasst wird, hängt von dem Einsatzbereich und ihrer Gestaltung ab.

11.3 Gleichwohl entfällt jedoch auch dann wieder die Vorabkontrolle, wenn eine gesetzliche Verpflichtung, eine Einwilligung oder § 28 Abs. 1 Satz 1 1. Alt bzw. § 32 Abs. 1, die Erhebung, Verarbeitung oder Nutzung rechtfertigt. Bei der Verarbeitung von Beschäftigtendaten ist die Vorabkontrolle daher die Ausnahme, da diese in der Regel auf der Basis des § 32 Abs. 1 zu geschehen haben (vgl. § 4d Rn. 9 ff.). Die Befreiungstatbestände gelten aber als abschließend für die genannten Regelbeispiele (Moos in: Wolff/Brink, DatenschutzR, BDSG § 4d Rn. 45 ff.).

11.4 Ob die vom Bundesgesetzgeber getroffenen Festlegungen einer Vorabkontrolle dem beabsichtigten Betroffenenschutz gerecht werden, muss fraglich erscheinen. In den bislang EU-konform novellierten Landesdatenschutzgesetzen sind auch sinnvollere Lösungen erkennbar, indem z. B. generelle und formelle **Freigabeverfahren** vorgeschrieben sind (vgl. § 10 Abs. 3 DSG-NW; § 7 Abs. 3 BdgDSG; § 7 Abs. 6 HDSG). Die Einschaltung des DSB ist keine Rechtmäßigkeitsvoraussetzung für die beabsichtigte oder bereits stattfindende Verarbeitung und auch nicht mit Bußgeld sanktioniert.

11.5 In § 4d Abs. 5 Satz 2 ist als Pflicht des DSB festgeschrieben, sich **Zweifelsfällen** an die Aufsichtsbehörde zu wenden (vgl. auch vorstehend Rn. 14). Nach der Funktion der Vorabkontrolle, mit der dem DSB die ansonsten der staatlichen Aufsicht obliegende Kontrolle übertragen ist, bedeutet der „Zweifelsfall" hier, dass die Kontrolle dann an die Aufsichtsbehörde zurückzugeben ist, wenn der DSB nicht zu einer vollen Überzeugung das vorabgeprüfte Verfahren als rechtmäßig bewerten kann. Dass er zuvor mit der verantwortlichen Stelle den Sachverhalt diskutiert, ist selbstverständlich (zur Einordnung des das Verfahren bestätigenden Bescheids der Aufsichtsbehörde als begünstigender VA vgl. Hoeren, RDV 2011, 1).

30b

30c

30c

30d

219

12. Nichtöffentliche Stellen ohne DSB

31 **12.1** Bei nichtöffentlichen Stellen, die nicht der Bestellpflicht unterliegen, hat nach dem Ersten Gesetz zum Abbau bürokratischer Hemmnis (BGBl. I 2006 S. 1970) deren Leiter die dem DSB in § 4g übertragenen Rechte und Pflichten in anderer Weise wahrzunehmen (Absatz 2a). Die gewollte **„Entbürokratisierung"** besteht darin, dass die Organisation der Aufgabenwahrnehmung den Gegebenheiten des Unternehmens angepasst erfolgen kann.

31a **12.2** Natürlich verlangt das Gesetz nicht, dass der Leiter sich und seinen Betrieb in einer Zwei-Rollen-Funktion selbst kontrolliert. Die vom Gesetz verlangte Wahrnehmung in anderer Weise verlangt zunächst, dass er die dem DSB ausdrücklich persönlich übertragenen Aufgaben – wie **Mitarbeiterschulung** oder das Bereithalten des **Verfahrensverzeichnis** – selbst wahrnehmen, bzw. doch Mitarbeitern als Aufgabe zuweisen muss. Zudem ist dem Leiter eine gesteigerte Kontrollpflicht auferlegt, indem er sich nicht zunächst auf die Kontrolle durch den DSB oder allgemein auf ein ordnungsgemäßes Verhalten der Mitarbeiter vertrauen kann.

13. Die Haftung des DSB gegenüber dem Betroffenen

32 **13.1** Auch wenn der DSB spiegelbildlich zu dem nunmehr ausdrücklich geregelten Recht eines jeden Betroffenen, sich an ihn zu wenden, Interessenwahrer dieses Betroffenen sein muss, ist festzuhalten, dass – jedenfalls in der Privatwirtschaft – seine Pflicht, den gesetzlich und ansonsten per Stellenbeschreibung zugewiesenen Aufgaben sorgfältig und gewissenhaft nachzugehen, nur gegenüber dem ihn bestellenden Unternehmen, d. h. also in der Regel als **arbeitsvertragliche Verpflichtung** gegenüber seinem Arbeitgeber besteht und nicht etwa gegenüber den Betroffenen. Einen unmittelbaren vertraglichen oder gesetzlichen Erfüllungsanspruch gegen den Datenschutzbeauftragten hat der Betroffene nicht (vgl. auch Knabben, Der Datenunfall und seine zivilrechtlichen Folgen. DKT-Schriftenreihe, Datenschutz Bd. 1, S. 8; Helfrich, CR 1992, 456). Vertragliche Verpflichtungen gegenüber dem Betroffenen lassen sich auch nicht mit den Rechtsfiguren des Vertrages zugunsten Dritter (§ 328 BGB) oder des Vertrages mit **Schutzwirkung zugunsten Dritter** konstruieren (vgl. Knabben, Datenhaftung, S. 8 f.). So fehlt es im erstgenannten Fall daran, dass der Datenschutzbeauftragte oder sein Arbeitgeber nicht den einzelnen Personen, deren Daten zu schützen sind, eine entsprechende Leistung verspricht. Ferner ist – auch im Hinblick auf einen etwaigen Vertrag mit Schutzwirkungen zugunsten Dritter – nicht erkennbar, wem gegenüber im Einzelnen die Verpflichtung begründet werden soll (vgl. ausführlich Moos in: Wolff/Brink, DatenschutzR, BDSG § 4g Rn. 42; Wind, RDV 1991, 21). Ebenfalls ist § 4f nicht als **Schutzgesetz** anzusehen, das der DSB im Interesse des Betroffenen zu erfüllen hätte (a. A. die wohl überwiegende Literaturmeinung, vgl. Simitis in: Simitis, BDSG § 4g Rn. 106; v. d. Bussche in: Plath, BDSG § 4g Rn. 45; Scheja in: Taeger/Gabel, BDSG § 4g Rn. 41; Moos in: Wolff/Brink, DatenschutzR, BDSG § 4g Rn. 44). Zwar dient diese Vorschrift, wie alle anderen des BDSG, auch dem Zweck des § 1 Abs. 1, nämlich dem der Beeinträchtigung der Persönlichkeitsrechts der Betroffenen vorzubeugen; sie gibt dem Betroffenen aber keine eigenen Rechte.

33 **13.2** Für eine eventuelle **vermögensrechtliche Haftung** des nichtbeamteten DSB gegenüber dem Betroffenen wegen nicht abgestellter oder selbst initiierter Datenschutzverstöße kommt **§ 823 BGB** in Betracht, und zwar in beiden Alternativen: Absatz 1 wegen Verletzung des dort geschützten Allgemeinen Persönlichkeitsbzw. informationellen Selbstbestimmungsrechts und Absatz 2 wegen Verstoß gegen im BDSG enthaltene Schutznormen (ebenso Bergmann/Möhrle/Herb, BDSG § 4g Rn. 80; Helfrich, CR 1992, 456 ff.). Eine diesbezügliche Haftung des DSB wird zwar teilweise mit der Begründung verneint, der DSB habe keine „Täterqualität", weil die Verantwortung bei der speichernden Stelle liege (Louis, Grundzüge, Rn. 323; Schaffland/Wiltfang, BDSG § 4g Rn. 28); gleichwohl ändert das nichts daran, dass das Verhalten des DSB ursächlich für eine Rechtsverletzung bei der Datenverarbeitung sein kann (Wind, RDV 1991, 22). Hat der DSB die ihm nach § 4g obliegenden Aufgaben nicht oder nur unzulänglich erfüllt, werden jedoch sowohl die **Ursächlichkeit** wie auch die **Vorwerfbarkeit** sehr sorgfältig zu prüfen sein. Insoweit ist in der Tat relevant, dass der DSB jedenfalls von Gesetzes wegen keine Handhabe hat, seine Anregungen und Vorstellungen durchzusetzen und die primäre Verantwortung und auch die Letztentscheidung bei der Unternehmensleitung liegt. Selbst wenn der DSB also eine u. U. notwendige Maßnahme nicht getroffen hat oder trotz bestehender Hinweise auf Unregelmäßigkeiten Kontrollen nicht durchgeführt hat, so ist damit noch nicht gesagt, dass dadurch der Schaden mit Sicherheit vermieden worden wäre. Weder ist gesagt, ob die vorgeschlagene Maßnahme so von der Unternehmensleitung akzeptiert worden wäre, noch ob sie auch entsprechend angewendet worden wäre. Das Verhalten der verantwortlichen Stelle kann auch insoweit relevant werden, als sie es an der erforderlichen Unterstützung des DSB hat fehlen lassen, was zur Folge hat, dass der DSB gegebenenfalls von ihm gegenüber geltend gemachten Ansprüchen freizustellen ist (Bergmann/Möhrle/Herb, BDSG § 4g Rn. 79).

13.3 Nimmt ein Beamter die DSB-Aufgabe wahr, so richtet sich die Außenhaftung nach § 839 BGB. Da der DSB jedoch keiner **hoheitlichen Tätigkeit** nachgeht bzw. kein öffentliches Amt ausübt, verbleibt es entgegen der Haftungsübernahmeregelung des Art. 34 GG bei seiner persönlichen Haftung, die sich wie auch bei einem im Angestelltenverhältnis beschäftigten DSB im Rahmen des § 823 BGB bewegt (vgl. aber auch die Stimmen, die unmittelbar § 823 BGB anwenden, Scheja in: Taeger/Gabel, BDSG § 4g Rn. 45, v. d. Bussche in: Plath, BDSG § 4g Rn. 48). 34

13.4 Bei nicht grob fahrlässigem Verhalten besteht jedoch ein Freistellungsanspruch gegen den ggf. ebenfalls haftenden Arbeitgeber bzw. Subsidiarität der Haftung des Beamten. Dies ist der Fall, wenn ein Rückgriff auf den Bediensteten Mitarbeiter nur bei Vorsatz oder grober Fahrlässigkeit greifen würde. 34a

14. Haftung des DSB gegenüber dem Arbeitgeber/Dienstherrn

14.1 Für eine **Haftung** des DSB **gegenüber dem Arbeitgeber** bzw. dem Dienstherrn für einen der verantwortlichen Stelle zugefügten unmittelbaren oder mittelbaren Schaden ist zunächst das seiner Tätigkeit als DSB zugrunde liegende Vertragsverhältnis maßgebend. **Haftungsgrundlage** in einem Arbeitsverhältnis bildet **§ 280 BGB** (positive Forderungsverletzung). Daneben können auch deliktische Ansprüche gem. §§ 823 ff BGB bestehen. Da jedoch die nach der Rechtsprechung des BAG zum Umfang des **Betriebsrisikos** und der Arbeitnehmerhaftung (vgl. BAG, NJW 1993, 1732 und Gemeinsamer Senat der obersten Gerichtshöfe, NJW 1994, 856) ggf. eine volle Haftung begründende „grobe Fahrlässigkeit" des DSB (vgl. auch Tinnefeld, DuD 1994, 210) regelmäßig nicht vorliegen wird, wird eine Haftung zumeist nur anteilig oder gar nicht Betracht kommen (vgl. auch bei Simitis in: Simitis, BDSG § 4g Rn. 100 mit Hinweis auf die Umstände des Einzelfalls). 35

14.2 Auch der DSB des öffentliches Dienstes haftet aufgrund der dort geltenden privilegierenden Haftungsregelungen (§ 78 BBG) nur bei Vorsatz und grober Fahrlässigkeit. Daher werden auf dem Markt erhältliche Datenschutz-Haftpflichtversicherungen auch höchstens für einen nicht mit dem arbeitsrechtlichen Haftungsprivileg ausgestatteten externen DSB Sinn machen. Externe Beauftragte haften mangels abweichender Abrede für jedes Verschulden. 35a

15. Strafrechtliche Haftung aus Garantenstellung

36 Der DSB kann auf Grund seiner eingeschränkten Befugnisse nur ausnahmsweise in seiner Funktion zum Täter (§ 25 Abs. 1 StGB) einer datenschutzrechtlichen Straftat werden. Dies wäre z. B. der Fall, wenn er im Rahmen seiner Kontrollpflichten unzulässige Auswertungen von Beschäftigtendaten veranlassen würde. Diskutiert wird jedoch, ob er in Form der Beihilfe, d.h. als Gehilfe durch Unterlassen Teilnehmer des strafrechtlichen Verhaltens des Unternehmens bzw. seiner verantwortlichen Mitarbeiter werden kann (vgl. auch Marschall, ZD 2014, 66; zur Haftung insgesamt auch Bogers/Krupna, ZD 2013, 594). Strafbarkeit infolge einer **Garantenpflicht** (§ 13 StGB) hat der BGH (NJW 2009, 3373 m. Anm. Stoffers; BB 2009, 2263 mit Anm. Wybitul) für einen Revisionsleiter bejaht, der gegenüber ihm bekannter von Mitarbeitern des Unternehmens gegenüber Kunden begangener Betrugsfälle nichts unternommen hatte. Die **Einstandspflicht** beschränkt sich ggf. nicht nur darauf, Vermögensbeeinträchtigungen des eigenen Unternehmens zu unterbinden, sondern kann auch die Verhinderung aus dem eigenen Unternehmen kommender Straftaten gegen dessen Vertragspartner umfassen. Diese Garantenstellung wurde vorliegend bejaht, da sich aus seiner Aufgabenstellung derartige Schutzpflichten zum Einschreiten ergaben. Er wurde wegen Beihilfe zum Betrug durch Unterlassen verurteilt. Bedeutsam ist, dass der BGH obiter dictum auch eine Aussage zu sonstigen Betriebsbeauftragten wie u. a. insbesondere Compliance-Beauftragten trifft (vgl. Barton, RDV 2010, 19). Garantestellungen können danach auch vorliegen, wenn eine gesetzlich vorgesehene Funktion als Beauftragter z. B. für den Gewässerschutz, Immissionsschutz oder Strahlenschutz übernommen wurde. Dabei nimmt der BGH Bezug auf eine Entscheidung des OLG Frankfurt a.M. (NJW 1987, 2753), in der die strafrechtliche Haftung eines „inaktiven" Abwässerbeauftragten bejaht wurde. Ob diese Haftungsfragen sich auch für einen betrieblichen Datenschutzbeauftragten stellen, hängt wesentlich von seinem Arbeitsvertrag bzw. seiner Stellenbeschreibung ab. Er müsste zudem bewusst einen Datenschutzverstoß durch sein Unterlassen gefördert haben, wobei der Erfolg bei seinem Einschreiten mit an Sicherheit grenzender Wahrscheinlichkeit nicht hätte eintreten dürfen (v. d. Bussche, in: Plath, BDSG § 4g Rn. 58). Fraglich ist, ob die gesetzliche Hinwirkungspflicht des § 4f Abs. 1 Satz 1 allein zu einer Garantenstellung führt (verneinend v. d. Bussche in: Wolff/ Brink, DatenschutzR, BDSG § 4g Rn. 57).

16. Landesrecht

37 Auf in einzelnen Landesgesetzen enthaltene zusätzliche Aufgabenzuweisungen – u. a. im Zusammenhang mit der Vorabkontrolle – wurde bereits hingewiesen. Einige Gesetze weisen dem DSB auch ausdrücklich Kompetenzen im Hinblick auf die Personalvertretung zu (§ 32a Abs. 1 DSG NRW; § 10a Abs. 5 HmbDSG). In Thüringen darf der Beauftragte bestimmte – aufgeführte – Arten personenbezogener Daten nur mit Einwilligung des Betroffenen und sicherheitsrelevante Daten nur im Benehmen mit dem Leiter der Daten verarbeitenden Stelle einsehen (§ 10a Abs. 4).

§ 5 Datengeheimnis

¹Den bei der Datenverarbeitung beschäftigten Personen ist untersagt, personenbezogene Daten unbefugt zu erheben, zu verarbeiten oder zu nutzen (Datengeheimnis). ²Diese Personen sind, soweit sie bei nicht-öffentlichen Stellen beschäftigt werden, bei der Aufnahme ihrer Tätigkeit auf das Datengeheimnis zu verpflichten. ³Das Datengeheimnis besteht auch nach Beendigung ihrer Tätigkeit fort.

Literatur: *Dieckmann*, Die Verpflichtung externer Personen – insbesondere externer Prüfer – zur Einhaltung datenschutzrechtlicher Vorschriften, RDV 2004, 256; *Fernandez/Heinemann*, Datenschutz beim Einsatz von Leiharbeitnehmern, DuD 2011, 711; *Hallermann*, Mitarbeiterschulungen im Datenschutz, RDV 2011, 288; *Müthlein*, Datenschutz-Organisation – Verpflichtung der IT-Mitarbeiter, IT-Sicherheit 1/2003, 41.

Übersicht

	Rn.
1. Allgemeines	1
2. Wahrung des Datengeheimnisses	4
3. Der verpflichtete Personenkreis	8
4. „Förmliche" Verpflichtung der Beschäftigten	10
5. Verpflichtung der Mitglieder der Mitarbeitervertretung	15
6. Mitbestimmung	16a
7. Unterlassene Verpflichtung	16b
8. Landesrecht	17

1. Allgemeines

1.1 Die Regelung des § 5 ist mit dem Begriff **„Datengeheimnis"** nur unvollständig erfasst. Sie enthält nicht nur die in der Regel schon auf Grund dienst- und arbeitsvertraglicher Vorschriften bestehenden **Geheimhaltungspflichten** (vgl. auch Wächter, Datenschutz im Unternehmen, Rn. 381 ff.), sondern untersagt jedwede unbefugte Verwendung. Die Regelung tritt aber auch nicht gemäß der Subsidiarität des BDSG nach § 1 Abs. 4 gegenüber speziellen Geheimhaltungspflichten (z. B. aus § 17 UWG, § 203 StGB, § 88 TKG; § 43a BRAO) zurück (Kinast in: Taeger/Gabel, BDSG § 5 Rn. 4). Gleiches gilt für Regelungen, wie die des Sozialgeheimnisses nach § 35 SGB I, die sich an die Daten verarbeitende Stelle selbst wenden (zur Neufassung durch das 2. SGB ÄndG vgl. Binne, NZS 1995, 97 ff.; Schöning, DAng-Vers. 1994, 201; Kunkel, ZfSN/SG 1995, 225). Die entsprechenden Vorschriften ergänzen sich vielmehr (für die Mitarbeitervertretungen vgl. nachstehend Rn. 15 f.). Vorrangig ist jedoch die gleichartige Regelung des Meldegeheimnisses in § 5 Abs. 1 MRRG (zum Steuergeheimnis des § 30 AO vgl. Schmittmann, ZD 2012, 16). Auch das Medienprivileg verpflichtet die Länder die Pressemitarbeiter in die Pflicht zu nehmen (§ 41 Abs. 1).

1.2 Angesprochen sind die **bei der Datenverarbeitung beschäftigten Personen**, d. h. § 5 legt den Beschäftigten persönlich unmittelbar Pflichten auf, während sich das BDSG ansonsten – abgesehen von den Strafregelungen des § 44 – an die Daten verarbeitenden Stellen (§ 1 Abs. 2) als Normadressat wendet. Gleichwohl ist die Vorschrift von verhältnismäßig geringer praktischer Bedeutung, denn das Gesetz ist als Ganzes ein Schutzgesetz (vgl. Schaffland/Wiltfang, BDSG § 4 Rn. 26), das die missbräuchliche Verarbeitung nach § 44 unter Strafe stellt. Allerdings erfassen die in § 44 genannten Tatbestände nicht alle Missbrauchsmöglichkeiten durch das Datenverarbeitungspersonal. Wer z. B. die ihm im Verlaufe seiner dienstlichen oder

§ 5 Datengeheimnis

beruflichen Tätigkeiten bekannt gewordenen Daten zu privaten Zwecken nutzt, ohne einen der in § 44 genannten Tatbestände zu verwirklichen, missbraucht sie zwar, kann aber nach der Strafvorschrift nicht zur Rechenschaft gezogen werden (nulla poena sine lege). Allenfalls kommt eine Strafbarkeit nach § 203 StGB in Frage. Relevant ist häufig auch die strafrechtlich sanktionierte (§ 206 StGB) Verpflichtung auf das Fernmeldegeheimnis (§ 88 Abs. 2 TKG).

3 **1.3** In jedem Falle kann aber eine unbefugte zweckentfremdende Verwendung der Daten bzw. die Überschreitung von Kompetenzen dienst- oder **arbeitsrechtliche Konsequenzen** auslösen, seien sie disziplinarischer (VG Düsseldorf, DuD 2012, 58) oder dienstvertraglicher Art (vgl. LAG Köln, RDV 2011, 43, wonach Missbrauch von Zugriffrechten durch den EDV-Administrator zur fristlosen Kündigung führen kann; andererseits ist nach dem BAG (RDV 2011, 300) eine fristlose Kündigung ohne zuvor ergangenen Abmahnung unzulässig, wenn der Arbeitnehmer unbefugt private Daten auf seinem Firmen-Laptop und unternehmensbezogene Daten unbefugt auf einer privaten, durch ein Passwort geschützte Festplatte speichert; (zur **Kündigung** LAG Köln, DB 1983, 124; ArbG Kaiserslautern, ARSt 1991, 223; ArbG Marburg, RDV 1995, 82; LAG Chemnitz, RDV 2000, 177; VG Frankfurt a.M., RDV 2000, 279; LAG Berlin, RDV 2004, 129).

2. Wahrung des Datengeheimnisses

4 **2.1** Den von der verantwortlichen Stelle beschäftigten Mitarbeitern ist jedwede **unbefugte** Verarbeitung und Nutzung der ihnen „anvertrauten" Daten verboten. Die Verwendung des Begriffs „unbefugt" hat nur deklaratorische Bedeutung. Dadurch soll hervorgehoben werden, dass „befugte" Datenverarbeitung nur diejenige ist, die sich nach den Bestimmungen dieses Gesetzes oder anderer Rechtsvorschriften vollzieht oder mit Einwilligung des Betroffenen erfolgt. Will der Arbeitgeber den Beschäftigten wegen unbefugter Datennutzung haftbar machen oder das Arbeitsverhältnis kündigen (vgl. LAG Baden-Württemberg, RDV 1995, 81), so setzt dies **Verschulden des Mitarbeiters** voraus (zur **Verdachtskündigung** bei Datenausspähung VG Frankfurt a.M., RDV 2000, 279; LAG Chemnitz, RDV 2000, 177). Die Regelung des § 5 hat daher auch den Effekt, dass sich der Beschäftigte im Falle eines Missbrauchs von Daten nicht auf einen **Verbotsirrtum** berufen können wird (Kinast in: Taeger/Gabel, BDSG § 5 Rn. 24). Gleiches gilt bei der Realisierung eines Schadensersatzanspruchs aus § 280 Abs. 1 BGB i. V. m. § 611 BGB oder den Freistellungsanspruch gegenüber dem Arbeitgeber, wenn der Mitarbeiter von einem Betroffenen haftbar gemacht wird (Schreiber in: Plath, BDSG § 5 Rn. 28).

5 **2.2** Eine Nutzung ist in jedem Falle unbefugt, wenn sie **rechtswidrig** ist. Die Rechtswidrigkeit kann sich aus datenschutzrechtlichen Normen ergeben, aber auch auf Grund anderer rechtlicher Vorgaben. Insoweit sind für die Verarbeitung von Arbeitnehmerdaten insbesondere die eventuell zu beachtenden **Mitbestimmungsrechte** der Mitarbeitervertretungen relevant. Es stellt sich dann die Frage, welche **Verhaltenspflichten** ein Mitarbeiter hat, der erkennt, dass eine von ihm verlangte Datenverarbeitung aus einem von ihm nicht zu verantwortenden Grund unzulässig ist. Zwar gehört es regelmäßig nicht zu der Sorgfalts- und Prüfungspflicht des Sachbearbeiters, die Einhaltung allgemeiner Mitbestimmungsgebote durch den Arbeitgeber zu erfragen. Soweit die Rechtmäßigkeitsprüfung nicht ihm, sondern Vorgesetzten oder Mitarbeitern anderer Organisationseinheiten obliegt, kann er sich im Allgemeinen auf deren Entscheidung verlassen. Ist die Verletzung der Mitbestimmung jedoch evident, weist der Arbeitgeber ggf. sogar bewusst an, Datenverarbeitungen ohne die als erforderlich erkannte Mitbestimmung durchzuführen, so ist der einzelne Beschäftigte nach § 5 Abs. 1 zumindest in die Pflicht genommen, zu **„remonstrieren"**. Strafbare Handlungen hat er in jedem Fall zu verweigern.

Datengeheimnis **§ 5**

2.3 **Unbefugt** handeln Mitarbeiter im Übrigen schon dann, wenn sie die ihnen 6
intern zugewiesenen „**Zugriffsberechtigungen**" überschreiten, d. h. jede Datennutzung ist unbefugt, die nicht in der dem Mitarbeiter zugewiesenen Aufgabenstellung liegt, selbst wenn die Verarbeitung aus der Sicht der verantwortlichen Stelle rechtmäßig ist (vgl. Bergmann/Möhrle/Herb, BDSG § 5 Rn. 30 ff.). Insofern ist auch auf die Verpflichtung des Arbeitgebers hinzuweisen, die Verarbeitung von Personaldaten der jeweiligen **Zweckbestimmung** entsprechend organisatorisch abgeschottet zu betreiben (für Beihilfedaten vgl. LAG Köln, RDV 1986, 276) und den Kreis der mit der Bearbeitung befassten Personen möglichst eng zu halten (BAG, NJW 1988, 791 = RDV 1988, 27; BVerwG, NJW 1987, 1214).
2.4 Die Verpflichtung zur Wahrung des Datengeheimnisses besteht über das **Ende** 7
des Beschäftigungsverhältnisses hinaus; eine Regelung, die auch bei sonstigen für im Rahmen von Beschäftigungsverhältnissen entstehenden Vertraulichkeitspflichten gegeben ist (z. B. § 67 BBG, § 226 AFG, § 22 AO; anders § 17 UWG). Sanktionen bei Verletzung des Datengeheimnisses können gegenüber einem ausgeschiedenen Mitarbeiter aber nur noch unter dem Gesichtspunkt der Haftung und in Anwendung strafrechtlicher Normen erfolgen. Selbstverständlich ist, dass auch bei Verlassen des konkreten Arbeitsplatzes, z. B. durch Versetzung die Fortgeltung besteht (Schreiber in: Plath, BDSG § 5 Rn. 24). Ausscheidende Mitarbeiter sollten entsprechend hingewiesen werden (vgl. Musteranschreiben bei Gola/Wronka, Handbuch Arbeitnehmerdatenschutz, Rn. 1384).

3. Der verpflichtete Personenkreis

3.1 **Bei der Datenverarbeitung beschäftigt** und damit ggf. auch auf das Daten- 8
geheimnis zu verpflichten, sind zunächst die Personen, die Tätigkeiten gem. § 3 Abs. 4 zu verrichten haben. Aber auch das alleinige Erheben oder Nutzen von Daten ist nach dem Sinn der Norm als erfasst zu werten. In welchem Umfang diese Tätigkeiten anfallen oder andere Tätigkeiten für das Beschäftigungsverhältnis bestimmend sind, ist unerheblich. Unerheblich ist auch die Rechtsgrundlage, auf Grund der die Beschäftigung erfolgt, so dass Arbeitnehmer, freie Mitarbeiter oder Praktikanten gleichermaßen betroffen sind. Auch Angehörige solcher Abteilungen, die durch fachliche Weisungen auf die Verarbeitung Einfluss nehmen, sind angesprochen. Zu verpflichten sind ferner Mitarbeiter, die im Rahmen der Auftragsdatenverarbeitung oder als **Wartungspersonal** „fremde" personenbezogene Daten verarbeiten. Der Auftraggeber hat diese Verpflichtung zu kontrollieren (vgl. nachstehend Rn. 14).
3.2 Zweifel können auftreten bei Personen, die im Rahmen ihrer Aufgaben per- 9
sonenbezogene Daten lediglich zur Kenntnis nehmen müssen, aber keine Befugnisse zur Verarbeitung der Daten haben, wie z. B. die Revision, der Compliance Officer oder der betriebliche **Datenschutzbeauftragte** (eine Verpflichtung des DSB verneinen Schaffland/Wiltfang, BDSG § 5 Rn. 8; vgl. § 4f Rn. 52; zustimmend Ehmann in: Simitis, BDSG § 5 Rn. 17; Klebe in: DWKW, BDSG § 5 Rn. 7). Regelmäßig wird eine Verpflichtung auch dieser Personen angezeigt sein (vgl. auch Aufsichtsbeh. Baden-Württemberg, Hinweis zum BDSG Nr. 33, Staatsanz. vom 4.1.1995; ebenso Ehmann in: Simitis, BDSG § 5 Rn. 17 ff.). Eine extensive Auslegung bei der Festlegung des „bei der Datenverarbeitung" beschäftigten Personenkreises des § 5 ist konsequent (vgl. zur extensiven Anwendung auch Bergmann/Möhrle/Herb, BDSG § 5 Rn. 10), weil auch das Erheben und Nutzen von Daten, wenngleich es begrifflich nicht zur Datenverarbeitung zählt (vgl. § 3 Rn. 7 und 41) unter das Verbot mit Erlaubnisvorbehalt fallen. Daher werden auch Boten, der Postdienst, Schreibkräfte oder Wartungspersonal betroffen sein können (vgl. Louis, Grundzüge, Rn. 341; ebenso Aufsichtsbeh. Baden-Württemberg, Hinweis zum

§ 5 Datengeheimnis

BDSG Nr. 33, Staatsanz. vom 4.1.1995; Ehmann in: Simitis, BDSG § 5 Rn. 15). Nicht erfasst sind jedoch Personen, die lediglich in der Nähe von Datenverarbeitungsanlagen tätig sind, wie z. B. der **Reinigungsdienst,** es sei denn er entsorgt personenbezogene Daten durch Leerung der Papierkörbe. Aufgrund der Regelung des § 27 Abs. 2 sind auch diejenigen zu verpflichten, die aus Dateien stammende, in Akten gespeicherte Daten verarbeiten, da diese Daten auch unter das Verbot mit Erlaubnisvorbehalt fallen (so auch Schaffland/Wiltfang, BDSG § 5 Rn. 5).

4. „Förmliche" Verpflichtung der Beschäftigten

10   4.1 In § 5 Satz 2 ist nur den nichtöffentlichen Stellen aufgegeben, den angesprochenen Personenkreis „auf das Datengeheimnis zu verpflichten" Das wird daraus begründet, dass das Datengeheimnis Teil der im öffentlichen Dienst geltenden Verschwiegenheitspflicht sei, auf die die Mitarbeiter häufig auch noch in besonderer Form hingewiesen werden. Auf eine besondere förmliche Verpflichtung wurde daher auch aus Gründen der Entbürokratisierung verzichtet. In der Privatwirtschaft ist, u. a. auch auf Grund von dieser Seite geäußerten Wünschen, die Regelung der **formellen Verpflichtung** beibehalten worden.

11   4.2 Die Verpflichtung ist an keine besonderen Formvorschriften gebunden (vgl. zur Durchführung des Verfahrens im Rahmen eines der Verpflichtung gerecht werdenden „Rituals": Bayerisches Landesamt für Datenschutzaufsicht, 3. TB (2008), Ziff. 2). Es reicht nicht aus, sie durch Aushang am Schwarzen Brett oder in der Arbeitsordnung bekannt zu machen. Erforderlich ist vielmehr eine **„persönliche" Verpflichtung** in jedem **Einzelfall** (a. A. Schaffland/Wiltfang, BDSG § 5 Rn. 18). Sie ist aktenkundig zu machen, und ihr Vollzug sollte – zu Beweiszwecken – vom Betroffenen durch Unterschrift bestätigt werden (vgl. die Muster von Verpflichtungserklärungen bei Wächter, Datenschutz im Unternehmen, Rn. 423, 442 nebst Erläuterungen Rn. 447 f.).

11a Die Abgabe der Erklärung ist ein Realakt, der die Kenntnisnahme des Verbots bestätigt und kann auch von Minderjährigen geschehen (Schmidt in: Wolff/Brink, DatenschutzR, BDSG § 5 Rn. 10). Die Erklärung ist in die Personalakte aufzunehmen. Verweigert der Beschäftigte die Unterschrift, so genügt es, wenn der Verpflichtende die Durchführung der Belehrung dokumentiert. Arbeitsrechtliche Konsequenzen sind erst dann angezeigt, wenn mit der Verweigerung auch der Wille zur Nichtbeachtung des § 5 Satz 1 zum Ausdruck gebracht wurde, nicht jedoch dann, wenn dies unter Berufung auf den Gesetzestext geschieht (vgl. auch Schmidt in: Wolff/Brink, DatenschutzR, BDSG § 5 Rn. 23).

12   4.3 Die Verpflichtung erfüllt nur dann ihren vom Gesetzgeber beabsichtigten Zweck, wenn sie mit einer **Belehrung des Beschäftigten** über seine besonderen Verpflichtungen nach dem BDSG verbunden ist (Ehmann in: Simitis, BDSG § 5 Rn. 27 f.). Die Mitteilung des Wortlauts des § 5 reicht nicht aus. Die Belehrung kann zunächst in einem **Merkblatt** erfolgen, das dem zu Verpflichtenden ausgehändigt wird. Unter Umständen kann es angezeigt sein, mehrere Merkblätter für unterschiedliche Zielgruppen (je nach Art ihrer Beschäftigung bei der Verarbeitung personenbezogener Daten) zu entwickeln. Ansonsten kann die Verpflichtung gesondert, als Bestandteil der Arbeitsordnung oder auch des Arbeitsvertrages abgegeben werden (vgl. Beispiele hierzu in Gola/Wronka, Handbuch Arbeitnehmerdatenschutz, Rn. 1377 ff.).

13   4.4 Wer die Verpflichtung vornimmt, richtet sich nach der internen Organisation. Die Vornahme der Verpflichtung gehört nicht zu den gesetzlichen Aufgaben des betrieblichen **Datenschutzbeauftragten;** er ist lediglich gehalten, darauf hinzuwirken, dass die Verpflichtung erfolgt. Bei kleineren Betrieben bietet es sich jedoch an, dem betrieblichen Datenschutzbeauftragten diese Aufgabe zusätzlich zu übertragen,

Datengeheimnis **§ 5**

so dass er hierbei auch in einem ersten Schritt seiner Verpflichtung zur Schulung gem. § 4g Abs. 1 Nr. 2 nachkommen kann (zustimmend Ehmann in: Simitis, BDSG § 5 Rn. 26).

4.5 Die Vorschriften des 1. Abschnitts gelten auch für geschäftsmäßig tätig werdende Datenverarbeiter, so dass auch Service-Rechenzentren, Datenerfassungsbüros sowie auch externe Prüfer (vgl. Dieckmann, RDV 2004, 256) etc., die Daten **im Auftrag** verarbeiten, unter die Regelung des § 5 fallen (vgl. § 11 Abs. 4). Das bedeutet, dass die Verpflichtung durch den Auftragnehmer vorzunehmen ist; das gilt auch dann, wenn der Auftraggeber eine öffentliche Stelle ist. Der Auftraggeber hat sich jedoch die Durchführung der Verpflichtung im Rahmen seiner Pflicht zur **Auftragskontrolle** nach § 11 Abs. 1 S. 4 ggf. nachweisen zu lassen (Bergmann/Möhrle/Herb, BDSG § 5 Rn. 2; vgl. hierzu auch Dieckmann, RDV 2004, 256, der ggf. auch die Einholung der Verpflichtung durch den „Auftraggeber" – so z. B. bei der Ausgabe von Zugangsberechtigungen – empfiehlt).

5. Verpflichtung der Mitglieder der Mitarbeitervertretung

5.1 Durch § 5 auf das Datengeheimnis verpflichtet sind auch **Mitglieder des 15 Betriebs- oder Personalrats** (Gola/Wronka, Handbuch Arbeitnehmerdatenschutz, Rn. 1363 ff.), wenn sie – was regelmäßig der Fall ist – Personaldaten im Rahmen ihrer Funktionsausübung im Geltungsbereich des BDSG verarbeiten bzw. nutzen (zur nur eingeschränkten Zulässigkeit der automatisierten Verarbeitung von Personaldaten durch die Mitarbeitervertretung vgl. BVerwG, NJW 1991, 375 = PersR 1990, 329 m. Anm. Gola). Die Verpflichtung nach § 5 tritt nicht hinter die speziellen betriebsverfassungs- und personalvertretungsrechtlichen **Geheimhaltungspflichten** zurück (Ehmann in: Simitis, BDSG § 5 Rn. 18; Fitting, BetrVG § 79 Rn. 32 ff.; § 1 Rn. 210 ff.). Die Mitglieder des Betriebsrats trifft aufgrund einer Reihe von Einzelvorschriften (vgl. §§ 79, 99 Abs. 1 Satz 3, 102 Abs. 2 Satz 5, 82 Abs. 2 Satz 3, 83 Abs. 1 Satz 3 BetrVG) bereits die Verpflichtung, über persönliche Verhältnisse der Beschäftigten, die ihnen im Rahmen der Amtstätigkeit bekannt geworden sind, Stillschweigen zu bewahren; für Mitglieder der Personalvertretung enthält § 10 BPersVG ein generelles Gebot des Stillschweigens. Wegen des unterschiedlichen Regelungsinhalts steht § 5 ergänzend neben diesen speziellen Geheimhaltungsgeboten (Fitting, BetrVG § 1 Rn. 213; BfD, 6. TB, S. 20; Gola, DuD 1987, 440). So ist eine Übermittlung von Daten durch die Mitarbeitervertretung nicht unbefugt, wenn sie durch § 28 Abs. 1 gedeckt ist (vgl. BAG, RDV 2004, 24 zur Interessenabwägung bei der Übermittlung personenbezogener Daten an die Aufsichtsbehörde); bei der Anwendung der Zulässigkeitsnormen sind jedoch die vorrangigen Schweigepflichten gem. § 1 Abs. 4 zu beachten.

5.2 Eine andere Frage ist, ob für die Mitglieder der Mitarbeitervertretung auch **16** Satz 2 zutrifft, ob also zur Aufnahme ihrer Tätigkeit von der verantwortlichen Stelle, d. h. dem Arbeitgeber, formell zu verpflichten sind, bzw. ob sie einem entsprechenden Begehren des Arbeitgebers nachzukommen haben. Jedoch ist nicht erkennbar, inwieweit ein förmliches Bekenntnis des Betriebsrats zum Datenschutz seine Unabhängigkeit tangieren könnte (ebenso Ehmann in: Simitis, BDSG § 5 Rn. 18; Kinast in: Taeger/Gabel, BDSG § 5 Rn. 14). Jedenfalls sollte der DSB den Betriebsrat im Rahmen seiner Hinwirkungs- und Schulungspflicht entsprechend informieren.

6. Mitbestimmung

Ein Mitbestimmungsrecht bei der Einholung von Verschwiegenheitserklärungen **16a** besteht nicht, da es allein um den förmlichen Hinweis auf eine bestehende gesetzliche Verpflichtung geht (vgl. BAG, NZA 2010, 180 = DB 2009, 2275, wonach Mitbestimmung nach § 87 Abs. 1 Nr. 1 BetrVG bei der Einholung von inhaltlich standardisierten Erklärungen, in denen sich der Arbeitnehmer zum Stillschweigen über bestimmte betriebliche Vorgänge verpflichten soll, nur dann greift, wenn die Verschwiegenheit das betriebliche Ordnungsverhalten betrifft; sie entfällt, wenn die Schweigepflicht sich auf das Arbeitsverhalten des Arbeitnehmers oder bereits bestehende gesetzliche oder tarifliche Regelungen bezieht). Mitbestimmungsfrei ist auch das Verfahren der Einholung der Erklärung, soweit diese nicht automatisiert erfolgt. Das Verpflichtungsformular erfüllt auch nicht den Tatbestand eines Personalfragebogens (vgl. auch § 4 Rn. 16c).

7. Unterlassene Verpflichtung

16b Das Gesetz enthält keine unmittelbaren Sanktionen, wenn die Verpflichtung im Unternehmen nicht durchgeführt wird. Die Aufsichtsbehörde könnte einen Organisationsmangel in Bezug auf § 9 rügen bzw. die Verpflichtung anordnen. Wird die verantwortliche Stelle haftbar gemacht, kann sie sich ggf. nicht exkulpieren (Kinast in: Taeger/Gabel, BDSG § 5 Rn. 32).

8. Landesrecht

17 Die Landesdatenschutzgesetze statuieren – mit Ausnahme von Schleswig-Holstein – ein gleiches Datengeheimnis, wobei sie teilweise den angesprochenen Personenkreis noch erweitern. So erfasst § 9 HDSG alle Personen, die **Zugang** zu personenbezogenen Daten haben (ebenso § 6 LDSG BW; Art. 5 BayDSG; § 6 BbgDSG; § 6 BremDSG; § 7 HmbDSG; § 6 Satz 1 DSG MV; § 5 NDSG; § 6 DSG NRW; § 8 Abs. 1 LDSG RPf; § 6 SDSG). Eine Verpflichtung, wie sie in Satz 2 vorgesehen ist, ist in § 6 DSG M-V; § 8 Abs. 2 LDSG RPf; § 6 Abs. 2 SächsDSG und in § 8 Abs. 2 BlnDSG enthalten.

§ 6 Rechte des Betroffenen

(1) **Die Rechte des Betroffenen auf Auskunft (§§ 19, 34) und auf Berichtigung, Löschung oder Sperrung (§§ 20, 35) können nicht durch Rechtsgeschäft ausgeschlossen oder beschränkt werden.**

(2) ¹Sind die Daten des Betroffenen automatisiert in der Weise gespeichert, dass mehrere Stellen speicherungsberechtigt sind, und ist der Betroffene nicht in der Lage festzustellen, welche Stelle die Daten gespeichert hat, so kann er sich an jede dieser Stellen wenden. ²Diese ist verpflichtet, das Vorbringen des Betroffenen an die Stelle, die die Daten gespeichert hat, weiterzuleiten. ³Der Betroffene ist über die Weiterleitung und jene Stelle zu unterrichten. ⁴Die in § 19 Abs. 3 genannten Stellen, die Behörden der Staatsanwaltschaft und der Polizei sowie öffentliche Stellen der Finanzverwaltung, soweit sie personenbezogene Daten in Erfüllung ihrer gesetzlichen Aufgaben im Anwendungsbereich der Abgabenordnung zur Überwachung und Prüfung speichern, können statt des Betroffenen den Bundesbeauftragten für den Datenschutz und die Informationsfreiheit unterrichten. ⁵In diesem Fall richtet sich das weitere Verfahren nach § 19 Abs. 6.

(3) **Personenbezogene Daten über die Ausübung eines Rechts des Betroffenen, das sich aus diesem Gesetz oder aus einer anderen Vorschrift über den Datenschutz ergibt, dürfen nur zur Erfüllung der sich aus der Ausübung des Rechts ergebenden Pflichten der verantwortlichen Stelle verwendet werden.**

Literatur: *Däubler*, Individualrechte des Arbeitnehmers nach dem neuen BDSG, CR 1991, 475; *Schierbaum*, Rechte der Beschäftigung im novellierten BDSG, Computer-Fachwissen 4/2002, 20; *Wedde*, Rechte des Betroffenen, in: Roßnagel (Hrsg.), Handbuch Datenschutzrecht, Kap. 4.4.

Übersicht

	Rn.
1. Allgemeines	1
2. Unabdingbarkeit	4
3. Verbunddateien und vernetzte Systeme	6
4. Nutzungs- und Maßregelungsverbot	8a
5. Landesrecht	9

1. Allgemeines

1.1 Absatz 1 schreibt die Rechtspositionen des Betroffenen auf Auskunft und 1 Korrektur grundsätzlich fest und stellt klar, dass bestimmte Rechte des Betroffenen unabdingbar sind, d. h. nicht durch Rechtsgeschäft ausgeschlossen werden können. Die Unabdingbarkeit steht aber Verbesserung der Rechtsstellung des Betroffenen nicht entgegen (Meents in: Taeger/Gabel, BDSG § 6 Rn. 7). **Absatz 2** will sicherstellen, dass der Betroffene diese Rechte auch wahrnehmen kann, wenn mehrere Stellen hinsichtlich der fraglichen Daten speicherungsberechtigt sind.

1.2 Absatz 1 enthält keineswegs eine abschließende Aufzählung der einem 2 Betroffenen aus dem BDSG ggf. zustehenden Rechte. So ist u. a. nicht erwähnt das Recht auf Benachrichtigung (§ 33), das Widerspruchsrecht gegenüber Werbung (§ 28 Abs. 4), das allgemeine Widerspruchsrecht der §§ 20 Abs. 5, 35 Abs. 5 oder das Recht auf Speicherung einer Gegendarstellung gegenüber Bundesrundfunkanstalten (§ 41 Abs. 2). Auch die Möglichkeit, sich an die Aufsichtsbehörden wenden und in

§ 6 Rechte des Betroffenen

das dort geführte Register Einsicht nehmen zu können (§§ 21, 38 Abs. 2) ist Teil der datenschutzrechtlichen Rechtsposition des Betroffenen, auch wenn es kein Recht gegenüber der verantwortlichen Stelle ist, ggf. kann auch ein Anspruch auf ein Einschreiten der Aufsichtsbehörde bestehen (VG Darmstadt, MMR 2011, 416). Andererseits bedarf es keiner Frage, dass jedenfalls die drei letztgenannten Rechte ebenfalls durch Rechtsgeschäft nicht eingeschränkt werden können. Die in dem Unabdingbarkeitsgebot enthaltene Einschränkung der Dispositionsbefugnis des Betroffenen hebt nicht das Recht auf, bestimmte Verarbeitungen durch Einwilligung zu legitimieren (§ 4 Abs. 1), d. h. dass z. B. die mit einer Sperrung verbundenen Nutzungsverbote durch Einwilligung des Betroffenen beseitigt werden können. Die Regelung des § 6 Abs. 1 schließt ferner nicht die sich aus allgemeinen Rechtsvorschriften ergebenden Rechte der Betroffenen auf Unterlassung (§ 1004 BGB), Schadensersatz (§ 823 Abs. 1 und 2 BGB) oder Schmerzensgeld (§ 847 BGB) aus (vgl. Schaffland/Wiltfang, BDSG § 6 Rn. 22 ff.).

3   **1.3** Die Rechte aus § 6 Abs. 1 sind nicht nur unabdingbar, sondern auch **höchstpersönlich**. Sie können nicht übertragen oder abgetreten werden und sind auch nicht vererblich (Bergmann/Möhrle/Herb, BDSG § 6 Rn. 12; vgl. ferner hinsichtlich **Auskunftsansprüchen** des Erben des Betroffenen gegenüber Krankenversicherungsträgern: BSG, NJW 1986, 3105 = RDV 1986, 141; gegenüber dem früheren Arbeitgeber: LAG Berlin, RDV 1990, 266); jedoch kann ein hierzu von dem Betroffenen Bevollmächtigter die Rechte geltend machen ebenso wie der gesetzliche Vertreter. Einige Stimmen (Schmidt-Wudy in: Wolff/Brink, DatenschutzR, BDSG § 6 Rn. 13) sprechen für eine gleichartige Behandlung von BDSG-Daten mit den in § 35 Abs. 5 SGB I oder Staatsarchivgesetzen über den Tod des Betroffenen hinaus geschützten Daten. Anzumerken ist dazu, dass der Gesetzgeber eine solche für die Fortgeltung des Rechts auf informationelle Selbstbestimmung benötigte Regelung unterlassen hat.

2. Unabdingbarkeit

4   **2.1 Unabdingbarkeit** bedeutet, dass der Betroffene die genannten Rechte nicht durch Vereinbarung mit der verantwortlichen Stelle oder einem Dritten ausschließen oder einschränken kann; ihre Erweiterung oder Verstärkung kann jedoch rechtsgeschäftlich vereinbart werden. Rechtsgeschäfte, die eine Veränderung der Betroffenenrechte zum Inhalt haben, werden im öffentlichen Bereich kaum relevant werden. Aber auch im Rahmen hoheitlichen Handelns sind öffentliche Stellen nicht befugt (z. B. als Nebenbestimmung in einem Verwaltungsakt), die gesetzlichen Betroffenenrechte zu reduzieren (Bergmann/Möhrle/Herb, BDSG § 6 Rn. 23). Im privaten Bereich gilt das Gebot der Unabdingbarkeit sowohl für Einzelverträge wie für allgemeine Geschäftsbedingungen. Auch bei Abschluss einer **Betriebsvereinbarung** ist es zu beachten, wobei sich dies daraus ergibt, dass die Betriebsvereinbarung zwar das BDSG hinsichtlich der Zulässigkeitsregelungen gem. § 4 Abs. 1 verdrängt (vgl. hierzu § 4 Rn. 10), im Übrigen als Schutzgesetz BDSG jedoch nur verbessern kann.

5   **2.2** Ausgeschlossen ist das Recht, wenn es nicht mehr geltend gemacht werden kann; der Betroffene hierauf also „verzichten" sollte. Beschränkt ist das Recht, wenn es nur noch unter zusätzlichen, vom Gesetz nicht vorgesehenen Bedingungen oder Voraussetzungen oder nur noch teilweise geltend gemacht werden können soll. Dies bedeutet auch, dass den höchstpersönlichen Betroffenenrechten seitens der verantwortlichen Stelle nicht mit einem **Zurückbehaltungsrecht** wegen anderer Forderungen beggenet werden kann. Folge des Verstoßes gegen Abs. 1 ist die Nichtigkeit des Rechtsgeschäfts oder des Verwaltungshandelns (§§ 44, 59 Abs. 2 VwVfG).

5a   Ein gegen § 6 Abs. 1 verstoßendes Rechtsgeschäft ist nichtig (zur Begründung Dix in: Simitis, BDSG § 623; Bergmann/Möhrle/Herb, BDSG § 6 Rn. 38). Das

Rechte des Betroffenen **§ 6**

gilt auch für allgemeine Geschäftsbedingungen. Nach der h.M. soll nur die Klausel, nicht aber der ganze Vertrag unwirksam sein (Schmidt-Wudy in: Wolff/Brink, DatenschutzR, BDSG § 6 Rn. 20).

3. Verbunddateien und vernetzte Systeme

3.1 Das BDSG regelt – abgesehen von dem speziellen Fall des Abrufverfahrens **6** in § 10 – im Gegensatz zu einigen Landesdatenschutzgesetzen (§ 4a LDSG NRW; § 15 HDSG) die Einrichtung von Verbunddateien nicht und unterstellt damit deren Zulässigkeit. Durch die Regelung des **Absatzes 2 Sätze 1 bis 3** soll sichergestellt werden, dass der Betroffene auch bei Verbunddateien und bei vernetzten Systemen seine Rechte, ohne komplizierte Nachforschungen anstellen zu müssen, wirksam geltend machen kann. Bei derartigen Datenspeicherungen ist für ihn nicht ohne weiteres erkennbar, wer hinsichtlich der ihn betreffenden Daten verantwortliche Stelle ist. Wendet sich der Betroffene an die falsche Stelle, so ist diese nach Satz 2 verpflichtet, sein Begehren an die „zuständige" Stelle weiterzuleiten und den Betroffenen hierüber zu unterrichten. Voraussetzung ist jedoch, dass die „falsche" Stelle auch an dem fraglichen System beteiligt ist und der Betroffene nicht in der Lage ist, die für seine Daten verantwortliche Stelle selbst zu ermitteln. Letztere Voraussetzung liegt ggf. nicht vor, wenn der Betroffene – was im privaten Bereich regelmäßig der Fall sein müsste – über die Speicherung von der verantwortlichen Stelle benachrichtigt wurde (vgl. aber auch bei Mallmann in: Simitis, BDSG § 6 Rn. 34). Auch wenn Absatz 2 den Fall nicht ausdrücklich regelt, so wird man eine entsprechende Weiterleitungs- und Hinweispflicht unter dem Gesichtspunkt von Treu und Glauben auch im Falle der **Auftragsdatenverarbeitung** bejahen müssen, wenn der Betroffene nicht erkennen kann, dass die von ihm vermutete speichernde Stelle nur Auftragnehmer ist.

3.2 Die Regelung des **Absatzes 2 Satz 1** verschiebt keineswegs den Adressaten, **7** demgegenüber der Betroffene seine Rechte geltend machen kann; begründet also nicht eine Art gesamtschuldnerischer Haftung. Vielmehr statuiert das Gesetz für die beteiligten Stellen ggf. eine neue, weitere Verpflichtung, nämlich die **Weiterleitungs- und Unterrichtungspflicht,** deren Verletzung im öffentlichen Bereich eine Amtspflichtverletzung darstellt und im privaten Bereich nach § 823 Abs. 2 BGB Schadensersatzverpflichtungen begründen kann.

3.3 In den **Sätzen 4 und 5** wird den besonderen Geheimhaltungsbedürfnissen **8** der dort aufgeführten **Sicherheitsbehörden** Rechnung getragen, wie dies auch bei der Regelung über die Auskunftspflicht selbst in § 19 Abs. 3 und 4 geschieht. Statt des Betroffenen ist ggf. nur der BfD über die Weiterleitung des Begehrens des Betroffenen an die verantwortliche Stelle zu unterrichten. Gemäß dem dann anzuwendenden § 19 Abs. 6 kann der Betroffene den BfD ermächtigen, Auskunft einzuholen, um dann von diesem im Rahmen des Zulässigen informiert zu werden (vgl. hierzu § 19 Anm. 10; ferner zum Verfahren im Einzelnen bei Mallmann in: Simitis, BDSG § 6 Rn. 46 ff.).

4. Nutzungs- und Maßregelungsverbot

4.1 Der 2009 mit der BDSG-Novelle I eingefügte Absatz 3 enthält ein Zweckbin- **8a** dungsge- bzw. Nutzungsverbot und indirekt auch ein arbeitsrechtliches Maßregelungsverbot. Macht der Betroffene von seinen Datenschutzrechten Gebrauch – und damit sind nicht nur die in Abs. 1 als unabdingbar aufgeführten Rechte erfasst –, so dürfen die insoweit anfallenden Daten nur zur Erfüllung des Rechtsanspruchs Verwendung finden. Der **Verwendungsschutz** – gemeint sind hiermit die Phasen

§ 6 Rechte des Betroffenen

der Verarbeitung und Nutzung (vgl. § 3 Rn. 25 ff.) – besteht nicht nur bei der Wahrnehmung von Rechten aus dem BDSG, sondern z. B. auch aus dem BetrVG (§ 83) oder aus Betriebsvereinbarungen. Die Listen mit **Werbewidersprechern** dürfen – abgesehen von der Versendung von Werbung – nicht für andere Geschäftsentscheidungen genutzt werden. Unzulässig wäre es auch, die Widersprechenden zu einer Rücknahme des Widerspruchs bewegen zu wollen (Dix in: Simitis BDSG § 6 Rn. 63). Die Zweckbindung erstreckt sich nur auf die Daten, die im Rahmen der Geltendmachung eines Rechts bei der verantwortlichen Stelle erfasst werden. Dazu zählen auch Daten, die bei der Anrufung des DSB anfallen. Dies ergibt sich daraus, dass die Regelung speziell auf die Wahrnehmung von Auskunftsrechten gegenüber Auskunfteien abstellt. Der Betroffene soll nicht befürchten müssen, dass sich die Ausübung seiner Rechte nachteilig, z. B. im Hinblick auf die Bewertung seiner **Bonität** auswirken könnte (vgl. Gesetzesbegründung Reg.-E., BT-Drs. 16/10 529). Einen speziellen Schutz sieht insoweit der § 28a Abs. 2 Satz 4 vor. Für das Arbeitsverhältnis ergibt sich die Folge, dass es unzulässig ist, die **Einsichtnahme in Personalakten** in der Akte zu dokumentieren. Ein berechtigtes Interesse im Hinblick auf die Gewährung zukünftiger Auskünfte besteht nicht.

8b 4.2 Die Regelung beinhaltet auch, dass die Daten nicht zur Verfügung stehen, um den Arbeitnehmer wegen der Wahrnehmung seiner Datenschutzrechte zu benachteiligen. Das **Maßregelungsverbot** des § 612a BGB untersagt es, einen Arbeitnehmer zu benachteiligen, weil er zulässig seine Rechte ausübt. Dazu gehört auch die Wahrnehmung von Beschwerderechten beim Datenschutzbeauftragten, dem Betriebsrat oder der Datenschutzaufsichtsbehörde. Die Einschränkung der zulässigen Ausübung des Rechts ist aber nicht nur Voraussetzung für das Nutzungsverbot aus § 612a BGB, sondern auch aus § 6 Abs. 2.

8c 4.3 Aus alledem folgt, dass wenn dem Anspruch Rechnung getragen ist und kein Streit über seine Erfüllung besteht, die Daten zu löschen oder zu anonymisieren sind (§ 35 Abs. 2 Satz 3 Nr. 3) (Däubler in: DKWW, BDSG § 6 Rn. 15).

5. Landesrecht

9 Von den Landesdatenschutzgesetzen stellen einige – Bayern hat auf eine dem § 6 entsprechende Bestimmung verzichtet – in noch erweitertem Umfang ebenfalls die Unabdingbarkeit der Betroffenenrechte fest, indem sie „auch durch die Einwilligung des Betroffenen nicht ausgeschlossen oder beschränkt werden können" oder darauf verzichtet werden kann (so § 7 BlnDSG; § 5 Abs. 1 Satz 2 BbgDSG; § 28 DSG M-V; § 20 NDSG und § 5 Satz 2 DSG NRW; § 6 Abs. 2 LDSG RPf; § 19 SDSG; § 5 Abs. 2 SächsDSG; § 17 DSG-LSA; § 31 LDSG SH; § 5 Abs. 2 ThürDSG) bzw. indem auf sie „nicht im Vorwege verzichtet werden kann" (so § 6 Abs. 2 HmbDSG). Insoweit als unabdingbar werden nicht nur die Auskunfts-, Einsichts- und Korrekturrechte, sondern teilweise auch der Anspruch auf Schadensersatz oder das Recht auf Anrufung der Aufsichtsbehörde erklärt.

§ 6a Automatisierte Einzelentscheidung

(1) ¹Entscheidungen, die für den Betroffenen eine rechtliche Folge nach sich ziehen oder ihn erheblich beeinträchtigen, dürfen nicht ausschließlich auf eine automatisierte Verarbeitung personenbezogener Daten gestützt werden, die der Bewertung einzelner Persönlichkeitsmerkmale dienen. ²Eine ausschließlich auf eine automatisierte Verarbeitung gestützte Entscheidung liegt insbesondere dann vor, wenn keine inhaltliche Bewertung und darauf gestützte Entscheidung durch eine natürliche Person stattgefunden hat.

(2) Dies gilt nicht, wenn
1. die Entscheidung im Rahmen des Abschlusses oder der Erfüllung eines Vertragsverhältnisses oder eines sonstigen Rechtsverhältnisses ergeht und dem Begehren des Betroffenen stattgegeben wurde oder
2. die Wahrung der berechtigten Interessen des Betroffenen durch geeignete Maßnahmen gewährleistet ist und die verantwortliche Stelle dem Betroffenen die Tatsache des Vorliegens einer Entscheidung im Sinne des Absatzes 1 mitteilt sowie auf Verlangen die wesentlichen Gründe dieser Entscheidung mitteilt und erläutert.

(3) Das Recht des Betroffenen auf Auskunft nach den §§ 19 und 34 erstreckt sich auch auf den logischen Aufbau der automatisierten Verarbeitung der ihn betreffenden Daten.

Literatur: *Abel,* Rechtsfragen von Scoring und Rating, RDV 2006, 108; *Beckhusen,* Das Scoringverfahren der SCHUFA im Wirkungsbereich des Datenschutzrechts, BKR 2005, 335; *Braunsfeld/Richter,* Bonitätsbeurteilung mittels DV-gestützter Verfahren, CR 1996, 775; *Brühann,* EU-Datenschutzrichtlinie-Umsetzung in einem vernetzten Europa, RDV 1996, 7 = DuD 1996, 66; *Brühann/Zerdick,* Umsetzung der EG-Datenschutzrichtlinie, CR 1996, 429; *Eichler/Weichert,* EC-Kartennutzung, elektronisches Lastschriftverfahren, DuD 2011, 201; *Globig,* Checkliste für Einzelentscheidungen, DuD 2003, 4; *Gola,* Die Digitalisierung der Personalakte und der Datenschutz, RDV 2008, 135; *ders.,* Personalentscheidung per Computer, Computer-Fachwissen 7–8/2000, 44; *Golla,* Abgenickt von Algorithmik – Aktuelles zum Verbot automatisierter Entscheidungen, PinG 2014, 61; *Grentzenberg/Schreibauer/Schuppert,* Die Datenschutznovelle (Teil I), K&R 2009, 368; *Heinemann/Wäßle,* Datenschutzrechtlicher Auskunftsanspruch bei Kreditscoring, MMR 2010, 600; *Hoeren,* Datenschutz und Scoring: Grundelemente der BDSG-Novelle I, VuR 2009, 363; *Hohmann-Dennhardt,* Freiräume – Zum Schutz der Privatheit, NJW 2006, 545; *Kamlah,* Scoring-Verfahren – Statistik und Datenschutzrecht, ZVI 2004, 9; *Klein,* Zur datenschutzrechtlichen Relevanz des Scorings von Kreditrisiken, BKR 2003, 488; *Kloepfer/Kutzschbach,* Schufa und Datenschutzrecht, MMR 1998, 650; *Koch,* Scoringsysteme in der Kreditwirtschaft, MMR 1998, 458; *Lüttkemeier,* EU-Datenschutzrichtlinie – Umsetzung in nationales Recht, DuD 1995, 597; *Möller/Florax,* Datenschutzrechtliche Unbedenklichkeit des Scoring von Kreditrisiken, NJW 2003, 2724; *dies.,* Kreditwirtschaftliche Scoring-Verfahren, MMR 2002, 805; *Müller,* Personalauswahl in öffentlichen Verwaltungen: Rechtliche, betriebswirtschaftliche und verhaltenswissenschaftliche Faktoren für die Praxis, VR 2009, 145; *Pauly/Ritzer,* Datenschutz-Novellen: Herausforderungen für die Finanzbranche, WM 2010, 8; *Petri,* Das Scoringverfahren der SCHUFA, DuD 2001, 290; *ders.,* Sind Scorewerte rechtswidrig?, DuD 2003, 631; *Runge,* Datenschutz auf dem Prüfstand, DuD 1996, 261; *Taeger,* Schutz von Betriebs- und Geschäftsgeheimnissen im Regierungsentwurf zur Änderung des BDSG, K&R 2008, 513; *Weichert,* Verbraucher-Scoring meets Datenschutz, DuD 2006, 399; *ders.,* Datenschutzrechtliche Anforderungen an Verbraucher-Kredit-Scoring, DuD 2005, 582; *Wolber,* Datenschutzrechtliche Zulässigkeit automatisierter Kreditentscheidungen, CR 2003, 623; *Wronka,* Auswirkungen der EU-Datenschutzrichtlinie auf die Werbung, RDV 1995, 197; *Wuermeling,* Umsetzung der Europäischen Datenschutzrichtlinie. Konsequenzen für die Privatwirtschaft, DB 1996, 663; *ders.,* Scoring von Kreditrisiken, NJW 2002, 3508; siehe ferner die Hinweise zu § 28b.

§ 6a Automatisierte Einzelentscheidung

Übersicht

	Rn.
1. Allgemeines	1
2. Die automatisierte Entscheidung	3
3. Die Bewertung einzelner Persönlichkeitsmerkmale	7
4. Konsequenzen für den Betroffenen	10
5. Ausnahmetatbestände des Absatzes 2	12
6. Parallelität zum sog. Scoring	15
7. Die erweiterte Auskunftspflicht	18
8. Korrekturrechte	19
9. Landesrecht	20

1. Allgemeines

1 **1.1** Die in das BDSG 2001 aufgenommene Regelung zur Zulässigkeit von bzw. zum Auskunftsrecht bei „**automatisierten Einzelentscheidungen**" setzt in den Absätzen 1 und 2 Art. 15 und in Absatz 3 Art. 12 Buchst. a 3. Spiegelstrich der EG-DatSchRL um. Der Gedanke, grundsätzlich keiner Maßnahme unterworfen zu werden, die auf sog. Profiling basiert, wird in den aktuellen Reformplänen der EU-Kommission fortgeführt bzw. ergänzt (vgl. KOM(2012) 11 endg. sowie Rn. 7). Diskutiert werden in diesem Zusammenhang eine obligatorische Datenschutz-Folgenabschätzung im Vorfeld derartiger Verarbeitungsvorgänge (zur bisherigen Vorabkontrolle s. § 4d Rn. 13 sowie Klug, RDV 2001, 16) und eine darauf basierende Zuratziehung der zuständigen Aufsichtsbehörde. § 6a will den Betroffenen vor automatisierten Entscheidungen schützen, die ausschließlich aufgrund von Persönlichkeitsprofilen ergehen, ohne dass der Betroffene die Möglichkeit hat, die zugrundeliegenden Angaben und Bewertungsmaßstäbe zu erfahren und ggf. auf die Entscheidung noch nachträglich Einfluss zu nehmen. Die Bestimmung enthält in Absatz 1 ein Verbot der dort näher definierten „automatisierten Einzelentscheidungen" und damit auch ein Verbot von Verarbeitungen, die zu derartigen Entscheidungen führen. Zur Klärung der Frage, in welchen Fällen die vom Gesetz vorausgesetzte Ausschließlichkeit vorliegt, hat der Gesetzgeber eine Konkretisierung in Absatz 1 Satz 2 eingefügt. Das Verbot automatisierter Einzelentscheidungen wird in Absatz 2 jedoch in bestimmten Fällen wieder aufgehoben. Die Frage, ob man Art. 15 EG-DatSchRL als Verbot bestimmter automatisierter Einzelentscheidungen (Brühann/Zerdick, CR 1996, 429 (433)) zu verstehen hat oder als eine Begrenzung der Zulässigkeit automatisierter Einzelentscheidungen (Dammann/Simitis, Rn. 1 zu Art. 15; Ehmann/Helfrich, Art. 15 Rn. 7) kann insofern dahinstehen. Normadressaten sind sowohl öffentliche als auch nicht-öffentliche Stellen.

2 **1.2** Erfasst werden durch § 6a nur Verarbeitungen, die einzelne **Persönlichkeitsmerkmale** des Betroffenen bewerten und **ausschließlich** hierauf beruhend zu einer Entscheidung gegenüber dem Betroffenen führen, die eine **rechtliche Folge** für den Betroffenen nach sich zieht oder ihn **erheblich beeinträchtigt**; wobei die Zulässigkeit der vorausgegangenen Erhebung und Speicherung der Daten vorausgesetzt wird.

2a **1.3** Entsprechende Regelungen enthält das **Beamtenrecht** (§ 114 BBG). Damit wird die Verarbeitung personenbezogener Daten im Personalwesen auf Hilfsfunktionen begrenzt, um Fehlentscheidungen durch die mit der Datenverarbeitung verbundenen Formalisierungen und Kontextverluste zu vermeiden (BT-Drs. 12/544, S. 13). Hinzuweisen ist ferner auf die Regelung des § 67b Abs. 4 SGB X für den Sozialdatenschutz.

Automatisierte Einzelentscheidung § 6a

2. Die automatisierte Entscheidung

2.1 Art. 15 Abs. 1 EG-DatSchRL regelt, dass jeder Person das Recht eingeräumt 3 werden muss, keiner derartigen Entscheidung **„unterworfen zu werden"**. Ein solches „Unterworfen sein", liegt aber nur dann vor, wenn die verantwortliche Stelle die Bedingungen der Verarbeitung und damit die Grundlagen der automatisierten Entscheidung einseitig festlegt.

2.2 Erforderlich ist somit, dass die Verarbeitung von Daten (erfasst ist insoweit 4 auch eine diesbezügliche Nutzung der Daten) zu einer von dem Betroffenen nicht beeinflussten **Entscheidung** führt und der Computer nicht nur lediglich etwas ausführt, was zuvor mit dem Betroffenen vereinbart war oder von ihm angeordnet wird. Keine Entscheidungen im Sinne des Absatzes 1 sind Vorgänge wie etwa Abhebungen am Geldausgabeautomaten, automatisierte Genehmigungen von Kreditkartenverfügungen oder automatisiert gesteuerte Guthabenabgleiche zur Ausführung von Überweisungs-, Scheck- oder Lastschriftaufträgen. Insofern bedarf es also erst gar nicht der Heranziehung des Erlaubnistatbestands der Nummer 1 des Absatzes 2. Wenn dem Begehren des Betroffenen nicht stattgegeben wird, weil z. B. der Versuch der **Geldabhebung** am Automaten mangels entsprechendem Guthaben erfolglos bleibt, handelt es sich nicht um eine – negative – automatisierte Entscheidung über eine Kreditgewährung, sondern um die bloße Überprüfung des Kontos und der sich daraus im Rahmen der mit der Bank getroffenen Vereinbarungen ergebenden zwingenden Folge (vgl. auch Scholz in: Simitis, BDSG, § 6a Rn. 24, der § 6a deshalb ablehnt, weil nur ein Persönlichkeitsmerkmal (Kreditrahmen) verwertet wird). Gleiches gilt z. B. für ein **Gehaltsprogramm,** das nach dem Arbeitnehmer bekannten Kriterien eine dem Arbeitnehmer zu gewährende Leistungszulage ermittelt. Auch hier wurde die Entscheidung über die Gewährung bereits zuvor im Arbeitsvertrag, einer Betriebsvereinbarung oder einem Tarifvertrag getroffen. Der Computer dient dann allein dazu, die Entscheidung unter Auswertung der maßgebenden Daten zu vollziehen.

2.3 Voraussetzung ist weiter, dass die per Computer aus den gespeicherten Persön- 5 lichkeitsmerkmalen gewonnenen Erkenntnisse unmittelbar zu der Entscheidung führen. Bilden die mit Hilfe des Computers gewonnenen Erkenntnisse die Grundlage einer noch von einem Menschen zu treffenden abschließenden Entscheidung, findet § 6a keine Anwendung. Werden z. B. Bewerberdaten in einem Programm zwecks „Rankings" der Bewerber nach vorgegebenen Kriterien gespeichert und entscheidet dann der Arbeitgeber, ob und welche Bewerber in Betracht kommen, so liegt keine **„ausschließlich"** auf eine automatisierte Verarbeitung gestützte Entscheidung vor. Für die menschliche Beurteilung muss Raum sein (so die Begründung der Kommission, zitiert bei Klug (Hrsg.), BDSG-Interpretation, 3. Aufl. 2007, S. 109). Dies ist z. B. bei einem Bewerberauswahlprogramm nicht mehr gegeben, wenn die Bewerber im Rahmen sog. **E-Recruitings** (vgl. Händschke, RDV 2002, 124) per Internet in vorgegebene Datenfelder ihre Bewerbungsdaten eingeben und ggf. sofort die ablehnende Entscheidung des Systems erhalten, etwa weil sie eine bestimmte Punktzahl nicht erreichen oder bestimmte „Skills" nicht aufweisen (zur Personalauswahl in der öffentlichen Verwaltung vgl. Müller, VR 2009, 145). Allein die durch die von einem Menschen getroffene **Letztentscheidung** und die damit gegebene Möglichkeit der abweichenden Entscheidung schließt das Tatbestandsmerkmal der Ausschließlichkeit aus. Demgemäß sind bloße **Vorentscheidungen,** wie etwa die automatisierte Vorauswahl im Vorfeld einer Personalbesetzung (automatisierter Abgleich des Personalbestands anhand bestimmter Suchkriterien, wie etwa Alter, Ausbildung, Zusatzqualifikation u. ä.) nicht betroffen. Nach der Gesetzesbegründung (BT-Drs. 16/10 529, S. 13) sollen allerdings auch Fälle erfasst sein, in denen das automatisierte Verfahren die Entscheidung ohne die menschliche Prüfung ihres Ergebnisses

235

wesentlich vorbereitet und damit mitbestimmt hat. Der BGH hat inzwischen bestätigt, dass das Vorliegen einer automatisierten Verarbeitung alleine noch keine automatisierte Entscheidung, sondern eine der Entscheidung vorausgehende Datenauswertung darstellt (BGH, NJW 2014, 1235 m. Anm. Schulte am Hülse/Timm, NJW 2014, 1238 und Anm. Schade/Wolff, ZD 2014, 309; vgl. auch LG Berlin, ZD 2014, 89 m. Anm. Gärtner, ZD 2014, 89; AG Münster, ZD 2014, 153). Danach kann von einer automatisierten Einzelentscheidung im Falle des **Scorings** nur dann ausgegangen werden, wenn die für die Entscheidung verantwortliche Stelle eine rechtliche Folgen für den Betroffenen nach sich ziehende oder ihn erheblich beeinträchtigende Entscheidung **ausschließlich** aufgrund eines Score-Ergebnisses ohne weitere inhaltliche Prüfung trifft, nicht aber, wenn die mittels automatisierter Datenverarbeitung gewonnenen Erkenntnisse lediglich Grundlage für eine von einem Menschen noch zu treffende abschließende Entscheidung sind.

6   Der Gesetzgeber hat nunmehr klargestellt, dass die Nachschaltung einer mehr oder minder formalen Bearbeitung der automatisiert gewonnenen Erkenntnisse das Merkmal der Ausschließlichkeit nicht zu beseitigen vermag. Es bedarf einer inhaltlichen Bewertung und darauf gestützten Entscheidung durch eine natürliche Person. Diese Person muss **befugt** und aufgrund der Datengrundlage tatsächlich **in der Lage** sein, die Entscheidung zu überprüfen. Bei der Verwendung von EDV-Systemen zur Bonitätsprüfung liegt dann keine automatisierte Einzelentscheidung vor, wenn der Banksachbearbeiter – ggf. im Zusammenwirken mit anderen Mitarbeitern – die Entscheidung inhaltlich überprüft und bewertet. Für die Praxis bedeutet dies, dass die Sachbearbeiter mit entsprechenden Entscheidungskompetenzen ausgestattet und instruiert sein müssen, um die Gesamtumstände im Hinblick auf die Zahlungsfähigkeit bzw. Zahlungswilligkeit des Antragstellers faktisch würdigen zu können. Im Rahmen der nach § 6a Abs. 1 Satz 2 geforderten inhaltlichen Bewertung ist es allerdings nicht geboten, die Einzelheiten der Scorewertberechnung nachzuvollziehen. Nicht erforderlich ist, dass der Ersteller des Scorewertes und der Anwender identisch sind (vgl. BlnDSB, Materialien zum Datenschutz Nr. 40, S. 15; ferner BT-Drs. 14/5793, S. 65).

3. Die Bewertung einzelner Persönlichkeitsmerkmale

7   **3.1** Obwohl die Bestimmung den Begriff aufgrund seiner Ungenauigkeit sinnvollerweise selbst nicht erwähnt, zielt sie ab auf die Erstellung von **Persönlichkeitsprofilen** (Ehmann/Helfrich, Art. 15 Rn. 12). Die automatisiert getroffene Entscheidung muss ausschließlich auf der Auswertung von einzelnen Persönlichkeitsmerkmalen des Betroffenen beruhen. Gemeint sind hiermit Daten, die die Persönlichkeit des Betroffenen unter bestimmten „einzelnen Aspekten" beschreiben. Art. 15 Abs. 1 EG-DatSchRL nennt insoweit beispielsweise die berufliche Leistungsfähigkeit, die Kreditwürdigkeit, die Zuverlässigkeit oder das Verhalten einer Person. Hinsichtlich der auf sog. Profiling basierenden Maßnahmen ergänzt der Kommissionsentwurf einer EU-Datenschutz-Grundverordnung (vgl. Einleitung Rn. 28) allgemein die wirtschaftliche Situation, den Aufenthaltsort, den Gesundheitszustand von Personen sowie persönliche Vorlieben. Insbesondere soll sich die automatisierte Verarbeitung personenbezogener Daten zum Zwecke der Auswertung bestimmter persönlicher Merkmale einer natürlichen Person nicht ausschließlich auf die in Art. 9 EG-DatSchRL genannten besonderen Kategorien personenbezogener Daten stützen dürfen.

8   **3.2** Damit erfasst Absatz 1 zunächst einmal nicht jegliche zu einer abschließenden, endgültigen Entscheidung führende Auswertung personenbezogener Daten. Trifft beispielsweise der Computer die abschließende Entscheidung über einen freiwillig, einseitig vom Arbeitgeber gewährten Fahrtkostenzuschuss oder die Zuteilung eines

Parkplatzes an einen Arbeitnehmer ausschließlich aufgrund seiner Adresse, d. h. der Entfernung des Wohnorts vom Arbeitsplatz, so liegt eine Bewertung von **Persönlichkeitsmerkmalen** i. S. v. § 6a Abs. 1 und Art. 15 Abs. 1 EG-DatSchRL nicht vor. Zudem fehlt es, wenn sich der Anspruch des Arbeitnehmers aufgrund eines Vertrages oder einer Betriebsvereinbarung ergibt, an der automatisierten „Entscheidung" (vgl. hierzu Rn. 4). Gleichfalls erfolgt keine Auswertung von Persönlichkeitsmerkmalen durch sog. **biometrische Identifikationsverfahren,** die z. B. durch Überprüfung der Stimme, des Fingerabdrucks etc. entscheiden, ob Zugang, Zugriff etc. gewährt wird. In diesen Fällen geht es um die Identität des Betroffenen. Eine Bewertung der Persönlichkeit erfolgt nicht (ebenso Scholz in: Simitis, BDSG § 6a Rn. 24).

3.3 Die Entscheidung muss auf der Bewertung „einzelner Persönlichkeitsmerkmale" beruhen, was ein gewisses **„Mindestmaß an Komplexität"** der Angaben beinhaltet (Dammann/Simitis, EG-Datenschutzrichtlinie (1997), Art. 15 Rn. 4). Wird z. B. eine einzelne, die Persönlichkeit beschreibende Information, wie ein bei einer medizinischen Untersuchung gewonnener Messwert, zur Grundlage einer Computerentscheidung, greift das Verbot des § 6a noch nicht (Ehmann/Helfrich, Art. 15 Rn. 13). Anders verhält es sich, wenn ein aus mehreren Merkmalen gebildeter **„Gesamtwert"** die Entscheidung bedingt (vgl. Abel, RDV 2006, 108). 9

4. Konsequenzen für den Betroffenen

4.1 Die automatisierte Verarbeitung muss schließlich zu einer Entscheidung führen, die entweder eine **rechtliche Folge** nach sich zieht oder den Betroffenen **erheblich beeinträchtigt.** Wird die Adresse des Betroffenen durch Auswertung seines Kaufverhaltens, seiner Wohnumgebung etc. bewertet (vgl. hierzu § 3 Rn. 10), um seine Kaufkraft oder sein potentielles Interesse am Kauf bestimmter Produkte zu ermitteln, so liegt hierin die Bewertung einzelner Persönlichkeitsmerkmale (vgl. aber § 28b Rn. 14). Führt die im Massengeschäft des **Marketing** ausschließlich automatisiert getroffene Entscheidung dazu, dass dem Betroffenen ein Prospekt zugesandt wird, so ist die geforderte rechtliche oder erheblich beeinträchtigende Folge für den Betroffenen noch nicht gegeben (vgl. Ehmann/Helfrich, Art. 15 Rn. 18 f.). Letztlich hängt der Grad der Beeinträchtigung im Einzelfall von der Form, dem Inhalt und dem Umfang der Zusendung von Werbematerial ab (vgl. Scholz in: Simitis, BDSG, § 6a Rn. 28; Bergmann/Möhrle/Herb, BDSG, § 6a Rn. 13; zur Profilbildung im Rahmen verhaltensbasierter Internetwerbung vgl. Artikel-29-Datenschutzgruppe, WP 171 sowie Erwägungsgrund 21 und 24 des Verordnungsvorschlags der EU-Kommission – KOM(2012) 11 endg.). Führt eine automatisierte Auswertung dazu, dass Bestellungen des Betroffenen nur per **Vorkasse** oder per **Nachnahme** ausgeführt werden, so liegt eine erhebliche Beeinträchtigung vor (ebenso Weichert in: DKWW, BDSG, § 6a Rn. 8; a. A. Kamlah in: Plath, BDSG, § 6a Rn. 8). 10

4.2 **Beispiele** solcher ausschließlichen, mit einer rechtlichen Folge für den Betroffenen verbundenen Entscheidungen bilden im öffentlichen Bereich Verwaltungsakte. Für den privaten Bereich sind hier Rechtsgeschäfte gemeint, wie z. B. eine Kündigung. Für das Tatbestandsmerkmal der rechtlichen Folge ist es zunächst unerheblich, ob die Folge für den Betroffenen positiv oder negativ ist. Eine den Betroffenen, bzw. seine Interessen erheblich beeinträchtigende Entscheidung liegt z. B. vor, wenn eine Geschäftsbeziehung, etwa die Verlängerung eines Kredits, abgelehnt wird. 11

5. Ausnahmetatbestände des Absatzes 2

5.1 Eine automatisierte Einzelentscheidung i. S. v. Absatz 1 ist nach den beiden Ausnahmetatbeständen des **Absatzes 2** nicht per se untersagt, zum einen, wenn 12

§ 6a   Automatisierte Einzelentscheidung

sie im Rahmen des Abschlusses oder der Erfüllung eines Vertrags- oder sonstigen Rechtsverhältnisses ergeht und dem Begehren des Betroffenen **stattgegeben** wurde (Abs. 2 Nr. 1); zum anderen, wenn der Betroffene von der verantwortlichen Stelle über das Vorliegen einer Entscheidung **informiert** wird und zugleich die verantwortliche Stelle **Maßnahmen** ergriffen hat, die die Wahrung der berechtigten Interessen des Betroffenen gewährleisten (Abs. 2 Nr. 2).

13   **5.2** Damit sind z. B. Entscheidungen im Rahmen des sog. **Kredit-Scoring** (vgl. im Einzelnen § 28b) nicht durch § 6a untersagt, wenn das Ergebnis der Bewertung der Person positiv ausfällt.

14   **5.3** Die automatisierte Einzelentscheidung ist mithin auch gestattet, wenn dem Betroffenen die Wahrung seiner berechtigten Interessen durch geeignete Maßnahmen gewährleistet wird. Dies setzt die Erfüllung eines **dreistufigen Verfahrens** voraus. Der erste Schritt ist, dass der Betroffene über den Tatbestand der „Computerentscheidung" informiert werden muss. Im zweiten Schritt sind dem Betroffenen – dies jedoch nur auf sein Verlangen – die wesentlichen Gründe der Ablehnung seines Begehrens mitzuteilen und zu erläutern. Im dritten Schritt muss dem Betroffenen eine „geeignete Maßnahme" angeboten werden, um die Entscheidung „anfechten" zu können.

14a   **5.4** Im Anschluss an die Information über das Vorliegen einer automatisierten Einzelentscheidung müssen dem Betroffenen auf seinen Wunsch hin die **wesentlichen Gründe** der Entscheidung **mitgeteilt** und **erläutert** werden (Abs. 2 Nr. 2). Insofern sind dem Betroffenen nicht nur die maßgeblichen personenbezogenen Daten mitzuteilen, sondern ihm muss auch erläutert werden, was in seinem Fall für die Entscheidung den Ausschlag gegeben hat, damit er in die Lage versetzt wird, seine Belange gegenüber einem zuständigen Sachbearbeiter zu vertreten bzw. den Sachverhalt richtig zu stellen. Ausweislich der Gesetzesbegründung soll der Betroffene wissen können, „woran es gelegen hat". Für die Praxis bedeutet die neue Erläuterungspflicht die Notwendigkeit der Einrichtung entsprechender Anlaufstellen für den Betroffenen. Beruht die Entscheidung auf einem Scorewert (vgl. Rn. 15–17), kann die Begründung im Einzelfall der Auskunft nach § 34 Abs. 2 oder Abs. 4 über die für den errechneten Wahrscheinlichkeitswert im konkreten Fall genutzten Datenarten entsprechen (BT-Drs. 16/10529, S. 13).

14b   **5.5** Zweifelhaft ist, ob die beiden letzten Sätze des § 6a Abs. 2 Nr. 2 a. F. durch die Beschlussempfehlung des Innenausschusses (BT-Drs. 16/13219, S. 3) weggefallen sind. Bislang galt ausdrücklich, dass eine **erneute Überprüfung** der Entscheidung im Anschluss an die Möglichkeit des Betroffenen, seinen **Standpunkt** geltend zu machen, eine zur Interessenwahrung geeignete Maßnahme war. Bei richtlinienkonformer Auslegung des § 6a muss die Möglichkeit des Betroffenen zur Stellungnahme auch weiterhin als Ausnahme vom Verbot der automatisierten Einzelentscheidung in Betracht kommen (vgl. Art. 15 Abs. 2 Buchstabe a EG-DatSchRL). Die Wahrung des berechtigten Interesses des Betroffenen wird somit im Regelfall dadurch sichergestellt, dass ihm gegenüber ausdrücklich die Bereitschaft erklärt wird, eventuelle Einwände gegen die Entscheidung einzelfallbezogen zu überprüfen. Neben dieser Möglichkeit, „seinen Standpunkt geltend zu machen", können andere Maßnahmen der **Interessenwahrung** in Betracht kommen. Hierfür ist nach der sehr vagen Aussage der Gesetzesbegründung (BT-Drs. 14/5793, S. 63) maßgebend „die Effizienz der vorgesehenen Maßnahmen hinsichtlich der Wahrung der berechtigten Interessen der betroffenen Person". Für den Bereich der **Personaldatenverarbeitung** könnte daran gedacht werden, dass – abgesehen von der Mitbestimmung bei der Implementierung des Verfahrens an sich – der Vollzug negativer Computerentscheidungen per Betriebsvereinbarung der **Mitbestimmung** des Betriebsrats unterworfen wird.

14c   **5.6** Anders als die Auskunft nach § 34 unterliegt die Mitteilungs- bzw. Erläuterungspflicht nach Abs. 2 Nr. 2 keinen besonderen **Formerfordernissen**. Ggf. emp-

238

Automatisierte Einzelentscheidung § 6a

fiehlt sich aber aus Gründen der Nachweisbarkeit eine **Dokumentation** der Transparenzmaßnahmen.

6. Parallelität zum sog. Scoring

§ 6a setzt eine Bewertung von Persönlichkeitsmerkmalen voraus. Um eine solche **15–17**
Bewertung kann es auch im Fall des Scorings nach § 28b gehen (zum Anwendungsbereich von § 6a im Zusammenhang mit Scoringverfahren vgl. auch Scholz in: Simitis, BDSG, § 6a Rn. 17 ff.). Insofern kann es Fallkonstellationen geben, bei denen die Vorschriften nebeneinander greifen. **Scoring** (z. B. zur Beurteilung der Bonität natürlicher Personen) und **Rating** (Beurteilung und Einreihung wirtschaftlicher Einheiten) beruhen darauf, dass aggregierte Daten vergleichbarer Personen oder Einrichtungen so aufbereitet werden, dass daraus nach einer bestimmten Wahrscheinlichkeit Rückschlüsse auf das Verhalten von Personen oder Personengruppen gezogen werden können (vgl. hierzu im Einzelnen § 28b Rn. 1 ff.). Ist der Scorewert der allein für die Entscheidung maßgebende Wert, so müssen die Voraussetzungen des § 6a erfüllt sein (vgl. aber BGH, NJW 2014, 1235), wobei sich die Begründungspflicht nach Abs. 2 Nr. 2 ggf. mit den Auskunftspflichten über das Zustandekommen solcher Wahrscheinlichkeitswerte nach § 34 Abs. 2 oder Abs. 4 überlappt (vgl. Rn. 14a).

7. Die erweiterte Auskunftspflicht

Über die allgemeinen Auskunftsansprüche nach § 19 bzw. § 34 sind nach **18**
Absatz 3 auch Angaben zu machen über den **logischen Aufbau** der automatisierten Verarbeitung. Dem Betroffenen soll in erster Linie veranschaulicht werden, was mit seinen Daten geschieht. Er soll in die Lage versetzt werden, Gesichtspunkte vorzubringen, die die inhaltliche Überprüfung der automatisiert vorgenommen „vermuteten" Bewertung ermöglichen. Unter dem Gesichtspunkt des Schutzes von Geschäftsgeheimnissen und des Urheberrechtsschutzes umfasst die Auskunftspflicht jedoch nicht die verwendete Software (zur sog. Scoreformel als Geschäftsgeheimnis vgl. BGH, NJW 2014, 1235, der die Frage der Reichweite des Auskunftsanspruchs über den logischen Aufbau der automatisierten Verarbeitung mangels Vorliegens einer automatisierten Einzelentscheidung dahinstehen ließ).

8. Korrekturrechte

Korrekturrechte nach § 35 Abs. 1 bestehen nur, wenn die Daten unrichtig sind. **19**
Dies ist bei einer lege artis erstellten statistischen Bewertung eines bestimmten Verhaltens oder eines Risikos selbst dann nicht der Fall, wenn die Bewertung auf die betroffene Person ausnahmsweise nicht zutrifft. Die statistische Erkenntnis bleibt zutreffend. Korrekturrechte bestehen nur dann, wenn der Scorewert unter Berücksichtigung **falscher Informationen** oder **unangemessener Würdigung** dieser Informationen erstellt wurde oder als aus dem Kontext gelöst zu Fehlinterpretationen verleitet (Abel, RDV 2006, 115). Dieses Manko ausgleichend verlangt § 6a Abs. 2 Nr. 2 die Schaffung von Transparenz für den Betroffenen. Ist jedoch klar, dass die statistische Bewertung im konkreten Fall nicht zutrifft, darf sie auch nicht mehr in Bezug auf die konkrete Person verwendet werden.

9. Landesrecht

20   Die Vorgabe des Art. 15 EG-DatSchRL ist in allen Landesdatenschutzgesetzen umgesetzt worden. Bei den Ausnahmen von dem Grundsatz gehen einige Länder weiter als der Bund. Entweder enthalten sie keine Ausnahmemöglichkeit wie Baden-Württemberg (§ 4 Abs. 7) und das Saarland (§ 31 Abs. 6) oder sie lassen Ausnahmen zu (Art. 15 Abs. 6 BayDSG; § 15a BlnDSG; § 4 Abs. 4 BbgDSG; § 5 BremDSG; § 5a HmbDSG; § 7 Abs. 3 HDSG; § 12 DSG M-V, § 10a NDSG; § 10 Abs. 4 DSG NRW; § 5 Abs. 5 LDSG RPf; § 4 Abs. 3 SDSG; § 34 SächsDSG; § 4a DSG-LSA; § 19 LDSG S-H). In Mecklenburg-Vorpommern (§ 12), Nordrhein-Westfalen (§ 4 Abs. 4) und Sachsen-Anhalt (§ 4a Abs. 2) muss dem Betroffenen Gelegenheit gegeben werden, seine Interessen geltend zu machen. Geschieht dies, hat in Nordrhein-Westfalen nach Absatz 5 eine Interessenabwägung stattzufinden.

§ 6b Beobachtung öffentlich zugänglicher Räume mit optisch-elektronischen Einrichtungen

(1) Die Beobachtung öffentlich zugänglicher Räume mit optisch-elektronischen Einrichtungen (Videoüberwachung) ist nur zulässig, soweit sie
1. zur Aufgabenerfüllung öffentlicher Stellen,
2. zur Wahrnehmung des Hausrechts oder
3. zur Wahrnehmung berechtigter Interessen für konkret festgelegte Zwecke

erforderlich ist und keine Anhaltspunkte bestehen, dass schutzwürdige Interessen der Betroffenen überwiegen.

(2) Der Umstand der Beobachtung und die verantwortliche Stelle sind durch geeignete Maßnahmen erkennbar zu machen.

(3) ¹Die Verarbeitung oder Nutzung von nach Absatz 1 erhobenen Daten ist zulässig, wenn sie zum Erreichen des verfolgten Zwecks erforderlich ist und keine Anhaltspunkte bestehen, dass schutzwürdige Interessen der Betroffenen überwiegen. ²Für einen anderen Zweck dürfen sie nur verarbeitet oder genutzt werden, soweit dies zur Abwehr von Gefahren für die staatliche und öffentliche Sicherheit sowie zur Verfolgung von Straftaten erforderlich ist.

(4) Werden durch Videoüberwachung erhobene Daten einer bestimmten Person zugeordnet, ist diese über eine Verarbeitung oder Nutzung entsprechend den §§ 19a und 33 zu benachrichtigen.

(5) Die Daten sind unverzüglich zu löschen, wenn sie zur Erreichung des Zwecks nicht mehr erforderlich sind oder schutzwürdige Interessen der Betroffenen einer weiteren Speicherung entgegenstehen.

Literatur: *Abate,* Präventive und repressive Videoüberwachung öffentlicher Parkplätze, DuD 2011, 451; *Ahlich,* „Task Force" im Kinosaal, DuD 2009, 44; *Atzert/Franck,* Zulässigkeit und Verwertbarkeit von Videoaufzeichnung von Dashcams, RDV 2014, 136; *Bäumler,* Datenschutzrechtliche Grenzen der Videoüberwachung, RDV 2001, 67; *Bayreuther,* Videoüberwachung am Arbeitsplatz, NZA 2005, 1038; *Brenneisen/Staack,* Die Videobildübertragung nach allgemeinem Polizeirecht, DuD 1999, 447; *Dieckert,* Zulässige und unzulässige Videoüberwachung im öffentlichen Raum und auf Privatgrundstücken, Das Grundeigentum 2014, 437; *Edenfeld,* Videoüberwachung am Arbeitsplatz: „Big Brother im Büro?", PersR 2000, 323; *Engeln,* Das Hausrecht und die Berechtigung zu seiner Ausübung, 1989; *Forst,* Videoüberwachung am Arbeitsplatz und der neue § 32 BDSG, RDV 2009, 204; *Garstka,* Videoüberwachung: Allheilmittel oder Gift für die Freiheitsrechte, DuD 2000, 192; *Gola,* Der neue strafrechtliche Schutz vor unbefugten Bildaufnahmen im Lichte des BDSG, RDV 2004, 215; *Gola/Klug,* Videoüberwachung gemäß § 6b BDSG – Anmerkungen zu einer verunglückten Gesetzeslage, RDV 2004, 65; *Haak,* Hausrecht an Behördengebäuden, DVBl. 1968, 134; *Hilpert,* Rechtsfragen des Videoeinsatzes unter besonderer Berücksichtigung des ÖPNV, RDV 2009, 160; *Horst,* Videoüberwachungskameras im Nachbarrecht, NJW 2009, 1787; *Huff,* Elektronische Überwachung in der Wohnungseigentumsanlage, NZM 2002, 89; *ders.,* Grenzen der Videoüberwachung in der Wohnungseigentumsanlage, NZM 2002, 688; *ders.,* Neues zur Videoüberwachung im Miet- und Wohnungseigentumsrecht, NZM 2004, 533; *Königshofen,* Neue datenschutzrechtliche Regelungen zur Videoüberwachung, RDV 2001, 220; *Lang,* Private Videoüberwachung im öffentlichen Raum; 2008; *Maties,* Arbeitnehmerüberwachung mittels Kamera, NJW 2008, 2219; *Ngyen,* Videoüberwachung in sensitiven Bereichen, DuD 2011, 715; *Rothmann,* Videoüberwachung und Auskunftsrecht, DuD 2014, 405; *Roßnagel/Desoi/Hornung,* Gestufte Kontrolle bei Videoüberwachungsanlagen, DuD 2011, 694; *Saeltzer,* Vorsicht, Videoüberwachung, DuD 1997, 462; *Schnabel,* Das Recht am eigenen Bild und der Datenschutz, ZUM 2008, 657; *Scholand,* Videoüberwachung und Datenschutz, DuD 2000, 202; *Tammen,* Video- und Kameraüberwachung am

§ 6b Beobachtung öffentlich zugänglicher Räume

Arbeitsplatz: Hinweise für Betriebs- und Personalräte, RDV 2000, 1; *Vietmeyer/Byers*, Zulässige heimliche Videoüberwachung an öffentlich zugänglichen Arbeitsplätzen?, DB 2010, 1462; *Weichert*, Bundesweite Gebäudebilddatei, DuD 1999, 42; *ders.*, Rechtsfragen der Videoüberwachung, DuD 2000, 662; *Winkler*, Vertrauenswürdige Videoüberwachung – Sichere intelligente Kameras im Trusted Computing, DuD 2011, 797; *Wohlfahrt*, Staatliche Videoüberwachung des öffentlichen Raumes, RDV 2000, 106; *von Zezschwitz*, Videoüberwachung und Datenschutz, DuD 1999, 560; *ders.*, Videoüberwachung in Hessen, DuD 2000, 670; *Wolff/Brink*, Neuregelung der Videoüberwachung in Rheinland-Pfalz – Verfassungsrechtliche Grenzen des Einsatzes von Attrappen durch die öffentliche Hand, DuD 2011, 447; *Ziegler*, Das Hausrecht als Rechtfertigung einer Videoüberwachung, DuD 2003, 337.

Übersicht

	Rn.
1. Allgemeines	1
2. Anwendungsbereich der Norm	6
3. Öffentlich zugängliche Räume	8
4. Der Tatbestand der Beobachtung	10
5. Zweckbestimmung der Beobachtung	14
6. Erforderlichkeit	18a
7. Interessenabwägung	19
8. Kenntlichmachung der Beobachtung	22
9. Heimliche Videoüberwachung	26
10. Zweckbindung/Löschungspflicht	28
11. Vorabkontrolle	32
12. Landesrecht	33

1. Allgemeines

1 **1.1** Die im BDSG 2001 erfolgte Aufnahme einer Regelung zur Videoüberwachung in das allgemeine Datenschutzrecht trug einer seit langem in der Literatur und von den Datenschutzaufsichtsbehörden vorgetragenen Forderung Rechnung (vgl. BfD 17. TB 1997/98, Nr. 1.2.2 ff.; 16. TB, Nr. 1.4 und 31.1). Sie sollte die in weiten Bereichen stattfindende und mehr und mehr Verbreitung findende Videoüberwachung öffentlich zugänglicher Bereiche (zur Notwendigkeit der Regelung, Lang, Private Videoüberwachung im öffentlichen Raum, 2008), denen der betroffene Bürger ohne Möglichkeit der Einflussnahme ausgesetzt ist, eine gesetzliche Grundlage geben, „die der Wahrung des informationellen Selbstbestimmungsrechts durch einen angemessenen Interessenausgleich Rechnung trägt" (Gesetzesbegründung, BR-Drs. 461/00, S. 92). Die privatrechtlichen Regelungen zum **Schutz des eigenen Bildes** durch Vertragsrecht, das Deliktsrecht, das Besitz- und Eigentumsrecht, das Kunsturheberrecht und die dazu ergangene Rechtsprechung wurden nicht als ausreichende Schutzmechanismen angesehen (vgl. Beschluss der 59. Konferenz der Datenschutzbeauftragten vom 14.–15.3.2000 = RDV 2000, 137). Gleichwohl spielte sich Videoüberwachung keineswegs im rechtsfreien Raum ab. Die Zulässigkeit der Beobachtung war unter dem Anspruch des Betroffenen auf Schutz seines Persönlichkeitsrechts und bei gleichzeitiger Abbildung auch am **Recht am eigenen Bild** gem. §§ 22 f. KUG zu messen. Abwehrrechte folgten sodann aus §§ 823 Abs. 1, 1004 BGB (vgl. LG Berlin, NJW 1988, 346). Ferner beruht die Videoüberwachung durch Sicherheitsbehörden auf bereichsspezifischen Vorschriften (vgl. Rn. 6).

2 **1.2** Festzuhalten ist, dass das BDSG auch ohne die Regelung des § 6b die Videoüberwachung erfasst, falls eine dateimäßige oder automatisierte Auswertung personenbezogener Daten möglich ist (vgl. zur automatisierten Verarbeitung § 3 Rn. 15).

Beobachtung öffentlich zugänglicher Räume § 6b

Noch weiter greift das BDSG, wenn die Überwachung durch ein **Sicherheitsunternehmen** erfolgt. Nach der für das **Bewachungsgewerbe** im Januar 2003 in Kraft getretenen Änderung des Gewerberechts (§ 34a GewO) erweitert der neue § 8 BewachVO die Anwendung des BDSG auf jegliche Datenverarbeitungen, d. h. auf die Fälle, in denen in Ausübung des Gewerbes Daten über Personen, die nicht in seinem Unternehmen beschäftigt sind, weder unter Einsatz von Datenverarbeitungsanlagen noch in nicht automatisierten Dateien verarbeitet, genutzt oder dafür erhoben werden (vgl. im Einzelnen RDV 2003, 101). Werden Beschäftigte an nicht öffentlichen Arbeitsplätzen überwacht, gilt die Zulässigkeitsnorm gem. § 32 Abs. 2 unabhängig von der Verarbeitungstechnik (vgl. § 32 Rn. 7).

1.3 § 6b stellt einen Fremdkörper in der Systematik des BDSG dar und führt, da sich seine als „lex specialis" anzusehenden Regelungen mit den allgemeinen Regelungen des BDSG ggf. überschneiden, zu einem erheblichen Datenschutz-Wirrwarr (Gola/Klug, RDV 2004, 65), indem die Zulässigkeit je nach Sachlage nach wie vor nach allgemeinem Persönlichkeitsrecht (vgl. u. a. zuletzt BAG, RDV 2003, 293; RDV 2005, 216; RDV 2008, 238; BayOLG, RDV 2002, 313; LG Zweibrücken, RDV 2004, 86; AG Zerbst, RDV 2004, 132), nach §§ 28, 29 oder nach § 6b zu beurteilen ist. Zudem regelt § 6b anders als in der Beschreibung des gesetzlichen Regelungsgegenstands in § 1 Abs. 1 und Abs. 2 Nr. 3 vorwiegend weder den „Umgang mit personenbezogenen Daten" noch die Verarbeitung durch Datenverarbeitungsanlagen. Die Begriffe des BDSG werden abweichend von ihren Definitionen in § 3 verwendet. So wird die beobachtete Person auch dann als Betroffener bezeichnet, wenn sie nicht bestimmt oder bestimmbar ist. Er soll ferner auch die bloße **Beobachtung** (zur Problematik vgl. nachstehend Rn. 10) erfassen, obwohl – sofern man hierin den Tatbestand des Erhebens sehen will – auch diese im Bereich der Privatwirtschaft nur vom BDSG erfasst wird, wenn die Daten zum Zwecke der nachfolgenden Speicherung erhoben werden.

1.4 Die Technik ermöglicht aber auch den Abgleich mit gespeicherten „Täterbildern" in einer Warndatei oder den Einsatz sog. **„Thinking Cameras"**, die Alarm geben, wenn der Betroffene, dem Hausverbot erteilt wurde, den Raum betritt, oder wenn das registrierte Bild bestimmte Auffälligkeiten (z. B. Täter mit Maske) zeigt. Intelligente Systeme können Bewegungspfade erstellen, auch wenn die Betroffenen sich im Erfassungsbereich unterschiedlicher Kameras bewegen (Hornung/Desoi, K&R 2011, 155). Eine dateimäßige Auswertung erfolgt bereits, wenn die Aufzeichnung der verantwortlichen Stelle eine strukturierte manuelle Auswertung (vgl. § 3 Rn. 17) dahingehend gestattet, welche – ihr bekannte – Person sich wann an welchem Ort befunden hat. Fraglich ist, ob § 6b auch für die dateigebundene oder automatisierte Verarbeitung, d. h. die Aufzeichnung und Auswertung von Bildern bestimmter Personen, die abschließende Zulässigkeitsregelung darstellt, d. h. ob **Absatz 3** als lex specialis zu den Zulässigkeitstatbeständen z. B. der §§ 28, 29 und 32 verstanden werden muss. Nach der Gesetzesbegründung ist dies wohl gewollt, wobei den Betroffenen insoweit im Rahmen der Interessenabwägungsklausel der ansonsten in den allgemeinen Zulässigkeitstatbeständen gewährte Schutz zukommen soll (vgl. Änderungsantrag von SPD und Bündnis 90/Die Grünen, BT-Drs. 14/ 4392 zu VI.2: „Für jeden Schritt der Verarbeitung und Nutzung von Videomaterial ist eine gesonderte Bewertung der Zulässigkeit geboten. Schutzwürdige Interessen des Betroffenen sind in besonderer Weise berührt, wenn automatisierte Verfahren beispielsweise zum Vergrößern und Herausfiltern einzelner Personen, zur biometrischen Erkennung, zum Bildabgleich oder zur Profilerkennung eingesetzt werden . . . Regelmäßig überwiegt insofern das Interesse des Betroffenen, nicht zum Objekt sie betreffender Videoaufnahmen zu werden. . . .").

1.5 Werden per Video erhobene **personenbezogene Daten** einer automatisierten Verarbeitung oder Nutzung zugänglich gemacht, so gelten – abgesehen von den in Absatz 3 bereichsspezifisch geregelten Zulässigkeitsbedingungen – durchaus die allgemeinen Verarbeitungsbedingungen (vgl. zum HDSG, Schild, RDV 1999, 52 (57)). Die frühere Zuweisung von **Bild- und Tonträgern** zu den Akten (§ 3 Abs. 3 BDSG 90) ist entfallen (zu im Rahmen der Digitalisierung stattfindender automatisierter Verarbeitung vgl. Saeltzer, DuD 2000, 194, 199 f.). Für die **Benachrichtigungspflicht** wird dies in Abs. 4 ausdrücklich klargestellt. Die Verweisung auf § 19a und § 33 erschien deshalb als sinnvoll, weil die Vorschrift dadurch auch Fallgestaltungen erfasst, in denen Daten durch analoge Videotechnik, also nicht durch dateimäßige oder automatisierte Verarbeitung gewonnen werden. Für andere BDSG-Rechte des Betroffenen, wie z. B. das Auskunfts- oder das Widerspruchsrecht muss aber gleiches gelten.

5a Die Auseinandersetzung mit den Grenzen zulässiger Videoüberwachung ist ausführliches Thema fast jeden Tätigkeitsberichts der Datenschutzaufsichtsbehörden (vgl. bei Arbeitsplätzen Gola, Datenschutz am Arbeitsplatz, Rn. 138 ff.). Der HessDSB beschreibt es so: „Auf den ersten Blick scheinen Schultoiletten, Bäckereien, Friseursalons, Sauna- und Umkleidebereiche in Schwimmbädern, Gästebereiche in Restaurants, Spielzeughubschrauber, eine Stadthalle und sogar der hessische Wald keine Gemeinsamkeiten zu haben. Eine Gemeinsamkeit gibt es dennoch: Der „Wildwuchs" an Videoüberwachungsanlagen nimmt kontinuierlich zu" (42. TB, 2013, Ziff. 4.2.2). Der 10. TB Thüringen für den öffentlichen Bereich listet elf Fälle von „Videogaga" auf. Der LfD Rheinland-Pfalz (24. TB, 2012/2013, III, Ziff. 3.1) sieht die Problematik auch darin, „dass die technische Qualität der Überwachungskameras (gemessen etwa an der Auflösung/Pixelzahl oder der Zoomfähigkeit) und der Überwachungstechnik insgesamt (etwa mit dem Blick auf die nahezu unbegrenzte Verfügbarkeit von Speicherkapazität und die Zugriffsmöglichkeiten auf Überwachungsmaterial via Internet) einen Quantensprung vollzogen hat". Die gängige Videokamera wird beweglich durch Drohnen oder portable Kameras in Mobiltelefonen oder als Unfallkameras an Automobilen, wobei die Kameras häufig durch die Mediatisierung der Technik nicht mehr als solche erkennbar sind (zu den diversen Anwendungsmöglichkeiten vgl. die von den Aufsichtsbehörden entwickelte Orientierungshilfe Videoüberwachung im nichtöffentlichen Bereich vom 19.2.2014; ferner die Grundsätze des LfD Rh-Pf. im 24. TB, 2012/2013, III Ziff. 2.3).

2. Anwendungsbereich der Norm

6 **2.1** Die Vorschrift wendet sich an öffentliche und an nicht öffentliche Stellen (für letztere vgl. Lang, Private Videoüberwachung im öffentlichen Raum, 2008). Für Landeseinrichtungen greifen jedoch vorrangig die in den novellierten Landesdatenschutzgesetzen nunmehr enthaltenen gleichartigen Regelungen (vgl. nachstehend Rn. 34). Insgesamt entfalten diese Regelungen jedoch nur eingeschränkt Wirkung, da das allgemeine Datenschutzrecht gegenüber bereichsspezifischem Bundes- und Landesrecht subsidiär ist und für die Bereiche des Versammlungsrechts (§§ 12a, 19a VersG), der Strafverfolgungsbehörden (§ 100c Abs. 1 Nr. 1a StPO) (vgl. hierzu BlnBDuA, JB 99, S. 69 zu heimlichen Videobeobachtung in einer JVA), der Polizei (zum Einsatz der Videoüberwachung im Rahmen der Gefahrenabwehr vgl. Wohlfahrt, RDV 2000, 101; Weichert, DuD 2000, 662 (665); HessDSB, 28 TB (1999) Ziff. 5; von Zezschwitz, DuD 2000, 670; Brenneisen/Staack, DuD 1999, 447), der Bundespolizei (§§ 27, 28 BPolG), des Bundeskriminalamts (§ 26 BKAG) oder der Nachrichtendienste (§ 8 Abs. 2 Satz 1 i. V. mit § 9 BVerfSchG) spezielle Normen maßgebend sind.

7 **2.2** Im Hinblick auf die auch für § 6b maßgebende Zielvorgabe des BDSG in § 1 Abs. 1, nämlich vor der **Beeinträchtigung des Persönlichkeitsrechts** zu schützen, fallen solche Beobachtungen nicht in den Schutzbereich des § 6b, die keine Überwachung Betroffener ermöglichen bzw. eindeutig nicht hierauf ausge-

Beobachtung öffentlich zugänglicher Räume **§ 6b**

richtet sind (so bei Beobachtung einer Straßenkreuzung zur **Verkehrsregelung** aus solcher Entfernung bzw. mit solcher Bildschärfe, dass Betroffene nicht identifizierbar sind. Wenngleich die Installation von **Kameraattrappen** keine Datenverarbeitung bewirkt und damit von den Normen des BDSG nicht tangiert wird, handelt es sich um einen Eingriff in das informationelle Selbstbestimmungsrecht der vermeintlich Beobachteten. Der Überwachungsdruck bleibt für den Betroffenen der gleiche. Daher müssen für die Installationen von Kameraattrappen die gleichen Maßstäbe gelten wie für aktive Kameras (HessDSB, 42. TB, 2013, Ziff. 4.2.3; vgl. auch die diesbezügliche Regelung in § 34 Abs. 6 LDSG Rheinland-Pfalz). Fraglich ist, ob auch eine Kenntlichmachungspflicht entsprechend § 6b Abs. 2 besteht. Natürlich kann es sich nicht um den Hinweis auf eine Attrappe handeln, sondern um eine die Vortäuschung der Überwachung verstärkende Fehlinformation. Die Aufsichtsbehörden bejahen diese Hinweispflicht, die zudem hier im Interesse einer effektiven Abschreckung liegt.

2.3 § 6b unterliegt auch der Ausnahmeregelung des § 1 Abs. 2 Nr. 3, d. h. § 6b **7a** greift nicht, wenn die Überwachung ausschließlich der **persönlichen oder familiären** Sicherheit dient (Innenministerium Baden-Württemberg, Hinweise zum BDSG für die private Wirtschaft Nr. 40, Staats-Anz. vom 18.2.2002 = RDV 2002, 148). Dient die Überwachung privaten Zwecken, so scheidet zwar § 6b aus, über die Zulässigkeit des Eingriffs in das Persönlichkeitsrecht der Betroffenen, ist damit aber noch nichts gesagt (zur nicht einheitlichen Abgrenzung „privater" Zweckbestimmung bei der von einem Hausbewohner nur dem Erkennen potenzieller Bereiche durchgeführten Überwachung des öffentlich zugänglichen Vorraums seines Hauseingangs (Klingelkamera) vgl. Scholz in: Simitis, BDSG § 6b Rn. 58 ff. m. N.). Überträgt die Privatperson die Überwachung jedoch einem **Sicherheitsdienst,** so kann sich dieser nicht auf die Privilegierung berufen (Gola/Klug, RDV 2004, 65 (67); vgl. hierzu auch Weichert, DuD 2000, 667), soweit nicht eine auch insoweit zulässige Auftragsdatenverarbeitung vorliegt. Der HessDSB (42.TB, 2013, Ziff. 4.2.2.3) verweist auf eine Entscheidung des BGH (NJW-RR 2011, 949), die zu einer schon vor Inkrafttreten des § 6b erfolgten Überwachung erging. Danach ist die Videoüberwachung im Klingeltableau einer **Wohnanlage** zulässig, wenn die Kamera ausschließlich durch Betätigung der Klingel aktiviert wird, eine Bildübertragung allein in die Wohnung erfolgt, bei der geklingelt wurde, die Bildübertragung spätestens nach einer Minute beendet wird und die Anlage das dauerhafte Aufzeichnen von Bildern nicht ermöglicht. Dem folgend handelt es sich bei dem Einsatz einer eine Rundumaufzeichnung ermöglichenden **Dome-Kamera** um ein unzulässiges Verfahren. Nicht nur der Wohnungsinhaber kann sein Sondereigentum überwachen (vgl. auch BGH, NJW-RR 2012, 140); auch die Eigentümergemeinschaft einer Wohnanlage kann unter den Voraussetzungen des § 6b, d.h. bei überwiegenden Gemeinschaftsinteresse mit Mehrheit beschließen, öffentliche Teile des **Gemeinschaftseigentums** zu überwachen, wobei die Abwägungsvorgaben des § 6b nach Ansicht des BGH (RDV 2014, 303) auch dann zu beachten sind, wenn die Norm nicht unmittelbar einschlägig ist.

2.4 Derzeit sollen sich in Deutschland mit rasant zunehmender Tendenz rund **7b** 300 000 **Drohnen**, die als Träger von Kameras geeignet sind, in privatem Besitz befinden. Ihr Einsatz zu Sport- und Freizeitzwecken ist – sofern eine bestimmte Größe nicht überschritten wird – genehmigungs- und anzeigefrei (§ 16 Abs. 1 Nr. 1c LuftVO). Ansonsten bedarf der Betreiber einer Aufstiegserlaubnis. Soweit Drohnen mit Überwachungstechnik ausgerüstet sind, ist ihr Einsatz – sofern die Bilder nicht zu reinen Freizeitzwecken erstellt werden und damit eine ausschließlich persönlichen Zwecken dienende Verwendung stattfindet – nach Ansicht der Aufsichtsbehörden (LfD Rh-Pf.,TB 2012/2013, III Ziff. 2.3.4) unter datenschutzrechtlicher Sicht an § 6b zu messen. Ansonsten ist das Recht des Beobachteten am eigenen Bild der Maßstab. Fraglich ist, wann der Einsatzzweck die schutzwürdigen Interessen überwiegt und wie eine ggf. nach § 6b Abs. 2 erforderliche Kennzeichnung der Beobachtung bzw. der verantwortlichen Stelle erfolgen könnte. Demgemäß sind Videobeobachtungen bzw. -aufzeichnungen per Drohnen – insbesondere auch im Hinblick auf das Recht am eigenen Bild von – ggf. in ihrem geschützten Privatbereich (§ 211a StGB) aufgezeichneter Personen – regelmäßig als rechtswidrig zu bewerten. Ähnliche Fragen stellen sich bei der Verwendung von **Google Glass**-Brillen (vgl. z. B. Focus Magazin Nr. 19 vom 9.5.2014).

3. Öffentlich zugängliche Räume

8 **3.1** Geregelt wird nur die Beobachtung **öffentlich zugänglicher Räume**, wobei der Begriff Räume im Sinne von öffentlich zugängliche „Bereiche" zu verstehen ist (vgl. die zahlreichen Praxisfälle HambBfDI, 22. TB (2008/2009), S. 89 ff.). Somit ist unerheblich, ob diese umschlossen oder überdacht sind. Relevant ist, ob die Räume entweder dem öffentlichen Verkehr gewidmet sind (vgl. Hilpert, Rechtsfragen des Videoeinsatzes unter besonderer Berücksichtigung des ÖPNV, 2009) oder nach dem erkennbaren Willen des Berechtigten von jedermann genutzt oder betreten werden können (Königshofen, RDV 2001, 220; Brenneisen/Staack, DuD 1999, 448; Hinweise des Innenministeriums Baden-Württemberg zum Datenschutz für private Unternehmen (Nr. 40), Ziff. 1.2). Im Gegensatz hierzu steht u. a. die gegen Beobachtung verfassungsrechtlich geschützte **Wohnung** (Art. 13 GG). Die Eigentumsverhältnisse am Beobachtungsobjekt sind zunächst unbeachtlich. Entscheidend ist allein die durch den Berechtigten eröffnete tatsächliche Nutzungsmöglichkeit durch die Allgemeinheit, d. h. einen bestimmten Personenkreis (vgl. bei Scholz in: Simitis, BDSG, § 6b Rn. 42). Hierunter fallen z. B. Ausstellungsräume eines Museums, Verkaufsräume eines Warenhauses oder einem jeden Besucher geöffneter Treppenaufgang zu einer Arzt- oder Anwaltskanzlei, Schalterhallen eines Bahnhofs ebenso wie der Bahnsteig oder der Bahnhofsvorplatz (zur Anlieferungsstelle von Paketen bei Post, BAG, RDV 2008, 238; zum Eingangsbereich einer Wohnanlage, BGH, RDV 2014, 303). Auch der vorherige Erwerb einer Eintrittskarte oder die Notwendigkeit einer Anmeldung steht nicht entgegen, wenn die Möglichkeit jedem eröffnet ist (vgl. auch Scholz in: Simitis, BDSG § 6b Rn. 46 f., der auch nur mit EC-Karte betretbare Bankräume als öffentlich zugänglich bewertet). Sind auf einem Parkplatz vor einem Supermarkt einige Parkplätze mit dem Schild „Nur für Mitarbeiter" gekennzeichnet, sind diese nicht öffentlich zugänglich.

9 **3.2** Auch wenn ein **Fabrikgelände** keine Kontrolle an der Pforte hat, d. h. tatsächlich jeder das Gelände betreten kann, ist es nicht öffentlich zugänglich, da der Berechtigte den Zugang regelmäßig nur für Personen gestattet, die in einer Beziehung zu ihm stehen. Kein öffentlich zugänglicher Raum ist anders als der Zuweg zum Haus daher auch der Vorgarten eines Hauses oder der als privat gekennzeichnete Parkplatz. Installiert der Hausbesitzer zur Überwachung dieses Bereichs eine Videokamera, wird der Tatbestand von § 6b nicht erfasst. So ist es einem Grundstückseigentümer nicht verwehrt, seinen Grundbesitz mit Videokameras zu überwachen, sofern diese nicht den angrenzenden öffentlichen Bereich oder benachbarte Grundstücke, sondern allein das Grundstück des Eigentümers erfassen. Ausnahmsweise kann auch bei der Kameraausrichtung allein auf das eigene Grundstück das Persönlichkeitsrecht Dritter wegen eines berechtigten Überwachungsverdachts beeinträchtigt sein, etwa im Hinblick auf einen eskalierenden Nachbarstreit oder einen objektiven Verdacht ergebende Umstände (BGH, ZD 2012, 176). Erfasst die Kamera auch einen an dem Grundstück vorbeiführenden öffentlichen Weg, so ist die Zulässigkeit des Vorgangs (vgl. Rn. 16 zur regelmäßig aufgrund Verletzung des Persönlichkeitsrechts der Nachbarn (vgl. Horst, NJW 2009, 1787) und Passanten bestehenden Rechtswidrigkeit BGH, RDV 1996, 26 = NJW 1995, 1955) ebenfalls nicht nach

Beobachtung öffentlich zugänglicher Räume § 6b

§ 6b zu bewerten, sofern die Überwachung ausschließlich zu persönlichen Zwecken erfolgt (vgl. vorstehend Rn. 9b).

3.3 Öffentlich zugänglich ist nach einschlägigem Landesrecht auch der **Wald**. Hier werden Gegenstand von Aufzeichnungen sog. **Wildkameras** nicht nur die Tiere des Waldes, sondern auch die Einsamkeit des Waldes aufsuchende menschliche Waldbesucher. Nach Feststellungen des LfD Rh-Pf. (TB 2012/2013, III Ziff. 2.3.3) hat jeder Jäger zwischen zwei bis drei solcher Kameras in seinem Jagdrevier installiert, mit dem Ergebnis von etwa 30000 Kameras in rheinland-pfälzischen Wäldern. Ein berechtigtes Interesse des Waldbesitzers bzw. des insoweit relevanten Jagdausübungsberechtigten zur Registrierung von Waldbesuchern, auch wenn diese sich abseits der Wege bewegen, besteht nicht. Auch eine durch den Einsatz der Videotechnik erleichterte Jagdausübung, d.h. die Ermittlung von konkreten Angaben zum Wildbestand ohne langwieriges Ansitzen, geht dem Schutzinteresse der Spaziergänger, Pilzsammler, Jogger etc., als Waldbesucher in der freien Natur unbeobachtet zu sein, regelmäßig nicht vor. Ausnahmen bestätigen jedoch auch hier die Regel: Soweit nach dem Landesrecht Jagdeinrichtungen wie Wildfütterungsstellen oder Ansitze oder Wildtierbrücken nicht zu dem öffentlich zugänglichen Bereich gehören, können diese von dem Jagdausübungsberechtigten beobachtet werden, wobei auch hier – auch ohne Vorgabe des § 6b Abs. 2 – der überwachte Bereich mit Benennung der verantwortlichen Stelle deutlich erkennbar gemacht sein muss (HessDSB, 42. TB, 2013, Ziff. 4.2.2.7). Zulässig sind auch Kameras, die eindeutig nur auf die Beobachtung von Tieren ausgerichtet sind, wie z. B. bei einer Dachsbaubeobachtung.

3.4 § 6b findet nach Ansicht der Aufsichtsbehörden (Beschluss des Düsseldorfer Kreises vom 25./26.2.2014) auch Anwendung, wenn in PKWs **Auto-Cockpit-Kameras (Dash-Cams)** installiert sind. Vorrangiges Ziel ist die Gewinnung von Beweismitteln im Falle eines Unfalls. Da diese Aufzeichnungen damit nicht – wie Videoaufnahmen während eines Urlaubs – ausschließlich zu privaten Zwecken und damit außerhalb des Anwendungsbereichs des BDSG (§ 1 Abs. 2 Nr. 3) stattfinden, sei § 6b der Zulässigkeitsmaßstab. Die Zweckbestimmung „Wahrnehmung des Hausrechts" entfällt, so dass ein konkretes, dem Schutzinteressen der unbemerkt aufgezeichneten Verkehrsteilnehmer vorrangiges berechtigtes Überwachungsinteresse festzustellen wäre. Dieses Interesse wird von den Aufsichtsbehörden verneint (ebenso Lachenmann/Schwiering, NZV 2014, 291). Selbst wenn dann im Ereignisfall Straftaten dokumentiert würden, sei die dem vorausgehende Dauerüberwachung unbeteiligter Dritter nicht gerechtfertigt (vgl. auch BrandbLDA, 17. TB 2012/2013, Ziff. 15.4; HessDSB, 42. TB, 2013, Ziff. 4.2.2.6). Auf die hierzu mit gegenteiligem Ergebnis ergangene Bewertung des Sachverhalts durch Atzert/Franck (RDV 2014, 136) ist jedoch hinzuweisen (vgl. auch Knyrim/Trieb, ZD 2014, 547; VG Ansbach, ZD 2014, 590 m. Anm. Schröder; AG München, ZD 2014, 530 m. Anm. Werkmeister).

3.5 Zu innerhalb eines Taxis zum Schutz von **Taxifahrern** stattfindenden Videoaufzeichnungen haben sich die Aufsichtsbehörden angesichts der konkreten Risikolage positiver geäußert. Zu Recht wurde anerkannt, dass die körperliche Unversehrtheit oder das Eigentum von Taxifahrern den Einsatz von Videokameras rechtfertigen kann, wenn dieser zum Schutz der Persönlichkeitsrechte der Fahrgäste auf das erforderliche Mindestmaß beschränkt bleibt (vgl. Beschluss des Düsseldorfer Kreises vom 26./27.2.2013 = RDV 2013, 267). Demgemäß darf die Kamera nicht permanent betrieben werden, und die maximale Speicherungsfrist soll 48 Stunden betragen, wobei jedoch wohl eine Löschung erfolgen müsste, wenn eine Fahrt ohne Zwischenfälle verlaufen ist. Die Fahrgäste sind vor dem Einstieg auf die Aufzeichnung hinzuweisen (LDA Brandenburg, TB 2012/2013, Ziff. 15.5). Fraglich erscheint es jedoch, diese sicherlich zutreffenden Feststellungen aus § 6b ableiten zu wollen, da

9a

9b

9c

§ 6b   Beobachtung öffentlich zugänglicher Räume

das Taxi, wenn es einen Beförderungsvertrag erfüllt, kein „öffentlich zugänglicher Raum" ist. Anderen Fahrgästen steht es nicht mehr zur Verfügung.

4. Der Tatbestand der Beobachtung

10   4.1 Geregelt ist der Tatbestand der **„Beobachtung"**. Der einfachste Fall ist der der Aufnahme von öffentlich zugänglichen Räumen und Übertragung der gewonnenen Bilder auf Bildschirme in der Pförtnerloge oder beim Sicherheitsdienst. Darin erschöpft sich der Tatbestand aber nicht. Die Beobachtung per Videokamera erhält ihre spezifische Qualität dadurch, dass die Aufnahmen auch aufgezeichnet oder zumindest ausgewertet werden. Die Aufzeichnung oder Auswertung ist begrifflich notwendiger Bestandteil dieser Art der Datenerhebung. Jedenfalls spricht – wenn man die Norm im Sinne der Gesetzesdefinition versteht (vgl. zur Problematik vorstehend Rn. 2) – Absatz 3 dafür, der die Beobachtung nach Absatz 1 als Datenerhebung kennzeichnet. Das Beschaffen von Daten (§ 3 Abs. 3) setzt aber notwendigerweise voraus, dass diese für eine Verarbeitung oder Nutzung verfügbar sind. Ferner fordert § 6b Abs. 2 die **„verantwortliche Stelle"** auf, den Tatbestand der Beobachtung kenntlich zu machen, wobei im nichtöffentlichen Bereich gem. § 3 Abs. 7 i. V. m. § 1 Abs. 2 Nr. 2 Normadressat nur derjenige ist, der Daten für eine automatisierte oder dateimäßige Verarbeitung erhebt, so dass jedenfalls Speicherung mit analoger Technik nicht erfasst wird (Bergmann/Möhrle/Herb, § 6b Rn. 16; Wedde, DKWW, § 6b Rn. 7). Datenerhebung durch Beobachtung erfordert also zumindest, dass der Pförtner manuell einen per Video erkannten Vorgang festhält (vgl. hierzu im Einzelnen Königshofen, RDV 2001, 220, der u. a. auch unter Heranziehung verfassungsrechtlicher Aspekte zu dem Schluss kommt, dass reine Beobachtung **(verlängertes Auge)** jedenfalls im nichtöffentlichen Bereich von § 6b nicht erfasst wird, im Ergebnis ebenso Wohlfahrt (RDV 2000, 106), der zu Recht auf die Probleme hinweist, die sich ergeben, wenn der Begriff „Beobachtung" in Absatz 1 als „verlängertes Auge" verstanden wird). Das schließt nicht aus, dass in diesem Falle unter persönlichkeitsrechtlichen Aspekten gleichwohl eine **Hinweispflicht** gegenüber den Beobachteten besteht.

10a   4.2 Die Aufsichtsbehörden (z. B. BlnDSB, Materialien zum Datenschutz Nr. 30, S. 20 ff.) und die weitaus überwiegende Meinung der Literatur (Scholz in: Simitis, BDSG § 6b Rn. 52 ff. geht – teilweise unter Hinweis auf den gesetzgeberischen Willen (Gesetzesbegründung, BT-Drs. 14/4329, S. 38) – von der gegenteiligen Auffassung aus, d. h. ziehen die bloße Beobachtung in den Regelungsbereich mit ein.

11   4.3 Auch wenn die Gesetzesdefinition der Datenerhebung nur personenbezogene Daten erfasst, und die Zulässigkeit der Beobachtung und Verarbeitung der Daten in Abwägung mit schutzwürdigen Interessen des Betroffenen (d. h. an sich gem. § 3 Abs. 1 einer bestimmten oder bestimmbaren Person) zu ermitteln ist, wird nach dem Willen des Gesetzgebers und dem in § 6b Abs. 4 gesondert geregelten Fall der Herstellung des **Personenbezugs** es für den Beobachtungsfall ausreichen, dass identifizierbare Betroffene erfasst werden, gleichgültig ob für die „verantwortliche Stelle" eine solche **Identifizierbarkeit** für alle Betroffenen bereits oder angestrebt ist. Die potentielle Absicht und Möglichkeit der Identifizierung ist schließlich Sinn jeder Überwachung. Sind Täter aufgrund der Art der Aufzeichnung nicht ermittelbar (vgl. hierzu auch Rn. 7), wird der Überwachungseffekt regelmäßig nicht erreicht.

12   4.4 Beobachtung setzt weiter eine Tätigkeit **für gewisse Dauer** voraus. Eine einmalige Aufnahme des Bildes per Videotechnik wie es per Film ebenfalls geschehen könnte, kann nicht unter den Begriff „Beobachtung" gefasst werden (Scholz in: Simitis, BDSG § 6b Rn. 74; Brink in: Wolff/Brink, DatenschutzR, BDSG § 6b Rn. 33). Primär jedenfalls hat der Gesetzgeber an stationäre Kameras gedacht (Atzert/Franck, RDV 2014, 136; Gola/Klug, RDV 2004, 66); es sei denn, dass eine

Beobachtung öffentlich zugänglicher Räume **§ 6b**

bestimmte Person mit mobiler Technik verfolgt wird. Demgemäß ist die Zulässigkeit der Videoverfilmung von Gebäuden für öffentliche (vgl. zur **Verfilmung** sämtlicher Gebäude einer Kommune zwecks Entwicklung eines Klimaschutzkonzepts und der Ermittlung von Energieeinsparungsmöglichkeiten: Müller, DuD 1999, 252) oder private Zwecke weiterhin unter Heranziehung der gegenüber nicht eingewilligter **Bildaufnahme** bestehenden Abwehransprüchen zu prüfen (vgl. BGH, RDV 2004, 120; zu Google Streetview-Verfilmung vgl. Jahn/Strietzel, K&R 2009, 693; Forgó/Krügel/Müllenbach, CR 2010, 616; Spiecker, CR 2010, 311; vgl. aber auch die Aufsichtsbehörden zum Einsatz von Dash-Cameras vorstehend Rn. 9b oder Drohnen Rn. 7b). Daneben stand und steht dem Betroffenen bei einem bei rechtswidriger Videobeobachtung regelmäßig gegebenen „schweren" Eingriff in das Persönlichkeitsrecht ein Anspruch auf angemessene Geldentschädigung zu (vgl. OLG Köln, NJW 1989, 720). Ferner kann der Straftatbestand des § 201a StGB, der unbefugte Bildaufnahmen des höchstpersönlichen Lebensbereichs sanktioniert, relevant werden (vgl. Gola, RDV 2004, 215). Erfolgt der regelmäßige Betrieb nur zeitweise (Hilpert, RDV 2009, 161 zur Türüberwachung von Fahrzeugen des ÖPNV) oder durch bestimmte Ereignisse ausgelöst (Alarmfunktion) greift § 6b.

4.5 Als Medium der Beobachtung werden optisch-elektronische Einrichtungen genannt, die der Gesetzgeber in dem Klammerzusatz als Videoüberwachung definiert. Auch wenn erst das Beobachten der Zulässigkeitsregelung unterworfen ist, begründet bereits das Installieren einer Kamera, d. h. die Schaffung der **Möglichkeit der Beobachtung** und Aufzeichnung ggf. einen Abwehranspruch des Betroffenen (vgl. Weichert, DuD 2000, 662). Da er nicht kontrollieren kann, ob die Kamera zum Einsatz kommt, ist der Abwehranspruch aus § 1004 BGB auch bei Fehlen der Voraussetzungen des § 6b Abs. 1 gegeben (vgl. LG Braunschweig, NJW 1998, 2457, wonach die durch die Installation einer Kamera geschaffene dauernde Androhung einer Videoüberwachung in unzulässiger Weise in das Persönlichkeitsrecht des Betroffenen eingreift); dies gilt selbst für den Fall einer angeblich funktionsunfähigen Kamera (vgl. LG Bonn, RDV 2005, 122). 13

4.6 Optisch-elektronische Einrichtungen sind auch digitale Fotoapparate oder Mobiltelefone mit integrierter Kamera. Voraussetzung für § 6b ist, dass ihr Einsatz so gestaltet ist, dass der Tatbestand der Beobachtung erfüllt ist (vgl. Rn. 10; Wedde in: DKWW, BDSG § 6b, Rn. 17; Scholz in: Simitis, BDSG § 6b, Rn. 38, der auch analoge Systeme erfassen will). 13a

5. Zweckbestimmung der Beobachtung

5.1 In **Absatz 1** werden zunächst drei Zweckbestimmungen genannt, die die Beobachtung und auch die Verarbeitung rechtfertigen können. Die Bewachung muss erforderlich sein zur 14
- Aufgabenerfüllung öffentlicher Stellen,
- zur Wahrnehmung des Hausrechts- und zwar durch öffentliche und nichtöffentliche Stellen oder
- zur Erfüllung berechtigter Interessen für konkret festgelegte Zwecke.

5.2 Der Rechtfertigungsgrund der **„Aufgabenerfüllung"** stellt auf Tätigkeiten der öffentlichen Verwaltung ab (vgl. die Anmerkungen zu §§ 13 Abs. 1, 14 Abs. 1, 15 Abs. 1). Die Aufgaben einer öffentlichen Stelle ergeben sich aus der Verfassung, aus Gesetzen, Verordnungen und anderen Rechtsvorschriften. Der Begriff „zur Erfüllung der Aufgaben" bezieht sich nicht auf sämtliche Aufgaben der verantwortlichen Stelle. Das ergibt sich schon aus Absatz 1 Nr. 3, der die Festlegung konkreter Zwecke der Beobachtung fordert. Soll z. B. mit der Videoüberwachung die Ordnung im Flur des Sozialamtes gewährleistet werden, darf eine entsprechende Anlage nicht auch im Flur des Ordnungsamtes installiert werden (Wohlfarth, RDV 2000, 15

§ 6b — Beobachtung öffentlich zugänglicher Räume

186) Die Beobachtungsergebnisse können aber zumeist aus speziellen Tatbeständen abgeleitet werden. (vgl. BVerfG, RDV 2010, 276 zu § 100h Abs. 1 Satz 1 Nr. 1 StPO als Rechtsgrundlage zur Videoüberwachung zum Beweis von Verhaltensverstößen). Es bedarf jedoch einer eindeutigen Rechtsnorm (BVerfG, RDV 2009, 222; ferner NVwZ 2007, 688).

16   **5.3** Die Wahrnehmung des **Hausrechts** (zur Definition im Rahmen des § 6b vgl. Ziegler, DuD 2003, 337; zur Nichtanwendung dieses Rechtfertigungsgrundes bei Überwachung an nichtöffentlichen Arbeitsplätzen vgl. BAG, RDV 2005, 21 = NZA 2004, 1278) obliegt dem **unmittelbaren Besitzer** des öffentlich zugänglichen Raumes, der nicht der Eigentümer sein muss. Bei öffentlichen Zwecken dienenden Räumen ist Inhaber des Hausrechts die jeweilige Körperschaft, wobei die Ausübung des Hausrechts den jeweils zuständigen Organen, z. B. Bürgermeister obliegt. Die Ausübung des Hausrechts kann mehreren Personen zustehen, so z. B. den Bewohnern des Hauses an gemeinschaftlich genutzten Räumen, Treppen etc. Die Ausübung kann auch auf einen **Sicherheitsdienst** delegiert werden. Hat dieser Dienst hinsichtlich der Bilder einen eigenen Entscheidungsspielraum, so ist er verantwortliche Stelle; Rechtfertigung der Speicherung liegt dann jedoch in der Erfüllung eigener Geschäftszwecke. Das Hausrecht kann daher sowohl bei öffentlichen als auch privaten Gebäuden, Plätzen etc. die Beobachtung legitimieren. Der Inhaber des Hausrechts ist grundsätzlich befugt, die zum Schutz des Objekts bzw. zu Abwehr unbefugten Betretens erforderlichen Maßnahmen zu treffen. Die Beobachtungsbefugnis des Hausrechtsinhabers, endet grundsätzlich an den Grenzen seines Grundstücks (vgl. BGH, RDV 1996, 26 = NJW 1995, 1955; hierzu Anm. Helle, JZ 1995, 1115; vgl. AG Köln, NJW-RR 1995, 1226 zur Berechtigung einer Kamera, die die Funktion eines Türspions erfüllt; positiv zur Überwachung ihrer Bahnhöfe durch die Deutsche Bahn AG, BfD 16. TB, Nr. 12.4; LSDB Bln TB 99, S. 126 ff.; zur Überwachung einer Tiefgarage einer Wohnanlage bei Einwilligung aller Mieter Hmb, DSB, 17. TB 1998/99, Ziff. 23.2; ders., a. a. O. zur Überwachung in öffentlichen Verkehrsmitteln; zur Überwachung in einem Schwimmbad, einem Krankenhaus und einer öffentlichen Bibliothek LfD Baden-Württemberg, 24. TB (2003), 103 = RDV 2004, 91).

17   **5.4** Beim Einsatz der Videoüberwachung durch Kreditinstitute oder in Parkhäusern kommt neben der **Abschreckung** von möglichen Straftätern und der **Sicherung von Beweismaterial** für den Fall einer versuchten oder vollzogenen Straftat noch ein anderer nicht zu unterschätzender Aspekt zum Tragen. Hier kann eine Aufzeichnung sogar im Interesse der eigenen Sicherheit des Betroffenen sein, wenn er und das jeweils von der Kamera erfasste Umfeld beobachtet und gespeichert wird.

18   **5.5** Für andere, nicht von den Nummern 1 und 2 erfasste **konkrete berechtigte Interessen** kann die Videotechnik z. B. im Rahmen eines Forschungsprojekts eingesetzt werden. Es kann nicht davon ausgegangen werden, dass ein Unternehmen Videoaufzeichnungen generell nicht zum Zwecke der „Übermittlung" an Dritte herstellen dürfte (vgl. zur Zulässigkeit der reinen Bilderfassung von Wohngebäuden nach § 29 BDSG; VG Karlsruhe, NJW 2000, 2222; LG Waldshut-Tiengen, RDV 2000, 72; vgl. aber auch Weichert, DuD 2000, 662 (667), wonach die Verfolgung außerhalb von Sicherheitsinteressen liegender privater Geschäftszwecke die öffentliche Videoaufzeichnung grundsätzlich nicht zu rechtfertigen vermögen; ebenso die Begründung im Änderungsvorschlag von SPD und Bündnis 90/Die Grünen, BT-Drs. 14/4329, wonach die Videoüberwachung zwecks Vermarktung der Bilder unzulässig sein soll).

6. Erforderlichkeit

18a   **6.1** Die Videoüberwachung muss für die Umsetzung des Hausrechts oder der berechtigten Interessen erforderlich sein. Die Erforderlichkeit setzt voraus, dass die

Maßnahme geeignet ist, d. h. das Überwachungsziel tatsächlich erreicht wird, und dass dafür kein anderes, gleich wirksames, aber den Betroffenen weniger in seinen Rechten beeinträchtigende Mittel zur Verfügung steht (vgl. hierzu § 28 Rn. 13 ff.). Insofern ist eine Beobachtung mit Aufzeichnung nicht erforderlich, wenn auch die bloße Beobachtung genügt. Eine zur Abschreckung von Straftätern gedachte Überwachung ist ungeeignet, wenn sie für die potenziellen Täter nicht gut erkennbar ist (Scholz in: Simitis, BDSG § 6b Rn. 87). Andererseits wird nicht verlangt, dass die Überwachung kompletten Schutz gewährleistet (so OVG NRW, RDV 2009, 232, wenn die Videoüberwachung der Bibliothek nur bestimmte „Brennpunkte" beobachtet).

6.2 Die objektiv mildere aber gleich wirksame Alternative, die auch unter dem **18b** Gebot der **Datensparsamkeit oder Datenvermeidung** geboten sein kann, muss jedoch auch objektiv zumutbar sein. Dabei spielt der Kostenfaktor eine wesentliche Rolle. Hilft bereits bessere Beleuchtung des Geländes oder häufigere Rundgänge durch das bereits vorhandene Sicherheitspersonal kann sich die Überwachung erübrigen. Wenn durch Einsatz der Videoüberwachung Kosten für Sicherheitspersonal eingespart werden soll, kann dem der Datenschutz nicht entgegengesetzt werden (vgl. zu einem drei-Stufen-Modell zur grundrechtsschonenden Gestaltung von Videoüberwachung, Roßnagel/Desoi/Hornung, DuD 2011, 695).

7. Interessenabwägung

7.1 Abzuwägen ist das Interesse an der Überwachung mit entgegenstehenden **19** schutzwürdigen Interessen des Betroffenen. Die Überwachung darf bereits dann nicht erfolgen, wenn Anhaltspunkte für ein Überwiegen der privaten Interessen nicht ausgeräumt werden können (OVG Münster, RDV 2009, 232 für Videoüberwachung einer Universitätsbibliothek). § 6b verlangt diese Interessenabwägung ausdrücklich im Zusammenhang mit der in Absatz 1 geregelten Beobachtung (so kann nach der Begründung des Änderungsantrags von SPD und Bündnis 90/Die Grünen, BT-Drs. 14/4329 der Zweck der Diebstahlsprävention nicht die Überwachung von Toiletten oder **Umkleidekabinen** rechtfertigen; vgl. auch Nguyen, DuD 2011, 715). Selbstverständlich gilt sie auch bei der Prüfung der in Absatz 3 ggf. gestatteten Speicherung der Daten, so dass die Beobachtung von dem Betroffenen unter Umständen noch hinzunehmen ist, während er gegenüber der Speicherung oder erst recht beim Personenbezug (siehe auch § 6b Abs. 4) entgegenstehende **schutzwürdige Interessen** geltend machen kann. Schutzwürdige Interessen werden regelmäßig nicht verletzt sein, wenn der Auflösungsgrad der Bilder **keine Identifizierung** der Personen oder ihre Erkennen zulässt (HmbDSB, 17. TB, 1998/99, Ziff. 1.2.1 und 23.2; vgl. dort auch zur Abwägung zwischen der Videoüberwachung des Kinderspielplatzes einer Wohnsiedlung und der Übertragung über das lokale TV-Kabelnetz in die einzelnen Haushalte mit schutzwürdigen Interessen der Bewohner und Passanten). Der BGH (RDV 1996, 26 = NJW 1995, 1955) hat festgehalten, dass das Hausrecht und das Interesse eines Hausbesitzers an dem Schutz seines Grundstücks vor Beeinträchtigungen von außen nur in „Extremfällen" die Überwachung des Weges und die Aufzeichnung der Passanten rechtfertigen können. Ob ein Eingriff in das Persönlichkeitsrecht gerechtfertigt ist, musste daher auch bislang schon „unter Würdigung aller Umstände des Einzelfalls und durch Vornahme einer die (verfassungs-)rechtlich geschützten Positionen aller Beteiligten berücksichtigenden Güter- und Interessenabwägung" ermittelt werden. Daher kann nach Ansicht des BGH die Videoaufzeichnung nur ausnahmsweise dann gerechtfertigt sein, wenn schwerwiegenden Beeinträchtigungen der Rechte des Verantwortlichen, etwa Angriffe auf seine Person oder die unmittelbare Wohnsphäre, nicht in anderer zumutbarer Weise begegnet werden könnte.

§ 6b Beobachtung öffentlich zugänglicher Räume

20 7.2 Als zulässig angesehen hat das BAG (RDV 2008, 238) die Videoüberwachung des Anlieferungsbereichs eines **Briefverteilungszentrums** sowohl gegenüber den Kunden als auch den Mitarbeitern. Zulässig ist auch die offene Überwachung im Supermarkt zur Verhinderung von Diebstählen durch Kunden und Mitarbeiter (IM Baden-Württemberg, RDV 2008, 216). Sind die an öffentlich zugänglichen Arbeitsplätzen tätigen Mitarbeiter nicht eigentlicher Gegenstand der Beobachtung (z. B. Videoüberwachung in einer Bank zwecks Schutzes vor Überfällen, Überwachung in einem Museum etc.), so sind den Interessen der Mitarbeiter durch ihr Arbeitsverhalten betreffende Nutzungsverbote und die eingeschränkte Vergabe von Zugriffsrechten Rechnung zu tragen.

20a 7.3 Erfolgt die Videoüberwachung in sensitiven Bereichen, ist fraglich, ob direkt oder indirekt die Anwendung der § 28 Abs. 6–9 zum Tragen kommt. Jedenfalls hebt § 6b nicht den in § 26 Abs. 6–9 gewährten Schutzgedanken auf (Nguyen, DuD 2011, 715).

20b 7.4 Die Überwachung kann auch durch **Einwilligung** der Betroffenen legitimiert werden. Jedoch wird dieser Erlaubnistatbestand bei öffentlichen Räumen aufgrund fehlender Praktikabilität ausscheiden. Keine Einwilligung kann zumeist darin bestehen, dass der Betroffene in Kenntnis der Überwachung den Raum betritt.

21 7.5 Das berechtigte Interesse muss nicht nur gegeben sein, es muss auch dokumentiert werden. Das ergibt sich aus der Zulässigkeitsvoraussetzung des Absatzes 1 Nr. 3, wonach die Videoüberwachung nur für „konkret festgelegte Zwecke" eingesetzt werden darf. Die Videoüberwachung ist bei entsprechender technischer und softwaremäßiger Ausstattung einem **automatisierten Verfahren** gleichzusetzen. Dieses löst unter Umständen eine Meldepflicht nach § 4e Satz 1 aus. Die Angaben sind jedermann in geeigneter Weise verfügbar zu machen (vgl. § 4g Rn. 29). Ein Muster einer solchen Dokumentation findet sich in den Hinweisen des Innenministeriums Baden-Württemberg für private Unternehmen (Nr. 40) Ziff. 3.7 (RDV 2002, 148).

8. Kenntlichmachung der Beobachtung

22 8.1 Videobeobachtung ist Datenerhebung bei der betroffenen Person, die nach **Absatz 2** dem Betroffenen von der verantwortlichen Stelle transparent zu machen ist. Die nunmehr gesetzlich gebotene Information des Betroffenen entspricht bislang dem von den Aufsichtsbehörden geforderten Datenschutzstandard (vgl. auch BlnDSB, JB 1996, 155). Werden personenbezogene Daten über bestimmte Betroffene per Video zwecks dateimäßiger bzw. automatisierter Verarbeitung erhoben, so geht die Pflicht nach § 4 Abs. 3 der Informationspflicht des § 6b Abs. 2 vor.

23 8.2 Die Bestimmung der insoweit geeigneten Maßnahmen bleibt der beobachtenden Stelle überlassen. Häufig wird die Tatsache der Beobachtung bereits dadurch erkennbar sein, dass die Videokamera **für jedermann sichtbar** installiert ist (vgl. § 29b Abs. 1 Satz 2 DSG NRW mit dem Verzicht auf die Information, wenn die Beobachtung offenkundig ist). Ob dann noch weitere Maßnahmen (Hinweise) erforderlich sind, mag fraglich erscheinen (so aber z. B. LDSB NRW zur Videoaufzeichnung bei Geldautomaten von Sparkassen, DuD 1995, 510).

24 8.3 Kenntlich zu machen ist nach dem Wortlaut der Norm nur der Tatbestand der Beobachtung, so dass für den Betroffenen offen bleibt, ob auch Verarbeitungen erfolgen. Sinnvoll und datenschutzkonform wäre die Verständigung auf einheitliche Informationszeichen (vgl. bei Bäumler, RDV 2001, 67) z. B. gelber Punkt = Beobachtung; grüner Punkt = Aufzeichnung. Eindeutig überzogen ist aber die Forderung nach evtl. **Mehrsprachigkeit** der Information; es genügt die bildliche Darstellung der Kamera.

Beobachtung öffentlich zugänglicher Räume § 6b

8.4 Erkennbar zu machen ist ferner die **verantwortliche Stelle,** damit der 25
Betroffene seine Rechte wahrnehmen kann. Sofern die Überwachung z. B. im
Auftrag durch ein **Überwachungsunternehmen durchgeführt** wird, bleibt es bei
der alleinigen Kenntlichmachung der verantwortlichen Stelle. Ein Hinweis könnte
z. B. lauten: „Dieses Gebäude wird von der „Firma" (alternativ: „uns") videoüberwacht. Bei Fragen hierzu wenden Sie sich bitte an . . . (alternativ: „unsere Kundeninformation im 1. Stock") (Hinweise des Innenministeriums Baden-Württemberg für
private Unternehmen (Nr. 40) Ziff. 3.3.) Auch hier ist die vom Gesetz gewollte
Transparenz erreicht, wenn auch ohne weitere Informationsschilder etc. (so z. B.
bei der Videoüberwachung in einer Bank) die verantwortliche Stelle eindeutig ist.

9. Heimliche Videoüberwachung

9.1 Fraglich ist, ob die Erfüllung der Transparenzpflicht des § 6b Abs. 2 **Recht-** 26
mäßigkeitsvoraussetzung ist mit der Folge, dass eine heimliche Überwachung in
öffentlich zugänglichen Räumen generell nicht mehr zulässig ist. Zutreffend ist, dass
der Gesetzgeber Ausnahmetatbestände, wie sie z. B. bei der Benachrichtigungspflicht
des § 33 bestehen, nicht vorgesehen hat. Anderseits hat er den Verstoß gegen die
Informationspflicht nicht in § 43 sanktioniert. Bejaht man die Rechtmäßigkeitsvoraussetzung ist auch eine zur Abwehr bzw. Überführung eines konkret verdächtigten
Diebes oder Graffittisprühers durchgeführte heimliche Aufzeichnung unzulässig, die
Aufzeichnungen unterliegen einem Beweisverwertungsverbot (so z. B. ArbG Frankfurt a. M., RDV 2006, 214; Bayreuther, NZA 2005, 1038, mit der Empfehlung an
den Gesetzgeber die unbefriedigende Rechtslage zu ändern). Daraus ergäbe sich das
unbefriedigende Ergebnis (vgl. hierzu bei Gola/Klug, RDV 2004, 65, 73), dass z. B.
ein des Diebstahls verdächtigter Arbeitnehmer zwar am nichtöffentlich zugänglichen
Arbeitsplatz nicht jedoch z. B. bei Tätigkeit im Supermarkt heimlich überwacht
werden darf (noch offen gelassen von BAG, RDV 2003, 293). Zumindest wird sich
hier der Arbeitgeber gegenüber dem überführten Dieb darauf berufen können, dass
dieser sich nach Treu und Glauben nicht auf die fehlende Information berufen
kann (vgl. Vietmeyer/Bayers, DB 2010, 1462; aber auch derartige Überlegungen
ablehnend, Bayreuther, NZA 2005, 1038). Das LAG Köln (ZD 2011, 47) lässt die
heimliche Überwachung bei Tatverdacht im Rahmen verfassungskonformer Auslegung zu.

9.2 Entsprechend hat nunmehr das BAG (RDV 2012, 297 = NZA 2012, 1025) 27
entschieden (vgl. Bayreuther, DB 2012, 222; Bergwitz, NZA 2012, 1205; Kraska,
BB 2012, 2812; Pötters/Traut, RDV 2013, 132; Wortmann, ArbuR 2013, 279).
Danach unterliegt das in einer verdeckten Videoüberwachung öffentlich zugänglicher Arbeitsplätze gewonnene Beweismaterial nicht allein deshalb einem prozessualen Beweisverwertungsverbot, weil es unter Verstoß gegen das Gebot des § 6b Abs. 2
gewonnen wurde. Heimliche Videoüberwachung ist auch hier zulässig, wenn gegen
einen zumindest räumlich und funktional abgrenzbaren Kreis von Arbeitnehmern
der konkrete Verdacht einer strafbaren Handlung oder einer anderen schweren Verfehlung zu Lasten des Arbeitgebers besteht, und die verdeckte Überwachung – nach
Ausschöpfung möglicher weniger einschneidender Mittel – das einzig verbleibende
Mittel darstellt und unter Beachtung des Verhältnismäßigkeitsprinzips (Verhältnismäßigkeit im engeren Sinne) erfolgt. Insofern ist eine heimliche Videoüberwachung
zum Nachweis der Absicht, sich einige Münzen im Wert von Cent-Beträgen zuzueignen, schlechthin unzulässig. Ein prozessuales Verwertungsverbot heimlicher
Videoaufzeichnungen ergibt sich aus der Verletzung des allgemeinen Persönlichkeitsrechts aus Art. 2 Abs. 1 i. V. m. Art. 1 Abs. 1 GG dann, wenn die Aufzeichnung
nicht durch überwiegende Beweisinteressen gerechtfertigt ist und das Verhältnismäßigkeitsprinzip nicht beachtet wurde. Inwieweit das auch unmittelbar aus dem Ver-

stoß gegen § 6b oder § 32 folgt, lässt das BAG offen (RDV 2014, 96 = NZA 2014, 243).

10. Zweckbindung/Löschungspflicht

28 **10.1 Absatz 3** Satz 1 regelt, unter welchen Voraussetzungen die durch die Beobachtung gewonnenen (erhobenen) Daten verarbeitet und genutzt werden dürfen. Verläuft ein Arbeitstag in einer Bank, auf einem Bahnhof oder im Eingangsbereich einer Kaserne ohne „besondere Vorkommnisse", können und müssen die aufgezeichneten Daten nach Absatz 5 gelöscht werden. Zeigen sich Auffälligkeiten – z. B. betritt dieselbe Person eine Bank mehrmals am Tage – kann es notwendig sein, diesen Teil der Aufzeichnung weiter auszuwerten. Dies ist nach Absatz 3 Satz 1 gedeckt, weil es zur Zweckbestimmung der Videoüberwachung einer Bank gehört, **Banküberfälle** zu verhindern.

29 **10.2** Satz 2 des Absatzes 3 nennt die Voraussetzungen, unter denen die durch Videoüberwachung gewonnenen Daten für andere Zwecke verarbeitet und genutzt werden dürfen. Wird z. B. ein Passant in einer videoüberwachten Ladenpassage überfallen, ist die Speicherung und Übermittlung dieser Bildpassagen zum Zwecke der Strafverfolgung, wozu auch die Geltendmachung von Schadensersatzansprüchen des Opfer des Überfalls gehören muss, erforderlich und nach Satz 2 zulässig. Die Zulässigkeitstatbestände „Abwehr von Gefahren für die staatliche und öffentliche Sicherheit" sowie „Verfolgung von Straftaten" sind abschließend. Ein Rückgriff auf die sonstigen eine **Zweckänderung** gestattenden Erlaubnistatbestände (z. B. § 28 Abs. 3 Nr. 1) ist nicht zulässig.

30 **10.3** Die **Löschungspflicht** des **Absatzes 5** entspricht der bei der Speicherung personenbezogener Daten sich aus den §§ 20 Abs. 2, 35 Abs. 2 ergebenden Pflichten. Ist der die Speicherung legitimierende Zweck entfallen, so ist diese nunmehr unzulässig. So sind die zum Schutz gegen Überfall, Vandalismus etc. getätigten Aufzeichnungen unverzüglich zu löschen, wenn sich aus ihrem Inhalt keine Relevanz ergibt. Gleiches gilt, wenn erst nachträglich vorrangige schutzwürdige Interessen der Betroffenen auftreten.

31 **10.4** Eine unverzügliche Löschung der Speichermedien sollte durch eine automatisierte Technik unterstützt werden. Eine manuelle Löschsperre könnte dann lediglich bei einer gegebenen Gefahrenlage (z. B. Vandalismus, Bedrohung) aktiviert werden. Geschieht die Löschung nicht automatisch, folgt aus Absatz 3 die Pflicht der verantwortlichen Stelle, unverzüglich über die Erforderlichkeit der weiteren Speicherung zu entscheiden.

11. Vorabkontrolle

32 Videoaufzeichnungen sind im Hinblick darauf, dass überwiegend Personen betroffen sein werden, von denen keine die Überwachung rechtfertigende Gefahr ausgeht, Verarbeitungen, die „mit besonderen Gefahren für das Persönlichkeitsrecht des Betroffenen verbunden sein können". Daher ist eine **Vorabkontrolle** nach § 4d Abs. 5 jedenfalls regelmäßig dann erforderlich, wenn Überwachungskameras nicht punktuell, sondern in großer Zahl und zentral kontrollierten oder schwenkbare Kameras mit hoher Auflösung der Bilder oder Webcam mit Einstellung der Bilder ins Internet eingesetzt werden sollen (Bergmann/Möhrle/Herb, BDSG § 6b Rn. 6). Gleiches gilt beim Herausfiltern einzelner Personen (so Änderungsantrag SPD und Bündnis 90/Die Grünen, BT-Drs. 14/4329 zu IV.2) oder der Erfassung „sensibler" Vorgänge (z. B. Überwachung im Eingangsbereich eines Krankenhauses, vgl. Wedde in: DKWW, BDSG § 6b Rn. 81). Konsequenz ist z. B., dass jede videoüberwachte **Tankstelle** einen Datenschutzbeauftragten zu ernennen hat.

Beobachtung öffentlich zugänglicher Räume § 6b

12. Landesrecht

Von den Landesdatenschutzgesetzen haben mit Ausnahme von Hessen alle Länder 33
eine Regelung zur **Videoüberwachung** aufgenommen: Baden-Württemberg
(§ 20a), Bayern (Art. 21a), Berlin (§ 31b), Brandenburg (§ 33c), Bremen (§ 20b),
Hamburg (§ 30), Mecklenburg-Vorpommern (§ 37), Niedersachsen (§ 25a), Nordrhein-Westfalen (§ 29b), Rheinland-Pfalz (§ 34), Saarland (§ 34), Sachsen (§ 33),
Sachsen-Anhalt (§ 30), Schleswig-Holstein (§ 20) und Thüringen (§ 25a)). Sie entsprechen inhaltlich der des § 6b. Berlin hat Ausnahmen von der Benachrichtigungspflicht (§ 31b Abs. 4 Satz 3) zugelassen. Nach § 29b Abs. 2 DSG NRW dürfen durch
die Videoüberwachung erhobene Daten nur bei einer konkreten Gefahr zu Beweiszwecken gespeichert werden. In Bremen sind die erhobenen Daten unverzüglich,
spätestens nach 24 Stunden (§ 20b Abs. 5), in Rheinland-Pfalz unverzüglich (§ 34
Abs. 5) zu löschen. Mecklenburg-Vorpommern (§ 37 Abs. 2) hat eine Regellöschungsfrist von sieben Tagen. Berlin hat eine Sonderregelung für den öffentlichen
Personennahverkehr (§ 31b Abs. 2a). In Hamburg gelten die Zulässigkeits- und
Transparenzanforderungen entsprechend für Attrappen (§ 30 Abs. 9).

§ 6c Mobile personenbezogene Speicher- und Verarbeitungsmedien

(1) Die Stelle, die ein mobiles personenbezogenes Speicher- und Verarbeitungsmedium ausgibt oder ein Verfahren zur automatisierten Verarbeitung personenbezogener Daten, das ganz oder teilweise auf einem solchen Medium abläuft, auf das Medium aufbringt, ändert oder hierzu bereithält, muss den Betroffenen
1. über ihre Identität und Anschrift,
2. in allgemein verständlicher Form über die Funktionsweise des Mediums einschließlich der Art der zu verarbeitenden personenbezogenen Daten,
3. darüber, wie er seine Rechte nach den §§ 19, 20, 34 und 35 ausüben kann, und
4. über die bei Verlust oder Zerstörung des Mediums zu treffenden Maßnahmen

unterrichten, soweit der Betroffene nicht bereits Kenntnis erlangt hat.

(2) Die nach Absatz 1 verpflichtete Stelle hat dafür Sorge zu tragen, dass die zur Wahrnehmung des Auskunftsrechts erforderlichen Geräte oder Einrichtungen in angemessenem Umfang zum unentgeltlichen Gebrauch zur Verfügung stehen.

(3) Kommunikationsvorgänge, die auf dem Medium eine Datenverarbeitung auslösen, müssen für den Betroffenen eindeutig erkennbar sein.

Literatur: *Bizer,* Gesundheitskarte, DuD 2004, 243; *Brandt,* Der digitale Tachograph: rechtliche Grundlagen und Datenschutz, CuA 5/2007, 13; *Ernestus,* JobCard-Schlüssel zur elektronischen Kommunikation, DuD 2002, 404; *Gola,* Datenschutz bei der Kontrolle mobiler Arbeitnehmer – Zulässigkeit und Transparenz, NZA 2007, 1139; *Holznagel/Bonnekoh,* Radio Frequency Identification – Innovation vs. Datenschutz?, MMR 2006, 17; *Hornung,* Datenschutz für Chipkarten, DuD 2004, 15; *ders.,* RFID und datenschutzrechtliche Transparenz, MMR 5/2006, XX; *Kesten,* RFID und Datenschutz, RDV 2008, 97; *Lahner,* Anwendung des § 6c BDSG auf RFID, DuD 2004, 723; *Polenz,* Der neue elektronische Personalausweis, MMR 2010, 671; *Reisen,* Digitale Identität im Scheckkartenformat, DuD 2008, 164; *Roßnagel/Hornung,* Ein Ausweis für das Internet – Der neue Personalausweis enthält einen elektronischen Identitätsnachweis, DÖV 2009, 301; *Toutziaraki,* Ein winzig kleiner Chip, eine riesengroße Herausforderung für den Datenschutz, DuD 2007, 107; *Weichert,* Datenschutzrechtliche Anforderungen an Chipkarten, DuD 1997, 266; *ders.,* Die elektronische Gesundheitskarte, DuD 2004, 391; *ders.,* Identitätskarten – sind Sicherheit und Datenschutz möglich?, DuD 2005, 340; *Westerholt/Döring,* Datenschutzrechtliche Aspekte der Radio Frequency Identification, CR 2004, 710; *Zilkens,* Datenschutz im Personal- und Personalausweiswesen, RDV 2010, 14; *Zimmer,* Notfall-Management mit der elektronischen Gesundheitskarte, DuD 2014, 394.

Übersicht

	Rn.
1. Allgemeines	1
2. Die Informationspflicht des Absatzes 1	6
3. Technische Ermöglichung der Auskunft	9
4. Information im Einzelfall gemäß Absatz 3	11
5. Bereichsspezifische Regelungen	11a
6. Landesrecht	12

1. Allgemeines

1.1 Die Regelung des § 6c erscheint erstmals im BDSG 2001 und ist auch nicht durch Vorgaben der EG-DatSchRL bedingt. Sie kann daher zu einem **modernen Datenschutz** (vgl. § 1 Einl. Rn. 12) gerechnet werden.

Mobile personenbezogene Speicher- und Verarbeitungsmedien § 6c

1.2 Der besondere Regelungsbedarf wird darin gesehen, dass mobile personenbezo- 2
gene Speicher- und Verarbeitungsmedien (vgl. die Definition in § 3 Abs. 10) nicht
nur als Datenträger dienen, sondern auf ihnen Daten auch verarbeitet werden können,
ohne dass diese Verarbeitungen von den Betroffenen unmittelbar nachvollziehbar sind.
Betroffen sind mobile Medien (gemeint Chipkarten, auch Smart Cards genannt), die –
im Gegensatz zu Magnetkarten oder CDs mit einem eigenen Prozessor ausgestattet
sind, der mehr Verarbeitungsvorgänge ermöglicht als das Lesen der auf der Karte
aufgebrachten Daten. Besteht die technische Möglichkeit zur späteren Installation
eines automatisierten Verfahrens, so löst das bei der Ausgabe die Pflicht des § 6c aus
(vgl. § 3 Rn. 58; Hornung in: Wolff/Brink, DatenschutzR, BDSG § 6c Rn. 13). *Das
ist z. B. nicht der Fall bei der* zur Zeit nur eine „Lesemöglichkeit" eröffnenden, in
§ 291a SGB V mit Hinweispflichten geregelten Gesundheitskarte (vgl. Hullen in:
Plath, BDSG § 6c Rn. 24; Zscherpe in: Taeger/Gabel, BDSG § 6c Rn. 9 m.w.N.).
Gleiches gilt für Pässe, mit dort ggf. aufgebrachten, automatisiert auswertbaren biometrischen Daten (Zilkens, RDV 2010, 14), wobei in § 11 PAuswG vorrangige Informationspflichten normiert sind, oder Zutrittskarten mit biometrischen Merkmalen
zwecks Überprüfung der Identität, sofern sie nicht auch mit einem Sensor mit der
Möglichkeit eigener Datenerhebung ausgerüstet sind (zum Einbezug von Chipkarten
mit biometrischen Sensoren und matching-on-card-Prozessen: Hornung, DuD 2004,
15).

1.3 Betroffen sind z. B. SIM-Karten für die Nutzung des Mobilfunks oder Karten 2a
mit aktiver RFID-Funktion. **RFID-Technik** (Radio Frequency Identification)
beruht darauf, dass mit Hilfe von Funketiketten (RFID-Chips, auch Tags genannt)
gespeicherte Daten berührungslos an ein Empfangsgerät (Computer) übermittelt werden, d. h. das Lesegerät verbindet die Informationen mit einer Datenbank, in die die
gesendeten Informationen gespeichert und ggf. mit weiteren Informationen zusammengeführt werden. Anwendung findet die Technik bereits im Bereich der Logistik,
indem z. B. Waren anhand Artikelnummer, Produktherkunft, Preis, im Betriebsablauf
identifiziert und bestimmungsgemäß verteilt werden können. Ein Beispiel hierfür
bietet der Bereich der Warenhäuser, wo per RFID ggf. auch das Inkasso durch Personal
eingespart werden kann. Mit Chips versehen werden können nicht nur Waren etc.,
sondern auch Arbeitnehmer bzw. von ihnen mitzuführende Gegenstände. So kann die
Technik Anwendung finden bei **Hausausweisen.** Hierbei werden die gespeicherten
Ausweisdaten z. B. von den berührungslos funktionierenden Türöffnern gelesen und
ggf. mit einem Zeitstempel versehen in einer Datenbank abgespeichert. Festgehalten
werden kann, ob der Mitarbeiter auch tatsächlich zu der vorgegebenen Zeit (z. B.
beim Rundgang eines Wachmannes, bei Routineuntersuchungen von Wartungstechnikern etc.) an dem vorgeschriebenen Ort war oder im Supermarkt welcher Mitarbeiter wann welches Regal mit wie viel Produkten welcher Art nachgefüllt hat. Ob es
für die Anwendung des § 6c ausreicht, dass gespeicherte Daten ohne Beeinflussung
durch den Betroffenen übermittelt werden (so Kelter/Widmann, DuD 2004, 331),
ist im Hinblick auf die Definition des § 3 Abs. 10 Nr. 2, der eine automatische „Verarbeitung" **auf der Karte** verlangt, jedoch abzulehnen. Die über den Wortlaut des § 3
Abs. 10 hinausgehende Einbeziehung von Kundenkarten, die nur ein Auslesen der
Daten des Inhabers ermöglichen, bejahen gleichwohl u. a. Lahner, DuD 2004, 723;
Holznagel/Bonnekoh, MMR 2006, 17; Eisenberg/Puschke/Singelnstein, ZRP 2005,
9 (vgl. auch Scholz in: Simitis (Hrsg.), BDSG § 3 Rn. 276 und § 6c Rn. 75, 63;
wonach § 6c allein die Intransparenz von möglichen Verarbeitungsgängen auf Medien
erfasst). So können für ein Medium mehrere Stellen verpflichtet sein (zur Gesundheitskarte Weichert in: DKKW, BDSG § 6c Rn. 4). Abs. 1 Nr. 1 verpflichtet zur Unterrichtung über die **Identität** und die **Anschrift** der jeweils verpflichtenden Stelle (zu
den Details Scholz in: Simitis, BDSG § 6c Rn. 32).

1.4 Durch § 6c soll für den Betroffenen die gebotene **Transparenz** gewährleistet 2b
werden, indem sowohl die ausgebende Stelle als auch alle Stellen, die auf das Medium

§ 6c Mobile personenbezogene Speicher- und Verarbeitungsmedien

Verarbeitungsverfahren aufbringen, **Informationspflichten** unterworfen werden. Diese Pflichten entstehen bereits bei der Ausgabe des Mediums bzw. der Installation des Verarbeitungsverfahrens, ohne dass es darauf ankommt, ob sogleich personenbezogene Daten gespeichert werden. Der Betroffene soll von Anfang an die Funktion und Verarbeitungsmöglichkeiten des Datenträgers kennen, um in Kenntnis der Sachlage zu entscheiden, ob er seine Daten in einem Verfahren unter Einsatz des Mediums bereitstellen will (vgl. die Begründung des Änderungsantrags SPD/Bündnis 90/Die Grünen, BT-Drs. 14/4329, zu VI.3 (§ 6c BDSG)).

3 **1.5** Normadressat ist zunächst die Stelle, die den Datenträger ausgibt oder ein Verfahren nach § 6c Abs. 1 installiert oder ändert. Diese Stellen müssen nicht zwangsläufig identisch sein, mit der verantwortlichen Stelle, d.h. der Stelle, die die Daten für sich erhebt, verarbeitet oder nutzt (vgl. Hullen in: Plath, BDSG § 6c BDSG Rn. 6 und dem Beispiel von Kundenkarten). Erfasst werden auch solche Stellen, die ein Verarbeitungsverfahren zur Installation durch den Karteninhaber – etwa im Wege des Herunterladens aus dem Internet – bereithalten.

4 **1.6** Die Daten müssen **auf dem Datenträger** automatisiert verarbeitet werden, was bereits bei einer beim Gebrauch des Datenträgers erfolgenden, von ihm unbeeinflussten Datenspeicherung der Fall ist. Sie können auch mit Hilfe eines auf dem Datenträger installierten „Rechners" verändert werden. Aber auch bei einem reinen **Speichermedium** muss der Betroffene in der Lage sein, den Inhalt der Speicherung zu erkennen. Automatisierte Datenträger, deren Nutzung den Betroffenen nicht hindert, seine Rechte auszuüben, wie es bei einem vom Arbeitgeber ausgegebenen **Notebook** oder **Mobiltelefonen** der Fall ist, werden nicht erfasst.

5 **1.7** § 6c äußert sich nicht zu der Zulässigkeit der auf dem Datenträger stattfindenden Verarbeitungen oder der Erhebung von Daten durch Ablesen. Hierfür sind die allgemeinen Zulässigkeitstatbestände des BDSG maßgebend. Gleiches gilt für die nach § 9 zu ergreifenden Datensicherungsmaßnahmen (vgl. hierzu Scholz in: Simitis, BDSG § 6c Rn. 20 f.).

5a **1.8** So bedarf es keiner Frage, dass bereits unter persönlichkeitsrechtlichen Erwägungen heimliche Datenerfassungen über Standorte und Handlungen von Beschäftigten mittels **RFID** genauso wenig zulässig sein können, wie heimliche Videobeobachtungen oder das heimliche Mithören oder Aufzeichnen von Gesprächen. Darüber hinaus gibt z. B. im Arbeitsverhältnis „abstrakt" § 32 die Zulässigkeitsgrenze vor, indem zunächst nur ein aus den arbeitsvertraglichen Pflichten des Mitarbeiters abzuleitendes Kontrollinteresse ggf. die „Funküberwachung" des Mitarbeiters an bestimmten Kontrollstellen des Betriebes rechtfertigen kann, so z. B. hinsichtlich der Erfassung des Anlaufens bestimmter Kontrollpunkte bei dem Rundgang eines Wachmannes. Auch hier gilt, dass das Kontrollinteresse des Arbeitgebers unter Berücksichtigung des Verhältnismäßigkeitsprinzips mit dem Recht des Beschäftigten, seine Arbeit frei von ständigem Kontrolldruck durchführen zu können, in Einklang zu bringen ist, so dass – abgesehen davon, dass für die Erfassung derartiger Organisationsabläufe anonymisierte Daten ausreichen – wäre die lückenlose Kontrolle, welcher für den Warenbestand der Regale des Supermarkts zuständige Mitarbeiter, wann welche Waren wo nachgefüllt bzw. welche Arbeitsleistung er insoweit aggregiert über den Tag, die Woche den Monat erbracht hat, mit den Anspruch auf Persönlichkeitsschutz (vgl. § 75 Abs. 2 BetrVG) nicht vereinbar und würde im Hinblick auf die erforderliche Mitbestimmung wohl auch kaum die Zustimmung einer Mitarbeiter-Vertretung finden.

5b **1.9** Für den Bereich der **Bewegungsdaten** von Kunden über Eintritt und Verlassen des Ladens, über das Prüfen, Zurücklegen bzw. Einkaufen bestimmter Waren etc. kann nach von Westerholt/Döring (CR 2004, 710, 712) zutreffend nur eine Einwilligung eine Rechtfertigungsgrundlage sein, wobei es allein deshalb zu Derartigem nicht kommen wird, da Kunden, wenn sie für die Abgabe der Einwilligung entsprechend aufgeklärt werden, wohl – zumindest besteht die Hoffnung – das Geschäft nicht mehr betreten werden.

Mobile personenbezogene Speicher- und Verarbeitungsmedien **§ 6c**

1.10 Auffassungen, nach denen der zu erwartende Einsatz der **RFID-Technik** 5c
eigenständige Datenschutzregelungen fordert (Eisenberg/Puschke/Singelnstein,
ZRP 2005, 9) werden von der Bundesregierung bislang nicht geteilt (BT-Drs. 15/
3025 = RDV 2004, 196; ebenso von Westerholt/Döring, CR 2004, 710 (715); vgl.
aber auch zu einem datenschutzkonformen Einsatz durch datenschutzfreundliche
Technik: Müller/Handy, DuD 2004, 655), da die Verarbeitungsrestriktionen und
Sicherheitsanforderungen des BDSG und die Informationspflichten nach § 6e Abs. 1
ausreichen (vgl. auch Müller, DuD 2004, 215, der das unbefugte Auslesen von Chips
unter das strafbewehrte Abhörverbot des § 89 TKG fallen lässt).

2. Die Informationspflicht des Absatzes 1

2.1 Das Informationsrecht des **Absatzes 1** gilt bereits gegenüber einem zukünfti- 6
gen **Inhaber des Mediums**, der, wenn noch keine Daten gespeichert sind, den
Betroffenenbegriff an sich noch nicht erfüllt (Scholz in: Simitis, BDSG § 6 Rn. 29 f.)
Abgesehen davon, dass dieser wissen muss, wem gegenüber seine Rechte geltend
zu machen sind, ist ihm die **Funktionsweise des Mediums** offen zu legen. Hierauf
hat der Betroffene einen durchsetzbaren Anspruch (Hornung, DuD 2004, 15 (18)).
Die Unterrichtung hat in „allgemeiner verständlicher Form" zu erfolgen. Es geht
hierbei nicht um detaillierte technische Beschreibungen, sondern um für einen Laien
verständliche Informationen (vgl. aber auch das insoweit wohl nur Betroffenen mit
technischem Kenntnissen verständliche Beispiel in der Gesetzesbegründung (Änderungsantrag der Fraktionen von SPD und Bündnis 90/Die Grünen, BT-Drs. 14/
4329 zu VI. 3): „Bei Ausgabe eines Mediums, auf das noch keine Verfahren aufgebracht sind, ist darüber zu unterrichten, dass es sich um ein Medium mit **Prozessorchip** handelt, auf das Verfahren zur automatisierten Verarbeitung personenbezogener
Daten aufgebracht werden können. Hierbei ist beispielsweise auf die Verwendung
eines karten- und maschinenunabhängigen Programmiercodes (etwa: Java-Fähigkeit)
und allgemein über das Verwendungspotenzial des Mediums bei Aufbringen entsprechender Verfahren zu unterrichten. Ferner muss der Betroffene Kenntnis erlangen,
wie Verfahren auf das Medium aufgebracht werden können (beispielsweise: berührungslos an einem Lese- und Schreibgerät)".
2.2 Dem Betroffenen ist nach **Absatz 1 Nr. 3** ferner mitzuteilen, wie er seine 7
Rechte auf Auskunft und Korrektur nach §§ 19, 20, 34 und 35 im Hinblick auf die
Besonderheiten des Mediums ausüben kann. Die Unterrichtung soll sich insbesondere auf die Standorte und Funktionen der Geräte und Einrichtungen nach Absatz 2
beziehen. Schließlich ist über die Maßnahmen zu informieren, die der Betroffene
bei Verlust oder Zerstörung des Mediums ergreifen sollte. Ist der Verlust folgenlos,
entfällt die Auskunftspflicht.
2.3 Die Unterrichtungspflicht entfällt, wenn der Betroffene **bereits Kenntnis** 8
erlangt hat. Gemeint ist hier nicht die in § 33 Abs. 2 Nr. 1 angesprochene zumeist
nur vermutete Kenntnis „auf andere Weise". Vielmehr geht es um den Informationsaufwand bei Änderungen des Verfahrens. Wurde der Betroffene bereits bei der ersten
Information durch Broschüren, Merkblätter etc. entsprechend unterrichtet, erübrigt
sich eine nochmalige Mitteilung (vgl. die Begründung des Änderungsantrags SPD/
Bündnis 90/Die Grünen, BT-Drs. 14/4329, zu VI. 3 (§ 6c BDSG)).

3. Technische Ermöglichung der Auskunft

3.1 Die Stellen, die die mobilen Speicher- und Verarbeitungsmedien ausgeben 9
bzw. verwenden, müssen nach **Absatz 2** die **technischen Voraussetzungen** schaffen, dass der Betroffene im Rahmen seines Auskunftsrechts die gespeicherten Daten

zur Kenntnis nehmen kann. Dies hat „in angemessenem Umfang" zu geschehen, d. h. insoweit kann der Sensibilität der Daten dem wirtschaftlichen Aufwand, der Verbreitung des Verfahrens etc. Rechnung getragen werden. Nicht jedes Lese- oder Schreibgerät, mit dem das Medium kommuniziert, muss gleichzeitig eine Auskunftsfunktion haben. Andererseits kann das **Lesegerät** je nach Art der Technik auch dem Betroffenen ausgehändigt werden.

10   3.2 Die Bereitstellung der Auskunftsgeräte, d. h. deren **kostenlose** Nutzung, ist eine Klarstellung des generellen Prinzips unentgeltlicher Auskunftserteilung. Kreditanstalten, die **EC-Karten mit Geldkartenfunktion** herausgeben, stellen regelmäßig „Gerätschaften zur Auskunftserteilung im angemessenen Umfang" bereit, wenn sie die entsprechenden Selbstbedienungsterminals mit Aufladefunktion mit einem entsprechenden zusätzlichen Informationstool ausstatten.

4. Information im Einzelfall gemäß Absatz 3

11   Während Absatz 1 zur einmaligen Unterrichtung über die Verarbeitungsmöglichkeiten verpflichtet, löst **Absatz 3** eine einzelfallbezogene Informationspflicht aus, wenn Kommunikationsvorgänge auf dem Medium eine Datenverarbeitung auslösen. Über die Art und Weise der Unterrichtung sagt Absatz 3 nichts aus, außer dass die Verarbeitung eindeutig erkennbar sein muss. In Betracht kommen optische oder **akustische Signale** (vgl. im Einzelnen Scholz in: Simitis, BDSG § 6c Rn. 63 ff.)

5. Bereichsspezifische Regelungen

11a Für einzelne unter die Anwendung des § 6c fallende Verfahren bestehen bereichsspezifische Regelungen. Das ist für die **elektronische Gesundheitskarte** in §§ 291, 291 a SGBV und für den **elektronischen Personalausweis** im PAusG der Fall. Datenverarbeitungen finden erst statt, wenn der Betroffene dies durch Eingabe einer PIN freigegeben hat. Ferner sind spezielle Aufklärungs- und Hinweispflichten geregelt (Zilkens, RDV 2010, 14). In Lastwagen und Bussen müssen aufgrund des EU-Rechts mit Hilfe **elektronischer Fahrtenschreiber** (Black Box), ggf. in Kombination mit einer fahrergebundenen Chipkarte u. a. folgende auf den Fahrer bezogene oder zumindest beziehbare Daten gespeichert werden: Identität des Fahrers, Lenk-, Ruhe- und Arbeitszeiten, gefahrene Geschwindigkeit, zurückgelegte Wegstrecke. Ziel der Aufzeichnung ist der Schutz der Fahrer hinsichtlich der Einhaltung von Ruhepausen und die Steigerung der Verkehrssicherheit durch Verbesserung der Kontrollmöglichkeiten durch Polizei und Gewerbeaufsicht. Dazu müssen die Daten ausgelesen und für die Kontrollbehörden zwei Jahre aufbewahrt werden (§ 21a ArbZG).

6. Landesrecht

12   Von den Landesdatenschutzgesetzen haben Bayern und Baden-Württemberg keine Regelung zur **Zulässigkeit** mobiler Speichermedien. Die Regelungen in Berlin (§ 31c), Brandenburg (§ 33d), Hamburg (§ 5b), Niedersachsen (§ 6a), Rheinland-Pfalz (§ 35), dem Saarland (§ 18) und Thüringen (§ 7b) entsprechen inhaltlich ganz oder weitgehend der des Bundes. Bremen (§ 20a), Mecklenburg-Vorpommern (§ 36), Sachsen (§ 35), Nordrhein-Westfalen (§ 29a), Sachsen-Anhalt (§ 25) und Schleswig-Holstein (§ 18) lassen den Einsatz dieser Systeme nur mit Einwilligung des Betroffenen und nach dessen Aufklärung oder aufgrund einer besonderen Rechtsvorschrift zu. Die Datenverarbeitungsvorgänge müssen für ihn jederzeit erkennbar sein. Er ist über seine Rechte auf Aufklärung und Auskunft besonders hinzuweisen. Im Saarland (§ 18) ist der Betroffene zu unterrichten.

§ 7 Schadensersatz

¹Fügt eine verantwortliche Stelle dem Betroffenen durch eine nach diesem Gesetz oder nach anderen Vorschriften über den Datenschutz unzulässige oder unrichtige Erhebung, Verarbeitung oder Nutzung seiner personenbezogenen Daten einen Schaden zu, ist sie oder ihr Träger dem Betroffenen zum Schadensersatz verpflichtet. ²Die Ersatzpflicht entfällt, soweit die verantwortliche Stelle die nach den Umständen des Falles gebotene Sorgfalt beachtet hat.

Literatur: *Forst*, Die Rechte des Arbeitnehmers infolge einer rechtswidrigen Datenverarbeitung durch den Arbeitgeber, AuR 2010, 106; *Gola*, Neue Entwicklungen bei der Haftung für Datenschutzverletzungen, DuD 1982, 259; *Heyers/Heyers*, Arzthaftung – Schutz digitaler Patientendaten, MDR 2001, 1209; *Meier/Wehlau*, Die zivilrechtliche Haftung für Datenlöschung, Datenverlust und Datenzerstörung, NJW 1998, 1585; *Müller/Wächter*, Zur Aufnahme einer verschuldensunabhängigen Schadensersatzregelung in das BDSG, DuD 1989, 239; *Niedermeier/Schröcker*, Ersatzfähigkeit immaterieller Schäden aufgrund rechtswidriger Datenverarbeitung, RDV 2002, 217; *Oberwetter*, Überwachung und Ausspähung von Arbeitnehmern am Arbeitsplatz ohne Entschädigung?, NZA 2009, 1120; *Schmidt*, Wann haftet der Staat, 1995, S. 120; *Taeger*, Datenschutzrechtliche Haftung – insbesondere bei unrichtiger Datenverarbeitung durch fehlerhafte Computerprogramme, RDV 1996, 77; *Wind*, Haftung bei der Verarbeitung personenbezogener Daten, RDV 1991, 20.

Übersicht

	Rn.
1. Allgemeines	1
2. Der haftungsauslösende Datenschutzverstoß	3
3. Kausalität, Verschulden und Beweislast	7
4. Schaden	12
5. Normadressat	14
6. Haftung mehrerer Ersatzpflichtiger	15
7. Weitere Haftungsgrundlagen	16
8. Schmerzensgeld	19
9. Sonstige ergänzende Regelungen des BGB	20
10. Landesrecht	21

1. Allgemeines

1.1 In Umsetzung des Art. 23 EG-DatSchRL enthält § 7 eine **eigenständige Haftungsnorm** bei schuldhaften Datenschutzverstößen, die sowohl für öffentliche als auch nichtöffentliche Stellen gilt. Die Haftung entfällt, wenn die verantwortliche Stelle vorträgt und beweisen kann, dass sie die erforderliche Sorgfalt beachtet hat, d. h. dass der Umstand, durch den der Schaden verursacht wurde, ihr nicht angelastet werden kann. Die Modalitäten der Haftung, so z. B. zur Haftung mehrerer Ersatzpflichtiger als Gesamtschuldner, ergeben sich, aus dem allgemeinen Haftungsrecht.

1.2 Von der Schaffung eines allgemeinen, d. h. für den öffentlichen und privaten Bereich und nicht nur auf automatisierte Verarbeitung beschränkten, **verschuldensunabhängigen** (Gefährdungs-)Haftungstatbestands hat der Gesetzgeber abgesehen bzw. sich insoweit auf die öffentliche Verwaltung beschränkt (§ 8) (zur Diskussion, ob eine solche Norm zum angemessenen Schutz der Betroffenen und zur wirkungsvollen Sanktion von Datenschutzverletzung geboten ist vgl. schon Gola, DuD 1982, 259). Insofern ist es bei der bisherigen Spezialregelung des öffentlichen Bereichs im nunmehrigen § 8 geblieben (dazu ob diese Einschränkung mit Art. 23 EG-DatSchRL vereinbar ist, vgl. zustimmend Ehmann/Helfrich, Art. 23 Rn. 11 ff.; Schneider, CR 1993, 35; BfD, 15. TB (1993/1994), S. 449; Bachmeier, RDV 1995, 49, 51; a. A. Ellger, RDV 1991, 121, 130). In der Praxis hat die Norm nur geringe Bedeutung (Becker in: Plath, BDSG § 7 Rn. 1 m. wenigen Nw. der weitgehend nicht veröffentlichen Rechtsprechung), insbesondere da Unterlassungsansprüche im Vordergrund stehen.

2. Der haftungsauslösende Datenschutzverstoß

3   **2.1** Der Schaden des Betroffenen muss ausgelöst worden sein durch eine unzulässige oder unrichtige Erhebung, Verarbeitung oder Nutzung seiner personenbezogenen Daten. Der Schutz erstreckt sich allein auf den Betroffenen, nicht aber weitere Personen (BAG, DB 2009, 151). **Unzulässig** ist jede Verarbeitung, die nicht erlaubt, d. h. rechtswidrig ist. Unzulässig und zur Haftung nach § 7 führend sind also nicht nur Verarbeitungen, die ohne Rechtfertigungsgrund nach § 4 durchgeführt werden. Voraussetzung ist, dass gegen verbindliche Verarbeitungsrestriktionen verstoßen wurde, wobei sich diese auch aus Normen außerhalb des BDSG und dessen Anwendungsbereich ergeben können (vgl. Rn. 5).

4   **2.2** Die Begriffe unzulässig und unrichtig überschneiden sich, da die Verarbeitung **unrichtiger Daten** regelmäßig auch unzulässig ist. Eine zur Haftung führende Verarbeitung liegt nicht nur vor, wenn die Daten „falsch" sind, sondern z. B. auch bei einer durch einen Programmfehler bedingten „unrichtigen" Verarbeitung. Unrichtig sind Daten auch dann, wenn sie – im Hinblick auf den Verwendungszweck – unvollständig sind und damit ein falsches Bild über den Betroffenen geben, was auch deshalb der Fall sein kann, weil der durch die automatisierte Verarbeitung möglicherweise bedingte **Kontextverlust** die Daten insofern unrichtig macht. Keine Rolle spielt es, ob die Unrichtigkeit der Daten von Beginn der Speicherung an bestand oder erst im Verlauf der Verarbeitung eingetreten ist.

5   **2.3** Die Rechtswidrigkeit der Erhebung, Verarbeitung oder Nutzung der Daten kann beruhen auf einem Verstoß gegen das BDSG oder gegen eine andere Vorschrift über den Datenschutz. Diese „andere" Vorschrift muss sich nicht auf Verarbeitungen im Geltungsbereich des BDSG beziehen, d. h. sofern eine andere Vorschrift (so z. B. der für die datenschutzgerechte Führung von **Personalakten** grundlegende § 83 BetrVG) im nichtöffentlichen Bereich geführte Akten betrifft, löst der Verstoß gegen sie den Anspruch nach § 7 aus. Gleiches gilt für die Missachtung der Datenverarbeitungsvorgaben einer Betriebsvereinbarung (a. A. Quaas in: Wolff/Brink, DatenschutzR, BDSG § 7 Rn. 50). Auch Verstöße gegen Rechtmäßigkeitsvoraussetzungen des TKG und des TMG werden – mangels eigenständiger Haftungsnorm in diesen Gesetzen – durch § 7 erfasst (Simitis in: Simitis, BDSG § 7 Rn. 16 und 19). § 82 SGB X verweist ausdrücklich auf § 7 BDSG.

6   **2.4** Anspruchsberechtigt ist nur der Betroffene. Zwar schützen ggf. andere Vorschriften über den Datenschutz auch juristische Personen (vgl. den Nutzerbegriff in § 2 Abs. 2 Nr. 11 TKG), gleichwohl können diese keine Ansprüche aus § 7 ableiten (Simitis in: Simitis, BDSG § 7 Rn. 9; zur Situation bei unzulässiger Überwachung von Arbeitnehmern, Oberwetter, NZA 2009, 1120).

3. Kausalität, Verschulden und Beweislast

7   **3.1** Voraussetzung ist, dass der rechtswidrige Umgang mit den Daten zu einem Schaden des Betroffen geführt hat, d. h. die Datenverarbeitung der verantwortlichen Stelle muss für den Schaden **ursächlich** geworden sein. Damit bleibt es zunächst Sache des Betroffenen, einen Schaden zu beweisen und die Tatsache, dass dieser durch eine rechtswidrige Handlung der verantwortlichen Stelle bzw. einer ihrer

Schadensersatz **§ 7**

Mitarbeiter, d. h. durch einen in ihrem Bereich liegenden Umstand eingetreten ist. Für das letztgenannte Tatbestandsmerkmal genügt es, dass die verantwortliche Stelle oder ein Mitarbeiter Daten gesetzwidrig erhoben, verarbeitet oder genutzt hat. Speichert die SCHUFA unzutreffend eingemeldete Daten, so haftet nur das einmeldende Kreditinstitut (LG Stuttgart, DB 2002, 1499).

3.2 Ferner ist erforderlich, dass dieser rechtswidrige Umgang mit den Daten **schuldhaft,** d. h. gem. § 276 BGB vorsätzlich oder fahrlässig erfolgte. Keine Fahrlässigkeit liegt vor, wenn die nach den Umständen des Falles gebotene Sorgfalt beachtet wurde. Keine Ursächlichkeit liegt vor, wenn der Schaden auch bei Beachtung der gebotenen Sorgfalt eingetreten wäre. 8

3.3 Auch wenn § 7 Satz 2 dies nur undeutlich zum Ausdruck bringt, obliegt es dem für die Verarbeitung Verantwortlichen zu beweisen, dass der Umstand, durch den der Schaden eingetreten ist, ihm nicht zur Last gelegt werden kann. Insofern verfügt also Satz 2 eine **Umkehr der Beweislast,** d. h. bei rechtswidrigem Umgang mit den Daten wird zunächst schuldhaftes Handeln unterstellt; der verantwortlichen Stelle steht jedoch die Möglichkeit der **Exkulpation,** d. h. des Entlastungsbeweises offen (Erwägungsgrund 55 der EG-DatSchRL nennt als mögliche Exkulpationsgründe einmal das Vorliegen höherer Gewalt und zum anderen eigenes Fehlverhalten des Betroffenen). 9

3.4 Darzulegen ist, dass trotz der Beachtung der gesetzlichen Vorschriften der Schaden nicht zu verhindern war. Eigenmächtige Handlungen durch Übermittlungsempfänger oder Auftragnehmer sind Beispiele. Ist der Schaden durch Fehler von Mitarbeitern verursacht worden, so haftet die verantwortliche Stelle. § 831 BGB steht ihr im Rahmen des § 7 nicht zur Seite (Simitis in: Simitis, BDSG § 7 Rn. 25 f.) Sie haftet damit auch für Fehlverhalten des **Datenschutzbeauftragten,** gleichgültig ob er „intern" oder „extern" bestellt worden ist (vgl. aber auch Forst, AuR 2010, 106, wonach § 7 dem Deliktrecht zuzuordnen ist, § 278 BGB nicht anwenden will; Quaas in: Wolff/Brink, DatenschutzR, BDSG § 7 Rn. 43 will sein Handeln nach §§ 31, 89 BGB der verantwortlichen Stelle zurechnen). 10

3.5 Damit obliegt es weiterhin dem Betroffenen, zunächst die Tatsachen vorzutragen und zu beweisen, die die Rechtswidrigkeit der Erhebung, Verarbeitung oder Nutzung bewirken. Darüber hinaus ist es dann aber nicht nur Sache des Trägers der für die Verarbeitung etc. verantwortlichen Stelle darzutun, dass sie kein Verschulden trifft, sondern auch dass ihre Handlung für den Schaden nicht ursächlich war (vgl. LG Bonn, RDV 1995, 253 für den Verstoß gegen das **Bankgeheimnis** und damit § 28 Abs. 1 Satz 1 Nr. 1; andererseits aber auch LG Bielefeld, RDV 1996, 43; a. A. Wind, RDV 1991, 23, wonach der Betroffene auch den ursächlichen Zusammenhang zwischen Fehler und Schaden nachweisen muss). Zutreffend definiert Auernhammer (BDSG 90 § 8 Rn. 3), dass es der ratio legis entspricht, dass die „normverletzende Schädigungshandlung nicht unter die Beweislast des Betroffenen fällt" (zu der der verantwortlichen Stelle obliegenden Führung des Entlastungsbeweises bei Verlust von **Krankenunterlagen** BGH, RDV 1996, 132). 11

4. Schaden

4.1 Bei dem dem Betroffenen zugefügten Schaden muss es sich um materielle Beeinträchtigungen, d. h. um einen **Vermögensschaden** handeln. Der in der Literatur teilweise vertretenen Auffassung, der in Art. 23 EG-DatSchRL verwendete Schadensbegriff zwinge auch zur Regelung des Ersatzes **immaterieller Schäden** (vgl. Dammann/Simitis, Art. 23 EG-DatSchRL Rn. 5; Kopp, RDV 1993, 1 (8); Wuermeling, DB 1996, 663 (670); zur gegenteiligen Auffassung bzw. den Mitgliedstaaten zumindest insoweit Spielraum bei der Umsetzung in nationales Recht einräu- 12

263

§ 7 Schadensersatz

mend Ehmann/Helfrich, Art. 23 Rn. 20 ff.; Brühann/Zerdick, CR 1996, 429 (434 f.); Schneider, CR 1993, 35 (39)), ist der Gesetzgeber nicht gefolgt.

13   4.2 Während für den öffentlichen Bereich eine – aber auch nicht abschließende – Regelung für immaterielle Schäden in § 8 Abs. 2 enthalten ist, kämen bei nicht öffentlichen Stellen diese aus § 7. Der Anspruch ergibt sich aus § 823 Abs. 1 und 2 GG (vgl. Rn. 19).

5. Normadressat

14   Der Schadensersatzanspruch richtet sich gegen den Träger der verantwortlichen Stelle. Der Begriff der verantwortliche Stelle wird in § 3 Abs. 7 definiert (vgl. dort Rn. 48 f.). Danach werden **verantwortliche Stelle und ihr Träger,** d. h. derjenige, der für die Handlungen der Stelle haftbar ist, im Regelfall identisch sein. Insbesondere im öffentlichen Bereich können diese Begriffe jedoch auseinanderfallen, indem eine bestimmte Behörde als „verantwortliche Stelle" Normadressat für die Beachtung der Datenschutzbestimmungen ist, als haftungsrechtlich betroffener Träger jedoch das Land, der Bund etc. angesprochen sind.

6. Haftung mehrerer Ersatzpflichtiger

15   Beruht der Schaden auf der rechtswidrigen Verarbeitung durch mehrere verantwortliche Stellen, wurden die Daten z. B. von einer Stelle rechtswidrig erhoben und dann – nach Übermittlung – von einer andere Stelle unzulässig verarbeitet, so haften die Ersatzpflichtigen als **Gesamtschuldner** gem. § 840 Abs. 1 BGB. Den Umfang der Haftung regeln §§ 421 ff. BGB.

7. Weitere Haftungsgrundlagen

16   7.1 Die Datenschutzhaftungsnorm ist **keine abschließende und ausschließliche Regelung.** Andererseits unterliegt sie aber auch nicht der Subsidiaritätsregel des § 1 Abs. 4 Satz 1, so dass § 7 Abs. 1 einen „Mindestschutz" des Betroffenen enthält. Sofern aber deliktische Normen oder **vertragliche Haftungsansprüche** bestehen, werden diese nicht verdrängt.

17   7.2 Parallele Haftungsnormen gegenüber öffentlich-rechtlichen Stellen können zur Anwendung kommen, wenn der Staat außer nach § 7 oder § 8 unter anderen Gesichtspunkten haftet, also bei hoheitlicher Tätigkeit im Rahmen der **Staatshaftung** nach Art. 34 GG, § 839 BGB und im fiskalischen Bereich auf Grund eventueller vertraglicher oder deliktischer Haftung nach §§ 31, 89 bzw. 831 BGB. Auch ist der Anspruch gegen den eventuell auch persönlich haftenden Bediensteten z. B. nach § 839 BGB nicht ausgeschlossen, wobei jedoch dem Bediensteten nunmehr die Subsidiaritätsregel des § 839 Abs. 2 BGB regelmäßig zugute kommen wird.

18   7.3 Besteht zwischen der verantwortlichen Stelle, d. h. ihrem Träger und dem Betroffenen ein Vertragsverhältnis, so kann eine missbräuchliche Verarbeitung personenbezogener Daten Schadensersatzansprüche aus § 280 Abs. 1 Satz 1 BGB i. V. m. § 241 Abs. 2 BGB begründen, wobei davon auszugehen ist, dass der sorgsame, gesetzeskonforme Umgang mit den personenbezogenen Daten des Vertragspartners sich regelmäßig auch als Nebenpflicht der vertraglichen Beziehungen darstellt (vgl. bei Wind, RDV 1991, 16; zur Haftung des Arbeitgebers bei unzulässigen Auskünften an andere Arbeitgeber BAG, NJW 1981, 1697). Werden personenbezogene Daten im Rahmen eines **vorvertraglichen Vertrauensverhältnisses** (z. B. Bewerberdaten für den Abschluss eines Arbeits- oder Mietvertrages) nach § 311 Abs. 2 BGB

verarbeitet, so kann ein schuldhaft und rechtswidrig herbeigeführter Datenschutzverstoß Schadensersatzansprüche ebenfalls aus der nunmehr durch § 280 BGB abgedeckten Haftung wegen eines Verschuldens bei Vertragsschluss (**culpa in contrahendo**) begründet sein. Ist die Verarbeitung der personenbezogenen Daten selbst Gegenstand eines Vertrags zwischen dem Betroffenen und der speichernden Stelle, so kann eine unzulässige Verwendung einen Verstoß gegen die Hauptpflicht des Vertrages darstellen, mit der Konsequenz, dass ein Schadensersatzanspruch wegen **Nichterfüllung** (§§ 323 ff. BGB) ausgelöst wird. Die vertragliche Haftung ist in jedem Falle auf den **Vermögensschaden** begrenzt. Bedient sich der (potenzielle) Vertragspartner eines **Erfüllungsgehilfen** (§ 278 BGB), so muss er für dessen Verschulden haften wie für eigenes.

7.4 Auch Ansprüche aus § 823 Abs. 1 und Abs. 2 BGB sind nicht ausgeschlossen. **18a** Fraglich ist, ob § 823 BGB nur dann greift, wenn der Tatbestand des § 7 nicht erfüllt ist, d. h. wenn das Fehlverhalten nicht auf eine unzulässige Verwendung der Daten zurückzuführen ist (für die Hilfsfunktion des § 7, Simitis in: Simitis, BDSG § 7 Rn. 60 f.). Dies ist aber ebenso wie bei parallel bestehenden vertraglichen Ansprüchen nicht zutreffend (Thüsing, Arbeitnehmerdatenschutz und Compliance, Rn. 521; Forst, AuR 2010, 106; Däubler in: DKWW, BDSG § 7 Rn. 33). Hier greift jedoch § 831 BGB d.h. ist der Schaden durch einen Verrichtungsgehilfen verursacht worden, so haftet die verantwortliche Stelle nach § 831 BGB, sofern es ihr nicht gelingt, sich durch den Nachweis zu entlasten, den Bediensteten, der den Schaden verursacht hat, sorgfältig ausgewählt zu haben. In Großbetrieben wird der Entlastungsbeweis nur durch Nachweis einer entsprechenden Datenschutzorganisation zu führen sein (vgl. Simitis in: Simitis, BDSG § 7 Rn. 61). Bei unzulässiger Datenverarbeitung, die allein auf rein persönlichen Motiven eines Mitarbeiters beruht, ist dagegen kein Grund ersichtlich, dem Unternehmen die Entlastungsmöglichkeit des § 831 Abs. 1 Satz 2 BGB zu verwehren.

7.5 § 823 Abs. 2 BGB kann aufgrund einer Verletzung der Datenschutznorm **18b** Schadensersatzansprüche auslösen. Im Gegensatz zu einzelnen Rechtsprechungen (z. B. OLG Hamm, NJW 1996, 131; OLG Köln, CR 2008, 512; ebenso Thüsing, Arbeitnehmerdatenschutz und Compliance, Rn. 517) ist gem. § 1 Abs. 1 allen Normen des BDSG **Schutzcharakter** zuzusprechen. So kann auch die Nichtbestellung eines **Datenschutzbeauftragten** schadens- und haftungsverursachend sein (a. A. Forst, AuR 2010, 106; a. A. Simitis in: Simitis, BDSG § 7 Rn. 58).

7.6 Im Einzelfall können auch Ansprüche aus § 824 BGB (Kreditgefährdung) **18c** bestehen. Dies kann bereits der Fall sein, wenn eine unzulässige Datenweitergabe zu Zweifeln an der Kreditwürdigkeit des Betroffenen führt.

8. Schmerzensgeld

Der Ausgleich **immaterieller Schäden** in Geld, d. h. Zahlung von Schmerzens- **19** geld aufgrund einer in dem Datenschutzverstoß liegenden Persönlichkeitsrechtsverletzung wird von § 7 nicht geregelt, aber auch nicht ausgeschlossen. Die materiellen und ggf. auch die immateriellen Schäden sind in Form des finanziellen Schadensausgleichs zu ersetzen. **Immaterielle Schädigungen** wurden in entsprechender Anwendung des § 847 BGB bzw. sind nach nunmehriger Auffassung des BGH (RDV 1996, 132) aus dem Schutzauftrag aus Art. 1 und 2 Abs. 1 GG jedoch nur dann durch Geld ausgeglichen, wenn die Verletzung des Persönlichkeitsrechts schwerwiegend (nach Simitis in: Simitis, BDSG § 7 Rn. 62 soll die Schwere des Verstoßes nur für die Höhe des Ausgleichs maßgeblich sein) ist und eine Genugtuung anders nicht angemessen gewährt werden kann (so st. Rspr. seit dem „Herrenreiterurteil", BGHZ 26, 349 bestätigt durch BVerfG, NJW 1973, 1221; ferner BGH, NJW 1971, 689; NJW 1985, 16; vgl. auch BAG, DB 1985, 2307 für den Fall einer unzulässigen

§ 7 Schadensersatz

Offenlegung einer Personalakte durch den Arbeitgeber; zum Schmerzensgeld bei unzulässiger „Speicherung" per **Videokamera,** OLG Frankfurt a.M., NJW 1987, 1087; RDV 2011, 99; OLG Köln, NJW 1989, 720 = RDV 1989, 240; LAG Hamm, ZD 2013, 355 mit 4 000 Euro; LAG Rheinland-Pfalz, ZD 2014, 41 mit 650 Euro und das ArbG Iserlohn mit 25 000 Euro, siehe bei Straub, ZD 2014, 43; bei nichtgenehmigter Bildberichterstattung, LG Köln, NJW 1992, 443; BGH, RDV 1994, 245 für Mitteilungen der Staatsanwaltschaft an die Presse; BAG, RDV 1999, 166 = NZA 1999, 722 zur diskriminierenden Veröffentlichung von **Personaldaten** einer Mitarbeiterin eines Anzeigenblatts; ThürOLG, RDV 2005, 70, zur Verneinung des Schmerzensgeldes wegen unzulässiger Aufnahme in das Telefonbuch, wenn diese auf einem leicht fahrlässigen Übermittlungsfehler beruht).

9. Sonstige ergänzende Regelungen des BGB

20 § 7 enthält anders als § 8 Abs. 5 keinen ausdrücklichen Hinweis auf die Anwendung des § 254 BGB oder die Verjährungsregelungen des § 852 BGB. Eine Regelung zur entsprechenden Anwendung war auch nicht erforderlich, da § 7 eine auf das Verschulden des Betroffenen abstellende, spezielle deliktische Haftungsnorm ist, für die, sofern nichts Abweichendes geregelt ist, die auch ansonsten für derartige Haftungen maßgebenden Regelungen des BGB zur Anwendung kommen.

10. Landesrecht

21 Die landesrechtlichen Regelungen zum Schadensersatz weisen neben Entsprechungen auch bemerkenswerte Abweichungen auf. So ist der Anspruch nicht im Allgemeinen Teil aufgenommen, sondern bei den Rechten der Betroffenen, und kann nicht durch Rechtsgeschäft ausgeschlossen werden (§ 5 Abs. 1 Satz 1 Nr. 5 und Satz 2 LDSG BW; § 7 Satz 1 Nr. 3 und Satz 2 BlnDSG; § 6 Abs. 1 Satz 1 Nr. 10 und Abs. 2 HmbDSG; § 5 Satz 1 Nr. 5 und Satz 2 DSG NW; §§ 30, 31 LDSG SH). Sachsen (§ 23 Abs. 1) knüpft den Anspruch an eine Gefährdungshaftung unabhängig davon, ob die Verarbeitung automatisiert oder nicht-automatisiert erfolgt. Andere Länder unterscheiden: Bei **nicht-automatisierter Verarbeitung** folgt Verschuldenshaftung mit Beweislastumkehr (so Art. 14 Abs. 1 BayDSG; § 27 Abs. 1 und 2 DSG MV; § 20 Abs. 1 und Abs. 2 Satz 3 und 4 DSG NW); bei **automatisierter Verarbeitung** folgt Gefährdungshaftung (Art. 14 Abs. 2 BayDSG; § 20 Abs. 1 Satz 4 HmbDSG; § 20 Abs. 2 DSG NW; § 18 Abs. 2 DSG LSA). Einige Länder erstrecken den Schadensersatz auch auf **immaterielle Schäden** (§ 25 Abs. 2 LDSG BW; § 18 Abs. 1 Satz 3 BlnDSG; § 20 Abs. 1 Satz 2 HmbDSG; § 20 Abs. 1 Satz 2 DSG NW; § 23 Abs. 2 SächsDSG). Berlin (§ 18 Abs. 1) und Sachsen (§ 23 Abs. 1) legen keine Höchstsumme beim Schadensersatz fest.

§ 8 Schadensersatz bei automatisierter Datenverarbeitung durch öffentliche Stellen

(1) Fügt eine verantwortliche öffentliche Stelle dem Betroffenen durch eine nach diesem Gesetz oder nach anderen Vorschriften über den Datenschutz unzulässige oder unrichtige automatisierte Erhebung, Verarbeitung oder Nutzung seiner personenbezogenen Daten einen Schaden zu, ist ihr Träger dem Betroffenen unabhängig von einem Verschulden zum Schadensersatz verpflichtet.

(2) Bei einer schweren Verletzung des Persönlichkeitsrechts ist dem Betroffenen der Schaden, der nicht Vermögensschaden ist, angemessen in Geld zu ersetzen.

(3) ¹Die Ansprüche nach den Absätzen 1 und 2 sind insgesamt auf einen Betrag von 130 000 Euro begrenzt. ²Ist aufgrund desselben Ereignisses an mehrere Personen Schadensersatz zu leisten, der insgesamt den Höchstbetrag von 130 000 Euro übersteigt, so verringern sich die einzelnen Schadensersatzleistungen in dem Verhältnis, in dem ihr Gesamtbetrag zu dem Höchstbetrag steht.

(4) Sind bei einer automatisierten Verarbeitung mehrere Stellen speicherungsberechtigt und ist der Geschädigte nicht in der Lage, die speichernde Stelle festzustellen, so haftet jede dieser Stellen.

(5) Hat bei der Entstehung des Schadens ein Verschulden des Betroffenen mitgewirkt, gilt § 254 des Bürgerlichen Gesetzbuchs.

(6) Auf die Verjährung finden die für unerlaubte Handlungen geltenden Verjährungsvorschriften des Bürgerlichen Gesetzbuchs entsprechende Anwendung.

Literatur: Vgl. die Hinweise zu § 7.

Übersicht

	Rn.
1. Allgemeines	1
2. Gefährdungshaftung	4
3. Anspruchsvoraussetzungen	8
4. Haftung mehrerer Ersatzpflichtiger	12
5. Mitverschulden/Verjährung	13
6. Landesrecht	15

1. Allgemeines

1.1 Die in § 8 enthaltene **eigenständige Haftungsnorm öffentlicher Stellen** enthält trotz der nach der bisherigen Erfahrungen kaum vorhandenen praktischen Relevanz (vgl. Nungesser, HDSG § 20 Rn. 1) einen **verschuldensunabhängigen Haftungstatbestand** bei automatisierter Datenverarbeitung (vgl. zur diesbezüglichen Diskussion: Gola, DuD 1982, 259).

1.2 Die nunmehrige Spezialnorm des § 8 **verdrängt andere Anspruchsgrundlagen nicht.** Dies gilt sowohl für den Fall, dass der Staat selbst auch unter anderen Gesichtspunkten haftet, also bei hoheitlicher Tätigkeit nach Art. 34 GG, § 839 BGB und im fiskalischen Bereich auf Grund eventueller vertraglicher oder deliktischer Haftung nach §§ 31, 89 bzw. § 831 BGB, wie für den Fall, dass auch ein anderer, so z. B. der für den Staat handelnde Bedienstete nach § 839 BGB, ebenfalls für den

§ 8 Schadensersatz durch öffentliche Stellen

Schaden haftet, d. h. die Haftung nach § 8 ist nicht subsidiär und auch nicht lex specialis. Ist der Ersatzpflichtige ein Bediensteter der Daten verarbeitenden Stelle, so ist jedoch die Subsidiarität seiner Haftung nach § 839 Abs. 2 BGB zu beachten.

3 **1.3** Der Haftung nach § 8 unterliegen „**öffentliche Stellen**" gem. § 2 auch, wenn sich die von ihnen vorgenommenen Verarbeitungen ansonsten nach Vorschriften des 3. Abschnitts richten. § 8 greift also auch bei Schadenszufügungen durch öffentlich rechtliche **Wettbewerbsunternehmen** (Simitis in: Simitis, BDSG § 8 Rn. 4) oder bei rechtswidrigen **Personaldatenverarbeitungen** (vgl. den Umfang der Verweisung in § 12 Abs. 4). Die damit gegebene Diskrepanz, dass gleiche Funktionen wahrnehmende verantwortliche Stellen (z. B. Krankenhäuser, Forschungseinrichtungen, Banken) abhängig von ihrer Organisationsform unterschiedlichen Haftungsrisiken ausgesetzt sind, erscheint willkürlich.

2. Gefährdungshaftung

4 **2.1** Die Haftung der öffentlichen Stelle ist allein abhängig von einer unzulässigen oder unrichtigen automatisierten Verarbeitung und dem infolgedessen adäquat-kausal eingetretenen Schaden. Die Frage des Verschuldens der Daten verarbeitenden Stelle ist ohne Bedeutung. Es handelt sich bei § 8 also um einen reinen Gefährdungstatbestand, zumal auch auf eine **Exkulpationsmöglichkeit** der verarbeitenden Stelle verzichtet wurde (vgl. zur diesbezüglichen Diskussion im Gesetzgebungsverfahren bei Müller/Wächter, DuD 1989, 239 (241)). Dem Betroffenen obliegt jedoch der Nachweis der rechtswidrigen Verarbeitung und der Schadensverursachung. Für die Entlastung, nämlich dass der Schaden außerhalb automatisierter Verarbeitung eingetreten ist, ist die verantwortliche Stelle beweispflichtig.

5 **2.2** Mit der Regelung des § 8 stellt der Gesetzgeber die durch den personenbezogene Daten verarbeitenden Computer für das Vermögen und das Persönlichkeitsrecht des Betroffenen bestehenden Gefährdungen solchen gleich, die das Auto, das Flugzeug oder die Eisenbahn für Vermögen und körperliche Unversehrtheit der Verkehrsteilnehmer mit sich bringen. Grundlage der Haftungsregelung des § 8 ist nicht verbotenes Tun, sondern der Einsatz einer zwar erlaubten aber gleichwohl **gefährlichen Technik** (vgl. Müller/Wächter, DuD 1989, 240). Die Gefährdungshaftung soll der vom BVerfG (BVerfGE 65, 42) aufgezeigten besonderen Gefährdung des Persönlichkeitsrechts durch automatisierte Datenverarbeitung dadurch Rechnung tragen, dass sie das Risiko beim Einsatz dieser Technik, nämlich die technisch unbegrenzte Möglichkeit, auch falsche Daten dauerhaft speichern und in Sekundenschnelle ohne Rücksicht auf Entfernungen abrufen zu können, dem Betreiber auferlegt (Begründung zum Regierungsentwurf, BT-Drs. 618/88, S. 108).

6 **2.3** Da es sich um einen Gefährdungstatbestand handelt, ist es gerechtfertigt, in **Absatz 3** die Höhe der Haftung summenmäßig zu begrenzen. Jedoch sind weder für die Bundesverwaltung noch im Länderbereich, wo derartige Haftungsnormen schon länger und zum Teil mit einem höheren Haftungsrahmen existent sind, bislang diesbezügliche Haftungsfälle bekannt geworden. Daher kann auch nicht beurteilt werden, inwieweit der Haftungsrahmen von 130 000 Euro dem Gefährdungsrisiko angemessen ist. Problematisch mag sein, dass die Haftungsgrenze auch gilt, wenn dieselbe unzulässige oder unrichtige Datenverarbeitung mehrere Personen geschädigt hat (vgl. zur Problematik bei Simitis in: Simitis, BDSG § 8 Rn. 22). Diese Begrenzung entfällt im Wege der Direktwirkung der EG-DatSchRL, soweit keine Entlastung nach Art. 23 Abs. 2 möglich ist (Nungesser, HDSG § 20 Rn. 14).

7 **2.4** Ersetzt werden nicht nur materielle, sondern auch **immaterielle Schäden.** Absatz 2 ist ein Gesetz i. S. d § 253 Abs. 1 BGB.

3. Anspruchsvoraussetzungen

3.1 Anspruchsberechtigt ist nur der Betroffene. Zwar ist die Haftung nach § 8 nicht nur auf Verstöße gegen das BDSG, das nur natürliche Personen schützt, begrenzt. Sie greift auch bei Verstößen gegen andere Datenschutzvorschriften. Gleichwohl können ggf. durch diese geschützte juristische Personen keine Ansprüche aus § 8 ableiten.

3.2 Die Haftung setzt eine unzulässige oder unrichtige automatisierte Verarbeitung voraus. Rechtswidriges Verhalten bei manueller Datenverarbeitung, selbst wenn es sich auf eine anschließendes automatisierte Verarbeiten der Daten auswirkt, ist unerheblich. Die Gefährdungshaftung soll vielmehr nur die **„typische Automationsgefährdung"** abdecken, also Schäden, die durch automatisierte Verfahren eingetreten sind. So haftet die Daten verarbeitende Stelle nicht nach § 8, wenn die Daten deshalb unrichtig gespeichert wurden, weil ein Erhebungsbogen manuell fehlerhaft ausgefüllt wurde (Müller/Wächter, DuD 1989, 241). Insoweit kann aber ggf. auf die Haftung nach § 7 zurückgegriffen werden. Gleiches gilt, wenn die Erhebung und damit auch die nachfolgende Speicherung von Personaldaten deswegen rechtswidrig war, weil die erforderliche **Zustimmung der Mitarbeitervertretung** nicht vorlag (vgl. BAG, NJW 1987, 2459 = DB 1987, 1048 = RDV 1987, 129; zum Einsatz eines Personalfragebogens ohne die erforderliche Zustimmung der Mitarbeitervertretung). **Eingabefehler** müssen jedoch bereits dem durch die automatisierte Verarbeitung geschaffenen Gefahrenbereich zugeordnet werden (so Simitis in: Simitis, BDSG § 8 Rn. 11; a. A. Müller/Wächter, DuD 1989, 241).

3.3 Unzulässig ist jede Verarbeitung, die nicht erlaubt ist. Erfasst wird jeder Verstoß gegen das BDSG oder gegen sonstige Datenschutznormen, der die Verarbeitung rechtswidrig macht. Unzulässig und zur Haftung nach § 8 führend sind also nicht nur Verarbeitungen, die ohne Rechtfertigungstatbestand nach § 4 Abs. 1 durchgeführt werden; vielmehr ist hier „unzulässig" i. S. v. „rechtswidrig" zu verstehen (vgl. insoweit § 7 Rn. 3 ff. zu gleichen Voraussetzungen im Rahmen der Verschuldenshaftung).

3.4 Auch eine **unrichtige Datenverarbeitung** kann die Haftung auslösen. Gemeint ist einmal die Verarbeitung unrichtiger Daten, aber auch z. B. die durch einen **Programmfehler** bedingte „unrichtige" Verarbeitung richtiger Daten, wobei jedoch anzumerken ist, dass die Verarbeitung unrichtiger Daten i. d. R. auch den Tatbestand unzulässiger Datenverarbeitung erfüllen wird. Unrichtig sind Daten nicht nur, wenn sie falsch sind, sondern auch, wenn sie – im Hinblick auf den Verwendungszweck – unvollständig sind und damit ein falsches Bild über den Betroffenen geben, was auch deshalb der Fall sein kann, weil der durch die automatisierte Verarbeitung möglicherweise bedingte Kontextverlust die Daten unrichtig macht. Keine Rolle spielt es insoweit, ob die Unrichtigkeit der Daten von Beginn der Speicherung an bestand oder erst später im Verlauf der Verarbeitung eingetreten ist.

4. Haftung mehrerer Ersatzpflichtiger

Bei einem **Datenpool** haftet nach **Absatz 4** jede der beteiligten Stellen, d. h. der Betroffene muss – ähnlich wie bei der Regelung des § 6 Abs. 2 – nicht nach der im konkreten Fall für die Speicherung verantwortlichen Stelle forschen. Er braucht sich also nicht von einer Stelle zu einer anderen verweisen zu lassen; unerheblich ist insoweit auch, ob es dem Betroffenen objektiv möglich wäre, die speichernde Stelle zu ermitteln. Kennt der Betroffene diese Stelle jedoch, ggf. durch einen Hinweis der zunächst zu Unrecht verantwortlich gemachten Stelle, dann wird er sich wohl nach Treu und Glauben auch an diese Stelle halten müssen.

5. Mitverschulden/Verjährung

13   **5.1** Durch den Hinweis auf die Haftungsbegrenzung bei Mitverschulden des Geschädigten gem. § 254 BGB in **Absatz 5** ist klargestellt, dass der Betroffene unter Umständen keinen Schadensersatz verlangen kann, wenn z. B. die Unrichtigkeit der Daten von ihm selbst verschuldet wurde, weil er falsche Angaben gemacht hat oder weil er gegenüber einer ihm bekannten unrichtigen Speicherung keinen Berichtigungsanspruch geltend gemacht hat. Die Regelung des § 254 BGB musste deshalb für anwendbar erklärt werden, weil ein „Mit"-Verschulden begrifflich ein die Haftung begründendes Verschulden voraussetzt. Durch die uneingeschränkte Verweisung auf § 254 BGB kommt auch § 254 Abs. 2 Satz 2 BGB zum Tragen, nach dem sich der geschädigte Betroffene auch ein **Mitverschulden** seiner gesetzlichen Vertreter und seiner Erfüllungsgehilfen zurechnen lassen muss.

14   **5.2 Verjährung** des Anspruchs tritt aufgrund der Regelung in **Absatz 6** gem. §§ 195, 199 BGB in drei Jahren ab Kenntnis des Schadens und des ersatzpflichtigen Trägers der öffentlichen Stelle, sonst nach dreißig Jahren ein.

6. Landesrecht

15   Die Landesdatenschutzgesetze enthalten verschuldensunabhängige, sowohl den materiellen wie den immateriellen Schaden umfassende Haftungsnormen (vgl. § 25 LDSG BW; Art. 14 BayDSG; § 18 BlnDSG; § 20 BbgDSG; § 23 BremDSG; § 20 HmbDSG; § 20 HDSG; § 27 DSG MV; § 18 NDSG; § 20 DSG NRW; § 21 LDSG RPf; § 24 SDSG; § 23 SächsDSG; § 18 Abs. 2 DSG-LSA; § 30 LDSG SH; § 18 ThürDSG).

§ 9 Technische und organisatorische Maßnahmen

¹Öffentliche und nicht-öffentliche Stellen, die selbst oder im Auftrag personenbezogene Daten erheben, verarbeiten oder nutzen, haben die technischen und organisatorischen Maßnahmen zu treffen, die erforderlich sind, um die Ausführung der Vorschriften dieses Gesetzes, insbesondere die in der Anlage zu diesem Gesetz genannten Anforderungen, zu gewährleisten. ²Erforderlich sind Maßnahmen nur, wenn ihr Aufwand in einem angemessenen Verhältnis zu dem angestrebten Schutzzweck steht.

Anlage
(zu § 9 Satz 1)
¹Werden personenbezogene Daten automatisiert verarbeitet oder genutzt, ist die innerbehördliche oder innerbetriebliche Organisation so zu gestalten, dass sie den besonderen Anforderungen des Datenschutzes gerecht wird. ²Dabei sind insbesondere Maßnahmen zu treffen, die je nach der Art der zu schützenden personenbezogenen Daten oder Datenkategorien geeignet sind,
1. Unbefugten den Zutritt zu Datenverarbeitungsanlagen, mit denen personenbezogene Daten verarbeitet oder genutzt werden, zu verwehren (Zutrittskontrolle),
2. zu verhindern, dass Datenverarbeitungssysteme von Unbefugten genutzt werden können (Zugangskontrolle),
3. zu gewährleisten, dass die zur Benutzung eines Datenverarbeitungssystems Berechtigten ausschließlich auf die ihrer Zugriffsberechtigung unterliegenden Daten zugreifen können, und dass personenbezogene Daten bei der Verarbeitung, Nutzung und nach der Speicherung nicht unbefugt gelesen, kopiert, verändert oder entfernt werden können (Zugriffskontrolle),
4. zu gewährleisten, dass personenbezogene Daten bei der elektronischen Übertragung oder während ihres Transports oder ihrer Speicherung auf Datenträger nicht unbefugt gelesen, kopiert, verändert oder entfernt werden können, und dass überprüft und festgestellt werden kann, an welche Stellen eine Übermittlung personenbezogener Daten durch Einrichtungen zur Datenübertragung vorgesehen ist (Weitergabekontrolle),
5. zu gewährleisten, dass nachträglich überprüft und festgestellt werden kann, ob und von wem personenbezogene Daten in Datenverarbeitungssysteme eingegeben, verändert oder entfernt worden sind (Eingabekontrolle),
6. zu gewährleisten, dass personenbezogene Daten, die im Auftrag verarbeitet werden, nur entsprechend den Weisungen des Auftraggebers verarbeitet werden können (Auftragskontrolle),
7. zu gewährleisten, dass personenbezogene Daten gegen zufällige Zerstörung oder Verlust geschützt sind (Verfügbarkeitskontrolle),
8. zu gewährleisten, dass zu unterschiedlichen Zwecken erhobene Daten getrennt verarbeitet werden können.

²Eine Maßnahme nach Satz 2 Nummer 2 bis 4 ist insbesondere die Verwendung von dem Stand der Technik entsprechenden Verschlüsselungsverfahren.

Literatur: *Münch*, Technisch-organisatorischer Datenschutz, 2010.

Übersicht

	Rn.
1. Allgemeines	1
2. Grundsatz der Verhältnismäßigkeit	7

§ 9 Technische und organisatorische Maßnahmen

	Rn.
3. Datensicherungsmaßnahmen	10
4. Telearbeit	20
5. Kontrollmaßnahmen der Anlage zu § 9	22
6. Landesrecht	30

1. Allgemeines

1 1.1 Die in § 9 enthaltene Verpflichtung zur Schaffung ausreichender **technischer und organisatorischer Maßnahmen** zur Gewährleistung des von dem Gesetzgeber gewünschten Datenschutzes steht in einem engen Zusammenhang mit den schon im Interesse der Daten verarbeitenden Stelle gebotenen Maßnahmen der **Datensicherung,** d. h. den Maßnahmen, die den ordnungsgemäßen Ablauf der Datenverarbeitung durch Sicherung von Hard- und Software sowie von Daten vor Verlust, Beschädigung oder Missbrauch schützen sollen. Insofern sind die Begriffe Datenschutz und Datensicherung nicht identisch, soweit Datensicherung jedoch unter der Zielrichtung des Datenschutzes, d. h. der Gewährleistung des Persönlichkeitsrechts des Betroffenen betrieben wird, ist sie mit dem Begriff des Datenschutzes deckungsgleich. Indem zum Schutze des Betroffenen dienende Datensicherungsmaßnahmen ergriffen werden, wird Datenverarbeitung erst sozialverträglich (Nitsch, ZRP 1995, 361 (365)); Datensicherung ist insofern auch Voraussetzung für die Akzeptanz der Datenverarbeitung (Pütter, DuD 1991, 67; ders., DuD 1991, 227).

2 1.2 In der Anlage zu § 9 werden die Datensicherungsmaßnahmen für Fälle automatisierter Verarbeitung und Nutzung in gewissem Umfang konkretisiert (vgl. nachfolgend Rn. 23 ff.; ferner der ausführliche Maßnahmekatalog in: Gola/Jaspers, Das BDSG im Überblick, S. 44 ff.). Unter der allgemeinen Zielvorgabe einer datenschutzgerechten Organisation werden vorrangig, aber auch nur beispielhaft acht Kontroll- bzw. Organisationsmaßnahmen benannt. Im Ergebnis geht es um die Gewährleistung der
- **Verfügbarkeit** (Die Verfügbarkeit von Dienstleistungen, Funktionen oder Dateien ist ggf. auch über die Grenzen des Unternehmens z. B. durch eine ständig erreichbare Systemverwaltung sicherzustellen.)
- **Authentizität** (Authentizität ist gegeben, wenn sichergestellt ist, dass empfangene Daten auch tatsächlich von autorisierten und authentisierten Benutzern stammen.)
- **Integrität** (Integrität ist nur dann gewährleistet, wenn Unbefugten die Änderung der Daten unmöglich ist.)

3 1.3 Das BDSG erwähnt den Begriff der Datensicherung nur an einer Stelle und zwar im Rahmen der Zweckbindung der insoweit gespeicherten Daten (§ 31). Dort unterscheidet es zwischen Maßnahmen der **Datenschutzkontrolle,** der Datensicherung und solchen, die dem ordnungsgemäßen Betrieb der Datenverarbeitungsanlage dienen. Die Begriffe überschneiden sich jedoch; Maßnahmen des Datenschutzes dienen zugleich der Datensicherung; und der Schutz der Daten vor Verlust, Verfälschung, Diebstahl etc. dient auch dem Datenschutz, d. h. der Gewährleistung des Persönlichkeitsrechts der Betroffenen gem. § 1. Demgemäß werden die Verpflichtungen des § 9 den Daten verarbeitenden Stellen nur auferlegt in Hinblick auf den sich aus § 1 Abs. 2 ergebenden Schutzanspruch des Betroffenen. Normadressaten sind alle vom BDSG erfassten Daten verarbeitenden Stellen, d. h. auch **Auftragsdatenverarbeiter** nach § 11. Für letztere ist insoweit wesentlich, dass ihre Beauftragung nur unter Feststellung der Eignung der insoweit getroffenen Maßnahmen erfolgen darf (§ 11 Abs. 2 Satz 1) und dass sie gem. Nr. 6 der Anlage zu § 9 zu gewährleisten haben, dass die Daten nur entsprechend den Weisungen des Auftraggebers verarbeitet werden können (zur Datensicherung bei Anbietern von Cloud-Verarbeitungen vgl.

Borges, DuD 2014, 165; Funke/Wittmann, ZD 2013, 221; Konradt/Schilling/ Werners, DuD 2014, 36; Rath /Rothe, K&R 2013, 623; Selzer, DuD 2014, 470).

1.4 Maßnahmen zur Datensicherung und Datenschutzkontrolle schreibt das **4** BDSG, ohne die Begriffe selbst zu erwähnen, in verschiedenen Bestimmungen vor. Die Daten verarbeitenden Stellen werden z. T. zu konkreten personellen (§§ 4 f, 4g Abs. 1), organisatorischen (§ 5) oder technischen Maßnahmen verpflichtet. Hierbei bildet § 9 jedoch die grundlegend maßgebende Norm.

1.5 Dem Wortlaut nach gilt die Vorschrift und das in ihr enthaltene **Verhältnis- 5 mäßigkeitsprinzip** zwar für alle technischen und organisatorischen Maßnahmen, die zur Ausführung des Gesetzes erforderlich sind; dies würde z. B. auch die Bestellung des Datenschutzbeauftragten oder die Meldungen nach § 32 als organisatorische Maßnahmen erfassen, sie aber gleichzeitig dem Verhältnismäßigkeitsgrundsatz des Satzes 2 unterwerfen. Dies ist weder gewollt, noch ist es mit dem Sinn der Vorschrift vereinbar. Schon aus der Anlage zu § 9 ergibt sich, dass Gegenstand dieser Vorschrift nur Maßnahmen zur Datensicherung im engeren Sinne sind. Soweit es sich um Vorschriften handelt, die selbst eine Verpflichtung des Normadressaten begründen (z. B. zur Benachrichtigung, Auskunft etc.) wäre die zusätzliche Verpflichtung nach § 9 überflüssig. Das bedeutet, dass die gesetzlichen Pflichten des Normadressaten, die sich aus Vorschriften außerhalb des § 9 ergeben, nicht unter den Grundsatz der Verhältnismäßigkeit i. S. v. § 9 fallen (vgl. Aufsichtsbeh. Baden-Württemberg, Hinweis zum BDSG Nr. 7, Staatsanz. 1979, Nr. 53, S. 7). Im Übrigen ist der Begriff der technischen und organisatorischen Maßnahmen weit zu fassen; er umfasst die in § 31 unterschiedenen Zielrichtungen der Datenschutzkontrollen oder der Maßnahmen zur Gewährleistung des **ordnungsgemäßen Betriebsablaufs.** Er enthält auch die Bereiche personeller oder baulicher Maßnahmen der Datensicherung (vgl. auch Muksch, Datenschutz und Datensicherung in Klein- und Mittelbetrieben, S. 114 ff.). Technische Vorkehrungen sind also auch Einbruchs- oder Brandschutzeinrichtungen. Organisatorische Maßnahmen beziehen sich auf die Verfahren der Personalauswahl, das Vier-Augen-Prinzip, Festlegung von Arbeitsabläufen in Arbeitsplatzbeschreibungen ebenso wie auf Zugangskontrollen. Die Begriffe sind demgemäß auch keineswegs eindeutig abgrenzbar, was rechtlich jedoch ohne Bedeutung ist.

1.6 § 9 ist im gesamten Geltungsbereich des BDSG anzuwenden. Auch in **Akten 6** gespeicherte Daten sind, soweit das Gesetz Anwendung findet, angemessen zu sichern. Prinzipiell können dabei auch Maßnahmen nach der Anlage zu § 9 in Betracht kommen, soweit diese nicht speziell auf die automatisierte Verarbeitung personenbezogener Daten zugeschnitten sind. Für die entsprechenden Überlegungen der betroffenen nichtöffentlichen Stellen ist wichtig, dass nach § 38 Abs. 5 – aber nur automatisierter bzw. dateimäßiger Verarbeitung – die Aufsichtsbehörden Anordnungsbefugnisse bei der Umsetzung des § 9 haben (diesbezügliche Empfehlungen aus der Kontrollpraxis vgl. bei Weyer/Pütter, Organisation und Technik der Datensicherung).

2. Grundsatz der Verhältnismäßigkeit

2.1 § 9 Satz 1 geht zunächst vom **Grundsatz der Erforderlichkeit** aus, d. h. er **7** bestimmt generalklauselartig, dass jeder, der nach Maßgabe dieses Gesetzes personenbezogene Daten verarbeitet, die technischen und organisatorischen Maßnahmen zu treffen hat, die erforderlich sind, um die Ausführung der Vorschriften dieses Gesetzes zu gewährleisten. Damit wird dem Normadressaten zwar die Möglichkeit eröffnet, die auf den Einzelfall zugeschnittenen Datensicherungsmaßnahmen zu treffen; er muss aber gleichzeitig auch die – nicht immer leichte – Entscheidung fällen, welche von den zahlreichen möglichen Sicherungsmaßnahmen erforderlich

§ 9 Technische und organisatorische Maßnahmen

sind. Der Gesetzgeber kann ihm die Entscheidung auch nicht abnehmen. Er hat ihm jedoch in Kenntnis der diesbezüglichen Schwierigkeiten eine Hilfestellung gegeben und in Satz 2 alle Datensicherungsmaßnahmen unter den **Grundsatz der Verhältnismäßigkeit** gestellt. Durch die Festlegung dessen, was als „erforderlich" anzunehmen ist, ist klargestellt, dass nicht „mit Kanonen auf Spatzen geschossen werden muss". „Erforderlich" sind danach nur Maßnahmen, deren Schutzwirkung in einem angemessenen Verhältnis zu dem Aufwand steht, den sie verursachen (Nungesser, HDSG § 10 Rn. 8).

8   **2.2** Gleichwohl bedeutet dies nicht, dass auf bestimmte Maßnahmen, die erforderlich sind, um „die Ausführung der Vorschriften dieses Gesetzes zu gewährleisten" wegen zu hohen Aufwands verzichtet werden könnte. In jedem Falle muss sichergestellt werden, dass die gesetzlichen Verbote beachtet und die Gebote ausgeführt werden. Der **Auskunftsanspruch** des Betroffenen kann also nicht deshalb versagt werden, weil der Aufwand für das Aufsuchen der Daten zu hohe Kosten verursache (zur Reichweite des Verhältnismäßigkeitsgrundsatzes des § 9 vgl. auch vorstehend Rn. 3). Es müssen also in jedem Fall die technischen und organisatorischen Vorkehrungen getroffen werden, die erforderlich sind, um der Auskunftsverpflichtung vollständig und rechtzeitig genügen zu können. Allein die Maßnahmen, die den Zeitpunkt der Auskunft, die Vermeidung von Fehlern, die korrekte Zustellung an den Betroffenen etc. betreffen, sind am Verhältnismäßigkeitsprinzip auszurichten. Die Daten verarbeitende Stelle kann also nicht das „Ob" der Auskunftserteilung, sondern nur das „Wie" im Rahmen des Verhältnismäßigkeitsprinzips abwägen (BSG, RDV 2013, 295 zum Auskunftsanspruch nach § 83 Abs. 1 SGB X); sie kann also unter Beachtung der Sensibilität der Daten entscheiden, ob die schriftliche Auskunft per normalen Brief oder per Einschreiben zugeschickt werden soll.

9   **2.3** Die Festlegung der Einzelmaßnahmen hat sich also an den Bezugsgrößen „**Schutzzweck und Aufwand**" zu orientieren. Es müssen mithin Schutzkriterien gewählt werden, die sich konkret an der Schutzbedürftigkeit der einzelnen gespeicherten Daten orientieren. Es genügt nicht, die in der Anlage zu § 9 aufgeführten Zielvorgaben abstrakt zu verwirklichen. Dies ergibt sich schon aus der Formulierung der Anlage selbst, wonach auf „die Art der zu schützenden personenbezogenen Daten" abzustellen ist. Die Schutzkriterien ergeben sich aus der Art der gespeicherten Daten und der Zweckbestimmung der Verarbeitung im Einzelfall. Die Planung und Vorbereitung von Datensicherungsmaßnahmen erfolgt daher zweckmäßigerweise auf der Grundlage einer **Risikoanalyse** (vgl. hierzu Muksch, Datenschutz und Datensicherung in Klein- und Mittelbetrieben, S. 117 ff. m. N.). Zu den erforderlichen Maßnahmen gehören auch diejenigen, die notwendig sind, um die in der Anlage zu § 9 genannten Anforderungen zu gewährleisten (vgl. nur die Orientierungshilfen der Aufsichtsbehörden u.a. zum datenschutzgerechten Umgang beim **Telefax** bei **Telearbeit**, zur Passwortgestaltung und zum **Sicherheitsmanagement**, zur **Mandantenfähigkeit**, zur sachgerechten **Unterlagenvernichtung**, zur Protokollierung oder beim **Cloud Computing;** abrufbar auf den Homepages der Aufsichtsbehörden). Die Anlage selbst enthält aber die Einschränkung, dass die dort genannten Anforderungen nur zum Schutz automatisiert verarbeiteter Daten zu erfüllen sind, wobei jedoch auch Phasen der Datenverarbeitung betroffen sind, die nicht – mehr – durch die EDV bestimmt.

3. Datensicherungsmaßnahmen

10   **3.1** Zu beachten ist, dass bestimmte Maßnahmen dazu dienen können, die Voraussetzungen für mehrere der vom Gesetz geforderten Kontrollen/Gewährleistungen zu schaffen. Die Aufsichtsbehörde Baden-Württemberg (Hinweis zum BDSG Nr. 12, Staatsanz. 1980, Nr. 53, S. 4) hält dazu fest: „Eine wirksame techni-

Technische und organisatorische Maßnahmen **§ 9**

sche und organisatorische Maßnahme der Datensicherung stellt die Aufzeichnung von Systemnachrichten und auch -eingaben in Form von **Protokollen** oder Dateien dar. Soweit bei Datenverarbeitungsanlagen keine automatische Protokollierung (hard- oder softwareseitig) stattfindet, erwartet die Aufsichtsbehörde mindestens handschriftliche Aufzeichnungen in angemessenem Umfang und entsprechende Maßnahmen zur Gewährleistung der Richtigkeit und Vollständigkeit der Aufzeichnungen. Der Nachweis der ordnungsgemäßen Verarbeitung von personenbezogenen Daten anhand derartiger Unterlagen muss bei Bedarf lückenlos geführt werden können. Dabei reicht es nicht aus, wenn die Aufzeichnungen z. B. auf Magnetband oder -platte gesammelt und jederzeit systematisch oder auf Anforderung ausgewertet werden können. Im Rahmen der betriebsinternen Kontrolle sind regelmäßige und unerwartete **Auswertungsstichproben** erforderlich. Der Datenschutzkontrolle dienen erfahrungsgemäß nicht Sicht- und Arbeitspläne, Auftragslisten u. ä. sowie Kostenverrechnungsverfahren (z. B. alle job-accounting-Verfahren), die in erster Linie zu Zwecken der Unternehmensrevision durchgeführt werden. Im Hinblick auf die dreijährige strafrechtliche Verjährungsfrist von Datenschutzverstößen (§ 44 BDSG i. V. m. § 78 Abs. 3 Nr. 5 StGB) sollten derartige Unterlagen mindestens drei Jahre aufgehoben werden."

3.2 Der Bundesbeauftragte für den Datenschutz (14. TB S. 194 = RDV 1993, **11** 274) hat folgende Empfehlungen zu **Protokolldateien** gegeben: „Eine Erzeugung von Protokolldateien ist nur zulässig, wenn sie auch erforderlich sind, d. h. tatsächlich genutzt werden. Werden sie ausschließlich zu Zwecken der Datenschutzkontrolle, der Datensicherung oder zur Sicherung eines ordnungsgemäßen Betriebes der EDV-Anlage gespeichert, dürfen sie nur für diese Zwecke verwendet werden (§ 14 Abs. 4 BDSG) (vgl. auch § 31 BDSG). . . . Die zulässigen Auswertungen der Protokolldateien sowie die Art ihrer Nutzung sollten unter Beteiligung des internen Datenschutzbeauftragten und des Personalrates oder Betriebsrates festgelegt werden. Tatsächliche Auswertungen zu Zwecken der Datenschutzkontrolle oder der Kontrolle der IT-Sicherheit sollten durch den Datenschutzbeauftragten bzw. IT-Sicherheitsbeauftragten unter Beteiligung des **Personalrates** erfolgen. . . . Eine wahllose Registrierung aller Aktivitäten der Benutzer ist aus Sicht des Datenschutzes bedenklich. Zwar fordert § 9 BDSG Maßnahmen, damit nachträglich überprüft und festgestellt werden kann, welche personenbezogenen Daten zu welcher Zeit in das System eingegeben wurden. Der **Angemessenheitsgrundsatz** des § 9 gestattet es jedoch, dahingehende Registrierungen in Protokolldateien auf sensiblere Aktivitäten (Benutzung bestimmter Programme, Dateien, Datenfelder) zu begrenzen. Es sollten daher alle systemseitig vorhandenen Möglichkeiten – durch Einstellen von Parametern oder Setzen von ‚Schaltern' – genutzt werden, damit wirklich nur Aktivitäten mit erhöhtem Schutzbedarf registriert werden. So reicht es aus, wenn nicht jeder Zugriff z. B. auf eine Personaldatei registriert wird, sondern nur diejenigen, die besonders sensible Datenfelder oder Programme betreffen. Auch eine solche Protokolldatei darf nicht zur Verhaltens- und Leistungskontrolle genutzt werden. . . . Protokolldaten müssen nach angemessener Zeit (automatisch) gelöscht werden; eine **Speicherdauer** von maximal einem Jahr ist im Allgemeinen als ausreichend anzusehen." (vgl. zum insoweit erforderlichen Mitarbeiterschutz auch Leopold, DuD 2006, 436).

3.3 Eine weitere, mehreren Kontrollaufgaben dienende Maßnahme ist die Benut- **12** zung von **Passwörtern,** Codes etc., wobei für deren Wirksamkeit die gebotene vertrauliche Behandlung Voraussetzung ist. Nach Feststellung der Aufsichtsbehörde Baden-Württemberg (Hinweis zum BDSG Nr. 15; Staatsanz. 1981, Nr. 1, S. 4) ist dazu erforderlich, verantwortliche Regelungen über deren Vergabe, Änderung, Löschung und Verwendung etc. zu treffen und deren Einhaltung zu kontrollieren. Werden derartige Schlüssel mittels automatisierter Verfahren verwaltet, so gehört zur Sicherung auch die Gewährleistung, dass sich Unbefugte über sie keine Kenntnis

§ 9 Technische und organisatorische Maßnahmen

verschaffen können. Im Hinblick darauf sollen als Passwörter grundsätzlich keine bereits für andere Zwecke verwendeten Schlüssel (z. B. Personalnummer, Geburtsdatum) eingesetzt werden.

13 **3.4** Der Bundesbeauftragte für den Datenschutz (14. TB S. 193 = RDV 1993, 274) hat folgende Empfehlungen zur Passwortgestaltung und zum Sicherheitsmanagement herausgegeben:

„**I. Passwortregeln**
Grundsatz:
„Für den Benutzer leicht zu merken, für einen Fremden schwer zu erraten."
1. Nirgends notieren! Niemandem mitteilen!
2. Nur dem Benutzer bekannt.
3. Mindestlänge: 6 Stellen.
4. Vor- und Familiennamen nie allein verwenden, sondern:
5. Stets alphanumerisch gestalten (Buchstaben und Zahlen/Zeichen).
6. Keine Trivialpasswörter (z. B. 4711, 12 345) oder andere nebeneinander liegenden Tasten usw. verwenden; möglichst vom System automatisch abweichen lassen.
7. In angemessenen Zeitabständen (möglichst automatisch gesteuert) ändern; nicht zu oft!
8. Automatisch verhindern, dass (aus Bequemlichkeit) als neues wieder das alte Passwort gewählt wird.
9. Für besonders wichtige Funktionen/sensible Daten: Zusatzpasswort („4-Augen-Prinzip"). Oder: Zwei Personen kennen je das halbe Passwort.
10. Passwort des Systemverwalters – nur ihm bekannt – für Vertretungsfall versiegelt aufbewahren.

II. Sicherheitsmanagement
1. Jede Person erhält eine eigene Benutzerkennung („User"). Benutzerkennungen werden grundsätzlich nur für Bedienstete der Stelle eingerichtet; für Fremde (Wartung usw.) nur zur kontrollierten Inanspruchnahme.
2. Benutzerkennungen werden nur für den Zeitraum eingerichtet, in dem sie tatsächlich benötigt werden.
3. Die Datei der Passwörter und Benutzerkennungen ist besonders zu schützen, in der Regel durch kryptographische Verschlüsselung.
4. Automatische Begrenzung der Anzahl der Anmeldungs-Fehlversuche (maximal drei, danach: Sperrung der Benutzerkennung).
5. Protokollierung der Fehlversuche und Information des Systemverwalters und/oder Benutzers.
6. Anzeige der letzten korrekten Anmeldung zur Kontrolle durch den Berechtigten (Tag, Uhrzeit, Terminal usw.).
7. Zeitliche Begrenzung der Zugangsberechtigung, z. B. auf die Bürozeit.
8. Verhindern, dass Anmeldung mit Funktionstaste möglich („auto-log-in").
9. Automatisches Sperren oder Abmelden des Terminals/APC nach längerer Nichtbenutzung, z. B. nach 5 Minuten.
10. Bei Verbindung des Systems mit dem öffentlichen Wählnetz: Zusätzliche Sicherungsmaßnahmen (Rückrufautomatik usw.)."

14 **3.5** Zu den wichtigsten Maßnahmen der im Einleitungssatz der Anlage zu § 9 festgeschriebenen **Organisationskontrolle** gehören die **Funktionstrennung** (vgl. Ernestus in: Simitis, BDSG § 9 Rn. 51 ff.), der closed-shop-Betrieb und das Vier-Augen-Prinzip. Erforderlich ist dabei eine klare Trennung der verschiedenen Aufgaben und Funktionen (Arbeitsvorbereitung, Maschinenbedienung, Nachbereitung, Programmierung) und deren schriftliche Fixierung in Arbeitsanweisungen, Geschäftsverteilungsplänen, Stellenbeschreibungen, Organisationsplänen u. ä. Der jeweils erforderliche Umfang solcher Unterlagen bestimmt sich nach der Größe

Technische und organisatorische Maßnahmen § 9

des Unternehmens und seinen Aufgaben (vgl. im Einzelnen Aufsichtsbeh. Baden-Württemberg, Hinweis zum BDSG Nr. 12, Staatsanz. 1980, Nr. 79, S. 5).

3.6 Regelungen über die kontrollierte und sichere Aufbewahrung (**Archivierung**) von Datenträgern tragen dazu bei, die Nrn. 2, 3, 4 und 7 der Anlage zu § 9 zu erfüllen. Die Aufbewahrung und Verwaltung der vorhandenen Datenträger (Magnetbänder, Platten, Disketten u. ä.) ist insbesondere im Hinblick auf die erforderliche **Transport- und Zugriffskontrolle** zu organisieren. Sie gilt insbesondere für Auftragnehmer nach § 11. Als Mindestanforderungen hält die Aufsichtsbehörde Baden-Württemberg (Hinweis zum BDSG Nr. 12, Staatsanz. 1980, Nr. 79, S. 4) insoweit für geboten, dass auch ein geringer Band-, Platten- oder sonstiger Datenträgerbestand vollständig registriert und der jeweilige Einsatz bzw. Verbleib der Datenträger schriftlich fixiert werden. Unter Umständen kann dafür eine Liste ausreichen. Bei umfangreicheren Beständen wird sich der Einsatz von Karteien, aber auch von maschinellen Band- und Plattenverwaltungssystemen empfehlen. 15

3.7 Insbesondere im Hinblick auf die Einführung neuer Verarbeitungstechniken unter Einsatz von **Personal- oder Arbeitsplatzcomputern** bzw. sog. **Laptops** stellt sich die Frage nach den Realisierungsmöglichkeiten angemessener Datensicherungsmaßnahmen bzw. die Frage, ob wegen des Fehlens ausreichender Kontrollmöglichkeiten die Verarbeitung personenbezogener Daten, zumindest solcher sensibler Art, zu unterbleiben habe. Die Aufsichtsbehörde Baden-Württemberg (Hinweis zum BDSG Nr. 25, Staatsanz. 1986, Nr. 53, S. 4) hält dazu fest, dass unabhängig von diesen Zweifelsfragen beim **Einsatz von PCs** in jedem Fall folgende Anforderungen beachtet werden sollten: 16

a) Zunächst sollte geprüft werden, ob im konkreten Anwendungsfall, insbesondere im Hinblick auf die Sensibilität der Daten, der Einsatz von PCs überhaupt in Betracht kommt.

b) Für jeden PC muss eine Person bestimmt werden, die insbesondere für die Einhaltung der Vorschriften des BDSG und anderer Datenschutzvorschriften verantwortlich ist.

c) Soweit mehrere Personen berechtigte Benutzer eines Geräts sind, müssen ihre Aufgaben und die Verantwortlichkeit für die einzelnen Verfahren (Anwendungen) und Dateien eindeutig geregelt sein.

d) Zum Schutz vor Benutzung durch Unbefugte müssen folgende Maßnahmen getroffen werden:
 – Die Geräte sind außerhalb der Nutzungszeiten durch Schlüsselschalter oder Aufbewahrung in verschlossenen Räumen zu sichern. Der Schlüsselschalter muss sich an der Zentraleinheit befinden, da ein Tastaturschloss durch Austausch der Tastatur leicht überwunden werden kann.
 – Jeder Benutzung muss eine Anmeldeprozedur (log-in) vorausgehen, bei der sich der Benutzer durch persönliche Kennung und ein Passwort ausweist.
 – Datenträger (Disketten, Kassetten, Bänder) müssen inventarisiert und gekennzeichnet (z. B. nummeriert) werden, bevor sie dem Benutzer gegen Quittung übergeben werden. Es ist zu gewährleisten, dass jederzeit festgestellt werden kann, wer für welche Datenträger verantwortlich ist. Die Benutzung anderer, insbesondere privater Datenträger muss untersagt werden.
 – Alle Datenträger, die nicht fest im Gerät eingebaut sind, müssen in verschlossenen Behältnissen aufbewahrt werden.

e) Zur Unterstützung des Datenschutzbeauftragten bei der Wahrnehmung seiner Aufgaben nach § 4g BDSG wird die Festlegung betriebsinterner Regelungen für die Beschaffung und Nutzung von PC u. ä. empfohlen."

Besondere Sicherungsregelungen erfordert auch die Speicherung von personenbezogenen Daten auf **mobilen Datenträgern** (zur Problematik insgesamt und diesbezüglichen Einzelfragen: Leidner, RDV 1991, 71; Klotz, DuD 1990, 129; Schmölz, DuD 1990, 124; Risse, DuD 1991, 176; Wettmann, DuD 1991, 238; Voßbein,

§ 9 Technische und organisatorische Maßnahmen

RDV 1987, 10; Däubler, Gläserne Belegschaften ?, Rn. 521 f.; ebenso BfD, Empfehlungen für den Einsatz von Arbeitsplatzcomputern, 12. Tätigkeitsbericht 1989, Anlage 11; Dworatschek/Büllesbach, Personalcomputer und Datenschutz, 1999).

17 3.8 Der Landesdatenschutzbeauftragte Bremen (15. TB, S. 120) gibt für den Einsatz tragbarer PCs folgende Hinweise:

„Durch tragbare PCs (**Laptops, Notebooks** etc.) werden Daten mitsamt ihren Anwendungen mobil.

Bei der Anschaffung der Geräte sollte von vornherein auf eine Sicherheitsausstattung Wert gelegt werden. Dazu gehören unter anderem das Vorhandensein
- eines Sicherheitsschlosses,
- eines festen Behältnisses mit Zahlenschlosskombination für den Transport, aber auch
- von Schutzvorrichtungen für die vorhandenen Schnittstellen.

Neben diesen Maßnahmen zum Schutz der Geräte sind u. a. folgende Mindestanforderungen an den Einsatz von tragbaren PCs zu stellen:
- Verarbeitung personenbezogener Daten auf tragbaren PCs darf nur erfolgen, wo dies auf Grund der Aufgaben unvermeidbar ist.
- Falls personenbezogene Daten auf dem PC verarbeitet werden, ist die Installation einer Schutzsoftware erforderlich, die die verschlüsselte Abspeicherung der Daten auch auf der Festplatte sicherstellt sowie den Zugriff auf den PC nur nach Eingabe von Kennung und Passwortabfrage zulässt. Passwörter müssen verschlüsselt abgelegt sein.
- Eine Umgehung des Sicherheitssystems auf der Festplatte ist durch eine Sperrung des Diskettenlaufwerks sicherzustellen. Dies bietet gleichzeitig die Gewähr, dass über das Diskettenlaufwerk kein ungesichertes Einspielen von Anwendungsprogrammen und keine unkontrollierte Datenübertragung über das Diskettenlaufwerk erfolgen.
- Die Schnittstellen des tragbaren PCs sind zu sperren, um eine unbefugte Weitergabe von Programmen und Daten zu verhindern. Die Berechtigung zur Entsperrung der Schnittstellen zur internen Weiterverarbeitung der Daten sollte bei der Systemverwalterin bzw. beim Systemverwalter liegen.
- Für die tragbaren PCs müssen in den Dienststellen, in denen sie eingesetzt werden, verschließbare Schränke vorhanden sein, in die sie nach Dienstschluss eingeschlossen werden.
- Besonders sensible Daten dürfen grundsätzlich nicht auf tragbaren PCs verarbeitet, erfasst oder gespeichert werden. Nach § 28 Abs. 2 Nr. 1 Satz 2 Bundesdatenschutzgesetz (BDSG) gehören hierzu insbesondere solche Daten, die sich auf gesundheitliche Verhältnisse, strafbare Handlungen, Ordnungswidrigkeiten, religiöse oder politische Anschauungen oder auf arbeitsrechtliche Verhältnisse beziehen." (Zu den Datensicherungsanforderungen beim Einsatz von Laptops vgl. ferner Berliner Datenschutzbeauftragter, Tätigkeitsbericht 1990, S. 35.)

18 3.9 Die Frage nach angemessenen Datensicherungsmaßnahmen stellt sich verstärkt, wenn personenbezogene Daten auf **arbeitnehmereigenen PCs** (vgl. hierzu Jürgens, DuD 1994, 699; Gola, DuD 1990, 392; Ehmann/Paul, CR 1989, 834; vgl. auch BfD, 12. TB 1989, S. 87) verarbeitet werden sollen. Eine besondere Dimension hat diese Thematik mit der unter dem Stichwort „**Bring your own Device**" (BYOD) bezeichneten parallelen Nutzung von privaten „Vorrichtungen" wie z. B. Notebook, Tablet-PC oder Smartphone zu dienstlichen Zwecken bekommen, wobei diese Geräte Zugriff auf die IT-Ressourcen des Unternehmens erhalten. Gemeint ist aber auch die Verwendung privater Software. Der Wunsch zur Nutzung seines privaten Geräts geht regelmäßig von den Mitarbeitern aus, die auf ihre gewohnte und ggf. komfortablere Technik auch im Betrieb nicht verzichten möchten (Göpfert/Wilke, NZA 2012, 765; Imping/Pohle, K&R 2012, 470). Eine Verpflichtung der Arbeitnehmer zum Einsatz eigener Geräte läge dagegen außerhalb

Technische und organisatorische Maßnahmen **§ 9**

des **Direktionsrechts** des Arbeitgebers (Franck, RDV 2013, 185; Zöll/Kielkowski, BB 2012, 2625). § 106 GewO deckt eine solche Weisung nicht. Andererseits steht außer Frage, dass der Arbeitnehmer zum Einsatz seiner **privaten Hard- oder Software** ohne Erlaubnis des Arbeitgebers nicht berechtigt ist. Dem Mitarbeiter muss bewusst sein, dass er bei der ungenehmigten Speicherung personenbezogener Daten auf ihm gehörenden Geräten die Daten aus der Verfügung des Arbeitgebers als verantwortliche Stelle entzieht und selbst zur verantwortlichen Stelle wird (Conrad/Schneider, ZD 2011, 153).

3.10 Der Beschäftigte bedarf also einer Erlaubnis des Arbeitgebers, die auf Grund **19** der mit „BYOD" verbundenen datenschutz- und arbeitsrechtlichen Fragestellungen Bestandteil einer **AGB-**festen vertraglichen Regelung sein sollte. Geklärt werden muss die Rückgabe der Daten bei Widerruf der BYOD-Genehmigung oder bei Ausscheiden des Mitarbeiters. Auch wenn der Mitarbeiter nicht als **Auftragsdatenverarbeiter** fungiert (Gola, Datenschutz am Arbeitsplatz, Rn. 80 ff.) wird der Vertrag mit dem Mitarbeiter zahlreiche Komponenten enthalten müssen, die denen des § 11 entsprechen. Dies gilt insbesondere hinsichtlich der zu beachtenden Datensicherungsmaßnahmen (vgl. Söbbing, RDV 2013, 77; zur insoweit durchweg negativen Einschätzung der Aufsichtsbehörden vgl. Franck, RDV 2013, 185). Durch die Verwendung der Geräte außerhalb des Betriebes und auch in der außerdienstlichen Zeit stellen sich Fragen der Datensicherheit wie sie auch bei der **mobilen Arbeit** mit Geräten des Arbeitgebers und der Telearbeit bestehen (vgl. die Hinweise in BITKOM, Bring your own Device, S. 6 ff., http://www.bitkom.org/73623_73615.asp). Es bedarf spezieller Sicherheitsmaßnahmen (vgl. aus den Tätigkeitsberichten der Aufsichtsbehörden LfD Rheinland-Pfalz, 23. TB, S. 58; LfD Bayern, 25. TB, Ziff. 2.1.3; LfDI Bremen, 35. TB, S. 31), d.h. eines **Device Mobile Managements (**HessDSB, Handreichungen zur Nutzung von Smartphones und Tablet-Computern in Behörden und Unternehmen; http://www.datenschutz.hessen.de/tf015; ferner: NdsLfD „Mobiles Arbeiten – datenschutzgerecht gestaltet", www.lfd.niedersachsen.de), das von folgenden Kriterien ausgeht:
– Es dürfen keine besonders schutzwürdigen Daten verarbeitet oder gespeichert werden.
– Die Datensicherheitsstandards der Behörde/des Unternehmens müssen auch bei Smartphones und Tablet-PCs eingehalten werden.
– Die Schnittstellen müssen kontrolliert werden.
– Die Daten müssen verschlüsselt gespeichert werden.
– Falls das Gerät verloren geht, muss es die Möglichkeit geben, die gespeicherten Daten aus der Ferne zu löschen.
– Sichergestellt werden muss auch die Wahrnehmung der Kontrollrechte u.a. des DSB und der Aufsichtsbehörden.

4. Telearbeit

4.1 Ob personenbezogene Daten per **Telearbeit,** d. h. ob die Auslagerung eines **20** Arbeitsplatzes in die Wohnung des Mitarbeiters durchführbar ist, hängt einerseits von der „Art der Tätigkeit" und andererseits von der „Eignung" der häuslichen Arbeitsstätte ab (vgl. Gola/Jaspers, RDV 1998, 243; Wedde, NJW 1999, 527; Zilkens/Wehrhahn, RDV 1999, 60 vgl. ferner Musterdienstvereinbarung für die Bundesverwaltung, http://www.staatmodern.de/projekte/aktuell.

4.2 Da der Telearbeiter seine Arbeit zuhause und nicht im Gebäude seines Arbeit- **21** gebers verrichtet, muss der Arbeitgeber, um seinem Kontrollrecht bzw. seinen gesetzlichen Kontrollpflichten nachkommen zu können, die Möglichkeit zum **Zugang zur Wohnung** des Telearbeiters haben (Schuppert, Zutrittsrechte zu Telearbeitsplätzen, 1997). Insoweit besteht ein Spannungsverhältnis zwischen der Unver-

§ 9 Technische und organisatorische Maßnahmen

letzlichkeit der Wohnung gem. Art. 13 GG und den bestehenden gesetzlichen Kontrollpflichten. Da der Arbeitgeber kein originäres Zutrittsrecht zu dem betrieblichen Arbeitsplatz in der Wohnung des Beschäftigten hat, muss das Zutrittsrecht vertraglich mit dem Telearbeiter vereinbart werden. In das Zutrittsrecht sind auch sonstige Kontrollberechtigte (z. B. Personalrat, Datenschutzbeauftragter, Gewerbeaufsicht) mit einzubeziehen. Sollte der Arbeitnehmer trotz vertraglich vereinbartem Zutrittsrecht den Zutritt unter Berufung auf sein Hausrecht verweigern, so muss der Arbeitgeber zum Mittel der Kündigung greifen bzw. greifen können. Dies ist in der Kontrollvereinbarung (Dienstvereinbarung, Arbeitsvertrag) klarzustellen (vgl. insgesamt auch die detaillierten Anforderungen der Landesbeauftragten für den Datenschutz NRW in ihren Hinweisen zum **Datenschutz bei Telearbeit** (Datenschutzbericht 1999, S. 130 = RDV 1999, 234) sowie die einschlägigen Orientierungshilfen der Aufsichtsbehörden.

5. Kontrollmaßnahmen der Anlage zu § 9

22   **5.1** Die **Zutrittskontrolle** (Nr. 1 der Anlage zu § 9) verlangt, Unbefugten den „körperlichen" Zutritt zu Datenverarbeitungsanlagen, mit denen personenbezogene Daten verarbeitet werden, zu verwehren. Es soll verhindert werden, dass Personen, die dazu nicht befugt sind, unkontrolliert in die Nähe von Datenverarbeitungsanlagen kommen. Hierdurch soll von vorneherein die Möglichkeit unbefugter Kenntnis- oder Einflussnahme ausgeschlossen werden.
Als Maßnahmen kommen (vgl. Münch, IT Sicherheit 1/2004, 59) u. a. in Betracht:
– Einteilung in Sicherheitszonen/Sperrbereiche, Closed-Shop-Betrieb, automatische Zutrittskontrolle, Chipkaten/Transponderkarten, Berechtigungsausweis, Schlüsselregelung, Personenkontrolle durch Pförtner
– nebst unterstützenden Maßnahmen wie
– Alarmanlage, Gebäudebewachung, Videotechnik, Vereinzelungsanlagen.

23   **5.2** Die **Zugangskontrolle** (Nr. 2) soll die unbefugte Nutzung von Datenverarbeitungssystemen verhindern. Gemeint ist hiermit im Gegensatz zur Zutrittskontrolle das Eindringen in das EDV-System selbst seitens unbefugter (externer) Personen, während die nachfolgend geregelte Zugriffskontrolle die Tätigkeit innerhalb des EDV-Systems durch einen grundsätzlich Berechtigten außerhalb seiner Berechtigung umfasst.
In Betracht kommende Maßnahmen:
Passwort-Vergabe, Protokollierung der Passwortnutzung und Chipkarten.

24   **5.3** Die **Zugriffskontrolle** (Nr. 3) soll gewährleisten, dass die zur Benutzung eines Datenverarbeitungssystems Berechtigten ausschließlich auf die ihrer Zugriffsberechtigung unterliegenden Daten zugreifen können und dass personenbezogene Daten bei der Verarbeitung, Nutzung und nach der Speicherung nicht unbefugt gelesen, kopiert, verändert oder entfernt werden können. Die Kontrollaufgabe fasst die im BDSG 90 gesondert geregelte Zugriffs- und Speicherkontrolle zusammen. Im Rahmen der im Einleitungssatz der Anlage zu § 9 geforderten datenschutzgerechten Organisation ist sicherzustellen, dass der Zugriff nur zu solchen Daten eröffnet wird, die der Mitarbeiter zur Erledigung der ihm übertragenen Aufgaben benötigt.
In Betracht kommende Maßnahmen:
Benennung eines Verantwortlichen für die Datenträger, Bestandskontrolle, Mehraugenprinzip, kontrollierte Vernichtung (z. B. von Fehldrucken), funktionelle Zuordnung einzelner Datenendgeräte, automatische Prüfung der Zugriffsberechtigung, Protokollierung der Systemnutzung und Protokollauswertung, ausschließlich Menüsteuerung.

Technische und organisatorische Maßnahmen § 9

5.4 Durch die **Weitergabekontrolle** (Nr. 4) soll verhindert werden, dass Datenträger unbefugt gelesen, kopiert, verändert oder entfernt werden können und dass überprüft werden kann, an welche Stellen eine Übermittlung personenbezogener Daten durch Einrichtungen zur Datenübertragung vorgesehen ist. Dieses Kontrollgebot fasst die zuvor als Transport- und Datenträgerkontrolle definierten Maßnahmen zusammen. Datenträger ist jedes Medium, auf dem Daten festgehalten werden. Unbefugt ist jedes Verhalten, das sich nicht mit den Beschäftigten übertragenen Aufgaben und Kompetenzen deckt, wobei im Gegensatz zu der früheren Abgangskontrolle nicht mehr nur das unbefugte Entfernen, sondern auch unbefugte Kenntnis- und Einflussnahme zu verhindern sind. 25

Als Maßnahmen kommen u. a. in Betracht:
Standleitung, Wählleitung mit automatischem Rückruf, Datenverschlüsselung, Botentransport durch Auftragnehmer oder Auftraggeber, Postversand, verschlossen in Transportbehältern, Transportbegleitung, Vollständigkeits- und Richtigkeitsprüfung, Regelung zur Datenträgervernichtung, Taschenkontrollen.

5.5 Die **Eingabekontrolle** (Nr. 5) soll gewährleisten, dass nachträglich überprüft und festgestellt werden kann, welche personenbezogenen Daten zu welcher Zeit von wem in Datenverarbeitungssysteme eingegeben, verändert, d. h. auch gelöscht und entfernt worden sind. Auch bei dieser Kontrollmaßnahme geht es um die Nachprüfbarkeit eines Verarbeitungsvorgangs. Urheber, Inhalt und Zeitpunkt von Datenspeicherungen sollen im Nachhinein ermittelt werden können. Auch diese Maßnahme wird regelmäßig nur durch – manuell oder automatisiert – erfolgende **Protokollierungen** realisierbar sein. Als Nachweis können sowohl Originalbelege mit handschriftlichen Vermerken als auch maschinell erstellte und verbindlich gekennzeichnete Protokolle in Betracht kommen. Das Eingabeverfahren ist jedenfalls regelmäßig derart zu dokumentieren, dass die erfolgten Dateneingaben überprüft werden können. Unverzichtbar ist die Eingabekontrolle jedenfalls dann, wenn die Eingabe zum Zwecke der Änderung von mehreren Arbeitsplätzen aus erfolgen kann (Aufsichtsbeh. Baden-Württemberg, Hinweis zum BDSG Nr. 14, Staatsanz. 1981, Nr. 26, S. 6). 26

In Betracht kommende Maßnahmen sind u. a.:
Erfassungsbelege mit Erfassungs- und Prüfbestätigung, Protokollierung eingegebener Daten, Verarbeitungsprotokolle.

5.6 Im Rahmen der **Auftragskontrolle** (Nr. 6) hat der Auftragnehmer zu gewährleisten, dass die im Auftrag zu verarbeitenden Daten nur entsprechend den Weisungen des Auftraggebers verarbeitet werden. Zur Auftragskontrolle verpflichtet ist zunächst der Auftragnehmer, mittelbar aber auch der Auftraggeber, dem es obliegt, entsprechend klare Weisungen zu erteilen (vgl. insoweit auch § 11) und eindeutige vertragliche Abreden nebst Kontrollabreden zu treffen. Dabei sind insbesondere verantwortlich zu regeln (vgl. hierzu auch § 11 Rn. 15): Zeitpunkt, Ort und Berechtigung/Verpflichtung zur Anlieferung bzw. Abholung der Daten; Transport-/Versendungsform; Leistungsumfang; Aufbewahrung von Datenträgern; beiderseitige Verfügungsberechtigungen; beiderseits durchzuführende Kontrollmaßnahmen; Maßnahmen bei Verlust von Datenträgern, Zulässigkeit der Heranziehung von Subunternehmern etc. (vgl. Aufsichtsbeh. Baden-Württemberg, Hinweis zum BDSG Nr. 11, Staatsanz. 1980, Nr. 53, S. 5). 27

5.7 Die als neue Sicherungsverpflichtung in den Katalog aufgenommene **Verfügbarkeitskontrolle** (Nr. 7) zielt ab auf den Schutz vor zufälliger Zerstörung und meint damit z. B. Wasserschäden, Brand, Blitzschlag, Stromausfall. Beispiele für Sicherungsmaßnahmen sind: Auslagerung von Sicherungskopien, Notstromaggregate, unterbrechungsfreie Stromversorgung, Katastrophenplan, etc. 28

5.8 Das ebenfalls neu aufgenommene **Trennungsgebot** (Nr. 8) will die zweckbestimmte Verarbeitung auch technisch sicherstellen. Ist eine Zweckänderung zulässig bzw. ist ein System auf eine Zweckänderung und Zusammenführung der Daten 29 konzipiert, so greift das Gebot nicht. Das Trennungsgebot verlangt keine räumliche Trennung derart, dass die Daten in gesonderten Systemen oder Datenträgern gespeichert werden müssen. Maßnahmen sind softwareseitiger Ausschluss (Mandantentrennung), Dateiseparierung bei Datenbankprinzip, Trennung über Zugriffsregelung, Trennung von Test- und Routineprogrammen.

29a **5.9** In Satz 3 der Anlage zu § 9 wird für die Kontrollen nach Nr. 2 bis 4, d. h. für die Zugangs-, Zugriffs- und Weitergabekontrolle, die **Verschlüsselung** als gängiges Verfahren empfohlen. Mit der Formulierung „dem Stand der Technik entsprechende" wird zum Ausdruck gebracht, dass in der Praxis bewährte und mit einem hohen Sicherheitsstandard versehene Verfahren gemeint sind (ausführlich Schultze-Melling in: Taeger/Gabel, BDSG § 9 Rn. 85). Der BGH (RDV 2013, 201) geht beim Versand von E-Mails davon aus, dass eine Behörde einen Betroffenen nicht verpflichten kann, ihr unternehmensinterne Daten über eine ungesicherte E-Mail zu übermitteln (vgl. auch Klett/Lee, CR 2008, 644).

6. Landesrecht

30 Die Landesdatenschutzgesetze haben die Regelungen zur **Datensicherung** im Grundsatz beibehalten und die Beschreibung der Maßnahmen der Entwicklung angepasst (vgl. u. a. Berlin (§ 5), Brandenburg (§ 10), Bremen (§ 7 Abs. 3 und 4), Hamburg (§ 8), Niedersachsen (§ 7), Nordrhein-Westfalen (§ 10), Rheinland-Pfalz (§ 9), das Saarland (§ 7), Sachsen (§ 9), Sachsen-Anhalt (§ 6) und Thüringen (§ 9)). Der Einsatz der automatisierten Datenverarbeitung ist nach diesen Vorschriften nur auf der Grundlage einer Risikoanalyse und eines Sicherungskonzepts zulässig. Mecklenburg-Vorpommern (§ 21) und Schleswig-Holstein (§ 5) beschränken sich auf eine Rahmenregelung. Eine Verordnung der Landesregierung soll die Anforderungen an ein Sicherungskonzept sowie Freigaberegelungen enthalten. § 19 Abs. 3 DSG M-V, § 9 Abs. 3 SächsDSG und § 5 Abs. 3 LDSG SH enthalten entsprechende Verordnungsermächtigungen.

Datenschutzaudit § 9a

§ 9a Datenschutzaudit

¹Zur Verbesserung des Datenschutzes und der Datensicherheit können Anbieter von Datenverarbeitungssystemen und -programmen und datenverarbeitende Stellen ihr Datenschutzkonzept sowie ihre technischen Einrichtungen durch unabhängige und zugelassene Gutachter prüfen und bewerten lassen sowie das Ergebnis der Prüfung veröffentlichen. ²Die näheren Anforderungen an die Prüfung und Bewertung, das Verfahren sowie die Auswahl und Zulassung der Gutachter werden durch besonderes Gesetz geregelt.

Literatur: *Bäumler,* Datenschutzaudit und IT-Gütesiegel im Praxistest, RDV 2001, 167; *ders.,* Gütesiegel auf den Datenschutz, DuD 2004, 80; *Bachmeier,* Vorgaben für datenschutzgerechte Technik, DuD 1996, 672; *Bittner,* Das Datenschutzaudit bei Auftragsdatenverarbeitern, RDV 2014, 316; *Bizer,* Aktuelle Stimmen zum Datenschutz-Audit, DuD 1997, 535; *ders.,* Bausteine eines Datenschutzaudits, DuD 2006, 5; *Bizer/Petri,* Kompetenzrechtliche Fragen des Datenschutz-Audits, DuD 2001, 97; *Büllesbach,* Datenschutz und Datensicherheit als Qualitäts- und Wettbewerbsfaktor, RDV 1997, 237; *Drews/Kranz,* Argumente gegen die gesetzliche Regelung eines Datenschutzaudits, DuD 1998, 93; *dies.,* Datenschutzaudit – Anmerkungen zum Rechtsgutachten von A. Roßnagel vom Mai 1999, DuD 2000, 226; *Engel-Flechsig,* Telediensdatenschutzgesetz, DuD 1997, 15; *Feik/von Lewinski,* Der Markt für Datenschutzzertifizierungen, ZD 2014, 59; *Gola,* Der auditierte Datenschutzbeauftragte – oder von der Kontrolle der Kontrolleure, RDV 2000, 93; *Gola/Jaspers,* Von der Unabhängigkeit des betrieblichen Datenschutzbeauftragten – Erkenntnisse aus der aktuellen Rechtsprechung, RDV 1998, 47; *Hoffmann-Riem,* Weiter so im Datenschutzrecht?, DuD 1998, 684; *Hornung/Hartl,* Datenschutz durch Marktanreize – auch in Europa?, ZD 2014, 219; *Königshofen,* Prinzipien und Leitlinien für ein Datenschutzaudit bei Multimedia, DuD 1999, 266; *Lanfermann,* Datenschutzgesetzgebung – gesetzliche Rahmenbedingungen einer liberalen Informationsordnung, RDV 1998, 1; *Petri,* Vorrangiger Einsatz auditierter Produkte, DuD 2001, 150; *Piltz/Schulz,* Die Stiftung Datenschutz – moderner Datenschutz neu erdacht, RDV 2011, 117; *Roßnagel,* Audits stärken Datenschutzbeauftragte, DuD 2000, 231; *ders.,* Datenschutzaudit, DuD 1997, 505; *ders.,* Datenschutzaudit – Ein neues Instrument des Datenschutzes, in: Bäumler (Hrsg.), Der neue Datenschutz, S. 68; *Voßbein,* Datenschutzauditierung, DuD 2004, 92; *ders.,* Prüfstandards für den Datenschutz-Hilfe für den Datenschutzbeauftragten, DuD 2006, 713; *Wedler,* Quo vadis Datenschutzaufsicht?, RDV 1999, 251.

Übersicht

	Rn.
1. Allgemeines	1
2. Pro und Kontra eines allgemeinen Datenschutzaudits	3
3. Der DSB als Bestandteil des Datenschutzkonzepts	8
4. Einfluss der Auditierung auf die Stellung des DSB	9
5. Landesrecht	14

1. Allgemeines

1.1 Mit den Vorüberlegungen zur Multimedia-Gesetzgebung tauchte erstmals das 1 Phänomen des **„Datenschutzaudits"** (Bachmeier, DuD 1996, 672; Bizer, DuD 1997, 535; Roßnagel, DuD 1997, 505) auf, das schließlich auch seine erste gesetzliche Existenz im **Mediendienstestaatsvertrag** fand. Dieser eröffnete – in Anlehnung an das Umwelt-Audit-Verfahren nach dem Umweltauditgesetz – Anbietern von Mediendiensten vorbehaltlich einer Regelung durch besonderes Gesetz die Möglichkeit, ihr Datenschutzkonzept sowie ihre technischen Einrichtungen von unabhängigen Gutachtern überprüfen zu lassen und mit dem Ergebnis zu werben.

2 **1.2** Auch für das **Teledienstedatenschutzgesetz** war in seinen ersten Entwurfsfassungen noch eine entsprechende Regelung in einem § 9 TDDSG vorgesehen (BT-Drs. 13/73 385, 57). Der Gesetzgeber hat dann jedoch – zunächst – auf die Schaffung einer gesetzlichen Grundlage eines Datenschutzaudits für Anbieter von Telediensten verzichtet, um im Rahmen der nachfolgenden Evaluierung des Gesetzes „näher zu beleuchten, welche Aspekte eines solchen Datenschutzaudits einer gesetzlichen Regelung bedürfen". Im TMG findet sich auch keine diesbezügliche Regelung. Die Bundesregierung hat in der 16. Wahlperiode einen Entwurf für ein Datenschutzauditgesetz vorgelegt (BT-Drs. 16/12011), der allerdings auf Grund vielfacher Kritik, insbesondere aus dem Bundesrat (siehe dazu BR-Drs. 4/09, S. 1– 5), vom Bundestag nicht beschlossen wurde (BT-Drs. 16/12 011, S. 27). Der Entwurf sah vor, dass nichtöffentliche Stellen ihr Datenschutzkonzept oder ihre Produkte und Dienstleistungen mit einem Datenschutzauditsiegel kennzeichnen können, sobald dies beim BfDI angezeigt wird. Erst nach dieser Anzeige war eine Kontrolle durch eine vom BfDI zuzulassende Kontrollstelle vorgesehen. Diese Verfahrensweise fand auf Grund des hohen Risikos für verantwortliche Stellen, die im Vertrauen auf die Richtigkeit des Datenschutzauditsiegels das gekennzeichnete Verfahren nutzen, keine Akzeptanz (siehe BT-Drs. 4/09, S. 4 f.). Darüber hinaus galten das vorgesehene Verfahren der Zulassung von Kontrollstellen und die Einrichtung eines Datenschutzauditausschusses als zu bürokratisch, und es wurde die fehlende Transparenz sowie die Unklarheit des Gesetzes, insbesondere im Hinblick auf das Verhältnis der Kontrollstellen nach dem Datenschutzauditgesetz zu den Datenschutzaufsichtsbehörden nach § 38, bemängelt. Datenschutzaudit- und Gütesiegelverfahren auf gesetzlicher Grundlage bestehen somit weiterhin nur in den Ländern Schleswig-Holstein (vgl. hierzu Bäumler, RDV 2001, 167) und Bremen (vgl. nachstehend Rn. 14). Außerdem gibt es das Europäische Datenschutzgütesiegel (EuroPriSe – dazu Meissner, DuD 2008, 525), das nicht auf gesetzlicher Grundlage beruht, beispielsweise in Frankreich aber als Vorbild für nationale Regelungen dienen soll. In dem aktuellen Vorschlag einer DS-GVO ist in Art. 29 Abs. 1e auch ein **„Europäisches Datenschutzsiegel"** vorgesehen. Insoweit bleibt allerdings zunächst das weitere Gesetzgebungsverfahren abzuwarten.

2a **1.3** Offensichtlich in der bisherigen Form nicht weiterverfolgt werden soll das Vorhaben der gemäß dem Koalitionsvertrag von 2009 ins Leben gerufenen „Stiftung Datenschutz" (vgl. hierzu im Einzelnen Schantz in: Wolff/Brink, DatenschutzR, BDSG § 9a Rn. 11 ff.) eine Auditierungskompetenz zu übertragen, wie sie die Stiftung Warentest wahrnimmt. Vielmehr heißt es im Koalitionsvertrag 2013 wie folgt: „Die Stiftung Datenschutz soll in die Stiftung Warentest integriert werden." Unabhängig von einer gesetzlichen Grundlage bieten private Stellen (u. a. der TÜV oder die Zertifizierungsgesellschaft von GDD und BvD) Zertifizierungsverfahren durch externe Auditoren an. Neutrale Audits und Zertifizierungen bieten der Unternehmensleitung sowohl sich selbst als auch gegenüber ihren Kunden die Möglichkeit, die Datenschutzkonformität ihres Handels und ihrer Produkte nachzuweisen (Feik/von Lewinski, ZD 2014, 59). So kann z. B. die von § 11 vorgegebene sorgfältige Auswahl eines Auftragsdatenverarbeiters und die vorgeschriebene routinemäßige Nachkontrolle erleichtert bzw. ersetzt werden durch Vorlage eines durch eine externe, unabhängige Prüfinstanz erstellten Zertifikats. Datenschutz kann daher durchaus ein **Wettbewerbsvorteil** sein. Er kann von einem Unternehmen auch in wirtschaftlicher Hinsicht als Vorteil genutzt werden, was eine offensive Datenschutzstrategie nach außen bedingt.

2. Pro und Kontra eines allgemeinen Datenschutzaudits

3 **2.1** Mit der Begründung, nämlich „datenschutzrechtliche Produkte auf dem Markt zu fördern, indem deren Datenschutzkonzept geprüft und bewertet wird",

Datenschutzaudit **§ 9a**

eröffnet § 9a die allgemeine Einführung eines Datenschutzaudits vor. Die insoweit strittigen und nachfolgend näher zu behandelnden Detailfragen lässt auch das BDSG offen, indem § 9a Satz 2 die Regelung der näheren Anforderungen an die Prüfung und Bewertung, das Verfahren sowie die Auswahl und Zulassung der Gutachter einem „besonderem" Gesetz überlässt. Diese gesetzliche Grundlage ist – wenn auch nicht zwingend in einem gesonderten Gesetz – erforderlich, weil sowohl die Festlegung der Anforderungen an die Prüfung und Bewertung als auch das Verfahren und die Auswahl und Zulassung möglicher Gutachter berufsbeschränkenden Charakter haben und damit dem verfassungsrechtlichen Gesetzesvorbehalts aus Art. 12 Abs. 1 Satz 2 GG unterliegen.

2.2 Während einerseits eine externe, neutrale Begutachtung und Zertifizierung 4
von Produkten und Leistungen für Konsumenten – wie sie von Anbietern von Tele- und Mediendiensten erbracht werden – jedenfalls nicht auf Ablehnung stößt, stehen der allgemeinen Einführung eines gesetzlich geregelten Audits durchaus Bedenken gegenüber.

Dabei wird auf die mit dem Audit verbundenen erheblichen Aufwendungen und Kosten verwiesen, die insbesondere für kleinere Unternehmen außer Verhältnis stehen werden. Befürchtet wird, dass die diesem Einwand gegenüber geltend gemachte Freiwilligkeit nur formal bestehe, wenn die Auditierung aus Wettbewerbsgründen oder auf dem Gebiet des Arbeitnehmerdatenschutzes auf Grund Drucks der Mitarbeitervertretung zum faktischen Zwang werde. Zudem bleibt insoweit die Frage zu beantworten, welche **„Wettbewerbsvorteile"** sich z. B. für ein Unternehmen ergeben könnten, das sein Personalinformationssystem, das bereits die „Genehmigungsverfahren" des DSB und der Mitarbeitervertretung – hier ggf. unter Einschaltung externer Sachverständiger gem. § 80 Abs. 3 BetrVG – durchlaufen hat, nunmehr noch einer externen Auditierung unterzieht.

2.3 Ein Hauptargument gegen eine Einbeziehung des gesamten Datenschutzkon- 5
zepts einer jeglichen Daten verarbeitenden Stelle in die Auditierung ist jedoch die Befürchtung, dass das Prinzip der **betrieblichen Selbstkontrolle**, das sich vorrangig in der Institution des betrieblichen **Datenschutzbeauftragten** widerspiegelt, in erheblichem Maße abgewertet, wenn nicht ad absurdum geführt würde (Drews/Kranz, DuD 1998, 93 (98)). Zudem wird mit Fug und Recht darauf hingewiesen, dass die Einführung der Auditierung als neben dem internen DSB und der von Amts wegen zuständigen Aufsichtsbehörde als dritte gesetzlich geregelte Kontrollfunktion die Installation einer neuen, **kostenaufwendigen Bürokratie** mit sich bringt.

2.4 Demgegenüber machen die Befürworter geltend, dass es bei dem Audit – 6
jedenfalls primär – nicht darum gehe, Defizite bei der Umsetzung der gesetzlichen Datenschutzverpflichtungen festzustellen und abzubauen. Vielmehr gehe es um ein über die gesetzliche Verpflichtung hinausgehendes Mehr an Datenschutz (Roßnagel, DuD 2000, 231), um gesetzlich nicht gebotene „Anstrengungen zur kontinuierlichen Verbesserung des Datenschutzes". Nicht die „Pflicht", sondern ausschließlich die „Kür" könne Gegenstand eines externen „Auditors" sein (Dix, RDV 1999, 143), wobei jedoch verkannt wird, dass eben das Bestehen der Pflicht Voraussetzung für das erfolgreiche Bestehen des Wettbewerbs ist.

2.5 Das Ziel der **überobligatorischen Datenschutzgestaltung** bringt die 7
Gesetzesbegründung (BR-Drs. 461/00, S. 18) dadurch zum Ausdruck, dass mit dem Datenschutzaudit das Ziel verfolgt werde, **„datenschutzfreundliche" Produkte** (hinzuweisen ist insoweit jedoch auch darauf, dass die IT-Produktüberprüfung unter dem Aspekt der Datensicherheit bereits Aufgabe des Bundesamts für Sicherheit in der Informationstechnik (BSI) ist, hierzu Blattner-Zimmermann, DuD 1998, 222) auf dem Markt zu fördern, wobei jedoch Gegenstand der Auditierung „deren Datenschutzkonzept" sein soll. Diese Begründung entspricht jedoch insoweit nicht dem Wortlaut der Bestimmung selbst, nach der neben Anbietern von Datenverarbei-

tungssystemen und Programmen (= also Datenverarbeitung bewirkenden und hierauf beruhenden Produkten) auch jegliche sonstige Daten verarbeitenden Stellen ihr Datenschutzkonzept auditieren lassen sollen.

3. Der DSB als Bestandteil des Datenschutzkonzepts

8   Wird das **Datenschutzkonzept** des Unternehmens insgesamt oder ein einzelnes Verarbeitungssystem bewertet, so ist die Person des DSB – direkt oder indirekt – notwendigerweise in die Auditierung mit einbezogen. Dabei soll nicht verkannt werden, dass nach wie vor – schon mangels entsprechender Weisungsbefugnis – zunächst einmal die für die Sicherstellung des Datenschutzes verantwortliche Unternehmensleitung bzw. die unmittelbar verantwortlichen Mitarbeiter des Unternehmens hinsichtlich der getroffenen Maßnahmen auditiert werden. Dabei bleibt der DSB aber nicht außen vor, da er nach dem Willen des Gesetzgebers zwangsläufig Initiator und Bestandteil des betrieblichen Datenschutzkonzepts ist. Nach § 4g ist es die ihm gesetzlich zugewiesene Aufgabe, die von den zunächst verantwortlichen Stellen des Unternehmens getroffenen bzw. geplanten Maßnahmen zu bewerten und ggf. sogar in einer förmlichen „Vorabprüfung" zu unterziehen, die Beseitigung von Mängeln anzuregen und die Einzelschritte zur Gewährleistung des Datenschutzes in ein „Datenschutzkonzept", das in eine „Datenschutzorganisation" umgesetzt wird, einzubinden. Darüber hinaus hat ihm der Gesetzgeber Aufgaben in eigener Verantwortung zugewiesen, wozu die für ein Datenschutzkonzept wichtige kontinuierliche Aufgabe der Datenschutzschulung gehört.

4. Einfluss der Auditierung auf die Stellung des DSB

9   4.1 Somit stellt sich die Frage, ob sich aus der in § 9a vorgesehenen allgemeinen Einführung des Datenschutzaudits auch „Entlastungs- und Unterstützungseffekte für die behördliche und betriebliche Datenschutzkontrolle" ergeben (Hoffmann-Riem, DuD 1998, 684 (687)), oder ob sich nicht nur die „inhaltliche Qualität der Aufgabe und damit das Berufsbild des betrieblichen Datenschutzbeauftragten deutlich nach unten ändern" (so Drews/Kranz, DuD 2000, 226 (230)), sondern auch die gesetzliche Vorgabe verletzt würde, nach der der DSB seine Aufgabe in **„vollständiger Unabhängigkeit"** wahrnehmen können muss (Gola/Jaspers, RDV 1998, 47).

10 4.2 Nicht zu verkennen ist, dass eine von der Unternehmensleitung gewollte Auditierung zu Konflikten und Zwängen für den DSB führen kann. Dies ist dann der Fall, wenn die seitens der Unternehmensleistung gemachte Vorgabe einer auditierungs-konformen Gestaltung des betrieblichen Datenschutzkonzepts mit den Vorstellungen des DSB nicht in Einklang steht. Im Ergebnis können die Auditierungsbemühungen der Unternehmensleitung darauf hinauslaufen, dass nicht mehr die Auffassungen des fachlich weisungsfreien DSB, sondern die der Auditoren maßgebend sind, und der DSB faktisch als ihr ausführendes Organ tätig wird bzw. tätig werden muss. Unter Umständen werden von dem DSB berücksichtigte Unternehmensspezifika hinter formalen Kriterien und allgemeinen Qualitätsnormen der Auditoren zurücktreten müssen.

11 4.3 In Zweifelsfällen beratender Ansprechpartner des DSB ist nach den Willen des Gesetzgebers die staatliche **Aufsichtsbehörde** (§§ 4g Abs. 1 Satz 2, 38 Abs. 1 Satz 2), deren Zusammenspiel mit zukünftigen lizenzierten „freischaffenden" Auditoren offen ist (vgl. Wedler, RDV 1999, 251, 256).

12 4.4 Befürworter eines Datenschutzaudits sehen, auch wenn sie hinsichtlich der Bandbreite der Auditierung unterschiedlicher Auffassung sind, es in jedem Fall als

Datenschutzaudit § 9a

geboten an, dass dem betrieblichen Datenschutzbeauftragten bei der Durchführung des Audits „eine zentrale Rolle" eingeräumt werden muss (VMI-AK-Datenschutzbeauftragte, DuD 1999, 281). So wird im Hinblick auf die durchaus erkannte Überlappung der Sicherstellungsaufgabe des DSB und des Optimierungsziels der Auditierung und der beim DSB vorhandenen Fach- und Sachkenntnis vorgeschlagen, ihn mit den zur Durchführung des Audits erforderlichen Arbeitsschritten, nämlich der im Rahmen einer „Eingangsprüfung" durchzuführenden betrieblichen **Bestandsaufnahme,** der nachfolgenden Erarbeitung eines Datenschutzprogramms zur Beseitigung von Mängeln und zur Verbesserung der getroffenen Maßnahmen oder auch der Fertigung der von dem externen Auditor zu überprüfenden „**Datenschutzerklärung**" zu beauftragen.

4.5 Eine Beauftragung mit speziellen Überprüfungs- oder Organisationsaufgaben **13** durch die Geschäftsführung auf den DSB – ggf. auch durch Betriebsvereinbarung – verstößt nicht gegen die **gesetzliche Weisungsfreiheit.** Wird jedoch – was Gegenstand der Auditierung ist – ein bestimmtes fachliches Ergebnis vorgegeben, so kollidiert der Auftrag mit der fachlichen Unabhängigkeit des DSB. Nach Art. 28 Abs. 2 Satz 2 EG-DatSchRL obliegt dem DSB „die **unabhängige Überwachung**" der korrekten Umsetzung der Datenschutzbestimmungen, wobei diese Unabhängigkeit, da der DSB seine Kontrollaufgabe weitgehend anstelle der externen Kontrollbehörde wahrnimmt, der der Kontrollbehörde in Art. 28 Abs. 1 EG-DatSchRL zu gewährenden „völligen Unabhängigkeit" entsprechen muss (Ehmann/Helfrich, Art. 118 Rn. 15). Demgemäß setzt, soll das gesetzlich gebotene Mindestmaß an Unabhängigkeit des DSB gewahrt werden, die Erarbeitung der betrieblichen Vorgaben der Auditierung die Abstimmung mit dem DSB voraus, wobei die Pflicht zur vorherigen Abstimmung im Katalog der speziell genannten Zuständigkeiten des DSB in § 4g Abs. 2 gesetzlich festgeschrieben werden sollte. Nur durch eine derartige Regelung kann ausgeschlossen werden, dass die – dem Gesetzgeber vom BAG (BAG, NJW 1998, 2466 = RDV 1998, 64; ferner Simitis, NJW 1998, 2395) hinreichend deutlich aufgezeigte – derzeit nur lückenhaft (Gola/Jaspers, RDV 1998, 47) gewährte Unabhängigkeit nicht noch weiter reduziert wird.

5. Landesrecht

Die Landesdatenschutzgesetze (zur Zuständigkeit vgl. Bizer/Petri, DuD 2001, 97) **14** haben sich nur teilweise, wenn auch überwiegend für ein „freiwilliges" Datenschutz-Audit auch bei Behörden entschieden (vgl. u. a. § 11c BbgDSG; § 7b BremDSG; § 10a DSG NRW; § 4 Abs. 2 LDSG SH), wobei zum einen Schleswig-Holstein (Landesverordnung über ein Datenschutzaudit; GS Schl.-H., S. 51 – Gl. Nr. 204-4–2 = RDV 2001, 203 nebst Durchführungshinweisen des Unabhängigen Landeszentrums für Datenschutz (RDV 2001, 204; vgl. hierzu auch Bäumler, RDV 2001, 167; Schläger, DuD 2004, 459)) und zum anderen Bremen (Brem. Datenschutzauditverordnung vom 15.10.2004; Brem.GBl. S. 515) die erforderlichen Ausführungsvorschriften erlassen haben. Bremen bietet jedoch der Privatwirtschaft keine Auditierungsmöglichkeit. Hier muss der für die Auditierung von der öffentlichen Stelle vorgesehene Gutachter dem Landesdatenschutzbeauftragten von dieser zur Zulassung vorgeschlagen werden. Die Zulassung bezieht sich dann nur auf den konkreten Prüfungsfall. Wegen der rasanten technischen Entwicklung wird das Gütesiegel auf zwei Jahre befristet.

§ 10 Einrichtung automatisierter Abrufverfahren

(1) ¹Die Einrichtung eines automatisierten Verfahrens, dass die Übermittlung personenbezogener Daten durch Abruf ermöglicht, ist zulässig, soweit dieses Verfahren unter Berücksichtigung der schutzwürdigen Interessen der Betroffenen und der Aufgaben oder Geschäftszwecke der beteiligten Stellen angemessen ist. ²Die Vorschriften über die Zulässigkeit des einzelnen Abrufs bleiben unberührt.

(2) ¹Die beteiligten Stellen haben zu gewährleisten, dass die Zulässigkeit des Abrufverfahrens kontrolliert werden kann. ²Hierzu haben sie schriftlich festzulegen:
1. Anlass und Zweck des Abrufverfahrens,
2. Dritte, an die übermittelt wird,
3. Art der zu übermittelnden Daten,
4. nach § 9 erforderliche technische und organisatorische Maßnahmen.

³Im öffentlichen Bereich können die erforderlichen Festlegungen auch durch die Fachaufsichtsbehörden getroffen werden.

(3) ¹Über die Einrichtung von Abrufverfahren ist in Fällen, in denen die in § 12 Abs. 1 genannten Stellen beteiligt sind, der Bundesbeauftragte für den Datenschutz und die Informationsfreiheit unter Mitteilung der Festlegungen nach Absatz 2 zu unterrichten. ²Die Einrichtung von Abrufverfahren, bei denen die in § 6 Abs. 2 und in § 19 Abs. 3 genannten Stellen beteiligt sind, ist nur zulässig, wenn das für die speichernde und die abrufende Stelle jeweils zuständige Bundes- oder Landesministerium zugestimmt hat.

(4) ¹Die Verantwortung für die Zulässigkeit des einzelnen Abrufs trägt der Dritte, an den übermittelt wird. ²Die speichernde Stelle prüft die Zulässigkeit der Abrufe nur, wenn dazu Anlass besteht. ³Die speichernde Stelle hat zu gewährleisten, dass die Übermittlung personenbezogener Daten zumindest durch geeignete Stichprobenverfahren festgestellt und überprüft werden kann. ⁴Wird ein Gesamtbestand personenbezogener Daten abgerufen oder übermittelt (Stapelverarbeitung), so bezieht sich die Gewährleistung der Feststellung und Überprüfung nur auf die Zulässigkeit des Abrufes oder der Übermittlung des Gesamtbestandes.

(5) ¹Die Absätze 1 bis 4 gelten nicht für den Abruf allgemein zugänglicher Daten. ²Allgemein zugänglich sind Daten, die jedermann, sei es ohne oder nach vorheriger Anmeldung, Zulassung oder Entrichtung eines Entgelts, nutzen kann.

Übersicht

	Rn.
1. Allgemeines	1
2. Das Abrufverfahren	3
3. Das Abrufverfahren und Telemedien	7
4. Beteiligte Stellen	9
5. Zulässigkeit des Verfahrens	11
6. Kontrolle der Zulässigkeit des Abrufs	13
7. Jedermann zugängliche Datenbanken	17
8. Landesrecht	19

Einrichtung automatisierter Abrufverfahren **§ 10**

1. Allgemeines

1.1 § 10 trifft keine Regelungen für Abrufverfahren jeglicher Art, sondern nur 1
für solche, die Dritten Informationen bereitstellen, d. h. die ein Übermitteln personenbezogener Daten ermöglichen. Datenflüsse innerhalb eines Unternehmens oder einer öffentlichen Stelle werden also nicht erfasst. Gleiches gilt für Abrufe im Rahmen einer Auftragsdatenverarbeitung (vgl. Rn. 5 f.). Bedeutsam für die nunmehrige Fassung des § 10 ist, dass der unter das Verbot mit Erlaubnisvorbehalt des § 4 fallende Verarbeitungsschritt der **Datenübermittlung** nach § 3 Abs. 4 Nr. 3 erst erfüllt ist, wenn Daten weitergegeben oder abgerufen werden. Das Bereitstellen, d. h. das Ermöglichen des Abrufs von Daten reglementiert § 10, der den besonderen Gefahren von Online-Anschlüssen durch Regelung der Zulässigkeit solcher Abrufverfahren begegnet. Dabei ist zu beachten, dass das BDSG – anders als eine Reihe von Landesdatenschutzgesetzen (vgl. Rn. 19) – keine besondere Erlaubnis für die Einrichtung solcher Verfahren fordert (vgl. insgesamt BfD, Hinweise zu automatisierten Abrufverfahren i. S. d. § 10 BDSG, Anlage 15 des 14. TB).

1.2 Die in der öffentlichen Verwaltung zunehmend bereitgestellten Abrufverfahren unterliegen, unabhängig ob die Information den Bürgern (elektronisches Grundbuch, Handelsregister etc.) oder nur anderen Verwaltungsstellen (z. B. Kontoabrufe bei Banken nach § 93b AO, Ausländerzentralregister, zentrales Verkehrsinformationssystem ZEVIS, Terroristendatei) bereit stehen, **bereichsspezifischen Vorschriften** (vgl. bei Ehmann in: Simitis, BDSG Rn. 126 ff.; von Lewinski in: Wolff/Brink, DatenschutzR, BDSG § 10 Rn. 10.1). 2

2. Das Abrufverfahren

2.1 Durch die Einrichtung eines automatisierten Abrufverfahrens wird für die 3
angeschlossenen, zugriffsberechtigten Stellen (Dritte gem. § 3 Abs. 8 Satz 2) die Möglichkeit und Berechtigung geschaffen, sowohl im Wege der **Dialogverarbeitung** wie auch in Form der **Stapelverarbeitung** über die bei der verantwortlichen Stelle vorhandenen Daten zu verfügen. Liegt Stapelverarbeitung vor, d. h. wird ein Gesamtbestand personenbezogener Daten abgerufen oder übermittelt (Stapelverarbeitung gem. der Definition in Absatz 4 Satz 3) so sieht Absatz 4 Satz 3 für die speichernde Stelle ein erleichtertes Verfahren bei der Prüfung der Zulässigkeit des Zugriffs vor.

2.2 Da der Dritte **Verfügungsgewalt** über die Daten des Betroffenen erhält, 4
müssen die damit verbundenen Gefahren und Risiken, durch besondere Zulässigkeitsregelungen ausgeglichen werden (Bergmann/Möhrle/Herb, BDSG § 10 Rn. 5). Demgemäß sieht das BDSG zur Feststellung der Zulässigkeit des Abrufverfahrens eine zweistufige Prüfung vor: Die Zulässigkeit der Einrichtung des Verfahrens selbst ist nach § 10, die des einzelnen Abrufs nach dem erforderlichen Erlaubnistatbestand gem. § 4 Abs. 1 festzustellen.

2.3 Geregelt wird die Übermittlung von Daten im Rahmen von Abrufverfahren, 5
d. h. der Weitergabe der Daten an Dritte im Rahmen einer „Selbstbedienung". Ein Beispiel hierfür bilden z. B. bei der Konzernmutter betriebene konzernweite Personalinformationssysteme **(human resource systems).** Nicht unter § 10 fallen Verarbeitungen, die von mehreren Stellen mit wechselnder Schreibbefugnis betrieben werden (BfD, 14. TB, Anl. 15, S. 195). Wird der Datenfluss innerhalb der verantwortlichen Stelle durch Abrufverfahren ermöglicht (erhält z. B. der **Betriebsrat** die Möglichkeit, bestimmte Daten der **Personaldatei** zu lesen oder abzurufen), so ist dieser Vorgang allein unter dem Aspekt der Zulässigkeit der insoweit erfolgenden Datennutzung zu prüfen (zu dem Katalog der insoweit ggf. in Betracht kommenden Daten vgl. u. a. HessDSB, 25. TB (1993), S. 93; Saarl. LDSB, 17. TB (1997/98),

§ 10 Einrichtung automatisierter Abrufverfahren

S. 106; ferner allgemein Gola/Wronka, NZA 1991, 790; BVerwG, NJW 1991, 375). Ebenso sind in **Telearbeit** beschäftigte Mitarbeiter keine abrufberechtigten Dritte. Anders ist es wiederum, wenn z.b. Krankenhäuser kooperieren und sich unter Beachtung der ärztlichen Schweigepflicht gegenseitig den Zugriff auf ihre Datenbestände erlauben (vgl. bei Ehmann in: Simitis, BDSG § 10 Rn. 14).

6 **2.4** Kein Abrufverfahren gem. § 10 liegt auch vor, wenn der Abruf durch einen **Auftragsdatenverarbeiter** erfolgt (vgl. bei Ehmann in: Simitis, BDSG § 10 Rn. 20). Ruft z. B. ein die Personaldatenverarbeitung im Auftrag durchführendes Rechenzentrum die Änderungsdaten automatisch beim Arbeitgeber ab, so gilt allein § 11 (vgl. Schaffland/Wiltfang, BDSG § 11 Rn. 5 f.). Die Einordnung des **Telebanking** unter § 10 setzt also voraus, dass es sich bei der Telebank um eine selbstständige juristische Person handelt, die in eigener Verantwortung auf die Konten des Kunden bei der „Mutterbank" zugreifen kann. Der Abruf seiner eigenen Daten durch den Kunden bei der Bank stellt per se keine Übermittlung dar. Kein Abruf liegt auch vor, wenn Art und Umfang der zu übermittelnden Daten allein von der übermittelnden Stelle bestimmt wird und der Empfänger nur den Zeitpunkt festlegen kann, wie es z. B. bei der regelmäßigen Übermittlung von **Kfz-Zulassungsdaten** durch die Kommunen an das Kraftfahrtbundesamt geschieht (vgl. BfD, 14. TB, Anl. 15, S. 195 f.).

6a **2.5** Nicht identisch ist das in § 10 geregelte Abrufverfahren mit dem Verbundverfahren des § 6 Abs. 2 oder mit sog. gemeinsamen Verfahren, bei denen mehrere Stellen speicher- und zugriffsberechtigt sind. Solche **„gemeinsam nutzbaren Datenverarbeitungsverfahren"** werden z.B. bei konzernverbundenen Unternehmen zum Zweck der zentralisierten Bearbeitung bestimmter Vorgänge (z.B. Postein- und -ausgang; Inkasso) betrieben. Für das Versicherungsgewerbe findet sich eine Regelung in Art. 9 Abs. 1 des CoC. Anderes regelt auch § 15 HDSG, der unter der Überschrift „Gemeinsame Verfahren" ein „automatisiertes Verfahren, das mehreren datenverarbeitenden Stellen gemeinsam die Verarbeitung personenbezogener Daten ermöglicht" abhandelt (ähnlich § 4a DSG NRW). Für den Begriff des gemeinsamen Verfahrens i. S. v. § 15 HDSG ist wesentlich, dass die Datenbasis ganz oder teilweise eine gemeinsame ist, denn der Umgang mit personenbezogenen Daten ist die zentrale Regelungsmaterie des Gesetzes. Es muss zumindest eine Schnittmenge gemeinsam genutzter personenbezogener Daten vorliegen (Arlt in: Schild u.a., HDSG, § 6 Rn. 8). Eine bundesrechtliche Regelung, die sich mit „Gemeinsamen Verfahren" beschäftigt, enthält § 11 des Gesetzes zur Förderung der elektronischen Verwaltung (E-Government-Gesetz – EGovG) vom 25.7.2013. Nach der Gesetzesbegründung (BR-Drs. 557/12, S. 63) ist ein gemeinsames Verfahren i. S. d. § 11 EGovG „eine dauerhafte, zweckgerichtete Vereinbarung mehrerer datenschutzrechtlich verantwortlichen Stellen zu einer gemeinsamen Einrichtung einer technischen Anwendung/Plattform, in die Daten eingegeben werden und die den wechselseitigen Zugriff und Abruf auf bzw. aus einem so entstandenen gemeinsamen Datenbestand ermöglicht." § 11 EGovG gestattet nur die Zulässigkeit der Einrichtung des gemeinsamen Verfahrens als solches, nicht auch den über das Verfahren stattfindenden Datenumgang.

3. Das Abrufverfahren und Telemedien

7 **3.1** Zu beachten ist, dass Abrufverfahren regelmäßig auf **Telemedien** basieren und somit den besonderen Regelungen des TMG unterliegen. Nach § 1 Abs. 1 TMG sind Telemedien alle elektronischen Informations- und Kommunikationsdienste, soweit sie nicht nach § 3 Nr. 24 TKG als Telekommunikationsdienst zu verstehen sind. Dazu gehören insbesondere Angebote im Rahmen der Individualkommunikation (Telebanking, Datenaustausch) sowie Angebote der Information

Einrichtung automatisierter Abrufverfahren **§ 10**

und Kommunikation. Derartige Angebote, bei denen der Informationsgegenstand personenbezogene Daten sind, beinhalten z. B. Kreditauskunftssysteme. Schutzgegenstand des TMG sind die bei den Diensteanbietern anfallenden **Daten der Nutzer** der Telemedien. § 10 stellt jedoch auf den im TMG nicht geregelten Inhalt der Information ab. Damit regelt er nicht dem Schutz des Nutzers, sondern den Schutz vor dem Nutzer. Soweit das TMG und § 10 insoweit im Widerspruch stehen, geht § 10 vor.

3.2 Das bedeutet konkret, dass die in § 15 Abs. 1 TMG erfolgte Begrenzung der Verwendung der Nutzerdaten auf Zwecke der Inanspruchnahme der Telemedien und der Abrechnung der Nutzung, nicht die Verpflichtung des § 10 Abs. 4 aufhebt, Daten im Rahmen der **Protokollpflichten** zu speichern. Andererseits wird der „Konflikt" beider Normen dadurch entschärft, dass § 10 keine Anwendung findet, wenn der Abruf der Daten jedermann offensteht (vgl. nachstehend Rn. 17). 8

3.3 Eine allgemeine Abrufmöglichkeit ist durch die Veröffentlichung von personenbezogenen Daten im **Internet** eröffnet (vgl. § 28 Rn. 32, § 32 Rn. 22). Die Erfüllung der Anforderungen des § 10 Abs. 1 bis 4 muss und kann auch nur erfüllt werden, wenn der Benutzer auf einen zugelassenen Kreis begrenzt sind (Ehmann in: Simitis, BDSG § 10 Rn. 24 ff.). Handelt es sich nicht um geschlossene Benutzergruppen, liegen die Voraussetzungen des Abs. 5 vor (Klebe in: DKWW, BDSG § 10 Rn. 3). 8a

4. Beteiligte Stellen

4.1 Normadressaten des § 10 sind die an dem Abrufverfahren „beteiligten Stellen". An deren „Aufgaben und Geschäftszwecken" ist die Zulässigkeit des Verfahrens zu messen (Abs. 1 Satz 1). Sie haben zu gewährleisten, dass die Zulässigkeit des Verfahrens kontrolliert werden kann (Abs. 2 Satz 1). Im öffentlichen Bereich haben sie gemeinsame Informations- und Genehmigungspflichten (Abs. 3) zu beachten. Beteiligte Stellen sind die speichernde Stelle und die abrufende Stelle (Dritter). Soweit im Auftrag verarbeitende Stellen bei der Einrichtung des Abrufverfahrens eingeschaltet werden, gilt § 11. 9

4.2 Absatz 4 verteilt ferner die Zuständigkeiten und Verantwortlichkeiten hinsichtlich der **Zulässigkeit der einzelnen Abrufe** und der zur Ermöglichung diesbezüglicher nachträglicher Kontrollen erforderlichen Maßnahmen zwischen den beteiligten Stellen. So wird die Verantwortung für die Einhaltung der Zulässigkeit der einzelnen Abrufe – notwendigerweise – primär der abrufenden Stelle zugewiesen, da die die Daten bereitstellende Stelle auf die Durchführung der einzelnen Abrufe keinen Einfluss nehmen kann. Gleiches gilt für die vom Dritten zu treffenden Datensicherungsmaßnahmen. Hat die verantwortliche Stelle jedoch einen Anlass zur Annahme, d. h. einen begründeten Verdacht, dass der Dritte unzulässig abruft, so muss sie einschreiten. Die Zulässigkeit des Abrufs ist dabei nicht nur in Frage gestellt, falls eine Übermittlung ohne die nach § 4 Abs. 1 erforderliche Rechtsgrundlage erfolgt, sondern auch dann, wenn der Dritte in anderer Weise bei der Durchführung des Abrufs gegen datenschutzrechtliche Verpflichtungen verstößt. Insofern ist die verantwortliche Stelle ggf. gehalten, den Dritten von dem Abrufverfahren auszuschließen. Es empfiehlt sich daher, die entsprechenden Befugnisse auch rechtlich eindeutig abzusichern und z. B. in die zwischen den beteiligten Stellen zu treffenden „Festlegungen" mit aufzunehmen. 10

5. Zulässigkeit des Verfahrens

5.1 In **Absatz 1 Satz 1** wird die Zulässigkeit der Einrichtung und, auch wenn dies nicht genannt ist, die Aufrechterhaltung des Abrufverfahrens von einer **Interes-** 11

§ 10 Einrichtung automatisierter Abrufverfahren

senabwägung abhängig gemacht, wobei das Gesetz – ähnlich wie in § 9 – an die „Angemessenheit" des Verfahrens anknüpft. Abzuwägen sind die durch das Abrufverfahren ggf. für das Persönlichkeitsrecht des Betroffenen entstehenden besonderen Gefährdungen, die u. a. bestimmt werden durch Art und Verwendungszweck der Daten und Art und Größe des Empfängerkreises, mit dem Bedarf für ein derartiges Verfahren, der sich auf Grund der Aufgaben und Geschäftszwecke der beteiligten Stellen ergibt. Für den letztgenannten Aspekt kann auch die Notwendigkeit einer besonders schnellen Information oder die Ermöglichung eines „Massengeschäfts" maßgebend sein. Jedoch werden Wirtschaftlichkeitsüberlegungen allein die Zulässigkeit des Verfahrens regelmäßig nicht begründen können (Bergmann/Möhrle/Herb, BDSG § 10 Rn. 12). Die Zulässigkeit der Einrichtung des Verfahrens setzt im Übrigen als „Grundtatbestand" voraus, dass die beabsichtigten Übermittlungen auf Grund eines Erlaubnistatbestands gem. § 4 Abs. 1 erfolgen. Sollen neue oder bereits stattfindende herkömmlich durchgeführte, zulässige Übermittlungen im Wege eines Abrufverfahrens „automatisiert" erfolgen, so ist dann diese Entscheidung im Rahmen des Abwägungsgebots des § 10 Abs. 1 Satz 1 zu treffen.

12 **5.2** Damit ist die Entscheidung über die Zulässigkeit der Einrichtung des Abrufverfahrens zunächst den beteiligten Stellen überlassen. Diese Entscheidungsfreiheit macht auch **Absatz 2** deutlich, der – nur – vorschreibt, die getroffenen Entscheidungen **schriftlich zu dokumentieren** (hierin sieht Ehmann in: Simitis, BDSG § 10 Rn. 46 f. eine indirekt vorgegebene Verpflichtung zur Vorabkontrolle). Dies kann ggf. in den zwischen den am Abrufverfahren beteiligten Stellen zu schließenden Vertragsvereinbarungen geschehen (vgl. Rn. 14). Allein im Bereich der Sicherheitsbehörden macht Absatz 3 Satz 2 eine Ausnahme, indem hier eine Zustimmung der zuständigen Ministerien gefordert wird. Für private Daten verarbeitende Stellen hat der Gesetzgeber den Freiraum sogar so weit gestaltet, dass auf eine spezielle **Meldepflicht** gegenüber der Aufsichtsbehörde verzichtet wurde. Beteiligte Stellen des öffentlichen Bereichs haben den Bundesbeauftragten für den Datenschutz über ein derartiges Verfahren zu unterrichten (Abs. 3 Satz 1); eine Pflicht, seine eventuelle Stellungnahme vor Inbetriebnahme des Systems abzuwarten, besteht nicht. Die fehlende Unterrichtung macht das Verfahren nicht unzulässig. Andererseits ist zu beachten, dass das unbefugte Bereithalten von Daten zum Abruf (§ 43 Abs. 2 Nr. 2) und auch das unbefugte Abrufen (§ 43 Abs. 1 Nr. 3) als Ordnungswidrigkeit oder auch als Straftat (§ 44 Abs. 1) geahndet werden.

6. Kontrolle der Zulässigkeit des Abrufs

13 **6.1** § 10 sieht Maßnahmen vor, die gewährleisten sollen, dass sowohl die Zulässigkeit des Abrufverfahrens selbst **(Abs. 2)**, wie aber auch die der einzelnen Abrufe kontrolliert werden können. Für die Durchführung der Kontrolle selbst bestehen – abgesehen von der Informationspflicht öffentlicher beteiligter Stellen gegenüber dem Bundesbeauftragten für den Datenschutz – keine besonderen Regelungen. Zuständig ist also für den öffentlichen Bereich der Bundesbeauftragte für den Datenschutz (§ 24) und für nicht-öffentliche Stellen die Aufsichtsbehörde (§ 38) und insgesamt der interne Datenschutzbeauftragte (§ 4g). Wie aufgezeigt, hat der Bundesbeauftragte für den Datenschutz – im Gegensatz zu dem betrieblichen/behördlichen DSB (vgl. § 4g Abs. 1 Satz 3 Nr. 1) – keinen gesetzlichen Anspruch, bereits bei der Einrichtung des Systems beratend eingeschaltet zu werden (vgl. auch Bergmann/Möhrle/Herb, BDSG § 10 Rn. 30 ff.). Regelmäßig kann davon ausgegangen werden, dass derartige Verfahren der **Vorabkontrolle** (§ 4d Abs. 5) zu unterziehen sind. Hierbei ist auch ein zwischen den Beteiligten zu vereinbarendes Datensicherungskonzept vorzulegen (Ehmann in: Simitis, BDSG § 10 Rn. 90).

Einrichtung automatisierter Abrufverfahren §10

6.2 Um die Rechtmäßigkeit des Verfahrens selbst kontrollieren zu können, sind 14
den beteiligten Stellen in **Absatz 2** Dokumentationspflichten auferlegt, indem sie
vor Inbetriebnahme des Systems die vom Gesetz in Absatz 2 Satz 2 genannten,
wesentlichen Fakten des beabsichtigten Verfahrens schriftlich festzulegen haben. Die
Dokumentationspflicht obliegt allen beteiligten Stellen, wobei es unerheblich ist,
ob dies gemeinsam geschieht, oder ob sich dem Verfahren anschließende weitere
Stellen die festliegende Beschreibung als Grundlage ihrer Beteiligung annehmen
und in die bei ihnen zu führende Dokumentation aufnehmen. Sind ausschließlich
öffentliche Stellen des Bundes an dem Verfahren beteiligt, so kann auch die gemeinsame Fachaufsichtsbehörde die entsprechenden Festlegungen vornehmen (Abs. 2
Satz 2). In dieser schriftlichen Festlegung des Verfahrens sind zunächst Anlass und
Zweck der Einrichtung zu erläutern, ferner ist dabei die zur Feststellung der Angemessenheit des Verfahrens durchgeführte Interessenabwägung (vgl. Rn. 9) darzustellen. Darzulegen ist ebenfalls die Zulässigkeit der beabsichtigten einzelnen Übermittlungen (ggf. unter Angabe der maßgebenden Rechtsgrundlagen). Ferner sind
konkret zu nennen die **Datenempfänger,** d. h. die zum Abruf berechtigten Stellen.
Allgemeine Angaben, wie z. B. Kreditinstitute, Finanzämter genügen der Dokumentationspflicht nicht. Hinsichtlich der zu übermittelnden Daten genügt die
Beschreibung der Datenart, wobei ggf. auch aufzuzeigen ist, welche Dritte hinsichtlich welcher Datenarten abrufberechtigt sein sollen. Bei der **Art der Daten** genügt
nicht, wie es in § 33 Abs. 1 im Rahmen der Benachrichtigungspflicht der Fall ist,
dass die Art der Daten allgemein umschrieben wird; vielmehr sind konkrete Angaben
wie Name, Adresse, Beruf etc. geboten (Bergmann/Möhrle/Herb, BDSG § 10
Rn. 26). Schließlich sind die nach § 9 nebst Anlage getroffenen Maßnahmen der
Datensicherung zu beschreiben. Wenngleich nur diese Angaben zwingend sind,
kann es durchaus sinnvoll sein, weitere Details des Verfahrens zu dokumentieren, so
z. B. wenn zur Durchführung des Verfahrens eine im Auftrag tätige Stelle eingeschaltet werden soll.

6.3 Zur Kontrolle der Rechtmäßigkeit einzelner Abrufe, d. h. der Zulässigkeit 15
der Übermittlung wird der verantwortlichen Stelle die Pflicht auferlegt, **stichprobenartige Überprüfungen** zu ermöglichen. Dies wird regelmäßig durch ein **Protokollverfahren** zu realisieren sein, durch das routinemäßig in unregelmäßigen
Abständen, d. h. für die abrufende Stelle nicht vorhersehbar, die Durchführung eines
Abrufs festgehalten wird. Wie das Stichprobenverfahren (vgl. hierzu bei Wächter,
Datenschutz im Unternehmen, Rn. 61, 111, 374) im Einzelnen gestaltet ist, überlässt
das Gesetz der verantwortlichen Stelle. Jedoch setzt eine Überprüfung der Rechtmäßigkeit der Übermittlung in jedem Falle voraus, dass der Empfänger, die abgerufenen
Daten und der Zeitpunkt des Abrufs, sowie der abrufende Benutzer (dies z. B. durch
ein Codewort, um nachprüfen zu können, dass kein Mitarbeiter des berechtigten
Empfängers unbefugt Abfragen durchführt) festgehalten werden, da nur so der einzelne Vorgang nachverfolgt werden kann. Bei sensiblen Daten kann ausnahmsweise
auch eine Vollprotokollierung erforderlich sein, um Missbrauch auszuschließen. Für
die Protokolldaten gilt die besondere Zweckbindung nach § 14 Abs. 4 bzw. § 31.
Eine Frist zur Aufbewahrung ist nicht festgelegt, jedoch erscheint die Aufbewahrungsdauer von einem Jahr als angemessen (zu alledem BfD, 14. TB, Anl. 15,
S. 195 ff.; zur Wirklichkeit der Praxis vgl. bei Ehmann in: Simitis, BDSG § 10
Rn. 106).

6.4 Gemäß der in **Absatz 4 Satz 4** bei Stapelverarbeitung getroffenen Erleichte- 16
rung der Nachweispflicht der verantwortlichen Stelle muss hier nur global die Zulässigkeit der Übermittlung des Gesamtbestands der Daten und nicht die der einzelnen
Daten überprüfbar sein, was an Hand des Auswertungsprogramms für die Stapelverarbeitung geschehen kann. Keine Aussagen trifft das Gesetz, in welchen Umfang die
vorgeschriebenen **stichprobenmäßigen Protokollierungen** zu erfolgen haben.
Bergmann/Möhrle/Herb (BDSG § 10 Rn. 47) verweisen insoweit auf die Spezial-

§ 10   Einrichtung automatisierter Abrufverfahren

vorschrift des § 14 Abs. 4 der Fahrzeugregisterverordnung, die für ZEVIS eine Stichprobenquote von 2% vorschreibt und auf den Bundesbeauftragten für den Datenschutz (10. TB, S. 44), der als Minimum eine Quote von 5% der Abrufe für geboten ansieht.

16a   **6.5** Ergänzend zu beachten sind die bei geschäftsmäßig zum Zwecke der Übermittlung betriebenen Datenspeicherungen sich aus § 29 Abs. 2 Satz 4 für den Datenempfänger ergebenden Aufzeichnungspflichten (vgl. § 29 Rn. 24 sowie Innenministerium Baden-Württemberg, Hinweis Nr. 35 Ziff. 3). Darüber hinaus erscheint es für Beweiszwecke bei Beschwerdefällen generell angezeigt, die bloße Tatsache eines Abrufs – was wohl auch aus statistischen Gründen geschehen wird – stets festzuhalten (Ehmann in: Simitis, BDSG § 10 Rn. 108).

7. Jedermann zugängliche Datenbanken

17   **7.1** Die besonderen Zulässigkeits- und Kontrollregelungen des § 10 sind nach Auffassung des Gesetzgebers nicht erforderlich bzw. gerechtfertigt bei sog. **offenen Datenbanken (Abs. 5),** d. h. wenn ein automatisiertes Abrufverfahren eingerichtet wird, das jedermann, sei es ohne oder nach besonderer Zulassung, zur Benutzung offen steht. Die Nutzung der Datenbestände darf also nicht auf bestimmte Nutzergruppen beschränkt sein (zum Internet vgl. vorstehend Rn. 8a); die Forderung eines Entgelts steht der allgemeinen Zugänglichkeit nicht entgegen. Gleiches gilt, wenn z. B. für **Abrechnungszwecke** eine besondere Zulassung unter Vergabe einer Benutzeridentifikation erfolgt. Betroffen sind u. a. Literaturdatenbanken mit Autorenangaben, Adressdatenbanken (automatisierte Adressbücher), Branchendatenbanken der Industrie- und Handelskammern etc.

18   **7.2** Der Tatbestand der „offenen Datenbank" ist nicht gegeben, wenn der Datenbestand für jedermann in automatisiert gespeicherter Form herkömmlich erworben werden kann, wie es z. B. bei auf CD-ROM gespeicherten Adress- und Telefondaten der Fall ist. Die Zulässigkeit der Verarbeitung richtet sich hier nach § 29.

8. Landesrecht

19   Bayern (Art. 8), Baden-Württemberg (§ 8) und Sachsen-Anhalt (§ 7) haben die Regelung des § 10 inhaltlich beibehalten. Brandenburg (§ 9), Hessen (§ 15), Mecklenburg-Vorpommern (§ 17), Rheinland-Pfalz (§ 7), Schleswig-Holstein (§ 8) und Thüringen (§ 7) sehen vor, dass die an dem Abrufverfahren beteiligten Stellen ein Datenschutzkonzept entwickeln und gemeinsam festlegen. In Berlin (§ 15), Hamburg (§ 11), Niedersachsen (§ 12), Nordrhein-Westfalen (§ 9) und dem Saarland (§ 10) sind solche Verfahren nur zulässig, wenn ein Bundes- oder Landesgesetz dies vorsieht. Einzelheiten zum Datenschutz sind in einer Verordnung zu regeln. Einige Gesetze verbieten, personenbezogene Daten für Stellen außerhalb des öffentlichen Bereichs zum Abruf bereitzuhalten (§ 15 Abs. 3 BlnDSG; § 11 Abs. 4 HmbDSG; § 12 Abs. 4 NDSG; § 9 Abs. 5 DSG NRW; § 10 Abs. 5 SDSG). In Mecklenburg-Vorpommern (§ 17 Abs. 5) und Bremen (§ 14 Abs. 5) können sich nichtöffentliche Stellen an einem Abrufverfahren beteiligen, wenn eine Rechtsvorschrift dies zulässt. Einige Länder sehen über Verfahren nach § 10 hinaus die Einrichtung gemeinsamer oder verbundener Verfahren vor (§ 14a BremDSG, § 15 HDSG, § 11a HmbDSG, § 8 LDSG SH).

Erhebung, Verarbeitung oder Nutzung im Auftrag § 11

§ 11 Erhebung, Verarbeitung oder Nutzung personenbezogener Daten im Auftrag

(1) ¹Werden personenbezogene Daten im Auftrag durch andere Stellen erhoben, verarbeitet oder genutzt, ist der Auftraggeber für die Einhaltung der Vorschriften dieses Gesetzes und anderer Vorschriften über den Datenschutz verantwortlich. ²Die in den §§ 6, 7 und 8 genannten Rechte sind ihm gegenüber geltend zu machen.

(2) ¹Der Auftragnehmer ist unter besonderer Berücksichtigung der Eignung der von ihm getroffenen technischen und organisatorischen Maßnahmen sorgfältig auszuwählen. ²Der Auftrag ist schriftlich zu erteilen, wobei insbesondere im Einzelnen festzulegen sind:
1. der Gegenstand und die Dauer des Auftrags,
2. der Umfang, die Art und der Zweck der vorgesehenen Erhebung, Verarbeitung oder Nutzung von Daten, die Art der Daten und der Kreis der Betroffenen,
3. die nach § 9 zu treffenden technischen und organisatorischen Maßnahmen,
4. die Berichtigung, Löschung und Sperrung von Daten,
5. die nach Absatz 4 bestehenden Pflichten des Auftragnehmers, insbesondere die von ihm vorzunehmenden Kontrollen,
6. die etwaige Berechtigung zur Begründung von Unterauftragsverhältnissen,
7. die Kontrollrechte des Auftraggebers und die entsprechenden Duldungs- und Mitwirkungspflichten des Auftragnehmers,
8. mitzuteilende Verstöße des Auftragnehmers oder der bei ihm beschäftigten Personen gegen Vorschriften zum Schutz personenbezogener Daten oder gegen die im Auftrag getroffenen Festlegungen,
9. der Umfang der Weisungsbefugnisse, die sich der Auftraggeber gegenüber dem Auftragnehmer vorbehält,
10. die Rückgabe überlassener Datenträger und die Löschung beim Auftragnehmer gespeicherter Daten nach Beendigung des Auftrags.

³Er kann bei öffentlichen Stellen auch durch die Fachaufsichtsbehörde erteilt werden. ⁴Der Auftraggeber hat sich vor Beginn der Datenverarbeitung und sodann regelmäßig von der Einhaltung der beim Auftragnehmer getroffenen technischen und organisatorischen Maßnahmen zu überzeugen. ⁵Das Ergebnis ist zu dokumentieren.

(3) ¹Der Auftragnehmer darf die Daten nur im Rahmen der Weisungen des Auftraggebers erheben, verarbeiten oder nutzen. ²Ist er der Ansicht, dass eine Weisung des Auftraggebers gegen dieses Gesetz oder andere Vorschriften über den Datenschutz verstößt, hat er den Auftraggeber unverzüglich darauf hinzuweisen.

(4) Für den Auftragnehmer gelten neben den §§ 5, 9, 43 Abs. 1 Nr. 2, 10 und 11, Abs. 2 Nr. 1 bis 3 und Abs. 3 sowie § 44 nur die Vorschriften über die Datenschutzkontrolle oder die Aufsicht, und zwar für
1. a) öffentliche Stellen,
   b) nicht-öffentliche Stellen, bei denen der öffentlichen Hand die Mehrheit der Anteile gehört oder die Mehrheit der Stimmen zusteht und der Auftraggeber eine öffentliche Stelle ist,
   die §§ 18, 24 bis 26 oder die entsprechenden Vorschriften der Datenschutzgesetze der Länder,
2. die übrigen nicht-öffentlichen Stellen, soweit sie personenbezogene Daten im Auftrag als Dienstleistungsunternehmen geschäftsmäßig erheben, verarbeiten oder nutzen, die §§ 4f, 4g und 38.

§ 11 Erhebung, Verarbeitung oder Nutzung im Auftrag

(5) **Die Absätze 1 bis 4 gelten entsprechend, wenn die Prüfung oder Wartung automatisierter Verfahren oder von Datenverarbeitungsanlagen durch andere Stellen im Auftrag vorgenommen wird und dabei ein Zugriff auf personenbezogene Daten nicht ausgeschlossen werden kann.**

Literatur: *Bergt,* Rechtskonforme Auftragsdatenverarbeitung im Massengeschäft, DuD 2013, 796; *Bierekoven,* Aktuelle Entwicklungen zur Auftragsdatenverarbeitung – Präzisierte Anforderungen der Datenschutzaufsichtsbehörden, ITRB 2012, 280; *Borges,* Cloud Computing und Datenschutz, DuD 2014, 165; *Bongers/Krupna,* Der Subauftragnehmer im Rahmen der Auftragsdatenverarbeitung – Weisungs- und Kontrollrechte in der Auftragskette, RDV 2014, 19; *Boos/ Kroschwald/Wicker,* Datenschutz bei Cloud Computing zwischen TKG, TMG und BDSG, ZD 2013, 205; *Breinlinger,* Die Kontrolle des IV-Outsourcing durch die Aufsichtsbehörde im Hinblick auf den Auftragnehmer, RDV 1995, 211; *Büllesbach/Rieß,* Outsourcing in der öffentlichen Verwaltung, NVwZ 1995, 444; *Conrad/Fechtner,* IT-Outsourcing durch Anwaltskanzleien nach der Inkasso-Entscheidung des EuGH und dem BGH, CR 2013, 137; *Crisolli,* IT-Outsourcing und Betriebsübergang – Neuregelung der Unterrichtungspflichten und des Widerspruchsrechts gem. § 613a BGB, CR 2002, 386; *Dolderer/von Garrel/Müthlein/Schlummberger,* Die Auftragsdatenverarbeitung im neuen BDSG, RDV 2001, 223; *Eckhardt,* Auftragsdatenverarbeitung – Gestaltungsmöglichkeiten und Fallstricke, DuD 2013, 585; *Eckhardt/Kramer,* Auftragsdatenverarbeitung, DuD 2014, 147; *Elbel,* Zur Abgrenzung von Auftragsdatenverarbeitung und Übermittlung, RDV 2010, 203; *Ehmann,* Strafbare Fernwartung in der Arztpraxis, CR 1991, 293; *Engels,* Datenschutz in der Cloud – Ist hierbei immer eine Auftragsdatenverarbeitung anzunehmen?, K&R 2011, 548; *Erd,* Auftragsdatenverarbeitung in sicheren Drittstaaten – Plädoyer für eine Reform von § 3 Abs. 8 Satz 3 BDSG, DuD 2011, 275; *Evers,* Die Wirksamkeitskriterien von Einwilligungsklauseln und die Auslagerung von Finanzdienstleistungen im Sinne des § 11 BDSG, NJW 2003, 2726; *Evers/Kiene,* Datenschutzrechtliche Folgen der Ausgliederung von Dienstleistungen, DuD 2003, 341; *Fischer,* Brauchen wir neue EG-Standardklauseln für das „Global Outsourcing"?, CR 2009, 632; *Funke/Wittmann,* Cloud Computing – ein klassischer Fall der Auftragsdatenverarbeitung? – Anforderungen an die verantwortliche Stelle, ZD 2013, 221; *GDD-Arbeitskreis „Datenschutz-Praxis",* Neue Anforderungen an die Auftragsdatenverarbeitung nach § 11 BDSG, 2009; *Gennen,* Outsourcing und § 613a BGB, ITRB 2002, 291; *Giesen,* Datenverarbeitung im Auftrag in Drittstaaten, eine misslungene Gesetzgebung, CR 2007, 543; *Grützmacher,* Datenschutz und Outsourcing, ITRB 2007, 132; *ders.,* Vertragliche Ansprüche auf Herausgabe von Daten gegenüber dem Outsourcing-Anbieter, ITRB 2004, 260; *ders.,* Außervertragliche Ansprüche auf Herausgabe von Daten gegenüber dem Outsourcing-Anbieter, ITRB 2004, 282; *Hanloser,* Die BDSG-Novelle II, MMR 2009, 594; *Hartmann,* Outsourcing in der Sozialverwaltung und Sozialdatenschutz, Diss., 2002; *Heghmanns/Niehaus,* Datenschutz und strafrechtliche Risiken beim Outsourcing durch private Versicherungen, wistra 2008, 161; *Heidrich/Wegener,* Sichere Datenwolken – Cloud Computing und Datenschutz, MMR 2010, 803; *Hillenbrand-Beck,* Aktuelle Fragestellungen des internationalen Datenverkehrs, RDV 2007, 231; *Hoenike/Hülsdunk,* Outsourcing im Versicherungs- und Gesundheitswesen ohne Einwilligung?, MMR 2004, 788; *Hoeren,* Das neue BDSG und die Auftragsdatenverarbeitung, DuD 2010, 688; *ders.,* Banken und Outsourcing, DuD 2002, 736; *Intveen,* Fernwartung von IT-Systemen, ITRB 2001, 251; *Jandach,* Datenschutzmaßnahmen beim Outsourcing der Bürokommunikation – Technisch-organisatorische Anforderungen, DuD 2001, 224; *Klessler,* Outsourcing von Sozialdaten zur Kostenreduzierung, DuD 2004, 40; *Koós/Englisch,* Eine „neue" Auftragsdatenverarbeitung? – Gegenüberstellung der aktuellen Rechtslage und der DS-GVO in der Fassung des LIBE-Entwurfs, ZD 2014, 276; *Kramer/Hermann,* Auftragsdatenverarbeitung – zur Reichweite der Privilegierung des § 11 BDSG, CR 2003, 938; *Lapp,* Outsourcing in der Anwaltskanzlei, NJW-CoR 1998, 107; *Lensdorf,* Auftragsdatenverarbeitung in der EU/EWR und Unterauftragsdatenverarbeitung in Drittländern: Besonderheiten der neuen EU-Standardvertragsklauseln, CR 2010, 735; *Lensdorf/Mayer-Wegelin/Mantz,* Outsourcing unter Wahrung von Privatgeheimnissen, CR 2009, 62; *Mende-Stief/Uhl,* Die Deutsche Wolke, DuD 2014, 249; *Müthlein,* Abgrenzungsprobleme bei der Auftragsdatenverarbeitung, RDV 1993, 165; *ders.,* Probleme der Auftragsdatenverarbeitung für Auftraggeber und Auftragnehmer, RDV 1992, 63; *Müthlein/Heck,* Outsourcing und Datenschutz, 3. Aufl., 2006; *Nägele/Jacobs,* Rechtsfragen des Cloud Computing, ZUM 2010, 281; *Niedermeier/Damm,* Application Service Providing und Datenschutz, RDV 2001, 213; *Nielen/Thum,* Auftragsdatenverarbeitung durch Unternehmen im Nicht-EU-Ausland, K&R 2006, 171; *Oetterich,* Keine Auftragsdatenverarbeitung bei Übernahme der Lohn- und Gehaltsabrechnung durch Steuerberater, DStR 2012, 1771; *Paul/Gendelev,* Outsourcing von Krankenhausinformationssystemen, ZD 2012, 315; *Rath/Rothe,* Cloud Computing: ein datenschutzrechtliches Update, K&R 2013, 623; *Räther,* Datenschutz und Outsourcing, DuD 2005, 461; *Rupprich/Feik,* Praktische Auswirkungen des § 11 Abs. 5 BDSG bei Übergabe oder Rückgabe von Festplatten und anderen Endgeräten mit Datenträgern an IT-Dienstleister oder Hersteller, PinG 2014, 72; *Schierbaum,* Datenschutz bei Auftragsdatenverarbeitung, Computer Fachwissen 3/1997, 25; *ders.,* Datenschutz bei Auftragsdatenverarbeitung, Wartung, Fernwartung, Computer Fachwissen 6/2005, 4; *Scholz/Lutz,* Standardvertragsklauseln für Auftragsverarbeiter und § 11 BDSG, CR 2011, 424; *Schröder,* Franchising als Auftragsdatenverarbeitung?, ZD 2012, 106; *Schröder/Haag,* Neue Anforderungen an Cloud Computing für die Praxis – Zusammenfassung und erste Bewertung der „Orientierungshilfe – Cloud Computing", ZD 2011, 147; *Schulz,* Cloud Computing in der öffentlichen Verwaltung, MMR 2010, 75; *Schuster/Reichl,* Cloud Computing & SaaS: Was sind die wirklich neuen Fragen?, CR 2010, 38; *Seffer/Horter,* Datenschutzrechtliche Aspekte des EDV-Outsourcing privater Versicherungsunternehmen, ITRB 2004, 165; *Selzer,* Die Kontrollpflicht nach § 11 Abs. 2 S. 4 BDSG im Zeitalter des Cloud Computing, DuD 2013, 215; *Steding/Meyer,* Outsourcing von Bankdienstleistungen: Bank- und datenschutzrechtliche Probleme der Aufgabenverlagerung von Kreditinstituten auf Tochtergesellschaften und sonstige Dritte, BB 2001, 1693; *Sutschet,* Auftragsdatenverarbeitung und Funktionsübertragung, RDV 2004, 97; *von Sponeck,* Überlassung von RZ-Kapazität – Ein Fall der Auftragsdatenverarbeitung, CR 1992, 594; *Vander,* Auftragsdatenverarbeitung 2.0?, K&R 2010, 292; *ders.,* Möglichkeiten und Grenzen weisungsgebundener Datenweitergabe – Beauftragung von IT-Leistungen in geheimnisschutzrelevanten Geschäftsfeldern nach der EuGH-Rechtsprechung, ZD 2013, 492; *Wächter,* Rechtliche Grundstrukturen der Datenverarbeitung im Auftrag, CR 1991, 333; *Wronka,* Zur Interessenlage bei Auftragsdatenverarbeitung, RDV 2003, 132.

Übersicht

	Rn.
1. Allgemeines	1
2. Auftragsverhältnis und Funktionsübertragung	6
3. Wartungs- und Serviceaufgaben	14
4. Auftragnehmer im Ausland	16
5. Auftraggeber im Drittland	16a
6. Auftragsvergabe	17
7. Pflichten des Auftraggebers	20
8. Pflichten des Auftragnehmers	24
9. Sanktionen	28
10. Landesrecht	29

1. Allgemeines

1.1 Bereits mit der **BDSG-Novelle 2001** hatte § 11 drei Änderungen bzw. **1** Ergänzungen erfahren. Zunächst war in Konsequenz des Verarbeitungsbegriffs der EG-DatSchRL (Art. 2 Buchst. b) die Erhebung im Auftrag mit einbezogen worden. Hinzugekommen war ferner die Verpflichtung des Auftraggebers, sich von der Einhaltung der beim Auftragnehmer getroffenen technischen und organisatorischen Maßnahmen zu überzeugen. Schließlich war mit Absatz 5 die Vergabe und Durch-

§ 11 Erhebung, Verarbeitung oder Nutzung im Auftrag

führung von Wartungsaufgaben der Auftragsverarbeitung gleichgestellt worden, soweit hierbei der Zugriff auf personenbezogene Daten möglich ist. Mit der **BDSG-Novelle II 2009** hat der Gesetzgeber auf in der Praxis festgestellte Mängel bei der Auftragserteilung reagiert. Wie bereits nach bisheriger Rechtslage ist der Auftrag schriftlich zu erteilen, wobei nunmehr der Katalog des § 11 Abs. 2 Satz 2 explizit regelt, was im Fall der Auftragsdatenverarbeitung im Einzelnen zwingend schriftlich festzulegen ist. Daneben hat der Gesetzgeber die Kontrollpflichten des Auftraggebers konkretisiert und neue Bußgeldtatbestände geschaffen (zur Auftragsdatenverarbeitung nach der BDSG-Novelle 2009 vgl. Hoeren, DuD 2010, 688; Eckhardt, DuD 2013, 585; Eckhardt/Kramer, DuD 2014, 147). Abzuwarten bleibt, inwiefern die geplante EU-DS-GVO (s. Einleitung, Rn. 28) neue Regeln für die Auftragsdatenverarbeitung aufstellt (Gegenüberstellung der aktuellen Rechtslage und des Entwurfs der DS-GVO in der Fassung des LIBE-Entwurfs bei Koós/Englisch, ZD 2014, 276).

2   1.2 Die bei der Datenerhebung, -verarbeitung oder -nutzung vom Auftraggeber und Auftragnehmer zu beachtenden Verpflichtungen sind durch § 11 in einer für den öffentlichen und privaten Bereich gleichermaßen geltenden, einheitlichen Regelung festgeschrieben (zu datenschutzrechtlichen Grundlagen bei Auftragsdatenverarbeitung/Outsourcing in der öffentlichen Verwaltung vgl. das gleichnamige Arbeitspapier des Arbeitskreises Grundsatzfragen der Verwaltungsmodernisierung – AK GdV – der Konferenz der Datenschutzbeauftragten des Bundes und der Länder – Stand 8./9.10.2008). Im Gegensatz zu den entsprechenden Bestimmungen der Landesdatenschutzgesetze stellt § 11 keine speziellen Anforderungen an die „Auslagerung" von öffentlichen Aufgaben an private Auftragnehmer (vgl. demgegenüber etwa § 4 HDSG sowie den hierzu entwickelten Mustervertrag zur Auftragsdatenverarbeitung zwischen öffentlichen Stellen und öffentlichen oder nicht-öffentlichen Auftragnehmern; HessDSB, 28. TB, Ziff. 25.2 = RDV 2000, 180; zum Verbot der Auslagerung der Beihilfebearbeitung OVG NW, RDV 2006, 75). Neben den Vorschriften des BDSG sind ggf. vorrangige bereichsspezifische Vorschriften bei der Auftragsvergabe zu beachten. So dürfen bei Daten, die dem **Steuergeheimnis** unterliegen, nur öffentliche Stellen beauftragt werden (§ 30 AO; vgl. auch bei Bergmann/Möhrle/Herb, BDSG § 11 Rn. 24 f.). Dass bereichsspezifische Vorschriften einer Auftragsdatenverarbeitung entgegenstehen können, verdeutlicht eine Entscheidung des OLG Düsseldorf (CR 1997, 536), wonach diejenigen Ärzte und/oder Krankenhausverwaltungen, die **Patientendaten** zur Verfilmung oder sonstigen Bearbeitung und Archivierung an Dienstleister aushändigen, Geheimnisse i. S. v. § 203 StGB offenbaren. Nach der Entscheidung bedarf es in diesen Fällen einer ausdrücklichen Einwilligung des Patienten in die Weitergabe, obwohl eine solche bei Anwendbarkeit des Modells der Auftragsdatenverarbeitung mangels eines Übermittlungstatbestandes ggf. entbehrlich wäre (zum IT-Outsourcing durch Berufsgeheimnisträger – Rechtsanwälte, Ärzte etc. – vgl. Conrad/Fechtner, CR 2013, 137; Vander, ZD 2013, 492; zum Outsourcing von Krankenhausinformationssystemen vgl. Paul/Gendelev, ZD 2012, 315; vgl. ferner bereits Hoenike/Hülsdunk, MMR 2004, 788; Heghmanns/Niehaus, wistra 2008, 161; zur Begründung einer Gehilfenstellung des Auftragnehmers vgl. Lensdorf/Mayer-Wegelin/Mantz, CR 2009, 62). Zu beachten ist aber, dass einzelne Landesgesetze (z. B. § 7 Abs. 4 GDSG NW) unter bestimmten Voraussetzungen auch ein Outsourcing der Patientendatenverarbeitung ermöglichen. Noch nicht abschließend geklärt, aber in der Praxis offensichtlich kein Hindernis ist die Frage, inwieweit das **Bankgeheimnis** der Auslagerung von Bankdienstleistungen entgegensteht (vgl. Steding/Meyer, BB 2001, 1693; ferner Kahler/Werner, Electronic Banking und Datenschutz, 2008, S. 199). Regelmäßig zu beachten und vertraglich abzusichern sind jedenfalls die bereichsspezifischen organisatorischen Pflichten nach § 25a Abs. 2 KWG (vgl. Hoeren, DuD 2002, 736). Eine spezielle Aussage zur Vergabe der Erhebung, Verarbeitung und Nutzung von **Sozialdaten** enthält § 80 SGB X (zur Anpassung der Vorschriften des Sozialda-

Erhebung, Verarbeitung oder Nutzung im Auftrag § 11

tenschutzes an die in 2009 erfolgten Neuregelungen des BDSG vgl. RDV 2010, 291), wobei u. a. die Vergabe von Aufträgen an nicht-öffentliche Stellen an besondere Voraussetzungen geknüpft wird (zum Verbot der Weitergabe von Patientendaten an private Abrechnungsstellen vgl. BSG, MMR 2009, 434; vorläufige Rechtsgrundlage §§ 120 Abs. 6 und 295 Abs. 1b SGB V; zur Begründung eines Auftragsverhältnisses nach § 295 Abs. 1b Satz 1 und 4 SGB V vgl. Schleswig-Holsteinisches OVG, B. v. 12.1.2011 – 4 MB 56/10).

1.3 Die gesetzliche Konstruktion der Auftragsdatenverarbeitung basiert auf der 3 Bestimmung des § 3 Abs. 8 Satz 3, nach der Personen und Stellen, die im Geltungsbereich des BDSG bzw. der EG-DatSchRL personenbezogene Daten im Auftrag erheben, verarbeiten oder nutzen, **nicht „Dritte"** sind (vgl. § 3 Rn. 52). Die Auftragserhebung, -verarbeitung bzw. -nutzung i. S. d. gesetzlichen Vorschrift ist dadurch charakterisiert, dass sich eine verantwortliche Stelle eines Dienstleistungsunternehmens bedient, das lediglich weisungsgebunden mit den Daten umgeht. Das **Service-Unternehmen** fungiert gleichsam als „verlängerter Arm" oder als ausgelagerte Abteilung der weiterhin „verantwortlichen" Stelle, die als **„Herrin der Daten"** die volle Verfügungsgewalt behält und damit auch allein über die Erhebung, Verarbeitung oder Nutzung bestimmt.

1.4 Das BDSG betrachtet Auftragnehmer im beschriebenen Sinne **rechtlich als** 4 **Einheit** mit der auftraggebenden Stelle (§ 3 Abs. 8). Dies hat zur Folge, dass z. B. der Datentransfer zu und von dem Auftragsdatenverarbeiter nicht als Übermittlung i. S. v. § 3 Abs. 4 Nr. 3 verstanden wird. Auftragsunternehmen können in Ermangelung der Selbstständigkeit bei der Datenverarbeitung von sich aus keine Löschung und Berichtigung der Daten vornehmen oder Auskünfte an den Betroffenen erteilen (§ 11 Abs. 1 Satz 2). Entsprechende Auskunfts- oder Korrekturrechte sind gegenüber dem Auftraggeber geltend zu machen; gleiches gilt für die Ausübung des Widerspruchsrechts gegenüber Verarbeitungen zum Zwecke der Werbung nach §§ 28 Abs. 4, 29 Abs. 4. Verantwortlich hierfür ist der Auftraggeber, der jedoch dem Auftragnehmer aufgeben kann, entsprechend zu verfahren. Dann obliegt dem Auftragnehmer auch insofern „die tatsächliche technische Ausführung der Datenverarbeitung" (vgl. Walz in: Simitis, BDSG § 11 Rn. 40 ff.).

1.5 Die Rechte des Betroffenen können nicht effektiv wahrgenommen werden 5 (zur vergeblichen Ausübung des Widerspruchsrechts gegen Werbung vgl. 5. TB – Aufsichtsbehörde Hessen, LT-Drs. 13/2650 vom 19.8.1992, S. 18), wenn er nur von der konkreten Verarbeitung bei dem Auftragnehmer erfährt, aber nicht den eigentlichen Herrn der Daten, den Auftraggeber kennt. Mit dieser Problematik hatten sich die Aufsichtsbehörden in der Vergangenheit im Falle der **Adressennutzung im Auftrag** durch sog. Letter-Shops zu befassen (vgl. Aufsichtsbehörde Baden-Württemberg, Hinweise zum BDSG Nr. 16; Staatsanz. 1982, Nr. 1/2, S. 5: „Das Innenministerium vertritt für diese Fälle den Standpunkt, dass derjenige, der die tatsächliche Gewalt über personenbezogene Daten in Dateien ausübt bzw. darüber verfügt, für den ihn legitimierenden Rechtsgrund beweispflichtig ist. Sofern er sich anstelle von Erlaubnisvorschriften (z. B. §§ 4, 28 ff. BDSG) auf seine Eigenschaft als Auftragnehmer (§ 11 BDSG) beruft, muss er dem Betroffenen den ihn anweisenden Herrn der Daten bekannt geben, soweit es für die Wahrnehmung der Rechte des Betroffenen erforderlich ist. Entsprechendes gilt für einen Nutzer von Daten (z. B. **Adressenmieter**), der gegenüber dem Betroffenen mit dem (unzutreffenden) Anschein auftritt, er sei verantwortliche Stelle im Sinne des § 1 Abs. 2 Nr. 3 BDSG, d. h. Herr der Daten (z. B. durch Absenderangabe auf einer Werbesendung)." Der Gesetzgeber hat dieser Problematik durch die Unterrichtungspflicht in § 28 Abs. 4 Satz 2 Rechnung zu tragen versucht, indem dem Betroffenen bei der werblichen Ansprache die verantwortliche Stelle offenzulegen ist (vgl. § 28 Rn. 62; zur Transparenz bei der Übermittlung von Listendaten an Dritte vgl. § 28 Rn. 59).

2. Auftragsverhältnis und Funktionsübertragung

6   2.1 In welcher Rechtsform ein Auftragsverhältnis i. S. v. § 11 begründet wird, ist unerheblich. In Betracht kommen Dienstverträge, Werkverträge, Geschäftsbesorgungsverträge aber auch Gestaltungen im Rahmen bestehender Geschäftsbeziehungen; z. B. kann bei im Rahmen eines **Konzerns** verbundenen Unternehmen das Rechenzentrum eines Unternehmens die Datenverarbeitung für alle anderen konzernangehörigen Unternehmen übernehmen. Der Begriff „Auftrag" ist nicht ausschließlich i. S. d. BGB (§§ 662 ff.) zu verstehen.

7   2.2 Der Auftrag muss die Erhebung, Verarbeitung oder Nutzung personenbezogener Daten im engeren Sinne beinhalten, wobei Zusatztätigkeiten den Charakter der Auftragstätigkeit nicht per se ausschließen (vgl. für die Gehaltsabrechnung nebst Auszahlung Sutschet, RDV 2004, 97; a. A. Schaffland/Wiltfang, BDSG, § 11 Rn. 7). So kann ein mit der Durchführung eines Preisausschreibens (Datenerhebung) beauftragter **Letter-Shop** auch die Zusendung der Gewinne „im Auftrag" vornehmen. Ein typischer Fall ist die Beauftragung eines externen **Rechenzentrums** mit der Durchführung bestimmter Datenverarbeitungsaufgaben (vgl. bei Wächter, CR 1991, 333). Jedoch muss der Auftrag nicht alle sechs Phasen der Verarbeitung und das Nutzen umfassen. Auch wenn nur die Erhebung oder nur eine Phase der Datenverarbeitung oder nur das Nutzen von Daten Gegenstand des Auftrags ist, wird der Tatbestand des § 11 erfüllt (Bergmann/Möhrle/Herb, BDSG § 11 Rn. 9). Ein Beispiel hierfür ist die Beauftragung eines externen **Entsorgungsunternehmens** mit dem Vernichten (Löschen) von Altpapier (Computerausdrucken, Personalakten u. ä.). § 11 ist ebenfalls erfüllt, wenn eine Befragung von Betroffenen durch einen Auftragnehmer erfolgt, der die Daten jedoch nicht selbst speichert, sondern z. B. direkt an den Auftraggeber weiterleitet. Kein Verarbeitungsvorgang und damit keine Auftragsdatenverarbeitung erfolgt jedoch z. B. beim **Datentransport** durch Dritte (z. B. die Post).

7a   2.3 Auftragsdatenverarbeitung wird nicht dadurch ausgeschlossen, dass der Auftragnehmer ein über das in der Regel finanzielle Interesse an der Durchführung des Auftrags hinausgehendes **Eigeninteresse** hat (vgl. Wronka, RDV 2003, 132). Demgemäß kann die Weitergabe von Arbeitnehmeranschriften an den die Zeitung herausgebenden Verlag durch den die Zeitung „abonnierenden" Arbeitgeber als Auftragsdatenverarbeitung organisiert werden (vgl. bei Gola/Wronka, Handbuch, 2008, Rn. 888 ff.; a. A. Walz in: Simitis, BDSG § 11 Rn. 28).

8   2.4 Noch keine Auftragsdatenverarbeitung, sondern ggf. **Miete von fremden DV-Anlagen** liegt vor, wenn ein Rechenzentrum einem Kunden seine Anlage ganz oder teilweise zur Verfügung stellt und dieser sie im Wege abgeschotteter Datenverarbeitung (online) nutzt (vgl. v. Sponeck, CR 1992, 594). Der Kunde entscheidet allein und ausschließlich darüber, welche personenbezogenen Daten wann und in welcher Weise verarbeitet werden. Die Programme werden von ihm erstellt und eingesetzt. Das Rechenzentrum sorgt nur für die Einsatzbereitschaft des Systems und führt zu Abrechnungszwecken Buch darüber, wann, wie lange und welche Anlagen der Kunde benutzt hat. In Fällen dieser Art ist § 11 nicht anwendbar (Müthlein/Heck, Outsourcing und Datenschutz, 2006, S. 43 ff.; a. A. Walz in: Simitis, BDSG § 11 Rn. 15). Die Verantwortung für den Datenschutz verbleibt bei dem Kunden. Er selbst oder sein Beauftragter für den Datenschutz hat sowohl bei der Auswahl des Rechenzentrums als auch bei der folgenden Verarbeitung der Daten alle gebotenen Datenschutzmaßnahmen zu treffen. Auftragsdatenverarbeitung liegt indes vor, wenn der Betreiber des Rechenzentrums die Fertigung von **Sicherungskopien** und deren Aufbewahrung übernehmen soll (Müthlein/Heck, a. a. O., S. 45). Auch das sog. **Cloud Computing**, das im Kern die flexible und dynamische Bereitstellung von Hard- und Software als Serviceleistung beinhaltet, wird als Auftragsdatenverarbeitung eingestuft (kritisch Funke/Wittmann, ZD 2013, 221 sowie Engels, K&R 2011, 548; zur Thematik vgl. auch Arbeitskreis Technik und Medien der Konferenz der Datenschutzbeauftragten des Bundes und der Länder, Orientierungshilfe – Cloud Computing; Artikel-29-Datenschutzgruppe, WP 196; diese Papiere der Aufsichtsbehörden zusammenfassend bzw. bewertend Schröder/Haag, ZD 2011, 147 sowie Biereskoven, ITRB 2012, 280; vgl. ferner Borges, DuD 2014, 165; Rath/Rothe, K&R 2013, 623; Pohle/Ammann, CR 2009, 273; Niemann/Paul, K&R 2009, 444 (449); Schulz, MMR 2010, 75; Schuster/Reichl, CR 2010, 38; kritisch Engels, K&R 2011, 548; zur datenschutzkonformen Gestaltung und Nutzung von Cloud Computing allgemein vgl. auch Entschließung der 82. Konferenz der Datenschutzbeauftragten des Bundes und der Länder am 28./29. September 2011 = RDV 2011, 316 f.; zum Verhältnis zwischen TKG, TMG und BDSG beim Cloud Computing vgl. Boos/Kroschwald/Wicker, ZD 2013, 205; s. ferner § 4b Rn. 5).

2.5 Andererseits wird der Bereich der Auftragsdatenverarbeitung verlassen, sobald dem Service-Unternehmen eine eigenständige „rechtliche Zuständigkeit" für die Aufgabe, deren Erfüllung die Datenverarbeitung oder die Nutzung dient, zugewiesen wird. Wird nicht nur die Verarbeitung von Daten, sondern auch die Aufgabe, zu deren Erfüllung die Verarbeitung der Daten notwendig ist, übertragen, so kann ein Fall einer **„Funktionsübertragung"** vorliegen (zu Beispielsfällen vgl. Bayerisches Landesamt für Datenschutz, 4. Tätigkeitsbericht 2009/2010, Ziff. 5.2; zur Abgrenzung vgl. auch Elbel, RDV 2010, 203 sowie speziell im Fall von Mehrwertdiensten Kühling/Klar, RDV 2011, 74 f. und Postdienstleistungen Wronka, RDV 2011, 124 f.); zum Begriff Sutschet, RDV 2004, 97; Wächter, CR 1991, 333; Aufsichtsbeh. Baden-Württemberg, Hinweise zum BDSG Nr. 26, Staatsanz. 1987, Nr. 1/2, S. 7). Die Frage, ob ein Outsourcing-Projekt im datenschutzrechtlichen Sinne eine Auftragsdatenverarbeitung nach § 11 oder eine – die Datenübermittlung an Dritte implizierende – Funktionsübertragung darstellt, lässt sich nur anhand einer Einzelfallbetrachtung entscheiden (zu wesentlichen Abgrenzungskriterien und -beispielen vgl. Artikel-29-Datenschutzgruppe, WP 169). Wichtigstes Abgrenzungskriterium ist hierbei die Entscheidungsbefugnis über die Daten und damit die datenschutzrechtliche Verantwortlichkeit. Generell kann von Auftragsdatenverarbeitung ausgegangen werden, wenn sich der Auftraggeber die Entscheidungsbefugnis – ggf. auch durch Vorgabe eines ausdifferenzierten Entscheidungsbaums – vorbehält und dem Dienstleister keinerlei inhaltlichen Bewertungs- und Ermessensspielraum einräumt. Als Beispiel lässt sich eine klar weisungsgebundene Kundenbetreuung durch ein beauftragtes **Call Center** anführen (zu weiteren Abgrenzungskriterien vgl. Müthlein/Heck, Outsourcing und Datenschutz, 2006, S. 34; Kramer/Herrmann, CR 2003, 938; zur Nichtigkeit eines auf ungewollte Telefonwerbung gerichteten Call-Center-Vertrags vgl. OLG Stuttgart, MMR 2009, 128). Auch im Fall der Auftragserhebung gilt es, die Unterrichtungspflichten nach § 4 Abs. 3 zu beachten, wofür der Auftraggeber verantwortlich ist. Gliedert eine **Bank** das Wertpapiergeschäft nebst Beratung des Kunden aus, so liegt in der Regel Funktionsübertragung vor (vgl. Evers/Kiene, DuD 2003, 341; Steding/Meyer, BB 2001, 1693 (1698)). Datenschutzrechtliche Einordnungsfragen können sich auch bei der Datenweitergabe im Rahmen des **Franchising** ergeben (vgl. hierzu Schröder, ZD 2012, 106). Ein Fall der selbstständigen Erledigung der Aufgabe liegt auch vor, wenn ein **Meinungsforschungsinstitut** ein fremdes Institut mit der Durchführung einer Meinungsbefragung beauftragt, ohne spezielle Vorgaben zu machen (zur Beauftragung eines Markt- und Meinungsforschungsinstituts durch ein Kreditinstitut zwecks Durchführung einer **Kundenbefragung** und der dazu erforderlichen Weitergabe der Kundendaten vgl. Innenministerium Baden-Württemberg, Hinweise zum BDSG Nr. 37, Staatsanz. 2/1999, S. 13 = RDV 1999, 133; zu diesbezüglichen wettbewerbsrechtlichen Aspekten vgl. OLG Köln, RDV 2009, 75). Noch nicht

§ 11 Erhebung, Verarbeitung oder Nutzung im Auftrag

abschließend geklärt ist die Frage, ob der neue § 30a eine eigenständige „Auftragsgrundlage" darstellt, die ggf. ein Vorgehen nach § 11 entbehrlich macht (vgl. hierzu Pflüger, RDV 2010, 101). Maßgebend für die Frage, ob noch Auftragsdatenverarbeitung vorliegt, ist die „Konkretheit" des Auftrags. In der Praxis wird teilweise die Auffassung vertreten, dass selbst die komplette Zentralisierung der **Personalverwaltung** im Konzern als Auftragsdatenverarbeitung ausgestaltet werden kann, solange sich die Auftrag gebenden Konzernunternehmen die volle Verantwortung für Personalentscheidungen und die Personaldatenverarbeitung vorbehalten. Funktionsübertragung liegt aber jedenfalls dann vor, wenn der Dienstleister eigenständige Personalentscheidungsbefugnisse erhält. Auch eine dienstleistende Konzernmutter ist insoweit eigenständiger Normadressat und Dritter in Beziehung zu den Konzerntöchtern (vgl. hierzu auch § 3 Rn. 52). Die Tätigkeit eines **Personalberaters** kann je nach Aufgabenbeschreibung Auftragsdatenverarbeitung oder Funktionsübertragung sein (vgl. Gola/Wronka, Handbuch zum Arbeitnehmerdatenschutz, 2008, Rn. 882).

10   2.6 Keine Auftragsdatenverarbeitung stellt **Telearbeit** dar, wenn der Arbeitsplatz des Arbeitnehmers in dessen Wohnung „ausgelagert" wird (vgl. Gola/Jaspers, RDV 1998, 243). Nur wenn der Telearbeiter als Selbstständiger mit der Erhebung, Verarbeitung oder Nutzung von personenbezogenen Daten beauftragt ist, kann je nach Ausgestaltung des Auftrags und der vertraglichen Beziehung Auftragsdatenverarbeitung oder Funktionsübertragung vorliegen.

11   2.7 Entsprechendes gilt für die Übermittlung personenbezogener Daten an einen **Rechtsanwalt**, selbstständigen **Bilanzbuchhalter** oder **Steuerberater** (zu datenschutzrechtlichen Besonderheiten bei der Beauftragung eines Steuerberaters durch Unternehmen vgl. Kramer, PinG 2014, 77). Zwar liegt auch hier ein „Auftragsverhältnis" vor, jedoch beschränkt sich der Auftrag nicht auf die bloße Verarbeitung von Daten, vielmehr ist er gerichtet auf die Führung eines Prozesses oder die Fertigung einer Steuererklärung. Auch wenn der Steuerberater die Lohn- und Gehaltsabrechnung übernimmt, soll keine Auftragsdatenverarbeitung vorliegen (so Oetterich, DStR 2012, 1771). Lässt der Steuerberater hingegen die ihm übergebenen Daten durch das gemeinsame Rechenzentrum der Steuerberater (DATEV) verarbeiten, so liegt im Verhältnis zwischen diesen beiden ein Auftragsverhältnis i. S. v. § 11 vor (zur Abgrenzung der Auftragsdatenverarbeitung von der eine Datenübermittlung bedingenden Funktionsübertragung vgl. ferner Aufsichtsbeh. Baden-Württemberg, Hinweis zum BDSG Nr. 5 Staatsanz. 1979, Nr. 1/2, S. 7: Datenverarbeitung für die **Betriebskrankenkasse**, falls Datenbestände der Kasse verarbeitet werden; Hinweis Nr. 11, Staatsanz. 1980, Nr. 53, S. 5: Datenverarbeitung eines **Letter-Shops**, der aus überlassenen Datenbeständen Adresslisten oder Adressaufkleber erstellt oder die Daten zum Versand verwendet; Hinweis Nr. 14, Staatsanz. 1981, Nr. 26, S. 6; sowie Hinweis Nr. 28, Staatsanz. 1989, Nr. 1/2, S. 10 und Hinweis Nr. 29, Staatsanz. 1990 Nr. 1/2, S. 6: **Mikrofilm-Service-Unternehmen**, soweit der In- und Output den Dateibegriff erfüllt; ferner Hinweis Nr. 23, Staatsanz. 1985 Nr. 52, S. 6: Funktionsübertragung bejaht für die Weitergabe von **Patientendaten** durch Ärzte an ein privates Wirtschaftsunternehmen, das Rechnungsstellung und Inkasso übernimmt (vgl. hierzu aber auch vorstehend Rn. 2), wobei die entsprechende Datenübermittlung nur mit Einwilligung des Patienten zulässig sein soll; so auch BGH, NJW 1991, 2955 = RDV 1992, 23, für den gleichgelagerten Fall, dass eine Forderung an die Verrechnungsstelle abgetreten wird. Die Abtretung kann deshalb rechtswidrig sein, weil sie nur in Verbindung mit einer unzulässigen Datenübermittlung realisiert werden kann; vgl. hierzu auch OLG Köln, NJW 1991, 753; ferner OLG Bremen, NJW 1992, 757; zur Problematik vgl. auch Barta, Datenschutz im Krankenhaus, S. 31 f.; OLG Düsseldorf, NJW 1994, 2421; OLG Köln, DuD 2006, 182).

12   2.8 Auftragsdatenverarbeitung und speziell die Nutzung von Daten im Auftrag spielt ferner im Bereich des **Direktmarketings** bei der Einschaltung von „**Listbrokern**" und „**Letter-Shops**" eine gewichtige Rolle. Will ein Unternehmen Fremd-

Erhebung, Verarbeitung oder Nutzung im Auftrag § 11

datenbestände für eine Werbeaktion nutzen, so erhält es die Daten in der Regel weder auf Dauer und auch nur selten vorübergehend zur eigenen Verfügung. Die Nutzung erfolgt vielmehr, ggf. unter Einschaltung eines Maklers (Listbroker), der das Unternehmen mit den die geeigneten Daten speichernden Stellen (Adresseneigentümer) zusammenführt, und selbst oder unter Einschaltung eines Letter-Shops die Adressdaten gemäß eines von den Adresseneigentümern erteilten Auftrags zur Durchführung der Werbeaktion nutzt (vgl. hierzu Mattke, Adressenhandel, S. 69 ff.). Die listenmäßige Verwendung personenbezogener Daten ist eingeschränkt auch ohne Einwilligung der Betroffenen weiterhin zulässig (vgl. § 28 Abs. 3), wobei im Fall der Auftragsdatenverarbeitung die Anforderungen des § 11 zu beachten sind (vgl. BT-Drs. 16/12 011, S. 31). Auftragsdatenverarbeitung liegt ebenfalls regelmäßig vor, wenn ein Serviceunternehmen im Rahmen des sog. **Telefonmarketings** tätig wird (hierzu ausführlich HambDSB, 7. TB. (1988), S. 160 ff.; ferner Gola, Datenschutz im Call Center, 2006, S. 99).

2.9 Besondere Bedeutung haben die Normen über die Auftragsdatenverarbeitung 13 im Zusammenhang mit dem in den vergangenen Jahren diskutierten (Breinlinger, RDV 1995, 211; Büllesbach/Rieß, NVwZ 1995, 444; Voßbein, RDV 1993, 205) und auch praktizierten **„Outsourcing"** von Datenverarbeitungsdienstleistungen durch eine rechtliche Verselbstständigung der **IT-Abteilung** gewonnen (vgl. Müthlein/Heck, Outsourcing und Datenschutz, 2006, S. 10 ff.). Auch wenn sich an den tatsächlichen Umständen der Verarbeitung personenbezogener Daten nichts ändert, so ist der verselbstständigte IT-Bereich nunmehr eigenständige Rechtsperson und damit entweder ein die übertragene Funktion wahrnehmender Dritter i. S. d. § 3 Abs. 8 Satz 2 (Dammann in: Simitis, BDSG § 3 Rn. 229) oder geschäftsmäßig im Auftrag tätiger Datenverarbeiter (vgl. Innenministerium Baden-Württemberg, Hinweis zum BDSG Nr. 32; Staatsanz. Nr. 3/1994: „Aufgrund der Ausgliederung der DV-Organisationseinheit als rechtlich selbstständiges Unternehmen darf die weitere Verarbeitung oder Nutzung von personenbezogener Daten für das Mutterunternehmen nur erfolgen entweder als Auftragsdatenverarbeitung oder im Rahmen der Funktionsübertragung"; zu den diesbezüglichen Abgrenzungsfragen: Müthlein, RDV 1993, 165; Sutschet, RDV 2004, 97). Wird der **Werkschutz** ausgegliedert, kann die Videoüberwachung des Gebäudes entweder als Auftragsdatenverarbeitung oder als Funktionsübertragung organisiert sein (Gola/Wronka, Handbuch zum Arbeitnehmerdatenschutz, 2008, Rn. 881; Gola/Klug, RDV 2004, 65).

3. Wartungs- und Serviceaufgaben

3.1 Weder Auftragsdatenverarbeitung noch Funktionsübertragung inklusive 14 Datenübermittlung liegt nach wohl überwiegender Meinung (so u. a. die Auffassung der Mehrheit der Aufsichtsbehörden, vgl. Büermann, RDV 1994, 202; Aufsichtsbeh. Baden-Württemberg, Hinweis zum BDSG Nr. 33, Staatsanz. Nr. 3/1995; Müller/Wehrmann, NJW-CoR 5/1993, 20 ff.; Müthlein/Heck, Outsourcing und Datenschutz, 2006, S. 57 ff. m. w. N.) bei der Tätigkeit von **Wartungs- und Serviceunternehmen** vor, selbst wenn diese im Rahmen der Betreuungs- und Reparaturtätigkeit personenbezogene Daten „beiläufig" zur Kenntnis nehmen müssen. Zur Begründung wird angeführt, dass die Wartungsfirma personenbezogene Daten weder zur eigenen Verfügung noch zum Zwecke auftragsmäßiger Verarbeitung oder Nutzung erhält. Gleichwohl ist der „Schutzbedarf" grundsätzlich gleich, so dass die verantwortliche Stelle – auch im Hinblick auf ihre Datensicherungsverpflichtungen aus § 9 – bereits vor der Anfügung des Absatzes 5 im Jahr 2009 praktisch die gleichen Festlegungen zu treffen hatte wie im Falle der Auftragsdatenverarbeitung (insbesondere über Art und Umfang der Wartung).

§ 11 Erhebung, Verarbeitung oder Nutzung im Auftrag

15 3.2 In **Absatz 5** wird diese zuvor nur indirekt abzuleitende Verpflichtung nunmehr ausdrücklich normiert. Der Begriff der **Prüfung** wird für den Bereich der Systemkontrolle durch Externe weit ausgelegt und umfasst z. B. die Online-Überwachung von Datenverarbeitungsanlagen. Der Begriff der **Wartung** umfasst auch **Fernwartung.** Der Auftrag zur Prüfung oder Wartung muss an andere, d. h. externe Stellen vergeben sein. Nicht erfasst wird z. B. der Zugriff auf personenbezogene Daten durch interne Wartungstechniker oder im Rahmen der Prüfungstätigkeit der DV-Revision. Pflichten zur Gewährleistung des Datenschutzes bei Wartung und Prüfung durch externe Auftragnehmer bestehen auch bei der Rückgabe bzw. dem Austausch **defekter Geräte,** die noch gespeicherte personenbezogene Daten enthalten (vgl. Rupprich/Feik, PinG 2014, 72). Auch wenn der Auftraggeber vor Weggabe der Geräte die Verpflichtung zur Löschung hat, kann er dieser ggf. infolge des Defekts nicht mehr nachkommen. Auch hier bedarf es entsprechender Sorgfaltspflichten bei der Auswahl der Servicestelle und konkreter Anweisung zur Löschung der Daten (vgl. zur datenschutzgerechten Behandlung defekter Festplatten Innenministerium Baden-Württemberg, Hinweis zum BDSG Nr. 37, Staatsanz. 2/1999 = RDV 1999, 135; zur datenschutzgerechten Reparatur von Mobiltelefonen Hinweis Nr. 38, Staatsanz. 2/2000 = RDV 2000, 86).

15a 3.3 Wie bei der Auftragsdatenverarbeitung sind entsprechende **schriftliche Festlegungen** (vgl. Rn. 18–19) zu treffen. Ebenso gelten die **Kontrollpflichten** vor Beginn und im laufenden Datenverarbeitungsbetrieb sowie die damit einhergehenden **Dokumentationspflichten** (vgl. Rn. 20–21).

4. Auftragnehmer im Ausland

16 Von § 11 erfasst werden, wie § 3 Abs. 8 Satz 3 deutlich macht, Auftragnehmer, die im **Geltungsbereich** des BDSG bzw. der EG-DatSchRL tätig werden (vgl. hierzu Wedde in: DKWW, BDSG, § 11 Rn. 20 sowie Dammann, RDV 2002, 73 sowie § 3 Rn. 52). Auftragnehmer in Ländern, die nicht Mitglied der EU bzw. des EWR sind, sind nach Auffassung der Aufsichtsbehörden immer Dritte (vgl. § 4b Rn. 5), so dass danach auch zum Zwecke der Auftragsdatenverarbeitung durchgeführte Datenweitergaben unter dem Verbot mit Erlaubnisvorbehalt (§ 4 Abs. 1) stehende Datenübermittlungen beinhalten, wobei gerade durch die Übermittlung in ein ggf. datenschutzfreies Ausland berechtigte Interessen des Betroffenen tangiert sein können (vgl. hierzu bereits Schapper, CR 1987, 86, 92; zur Auftragsdatenverarbeitung unter dem USA PATRIOT Act vgl. Voigt/Klein, ZD 2013, 16). Inwieweit an Auftragnehmer in sog. **Drittstaaten** personenbezogene Daten übermittelt werden dürfen, reglementieren nach der vorgenannten Ansicht die allgemeinen Datenschutzvorschriften i. V. m. §§ 4b, 4c (s. § 4b Rn. 6). Mit Blick auf diese Rechtsauffassung und in Ermangelung einer insofern klarstellenden gesetzlichen Regelung (vgl. hierzu bereits Klug, RDV 2000, 212 (215); zur Notwendigkeit einer gesetzlichen Klarstellung hinsichtlich der Möglichkeit der Auftragsdatenverarbeitung mit in anerkannt sicheren Drittstaaten ansässigen Auftragnehmern vgl. ferner den Vorschlag des Bundesrates, BR-Drs. 535/2/10, S. 7 sowie Erd, DuD 2011, 275) stellt sich angesichts der inzwischen erweiterten Anforderungen des § 11 Abs. 2 abermals die Frage der Anwendbarkeit von § 11 auf Fälle der Auftragsvergabe in Drittländer. Während einige Aufsichtsbehörden insofern die Auffassung vertreten, § 11 sei jedenfalls entsprechend anwendbar als Anforderung der „Ersten Stufe" (vgl. § 4b Rn. 6 und 4c Rn. 3) im Rahmen der Abwägung nach § 28 Abs. 1 Nr. 2 (vgl. 23. Bericht der Landesregierung über die Tätigkeit der für den Datenschutz im nicht öffentlichen Bereich in Hessen zuständigen Aufsichtsbehörde – LT-Drs. 18/2942, Ziff. 11.1 sowie Bayerisches Landesamt für Datenschutzaufsicht, 4. Tätigkeitsbericht 2009/2010, Ziff. 11.3 = RDV 2011, 155), wird im Schrifttum die Meinung vertreten § 11 Abs. 2

sei in diesen Fällen unanwendbar und es bedürfe daher auch keiner Anpassung der EU-Standardvertragsklauseln zur Auftragsdatenverarbeitung vom Februar 2010 (vgl. Scholz/Lutz, CR 2011, 424 sowie Wybitul/Patzak, RDV 2011, 11, 17; zur Thematik vgl. ferner Voigt, ZD 2012, 546). Besondere Brisanz erfährt der Meinungsstreit durch die Bußgeldbewehrung in § 43 Abs. 1 Nr. 2b (diese ablehnend Scholz/Lutz, CR 2011, 424). Die Meinungsdifferenzen relativieren sich aber zunächst insoweit, als die Aufsichtsbehörden anerkennen, dass die Anforderungen das § 11 durch die Verwendung der Standardvertragsklauseln zur Auftragsdatenverarbeitung bereits zum Teil erfüllt sind (Synopse abrufbar unter http://www.datenschutz.hessen.de/ft-auftragsdatenverarbeit.htm). Darüber hinausgehende Anforderungen nach § 11 Abs. 2 Satz 2 sollen ihrer Auffassung nach in der Praxis durch Ergänzungen in den Anhängen zum Standardvertrag, als sog. geschäftliche Klauseln als Ergänzung des Hauptvertrags oder in einem gesonderten Dienstleistungsvertrag, auf den Bezug genommen wird, erfüllt werden. Bleibt zu wünschen, dass derartige – unter Harmonisierungsgesichtspunkten bedenkliche – Meinungsunterschiedlichkeiten mit der Reform des EU-Datenschutzrechts (s. Einleitung Rn. 28) beseitigt werden können. Hierfür sprechen bereits die unmittelbare Wirkung der angestrebten EU-Verordnung in den Mitgliedstaaten und der Umstand dass der Verordnungsentwurf nicht zwischen privilegierter und nicht privilegierter Auftragsdatenverarbeitung unterscheidet. Auch soll zukünftig klargestellt werden, dass Übermittlungen in Drittländer beim Vorliegen von Angemessenheitsentscheidungen der EU-Kommission oder der Verwendung von Standardvertragsklauseln oder verbindlicher Unternehmensregelungen keiner weiteren Genehmigung bedürfen (vgl. §§ 41 Nr. 1 Satz 2, 42 Nr. 3 des Verordnungsentwurfs; vgl. auch § 4c Rn. 14). Mit Blick auf die aktuelle Rechtslage ist darauf hinzuweisen, dass gem. Art. 17 Abs. 2 und 3 EG-DatSchRL sowie nach Maßgabe der EU-Standardvertragsklauseln (vgl. § 4c Rn. 13) der Auftraggeber u. a. dafür Sorge zu tragen hat, dass der Auftragsverarbeiter angemessene technische und organisatorische Sicherheitsmaßnahmen trifft und einhält. Vor diesem Hintergrund sind jedenfalls an § 11 Abs. 2 Satz 4 angelehnte Erst- und Regelkontrollen zweckmäßig, wobei eine persönliche Kontrolle vor Ort häufig entbehrlich sein wird (vgl. § 11 Rn. 21).

5. Auftraggeber im Drittland

Ein Auftraggeber im Drittland muss das **BDSG** nach § 1 Abs. 5 Satz 2 bei der **16a** Verarbeitung durch den deutschen Auftragnehmer berücksichtigen, wenn der Auftraggeber auf automatisierte Mittel zur Datenverarbeitung in Deutschland zurückgreift. Bei der **Rückübertragung** der Daten in das Drittland gelten die §§ 4b, 4c nicht, weil nach § 3 Abs. 8 Satz 3 der Auftragnehmer in Deutschland nicht Dritter im Verhältnis zur verantwortlichen Stelle ist und somit keine Übermittlung i. S. v. § 3 Abs. 4 Nr. 3 stattfindet (abgestimmte Position der Aufsichtsbehörden in der AG „Internationaler Datenverkehr" am 12./13. Februar 2007; vgl. hierzu auch Hillenbrand-Beck, RDV 2008 231 ff.). Allerdings sollen für die Verarbeitung in Europa und die Rückübertragung durch deutsche Auftragnehmer an Auftraggeber im Drittland die technisch-organisatorischen sowie **bestimmte Regelungen des BDSG** (d. h. nur §§ 28 ff., nicht aber §§ 4b, 4c) gelten. Adressat der Aufsichtsbehörde zur Durchsetzung der materiell-rechtlichen Vorschriften ist weiterhin nur der Auftraggeber. Dem Auftragnehmer soll gegenüber dem Auftraggeber aber eine „qualifizierte Remonstrationspflicht" bei Kenntniserlangung von Umständen nach § 11 Abs. 3 Satz 2 obliegen. Deutsches Datenschutzrecht gilt nicht, wenn der Auftragnehmer nicht auf die vom Auftraggeber übermittelten Daten zugreifen kann, etwa weil die Datenverarbeitung in einem geschlossenen System, in einer Black Box oder verschlüsselt erfolgt.

6. Auftragsvergabe

17 **6.1** Der Auftrag ist schriftlich zu erteilen. Die **Schriftform** ist für den Abschluss des dem Auftrag zugrundeliegenden Vertragsverhältnisses konstitutiv (§ 125 BGB). Durch die Schriftform soll erreicht werden, dass der Auftraggeber auch tatsächlich Weisungen erteilt und der Auftragnehmer nachweisen kann, dass er weisungsgemäß verfahren ist. Der neue § 11 Abs. 2 Satz 2 regelt den notwendigen **Inhalt** der schriftlichen Festlegungen und stellt eine Reaktion auf in der Praxis festgestellte Mängel bei der Auftragserteilung dar (zu Vertragsmustern vgl. GDD-Arbeitskreis „Datenschutz-Praxis", Neue Anforderungen an die Auftragsdatenverarbeitung nach § 11 BDSG, 2009; BITKOM, Mustervertragsanlage zur Auftragsdatenverarbeitung, Version 3.0; Mustervereinbarung zum Datenschutz und zur Datensicherheit in Auftragsverhältnissen nach § 11 BDSG – Stand 28. September 2010, abrufbar unter http://www.datenschutz.hessen.de/ft-auftragsdatenverarbeit.htm). Aufträge die nach dem 1.9.2009 vergeben werden, müssen den Anforderungen des § 11 Abs. 2 Satz 2 entsprechen; eine unzureichende Auftragserteilung kann nunmehr nach § 43 Abs. 1 Nr. 2b als Ordnungswidrigkeit geahndet werden. Vor dem Hintergrund der Fragestellung, ob eine Anpassungspflicht bei Altverträgen besteht (verneinend Hanloser, MMR 2009, 597), ist zu empfehlen, die bestehenden Verträge im Wege einer risikoorientierten Bestandsaufnahme auf ihre Übereinstimmung mit den neuen gesetzlichen Anforderungen zu überprüfen. Auf dieser Basis kommt eine – sukzessive – Anpassung der Verträge in Betracht (vgl. Handreichung des BfDI zu § 11 v. 8.10.2010; zum Anpassungsbedarf von über den 1.9.2009 hinaus fortwirkenden Dauerschuldverhältnissen vgl. Wronka, RDV 2009, 253; vgl. ferner Rn. 28). Soweit eine Anpassung an die neue Rechtslage im Wege des Nachschiebens von Weisungen erfolgen soll, sind diese sorgfältig zu dokumentieren. Insofern bietet sich regelmäßig die Einholung und Dokumentation einer entsprechenden Willenserklärung des Auftragnehmers durch den Auftraggeber an (vgl. Wronka, RDV 2009, 253).

18 **6.2** Der 10-Punkte-Katalog des § 11 Abs. 2 Satz 2 führt enumerativ auf, was im Einzelnen schriftlich festzulegen ist.

Zu Nr. 1: Vielfach sind der **Auftragsgegenstand** und die **Dauer** des Auftragsverhältnisses in einem der Geschäftsbeziehung zu Grunde liegenden zivilrechtlichen Vertrag (vgl. vorstehend Rn. 6) bzw. in sog. Service Level Agreements geregelt. Insoweit kann hinsichtlich der entsprechenden Festlegungen auf diese Vereinbarungen verwiesen werden. Soweit allerdings insofern nicht auf bereits vorliegende Vereinbarungen zurückgegriffen werden kann, sind der Gegenstand und die Dauer des Auftrags schriftlich festzulegen.

18a **Zu Nr. 2:** Die schriftlichen Festlegungen sollten die dem konkreten Auftrag immanenten Datenverwendungen im Wesentlichen beschreiben. Nach der Nr. 2 sind folgende Punkte schriftlich zu fixieren:
– Umfang, Art und Zweck der Datenverwendung
– Art der Daten
– Kreis der Betroffenen
Die Angaben zum **Umfang** der Datenverwendung knüpfen an die bereits nach § 11 Abs. 2 Nr. 1 zu machenden Angaben an und ergänzen bzw. konkretisieren diese. Dabei wird der Umfang der Datenverwendung durch die vorgesehene **Art** der Datenverwendung (z. B. automatisierte Auftragserhebung) und die konkrete **Zweckbestimmung** (vgl. §§ 28 Abs. 1 Satz 2, 4 Abs. 3 Satz 1 Nr. 2) mitbestimmt. Der Begriff der Datenart ist im BDSG nicht allgemein legal definiert; allerdings nennt § 3 Abs. 9 besondere Arten personenbezogener Daten. Als Datenarten kommen ferner z. B. Mitarbeiter-, Kunden-, Lieferanten- und Interessentendaten in Betracht, wobei diese Begriffe auch bereits den **Kreis der Betroffenen** skizzieren. Bei der Festlegung der Angaben nach Nr. 2 empfiehlt sich eine Koordinierung mit

den nach § 4e Satz 1 Nr. 4 und 5 in das Verfahrensverzeichnis aufzunehmenden Informationen. Auch mit Blick auf § 11 Abs. 2 Nr. 1 bedürfen nur solche Angaben einer näheren schriftlichen Festlegung, die auch explizit Gegenstand des Auftrags sind. Daten, die im Rahmen der Auftragsdatenverarbeitung nur beiläufig anfallen (z. B. Protokolldateien von in die Auftragsabwicklung involvierten Mitarbeitern), sind nach der Nr. 2 nicht erfasst. Gegebenenfalls kann auch bzgl. der Nr. 2 auf bereits vorhandenen Vereinbarungen verwiesen werden.

Zu Nr. 3: Schriftlich und einzelfallbezogen festzulegen sind weiterhin die nach § 9 zu treffenden **technischen und organisatorischen Maßnahmen.** Dies kann auch im Rahmen einer Anlage zum Vertrag geschehen, soweit auf diese Bezug genommen wird. Die Vorschrift korrespondiert mit dem Gebot einer sorgfältigen Auswahl des Auftragnehmers nach § 11 Abs. 2 Satz 1 sowie mit Satz 4 der Vorschrift, wonach der Auftraggeber sich vor Beginn der Datenverarbeitung und sodann regelmäßig von der Einhaltung der beim Auftragnehmer getroffenen technischen und organisatorischen Maßnahmen zu überzeugen und das Ergebnis zu dokumentieren hat (vgl. Rn. 20 f.). Es empfiehlt sich eine Ausrichtung an den **Sicherheitszielen;** hinsichtlich der konkreten Maßnahmen zur Zielerreichung kann dem Auftragnehmer im Rahmen der Angemessenheit eine gewisse Flexibilität eingeräumt werden. Die schriftlichen Festlegungen nach Nr. 3 sollten ggf. auch einen Hinweis auf den Grundsatz der Datenvermeidung und Datensparsamkeit nach § 3a i. V. m. der neuerdings in Satz 3 der Anlage zu § 9 angesprochenen Verschlüsselung beinhalten. 18b

Zu Nr. 4: Ferner sind die Einzelheiten bezüglich der **Berichtigung, Löschung und Sperrung** von Daten festzuschreiben. Der Auftragnehmer hat sicherzustellen, dass der Auftraggeber als verantwortliche Stelle den entsprechenden Rechten der Betroffenen tatsächlich nachkommen kann. 18c

Zu Nr. 5: Einer schriftlichen Festlegung bedürfen auch die nach § 11 Abs. 4 bestehenden **Pflichten des Auftragnehmers** (vgl. nachstehend Rn. 24 f., 27) insbesondere die von ihm vorzunehmenden **Kontrollen** (zur Auftragskontrolle vgl. § 9 Rn. 27). 18d

Zu Nr. 6: Auch etwaige Berechtigungen zur Begründung von **Unterauftragsverhältnissen** sind schriftlich zu regeln. Die Regelung stellt klar, dass lediglich die Berechtigung an sich, nicht aber der einzelne Unterauftragnehmer einer näheren Spezifizierung bedarf. Festgelegt werden sollten das „Ob" und das „Wie" einer Unterbeauftragung. In Betracht kommt beispielsweise eine Unterbeauftragung auf Weisung bzw. nach schriftlicher Zustimmung des Auftraggebers. Denkbar ist beispielsweise auch eine konzerneinheitliche Regelung für den Fall der Unterbeauftragung von Konzernunternehmen (zum internationalen Kontext s. § 4c Rn. 13). Auch im Verhältnis zu dem Subunternehmer bleibt der Auftraggeber die für die Verarbeitung verantwortliche Stelle. Entsprechend muss der dem Auftragnehmer vergebende Auftragnehmer die sich aus dem ursprünglichen Auftrag ergebenden Rechte und Pflichten vertraglich an den Subunternehmer durchreichen, u. a. damit der Auftraggeber seinen Kontrollpflichten auch beim Unterauftragnehmer effektiv nachkommen kann (zu Weisungs- und Kontrollrechten gegenüber Subauftragnehmern in der Auftragskette vgl. Bongers/Krupna, RDV 2014, 19). Aufsichtsbehörden vertreten die Auffassung dass § 11ein direktes Prüfrecht des Auftraggebers auch beim Unterauftragnehmer erfordert. Zwar werde der Auftraggeber seiner Kontrollpflicht nach § 11 Abs. 2 Satz 4 im Falle einer Unterbeauftragung meist Genüge tun, wenn er sich vom Auftragnehmer konkret nachweisen lässt, dass dieser die Prüfungen beim Unterauftragnehmer vorgenommen hat, allerdings müsse er die Möglichkeit haben, notfalls selbst beim Unterauftragnehmer zu prüfen (vgl. 23. Bericht der Landesregierung über die Tätigkeit der für den Datenschutz im nicht öffentlichen Bereich in Hessen zuständigen Aufsichtsbehörde – LT-Drs. 18/2942, Ziff. 10). Als Unterauftragsverhältnisse i. S. d. Nr. 6 sind nur solche Dienstleistungen von Subunternehmern zu verstehen, die unmittelbar der Erfüllung des Ursprungsauftrags dienen. 18e

§ 11 Erhebung, Verarbeitung oder Nutzung im Auftrag

18f Zu Nr. 7: Wie bereits bisher von den Aufsichtsbehörden empfohlen (vgl. insgesamt bereits die Empfehlungen des Innenministeriums Baden-Württemberg zu den Festlegungen im Rahmen der Auftragsdatenverarbeitung, Hinweis zum BDSG Nr. 31, Staatsanz. Nr. 1–2/1993), sind die **Kontrollrechte des Auftraggebers** und die entsprechenden **Duldungs- und Mitwirkungspflichten** des Auftragnehmers schriftlich zu fixieren. Hierzu gehört – je nachdem, wie die Kontrolle durchgeführt werden soll – ein **Zutrittsrecht** oder zumindest die Pflicht, auf Aufforderung Auskunft zu erteilen oder Unterlagen etc. vorzulegen (vgl. im Einzelnen nachstehend Rn. 21).

18g Zu Nr. 8: Schriftlich zu regeln ist weiterhin, welche **Datenschutzverstöße** bzw. **auftragswidrigen Verhaltensweisen** des Auftragnehmers bzw. seiner Beschäftigten vom Auftragnehmer **mitzuteilen** sind. Die Mitteilungspflicht besteht erst recht, wenn bereits eine Aufsichtsbehörde entsprechende Beanstandungen ausgesprochen hat. Insbesondere sollte geregelt sein, dass der Auftragnehmer den Auftraggeber unverzüglich zu informieren hat, wenn Daten nach **§ 42a** unrechtmäßig übermittelt oder auf sonstige Weise Dritten unrechtmäßig zu Kenntnis gelangt sind. Dieser Gesichtspunkt ist auch deshalb von besonderer Bedeutung, weil die verantwortliche Stelle ihrerseits Informationspflichten gegenüber den Betroffenen und Aufsichtsbehörden gem. § 42a unterliegt, wobei deren Verletzung mit einem Bußgeld bis zu 300 000 Euro geahndet werden kann. Es sollte ergänzend schriftlich vereinbart werden, dass der Auftragnehmer den Auftraggeber zu unterstützen hat, wenn den Auftraggeber Pflichten nach § 42a treffen.

18h Zu Nr. 9: Mit Blick auf den schriftlich festzulegenden Umfang der **Weisungsbefugnisse des Auftraggebers** gegenüber dem Auftragnehmer kann es sich empfehlen, dass sich der Auftraggeber umfassende Weisungsbefugnisse im Rahmen des konkreten Auftrags vorbehält und diese bedarfsgerecht durch Einzelweisungen konkretisiert. Einzelweisungen sollten sorgfältig dokumentiert werden. Gegebenenfalls sollte eine Regelung zur Bestätigung der Weisungen mit aufgenommen werden.

18i Zu Nr. 10: Schließlich sollte auch die **Rückgabe** überlassener Datenträger bzw. die **Löschung** der beim Auftragnehmer gespeicherten Daten nach Beendigung des Auftrags schriftlich geregelt sein. Dabei gilt der Grundsatz der Löschungspflicht, soweit nicht andere Rechtsvorschriften (z. B. Aufbewahrungsvorschriften) einer Löschung entgegenstehen.

19 6.3 § 11 Abs. 2 Satz 1 regelt lediglich das schriftlich zu fixierende Minimum. Gegebenenfalls sollten **weitere schriftliche Festlegungen** getroffen werden (z. B. Recht zur außerordentlichen Kündigung bei Datenschutzverstößen, Beweislastumkehr, Haftung (vgl. Bergmann/Möhrle/Herb, BDSG § 11 Rn. 43 f.).

7. Pflichten des Auftraggebers

20 7.1 Der Auftraggeber ist gehalten, den Auftragnehmer **sorgfältig auszuwählen** (§ 11 Abs. 2 Satz 1). Dies schließt die Auswahl eines konzernangehörigen Dienstleisters nicht aus, soweit sich dieser den Weisungen des Auftrag gebenden Unternehmens unterwirft. Der Auftraggeber muss sich vor der Auftragserteilung insbesondere darüber informieren, ob der Auftragnehmer in der Lage und willens ist, die erforderlichen Sicherheitsmaßnahmen auszuführen. Insoweit ist auch die Verpflichtung des Auftragnehmers aus Ziffer 6 der Anlage zu § 9 von Belang, nach der durch geeignete Maßnahmen zu gewährleisten ist, dass die Daten nur entsprechend den Weisungen des Auftraggebers verarbeitet werden (zu den Kriterien bei der Auswahl von Entsorgungsunternehmen vgl. bei Schaffland/Wiltfang, BDSG § 11 Rn. 9d). Auch hierüber muss sich der Auftraggeber Gewissheit verschaffen. Um die erforderlichen Datensicherungsmaßnahmen ergreifen zu können, benötigt der Auftragnehmer entsprechende Hinweise des Auftraggebers, da der Auftragnehmer unter Umständen

Erhebung, Verarbeitung oder Nutzung im Auftrag **§ 11**

nicht weiß, welche Daten er verarbeiten soll und welche Maßnahmen erforderlich sind. Als Faustregel wird gelten: Der Auftraggeber muss verlangen, dass beim Auftragnehmer die Datenschutzvorkehrungen getroffen werden, die er selbst vornehmen müsste, wenn er die Daten in eigener Regie verarbeiten würde.

7.2 § 11 Abs. 2 Satz 4 regelt die Pflicht des Auftraggebers, sich vor Beginn (sog. **21** Erstkontrolle) und sodann regelmäßig (empfohlener Prüfungsturnus alle ein bis drei Jahre; vgl. Bayerisches Landesamt für Datenschutz, 4. Tätigkeitsbericht 2009/2010, Ziff. 5.1.2) von der Einhaltung der beim Auftragnehmer getroffenen technischen und organisatorischen Maßnahmen zu **überzeugen.** Die Missachtung der Pflicht zur Erstkontrolle ist bußgeldbewehrt (s. nachstehend Rn. 28). Zuständig ist die Unternehmensleitung des Auftraggebers, die bestimmte Prüfungsaufgaben je nach Art den Fachabteilungen, der Revision, ihrem Datenschutzbeauftragten oder auch einem externen Sachverständigen übertragen kann. Vielfach (z. B. bei grenzüberschreitender Auftragsdatenverarbeitung; zur Kontrollpflicht im Zeitalter des Cloud Computing vgl. Selzer, DuD 2013, 215) dürfte es für den Auftraggeber sehr aufwendig sein, sich selbst **vor Ort** zu überzeugen. Daher hat der Gesetzgeber es nicht als zwingend erforderlich angesehen, dass sich der Auftraggeber durch eine eigene Inaugenscheinnahme vor Ort beim Auftragnehmer von der Einhaltung der Maßnahmen überzeugt (vgl. BT-Drs. 16/13 657, S. 29). Der Auftraggeber kann seine Kontrollverpflichtung auch **auf andere Weise** erfüllen (z. B. durch Einschaltung von sachverständigen Dritten, durch Fragebögen oder durch die Anforderung von Prüfergebnissen oder Zertifikaten). Bei bekannten Rechenzentren, Dienstleistern, oder Internet-/E-Mail-Providern mit „gutem Ruf" können Vor-Ort-Prüfungen eher entfallen als bei bisher unbekannten Callcentern, Direktwerbeunternehmen oder Datenträgerentsorgern (so Bayerisches Landesamt für Datenschutz, 4. Tätigkeitsbericht 2009/2010, Ziff. 5.1.2). Es kann im Einzelfall auch ein vom Dienstleister vorgelegtes schlüssiges Datensicherheitskonzept oder ein dort durchgeführtes externes Audit durch einen unabhängigen Auditor genügen. Soweit Testate die Vor-Ort-Kontrolle ganz oder teilweise ersetzen sollen, muss die verantwortliche Stelle die Qualifikation des Auditors überprüft haben. Aus dem Testat selbst muss sie nachvollziehen können, nach welchen Kriterien und mit welchem Ergebnis im Einzelnen die Prüfung des Auftrags durchgeführt wurde. Das Testat muss die verantwortliche Stelle in den Stand versetzen können, selbst zu beurteilen, ob der Auftrag ordnungsgemäß durchgeführt wird (Bayerisches Landesamt für Datenschutz, a. a. O.). Zu kontrollieren ist die weisungsgemäße Tätigkeit des Auftragsnehmers insbesondere hinsichtlich der Einhaltung der **Datensicherungsmaßnahmen.**

7.3 Wichtig ist in allen Fällen, dass der Auftraggeber tatsächlich, – nötigenfalls **21a** auch vor Ort – konkrete Kontrollen durchführt und nachfolgend das Ergebnis seiner eigenständigen Kontrolle **dokumentiert** (§ 11 Abs. 2 Satz 5), um gegenüber der Aufsichtsbehörde aber auch im Fall von Rechtsstreitigkeiten schlüssige Belege vorlegen zu können. Zu beachten ist, dass dem Auftraggeber zwar eine diesbezügliche Prüfungspflicht obliegt, jedoch eine entsprechende Duldungspflicht des Auftragnehmers im Gesetz fehlt. Insofern ist es geboten, entsprechende Vereinbarungen bei Erteilung des Auftrags zu treffen. So ist es bei Verträgen mit Entsorgungsunternehmen empfehlenswert, die kontrollierte Vernichtung der Datenträger vertraglich abzusichern und das Recht zur **stichprobenartigen Überprüfung** des datenschutzgerechten Verwertungsverfahrens durch den betrieblichen Datenschutzbeauftragten des Auftraggebers vorzusehen (Aufsichtsbeh. Baden-Württemberg, Hinweis zum BDSG Nr. 5, Staatsanz. 1980, Nr. 5, S. 6: „Dem **betrieblichen Datenschutzbeauftragten** des Auftraggebers obliegt es nach § 37 BDSG (nunmehr § 4g), auch insoweit die Einhaltung der Vorschriften des BDSG und anderer Vorschriften über den Datenschutz sicherzustellen. Das bedeutet, dass er bei der Auswahl eines Auftragnehmers und bei der Auftragsvergabe regelmäßig unter Datensicherungsgesichtspunkten zu beteiligen ist und über eine Aufstellung der verschiedenen Auftragsda-

§ 11   Erhebung, Verarbeitung oder Nutzung im Auftrag

tenverarbeitungsverträge seines Unternehmens verfügen bzw. davon in anderer Weise unmittelbar Kenntnis erlangen können muss.").

22   7.4 Die sich aus § 80 Abs. 1 Nr. 1 und Abs. 2 BetrVG bzw. § 68 Abs. 1 Nr. 1 und Abs. 2 BPersVG ergebenden Kontroll- und Unterrichtungsrechte der **Mitarbeitervertretung** bestehen auch im Falle der Verarbeitung von Personaldaten im Auftrag (BAG, RDV 1987, 189 = DB 1987, 1491; sowie bei Gola/Wronka, Handbuch zum Arbeitnehmerdatenschutz, 2008, Rn. 1502 ff.). Ermöglicht die ausgelagerte Personaldatenverarbeitung Leistungs- und Verhaltenskontrollen, so bedarf es der Mitbestimmung der Mitarbeitervertretung des Auftrag gebenden Arbeitgebers (§ 87 Abs. 1 Nr. 6 BetrVG).

23   7.5 Bei der Auftragsdatenverarbeitung ist regelmäßig der Datenschutzbeauftragte des Auftraggebers für die Führung des **Verfahrensverzeichnisses** zuständig. Hinsichtlich der faktisch in seinem Bereich stattfindenden Verarbeitungen sollte der Auftragnehmer dem Auftraggeber die bei ihm vorliegenden dokumentationsrelevanten Informationen zur Verfügung stellen. Auch insofern bietet sich eine entsprechende vertragliche Regelung an. Der Datenschutzbeauftragte des Auftraggebers hat dafür zu sorgen, dass das Verfahrensverzeichnis aktuell geführt wird, weswegen ihm Änderungen im Bereich der Verfahren vom Auftragnehmer mitzuteilen sind.

8. Pflichten des Auftragnehmers

24   8.1 Der Auftragnehmer darf die Daten **nur nach den Weisungen** des Auftraggebers erheben, verarbeiten oder nutzen (Abs. 3 Satz 1). Demgemäß ist der Auftraggeber verpflichtet, hinreichend konkrete Anweisungen zu erteilen. Der Auftragnehmer wiederum muss sicherstellen, dass nur weisungsgemäße Verarbeitungen oder Nutzungen stattfinden.

25   8.2 Der Auftragnehmer ist nach Absatz 3 Satz 2 verpflichtet, unverzüglich zu **warnen,** wenn Weisungen bzw. die in Auftrag gegebenen Erhebungen, Verarbeitungen oder Nutzungen nach seiner Ansicht ganz oder teilweise gegen Datenschutzvorschriften verstoßen (vgl. Rn. 18g). Es handelt sich um eine **Hinweispflicht,** d. h. der Auftraggeber braucht dem Hinweis nicht zu folgen und der Auftragnehmer darf – und ist je nach der Ausgestaltung des dem Auftrag zugrunde liegenden Rechtsverhältnisses auch verpflichtet – den „beanstandeten" Auftrag gleichwohl auszuführen. Eine generelle Pflicht, jede als rechtswidrig vermutete oder erkannte Verarbeitung abzulehnen, hat der Gesetzgeber, wie die bloße Hinweisregelung deutlich macht, nicht gewollt (vgl. bei Nungesser, HDSG, § 4 Rn. 5 f.). Dies gilt selbstverständlich nicht, wenn der Auftragnehmer durch eine Weisung zur Durchführung einer **strafbaren Handlung** angehalten wird und er sich ggf. der Beihilfe schuldig macht. Dem Auftragnehmer ist die Ablehnung des Auftrags auch dann anzuraten, wenn er sich anderenfalls gegenüber dem Betroffenen schadensersatzpflichtig machen könnte; zur Befolgung solcher Weisungen kann er auch vertraglich nicht verpflichtet werden.

26   8.3 Die **Haftung** für im Rahmen eines weisungsgemäß durchgeführten Auftrags erfolgte Datenschutzverstöße trifft zunächst den für die Verarbeitung verantwortlichen Auftraggeber. Normadressat der Haftungsregelungen (§§ 7, 8) ist die verantwortliche Stelle. Die Haftung trifft aber den Auftragnehmer, wenn er sich rechtswidrig selbst zum Herrn der Daten macht und Verarbeitungen und Nutzungen abweichend von der erteilten Weisung durchführt. Gleichgelagert muss der Fall betrachtet werden, dass der Auftragnehmer „bösgläubig" einer rechtswidrigen Weisung folgt, auch in diesem Fall haftet er dem Betroffenen (u. a. aus § 823 BGB; vgl. hierzu § 7 Rn. 16 ff.) neben dem Auftraggeber.

27   8.4 Was die **Auftragsabwicklung** anbelangt, gelten im Übrigen für den Auftragnehmer nur diejenigen BDSG-Regelungen, die sich auf seinen Verantwortungsbe-

Erhebung, Verarbeitung oder Nutzung im Auftrag §11

reich beziehen (Abs. 4). So ist er zur Gewährleistung der Datensicherungsmaßnahmen nach § 9 sowie – bei Vorliegen der gesetzlichen Voraussetzungen – zur Bestellung eines Datenschutzbeauftragten verpflichtet. Das Datengeheimnis (§ 5) gilt auch für seine Mitarbeiter. Unbefugte Verarbeitungen stellen auch für ihn ggf. strafbare Handlungen nach § 44 dar. Ferner unterliegt auch er der Datenschutzaufsicht. Was die **Eigenverarbeitung** eines (auch) als Auftragnehmer fungierenden Unternehmens anbelangt, ist das BDSG in seiner Gesamtheit zu beachten. Für Auftragnehmer im Bereich der öffentlichen Hand besteht die Zuständigkeit des Bundesdatenschutzbeauftragten (§ 11 Abs. 4 Nr. 1); im Bereich der Privatwirtschaft ist die interne Kontrolle durch den betrieblichen Datenschutzbeauftragten (§§ 4 f, 4g) vorgegeben (Abs. 4 Nr. 2). Im Dialog mit den Datenschutzaufsichtsbehörden sind Datenschutzverbände mit der Etablierung eines Prüfstandards „Anforderungen an Auftragnehmer nach § 11 BDSG" befasst, wobei ein hierauf basierendes Gütesiegel den Schutz personenbezogener Daten im Rahmen der Auftragsdatenverarbeitung fördern soll.

9. Sanktionen

Der Gesetzgeber hat darauf hingewiesen, dass ein vollständiger schriftlicher Auftrag nach der bisherigen Aufsichtspraxis die Ausnahme war. Vor diesem Hintergrund hat er nunmehr mit § 43 Abs. 1 Nr. 2b eine neue Sanktionsmöglichkeit in das BDSG eingefügt. Danach kann die nicht richtige, nicht vollständige oder nicht in vorgeschriebener Weise erfolgte **Auftragserteilung** mit einem Bußgeld bis zu 50.000 Euro geahndet werden. Ein entsprechendes Bußgeld droht dem Auftraggeber nach der Vorschrift auch, wenn er sich entgegen § 11 Abs. 2 Satz 4 nicht im Rahmen einer **Erstkontrolle** vor Beginn der Datenverarbeitung über die Einhaltung der beim Auftragnehmer getroffenen technischen und organisatorischen Maßnahmen überzeugt. Auch wenn der Gesetzgeber die Verletzung der Pflicht zur **regelmäßigen Überprüfung** im Rahmen des laufenden Geschäftsbetriebes nicht mit in dem Bußgeldtatbestand des § 43 Abs. 1 Nr. 2b aufgenommen hat (vgl. Holländer, RDV 2009, 217), so empfiehlt es sich, schon im wohlverstandenen Eigeninteresse des Auftraggebers bzw. unter haftungsrechtlichen Gesichtspunkten auch diese Kontrollen nicht zu vernachlässigen. Angesichts des Zeitpunkts des Inkrafttretens des Gesetzes und des Wortlauts in § 43 Abs. 1 Nr. 2b („erteilt") sollten keine Bußgeldverfahren für bereits vor dem 1.9.2009 erteilte Aufträge drohen. Eine Handlung kann als Ordnungswidrigkeit nur geahndet werden, wenn die Möglichkeit der Ahndung gesetzlich bestimmt war, bevor die Handlung begangen wurde (§ 3 OWiG). Allerdings ist darauf hinzuweisen, dass im aufsichtsbehördlichen Bereich eine Anpassung von Altverträgen erwartet wird (vgl. etwa BfDI, Handreichung zu § 11 v. 8.10.2010 sowie 23. Bericht der Landesregierung über die Tätigkeit der für den Datenschutz im nicht öffentlichen Bereich in Hessen zuständigen Aufsichtsbehörde, LT-Drs. 18/2942, Ziff. 10). 28

10. Landesrecht

Die Datenschutzgesetze der Bundesländer enthalten teilweise gleich lautende bzw. inhaltlich entsprechende Regelungen (vgl. Art. 6 BayDSG; § 7 LDSG BW; vgl. aber auch Rn. 2). Als Besonderheit ist zu vermerken, dass die auftraggebende Behörde nach einigen Bestimmungen verpflichtet wird, mit dem Auftragnehmer, falls das jeweilige Landesgesetz für ihn keine Anwendung findet, vertraglich sicherzustellen, dass er die Bestimmungen des Landesdatenschutzgesetzes befolgt und sich der **Kontrolle des Landesdatenschutzbeauftragten** unterwirft (vgl. § 3 Abs. 4 BlnDSG; § 9 BremDSG; § 3 Abs. 3 HmbDSG; § 4 Abs. 3 HDSG; § 4 Abs. 3 DSG MV; § 11 Abs. 3 DSG NRW; § 5 Abs. 3 SDSG; § 8 Abs. 6 DSG-LSA). 29

Zweiter Abschnitt.
Datenverarbeitung der öffentlichen Stellen

Erster Unterabschnitt.
Rechtsgrundlagen der Datenverarbeitung

§ 12 Anwendungsbereich

(1) Die Vorschriften dieses Abschnittes gelten für öffentliche Stellen des Bundes, soweit sie nicht als öffentlich-rechtliche Unternehmen am Wettbewerb teilnehmen.

(2) Soweit der Datenschutz nicht durch Landesgesetz geregelt ist, gelten die §§ 12 bis 16, 19 bis 20 auch für die öffentlichen Stellen der Länder, soweit sie
1. Bundesrecht ausführen und nicht als öffentlich-rechtliche Unternehmen am Wettbewerb teilnehmen oder
2. als Organe der Rechtspflege tätig werden und es sich nicht um Verwaltungsangelegenheiten handelt.

(3) Für Landesbeauftragte für den Datenschutz gilt § 23 Abs. 4 entsprechend.

(4) Werden personenbezogene Daten für frühere, bestehende oder zukünftige Beschäftigungsverhältnisse erhoben, verarbeitet oder genutzt, gelten § 28 Absatz 2 Nummer 2 und die §§ 32 bis 35 anstelle der §§ 13 bis 16 und 19 bis 20.

Literatur: *Engelien-Schulz*, Praxishandbuch des Datenschutzes bei Bundesbehörden, 2004; *ders.*, Zum Umgang mit Personalaktendaten, Personaldaten und Personendaten auf Bundesebene im Zusammenhang mit Privatisierung, RDV 2004, 112; *Gola*, Personaldatenschutz im öffentlichen Dienst, RiA 1994, 1; *Gola/Wronka*, Handbuch zum Arbeitnehmerdatenschutz, 6. Aufl. 2013; *dies.*, Das neue BDSG und der Arbeitnehmerdatenschutz, RDV 1991, 165; *Kaenke*, Personalaktenrecht, 1994; *Lampert*, Der Beamte und seine Personalakte, Verwaltungsrundschau 2000, 410; *Simitis*, Verarbeitung von Arbeitnehmerdaten, CR 1991, 161; *Taeger*, Personaldatenschutz in der Dienststelle, PersR 2000, 435; *Wohlgemuth*, Datenschutz für Arbeitnehmer, 1988.

Übersicht

	Rn.
1. Allgemeines	1
2. Öffentliche Stellen des Bundes	2
3. Öffentliche Stellen der Länder	3
4. Erstreckung des Zeugnisverweigerungsrechts	6
5. Öffentlicher Dienst	7
6. Landesrecht	11

1. Allgemeines

1   Der 2. Abschnitt des BDSG gilt für den öffentlichen Bereich. Ausgenommen sind nach Absatz 1 öffentlich-rechtliche Unternehmen, die am Wettbewerb teilnehmen sowie nach Absatz 4 die Datenverarbeitung für Beschäftigungsverhältnisse; für beides

Anwendungsbereich **§ 12**

gilt der 3. Abschnitt des BDSG. Nicht in den Anwendungsbereich fällt außerdem die Datenverarbeitung durch Landesbehörden, die in allen Ländern durch Landesgesetz geregelt ist.

2. Öffentliche Stellen des Bundes

Die in § 2 Abs. 1 aufgeführten öffentlichen Stellen des Bundes sind die primären Normadressaten dieses Abschnitts. Ausgenommen sind diejenigen öffentlichen Stellen des Bundes, die am Wettbewerb teilnehmen (zum Begriff Erl. 7 zu § 27). Dies ist notwendig, um gleiches Recht bei den betroffenen Unternehmen im Vergleich zu ihren privatrechtlich organisierten Wettbewerbern zu schaffen und damit Wettbewerbsverzerrungen zu vermeiden. Die Ausnahmeregelung gilt für diese öffentlichen Stellen nur, „soweit" sie am **Wettbewerb** teilnehmen; soweit sie hoheitlich oder auch schlicht-hoheitlich tätig werden, gilt der zweite Abschnitt (Dammann in: Simitis, BDSG § 12 Rn. 13). Ein tatsächlicher Wettbewerb in jedem Einzelfall braucht nicht stattzufinden. Öffentlich-rechtlich organisierte **Krankenhäuser** oder kommunale Verkehrs- oder **Versorgungsbetriebe,** fallen auch dann unter den dritten Abschnitt, wenn sie in ihrem Bereich faktisch konkurrenzlos sind. Entscheidend für ihre Einbeziehung ist, dass sie Leistungen erbringen, die entsprechend auch von privaten Unternehmen angeboten werden. Die Kontrolle dieser Unternehmen durch den BfDI ist jedoch beibehalten worden; ebenso gilt für die interne Datenschutzorganisation § 18 (§ 27 Abs. 1 Satz 3). Zu den öffentlichen Stellen des Bundes gehören auch die in § 2 Abs. 3 aufgeführten Vereinigungen des privaten Rechts, die sich aus öffentlichen Stellen des Bundes und der Länder zusammensetzen, soweit sie die dort aufgeführten Voraussetzungen erfüllen. 2

3. Öffentliche Stellen der Länder

3.1 Absatz 2 schränkt die gleich lautende Ausnahmeregelung des § 1 Abs. 2 Nr. 2 dahingehend weiter ein, dass in den aufgeführten Fällen nur die materiellen Datenschutzvorschriften anzuwenden sind, nicht jedoch die speziell auf die Bundesverwaltung bezogene Regelung des § 18 sowie die den BfDI betreffenden Bestimmungen der §§ 21 bis 26. Damit ist gleichzeitig ausgesagt, dass insoweit der BfDI keine Kontrollrechte hat. 3

3.2 Angesprochen sind in Absatz 2 Nr. 1 öffentliche Stellen der Länder, **soweit sie Bundesrecht** ausführen. Nach der Ordnung des Grundgesetzes werden Bundesgesetze in der Regelfall von den Ländern ausgeführt (Art. 83 GG), sei es als eigene Angelegenheit nach Art. 84 GG oder im Auftrag des Bundes (Art. 85 GG). In beiden Fällen gilt mit den oben genannten Einschränkungen das BDSG. Werden sie hingegen als öffentlich-rechtliche Unternehmen tätig, die am Wettbewerb teilnehmen, gelten die aufgeführten Vorschriften des 2. Abschnitts nicht. Nach § 27 Abs. 2 Nr. 2b gelten die Vorschriften des 3. Abschnitts, sofern die aufgeführten Voraussetzungen erfüllt sind. 4

3.3 Nach Absatz 2 Nr. 2 gilt mit den aufgeführten Einschränkungen das BDSG auch für Organe der **Rechtspflege,** soweit sie nicht in **Justizverwaltungsangelegenheiten** tätig werden. Für Letzteres gilt Nummer 1. 5

3.4 Mit der Geltung des BDSG auch für öffentliche Stellen der Länder sollte Rechtseinheit bei der Ausführung von Bundesrecht hergestellt werden (dazu die Begründung des Regierungsentwurfs, BT-Drs. 7/1027, S. 16 Nr. 3.4). Durch die – im Vermittlungsausschuss auf Antrag des Bundesrats – eingeführte **Vorrangregelung für die Landesdatenschutzgesetze** ist dieses Ziel allerdings nicht erreicht worden. Die Anwendung des Bundesrechts gilt nur für den Fall, dass in dem jeweili- 5a

§ 12 Anwendungsbereich

gen Land keine landesgesetzliche Regelung besteht. Der Vorrang des Landesrechts gilt unabhängig davon, ob die Regelung schärfer oder milder ist als die des BDSG (Dammann in: Simitis, BDSG § 1 Rn. 125). Nur wenn das Landesrecht keine Regelung enthält, gilt grundsätzlich das BDSG; es sei denn die „Nichtregelung" erfolgte bewusst und erkennbar. Da alle Länder Datenschutzgesetze erlassen haben, hat Absatz 2 in der Praxis keine Bedeutung. Für den Datenschutz bei der Verarbeitung von Sozialdaten ist das Prinzip der Subsidiarität des BDSG durch § 79 Abs. 1 und 3 Satz 1 SGB X wieder aufgehoben und der Vorrang des BDSG festgelegt worden.

4. Erstreckung des Zeugnisverweigerungsrechts

6   Durch Absatz 3 wird den Landesbeauftragten für Datenschutz ein Zeugnisverweigerungsrecht gewährt. Die Regelung ist auf Vorschlag des Bundesrats in das Gesetz aufgenommen worden, weil ein Zeugnisverweigerungsrecht als Sonderregelung zu den Prozessordnungen nur der Bund regeln kann. Aus der uneingeschränkten Geltung des § 23 Abs. 4 folgt, dass das Zeugnisverweigerungsrecht daher auch für die Mitarbeiter des Landesbeauftragten gilt (Dammann in: Simitis, BDSG § 12 Rn. 20).

5. Öffentlicher Dienst

7   **5.1** Mit Absatz 4 soll ein für alle im öffentlichen Dienst Tätigen, seien es Beamte, Richter oder Soldaten, Angestellte oder Arbeiter, **einheitliches Datenschutzrecht** geschaffen werden. Die Vorschriften des 2. Abschnitts, die auf den Vollzug von Gesetzen zugeschnitten sind, eignen sich dafür nicht optimal. Die des 3. Abschnitts über die Zulässigkeit der Datenverarbeitung und Nutzung (§ 28 Abs. 2 Nr. 2 und § 32) und die Rechte des Betroffenen (§§ 33 bis 35) sind daher anstelle der entsprechenden Regelungen im 2. Abschnitt anzuwenden. Die Vorschriften des BDSG treten jedoch nach § 1 Abs. 3 zurück gegenüber den bereichsspezifischen Regelungen des beamtenrechtlichen Personalaktenrechts der §§ 106 ff. BBG (vgl. hierzu Gola, RiA 1994, 1; DÖD 1992, 221; NVwZ 1993, 553; Krempl, DuD 1993, 670; Schnupp, RiA 1993, 123). Damit entfallen die Zulässigkeits-, Auskunfts- und Korrekturregelungen (vgl. BVerwG, RDV 2003, 238 m. Anm. Gola; ferner kritisch Hüpers, RDV 2004, 62; vgl. aber auch BVerwG, RDV 2004, 272 m. krit. Anm. Gola) des BDSG weitgehend (vgl. zu im **Beamtenrecht** nicht geregelten Themen Dammann in: Simitis, BDSG § 12 Rn. 24) nur noch Wirkung für Arbeitnehmerdaten, für die jedoch Teilaspekte auch tariflich geregelt sind.

8   **5.2** Absatz 4 ist anzuwenden, wenn personenbezogene Daten für **dienst- oder arbeitsrechtliche Rechtsverhältnisse** verarbeitet oder genutzt werden. Die Datenverarbeitung oder Nutzung muss sich auf die Ausgestaltung (Begründung, Durchführung, Beendigung) eben dieses Rechtsverhältnisses beziehen. Die Datenverarbeitung über den Personalbestand, die Personalplanung, Vergütung, Beihilfen und Versorgung gehört hierher, nicht hingegen diejenige, die anderen Zwecken dient und die personenbezogene Daten der Beschäftigten enthält (Dammann in: Simitis, BDSG § 12 Rn. 28). Nicht unter Absatz 4 fallen die Rechtsverhältnisse von Bundestagsabgeordneten (Dammann in: Simitis, BDSG § 12 Rn. 27). Für diese bedarf es eigener Datenschutzregelungen. Einbezogen sind frühere, bestehende und künftige Rechtsverhältnisse. Darunter fallen auch die Daten von **Stellenbewerbern** (Dammann in: Simitis, BDSG § 12 Rn. 26).

9   **5.3** Absatz 4 bezieht auch die **Erhebung** ausdrücklich in den gesetzlichen Schutz ein. Die Irritationen, die das Fehlen dieser Phase im bisherigen Recht ausgelöst hat, sind damit behoben. Eine weitere Klarstellung enthält der letzte Halbsatz des Absatzes 4: Auch die Verarbeitung personenbezogener Daten in **Personalakten** fällt

Anwendungsbereich § 12

unter den gesetzlichen Schutz. Diese Klarstellung ist hilfreich, weil die Regelungen des 3. Abschnitts nur für die automatisierte Verarbeitung oder die Verarbeitung in nichtautomatisierten Dateien gelten (§ 27 Abs. 1).

5.4 Für Beschäftigungsverhältnisse bei öffentlichen Stellen wird auf die spezielleren Regelungen im 3. Abschnitt verwiesen. Auf die Kommentierung zum 3. Abschnitt wird insoweit Bezug genommen.

6. Landesrecht

6.1 Die Landesdatenschutzgesetze haben die in § 12 vorgegebene Aufteilung der Anwendungsbereiche beibehalten. Nahezu alle Gesetze haben Vereinigungen des privaten Rechts, die öffentliche Aufgaben wahrnehmen, einbezogen: Art. 2 Abs. 2 BayDSG; § 2 Abs. 2 LDSG BW; § 2 Abs. 1 BlnDSG; § 2 Abs. 1 BbgDSG; § 1 Abs. 2 BremDSG; § 2 Abs. 2 HmbDSG; § 3 Abs. 1 HDSG; § 2 Abs. 2 DSG M-V; § 2 Abs. 1 LDSG RPf; § 2 Abs. 2 SächsDSG; § 3 Abs. 1 DSG-LSA; § 2 SDSG; § 3 Abs. 1 LDSG SH; § 2 Abs. 2 ThürDSG. Für Gerichte, den Landesrechnungshof und den Landtag gelten einige Landesdatenschutzgesetze grundsätzlich nur, soweit sie in Verwaltungsangelegenheiten tätig werden (Art. 2 Abs. 5 und 6 BayDSG; § 2 Abs. 1 BbgDSG, nach Absatz 1a ist in Brandenburg für den Landtag eine eigene Datenschutzordnung vorgesehen ebenso in Niedersachsen (§ 2 Abs. 2) und Rheinland-Pfalz (§ 2 Abs. 2 Satz 2); § 2 Abs. 3 LDSG BW; § 1 Abs. 4 BremDSG (nur für Gerichte); § 2 Abs. 4 DSG M-V (ohne besondere Regelung für den Landtag); § 2 Abs. 2 NDSG (nur für den Landtag); § 2 Abs. 1 DSG NRW; § 2 Abs. 1 SDSG; § 2 Abs. 5 und 6 ThürDSG). Öffentliche Stellen des Landes, die am Wettbewerb teilnehmen, unterliegen auch in den novellierten Landesdatenschutzgesetzen dem 3. Abschnitt des BDSG (Art. 3 BayDSG; § 2 Abs. 2 BbgDSG; § 2 Abs. 4 LDSG BW; § 2 Abs. 3 BlnDSG; § 1 Abs. 5 BremDSG; § 2 Abs. 2 HmbDSG; § 3 Abs. 6 HDSG; § 2 Abs. 5 DSG M-V; § 2 Abs. 3 NDSG; § 2 Abs. 2 DSG NRW; § 2 Abs. 3 LDSG RPf; § 2 Abs. 3 SächsDSG; § 2 SDSG; § 3 Abs. 3 DSG-LSA; § 3 Abs. 3 LDSG SH; § 26 ThürDSG).

6.2 Für Gnadenverfahren gilt das Landesdatenschutzgesetz oder einzelne Bestimmungen nicht in Bayern (Art. 2 Abs. 4), Bremen (§ 1 Abs. 4 Satz 2), Hamburg (§ 2 Abs. 4); Mecklenburg-Vorpommern (§ 2 Abs. 6), Niedersachsen (§ 2 Abs. 5), Nordrhein-Westfalen (§ 2 Abs. 1 Satz 4) und Sachsen-Anhalt (§ 3 Abs. 2 Nr. 3). In einigen Ländern sind auch personenbezogene Daten ausgenommen, die aus allgemein zugänglichen Quellen entnommen sind (§ 1 Abs. 7 BremDSG (auch für Daten des Betroffenen, die von ihm zur Veröffentlichung bestimmt sind); § 2 Abs. 6 HmbDSG; § 3 Abs. 4 HDSG; § 5 LDSG RPf). Bayern hat eine Sonderregelung erlassen für personenbezogene Daten, die nur vorübergehend verarbeitet werden (Art. 2 Abs. 3).

6.3 Die Regelungen des § 12 Abs. 4 haben Bayern und Thüringen nicht übernommen. Die übrigen Landesdatenschutzgesetze enthalten Sonderregelungen (§ 36 LDSG BW; § 2 Abs. 2 BlnDSG; § 29 BbgDSG; § 20 BremDSG; § 28 HmbDSG; § 34 HDSG; § 35 DSG M-V; § 24 NDSG; § 29 LDSG NRW; § 31 LDSG RPf; § 37 SächsDSG; § 31 SDSG; § 28 DSG-LSA; § 23 LDSG SH).

§ 13 Datenerhebung

(1) Das Erheben personenbezogener Daten ist zulässig, wenn ihre Kenntnis zur Erfüllung der Aufgaben der verantwortlichen Stelle erforderlich ist.

(1a) Werden personenbezogene Daten statt beim Betroffenen bei einer nicht-öffentlichen Stelle erhoben, so ist die Stelle auf die Rechtsvorschrift, die zur Auskunft verpflichtet, sonst auf die Freiwilligkeit ihrer Angaben hinzuweisen.

(2) Das Erheben besonderer Arten personenbezogener Daten (§ 3 Abs. 9) ist nur zulässig, soweit
1. eine Rechtsvorschrift dies vorsieht oder aus Gründen eines wichtigen öffentlichen Interesses zwingend erfordert,
2. der Betroffene nach Maßgabe des § 4a Abs. 3 eingewilligt hat,
3. dies zum Schutz lebenswichtiger Interessen des Betroffenen oder eines Dritten erforderlich ist, sofern der Betroffene aus physischen oder rechtlichen Gründen außerstande ist, seine Einwilligung zu geben,
4. es sich um Daten handelt, die der Betroffene offenkundig öffentlich gemacht hat,
5. dies zur Abwehr einer erheblichen Gefahr für die öffentliche Sicherheit erforderlich ist,
6. dies zur Abwehr erheblicher Nachteile für das Gemeinwohl oder zur Wahrung erheblicher Belange des Gemeinwohls zwingend erforderlich ist,
7. dies zum Zweck der Gesundheitsvorsorge, der medizinischen Diagnostik, der Gesundheitsversorgung oder Behandlung oder für die Verwaltung von Gesundheitsdiensten erforderlich ist und die Verarbeitung dieser Daten durch ärztliches Personal oder durch sonstige Personen erfolgt, die einer entsprechenden Geheimhaltungspflicht unterliegen,
8. dies zur Durchführung wissenschaftlicher Forschung erforderlich ist, das wissenschaftliche Interesse an der Durchführung des Forschungsvorhabens das Interesse des Betroffenen an dem Ausschluss der Erhebung erheblich überwiegt und der Zweck der Forschung auf andere Weise nicht oder nur mit unverhältnismäßigem Aufwand erreicht werden kann oder
9. dies aus zwingenden Gründen der Verteidigung oder der Erfüllung über- oder zwischenstaatlicher Verpflichtungen einer öffentlichen Stelle des Bundes auf dem Gebiet der Krisenbewältigung oder Konfliktverhinderung oder für humanitäre Maßnahmen erforderlich ist.

Literatur: *Auernhammer,* Zur Telefondatenerfassung des Personalrats, DuD 1990, 487; *Bär,* Die Überwachung des Fernmeldeverkehrs, CR 1993, 63; *Borges,* Der neue Personalausweis und der elektronische Identitätsnachweis, NJW 2010, 334; *Braun,* Ozapftis – (Un)Zulässigkeit von „Staatstrojanern", K&R 2011, 681; *Brenneisen/Bock,* Die präventiv-polizeiliche Rasterfahndung im Lichte der aktuellen Rechtsprechung des BVerfG, DuD 2006, 685; *Buermeyer/Bäcker,* Zur Rechtswidrigkeit der Quellen-Telekommunikationsüberwachung auf Grundlage des § 100a StPO, HRRS 2009, 433; *Bull,* Aus aktuellem Anlaß: Über Stil und Technik der Datenschutzgesetzgebung, RDV 1999, 148; *Desoi/Knierim,* Intimsphäre und Kernbereichsschutz – Ein unantastbarer Bereich privater Lebensgestaltung in der Rechtsprechung des Bundesverfassungsgerichts, DÖV 2011, 398; *Ellger,* Konvergenz oder Konflikt bei der Harmonisierung des Datenschutzes in Europa, CR 1999, 558; *Engelien-Schulz,* Daten über die Gesundheit als eine besondere Art personenbezogener Daten, RDV 2005, 201; *ders.,* Zum Sicherheitsüberprüfungsgesetz, RDV 2006, 199; *Gallwas,* Der allgemeine Konflikt zwischen dem Recht auf informationelle Selbstbestimmung und der Informationsfreiheit, NJW 1992, 2785; *Geis,* Individualrechte in der sich verändernden Datenschutzlandschaft, CR 1995, 171; *Gliss,* Testen mit echten Daten:

Datenerhebung **§ 13**

Risiken und Grenzen der Zulässigkeit, DSB 12/2010, 12; *Gola,* Videoaufzeichnungen und Datenschutz, DuD 1989, 442; *Gounalakis/Mand,* Die neue EG-Datenschutzrichtlinie – Grundlagen einer Umsetzung in nationales Recht, CR 1997, 431 und 497; *Guttenberg,* Die heimliche Überwachung von Wohnungen, NJW 1993, 567; *Hildner,* Kritische Anmerkungen zur Weiterentwicklung des Beamtenrechts und zur Feststellung der Beamtendiensttauglichkeit unter besonderer Berücksichtigung des Schutzes personenbezogener Daten, Bundeswehrverwaltung 2/2004, 25 f.; *Hoffmann,* Zweckbindung als Kernpunkt eines prozeduralen Datenschutzansatzes, Nomos Universitätsschriften Recht Bd. 56, 1991; *Hohmann-Dennhardt,* Freiräume – Zum Schutz der Privatheit, NJW 2006, 545; *Huber,* Effektiver Grundrechtsschutz mit Verfallsdatum, NJW 2005, 2260; *Koch/Krestas,* Wie umfassend ist der Datenschutz? – Schmerzensgeld bei unberechtigter Dateneinziehung, NJW 1993, 21; *Koch,* Datenerhebung und -verarbeitung in den Polizeigesetzen der Länder, 1999; *Koranyi/Singelnstein,* Rechtliche Grenzen für polizeiliche Bildaufnahmen von Versammlungen, NJW 2011, 124; *Kunkel,* Der Datenschutz im Vormundschaftswesen, DAVorm. 1991, 605; *Kutzner,* Die Beschlagnahme von Daten bei Berufsgeheimnisträgern, NJW 2005, 2652; *Linnenkohl,* Das Mithören von dienstlichen Telefonaten durch den Arbeitgeber, RDV 1992, 205; *Lisken/Denninger,* Handbuch des Polizeirechts, 5. Aufl. 2012; *Möstl,* Das Bundesverfassungsgericht und das Polizeirecht – Eine Zwischenbilanz aus Anlass des Urteils zur Vorratsdatenspeicherung, DVBl. 2010, 808; *Polenz,* Der neue elektronische Personalausweis, MMR 2010, 671; *Riegel,* Datenschutz bei den Sicherheitsbehörden, 1992, S. 83 f.; *Roggan,* Polizeiliche Bildaufnahmen von friedlichen Versammlungen unter freiem Himmel, NVwZ 2010, 1402; *Sankol,* Überwachung von Internet-Telefonie – Ein Schatten im Lichte der §§ 100a ff. StPO, CR 2008, 13; *Scholz/Pitschas,* Informationelle Selbstbestimmung und staatliche Informationsverantwortung, 1984; *Soignè,* Datenverarbeitung für Zwecke künftiger Strafverfahren, CR 1998, 257; *Stange,* Datenschutz – Recht und Praxis, 1992, S. 72 f.; *Tinnefeld,* Persönlichkeitsrecht und Modalitäten der Datenerhebung im BDSG, NJW 1993, 1117; *dies.,* Freiheit der Forschung und Europäischer Datenschutz, DuD 1999, 35; *Tinnefeld/Schrempf,* Probleme der Datenerhebung im Bereich der Forschung, RDV 1991, 241; *Vahle,* Datenerhebung und Datenverarbeitung durch Sicherheitsbehörden, DSB 5/1992, 1; *ders.,* Datenerhebung und Datenverarbeitung nach dem Gesetz zur Bekämpfung der organisierten Kriminalität, DuD 1993, 74; *Vogelgesang,* Grundrecht auf informationelle Selbstbestimmung?, 1997, S. 61 f.; *Weber,* EG-Datenschutzrichtlinie-Konsequenzen für die deutsche Datenschutzgesetzgebung, CR 1995, 297; *Weichert,* Informationelle Selbststimmung und strafrechtliche Ermittlung, 1990, S. 114 f.; *Weise,* Datenschutz für „Trivialdaten", DuD 1989, 279; *ders.,* Genetische Analysen an Arbeitnehmern, DuD 1993, 274; *Wüstenberg,* Argumente gegen die Rechtmäßigkeit der Vorratsdatenspeicherung, RDV 2006, 102.

Übersicht

	Rn.
1. Allgemeines	1
2. Zulässigkeit	2
3. Einzelfälle	6
4. Rechtsfolgen	7
5. Hinweispflicht	9
6. Schutz sensitiver Daten	13
7. Landesrecht	25

1. Allgemeines

§ 13 ist die Vorschrift, in der die Erhebung 1990 erstmals im BDSG geregelt **1** wurde. Zu den Hintergründen und der Entwicklung vgl. die Erläuterungen zu § 4. § 13 Abs. 1 ist seitdem materiell unverändert geblieben. Dies war möglich, weil die grundlegende „Datenschutzphilosophie" des BDSG von der EG-DatSchRL im Prinzip übernommen worden ist.

§ 13   Datenerhebung

2. Zulässigkeit

2   2.1 Das Gesetz regelt die Zulässigkeit der **Erhebung** (Definition § 3 Abs. 3) personenbezogener Daten im öffentlichen Bereich, also den Rahmen der Ausnahme vom grundsätzlichen Verbot des § 4 Abs. 1 („nur zulässig"). Als Eingriff in das Recht auf informationelle Selbstbestimmung bedarf die Erhebung personenbezogener Daten einer gesetzlichen Grundlage, aus der sich die Voraussetzungen und der Umfang der Beschränkung erkennbar und normenklar ergeben (BVerfGE 65, 1 (44)). Eine Verwaltungsvorschrift reicht hierfür nicht (BVerfG, NJW 2009, 3293 (3294) für die Geschwindigkeitsmessung durch Videoaufzeichnung; kritisch dazu Bull, NJW 2009, 3279). Personenbezogene Daten dürfen nur insoweit erhoben werden, als sie zur Erfüllung der **Aufgaben** der verantwortlichen (öffentlichen) Stelle erforderlich sind. Die Regelung hat somit zwei Voraussetzungen: Die Erhebung personenbezogener Daten muss für eine Aufgabe erfolgen, für die die verantwortliche Stelle zuständig ist. Außerdem muss die Kenntnis der personenbezogenen Daten für die Erfüllung dieser Aufgabe erforderlich sein (dazu Rn. 3). Die Aufgabe muss der verantwortlichen Stelle übertragen worden sein (Art. 7 Buchst. e 2. Halbs. EG-DatSchRL). Art, Umfang und Grenzen der Aufgaben können naturgemäß nicht im Einzelnen vorab festgelegt und definiert werden; sie ergeben sich aus den spezifischen und allgemeinen Gesetzen (die Mitgliederwerbung ist keine Aufgabe, für die die Krankenkassen Sozialdaten erheben dürfen, BSG, NJW 2003, 2932). Entscheidend für die Zulässigkeit ist die Rechtmäßigkeit der Aufgabenerfüllung. Alle öffentlichen Stellen sind in ihrem Handeln an Gesetz und Recht gebunden. Die Rechtmäßigkeit der Aufgabenerfüllung wird dabei im Mittelpunkt der Prüfung zu stehen haben. Sie bestimmt sich primär nach fachspezifischen Vorschriften, die entweder die Erhebung bestimmter Daten zum Gegenstand haben oder aber der jeweiligen öffentlichen Stelle Aufgaben übertragen, die nur auf der Grundlage bestimmter Informationen erfüllbar sind. Grundsätzlich gilt, dass allgemeine Befugnisnormen wie § 13 Abs. 1 nur solche Datenerhebungen erlauben, die nicht mit **schwerwiegenden Grundrechtseingriffen** verbunden sind (allgemein Dammann in: Simitis, BDSG § 14 Rn. 2). So ermöglichen auch die polizeilichen Generalerhebungsklauseln regelmäßig nur Maßnahmen, die nicht erheblich in Grundrechte der Bürger eingreifen (zu den Ermittlungsgeneralklauseln der §§ 161, 163 StPO BVerfG, NJW 2009, 1405 (1407); Petri in: Lisken/Denninger, Handbuch des Polizeirechts, GH Rn. 170; Hilger, NStZ 2000, 561 (564)). Je schwerwiegender die ermöglichten Grundrechtseingriffe sind, desto höhere Anforderungen sind an die Bestimmtheit und Klarheit der ermächtigenden Norm zu stellen (BVerfG, NVwZ 2007, 688 (690) zur fehlenden Eignung der allgemeinen Erhebungsbefugnis im Landesdatenschutzgesetz als Ermächtigungsgrundlage für eine Videoüberwachung).

3   2.2 Rechtmäßige Aufgabenerfüllung und Zuständigkeit sind Maßstäbe, die für jedes staatliche Handeln gelten, ohne dass sie einen besonderen Bezug zur Verarbeitung personenbezogener Daten aufweisen. Hinzukommen muss die **Erforderlichkeit** der Erhebung. Auch der **Erforderlichkeitsgrundsatz** stellt nichts grundlegend Neues dar. Er ist – ebenso wie Rechtmäßigkeit und Zuständigkeit – ein allgemeiner Maßstab des Verwaltungshandelns. Die öffentliche Verwaltung soll nicht mehr an Daten verarbeiten, als sie zur Erfüllung ihrer Aufgaben benötigt. Angesichts der technischen Möglichkeiten der Datenverarbeitung ist der Erforderlichkeitsgrundsatz neben dem Zweckbindungsprinzip zu einem prägenden Element des Datenschutzes geworden. Selbst wenn eine Datenerhebung erforderlich sein mag, kann die Zulässigkeit daran scheitern, dass sie gegen das Persönlichkeitsrecht des Betroffenen verstößt. Mit dieser Begründung hat das OLG Köln (RDV 1994, 164) dem Finanzamt im Rahmen der Besteuerung von Eheleuten ein uneingeschränktes Einsichtsrecht in Ehescheidungsakten versagt. Erforderlichkeit ist ein **unbestimmter Rechts-**

Datenerhebung § 13

begriff, der der Ausfüllung und Konkretisierung im Einzelfall bedarf. Dabei ist von der Grundentscheidung des Gesetzgebers auszugehen, die Erhebung und sonstige Verarbeitung von personenbezogenen Daten zu verbieten (§ 4) und sie nur in den vorgegebenen Grenzen zuzulassen. Wie jede Ausnahmeregelung ist auch diese eng auszulegen. Erforderlich sind daher nur die Daten, ohne deren Kenntnis die öffentliche Stelle die gestellte Aufgabe im Sinne einer conditio sine qua non nicht, nicht vollständig, nicht rechtmäßig oder nicht in angemessener Zeit erfüllen könnte (Auernhammer, BDSG § 13 Rn. 6; Sokol in: Simitis, BDSG § 13 Rn. 26; nach dem OVG Thüringen ist die Erhebung von Sozialdaten nur zulässig, wenn deren Kenntnis für die jeweilige Aufgabe *unentbehrlich* ist, DuD 2011, 214). Wo es möglich ist, sollten Art und Umfang der zu erhebenden Daten vorab festgelegt werden. Teilweise hat der Gesetzgeber diese Entscheidung getroffen, z. B. in §§ 11–13 des Sicherheitsüberprüfungsgesetzes (SÜG); § 49 des Aufenthaltsgesetzes (AufenthG). Der Erforderlichkeitsgrundsatz zählt unbestritten zu den prägenden Grundsätzen des Datenschutzes im öffentlichen Bereich. Er ist die Grundlage des vom BVerfG in den Mittelpunkt des Datenschutzrechts gestellten Grundsatzes der „informationellen Gewaltenteilung" (Bull, RDV 1999, 140). Er wird ergänzt durch den in § 3a geregelten Grundsatz der Datenvermeidung und Datensparsamkeit, der als Programmsatz für die datenschutzfreundliche Gestaltung von Datenverarbeitungssystemen, nicht jedoch als materielle Zulässigkeitsvoraussetzung der Erhebung und Verwendung personenbezogener Daten, ausgestaltet ist (näher dazu § 3a Rn. 1a).

2.3 Aus den Worten **„erforderlich ist"** folgt, dass nur die zur aktuellen Aufgabenerfüllung benötigten Daten erhoben werden dürfen. Es ist nicht zulässig, Daten **„auf Vorrat"** zu erheben, d. h. solche Daten, die zur Erfüllung der konkreten und aktuellen Aufgabe nicht benötigt werden, die aber zu einem späteren Zeitpunkt gebraucht werden könnten und deshalb bei dieser Gelegenheit mit erhoben werden (Sokol in: Simitis, BDSG § 13 Rn. 26). **4**

2.4 Die **erhebende Stelle** entscheidet, welche Daten sie für die Wahrnehmung der vorgegebenen Aufgabe für erforderlich hält. Diese Entscheidung lässt sich, was die Art der Daten anbetrifft, vielfach abstrakt und im Vorhinein treffen. Insoweit sind auch Regelungen möglich. Dies macht aber eine Berücksichtigung der Umstände des Einzelfalls nicht entbehrlich. In äußerlich gleichgelagerten Fällen kann es geboten sein, unterschiedlich zu verfahren und einmal mehr und andere Daten zu erheben als im anderen Fall. Ist ein Antragsteller unglaubwürdig, oder sind die Angaben zur Begründung seines Antrags unschlüssig, ist intensiver zu prüfen als im Normalfall. **5**

2.5 Infolge der Bedrohung durch den internationalen Terrorismus sind die Möglichkeiten sowohl zur Verfolgung als auch zur Verhütung von Straftaten und Gefahren in den vergangenen Jahren, teilweise europaweit, ausgedehnt worden. Mit den erweiterten Befugnissen sind oftmals schwerwiegende Eingriffe in Freiheitsrechte der Bürger verbunden. Das BVerfG hat in jüngster Zeit in einer Reihe von Entscheidungen die Grenzen von Eingriffen in Grundrechte immer weiter konkretisiert (eine kritische Zwischenbilanz dieser Rechtsprechung zieht Möstl, DVBl. 2010, 808). Hier ist an erster Stelle das Urteil zum sog. **„großen Lauschangriff"** vom 3.3.2004 (NJW 2004, 999) zu nennen. Das Urteil ist in der 8. Aufl. eingehend dargestellt worden. Die Kernaussage sei hier nochmals wiedergegeben: „Zur Entfaltung der Persönlichkeit im **Kernbereich privater Lebensgestaltung** gehört die Möglichkeit, innere Vorgänge wie Empfindungen und Gefühle sowie Überlegungen, Ansichten und Erlebnisse höchstpersönlicher Art zum Ausdruck zu bringen, und zwar ohne dass staatliche Stellen dies überwachen" (NJW 2004, 1002). In diesen aus der Menschenwürdegarantie abgeleiteten Kernbereich (zur Abgrenzung von dem Begriff der Intimsphäre nach der Sphärentheorie Desoi/Knierim, DÖV 2011, 398 ff.) „darf die akustische Überwachung von Wohnraum zu Zwecken der Strafverfolgung (Art. 13 Abs. 3 GG) nicht eingreifen. Eine Abwägung nach Maß- **5a**

gabe des Verhältnismäßigkeitsgrundsatzes zwischen der Unverletzlichkeit der Wohnung (Art. 13 Abs. 1 i. V. m. Art. 1 Abs. 1 GG) und dem Strafverfolgungsinteresse findet insoweit nicht statt" (Leitsatz). Soweit die Überwachung dennoch zulässig bleibt, setzt das Gericht dem Gesetzgeber enge Grenzen. Die Umsetzung dieses „richtungweisenden Urteils" (Peter Schaar, ehem. BfDI) ist mit dem „Gesetz zur Umsetzung des Urteils des Bundesverfassungsgerichts vom 3. März 2004" vom 24.6.2005 (BGBl. I S. 1841) in den §§ 100c-f StPO erfolgt (s. dazu Löffelmann, NJW 2005, 2033 und Meyer-Wieck, NJW 2005, 2037). § 100c StPO in der Fassung des genannten Gesetzes genügt den verfassungsrechtlichen Anforderungen (BVerfG, B. v. 11.5.2007, NJW 2007, 2753 ff.). Insbesondere hat das BVerfG das Fehlen einer positiven Definition des Kernbereichs akzeptiert (BVerfG, NJW 2007, 2755 f.). Es sei Aufgabe der Fachgerichte, den Begriff des Kernbereichs in Einzelfallentscheidungen zu schärfen (dies unternimmt OLG Düsseldorf, NStZ 2009, 54 ff.). Der SächsVerfGH hat mit einer Entscheidung vom 21.7.2005 einige Vorschriften des sächsischen Verfassungsschutzgesetzes für verfassungswidrig erklärt, weil die Regelungen zur akustischen **Wohnraumüberwachung** den Kernbereich privater Lebensgestaltung nicht ausreichend respektierten (NVwZ 2005, 1310). Ferner: Ein in einem Krankenzimmer mittels akustischer Wohnraumüberwachung aufgezeichnetes Selbstgespräch des Angeklagten ist zu dessen Lasten zu Beweiszwecken unverwertbar, soweit es dem durch Art. 13 Abs. 1 i. V. m. Art. 1 Abs. 1 und 2 Abs. 1 GG geschützten Kernbereich zuzurechnen ist (BGH, NJW 2005, 3295, dazu Kolz, NJW 2005, 3248; ebenso zum aufgezeichneten Selbstgespräch im Kraftfahrzeug BGH, DuD 2012, 604). Zum Kernbereich kann auch der Inhalt eines in der Wohnung aufbewahrten Testaments gehören (LG Koblenz, NJW 2010, 2227). Auch bei offenen Maßnahmen in Wohnungen, bei denen der Kernbereich nicht berührt ist, setzt das BVerfG Maßstäbe. **Wohnungsdurchsuchungen** im Rahmen der Strafverfolgung haben ihre Rechtsgrundlage in §§ 94 ff. und 102 f. StPO: Der Grundsatz der Unverletzlichkeit der Wohnung (Art. 13 GG) gebiete – so das BVerfG – sie als „elementaren Lebensraum" (BVerfG, NJW 2001, 1121) zu erhalten, in dem der Betroffene das Recht habe, „in Ruhe gelassen zu werden" (BVerfG, a. a. O.). Die Durchsuchung bedürfe vor allem einer Rechtfertigung nach dem Grundsatz der Verhältnismäßigkeit. Die Durchsuchung müsse im Blick auf den bei der Anordnung verfolgten gesetzlichen Zweck Erfolg versprechend sein. Ferner müsse gerade diese Maßnahme zur Ermittlung und Verfolgung der Straftat erforderlich sein; dies sei nicht der Fall, wenn andere, weniger einschneidende Mittel zur Verfügung stehen. Schließlich müsse der jeweilige Eingriff in angemessenem Verhältnis zu der Schwere der Straftat und der Stärke des Tatverdachts stehen (BVerfG, NJW 1997, 2165; NJW 2005, 1917 (1920); NJW 2006, 976; NJW 2007, 1804 f.; NStZ-RR 2008, 176; NJW 2008, 1937; NJW 2009, 281). Sie bedarf grundsätzlich einer gerichtlichen Anordnung (zur grundlegenden Bedeutung der richterlichen Entscheidung: BVerfG, NJW 2005, 1707 f.; zur Verfassungswidrigkeit einer Wohnungsdurchsuchung ohne richterliche Genehmigung: BVerfG, NJW 2007, 1444; NJW 2005, 1637). Im richterlichen Beschluss muss zum Ausdruck kommen, dass das Gericht die Eingriffsvoraussetzungen selbständig und eigenverantwortlich geprüft hat (BVerfG, NJW 2007, 1443; NJW 2008, 2422 f.). Besondere Sorgfalt gebietet nach der Rechtsprechung des BVerfG die Durchsuchung in Räumen von Berufsgeheimnisträgern (zur Bedeutung der beruflichen Schweigepflicht von Rechtsanwälten und Steuerberatern BVerfG, NJW 2005, 1917 ff.). Der besondere Schutz von Berufsgeheimnisträgern gebiete bei der Anordnung der Durchsuchung ihrer Geschäftsräume die besonders sorgfältige Beachtung der Eingriffsvoraussetzungen und des Grundsatzes der Verhältnismäßigkeit (BVerfG, NJW 2005, 1917; NJW 2007, 1443; NStZ-RR 2008, 176; NJW 2008, 1937 f.; NJW 2008, 422 f.; NJW 2009, 281 f. auch zur Beschlagnahme von anwaltlichen Unterlagen).

Datenerhebung § 13

2.6 In dieselbe Richtung wie das Urteil zum großen Lauschangriff zielen ein 5b ebenfalls am 3.3.2004 ergangener Beschluss des BVerfG zum Post- und Fernmeldegeheimnis im Außenwirtschaftsgesetz (BVerfG, NJW 2004, 2213), das durch §§ 23a ZFdG umgesetzt ist (vgl. dazu Huber, NJW 2005, 2260) sowie ein Urteil des BVerfG vom 27.7.2005 zur **präventiven Telekommunikationsüberwachung** nach dem Niedersächsischen SOG (BVerfG, NJW 2005, 2603 ff.). Der absolute Schutz des Kernbereichs privater Lebensgestaltung gilt danach bei Gesprächen im Rahmen der Telekommunikation ebenso wie in der Wohnung. „Der Schutz ist allerdings anders ausgestaltet als der des Grundrechts der Unverletzlichkeit der Wohnung nach Art. 13 GG. [...] Die Bürger sind zu höchstpersönlicher Kommunikation nicht in gleicher Weise auf Telekommunikation angewiesen, wie auf eine Wohnung" (BVerfG, NJW 2005, 2612). Daraus leitet das BVerfG einen zweistufigen Schutz ab. Bestehen tatsächliche Anhaltspunkte, dass die Telekommunikationsüberwachung Inhalte erfasst, die zum Kernbereich privater Lebensgestaltung zählen, muss die Überwachung unterbleiben. Liegen solche Anhaltspunkte nicht vor, darf die Überwachung auch mit dem Risiko der Erfassung solcher Inhalte durchgeführt werden, wenn ein besonders hochrangiges Rechtsgut gefährdet ist und konkrete Anhaltspunkte auf einen unmittelbaren Bezug zur zukünftigen Begehung der Straftat schließen lassen. Die Kommunikationsinhalte solcher Gespräche dürfen jedoch nicht gespeichert und verwertet werden. Sie sind unverzüglich zu löschen (BVerfG, NJW 2005, 2612). Die Reduzierung des Kernbereichsschutzes bei der Erhebung in § 100a Abs. 4 StPO; § 20l Abs. 6 Satz 1 BKAG; § 23a Abs. 4a Satz 1 ZFdG auf solche Fälle, in denen zu erwarten ist, dass durch die Maßnahme *allein* Erkenntnisse aus dem Kernbereich privater Lebensgestaltung gewonnen werden, ist nach Entscheidung des BVerfG verfassungsgemäß (BVerfG, B. v. 12.10.2011 – 2 BvR 236/08, NJW-Spezial 2012, 24; kritisch dagegen Hoffmann-Riem, JZ 2008, 1090, 1021; Hirsch, NJOZ 2008, 1907, 1914). **Telefonüberwachungen** nach § 100a StPO dürfen nur bei Verdacht eines in der Vorschrift aufgeführten Straftatbestandes (Katalogtat) durchgeführt werden. Ergeben sich bei einer Telefonüberwachung Anhaltspunkte für das Vorliegen einer Straftat, die nicht zu den Katalogtaten zählt **(Zufallserkenntnisse),** dürfen diese zum Anlass weiterer Ermittlungen genommen werden (BVerfG, NJW 2005, 2766).

2.7 Enge Grenzen hat das BVerfG in seiner Entscheidung vom 27.2.2008 auch 5c der sog. **Online-Durchsuchung** gesetzt (BVerfG, NJW 2008, 822 ff.). Als Eingriff in das neu geschaffene **Recht auf Gewährleistung der Vertraulichkeit und Integrität informationstechnischer Systeme** (zu dem „neuen" Grundrecht: Britz, DÖV 2008, 411; Hirsch, NJOZ 2008, 1907; Hoffmann-Riem, JZ 2008, 1090; Hornung, CR 2008, 299; Kutscha, NJW 2008, 1042; Petri, DuD 2008, 443) ist die Infiltration solcher Systeme nur unter engen Voraussetzungen zulässig. Angesichts der hohen Eingriffsintensität kann die Verhältnismäßigkeit der Maßnahme nur sichergestellt werden, wenn deren Einsatz im präventiven Bereich auf die Abwehr konkreter Gefahren für überragend wichtige Rechtsgüter beschränkt bleibt (BVerfG, NJW 2008, 830 f.). Diese Voraussetzungen gelten auch für Eingriffe durch Nachrichtendienste (BVerfG, NJW 2008, 832; Hornung, CR 2008, 304). Weiterentwickelt wurde durch diese Entscheidung auch das **zweistufige Verfahren** zum Schutz des **Kernbereichs privater Lebensgestaltung**. Soweit informations- und ermittlungstechnisch möglich, muss die Erhebung kernbereichsrelevanter Daten unterbleiben. Lässt sich dies nicht vermeiden, so ist auf der zweiten Stufe dafür zu sorgen, dass die Intensität der Kernbereichsverletzung und ihre Auswirkungen so gering wie möglich bleiben. Entsprechende Maßnahmen sind die Durchsicht der erhobenen und die anschließende Löschung kernbereichsrelevanter Daten (BVerfG, NJW 2008, 834). Entsprechend der Feststellung des BVerfG, dass die Infiltrierung eines informationstechnischen Systems ausschließlich an Art. 10 GG zu messen ist, wenn sichergestellt ist, dass sich die Überwachung auf Telekommunikation beschränkt,

§ 13 Datenerhebung

hält die Rechtsprechung überwiegend eine Quellen-Telekommunikationsüberwachung auf Grundlage des § 100a StPO für zulässig (AG Bayreuth, MMR 2010, 266; LG Landshut, NStZ 2011, 479; LG Hamburg, MMR 2011, 693). Dagegen wird zutreffend eingewandt, dass die Voraussetzungen und Schutzvorkehrungen des § 100a StPO nicht auf die besonderen Gefahren ausgerichtet seien, die mit der Infiltrierung eines informationstechnischen Systems verbunden sind (Braun/Roggenkamp, K&R 2011, 68; Buermeyer/Bäcker, HRRS 2009, 433 ff.; Entschließung der 81. Konferenz der Datenschutzbeauftragten des Bundes und der Länder vom 16./17. März 2011; zuvor bereits Sankol, CR 2008, 13 ff.).

5d 2.8 In einer weiteren Grundsatzentscheidung zur Zulässigkeit der Erhebung personenbezogener Daten hat das BVerfG auch der **Rasterfahndung** Grenzen gesetzt. Das BVerfG sieht in der Rasterfahndung einen erheblichen Eingriff in das Grundrecht auf informationelle Selbstbestimmung. Sie sei daher nur zulässig, wenn eine **hinreichend konkrete Gefahr** für die bedrohten hochrangigen Rechtsgüter bestehe. Im Vorfeld einer Gefahr scheide eine Rasterfahndung aus. Selbst bei höchstem Gewicht der drohenden Rechtsgüterbeeinträchtigung könne auf das Erfordernis einer hinreichenden Wahrscheinlichkeit eines Schadenseintritts nicht verzichtet werden (BVerfG, NJW 2006, 1939 = RDV 2006, 158). Auch zur polizeilichen automatisierten **Kfz-Kennzeichenerfassung**, die wie die Rasterfahndung eine Vorfeldmaßnahme mit erheblicher Streubreite ist, hat das BVerfG in einer Entscheidung vom 11.3.2008 klare Anforderungen vor allem an die Bestimmtheit der Befugnisnorm aufgestellt (BVerfG, NJW 2008, 1505; dazu Roßnagel, NJW 2008, 2547; Breyer, NVwZ 2008, 824). Der Gesetzgeber müsse insbesondere Anlass und Zweck der Maßnahme hinreichend bestimmt regeln (BVerfG, NJW 2008, 1509); grundrechtseingreifende Ermittlungen „ins Blaue hinein" lasse die Verfassung nicht zu (BVerfG, NJW 2008, 1515). Einige Landesgesetze sind daraufhin geändert worden (VG München hält die Kennzeichenerfassung nach dem bayerischen Polizeirecht für verhältnismäßig, VG München, MMR 2010, 65 f. = DuD 2010, 55; bestätigt durch VGH München, DuD 2013, 465; kritisch zur Neuregelung der Kennzeichenerfassung im hessischen Polizeirecht Bodenbenner/Heineman, NVwZ 2010, 679 ff.); Schleswig-Holstein hat auf die Wiedereinführung der Maßnahme nach der Entscheidung des BVerfG verzichtet. Die anlasslose Speicherung von Telekommunikationsdaten für Sicherheitszwecke (sog. **Vorratsdatenspeicherung**) hat das BVerfG zwar für mit dem Fernmeldegeheimnis nicht schlechthin unvereinbar erachtet, deren gesetzliche Ausgestaltung aber für nichtig erklärt (BVerfG v. 2.3.2010, NJW 2010, 833; ausführlich § 14 Rn. 8).

3. Einzelfälle

6 3.1 In **Bewerbungsverfahren** bei Bundesbehörden ist mit § 106 Abs. 4 BBG dem Erforderlichkeitsgrundsatz Rechnung getragen. Daten über **Schwangerschaften** von Mitarbeiterinnen dürfen nur mit deren Einwilligung mitgeteilt werden (BVerwG, RDV 1991, 35; vgl. auch Hey, RdA 1994, 298). Im Rahmen der **Zuverlässigkeitsprüfung** eines Bewerbers hängt der Umfang der Prüfung von der Art der Tätigkeit ab, die der Bewerber anstrebt (BGH, RDV 2001, 235). Der öffentliche Arbeitgeber darf den Bewerber bei der Einstellung nach Vorstrafen und laufenden Ermittlungsverfahren fragen, wenn und soweit die Art des zu besetzenden Arbeitsplatzes dies erfordert (BAG, RDV 2000, 23). Zum Verfahren der Prüfung der Zuverlässigkeit von Personen in Unternehmen, die der Geheimschutzbetreuung unterliegen und von Mitarbeitern von Bundesbehörden nach dem Sicherheitsüberprüfungsgesetz vgl. Engelien-Schulz, RDV 2006, 199; zur problematischen Entwicklung der Sicherheitsüberprüfung ohne gesetzliche Grundlage siehe Entschließung der Datenschutzbeauftragten des Bundes und der Länder vom 4.4.2008 (DSB, 5/2008, 6). Die Auswertung

Datenerhebung § 13

und der Ausdruck von personenbezogenen Protokollen der Internetnutzung ist im Rahmen der Dienstaufsicht zur Feststellung einer **privaten Internetnutzung** am Arbeitsplatz eine zulässige Datenerhebung (OVG Mecklenburg-Vorpommern, DuD 2002, 113; entsprechend auch ArbG Hannover, DuD 2002, 111: außerordentliche Kündigung nach privater Internetnutzung am Arbeitsplatz; anders bei erlaubter oder geduldeter Privatnutzung, hier sind die Zugriffs- und Kontrollbefugnisse des Dienstherrn eingeschränkt, VG Münster, DuD 2010, 53). Ebenfalls als zulässig wird die die Durchsuchung und Beschlagnahme von zu privaten Zwecken auf dienstlichen Speichermedien abgelegten Dateien in einem Fall angesehen, in dem bereits feststand, dass der betroffene Beamte verbotswidrig pornografische Schriften i. S. d. §§ 184 ff. StGB auf dienstliche Speichermedien heruntergeladen hat (OVG Lüneburg, 28.4.2009, BeckRS 2009, 34094). Zur datenschutzgerechten Nutzung von Internetdiensten am Arbeitsplatz vgl. die Entschließung der Datenschutzbeauftragten des Bundes und der Länder aus dem Jahre 2002 (DuD 2002, 248 und 765) sowie Leitfaden des BfDI für die dienstliche und private Nutzung des Internet mit Musterdienstvereinbarung (RDV 2003, 105). Nach einer Entscheidung des VGH Kassel unterliegen private E-Mails, die ein Mitarbeiter nach dem Öffnen auf dem betrieblichem Arbeitsplatzrechner oder Server speichert, nicht dem Fernmeldegeheimnis (VGH Kassel, MMR 2009, 714; anders für beim Provider gespeicherte E-Mails BVerfG, NJW 2009, 2431; dazu Klein, NJW 2009, 2996). Der Eingriff in das Fernmeldegeheimnis ist bei einer offenen Erhebung durch die Beschlagnahmevorschriften der §§ 94 ff. StPO gerechtfertigt (BVerfG, NJW 2009, 2431), anders für eine verdeckte Erhebung nach dem Landespolizeirecht OVG Koblenz, NJW 2013, 3671 = ZD 2014, 99; dabei gebietet es der Verhältnismäßigkeitsgrundsatz nicht den gesamten E-Mail-Verkehr zu beschlagnahmen (BGH, NJW-Spezial 2010, 249). Die automatische Registrierung dienstlicher **Telefongespräche** von Bediensteten öffentlicher Stellen ist aus Gründen der Kontrolle der Haushaltsmittel und der Telefonkosten zulässig und verletzt nicht Rechte der Bediensteten (VGH Baden-Württemberg, RDV 1991, 145). Anders ist jedoch die Aufzeichnung der Gesprächsinhalte zu beurteilen (zur Unzulässigkeit der Aufzeichnung aller ankommenden und ausgehenden Gespräche durch Bundesbehörden zur Verfolgung von Droh- und Terroranrufen BfD 16. TB Tz. 10.4.1).

3.2 Datenerhebung ist auch die Feststellung der Personalien durch die **Polizei**. 6a Die Verweigerung der Angabe kann als Ordnungswidrigkeit geahndet werden. § 22 Abs. 1a BPolG verleiht der Bundespolizei weit reichende Befugnisse. Zur Unterbindung der unerlaubten Einreise darf sie im grenznahen Bereich, auf Flughäfen und Bahnhöfen verdachtsunabhängige Ausweiskontrollen durchführen. Die ursprüngliche – vom BfDI angeregte – Befristung der Regelung wurde durch Gesetz vom 26.6.2007 (BGBl. I S. 1142) aufgehoben. Die Polizeigesetze der Länder erlauben die **Videoüberwachung** öffentlicher Räume zur Gefahrenabwehr (zum Erfordernis einer speziellen Regelung BVerfG, NVwZ 2007, 688; Fetzer/Zöller, NVwZ 2007, 775). Ein Eingriff in das Recht auf informationelle Selbstbestimmung besteht nicht erst bei der Aufzeichnung der Bilder, auch die bloße Beobachtung stellt einen Eingriff dar (VGH Mannheim, NVwZ 2004, 498; OVG Hamburg, MMR 2011, 128; VG Hannover, ZD 2011, 92). Die Regelung der Videoüberwachung im hamburgischen Polizeirecht wurde vom OVG Hamburg als verfassungsmäßig und deren konkrete Umsetzung in Form der permanenten Überwachung einer Straße als verhältnismäßig angesehen (OVG Hamburg, MMR 2011, 128; bestätigt durch BVerwG, NVwZ 2012, 757; kritisch Schnabel, NVwZ 2010, 1457). Gegen die niedersächsische Regelung hat das VG Hannover dagegen gewichtige Bedenken geäußert (VG Hannover, ZD 2011, 92). Sämtliche Regelungen erlauben nur eine offene Überwachung. Dies setzt die Erkennbarkeit der Maßnahme und ihrer Reichweite am Ort selbst voraus (VGH Mannheim, NVwZ 2004, 498; VG Hannover, ZD 2011, 92). Wohnungen sowie Hauseingänge gehören nicht zum öffentlichen Raum, sondern unterfallen dem Grundrechtsschutz des Art. 13 GG, und dürfen

§ 13 Datenerhebung

nicht auf Grundlage der Vorschriften zur Videoüberwachung öffentlicher Räume überwacht werden (OVG Hamburg, MMR 2011, 128 (132)). Zur Zulässigkeit der Datenerhebung bei **Demonstrationen** vgl. OVG Bremen, RDV 1990, 255; zu Bildaufnahmen Koranyi/Singelnstein, NJW 2011, 124 ff. Die Anfertigung von Übersichtsaufzeichnungen bei Demonstrationen stellt einen Grundrechtseingriff dar, da auch Einzelpersonen in der Regel individualisierbar mit erfasst werden (BVerfG, NVwZ 2009, 441 (446) m. w. N.). In der genannten Eilentscheidung hat das BVerfG diese Aufnahmen nur unter der Voraussetzung tatsächlicher Anhaltspunkte für erhebliche von der Versammlung ausgehende Gefahren für die öffentliche Sicherheit zugelassen. Außerdem hat es angeordnet, dass die Auswertung der dabei gewonnenen Daten unverzüglich erfolgen muss und nicht erforderliche Daten spätestens nach zwei Monaten gelöscht oder anonymisiert werden müssen (BVerfG, NVwZ 2009, 441 (447); dazu Scheidler, NVwZ 2009, 429). Auch die bloße Beobachtung einer Demonstration ohne Bildaufzeichnung ist ein Eingriff in das Recht auf informationelle Selbstbestimmung, wenn die Teilnehmer individualisiert werden können, und bedarf einer gesetzlichen Ermächtigung (OVG NRW, DVBl. 2011, 175; VG Berlin, NVwZ 2010, 1442, mit Anm. Söllner, DVBl. 2010, 1248; zu den Anforderungen an eine entsprechende Regelung Roggan, NVwZ 2010, 1402 ff.). Die nicht erkennbare Beobachtung von Versammlungsteilnehmern – etwa durch Einsatz von Drohnen – ist nach dem geltenden Versammlungsrecht unzulässig (Roggan, NVwZ 2011, 590 ff.). Nachdem das BVerfG für die **Geschwindigkeitsmessung** im Straßenverkehr durch Videoaufzeichnung eine gesetzliche Grundlage gefordert hat (BVerfG, NJW 2009, 3293), erachten einige Gerichte solche Maßnahmen mangels Rechtsgrundlage als unzulässig (OLG Düsseldorf, NJW 2010, 1216; AG Grimma, DuD 2010, 112; AG Eilenburg, DuD 2010, 111; AG Lünen, DuD 2010, 59), andere sehen § 100h Abs. 1 Nr. 1 StPO als Rechtsgrundlage an (OLG Bamberg, NJW 2010, 100; OLG Jena, NJW 2010, 1093; OLG Stuttgart, NJW 2010, 1219). Mit der zutreffenden Begründung von Roggan (NJW 2010, 1042; zweifelnd auch OLG Düsseldorf, NJW 2010, 1216 f.) scheidet § 100h StPO als Rechtsgrundlage aus, so dass im Ergebnis gesetzgeberischer Handlungsbedarf besteht (dazu auch Krumm, NZV 2009, 620). Ein Beweisverwertungsverbot folgt aus der unzulässigen Erhebung nicht zwingend: Für eine Maßnahme, die vor der Entscheidung des BVerfG durchgeführt wurde, hat das BVerfG die Verwertbarkeit der Aufnahmen bestätigt (BVerfG, ZD 2011, 177 ff.). Die **Abfrage von Kreditkartendaten** bei Kreditkartenunternehmen durch die Staatsanwaltschaft in einem Ermittlungsverfahren kann nach einer Kammerentscheidung des BVerfG auf die Rechtsgrundlage des § 161 Abs. 1 StPO gestützt werden. Für Grundrechtseingriffe geringer Intensität genüge diese Ermächtigung den Bestimmtheitsanforderungen, da der Zweck der Ermittlungen durch die Beschränkung auf die Aufklärung von Straftaten hinreichend präzise vorgegeben sei (BVerfG, NJW 2009, 1405 (1407)); ein solcher geringer Eingriff liege hier vor (a. A. Petri, StV 2007, 266 (268); kritisch dazu auch Schaefer, NJW-Spezial 2009, 280; zu den Übermittlungsbefugnissen von Unternehmen bei staatlichen Auskunftsersuchen Kamp, RDV 2007, 236; das LG Hildesheim gesteht einem E-Mail-Provider keine Prüf- und Verwerfungskompetenz gegenüber richterlichen Auskunfts- oder Überwachungsanordnungen zu, es sei denn die richterliche Anordnung leide an einem Mangel, der zur Nichtigkeit führe, LG Hildesheim, MMR 2010, 800). Zunehmende Bedeutung bei der Verbrechensbekämpfung hat die **DNA-Analyse** erlangt, die in den §§ 81e–81h StPO geregelt ist. Mit dem Gesetz zur Novellierung der forensischen DNA-Analyse vom 12.8.2005 (BGBl. I S. 2360) ist in § 81h StPO die Rechtsgrundlage für DNA-Massentests geschaffen worden. Außerdem sind die Straftaten, auf Grund derer eine Speicherung in der DNA-Datei beim BKA erfolgen kann, um erhebliche Straftaten, Straftaten gegen die sexuelle Selbstbestimmung und die wiederholte Begehung von Straftaten erweitert worden. Weiter bedarf nicht mehr jede DNA-Analyse einer richterlichen Anordnung. Auf diese kann verzichtet

Datenerhebung § 13

werden, wenn der Betroffene hierzu seine – im Hinblick auf die Freiwilligkeit allerdings zweifelhafte – Einwilligung erteilt (vgl. dazu näher Faber, RDV 2003, 278 f.; Entschließung der Datenschutzbeauftragten des Bundes und der Länder vom 16.7.2003, DuD 2003, 714). Zu den Anforderungen an die Begründung der Anordnung der DNA-Analyse BVerfG v. 22.5.2009 (MMR 2009, 577 (Ls.)).

3.3 Entsprechend dem Zensusgesetz 2011 ist die **Volkszählung** im Jahr 2011 im 6b Wesentlichen durch eine Zusammenführung von Daten aus verschiedenen Registern und nur ergänzend durch Befragung einer Haushaltstichprobe sowie eine Befragung der Wohnungs- und Gebäudeeigentümer durchgeführt worden. Das Verfahren ist wegen der durch die Zusammenführung verschiedener Datensätze entstehenden Risiken und einer unzureichenden Aufklärung der Bevölkerung kritisiert worden (dazu Stepputat, DÖV 2011, 111; Forgó/Heermann, K&R 2010, 617). Auch die nach der zu Grunde liegenden EU-Verordnung nicht vorgeschriebene Erhebung der Religionszugehörigkeit ist auf erhebliche Bedenken gestoßen (Forgó/Heermann, K&R 2010, 617). Eine Verfassungsbeschwerde gegen das Gesetz wurde vom BVerfG auf Grund der fehlenden Substantiierung nicht angenommen (BVerfG, MMR 2010, 864). Zunehmend erhebt die Verwaltung Daten der Bürger nicht mehr in konventioneller Form, sondern mittels **E-Government**-Anwendungen über das Internet. Seit 2013 ist das E-Government-Gesetz (EGovG) des Bundes in Kraft, das die elektronische Kommunikation mit Behörden erleichtern und diese in die Lage versetzen soll, elektronische Verwaltungsdienste anzubieten (BT-Drs. 17/11473, S. 21). Das Gesetz (§ 2 EGovG) verpflichtet ab 2014 jede Behörde, einen Zugang für die Übermittlung elektronischer Dokumente zu eröffnen und Dokumente mit qualifizierter elektronischer Signatur empfangen zu können. Darüber hinaus sind die Bundesbehörden künftig verpflichtet, einen Zugang durch eine De-Mail-Adresse zu eröffnen und einen elektronischen Identitätsnachweis nach dem Personalausweisgesetz oder Passgesetz anzubieten (im Einzelnen zum Gesetz Roßnagel, NJW 2013, 2710; Habammer/Denkhaus, MMR 2013, 358). Bereits vor Inkrafttreten des EGovG wurden als wichtige Voraussetzungen dafür der neue (elektronische) Personalausweis sowie die Infrastruktur für die Nutzung elektronischer E-Mail-Austausch De-Mail eingeführt. Der **neue Personalausweis** verfügt über einen – freiwillig deaktivierbaren (kritisch zur generellen Deaktivierung bei Personen unter 16 Jahren Schulz, CR 2009, 267) – elektronischen Identitätsnachweis, der zur Identifizierung im Internet eingesetzt werden kann (eingehend zu den Sicherheitsmerkmalen der eID-Funktion Bender/Kügler/Margraf/Naumann, DuD 2008, 173; Borges, NJW 2010, 3334). Dabei ist den Kommunikationspartnern der Abruf von Daten aus dem Personalausweis nur mit entsprechender Berechtigung möglich, die vom Bundesverwaltungsamt erteilt wird. Die Erteilung setzt voraus, dass die Abrufmöglichkeit für einen legitimen Zweck erforderlich ist, sie wird auf die für den benannten Zweck erforderlichen Daten beschränkt (näher dazu Borges, NJW 2010, 3334; Polenz, MMR 2010, 671). Sowohl der Umfang der Berechtigung als auch der Verwendungszweck der abzurufenden Daten sind im Zugriffszertifikat beschrieben, das für den Betroffenen vor der Freigabe der Daten zum Abruf einsehbar ist (Reisen, DuD 2008, 164; Roßnagel/Hornung/Schnabel, DuD 2008, 168). Zusätzlich kann der neue Personalausweis mit einer qualifizierten elektronischen Signatur ausgestattet werden. Mit dem am 3.5.2011 in Kraft getretenem De-Mail-Gesetz (BGBl. I S. 666) wurden die Voraussetzungen für die Schaffung einer Kommunikationsinfrastruktur geschaffen, die durch Identifizierung und Authentifizierung der Nutzer, die verschlüsselte Übertragung von E-Mails und Zustellnachweise einen sicheren und verlässlichen E-Mail-Versand ermöglicht (näher dazu Spindler, CR 2011, 309; Dietrich/Keller-Herder, DuD 2010, 299; Schumacher, DuD 2010, 302; Gelzhäuser, DuD 2010, 646; Lapp, DuD 2009, 651; Roßnagel/Hornung/Knopp/Wilke, DuD 2009, 728; Warnecke, MMR 2010, 227).

§ 13 Datenerhebung

4. Rechtsfolgen

7   Erhebt eine öffentliche Stelle personenbezogene Daten, deren Kenntnis zur Aufgabenerfüllung nicht erforderlich ist, ist die Erhebung insoweit unzulässig. Dies hat zur Folge, dass der Betroffene die Mitteilung eines solchen Datums ablehnen kann. Hat er die Angabe bereits gemacht und ist das Datum gespeichert worden, kann er nach § 20 Abs. 2 Nr. 2 die **Löschung** verlangen. Anspruch auf Schadensersatz hat der Betroffene nach Maßgabe der §§ 7 und 8.

8   Neben einer rechtswidrigen Erhebung muss danach ein Schaden (dazu § 7 Rn. 12 f.) entstanden sein; im Fall der automatisierten Verarbeitung ist bei einer schweren Persönlichkeitsverletzung auch der immaterielle Schaden ersatzfähig (§ 8 Abs. 2). Die unbefugte Erhebung personenbezogener Daten ist nach § 43 Abs. 2 Nr. 1 bußgeldbewehrt.

5. Hinweispflicht

9   **5.1** Die **Hinweispflicht** nach Absatz 1a ergänzt die generelle Regelung des § 4 Abs. 2, der die Voraussetzungen nennt, unter denen personenbezogene Daten ohne Mitwirkung des Betroffenen – also praktisch und im Regelfall bei Dritten – erhoben werden dürfen. Regelungsgegenstand ist nur der Fall der **Erhebung** bei einer **nicht-öffentlichen Stelle.** Dies ist sachgerecht, weil die Erhebung innerhalb des öffentlichen Bereichs zu einer Übermittlung durch die ersuchte öffentliche Stelle führt und diese sodann die rechtlichen Vorgaben des § 15 zu beachten hat. Wird beim Betroffenen selbst erhoben, ist er nach § 4 Abs. 3 Satz 2 auf die ermächtigende Rechtsvorschrift bzw. die Freiwilligkeit seiner Angaben hinzuweisen.

10 **5.2** Die Regelung des Absatzes 1a schließt also eine Lücke. Auch die nicht-öffentliche Stelle, bei der die Daten über den Betroffenen erhoben werden, muss ebenso wie diese wissen, ob sie zur Preisgabe der Daten verpflichtet ist oder nicht. Nicht-öffentliche Stelle kann eine natürliche oder eine juristische Person sein. Das ergibt sich aus der Begriffsbestimmung des § 3 Abs. 7.

11 **5.3** Gegenstand der Hinweispflicht ist entweder die zur Auskunft verpflichtende **Rechtsvorschrift** bzw. die Freiwilligkeit der Angaben. Der Hinweis auf die Rechtsgrundlage muss für die ersuchte Stelle verständlich sein. Handelt es sich bei der Rechtsvorschrift um eine spezialgesetzliche Norm, ist die umgangssprachliche Bezeichnung zu wählen (also Sozialgesetzbuch statt SGB). Anzugeben ist auch die Fundstelle. Bei allgemein oder bei der ersuchten Stelle offenkundig bekannten Gesetzen (z. B. BGB) kann die Abkürzung verwendet und auf die Fundstelle verzichtet werden (Nungesser, HDSG § 12 Rn. 59).

12 **5.4** Der Hinweis auf die **Freiwilligkeit** muss eindeutig und verständlich sein. Dies ist wichtig, weil Privatpersonen und nicht-öffentliche Stellen bei Anfragen öffentlicher Stellen vielfach von der Annahme ausgehen, zur Beantwortung verpflichtet zu sein. Enthält das Auskunftsersuchen mehrere Fragen, von denen nur ein Teil freiwillig zu beantworten ist, ist darauf entsprechend hinzuweisen.

6. Schutz sensitiver Daten

13 **6.1** § 3 Abs. 9 nennt einige Kategorien personenbezogener Daten, die in der Fachdiskussion als **„sensitive Daten"** bezeichnet werden. Für diese Daten gilt im öffentlichen Bereich ein grundsätzliches Erhebungsverbot, das nur durch die in Absatz 2 abschließend genannten Ermächtigungen durchbrochen wird. Auslöser dieser Änderung des BDSG ist Art. 8 EG-DatSchRL, der die Mitgliedstaaten zur Einführung einer solchen Regelung verpflichtet. Entsprechende Vorschriften gibt

Datenerhebung § 13

es bereits in mehreren europäischen Datenschutzgesetzen und in der Konvention 108 des Europarats (Näheres bei Simitis, Festschrift für Pedrazzini (1990), S. 469; ders. in: Simitis, BDSG § 1 Rn. 63 ff.; Geis, CR 1995, 171). Die Reaktion in Deutschland auf das Verarbeitungsverbot der Richtlinie ist eher kritisch (Dammann, Online 1996, 67; ders. in: Dammann/Simitis, EG-RL Art. 8 Rn. 3 f.; Ellger, CR 1994, 558 (563); Geis, CR 1995, 171 (174); Jacob, RDV 1993, 11; Schild, EuZW 1996, 549 (552)). Im BDSG wurde bislang aus guten Gründen (vgl. dazu BVerfGE 65, 1 (45)) auf eine abstrakte Unterscheidung von sensitiven und nicht sensitiven Daten verzichtet (näher dazu § 3 Rn. 56). Dass es bei der Bestimmung des Schutzbedarfs stets auf den Verwendungszusammenhang ankommt, berücksichtigt allerdings auch die Richtlinie. Als Folge sieht sie weit reichende Ausnahmemöglichkeiten vor, so dass von dem „kategorisch geforderten Verbot … zu guter Letzt nichts übrig bleibt" (Simitis in: Dammann/Simitis, EG-RL Einleitung, Rn. 45).

6.2 Die Ausnahmeregelung des Absatzes 2 Nr. 1 macht Gebrauch von der **14** Ermächtigung in Art. 8 Abs. 4 EG-DatSchRL. Die Vorschrift stellt praktisch eine Art Generalvollmacht dar. Die Erwägungsgründe 34 bis 36 geben Anhaltspunkte dafür, in welchen Bereichen die Richtlinie wichtige öffentliche Interessen zur Rechtfertigung von Ausnahmeregelungen sieht. Soweit eine **Rechtsvorschrift** das Erheben dieser Daten oder einzelner Kategorien vorsieht, ist davon auszugehen, dass der Gesetzgeber das besondere öffentliche Interesse an der Erhebung geprüft und bejaht hat.

6.3 Die zweite Alternative „aus Gründen eines **wichtigen öffentlichen Interes- 15 ses** zwingend erfordert …" ist auf den Fall zugeschnitten, in dem die Rechtsvorschrift zwar die Erhebung der sensitiven Daten nicht ausdrücklich zulässt, diese aber sachlich auf Grund eines wichtigen öffentlichen Interesses geboten ist. Schon die einfache Erforderlichkeitsprüfung kann zum Verzicht auf die Erhebung sensitiver Daten führen, weil es andere – weniger einschneidende – Möglichkeiten gibt. Ein Beweisbeschluss, bei dessen Vollzug im Heimatland einer Asylbewerberin sensitive Daten offenbart werden müssen (hier über Homosexualität) kann unter Wahrung des Grundsatzes der Verhältnismäßigkeit nur das letzte Mittel der Sachaufklärung sein (BVerfG, RDV 2005, 213). Einfache Erforderlichkeit reicht hier allerdings nicht aus. Hinzukommen muss ein wichtiges öffentliches Interesse, das die Erhebung zwingend erfordert. Dadurch wird der Maßstab in zweierlei Hinsicht verschärft. Zum einen genügt nicht jedes öffentliche Interesse, sondern es muss sich um ein öffentliches Interesse von besonderem Gewicht handeln. Zum anderen wird eine „zwingende" Erforderlichkeit vorausgesetzt. Eine solche ist zwar logisch eigentlich nicht denkbar, ist hier aber als Verdeutlichung des Ausnahmecharakters der Vorschrift zu verstehen (siehe Sokol in: Simitis, BDSG § 13 Rn. 35).

6.4 Die Ausnahmeregelung Nr. 2 setzt – zusammen mit dem zitierten § 4a **16** Abs. 3 – die Richtlinienregelung des Art. 8 Abs. 2a um. Danach muss die betroffene Person „ausdrücklich" in die Verarbeitung der sensitiven Daten eingewilligt haben. Die einwilligende Person muss wissen und wollen, dass sensitive Daten über sie erhoben und verarbeitet werden sollen. Eine **Einwilligung** durch schlüssiges Handeln reicht nicht aus (Dammann in: Dammann/Simitis, EG-RL Art. 8 Rn. 9). Dies ergibt sich schon aus der generellen Regelung des Art. 7 Buchst. a EG-DatSchRL, der verlangt, dass die Einwilligung „ohne jeden Zweifel" gegeben sein muss. Werden personenbezogene Daten genereller Art zusammen mit solchen nach § 3 Abs. 9 erhoben und ist die Einwilligung des Betroffenen erforderlich, muss sich diese ausdrücklich auf die sensitiven Daten beziehen. Die Einwilligung ersetzt nicht die Erforderlichkeitsprüfung (ebs. Engelien-Schulz, RDV 2005, 201 (205)). Das wird sich im Bereich der sozialen **Daseinsvorsorge** (Sozialhilfe, Pflegeversicherung) auswirken. In der Mehrzahl der Fälle wird sich wahrscheinlich aus dem umfangreichen Katalog der Zulässigkeitsregelungen eine finden lassen, die die Einwilligung entbehrlich macht (z. B. Nr. 7). Wo sie aber erforderlich bleibt, bleibt auch die Fragwürdig-

§ 13 Datenerhebung

keit der Regelung. Wer gegenüber einer öffentlichen Stelle, die die Erhebung dieser Daten für geboten hält, die Einwilligung verweigert, handelt sich in der Regel Nachteile ein. Er wird also einwilligen (zur Fragwürdigkeit der Einwilligung im öffentlichen Bereich auch Bull, RDV 1999, 150; Holznagel/Sonntag in: Roßnagel (Hrsg.), Handbuch, Kap. 4.8 Rn. 24; Simitis in: Simitis, BDSG § 4a Rn. 14 ff.).

17 6.5 Die Ausnahmeregelung der Nr. 3 nennt zwei Voraussetzungen für die Zulässigkeit der Erhebung: **lebenswichtige Interessen** des Betroffenen oder eines Dritten und das **Außerstandesein** des Betroffenen, seine **Einwilligung** zu geben. Die Vorschrift geht über die allgemeine Regelung des Art. 7 Buchst. d EG-DatSchRL hinaus, weil sie auch lebenswichtige Interessen eines Dritten (etwa eines Angehörigen) mit einbezieht. Bei der zweiten Voraussetzung weist Dammann (Dammann/Simitis, EG-DatSchRL Art. 8 Rn. 11) zu Recht auf ihre Unklarheit hin. Sei der Betroffene zu einer Einwilligung außerstande, ergebe sich aber aus den Umständen, dass er sie nicht erteilen würde, wenn er könnte, erschiene es unangemessen, sich darüber hinwegzusetzen, nur weil er zu einer Entscheidung außerstande sei. Die Vorschrift sei daher so auszulegen, dass die Erhebung nur dann zulässig ist, wenn die betroffene Person auch einwilligen würde (mutmaßliche Einwilligung). Dem ist entgegenzuhalten, dass das BDSG eine mutmaßliche Einwilligung nicht kennt. Art. 8 Abs. 2 Buchst. a EG-DatSchRL und ihm folgend § 4a Abs. 3 BDSG stellen hohe Anforderungen an die Wirksamkeit der Einwilligung. Dennoch ist Dammann darin zuzustimmen, dass der Wille des Betroffenen nicht unberücksichtigt bleiben darf. Sein Wille wird aber bei der Entscheidung ebenso zu berücksichtigen sein wie das Votum eines vorhandenen Vertreters des Betroffenen, die Schwere des Eingriffs für den Betroffenen und das objektive Interesse des Betroffenen oder des Dritten an der Erhebung der Daten.

18 6.6 Die Ausnahmeregelung Nr. 4 setzt Art. 8 Abs. 2 Buchst. e 1. Alt. EG-DatSchRL um. Sie bezieht sich auf Daten, die die betroffene Person offenkundig **öffentlich** gemacht hat. Die Veröffentlichung der Daten muss auf einem eindeutigen Willen des Betroffenen beruhen (offenkundig). Nur aus diesem Grunde kann auf den besonderen Schutz verzichtet werden. Die allgemeinen Schutzvorschriften bleiben jedoch unberührt (Dammann in: Dammann/Simitis, EG-RL Art. 8 Rn. 26). Zweifelsfälle, etwa Pressemitteilungen mit sensitiven Daten, bei denen die Urheberschaft des Betroffenen nicht eindeutig ist, fallen nicht unter die Ausnahmeregelung. Anwendungsfälle der Vorschrift sind z. B. öffentliche Register, Teilnehmerverzeichnisse oder Auflistungen der Angehörigen bestimmter Gruppen. Immer muss eindeutig klar sein, dass die sensitiven Daten von der betroffenen Person offenkundig öffentlich gemacht worden sind. Ist die Verarbeitung allerdings geeignet, die Privatsphäre und die Grundfreiheiten des Betroffenen zu gefährden, ist diese Ausnahme nach richtlinienkonformer Auslegung nicht anwendbar (dazu Ehmann/Helfrich, EG-RL, Art. 8 Rn. 37 f.). Andernfalls wären die sensitiven Daten, jedenfalls ab der Phase der Speicherung, weniger geschützt als „normale" Daten nach dem BDSG. Denn letztere dürfen, auch wenn sie allgemein zugänglich sind, nach § 14 Abs. 2 Nr. 5 für andere Zwecke nicht verwendet werden, wenn das schutzwürdige Interesse des Betroffenen an dem Ausschluss der Zweckänderung überwiegt. Dieser Schutz ist für sensitive Daten im BDSG nicht ausdrücklich vorgesehen (§ 14 Abs. 5 i. V. m. § 13 Abs. 2 Nr. 4). Der dadurch entstehende Wertungswiderspruch ist durch entsprechende Auslegung der Vorschrift aufzulösen.

19 6.7 Die Ausnahmeregelung zugunsten des Erhalts der **öffentlichen Sicherheit** (Nr. 5) ist nicht in der Richtlinie vorgesehen. Nach Art. 3 Abs. 2 der Richtlinie ist der Bereich der öffentlichen Sicherheit ausdrücklich vom Anwendungsbereich der Richtlinie ausgenommen. Der deutsche Gesetzgeber ist daher frei, hier Sonderregelungen zu treffen.

20 6.8 Auch die Ausnahmeregelung zugunsten des Erhalts des **Gemeinwohls** (Nr. 6) hat ihre Grundlage in Art. 8 Abs. 4 EG-DatSchRL. Im Katalog der Ausnahmetatbe-

Datenerhebung §13

stände ist Nr. 6 der wohl weitestgehende, weil der Begriff „Gemeinwohl" sehr weit und unbestimmt ist. Als Gemeinwohlinteressen hat das BVerfG z. B. anerkannt: die Funktionsfähigkeit des öffentlichen Fernrufnetzes, ordnungsgemäße Arzneimittelversorgung, Sicherung eines geordneten Arbeitsmarktes, Verhütung einer Störung der auswärtigen Beziehungen (Nachweise und weitere Beispiele bei Gubelt in: von Münch/Kunig (Hrsg.), GG-Kommentar, 45. Aufl., 2000, Art. 12 Rn. 49). Als Gemeinwohl wird auf dieser Basis das Wohlergehen einer Gemeinschaft, also einer Gruppe von Menschen mit gemeinsamen Lebensumständen und Interessen definiert werden können. Dies kann ein Staat sein, aber auch eine Region, eine Kommune oder auch der Teil einer Gemeinde. Eine Einschränkung nimmt das Gesetz hier vor, indem es die Ausnahme in der 1. Alternative auf die **Abwehr** von **erheblichen Nachteilen** für das Gemeinwohl beschränkt. Die Erheblichkeit eines Nachteils ist im Einzelfall unter Berücksichtigung der konkreten Umstände und insbesondere der schutzwürdigen Interessen des Betroffenen zu bestimmen (so auch Dammann in: Simitis, BDSG § 14 Rn. 73). Der Schaden muss noch nicht eingetreten sein, es muss aber nach der Lebenserfahrung damit gerechnet werden können, dass das Gemeinwohl erhebliche Nachteile erfährt, wenn die sensitiven Daten nicht erhoben werden.

6.9 Präventiven Charakter hat auch die 2. Alternative „**Wahrung erheblicher** 21 **Belange**" des Gemeinwohls. Diese müssen gefährdet sein, wenn die sensitiven Daten nicht erhoben werden. Für die Feststellung der Erheblichkeit eines Gemeinwohlbelangs gelten die oben zur Erheblichkeit der Nachteile aufgestellten Grundsätze. Mit dem **Erforderlichkeitsprinzip**, das auch für die 1. Alternative gilt, wird die Zulässigkeit an ein weiteres Kriterium gebunden. Es muss geprüft und bejaht worden sein, dass die Nachteile für das Gemeinwohl nur unter Einsatz der erhobenen sensitiven Daten abgewehrt werden können bzw. das Gemeinwohl nur so erhalten werden kann. Andere Maßnahmen, die einen Verzicht auf die Erhebung zulassen, müssen untauglich, zu aufwändig oder unzulässig sein. Diese Zulässigkeitsvoraussetzung wird noch dadurch verschärft, dass die Erhebung zwingend erforderlich sein muss. Zum Begriff der „zwingenden" Erforderlichkeit siehe Rn. 15.

6.10 Die EG-Richtlinie stellt in Art. 8 Abs. 3 die Verarbeitung personenbezoge- 22 ner Daten durch medizinisches Personal für medizinische Zwecke vom generellen Verarbeitungsverbot des Absatzes 1 frei („Absatz 1 gilt nicht..."). Die Vorschrift reiht die Erhebung **medizinischer Daten** (Nr. 7) in den Katalog der Ausnahmeregelungen ein. Eine materiellrechtliche Abweichung bedeutet dies nicht. Zweck der Regelung ist, die im medizinischen Bereich tätigen Personen von der Notwendigkeit zu befreien, die ausdrückliche Einwilligung des Betroffenen nach § 4a Abs. 3 einholen zu müssen. Der Schutz der erhobenen Daten durch die Regelungen des Arztgeheimnisses (§ 1 Abs. 3 Satz 2) bleibt in vollem Umfang erhalten. Erfasst ist der gesamte medizinische Bereich, angefangen von der Gesundheitsvorsorge bis hin zur Abrechnung. Die Verwaltung (Buchführung, Statistik) der Daten durch ärztliches Personal, Krankenhausverwaltungen oder ärztliche Abrechnungsstellen ist in Art. 8 Abs. 3 EG-DatSchRL besonders aufgeführt. Apotheken gehören dazu. Nicht erfasst sind Krankenversicherer. Sie müssen die Einwilligung der betroffenen Person nach Nr. 2 einholen (Dammann in: Dammann/Simitis, EG-RL Art. 8 Rn. 18).

6.11 Die Ausnahme zugunsten der **wissenschaftlichen Forschung** (Nr. 8) hat 23 ihre Grundlage ebenfalls in Art. 8 Abs. 4 EG-DatSchRL. Die zweckfreie wissenschaftliche Forschung ist grundgesetzlich geschützt; an ihrer ungehinderten Durchführung besteht ein wichtiges öffentliches Interesse. Die Ausnahmeregelung erfasst einmal Forschungsvorhaben, die von öffentlichen Stellen initiiert und durchgeführt werden, ferner externe Vorhaben, für deren Durchführung der Zugang zu sensitiven Daten bei öffentlichen Stellen des Bundes erforderlich ist. Eine entsprechende Regelung findet sich in § 14 Abs. 2 Nr. 9, wo es um die zweckändernde Verarbeitung personenbezogener Daten für Forschungsvorhaben geht. Voraussetzung für

329

§ 13   Datenerhebung

die Zulässigkeit der Erhebung sensitiver Daten für das Forschungsprojekt ist eine Interessenabwägung. Das wissenschaftliche Interesse an der Durchführung muss das des Betroffenen an der Nichterhebung erheblich übersteigen. Dies kann der Fall sein, wenn das Forschungsvorhaben erhebliche Auswirkungen etwa für die Gesundheit oder die soziale Sicherheit der Bevölkerung hat.

24 6.12 Die letzte der Ausnahmeregelungen (Nr. 9) hat ihre Grundlage nicht in der EU-Richtlinie. Sie betrifft die Bereiche der **öffentlichen Sicherheit** und **internationaler Verpflichtungen** der Bundesrepublik Deutschland. Diese Bereiche sind nach Art. 3 Abs. 2 1. Spiegelstrich EG-DatSchRL vom Anwendungsbereich der Richtlinie ausdrücklich ausgenommen. Aufgeführt sind dort Verarbeitungen, die die öffentliche Sicherheit, die Landesverteidigung, die Sicherheit des Staates [...] und die Tätigkeiten des Staates im strafrechtlichen Bereich betreffen. Während die Landesverteidigung ausdrücklich erwähnt ist, ist die zweite Zulässigkeitsalternative (internationale Verpflichtungen zur Krisenbewältigung, Konfliktverhinderung oder für humanitäre Maßnahmen) dem Tatbestandsmerkmal „Sicherheit des Staates" gem. Art. 13 Abs. 2 der EG-DatSchRL zuzurechnen.

7. Landesrecht

25 Die Regelungen des § 4 Abs. 2, dass personenbezogene Daten beim Betroffenen zu erheben sind und unter welchen Voraussetzungen sie bei Dritten erhoben werden dürfen, haben die Landesdatenschutzgesetze übernommen (Art. 16 BayDSG; § 13 LDSG BW; § 10 BlnDSG; § 12 BbgDSG; § 10 BremDSG; § 12 HmbDSG; § 12 HDSG; § 9 Abs. 2 DSG M-V; § 9 NDSG; § 12 LDSG NRW; § 12 LDSG RPf; § 12 SDSG; § 12 SächsDSG; § 9 Abs. 2 DSG-LSA; § 13 Abs. 1 LDSG SH; § 19 Abs. 2 ThürDSG). Von der Ermächtigung des Art. 8 Abs. 4 EG-DatSchRL haben einige Länder noch weitergehend Gebrauch gemacht, als dies der Bundesgesetzgeber getan hat. In Hessen ist die Verarbeitung sensitiver Daten im Grundsatz außer in den Fällen der ermächtigenden Rechtsvorschrift auch dann zulässig, wenn sie ausschließlich im Interesse des Betroffenen liegt und der Hess. Datenschutzbeauftragte vorab gehört worden ist (§ 7 Abs. 4). Entsprechend ist die Regelung in Mecklenburg-Vorpommern (§ 7 Abs. 3). In Nordrhein-Westfalen (§ 4 Abs. 3 Satz 2 Nr. 2) ist die Zulässigkeit an das Interesse des Betroffenen gebunden. Auf die Beteiligung des Datenschutzbeauftragten wird verzichtet. Entsprechendes gilt für Schleswig-Holstein (§ 11 Abs. 3 Nr. 4). In Berlin (§ 6a), Brandenburg (§ 4a Satz 1 Nr. 3), Bremen (§ 3 Abs. 2), Rheinland-Pfalz (§ 12 Abs. 5), Sachsen (§ 4 Abs. 2 Nr. 4) und Thüringen (§ 4 Abs. 5 Nr. 3) dürfen diese Daten auch verarbeitet werden zum Schutz lebenswichtiger Interessen des Betroffenen oder eines Dritten wenn eine vorherige Einwilligung nicht möglich ist. Sachsen-Anhalt hat für die Erhebung, Verarbeitung oder Nutzung besonders geschützter personenbezogener Daten eine eigene Vorschrift geschaffen (§ 26).

Datenspeicherung, -veränderung und -nutzung § 14

§ 14 Datenspeicherung, -veränderung und -nutzung

(1) ¹Das Speichern, Verändern oder Nutzen personenbezogener Daten ist zulässig, wenn es zur Erfüllung der in der Zuständigkeit der verantwortlichen Stelle liegenden Aufgaben erforderlich ist und es für die Zwecke erfolgt, für die die Daten erhoben worden sind. ²Ist keine Erhebung vorausgegangen, dürfen die Daten nur für die Zwecke geändert oder genutzt werden, für die sie gespeichert worden sind.

(2) Das Speichern, Verändern oder Nutzen für andere Zwecke ist nur zulässig, wenn
1. eine Rechtsvorschrift dies vorsieht oder zwingend voraussetzt,
2. der Betroffene eingewilligt hat,
3. offensichtlich ist, dass es im Interesse des Betroffenen liegt, und kein Grund zu der Annahme besteht, dass er in Kenntnis des anderen Zwecks seine Einwilligung verweigern würde.
4. Angaben des Betroffenen überprüft werden müssen, weil tatsächliche Anhaltspunkte für deren Unrichtigkeit bestehen,
5. die Daten allgemein zugänglich sind oder die verantwortliche Stelle sie veröffentlichen dürfte, es sei denn, dass das schutzwürdige Interesse des Betroffenen an dem Ausschluss der Zweckänderung offensichtlich überwiegt,
6. es zur Abwehr erheblicher Nachteile für das Gemeinwohl oder einer Gefahr für die öffentliche Sicherheit oder zur Wahrung erheblicher Belange des Gemeinwohls erforderlich ist,
7. es zur Verfolgung von Straftaten oder Ordnungswidrigkeiten, zur Vollstreckung oder zum Vollzug von Strafen oder Maßnahmen im Sinne des § 11 Abs. 1 Nr. 8 des Strafgesetzbuchs oder von Erziehungsmaßregeln oder Zuchtmitteln im Sinne des Jugendgerichtsgesetzes oder zur Vollstreckung von Bußgeldentscheidungen erforderlich ist,
8. es zur Abwehr einer schwerwiegenden Beeinträchtigung der Rechte einer anderen Person erforderlich ist oder
9. es zur Durchführung wissenschaftlicher Forschung erforderlich ist, das wissenschaftliche Interesse an der Durchführung des Forschungsvorhabens das Interesse des Betroffenen an dem Ausschluss der Zweckänderung erheblich überwiegt und der Zweck der Forschung auf andere Weise nicht oder nur mit unverhältnismäßigem Aufwand erreicht werden kann.

(3) ¹Eine Verarbeitung oder Nutzung für andere Zwecke liegt nicht vor, wenn sie der Wahrnehmung von Aufsichts- und Kontrollbefugnissen, der Rechnungsprüfung oder der Durchführung von Organisationsuntersuchungen für die verantwortliche Stelle dient. ²Das gilt auch für die Verarbeitung oder Nutzung zu Ausbildungs- und Prüfungszwecken durch die verantwortliche Stelle, soweit nicht überwiegende schutzwürdige Interessen des Betroffenen entgegenstehen.

(4) Personenbezogene Daten, die ausschließlich zu Zwecken der Datenschutzkontrolle, der Datensicherung oder zur Sicherstellung eines ordnungsgemäßen Betriebes einer Datenverarbeitungsanlage gespeichert werden, dürfen nur für diese Zwecke verwendet werden.

(5) ¹Das Speichern, Verändern oder Nutzen von besonderen Arten personenbezogener Daten (§ 3 Abs. 9) für andere Zwecke ist nur zulässig, wenn
1. die Voraussetzungen vorliegen, die eine Erhebung nach § 13 Abs. 2 Nr. 1 bis 6 oder 9 zulassen würden oder

§ 14   Datenspeicherung, -veränderung und -nutzung

2. **dies zur Durchführung wissenschaftlicher Forschung erforderlich ist, das öffentliche Interesse an der Durchführung des Forschungsvorhabens das Interesse des Betroffenen an dem Ausschluss der Zweckänderung erheblich überwiegt und der Zweck der Forschung auf andere Weise nicht oder nur mit unverhältnismäßigem Aufwand erreicht werden kann.**
²**Bei der Abwägung nach Satz 1 Nr. 2 ist im Rahmen des öffentlichen Interesses das wissenschaftliche Interesse an dem Forschungsvorhaben besonders zu berücksichtigen.**

(6) **Die Speicherung, Veränderung oder Nutzung von besonderen Arten personenbezogener Daten (§ 3 Abs. 9) zu den in § 13 Abs. 2 Nr. 7 genannten Zwecken richtet sich nach den für die in § 13 Abs. 2 Nr. 7 genannten Personen geltenden Geheimhaltungspflichten.**

Literatur: *Abel,* Die neuen Vorschriften zum Schuldnerverzeichnis, RDV 1995, 71; *Andre,* Sozialgesetzbuch – Schutz der Sozialdaten neu geregelt, RDV 1994, 234; *Arzt,* Verbunddateien des Bundeskriminalamts – Zeitgerechte Flurbereinigung, NJW 2011, 352; *Arzt/Eier,* Zur Rechtmäßigkeit der Speicherung personenbezogener Daten in „Gewalttäter"-Verbunddateien des Bundeskriminalamts, DVBl. 2010, 816; *Denninger,* Verfassungsrechtliche Grenzen polizeilicher Datenverarbeitung insbesondere durch das Bundeskriminalamt, CR 1988, 51; *Ehmann,* Zur Zweckbindung privater Datennutzung, RDV 1988, 230; *ders.,* Prinzipien des deutschen Datenschutzrechts, RDV 1998, 235 und 1999, 12; *Fuckner,* Das zentrale Verkehrsinformationssystem, CR 1988, 411; *Gallwas,* Zum Prinzip der Erforderlichkeit im Datenschutzrecht, in: Haft u. a. (Hrsg.), Strafgerechtigkeit, Festschrift für A. Kaufmann, 1993, S. 819 f.; *Gola/Klug/Reif,* Datenschutz- und presserechtliche Bewertung der „Vorratsdatenspeicherung", NJW 2007, 2599; *Gola/Wronka,* Arbeitnehmerdatenverarbeitung beim Betriebs-/Personalrat und der Datenschutz, NZA 1991, 790; *Graulich,* Telekommunikationsgesetz und Vorratsdatenspeicherung, NVwZ 2008, 485; *Hartleb,* Sinn und Zweck der Vorschriften über den Sozialdatenschutz im SGB X, RDV 1995, 9; *Hassemer,* Telefonüberwachung und Gefahrenabwehr, ZRP 1991, 121; *Herb,* Zufallsfunde bei behördlichen Datenschutzkontrollen, CR 1994, 642; *Hoffmann/Wöhlermann,* Das Handelsregister als elektronische Datenbank, in: Nickel/Roßnagel/Schlink (Hrsg.), Die Freiheit und die Macht – Wissenschaft im Ernstfall, Festschrift für A. Podlech, 1994, S. 183; *Hornung/Schnabel,* Verfassungsrechtlich nicht schlechthin verboten – Das Urteil des Bundesverfassungsgerichts in Sachen Vorratsdatenspeicherung, DVBl. 2010, 824; *Kloepfer,* Datenschutz als Grundrecht, 1998, S. 23 f.; *Lappe,* Das neue Schuldnerverzeichnis, NJW 1994, 3067; *Petri,* Unzulässige Vorratssammlungen nach dem Volkszählungsurteil? Die Speicherung von TK-Verkehrsdaten und Flugpassagierdaten, DuD 2008, 729; *ders.,* Verfassungskonforme Speicherung von Nutzerdaten – Gestaltungsanforderungen nach dem Urteil des Bundesverfassungsgerichts vom 2. März 2010, RDV 2010, 197; *Puschke/Singelnstein,* Telekommunikationsüberwachung, Vorratsdatenspeicherung und (sonstige) heimliche Ermittlungsmaßnahmen nach der StPO nach der Neuregelung zum 1.1.2008, NJW 2008, 113; *Riegel,* Nochmals: Telefonüberwachung und Gefahrenabwehr, ZRP 1991, 286; *ders.,* Das neue Bundesgrenzschutzgesetz (BGSG): Neuerungen und Probleme, DÖV 1995, 317; *Roßnagel,* Die „Überwachungs-Gesamtrechnung" – Das BVerfG und die Vorratsdatenspeicherung, NJW 2010, 1238; *Runge,* Protokolldaten zwischen Sicherheit und Rechtmäßigkeit, CR 1994, 710; *Tinnefeld,* Anmerkungen zu einem Informationsrecht für die Forschung, RDV 1995, 22; *Wagner,* Änderungen von Vorschriften des SGB über den Schutz von Sozialdaten, NJW 1994, 293; *Weichert,* Information, Selbstbestimmung und strafrechtliche Ermittlung, 1990, S. 69.

Übersicht

	Rn.
1. Allgemeines	1
2. Regelungsgegenstand	2
3. Zulässigkeit	5

Datenspeicherung, -veränderung und -nutzung § 14

	Rn.
4. Zweckbindung	9
5. Zweckänderung	12
6. Keine Zweckänderung	24
7. Verstärkte Zweckbindung	27
8. Zweckändernde Verwendung sensitiver Daten	31
9. Landesrecht	34

1. Allgemeines

§ 14 regelt das Speichern, Verändern und Nutzen personenbezogener Daten. **1** Durch das BDSG 1990 ist die Nutzung als eigenständige Datenverarbeitungsphase in das Gesetz aufgenommen worden, außerdem ist der Grundsatz der Zweckbindung durch Einführung des Absatzes 2 deutlich hervorgehoben worden. Mit dem BDSG 2001 sind Regelungen über die Speicherung, Veränderung und Nutzung sensitiver Daten hinzugekommen, im Übrigen ist die Vorschrift materiell in ihrer bisherigen Fassung erhalten geblieben.

2. Regelungsgegenstand

2.1 Die Zulässigkeit der Datenspeicherung, -veränderung und der -nutzung ist **2** gekennzeichnet durch die Festschreibung des **Zweckbindungsgrundsatzes.** Der Begriff der **Speicherung** ist definiert in § 3 Abs. 4 Nr. 1. Auf die Form der Speicherung, ebenso wie der übrigen Verarbeitung und der Nutzung, kommt es nicht an. Das BDSG gilt für öffentliche Stellen uneingeschränkt, d. h. nicht nur für die automatisierte Verarbeitung, sondern auch für die Verarbeitung von Daten in Akten (s. auch § 3 Rn. 22; Dammann in: Simitis, BDSG § 1 Rn. 134 f.).

2.2 Verändern (Definition § 3 Abs. 4 Nr. 2) von personenbezogenen Daten ist **3** **inhaltliches Umgestalten.** Das Datum selbst muss einen anderen Inhalt erhalten. Dies kann dadurch geschehen, dass es ganz oder teilweise gelöscht und durch ein anderes ersetzt wird. Veränderung kann auch die **Berichtigung** nach § 20 Abs. 1 sein; da sie aber gesondert geregelt ist, richtet sie sich nach den dortigen Vorgaben. Daraus erhellt gleichzeitig, dass das Ziel des Veränderns nicht die Herstellung der Richtigkeit der Daten ist. Ziel und Zweck des Veränderns ist vielmehr allein die Aufgabenerfüllung.

2.3 Der Tatbestand der **Nutzung** von personenbezogenen Daten (zur Definition **4** § 3 Abs. 5) erfasst jede Form der Verwendung, die sich im Rahmen der dienstlichen Aufgabenerfüllung und in einer der Phasen der Datenverarbeitung einzuordnen ist. Das BDSG räumt der Nutzung mit dieser Definition einen weiten Anwendungsbereich ein und legt zugleich den Begriff der Verwendung als den Oberbegriff von Verarbeitung und Nutzung fest. Besondere Formen der Nutzung, die der öffentlichen Verwaltung eigen sind, gibt es nicht. Oftmals liegt gerade in der Nutzung der Daten eine besondere Beeinträchtigung der Interessen des Betroffenen (z. B. bei der Verwendung der Eintragung einer Trunkenheitsfahrt im Verkehrszentralregister zur Einladung zu einem Aufbauseminar, OVG Magdeburg, NJW 2011, 3466). Nutzen ist auch die Weitergabe von Daten, doch anders als bei einer Übermittlung werden bei einer Nutzung die Daten nicht an Dritte i. S. d. § 3 Abs. 8 Satz 2 weitergegeben, sondern etwa an andere Personen innerhalb der verantwortlichen Stelle oder an Auftragnehmer i. S. d. § 3 Abs. 8 Satz 3.

§ 14 Datenspeicherung, -veränderung und -nutzung

3. Zulässigkeit

5   **3.1** Die Zulässigkeitsvoraussetzungen für das Speichern, Verändern und Nutzen entsprechen denen für das Erheben nach § 13. Jede Speicherung, jede Veränderung und jede einzelne Nutzung muss zur Erfüllung der in der **Zuständigkeit** der speichernden Stelle liegenden **Aufgabe** erforderlich sein. Unzulässig ist damit etwa die Verwendung dienstlich erlangter Kenntnisse für private Zwecke (zur Strafbarkeit unbefugten Abrufs und privater Nutzung von personenbezogenen Daten durch einen Polizeibeamten, AG Tiergarten, RDV 1988, 90; LG Bad Kreuznach, RDV 1991, 149; OLG Bamberg, DuD 2010, 661). Dass hier die Zuständigkeit – abweichend von § 13 – eigens erwähnt worden ist, ist materiell ohne Bedeutung. Auch die Erhebung darf nur im Rahmen der Zuständigkeit erfolgen. Die Feststellung der Zuständigkeit ist Bestandteil der Rechtmäßigkeitsprüfung.

6   **3.2** Der relativ weit gefasste Zulässigkeitsrahmen wird durch bereichsspezifische Rechtsetzung konkretisiert. Hervorzuheben sind die Regelungen über die Zulässigkeit der **Speicherung in Registern**, z. B. § 2 MRRG für das Melderegister; §§ 3 ff. BZRG für das Bundeszentralregister; §§ 28 f. StVG für das Verkehrszentralregister; § 33 StVG für das Fahrzeugregister; § 50 StVG für das Fahrerlaubnisregister; § 915 ZPO für das Schuldnerverzeichnis; §§ 2 f. AZRG für das Ausländerzentralregister; §§ 2 ff. ATDG für die Antiterrordatei. Der EuGH hat in einem Vorabentscheidungsverfahren die Speicherung der Daten von Unionsbürgern im deutschen Ausländerzentralregister nur insoweit als zulässig erachtet, als die Speicherung für aufenthaltsrechtliche Zwecke erforderlich ist. Damit scheidet eine Speicherung für statistische Zwecke und zur Bekämpfung von Kriminalität aus (EuGH, MMR 2009, 171; dazu Zerdick, RDV 2009, 56, 61 ff.).

7   **3.3** Der **Erforderlichkeitsgrundsatz** beherrscht das gesamte Verwaltungshandeln. Es ist daher konsequent, ihn auch hier hervorzuheben. Die Daten sind sowohl ihrer Art nach daraufhin zu überprüfen, ob sie für die Erfüllung der Aufgabe erforderlich sind als auch hinsichtlich der Dauer der Speicherung. Der **Personalrat** einer öffentlichen Stelle darf nur diejenigen Daten speichern, für die ihm nach dem Personalvertretungsgesetz (§ 68 Abs. 2 BPersVG) ein entsprechendes **Informationsrecht** eingeräumt ist. (vgl. hierzu Gola/Wronka, NZA 1991, 790; dies., Handbuch zum Arbeitnehmerdatenschutz, S. 168 ff.; ferner BfDI, 14. TB, S. 64 und 15. TB, S. 139 f.).

8   **3.4** Bezogen auf die Speicherung ist das **Verbot der Speicherung auf Vorrat** wichtig. Speichern ist schon von seinem Wortsinn her ein Vorhalten der Daten auf Vorrat (Denninger, CR 1988, 51 (59)). Jede Speicherung ist gewöhnlich zukunftsgerichtet. Ob der Zweck, für den die Daten gespeichert werden, tatsächlich eintreten wird, ist bei jeder Speicherung ungewiss, wenngleich mit unterschiedlicher Ausprägung des Wahrscheinlichkeitsgrades. Ob eine unzulässige Vorratsdatenspeicherung vorliegt, entscheidet sich nach der Zweckbestimmung. Ist der Zweck der Speicherung nicht bestimmt, ist die Speicherung generell unzulässig. Die gesetzliche Regelung einer solchen Speicherung wäre verfassungswidrig (BVerfGE 65, 1 (46)). Erfolgt dagegen die Speicherung für bestimmte, auch in der Zukunft liegende, Zwecke, kann sie bzw. die ermächtigende Rechtsvorschrift zulässig sein, wenn für die Speicherung die gesetzlichen Voraussetzungen vorliegen bzw. die Rechtsvorschrift dem Grundsatz der Verhältnismäßigkeit genügt. Die Wahrscheinlichkeit des Eintritts des Speicherzwecks ist somit nicht entscheidend für die grundsätzliche Zulässigkeit der Speicherung, sondern in der Verhältnismäßigkeitsprüfung zu berücksichtigen. Beispiele für zulässige Speicherungen auf Vorrat sind grundsätzlich die oben in Rn. 6 genannten Register. Auch **polizeiliche oder nachrichtendienstliche Dateien** stellen eine grundsätzlich zulässige Speicherung auf Vorrat dar. Für die nach dem BKAG geführten Dateien fehlte die nach § 7 Abs. 6 BKAG erforderliche Rechtsverordnung, so dass die Speiche-

rung rechtswidrig war, siehe OVG Niedersachsen, Urt. v. 16.12.2008, DVBl. 2009, 466 (Ls.) für die Speicherung in der Verbunddatei „Gewalttäter Sport", dazu auch Arzt/Eier, DVBl. 2010, 816 ff.; nachdem die Rechtsverordnung erlassen wurde (dazu Arzt, NJW 2011, 352), ist die Speicherung grundsätzlich rechtmäßig (BVerwG, DVBl. 2010, 1304; VG Düsseldorf, Urt. v. 10.1.2011 – 18 K 3229/10, RDV 2011, 151 (Ls.)). Entsprechende Befugnisse zur Speicherung der Daten ergeben sich aus bereichsspezifischen Vorschriften, §§ 7, 8 BKAG; § 29 BPolG sowie entsprechenden landesrechtlichen Vorschriften; §§ 6, 10 BVerfSchG. Danach kann die Polizei personenbezogene Daten aus Strafverfahren speichern, wenn dies für in Zukunft zu erwartende präventive oder repressive Zwecke erforderlich ist. Dies gilt in engen Grenzen auch für Strafverfahren, die durch einen Freispruch oder eine Einstellung nach § 170 Abs. 2 StPO mangels hinreichenden Tatverdachts beendet wurden. Voraussetzung ist jedoch, dass noch verbleibende Verdachtsmomente gegen den Betroffenen sowie eine Wiederholungsgefahr bestehen (§ 8 Abs. 2 BKAG; BVerfG, NJW 2002, 3231; OLG Dresden, MMR 2003, 592; VGH Kassel, NJW 2005, 2727; BVerwG, DVBl. 1999, 332; VG Mainz, DuD 2009, 195; BVerwG, DVBl. 2010, 1304; BayVGH, DuD 2011, 573). Unverhältnismäßig und daher nichtig war nach der Entscheidung des BVerfG vom 2.3.2010 (NJW 2010, 833 ff.) die bis dahin in § 113a TKG angeordnete Speicherung von Verkehrsdaten der Telekommunikation. Die Vorschrift, durch die die inzwischen durch den EuGH für ungültig erklärte (EuGH, NVwZ 2014, 709) Richtlinie 2006/24/EG des Europäischen Parlaments und des Rates über die **Vorratsdatenspeicherung** umgesetzt wurde, verpflichtete Anbieter von öffentlich zugänglichen Telekommunikationsdiensten, die bei der Nutzung des Dienstes erzeugten Verkehrsdaten (z. B. Telefonnummer, E-Mail-Adresse, IP-Adresse, genutzte Funkzelle) für sechs Monate zu speichern und nach § 113b TKG auf Verlangen den Strafverfolgungs- und Gefahrenabwehrbehörden sowie den Nachrichtendiensten zu übermitteln. Das BVerfG sieht in der Speicherung einen besonders schweren Eingriff in das Telekommunikationsgeheimnis mit einer Streubreite, wie sie die Rechtsordnung bisher nicht kennt (BVerfG, NJW 2010, 833 (838) Rn. 210; s. dazu auch Leutheusser-Schnarrenberger, ZRP 2007, 9 (11); Graulich, NVwZ 2008, 485 (490); Puschke/Singelnstein, NJW 2008, 113 (118)). In der Literatur waren die Vorschriften zuvor heftig kritisiert worden. Petri (DuD 2008, 729) sah hierdurch den unantastbaren Wesensgehalt des Grundrechts aus Art. 10 GG verletzt. Zum Eingriff in die Pressefreiheit siehe Gola/Klug/Reif (NJW 2007, 2599). Das BVerfG hat nunmehr klargestellt, dass bereits in der Speicherung ein Grundrechtseingriff liegt (ebenso Graulich, NVwZ 2008, 485 (490); Gitter/Schnabel, MMR 2007, 411 (413)). Dieser ist nach dem BVerfG allerdings nicht schlechthin verfassungswidrig. Erfolgt die Speicherung zu bestimmten Zwecken kann sie bei adäquater gesetzlicher Ausgestaltung den Verhältnismäßigkeitsanforderungen genügen (BVerfG, NJW 2010, 833 (839) Rn. 213). Erforderlich sind hierfür normenklare Regelungen über die Speicherung, die Datensicherheit (ausführlich dazu Schramm/Wegener, MMR 2010, 9), die Transparenz, den Rechtsschutz und die Verwendung der Daten (BVerfG, NJW 2010, 833 (840) Rn. 220; dazu auch Graulich, NVwZ 2008, 485 (490); zur Unbestimmtheit der Zweckbestimmung für die Übermittlung in § 113b TKG Puschke/Singelnstein, NJW 2008, 113 (118); Bizer, DuD 2007, 586 (587)). Hervorzuheben ist, dass das BVerfG bereits für die Verfassungsmäßigkeit der Speicherung hinreichend konkrete Regelungen über deren Verwendung voraussetzt (BVerfG, NJW 2010, 833 ff. Rn. 220, 226; dazu Petri, RDV 2010, 197 (200); kritisch zu der damit verbundenen sicherheitsrechtlichen Aufladung des Telekommunikationsrechts Möstl, ZRP 2011, 225 (226)). An der Erforderlichkeit der Maßnahme äußert das BVerfG keine Zweifel, obwohl mit dem „Quick Freeze-Verfahren" eine zwar nicht vollkommen gleich geeignete aber wesentlich schonendere Alternative zur Verfügung steht (BVerfG, NJW 2010, 833 (838) Rn. 208; kritisch zu dem Verständnis der Erforderlichkeit Hornung/Schnabel, DVBl. 2010, 824 (826); zum „Quick Freeze-Verfahren" Bizer, DuD 2007, 586 (588); Graulich, NVwZ 2008, 485

(490); Gola/Klug/Reif, NJW 2007, 2599 (2600)). Neu ist die Erwägung des BVerfG, dass die Vorratsdatenspeicherung nicht als Vorbild für die Schaffung weiterer Datensammlungen dienen darf; es gehöre vielmehr zur verfassungsrechtlichen Identität der Bundesrepublik, dass die Freiheitswahrnehmung der Bürger nicht total erfasst und registriert werden darf (BVerfG, NJW 2010, 833 (840) Rn. 218). Roßnagel leitet daraus eine doppelte Verhältnismäßigkeitsprüfung ab: für die Verfassungsmäßigkeit einer Überwachungsmaßnahme sei künftig nicht nur auf diese selbst, sondern auch auf die Gesamtbelastung durch andere Überwachungsmaßnahmen abzustellen (Roßnagel, NJW 2010, 1238 (1240); Hornung/Schnabel, DVBl. 2010, 824 (827) sowie Petri, RDV 2010, 197 (200), weisen auf die auf die noch ungeklärten Fragen der Umsetzung dieser Gesamtrechnung hin; Forgó/Krügel, K&R 2010, 217 (219) sehen dagegen in der Entscheidung des BVerfG einen „Dammbruch im Hinblick auf die Zulässigkeit von Vorratsdatenspeicherungen). Nachdem der EuGH zunächst nur die Frage der Verankerung der lediglich den Erlass dieser Richtlinie als Instrument der ersten Säule auf der Grundlage des Art. 95 EG zu entscheiden und bestätigt hatte (EuGH, MMR 2009, 244; dazu Zerdick, RDV 2009, 56 (63 f.); Simitis, NJW 2009, 1782; Braum, ZRP 2009, 174)), hat er nunmehr mit Urteil vom 8.4.2014 die Richtlinie als unverhältnismäßigen Eingriff in die Art. 7 und 8 GRCh für ungültig erklärt (EuGH, NVwZ 2014, 709). Die Richtlinie stelle nicht sicher, dass der Eingriff auf das absolut Notwendige beschränkt ist. Bemerkenswert ist in diesem Zusammenhang die Kritik des EuGH an einer fehlenden Differenzierung nicht nur nach Datenkategorien, sondern auch nach Personen. Insbesondere kritisiert der EuGH, dass die Speicherpflicht auch für Personen gilt, „bei denen keinerlei Anhaltspunkt dafür besteht, dass ihr Verhalten in einem auch nur mittelbaren oder entfernten Zusammenhang mit schweren Straftaten stehen könnte"; auch das Fehlen von Ausnahmen etwa für Berufsgeheimnisträger wird vom EuGH gerügt (EuGH, NVwZ 2014, 709 (712 Rn. 57-59); zu den Folgen Kühling, NVwZ 2014, 681).

4. Zweckbindung

9 **4.1** Der das Datenschutzrecht seit jeher prägende **Zweckbindungsgrundsatz** ist durch die EG-DatSchRL bestätigt worden. Art. 6 Abs. 1 Buchst. b EG-DatSchRL verpflichtet die Mitgliedstaaten, personenbezogene Daten „für festgelegte, eindeutige und rechtmäßige Zwecke" zu erheben und sie nur für diese Zwecke weiter zu verarbeiten. Der Zweckbindungsgrundsatz ist expressis verbis im ersten Abschnitt des BDSG nicht erwähnt. In § 4 findet er sich erst bei den Unterrichtungspflichten. Materiellen Gehalt gewinnt er in § 14 Abs. 1. Wie weit der Schutz personenbezogener Daten tatsächlich reicht, hängt wesentlich von der Formulierung des Zwecks ab. Um diesem zentralen Grundsatz des Datenschutzes gerecht zu werden, muss der Verwendungszweck so konkret wie möglich bestimmt werden. Ein zu hoher Abstraktionsgrad ist mit den deutlich artikulierten Absichten sowohl der EG-DatSchRL als auch mit dem Willen des BDSG-Gesetzgebers nicht vereinbar. Wenn personenbezogene Daten nur für die Zwecke gespeichert, verändert und genutzt werden dürfen, für die sie erhoben worden sind, dann bedeutet dies, dass der Erhebung eine **Festlegung** des oder der Zwecke vorangegangen sein muss. Die Richtlinie spricht dies aus; der Gesetzgeber des BDSG setzt es zu Recht voraus. Der festzulegende Zweck muss nach den Vorgaben der Richtlinie eindeutig sein. Eine frühere Fassung der Richtlinie verlangte die schriftliche Festlegung. Darauf wurde im Interesse größerer Flexibilität – wohl auch in Anbetracht der zahlreichen Ausnahmemöglichkeiten – verzichtet. Eindeutigkeit des oder der Zwecke ist die Voraussetzung dafür, dass der Grundsatz überhaupt greift. Eine unklare Zweckfestlegung, die die Erhebung und Speicherung zu unterschiedlichen Zwecken ermöglicht, wäre keine Festlegung und unzulässig. Nachfragen der betroffenen Person anlässlich der

Datenspeicherung, -veränderung und -nutzung § 14

Unterrichtung nach § 4 würden geradezu provoziert werden und die erhebende Stelle dem Verdacht aussetzen, die Daten auch für andere Zwecke nutzen zu wollen. Wenn tatsächlich die Daten für andere Zwecke erhoben und genutzt werden sollen, dann ist dies ebenso eindeutig festzulegen und transparent zu machen. Der Zweck muss nach der Richtlinie (Art. 6 Abs. 1 Buchst. b) rechtmäßig sein. Dies ist eine Selbstverständlichkeit und daher nicht in das BDSG übernommen worden.

4.2 Die Zweckbindung ist der eigentliche Regelungsgegenstand des Absatzes 1. **10** Zulässig ist nur eine Speicherung, Veränderung oder Nutzung zu dem Zweck, zu dem die Daten erhoben worden sind. Auch dies fordert die Richtlinie, wenngleich die Formulierung „nicht in einer mit diesen Zweckbestimmungen nicht zu vereinbarenden Weise weiterverarbeitet werden" einigen als zu vage und abgeschwächt erscheint (Dammann in: Simitis/Dammann, EG-RL Art. 6 Rn. 8 m. w. N.). Das BDSG hat die bisherige Formulierung des Zweckbindungsgrundsatzes unverändert beibehalten. Er gilt ohne Einschränkung und Abschwächung. Erfolgt also die Speicherung, Veränderung oder Nutzung im Anschluss an eine Datenerhebung, ist sie durch die Zweckbindung bei der Erhebung begrenzt. Waren bei der Erhebung mehrere Zwecke verfolgt worden, können diese auch später weiter verfolgt werden (vgl. dazu BVerwG, NJW 1990, 2768 f.). Die Erhebung personenbezogener Daten im Rahmen eines Gerichtsverfahrens dient zunächst der Vorbereitung der gerichtlichen Entscheidung (eingehend dazu für den Verwaltungs- und Sozialgerichtsprozess Brink/Wolff, NVwZ 2011, 134). Darüber hinaus besteht eine Verpflichtung der Gerichte – zumindest der Obergerichte –, ihre Urteile in angemessener Weise und in anonymisierter Form zu veröffentlichen (näher dazu § 16 Rn. 11). Die Erhebung im Prozess dient also auch diesem Zweck. Sie hat nur zu unterbleiben, wenn im Einzelfall schwerwiegende Argumente entgegenstehen (OLG Celle, RDV 1991, 37). Die Zweckbindung ist nicht auf die der Erhebung folgende Datenverarbeitungsphase beschränkt, sie haftet dem erhobenen Datum bis zur **Zweckerfüllung** an. Daraus ergibt sich, dass im Verwaltungsvollzug der Zweck der Datenverarbeitung sehr viel stärker und schärfer als bisher definiert und dokumentiert werden muss. Durch die Zweckbindung wird die Verwendung der Daten grundsätzlich den gleichen rechtlichen Grenzen unterworfen, die auch für die Erhebung der Daten gelten. Dies wirft die Frage der Zulässigkeit einer **Verwendung rechtswidrig erlangter Daten** auf. Das OVG Hamburg lässt die Frage eines datenschutzrechtlichen Verwertungsverbots rechtswidrig erlangter Erkenntnisse offen, geht aber jedenfalls von einem aus dem Rechtsstaatsprinzip folgenden Verwertungsverbot im Verwaltungs- und verwaltungsgerichtlichen Verfahren aus, wenn die Rechtswidrigkeit der Erhebung auf einer Verletzung individueller Rechte beruht (OVG Hamburg, NJW 2008, 96 m. w. N.). Die Erkenntnisse dürfen allerdings als Anknüpfungspunkt für weitere Ermittlungen genutzt werden, es sei denn, sie wurden unter Verletzung des Kernbereichs privater Lebensgestaltung erlangt (OVG Hamburg, a. a. O.). Im Strafrecht gibt es – mit Ausnahme der Verletzung des Kernbereichs privater Lebensgestaltung – keinen allgemeinen Grundsatz, dass ein Verstoß gegen Beweiserhebungsvorschriften zu einem Beweisverwertungsverbot führt, diese Frage ist vielmehr im Einzelfall unter Abwägung aller Umstände zu entscheiden (BVerfG, ZD 2011, 177 für die Verwertbarkeit von Videoaufnahmen zur Geschwindigkeits- oder Abstandsmessung, die ohne Rechtsgrundlage gefertigt wurden; BVerfG, JZ 2011, 249 für die Verwertbarkeit von durch den BND erlangten ausländischen Bankdaten im Steuerstrafverfahren; VerfGH Rheinland-Pfalz, NJW 2014, 1434 zur Verwendung einer durch eine Privatperson beschafften und dem Land übergebenen Steuerdaten-CD; ausführlich zum Beweisverwertungsverbot im Strafverfahren Meyer-Goßner, StPO, 55. Aufl., Einl. Rn. 55 ff.). Der Zweck bestimmt auch die **Dauer der Speicherung**. Sind die Daten für den Zweck nicht mehr erforderlich, sind sie nach § 20 Abs. 2 zu löschen. Insbesondere für die Speicherung in Registern oder Datenbanken ist die Dauer der Erforderlichkeit häufig abstrakt geregelt, etwa in Form von starren

§ 14 Datenspeicherung, -veränderung und -nutzung

Tilgungsfristen (§§ 45 ff. BZRG, § 153 GewO; § 29 StVG) oder in Form von Prüffristen (§ 32 BKAG, § 489 StPO). Abstrakt festgelegte Prüffristen machen die Prüfung der Erforderlichkeit der Speicherung aus Anlass einer Einzelfallbearbeitung nicht entbehrlich, wie etwa § 32 Abs. 3 BKAG klarstellt (BVerwG, DVBl. 2010, 1304 (1307)), und stehen weder einer Verkürzung noch einer Verlängerung der Aufbewahrungsdauer entgegen.

11 **4.3** Werden personenbezogene Daten von öffentlichen oder privaten Stellen oder sonstigen Dritten an die speichernde Stelle übermittelt oder erlangt sie sie auf andere Weise, ohne dass die Daten erhoben worden sind, und werden sie nach Satz 2 gespeichert, setzt die Zweckbindung mit dem Speichern ein. Ohne Zweckbestimmung dürfen personenbezogene Daten künftig nicht mehr gespeichert werden. Dies wäre eine unzulässige Speicherung auf Vorrat.

5. Zweckänderung

12 **5.1** Der Grundsatz der Zweckbindung lässt sich im Verwaltungsvollzug nicht immer lückenlos aufrechterhalten. Ausnahmen müssen im Interesse des Betroffenen oder im sonstigen überwiegenden öffentlichen oder auch privaten Interesse zugelassen werden. Der Katalog der Ausnahmetatbestände ist in Abs. 2 Nr. 1–9 so konkret wie möglich gefasst worden. Die Tatbestände sind – wie alle Ausnahmeregelungen – eng auszulegen. In Zweifelsfällen haben sie sich am Grundsatz der Zweckbindung zu orientieren. Einer zweckändernden Verwendung dürfen personenbezogene Daten nur so lange zugeführt werden, wie sie für den vorigen Zweck (noch) rechtmäßig gespeichert sind. Sind Daten nur noch gespeichert, weil die nach § 20 Abs. 2 gebotene Löschung oder eine nach § 20 Abs. 3 gebotene Sperrung unterblieben ist, dürfen sie nicht mehr für andere Zwecke verwendet werden; für gesperrte Daten gelten allerdings die Ausnahmetatbestände des § 20 Abs. 7. Andernfalls würde der mit der Löschung einhergehende absolute Nutzungsausschluss (vgl. Auernhammer, BDSG § 20 Rn. 13, 23) bzw. das durch die Sperrung ausgelöste relative Nutzungsverbot (Auernhammer, BDSG § 20 Rn. 23) unterlaufen.

13–15 **5.2** In der Ausnahme der Nummer 1 kommt der Grundsatz des § 4 Abs. 1 zum Tragen. Anders als in der grundlegenden Regelung des § 4 Abs. 1 soll jedoch eine Verwendung nicht erlaubt sein, wenn eine Rechtsvorschrift dies erlaubt oder anordnet, sondern dann, wenn die **Rechtsvorschrift** die Verwendung vorsieht oder zwingend voraussetzt. Die Abweichung beruht auf einem Vorschlag des Bundesrates zu dem – noch mit dem Wortlaut des § 4 Abs. 1 übereinstimmenden – Entwurf der Bundesregierung (BT-Drs. 11/4306). Mit dem Vorschlag beabsichtigte der Bundesrat eine präzisere Regelung (BT-Drs. 11/4306, S. 76), was allerdings nicht gelungen ist. Im Interesse einer einheitlichen und verfassungsrechtlich unbedenklichen (dazu Dammann in: Simitis, BDSG § 14 Rn. 56) Rechtsanwendung müssen die Begriffe in § 4 Abs. 1 und in § 14 Abs. 1 Nr. 1 gleich verstanden werden (im Ergebnis auch Auernhammer, BDSG § 14 Rn. 12). Ein typischer Fall der Zweckänderung ist die Speicherung und weitere Verwendung von Daten aus strafrechtlichen Ermittlungsverfahren für künftige Strafverfahren oder zur Gefahrenabwehr (siehe Rn. 8). Personenbezogene Daten, die das BKA zur Abwehr der Gefahren des internationalen Terrorismus erhoben hat, darf es nach § 20v Abs. 4 Satz 2 BKAG außer zu diesem Zweck nur für den Schutz von Mitgliedern der Verfassungsorgane (§ 5 BKAG) und für den Zeugenschutz (§ 6 BKAG) verwenden. Die Übermittlung der Daten ist nach § 20v Abs. 6 BKAG auch für weitere Zwecke zulässig. Die Anfertigung von Lichtbildern und Fingerabdrücken für Zwecke des Erkennungsdienstes ist nach § 81b StPO zulässig (dazu VGH Mannheim, NJW 2008, 3082). § 81g StPO erlaubt die Speicherung von DNA-Identifizierungsmustern verurteilter Personen zur Aufklärung künftiger Straftaten. Das BVerfG hat diese Regelung für verfassungsmäßig

Datenspeicherung, -veränderung und -nutzung **§ 14**

erklärt (RDV 2001, 107). Für eine Speicherung bedürfe es allerdings positiver, auf den Einzelfall bezogener Gründe für die Annahme der Wahrscheinlichkeit künftiger Straftaten, für die das DNA-Identifizierungsmuster einen Aufklärungsansatz bieten kann (BVerfG, RDV 2008, 237). Daten aus Strafverfahren dürfen nach § 481 Abs. 1 StPO grundsätzlich für Zwecke der Gefahrenabwehr an Polizeibehörden übermittelt werden, es sei denn besondere gesetzliche Verwendungsregelungen – wie etwa die Einschränkungen des § 100d Abs. 5 StPO für Daten aus einer Wohnraumüberwachung – stehen dem entgegen, § 481 Abs. 2 StPO. Eine Zweckänderung ist auch mit der Verwendung von Daten zum Test von neuer Software verbunden. Sollen hierfür ausnahmsweise Echtdaten verwendet werden (dazu Gliss, DSB 12/2010, 13), bedarf es einer gesetzlichen Rechtsgrundlage. Eine solche ist für den Test mit Grundbuchdaten in § 134a GBO geschaffen worden.

5.3 Die **Einwilligung** des Betroffenen nach Nr. 2 als Zulässigkeitsvoraussetzung 16 für eine zweckfremde Verarbeitung braucht hier eigentlich nicht mit aufgeführt zu werden, weil sie sich bereits aus § 4 Abs. 1 ergibt. Sie ist unter den Voraussetzungen des § 4a Abs. 1 einzuholen und zu erteilen. Sie muss sich auf die **Änderung der Zweckbestimmung** beziehen. Die Einwilligung wird zu Recht an zweiter Stelle nach der ermächtigenden Rechtsvorschrift genannt. Ist absehbar, dass die Daten auch für andere Zwecke benötigt werden, sollte die Einwilligung des Betroffenen bereits bei der Erhebung eingeholt werden. Dies dient der stets wünschenswerten Transparenz der Datenverarbeitung und dem gesetzgeberischen Ziel, das informationelle Selbstbestimmungsrecht des Betroffenen zu gewährleisten. Das Einwilligungserfordernis auf die in den Nummern 3 bis 9 nicht geregelten Ausnahmetatbestände zu beschränken wäre zwar vertretbar, läge aber nicht auf der Linie der Gesamtintention des Gesetzes.

5.4 Die Ausnahmeregelung des Absatzes 2 Nr. 3 schließt sich dem Sachzusam- 17 menhang nach an die vorherige an. Es muss ein Sachverhalt vorliegen, der die zweckfremde Verarbeitung der Daten nur mit Einwilligung des Betroffenen zulässt; diese darf aber nicht oder nur mit erheblichem **Aufwand** herbeizuführen sein. Das ist der Fall, wenn z. B. der Aufenthalt des Betroffenen unbekannt oder nur mit unverhältnismäßig hohem Aufwand feststellbar ist. Liegen diese Voraussetzungen vor, ist nach dem Rechtsgedanken der qualifizierten Geschäftsführung ohne Auftrag die Zweckänderung zulässig, wenn dies (objektiv) im **Interesse des Betroffenen** liegt, er also gegen seine eigenen Interessen handelte, wenn er die Einwilligung versagen würde. Darüber hinaus eröffnet die Vorschrift auch die Möglichkeit, auf **unnötige Beteiligungen** des Betroffenen zu verzichten. Alle Fälle, in denen die Zweckänderung (auch) zu einer dem Betroffenen nachteiligen Entscheidung führen könnte, sind jedoch von vornherein ausgeschlossen. Zu diesem objektiven Befund, dass die zweckfremde Speicherung, Veränderung oder Nutzung im Interesse des Betroffenen liegt, muss hinzukommen, dass kein Grund zu der Annahme besteht, der Betroffene würde in Kenntnis des anderen Zwecks seine **Einwilligung verweigern.** Hier kommt es auf die Umstände des Einzelfalls an. Hat der Betroffene bereits früher zu erkennen gegeben, dass er in jedem Fall beteiligt werden möchte, ist dem jedenfalls insoweit Rechnung zu tragen, als solch ein Verlangen nicht offenkundig rechtsmissbräuchlich ist.

5.5 Die Ausnahmeregelung des Absatzes 2 Nr. 4 knüpft an die vorherige in gewis- 18 ser Weise an. Der Datenschutz darf nicht dazu führen, dass die Zweckbindung einzelner Daten die verantwortliche Stelle an der rechtmäßigen und sachgerechten Aufgabenerfüllung hindert. Enthält eine Datei Angaben über den Betroffenen, die z. B. von anderen Dateien abweichen oder aus anderen Gründen unrichtig erscheinen, ist eine **Überprüfung** geboten. Die Vorschrift ist insoweit die Befugnisnorm. Es müssen tatsächliche **Anhaltspunkte** für die **Unrichtigkeit** der Angaben des Betroffenen vorliegen. Dies kann der Fall sein, wenn er ein und denselben Sachverhalt unterschiedlich dargestellt hat. Tatsächliche Anhaltspunkte können auch

§ 14 Datenspeicherung, -veränderung und -nutzung

dann vorliegen, wenn durch falsche Angaben die allgemeine Glaubwürdigkeit des Betroffenen infrage gestellt wird und dies eine Überprüfung seiner Angaben erforderlich macht (BayVGH, RDV 1989, 82). Wird der Betroffene selbst befragt, ist dies keine zweckändernde Nutzung des Datums, wohl aber, wenn Dritte oder andere öffentliche oder private Stellen zu dem Sachverhalt befragt werden.

19 5.6 Die Ausnahmeregelung nach Absatz 2 Nr. 5 erscheint auf den ersten Blick sehr weitreichend. Wenn alles, was einmal veröffentlicht worden ist, der jeweilig verantwortlichen Stelle mit den aufgeführten Einschränkungen zur Verfügung stünde und zu jedwedem Zweck genutzt werden könnte, wäre dies ein dem Datenschutz völlig konträres Ergebnis. Der **Begriff „allgemein zugängliche Quellen"** ist sehr weitreichend (vgl. hierzu auch § 28 Rn. 32). Nach BVerfGE 27, 83 sind dies alle Medien, „die technisch geeignet und bestimmt" sind, „der Allgemeinheit, d. h. einem individuell nicht bestimmbaren Personenkreis Informationen zu verschaffen". Dazu gehören neben den Massenmedien, wie Presse, Rundfunk und Fernsehen auch andere Informationsquellen, wie Ausstellungen, Museen, Dokumentationen, Flugblätter, Anschläge an Litfasssäulen etc. (Herzog in: Maunz-Dürig, GG Art. 5 Rn. 89 f.). Der Begriff der allgemein zugänglichen Informationsquelle ist – der Intention des Art. 5 GG entsprechend – weit auszulegen. Das Informationsrecht des Bürgers soll so umfassend wie möglich gewährleistet werden. Hier geht es aber im Unterschied dazu um das Informationsrecht und die **Informationsbedürfnisse einer öffentlichen Stelle.** Diese könnte mit den ihr zur Verfügung stehenden Möglichkeiten aus öffentlich zugänglichen Quellen ein umfassendes Personendossier erstellen und die so gewonnenen Daten für den Verwaltungsvollzug verwenden. Eben dies zu verhindern, war eine der Zielsetzungen des Datenschutzes, war das erklärte Ziel des Volkszählungsurteils. Der ungehinderten und ungehemmten Informationssammlung öffentlicher Stellen soll ein Riegel vorgeschoben werden. Dies bedeutet: Die öffentliche Stelle darf zur Erfüllung ihrer Aufgaben nur die Daten aus allgemein zugänglichen Quellen erheben und verarbeiten, die dafür **erforderlich** sind. Nur sie kommen also für eine eventuell zweckfremde Nutzung in Betracht. Entsprechendes gilt für Daten, die die verantwortliche Stelle selbst veröffentlichen darf. Dies sind Daten, die in öffentliche Register eingestellt werden oder die aus bestimmten Anlässen (z. B. Strafverfolgung) veröffentlicht werden. Für diese Daten ist der Zweckbindungsgrundsatz gelockert. Es ist davon auszugehen, dass die Daten in gewisser Weise Allgemeingut geworden sind. Jedermann kann sich mit mehr oder weniger Aufwand Zugang verschaffen und sie zu jedem beliebigen Zweck nutzen. Auch hier sind allerdings Grenzen gezogen: Die Gewährung der Einsicht in das **Handelsregister** nach § 9 HGB umfasst die Einsicht in das gesamte Register. Es wäre aber eine zweckfremde Nutzung, wenn der gesamte Bestand mikroverfilmt würde, um als eigene Datei in Konkurrenz zum Handelsregister gewerblich genutzt zu werden. Der BGH (RDV 1990, 31) hat auf diese Form der Nutzung keinen Anspruch gewährt (siehe hierzu aber auch OLG Köln, RDV 1991, 267). Angesichts dieser relativ weiten Nutzungsmöglichkeiten öffentlich zugänglicher Daten wäre es unsachgemäß, wenn nur die verantwortliche öffentliche Stelle stärkeren Einschränkungen unterworfen wäre. Sie soll es nach dem Willen des Gesetzgebers nur dann sein, wenn offensichtlich **überwiegende Interessen des Betroffenen** entgegenstehen. Dies kann der Fall sein, wenn der Sachverhalt, den die gespeicherten Daten darstellen, lange zurückliegt und die zweckändernde Nutzung dem Betroffenen Nachteile zufügen würde, mit denen er nach so langer Zeit nicht mehr rechnen konnte und nicht zu rechnen brauchte. Das Interesse des Betroffenen ist abzuwägen gegen dasjenige der verantwortlichen Stelle an der zweckändernden Speicherung, Veränderung oder Nutzung dieser Daten. Dabei wird schon ein besonderes Interesse des Betroffenen vorgetragen werden müssen. Schließlich handelt es sich um personenbezogene Daten, die praktisch offen sind oder die die verantwortliche Stelle veröffentlichen dürfte. Ein einfaches Interesse an der Nichtspeicherung reicht nicht.

Datenspeicherung, -veränderung und -nutzung § 14

Es muss ein **schutzwürdiges** Interesse sein. Der Betroffene muss sein besonderes und spezielles Interesse darlegen oder ein solches Interesse muss als Möglichkeit für einen verständigen Beobachter ohne weiteres ersichtlich sein. Die Abwägung ist dann Sache der verantwortlichen Stelle. Sie hat unter Zugrundelegung des Verhältnismäßigkeitsgrundsatzes das Interesse des Betroffenen gegen ihr eigenes an der zweckändernden Speicherung/Veränderung/Nutzung abzuwägen und zu entscheiden. Überwiegt das Interesse des Betroffenen, hat die beabsichtigte Verarbeitung zu unterbleiben.

5.7 Auf die Ausnahmetatbestände, die die Interessen des Betroffenen in den Mittelpunkt stellen, folgen jene, die die **Zweckänderung im öffentlichen Interesse** zulassen. Nummer 6 lässt eine zweckändernde Verwendung zur Abwehr erheblicher Nachteile für das **Gemeinwohl**, zur Wahrung erheblicher Belange des Gemeinwohls sowie zur Abwehr einer Gefahr für die öffentliche Sicherheit zu. Die Voraussetzungen sind mit denen des § 13 Abs. 2 Nr. 5 und 6 identisch, so dass hinsichtlich der Begriffsdefinitionen auf § 13 Rn. 20 verwiesen wird. Der Erforderlichkeitsgrundsatz ist eine weitere Hemmschwelle. Lässt sich die Beeinträchtigung des Gemeinwohls auch auf andere Weise verhindern, die die zweckfremde Nutzung der personenbezogenen Daten nicht umfasst, ist diese zu wählen. Das Ausmaß der Nachteile und die zeitliche Dringlichkeit der Abwehrmaßnahmen sind abzuwägen gegen die möglichen Nachteile, die dem Betroffenen aus der zweckfremden Nutzung seiner Daten erwachsen können. Nach den gleichen Kriterien ist eine Zweckänderung zulässig, wenn eine Gefahr für die **öffentliche Sicherheit** unmittelbar droht und die zweckändernde Verarbeitung zur Abwehr erforderlich ist. Die öffentliche Sicherheit umfasst den Schutz der verfassungsmäßigen Ordnung, wesentlicher Schutzgüter der Bürger und die Rechtsordnung generell. Zu ihrem Schutz ist das Polizei- und Ordnungsrecht erlassen worden. Im Unterschied zu der ersten Alternative (Gemeinwohl) steht hier die auf das Individuum, den Bürger bezogene Gefahrenabwehr im Vordergrund. Zur Aufrechterhaltung der öffentlichen Ordnung hingegen dürfen die Daten nicht zweckändernd verarbeitet werden.

5.8 Nach Absatz 2 Nr. 7 ist die Zweckänderung zur **Strafverfolgung** und zum Vollzug staatlicher Straf- und Erziehungsmaßregeln zulässig. Die Vorschrift darf nicht dahingehend missverstanden werden, dass sie sich primär an die Behörden der Polizei und der Staatsanwaltschaft wendet. Für sie gelten die fachspezifischen Rechtsvorschriften der StPO und andere einschlägige Regelungen. Normadressaten sind hier vor allem andere öffentliche Stellen, denen mit dieser Ausnahmeregelung eine Befugnisnorm zur Verwendung von personenbezogenen Daten zur Übermittlung (dazu § 15 Rn. 7) an **Strafverfolgungs- und Ordnungsbehörden** gegeben wird. Davon sind sowohl Spontanübermittlungen als auch Ermittlungen auf Ersuchen der Ermittlungsbehörden erfasst.

5.9 Eine öffentliche Stelle darf auch nicht tatenlos zusehen, wie Rechte anderer Bürger beeinträchtigt werden, obwohl sie dies mit den ihr zu Gebote stehenden Mitteln verhindern oder zur Abwehr beitragen könnte. Voraussetzung für die Zulässigkeit der zweckfremden Nutzung gem. Absatz 2 Nr. 8 ist, dass eine schwerwiegende **Beeinträchtigung der Rechte einer anderen Person** (als der Betroffene) droht. Auch juristische Personen sind hier mit einbezogen (Dammann in: Simitis, BDSG § 14 Rn. 83). Die zu schützenden Rechte sind u. a. das Recht auf körperliche und geistige Unversehrtheit, der Schutz des Eigentums und vergleichbare Rechtsgüter sowie nicht zuletzt die im Grundgesetz garantierten Grundrechte. Reine **Vermögensinteressen** gehören nicht dazu (Dammann in: Simitis, BDSG § 14 Rn. 84). Eine öffentliche Stelle darf die zweckändernde Verarbeitung der bei ihr gespeicherten personenbezogenen Daten nicht schon dann zulassen, wenn es gilt, Schuldner zu ermitteln oder Beweismittel zur Geltendmachung von Vermögensansprüchen zu bekommen (Dammann in: Simitis, BDSG § 14 Rn. 84). Die Rechte müssen der Gefahr einer schweren Beeinträchtigung durch eine öffentliche oder private Stelle

341

§ 14 Datenspeicherung, -veränderung und -nutzung

oder eine andere Person ausgesetzt sein. Es müssen konkrete Anhaltspunkte dafür vorliegen, dass eine schwerwiegende Gefahr wirklich droht. Die Annahme einer **möglichen** Gefahr oder Beeinträchtigung reicht nicht aus. Wird sie irrtümlich angenommen, ist die zweckändernde Nutzung dennoch unzulässig. Sie darf nur insoweit erfolgen, als dies zur Abwehr der Gefahr erforderlich ist. Die völlige Beseitigung muss mit der zweckfremden Nutzung nicht erreicht werden. Es reicht, wenn sie zunächst eingedämmt und später mit dann angemessenen Maßnahmen gänzlich behoben wird.

23   5.10 Zum öffentlichen Interesse im weiteren Sinne gehört auch das Interesse an einer möglichst ungehinderten Durchführung der **wissenschaftlichen Forschung**. Die in Absatz 2 Nr. 9 (entsprechend § 13 Abs. 2 Nr. 7) getroffene Regelung wurde erstmals in das BDSG 90 aufgenommen. Sie ermöglicht die zweckändernde Speicherung, Veränderung oder Nutzung von personenbezogenen Daten zur Durchführung wissenschaftlicher Forschungsvorhaben. Die Vorschrift bezieht sowohl eigene Forschungsvorhaben öffentlicher Stellen des Bundes ein, ermöglicht aber auch den Zugang externer Forschungseinrichtungen auf personenbezogene Daten, die von öffentlichen Stellen des Bundes verarbeitet werden (Dammann in: Simitis, BDSG § 14 Rn. 89). Die Regelung lässt die Zweckänderung im Interesse der wissenschaftlichen Forschung nur unter engen Voraussetzungen zu. Schon bei der **Planung** eines Vorhabens muss darauf hingewirkt werden, dass dafür personenbezogene Daten nur in dem unbedingt erforderlichen Umfang verwendet werden. Noch schärfere Maßstäbe sind anzulegen, wenn auf personenbezogene Daten ohne Wissen des Betroffenen zugegriffen werden muss. Sollen schließlich für bestimmte Zwecke gespeicherte Daten für einen anderen wissenschaftlichen Zweck verarbeitet werden, ist dies nur zulässig, wenn ohne die Daten das Vorhaben nicht oder nur mit unverhältnismäßig hohem Aufwand erreicht werden könnte. Sind diese Voraussetzungen gegeben, folgt die **Abwägung** des Interesses der wissenschaftlichen Einrichtung an der Durchführung des Vorhabens mit dem des Betroffenen an der ausschließlich zweckgebundenen Nutzung seiner Daten. Die verantwortliche Stelle wird sich vor ihrer Entscheidung zu vergewissern haben, ob und unter welchen Sicherheitsvorkehrungen die Daten als personenbezogene Daten verarbeitet und vorgehalten werden. Weiter wird zu prüfen sein, ob einzelnen oder mehreren Betroffenen im Falle einer Preisgabe der Daten durch die wissenschaftliche Einrichtung Nachteile entstehen könnten. Ist das grundsätzlich nicht auszuschließen, muss die verantwortliche Stelle dem Umstand besondere Sorgfalt zuwenden und Abhilfevorkehrungen treffen.

6. Keine Zweckänderung

24   6.1 Durch Abs. 3 legt das Gesetz fest, dass die dort genannten Zwecke vom **Primärzweck** der Erhebung mit **umfasst** sind (zu der Frage, ob es sich hierbei um eine gesetzliche Fiktion oder nur um eine Klarstellung handelt, siehe Dammann in: Simitis, BDSG § 14 Rn. 93 ff. m. w. N.). Die Befugnis zur Erhebung und Verwendung zum ursprünglichen Zweck schließt daher die Verwendung zu den in Abs. 3 genannten Zwecken ein. Die Regelung ist bestimmt vom öffentlichen Interesse an einer funktionsfähigen Verwaltung. Rechtmäßigkeit, Zweckmäßigkeit, Kostengerechtigkeit und funktionsfähige Kontrollmechanismen liegen nicht nur im Interesse der Betroffenen, sondern ebenso im Allgemeininteresse. Der Gesetzgeber hat daher die Verwendung personenbezogener Daten zu Zwecken der **Aufsicht und Kontrolle** im umfassenden Sinn vom Zweckbindungsgrundsatz ausgenommen. Personenbezogene Daten dürfen zu diesem Zweck an Aufsichts-, Kontrolloder Prüfungsbehörden übermittelt oder ihnen zur Einsicht überlassen werden, ohne dass geprüft werden muss, ob einer der Ausnahmetatbestände des Absatzes 2 vorliegt. Die Vorschriften über **Berufs- und besondere Amtsgeheimnisse** gehen nach § 1

Datenspeicherung, -veränderung und -nutzung **§ 14**

Abs. 3 auch dieser Regelung vor. Ob Absatz 3 im Rahmen der Vorschriften über Berufs- und Amtsgeheimnisse als Offenbarungsbefugnis in Betracht kommt, ist für jede Vorschrift nach ihrem Zweck zu entscheiden (Dammann in: Simitis, BDSG § 14 Rn. 104). Für die Rechnungsprüfung hat die Rechtsprechung ein Einsichtsrecht des Landesrechnungshofs auch in Patientenakten anerkannt, die der ärztlichen Schweigepflicht unterliegen (BVerwG, RDV 1990, 87; BVerfG, RDV 1996, 184). Dem Sozialgeheimnis unterfallende Daten, die dem Sozialgericht nach § 119 SGG übermittelt worden sind, können dem Präsidenten des Landessozialgerichts zum Zweck der Geschäftsprüfung ohne Verstoß gegen § 78 SGB X vorgelegt werden (OVG Münster, DuD 1991, 95).

6.2 Als Aufsicht ist die **Dienst- und Fachaufsicht** durch die jeweils übergeordnete öffentliche Stelle zu verstehen. Hinzu kommt die Aufsicht über Körperschaften, Anstalten und Stiftungen des öffentlichen Rechts sowie die Rechnungsprüfung. **Organisationsuntersuchungen** sind keine Kontrollen, sondern sie dienen der Steigerung der Effizienz. Erfasst sind nur Untersuchungen „für die verantwortliche Stelle". Es dürfen also in solche Organisationsprüfungen nur personenbezogene Daten einbezogen werden, die von der verantwortlichen Stelle selbst zu ihrer sonstigen Aufgabenerfüllung gespeichert oder genutzt werden. Damit soll verhindert werden, dass diese Daten – etwa zu Vergleichszwecken – auch bei entsprechenden Untersuchungen anderer Behörden genutzt werden (Dammann in: Simitis, BDSG § 14 Rn. 101). Gegenstand derartiger Untersuchungen ist die Art und Weise des Verwaltungsvollzugs, die Frage der Zweckmäßigkeit von Zuständigkeitsabgrenzungen und die Einführung neuer Arbeitsablaufformen. Solche Untersuchungen können auch von externen Facheinrichtungen öffentlicher oder privater Art vorgenommen werden. 25

6.3 Einen Sonderfall stellt die Ausnahmeregelung des Satzes 2 dar. An einer realitätsbezogenen **Ausbildung** des Nachwuchses für öffentliche Stellen besteht ebenfalls ein öffentliches Interesse. Ausbildung und Prüfung sollten sich so weit wie möglich an tatsächlichen – nicht konstruierten – Lebenssachverhalten orientieren. Dieses Ziel lässt sich am besten durch Einbeziehung echter aktenkundiger Vorgänge in die Ausbildung erreichen. Dass dadurch schutzwürdige Interessen der Betroffenen berührt werden können, berücksichtigt das Gesetz, indem es die Verwendung unter den Vorbehalt stellt, dass überwiegende schutzwürdige Interessen der Betroffenen nicht entgegenstehen. Die verantwortliche Stelle muss das Ausbildungsinteresse mit dem Interesse der Betroffenen abwägen, dass ihre Verhältnisse nicht weiteren Personen bekannt werden. Das schutzwürdige Interesse kann überwiegen, wenn den Auszubildenden personenbezogene Daten bekannt würden, die sich auf ihnen Bekannte beziehen. Namentlich in kleineren Gemeinden oder Regionen ist dies möglich; ferner dann, wenn der Fall bei einer Bearbeitung Aufsehen in den Medien erregt hat. Das schutzwürdige Interesse der Betroffenen muss konkret sein; Anhaltspunkte allein reichen nicht aus. Ergibt die Prüfung, dass schutzwürdige Interessen des Betroffenen entgegenstehen könnten, muss entweder von der Freigabe für Ausbildungszwecke abgesehen oder die Unterlage anonymisiert werden. Für die Juristenausbildung gilt § 22 Abs. 6 JAG. Danach können Gerichts- und Verwaltungsakten zum Zwecke der Ausbildung beigezogen, vervielfältigt und dem Referendar zur Bearbeitung übergeben werden. Eine ausdrückliche Datenschutzregelung fehlt. Es ist nicht anzunehmen, dass der Gesetzgeber in diesem Fall der Juristenausbildung den Datenschutz gänzlich unberücksichtigt lassen wollte. Daher ist auch bei diesen Akten die Interessenabwägung nach § 14 Abs. 3 Satz 2 vorzunehmen. 26

7. Verstärkte Zweckbindung

7.1 Absatz 4 stellt alle personenbezogenen Daten, die zu Zwecken der Datenschutzkontrolle, der Datensicherung oder zur Sicherstellung eines ordnungsgemäßen 27

§ 14 Datenspeicherung, -veränderung und -nutzung

Betriebs der Datenverarbeitungsanlage gespeichert werden, unter eine **strikte Zweckbindung**. Zur Datenschutzkontrolle zählen Kontrollen des BfDI ebenso wie interne Kontrollen durch den behördlichen Datenschutzbeauftragten oder Datenschutzkontrollen durch übergeordnete Behörden (Dammann in: Simitis, BDSG § 14 Rn. 108). Die strikte Zweckbindung gilt für Daten, die ausschließlich für diesen Zweck gespeichert werden. Hierunter fallen insbesondere Protokolldaten über datenschutzrelevante Vorgänge.

28 **7.2** Die zweite Fallgruppe erfasst personenbezogene Daten, die zu Zwecken der **Datensicherung** gespeichert werden. In Betracht kommen hier in erster Linie Sicherungskopien und andere personenbezogene Daten, die im Zuge der Datensicherung nach § 9 gespeichert werden. Diese Daten sollen ausschließlich für den Sicherungszweck, zu dem sie gespeichert wurden, verwendet werden.

29 **7.3** Schließlich unterliegen der strikten Zweckbindung personenbezogene Daten, die zur **Sicherstellung eines ordnungsgemäßen Betriebs** einer Datenverarbeitungsanlage gespeichert werden. Dazu gehören Angaben zu den verantwortlichen Personen, Unterrichtungspläne für Notfälle, Angaben über Bedienungspersonal mit besonderen Fachkenntnissen sowie Angaben über Zugriffsbefugnisse von internen oder auch externen Mitarbeitern (Dammann in: Simitis, BDSG § 14 Rn. 110), aber auch Protokolldaten über interne und externe Zugriffe auf die Anlagen und Systeme.

30 **7.4** Die in Absatz 4 festgelegte Zweckbindung wird allerdings durchbrochen durch andere Rechtsvorschriften des Bundes nach § 1 Abs. 3. Dazu gehören in erster Linie die Kontrollregelungen für den BfDI, hier § 24 Abs. 4, darüber hinaus auch andere Informationszugangsrechte in bereichsspezifischen Gesetzen, z. B. der Strafverfolgung oder des Steuerrechts. Allerdings eröffnen solche spezialgesetzlichen Regelungen nicht den unbeschränkten Zugang zu den gespeicherten personenbezogenen Daten. Absatz 4 kann seine Schutzfunktion nur erfüllen, wenn der Zugang eng begrenzt wird, in den aufgeführten Fällen also zur Verfolgung von Datenschutzdelikten (Dammann in: Simitis, BDSG § 14 Rn. 115).

8. Zweckändernde Verwendung sensitiver Daten

31 **8.1** Es versteht sich, dass nach den Regelungen zur Zulässigkeit der Erhebung **sensitiver Daten** (§ 13 Abs. 2) auch entsprechende folgen müssen, die die zweckändernde Speicherung, Veränderung und Nutzung dieser Daten zum Gegenstand haben. Die Zulässigkeitsvoraussetzungen des § 13 Abs. 2 Nr. 1 bis 6 oder 9 gelten unverändert auch für die Verwendung der Daten. Auf die Erläuterungen dazu wird verwiesen. Wenn Engelien-Schulz (RDV 2005, 206) meint, für alle drei aufgeführten Phasen seien gesonderte Zulässigkeitsvoraussetzungen zu schaffen, ist dies ein Hinweis an den Gesetzgeber. Eine zwingende Notwendigkeit besteht nicht. Die Nummern 7 und 8 sind in § 14 Abs. 5 Nr. 1 ausgenommen. Die Sonderregelungen dazu sind in Absatz 5 Nr. 2 und Absatz 6 enthalten.

32 **8.2** Absatz 5 Satz 1 Nr. 2 enthält eine Sonderregelung für den Fall der zweckändernden Speicherung, Veränderung oder Nutzung sensitiver Daten bei **wissenschaftlichen Forschungsvorhaben**. Von der Regelung in § 13 Abs. 2 Nr. 9 unterscheidet sie sich in erster Linie dadurch, dass hier ein öffentliches und nicht wie in § 13 Abs. 2 Nr. 9 ein lediglich wissenschaftliches Interesse an der Durchführung des Forschungsvorhabens gefordert wird (näher dazu Dammann in: Simitis, BDSG § 14 Rn. 120). Um dem Interesse der Wissenschaft hinreichend Geltung zu verleihen, ist nach Satz 2 bei der nach Satz 1 Nr. 2 vorzunehmenden Interessenabwägung das wissenschaftliche Interesse an dem Forschungsvorhaben besonders zu berücksichtigen.

Datenspeicherung, -veränderung und -nutzung § 14

8.3 Eine Sonderregelung war auch für **medizinische Daten** erforderlich, allerdings nicht, um die zweckändernde Verwendung zu rechtfertigen, sondern die Verwendung nach Absatz 1 überhaupt. Regelungsgegenstand ist die Überwindung des **Ausdrücklichkeitserfordernisses** bei der Einwilligung. Sensitive Daten, die im medizinischen Bereich gespeichert, verändert oder genutzt werden sollen, sind durch die Berufsgeheimnisse der behandelnden Personen hinlänglich geschützt. Dabei soll es sein Bewenden haben. Das Erfordernis einer „ausdrücklichen" Einwilligung der betroffenen Person nach § 4a Abs. 3 ist hier entbehrlich. Dies entspricht der Begründung im Regierungsentwurf, der insoweit unverändert Gesetz geworden ist. 33

9. Landesrecht

Die Landesdatenschutzgesetze enthalten der Regelung des § 14 ähnliche Vorschriften über den Grundsatz der Zweckbindung und die Ausnahmen hiervon (Art. 17 BayDSG; § 11 BlnDSG; § 13 BbgDSG; § 15 LDSG BW; § 12 BremDSG; § 13 HmbDSG; § 11 DSG M-V; § 10 NDSG; § 13 HDSG; § 13 DSG NRW; § 13 LDSG RPf; § 13 SDSG; § 13 SächsDSG; § 10 DSG-LSA; § 13 LDSG SH; § 20 ThürDSG). Einige Länder haben den Katalog von Ausnahmen vom Zweckbindungsgrundsatz noch etwas erweitert: etwa bei Entscheidungen über öffentliche Auszeichnungen (Art. 17 Abs. 2 Nr. 7 BayDSG; § 13 Abs. 2g DSG NRW; § 24 LDSG SH). Hamburg lässt eine Zweckänderung auch zu, wenn bei Teilnahme am Privatrechtsverkehr oder zur Durchsetzung öffentlich-rechtlicher Geldforderungen ein rechtliches Interesse an der Kenntnis der zu verarbeitenden Daten vorliegt und kein Grund zur Annahme besteht, dass das schutzwürdige Interesse des Betroffenen an der Geheimhaltung überwiegt (§ 13 Abs. 2 Nr. 2), ferner zur Bearbeitung von Eingaben sowie Kleinen und Großen Anfragen und überwiegende schutzwürdige Interessen eines Betroffenen nicht entgegenstehen (§ 13 Abs. 2 Nr. 8). Die Regelung des Absatzes 5 hinsichtlich der Zulässigkeit des Speicherns, Veränderns oder Nutzens von sensitiven Daten (§ 3 Abs. 9) haben – bis auf Niedersachsen – alle Landesdatenschutzgesetze übernommen (Art. 15 Abs. 7 BayDSG; § 33 LDSG BW; § 6a BlnDSG; § 4a BbgDSG; § 12 Abs. 2 BremDSG; § 5 HmbDSG; § 7 Abs. 4 HDSG; § 7 Abs. 2 und 3 DSG M-V; § 4 Abs. 3 DSG NRW; § 13 Abs. 3 LDSG RPf; § 4 Abs. 2 SächsDSG; § 4 Abs. 2 SDSG; § 26 DSG-LSA; § 11 Abs. 3 LDSG SH; § 4 Abs. 5 ThürDSG). 34

§ 15 Datenübermittlung an öffentliche Stellen

(1) Die Übermittlung personenbezogener Daten an öffentliche Stellen ist zulässig, wenn
1. sie zur Erfüllung der in der Zuständigkeit der übermittelnden Stelle oder des Dritten, an den die Daten übermittelt werden, liegenden Aufgaben erforderlich ist und
2. die Voraussetzungen vorliegen, die eine Nutzung nach § 14 zulassen würden.

(2) ¹Die Verantwortung für die Zulässigkeit der Übermittlung trägt die übermittelnde Stelle. ²Erfolgt die Übermittlung auf Ersuchen des Dritten, an den die Daten übermittelt werden, trägt dieser die Verantwortung. ³In diesem Fall prüft die übermittelnde Stelle nur, ob das Übermittlungsersuchen im Rahmen der Aufgaben des Dritten, an den die Daten übermittelt werden, liegt, es sei denn, dass besonderer Anlass zur Prüfung der Zulässigkeit der Übermittlung besteht. ⁴§ 10 Abs. 4 bleibt unberührt.

(3) ¹Der Dritte, an den die Daten übermittelt werden, darf diese für den Zweck verarbeiten oder nutzen, zu dessen Erfüllung sie ihm übermittelt werden. ²Eine Verarbeitung oder Nutzung für andere Zwecke ist nur unter den Voraussetzungen des § 14 Abs. 2 zulässig.

(4) Für die Übermittlung personenbezogener Daten an Stellen der öffentlich-rechtlichen Religionsgesellschaften gelten die Absätze 1 bis 3 entsprechend, sofern sichergestellt ist, dass bei diesen ausreichende Datenschutzmaßnahmen getroffen werden.

(5) Sind mit personenbezogenen Daten, die nach Absatz 1 übermittelt werden dürfen, weitere personenbezogene Daten des Betroffenen oder eines Dritten so verbunden, dass eine Trennung nicht oder nur mit unvertretbarem Aufwand möglich ist, so ist die Übermittlung auch dieser Daten zulässig, soweit nicht berechtigte Interessen des Betroffenen oder eines Dritten an deren Geheimhaltung offensichtlich überwiegen; eine Nutzung dieser Daten ist unzulässig.

(6) Absatz 5 gilt entsprechend, wenn personenbezogene Daten innerhalb einer öffentlichen Stelle weitergegeben werden.

Literatur: *Breidenbach*, Das berechtigte Interesse, DuD 1988, 61; *Claessen*, Das neue Datenschutzgesetz der evangelischen Kirche, DuD 1995, 8; *ders.*, Datenschutz in der evangelischen Kirche, 1998; *Dammann*, Die Anwendung des neuen Bundesdatenschutzgesetzes auf die öffentlich-rechtlichen Religionsgesellschaften, NVwZ 1992, 1147; *Evers*, Probleme des Datenschutzes zwischen Staat und Kirche, ZevKR 1978, 173; *Fachet*, Datenschutzrechtliche Probleme bei der Nutzung katholischer Archive, RDV 1996, 19; *ders.*, Datenschutz in der katholischen Kirche, RDV 1996, 177; *Gola/Wronka*, Arbeitnehmerdatenverarbeitung beim Betriebs-/Personalrat und der Datenschutz, NZA 1991, 790; *Henrichs*, Datenübermittlung von der Polizei an die Fahrerlaubnisbehörde, NJW 1999, 3152; *Hoeren*, Die Macht der Computer und die Ohnmacht der Kirchen, CR 1988, 60; *ders.*, Die Kirchen und das neue Bundesdatenschutzgesetz, NVwZ 1993, 650; *Lehngut*, Kirchliche Einrichtungen und Datenschutz, DVBl. 1986, 1081; *Lorenz*, Die Stellung der Kirchen nach dem Bundesdatenschutzgesetz 1990, ZevKR 1992, 27; *Lübking*, Datenschutz in der Kommunalverwaltung, 1992, R.n 480 f.; *Müller*, Inhalte und Grenzen polizeilicher Mitteilungspflichten an Fahrerlaubnisbehörden, SVR 2007, 241; *Riegel*, Die Tätigkeit der Nachrichtendienste und ihre Zusammenarbeit mit der Polizei, NJW 1979, 952; *ders.*, Nochmals: Das Bundeskriminalamtgesetz, NJW 1997, 3408; *Schreiber*, Das Bundeskriminalamtgesetz vom 7.7.1997 – ein überfälliges Gesetz, NJW 1997, 213; *Stolleis*, Staatliche und kirchliche Zuständigkeit im Datenschutzrecht, ZevKR 1978, 230; *Tiedemann*, Datenübermittlung als Straftatbestand, NJW 1981, 945; *Welke*, Zur Zulässigkeit der Übermittlung von Sozialdaten durch

Datenübermittlung an öffentliche Stellen § 15

Sozialleistungsträger im Rahmen von Ermittlungsverfahren gegen Verantwortliche von Pflegediensten wegen Abrechnungsbetrugs, DÖV 2010, 175.

Übersicht

Rn.

1. Allgemeines 1
2. Erforderlich zur Aufgabenerfüllung 5
3. Zweckbindung bei der Übermittlung 9
4. Verantwortlichkeit für die Zulässigkeit 13
5. Zweckbindung beim Dritten 18
6. Übermittlung an Religionsgesellschaften 19
7. Übermittlung von in Akten gespeicherten Daten 27
8. Weitergabe innerhalb einer öffentlichen Stelle 31
9. Haftung 32
10. Rechtsstreitigkeiten 33
11. Landesrecht 34

1. Allgemeines

1.1 Die Vorschrift ist seit dem BDSG 1990 im Wesentlichen unverändert geblie- 1
ben. Der in § 15 Abs. 1 Nr. 1 BDSG 1990 verwandte Begriff des Empfängers wurde im Hinblick auf die weitergehende Begriffsbestimmung in § 3 Abs. 8 Satz 1 durch den sog. „Dritten, an den die Daten übermittelt werden", ersetzt.

1.2 Die Übermittlung (Definition § 3 Abs. 4 Nr. 3) personenbezogener Daten an 2
Dritte setzt die Daten einer potentiell stärkeren Gefährdung aus. Sie **verlassen den Kontext,** in dem sie erhoben und gespeichert worden sind. Sie gelangen in eine Stelle, die die Daten möglicherweise zu anderen Zwecken nutzt. In dem neuen Sachzusammenhang können die übermittelten Angaben ein andersartiges Gewicht oder gar einen **neuen Informationsgehalt** erlangen. Dies liegt in der Natur der Sache begründet und lässt sich durch Rechtsvorschriften nicht steuern. Da sich durch die Übermittlung der Kreis derjenigen erweitert, die die Daten kennen und von dieser Kenntnis Gebrauch machen können, stellt bereits die Datenübermittlung von einer Stelle an eine andere einen rechtfertigungsbedürftigen Grundrechtseingriff dar (vgl. zum Recht auf informationelle Selbstbestimmung BVerwG, NJW 2005, 2330 f. mit Bezugnahme auf die zu Art. 10 GG ergangenen Entscheidungen des BVerfG, NJW 2000, 55; NJW 2004, 2213). Durch die Vorschrift wird der Rahmen abgesteckt, innerhalb dessen die Übermittlung erlaubt ist. Dabei wird dem Ausmaß der potentiellen Gefährdung dadurch Rechnung getragen, dass die Zulässigkeitsvoraussetzungen sich danach unterscheiden, ob der Empfänger eine öffentliche Stelle (§ 15) oder eine nichtöffentliche Stelle (§ 16) ist. Die öffentlichen Stellen des Bundes und der Länder sind an Recht und Gesetz gebunden. Die Übermittlung personenbezogener Daten zwischen diesen Stellen vollzieht sich entweder nach bereichsspezifischen Vorschriften, die insoweit Vorrang vor § 15 haben, oder nach den Übermittlungsregelungen des BDSG bzw. der Landesdatenschutzgesetze.

1.3 Der Vorgang des Übermittelns ist in der Regel **tatsächliches Verwaltungs-** 3
handeln (siehe zu Auskünften und Mitteilungen Wolff/Bachof/Stober, Verwaltungsrecht II, 6. Aufl., § 57 Rn. 10 ff.) und kein Verwaltungsakt.

1.4 Normadressaten sind die **öffentlichen Stellen des Bundes und der Länder** 4
als übermittelnde und empfangende Stellen. An ausländische öffentliche Stellen, die im Bundesgebiet ihren Sitz haben, kann nur nach § 4b übermittelt werden. Soweit öffentliche Stellen des Bundes und der Länder als öffentlich-rechtliche Unternehmen am Wettbewerb teilnehmen, sind sie zwar noch öffentliche Stellen; werden ihnen

§ 15 Datenübermittlung an öffentliche Stellen

die Daten aber zur Wahrnehmung ihrer wirtschaftlichen Tätigkeit übermittelt, sind diese Übermittlungen nicht nach § 15, sondern nach § 16 zu bewerten. **Vereinigungen** von Körperschaften, Anstalten und Stiftungen des öffentlichen Rechts, die selbst keine öffentlichen Stellen sind, gelten als öffentliche Stellen, wenn sie die Voraussetzungen des § 2 Abs. 3 Nrn. 1 und 2 erfüllen. Die Übermittlung bestimmt sich dann nach § 15. Dammann (in: Simitis, BDSG § 15 Rn. 6 ff.) differenziert nach dem Zweck der Übermittlung (öffentliche Aufgabe oder wirtschaftliche Tätigkeit). Eine Übermittlung setzt die Weitergabe der Daten an **Dritte** voraus. Dritter ist nach der Legaldefinition in § 3 Abs. 8 Satz 2 jede Person oder Stelle außerhalb der verantwortlichen Stelle. Damit ist klargestellt, dass die Weitergabe personenbezogener Daten innerhalb der verantwortlichen Stelle keine Übermittlung im Sinne des BDSG ist. Regelmäßig wird in diesen Fällen eine Nutzung vorliegen.

2. Erforderlich zur Aufgabenerfüllung

5 2.1 Die Zulässigkeitsvoraussetzungen für die Übermittlung entsprechen denen für die Erhebung und Speicherung mit einer Ergänzung. Die übermittelnde Stelle muss zur Übermittlung zuständig sein bzw. der Dritte, an den die Daten übermittelt werden, muss für die Verarbeitung dieser Daten zuständig sein. Fehlt es an der Zuständigkeit der übermittelnden Behörde zur Übermittlung dieser Daten, ist die Übermittlung rechtswidrig (BVerwG, NJW 2005, 2330). Darüber hinaus muss die Übermittlung zur Aufgabenerfüllung der übermittelnden Stelle oder des Dritten, an den die Daten übermittelt werden, **erforderlich** sein.

6 2.2 Abs. 1 Satz 1 Nr. 1 (1. Alt.) stellt auf die Erforderlichkeit der Übermittlung zur Aufgabenerfüllung der übermittelnden Stelle ab. Die Voraussetzungen sind dieselben wie für die Erhebung und Speicherung. Die Erläuterungen zu § 13 Abs. 1 (Rn. 2 f.) gelten somit auch hier. Erforderlich zur **Erfüllung eigener Aufgaben** kann die Übermittlung personenbezogener Daten sein, wenn die übermittelnde Stelle eine andere Behörde um Amtshilfe ersucht. Hierfür wird sie in der Regel nähere Angaben zur Konkretisierung des Ersuchens machen und dessen Anlass beschreiben müssen. Zur eigenen Aufgabenerfüllung kann außerdem die Beteiligung anderer Behörden an der Entscheidung oder die Unterrichtung der Aufsichts- oder Kontrollbehörde gehören (Dammann in: Simitis, BDSG § 15 Rn. 11). Auch hierfür kann die Übermittlung personenbezogener Daten erforderlich sein. Im Einzelfall ist stets sorgfältig zu prüfen, ob und inwieweit die Übermittlung tatsächlich erforderlich ist. Sie ist auf das erforderliche Mindestmaß zu beschränken.

7 2.3 Die 2. Alternative ermächtigt zur Übermittlung personenbezogener Daten, deren Kenntnis für die Erfüllung der **Aufgaben des Empfängers** erforderlich ist. Damit wird vor allem die Übermittlung im Wege der **Amtshilfe** erfasst. Einer solchen Übermittlung geht üblicherweise ein entsprechendes **Ersuchen** des Dritten voraus. Die Voraussetzungen der Übermittlung zur Leistung von Amtshilfe sind auf der Grundlage des Volkszählungsurteils (amtshilfefeste Begrenzung des Informationsflusses, BVerfGE 65, 1 (46)) und der Novellierung des BDSG erheblich verschärft worden. Der früher geltende Grundsatz der (Informations-)Einheit der Verwaltung ist einer informationellen Parzellierung gewichen (Bonk in: Stelkens/Bonk/Sachs, VwVfG § 4 Rn. 6) gewichen. Eine Verschärfung der Zulässigkeitsvoraussetzungen folgt aus der Einbeziehung der Erhebung in den gesetzlichen Schutz. Die Einholung von Informationen bei anderen öffentlichen Stellen im Wege der Amtshilfe stellt sich als eine Datenerhebung ohne Mitwirkung des Betroffenen dar; sie ist nur unter den Voraussetzungen des § 4 Abs. 2 Satz 2 zulässig. Vor der Abfassung eines Amtshilfeersuchens ist also zu prüfen, ob die Daten beim Betroffenen selbst zu erheben sind. Mit diesen Einschränkungen bleibt die Amtshilfe nach §§ 4 ff. VwVfG als wichtiges Institut des Verwaltungsvollzugs unberührt. Eine Legitimation für die Datenüber-

mittlung durch die ersuchte Stelle ist die Verpflichtung zur Gewährung der Amtshilfe allerdings nicht. Es bedarf stets einer gesetzlichen Übermittlungsbefugnis (BVerfGE 65, 1 (46)). Als solche kommt § 15 in Betracht. Dieser ist lediglich eine Befugnis für die übermittelnde Stelle, verschafft der ersuchenden Stelle, die die Daten für ihre Aufgaben benötigt, allerdings keinen Anspruch auf deren Übermittlung (Nds. OVG, Urt. v. 28.9.2006 – 15 KF 19/03 Rn. 24, zitiert nach juris). Letzterer kann sich aus der Verpflichtung zur Amtshilfe ergeben (so für die Pflicht zur Übermittlung von Informationen durch die Bodenschutzbehörde über Altlasten eines Grundstücks an das zuständige Gericht im Zwangsversteigerungsverfahren AG Duisburg, B. v. 19.11.2011 – 105 K 75/10, zitiert nach juris). Für die Übermittlung in einem Strafverfahren ergeben sich die Legitimation und gleichzeitig die Übermittlungspflicht aus §§ 160, 161, 163 StPO, nach denen die Staatsanwaltschaft von Behörden Auskunft verlangen kann. Die Pflicht zur Auskunftserteilung gegenüber der Staatsanwaltschaft geht der Pflicht zur Wahrung des allgemeinen Dienstgeheimnisses grundsätzlich vor, es sei denn, es besteht ein Zeugnisverweigerungsrecht oder ein Beschlagnahmeverbot (OLG Karlsruhe, RDV 1986, 18 ff.). Übermittlungsregelungen für die Strafverfolgungsbehörden sind durch das Strafverfahrensänderungsgesetz vom 2.8.2000 in die StPO (§§ 476 ff.) aufgenommen worden (dazu Hilger, NStZ 2001, 15 ff.). Daneben ermächtigt die 2. Alternative die übermittelnde Stelle, von Amts wegen personenbezogene Daten an eine andere öffentliche Stelle zu übermitteln (sog. **Spontanübermittlung**). Kennzeichnend für solche Fälle ist regelmäßig, dass die übermittelnde Stelle über Informationen verfügt, von denen sie annimmt, dass deren Kenntnis für die Aufgabenerfüllung des Empfängers erforderlich ist, z. B. ihn zur Ergreifung von Maßnahmen (etwa der Gefahrenabwehr oder Strafverfolgung) veranlassen wird. Befugnisse und teilweise auch Pflichten zur Spontanübermittlung finden sich in zahlreichen bereichsspezifischen Vorschriften, z. B. § 18 BVerfSchG; § 10 MADG; § 8 BNDG; § 20v Abs. 5 BKAG; § 87 AufenthG. Auf der Grundlage des § 2 Abs. 12 StVG muss die Polizei Erkenntnisse über mögliche Mängel an der Eignung oder Befähigung zum Führen von Kraftfahrzeugen, wie etwa den möglichen Alkoholmissbrauch eines Kraftfahrers, an die Fahrerlaubnisbehörde weitergeben, damit diese die Fahreignung überprüft (dazu VGH Mannheim, Urt. v. 28.10.2004, VRS 108, 127 = DAR 2005, 352; VGH Mannheim, NJW 2007, 2571; zur Rechtslage vor Inkrafttreten des § 2 Abs. 12 StVG BVerwG, RDV 1989, 18). Über die Eignungs- und Befähigungsmängel muss die Polizei keine Gewissheit haben, es ist aber eine Selektion der Erkenntnisse nach ihrer Relevanz erforderlich (dazu Müller, SVR 2007, 7241). § 115 Abs. 1 BBG verpflichtet Gerichte und Strafverfolgungsbehörden, den Dienstherrn über Verurteilungen eines Beamten wegen einer Straftat zu unterrichten. Damit soll der Dienstherr in die Lage versetzt werden, disziplinarrechtliche Maßnahmen zu ergreifen. Das Steuergeheimnis steht der Mitteilung nicht entgegen, § 115 Abs. 6 Satz 1 BBG. Ergeht keine Verurteilung, so besteht nach § 115 Abs. 4 BBG lediglich eine Befugnis für die Strafverfolgungsbehörden und Gerichte, unter Berücksichtigung der schutzwürdigen Interessen des Betroffenen sonstige Tatsachen aus dem Strafverfahren mitzuteilen. Die Durchbrechung des Steuergeheimnisses ist hier nur eingeschränkt zulässig. Für eine Durchbrechung des Rechts auf informationelle Selbstbestimmung und des Steuergeheimnisses können nach dem BVerwG auch dann zwingende Gründe sprechen, wenn zwar weder eine Dienstentfernung noch eine Degradierung zu erwarten sind, aber Dienstvergehen im Raum stehen, die von dem Beamten über einen langen Zeitraum begangen wurden und einen intensiven Bezug zum Kernbereich seiner in einem besonders sensiblen Bereich der öffentlichen Verwaltung angesiedelten dienstlichen Tätigkeit aufweisen (BVerwG, NJW 2010, 2229). Die Tatsache, dass der Betroffene die Steuerdaten durch eine Selbstanzeige offenbart hat, steht einer Mitteilung an den Dienstherrn grundsätzlich nicht entgegen (BVerfG, NJW 2008, 3489; BFH NVwZ 2008, 1159). Zur Verpflichtung des Finanzamts, Informationen an Strafver-

§ 15 Datenübermittlung an öffentliche Stellen

folgungsbehörden zu übermitteln, die den Verdacht einer Steuerstraftat begründen, siehe BFH, NJW 2008, 3517. Zu den Spontanübermittlungen gehören ebenfalls die Mitteilungspflichten der Gerichte und Staatsanwaltschaften an andere Behörden, die durch das Justizmitteilungsgesetz in den §§ 12 ff. EGGVG gesetzlich geregelt wurden und in den darauf basierenden Verwaltungsvorschriften über die Mitteilungen in Strafsachen (MiStra) und die Mitteilungen in Zivilsachen (MiZi) konkretisiert sind. Zur Erfüllung der Aufgaben des Empfängers erfolgt auch die Übermittlung personenbezogener Daten zur Aufnahme in ein Register. Die Übermittlung ist durchweg bereichsspezifisch geregelt, z. B. in § 20 BZRG; § 6 AZRG. Daten, die dem Sozialgeheimnis unterliegen, dürfen nach § 67d Abs. 1 SGB X nur auf Grund einer Ermächtigung im SGB an Dritte übermittelt werden. Entsprechende Ermächtigungen enthält vor allem § 71 SGB X (zur Zulässigkeit der Übermittlung von Sozialdaten an Strafverfolgungsbehörden in Ermittlungsverfahren wegen Abrechnungsbetrugs Welke, DÖV 2010, 175).

7a 2.4 Wichtiger praktischer Anwendungsfall des § 15 ist die Übermittlung von Daten aus **Registern**, die oftmals im Wege des automatisierten Abrufs erfolgt. Bereichsspezifische Übermittlungsregelungen enthalten z. B. §§ 18 ff. MRRG; §§ 30 ff., 41 ff. BZRG; §§ 30 f., 35 f., 52 ff. StVG; §§ 10 ff. AZRG; §§ 915b–915f ZPO. Die Speicherung in einem Register führt nicht schon dazu, dass das Datum allgemein zugänglich ist und dem abgesenkten Schutz nach § 14 Abs. 2 Nr. 5, § 28 Abs. 1 S. 1 Nr. 3, § 29 Abs. 1 Satz 1 Nr. 2 unterliegt. Vielmehr ist danach zu differenzieren, ob die Auskunft aus dem Register an Voraussetzungen gebunden ist oder jedermann uneingeschränkt freisteht. Nur im letztgenannten Fall sind die Daten allgemein zugänglich (dazu § 28 Rn. 32). Unzutreffend sind daher eine Entscheidung des OLG Hamburg von 22.1.1998 (RDV 1998, 216) und des BayObLG vom 18.1.1999 (RDV 1999, 124), die im Falle unberechtigter Abrufe Berechtigter aus dem Zentralen Fahrzeugregister des Kraftfahrbundesamtes zu dem Schluss kamen, die Strafvorschrift des § 42 BDSG komme nicht zur Anwendung, weil es sich um offenkundige Daten handele (vgl. dazu Meyer/Brocks/Nordmann, RDV 2000, 11).

8 2.5 Bei Übermittlungen auf Ersuchen dem Datenabruf besteht eine erhöhte Missbrauchsgefahr, der besondere Bußgeld- und Straftatbestände Rechnung tragen. Wer personenbezogene Daten, die nicht allgemein zugänglich sind, abruft, zum Abruf bereithält oder sich aus automatisierten Verfahren verschafft oder die Übermittlung durch unrichtige Angaben erschleicht, handelt nach § 43 Abs. 2 ordnungswidrig. Zu einer entsprechenden Regelung im Landesrecht siehe OLG Koblenz, NJW 2008, 2794.

3. Zweckbindung bei der Übermittlung

9 3.1 Die Daten müssen entweder zur Erfüllung ihres ursprünglichen Zwecks übermittelt werden oder es müssen – im Falle einer Zweckänderung – die Voraussetzungen des § 14 Abs. 2 vorliegen. § 15 stellt mithin eine besondere Rechtsvorschrift i. S. v. § 1 Abs. 1 VwVfG dar, durch die die generellen Regelungen über die **Amtshilfe** (§§ 4 ff. VwVfG) **eingeschränkt** werden. Die **zweckändernde Übermittlung** ist damit der Zweckänderung durch die verantwortliche Stelle selbst gleichgestellt, obwohl durch die Übermittlung die Daten eigentlich stärker gefährdet werden, als wenn sie bei der verantwortlichen Stelle bleiben und dort zu einem anderen Zweck verarbeitet werden. Einzelfälle: Der Zweckbindungsgrundsatz verbiete es, die Referendarpersonalakte einer Rechtsanwältin zusammen mit den Rechtsanwaltsakten bei dem Landgericht weiterzuführen; die Referendarakten müssten bei dem Oberlandesgericht bleiben, in dessen Bezirk die Referendarzeit abgeleistet worden sei (BVerwG, NJW 1987, 1657). Aus demselben Grund darf ein gegen einen Beamten ergangener und der Besoldungsstelle zugeleiteter Pfändungs- und Über-

Datenübermittlung an öffentliche Stellen **§ 15**

weisungsbeschluss von dieser Stelle regelmäßig nicht an die Beschäftigungsstelle weitergegeben werden (BVerwG, NJW 1987, 1214).

3.2 Die Übermittlung von personenbezogenen Daten zu einem anderen Zweck 10 als dem, zu dem sie gespeichert worden sind, ist nur zulässig, sofern eine der Ausnahmen des § 14 Abs. 2 Nr. 1 bis 9 dies zulässt. Auf die Kommentierung zu § 14 wird insoweit verwiesen.

3.3 Die Verweisung auf § 14 insgesamt besagt, dass zu **Aufsichts- und Kontroll-** 11 **zwecken** stets übermittelt werden darf. Allerdings bezieht sich diese Privilegierung nur auf die Befreiung vom Zweckbindungsgrundsatz. Der Erforderlichkeitsgrundsatz bleibt unberührt.

3.4 Für sensitive Daten bedeutet der Verweis auf § 14 insgesamt, dass auch 12 Absatz 5 gilt. Personenbezogene Daten nach § 3 Abs. 9 können daher nur übermittelt werden, wenn eine der in § 14 Abs. 2 genannten Voraussetzungen erfüllt ist. Sind die Daten in zulässiger Weise an eine andere öffentliche Stelle übermittelt worden, sind sie dort nach Absatz 3 geschützt.

4. Verantwortlichkeit für die Zulässigkeit

4.1 Von der Frage der materiell-rechtlichen Zulässigkeit der Übermittlung, die 13 in Absatz 1 geregelt ist, ist zu unterscheiden die weitere Frage, wer von den an der Übermittlung Beteiligten (Übermittelnder oder Dritter) die Zulässigkeit zu prüfen und darüber zu entscheiden hat. In Absatz 2 wird dies unter dem Begriff **Verantwortung** für die Zulässigkeit geregelt. Im Grundsatz besagt die Vorschrift: Verantwortlich ist die Stelle, die Übermittlung veranlasst. Sie orientiert sich an § 7 Abs. 2 VwVfG und ergänzt diese Regelung. Übermittelt die **verantwortliche Stelle** personenbezogene Daten in Erfüllung der ihr obliegenden Aufgaben, kann nur sie verantwortlich prüfen und entscheiden, ob die Zulässigkeitsvoraussetzungen nach Absatz 1 im Einzelfall gegeben sind (vgl. OVG Münster, NJW 1995, 1979, wonach die Verfassungsschutzbehörde verpflichtet ist, auf die zweckmäßige Verwendung weitergeleiteter Daten hinzuwirken).

4.2 Erfolgt die Übermittlung auf **Ersuchen** des Dritten zur Erfüllung seiner 14 Aufgaben, dann weist das Gesetz in Satz 2 die Verantwortung dem ersuchenden Dritten zu. Genau genommen ist die Verantwortung zwischen beiden Stellen aufgeteilt: Satz 2 weist dem Empfänger zwar eine allgemein die Verantwortung für die Zulässigkeit zu, doch nach Satz 3 verbleiben auch bei der übermittelnden Stelle Prüfpflichten, für die sie die Verantwortung trägt. Die Zulässigkeit der Übermittlung kann sich aus einer bereichsspezifischen Rechtsvorschrift ergeben, die den Empfänger ermächtigt, um die Datenübermittlung zu ersuchen (z. B. § 17 BVerfSchG). Fehlt eine ausdrücklich ermächtigende bereichsspezifische Rechtsvorschrift, ist nach den allgemeinen Regelungen des BDSG zu verfahren, grundsätzlich hat danach die öffentliche Stelle die Daten zunächst beim Betroffenen zu erheben. Ist dies aus den in § 4 Abs. 2 Nr. 2 genannten Gründen nicht möglich, hat sie zur Beschaffung der Daten das Mittel zu wählen, das den Betroffenen am wenigsten beeinträchtigt und den angestrebten Erfolg schnell und ohne großen Aufwand herbeiführt. Nur der Empfänger kann diese Prüfung sachgerecht und verantwortlich vornehmen; nur er kann absehen, welche Daten zur Erfüllung der ihm gestellten Aufgabe erforderlich sind.

4.3 Werden die Daten bei der ersuchten Stelle für den gleichen Zweck gespei- 15 chert, zu dem sie die ersuchende Stelle benötigt, ergeben sich keine zusätzlichen Probleme. Werden sie für einen **anderen Zweck** gespeichert, hat die ersuchte Stelle vorab nach Absatz 1 zu prüfen, ob sie die Daten übermitteln darf. Dazu muss sie wissen, zu welchem Zweck die Daten benötigt werden. Ergibt sich dies nicht aus der Art der angeforderten Daten, ist der Verwendungszweck mitzuteilen. Die

Verantwortlichkeit der ersuchten Stelle beschränkt sich dann darauf zu prüfen, ob das Ersuchen im **Rahmen der Aufgaben des** Dritten liegt, konkret, ob er zur Erfüllung der Aufgabe, für die er die Daten benötigt, örtlich und sachlich zuständig ist (HessVGH, RDV 2003, 147). Vielfach ergibt sich die sachliche Zuständigkeit aus der gesetzlich geregelten Aufgabe. Ist das nicht der Fall, sollte die anfragende Stelle ihre Zuständigkeit möglichst gleichzeitig mit der Anfrage begründen, um zeitraubende Rückfragen zu vermeiden. Die Beschränkung der Prüfungspflicht auf die generelle Zuständigkeit liegt auch im Interesse des Betroffenen. Je genauer die anfragende Stelle darlegen und begründen muss, warum sie die Daten des Betroffenen benötigt, desto mehr muss sie an möglicherweise für ihn nachteiligen Informationen preisgeben.

16   **4.4** In besonderen Ausnahmefällen kann eine weitergehende Prüfung durch die übermittelnde Stelle geboten sein. Das Gesetz beschränkt sich zur Beschreibung dieser besonderen Ausnahmefälle auf die allgemeine Formulierung, dass ein **besonderer Anlass** zur Prüfung bestehen muss, ohne den Anlass näher zu bezeichnen. In solchen Fällen erstreckt sich die Prüfpflicht der übermittelnden Stelle ausnahmsweise auf die Voraussetzungen, deren Vorliegen nach Satz 2 die ersuchende Stelle zu verantworten hat. Ein besonderer Anlass wird nur gegeben sein, wenn an der Zulässigkeit des Übermittlungsersuchens offenkundige Zweifel bestehen oder der Übermittlung gewichtige Gründe entgegenstehen. Beispiel: Die Anfrage ist ersichtlich unschlüssig, weil ihr die Rechtsgrundlage fehlt. Denkbar ist auch, dass der Umfang der erbetenen Daten Zweifel weckt, ob alle erforderlich sind. Werden Daten erfragt, die „nach einem Gesetz oder ihrem Wesen nach" geheim zuhalten sind (§ 5 Abs. 2 und 3 VwVfG), ist ebenfalls besondere Vorsicht geboten. Bei personenbezogenen Daten, die nicht dem unantastbaren Bereich privater Lebensgestaltung zuzurechnen sind, ist nach der Rechtsprechung des Bundesverfassungsgerichts (BVerfGE 27, 344 (351 f.)) abzuwägen zwischen dem Schutz der Privatsphäre und dem öffentlichen Interesse an der Weitergabe der Daten. Für den zu entscheidenden Fall forderte das Gericht, dass die ersuchende Stelle ihr **Begehren substantiiert** und mit Tatsachen erhärtet darlegte und die ersuchte Stelle den Beteiligten Gelegenheit zur Stellungnahme gab (BVerfG, a. a. O., S. 353). Die ersuchte Stelle hat mithin nicht nur zu prüfen, ob sie die angeforderten Daten übermitteln darf, sondern auch, ob **alle** angeforderten Daten übermittelt werden müssen. Zweifel sind durch Rückfragen zu beheben. Sicherheitserfordernisse können einer substantiierten Darlegung von Einzelheiten entgegenstehen. Dies bedeutet aber nicht, dass für die Polizei und die Nachrichtendienste die vorgenannten Einschränkungen der Amtshilfepflicht nicht gelten würden. Die **Nachrichtendienste** haben keineswegs Zugriff auf sämtliche Dateien aller Bundes-, Länder- und Kommunalbehörden, wie Steinmüller (Staatswohl vor Bürgerrecht?, Bild der Wissenschaft 7/1976, 77) meint (dazu näher Riegel, NJW 1979, 952 ff.). Schutz der Privatsphäre und Sicherheitsanforderungen müssen in einem angemessenen Verhältnis zueinander stehen. **Zweifelt** die ersuchte Stelle an der Zulässigkeit der Datenübermittlung oder entsteht darüber Streit, entscheidet entweder die gemeinsame oder die für die ersuchte Behörde fachlich zuständige Aufsichtsbehörde (Meyer in: Meyer/Borgs, VwVfG § 5 Rn. 29 f.). Seit der Neufassung 1990 gibt es eine erhöhte Sicherheit für die Richtigkeit der mit dem Ersuchen gemachten Angaben. Wer sich Daten mit Hilfe falscher Angaben erschleicht, handelt nach § 43 Abs. 2 Nr. 4 ordnungswidrig.

17   **4.5** Erfolgt das Übermittlungsersuchen im Rahmen des **automatisierten Abrufverfahrens,** gilt die spezielle Vorschrift des § 10 Abs. 4.

5. Zweckbindung beim Dritten

18   Auf der Grundlage des Volkszählungsurteils ist es folgerichtig, den Zweckbindungsgrundsatz auf die Verarbeitung der übermittelten Daten beim Dritten zu

erstrecken. Die Zweckbindung nach Absatz 3 gilt für **Übermittlungen an öffentliche Stellen** (Abs. 1). Dazu gehören auch öffentliche Stellen der Länder (§ 2 Abs. 2 und 3 Satz 2). Übermittelt die empfangende Stelle die Daten weiter an eine öffentliche Stelle (Zweitempfänger), so gilt Absatz 3 für diese nur dann, wenn § 15 auch für den Erstempfänger galt. Ist der Erstempfänger eine öffentliche Stelle eines Landes, ergibt sich die Zweckbindung beim Zweitempfänger nicht aus § 15 Abs. 3, sondern aus der entsprechenden Regelung des Landesdatenschutzgesetzes (Dammann in: Simitis, BDSG § 15 Rn. 36 f.). Will die empfangende Stelle die Daten später zu einem **anderen Zweck** verarbeiten, ist dies nur unter den Voraussetzungen des § 14 Abs. 2 zulässig. Diese Erlaubnis entspricht derjenigen für die übermittelnde Stelle. Wurde der Verwendungszweck des Datums auf dieser Grundlage geändert, ist er damit gleichzeitig festgeschrieben worden. Er darf dann erneut nur unter den Voraussetzungen des § 14 Abs. 2 wieder geändert werden. Durchbrochen wird der abgestufte **Zweckbindungsgrundsatz** durch spezielle Regelungen, die Vorrang haben. Dazu gehört § 15 Abs. 5, der für in Akten mitübermittelte personenbezogene Daten ein Nutzungsverbot vorsieht (Rn. 28) und § 39, der eine strengere Zweckbindung für die dort aufgeführten Daten enthält. Außerhalb des BDSG sind als vorrangige Rechtsvorschriften beispielsweise § 68 Abs. 4 SGB VIII, § 78 SGB X und § 16 Abs. 8 BStatG zu nennen.

6. Übermittlung an Religionsgesellschaften

6.1 Die Regelung des Absatzes 4 über die Zulässigkeit der Übermittlung perso- 19
nenbezogener Daten an Stellen der öffentlich-rechtlichen **Religionsgesellschaften** entspricht dem bisherigen Recht. Der Gesetzgeber des BDSG 1990 hat sich darauf beschränkt zu regeln, unter welchen Voraussetzungen personenbezogene Daten an diese Einrichtungen übermittelt werden dürfen (zu den Datenschutzgesetzen der Kirchen vgl. Claessen, DuD 1995, 8; Schatzschneider, Kirchenautonomie und Datenschutz, 1994; Fachet, RDV 1996, 14 und 189).

6.2 Empfänger der zu übermittelnden Daten sind nur Religionsgesellschaften, 20
die den Status einer **Körperschaft des öffentlichen Rechts** nach Art. 140 GG i. V. m. Art. 137 Abs. 2 WRV haben. Dies sind auf evangelischer Seite die Landeskirchen, die Evangelische Kirche in Deutschland (EKD), die Vereinigte Lutherische Kirche Deutschlands (VELKD), die Evangelische Kirche der Union (EKU); auf katholischer Seite die einzelnen Bistümer und das Bistum der Altkatholiken. Den Status haben ebenfalls die Griechisch-Orthodoxe und die Russisch-Orthodoxe Kirche, die Evangelische Freikirche, die jüdischen Kultusgemeinden sowie Orden und religiöse Gemeinschaften (Maunz in: Maunz/Dürig/Herzog/Scholz, GG Art. 140, Art. 137 WRV Rn. 30). An Religionsgesellschaften, die den Status als öffentlich-rechtliche Körperschaft nicht haben, können personenbezogene Daten nur nach § 16 übermittelt werden. Privatrechtlich organisiert sind u. a. die griechisch-katholische Kirche, die Zeugen Jehovas und die Buddhisten (Maunz, a. a. O.). Die Kriterien, die erfüllt sein müssen, um den Status einer Körperschaft des öffentlichen Rechts zu erlangen, hat jetzt das Bundesverfassungsgericht festgelegt (BVerfG, NJW 2001, 429).

6.3 § 15 Abs. 4 gilt nur für den Fall der Übermittlung an **Stellen der öffentlich-** 21
rechtlichen Religionsgesellschaften. Damit wird zum Ausdruck gebracht, dass nicht die Religionsgesellschaft als solche Empfänger ist, sondern – entsprechend der Regelung im staatlichen Bereich – jede einzelne Stelle, die bestimmte Aufgaben wahrnimmt (z. B. Kreiskirchenamt, Landeskirchenamt). Die Regelung des Absatzes 4 ist hingegen nur auf den Fall anwendbar, dass personenbezogene Daten an organisationsrechtlich **unselbstständige Stellen** der Religionsgesellschaften übermittelt werden. Die Übermittlung an rechtlich selbständige Einrichtungen

§ 15 Datenübermittlung an öffentliche Stellen

(z. B. ein kirchliches Krankenhaus in der Rechtsform eines eingetragenen Vereins, einer Genossenschaft oder Gesellschaft des BGB) bestimmt sich nach § 16. Damit sind diese organisationsrechtlich selbstständigen kirchlichen Einrichtungen anderen vergleichbaren karitativen sozialen und kulturellen Einrichtungen datenschutzrechtlich gleichgestellt. Daran ändert auch die Entscheidung des Bundesverfassungsgerichts (BVerfG, NJW 1978, 581) nichts, die das Recht der Kirchen, ihre Angelegenheiten selbstständig zu ordnen und zu verwalten, in bestimmtem Umfang auch auf rechtlich selbstständige Teile und Einrichtungen erstreckt. In dem entschiedenen Fall war dies jedoch im Gesetz (§ 118 Abs. 2 BetrVG) ausdrücklich erwähnt (ebenso Dammann in: Simitis, BDSG § 15 Rn. 49; Evers, Probleme des Datenschutzes zwischen Staat und Kirche, ZevKR 25 (1978), 173 ff.; Lehngut, DVBl. 1986, 1081; Hoeren, CR 1988, 60; a. A. Stolleis, Staatliche und kirchliche Zuständigkeiten im Datenschutzrecht, ZevKR 23 (1978), 230 ff.).

22 **6.4** Die ausschließlich auf den juristischen Befund abstellende Betrachtungsweise des BDSG bleibt unbefriedigend, weil sie die inhaltlichen Bindungen der Einrichtungen an die Kirche nicht genügend berücksichtigt. Praktisch bedeutsam ist die Frage indes nicht. Ob die Daten nach dem BDSG oder dem kirchlichen Datenschutzrecht geschützt werden, bleibt sich gleich; denn selbst wenn das BDSG gelten würde, müsste den kirchlichen Besonderheiten im Rahmen der Zweckbestimmung Rechnung getragen werden. Praktisch wird sie nur in den seltenen Fällen, in denen ein Betroffener sich beschwerdeführend an die staatliche Aufsichtsbehörde wendet. Hier sollte es möglich sein, dem Einzelfall gerecht werdende Lösungen zu finden.

23 **6.5** Die Zulässigkeit der Übermittlung bestimmt sich nach den Absätzen 1 bis 3, die entsprechend anzuwenden sind. Sie muss zur Erfüllung der **Aufgaben** der Religionsgesellschaften **erforderlich** sein und dem **Zweckbindungsgrundsatz** Rechnung tragen. Ihre Aufgaben definieren die Religionsgesellschaften auf Grund der ihnen verfassungsrechtlich garantierten **Autonomie** selbstständig. Sie unterliegen insoweit keinen Einschränkungen, etwa in der Richtung, dass es sich um Aufgaben spezifisch religiösen Inhalts oder der Diakonie handeln müsste. Im Grundsatz kann wegen der Autonomie der Religionsgesellschaften die Übermittlung erbetener Daten nicht mit der Begründung verweigert werden, die Aufgabe, zu deren Erfüllung sie verwendet werden sollen, sei keine Aufgabe der Religionsgesellschaften. Der Begriff „Aufgabe" ist weit auszulegen, er umfasst auch die privatrechtliche Tätigkeit der Religionsgesellschaften (z. B. Grundstücksverkehr). Zulässig ist die Übermittlung derjenigen Daten, die zur Erfüllung der Aufgaben der Religionsgesellschaften **erforderlich** sind. Erforderlich sind die Daten, die zur Erfüllung der jeweiligen Aufgabe notwendig sind. Die übermittelnde Stelle braucht aber nicht alle Daten zu übermitteln, die den größtmöglichen Erfolg der Religionsgesellschaft bei der Durchführung der Aufgabe garantieren und damit die öffentliche Stelle praktisch zum Erfüllungsgehilfen machen würde.

24 **6.6** Die gesetzliche Verankerung des **Zweckbindungsgrundsatzes** wird allerdings die Datenübermittlung erschweren; denn sie wird sich in der Regel als eine Übermittlung „zu anderen Zwecken" darstellen und ist demgemäß nur nach § 14 Abs. 2 zulässig. In der künftigen Praxis wird sie sich primär nach bereichsspezifischen Rechtsvorschriften (§ 19 MRRG, Landesmeldegesetze, Kirchensteuergesetze der Länder) vollziehen. Dies gilt namentlich im Hinblick auf die Übermittlung von Daten von Nichtmitgliedern. Deren Recht, ihre **religiöse Überzeugung** zu verschweigen (Art. 140 GG i. V. m. Art. 136 Abs. 3 WRV) lässt es schon fraglich erscheinen, ob eine einfachgesetzliche Regelung (z. B. § 32 Abs. 2 MG NW) überhaupt zulässig ist.

25 **6.7** Als weitere Zulässigkeitsvoraussetzung kommt hinzu, dass die empfangende Religionsgesellschaft **ausreichende Datenschutzmaßnahmen** erlassen haben muss. Darunter sind rechtliche und tatsächliche Datenschutzmaßnahmen zu verstehen. Die EKD hat ein Kirchengesetz über den Datenschutz der Evangelischen Kir-

Datenübermittlung an öffentliche Stellen § 15

chen in Deutschland (DSG-EKD) vom 12.11.1993 (DSG-EKD, ABl. EKD 1993, S. 505), zuletzt geändert durch Kirchengesetz vom 7.11.2002 (ABl. EKD S. 381) erlassen. Das Gesetz berücksichtigt die neuen Regelungen des BDSG (vgl. dazu näher Claessen, DuD 1995, 8 ff.). Entsprechendes gilt für die katholische Kirche (Anordnung über den kirchlichen Datenschutz – KDO – in den Diözesen v. 22.11.1993 (Text in: Bundesdatenschutzgesetz, Beck'sche Textausgabe, 1995). Beide Gesetze sind auch auf den Schutz von in Akten gespeicherten Daten erstreckt. Die früheren Gesetze waren auf den Schutz von in Dateien gespeicherten Daten beschränkt.

6.8 Zu den tatsächlichen Datenschutzmaßnahmen gehören die personellen 26 (Bestellung eines Datenschutzbeauftragten) und die technisch-organisatorischen Vorkehrungen zur Sicherung der Daten. Die Maßnahmen müssen denen im staatlichen Bereich nicht im Einzelnen entsprechen, sie müssen in ihrer Summe aber einen gleichwertigen Datenschutz gewährleisten (Dammann in: Simitis, BDSG § 15 Rn. 63).

7. Übermittlung von in Akten gespeicherten Daten

7.1 Die Sonderregelung in Absatz 5 gilt vor allem für den Fall der Übermittlung 27 von in **Akten** gespeicherten Daten. Bei der Übermittlung von Akten ist es unausweichlich, dass sich unter den zu übermittelnden Daten auch solche befinden, die der Dritte, an den die Daten übermittelt werden, zur Erfüllung seiner Aufgaben **nicht benötigt**. In vielen Fällen würde es einen unverhältnismäßig hohen Aufwand verursachen, wenn der Akteninhalt auf die „erforderlichen" Daten beschränkt werden müsste. Dies ist oftmals rein tatsächlich gar nicht möglich, weil manche Daten nur in ihrem ursprünglichen Kontext ihre Aussagekraft behalten. Das Gesetz erklärt die Übermittlung verbundener, nicht erforderlicher Daten für zulässig, wenn die Trennung nicht oder nur mit unvertretbarem Aufwand möglich ist und berechtigte Geheimhaltungsinteressen des Betroffenen oder eines Dritten nicht offensichtlich überwiegen.

7.2 Das berechtigte Interesse muss ein spezielles Interesse an der Geheimhaltung 28 gerade der zusätzlichen Daten gegenüber der empfangenden Stelle sein. Das Geheimhaltungsinteresse muss kein spezifisch datenschutzrechtliches sein, auch andere Interessen, etwa **Geschäftsgeheimnisse** zählen dazu (Dammann in: Simitis, BDSG § 15 Rn. 77). Es kann sich aus der Art der zu übermittelnden Daten ergeben. Enthalten sie Informationen, die die empfangende Stelle zum **Nachteil** des Betroffenen nutzen könnte, ist das Interesse offenkundig. Auch dies allein reicht nicht aus; das Geheimhaltungsinteresse des Betroffenen oder des Dritten muss das Interesse der übermittelnden Stelle an der Übermittlung der Daten **offensichtlich** überwiegen. Dies bedeutet: Gleichwertige Interessen stehen einer Übermittlung nicht entgegen. Aus dem Zusatz „offensichtlich" ergibt sich ferner, dass das Überwiegen der berechtigten Interessen „des Betroffenen so klar zutage treten muss, dass eine andere Entscheidung praktisch nicht möglich ist (Bergmann/Möhrle/Herb, BDSG § 15 Rn. 46; Dammann in: Simitis, BDSG § 15 Rn. 78). Ist allerdings das Überwiegen der Geheimhaltungsinteresses des Betroffenen oder Dritten nicht offenkundig, wird eine Übermittlung solange zurückzustellen sein, bis dies von den Beteiligten geklärt ist (Dammann in: Simitis, BDSG § 15 Rn. 78). Ergibt sich, dass die Geheimhaltungsinteressen überwiegen, kann die Akte dennoch übermittelt werden, wenn zuvor die Angaben, auf die sich das Interesse bezieht, unkenntlich gemacht oder aus der Akte entfernt werden (Dammann in: Simitis, BDSG § 15 Rn. 80).

7.3 Der letzte Halbsatz des Absatzes 5 enthält eine weitere Sicherung für den Fall, 29 dass nicht erforderliche Daten in zulässiger Weise übermittelt worden sind. Ihre **Nutzung** durch den Empfänger ist unzulässig. Die Verarbeitung ist durch Absatz 5

355

§ 15 Datenübermittlung an öffentliche Stellen

nicht ausgeschlossen. Im Zusammenhang mit der Übermittlungsregelung des Satzes 1 ist dies so zu verstehen, dass der Empfänger die überschießenden Daten soweit verarbeiten darf, wie es auf Grund ihrer untrennbaren Verbindung mit den erforderlichen Daten notwendig ist. Soweit er die erforderlichen Daten speichern darf, darf er auch die verbundenen überschießenden Daten speichern; er hat also keine Pflicht diese zu trennen und zu löschen. Ebenso verhält es sich bei einer Übermittlung. Soweit der Empfänger die erforderlichen Daten übermitteln darf, darf er unter den Voraussetzungen dieses Absatzes auch die verbundenen überschießenden Daten übermitteln. Eine eigenständige Verarbeitung der überschießenden Daten ist dagegen ausgeschlossen.

30 **7.4** Die speichernde Stelle ist jedoch gehalten, die Übermittlung nicht benötigter Daten durch entsprechende Gestaltung der Aktenführung zu vermeiden. So sind im Personalbereich Vorgänge, die besonders vertraulich sind oder einer besonderen Zweckbestimmung unterliegen, in sog. **Teilakten** zu führen (vgl. BfD, 15. TB, S. 110 ff.; Gola/Wronka, Handbuch des Arbeitnehmerdatenschutzes, S. 135; für die Zusendung von Akten an einen Untersuchungsausschuss OVG Münster, NJW 1988, 2496).

8. Weitergabe innerhalb einer öffentlichen Stelle

31 Werden personenbezogene Daten innerhalb einer öffentlichen Stelle weitergegeben, ist dies **keine Übermittlung.** Gemäß **Absatz 6** wird die Regelung des Absatzes 5, die der Verwaltungsvereinfachung dient, auch auf Aktenbewegungen innerhalb der speichernden öffentlichen Stelle erweitert. Zu den Daten, die innerhalb einer öffentlichen Stelle weitergegeben werden, gehören auch diejenigen, die dem **Personalrat** zur Erfüllung seiner Aufgaben zugeleitet werden. Der Personalrat ist gegenüber der öffentlichen Stelle, bei der er eingerichtet ist, nicht Dritter, sondern Teil dieser öffentlichen Stelle (Schmitt in: Lorenzen/Schmitt u. a., BPersVG § 1 Rn. 23a; Grabendorff/Ilbertz/Widmaier, BPersVG § 1 Rn. 36). Seine Rechtsstellung entspricht der des Betriebsrats nach dem BetrVfG. Die Zulässigkeit der Weitergabe an den Personalrat richtet sich nach § 68 BPersVG (vgl. hierzu Gola/Wronka, NZA 1991, 790; ferner vorstehend § 3 Rn. 47). Die Pflicht, den Personalrat zur Durchführung seiner Aufgaben rechtzeitig und umfassend zu unterrichten, ist nicht im Sinne eines umfassenden Informationsrechts zu verstehen, um generell die Dienststelle kontrollieren zu können. Sie besteht nur insoweit, als der Personalrat die Auskünfte benötigt, um die ihm obliegenden allgemeinen Aufgaben erfüllen zu können. Die übermittelten Informationen müssen in untrennbarer Beziehung zu den Aufgaben des Personalrats und zu ihrer Wahrnehmung im Einzelfall stehen (BVerwG, RDV 1990, 247).

9. Haftung

32 Die Übermittlung von personenbezogenen Daten kann zu Beeinträchtigungen des Persönlichkeitsrechts und zu einem Schaden führen. Für die Haftung ist davon auszugehen, dass § 15 ein **Schutzgesetz** nach § 823 Abs. 2 BGB ist und demgemäß eine Amtspflicht nach Art. 34 GG i. V. m. § 839 BGB begründet. Die eindeutig zugewiesenen Verantwortlichkeiten für die Zulässigkeit der Übermittlung bilden gleichzeitig einen Hinweis auf die haftende Stelle. Werden personenbezogene Daten unzulässigerweise an eine andere öffentliche Stelle übermittelt, dürfen sie von ihr nicht gespeichert werden; sie sind nach § 20 Abs. 2 Nr. 1 zu löschen. War die Übermittlung unbefugt, kann sie nach § 43 bußgeldbewehrt oder nach § 44 oder § 203 StGB strafbar sein.

10. Rechtsstreitigkeiten

Im Falle eines Rechtsstreits zwischen dem Betroffenen und der übermittelnden 33
öffentlichen Stelle über die Zulässigkeit einer Datenübermittlung werden in der
Regel die **Verwaltungsgerichte** zu entscheiden haben (§ 40 VwGO). Da die Übermittlung im Regelfall kein Verwaltungsakt ist, bedarf es eines Vorverfahrens (§ 68
VwGO) insoweit nicht; dies ist auch von Bedeutung für die Klageart. Von der
Art der Rechtsbeziehungen zu der übermittelnden Stelle hängt es ab, ob statt des
Verwaltungsgerichts das Sozial- oder Finanzgericht oder auch das ordentliche
Gericht (Fiskalbereich, Schadensersatz) zuständig ist. Im Falle verwaltungsinterner
Auseinandersetzungen zwischen den beteiligten öffentlichen Stellen entscheidet die
gemeinsame Fachaufsichtsbehörde; fehlt eine solche, entscheidet die für die ersuchte
Stelle fachlich zuständige Aufsichtsbehörde (§ 5 Abs. 5 VwVfG). Um eine gerichtliche Überprüfbarkeit zu ermöglichen, müssen Übermittlungen personenbezogener
Daten **dokumentiert** werden; dies folgt aus dem Gebot effektiven Rechtsschutzes
(BSG, NVwZ 2013, 526 (528)).

11. Landesrecht

Die novellierten Landesdatenschutzgesetze entsprechen im Hinblick auf diesen 34
Regelungsgegenstand dem BDSG (Art. 18 BayDSG; § 16 LDSG BW; § 12 BlnDSG;
§ 14 HmbDSG; §§ 13 und 14 HDSG; § 14 DSG M-V; § 11 NDSG; § 14 LDSG
RPf; § 14 SDSG; § 14 SächsDSG; § 11 DSG-LSA; § 14 LDSG SH; § 21 ThürDSG).
Eine weitere Zulässigkeitsalternative enthalten § 14 Abs. 1 Satz 2 BbgDSG, § 13
Abs. 1 Satz 2 BremDSG; § 14 Abs. 1 Satz 2 HmbDSG und § 14 Abs. 1 Satz 2 DSG
NRW in Fällen, in denen an einem Verwaltungsverfahren mehrere öffentliche Stellen
beteiligt sind. Nach § 14 Satz 3 HDSG und § 14 Abs. 2 LDSG SH hat im Falle
eines Amtshilfeersuchens die übermittelnde Stelle die Schlüssigkeit des Ersuchens
zu prüfen. In Bremen, Nordrhein-Westfalen, Sachsen und Bayern hat in diesen
Fällen die übermittelnde Stelle lediglich zu prüfen, ob das Ersuchen im Rahmen
der Aufgaben des Empfängers liegt. Nur in Zweifelsfällen hat sie die Rechtmäßigkeit
zu prüfen (§ 13 Abs. 3 Satz 2 BremDSG, § 14 Abs. 2 Satz 2 DSG NRW; § 14 Abs. 2
Satz 2 SächsDSG; Art 18 Abs. 2 Satz 3 BayDSG). Nach § 14 Abs. 5 BbgDSG; § 13
Abs. 5 BremDSG; § 14 Abs. 4 HmbDSG; § 11 Abs. 4 NDSG; § 14 Abs. 4 DSG
NRW; § 14 Abs. 5 SDSG; § 11 Abs. 6 DSG-LSA; § 21 Abs. 5 ThürDSG gelten die
allgemeinen Zulässigkeitsvoraussetzungen entsprechend, wenn personenbezogene
Daten innerhalb einer öffentlichen Stelle weitergegeben werden. In Schleswig-Holstein ist in diesen Fällen die Weitergabe zu dokumentieren, sofern sie zu einem
anderen Zweck erfolgt (§ 13 Abs. 7).

§ 16 Datenübermittlung an nicht-öffentliche Stellen

(1) Die Übermittlung personenbezogener Daten an nicht-öffentliche Stellen ist zulässig, wenn
1. sie zur Erfüllung der in der Zuständigkeit der übermittelnden Stelle liegenden Aufgaben erforderlich ist und die Voraussetzungen vorliegen, die eine Nutzung nach § 14 zulassen würden, oder
2. der Dritte, an den die Daten übermittelt werden, ein berechtigtes Interesse an der Kenntnis der zu übermittelnden Daten glaubhaft darlegt und der Betroffene kein schutzwürdiges Interesse an dem Ausschluss der Übermittlung hat. Das Übermitteln von besonderen Arten personenbezogener Daten (§ 3 Abs. 9) ist abweichend von Satz 1 Nr. 2 nur zulässig, wenn die Voraussetzungen vorliegen, die eine Nutzung nach § 14 Abs. 5 und 6 zulassen würden oder soweit dies zur Geltendmachung, Ausübung oder Verteidigung rechtlicher Ansprüche erforderlich ist.

(2) Die Verantwortung für die Zulässigkeit der Übermittlung trägt die übermittelnde Stelle.

(3) ¹In den Fällen der Übermittlung nach Absatz 1 Nr. 2 unterrichtet die übermittelnde Stelle den Betroffenen von der Übermittlung seiner Daten. ²Dies gilt nicht, wenn damit zu rechnen ist, dass er davon auf andere Weise Kenntnis erlangt, oder wenn die Unterrichtung die öffentliche Sicherheit gefährden oder sonst dem Wohle des Bundes oder eines Landes Nachteile bereiten würde.

(4) ¹Der Dritte, an den die Daten übermittelt werden, darf diese nur für den Zweck verarbeiten oder nutzen, zu dessen Erfüllung sie ihm übermittelt werden. ²Die übermittelnde Stelle hat ihn darauf hinzuweisen. ³Eine Verarbeitung oder Nutzung für andere Zwecke ist zulässig, wenn eine Übermittlung nach Absatz 1 zulässig wäre und die übermittelnde Stelle zugestimmt hat.

Literatur: *Baur/Burkhardt/Kinzig,* Am Pranger: Kriminalprävention durch Information? Über die Zulässigkeit und kriminalpolitische Wirksamkeit eines Präventivprangers für gefährliche Straftäter, JZ 2011, 131; *Breidenbach,* Das berechtigte Interesse, DuD 1988, 61; *Jette,* Melderegistereintragungen von Amts wegen und Verfassungsrecht, Diss. Mainz 1990, S. 64; *Knemeyer,* Geheimhaltungsanspruch und Offenbarungsbefugnis im Verwaltungsverfahren, NJW 1984, 2241; *Pardey,* Informationelles Selbstbestimmungsrecht und Akteneinsicht, NJW 1989, 1647; *Schlink,* Datenschutz und Amtshilfe, NVwZ 1986, 249; *Schoenemann,* Zur Zulässigkeit der Datenverarbeitung in der neueren Datenschutzgesetzgebung, DuD 1987, 175; *Simitis,* Von der Amtshilfe zur Informationshilfe, NJW 1986, 2795; *Tinnefeld/Ehmann,* Einführung in das Datenschutzrecht, 2004; *Trüg,* Medienarbeit der Strafjustiz – Möglichkeiten und Grenzen, NJW 2011, 1040.

Übersicht

	Rn.
1. Allgemeines	1
2. Regelungsgegenstand, Normadressaten	2
3. Zulässigkeit	5
4. Verantwortung für die Übermittlung	15
5. Unterrichtungspflicht	16
6. Zweckbindung beim Dritten	18
7. Haftung, Sanktionen	20
8. Streitigkeiten	21
9. Landesrecht	22

1. Allgemeines

Die Übermittlung an nichtöffentliche Stellen ist nach zwei Zulässigkeitsalternativen gestattet; sie muss zur Aufgabenerfüllung der übermittelnden Stelle erforderlich sein oder eine Interessenabwägung muss ergeben, dass ein schutzwürdiges Interesse des Betroffenen am Ausschluss der Übermittlung nicht besteht. Der Zweckbindungsgrundsatz gilt für alle übermittelten Daten. Die Vorschrift enthält gegenüber der entsprechenden des BDSG 90 keine gravierenden Veränderungen. Die Sonderregelung zum Schutz sensibler Daten nach § 3 Abs. 9 setzt Vorgaben der EG-DatSchRL um. Die übrigen Änderungen sind redaktioneller Natur.

2. Regelungsgegenstand, Normadressaten

Die Übermittlung erfolgt nach der Legaldefinition (§ 3 Abs. 4 Nr. 3) durch Weitergeben oder durch Abruf des Empfängers.

2.1 Gegenstand der Regelung sind nur Übermittlungen, die sich **im Geltungsbereich des Gesetzes** vollziehen. Erfasst sind alle Übermittlungen, ungeachtet der Rechtsform oder Nationalität des Empfängers. Übermittlungen an ausländische, über- oder zwischenstaatliche Stellen richten sich nach § 4b, der neben den Voraussetzungen der §§ 15 und 16, auf die in § 4b verwiesen wird, zusätzliche Anforderungen enthält.

2.2 Normadressaten sind die in § 12 aufgeführten öffentlichen Stellen. Durch die Einführung des Zweckbindungsgrundsatzes sind auch die Dritten, an die Daten übermittelt werden, Normadressaten der Vorschrift. Es sind natürliche und juristische Personen des privaten Rechts sowie öffentliche Stellen, die am Wettbewerb teilnehmen. Auch die Übermittlung von personenbezogenen Daten an **politische Parteien** bestimmt sich – soweit nicht bereichsspezifische Vorschriften, wie z. B. diejenigen des Melderechts greifen (vgl. auch OVG Münster, NJW 1989, 1177) – nach dieser Vorschrift, denn die Parteien sind nach dem Urteil des Bundesverfassungsgerichts zur Parteienfinanzierung nicht Teil des Staatsorganismus (BVerfG, NJW 1966, 1499), sondern eine Art Vorstufe staatlicher Sphäre. Abgesehen davon sind sie vielfach als Vereine des BGB organisiert. Die Meldebehörden können den Antrag einer politischen Partei auf Gruppenauskunft aus dem Melderegister aus Gründen des Datenschutzes ablehnen. Sie haben einen Ermessensspielraum, wie etwa bei Ersuchen von Presse, Rundfunk, einzelnen Abgeordneten, Adressbuchverlagen oder Religionsgesellschaften (BVerfG, RDV 1998, 219). Auskünfte über Jubiläumsdaten aus dem **Melderegister** dürfen nur erteilt werden, wenn die betroffene Person nicht widersprochen hat (§ 22 Abs. 2 MRRG). Das Vorliegen eines öffentlichen Interesses, wie bei der Gruppenauskunft nach § 21 Abs. 3 MRRG, wird nicht gefordert. Die Übermittlung dieser Daten ist also bewusst privilegiert. Dies ist bei der Entscheidung, ob Jubiläumsdaten an ein Seniorenheim übermittelt werden dürfen, zu berücksichtigen (OVG Bremen, RDV 1992, 135).

3. Zulässigkeit

3.1 Die Regelungen für die Übermittlung an nichtöffentliche Stellen sind denen des § 15 für die Übermittlung an öffentliche Stellen nachgebildet. Die erste Zulässigkeitsalternative (Abs. 1 Nr. 1) stellt auf die Erforderlichkeit zur Aufgabenerfüllung der übermittelnden öffentlichen Stelle ab und entspricht der ersten Alternative des § 15 Abs. 1. Die zweite Zulässigkeitsalternative (Abs. 1 Nr. 2) stellt auf das Interesse des Empfängers an der Kenntnis der personenbezogenen Daten ab. Da die Übermittlung insoweit anders als nach § 15 nicht im öffentlichen Interesse, sondern für private

Interessen erfolgt und der Empfänger als nichtöffentliche Stelle nicht der Bindung an Gesetz und Recht unterliegt, sind die Zulässigkeitsvoraussetzungen hier deutlich enger als in der zweiten Alternative des § 15 Abs. 1 Nr. 1.

6 3.2 Nach Nr. 1 ist die Übermittlung zulässig, soweit sie zur Erfüllung der **Aufgaben der übermittelnden Stelle** erforderlich ist. Es kommt also nicht darauf an, welchen Nutzen und welches Interesse der (nichtöffentliche) Empfänger an den Daten hat. Ist die Übermittlung zwar für den privaten Empfänger erforderlich, nicht aber für die übermittelnde Stelle, ist sie nur unter den Voraussetzungen der Nr. 2 zulässig.

7 3.3 Für die übermittelnde Stelle kann die Übermittlung **erforderlich** sein, wenn personenbezogene Daten für ein Auskunftsersuchen gegenüber einer nicht-öffentlichen Stelle mitgeteilt werden müssen (dies gilt auch für Sozialdaten, LSG Baden-Württemberg, DuD 2011, 57). Zur Übermittlung von Daten an die Presse zwecks Fahndung, OLG Hamburg, NJW 1980, 842; OVG Hamburg, NVwZ-RR 2009, 878; dazu Söllner, DVBl. 2009, 1120; zur Speicherung von Daten über entlassene Sexualstraftäter in zentralen Dateien der Länder und Veröffentlichung der Daten zur Gefahrenabwehr Baur/Burkhardt/Kinzig, JZ 2011, 135. Außerdem kann es erforderlich sein, dem Beteiligten an einem Verwaltungsverfahren Angaben über weitere Beteiligte des Verwaltungsverfahrens mitzuteilen (s. BVerwG, NVwZ-RR 2000, 760, das die Weitergabe von nicht anonymisierten Einwendungen im Rahmen eines Planfeststellungsverfahrens an den Vorhabenträger grundsätzlich als zur Aufgabenerfüllung der Anhörungsbehörde als erforderlich ansieht). Daten über Verfahrensbeteiligte oder Dritte können grundsätzlich auch im Wege der Akteneinsicht nach § 29 VwVfG übermittelt werden. Diese ist den Beteiligten in den Grenzen, die § 29 Abs. 2 VwVfG setzt, zu gewähren. Die Angabe von Daten über andere Personen als den Verfahrensbeteiligten kann auch zur Begründung eines Verwaltungsakts erforderlich sein. Erforderlich zur Abwicklung des Dienstverkehrs kann auch die Angabe von Mitarbeiterdaten sein. Zwar handelt es sich bei den Angaben über Name und Kontaktdaten von Behördenmitarbeitern um personenbezogene Daten, die dem Datenschutzrecht unterfallen (ULD Schleswig-Holstein, Tätigkeitsbericht 2006, Tz. 4.1.6; a. A. BVerwG, DuD 2008, 696; VG Wiesbaden, AfP 2011, 416), doch kann bei Berücksichtigung der Interessen des Betroffenen die Angabe dieser Daten zulässig sein (zur Angabe des Vornamens auf dienstlicher Post und E-Mail-Adresse LAG Schleswig-Holstein, RDV 2008, 212; zur Zulässigkeit der Anbringung eines Ausweises mit Name und Foto des Fahrers im Taxi BVerwG, RDV 2009, 73). Bei einer suchfähigen **Veröffentlichung im Internet** sind die schutzwürdigen Interessen des Betroffenen besonders beeinträchtigt, so dass regelmäßig eine Einwilligung erforderlich sein wird (a. A. OVG Rheinland-Pfalz, DuD 2008, 693, nach dem grundsätzlich alle Mitarbeiter mit Außenkontakten die Veröffentlichung ihrer Kontaktdaten im Internet zu dulden haben). Ausführlich dazu § 32 Rn. 22.

8 3.4 Mit dem 2. Halbsatz („und die Voraussetzungen vorliegen...") ist der **Zweckbindungsgrundsatz** auch hier Zulässigkeitsvoraussetzung. Grundsätzlich muss sich der Betroffene darauf verlassen können, dass auf ihn bezogene Daten nur zu dem Zweck verwendet werden, zu dem sie erhoben (§ 13 Abs. 1 Satz 1) oder gespeichert worden sind (§ 14 Abs. 1 Satz 2). Zu anderen Zwecken dürfen sie nur unter den Voraussetzungen des § 14 übermittelt werden.

9 3.5 Die zweite Zulässigkeitsalternative (Abs. 1 Nr. 2) ist im Lichte der Grundsatzentscheidung des Gesetzgebers, die Verarbeitung personenbezogener Daten nur restriktiv zuzulassen, als eng auszulegende Ausnahmeregelung zu verstehen (zu den berechtigten Zweifeln, ob die enge Anwendung durch die gesetzlichen Voraussetzungen tatsächlich gewahrt werden kann, siehe Wedde in: Däubler/Klebe/Wedde/Weichert, BDSG § 16 Rn. 10). Für den öffentlichen Bereich ist dies nichts grundsätzlich Neues; denn ein großer Teil der von öffentlichen Stellen gespeicherten personenbezogenen Daten wird auch bisher schon durch besondere Amtsgeheimnisse oder auf andere Weise vor der Übermittlung an Dritte geschützt (z. B. § 30 VwVfG; § 35 SGB I; § 30 AO). Durch das Volkszählungsurteil ist aber die Notwendigkeit des Schutzes dieser Daten stärker ins Blickfeld gerückt worden (s. dazu auch Stelkens/Bonk/Sachs, VwVfG § 30 Rn. 2). Der Gesetzgeber hat dem dadurch Rechnung getragen, dass er neben der Einführung des Zweckbindungsgrundsatzes in der 1. Alternative auch hier die Zulässigkeitsvoraussetzungen verschärft hat.

3.6 Der Empfänger muss ein **berechtigtes Interesse** an der Kenntnis der zu 10 übermittelnden Daten **glaubhaft darlegen.** Berechtigt ist jedes ideelle und wirtschaftliche Interesse, das auf sachlichen Erwägungen beruht und mit der Rechtsordnung im Einklang steht (Dammann in: Simitis, BDSG § 16 Rn. 17; Bonk/Kallerhoff in: Stelkens/Bonk/Sachs, VwVfG § 29 Rn. 47). Einfache Neugier des Betroffenen rechtfertigt die Übermittlung nicht. Die Schwelle für den privaten Dritten ist damit relativ niedrig angesetzt. Das berechtigte Interesse wird häufig abgegrenzt gegen das rechtliche Interesse, das an das Vorliegen eines besonderen Rechtsgrundes geknüpft und etwa dann gegeben ist, wenn der Auskunftsuchende die Daten zur Durchsetzung von Rechtsansprüchen oder zur Rechtsverteidigung benötigt (VG Gelsenkirchen, RDV 1992, 85; OLG Schleswig, NJW 1994, 3067; zur Akteneinsicht im Strafverfahren durch Dritte ohne bereichsspezifische Regelung vgl. AG Wolfratshausen, NJW 1994, 2774; OLG Hamburg, NJW 1995, 1440; zur Akteneinsicht nach § 475 StPO BVerfG, NJW 2007, 1052; NJW 2009, 2876). Da das rechtliche Interesse schwerer wiegt als das berechtigte Interesse, ist erst recht das rechtliche Interesse des Empfängers als Interesse i. S. d. § 16 Abs. 1 Nr. 2 anzuerkennen. Das berechtigte Interesse muss in der Regel ein unmittelbares oder mittelbares **eigenes Interesse** des Empfängers sein, das die Übermittlung rechtfertigt; es reicht aber auch aus, wenn ein an sich fremdes Interesse den Empfänger so stark berührt, dass er sich nach vernünftiger Auffassung zu seinem Verfechter aufwerfen darf. Es wird allerdings nicht ausreichen, dass an der Tätigkeit des Empfängers ein allgemeines Interesse besteht und damit ein Freibrief zum Empfang beliebiger Daten gegeben ist. Zum berechtigten Interesse ist auch das Interesse der **Medien** am Erhalt von Informationen durch Behörden zu zählen, um diese für die Berichterstattung zu verwenden. Die Beschaffung von Informationen jedenfalls aus öffentlich zugänglichen Informationsquellen ist durch die Presse- und Rundfunkfreiheit geschützt (BVerfG, NJW 2001, 1633 (1634)). Manche Länder haben in den von ihnen erlassenen Pressegesetzen bereichsspezifische Regelungen geschaffen (z. B. § 4 LPG NW, § 3 HPressG). Das Verbot von Ton- und Fernsehaufnahmen in Gerichtsverhandlungen gem. § 169 Satz 2 GVG ist verfassungsgemäß (BVerfG, RDV 2001, 128). Das berechtigte Interesse braucht nur **glaubhaft gemacht,** nicht bewiesen zu werden. Es reicht aus, wenn der Empfänger in schlüssiger Form darlegt, aus welchen Gründen er die Daten benötigt. **Glaubhaftmachung** ist weniger als „den Nachweis führen". Der Beweis erfordert eine an Sicherheit grenzende Wahrscheinlichkeit; für die Glaubhaftmachung reicht eine **überwiegende Wahrscheinlichkeit** aus (BGHZ 93, 300, 306; Baumbach/Lauterbach/Albers/Hartmann, ZPO § 294 Anm. 1 A). Eine schlichte Erklärung des Empfängers genügt (BVerfG, NJW 1974, 1903). Dabei wird allerdings kurz der Sachverhalt dargelegt werden müssen. Das Erschleichen einer Übermittlung durch falsche Angaben ist seit der Novellierung 1990 durch § 43 Abs. 2 Nr. 1 bußgeldbewehrt.

3.7 Ist das berechtigte Interesse dargetan, hat sich die übermittelnde Stelle zu 11 vergewissern, dass der Betroffene kein schutzwürdiges **Interesse am Ausschluss der Übermittlung** hat. Der Gesetzgeber geht also davon aus, dass dieser in der Regel ein schutzwürdiges Interesse daran hat. Festzustellen ist mithin, ob dieses Interesse im konkreten Einzelfall nicht gegeben ist. Die Prüfung ist zunächst anhand der übermittelnden Stelle bekannten Umstände (Art der Daten, Art der Angabe, Art und Weise der Verwendung durch den Empfänger, potenzielle Gefährdung des Betroffenen) vorzunehmen. Zur Abwägung der schutzwürdigen Interessen des Betroffenen mit dem Informationsinteresse der Öffentlichkeit bei Übermittlungen an **Presse und Rundfunk**: BVerfG, NJW 2009, 350; NJW 1995, 184; NJW 2001, 1633; VGH München, NJW 2004, 3358; BGH, RDV 1994, 245; Nr. 23 RiStBV: „[...] Dem allgemeinen Informationsinteresse der Öffentlichkeit wird i. d. R. ohne Namensnennung entsprochen werden können." Zur Anonymisierung von Gerichtsentscheidungen reicht im Regelfall der Verzicht auf die Nennung von Namen und Orten in Rubrum, Tatbestand und Entscheidungsgründen;, in Einzelfällen – etwa bei detaillierten Angaben zum Lebenslauf im Tatbestand – reicht dies zur Anonymisierung nicht aus (VGH Baden-Württemberg, MMR 2011, 277). In solchen Fällen kann auch eine nicht anonymisierte Gerichtsentscheidung veröffentlicht werden, wenn eine den datenschutzrechtlichen Anforderungen genügende Anonymisierung angesichts des Streitgegenstands und der Umstände des Falls nicht möglich erscheint und das Informationsinteresse der Öffentlichkeit – etwa auf Grund der grundsätzlichen Bedeutung der Gerichtsentscheidung – überwiegt (VGH Baden-Württemberg, MMR 2011, 277). Unterschiedlich sind die Auffassungen zur Übermittlung der Namen von Amtsträgern an die Presse. Während einige Gerichte solche Informationen nicht als personenbezogene Daten ansehen und bereits aus diesem Grund bereits ausnahmslos dem presserechtlichen Auskunftsanspruch unterstellen (VG Wiesbaden, MMR 2010, 416; VGH München, NJW 2004, 3358; näher dazu oben Rn. 7), gesteht das BVerfG zutreffend den in Ausübung ihres öffentlichen Amtes am Gerichtsverfahren beteiligten Personen ebenfalls einen – wenngleich gegenüber anderen Beteiligten des Gerichtsverfahrens reduzierten – Persönlichkeitsrechtsschutz zu (BVerfG, NJW 2008, 977 (980); NJW 2000, 2890). Somit sind auch bei Auskünften über Amtsträger deren schutzwürdige Interessen zu berücksichtigen, wenngleich ihnen regelmäßig weniger Gewicht zukommt als den Interessen von Privatpersonen. Nach Auffassung des VGH Mannheim überwiegt bei Richtern und Schöffen regelmäßig das Informationsinteresse der Öffentlichkeit, da diese die Entscheidung verantworten; bei Pflichtverteidigern und Vertretern der Staatsanwaltschaft überwiegt hingegen regelmäßig das Persönlichkeitsrecht (VGH Mannheim, DVBl. 2014, 101). Zur eigeninitiativen personenbezogenen Veröffentlichung von Informationen aus Strafverfahren gegen Prominente durch die Ermittlungsbehörden Trüg, NJW 2011, 1040; Lehr, NJW 2013, 728. Soll Dritten die Einsichtnahme in **Strafakten** gewährt und dadurch in Grundrechte des Betroffenen eingegriffen werden, fordert das BVerfG grundsätzlich eine vorige Anhörung des Betroffenen (BVerfG, NJW 2007, 1052). Für die Prüfung kann es hilfreich sein, auch die Regelungen des § 14 Abs. 2 mit einzubeziehen (Dammann in: Simitis, BDSG § 16 Rn. 20). Es erleichtert die Übermittlungsentscheidung, wenn es sich um personenbezogene Daten handelt, an deren Übermittlung der Betroffene offensichtlich ein Interesse hat (§ 14 Abs. 2 Nr. 3), die aus allgemein zugänglichen Quellen entnommen worden sind (Nr. 5), die der Wahrung der Rechte Dritter dienen (Nr. 8) oder die zu Forschungszwecken übermittelt werden sollen (Nr. 9). Ist nach Abschluss dieser Prüfung nicht auszuschließen, dass die Übermittlung zu **Nachteilen** für den Betroffenen (z. B. Anschrift einer Heilanstalt oder eines Gefängnisses) führt, oder ergeben sie sich im Einzelfall – der Betroffene hält wegen besonderer Gefährdung seinen Aufenthaltsort geheim –, fehlt die Gewissheit, und die Übermittlung hat zu unterbleiben. Sie kann in diesem Falle nur durch **Einwilligung** des Betroffenen zulässig werden. Nicht jeder Nachteil ist allerdings relevant. Nicht schutzwürdig ist das Interesse eines Schuldners, für seinen Gläubiger unauffindbar zu bleiben (OVG NW, BB 1988, 589). Werden Daten über mehrere Personen angefordert (z. B. über Kraftfahrzeughalter oder Fernsprechteilnehmer), ist in der Regel eine Abwägung im Einzelfall nicht möglich. Hier werden die Daten ihrer Art nach daraufhin überprüft werden müssen, ob im Falle ihrer Übermittlung schutzwürdige Belange eines Betroffenen beeinträchtigt werden. Geht es um Daten, die der Dritte sich auch auf andere Weise, sei es aus allgemein

Datenübermittlung an nicht-öffentliche Stellen §16

zugänglichen Quellen oder durch besondere Recherchen beschaffen kann, dann wird dies bei der Entscheidung berücksichtigt werden können. Ist das Interesse des Dritten ausschließlich wirtschaftlicher Natur und werden andererseits auch nur wirtschaftliche Interessen der Betroffenen berührt, werden die Daten in der Regel übermittelt werden können.

3.8 Hat der Betroffene der beabsichtigten Übermittlung **widersprochen,** bleibt 12 es in der Regel bei der Interessenabwägung nach § 16 Abs. 1 Nr. 2 (anders dagegen einige Landesdatenschutzgesetze, § 16 Abs. 1 Buchst. d BbgDSG; § 16 Abs. 1 Buchst. d DSG NRW; § 16 Abs. 1 Nr. 4 HmbDSG, nach denen der Widerspruch die Übermittlung stets ausschließt). Sollen jedoch die Daten übermittelt werden, um durch den Empfänger für Werbezwecke oder zur Markt- oder Meinungsforschung genutzt zu werden, ist in analoger Anwendung des § 28 Abs. 4 die Übermittlung unzulässig, wenn der Betroffene widersprochen hat. Die analoge Anwendung rechtfertigt sich hier, weil für eine entsprechende Regelung im 2. Abschnitt keine Notwendigkeit besteht. Öffentliche Stellen verarbeiten keine personenbezogenen Daten zum Zwecke der Werbung. Der Rechtsgedanke des § 28 Abs. 4, der eine Umsetzung des Art. 14b EG-DatSchRL darstellt, ist jedoch allgemeiner Natur und rechtfertigt die analoge Anwendung.

3.9 Bereichsspezifische Regelungen zur Übermittlung an Dritte sind beispiels- 13 weise in den Vorschriften über Verzeichnisse und Register enthalten (z. B. § 12 GBO; § 915b ZPO; § 9 InsO). Nach § 9 HGB ist die Einsicht in das **Handelsregister** zu gewähren, ohne dass ein Interesse an der Kenntnis der Information dargelegt werden muss. Das Einsichtsrecht umfasst auch das Recht, Abschriften und Kopien zu fertigen (OLG Köln, RDV 1991, 267), dazu ist auch der Einsatz einer digitalen Kamera zulässig (Schleswig-Holsteinisches OLG, SchlHA 2010, 407 für die Einsicht in das Grundbuch). Es geht aber nicht so weit, dass das Register insgesamt kopiert werden könnte, um anschließend in Konkurrenz zum Handelsregister gewerblich genutzt zu werden. Dies würde das informationelle Selbstbestimmungsrecht derjenigen, deren Daten in dem Register gespeichert sind, erheblich berühren und bedürfte einer gesetzlichen Grundlage (BGH, RDV 1990, 31). § 28 Abs. 1 Nr. 3 oder § 29 Abs. 1 Nr. 2 können die Erhebung und Verwendung nur rechtfertigen, wenn das schutzwürdige Interesse der Betroffenen nicht offensichtlich überwiegt. Nach einer EG-Verordnung sind die Mitgliedstaaten verpflichtet, Informationen über Empfänger von **Agrarsubventionen** einschließlich der Höhe der bewilligten Förderung im Internet zu veröffentlichen. Auf Vorlage des VG Wiesbaden (VG Wiesbaden, MMR 2009, 428; dazu Schild, MMR 6/2009, V) hat der EuGH die Bestimmungen für ungültig erklärt, soweit sie für natürliche Personen die Veröffentlichung vorschreiben. Dies begründet der EuGH damit, dass weniger einschneidende Alternativen, wie eine Beschränkung der zu veröffentlichenden Empfänger nach Kriterien wie Zeitraum, Häufigkeit oder Art und Umfang der erhaltenen Beihilfen nicht in Betracht gezogen worden sind (EuGH, MMR 2011, 122 (126) mit Anm. Hornung, MMR 2011, 127; Kilian, NJW 2011, 1325 und Brink/Wolff, JZ 2011, 206). Andere Gerichte sahen die Veröffentlichung als vereinbar mit Art. 8 EMRK an (OVG Schleswig, NVwZ 2009, 1117; Hessischer VGH, DÖV 2009, 774; OVG Rheinland-Pfalz, DÖV 2009, 869; VGH Mannheim, VBlBW 2010, 35). Die INSPIRE-Richtlinie der EU, 2007/2/EG, verpflichtet die Mitgliedstaaten, zur Schaffung einer Geodateninfrastruktur in der EU die bei den Behörden vorhandenen **Geodaten** zugänglich zu machen (näher dazu Polenz, NVwZ 2010, 485). Soweit davon personenbezogene Daten betroffen sind (zum Personenbezug von Geodaten Weichert, DuD 2009, 347; Karg, DuD 2010, 824), kann der Zugang zu den Geodaten beschränkt werden. Hierbei ist das Veröffentlichungsinteresse mit dem Interesse der Betroffenen abzuwägen (dazu Polenz, NVwZ 2010, 485).

3.10 Der neu eingefügte Satz 2 in Absatz 1 Nr. 2 enthält eine Sonderregelung 14 („abweichend von Satz 1 Nr. 2") zur Zulässigkeit der Übermittlung sensitiver Daten

§ 16 Datenübermittlung an nicht-öffentliche Stellen

nach § 3 Abs. 9. Hinsichtlich der Voraussetzungen des § 14 Abs. 5 und 6 wird auf die Kommentierung zu § 14 verwiesen. Eine weitere Zulässigkeitsvoraussetzung enthält der letzte Halbsatz des Satzes 2. Sensitive Daten dürfen von der verantwortlichen Stelle zur **Durchsetzung rechtlicher Ansprüche** in einem Gerichtsverfahren oder auch einem vorgelagerten außergerichtlichen Verfahren dem Gericht und damit den Verfahrensbeteiligten zur Kenntnis gegeben werden, soweit dies erforderlich ist. Erforderlich ist es nur insoweit, als die verantwortliche Stelle ohne diese Preisgabe ihre Rechtsansprüche nicht durchsetzen könnte. Der Begriff „rechtliche Ansprüche" umfasst sowohl solche des öffentlichen als auch des privaten Rechts (Dammann in: Simitis/Dammann, EG-RL Art. 8 Rn. 17).

4. Verantwortung für die Übermittlung

15   Die Regelung des Absatzes 2 hat primär klarstellenden Charakter; nur die übermittelnde öffentliche Stelle kann die Zulässigkeit der Übermittlung verantwortlich prüfen. Durch die Einfügung der Schadensersatzregelungen in § 7 gewinnt die Vorschrift jedoch an Bedeutung.

5. Unterrichtungspflicht

16   **5.1** Die Unterrichtungspflicht des Absatzes 3 bezieht sich auf die **vollzogene Übermittlung.** Sie ist auf den Fall des Absatzes 1 Nr. 2 beschränkt. Die Übermittlung nach Nr. 1 erfolgt im Regelfall zur Durchführung von Rechtsvorschriften oder im öffentlichen Interesse. In diesen Fällen hat der Betroffene keinerlei **Einwirkungsmöglichkeiten,** kann sich andererseits jederzeit über diese Übermittlungen unterrichten. Die Erstreckung der Unterrichtungspflicht auch auf diese Fälle würde einen unverhältnismäßigen Aufwand verursachen, sie ist daher zu Recht nicht mit einbezogen worden. Die Übermittlungen nach **Nr. 2** sind in der Regel **nicht vorhersehbar und einzelfallbezogen.** Die Unterrichtung muss die Angaben enthalten, die auch bei einer Benachrichtigung nach § 19a mitzuteilen wären (näher dazu Dammann in: Simitis, BDSG § 16 Rn. 41). Eine bestimmte Form der Unterrichtung ist nicht vorgeschrieben. Sie kann z. B. schriftlich, mündlich oder elektronisch erfolgen (Wedde in: DKWW, BDSG § 16 Rn. 19).

17   **5.2** Weiter muss nur dann unterrichtet werden, wenn es erforderlich ist. Dies ist nach Auffassung des Gesetzgebers nicht der Fall, wenn damit gerechnet werden kann, dass der Betroffene **auf andere Weise** davon Kenntnis erlangt, sei es dass der Empfänger der Daten ihn **unterrichtet** oder anderweitig Kontakt mit ihm aufnimmt und der Betroffene daraus schließen kann, dass dem Partner die Daten von der öffentlichen Stelle übermittelt worden sind. Die Unterrichtung darf aus diesem Grunde aber nur unterbleiben, wenn mit ausreichender Wahrscheinlichkeit damit gerechnet werden kann, dass der Betroffene die Kenntnis sofort oder zumindest doch **in ausreichender Zeit** erlangt (z. B. um noch vor einer Nutzung durch den Empfänger nach § 28 Abs. 4 widersprechen zu können). Dass er irgendwann einmal davon erfahren könnte, reicht nicht aus, um deswegen von einer Unterrichtung abzusehen. Sie kann ferner aus Gründen der **öffentlichen Sicherheit** oder des öffentlichen **Interesses** unterbleiben. Die öffentliche Sicherheit kann gefährdet sein, wenn eine öffentliche Stelle als Auftraggeber ihren privaten Auftragnehmer darauf hinweisen muss, dass gegen einen oder mehrere seiner Arbeitnehmer Sicherheitsbedenken bestehen. Der Ermittlungserfolg könnte gefährdet werden, wenn der Betroffene unzeitig davon erführe. Der zweiten Alternative (Nachteile für das Wohl des Bundes oder eines Landes) liegen keine konkreten Fallgestaltungen zugrunde.

6. Zweckbindung beim Dritten

6.1 Die Konkretisierung des Zweckbindungsgrundsatzes in **Absatz 4** ist eine 18
Regelung auf der Basis des Volkszählungsurteils. Der mit der Übermittlung verbundene **Verwendungszweck wird festgeschrieben.** Der Dritte, dem die Daten übermittelt worden sind, darf diese zu keinem anderen Zweck verwenden. Dies folgt notwendigerweise aus den Regelungen des Absatzes 1. Danach darf die öffentliche Stelle personenbezogene Daten nur übermitteln, wenn der Zweck dies legitimiert, sei es, dass die Aufgabenerfüllung es erfordert oder der Dritte einen berechtigten Zweck darlegt. Diese Regelungen liefen ins Leere, wenn der Dritte die Daten nach Erhalt beliebig verarbeiten und nutzen könnte. Satz 2 soll sicherstellen, dass der Dritte die Zweckbindung auch beachtet und vollzieht. Dies ist namentlich wegen der Bußgeldbewehrung des Verstoßes gegen die Zweckbindung nach § 43 Abs. 2 Nr. 5 wichtig. Dem Dritten wird damit die Möglichkeit genommen, sich auf einen **Verbotsirrtum** zu berufen.

6.2 Eine spätere Zweckänderung beim Dritten, an den die Daten übermittelt 19
worden sind, kann indes nicht völlig ausgeschlossen werden. Dies wäre lebensfremd. Sie ist an zwei Voraussetzungen geknüpft: Es müssen die tatsächlichen Voraussetzungen vorliegen, die die **öffentliche Stelle** nach Absatz 1 zur **Übermittlung ermächtigen** würden. Entscheidend ist hier, ob eine der Ausnahmeregelungen des § 14 Abs. 2 anwendbar ist. Dies soll aber der Dritte nicht allein entscheiden können. Er muss – zweitens – die Zulässigkeit der übermittelnden öffentlichen Stelle darlegen und ihre **vorherige Zustimmung** einholen. Damit bleibt die Zweckänderung innerhalb des Regelungsrahmens des Absatzes 1. Zur vergleichbaren Vorschrift des § 477 Abs. 5 StPO OLG Braunschweig, NJW 2008, 3294.

7. Haftung, Sanktionen

§ 16 ist ebenso wie § 15 Schutzgesetz i. S. d. § 823 Abs. 2 und § 839 BGB. Über- 20
mittelt die Staatsanwaltschaft im Rahmen eines Ermittlungsverfahrens den Namen des Beschuldigten an die **Presse**, kann darin eine Amtspflichtverletzung liegen. Führt die daraufhin erfolgende Berichterstattung zu einer schwerwiegenden Beeinträchtigung des Persönlichkeitsrechts des Betroffenen, kommt ein Anspruch auf **Schmerzensgeld** in Betracht (BGH, RDV 1994, 245). Die Verletzung des Zweckbindungsgrundsatzes durch den Empfänger nach Absatz 4 ist nach § 43 Abs. 2 Nr. 5 bußgeldbewehrt und unter den zusätzlichen Voraussetzungen des § 44 strafbar.

8. Streitigkeiten

Übermittlungen nach Absatz 1 sind im Regelfall Bestandteil der öffentlich-recht- 21
lichen Verwaltungstätigkeit der übermittelnden Stelle. Dies ist offenkundig in den Fällen der Nr. 1. Auch die Entscheidung der übermittelnden Stelle, personenbezogene Daten nach Nr. 2 zu übermitteln, ist öffentlich-rechtliche Tätigkeit. Bestreitet der Betroffene die Zulässigkeit, ist der **Verwaltungsrechtsweg** gegeben. Streiten der Empfänger und die übermittelnde Stelle über die Verpflichtung zur Vornahme einer begehrten Übermittlung, sind ebenfalls die Verwaltungsgerichte zuständig, soweit der Anspruch auf Normen des öffentlichen Rechts gestützt wird. Die **ordentlichen Gerichte** sind zuständig bei Streitigkeiten auf privatrechtlicher Basis, z. B. bei Ansprüchen von Adressbuchverlagen auf Herausgabe von Anschriften. Um eine gerichtliche Überprüfbarkeit zu ermöglichen, müssen Übermittlungen personenbezogener Daten **dokumentiert** werden; dies folgt aus dem Gebot effektiven Rechtsschutzes (BSG, NVwZ 2013, 526 (528)).

§ 16   Datenübermittlung an nicht-öffentliche Stellen

9. Landesrecht

22   **9.1** In mehreren Ländern ist die Übermittlung nur zulässig, wenn der potentielle Empfänger ein rechtliches Interesse an der Kenntnis der zu übermittelnden Daten glaubhaft macht und das Geheimhaltungsinteresse des Betroffenen nicht entgegensteht (§ 16 Abs. 1 Buchst. c BbgDSG; § 17 Abs. 1 Nr. 3 BremDSG; § 16 Abs. 1 Nr. 3 HmbDSG; § 13 Abs. 1 Nr. 2 NDSG; § 16 Abs. 1 Buchst. c DSG NRW; § 16 Abs. 1 Nr. 3 LDSG RPf; § 16 Abs. 1 Buchst. c SDSG; § 15 Abs. 1 LDSG SH).

23   **9.2** In Brandenburg, Hamburg, Niedersachsen, Nordrhein-Westfalen, Rheinland-Pfalz und dem Saarland darf ferner übermittelt werden, wenn es im öffentlichen Interesse liegt und der Betroffene nicht widersprochen hat. In diesen Fällen ist der Betroffene vorab zu unterrichten (§ 16 Abs. 1 Buchst. c BbgDSG; § 16 Abs. 1 HmbDSG; § 13 Abs. 1 Nr. 3 NDSG; § 16 Abs. 1 Buchst. d und Satz 2 DSG NRW; § 16 Abs. 1 Nr. 4 LDSG RPf; § 16 Abs. 1 Buchst. d SDSG).

24   **9.3** In Baden-Württemberg (§ 18 Abs. 4), Brandenburg (§ 16 Abs. 4), Rheinland-Pfalz (§ 16 Abs. 5), Sachsen (§ 16 Abs. 5) und dem Saarland (§ 16 Abs. 3) kann die Übermittlung mit Auflagen oder Hinweisen versehen werden, um den Datenschutz beim Empfänger sicherzustellen. In Schleswig-Holstein hat die übermittelnde Stelle die empfangende Stelle zu verpflichten, die Daten nur zu dem Zweck zu verwenden, zu dem sie ihr übermittelt wurden (§ 15 Abs. 2). In Sachsen-Anhalt reicht ein entsprechender Hinweis aus (§ 12 Abs. 4).

§ 17 *(weggefallen)*

§ 18 Durchführung des Datenschutzes in der Bundesverwaltung

(1) ¹Die obersten Bundesbehörden, der Präsident des Bundeseisenbahnvermögens sowie die bundesunmittelbaren Körperschaften, Anstalten und Stiftungen des öffentlichen Rechts, über die von der Bundesregierung oder einer obersten Bundesbehörde lediglich die Rechtsaufsicht ausgeübt wird, haben für ihren Geschäftsbereich die Ausführung dieses Gesetzes sowie anderer Rechtsvorschriften über den Datenschutz sicherzustellen. ²Das Gleiche gilt für die Vorstände der aus dem Sondervermögen Deutsche Bundespost durch Gesetz hervorgegangenen Unternehmen, solange diesen ein ausschließliches Recht nach dem Postgesetz zusteht.

(2) ¹Die öffentlichen Stellen führen ein Verzeichnis der eingesetzten Datenverarbeitungsanlagen. ²Für ihre automatisierten Verarbeitungen haben sie die Angaben nach § 4e sowie die Rechtsgrundlage der Verarbeitung schriftlich festzulegen. ³Bei allgemeinen Verwaltungszwecken dienenden automatisierten Verarbeitungen, bei welchen das Auskunftsrecht des Betroffenen nicht nach § 19 Abs. 3 oder 4 eingeschränkt wird, kann hiervon abgesehen werden. ⁴Für automatisierte Verarbeitungen, die in gleicher oder ähnlicher Weise mehrfach geführt werden, können die Festlegungen zusammengefasst werden.

Literatur: *Berliner Datenschutzbeauftragter*, Merkblatt zu den Aufgaben eines behördlichen Datenschutzbeauftragten, RDV 1992, 154; *Bundesbeauftragter für den Datenschutz*, Der behördliche Datenschutzbeauftragte, BfD-Info 4, 1994; *Breyer*, Bürgerrechte und TKG-Novelle, RDV 2004, 147; *Engelien-Schulz*, Praxishandbuch für den Datenschutz in Bundesbehörden, 2003; *Gola/Müthlein*, Neuer Tele-Datenschutz – Bei fehlender Koordination über das Ziel hinausgeschossen?, RDV 1997, 191; *Heun*, Das neue Telekommunikationsgesetz 2004, CR 2004, 893; *Lübking*, Datenschutz in der Kommunalverwaltung, 1992; *Runge*, Datenschutzkontrolle bei „internen" Dateien, CR 1991, 653; *Schadow*, Zielsetzung, Inhalt, Anwendung der Telekommunikationsdiensteunternehmen-Datenschutzverordnung, RDV 1997, 51; *v. Sponeck*, Datenschutzkontrolle bei internen Daten, CR 1991, 653; *Stelljes*, Umfang der Aufsichts- und Kontrollbefugnisse von Vorgesetzen, DuD 1995, 140; *Tinnefeld/Ehmann*, Externe Datenschutzbeauftragte im öffentlichen Bereich – Eine unabhängige Kontrollinstanz?, CR 1989, 637; *Vogelgesang*, Der behördliche Datenschutzbeauftragte, CR 1993, 378; *Weber*, Die EG-Datenschutzrichtlinie, CR 1995, 297.

Übersicht

	Rn.
1. Allgemeines	1
2. Sicherstellung des Datenschutzes	2
3. Verzeichnis	5
4. Ausnahmen	15
5. Landesrecht	16

1. Allgemeines

Die Vorschrift selbst war wegen der EG-DatSchRL materiell nur geringfügig zu ändern: Absatz 3 des § 18 a. F. war zu streichen, weil die Richtlinie eine Privilegierungsmöglichkeit für nur vorübergehend vorgehaltene Dateien nicht vorsieht. Stattdessen wurden in Absatz 2 die Sätze 3 und 4 neu eingefügt. Bedeutsamer ist die Regelung nach Absatz 2 Satz 2, die die Bundesverwaltung verpflichtet, die Angaben nach § 4e und die Rechtsgrundlagen der Verarbeitung schriftlich festzulegen. Diese

§ 18 Durchführung des Datenschutzes in der Bundesverwaltung

Vorschrift ersetzt § 18 Abs. 2 Satz 2 a. F., der den Inhalt des von den Bundesbehörden zu führenden Verzeichnisses zum Gegenstand hatte. Das jetzt nach Absatz 2 zu führende Verzeichnis macht – zusammen mit der Bestellung des behördlichen Datenschutzbeauftragten – die Meldepflicht bei der Kontrollstelle entbehrlich (Art. 18 Abs. 2 EG-DatSchRL).

2. Sicherstellung des Datenschutzes

2   2.1 Absatz 1 ist eine Konkretisierung des an sich selbstverständlichen Grundsatzes, dass Gesetze zu beachten sind und anzuwenden sind. Die Vorschrift soll sicherstellen, dass diese generelle Verpflichtung in konkrete Maßnahmen zur Gewährleistung und zur präventiven Sicherstellung des Datenschutzes umgesetzt wird. Dieser wird nicht durch die Existenz und die Tätigkeit des Bundesbeauftragten für den Datenschutz und die Informationsfreiheit gewährleistet. Die vorbeugende Sicherstellung des Datenschutzes durch die jeweiligen verarbeitenden öffentlichen Stellen hat das gleiche Gewicht wie die Kontrolle durch den BfDI.

3   2.2 Normadressat sind die obersten Bundesbehörden sowie die weiter aufgeführten, in Fach- und Organisationsangelegenheiten selbstständigen öffentlichen Stellen. Die Spartentrennung im Postbereich durch das Poststrukturgesetz v. 8.6.1989 – BGBl. I S. 1026 (dazu Walz, CR 1990, 56 f. und 138 f.) ist berücksichtigt. Der Datenschutz im Bereich der **Telekommunikation** ist nunmehr umfassend geregelt. Das **Telekommunikationsgesetz – TKG –** enthält im Teil 7 Regelungen zum Fernmeldegeheimnis, zum Datenschutz und zur öffentlichen Sicherheit (§§ 88 ff.). In den im Jahr 2004 novellierten Vorschriften sind die bislang im TKG und der Telekommunikations-Datenschutzverordnung – TDSV – gesondert enthaltenen Regelungen zum Datenschutz zusammengeführt worden (vgl. Breyer, RDV 2004, 147; Reimann, DuD 2004, 421; Ulmer/Schrief, RDV 2004, 3). Die Telekommunikation erfasst nur den Austausch von Informationen durch Transport über gewisse Entfernungen mittels technischer Mittel. Die Inhalte der verarbeiteten Nachrichten hingegen unterfallen nicht dem Telekommunikationsbegriff (BeckTKG-Komm/Schuster, 3. Aufl., § 1 Rn. 4). Der von den Anbietern von Tele- und Mediendiensten zu beachtende datenschutzrechtliche Umgang mit den Daten der Nutzer ihrer Dienste ist in dem seit dem 1.3.2007 geltenden **Telemediengesetz** (BGBl. I S. 179) zusammengefasst geregelt. Das Gesetz gilt nach § 1 für alle elektronischen Informations- und Kommunikationsdienste, soweit sie nicht als Telekommunikationsdienste dem TKG oder als Rundfunk dem Rundfunkstaatsvertrag unterfallen (dazu Schmitz, K&R 2007, 135). Das TMG hält an der strengen Zweckbindung der Nutzerdaten fest und verfügt im Übrigen die Fortgeltung der allgemeinen datenschutzrechtlichen Vorschriften, wobei diese auch für nicht automatisiert gespeicherte Daten Geltung haben sollen. Wesentliche Änderungen zu den von dem TMG abgelösten TDDSG bzw. MDStV (vgl. 8. Aufl. in dieser Rn.) sind nicht zu verzeichnen. Die Sicherstellung des Datenschutzes hat für die aufgeführten Stellen selbst und für ihren Geschäftsbereich zu erfolgen. Geschäftsbereich sind die nachgeordneten öffentlich-rechtlichen Dienststellen. Damit sind die Voraussetzungen geschaffen, dass in der Bundesverwaltung die technischen und organisatorischen Maßnahmen eingeführt werden, die zum Schutz der dort verarbeiteten Daten notwendig und angemessen sind. Den besonderen Verhältnissen in den einzelnen Geschäftsbereichen kann dadurch ausreichend Rechnung getragen werden. Nicht dem Geschäftsbereich zuzurechnen sind privatrechtlich organisierte Zuwendungsempfänger. Sie haben den Datenschutz nach den Vorschriften des 3. Abschnitts zu organisieren.

4   2.3 Die Aufgabe „Sicherstellung der Ausführung dieses Gesetzes und anderer Rechtsvorschriften über den Datenschutz" umfasst alle Einzelmaßnahmen und Weisungen, die diesem Zweck dienen. Jede öffentliche Stelle des Bundes ist gehalten,

Durchführung des Datenschutzes in der Bundesverwaltung   § 18

sie im Rahmen der Weisungen der Aufsichtsbehörde und nach dem Grad der Schutzbedürftigkeit und Gefährdung der von ihr verarbeiteten Daten zu erfüllen. Die damit verbundene Flexibilität bewahrt die öffentliche Verwaltung davor, unangemessene Datenschutzvorkehrungen treffen zu müssen. Ein wichtiges Element zur Sicherstellung des Datenschutzes ist jetzt auch die obligatorische Bestellung eines Datenschutzbeauftragten nach § 4 f. Seine Aufgaben und Befugnisse sind in § 4g festgelegt.

3. Verzeichnis

3.1 Absatz 2 konkretisiert und erweitert die Verpflichtungen der öffentlichen Stellen zur Sicherstellung des Datenschutzes. Das nach Satz 1 zu führende Verzeichnis der eingesetzten Datenverarbeitungsanlagen umfasst außer den **zentralen Datenverarbeitungsanlagen** auch die **Arbeitsplatzrechner** einschließlich der im persönlichen Eigentum der Bediensteten stehenden Rechner (Dörr/Schmidt, BDSG 90 § 18 Rn. 7). Weitaus bedeutsamer ist das nach Absatz 2 Satz 2 zu führende Verzeichnis für automatisierte Verarbeitungen. Es basiert auf einer alten Anregung des Bundesbeauftragten für den Datenschutz. Dieser hatte sich schon in seinem 2. Tätigkeitsbericht (S. 62) für die Einführung eines **„Dateistatuts"** ausgesprochen, das gewissermaßen eine **dateibezogene Datenschutzregelung** darstellen könnte (Dammann, DuD 1993, 547). Das Verzeichnis mit den Angaben nach § 4e ist ein bedeutsames Hilfsmittel zur Sicherstellung des Datenschutzes in der jeweiligen öffentlichen Stelle. Bereits mit der Einrichtung einer automatisierten Datenverarbeitung muss deren Zweck und müssen die wichtigsten datenschutzrechtlichen Kriterien festgelegt und im Verzeichnis dokumentiert werden. Es bietet dem internen Datenschutzbeauftragten und dem BfDI das Instrumentarium, mit dessen Hilfe er seine Aufgaben erfüllen kann.

3.2 Normadressat sind die öffentlichen Stellen des Bundes, soweit sie unter diesen Abschnitt fallen. Öffentliche Stellen, die als öffentlich-rechtliche Unternehmen am Wettbewerb teilnehmen und zu diesem Zweck Daten automatisiert verarbeiten, sind ausgenommen (§ 12 Abs. 1). Die Verpflichtung zur Führung des Verzeichnisses bezieht sich auf „ihre" automatisierten Verarbeitungen. Damit sind die von der öffentlichen Stelle selbst, aber auch die in ihrem Auftrag von einer nichtöffentlichen Stelle durchgeführten Verarbeitungen gemeint. Innerhalb der öffentlichen Stelle ist diejenige Organisationseinheit zur Erstellung des Verzeichnisses verpflichtet, die die automatisierte Verarbeitung betreibt. Der Datenschutzbeauftragte sollte dabei mitwirken und ein Doppel zentral bei sich aufbewahren.

3.3 Der in § 4e Nr. 1 bis 9 aufgeführte Inhalt des Registers ist **„festzulegen"**. Dies ist mehr als eine bloße Beschreibung. Es ist ein **ordnender, normativer Akt** der öffentlichen Stelle, die damit gleichzeitig die Grenzen der Benutzbarkeit der automatisierten Verarbeitung definiert (ebenso Dammann in: Simitis, BDSG § 18 Rn. 24). Es soll und darf nicht jeder auf jede Anlage zugreifen können, vielmehr ist der Zugang aufgabenbezogen und datenschutzorientiert festzulegen. Gleichzeitig ist durch Maßnahmen der Datensicherung nach § 9 sicherzustellen, dass nur die aufgeführten Personen auf die gespeicherten Daten zugreifen können und die Zugriffsversuche nicht berechtigter Personen erkannt werden. Die Bezeichnung „Dateistatut" wäre daher sachgerecht (Dammann, DuD 1993, 547). Alle Einzelheiten der Festlegung müssen in dem Verzeichnis ihren Niederschlag finden. Dies bedeutet gleichzeitig, dass jede Änderung wieder einer „Festlegung" bedarf und in dem Verzeichnis dokumentiert werden muss (Dammann in: Simitis, BDSG § 18 Rn. 25). Mangelhafte Führung des Verzeichnisses führt zu Beanstandungen nach § 25 Abs. 1, beinhaltet aber keine Rechtsverletzung, die individuelle Ansprüche begründen könnte (Dammann, DuD 1993, 553).

§ 18 Durchführung des Datenschutzes in der Bundesverwaltung

8 **3.4** Die Angaben nach § 4e haben ihre Basis in Art. 19 EG-DatSchRL. Sie sind detaillierter als die Angaben für die Verzeichnisse nach § 32 Abs. 2 a. F. und § 18 Abs. 2 a. F. Von den Nummern 1 bis 3 ist datenschutzrechtlich am bedeutsamsten Nr. 2. Worauf es hier ankommt, ergibt sich aus der Richtlinie. Nach Art. 19 Abs. 1 Buchst. a EG-DatSchRL sind der Name und die Anschrift des für die Verarbeitung Verantwortlichen anzugeben. Im Bereich der Bundesbehörden ist dies diejenige Person, die für das Sachgebiet, das mit Hilfe der automatisierten Verarbeitung der konkret gespeicherten Daten verwaltet wird, zuständig ist, die also über Art, Umfang und Verwendung der Daten entscheidet.

9 **3.5** Von erheblicher Bedeutung ist die Festlegung der Zweckbestimmung (Nr. 4). Damit werden die Grenzen der Benutzbarkeit gezogen und werden überhaupt erst die Voraussetzungen für Entscheidungen über die zweckfremde Verarbeitung und Nutzung geschaffen. Die **Zweckbestimmung** muss daher so präzise wie möglich festgelegt werden. Mit dem Sinn des Gesetzes wäre es unvereinbar, die Zweckbestimmung so weit zu fassen, dass alle möglichen Verarbeitungs- und Nutzungsarten davon abgedeckt würden. Bei der Aufführung der Zweckbestimmung nach Nr. 4 ist der **primäre Zweck** des Gesamtkomplexes der automatisierten Verarbeitung anzugeben, z. B. Vorbereitung der Entscheidung zur Erteilung des Führerscheins. Bei der Erhebung ist anzugeben, von welchen Personen oder Stellen Angaben eingeholt werden (z. B. Kraftfahrtbundesamt). Bei der Festlegung der Zweckbestimmung der Datennutzung ist in erster Linie an Mitteilungen an andere Stellen innerhalb der Behörde zu denken, die zwar Empfänger, nicht aber Dritte sind (§ 3 Abs. 8). Den „betroffenen Personenkreis" (Nr. 5) darzustellen ist einfacher; es genügt die **Gruppenbezeichnung** (z. B. Kraftfahrer einer Berufsgruppe). Ziel dieser Hinweise ist es, den Betroffenen das Auffinden der für sie relevanten Daten zu ermöglichen. Diesem Ziel dient auch der 2. Halbsatz der Regelung, der vorsieht, dass die Daten, die einer Personengruppe zuzuordnen sind, bei dieser Gruppe auch mit aufgeführt werden. Dies erleichtert nicht nur die Kontrolle, sondern auch die Auskunftserteilung.

10 **3.6** Nach § 4e Nr. 6 sind die „Empfänger oder Kategorien von Empfängern", denen die Daten mitgeteilt werden können, anzugeben. Empfänger sind nach der Legaldefinition des § 3 Abs. 8 alle Personen oder Stellen, die Daten erhalten. Dazu zählen neben den Dritten (§ 3 Abs. 8 Satz 2) auch Personen innerhalb der verantwortlichen Stelle, die die Daten im Rahmen ihrer dienstlichen Aufgaben abrufen dürfen oder mitgeteilt bekommen. Vielfach sind Empfänger nicht Einzelpersonen oder bestimmte einzelne Stellen, sondern mehrere. In diesen Fällen reicht es aus, sie nach Kategorien zu nennen (z. B. Staatsanwaltschaften, die Ermittlungen gegen eine Person führen, Polizeidienststellen, Gesundheitsbehörden). Anzugeben sind alle, denen die Daten mitgeteilt werden können. Es sind damit auch die **potentiellen Empfänger** aufzuführen, denen Daten nur bei Vorliegen bestimmter Voraussetzungen mitgeteilt werden. Ferner jene, bei denen sicher voraussehbar ist, dass sie entweder in regelmäßigen Abständen oder aber – wenn auch zeitlich unregelmäßig – so doch regelmäßig bei Vorliegen bestimmter Voraussetzungen (z. B. Geburt eines Kindes) übermittelt werden. Anzugeben sind alle Empfänger, denen personenbezogene Daten **mitgeteilt** werden. Dies sind sowohl die Abrufberechtigten als auch die Empfänger, denen Daten aktiv mitgeteilt werden.

11 **3.7** Die Angabe der **„Regelfristen für die Löschung"** der Daten nach Nr. 6 hat primär beschreibenden Charakter. Regelfristen sind bestehende, in Rechtsvorschriften oder internen Dienstanweisungen festgelegte Fristen. Es ist nicht ausgeschlossen, für die gespeicherten Daten besondere Löschungsfristen festzulegen.

12 **3.8** Die Vorschrift des § 4e Nr. 8 ergänzt die der Nr. 6. Dort werden auch die tatsächlich zu vollziehenden **Übermittlungen in Drittländer** und deren Zweckbestimmung aufzuführen sein. Nr. 8 bezieht sich auf **geplante** Übermittlungen. Im Zuge der Kriminalitätsbekämpfung oder der Steuererhebung kann es notwendig werden, personenbezogene Daten mit Stellen in Drittstaaten auszutauschen. Die Vorschrift dient dem Zweck, die datenschutzrechtliche Zulässigkeit schon in diesem frühen Stadium zu prüfen und zu entscheiden. Wenn die Daten tatsächlich und kurzfristig übermittelt werden müssen, fehlt dafür oftmals die Zeit. Zu klären ist in diesem frühen Stadium, ob die geplante Übermittlung nach § 4b zulässig ist.

3.9 Die nach § 4e Nr. 9 vorgesehene Beschreibung der tatsächlich vorgenommenen **Datensicherungsmaßnahmen** setzt Art. 19 Abs. 1 Buchst. b EG-DatSchRL um. Eine dem gleichen Ziel dienende Regelung enthielt § 18 Abs. 2 Satz 3 a. F. Die Dokumentation dient primär dem Zweck zu beurteilen, ob die getroffenen Datensicherungsmaßnahmen angemessen sind. Darüber hinaus ist die Beschreibung gleichzeitig die Festlegung eines **Datensicherungskonzeptes** mit dem Zweck, die Verarbeitung personenbezogener Daten gegen nachträgliche Manipulationen zu schützen. Durch entsprechende Sicherheitsvorkehrungen ist zu gewährleisten, dass fertiggestellte Programme nicht geändert werden können und notwendige Änderungen sorgfältig dokumentiert werden. Die Programmdokumentationen sind ebenso wie die Programme selbst zu sichern. Die Regelung beschränkt sich auf die **Anwendung der Programme**, sie umfasst also nicht deren Erstellung. Ordnungsgemäß ist die Anwendung, wenn sie sowohl in ablauftechnischer als auch in datenschutzrechtlicher Hinsicht „in Ordnung" ist. Die Prüfung und spätere Überwachung hat darauf hinzuwirken, dass nach der Erstellung der Programme und vor deren Freigabe eine datenschutzrechtliche Überprüfung erfolgt. Gegenstand der Vorschrift ist, dass die ordnungsgemäße Anwendung der Programme überwacht wird. Geboten sind also organisatorische Maßnahmen der speichernden Stelle, die dies vorsehen. Der behördliche Datenschutzbeauftragte hat nach § 4g Abs. 1 Satz 5 Nr. 1 die ordnungsgemäße Anwendung der Datenverarbeitungsprogramme zu überwachen. Diese Aufgabe kann er nur erfüllen, wenn er bei der Erstellung des Sicherungskonzeptes und der Beschreibung nach § 4e Nr. 9 beteiligt wird. 13

3.10 Zusätzlich zu den Angaben nach § 4e haben die in Absatz 1 aufgeführten Stellen für ihre automatisierten Verarbeitungen die **Rechtsgrundlage der Verarbeitung** aufzunehmen. Dies dient nicht nur dem Ziel der Sicherstellung des Datenschutzes, es erleichtert auch dem BfDI die Überprüfung. 14

4. Ausnahmen

Erleichterungen bei der Erstellung des Verzeichnisses enthalten die Sätze 3 und 4 des Absatzes 2. Automatisierte Verarbeitungen, die lediglich der Erleichterung des Verwaltungsvollzugs dienen, brauchen nicht in das Verzeichnis aufgenommen zu werden. Zu denken ist dabei an Aufstellungen des Bearbeiters, die das Auffinden häufig benutzter Sachgegenstände erleichtert oder Adressen von Kollegen, mit denen kurzfristig kommuniziert werden muss. Von dieser Erleichterung ausgenommen sind Verarbeitungen, die nach § 19 Abs. 3 oder 4 von der Auskunftserteilung ausgenommen sind. Dies bedeutet: Automatisierte Verarbeitungen und solche in Dateien, die unter § 19 Abs. 3 oder 4 fallen, sind in jedem Fall in das Verzeichnis aufzunehmen. Die Daten, die ja immerhin einen gewissen Sensibilitätsgrad aufweisen, können auf diese Weise nicht „versteckt" werden nach dem Motto: „Was nicht im Verzeichnis erscheint, ist auch kaum oder nur in Ausnahmefällen Gegenstand eines Auskunftsersuchens." Eine weitere Erleichterung enthält Satz 4, der sich auf Verarbeitungen bezieht, die in gleicher oder ähnlicher Weise mehrfach geführt werden. Ein Beispiel sind Geburtstagslisten, die die Mitarbeiter einer öffentlichen (auch nichtöffentlichen) Stelle gern über die Kollegen führen. Hier reicht es aus, die Existenz solcher Verarbeitungen einmal aufzuführen. 15

§ 18 Durchführung des Datenschutzes in der Bundesverwaltung

5. Landesrecht

16 5.1 Die Landesdatenschutzgesetze haben die Vorgabe der EG-DatSchRL zur Bestellung eines behördlichen Datenschutzbeauftragten umgesetzt; zwingend vorgeschrieben ist die Bestellung allerdings nur in Bayern (Art. 25 Abs. 2 bis 4), Berlin (§ 19a), Brandenburg (§ 7a), Bremen (§ 7a), Hessen (§ 5), Mecklenburg-Vorpommern (§ 20), Niedersachsen (§ 8a), Nordrhein-Westfalen (§ 32a), Rheinland-Pfalz bei mindestens zehn mit der Datenverarbeitung Beschäftigten (§ 11), Sachsen-Anhalt (§ 14a) und Thüringen (§ 10a). In Baden-Württemberg (§ 10), Hamburg (§ 10a), Sachsen (§ 11), dem Saarland (§ 8) und Schleswig-Holstein (§ 10) können die öffentlichen Stellen einen Datenschutzbeauftragten bestellen.

17 5.2 Ein Verfahrensverzeichnis ist in allen Ländern vorgesehen (Art. 27 BayDSG; § 11 LDSG BW; § 19 BlnDSG; § 8 BbgDSG; § 8 BremDSG; § 9 HmbDSG; § 6 HDSG; § 18 DSG M-V; § 8 NDSG; § 8 DSG NRW; § 10 LDSG RPf; § 10 SächsDSG; § 9 SDSG; § 14 Abs. 3 DSG-LSA; § 7 LDSG S-H; § 10 ThürDSG).

18 5.3 Das Gefahrenpotential bei der automatisierten Verarbeitung personenbezogener Daten wird auch in den Ländern gesehen. Die in den Gesetzen vorgesehenen Maßnahmen zur Reduzierung dieser Gefahren sind unterschiedlich. Bayern sieht die datenschutzrechtliche Freigabe solcher Verfahren durch den behördlichen Datenschutzbeauftragen vor (Art. 26 Abs. 3). In Brandenburg erfolgt sie durch die Daten verarbeitende Stelle oder durch die für die Sachmaterie zuständige oberste Landesbehörde (§ 7 Abs. 3). In Hamburg obliegt es der die Daten verarbeitende Stelle unter Beteiligung des behördlichen oder des Hamburgischen Datenschutzbeauftragten (§ 8 Abs. 4). In Mecklenburg-Vorpommern „unterstützt" er die Daten verarbeitende Stelle in diesen Fällen (§ 20 Abs. 3 Nr. 3) in Thüringen ist seine „Mitwirkung" vorgesehen (§ 10a Abs. 2 Nr. 1). Im Saarland (§ 11 Abs. 1) und in Sachsen-Anhalt (§ 14 Abs. 2) ist vor der Freigabe eine Vorabkontrolle durchzuführen; in Berlin (§ 19a Abs. 1 Nr. 1), Mecklenburg-Vorpommern (§ 20 Abs. 3 Nr. 5) und Sachsen (§ 10 Abs. 4) obliegt die Vorabkontrolle dem behördlichen Datenschutzbeauftragten.

Zweiter Unterabschnitt. Rechte des Betroffenen

§ 19 Auskunft an den Betroffenen

(1) ¹Dem Betroffenen ist auf Antrag Auskunft zu erteilen über
1. die zu seiner Person gespeicherten Daten, auch soweit sie sich auf die Herkunft dieser Daten beziehen,
2. die Empfänger oder Kategorien von Empfängern, an die die Daten weitergegeben werden, und
3. den Zweck der Speicherung.

²In dem Antrag soll die Art der personenbezogenen Daten, über die Auskunft erteilt werden soll, näher bezeichnet werden. ³Sind die personenbezogenen Daten weder automatisiert noch in nicht automatisierten Dateien gespeichert, wird die Auskunft nur erteilt, soweit der Betroffene Angaben macht, die das Auffinden der Daten ermöglichen, und der für die Erteilung der Auskunft erforderliche Aufwand nicht außer Verhältnis zu dem vom Betroffenen geltend gemachten Informationsinteresse steht. ⁴Die verantwortliche Stelle bestimmt das Verfahren, insbesondere die Form der Auskunftserteilung, nach pflichtgemäßem Ermessen.

(2) Absatz 1 gilt nicht für personenbezogene Daten, die nur deshalb gespeichert sind, weil sie aufgrund gesetzlicher, satzungsmäßiger oder vertraglicher Aufbewahrungsvorschriften nicht gelöscht werden dürfen, oder ausschließlich Zwecken der Datensicherung oder der Datenschutzkontrolle dienen und eine Auskunftserteilung einen unverhältnismäßigen Aufwand erfordern würde.

(3) Bezieht sich die Auskunftserteilung auf die Übermittlung personenbezogener Daten an Verfassungsschutzbehörden, den Bundesnachrichtendienst, den Militärischen Abschirmdienst und, soweit die Sicherheit des Bundes berührt wird, andere Behörden des Bundesministeriums der Verteidigung, ist sie nur mit Zustimmung dieser Stellen zulässig.

(4) Die Auskunftserteilung unterbleibt, soweit
1. die Auskunft die ordnungsgemäße Erfüllung der in der Zuständigkeit der verantwortlichen Stelle liegenden Aufgaben gefährden würde,
2. die Auskunft die öffentliche Sicherheit oder Ordnung gefährden oder sonst dem Wohle des Bundes oder eines Landes Nachteile bereiten würde oder
3. die Daten oder die Tatsache ihrer Speicherung nach einer Rechtsvorschrift oder ihrem Wesen nach, insbesondere wegen der überwiegenden berechtigten Interessen eines Dritten, geheim gehalten werden müssen

und deswegen das Interesse des Betroffenen an der Auskunftserteilung zurücktreten muss.

(5) ¹Die Ablehnung der Auskunftserteilung bedarf einer Begründung nicht, soweit durch die Mitteilung der tatsächlichen und rechtlichen Gründe, auf die die Entscheidung gestützt wird, der mit der Auskunftsverweigerung verfolgte Zweck gefährdet würde. ²In diesem Fall ist der Betroffene darauf hinzuweisen, dass er sich an den Bundesbeauftragten für den Datenschutz und die Informationsfreiheit wenden kann.

(6) ¹Wird dem Betroffenen keine Auskunft erteilt, so ist sie auf sein Verlangen dem Bundesbeauftragten für den Datenschutz und die Informationsfreiheit zu erteilen, soweit nicht die jeweils zuständige oberste Bundesbehörde im Einzelfall feststellt, dass dadurch die Sicherheit des Bundes oder

§ 19 Auskunft an den Betroffenen

eines Landes gefährdet würde. ²Die Mitteilung des Bundesbeauftragten an den Betroffenen darf keine Rückschlüsse auf den Erkenntnisstand der verantwortlichen Stelle zulassen, sofern diese nicht einer weitergehenden Auskunft zustimmt.

(7) **Die Auskunft ist unentgeltlich.**

Literatur: *Auernhammer*, Zum Anspruch auf Bekanntgabe des Namens eines Informanten der Polizei, DuD 1992, 6; *ders.*, Zum Einsichtsrecht des Patienten in seine Krankenunterlagen, DuD 1990, 5; *Bäumler*, Geheimhaltung und Transparenz bei der Datenverarbeitung der Geheimdienste, DuD 1996, 537; *Bieber*, Informationsrechte Dritter im Verwaltungsverfahren, DÖV 1991, 857; *Ehmann*, Kriminalpolizeiliche Sammlungen und Auskunftsanspruch des Betroffenen, CR 1988, 575; *Gallwas*, Der allgemeine Konflikt zwischen dem Recht auf informationelle Selbstbestimmung und der Informationsfreiheit, NJW 1992, 348; *Grünning*, Auskunftsanspruch des Bürgers – Auskunftspflichten in der freien Wirtschaft und in der öffentlichen Verwaltung, Verwaltungsrundschau 1991, 8; *Gurlitt*, Europa auf dem Weg zur gläsernen Verwaltung?, ZRP 1989, 253; *Hirsch*, Die Kontrolle der Nachrichtendienste, 1996; *Huber*, Der datenschutzrechtliche Auskunftsanspruch, ThürVBl. 1992, 121; *Kersten*, Datenschutz in der Medizin, CR 1989, 1020; *Knemeyer*, Auskunftsanspruch und behördliche Auskunftsverweigerung, JZ 1992, 348; *Lodde*, Informationsrechte des Bürgers gegen den Staat, 1996; *Mayer-Metzner*, Auskunft aus Dateien der Sicherheits- und Strafverfolgungsorgane, 1994, S. 427 f.; *Riegel*, Zur Frage der Begründung einer Auskunftsverweigerung nach § 13 Abs. 2 BDSG, NVwZ 1983, 337; *Schild*, Informationsfreiheitsgesetze – Eine Bestandsaufnahme und Ausblick, RDV 2000, 96; *Simitis*, Die EU-Datenschutzrichtlinie – Stillstand oder Anreiz?, NJW 1997, 281; *ders.*, Datenschutz – Rückschritt oder Neubeginn, NJW 1998, 2473; *Simitis/Fuckner*, Informationelle Selbstbestimmung und staatliches Geheimhaltungsinteresse, NJW 1990, 2713; *Trautas*, Akteneinsicht und Geheimhaltung im Verwaltungsrecht, 1998; *Vahle*, Medizinische Daten und Datenschutz, DuD 1998, 629; *Vogelgesang, K./Vogelgesang, E.*, Die Rechtsprechung des Bundesverwaltungsgerichts zum Datenschutz, CR 1996, 752; *Wagner*, Datenschutz im Zivilprozeß, ZZP 108 (1995) 193; *Weber*, EG-Datenschutzrichtlinie, CR 1995, 297; *Weichert*, Auskunftsanspruch in verteilten Systemen, DuD 2006, 694; *ders.*, Der Datenschutzanspruch auf Negativauskunft, NVwZ 2007, 1004.

Übersicht

	Rn.
1. Allgemeines	1
2. Regelungsgegenstand	4
3. Auskunftspflichtiger	8
4. Auskunft aus Akten	10
5. Verfahren und Form der Auskunftserteilung	13
6. Ausnahmen bei aufzubewahrenden Unterlagen	16
7. Auskunft bei Übermittlung an Sicherheitsbehörden	22
8. Ausnahmen von der Auskunftspflicht	24
9. Ablehnung der Auskunft	31
10. Auskunft an den Bundesbeauftragten für den Datenschutz und die Informationsfreiheit	33
11. Kosten	34
12. Streitigkeiten	35
13. Landesrecht	36

1. Allgemeines

1 **1.1** Die Zusammenfassung der „Rechte der Betroffenen" in einem eigenen Abschnitt dokumentiert die gewachsene Bedeutung der Betroffenenrechte, und sie dient damit – nicht zuletzt – der Übersicht und der besseren Lesbarkeit des Gesetzes.

Auskunft an den Betroffenen **§ 19**

Auf der Grundlage der seit dem Inkrafttreten des Gesetzes 1978 gewonnenen Erfahrungen ist das Verfahren der Auskunftserteilung vereinfacht worden. Im BDSG 90 wurde die Veröffentlichungspflicht nach § 12 BDSG 77 ersatzlos gestrichen. Die Annahme, dem Bürger werde mit der Veröffentlichung der Dateien im Bundesanzeiger ein Hilfsmittel gegeben, um sein Auskunftsrecht gezielter und einfacher wahrnehmen zu können, hat sich als unzutreffend erwiesen. Die Verzeichnisse, die die öffentlichen Stellen jetzt nach § 18 Abs. 2 zu führen haben, erfüllen diesen Zweck in ausreichendem Maße.

1.2 Das **Auskunftsrecht** gehört an die erste Stelle der Betroffenenrechte. In ihm 2 konkretisiert sich eine der Kernaussagen des Volkszählungsurteils: Der Bürger müsse wissen, „wer was wann und bei welcher Gelegenheit über ihn weiß" (BVerfGE 65, 1 (43)). Das Recht auf Auskunft versetzt ihn erst in die Lage, von seinen sonstigen Mitwirkungs- und Kontrollrechten Gebrauch machen zu können und Rechtsschutz zu erwirken (Simitis/Fuckner, NJW 1990, 2713). Ob der Auskunftsanspruch unmittelbar aus dem Recht auf informationelle Selbstbestimmung folgt, war lange Zeit umstritten (dafür Mallmann in: Simitis, BDSG § 19 Rn. 1; Wedde in: Däubler/Klebe/Wedde/Weichert, BDSG § 19 Rn. 1; Weichert, NVwZ 2007, 1004; Bäumler, NVwZ 1988, 199; dagegen 9. Aufl., Rn. 2 m. w. N.). Das BVerfG hat nun in einem Beschluss zu einer staatlichen Datensammlung über steuerliche Auslandsbeziehungen einen Anspruch des Betroffenen, über den ihn betreffenden informationsbezogenen Maßnahmen des Staates Kenntnis zu erlangen, aus dem Recht auf informationelle Selbstbestimmung und dem Anspruch auf effektiven Rechtsschutz (Art. 19 Abs. 4 GG) hergeleitet (BVerfG, NJW 2008, 2099). Gegenüber einer staatlichen Datensammlung, die nicht unter Einbeziehung oder mit Kenntnis des Betroffenen angelegt werde und über die der Betroffene nicht durch Benachrichtigung informiert werde, komme dem Informationsrecht des Betroffenen auf eigene Initiative eine zentrale Bedeutung zu. Der Gesetzgeber sei daher verpflichtet, in solchen Fällen ein Informationsrecht zu schaffen. Eine Einschränkung dürfe nicht durch behördliches Ermessen möglich sein, sondern sei durch den Gesetzgeber vorzusehen (BVerfG, NJW 2008, 2099 (2101)). Damit ist jedenfalls für staatliche Datenverarbeitungen ohne Wissen des Betroffenen die Verankerung des Auskunftsanspruchs im Recht auf informationelle Selbstbestimmung positiv festgestellt. Da Betroffene auf Grund der vielfältigen Datenverarbeitungsbefugnisse öffentlicher Stellen grundsätzlich nie sicher abschätzen können, ob und ggf. welche Daten zu ihrer Person durch öffentliche Stellen verarbeitet werden, muss folgerichtig ein Informationsanspruch aus eigener Initiative gegenüber jeder öffentlichen Stelle bestehen, die Befugnisse zur Verarbeitung personenbezogener Daten des Betroffenen hat. Einfachgesetzlich ist dies gewährleistet: Der Auskunftsanspruch gehört nach § 6 Abs. 1 zu den unabdingbaren Rechten des Betroffenen.

1.3 An der Ausgestaltung des Auskunftsrechts wird deutlich, inwieweit der Gesetz- 3 geber bereit ist, das informationelle Selbstbestimmungsrecht des Bürgers umzusetzen. Der Bundesgesetzgeber hat das Auskunftsrecht in der Neufassung 1990 erleichtert, erweitert und verbessert. Dies entspricht der generellen Entwicklung, insbesondere durch Informationsfreiheitsgesetze das **Akteneinsichts-** und **Informationsrecht** des Bürgers zu einem Instrument zur Gewährleistung von Öffentlichkeit des Behördenhandelns auszubauen. Durch die EG-DatSchRL sind die Betroffenenrechte fortentwickelt worden. Das Auskunftsrecht erstreckt sich jetzt auch auf die Angabe der Empfänger oder Kategorien von Empfängern, an die personenbezogene Daten weitergegeben werden. Dazu zählen jetzt neben den Dritten auch behördeninterne Arbeitseinheiten, Auftragnehmer und der Betroffene selbst.

2. Regelungsgegenstand

2.1 Gegenstand des Auskunftsrechts sind die zur Person des Betroffenen **gespei-** 4
cherten Daten (personenbezogene Daten nach § 3 Abs. 1), und zwar sowohl die

§ 19 Auskunft an den Betroffenen

automatisiert und in nicht automatisierten Dateien als auch die in Akten gespeicherten Daten (dies gilt auch für die Auskunft nach § 7 BNDG, BVerwG, NVwZ 2008, 580). Der Anspruch bezieht sich auf **alle Daten** mit Ausnahme derjenigen nach Absatz 2 (dazu unter Rn. 16 ff.), die sich auf die Person des Betroffenen beziehen (BVerwG, DVBl. 2010, 1307). Das BVerwG (a. a. O.) bestätigt dies auch für die bei den Nachrichtendiensten gespeicherten Daten und tritt damit der Auffassung des OVG NRW entgegen, der Auskunftsanspruch des Betroffenen gegenüber dem Bundesamt für Verfassungsschutz gelte nur für solche Daten, die gezielt zu seiner Person gespeichert seien (OVG NRW, RDV 2009, 123). Die Auskunft umfasst auch die Daten, von denen der Betroffene weiß, dass sie bei der auskunftserteilenden Stelle gespeichert sind. Auch über **gesperrte Daten** ist Auskunft zu erteilen (Auernhammer, BDSG 90 § 19 Rn. 10). Daten mit **Doppelbezug** (z. B. Telekommunikationsverkehrsdaten oder genetische Daten, die auch einen Familienbezug aufweisen können, dazu Dix in: Simitis, BDSG § 34 Rn. 16) sind personenbezogene Daten und unterliegen dem Auskunftsrecht. Es ist jedoch zu prüfen, ob die Auskunft nach Absatz 4 Nr. 3 zu unterbleiben hat. Voraussetzung des Auskunftsanspruchs ist in allen Fällen, dass **personenbezogene Daten** über den Betroffenen **gespeichert** sind. Damit sind **gelöschte Daten** vom Auskunftsanspruch ausgenommen (Mallmann in: Simitis, BDSG § 19 Rn. 19; VGH Baden-Württemberg, DVBl. 1992, 1309 (1311); das BVerwG (DVBl. 1999, 332) leitet aus dem Auskunftsanspruch auch einen Anspruch auf Mitteilung über die vollzogene Löschung ab). Sind die Daten zum Zeitpunkt des Auskunftsersuchens noch gespeichert, kann sich die verantwortliche Stelle nicht durch eine Löschung der Daten dem Auskunftsbegehren entziehen (ähnlich Bergmann/Möhrle/Herb, § 19 Rn. 13; offen gelassen vom VGH Baden-Württemberg, DVBl. 1992, 1309 (1311); a. A. bei gleichzeitiger Geltendmachung des Auskunfts- und Löschungsanspruchs VG Wiesbaden, NVwZ-RR 2007, 529 (Ls.)). Der Auskunftsanspruch umfasst auch das Recht zu erfahren, dass bei der verantwortlichen Stelle keine Daten zur eigenen Person gespeichert sind (sog. **Negativauskunft**, Mallmann in: Simitis, BDSG § 19 Rn. 23; Weichert, NVwZ 2007, 1004). Klarer als § 19 ist insoweit der Wortlaut des Art. 12 EG-DatSchRL, nach dem der Betroffene das Recht auf Bestätigung haben, ob es Verarbeitungen sie betreffender Daten gibt oder nicht gibt.

5 **2.2** Zusätzlich zu der Auskunft über die gespeicherten personenbezogenen Daten ist anzugeben, bei wem sie erhoben wurden (**Herkunft**). Für den Betroffenen ist es wichtig, dies zu erfahren, um ggf. auch dort nachfragen zu können. Aus dem Wortlaut „auch soweit sie sich auf die Herkunft dieser Daten beziehen" folgt noch keine Pflicht zur Speicherung von Angaben über die Herkunft (Mallmann in: Simitis, BDSG § 19 Rn. 28 m. w. N.). Dem entspricht auch der Wortlaut von Art. 12 Buchst. a der Richtlinie: „die verfügbaren Informationen über die Herkunft der Daten. Eine Pflicht zur Speicherung der Herkunft kann sich aus anderen Vorschriften ergeben, etwa aus § 9 (Mallmann in: Simitis, BDSG § 19 Rn. 28; Dix in: Simitis, BDSG § 34 Rn. 22 m. w. N.). Ist der verantwortlichen Stelle die Herkunft der Daten bekannt, so muss sie hierüber Auskunft erteilen.

6 **2.3** Bei der Auskunft sind die **Empfänger** oder Kategorien von Empfängern anzugeben. Es fehlt hier die Einschränkung der Nr. 1, nach der die Auskunft nur dann erteilt werden muss, wenn Angaben hierüber gespeichert sind. Somit ist die verantwortliche Stelle nach Nr. 2 verpflichtet, die Empfänger oder Kategorien von Empfängern zu speichern. Dem entspricht § 18 Abs. 2 Satz 2 i. V. m. § 4e Nr. 6, nach dem eben diese Angaben in das Verzeichnis aufzunehmen sind. Der Auskunftsanspruch über die Empfänger gilt nicht nur für die Gegenwart, sondern auch für die Vergangenheit. Das Gebot effektiven Rechtsschutzes (Art 19. Abs. 4 GG) gebietet es grundsätzlich, die Übermittlung personenbezogener Daten zu **dokumentieren**, so dass der Betroffene von der Weitergabe seiner Daten Kenntnis erlangen und dagegen den Rechtsweg beschreiten kann (BSG, NVwZ 2013, 526 (528)). Zu einer

Auskunft an den Betroffenen §19

Vorlagefrage hinsichtlich der Aufbewahrungsdauer für die Angaben über Empfänger hat der EuGH entschieden, dass die Mitgliedstaaten eine Frist für die Aufbewahrung dieser Information festlegen müssen, die einen gerechten Ausgleich bildet zwischen dem Auskunftsinteresse des Betroffenen und der Belastung, die die Pflicht zur Speicherung für die verantwortliche Stelle darstellt. Die Aufbewahrung für die Dauer von einem Jahr bei wesentlich längerer Speicherung der Basisdaten berücksichtigt das Auskunftsinteresse des Betroffenen nicht hinreichend (EuGH, Urt. v. 7.5.2009 – C-553/07; dazu Hanloser, DSB 7 + 8/2009, 18). Der Auskunftsanspruch kann sich über den Wortlaut hinaus auch auf das Übermittlungsmedium erstrecken, wenn dies zur Rechtsverfolgung erforderlich ist, etwa um Unterlassungs- oder Schadensersatzansprüche wegen einer unzureichend geschützten Übermittlung über einen unsicheren Übertragungsweg geltend zu machen (dazu BSG, NVwZ 2013, 526 (527)).

2.4 Die **Zweckbestimmung der Speicherung** ist in der Neufassung 1990 **7** Gegenstand der Auskunftspflicht geworden. Damit wird sichergestellt, dass der Betroffene die Einhaltung der in § 14 festgelegten Zweckbindung nachvollziehen kann. Auch hier kann das Verzeichnis nach § 18 Abs. 2 helfen, in das nach § 4e Satz 1 Nr. 4 auch der Zweck der Datenerhebung und -verwendung einzutragen ist. Ggf. muss die allgemeine Zweckbeschreibung aus dem Verfahrensverzeichnis für die Auskunft im jeweiligen Einzelfall konkretisiert werden.

3. Auskunftspflichtiger

3.1 Normadressat ist die verantwortliche **Stelle** (zum Bestehen eines Auskunfts- **8** anspruchs gegenüber der Kassenärztlichen Vereinigung über die von dieser gespeicherten Daten BSG, RDV 2011, 94). Sie ist es auch dann, wenn tatsächlich die Daten durch einen Auftragnehmer gespeichert werden (§ 11 Abs. 1 Satz 1).

3.2 Die Entscheidung über die Gewährung oder Versagung der Auskunft ist ein **9** **Verwaltungsakt**, so dass Anfechtungs- bzw. Verpflichtungsklage statthaft sind (dazu BVerwG, NVwZ 2008, 580).

4. Auskunft aus Akten

4.1 Absatz 1 Satz 3 enthält eine Sonderregelung für die Auskunft aus Akten. Das **10** Problem der Auffindbarkeit der Daten stellt sich mit besonderer Schärfe bei in Akten gespeicherten Daten, wenn der Betroffene keine präzisen Suchkriterien (z. B. Aktenzeichen) angeben kann. Würde er Auskunft verlangen, ohne einen **konkretisierenden Hinweis** zu geben, müsste die öffentliche Stelle im Extremfall ihren gesamten Aktenbestand durchforschen. Dies könnte zur Funktionsunfähigkeit der Verwaltung führen. Auch wenn der Betroffene die zum Auffinden der Daten erforderlichen Angaben macht, kann die Erteilung der Auskunft mit einem hohen Aufwand verbunden sein. In diesem Fall ist eine Abwägung vorzunehmen zwischen dem Aufwand für die verantwortliche Stelle und dem **Informationsinteresse** des Betroffenen. Der Betroffene muss in diesem Fall, abweichend von der Regel, die Gründe für sein Informationsinteresse darlegen. Diese sind abzuwägen gegen den mit der Suche nach der Akte verbundenen Aufwand. Das Informationsinteresse des Betroffenen wird stets überwiegen, wenn sein Auskunftsbegehren sich darauf gründet, dass die gespeicherten Daten unrichtig oder unzulässigerweise verarbeitet wurden (Mallmann in: Simitis, BDSG § 19 Rn. 46). Bei automatisierter Verarbeitung findet sich häufig ein Hinweis auf die dazu geführten Akten. Hier erstreckt sich die Auskunftspflicht auf die in den Akten gespeicherten Daten.

4.2 Das auf die Akten bezogene Auskunftsrecht steht in Konkurrenz zu entspre- **11** chenden Ansprüchen in bereichsspezifischen Regelungen. Das **Akteneinsichts-**

§ 19 Auskunft an den Betroffenen

recht nach § 29 VwVfG und § 25 SGB X steht nur den am Verfahren Beteiligten zu, insoweit als Rechtsanspruch. Ein solches Akteneinsichtsrecht besteht mangels Verwaltungsverfahren nicht für die Akten des Landesbeauftragten für Datenschutz (VGH München, DuD 1990, 156). Im Strafverfahren richtet sich der Auskunftsanspruch des Betroffenen nach § 147 Abs. 7 StPO. Der Auskunftsanspruch steht im Ermessen der Strafverfolgungsbehörde und unter dem Vorbehalt, dass weder der Untersuchungszweck gefährdet wird noch schutzwürdige Interessen Dritter entgegenstehen. Dem Verteidiger steht dagegen nach § 147 Abs. 1 StPO ein Anspruch auf vollständige Akteneinsicht zu. Der Verletzte einer Straftat kann bei berechtigtem Interesse nach § 406e Abs. 1 StPO grundsätzlich über einen Rechtsanwalt Akteneinsicht nehmen oder nach § 406e Abs. 5 StPO selbst Auskünfte oder Abschriften aus den Akten erhalten. Berechtigtes Interesse kann etwa die Verfolgung zivilrechtlicher Schadensersatzansprüche sein, erforderlich ist nach § 406e Abs. 2 StPO stets die Abwägung mit den schutzwürdigen Interessen des Beschuldigten (dazu BVerfG, NJW 2007, 1052; LG Krefeld, NStZ 2009, 112). Der Betroffene ist in der Regel vorher anzuhören (BVerfG, NStZ-RR 2005, 343; NJW 2007, 1052). Allgemein zu der Tendenz, dem Betroffenen regelmäßig Auskunft zu gewähren vgl. bei Sozialdaten: SozG Stuttgart, RDV 1990, 269; zum Einsichtsrecht in Personalunterlagen u. a. § 110 BBG und entspr. Landesrecht. Zum Auskunftsanspruch nach dem BNDG BVerwG, NVwZ 2008, 580.

12 **4.3** Durch das **Informationsfreiheitsgesetz (IFG)** v. 5.9.2005 (BGBl. I S. 2722) ist jedem grundsätzlich ein Anspruch auf Zugang zu amtlichen Informationen der Behörden des Bundes gegeben. Zu den Ausnahmeregelungen gehören auch die des § 5 IFG zum Schutz personenbezogener Daten. Zugang zu diesen Daten darf nur gewährt werden, soweit das Informationsinteresse des Antragstellers das schutzwürdige Interesse des Dritten am Ausschluss des Informationszugangs überwiegt oder er eingewilligt hat. Daten nach § 3 Abs. 9 BDSG dürfen nur mit ausdrücklicher Einwilligung des Dritten übermittelt werden (vgl. hierzu Weber, RDV 2005, 243; zu Regelungen in Landesgesetzen Dix, DuD 2002, 291; Nordmann, RDV 2001, 71).

5. Verfahren und Form der Auskunftserteilung

13 **5.1** Die Auskunft wird nur auf **Antrag** des Betroffenen erteilt. Der Antrag kann schriftlich oder mündlich gestellt werden. Die Sollvorschrift des Absatzes 1 Satz 2 dient dazu, der verantwortlichen Stelle die Auskunftserteilung zu erleichtern. An die Bezeichnung der Art der personenbezogenen Daten sind allerdings keine zu strengen Maßstäbe anzulegen, damit das Auskunftsrecht nicht unterlaufen wird (Mallmann in: Simitis, BDSG § 19 Rn. 37). Dies gilt insbesondere dann, wenn der Betroffene durch das Auskunftsersuchen in Erfahrung bringen möchte, ob eine öffentliche Stelle überhaupt Daten zu seiner Person speichert. Ist andererseits bei der verantwortlichen Stelle eine Vielzahl von Daten über den Betroffenen vorhanden (z. B. über mehrere Jahre), so wird sie von dem Betroffenen verlangen können, das Ersuchen näher einzugrenzen (z. B. auf einen bestimmten Zeitraum).

14 **5.2** Das in Absatz 1 Satz 4 festgelegte Recht der verantwortlichen Stelle, das **Verfahren der Auskunftserteilung** zu bestimmen, dient in erster Linie dem Zweck, zu gewährleisten, dass die Auskunft auch nur dem wirklich Betroffenen erteilt wird. Dessen **Identität** ist also festzustellen. Spricht er persönlich bei der verantwortlichen Stelle vor, kann er sich durch seinen Pass oder Personalausweis legitimieren. Bestehen noch Zweifel etwa wegen einer Namensidentität, kann die Identität dadurch festgestellt werden, dass er nähere Angaben zu den über ihn gespeicherten Daten macht. **Fernmündliche Auskünfte** sollten aus diesem Grunde prinzipiell unterbleiben. Bei schriftlichen Auskunftsersuchen wird in Zweifelsfällen zurückzufragen sein. Auch hier kann die Identität durch Angaben zum

Auskunft an den Betroffenen **§ 19**

Sachverhalt, die nur der Betroffene kennen kann, nachgewiesen werden. Gegebenenfalls muss er seine Identität durch eine notariell oder behördlich beglaubigte Unterschrift nachweisen. Die Praxis des Bundesverwaltungsamts, das zur Identitätsprüfung für die Erteilung von Auskünften aus dem Nationalen Waffenregister die Vorlage einer beglaubigten Kopie des Personalausweises oder Reisepasses oder eine beglaubigte Kopie der Unterschrift verlangt, erkennt das VG Köln als rechtmäßig an (VG Köln, Urt. v. 13.3.2014 – 13 K 7883/13, BeckRS 2014, 50400).

5.3 Die **Form der Auskunftserteilung** liegt ebenfalls im Ermessen der verantwortlichen Stelle. Sie kann schriftlich oder mündlich erfolgen. Bei besonders sensiblen Daten, die auch nicht in die Hände von Angehörigen fallen sollen, sind entsprechende Vorkehrungen (ggf. Einschreiben) zu treffen. Die Auskunft muss für den Betroffenen verständlich sein. Werden ihm Speicherauszüge vorgelegt oder zugeleitet, sind sie – soweit notwendig – mit Erläuterungen zu versehen. Wird die Auskunft durch Vorlage der Akten zur Einsicht gewährt, ist vorab zu klären, ob nicht in bereichsspezifischen Vorschriften (z. B. StPO) das Einsichtsrecht eingeschränkt ist. Es ist ferner zu prüfen, ob nicht durch die Gewährung der Einsicht Persönlichkeitsrechte oder schutzwürdige Interessen Dritter beeinträchtigt werden, etwa weil in den Unterlagen Daten Dritter untrennbar mit denen des Betroffenen verbunden sind. In solchen Fällen kann nur eine Auskunft erteilt werden (vgl. § 27 Abs. 2 Satz 2 LDSG SH). **15**

6. Ausnahmen bei aufzubewahrenden Unterlagen

6.1 Die Ausnahmeregelung des Absatzes 2 ist eine notwendige Folge aus dem Grundsatz, dass nach Absatz 1 über alle gespeicherten Daten Auskunft zu erteilen ist. Ausgenommen sind danach Daten, die zum aktuellen Verwaltungsvollzug nicht mehr benötigt werden, nach anderen Rechtsvorschriften aber weiter vorgehalten werden müssen. Es handelt sich also um Daten, die eigentlich nach § 20 gelöscht werden könnten, dies aber wegen der entgegenstehenden **Aufbewahrungsvorschriften** nicht zulässig ist. Die Vorschrift ist – wie jede Ausnahmeregelung – eng auszulegen. **16**

6.2 Die Auskunftspflicht endet demnach nicht, wenn ein Vorgang abgeschlossen und gelöscht werden könnte oder der Registratur zur weiteren Aufbewahrung zugeleitet worden ist. Diese verwahrt die Unterlagen nach Maßgabe der Registraturanweisung, einer Aufbewahrungsvorschrift. Dennoch bleibt der Vorgang weiter im aktuellen Bestand der speichernden Stelle. Er bleibt dort deswegen, weil es jederzeit möglich sein muss, ihn für spätere Entscheidungen heranzuziehen. Solange dies der Fall ist, unterliegen die gespeicherten Daten grundsätzlich dem Auskunftsrecht. Die verantwortliche Stelle kann aber die Auskunft entsprechend ausgestalten, wenn sich der Akteninhalt etwa seit der letzten Auskunft nicht verändert hat. **17**

6.3 Werden die Unterlagen nach Ablauf der Aufbewahrungsfrist gemäß der Registraturanweisung nicht vernichtet, sondern an das Bundesarchiv oder ein anderes zuständiges Archiv abgegeben, ist das jeweilige **Archiv** die verantwortliche Stelle. Die Unterlagen werden dort mit neuer Zweckbestimmung gespeichert und verarbeitet. Die Archivgesetze sind Aufbewahrungsgesetze. Sie enthalten bereichsspezifische Einsichts- und Auskunftsregelungen. Von Absatz 2 sind daher nur Vorgänge erfasst, die im Verwaltungsvollzug nicht mehr benötigt werden und für Entscheidungen nicht mehr zur Verfügung stehen; die nur noch für Prüfungs- und Kontrollzwecke vorgehalten werden (z. B. für Zwecke der Rechnungsprüfung). Diese Daten sind grundsätzlich nach § 20 Abs. 3 Nr. 1 zu sperren. Soweit diese Daten nach § 20 Abs. 7 ausnahmsweise ohne Einwilligung des Betroffenen genutzt oder übermittelt werden, ist eine Ausnahme von der Auskunftspflicht nicht gerechtfertigt und die Auskunft zu erteilen (so auch Mallmann in: Simitis, BDSG § 19 Rn. 65). **18**

6.4 Daten, die zu Zwecken der **Datensicherung** vorgehalten werden, sind im Regelfall gespeicherte Daten. Die tatsächlich benötigten Daten befinden sich im **19**

379

§ 19   Auskunft an den Betroffenen

aktuellen Bestand, die Sicherungsdaten werden nur vorgehalten, um diesen im Falle des Verlustes oder der Zerstörung jederzeit wieder rekonstruieren zu können. Die Einbeziehung der – mit dem aktuellen Bestand weithin identischen – Daten in die Auskunftspflicht ist entbehrlich. Schutzwürdige Interessen des Betroffenen werden nicht berührt.

20   **6.5** Auch Daten die ausschließlich Zwecken der **Datenschutzkontrolle** dienen, sind von der Auskunftspflicht ausgenommen. Dies können Daten sein, die Auskunft über durchgeführte Kontrollen geben und die dazu dienen, spätere Überprüfungen gezielt vornehmen zu können (z. B. Protokolldaten). Es können Unterlagen des Datenschutzbeauftragten der öffentlichen Stelle oder auch der Aufsichtsbehörde (z. B. Angaben zur Person eines Petenten, VG Bremen, RDV 2010, 129) sein. Diese Unterlagen enthalten im Regelfall keine Daten über den Betroffenen, die sich nicht auch im Bestand der verantwortlichen Stelle befinden. Schutzwürdige Interessen des Betroffenen werden durch diese Ausnahmeregelung nicht beeinträchtigt, insbesondere da diese Daten nach § 14 Abs. 4 einer eingeschränkten Zweckbestimmung unterliegen.

21   **6.6** Der letzte Halbsatz dieses Absatzes enthält wieder eine Ausnahme von der Ausnahme. Ist die Auskunft ohne nennenswerten **Aufwand** möglich, ist sie zu erteilen. Hintergrund der Regelung dürfte die Überlegung sein, die Ausnahmeregelung zuungunsten des Betroffenen so eng wie möglich zu gestalten. Eine enge Anwendung der Ausnahme ist vor allem deshalb geboten, weil die Auskunft nach diesem Absatz nicht auf Grund eines entgegenstehenden Interesses unterbleibt und somit außer einem eventuell unverhältnismäßigen Aufwand keine Gründe gegen eine Auskunftserteilung sprechen. Der Hinweis auf Art. 13 Abs. 1 Buchst. g EG-DatSchRL in der amtlichen Begründung des Gesetzentwurfs (BT-Drs. 14/4329, S. 40) ist allerdings unverständlich.

7. Auskunft bei Übermittlung an Sicherheitsbehörden

22   **7.1 Absatz 3** ist eine Folgeregelung aus der Verpflichtung nach Absatz 1, Herkunft und Empfänger der Daten zu benennen. Diese Verpflichtung muss eingeschränkt werden, wenn eine der aufgeführten **Sicherheitsbehörden** die Daten, über die Auskunft erteilt werden soll, **übermittelt bekommen** hat. Mit der Vorschrift soll erreicht werden, dass der Betroffene nicht auf diesem Umweg von der Speicherung der Daten bei der Sicherheitsbehörde erfährt. Der Fall der Übermittlung von einer Sicherheitsbehörde an die verantwortliche Stelle ist hier nicht mehr aufgeführt, weil davon ausgegangen werden kann, dass personenbezogene Daten, die eine Sicherheitsbehörde an Dritte außerhalb des Sicherheitsbereichs übermittelt, nicht mehr aus Sicherheitserwägungen schutzbedürftig sind.

23   **7.2** Da diese Daten andererseits nicht vollends von der Auskunftspflicht ausgenommen werden sollen, wird der jeweiligen Sicherheitsbehörde Gelegenheit gegeben, zu prüfen, ob durch die Auskunft, dass sie die Daten empfangen hat, ihre Aufgabenerfüllung beeinträchtigt wird. Ohne ihre **Zustimmung** können die Daten nicht in die Auskunftserteilung einbezogen werden. Die Zustimmung ist auf die Tatsache der Übermittlung der Daten beschränkt, sie erstreckt sich nicht auf die Daten selbst, die der Sicherheitsbehörde übermittelt worden sind. Zur Vermeidung von Wertungswidersprüchen werden für die Zustimmung durch die Sicherheitsbehörde die gleichen Maßstäbe anzulegen sein wie nach Absatz 4 für die Auskunftserteilung durch die Sicherheitsbehörde. Führt eine öffentliche Stelle Sicherheitsüberprüfungen für ihre Bediensteten mit deren Mitwirkung durch, gehört dazu auch, dass die Behörden für Verfassungsschutz eingeschaltet werden. Insoweit gelten die bereichsspezifischen Vorschriften des Sicherheitsüberprüfungsgesetzes (SÜG).

Auskunft an den Betroffenen § 19

8. Ausnahmen von der Auskunftspflicht

8.1 Das BDSG geht von dem Grundsatz aus, dass der Betroffene gegenüber jeder 24
Stelle ein Auskunftsrecht hat. Daher ist die ursprüngliche Freistellung der Nachrichtendienste, Strafverfolgungs- und anderen Sicherheitsbehörden von der Auskunftspflicht (§ 13 Abs. 2 i. V. m. § 12 Abs. 2 Nr. 1 BDSG 1977) mit dem BDSG 1990 weggefallen. Die Auskunftspflicht der Behörden für Verfassungsschutz, des Bundesnachrichtendienstes und des Militärischen Abschirmdienstes ist bereichsspezifisch geregelt (§ 15 BVerfSchG, § 7 BNDG, § 9 MADG). Gleiches gilt für die Sicherheitsüberprüfung gem. §§ 6, 23 SÜG. Der Gesetzgeber trägt damit in der bisherigen Praxis gewonnenen Erfahrungen Rechnung. Die Polizeibehörden des Bundes und der Länder haben nach dem Erlass des BDSG im allgemeinen Auskunft erteilt. Die Auskunftsverweigerung ist tatsächlich eigentlich zur Ausnahme geworden (Simitis/Fuckner, NJW 1990, 2715 m. w. N.). Nach geltendem Recht (Absatz 4) ist die **Auskunftsverweigerung** ein gerichtlich nachprüfbarer **Verwaltungsakt,** der nur dann Bestand hat, wenn zwei Voraussetzungen vorliegen:
– einer der Tatbestände des Absatzes 4 Nr. 1 bis 3 muss erfüllt sein und
– das Geheimhaltungsinteresse muss nach Abwägung aller wesentlichen Umstände das Auskunftsinteresse des Betroffenen überwiegen.
Der Gesetzgeber folgt damit den verfassungsrechtlichen Vorgaben (s. oben Rn. 2; BVerfG, NJW 2008, 2099 (2101)). Ein Ermessensspielraum besteht nicht (BVerwG, DÖV 1992, 116).

8.2 Die Auskunftserteilung unterbleibt, soweit dadurch die **ordnungsgemäße** 25
Erfüllung der Aufgaben der verantwortlichen Stelle **gefährdet** würde. Sie ist bezogen auf den Fall, dass die Auskunft selbst diese Gefährdung herbeiführt (Mallmann in: Simitis, BDSG § 19 Rn. 83). Kann wegen des Bekanntwerdens der Daten durch die Auskunft beim Betroffenen die verantwortliche Stelle ihre Aufgaben nicht mehr erfüllen oder wird sie zumindest erheblich beeinträchtigt, ist sie zu verweigern, sofern auch die Interessenabwägung daran nichts ändert. In der Praxis kommt diese Ausnahme insbesondere bei den Sicherheitsbehörden, wobei sich aber eine schematische Anwendung dieser Regelung verbietet (BVerfG, NVwZ 2001, 185 für die Auskunft nach dem (Landes-)Polizeirecht und nach § 15 BVerfSchG; anders noch BVerwG, NJW 1990, 2765, das es nicht als Ermessensfehler ansah, wenn Sicherheitsbehörden die Auskunft aus Kriminalakten im Regelfall verweigerten und nur bei Geltendmachung besonderer Umstände Auskunft erteilten). Die Gefährdung für die Aufgaben muss nachvollziehbar dargelegt und dokumentiert (BVerfG, NVwZ 2001, 185) werden; beruft sich die Auskunft verweigernde Behörde auf eine Gefährdung der Aufgaben anderer Behörden, muss die mitbetroffene Behörde um Stellungnahme gebeten werden und Versagungsgründe darlegen (VG Wiesbaden, NVwZ-RR 2006, 693; VGH Baden-Württemberg, DVBl. 1992, 1309). Nicht bei jeder behördlichen Datensammlung, wie sie etwa von Strafverfolgungs-, Polizei- oder Sicherheitsbehörden für repressive oder präventive Zwecke geführt werden, kann davon ausgegangen werden, dass eine Auskunft an den Betroffenen den Zweck der Sammlung vereiteln würde. Bleiben die Erkenntnisse auch nach einer Auskunftserteilung an den Betroffenen weiterhin aussagekräftig oder kann der Betroffene bestimmte Ermittlungsmaßnahmen nicht zuverlässig verhindern oder vereiteln, auch wenn er von ihnen weiß, dann kann von einer Gefährdung der Aufgabenerfüllung nicht ausgegangen werden (BVerfG, NJW 2008, 2099 (2104)). In diesen Bereichen ist daher stets eine sorgfältige Abwägung aller Umstände des Einzelfalls vorzunehmen. Eine Gefährdung wird allerdings bei **laufenden verdeckten Ermittlungen** gegen den Betroffenen oftmals zu bejahen sein. Die Verweigerung der Auskunft über beim Bundeszentralamt für Steuern geführte Datensammlungen über steuerliche Auslandsbeziehungen ist mit den verfassungsrechtlichen Anforderungen vereinbar,

381

da die Sammlung wertlos würde, sobald der Betroffene Kenntnis darüber erlangt und seine Geschäfte danach ausrichten kann (BVerfG, NJW 2008, 2099 (2104)). Eine Interessenabwägung im Einzelfall unter Berücksichtigung der schutzwürdigen Belange des Betroffenen ist auch bei Ablehnung einer Negativauskunft erforderlich; eine schematische Ablehnung zur Vermeidung von Ausforschungen durch Rückschlüsse verbietet sich grundsätzlich auch hier (näher dazu BVerfG, NVwZ 2001, 185 (186); Weichert, NVwZ 2007, 1004 (1007)). Mehrfach entschieden ist inzwischen auch, dass es die Aufgabenerfüllung von Behörden gefährden würde, wenn sie Auskunft über den **Namen eines Informanten** erteilen müssten (BVerwG, RDV 1992, 27; 1994, 28; NJW 2003, 3217; NVwZ 2010, 1493; VG Gießen, RDV 1992, 246; VerfGH Rheinland-Pfalz, RDV 1999, 71). Ein darauf gerichteter Auskunftsanspruch des Betroffenen darf daher unter Berufung auf das überwiegende Geheimhaltungsinteresse der Behörde und das schutzwürdige Interesse des Informanten (zum Schutz eines Petenten, der sich an die Datenschutzaufsichtsbehörde gewandt hat VG Bremen, RDV 2010, 129) abgelehnt werden. Macht der Informant dagegen seine Angaben leichtfertig oder wider besseren Wissens oder enthalten die Angaben strafbare Inhalte, wie Beleidigungen, üble Nachrede oder bewusst falsche Verdächtigungen, so überwiegt das Persönlichkeitsrecht des Betroffenen und die Auskunft ist zu erteilen (BVerwG, RDV 1992, 27; 1994, 28; NJW 2003, 3217; VerfGH Rheinland-Pfalz, RDV 1999, 71; VG Bremen, RDV 2010, 129). Leichtfertigkeit verlangt einen gemessen an den individuellen Fähigkeiten des Handelnden erhöhten Grad an Fahrlässigkeit (BVerwG, NJW 2003, 3217 m. Anm. Gola, RDV 2003, 238 und kritischer Stellungnahme Hüpers, RDV 2004, 62).

26   **8.3** Eine **hohe Zahl von Auskunftsersuchen** bzw. der Umfang eines Auskunftsersuchens reicht nicht, um die Aufgabenerfüllung der verantwortlichen Stelle zu gefährden. Es reicht nicht aus, dass die Auskunftsersuchen die verantwortlichen Stellen stark belasten und u. U. die Erledigung anderer Auskunftsbegehren verzögern (so auch Wedde in: DKWW, BDSG § 19 Rn. 24; BSG, NVwZ 2013, 526 (527); OVG Schleswig, ZD 2013, 290 (294); a. A. Auernhammer, BDSG § 19 Rn. 28). Bei umfangreichen Auskunftsersuchen hat es die Behörde selbst in der Hand, durch die Wahl der Form der Auskunftserteilung den Aufwand zu begrenzen, z. B. durch Gewährung von Akteneinsicht an Stelle von Auskünften oder Kopien aus Akten (BSG, NVwZ 2013, 526 (528)).

27   **8.4** Nach Nr. 2 unterbleibt die Auskunftserteilung ferner, wenn die Auskunft dem Wohle des Bundes oder eines Landes Nachteile bereiten, insbesondere die **öffentliche Sicherheit oder Ordnung** gefährden würde. Die Begriffe der öffentlichen Sicherheit und Ordnung sind dem Polizei- und Ordnungsrecht entnommen (dazu näher Denninger in: Lisken/Denninger, Handbuch des Polizeirechts, Kap. E Rn. 16, 35). Die **öffentliche Sicherheit** umfasst die Unverletzlichkeit der Rechtsordnung, der subjektiven Rechte und Rechtsgüter des Einzelnen sowie der Einrichtungen und Veranstaltungen des Staates und sonstiger Träger der Hoheitsgewalt. Die **öffentliche Ordnung** umfasst die Gesamtheit jener ungeschriebenen Regeln für das Verhalten des Einzelnen in der Öffentlichkeit, deren Beobachtung nach den jeweils herrschenden Anschauungen als unerlässliche Voraussetzung eines geordneten staatsbürgerlichen Gemeinschaftslebens betrachtet wird. Sie ist auf Grund ihres unbestimmten, wandelbaren Inhalts in den neueren Polizeigesetzen nicht mehr enthalten. Auch das BDSG verzichtet an anderen Stellen auf den Schutz der öffentlichen Ordnung (§ 13 Abs. 2 Nr. 5; § 14 Abs. 2 Nr. 6; § 16 Abs. 3 Satz 2). Vor diesem Hintergrund und in Anbetracht der Bedeutung des Auskunftsrechts für die Gewährleistung des Rechts auf informationelle Selbstbestimmung ist die Anwendung dieser Ausnahmevorschrift auf die Abwehr von Gefahren für die öffentliche Sicherheit zu beschränken. Die Versagung von Rechtsansprüchen, wenn die Gewährung „dem **Wohle des Bundes** oder eines **Landes** Nachteile bereiten" würde, findet sich in zahlreichen anderen Rechtsvorschriften, z. B. beruhen die Einschränkungen des

Auskunft an den Betroffenen § 19

Akteneinsichtsrechts nach § 29 Abs. 2 VwVfG und der Vorlage- und Auskunftspflicht nach § 99 Abs. 1 Satz 2 VwGO auf ähnlichen Erwägungen (§ 29 Abs. 2, § 84 Abs. 3 VwVfG; § 99 Abs. 1 Satz 2 VwGO; § 54 Abs. 3, § 96 StPO; § 376 Abs. 4 ZPO; § 68 Abs. 1 BBG; zur Verweigerung der Vorlage von Akten des Verfassungsschutzes BVerwG, NVwZ 2010, 844; NVwZ 2010, 706). Die Ausnahmeregelung greift nur in den Fällen, in denen dem Wohl des Bundes oder eines Landes insgesamt Nachteile drohen (so auch Wedde in: DKWW, BDSG § 19 Rn. 25).

8.5 Nr. 3 nimmt Daten von der Auskunftspflicht aus, die entweder nach einer 28 Rechtsvorschrift oder ihrem Wesen nach geheim gehalten werden müssen. Rechtsvorschriften über die Geheimhaltung dienen im Regelfall dem Schutz des Betroffenen, nicht dem Schutz der Daten vor ihm (gegenteilige Beispiele bei Mallmann in: Simitis, BDSG § 19 Rn. 92). Die generellen Vorschriften, die die **Verpflichtung zur Amtsverschwiegenheit** zum Gegenstand haben, zählen daher nicht dazu. Die Notwendigkeit, ein personenbezogenes Datum **seinem Wesen nach** gegenüber dem Betroffenen **geheim zuhalten**, wird in erster Linie in den Fällen bestehen, dass überwiegende berechtigte Interessen eines Dritten geschützt werden müssen. Dieser Fall kann gegeben sein, wenn dem Betroffenen von einer ihm nahe stehenden Person zu seinem eigenen Besten ein vermeintliches Übel zugefügt werden muss (z. B. Veranlassung der Einweisung des Ehegatten in eine Heilanstalt). Hier muss es der verantwortlichen Stelle möglich sein, diejenigen Daten von der Auskunft auszunehmen, die auf den Dritten hinweisen, sofern dieser es verlangt und sein Interesse an der Geheimhaltung gegenüber demjenigen des Betroffenen überwiegt. Die Vorschrift rechtfertigt nicht die Auskunftsverweigerung über medizinische Daten. Einmal ist eine Auskunftsverweigerung im Interesse des Betroffenen bewusst nicht aufgeführt worden und ferner sind **medizinische Daten** nicht ihrem Wesen nach geheim zu halten (wie hier auch Auernhammer, DuD 1990, 5; Mallmann in: Simitis, BDSG § 19 Rn. 100; zum Datenschutz bei medizinischen Daten Vahle, DuD 1991, 614; Kersten, CR 1989, 1020; zum Einsichtsrecht in Krankenunterlagen eines Arztes BVerfG, NJW 1999, 1777, BVerwG, NJW 1989, 2960; zum Akteneinsichtsrecht bei Gesundheitsbehörden BayVGH, NJW 1988, 1615).

8.6 Hat die verantwortliche Stelle das Vorliegen eines der Ausnahmetatbestände 29 bejaht, unterbleibt die Auskunftserteilung, **soweit** der Tatbestand entgegensteht. Dies kann sich auf die Auskunft insgesamt, aber auch nur auf einen Teil der gespeicherten Daten beziehen. Das gilt namentlich für die Fälle der Nummern 2 und 3. Hier wird vielfach eine Teilauskunft gegeben werden können. Das Vorliegen eines der Ausnahmetatbestände allein reicht jedoch noch nicht aus, um die Auskunft verweigern zu können. Abschließend muss geprüft und festgestellt werden, dass deswegen das **Interesse des Betroffenen** an der Auskunftserteilung **zurücktreten** muss. Auch hier ist eine Interessenabwägung vorzunehmen. Dafür ist das Interesse des Betroffenen an der Auskunftserteilung festzustellen und mit dem Geheimhaltungsinteresse abzuwägen. Macht der Betroffene ein besonderes Interesse geltend, kann die Auskunft nur dann unterbleiben, wenn auch das entgegenstehende **Geheimhaltungsinteresse** entsprechend gewichtig ist. Verlangt der Betroffene die Auskunft, weil er **Rechtsnachteile** erlitten hat oder sie konkret befürchtet, ist dies bei der Entscheidung besonders zu berücksichtigen.

8.7 Keine Lösung bietet das Gesetz in den Fällen, in denen die Auskunft zu 30 Nachteilen für den Betroffenen führen kann. Dies kann eintreten, wenn die Auskunft eine **„Selbstauskunft"** darstellt, eine Auskunft also, die der Betroffene einem wirtschaftlich überlegenen Vertragspartner (z. B. Arbeitgeber, Vermieter, Bank, Versicherer) zugänglich machen muss. Eine gesetzliche Regelung einer solchen Konstellation enthält das BZRG für das sog. Führungszeugnis (§§ 30, 32 BZRG). Da der Betroffene die Auskunft meist zur Vorlage bei (potentiellen) Vertragspartnern begehrt, erhält er eine gegenüber dem Führungszeugnis für Behörden reduzierte Auskunft. Die Gerichte haben die schwierige Lage des Betroffenen in solchen Fällen

§ 19　Auskunft an den Betroffenen

erkannt und ihm ein „Recht auf Lüge" zugestanden (BVerwG, NJW 1991, 2411). Verlangt der Vertragspartner jedoch die autorisierte Selbstauskunft, kann dies zu Nachteilen für den Betroffenen führen. Ein Verweigerungsrecht kennt das geltende Recht in solchen Fällen nicht (siehe 35. Tätigkeitsbericht des Hessischen Datenschutzbeauftragten, Ziff. 5.2.2, S. 70 ff.). Weichert (CR 1995, 361) fordert daher eine gesetzliche Schutzregelung für den ökonomisch Schwächeren (vgl. hierzu auch § 28 Rn. 19 und § 34 Rn. 21).

9. Ablehnung der Auskunft

31　9.1 Die **Ablehnung** der Auskunftserteilung ist ein belastender Verwaltungsakt (BVerwG NVwZ 2008, 580) und zu **begründen** (zum Umfang der Begründungspflicht vgl. OVG Bremen, DVR 1983, Bd. 12, S. 347; Riegel, NVwZ 1983, 337 f.; BVerfG, NVwZ 2001, 185). Dem Betroffenen sind die Tatsachen und die rechtlichen Erwägungen, die einer Auskunftserteilung entgegenstehen, mitzuteilen. Dies kann dazu führen, dass das mit der Auskunftsverweigerung verfolgte Ziel verfehlt wird, weil der Betroffene aus der Begründung **Rückschlüsse auf den Inhalt** der gespeicherten Daten ziehen kann. Um dies zu verhindern, kann nach Absatz 5 die Begründung entfallen, soweit durch die Mitteilung der tatsächlichen und rechtlichen Gründe, auf die die Entscheidung gestützt wird, der mit der Auskunftsverweigerung verfolgte Zweck gefährdet würde (vgl. auch OVG Berlin, NVwZ 1987, 817; CR 1987, 189; ferner BVerwG, DÖV 1990, 700 = MDR 1990, 850; NJW 1990, 2765; BVerwG, NVwZ 1994, 72).

32　9.2 Soweit die Begründung möglich ist, ist sie auch zu erteilen. Für den von der **Begründungspflicht ausgenommenen Teil** der Daten enthält der Ablehnungsbescheid nur den Hinweis, dass bestimmte Daten von der Auskunftserteilung ausgenommen seien und der Betroffene sich deshalb an den BfDI wenden könne. Würde sich allerdings der Hinweis nur auf die Fälle beschränken, in denen tatsächlich Daten gespeichert sind, kann der Betroffene unter Umständen Rückschlüsse auf die Art der gespeicherten Daten ziehen, etwa dann, wenn es zu den Aufgaben der öffentlichen Stelle gehört, Ermittlungen über den Betroffenen durchzuführen. Auch dies sollte verhindert werden. Daher wird in solchen Fällen der Ablehnungsbescheid die generelle Aussage enthalten, dass über Daten aus laufenden Ermittlungen keine Auskunft erteilt wird, unabhängig davon, ob tatsächlich Daten gespeichert sind oder nicht. Der Betroffene kann sich dann an den BfDI wenden. Das weitere Verfahren vollzieht sich nach Absatz 6.

10. Auskunft an den Bundesbeauftragten für den Datenschutz und die Informationsfreiheit

33　Gemäß dem vorgeschriebenen Hinweis (Abs. 5 Satz 2) der verantwortlichen Stelle im Zusammenhang mit deren ablehnender Entscheidung über die Auskunftserteilung kann der Betroffene nach Absatz 6 verlangen, dass die Auskunft an den BfDI erteilt wird (dazu OVG Münster, DVBl. 1995, 372). Das Verlangen allein löst jedoch noch nicht die Übermittlung der Daten an den Bundesbeauftragten aus. Die verantwortliche Stelle hat vorab die **Zustimmung** der jeweils zuständigen obersten Bundesbehörde einzuholen. Sie darf nur versagt werden, wenn durch das Bekanntwerden der Daten beim BfDI die Sicherheit des Bundes oder eines Landes gefährdet würde. Diese Versagungsgründe sind außerordentlich eng. Im Regelfall wird zuzustimmen sein. Der BfDI muss die ihm übermittelten Angaben ebenso sicher wie die verantwortliche Stelle verwahren. Gelangt er auf Grund der Kenntnis der Daten zu dem Ergebnis, dass die Auskunft doch erteilt werden könnte, kann er dies mit der verant-

Auskunft an den Betroffenen § 19

wortlichen Stelle erörtern, das ergibt sich aus Satz 2. Bleibt sie bei ihrer ablehnenden Haltung, hat der Bundesbeauftragte dies zu respektieren. Geben ihm die übermittelten Angaben Anlass zu der Annahme, dass das Persönlichkeitsrecht des Betroffenen beeinträchtigt sein könnte, hat er dem nachzugehen und auf Abhilfe hinzuwirken. Die Mitteilung an den Betroffenen, die den Anforderungen des Satzes 2 genügt, ist oftmals schwierig abzufassen, wenn sie nicht nur Leerformeln enthalten soll.

11. Kosten

Mit der Unentgeltlichkeit der Auskunft trägt der Gesetzgeber der Entwicklung 34 in der Praxis Rechnung. Im öffentlichen Bereich ist die Auskunft auch bisher regelmäßig unentgeltlich erteilt worden.

12. Streitigkeiten

Für die Geltendmachung des Anspruchs auf Auskunft ist die Verpflichtungsklage 35 vor dem Verwaltungsgericht gegeben (BVerwG, NVwZ 2008, 580). Die Ablehnung der Auskunftserteilung ist ein Verwaltungsakt, gegen den nach Abschluss des Widerspruchsverfahrens der Rechtsweg zu den Verwaltungsgerichten (Verpflichtungsklage) eröffnet ist (BVerwG, NVwZ 2008, 580). Ist die verantwortliche Stelle ein Sozialversicherungsträger oder ein Versorgungsamt, entscheiden die Sozialgerichte; wird die Auskunft von der Staatsanwaltschaft oder einer anderen Justizbehörde abgelehnt, sind es nach § 23 EGGVG die ordentlichen Gerichte. Eine Entscheidung der verantwortlichen Stelle auf ein Auskunftsersuchen kann mit der Untätigkeitsklage erzwungen werden.

13. Landesrecht

Die Vorgaben der Richtlinie zum Umfang des Auskunftsrechts haben alle Landes- 36 datenschutzgesetze umgesetzt (Art. 10 Abs. 1 BayDSG; § 21 LDSG BW; § 16 BlnDSG; § 18 BbgDSG; § 21 BremDSG; § 18 HmbDSG; § 18 Abs. 3 HDSG; § 24 DSG M-V; § 16 NDSG; § 18 DSG NRW; § 18 Abs. 3 LDSG RPf; § 20 SDSG; § 18 SächsDSG; § 15 DSG-LSA; § 27 Abs. 1 LDSG SH; § 13 ThürDSG). Die Auskunft über Herkunft und Empfänger übermittelter Daten wird in Hessen (§ 18 Abs. 3 Nr. 3), Sachsen (§ 18 Abs. 1 Nr. 3) und Thüringen (§ 13 Abs. 1 Nr. 3) nur erteilt, wenn die Angaben gespeichert sind. In Mecklenburg-Vorpommern ist Auskunft über Herkunft und Empfänger auch dann zu erteilen, wenn Angaben zwar nicht gespeichert aber verfügbar sind (§ 24 Abs. 1 Nr. 2). Generell kann die Auskunft auch durch Einsichtnahme in die entsprechenden Unterlagen gewährt werden (Art. 10 Abs. 3 Satz 3 BayDSG; § 21 Abs. 3 LDSG BW; § 16 Abs. 4 BlnDSG; § 18 Abs. 2 Satz 1 Bbg DSG; § 21 Abs. 1 Satz 4 BremDSG; § 18 Abs. 1 Satz 4 HmbDSG; § 18 Abs. 5 HDSG; § 24 Abs. 3 DSG M-V; § 16 Abs. 2 NDSG; § 18 Abs. 2 DSG NW; § 18 Abs. 3 Satz 4 LDSG RPf; § 18 Abs. 4 SächsDSG; § 20 Abs. 2 SDSG; § 15 Abs. 1 Satz 4 DSG-LSA; § 27 Abs. 2 LDSG SH; § 13 Abs. 3 ThürDSG).

§ 19a Benachrichtigung

(1) ¹Werden Daten ohne Kenntnis des Betroffenen erhoben, so ist er von der Speicherung, der Identität der verantwortlichen Stelle sowie über die Zweckbestimmungen der Erhebung, Verarbeitung oder Nutzung zu unterrichten. ²Der Betroffene ist auch über die Empfänger oder Kategorien von Empfängern von Daten zu unterrichten, soweit er nicht mit der Übermittlung an diese rechnen muss. ³Sofern eine Übermittlung vorgesehen ist, hat die Unterrichtung spätestens bei der ersten Übermittlung zu erfolgen.

(2) ¹Eine Pflicht zur Benachrichtigung besteht nicht, wenn
1. der Betroffene auf andere Weise Kenntnis von der Speicherung oder der Übermittlung erlangt hat,
2. die Unterrichtung des Betroffenen einen unverhältnismäßigen Aufwand erfordert oder
3. die Speicherung oder Übermittlung der personenbezogenen Daten durch Gesetz ausdrücklich vorgesehen ist.

²Die verantwortliche Stelle legt schriftlich fest, unter welchen Voraussetzungen von einer Benachrichtigung nach Nummer 2 oder 3 abgesehen wird.

(3) § 19 Abs. 2 bis 4 gilt entsprechend.

Literatur: *Kaysers*, Die Unterrichtung Betroffener über Beschränkungen des Brief-, Post- und Fernmeldegeheimnisses, AöR Bd. 129 (2004), 121 f.

Übersicht

	Rn.
1. Allgemeines	1
2. Voraussetzungen und Zeitpunkt	2
3. Inhalt	5
4. Ausnahmen	6
5. Landesrecht	12

1. Allgemeines

1 Die Verpflichtung öffentlicher Stellen des Bundes, die betroffene Person über die Speicherung personenbezogener Daten zu benachrichtigen, ist in das BDSG 2001 neu aufgenommen worden. Die Vorschrift setzt ebenso wie § 4 Abs. 3 Art. 11 EG-DatSchRL um. Eine entsprechende Verpflichtung bestand bisher nur für den nicht-öffentlichen Bereich (§ 33 BDSG 90). Die Informations- und Benachrichtigungspflicht im öffentlichen Bereich ergänzt das Auskunftsrecht des Betroffenen. Durch das Zusammenwirken dieser Regelungen wird Transparenz für die Betroffenen geschaffen, die wesentlicher Bestandteil der informationellen Selbstbestimmung der Betroffenen ist: Nur, wer abschätzen kann, wer was wann und bei welcher Gelegenheit über ihn weiß, kann aus eigener Selbstbestimmung planen und entscheiden (BVerfGE 65, 1 (43)). Erst durch das Wissen darüber, welche Stellen Daten zur eigenen Person verarbeiten, wird der Betroffene in die Lage versetzt, seine Betroffenenrechte (Auskunft, Berichtigung, Löschung, Widerspruch etc.) geltend zu machen. Durch diese Kontrollmöglichkeit des Betroffenen entsteht u. a. eine höhere Gewähr für die Richtigkeit der – im Fall der Benachrichtigung regelmäßig bei Dritten erhobenen – Daten, was für die verantwortliche Stelle von Vorteil ist. Dass die Benachrichtigungspflicht für die verantwortliche Stelle oftmals mit einem hohem

Benachrichtigung **§ 19a**

Verwaltungsaufwand verbunden ist, berücksichtigt die Vorschrift, indem sie in Absatz 2 zahlreiche Ausnahmen vorsieht.

2. Voraussetzungen und Zeitpunkt

2.1 Die Vorschrift ist im Zusammenhang mit § 4 Abs. 3 zu sehen. Dort findet sich eine gleichartige Regelung für den Fall, dass personenbezogene Daten beim Betroffenen erhoben werden. Werden sie **ohne seine Kenntnis**, also heimlich oder bei Dritten erhoben oder abgerufen, entsteht grundsätzlich die Benachrichtigungspflicht. Die Voraussetzungen für die Zulässigkeit dieser Art der Erhebung sind in § 4 Abs. 2 Satz 2 aufgeführt. 2

2.2 Die Benachrichtigungspflicht **entsteht** – anders als in § 4 Abs. 3 – erst mit der Speicherung der Daten. Deren Erhebung ist also bereits erfolgt. Die Zulässigkeitsvoraussetzungen der Erhebung nach § 4 Abs. 2 Satz 2 müssen geprüft worden sein. 3

2.3 Die Vorschrift nennt zwei Anlässe der Benachrichtigung. Sofern eine Übermittlung der Daten vorgesehen ist, hat nach Absatz 1 Satz 3 die Benachrichtigung spätestens bei der ersten Übermittlung zu erfolgen. Der Begriff „bei" setzt nicht notwendigerweise eine Benachrichtigung vor der Übermittlung voraus, auch wenn dies zur Wahrung der Interessen des Betroffenen am ehesten geeignet wäre (siehe Mallmann in: Simitis, BDSG § 19a Rn. 26). Nach dem Wortlaut hat die Benachrichtigung in unmittelbarer zeitlichen Zusammenhang mit der Übermittlung zu erfolgen. Für den Fall, dass keine Übermittlung vorgesehen ist, fehlt eine Regelung des Zeitpunkts der Benachrichtigung. Um dem Interesse des Betroffenen angemessen Rechnung zu tragen und diesem die Möglichkeit zu geben, die Verwendung unzulässig erhobener oder unrichtiger Daten zu unterbinden, ist die Benachrichtigung unverzüglich vorzunehmen (Mallmann in: Simitis, BDSG § 19a Rn. 27; s. auch § 33 Rn. 15). 4

3. Inhalt

Die Benachrichtigung hat folgende Gegenstände zum Inhalt: 5
- Die Tatsache der Speicherung.
- Die Identität der verantwortlichen Stelle. Anzugeben sind der Name und die Anschrift der verantwortlichen Stelle, damit die betroffene Person ihre Rechte (namentlich Auskunft) wahrnehmen kann.
- Die Zweckbestimmung der Erhebung, Verarbeitung oder Nutzung. Dieser Teil der Benachrichtigung wird den größten Raum einnehmen, denn die dazu relevanten Informationen sind für die betroffene Person unerlässlich notwendig, um beurteilen zu können, ob aus ihrer Sicht die Daten für die aufgeführten Zwecke erforderlich sind oder nicht. Die Zweckbestimmungen für die einzelnen Verarbeitungsarten sind gesondert aufzuführen, wenn sie tatsächlich unterschiedlich sind. Nicht aufgeführt zu werden brauchen Zweckbestimmungen, die nur bei besonderen Konstellationen relevant werden, z. B. zur Wahrung lebenswichtiger Interessen des Betroffenen nach § 13 Abs. 2 Nr. 3 (Dammann in: Simitis/Dammann, EG-DatSchRL Art. 10 Rn. 6).
- Die Empfänger oder Kategorien von Empfängern. Diese Information ist der Benachrichtigung nach Absatz 1 Satz 2 nur dann beizufügen, soweit der Betroffene nicht mit der Übermittlung an diese Empfänger rechnen musste. Das „soweit" bedeutet: Nur die Empfänger oder Kategorien von Empfängern können ausgenommen werden, die der betroffenen Person als Empfänger bekannt sind bzw. auf Grund allgemeiner Information bekannt sein müssten. Alle anderen sind anzugeben.

4. Ausnahmen

6 Der Katalog der Ausnahmen ist ebenfalls in der EG-Richtlinie vorgegeben. Eine **Verpflichtung** zur Benachrichtigung entfällt bei Vorliegen einer der drei in Absatz 2 aufgeführten Voraussetzungen. Dies schließt natürlich eine freiwillige Benachrichtigung nicht aus.

7 4.1 Der Betroffene hat auf **andere Weise Kenntnis** von der Speicherung oder Übermittlung erlangt. Dieser Fall ist in der Richtlinie nicht in der Aufzählung der Ausnahmen enthalten. Er ergibt sich aus dem letzten Halbsatz des Absatzes 1 des Art. 11: „sofern diese ihr noch nicht vorliegen". Die Person oder Stelle, bei der Daten erhoben worden sind, kann ihn unterrichtet haben. Aus der Zweckbestimmung der originären Speicherung kann sich ergeben, dass die Daten im Falle einer späteren Übermittlung weitergegeben oder zum Abruf bereitgehalten werden. In diesen Fällen wäre eine weitere Benachrichtigung überflüssig.

8 4.2 Die Benachrichtigungspflicht entfällt ferner, wenn die Unterrichtung einen unverhältnismäßigen **Aufwand** erfordern würde (Abs. 2 Nr. 2). Entscheidend ist nicht die tatsächliche Höhe des Aufwands, sondern dessen Verhältnis zu dem Informationsinteresse des Betroffenen (Dammann in: Simitis/Dammann, EG-DatSchRL Art. 11 Rn. 5). Auch ein geringfügiger tatsächlicher Aufwand kann unverhältnismäßig sein, wenn die Daten zu Zwecken erhoben worden sind, die die schutzwürdigen Interessen des Betroffenen nicht oder nur marginal berühren. Die Richtlinie führt in den Erwägungsgründen (Nr. 40) Verarbeitungen für historische, statistische oder wissenschaftliche Zwecke an. Hingegen kann es geboten sein, den Betroffenen auch unter Inkaufnahme hohen Aufwandes zu benachrichtigen, wenn Anhaltspunkte bestehen, dass es zur Wahrung seiner schutzwürdigen Interessen geboten erscheint. Ein unverhältnismäßiger Aufwand kann auch dann zu bejahen sein, wenn es unmöglich oder mit erheblichen Schwierigkeiten verbunden wäre, die Identität oder die genaue Anschrift des Betroffenen zu ermitteln. Die Pflicht zur Benachrichtigung entfällt, wenn sie nur mittels umfangreicher Recherchen möglich ist (Dammann in: Simitis/Dammann, EG-DatSchRL Art. 11 Rn. 6).

9 4.3 Die Benachrichtigungspflicht entfällt schließlich, wenn die Speicherung oder Übermittlung durch **Gesetz ausdrücklich** vorgeschrieben ist (Abs. 2 Nr. 3). In solchen Fällen ist davon auszugehen, dass der Betroffene die gesetzliche Regelung kennt bzw. eine Gefährdung der Interessen des Betroffenen durch die übermittelnde Stelle mangels eigener Entscheidungsmöglichkeit ausgeschlossen ist. Beispiel sind die Kontrollmitteilungen, die öffentliche und nichtöffentliche Stellen den Finanzbehörden in bestimmten Fällen zu übermitteln haben. Hier liegt eine ausdrückliche, wenn auch abstrakte gesetzliche Regelung vor. Die betroffene Person weiß oder kann wissen, dass in einschlägigen Fällen eine Übermittlung erfolgt. Sie hat die Möglichkeit zu prüfen, ob im konkreten Fall tatsächlich Daten übermittelt worden sind.

10 4.4 Die Richtlinie verlangt, dass in den Ausnahmefällen der Nummern 2 und 3 geeignete **Garantien** vorgesehen werden. Die verantwortlichen Stellen sollen nicht zu großzügig mit den Ausnahmemöglichkeiten umgehen und sich so der Benachrichtigungspflicht entziehen. Absatz 2 Satz 2 setzt diese Auflage dadurch um, dass schriftlich **dokumentiert** werden muss, aus welchen Gründen von der Benachrichtigung nach den Nummern 2 oder 3 abgesehen wird. Der behördliche Datenschutzbeauftragte wird dabei zweckmäßigerweise mitwirken.

11 4.5 Die entsprechende Anwendung des § 19 Abs. 2 bis 4 bedeutet, dass in den genannten Fällen, in denen eine Auskunft nicht erteilt zu werden braucht, auch keine Benachrichtigungspflicht besteht.

Benachrichtigung § 19a

5. Landesrecht

Die Landesdatenschutzgesetze haben die Vorgabe des Art. 11 EG-DatSchRL **12**
umgesetzt (Art. 10 Abs. 8 BayDSG; § 14 Abs. 2 und 3 LDSG BW; § 10 Abs. 5 Bln
DSG; § 12 Abs. 5 BbgDSG; § 11 BremDSG; § 12a Abs. 2 und 3 HmbDSG; § 12
Abs. 5 HDSG; § 12 Abs. 2 Satz 3 DSG NW; § 18 Abs. 1 LDSG RPf; § 12 Abs. 6
SächsDSG; § 12 Abs. 5 SDSG; § 9 Abs. 5 DSG-LSA; § 26 Abs. 3 LDSG SH; § 19
Abs. 3 Satz 4 ThürDSG). Niedersachsen hat keine Benachrichtigungspflicht (§ 9).
In Mecklenburg-Vorpommern (§ 23) ist nur zu benachrichtigen, wenn durch eine
bestimmte Nutzung personenbezogener Daten dem Betroffenen Nachteile entstehen können.

§ 20 Berichtigung, Löschung und Sperrung von Daten; Widerspruchsrecht

(1) ¹Personenbezogene Daten sind zu berichtigen, wenn sie unrichtig sind. ²Wird festgestellt, dass personenbezogene Daten, die weder automatisiert verarbeitet noch in nicht automatisierten Dateien gespeichert sind, unrichtig sind, oder wird ihre Richtigkeit von dem Betroffenen bestritten, so ist dies in geeigneter Weise festzuhalten.

(2) Personenbezogene Daten, die automatisiert verarbeitet oder in nicht automatisierten Dateien gespeichert sind, sind zu löschen, wenn
1. ihre Speicherung unzulässig ist oder
2. ihre Kenntnis für die verantwortliche Stelle zur Erfüllung der in ihrer Zuständigkeit liegenden Aufgaben nicht mehr erforderlich ist.

(3) An die Stelle einer Löschung tritt eine Sperrung, soweit
1. einer Löschung gesetzliche, satzungsmäßige oder vertragliche Aufbewahrungsfristen entgegenstehen,
2. Grund zu der Annahme besteht, dass durch eine Löschung schutzwürdige Interessen des Betroffenen beeinträchtigt würden, oder
3. eine Löschung wegen der besonderen Art der Speicherung nicht oder nur mit unverhältnismäßig hohem Aufwand möglich ist.

(4) Personenbezogene Daten, die automatisiert verarbeitet oder in nicht automatisierten Dateien gespeichert sind, sind ferner zu sperren, soweit ihre Richtigkeit vom Betroffenen bestritten wird und sich weder die Richtigkeit noch die Unrichtigkeit feststellen lässt.

(5) ¹Personenbezogene Daten dürfen nicht für eine automatisierte Verarbeitung oder Verarbeitung in nicht automatisierten Dateien erhoben, verarbeitet oder genutzt werden, soweit der Betroffene dieser bei der verantwortlichen Stelle widerspricht und eine Prüfung ergibt, dass das schutzwürdige Interesse des Betroffenen wegen seiner besonderen persönlichen Situation das Interesse der verantwortlichen Stelle an dieser Erhebung, Verarbeitung oder Nutzung überwiegt. ²Satz 1 gilt nicht, wenn eine Rechtsvorschrift zur Erhebung, Verarbeitung oder Nutzung verpflichtet.

(6) Personenbezogene Daten, die weder automatisiert verarbeitet noch in einer nicht automatisierten Dateien gespeichert sind, sind zu sperren, wenn die Behörde im Einzelfall feststellt, dass ohne die Sperrung schutzwürdige Interessen des Betroffenen beeinträchtigt würden und die Daten für die Aufgabenerfüllung der Behörde nicht mehr erforderlich sind.

(7) Gesperrte Daten dürfen ohne Einwilligung des Betroffenen nur übermittelt oder genutzt werden, wenn
1. es zu wissenschaftlichen Zwecken, zur Behebung einer bestehenden Beweisnot oder aus sonstigen im überwiegenden Interesse der verantwortlichen Stelle oder eines Dritten liegenden Gründen unerlässlich ist und
2. die Daten hierfür übermittelt oder genutzt werden dürften, wenn sie nicht gesperrt wären.

(8) Von der Berichtigung unrichtiger Daten, der Sperrung bestrittener Daten sowie der Löschung oder Sperrung wegen Unzulässigkeit der Speicherung sind die Stellen zu verständigen, denen im Rahmen einer Datenübermittlung diese Daten zur Speicherung weitergegeben wurden, wenn dies keinen unverhältnismäßigen Aufwand erfordert und schutzwürdige Interessen des Betroffenen nicht entgegenstehen.

(9) § 2 Abs. 1 bis 6, 8 und 9 des Bundesarchivgesetzes ist anzuwenden.

Berichtigung, Löschung und Sperrung von Daten **§ 20**

Literatur: *Gounalakis/Mand,* Die neue EG-Datenschutzrichtlinie, CR 1997, 431 und 497; *Kase u. a.,* Datenzugang und Datenschutz, Konsequenzen für die Forschung, 1979; *Kopp,* Tendenzen der Harmonisierung des Datenschutzrechts in Europa, DuD 1995, 204; *Riegel,* Entfernung und Vernichtung von Vermerken aus der Ausländerakte, NJW 1984, 2194; *Weber,* EG-Datenschutzrichtlinie, CR 1995, 297; *Zapatka,* Die Automatisierung der Sperrung nach dem BDSG, DuD 1977, 82; *Ziegler-Jung,* Datenschutz bei der Forschung mit Gesundheitsdaten, DVR 1979, 193.

Übersicht

	Rn.
1. Allgemeines	1
2. Berichtigung	2
3. Löschen von Daten	9
4. Sperrung	13
5. Beweislast	19
6. Widerspruch	21
7. Sperrung in Akten	25
8. Rechtsfolgen der Sperrung	29
9. Nachberichtspflicht	35
10. Vorrang des Bundesarchivgesetzes	39
11. Streitigkeiten	40
12. Landesrecht	41

1. Allgemeines

§ 20 ist im BDSG 2001 um eine Regelung zum Widerspruchsrecht des Betroffe- **1** nen gegen die Verarbeitung seiner Daten ergänzt worden. Damit wird nicht nur Art. 14 Buchst. a EG-DatSchRL umgesetzt; es wird auch einer seit langem erhobenen Forderung Rechnung getragen (vgl. 6. Aufl. § 4 Anm. 7; § 28 Anm. 10.1). § 20 findet sich zwar im Unterabschnitt „Rechte des Betroffenen". Die Vorschrift wendet sich aber zu Recht an die verantwortliche Stelle, da nur diese die hier vorgesehenen Handlungen vornehmen kann. Sie enthält damit sowohl Rechte des Betroffenen als auch entsprechende Pflichten der verantwortlichen Stelle. Die Rechte auf Berichtigung, Löschung und Sperrung können nicht durch Rechtsgeschäft ausgeschlossen oder beschränkt werden (§ 6 Abs. 1).

2. Berichtigung

2.1 Der Berichtigungsanspruch knüpft an das Vorliegen unrichtiger Daten an. **2** Sind personenbezogene Daten – aus welchen Gründen auch immer – unrichtig, sind sie zu berichtigen. Der Berichtigungsanspruch gewinnt in unserer Zeit, die durch die Datenverarbeitung geprägt ist, an Gewicht. Entscheidungen ergehen zum großen Teil auf der Grundlage gespeicherter Informationen und nicht mehr auf der Basis persönlich gewonnener Erfahrungen und Kontakte. Für die Betroffenen ist es oft existentiell wichtig, dass die sie betreffenden Daten richtig und vollständig sind.

2.2 Unrichtig sind personenbezogene Daten, wenn sie Informationen enthalten, **3** die mit der **Wirklichkeit nicht übereinstimmen** oder nur ein unvollständiges Abbild derselben abgeben und deswegen falsch sind. Die Unrichtigkeit kann offenkundig sein (z. B. falsch geschriebener Name), sie kann sich aber auch daraus ergeben, dass richtige Einzeldaten in einem anderen Zusammenhang verwendet werden und dadurch ein falsches Gesamtbild entsteht. **Jede Unrichtigkeit** – auch die unbedeutendste – löst den **Berichtigungsanspruch** aus. Unerheblich ist, wie die Daten unrichtig geworden sind, ob vorsätzlich oder versehentlich, ob von Anfang an oder

§ 20 Berichtigung, Löschung und Sperrung von Daten

erst nach ihrer Einspeicherung. Wird ein Datum allerdings erst später durch eine Änderung der tatsächlichen Umstände unrichtig (z. B. Namensänderung durch Heirat, Anschriftenwechsel), so muss dies nicht in jedem Fall einen Berichtigungsanspruch auslösen. Waren die Daten nur gesammelt worden, um den Zustand zum Zeitpunkt der Speicherung zu ermitteln (z. B. bei statistischen Erhebungen oder Meinungsbefragungen), so bleibt das Datum in dieser Datei auch dann richtig, wenn es den inzwischen veränderten Verhältnissen nicht mehr entspricht (folglich berücksichtigt das BVerwG für den Anspruch eines Soldaten auf Berichtigung der Angaben zum Familienstand im Personalinformationssystem die Relevanz der Änderung für den Betroffen, RDV 2004, 268 mit Anm. Gola, RDV 2004, 269). Die Richtigkeit oder Unrichtigkeit eines Datums ist ferner abhängig von dem Zweck der Datei. Ist die Zweckbestimmung sehr spezifisch und genügen die gespeicherten Daten dieser Zweckbestimmung, so besteht kein Berichtigungsanspruch auf Aufnahme zusätzlicher Daten, die zwar kontextbezogen richtig und nützlich sein mögen, für die Zweckbestimmung der Datei aber nicht notwendig sind.

4–5   **2.3** Unrichtig können nur Tatsachen sein. **Tatsachenangaben** sind Aussagen etwa über wirtschaftliche, familiäre oder gesundheitliche Verhältnisse des Betroffenen, über Vorstrafen, politische oder weltanschauliche Auffassungen. **Werturteile** sind einer Berichtigung im Allgemeinen nicht zugänglich. Sie entziehen sich einer Einordnung als richtig oder falsch. Sie bilden das Ergebnis einer Tatsachenbeurteilung des Wertenden aus seiner Perspektive. Sie können von einem anderen Standpunkt aus akzeptiert oder abgelehnt werden; sie können daher nur bedingt Gegenstand des Berichtigungsanspruchs sein. Beruhen sie jedoch offenkundig auf unzutreffenden Tatsachen, unterliegen sie dem Berichtigungsanspruch. Entsprechendes gilt, wenn das Werturteil objektiv falsch, weil unschlüssig ist (BGHZ 3, 271 f.).

6   **2.4** Die Art und Weise der Berichtigung ist gesetzlich nicht geregelt. Das **Verfahren** bestimmt demgemäß die verantwortliche Stelle unter Berücksichtigung der Interessen des Betroffenen und der tatsächlichen Gegebenheiten, die sich aus der Art der Speicherung ergeben. Es kann sich als notwendig erweisen, das unrichtige Datum zu löschen und durch das richtige zu ersetzen oder es als unrichtig zu kennzeichnen und das richtige hinzuzufügen. Sind die Daten unvollständig und aus diesem Grund unrichtig, wird zur Berichtigung die Speicherung zusätzlicher Daten erforderlich sein. Die Berichtigung kann mithin sowohl eine Löschung, eine Speicherung oder eine Veränderung sein.

7–8   **2.5** Für in **Akten** gespeicherte Daten enthält Satz 2 eine Sonderregelung. Akten bestehen nicht nur aus von der verantwortlichen Stelle gefertigten Unterlagen und Eintragungen. Sie enthalten auch Eingaben des Betroffenen, Stellungnahmen und Äußerungen Dritter, Gerichtsurteile und Entscheidungen anderer öffentlicher Stellen. Die Akte dient dem Zweck, den Verfahrensablauf von Anfang bis zum Ende zu dokumentieren. Sie muss daher grundsätzlich vollständig sein (BVerfG, NJW 1983, 2135; BVerwG, RDV 1991, 79). Dem Grundsatz der Vollständigkeit sind die Regelungen des Datenschutzes aber nicht generell untergeordnet; er ist vielmehr ein weiterer Gesichtspunkt, der bei der Erforderlichkeit der Speicherung zu berücksichtigen ist (Bay LSG, Urt. v. 31.3.2011 – L 15 SB 80/06, zitiert nach juris). Im überwiegenden Interesse des Betroffenen kann daher entgegen dem Gebot der Aktenvollständigkeit eine Entfernung von Aktenbestandteilen geboten sein (dazu näher Rn. 25 ff.; ferner gilt dieser Grundsatz nicht mehr für Personaldaten gem. § 112 BBG; hierzu Gola, RiA 1994, 1). Die Berichtigung stellt einen eigenen Verfahrensabschnitt dar, der wie jeder andere in der Akte festzuhalten ist.

3. Löschen von Daten

9   **3.1** Die Verpflichtung zur Löschung bezieht sich nur auf personenbezogene Daten, die nach § 3 Abs. 2 automatisiert verarbeitet oder in nicht automatisierten

Berichtigung, Löschung und Sperrung von Daten **§ 20**

Dateien gespeichert sind. Die Vorschrift enthält keine Regelung zur Löschung von in Akten gespeicherten Daten. Löschen ist nach § 3 Abs. 4 Nr. 5 das Unkenntlichmachen von Daten, d. h. eine Handlung, die irreversibel bewirkt, dass eine Information nicht länger aus gespeicherten Daten gewonnen werden kann (Dammann in: Simitis, BDSG § 3 Rn. 174). Dies erfordert in der Regel das **Überschreiben** der zu löschenden Daten, die bloße Betätigung der üblicherweise in Standardsoftware enthaltenen Löschfunktion, die lediglich die Referenz auf das Datum löscht und den Speicherplatz als frei markiert, nicht aber die Information als solche vernichtet, reicht hingegen nicht. Die Löschung erfolgt von Amts wegen, sie kann aber auch durch einen Antrag des Betroffenen veranlasst werden.

3.2 Ergibt die Prüfung, dass die Speicherung „im Zeitpunkt der abschließenden 10 Entscheidung" **unzulässig** ist, ist das Datum zu löschen. Die Regelung hat lediglich deklaratorischen Charakter, da sich eine Löschpflicht bereits aus dem Umstand ergibt, dass die Speicherung und weitere Verwendung nach § 4 Abs. 1 rechtswidrig ist. Unerheblich ist es, ob sie vielleicht ursprünglich einmal zulässig war und erst später unzulässig geworden ist. Entscheidend ist, dass die Speicherung nicht oder nicht mehr durch eine **Rechtsnorm oder die Einwilligung** des Betroffenen gedeckt ist. Die Einbeziehung der Erhebung in den gesetzlichen Schutz wirkt sich auch hier aus. Werden nach § 13 Abs. 1 nicht erforderliche Daten erhoben und gespeichert, sind sie wegen Unzulässigkeit der Speicherung zu löschen; desgleichen, wenn die Erhebung aus anderen Gründen unzulässig war (es sei denn, aus der Unzulässigkeit der Erhebung folgt nicht gleichzeitig ein Verbot zur Verwendung der Daten als Beweismittel, siehe dazu § 14 Rn. 10). Waren sie zunächst zur Aufgabenerfüllung erforderlich, später aber nicht mehr, ist nach Nr. 2 zu löschen. Einträge in der **Führerscheinkartei** nach § 10 StVZO sind danach zu löschen, wenn die Eintragung für künftige Entscheidungen bedeutungslos geworden ist. Wann dies der Fall ist, richtet sich nach den Umständen des Einzelfalls (BVerwG, NJW 1994, 2499). Für bestimmte Sachverhalte ist die Löschung unzulässig erhobener Daten bereichsspezifisch geregelt (z. B. § 100a Abs. 4 Satz 3, § 100b Abs. 5 Satz 2 StPO; § 20h Abs. 5 Satz 7, § 20k Abs. 7 Satz 5, § 20l Abs. 6 Satz 7 BKAG für Daten aus dem Kernbereich privater Lebensgestaltung). Bestehen Zweifel, ob die Speicherung von personenbezogenen Daten zulässig ist, kann der verantwortlichen Stelle durch die weisungsbefugte vorgesetzte Stelle aufgegeben werden, die Daten bis zur Klärung der offenen Fragen zu sperren (VG Frankfurt a.M., RDV 1997, 133). Wird das Datum wegen Unzulässigkeit der Speicherung gelöscht, ist zu prüfen, ob nach Absatz 8 Dritte als Empfänger des Datums zu verständigen sind.

3.3 Auch die Regelung des Absatzes 2 Nr. 2 ist lediglich deklaratorisch, da die 11 Erforderlichkeit zur Aufgabenerfüllung regelmäßig Voraussetzung für die Zulässigkeit der Speicherung ist. Im **aktuellen Bestand** dürfen daher nur diejenigen Daten gespeichert werden und bleiben, die zur Aufgabenerfüllung jeweils **erforderlich sind**. Nicht mehr erforderlich sind Daten, wenn die Aufgabe, zu deren Erfüllung sie gespeichert waren, endgültig erledigt ist. Dies kann auch dann der Fall sein, wenn nichts dafür spricht, dass die Daten in Zukunft noch praktische Bedeutung haben werden und deshalb ausgeschlossen werden kann, dass sie die Arbeit der zuständigen Behörde noch fördern können (BVerwG, Buchholz 403.42 Nr. 56). Dieser Grundsatz gilt nach BGH (RDV 1995, 27) auch für die Löschung der Eintragung einer **Fahrerlaubnisentziehung** in einer Führerscheinkartei der Straßenverkehrsbehörde. Wann eine solche Eintragung zu löschen ist, lässt sich nur nach den Umständen des Einzelfalls entscheiden. Daten aus einer **Telekommunikationsüberwachung, Wohnraumüberwachung** oder anderen Maßnahme nach §§ 99 ff. StPO sind nach Beendigung der Maßnahme zu löschen, soweit sie zur Strafverfolgung nicht mehr erforderlich sind (§ 101 Abs. 8 StPO). Nach Beendigung eines Strafverfahrens können die gewonnenen Angaben für künftige präventive Zwecke gespeichert werden (s. dazu § 14 Rn. 8). Die Daten sind zu löschen, wenn sie zur

§ 20 Berichtigung, Löschung und Sperrung von Daten

Aufgabenerfüllung nicht mehr erforderlich sind, § 32 Abs. 2 BKAG; § 35 Abs. 2 Nr. 2 BPolG. Die Erforderlichkeit muss nach § 32 Abs. 3 BKAG; § 35 Abs. 2 Nr. 2 BPolG bei jeder Einzelfallbearbeitung sowie nach festzusetzenden Fristen geprüft werden. Zur Löschungspflicht von Daten in polizeilichen oder staatsanwaltschaftlichen Informationssystemen nach Beendigung des Verfahrens, insbesondere durch Freispruch, vgl. BVerfG, NJW 2002, 3231; BVerwG, NJW 2011, 405; BVerwG, DVBl. 1999, 332; OLG Dresden, MMR 2003, 592; VGH Kassel, NJW 2005, 2727; OVG NRW, DVBl. 2010, 852 m. Anm. Söllner, DVBl. 2010, 854; OLG Frankfurt a.M., NStZ-RR 2008, 183; VG Mainz, DuD 2009, 195; VG Bayreuth, RDV 1999, 129 und VG Gießen, DuD 2002, 626. Erfolgt die Speicherung auf Grund einer Einwilligung des Betroffenen, dürfen die Daten nur solange gespeichert bleiben, wie es durch die Einwilligung abgedeckt ist.

12   **3.4** Die Nicht-Mehr-Erforderlichkeit der Daten löst die grundsätzliche Verpflichtung zur Löschung aus. Ehe die Daten allerdings tatsächlich gelöscht werden, ist zu **prüfen**, ob sie nicht nach Absatz 3 zu sperren sind oder nach Absatz 9 dem zuständigen **Archiv** angeboten werden müssen. Hält es die Daten für archivwürdig, sind sie im Archiv aufzubewahren. Der Betroffene hat in diesem Fall keinen Anspruch auf Vernichtung/Löschung der über ihn gespeicherten Daten (VG Darmstadt, DuD 2004, 369). Auch wenn sie zu Datensicherungs-, Beweissicherungs- oder anderen Dokumentationszwecken vorgehalten bleiben müssen, hat die Löschung zu unterbleiben. Die Daten werden dann unter Zweckänderung (§ 14 Abs. 2) weiter vorgehalten.

4. Sperrung

13   **4.1 Absatz 3** regelt, unter welchen Voraussetzungen personenbezogene Daten zu sperren sind. Die Vorschrift bezieht sich auf Daten, die nach Absatz 2 Nr. 2 oder nach anderen Regelungen zu löschen wären, der Löschung aber die in den Nummern 1 bis 3 aufgeführten Gründe entgegenstehen. Absatz 3 bezieht sich deutlich auf Absatz 2; daher gilt die Regelung nur für personenbezogene Daten, die automatisiert verarbeitet oder in nicht automatisierten Dateien gespeichert werden. Für Daten in Akten gilt die Sonderregelung des Absatzes 6.

14   **4.2** Die Sperrung wird dadurch bewirkt, dass die Daten als gesperrt in geeigneter Weise **gekennzeichnet** werden (§ 3 Abs. 4 Nr. 4). Ob jedes einzelne Datum zu kennzeichnen ist oder ob ein **genereller Hinweis** ausreicht, ist nach den Umständen des Einzelfalls zu entscheiden. Letzteres wird in den Fällen der Nummern 1 und 3 vielfach ausreichen. Durch technische und organisatorische Maßnahmen ist sicherzustellen, dass sie außer in den zugelassenen Fällen (Absatz 7) **nicht übermittelt oder genutzt werden.** Bei automatisierter Datenverarbeitung lässt sich dies programmtechnisch bewirken (Zapatka, DuD 1977, 82; zu in Akten gespeicherten Daten s. u. Rn. 26).

15   **4.3** Personenbezogene Daten, die wegen bestimmter **Aufbewahrungsfristen** nicht gelöscht werden dürfen, sind nach Absatz 3 Nr. 1 zu sperren. Die Voraussetzungen entsprechen denen des § 19 Abs. 2. Auf die Kommentierung zu dieser Vorschrift wird verwiesen.

16   **4.4** Die Löschung eines personenbezogenen Datums ist ein endgültiger, nicht rückgängig zu machender Vorgang. Daher ist nach Absatz 3 Nr. 2 vorab stets zu prüfen, ob dem Betroffenen dadurch keine Nachteile entstehen können. Besteht nur ein Grund zur Annahme, dass seine **schutzwürdigen Interessen** beeinträchtigt werden könnten, ist von der Löschung abzusehen und das Datum zu sperren. Dies kann der Fall sein, wenn nicht auszuschließen ist, dass der Betroffene die Angabe später noch zu Beweiszwecken benötigen könnte.

17–18   **4.5** Die Voraussetzungen des Absatzes 3 Nr. 3 werden bei automatisierter Verarbeitung kaum gegeben sein (zur Problematik nicht veränderbarer Speichermedien

Berichtigung, Löschung und Sperrung von Daten **§ 20**

Dix in: Simitis, BDSG § 35 Rn. 50). Daher kommt die Vorschrift vor allem bei nicht automatisierten Dateien zur Anwendung.

5. Beweislast

5.1 Ob ein Datum richtig oder falsch ist, wird nicht selten vom Betroffenen 19
und der verantwortlichen Stelle unterschiedlich beurteilt werden. Bei gespeicherten Daten, die oft unmittelbar die Grundlage für Entscheidungen bilden, kann sich dies für den Betroffenen sehr nachhaltig auswirken. Absatz 4 trifft daher für diesen Fall eine **Sonderregelung**. Behauptet der Betroffene die Unrichtigkeit, ist nach § 24 Abs. 1 VwVfG die öffentliche Stelle verpflichtet, dies zu überprüfen. Bestätigt sich dabei das Vorbringen des Betroffenen, ist zu berichten. Kann die verantwortliche Stelle die Richtigkeit des Datums beweisen, bleibt es bei der Speicherung. Gelingt ihr der Beweis nicht (Fall des non-liquet), bleibt sie aber der Auffassung, das Datum sei richtig, ist nach Absatz 4 zu sperren.

5.2 Die Regelung ermöglicht es dem Betroffenen, Daten von der weiteren Ver- 20
wendung auszuschließen, ohne die Unrichtigkeit beweisen zu müssen. Sie ruft die Befürchtung des rechtsmissbräuchlichen Bestreitens hervor (vgl. dazu 9. Aufl. in dieser Rn.; Auernhammer, BDSG § 20 Rn. 29), ist aber in Anbetracht der Verteilung der Verantwortung für die Rechtmäßigkeit der Speicherung geboten. Die speichernde Stelle ist für die Rechtmäßigkeit der Speicherung und somit auch für die Richtigkeit der Daten verantwortlich. Kann sie die Richtigkeit der Daten nicht beweisen, ist die Pflicht zur Sperrung der Daten folgerichtig (so auch Wedde in: Däubler/Klebe/Wedde/Weichert, BDSG § 20 Rn. 18). Dies entspricht auch den Rechtsgrundsätzen im Verwaltungsverfahrensgesetz. Nach § 26 Abs. 2 VwVfG „soll" der Betroffene an der Ermittlung des Sachverhalts mitwirken, insbesondere ihm bekannte Tatsachen und Beweismittel anbieten. Hierdurch wird allerdings grundsätzlich nicht die Beweislast verschoben (Kallerhoff in: Stelkens/Bonk/Sachs, VwVfG § 26 Rn. 52). Im Sozialleistungsrecht, in dem nach § 60 Abs. 1 SGB I eine Mitwirkungspflicht des Antragstellers besteht, führt dagegen nach der vom BDSG abweichenden Regelung des § 84 Abs. 1 SGB X ein non-liquet nicht zu einer Sperrung der Daten (dazu Bieresborn in: von Wulffen, SGB X, § 84 Rn. 5); es ist lediglich die ungeklärte Sachlage festzuhalten und bei Nutzung oder Übermittlung der Daten ist darauf hinzuweisen. Zur Sperrung von Daten in einer Personenakte des Bundesamts für Verfassungsschutz: BVerwG, MMR 2003, 171, m. krit. Anm. Geis, MMR 2003, 173.

6. Widerspruch

Die Einführung eines Widerspruchsrechts in das BDSG 2001 setzt einmal die 21
Vorgabe des Art. 14 Buchst. a EG-DatSchRL um. Es trägt ferner der Tatsache Rechnung, dass Datenschutz nicht nur, nicht einmal in erster Linie eine Angelegenheit der Daten verarbeitenden Stellen, sondern der Betroffenen ist. Nur sie können entscheiden, ob im Einzelfall ihre Interessen, schutzwürdigen Belange oder ihr Persönlichkeitsrecht verletzt oder potentiell gefährdet sind. Das Widerspruchsrecht weist in die Richtung, das Datenschutzrecht mehr als Verfahrensrecht zu verstehen (Bull, RDV 1999, 148; Schomerus, ZRP 1981, 191).

6.1 Das Widerspruchsrecht bezieht sich auf personenbezogene Daten, die auto- 22
matisiert oder in nicht automatisierten Dateien **rechtmäßig** erhoben, verarbeitet oder genutzt werden. Der Betroffene kann der Erhebung, Verarbeitung oder Nutzung widersprechen. Denkbar ist auch, dass der Verarbeitung bestimmter Arten personenbezogener Daten oder nur einzelner Erhebungen oder Verwendungen (z. B. der Übermittlung an bestimmte Empfänger) widersprochen wird.

§ 20 Berichtigung, Löschung und Sperrung von Daten

23   **6.2** Das Erhebungs- bzw. Verwendungsverbot nach Absatz 5 tritt nicht automatisch mit dem Widerspruch ein, sondern erst, wenn eine **Prüfung** der verantwortlichen Stelle zu dem Ergebnis gelangt, dass das **schutzwürdige Interesse** der betroffenen Person wegen ihrer besonderen persönlichen Situation das Interesse der verantwortlichen Stelle **überwiegt**. Es reicht nicht aus, dass der Betroffene den Widerspruch lediglich damit begründet, ihm missfalle die Verarbeitung. Auch dies wäre ein Interesse. Es kann aber nicht ausreichen, denn die dem Widerspruch zugrunde liegende Verarbeitung oder Nutzung ist rechtmäßig. Zusätzlich zu dem reinen Interesse des Betroffenen muss er darlegen, dass die Verwendung seiner Daten ihn in seiner **besonderen persönlichen** (gesellschaftlichen, sozialen, wirtschaftlichen, rechtlichen oder familiären) **Situation** nachteilig trifft oder berührt und er aus diesem Grunde ein Interesse an der Nichtverwendung seiner Daten hat. Dabei ist nach Auffassung der Bundesregierung ein strenger Maßstab anzulegen. Als Beispielsfälle verweist sie in den Amtlichen Begründung zu dem Gesetzentwurf (BT-Drs. 14/4329, S. 41) auf Widerspruchsrechte in anderen Gesetzen, z. B. § 7 Nr. 5 MRRG, § 76 Abs. 2 Nr. 1 SGB X. Das Interesse des Betroffenen ist abzuwägen gegen das der verantwortlichen Stelle. Die Meldebehörde darf eine einfache Melderegisterauskunft (§ 21 Abs. 1 MRRG) nicht erteilen, wenn diese erkennbar für Zwecke der Direktwerbung begehrt wird oder der Betroffene einer Weitergabe seiner Daten für solche Zwecke zuvor ausdrücklich widersprochen hat (BVerwG, NJW 2006, 3367; dazu Dix, DuD 2006, 678). Einer Interessenabwägung bedarf es nicht, wenn eine **Rechtsvorschrift** zur Erhebung, Verarbeitung oder Nutzung verpflichtet. Der Widerspruch ist dann unter Hinweis darauf abzulehnen. Die Ausschlussregelung des Satzes 2 besagt gleichzeitig, dass immer dann, wenn eine gesetzliche Verpflichtung der angeführten Art nicht besteht, Widerspruch eingelegt werden kann. Dies ist wichtig zur Klarstellung, dass der Widerspruch nicht auf Verarbeitungen begrenzt ist, die ihre Grundlage im BDSG haben.

24   **6.3** Die Entscheidung über den Widerspruch ist ein **Verwaltungsakt**. Lehnt die verantwortliche Stelle ab, weil sie bei ihrer Interessenabwägung zu einem für den Betroffenen negativen Ergebnis gelangt, kann dieser Anfechtungsklage beim Verwaltungsgericht erheben. Lehnt sie ihn ab, weil nach Satz 2 eine Rechtsvorschrift zur Erhebung, Verarbeitung oder Nutzung verpflichtet, ist dies zunächst eine Rechtsauskunft. Der Betroffene kann auch dagegen mit der Anfechtungsklage vorgehen oder sich zunächst an den BfDI wenden (§ 21). In jedem Falle sollte der behördliche Datenschutzbeauftragte an der Prüfung und Entscheidung über den Widerspruch beteiligt werden. Zweckmäßig wird es sein, dies auch gegenüber dem Betroffenen zum Ausdruck zu bringen.

7. Sperrung in Akten

25   **7.1** Für in Akten gespeicherte Daten enthält Absatz 6 eine Sonderregelung. Grundsätzlich gilt das Gebot der **Aktenvollständigkeit** (BVerfG, NJW 1983, 2135; BVerwG, RDV 1989, 235: zum Anspruch des Beamten auf Entfernung disziplinarrechtlicher Voremittlungsakten aus seiner Personalakte). Der Grundsatz der Aktenvollständigkeit ist in § 16 Abs. 3 BDG und § 112 BBG im Interesse der **Resozialisierung** des Beschäftigten durchbrochen. Aus dem Gebot der Aktenvollständigkeit folgt grundsätzlich das Verbot, ganze Akten zu vernichten, Teile einer Akte zu entfernen oder einzelne Angaben, die zu Recht in die Akte aufgenommen wurden, zu löschen. Dies schließt jedoch Ansprüche des Betroffenen auf Entfernung oder Löschung bestimmter Aktenteile im Einzelfall nicht aus (VGH Mannheim, NJW 1987, 2762; VG Darmstadt, NJW 1981, 69; § 2 Abs. 6, § 100a Abs. 4 Satz 3, § 100c Abs. 5 Satz 2 StPO). Desgleichen kann ein Vernichtungs- oder Entfernungsanspruch bestehen, wenn Akten oder Teile davon **rechtswidrig** angelegt oder weiter geführt

Berichtigung, Löschung und Sperrung von Daten § 20

werden (VG Frankfurt a.M., NJW 1988, 1613; BAG, NJW 1989, 2562; Hess. VGH, RDV 1993, 246 f.; VG Stuttgart, RDV 1993, 250).

7.2 Abgesehen von diesen Ausnahmefällen sind in Akten gespeicherte personenbezogene Daten zu sperren, wenn die verantwortliche Stelle (die Verwendung des Begriffs „Behörde" ist wohl ein Redaktionsversehen) im Einzelfall, d. h. im Zuge der Bearbeitung eines Vorgangs, die aufgeführten Voraussetzungen feststellt. Die verantwortliche öffentliche Stelle ist also nicht generell verpflichtet, ihre Akten laufend daraufhin zu überprüfen, ob personenbezogene Daten zu sperren sind (Dörr/Schmidt, BDSG 90 § 20 Rn. 10). 26

7.3 Hinsichtlich der Voraussetzungen trägt die Regelung den Besonderheiten der Speicherung in einer Akte Rechnung: Es muss zu befürchten sein, dass schutzwürdige Interessen des Betroffenen beeinträchtigt werden, sofern die Daten nicht gesperrt werden. Ferner muss es sich nach dem Wortlaut des Absatzes 6 um Daten handeln, die für den aktuellen Verwaltungsvollzug nicht mehr erforderlich sind. Absatz 5 gilt nur für **rechtmäßig gespeicherte Daten**. Ist die Speicherung der Daten unzulässig, ergibt sich ein Verwendungsverbot aus § 4 Abs. 1 (siehe Rn. 10). 27

7.4 Die Sperrung erfolgt nach § 3 Abs. 4 Nr. 4 durch entsprechende **Kennzeichnung.** Ist das zu sperrende Datum eine einzelne Angabe in der Akte, genügt ein gezielter Hinweis auf dem Aktenblatt, verbunden mit einem weiteren Hinweis auf dem Aktendeckel. Bezieht sich die Sperrung auf ein Datum, das mehrfach in der Akte aufgeführt ist, reicht ein Hinweis auf dem Aktendeckel aus. Der generelle Hinweis auf dem Aktendeckel sollte die Information enthalten, dass die Akte „nach § 20 Abs. 6 BDSG gesperrte Daten" enthält. Nützlich wäre auch ein Hinweis auf die Rechtsfolgen nach Absatz 7. Zusätzlich zu der Kennzeichnung wird die speichernde Stelle nach § 9 durch geeignete technische und organisatorische Maßnahmen sicherzustellen haben, dass die Akten mit den gesperrten Daten nur nach Maßgabe des Absatzes 6 übermittelt oder genutzt werden. 28

8. Rechtsfolgen der Sperrung

8.1 **Absatz 7** regelt die Rechtsfolgen der Sperrung. Grundsätzlich dürfen gesperrte Daten nicht mehr übermittelt oder sonst genutzt werden. Damit soll ein umfassendes **Verwertungsverbot** zum Ausdruck gebracht und jede denkbare weitere Nutzung verboten werden. Die Daten bleiben jedoch gespeichert. Das Verbot bezieht nicht auch die Speicherung mit ein; dies würde die Sperrung überflüssig machen. Die Rechte des Betroffenen auf Auskunft und Berichtigung bleiben unberührt. Dritten dürfen weder die gesperrten Daten noch die Tatsache der Sperrung mitgeteilt werden. Eine Mitteilung des Inhalts „Datenfeld X ist gesperrt" ließe den Schluss zu, dass dort dem Betroffenen nachteilige Daten gespeichert waren und auf sein Betreiben gesperrt worden sind. Eine solche Mitteilung wäre mit dem Schutzzweck der Sperrung unvereinbar. Nicht erwähnt ist ferner die Veränderung. Zu Recht, denn auch gesperrte Daten sind zu berichtigen, wenn sie unrichtig sind. 29

8.2 Selbstverständlich dürfen gesperrte Daten mit **Einwilligung** des Betroffenen übermittelt oder genutzt werden. Dies ergibt sich schon aus § 4 Abs. 1; es brauchte hier nicht eigens erwähnt zu werden. Ohne die Einwilligung dürfen sie nur in den genannten Ausnahmefällen übermittelt oder genutzt werden. Es fehlt hier aber wohl ein Hinweis auf Absatz 3 Nr. 1. Daten, die auf Grund spezieller Aufbewahrungsvorschriften gesperrt sind, müssen auch ohne Einwilligung übermittelt oder genutzt werden können, wenn der Zweck, zu dem sie aufbewahrt werden, eintritt. 30

8.3 Die Möglichkeit, gesperrte Daten zu **wissenschaftlichen Zwecken** zu nutzen (Abs. 7 Nr. 1 1. Alt.), eröffnet angesichts der Unklarheit darüber, was unter wissenschaftlichen Zwecken zu verstehen ist, vielfältige Möglichkeiten, gesperrte Daten wieder zu reaktivieren. Der verantwortlichen Stelle obliegt es, darüber zu 31

§ 20 Berichtigung, Löschung und Sperrung von Daten

entscheiden, ob sie die Daten freigibt oder nicht. Sie muss verlangen, dass ihr der wissenschaftliche Zweck substantiiert dargelegt wird, sofern er nicht offenkundig ist (siehe zur wissenschaftlichen Forschung auch § 14 Rn. 23, 32). Der Zugang darf nur dann gewährt werden, wenn die Nutzung zur Erreichung des wissenschaftlichen Zweckes unerlässlich ist, der Zweck also ohne die Kenntnis der Daten oder auf andere Weise nicht erreichbar wäre (OVG Münster, NJW 1988, 90). „Unerlässlich" ist schärfer als „erforderlich".

32   8.4 Gesperrte Daten können nach Nr. 1 zweite Alternative ferner zur Behebung einer bestehenden **Beweisnot** übermittelt oder genutzt werden. Eine Beweisnot liegt vor, wenn entscheidungserhebliche Tatsachen nicht anders als durch Vorlage gesperrter Daten bewiesen werden können (Mallmann in: Simitis, BDSG § 20 Rn. 73; ausführlich zum Begriff der Beweisnot OVG Münster NJW 1988, 90). Mallmann will sie allerdings nur im Rahmen eines förmlichen Verfahrens mit festen Beweislastregelungen als gegeben ansehen. Dies erscheint zu eng. Ist das Beweismittel vorhanden (z. B. Karteikarte eines Patienten mit Sperrvermerk), läge es auch nicht im Interesse des Betroffenen, wenn der Prozess erst eingeleitet und geführt werden müsste, um es präsentieren zu können. Daher sollte auch im Vorfeld des förmlichen Verfahrens das Datum schon genutzt werden können (offen gelassen von OVG Münster, NJW 1988, 90). Die gesperrten Daten müssen zur Behebung einer **bestehenden** Beweisnot benötigt werden. Damit wird verdeutlicht, dass die Entsperrung nur zum Zweck der Behebung der **akuten Beweisnot** vorgenommen werden darf, nicht schon im Hinblick auf eine demnächst etwa zu erwartende Situation, in der sich eine Beweisnot ergeben könnte. Schließlich dürfen nur die zur Beweisführung **unerlässlichen Daten** entsperrt werden. Die Beweisnot muss nicht eine solche der speichernden Stelle sein. Auch wenn ein **Dritter in Beweisschwierigkeiten** gerät, die nur durch Vorlage des gesperrten Datums behoben werden können, ist die Entsperrung zulässig.

33   8.5 Die dritte Ausnahmemöglichkeit erfordert eine sorgfältige Abwägung zwischen dem Interesse der verantwortlichen Stelle oder eines Dritten und den schutzwürdigen Belangen des Betroffenen. Nur im Falle **überwiegenden Interesses** ist die Aufhebung der Sperrung zulässig. Ohne Beteiligung des Betroffenen wird die Abwägung in der Regel nicht möglich sein. Auch im Falle der Bejahung eines überwiegenden Interesses kann die Nutzung daran scheitern, dass die Kenntnis der Daten zur Befriedigung dieses Interesses nicht unerlässlich notwendig ist. Das Interesse der verantwortlichen Stelle muss deutlich überwiegen. Wird hier kein strenger Maßstab angelegt, würde die Ausnahme zum Regelfall der Entsperrung. Ein überwiegendes Interesse der verantwortlichen Stelle wird bejaht werden können, wenn die gesperrten Daten zum Wiederaufbau einer zerstörten oder abhanden gekommenen Datei unerlässlich sind.

34   8.6 Ist einer der in Absatz 7 Nr. 1 aufgeführten Ausnahmetatbestände erfüllt, ist damit die Übermittlung noch nicht zulässig. Es ist ferner zu **prüfen**, ob die Daten zu dem vorgesehenen Zweck (hierfür) nach den allgemeinen Vorschriften (§§ 15, 16) übermittelt oder genutzt werden dürften, wenn sie nicht gesperrt wären. Dies gilt namentlich in den Fällen, in denen Daten zu Zwecken wissenschaftlicher Forschung übermittelt werden sollen. Da mit der Übermittlung im Regelfall eine Zweckänderung verbunden ist, sind nach § 15 und § 26 i. V. m. § 14 Abs. 2 Nr. 9 die dort aufgeführten Zulässigkeitsvoraussetzungen zu prüfen.

9. Nachberichtspflicht

35   9.1 Absatz 8 regelt die sog. **Anschlussberichtigung.** Die Vorschrift ist auf Grund der EG-DatSchRL (Art. 12 Buchst. c) leicht geändert worden. Weggefallen ist die Einschränkung, dass die Nachberichtspflicht nur dann besteht, wenn personenbezo-

Berichtigung, Löschung und Sperrung von Daten **§ 20**

gene Daten im Rahmen einer regelmäßigen Übermittlung zur Speicherung weitergegeben werden. Neu ist die Einschränkung, dass nur dann zu berichten ist, wenn es keinen unverhältnismäßigen **Aufwand** erfordert und **schutzwürdige Interessen** des Betroffenen **nicht entgegenstehen**. Normadressaten sind die verantwortlichen Stellen, die die Berichtigung, Sperrung oder Löschung vorgenommen haben. Sie haben grundsätzlich alle diejenigen Stellen zu unterrichten, denen sie die zu berichtigenden Daten zum Zwecke der Speicherung übermittelt haben. Die so benachrichtigten Empfänger sind dann nach § 20 Abs. 1 ebenfalls verpflichtet, die bei ihnen gespeicherten Daten daraufhin zu überprüfen, ob sie berichtigt, gesperrt oder gelöscht werden müssen. Dies muss nicht immer sein. Ist ein Datum bei der verantwortlichen Stelle wegen nachträglich eingetretener Unzulässigkeit der Speicherung gelöscht worden, muss dies nicht unbedingt auch beim Empfänger der Fall sein. Hat er das Datum vor Eintritt der Unzulässigkeit erhalten und erlaubt der Zweck der Speicherung bei ihm die weitere Verarbeitung, ist nicht zu löschen.

9.2 Bei gesperrten Daten ist nur zu unterrichten, wenn sie nach Absatz 4 vom 36 **Betroffenen bestritten** worden sind und deswegen die Sperrung erfolgte. Sind sie gesperrt worden, weil sie zur Aufgabenerfüllung nicht mehr erforderlich sind, kann die Unterrichtung entfallen, weil dies von jeder verantwortlichen Stelle für ihren speziellen Aufgabenbereich gesondert geprüft werden muss.

9.3 Weiter ist nachzuberichten, wenn die Daten wegen Unzulässigkeit der Spei- 37 cherung gelöscht (Abs. 2 Nr. 1) oder gesperrt (Abs. 2 Nr. 1 i. V. m. Abs. 3) werden mussten.

9.4 Die Nachberichtspflicht **entfällt**, wenn sie einen **unverhältnismäßigen** 38 **Aufwand** erfordern würde. Dies kann der Fall sein, wenn es sich um die Berichtigung marginaler Fehler, wie offensichtliche **Schreibversehen** oder andere unerhebliche Korrekturen handelt. Der Aufwand kann auch dann unverhältnismäßig sein, wenn die Ermittlung der Empfänger sich schwierig gestaltet. Hat der Betroffene ein Interesse an der Korrektur der Daten, steht es ihm frei, sich selbst darum in geeigneter Weise zu bemühen. Möglich ist auch, dass seine Interessen einer Korrektur entgegenstehen. Die Nachberichtspflicht der verantwortlichen Stelle entfällt jedoch nur dann, wenn **schutzwürdige Interessen** des Betroffenen entgegenstehen. Dies kann zu bejahen sein, wenn die Daten, die an die Stelle der zu korrigierenden treten sollen, für den Betroffen ungünstiger sind und der Empfänger diese Daten nicht zu seiner Aufgabenerfüllung benötigt.

10. Vorrang des Bundesarchivgesetzes

Absatz 9, der die verantwortliche Stelle verpflichtet, archivwürdige Daten dem 39 Bundesarchiv anzubieten, stellt klar, dass § 20 keine dem Bundesarchivgesetz vorgehende Rechtsvorschrift ist. Daten, die nach § 2 Abs. 1 BArchG dem zuständigen Bundes- oder Landesarchiv angeboten und als nicht archivwürdig angesehen wurden, sind zu löschen.

11. Streitigkeiten

Die Ablehnung eines Antrags auf Berichtigung, Sperrung oder Löschung ist ein 40 Verwaltungsakt. Der Betroffene kann sich an den BfDI wenden oder nach Widerspruch das zuständige Gericht (Verwaltungsgericht, Sozialgericht) mit der Verpflichtungsklage/Untätigkeitsklage anrufen (siehe zur Löschung VGH Kassel, NJW 2005, 2727; zur Auskunftssperre im Melderegister BVerwG, NJW 2006, 3367). Wenn im Hauptsacheverfahren die Löschung begehrt wird, so kann im Verfahren nach § 123 VwGO eine Datensperrung in Betracht kommen (Hess. VGH, RDV 1991, 149).

12. Landesrecht

41 12.1 Bei der **Berichtigung** in Akten oder Karteien haben Brandenburg (§ 19 Abs. 1 Satz 2), Hamburg (§ 19 Abs. 1 Satz 2), Mecklenburg-Vorpommern (§ 13 Abs. 1 Satz 2), Nordrhein-Westfalen (§ 19 Abs. 1 Satz 2) und Rheinland-Pfalz (§ 19 Abs. 1 Satz 2) spezielle Regelungen erlassen. Es ist kenntlich zu machen, wann und warum die Daten unrichtig geworden sind. In Baden-Württemberg (§ 22 Abs. 5), Rheinland-Pfalz (§ 19 Abs. 2), Sachsen (§ 19 Abs. 2) und Schleswig-Holstein (§ 28 Abs. 5) sind die Empfänger der berichtigten (gelöschten und gesperrten) Daten zu benachrichtigen, wenn das ohne unverhältnismäßigen Aufwand möglich ist.

42 12.2 Die materiellen Voraussetzungen für die **Löschung** entsprechen denen des BDSG. In Baden-Württemberg (§ 23 Abs. 2 und 3), Bayern (Art. 12 Abs. 4 Satz 2 und Abs. 8), Berlin (§ 17 Abs. 6), Brandenburg (§ 19 Abs. 2 Satz 2), Bremen (§ 22 Abs. 4), Hamburg (§ 19 Abs. 3 Satz 2 und Abs. 4), Hessen (§ 19 Abs. 6), Mecklenburg-Vorpommern (§ 13 Abs. 4), Niedersachsen (§ 17 Abs. 3 Satz 2), Nordrhein-Westfalen (§ 19 Abs. 3 Satz 2), dem Saarland (§ 21 Abs. 3 Satz 2), Sachsen-Anhalt (§ 16 Abs. 2 Satz 2), Sachsen (§ 20 Abs. 2), Schleswig-Holstein (§ 28 Abs. 2 Satz 3) und Thüringen (§ 16 Abs. 2) sind personenbezogene Daten in Akten zu löschen, wenn die gesamte Akte zur Aufgabenerfüllung nicht mehr erforderlich ist, allerdings mit dem Vorbehalt, dass sie zuvor dem zuständigen Archiv anzubieten sind.

43 12.3 Die **Sperrung** ist im BDSG primär als Ersatz für eine aus rechtlichen oder tatsächlichen Gründen unmögliche Löschung vorgesehen; originäre Rechtsfolge ist sie nur in den sog. Non-Liquet-Fällen. Die Abweichungen in den landesrechtlichen Regelungen sind gering. Nicht mehr zur Aufgabenerfüllung erforderliche Daten sind in Brandenburg (§ 19 Abs. 3 Buchst. b), Hamburg (§ 19 Abs. 2 Nr. 2), Mecklenburg-Vorpommern (§ 13 Abs. 3 Nr. 4 und § 25 Abs. 1 und 2) und Nordrhein-Westfalen (§ 19 Abs. 2 Buchst. b) statt der Löschung zu sperren, wenn der Betroffene dies an Stelle der Löschung verlangt. Die weitere Verarbeitung gesperrter Daten ist nach § 22 Abs. 1 Satz 4 BremDSG, § 19 Abs. 2 Satz 3 HDSG, § 19 Abs. 5 LDSG RPf und § 21 Abs. 4 SächsDSG nur zur Behebung einer Beweisnot zulässig, oder wenn es wegen des rechtlichen Interesses eines Dritten unerlässlich ist, entsprechend mit etwas weitergehenden Ausnahmemöglichkeiten, § 15 Abs. 3 ThürDSG. In Berlin dürfen gesperrte Daten – auch bei Vorliegen der sonstigen Voraussetzungen – nur mit Einwilligung des Betroffenen übermittelt oder sonst genutzt werden (§ 17 Abs. 2 Satz 3). In Baden-Württemberg gilt der Einwilligungsvorbehalt für personenbezogene Daten, die unzulässig in Akten gespeichert sind (§ 24 Abs. 4 Satz 2). Eine besondere Regelung zur Sperrung für den Fall der Klärung von Schadensersatzansprüchen wegen einer (unzulässigen) Nutzung von Daten hat Mecklenburg-Vorpommern (§ 25 Abs. 2).

44 12.4 Die **Nachberichtspflicht** bei der Berichtigung, Sperrung oder Löschung gilt in Bayern (Art. 13), Baden-Württemberg (§ 23 Abs. 5, § 24 Abs. 5 i. V. m. § 22 Abs. 2), Brandenburg (§ 19 Abs. 5), Bremen (§ 22 Abs. 5), Hamburg (§ 19 Abs. 5), Hessen (§ 19 Abs. 5), Mecklenburg-Vorpommern (§ 13 Abs. 7), Niedersachsen (§ 17 Abs. 4), Nordrhein-Westfalen (§ 19 Abs. 5), Rheinland-Pfalz (§ 19 Abs. 6), dem Saarland (§ 21 Abs. 5), Sachsen (§ 19 Abs. 2, § 21 Abs. 5), Sachsen-Anhalt (§ 16 Abs. 6) und Schleswig-Holstein (§ 28 Abs. 5) zwar in allen Fällen der Übermittlung an Dritte (nicht nur bei regelmäßiger Übermittlung); dafür kann sie unterbleiben, wenn der damit verbundene Aufwand zu hoch ist. In Berlin (§ 17 Abs. 5) und Thüringen (§ 17) hat die Benachrichtigung nur bei regelmäßiger Übermittlung zu erfolgen.

45 12.5 In Hamburg sind in automatisierten Dateien gespeicherte Daten regelmäßig alle vier Jahre auf ihre Erforderlichkeit hin zu überprüfen und die Datenbestände zu bereinigen (§ 19 Abs. 6).

Berichtigung, Löschung und Sperrung von Daten **§ 20**

12.6 Das **Widerspruchsrecht** des Betroffenen haben alle Landesdatenschutzgesetze übernommen (§ 4 Abs. 6 LDSG BW; Art. 15 Abs. 5 BayDSG; § 17 Abs. 7 BlnDSG; § 4b BbgDSG; § 22a BremDSG; § 5 Abs. 3 HmbDSG; § 7 Abs. 5 HDSG; § 25 Abs. 3 DSG M-V; § 17a NDSG; § 4 Abs. 5 DSG NRW; § 19 Abs. 4 LDSG RPf; § 22 SächsDSG; § 22 SDSG; § 4 Abs. 4 und § 35 DSG-LSA; § 29 LDSG S-H; § 32 ThürDSG). **46**

§ 21 Anrufung des Bundesbeauftragten für den Datenschutz und die Informationsfreiheit

¹Jedermann kann sich an den Bundesbeauftragten für den Datenschutz und die Informationsfreiheit wenden, wenn er der Ansicht ist, bei der Erhebung, Verarbeitung oder Nutzung seiner personenbezogenen Daten durch öffentliche Stellen des Bundes in seinen Rechten verletzt worden zu sein. ²Für die Erhebung, Verarbeitung oder Nutzung von personenbezogenen Daten durch Gerichte des Bundes gilt dies nur, soweit diese in Verwaltungsangelegenheiten tätig werden.

Literatur: Vgl. die Hinweise zu § 23.

Übersicht

	Rn.
1. Allgemeines	1
2. Berechtigte	2
3. Voraussetzung der Anrufung	3
4. Bearbeitung der Anrufung	6
5. Landesrecht	7

1. Allgemeines

1   Zu den „Rechten des Betroffenen" gehört die Anrufung des Datenschutzbeauftragten (OVG Münster, RDV 1994, 43). Die Tätigkeitsberichte des Bundesbeauftragten lassen erkennen, dass die Bürger ihr Anrufungsrecht wahrnehmen und der Bundesbeauftragte als Ombudsmann und Anwalt des Bürgers breite Akzeptanz gefunden hat. Zu einem guten Teil ist dies auch auf die Persönlichkeiten der Bundesbeauftragten und deren Amtsführung zurückzuführen. Das Anrufungsrecht entspricht dem Petitionsrecht nach Art. 17 GG. Es besteht selbstständig neben jenem sowie dem Recht, sich an die Gerichte zu wenden. Die Schaffung des eigenständigen Anrufungsrechts bietet dem Bürger die Gewähr, dass sein Anliegen von einer sachkundigen Stelle mit großem Einfühlungsvermögen für seine Besorgnisse und Probleme bearbeitet wird.

2. Berechtigte

2   Anrufungsberechtigt ist **jedermann,** der bei der Erhebung, Verarbeitung oder Nutzung seiner personenbezogenen Daten in seinen Rechten verletzt werden kann. Dies ist der **Betroffene,** zu dessen Schutz das BDSG erlassen worden ist. Ein Dritter, dessen Daten nicht verarbeitet werden, der aber von einer unrechtmäßigen Datenverarbeitung erfährt, kann sich selbstverständlich an den Bundesbeauftragten wenden und ihm dies mitteilen, es handelt sich dabei aber nicht um eine Anrufung nach § 21. Entsprechendes gilt für juristische Personen, die nicht Betroffene sein können, weil das BDSG nur „personenbezogene" Daten natürlicher Personen schützt (§ 3 Abs. 1). **Personalvertretungen** haben ebenfalls kein originäres Anrufungsrecht. Sie unterliegen bei der Einschaltung Dritter überdies den Einschränkungen des § 66 Abs. 3 BPersVG. Dies schließt aber nicht aus, dass sie den Bundesbeauftragten um Beratung ersuchen. Ruft der Betroffene den Datenschutzbeauftragten an und beschwert sich über seinen Dienstherrn, so darf er deswegen nicht gemaßregelt werden (OVG Münster, RDV 1994, 43).

3. Voraussetzung der Anrufung

3.1 Das Anrufungsrecht wird nur ausgelöst, wenn der Betroffene tatsächlich oder vermeintlich bei der Erhebung, Verarbeitung oder Nutzung seiner personenbezogenen Daten in **seinen Rechten verletzt** worden ist. Welche Rechte dies sind, ergibt sich aus dem Gesetz nicht. Die sich zunächst anbietende Annahme, es müsste eines der Rechte des 2. Abschnitts verletzt sein, erweist sich als zu eng. Einhellige Auffassung war daher auch bisher schon, dass das Anrufungsrecht selbstverständlich im Falle einer Verletzung der **Betroffenenrechte** besteht, darüber hinaus aber auch dann, wenn die Erhebung, Verarbeitung oder Nutzung unzulässig ist oder eine Hinweis- bzw. Aufklärungs**pflicht** verletzt wurde. Diesen Pflichten der verantwortlichen Stelle stehen entsprechende Rechte des Betroffenen gegenüber (Dammann in: Simitis, BDSG § 21 Rn. 8). Er kann sich zu deren Durchsetzung an den Bundesbeauftragten wenden, aber auch die Gerichte anrufen. Letzteres erweist sich als schwieriger, weil die Substantiierungspflicht seines Begehrens höher ist. Dort reicht es nicht aus, lediglich der Ansicht zu sein, ein Recht sei verletzt worden. Auch Datenschutzvorschriften außerhalb des BDSG gehören zu den Rechten, deren Verletzung der Betroffene durch Anrufung des Bundesbeauftragten anfechten kann (Dammann in: Simitis, BDSG § 21 Rn. 7).

3.2 Die tatsächliche oder vermeintliche Rechtsverletzung muss durch eine öffentliche Stelle des Bundes erfolgt sein. Bei **Gerichten des Bundes** gilt nach Satz 2 die Einschränkung, dass die Anrufung nur in den Fällen möglich ist, in denen personenbezogene Daten im Zuge der Bearbeitung von **Justizverwaltungsangelegenheiten** erhoben, verarbeitet oder genutzt werden. Nur insoweit hat auch der Bundesbeauftragte ein Kontrollrecht (§ 24 Abs. 3). Eingaben, die sich auf Rechtsverletzungen außerhalb des Bundes beziehen, sind dem Petenten mangels Zuständigkeit zurückzugeben oder der zuständigen Datenschutzkontrollinstitution zuzuleiten, sofern anzunehmen ist, dass der Betroffene damit einverstanden ist. Anderenfalls ist sein Einverständnis in geeigneter Weise einzuholen (Dammann in: Simitis, BDSG § 21 Rn. 11).

3.3 Das Anrufungsrecht ist nicht an die Voraussetzung geknüpft, dass eine **Rechtsverletzung tatsächlich** vorliegt. Es reicht aus, wenn der Betroffene **meint,** in seinen Rechten verletzt worden zu sein. Er braucht auch nicht präzise anzugeben, welche Rechtsvorschrift er als verletzt ansieht. Er kann sich auf eine Darstellung des Sachverhalts beschränken. Allerdings sollte er darlegen, in welcher Weise er meint, durch die Datenverarbeitung beeinträchtigt worden zu sein. Hier werden unter Umständen Nachfragen des Bundesbeauftragten notwendig werden. Der Betroffene braucht auch nicht abzuwarten, bis eine Rechtsverletzung abgeschlossen ist; auch wenn sie noch andauert, kann er sich an den Bundesbeauftragten wenden. Die Anrufung kann formlos, schriftlich, mündlich oder zu Protokoll der Dienststelle des Bundesbeauftragten eingelegt werden. Sie ist an keine Frist gebunden.

4. Bearbeitung der Anrufung

Der Bundesbeauftragte hat die Anrufung durch den Betroffenen **entgegenzunehmen,** sie zu **bearbeiten** und ihn über das Ergebnis in geeigneter Weise zu **unterrichten.** Dies ergibt sich aus den zum Petitionsrecht entwickelten Grundsätzen (BVerwG, NJW 1977, 118). Er hat den Sachverhalt in tatsächlicher und rechtlicher Hinsicht im Rahmen der ihm gegebenen Kontrollbefugnisse zu ermitteln. Stellt er eine Rechtsverletzung fest, kann er auf **Abhilfe** hinwirken. Der Betroffene hat aber keinen Anspruch darauf, dass seinem Begehren in allen Einzelheiten entsprochen wird (OVG Münster, RDV 1994, 138). Gleichfalls gibt es keinen Rechtsanspruch des Betroffenen, dass der Bundesbeauftragte eine Beanstandung ausspricht

(VGH München, NJW 1989, 2643). Die generelle Ablehnung eines Akteneinsichtsrechts des Betroffenen in Akten des Datenschutzbeauftragten (vgl. VGH München, a. a. O.) kann wegen § 19 und des zwischenzeitlich in Kraft getretenen IFG nicht mehr aufrechterhalten werden. In der Wahl des Verfahrens ist der Bundesbeauftragte frei. Er wird dabei zu bedenken haben, dass das Vertrauensverhältnis zu dem Betroffenen nicht beeinträchtigt wird. Dies gilt namentlich in Fällen, in denen dieser Rechtsverletzungen behauptet, die sich später als unzutreffend erweisen und damit eine **falsche Verdächtigung** nach § 164 StGB darstellen könnten. Diese wird bestraft, wenn sie wider besseres Wissen, also vorsätzlich erfolgt. Der Bundesbeauftragte ist jedoch nicht verpflichtet, zur Einleitung eines Strafverfahrens beizutragen. Er wird die Eingabe so bearbeiten, dass dem Petenten daraus keine Nachteile erwachsen. Erfolgte die Anrufung **ersichtlich wider besseres Wissen** oder gar in beleidigender Absicht, ist der Bundesbeauftragte berechtigt, deren Annahme oder Bearbeitung abzulehnen (Dammann in: Simitis, BDSG § 21 Rn. 27). Die abschließende Unterrichtung des Betroffenen ist kein Verwaltungsakt. Es wird kein Einzelfall geregelt, die Unterrichtung ist auch nicht auf unmittelbare Rechtswirkungen nach außen gerichtet (Dammann in: Simitis, BDSG § 21 Rn. 28). Wird er jedoch in einem Normalfall auf eine Anrufung hin nicht tätig oder nimmt er sie nicht an, kann der Betroffene sich an das Verwaltungsgericht wenden.

5. Landesrecht

7   Das Anrufungsrecht nach dem Vorbild des § 21 haben alle Landesdatenschutzgesetze übernommen. Die meisten Gesetze enthalten überdies noch ein Verbot jeglicher Benachteiligungen derjenigen, die das Anrufungsrecht wahrnehmen (§ 27 Abs. 1 Satz 2 LDSG BW; § 21 Abs. 2 BbgDSG; § 22b Abs. 1 Satz 2 BremDSG; § 26 Abs. 2 Satz 1 HmbDSG; § 28 Abs. 1 Satz 2 HDSG; § 19 Abs. 1 NDSG; § 25 Abs. 2 DSG NRW; § 23 Abs. 2 SDSG; § 24 Abs. 1 Satz 3 SächsDSG; § 19 DSG-LSA; § 11 Abs. 2 ThürDSG). Angehörige des öffentlichen Dienstes der Länder können sich direkt – ohne Einhaltung des Dienstweges – an den Landesbeauftragten für den Datenschutz wenden (§ 27 Satz 2 Bln DSG; § 21 Abs. 1 BbgDSG; § 22b Satz 1 BremDSG; § 26 Abs. 2 Satz 2 HmbDSG; § 28 Abs. 2 HDSG; § 26 DSG M-V; § 19 Abs. 2 NDSG; § 25 Abs. 1 DSG NRW; § 40 Satz 2 LDSG SH).

Dritter Unterabschnitt. Bundesbeauftragter für den Datenschutz und die Informationsfreiheit

§ 22 Wahl des Bundesbeauftragten für den Datenschutz und die Informationsfreiheit

(1) ¹Der Deutsche Bundestag wählt auf Vorschlag der Bundesregierung den Bundesbeauftragten für den Datenschutz und die Informationsfreiheit mit mehr als der Hälfte der gesetzlichen Zahl seiner Mitglieder. ²Der Bundesbeauftragte muss bei seiner Wahl das 35. Lebensjahr vollendet haben. ³Der Gewählte ist vom Bundespräsidenten zu ernennen.

(2) ¹Der Bundesbeauftragte leistet vor dem Bundesminister des Innern folgenden Eid:
„Ich schwöre, dass ich meine Kraft dem Wohle des deutschen Volkes widmen, seinen Nutzen mehren, Schaden von ihm wenden, das Grundgesetz und die Gesetze des Bundes wahren und verteidigen, meine Pflichten gewissenhaft erfüllen und Gerechtigkeit gegen jedermann üben werde. So wahr mir Gott helfe."
²Der Eid kann auch ohne religiöse Beteuerung geleistet werden.

(3) ¹Die Amtszeit des Bundesbeauftragten beträgt fünf Jahre. ²Einmalige Wiederwahl ist zulässig.

(4) ¹Der Bundesbeauftragte steht nach Maßgabe dieses Gesetzes zum Bund in einem öffentlich-rechtlichen Amtsverhältnis. ²Er ist in Ausübung seines Amtes unabhängig und nur dem Gesetz unterworfen. ³Er untersteht der Rechtsaufsicht der Bundesregierung.

(5) ¹Der Bundesbeauftragte wird beim Bundesministerium des Innern eingerichtet. ²Er untersteht der Dienstaufsicht des Bundesministeriums des Innern. ³Dem Bundesbeauftragten ist die für die Erfüllung seiner Aufgaben notwendige Personal- und Sachausstattung zur Verfügung zu stellen; sie ist im Einzelplan des Bundesministeriums des Innern in einem eigenen Kapitel auszuweisen. ⁴Die Stellen sind im Einvernehmen mit dem Bundesbeauftragten zu besetzen. ⁵Die Mitarbeiter können, falls sie mit der beabsichtigten Maßnahme nicht einverstanden sind, nur im Einvernehmen mit ihm versetzt, abgeordnet oder umgesetzt werden.

(6) ¹Ist der Bundesbeauftragte vorübergehend an der Ausübung seines Amtes verhindert, kann der Bundesminister des Innern einen Vertreter mit der Wahrnehmung der Geschäfte beauftragen. ²Der Bundesbeauftragte soll dazu gehört werden.

Literatur: Vgl. die Hinweise zu § 23.

Übersicht

	Rn.
1. Allgemeines	1
2. Wahl	2
3. Amtseid	6
4. Amtszeit	7
5. Amtsstellung	9
6. Organisation	12

§ 22 Wahl des Bundesbeauftragten für den Datenschutz

	Rn.
7. Vertretung	13
8. Landesrecht	14

1. Allgemeines

1 Durch das Volkszählungsurteil ist die Einrichtung unabhängiger Datenschutzkontrollinstitutionen eindrucksvoll bestätigt worden: „Wegen der für den Bürger bestehenden Unsicherheit der Speicherung und Verwendung von Daten unter den Bedingungen der automatischen Datenverarbeitung und auch im Interesse eines vorgezogenen Datenschutzes durch rechtzeitige Vorkehrungen ist die Beteiligung unabhängiger Datenschutzbeauftragter von erheblicher Bedeutung für einen effektiven Schutz des Rechts auf informationelle Selbstbestimmung." (BVerfGE 65, 1 (46); zur Frage des verfassungsrechtlichen Erfordernis unabhängiger Datenschutzkontrolle ausführlich Zöllner, Der Datenschutzbeauftragte, S. 174 ff.). Empirische Untersuchungen über die „Effektivität" der Datenschutzkontrolle fehlen noch; die Tätigkeitsberichte vermitteln jedoch einen Eindruck (vgl. dazu Bull/Lüdemann, CR 1989, 529; sowie kritisch Kauß, Der suspendierte Datenschutz bei Polizei und Geheimdiensten, 1989). Die EG-DatSchRL übernimmt dieses bewährte Element eines effektiven Datenschutzes. Art. 28 EG-DatSchRL verpflichtet die Mitgliedstaaten, eine oder mehrere öffentliche Stellen zu beauftragen, die Anwendung der nationalen Datenschutzregelungen zu überwachen. Durch das Informationsfreiheitsgesetz – IFG – ist dem Bundesbeauftragten für den Datenschutz auch die Aufgabe des Bundesbeauftragten für die Informationsfreiheit übertragen worden. Seine Amtsbezeichnung lautet nunmehr „Bundesbeauftragter für den Datenschutz und die Informationsfreiheit" (§§ 12 und 13 IFG).

2. Wahl

2 **2.1** Die deutliche Aufwertung der Institution der Datenschutzkontrolle ist mit ein Grund dafür gewesen, dass der Bundesbeauftragte für den Datenschutz und die Informationsfreiheit durch den Bundestag gewählt wird. Die Bundesregierung schlägt den Kandidaten vor. Sie wird ihren Vorschlag mit oder in der Regierung tragenden Fraktionen abstimmen, um bei der Wahl die vorgesehene Mehrheit zu erreichen. Wird der Vorgeschlagene nicht gewählt, wiederholt sich das Verfahren mit einem neuen Vorschlag der Bundesregierung.

3 **2.2** Für die Wahl des Bundesbeauftragten für den Datenschutz und die Informationsfreiheit ist die absolute Mehrheit des Bundestages erforderlich. Diese Regelung weicht vom Grundsatz des Art. 42. Abs. 2 Satz 1 GG ab. Danach entscheidet der Bundestag mit einfacher Mehrheit, soweit das Grundgesetz nichts anderes bestimmt (Zöllner, Der Datenschutzbeauftragte, S. 42). Entsprechende Regelungen gelten für den Beauftragten für die Stasiunterlagen (§ 35 Abs. 2 Satz 1 StUG) und den Wehrauftragten (§ 13 Satz 1 WehrbeauftrG). Hintergrund dieser Sonderregelung ist offensichtlich der Wille des Gesetzgebers, die Position des Beauftragten zu stärken und zum Ausdruck zu bringen, dass er vom Vertrauen einer deutlichen Parlamentsmehrheit getragen ist.

4 **2.3** Einzige Voraussetzung für die Bestellung des Bundesbeauftragten ist die Vollendung des **35. Lebensjahres.** Hinzukommen muss allerdings die Befähigung zur Bekleidung öffentlicher Ämter (Dammann in: Simitis, BDSG § 22 Rn. 9). Der Gesetzgeber hat davon abgesehen, bestimmte Qualifikationsvoraussetzungen aufzunehmen. Angesichts der Vielfalt an Aufgaben und Funktionen, die er wahrzunehmen hat, wäre dies unangemessen. Das Amt des Bundesbeauftragten ist nicht mit

Weisungs- und Eingriffsbefugnissen gegenüber den zu kontrollierenden Stellen ausgestattet. Daher ist es auch nicht erforderlich, die Befähigung zum Richteramt vorzusehen. Sein „Erfolg" hängt in erster Linie von seiner **Überzeugungskraft**, seinen Führungsqualitäten in Bezug auf die Mitarbeiter der Dienststelle und von seiner Motivationsfähigkeit ab. Er muss ein Gespür für die mit der modernen Informationstechnologie verbundenen Chancen und Gefahren haben, um dazu beitragen zu können, dass die gesellschaftlich unerwünschten Folgen auf ein Minimum reduziert werden. Gleichzeitig muss er auch **Verständnis** für die Belange der von ihm zu kontrollierenden **öffentlichen Verwaltung** des Bundes mitbringen, zumindest die Bereitschaft dazu. Jeder Amtsinhaber wird angesichts dieser Vielfalt von Aufgaben und der primär politischen Natur seines Auftrags die Akzente so setzen, wie es seinen Fähigkeiten, Möglichkeiten und Neigungen am besten entspricht.

2.4 Die Ernennung des Gewählten durch den Bundespräsidenten ist angesichts 5
der vorangegangenen Wahl durch den Deutschen Bundestag nur noch ein formeller Vollzugsakt.

3. Amtseid

Die Eidesformel ist der in Art. 56 GG vorgesehenen Formel (Amtseid des Bundes- 6
präsidenten und der Mitglieder der Bundesregierung) nachgebildet. Die Eidesleistung vor dem Bundesminister des Innern dokumentiert seine Einbindung in die Exekutive.

4. Amtszeit

4.1 Der Bundesbeauftragte kann nach **Absatz 3** sein Amt im Höchstfalle zehn 7
Jahre lang ausüben, denn er kann nach einer **fünfjährigen Amtszeit** auf weitere fünf Jahre einmal **wieder gewählt** werden. Diese Beschränkung ist sinnvoll, um die Kontrolle nicht erstarren zu lassen. Jeder Amtsinhaber wird im Laufe der Zeit gewisse Schwerpunkte entwickeln, die sich entweder auf frühere Erfahrungen oder auf besondere Notwendigkeiten während der Amtszeit zurückführen lassen. Es ist auch nicht auszuschließen, dass im Laufe der Zeit eine gewisse „Betriebsblindheit" entsteht die u. a. dazu führen kann, dass Einzelproblemen eine unproportional hohe Bedeutung zugemessen wird. Andererseits wäre ein zu häufiger Wechsel, etwa schon nach fünf Jahren, nicht sachgerecht, denn angesichts der Vielfalt und der Schwierigkeit der zu bewältigenden Probleme muss dem Bundesbeauftragten eine gewisse Einarbeitungszeit eingeräumt und ihm sodann Gelegenheit gegeben werden, seine Absichten und Vorstellungen voll zu entfalten. Nach Ablauf von fünf Jahren lässt sich übersehen, ob er seiner Aufgabe gewachsen ist und eine erneute Wiederwahl in Betracht kommt.

4.2 Die Bundesregierung wird bei der Entscheidung über ihren Vorschlag nicht 8
völlig frei sein; sie kann einen Bundesbeauftragten, der sein Amt gewissenhaft im Interesse des Bürgers ausgeübt und der durch begründete Kritik Missstände innerhalb der Bundesverwaltung aufgedeckt hat – kurz, einen unbequemen Kontrolleur – nicht von ihrer Vorschlagsliste streichen, ohne sich dem Vorwurf auszusetzen, sich eines Kritikers entledigen zu wollen. Ein Anspruch auf Wiederwahl besteht andererseits nicht. Auch ist eine Begründung für eine Nichtberücksichtigung bei einem anderweitigen Vorschlag nicht erforderlich.

5. Amtsstellung

5.1 Das Gesetz räumt dem Bundesbeauftragten eine **rechtliche Sonderstellung** 9
ein. Er wird nicht zum Beamten auf Zeit ernannt, und es wird kein Angestelltenver-

hältnis begründet, vielmehr steht der Bundesbeauftragte nach Absatz 4 Satz 1 zum Bund in einem **öffentlich-rechtlichen Amtsverhältnis eigener Art** (hierzu ausführlich Zöllner, Der Datenschutzbeauftragte, S. 33; Paeffgen, JZ 1997, 178, 184 ff.). Er ist Amtsträger i. S. d. § 11 Abs. 2 Buchst. b StGB; er kann daher die Tatbestände des § 203 Abs. 1 und des § 353 StGB verwirklichen. Die Amtshaftungsvorschriften nach Art. 34 GG i. V. m. § 839 BGB sind auf ihn ebenfalls anwendbar.

10   5.2 Nach Satz 2 ist er in Ausübung seines Amtes **unabhängig** und nur dem Gesetz unterworfen (dazu näher Wippermann, DÖV 1994, 929 f.; Niese, DuD 1994, 635; Zöllner, a. a. O., S. 167 ff.; Paeffgen, JZ 1997, 185 Anm. 78). Er unterliegt bei seiner Amtstätigkeit weder den Weisungen des Bundesministers des Innern, noch kann er wegen einzelner Amtshandlungen zur Rechenschaft gezogen, namentlich nicht entlassen oder versetzt werden. Nur bei Vorliegen von Gründen, die bei einem Richter auf Lebenszeit die Entlassung aus dem Dienst rechtfertigen würden, ist eine Entlassung durch die Bundesregierung möglich (§ 23 Abs. 1). Seine Unabhängigkeit ist „funktionell", sie bezieht sich auf die „Ausübung seines Amtes" (Kopp, DuD 1995, 210; Dammann in: Simitis/Dammann, EG-RL Art. 28 Rn. 2). In Gerichtsverfahren vertritt er die Bundesrepublik unmittelbar (OVG NRW, AfP 2009, 295 = RDV 2009, 179).

11   5.3 Die Grenze liegt bei offenkundigen Rechtsverstößen; hier ist als Korrektiv die **Rechtsaufsicht der Bundesregierung** vorgesehen (Abs. 4 Satz 3). Die Rechtsaufsicht wird durch die Bundesregierung und nicht durch den Bundesminister des Innern ausgeübt. In einem Urteil zur Datenschutzaufsicht im nichtöffentlichen Bereich hat der EuGH die staatliche Aufsicht über die Datenschutzkontrollstellen als Verstoß gegen das Gebot der völligen Unabhängigkeit in Art. 28 Abs. 2 Satz 2 EG-DatSchRL gewertet (Urt. v. 9.3.2010 – C-518/07; näher dazu § 38 Rn. 30 f.). Das Urteil betrifft zwar unmittelbar nur die Datenschutzaufsicht über nichtöffentliche Stellen; Art. 28 EG-DatSchRL gilt aber auch für den Datenschutz im öffentlichen Bereich. Nach den Maßstäben des EuGH ist die Rechtsaufsicht nicht mit dem Europarecht vereinbar (dazu ausführlich Dammann in: Simitis, BDSG § 22 Rn. 19 ff.).

6. Organisation

12   Nach Absatz 5 wird der Bundesbeauftragte „beim" **Bundesministerium des Innern** eingerichtet. Der Haushalt der Dienststelle ist Bestandteil des Haushalts des BMI, und die Mitarbeiter der Dienststelle sind Angehörige dieses Ministeriums. Die Sonderstellung des Bundesbeauftragten macht es notwendig, die **Dienstaufsicht** eigens zu regeln (Abs. 5 Satz 2). Sie bezieht sich auf die Regelung rein **dienstrechtlicher** Fragen wie Besoldung, Versorgung, Urlaub, Dienstzeit etc. Absatz 5 soll die Voraussetzungen für die Funktionsfähigkeit des Bundesbeauftragten schaffen. Die Vielfalt der Aufgaben und der Umfang der zu kontrollierenden öffentlichen Stellen des Bundes erfordern eine angemessene **Personal- und Sachausstattung.** Seit dem Volkszählungsurteil ist namentlich die Beratung des Bundesbeauftragten häufiger erbeten worden. Die Ausweisung der Personal- und Sachkosten in einem eigenen Kapitel des BMI-Haushalts stellt sicher, dass der Bundesbeauftragte nicht durch innerorganisatorische Maßnahmen, z. B. durch Entzug von Personal oder Sachmitteln in seiner Funktionsfähigkeit beeinträchtigt wird. Demgemäß ist dem Bundesbeauftragten bei der Stellenbesetzung und bei Personalveränderungen ein Mitspracherecht eingeräumt. Ob diese Einbindung in die Organisation des BMI mit Art. 28 EG-DatSchRL vereinbar ist, der die Freiheit der Kontrollstelle von jeglicher, auch mittelbarer, staatlicher Einflussnahme fordert (EuGH, Urt. v. 9.3.2010 – C-518/07, Rn. 30), ist fraglich (verneinend Dammann in: Simitis, BDSG § 22 Rn. 28).

7. Vertretung

Absatz 6 enthält die Regelung der **Vertretung** des Bundesbeauftragten. Die 13
Beauftragung eines Vertreters mit der Wahrnehmung der Geschäfte durch den Bundesminister des Innern gilt nur für den Fall, dass der Beauftragte **vorübergehend** an der Ausübung seines Amtes verhindert ist. Bei dauernder **Dienstunfähigkeit** oder im Falle der **Entlassung** nach § 23 ist ein anderer Bundesbeauftragter zu wählen. In der Auswahl des Vertreters ist der Bundesminister des Innern frei; er kann einen Angehörigen seines Ministeriums bestellen, er kann aber auch eine andere Person seines Vertrauens mit den Aufgaben des Vertreters betrauen. Der Bundesbeauftragte ist dazu zu hören, wenn es möglich ist. Wann der Vertretungsfall eintritt, lässt sich nur von Fall zu Fall bestimmen. Eine leichte Krankheit, deren Ende abzusehen ist, oder der übliche Jahresurlaub verhindert den Bundesbeauftragten noch nicht an der Ausübung seines Amtes. In diesen Fällen wird ihn der leitende Beamte seines Stabes (Direktor beim Bundesbeauftragten für den Datenschutz und die Informationsfreiheit) vertreten. Die Vereinbarkeit dieser Regelung mit dem Unabhängigkeitserfordernis des Art. 28 EG-DatSchRL (siehe oben Rn. 11, 12) ist zweifelhaft.

8. Landesrecht

Die Datenschutzkontrolle durch unabhängige Datenschutzbeauftragte ist auch in 14
den Ländern fest etabliert. In der Grundkonzeption bestehen keine Unterschiede zum Bundesbeauftragten: Sie sind unabhängig (vgl. dazu die Übersicht in DuD 1994, 635 f.), ausgestattet mit den notwendigen Informations- und Kontrollbefugnissen, und sie werden von Amts wegen oder auf Anrufung Betroffener hin tätig. Einer Rechtsaufsicht unterliegen die Landesbeauftragten – auch soweit sie Aufsichtsbehörde nach § 38 sind – anders als der Bundesbeauftragte nicht. Ihr Beitrag zur Verwirklichung des Datenschutzes im Lande besteht in der Kontroll- und Beratungstätigkeit. Eine wichtige Funktion erfüllen dabei auch die von ihnen abzugebenden Tätigkeitsberichte. In Berlin (§ 21), Brandenburg (§ 22 Abs. 7 i. V. m. § 23), Bremen, Hamburg, Mecklenburg-Vorpommern, Nordrhein-Westfalen, Rheinland-Pfalz, dem Saarland, Sachsen-Anhalt und Schleswig-Holstein ist der Landesbeauftragte für den Datenschutz auch für die Einhaltung der Akteneinsichts- bzw. Informationsfreiheitsgesetze zuständig. Abweichungen gibt es bei der organisatorischen Anbindung. In Baden-Württemberg (§ 26 Abs. 3), Bayern (Art. 29 Abs. 3), Berlin (§ 22), Brandenburg (§ 22 Abs. 4), Mecklenburg-Vorpommern (§ 29 Abs. 1), Rheinland-Pfalz (§ 23 Abs. 3), Sachsen (§ 25) und Sachsen-Anhalt (§ 21) ist er der jeweiligen Volksvertretung zugeordnet bzw. der Dienstaufsicht der Volksvertretung unterstellt. In Schleswig-Holstein wurde ein „Unabhängiges Landeszentrum für Datenschutz" als rechtsfähige Anstalt des öffentlichen Rechts eingerichtet (§ 32). Leiter ist der oder die jeweilige Landesbeauftragte für den Datenschutz. Die Amtszeit der Landesbeauftragten für den Datenschutz beträgt fünf, sechs oder acht Jahre, oder sie ist auf Dauer der Legislaturperiode beschränkt. Alle Länder sehen entweder die Wahl durch die Volksvertretung, zumindest aber deren Zustimmung zur Bestellung durch die Landesregierung vor.

§ 23 Rechtsstellung des Bundesbeauftragten für den Datenschutz und die Informationsfreiheit

(1) ¹Das Amtsverhältnis des Bundesbeauftragten für den Datenschutz und die Informationsfreiheit beginnt mit der Aushändigung der Ernennungsurkunde. ²Es endet
1. mit Ablauf der Amtszeit,
2. mit der Entlassung.

³Der Bundespräsident entlässt den Bundesbeauftragten, wenn dieser es verlangt oder auf Vorschlag der Bundesregierung, wenn Gründe vorliegen, die bei einem Richter auf Lebenszeit die Entlassung aus dem Dienst rechtfertigen. ⁴Im Fall der Beendigung des Amtsverhältnisses erhält der Bundesbeauftragte eine vom Bundespräsidenten vollzogene Urkunde. ⁵Eine Entlassung wird mit der Aushändigung der Urkunde wirksam. ⁶Auf Ersuchen des Bundesministers des Innern ist der Bundesbeauftragte verpflichtet, die Geschäfte bis zur Ernennung seines Nachfolgers weiterzuführen.

(2) ¹Der Bundesbeauftragte darf neben seinem Amt kein anderes besoldetes Amt, kein Gewerbe und keinen Beruf ausüben und weder der Leitung oder dem Aufsichtsrat oder Verwaltungsrat eines auf Erwerb gerichteten Unternehmens noch einer Regierung oder einer gesetzgebenden Körperschaft des Bundes oder eines Landes angehören. ²Er darf nicht gegen Entgelt außergerichtliche Gutachten abgeben.

(3) ¹Der Bundesbeauftragte hat dem Bundesministerium des Innern Mitteilung über Geschenke zu machen, die er in Bezug auf sein Amt erhält. ²Das Bundesministerium des Innern entscheidet über die Verwendung der Geschenke.

(4) ¹Der Bundesbeauftragte ist berechtigt, über Personen, die ihm in seiner Eigenschaft als Bundesbeauftragter Tatsachen anvertraut haben, sowie über diese Tatsachen selbst das Zeugnis zu verweigern. ²Dies gilt auch für die Mitarbeiter des Bundesbeauftragten mit der Maßgabe, dass über die Ausübung dieses Rechts der Bundesbeauftragte entscheidet. ³Soweit das Zeugnisverweigerungsrecht des Bundesbeauftragten reicht, darf die Vorlegung oder Auslieferung von Akten oder anderen Schriftstücken von ihm nicht gefordert werden.

(5) ¹Der Bundesbeauftragte ist, auch nach Beendigung seines Amtsverhältnisses, verpflichtet, über die ihm amtlich bekannt gewordenen Angelegenheiten Verschwiegenheit zu bewahren. ²Dies gilt nicht für Mitteilungen im dienstlichen Verkehr oder über Tatsachen, die offenkundig sind oder ihrer Bedeutung nach keiner Geheimhaltung bedürfen. ³Der Bundesbeauftragte darf, auch wenn er nicht mehr im Amt ist, über solche Angelegenheiten ohne Genehmigung des Bundesministeriums des Innern weder vor Gericht noch außergerichtlich aussagen oder Erklärungen abgeben. ⁴Unberührt bleibt die gesetzlich begründete Pflicht, Straftaten anzuzeigen und bei Gefährdung der freiheitlichen demokratischen Grundordnung für deren Erhaltung einzutreten. ⁵Für den Bundesbeauftragten und seine Mitarbeiter gelten die §§ 93, 97, 105 Abs. 1, § 111 Abs. 5 in Verbindung mit § 105 Abs. 1 sowie § 116 Abs. 1 der Abgabenordnung nicht. ⁶Satz 5 findet keine Anwendung, soweit die Finanzbehörden die Kenntnis für die Durchführung eines Verfahrens wegen einer Steuerstraftat sowie eines damit zusammenhängenden Steuerverfahrens benötigen, an deren Verfolgung ein zwingendes öffentliches Interesse besteht, oder soweit es sich um vorsätzlich falsche Angaben des Auskunftspflichtigen oder der für ihn tätigen Personen han-

delt. ⁷Stellt der Bundesbeauftragte einen Datenschutzverstoß fest, ist er befugt, diesen anzuzeigen und den Betroffenen hierüber zu informieren.

(6) ¹Die Genehmigung, als Zeuge auszusagen, soll nur versagt werden, wenn die Aussage dem Wohle des Bundes oder eines deutschen Landes Nachteile bereiten oder die Erfüllung öffentlicher Aufgaben ernstlich gefährden oder erheblich erschweren würde. ²Die Genehmigung, ein Gutachten zu erstatten, kann versagt werden, wenn die Erstattung den dienstlichen Interessen Nachteile bereiten würde. ³§ 28 des Bundesverfassungsgerichtsgesetzes bleibt unberührt.

(7) ¹Der Bundesbeauftragte erhält vom Beginn des Kalendermonats an, in dem das Amtsverhältnis beginnt, bis zum Schluss des Kalendermonats, in dem das Amtsverhältnis endet, im Fall des Absatzes 1 Satz 6 bis zum Ende des Monats, in dem die Geschäftsführung endet, Amtsbezüge in Höhe der einem Bundesbeamten der Besoldungsgruppe B 9 zustehenden Besoldung. ²Das Bundesreisekostengesetz und das Bundesumzugskostengesetz sind entsprechend anzuwenden. ³Im Übrigen sind die §§ 13 bis 20 und 21a Abs. 5 des Bundesministergesetzes mit den Maßgaben anzuwenden, dass an die Stelle der zweijährigen Amtszeit in § 15 Abs. 1 des Bundesministergesetzes eine Amtszeit von fünf Jahren und an die Stelle der Besoldungsgruppe B 11 in § 21a Abs. 5 des Bundesministergesetzes die Besoldungsgruppe B 9 tritt. ⁴Abweichend von Satz 3 in Verbindung mit den §§ 15 bis 17 und 21a Abs. 5 des Bundesministergesetzes berechnet sich das Ruhegehalt des Bundesbeauftragten unter Hinzurechnung der Amtszeit als ruhegehaltsfähige Dienstzeit in entsprechender Anwendung des Beamtenversorgungsgesetzes, wenn dies günstiger ist und der Bundesbeauftragte sich unmittelbar vor seiner Wahl zum Bundesbeauftragten als Beamter oder Richter mindestens in dem letzten gewöhnlich vor Erreichen der Besoldungsgruppe B 9 zu durchlaufenden Amt befunden hat.

(8) Absatz 5 Satz 5 bis 7 gilt entsprechend für die öffentlichen Stellen, die für die Kontrolle der Einhaltung der Vorschriften über den Datenschutz in den Ländern zuständig sind.

Literatur: *Arlt/Piendl,* Zukünftige Organisation und Rechtsstellung der Datenschutzkontrolle in Deutschland, CR 1998, 713; *Bizer,* Unabhängige Datenschutzkontrolle, DuD 1997, 481; *Brühann/Zerdick,* Umsetzung der EG-Datenschutz-Richtlinie, CR 1996, 429; *Bull,* Verfassungsrechtliche Vorgaben zum Datenschutz, CR 1998, 385; *Bull/Lüdemann,* Erfolge und Mißerfolge der Datenschutzbeauftragten, CR 1989, 523; *Dammann,* Die Kontrolle des Datenschutzes, 1977; *Dressel,* Die gemeinschaftsrechtliche Harmonisierung des europäischen Datenschutzrechts, 1995, S. 263; *Flanderka,* Die Kontrolle des Datenschutzes, Diss. Heidelberg 1988; *Giesen,* Rechtsstellung, Aufgaben und Befugnisse der Datenschutzkontrollstellen nach Art. 28 der EG-Datenschutzrichtlinie, DuD 1997, 529; *ders.,* Unabhängigkeit und Rechtskontrolle der Kontrollstellen nach Art. 28 der EG-Datenschutzrichtlinie, RDV 1998, 15; *ders.,* Die Kontrolle des Datenverkehrs mit Drittländern – Modelle und Grenzen, DuD 1996, 394; *Kauß,* Der suspendierte Datenschutz bei Polizei und Geheimdiensten, 1989; *v. Lewinski,* Tätigkeitsberichte im Datenschutz, RDV 2004, 163; *Müller,* Das datenschutzpolitische Mandat des BfD, RDV 2004, 211; *Niese,* Die faktische Sicherstellung der Unabhängigkeit der Datenschutzbeauftragten im Bund und in den Ländern, DuD 1994, 635; *Paeffgen,* Amtsträgerbegriff und die Unabhängigkeit des Datenschutzbeauftragten, JZ 1997, 178; *Vogelgesang,* Grundrecht auf informationelle Selbstbestimmung?, 1987, S. 88; *Werner,* Die Kontrolle des Datenschutzes bei Zivilgerichten, RDV 1996, 232; *Wippermann,* Zur Frage der Unabhängigkeit der Datenschutzbeauftragten, DÖV 1994, 929; *Zöllner,* Der Datenschutzbeauftragte im Verfassungssystem, Diss. Bonn, Berlin 1995, S. 33; dazu Bespr. von *Bull,* DVBl. 1996, 1005.

Übersicht

	Rn.
1. Allgemeines	1
2. Beginn und Ende des Amtsverhältnisses	2
3. Verbot anderweitiger Berufsausübung	3
4. Geschenke	4
5. Zeugnisverweigerungsrecht	5
6. Verschwiegenheitspflicht	9
7. Gutachten	17
8. Amtsbezüge	19
9. Landesrecht	20

1. Allgemeines

1   Der Bundesbeauftragte steht in einem öffentlich-rechtlichen Amtsverhältnis eigener Art (vgl. hierzu ausführlich Zöllner, Der Datenschutzbeauftragte, S. 33 ff.). Er ist weder Beamter noch Angestellter. Die allgemeinen Vorschriften des öffentlichen Dienstrechts sind auf ihn nicht anwendbar. Die erforderlichen dienstrechtlichen Regelungen sind daher in das BDSG aufgenommen worden. In ihrer Ausgestaltung entsprechen sie denen anderer öffentlicher Amtsträger (z. B. Bundespräsident, Mitglieder der Bundesregierung, Wehrbeauftragter).

2. Beginn und Ende des Amtsverhältnisses

2   Mit der **Aushändigung der Ernennungsurkunde** beginnt das Amtsverhältnis des Bundesbeauftragten. Es endet mit Ablauf der Amtszeit oder mit der Entlassung. Seine Unabhängigkeit kommt darin zum Ausdruck, dass die **Entlassung** nur aus den im Gesetz vorgesehenen Gründen möglich ist. Der Bundesbeauftragte kann seine Entlassung jederzeit verlangen. Gründe dafür braucht er nicht zu nennen. Der Bundespräsident hat dem Ersuchen zu entsprechen (Dammann in: Simitis, BDSG § 23 Rn. 6). Auf Vorschlag der Bundesregierung hat der Bundespräsident ihn ferner zu entlassen, wenn Gründe vorliegen, die bei einem Richter auf Lebenszeit die Entlassung rechtfertigen würden. Von den in § 21 DRiG aufgeführten Entlassungsgründen kommen allerdings nur diejenigen in Betracht, die auf sein Amtsverhältnis entsprechend anwendbar sind. Vor der Einleitung der Entlassung ist eine Abmahnung geboten (Dammann in: Simitis, BDSG § 23 Rn. 3). Für den Vorschlag zur Entlassung bedarf es einer **Kabinettsentscheidung** der Bundesregierung. Vollzogen wird sie sodann durch Aushändigung der Entlassungsurkunde durch den Bundespräsidenten. Wirksam wird die Entlassung mit der Aushändigung der Entlassungsurkunde. Der Bundesbeauftragte kann dagegen vor dem Verwaltungsgericht klagen. In beiden aufgeführten Fällen der Beendigung des Dienstverhältnisses kann der Bundesminister des Innern den Bundesbeauftragten ersuchen, seine **Amtsgeschäfte** bis zur Ernennung eines Nachfolgers **fortzuführen.** Dies wird namentlich dann in Betracht kommen, wenn der Bundesbeauftragte überraschend um seine Entlassung bittet.

3. Verbot anderweitiger Berufsausübung

3   Die Inkompatibilitätsregelung des **Absatzes 2** entspricht derjenigen für andere öffentliche Amtsträger (vgl. Art. 55 GG; § 5 Abs. 1 BMinG; § 14 Abs. 3 WBeauftG).

Rechtsstellung des Bundesbeauftragten § 23

Die Vorschrift unterscheidet zwischen der **Ausübung** eines besoldeten **Amtes,** Gewerbes oder Berufes und der **Mitgliedschaft** in einem der aufgeführten Gremien. Beides ist ihm untersagt. Soweit der Bundesbeauftragte solche Tätigkeiten wahrgenommen hat, hat er sie nach der Ernennung unverzüglich zu beenden und Mitgliedschaften niederzulegen. Tätigkeiten, die nicht unter das Verbot fallen, kann er wahrnehmen, wobei er auch dabei Vorsicht walten lassen sollte. Die Unabhängigkeit seiner Amtstätigkeit und das Vertrauensverhältnis zu allen Bürgern darf durch eine solche unbezahlte **Nebentätigkeit** nicht in Zweifel gezogen werden. Das Verbot, gegen Entgelt außergerichtliche **Gutachten** abzugeben, ist auf diesen speziellen Fall beschränkt. Der Bundesbeauftragte ist nicht nur nicht gehindert, sondern auf Grund seines Amts geradezu verpflichtet, sich an der wissenschaftlichen Diskussion über den Datenschutz schriftstellerisch oder durch Vorträge zu beteiligen (insoweit kritisch Zöllner, Der Datenschutzbeauftragte, S. 91 f.). In diesem Rahmen kann er auch einen unbezahlten Lehrauftrag oder eine Honorarprofessur wahrnehmen (Dammann in: Simitis, BDSG § 23 Rn. 11).

4. Geschenke

Bindungen und Verpflichtungen können auch durch die Annahme von Geschenken entstehen. In der Praxis ist dies allerdings nicht das Problem. Die Amtstätigkeit des Bundesbeauftragten führt zu vielfältigen Kontakten mit Besuchern aus dem In- und Ausland. Dabei kommt es auch zum Austausch von **Geschenken,** deren Annahme nicht verweigert werden kann. Die Unterrichtungspflicht (Abs. 3 Satz 1) gilt bei Geschenken ab einer bestimmten Wertgrenze, nicht bei geringfügigen Aufmerksamkeiten. 4

5. Zeugnisverweigerungsrecht

5.1 Die Einführung des Zeugnisverweigerungsrechts für den Bundesbeauftragten selbst und seine Mitarbeiter in **Absatz 4** ist eine notwendige Ergänzung, um seine Funktion **als „Anwalt des Bürgers"** wahrnehmen zu können. Das Gesetz enthielt vormals nur die Verpflichtung zur Verschwiegenheit. Diese schützte den Betroffenen davor, dass der Bundesbeauftragte oder seine Mitarbeiter dienstlich oder außerdienstlich über Einzelfälle berichteten, im Prozess bot die Vorschrift keinen Schutz. 5

5.2 Das **Zeugnisverweigerungsrecht** erweitert den Schutz des Betroffenen auf Verfahren, in denen der Bundesbeauftragte oder ein Mitarbeiter als Zeuge geladen ist. Es macht sie unabhängig von den allgemeinen Zeugnisverweigerungsrechten in §§ 52 f. StPO und §§ 383 f. ZPO, die an das Vorliegen besonderer persönlicher oder sachlicher Voraussetzungen gebunden sind. Es ist begrenzt auf **Tatsachen,** die dem Bundesbeauftragten **anvertraut** sind. Tatsachen sind nicht nur tatsächliche Vorgänge und Fakten, sondern auch Meinungen und Annahmen – richtige oder falsche –, die der Betroffene dem Bundesbeauftragten mitgeteilt hat. Das Zeugnisverweigerungsrecht bezieht sich auf alle vom Betroffenen mitgeteilten Tatsachen, nicht nur auf solche, die ihm etwa unter dem „Siegel der Verschwiegenheit" anvertraut worden sind. Andererseits ergibt sich aus dem Wort „anvertraut", dass sich das Zeugnisverweigerungsrecht eben nur auf die Tatsachen beziehen soll, die wirklich auch anvertraut worden sind, Tatsachen also, die der Betroffene nicht jedem mitteilen würde. Daher ist das Zeugnisverweigerungsrecht auch richtigerweise als Recht des Bundesbeauftragten ausgestaltet worden. Er ist nicht verpflichtet, über alles ihm Mitgeteilte Verschwiegenheit zu bewahren. Das würde die Wahrnehmung seiner Aufgaben blockieren. 6

5.3 Das Zeugnisverweigerungsrecht der **Mitarbeiter** nach Satz 2 ist eine notwendige Ergänzung seines eigenen Rechts. Der Bundesbeauftragte hat ihnen im Einzel- 7

§ 23   Rechtsstellung des Bundesbeauftragten

fall die Aussagegenehmigung zu erteilen. Damit entscheidet er auch über den Umfang der Aussage.

8   **5.4** Der Verkehr mit dem Bundesbeauftragten erfolgt in der Regel schriftlich. Insoweit sind die dem Bundesbeauftragten anvertrauten Tatsachen Teil der **Akten,** die zu jeder Eingabe angelegt werden. Es ist nur konsequent, dass nach Satz 3 auch die Akten in die Regelung mit einbezogen werden. Ihre Vorlegung oder Auslieferung kann nicht gefordert werden. Der Beschwerdeführer hat kein Einsichtsrecht (BayVGH, NJW 1989, 2643). Auch eine Beschlagnahme nach § 96 StPO fällt unter das Verbot.

6. Verschwiegenheitspflicht

9   **6.1** Die Verpflichtung zur Verschwiegenheit nach **Absatz 5** entspricht derjenigen anderer Amtsträger (§§ 6 und 7 BMinG, § 19 WBeauftG). Sie ist eine unabdingbare Voraussetzung zur Herstellung eines Vertrauensverhältnisses zu allen Beteiligten (OVG NRW, AfP 2009, 295 (296) = RDV 2009, 179, das hierin eine Vorschrift über die Geheimhaltung sieht, die dem presserechtlichen Auskunftsanspruch des § 4 LPG NW entgegengehalten werden kann).

10   **6.2** Absatz 5 ist allerdings nicht nur eine Vorschrift zum Schutz des Betroffenen, sie dient auch dem Schutz der zu kontrollierenden öffentlichen Stellen und ihrer Mitarbeiter. Das ergibt sich daraus, dass sich die **Verschwiegenheitspflicht** nicht nur auf personenbezogene Angaben beschränkt, sondern **alle Angelegenheiten** umfasst, die dem Bundesbeauftragten im Verlaufe seiner Amtstätigkeit (amtlich) bekannt werden.

11   **6.3** Die nach Satz 1 sehr weit gefasste Verschwiegenheitspflicht macht **Ausnahmen** notwendig. Es ist unausweichlich, dass er im Zuge seiner Kontrolltätigkeit Angaben weitergeben muss, die ihm von einem Betroffenen, einem Dritten oder einer anderen Stelle mitgeteilt worden sind. Die Verschwiegenheitspflicht ist eine zusätzliche Sicherung, dass er die Weitergabe im „dienstlichen Verkehr" auf die **unabdingbar notwendigen** Angaben beschränkt. Wird er auf der Grundlage einer Anrufung nach § 21 tätig und hat er der beteiligten öffentlichen Stelle den Sachverhalt mitzuteilen, so ist es nicht stets erforderlich und in solchen Fällen auch mit der Verschwiegenheitspflicht nicht vereinbar, ihr den Namen des Betroffenen oder Einzelheiten aus dessen Eingabe mitzuteilen. Offenkundige **Tatsachen** sind von der Verschwiegenheitspflicht ausgenommen. Von den an sich geheimhaltungsbedürftigen Tatsachen sind zu Recht jene ausgenommen, die wegen ihrer Bedeutungslosigkeit keiner Geheimhaltung bedürfen (Abs. 5 Satz 2). Diese Regelungen beziehen sich nur auf den Bundesbeauftragten selbst. Für seine **Mitarbeiter** gelten insoweit die Vorschriften des **Beamtenrechts** (§ 61 BBG) und des Tarifrechts sowie vertragliche Regelungen bei freien Mitarbeitern (Dammann in: Simitis, BDSG § 23 Rn. 28).

12   **6.4** Satz 3 bezieht sich auf **gerichtliche oder außergerichtliche Aussagen/** Erklärungen zu den dem Bundesbeauftragten nach Satz 1 bekannt gewordenen Angelegenheiten. Hierzu bedarf er vorab der Genehmigung des Bundesministeriums des Innern. Dies gilt nicht für Angelegenheiten, die er nach Satz 2 im **dienstlichen Verkehr** zulässigerweise mitgeteilt hat oder die sonst von der Verschwiegenheitspflicht ausgenommen waren. Die vom BMI erteilte Genehmigung ist andererseits kein Freibrief zur Mitteilung aller Einzelheiten. Unberührt bleiben besondere **Geheimhaltungsvorschriften,** namentlich die Verschwiegenheitspflicht nach Absatz 4. Satz 4 hat lediglich klarstellenden Charakter. Die mit dem Amtseid übernommene Verpflichtung und diejenige aus § 138 StGB besteht unabhängig vom Vorliegen einer Aussagegenehmigung des Bundesministeriums des Innern.

13   **6.5** Satz 5 ergänzt das in Satz 1 festgelegte Gebot der Amtsverschwiegenheit. Die Regelung **entbindet** den Bundesbeauftragten und seine Mitarbeiter von den **Mit-**

Rechtsstellung des Bundesbeauftragten § 23

teilungs- und Vorlagepflichten gegenüber den Finanzbehörden. Die Abgabenordnung enthält in den aufgeführten Vorschriften umfassende Verpflichtungen gegenüber diesen Stellen zur Ermittlung der Steuerpflicht des Bürgers. § 93 AO regelt die Auskunftspflicht, § 97 verpflichtet zur Herausgabe von Urkunden, Aufzeichnungen und Geschäftspapieren, §§ 105 und 111 Abs. 5 entbinden von der Pflicht zur Amtsverschwiegenheit gegenüber Finanzbehörden. Satz 6 führt die Tatbestände auf, die die genannten Mitteilungspflichten wieder aufleben lassen.

6.6 Satz 7, der das **Anzeigerecht** des Bundesbeauftragten bei festgestellten 14 Datenschutzverstößen enthält, ist eine Umsetzung des Art. 28 Abs. 3 dritter Spiegelstrich EG-DatSchRL. „Anzeige" bedeutet hier Anzeige und Strafantrag bei der Staatsanwaltschaft wegen strafrechtlich relevanter Verstöße nach § 44. Die Antragsberechtigung ist dort in Absatz 2 erweitert. Neben dem Betroffenen sind auch der Bundesbeauftragte und die Aufsichtsbehörden antragsberechtigt.

6.7 Absatz 8 erweitert die Anwendung der Regelungen der Sätze 5 bis 7 auf die 15 öffentlichen Stellen, die für die Kontrolle der Einhaltung der Vorschriften über den Datenschutz in den Ländern zuständig sind.

6.8 Absatz 6 knüpft an Absatz 5 an, er enthält die Kriterien, nach denen das 16 Bundesministerium des Innern die Aussagegenehmigung zu erteilen bzw. zu versagen hat. Das **Aussagegenehmigungsrecht** des Bundesministers des Innern nach Satz 3 kann in Einzelfällen in Konflikt mit der Unabhängigkeit des Bundesbeauftragten nach § 22 Abs. 4 Satz 2 geraten, wenn dieser in einem gerichtlichen oder außergerichtlichen Verfahren über von ihm ermittelte Missstände zu berichten hat. Eine generelle Versagung der Aussagegenehmigung würde ihn in seiner Amtsführung behindern und könnte ihm die Erfüllung seiner gesetzlichen Aufgaben unmöglich machen. Das ist nicht der Zweck dieser Vorschrift; daher ist von dem Recht der Verweigerung einer Aussagegenehmigung nach **Absatz 6 Satz 1** nur dann Gebrauch zu machen, wenn die Aussage dem Wohle des Bundes oder eines Bundeslandes Nachteile bereiten oder die Erfüllung öffentlicher Aufgaben ernstlich gefährden oder erheblich erschweren würde. Dem Ermessen des Bundesministeriums des Innern ist bei diesem **Katalog der Versagungsgründe** ein verhältnismäßig breiter Spielraum gelassen. Soweit es dabei um das Wohl des Bundes oder eines Landes geht wird die Verweigerung der Aussagegenehmigung einsichtig zu machen sein. Wird sie aber damit begründet, dass durch die Aussage die Erfüllung öffentlicher Aufgaben ernstlich gefährdet oder erheblich erschwert werden würde, ist dabei zu berücksichtigen, dass die Verwirklichung des Datenschutzes unvermeidbar zu gewissen Verzögerungen oder Beeinträchtigungen der Verwaltungstätigkeit führen kann. Die öffentliche Verwaltung ist gehalten, ihre Aufgaben rationell zu erfüllen und dabei auch automatische Datenverarbeitungsanlagen einzusetzen. Dem Bundesbeauftragten obliegt es, den Einsatz derartiger Anlagen daraufhin zu überprüfen, ob dadurch tatsächlich oder möglicherweise schutzwürdige Belange Dritter beeinträchtigt werden können. Bejaht er das, kann sich dies erheblich auf die Erfüllung öffentlicher Aufgaben auswirken und unter Umständen dazu führen, dass auf bestimmte Formen und Methoden der Verarbeitung personenbezogener Daten wegen der darin liegenden potentiellen Gefahren verzichtet werden muss. Konflikte dieser Art müssen ausgetragen, sie dürfen nicht durch das Mittel der Versagung einer Aussagegenehmigung unterdrückt werden.

7. Gutachten

7.1 Im Falle der beabsichtigten Erstellung eines **Gutachtens** nach **Absatz 6** 17 **Satz 2** sind die Versagungsmöglichkeiten noch weitergehend. Das Bundesministerium des Innern **kann** die Genehmigung zur Erstattung von Gutachten versagen, wenn sie **dienstlichen Interessen Nachteile** bereiten würden. Die Regelung bezieht sich auf Gutachten aller Art, ist also nicht auf gerichtliche Gutachten beschränkt. Sie umfasst aber nicht die Gutachten, die der Bundesbeauftragte auf Anforderung des Bundestages oder der Bundesregierung nach § 26 Abs. 2 Satz 1 zu erstellen hat; denn das Bundesministerium des Innern kann kein von diesen Organen angefordertes Gutachten verhindern. In Konfliktfällen zwischen der dienstlichen Interessen einerseits und den gesetzlichen Aufgaben des Bundesbeauftragten andererseits gebührt den Letzteren der Vorrang. Dem Bundesbeauftragten darf auf diesem Wege kein „Maulkorb" umgehängt werden.

18 7.2 **Absatz 6 Satz 3** bezieht sich auf die Verpflichtung des Bundesbeauftragten, vor dem **Bundesverfassungsgericht** als Zeuge auszusagen. Eine Aussagegenehmigung kann nur aus Gründen des Wohles des Bundes oder eines Landes versagt werden. Die Versagung kann durch Beschluss des BVerfG mit Zweidrittel-Mehrheit aufgehoben und die Aussage auf diese Weise erzwungen werden. Die Vereinbarkeit dieser Einflussmöglichkeiten des BMI mit dem europarechtlichen Gebot der „völligen Unabhängigkeit" aus Art. 28 EG-DatSchRL (s. § 22 Rn. 11, § 28 Rn. 30 ff.) ist nach der Rechtsprechung des EuGH fraglich.

8. Amtsbezüge

19 Für den Bundesbeauftragten regelt das BDSG in Absatz 7 die **Besoldung.** Die Besoldung umfasst nicht nur die Bezüge nach der Besoldungsgruppe B 9, sondern auch die damit zusammenhängenden Leistungen nach Maßgabe des Bundesbesoldungsgesetzes. Der Bundesbeauftragte erfährt damit rangmäßig eine Einstufung, die ihn dem Abteilungsleiter eines Bundesministeriums (Ministerialdirektor) gleichstellt. Dies entspricht nicht nur der Bedeutung des Amtes, es ist gleichzeitig eine Voraussetzung dafür, dass der Bundesbeauftragte seine Kontrollaufgaben in den obersten Bundesbehörden wirksam erfüllen kann. Die Ruhestandsregelung ist durch Anpassung insoweit an das beamtenrechtliche Versorgungsrecht verbessert worden.

9. Landesrecht

20 Die Rechtsstellung des Landesbeauftragten für den Datenschutz entspricht in den Ländern weitgehend der Bundesregelung (Art. 29 BayDSG; § 26 LDSG BW; § 22 BlnDSG; § 22 Bbg DSG; § 25 f. BremDSG; § 22 HmbDSG; § 21 HDSG; § 29 DSG M-V; § 21 NDSG; § 21 DSG NRW; § 23 LDSG RPf; § 25 SächsDSG; § 25 SDSG; § 21 DSG-LSA; § 36 LDSG SH; § 36 ThürDSG). Zur Unabhängigkeit der Landesbeauftragten s. Rn. 7 zu § 22.

§ 24 Kontrolle durch den Bundesbeauftragten für den Datenschutz und die Informationsfreiheit

(1) Der Bundesbeauftragte für den Datenschutz und die Informationsfreiheit kontrolliert bei den öffentlichen Stellen des Bundes die Einhaltung der Vorschriften dieses Gesetzes und anderer Vorschriften über den Datenschutz.

(2) ¹Die Kontrolle des Bundesbeauftragten erstreckt sich auch auf
1. von öffentlichen Stellen des Bundes erlangte personenbezogene Daten über den Inhalt und die näheren Umstände des Brief-, Post- und Fernmeldeverkehrs und
2. personenbezogene Daten, die einem Berufs- oder besonderen Amtsgeheimnis, insbesondere dem Steuergeheimnis nach § 30 der Abgabenordnung, unterliegen.

²Das Grundrecht des Brief-, Post- und Fernmeldegeheimnisses des Artikels 10 des Grundgesetzes wird insoweit eingeschränkt. ³Personenbezogene Daten, die der Kontrolle durch die Kommission nach § 15 des Artikel 10-Gesetzes unterliegen, unterliegen nicht der Kontrolle durch den Bundesbeauftragten, es sei denn, die Kommission ersucht den Bundesbeauftragten, die Einhaltung der Vorschriften über den Datenschutz bei bestimmten Vorgängen oder in bestimmten Bereichen zu kontrollieren und ausschließlich ihr darüber zu berichten. ⁴Der Kontrolle durch den Bundesbeauftragten unterliegen auch nicht personenbezogene Daten in Akten über die Sicherheitsüberprüfung, wenn der Betroffene der Kontrolle der auf ihn bezogenen Daten im Einzelfall gegenüber dem Bundesbeauftragten widerspricht.

(3) Die Bundesgerichte unterliegen der Kontrolle des Bundesbeauftragten nur, soweit sie in Verwaltungsangelegenheiten tätig werden.

(4) ¹Die öffentlichen Stellen des Bundes sind verpflichtet, den Bundesbeauftragten und seine Beauftragten bei der Erfüllung ihrer Aufgaben zu unterstützen. ²Ihnen ist dabei insbesondere
1. Auskunft zu ihren Fragen sowie Einsicht in alle Unterlagen, insbesondere in die gespeicherten Daten und in die Datenverarbeitungsprogramme, zu gewähren, die im Zusammenhang mit der Kontrolle nach Absatz 1 stehen,
2. jederzeit Zutritt in alle Diensträume zu gewähren.

³Die in § 6 Abs. 2 und § 19 Abs. 3 genannten Behörden gewähren die Unterstützung nur dem Bundesbeauftragten selbst und den von ihm schriftlich besonders Beauftragten. ⁴Satz 2 gilt für diese Behörden nicht, soweit die oberste Bundesbehörde im Einzelfall feststellt, dass die Auskunft oder Einsicht die Sicherheit des Bundes oder eines Landes gefährden würde.

(5) ¹Der Bundesbeauftragte teilt das Ergebnis seiner Kontrolle der öffentlichen Stelle mit. ²Damit kann er Vorschläge zur Verbesserung des Datenschutzes, insbesondere zur Beseitigung von festgestellten Mängeln bei der Verarbeitung oder Nutzung personenbezogener Daten, verbinden. ³§ 25 bleibt unberührt.

(6) Absatz 2 gilt entsprechend für die öffentlichen Stellen, die für die Kontrolle der Einhaltung der Vorschriften über den Datenschutz in den Ländern zuständig sind.

Literatur: *Bäumler,* Wahrung der Grundrechte durch Datenschutzkontrolle, RDV 1996, 163; *Dammann,* Die Kontrolle des Datenschutzes, 1977; *Flanderka,* Der Bundesbeauftragte für den Datenschutz, Diss. Heidelberg 1988; *Giesen,* Rechtsstellung, Aufgaben und Befugnisse der Datenschutzkontrollstellen, RDV 1998, 15; *Höckenbrink,* Finanzkontrolle, Datenschutz und die

§ 24   Kontrolle durch den Bundesbeauftragten

Unabhängigkeit der Rechnungshöfe, DÖV 1991, 50; *Weichert,* Widerspruchsrecht gegen Datenschutzkontrollen, CR 1994, 174; *Zöllner,* Der Datenschutzbeauftragte im Verfassungssystem, 1995, S. 70.

Übersicht

Rn.

1. Allgemeines 1
2. Kontrolle 2
3. Durchführung der Kontrolle 5
4. Kontrolle in besonderen Bereichen 6
5. Kontrolle der Gerichte 11
6. Unterstützung 12
7. Mitteilungspflicht 15
8. Kontrollbefugnis der Landesbeauftragten für den Datenschutz 17
9. Landesrecht 18

1. Allgemeines

1   Die primäre Aufgabe der Kontrolle des Datenschutzes bei den öffentlichen Stellen des Bundes ist an den Anfang der Aufgabenbeschreibung gestellt. Die weiteren Aufgaben sind in § 26 zusammengefasst. Durch die EU-Datenschutzrichtlinie ist die Vorschrift nur geringfügig geändert worden. Die bisherige Beschränkung der Kontrolle von in Akten festgehaltenen Daten auf eine Anlasskontrolle (Abs. 1 Satz 2 BDSG 90) war zu streichen, da Art. 28 EG-DatSchRL insoweit keine Einschränkung vorsieht. Entsprechendes gilt für das Widerspruchsrecht des Betroffenen, wie es in Absatz 2 Satz 4 Nr. 2 Buchst. a und b sowie c 1. Teil (Personalakte) im BDSG 90 noch vorgesehen war. Geblieben ist nur ein Widerspruchsrecht des Betroffenen gegen die Kontrolle der über ihn geführten Sicherheitsakten (Abs. 2 Satz 4). Die übrigen Änderungen in Absatz 2 sind Klarstellungen, die sich aus Unsicherheiten in der Rechtsanwendungspraxis ergeben haben.

2. Kontrolle

2   **2.1** Der Kontrolle durch den Bundesbeauftragten unterliegen die öffentlichen **Stellen des Bundes** insoweit, als sie bei ihrer Tätigkeit personenbezogene Daten nach Maßgabe des BDSG und anderer Vorschriften über den Datenschutz verarbeiten. Durch die Legaldefinition der öffentlichen Stellen in § 2 ist der Kreis derer, die der Kontrolle des Bundesbeauftragten unterliegen, eindeutig umschrieben. Die Kontrolle ist umfassend. Keine öffentliche Stelle des Bundes ist ausgenommen. Auch die Verfassungsorgane Bundestag, Bundesrat, Bundespräsident und Bundesregierung gehören zu den öffentlichen Stellen des Bundes. Es gibt aber in allen genannten Institutionen Bereiche, die einer Kontrolle durch andere Institutionen entzogen sind. Diese Grenzen gelten auch für den Bundesbeauftragten für den Datenschutz (Zöllner, Der Datenschutzbeauftragte S. 67 f.).

3   **2.2** Das Gesetz führt als **Gegenstand der Kontrolle** auf: „die Einhaltung der Vorschriften dieses Gesetzes und anderer Vorschriften über den Datenschutz". Gegenstand der Kontrolle ist also die **Einhaltung und Gewährleistung des Datenschutzes** (inwieweit diese Kontrolle sich gleichzeitig als informationeller Eingriff darstellen kann: Zöllner, Der Datenschutzbeauftragte, S. 70 ff.). Kontrolle findet nur dort und nur insoweit statt, als öffentliche Stellen des Bundes personenbezogene Daten erheben, verarbeiten oder nutzen. Sie erstreckt sich andererseits auf die Einhaltung **aller Vorschriften des BDSG** und des bereichsspezifischen

Datenschutzrechts. Sie ist namentlich nicht beschränkt auf diejenigen, die die Rechte des Betroffenen zum Gegenstand haben (§§ 19 f.). Der Kontrolle unterliegen auch diejenigen, die der sog. **Vorfeldsicherung** zuzurechnen sind: dazu zählen die Datensicherungsregelungen (§ 9) sowie diejenigen, die die Zulässigkeit der Datenerhebung, Datenverarbeitung oder Nutzung sowie die Zweckbindung regeln. Hier hat es in der Vergangenheit Konflikte gegeben. In der Bewertung dessen, welche personenbezogenen Daten z. B. für die Bearbeitung eines Verwaltungsvorgangs erforderlich sind, sind unterschiedliche Auffassungen unvermeidbar. Aus der Sicht des Datenschutzes muss die Erforderlichkeit eng gesehen und restriktiv gehandhabt werden. Die verantwortliche Stelle hingegen hat zusätzlich zu dem Gesichtspunkt des Datenschutzes auch den des **rationellen** und zügigen **Verwaltungsvollzugs** zu bedenken. Ob sich ein Datenverarbeitungsvorgang im Rahmen des Erforderlichkeitsgrundsatzes hält, ob er von einer Rechtsvorschrift abgedeckt ist, oder ob er dem Zweckbindungsgrundsatz entspricht, ist zunächst eine juristische, technische oder organisatorische Fachfrage. Ob dadurch das Persönlichkeitsrecht oder andere schutzwürdige Interessen des Betroffenen überhaupt berührt oder gar beeinträchtigt werden oder werden können, ist vielfach gar nicht absehbar. Die Fragen der Zulässigkeit der Datenerhebung und -verarbeitung sind und bleiben zunächst **Fachfragen,** die von der zuständigen öffentlichen Stelle im Rahmen ihrer Kompetenz zu entscheiden und zu vertreten sind. Sie sind ebenfalls Kriterien für die datenschutzrechtliche Beurteilung desselben Sachverhalts und damit Gegenstand der Kontrolle durch den Bundesbeauftragten. Dieser kann und muss dazu seine datenschutzrechtliche Bewertung abgeben. Er kann dabei bis zur Beanstandung gehen. Er kann die öffentliche Stelle aber nicht zwingen, von ihrer fachlichen Bewertung abzurücken und sich die des Bundesbeauftragten zu eigen zu machen (zur „Unvermeidlichkeit" der Kontrolle vgl. bei Zöllner, Der Datenschutzbeauftragte, S. 56 ff.).

2.3 Gegenstand der Kontrolle ist ferner die Einhaltung „**anderer Vorschriften** 4 **über den Datenschutz**". Dazu gehören neben den formellen **Rechtsvorschriften** (Gesetze, Verordnungen) auch **Verwaltungsvorschriften** (Dammann in: Simitis, BDSG § 24 Rn. 9). Diese haben zwar keine allgemein bindende Wirkung, ihre Adressaten sind aber vielfach diejenigen, die personenbezogene Daten zu verarbeiten haben und die ihrerseits durch diese Vorschriften gebunden sind. Dazu sind auch **Dienstanweisungen** zu zählen, mittels derer die in § 18 aufgeführten öffentlichen Stellen den Datenschutz in ihren Bereichen sicherstellen. Einzelanordnungen an Mitarbeiter zählen nicht dazu.

3. Durchführung der Kontrolle

Der Bundesbeauftragte ist zur Kontrolle verpflichtet. Die **Durchführung** obliegt 5 seinem **Ermessen.** Er bestimmt, welche öffentliche Stelle zu welchem Zeitpunkt und in welcher Weise kontrolliert wird. Dieses Ermessen besteht auch, wenn ein Betroffener den Anstoß dazu nach § 21 gibt. In diesen Fällen muss der Bundesbeauftragte zwar tätig werden, er bestimmt aber die Art und Weise seines Vorgehens. Er kann – wie bisher – systematische oder punktuelle Kontrollen durchführen. Bei der Durchführung sollte das Ziel des Datenschutzes (§ 1) stets im Auge behalten werden. Dies gilt besonders dort, wo Fachkompetenz und datenschutzrechtliche Relevanz nebeneinander bestehen. Ist die Erforderlichkeit bestimmter Daten für die Erfüllung einer Aufgabe zu prüfen, ist es wenig hilfreich, wenn der Kontrolleur lediglich erklärt, er halte die Verarbeitung nicht für erforderlich. Er sollte auch **darlegen,** ob und wie **schutzwürdige Interessen** des Betroffenen durch die vorgesehene oder praktizierte Verarbeitung beeinträchtigt werden können. Lässt sich dies einsichtig machen, wird auch die Bereitschaft zu Korrekturen wachsen.

§ 24   Kontrolle durch den Bundesbeauftragten

4. Kontrolle in besonderen Bereichen

6   **4.1 Absatz 2** regelt die Kontrolle des Umgangs mit sensitiven Daten bestimmter Art. Ihre Notwendigkeit hat sich aus der Datenschutzpraxis in den auf die Verabschiedung des BDSG 77 folgenden Jahren ergeben. Es war strittig, ob der Bundesbeauftragte auch die Einhaltung von Rechtsvorschriften überprüfen kann, die sich auf solche personenbezogenen Daten beziehen, die ein Amts- oder besonderes Berufsgeheimnis zum Gegenstand haben. Darüber hinaus wurde ihm seitens des Bundesministeriums der Finanzen im Hinblick auf das Steuergeheimnis entgegengehalten, diese Daten müssten auch vor der Einsichtnahme durch den Bundesbeauftragten geschützt werden (BfD 3. TB S. 58; 6. TB S. 53, 10. TB S. 85). Diese Streitfragen sind durch das BDSG im Sinne der Rechtsauffassung des Bundesbeauftragten geklärt.

7   **4.2** Für personenbezogene Daten, die dem **Post- und Fernmeldegeheimnis** nach Art. 10 GG unterliegen, wird das Kontrollrecht des BfDI erweitert. Er kontrolliert die Unternehmen der Post-AG als öffentliche Stellen des Bundes nach § 2 Abs. 1 Satz 2. Hier überprüft er die Verfahren zur Gewährleistung des Post- und Fernmeldegeheimnisses und der Sicherheit dieser Daten. Bei entsprechenden Daten der Deutschen Telekom bzw. sonstigen Telediensteleistern ist das Kontrollrecht in § 91 Abs. 4 und § 115 Abs. 4 TKG geregelt (kritisch zur Entscheidung des Gesetzgebers, dem BfDI hierfür die Befugnisse der §§ 21 ff. und nicht des für den nicht öffentlichen Bereich geltenden § 38 zu verleihen Taeger, K&R 2010, 330). Die Kontrolle der Daten, die dem Post- oder Fernmeldegeheimnis unterliegen, verbot § 24 Abs. 2 Satz 3 BDSG 90. Das Brief- und Postgeheimnis bleibt selbstverständlich auch künftig unangetastet. Bedingt jedoch durch das gesetzlichen Regelungen, die einen Eingriff in das Post- und Fernmeldegeheimnis ermöglichen, musste auch das Kontrollrecht des Bundesbeauftragten auf diese Daten erstreckt werden. Nach Absatz 2 Nr. 1 kann er die Kontrolle bei den öffentlichen Stellen durchführen, die solche personenbezogenen Daten erlangt haben und sie im Rahmen ihrer Aufgaben nutzen. Folgerichtig musste insoweit auch das Brief-, Post- und Fernmeldegeheimnis nach Art. 10 GG eingeschränkt werden (Abs. 2 Satz 2). Die Kontrolle und Beratung durch Bundesbeauftragten soll bundesweit nach einheitlichen Kriterien erfolgen. Stellt er Verstöße fest, ist es Sache der jeweils verantwortlichen Stelle oder der Bundesnetzagentur, auf Abhilfe hinzuwirken. Diese Behörde ist verantwortlich für die Einhaltung des Fernmeldegeheimnisses und der technischen Sicherheit der Telekommunikation.

8   **4.3** Der besseren Übersicht halber wurde die Gruppe der einem Berufs- und dem Steuergeheimnis unterliegenden personenbezogenen Daten in Absatz 2 Satz 1 Nr. 2 gesondert aufgeführt.

9   **4.4** Personenbezogene Daten, die ihrerseits der Kontrolle durch die Kommission nach § 15 des **Gesetzes zu Artikel 10 GG** unterliegen, unterliegen der Kontrolle des BfDI grundsätzlich nicht. Nur wenn die Kommission ihm einen gezielten **Kontrollauftrag** erteilt, kann er in diesem Rahmen tätig werden. Die Ergebnisse darf er nicht in seinen Tätigkeitsbericht aufnehmen. Er hat sie ausschließlich der Kommission zu berichten. Die Einschränkung gilt nur für personenbezogene Daten, die der Kontrolle durch die Kommission unterliegen. Dies sind Daten, die sich auf die Zulässigkeit von Überwachungsmaßnahmen und Entscheidungen über die Unterrichtung Betroffener durch die Nachrichtendienste nach dem Gesetz zu Artikel 10 GG beziehen.

10   **4.5** Das im BDSG 90 noch relativ weitreichende Widerspruchsrecht des Betroffenen gegen Kontrollen durch den Bundesbeauftragten für den Datenschutz ist auf einen einzigen Anwendungsfall geschrumpft: die Kontrolle von personenbezogenen Daten in Akten über die **Sicherheitsüberprüfung.** Hier konnte es beibehalten bleiben, weil die Sicherheitsüberprüfung nach Art. 3 Abs. 2 1. Spiegelstrich EG-

Kontrolle durch den Bundesbeauftragten **§ 24**

DatSchRL der staatlichen Sicherheit zuzuordnen ist und nicht in den Anwendungsbereich der Richtlinie fällt. Die Ausnahmeregelung verdeutlicht, dass die Kontrolle des BfDI keine Tätigkeit ist, die im Interesse des Betroffenen erfolgt. Wäre dies der Fall, müsste diesem ein Widerspruchsrecht uneingeschränkt eingeräumt werden. Die Kontrolle der Einhaltung der Vorschriften zum Datenschutz ist die primäre Aufgabe des Bundesbeauftragten und von Amts wegen zu erfüllen (Simitis, CR 1987, 602). Die Grenzen seiner Kontrollzuständigkeit sind im Gesetz aufgeführt. Die Ausnahmeregelung für Akten über die Sicherheitsüberprüfung rechtfertigt sich aus dem Inhalt dieser Akten. Sie enthalten unter Umständen Urteile von Referenzpersonen über die Betroffenen, die diese nicht zur Kenntnis Dritter gelangen lassen möchten. Hier überwiegt deren Geheimhaltungsinteresse gegenüber dem öffentlichen Interesse an der Kontrolle durch den BfDI. Allerdings ist es auch nicht ausgeschlossen, dass ein Betroffener in anderen Fällen einer Überprüfung durch den BfDI oder einen Landesbeauftragten widerspricht. Alle haben bisher und werden gewiss auch künftig auf solche Willensäußerungen Rücksicht nehmen (BfD 10. TB BT-Drs. 10/6818, S. 79; LfD Schleswig-Holstein, DuD 1989, 304; Riegel, DuD 1988, 277 (288)). Der **Widerspruch** muss dem Bundesbeauftragten gegenüber erklärt werden und sich auf den Einzelfall, d. h. auf die konkret bevorstehende Kontrolle beziehen (ebenso Dammann in: Simitis, BDSG § 24 Rn. 26). Der **Widerspruch** dient dem **Schutz** des Betroffenen. Er soll abwägen zwischen seinem Interesse an der Aufklärung einer etwaigen Rechtsverletzung durch die Verarbeitung der auf ihn bezogenen Daten und dem an der Geheimhaltung dieser Daten auch vor dem Bundesbeauftragten und dessen Mitarbeitern. Diese Interessen kann er nur im Hinblick auf die besonderen Umstände des Einzelfalls gegeneinander abwägen. Mit der Erklärung des Widerspruchs ist dieser Bereich generell von der Kontrolle durch den BfDI ausgenommen. Spätere Kontrollen sind nur möglich, wenn der Betroffene seinen Widerspruch ausdrücklich zurücknimmt. Erste Erfahrungen des BfDI zeigen, dass von dem Widerspruchsrecht insgesamt kaum Gebrauch gemacht wird.

5. Kontrolle der Gerichte

Die Ausnahme der Bundesgerichte von der Datenschutzkontrolle hat ihren Grund **11** in der Wahrung der verfassungsrechtlich durch Art. 97 GG garantierten richterlichen Unabhängigkeit. Deshalb greift die Ausnahmeregelung nur, soweit die Gerichte in richterlicher Unabhängigkeit i. S. v. Art. 97 GG tätig werden (siehe Entschließung der Datenschutzbeauftragten des Bundes und der Länder vom 5./6.10.1998, 27. Tätigkeitsbericht des Hessischen Datenschutzbeauftragten, Tz. 26.8, LT-Drs. 15/23). Zum Kernbereich richterlicher Tätigkeit gehören die Rechtsfindung und der Rechtsspruch sowie die der Vorbereitung und Durchführung dienenden Handlungen (BGH, NJW 2006, 1674; zum Versand einer Akte als vorbereitende Maßnahme BGH, NJW-RR 2008, 1660). Auch der Bereich der freiwilligen Gerichtsbarkeit gehört hierzu. Das Grundgesetz verbürgt die Unabhängigkeit nur für Richter i. S. d. Art. 92 GG; Rechtspfleger oder Gerichtsvollzieher können demgegenüber keine richterliche Unabhängigkeit für sich in Anspruch nehmen (zum Rechtspfleger BVerfG, NJW 2000, 1709), so dass ihre Tätigkeit vollständig der Kontrolle durch den BfDI unterliegt. Richterliche Unabhängigkeit besitzen auch die Mitglieder des Bundesrechnungshofs bei der Durchführung von Prüfungsverfahren. Da sie aber hier nicht ausgenommen sind, unterliegen sie der Datenschutzkontrolle (a. A. Hockenbrink, DÖV 1991, 50). Der Umstand, dass eine von einer Exekutivbehörde beantragte und ausgeführte Maßnahme durch ein Gericht angeordnet wurde, beschränkt nicht die Kontrollbefugnis des Datenschutzbeauftragten im Hinblick auf die Beantragung der Maßnahme und die Datenverarbeitung im Zuge ihrer Durchführung (s. Entschließung der 82. Konferenz der Datenschutzbeauftragten des Bundes und der Länder vom 28./29. September 2011 „Vorbeugender Grundrechtsschutz ist Aufgabe der Datenschutzbeauftragten!").

6. Unterstützung

12 **6.1** Die Unterstützungspflicht der öffentlichen Stellen des Bundes nach Absatz 4 basiert auf der Annahme, dass die Beteiligten bei der Datenschutzkontrolle nicht Kontrahenten sind, sondern dass auch die zu kontrollierenden öffentlichen Stellen an einer optimalen Verwirklichung des Datenschutzes interessiert sind. Die **Unterstützung** hat umfassend und in jeder Beziehung zu erfolgen. Sie darf nicht unter Berufung auf anderweitige Verpflichtungen eingeschränkt oder gar verweigert werden (Dammann in: Simitis, BDSG § 24 Rn. 34). Die Unterstützung ist dem Bundesbeauftragten selbst und den von ihm Beauftragten zu gewähren. Dies sind in erster Linie die Mitarbeiter seiner Dienststelle. Es können aber auch im Einzelfall hinzugezogene Sachverständige (z. B. für Datensicherungsfragen) sein (Dammann in: Simitis, BDSG § 24 Rn. 38).

13 **6.2** Der Katalog der Unterstützungspflichten in Satz 2 führt nur die wichtigsten auf („insbesondere"). Das Auskunftsrecht des Bundesbeauftragten ist durch den ihm erteilten gesetzlichen Auftrag begrenzt. Seine Fragen müssen in einem **Sachzusammenhang** mit der Erhebung, Verarbeitung oder Nutzung personenbezogener Daten stehen. Insoweit besteht auch die Auskunftspflicht der Mitarbeiter der öffentlichen Stelle. Das Einsichtsrecht in **Unterlagen, gespeicherten Daten** und Datenverarbeitungsprogramme besteht im bisherigen Umfang. Alle Unterlagen unterliegen grundsätzlich der Kontrolle des Bundesbeauftragten, allerdings unter den Einschränkungen, dass sie im Zusammenhang mit der Kontrolle nach Absatz 1 stehen müssen. Unterlagen, die keinerlei Bezug zur Verarbeitung personenbezogener Daten haben, unterliegen ihr nicht. Zu den Unterlagen, deren Beiziehung im Falle einer Kontrolle naheliegt, zählen **Dienstanweisungen, Verwaltungsvorschriften, Anordnungen**, die den Schutz personenbezogener Daten zum Gegenstand haben, ferner diejenigen, die der Datensicherung dienen. Von großer Bedeutung ist auch die stichprobenweise Überprüfung der Bearbeitung von **Einzelfällen** von der Erhebung der Daten an bis zu deren Löschung. Namentlich dafür ist das **Zutrittsrecht** nach Satz 2 Nr. 2 bedeutsam und unverzichtbar.

14 **6.3** Die Sätze 3 und 4 enthalten **Ausnahmen** für die Kontrolle der in § 6 Abs. 2 und § 19 Abs. 3 aufgeführten **Sicherheitsbehörden.** Der Gesetzgeber hat die bereits in § 19 Abs. 3 Satz 3 und 4 BDSG 77 enthaltenen Regelungen trotz der daran geübten Kritik (Dammann in: Simitis/Dammann/Mallmann/Reh, BDSG 77 § 19 Rn. 39 m. w. N.) beibehalten. Er ist damit bis an die Grenze des Vertretbaren gegangen. Wenn schon der Bürger selbst im Wege des Auskunftsrechts diese Stellen nicht vollständig kontrollieren kann (§ 19 Abs. 3), so soll doch der Bundesbeauftragte als sein Anwalt dazu so weit wie irgend möglich in die Lage versetzt werden. Satz 3, der die Überwachung der genannten Bundesbehörden auf den **Bundesbeauftragten selbst** oder von ihm damit schriftlich besonders Beauftragte beschränkt, folgt damit einer Regelungspraxis, die sich im Bereich der Rechnungsprüfung bereits bewährt hat. Grundsätzlich sind auch die genannten Sicherheitsbehörden verpflichtet, dem Bundesbeauftragten Auskünfte und Einsicht in ihre Unterlagen zu gewähren. Die **Ausnahmen** sind auf die **Einzelfälle** beschränkt, in denen die zuständige oberste Bundesbehörde festgestellt hat, dass die Einsicht die Sicherheit des Bundes oder eines Landes gefährdet. Dabei ist zu berücksichtigen, dass der Bundesbeauftragte und seine mit der Kontrolle dieses Bereichs betrauten Mitarbeiter zum Zugang zu Verschlusssachen ermächtigt sind. Die Einsicht wird daher nur in wenigen Ausnahmefällen verweigert werden können. Was als Einzelfall anzusehen ist, bestimmt sich nach dem jeweiligen Untersuchungsbegehren des Bundesbeauf-

Kontrolle durch den Bundesbeauftragten § 24

tragten. Verlangt dieser Einsicht in alle Unterlagen, wird dem nicht entsprochen werden können. Er sollte daher die Untersuchungsgegenstände so präzise wie möglich angeben.

7. Mitteilungspflicht

7.1 Die regelmäßige Mitteilung des Ergebnisses der Kontrolle war im BDSG 77 noch auf den Fall beschränkt, dass der BfDI eine Beanstandung aussprach. Tatsächlich hat er die kontrollierte öffentliche Stelle auch früher schon fast regelmäßig unterrichtet. Die jetzige Regelung ist 1990 Gesetz geworden. Als Ergebnis der Kontrolle sind die tatsächlichen Feststellungen und deren datenschutzrechtliche Beurteilung mitzuteilen (Dammann in: Simitis, BDSG § 24 Rn. 42).

7.2 Die Regelung des Satzes 2 weist den Bundesbeauftragten erneut als Partner der öffentlichen Verwaltung aus, dem es in erster Linie darum geht, den Datenschutz zu verwirklichen und zu verbessern und der seine Funktion nicht nur in der Kritik zu sehen hat. Er kann, wenn er es für zweckdienlich hält, **Vorschläge** zur Verbesserung des Datenschutzes und zur Beseitigung von Mängeln machen. Er kann sich auf einen Vorschlag beschränken oder mehrere zur Auswahl bieten, wobei deutlich gemacht werden sollte, auf welche konkreten Gesetzesverstöße oder Mängel sich die Vorschläge beziehen. Darüber hinaus kann er weitere Vorschläge machen, die sich nicht auf Verstöße zu beziehen brauchen, die vielmehr andere Maßnahmen zur Verbesserung des Datenschutzes zum Gegenstand haben. Satz 3 hat lediglich klarstellende Funktion. Das Verfahren der Beanstandung vollzieht sich jetzt ausschließlich nach § 25.

15

16

8. Kontrollbefugnis der Landesbeauftragten für den Datenschutz

Entsprechend der Regelung des § 12 Abs. 3 ist auch hier in Absatz 6 eine Befugnisnorm aufgenommen worden, welche die Datenschutzkontrollinstitutionen der Länder ermächtigt, bei personenbezogenen Daten, die nach Absatz 2 der Kontrolle des Bundesbeauftragten unterliegen, Kontrollen in ihrem Zuständigkeitsbereich durchzuführen.

17

9. Landesrecht

9.1 Die Landesdatenschutzgesetze haben die Änderungen, die in § 24 auf Grund der Vorgaben der Richtlinie notwendig geworden sind, übernommen, soweit sie entsprechende Vorschriften enthielten. Die Anlasskontrolle bei in Akten gespeicherten Daten wurde gestrichen, desgleichen das Widerspruchsrecht des Betroffenen bei Kontrollen in Personalakten und ärztlichen Unterlagen. Geblieben ist in einigen Gesetzen das Widerspruchsrecht gegen Kontrollen bei Akten über die Sicherheitsüberprüfung (Art. 30 Abs. 2 Satz 2 BayDSG; § 28 Abs. 2 Satz 2 LDSG BW; § 27 Abs. 2 SächsDSG; § 22 Abs. 3 DSG-LSA; § 37 Abs. 2 ThürDSG).

9.2 Neben den datenschutzrechtlichen Kontrollen der Landesbehörden nimmt der Landesbeauftragte für den Datenschutz in den Ländern mit Ausnahme von Bayern auch Aufgaben der Aufsichtsbehörde nach § 38 wahr. Die Gerichte sind im Hinblick auf ihre rechtsprechende Tätigkeit, die Rechnungshöfe, soweit sie in richterlicher Unabhängigkeit prüfen, weiterhin von den datenschutzrechtlichen Kontrollen, in manchen Ländern auch von der Anwendung des LDSG, ausgenommen (Art. 2 Abs. 6 BayDSG; § 2 Abs. 3 Satz 2 LDSG BW; § 24 Abs. 2 BlnDSG; § 2

18

19

Abs. 1 Satz 2 BbgDSG; § 27 Abs. 1 Satz 2 BremDSG; § 23 Abs. 1 Satz 2 HmbDSG; § 24 Abs. 1 Satz 3 HDSG; § 2 Abs. 4 Satz 2 DSG M-V; § 22 Abs. 1 Satz 2 NDSG; § 2 Abs. 1 Satz 2 und 3 DSG NRW; § 24 Abs. 2 LDSG RPf; § 27 Abs. 4 SächsDSG; § 2 Abs. 1 SDSG; § 22 Abs. 1 Satz 2 DSG-LSA; § 39 Abs. 1 Satz 2 LDSG SH; § 2 Abs. 6 ThürDSG).

20   **9.3** Die Verpflichtung der zu kontrollierenden Stellen zur Unterstützung des Landesbeauftragten für den Datenschutz ist geblieben. In Bayern wurde im Hinblick auf Art. 28 Abs. 2 EG-DatSchRL in Art. 32 Abs. 3 BayDSG bestimmt, dass die Staatskanzlei und die Staatsministerien den Landesbeauftragten rechtzeitig über Entwürfe von Rechts- und Verwaltungsvorschriften unterrichten; in Sachsen ist der Datenschutzbeauftragte in diesen Fällen zu hören (§ 26). Entsprechende Regelungen haben Baden-Württemberg (§ 31 Abs. 4 Satz 2), Bremen (§ 27 Abs. 3) und Hessen (§ 29 Abs. 3).

§ 25 Beanstandungen durch den Bundesbeauftragten für den Datenschutz und die Informationsfreiheit

(1) ¹Stellt der Bundesbeauftragte für den Datenschutz und die Informationsfreiheit Verstöße gegen die Vorschriften dieses Gesetzes oder gegen andere Vorschriften über den Datenschutz oder sonstige Mängel bei der Verarbeitung oder Nutzung personenbezogener Daten fest, so beanstandet er dies
1. bei der Bundesverwaltung gegenüber der zuständigen obersten Bundesbehörde,
2. beim Bundeseisenbahnvermögen gegenüber dem Präsidenten,
3. bei den aus dem Sondervermögen Deutsche Bundespost durch Gesetz hervorgegangenen Unternehmen, solange ihnen ein ausschließliches Recht nach dem Postgesetz zusteht, gegenüber deren Vorständen,
4. bei den bundesunmittelbaren Körperschaften, Anstalten und Stiftungen des öffentlichen Rechts sowie bei Vereinigungen solcher Körperschaften, Anstalten und Stiftungen gegenüber dem Vorstand oder dem sonst vertretungsberechtigten Organ

und fordert zur Stellungnahme innerhalb einer von ihm zu bestimmenden Frist auf. ²In den Fällen von Satz 1 Nr. 4 unterrichtet der Bundesbeauftragte gleichzeitig die zuständige Aufsichtsbehörde.

(2) Der Bundesbeauftragte kann von einer Beanstandung absehen oder auf eine Stellungnahme der betroffenen Stelle verzichten, insbesondere wenn es sich um unerhebliche oder inzwischen beseitigte Mängel handelt.

(3) ¹Die Stellungnahme soll auch eine Darstellung der Maßnahmen enthalten, die aufgrund der Beanstandung des Bundesbeauftragten getroffen worden sind. ²Die in Absatz 1 Satz 1 Nr. 4 genannten Stellen leiten der zuständigen Aufsichtsbehörde gleichzeitig eine Abschrift ihrer Stellungnahme an den Bundesbeauftragten zu.

Literatur: Vgl. die Hinweise zu § 23.

Übersicht

	Rn.
1. Allgemeines	1
2. Gegenstand der Beanstandung	2
3. Verfahren und Inhalt der Beanstandung	3
4. Ermessensspielraum des Bundesbeauftragten	6
5. Folgen der Beanstandung	7
6. Streitigkeiten	10
7. Landesrecht	11

1. Allgemeines

Eine formelle **Beanstandung** soll erst dann ausgesprochen werden, wenn die anderen Instrumentarien zur Verwirklichung des Datenschutzes, die Beratung, Empfehlungen oder Vorschläge nicht zum Erfolg geführt haben. Die Beanstandung ist jetzt an dieser Stelle geregelt, weil sie den logischen Abschluss einer Kontrolle bildet, sofern die Voraussetzungen dafür gegeben sind. Die Vorschrift ist bei der Novellierung 2001 unverändert geblieben. Zwar enthält die EU-Datenschutzrichtlinie in Art. 28 Abs. 3 einen relativ umfänglichen Katalog von Befugnissen der Kontrollstellen; sie müssen aber nicht ausnahmslos und unverändert in nationales Datenschutz- 1 recht umgesetzt werden. Die Richtlinie erlaubt es den Mitgliedstaaten, die bestehenden Kontrolleinrichtungen und ihre Befugnisse beizubehalten (Weber, CR 1995, 298).

2. Gegenstand der Beanstandung

2   Gegenstand der Beanstandung sind **Verstöße** gegen Vorschriften des BDSG oder gegen andere Vorschriften über den Datenschutz. Der Verstoß muss tatsächlich festgestellt worden sein. Unerheblich ist, ob er auf einem vorwerfbaren Verhalten beruht, also vorsätzlich herbeigeführt worden ist oder nicht (Dammann in: Simitis, BDSG § 25 Rn. 6), somit beschränkt sich die Beanstandung auf die objektive Feststellung eines Verstoßes; Aussagen über subjektive Merkmale der handelnden Person und die Vorwerfbarkeit des Verstoßes sind damit nicht verbunden. Der Beanstandung unterliegen ferner **sonstige Mängel** bei der Verarbeitung oder Nutzung personenbezogener Daten. Dieser Zusatz ist als ein Indiz dafür anzusehen, dass das Kontrollrecht des Bundesbeauftragten umfassend und nicht auf die Kontrolle der Rechtsanwendung durch die öffentliche Stelle beschränkt ist. Allerdings müssen die Mängel **datenschutzrelevant**, d. h. geeignet sein, das Persönlichkeitsrecht oder schutzwürdige Interessen des Betroffenen zu beeinträchtigen.

3. Verfahren und Inhalt der Beanstandung

3   **3.1** Nicht jeder Verstoß und nicht jeder Mangel müssen zu einer Beanstandung führen. Dies ergibt sich aus Absatz 2. Der Bundesbeauftragte hat bei der Entscheidung darüber, welche Verstöße und welche Mängel er beanstandet, einen **Ermessensspielraum.** Hat er Verstöße, selbst schwerwiegender Art, festgestellt und ist ihm Abhilfe zugesagt worden oder ist sie bereits erfolgt, so besteht jedenfalls in der Regel kein Anlass mehr für eine Beanstandung. Sie kann jedoch aus Gründen der Prävention geboten sein, wenn Verstöße der festgestellten Art mehrfach auftreten und durch das Bekanntwerden der Beanstandung (etwa im Tätigkeitsbericht) eine generelle Abhilfe zu erwarten ist.

4   **3.2 Adressat** der Beanstandung ist die jeweils **oberste Bundesbehörde** bzw. das oberste **weisungsberechtigte Organ** bei den in den Nummern 2 bis 4 aufgeführten Stellen. Dies hat seinen Grund darin, dass die Beanstandung **keine** verbindliche **Weisung** darstellt. Wirkung kann sie also nur dann entfalten, wenn sie einer weisungsberechtigten Stelle zugeht, sie überzeugt und diese sie umsetzt, indem sie die Daten verarbeitende Stelle anweist, den beanstandeten Sachverhalt zu korrigieren. Diesem Zweck dient auch die Unterrichtung der Aufsichtsbehörden nach Satz 2 in den Fällen einer Beanstandung nach Satz 1 Nr. 4. Dieser Umweg ist entbehrlich, wenn die Daten verarbeitende Stelle der Beanstandung sogleich entspricht. In der Praxis wird daher vom Mittel der Beanstandung jedenfalls in der Regel nur dann Gebrauch gemacht werden, wenn im Verlauf der Kontrolle **erfolglose Bemühungen** des Bundesbeauftragten um eine Behebung des Verstoßes vorangegangen sind.

5   **3.3** Inhaltlich besteht die Beanstandung in einer **Darlegung des Sachverhalts,** der dem Verstoß zugrunde liegt oder in dem der Bundesbeauftragte den Mangel sieht. Er legt dazu seine **Rechtsauffassung** dar und fordert zur **Stellungnahme** binnen einer von ihm zu bestimmenden Frist auf.

4. Ermessensspielraum des Bundesbeauftragten

6   Die Regelung des **Absatzes 2** verdeutlicht, dass der „Erfolg" des Bundesbeauftragten nicht in der Zahl der Aufdeckung und Beanstandung von Verstößen oder

Beanstandungen durch den Bundesbeauftragten § 25

Mängeln liegt, sondern in der bestmöglichen Verwirklichung des Datenschutzes. Absatz 2 räumt ihm daher einen weiten **Ermessensspielraum** ein. Der Verzicht bei unerheblichen oder inzwischen beseitigten Mängeln ist nur beispielhaft aufgeführt („insbesondere"), weil er dort besonders naheliegt. Die Beanstandung stellt die **ultima ratio** dar, das Mittel zur Durchsetzung des Datenschutzes, wenn alle vorherigen Bemühungen ausgeschöpft und gescheitert sind.

5. Folgen der Beanstandung

5.1 Die Beanstandung ist keine Weisung, sie ist auch kein Verwaltungsakt 7 (BVerwG, CR 1993, 242; Sächsisches OVG, DuD 2011, 816 zur Beanstandung nach dem sächsischen DSG), weil sie keine rechtliche Regelung trifft. Sie entfaltet ihre Wirkung, weil sie zunächst einmal ein eingehendes Prüfungsverfahren auslöst. Mit der Beanstandung sind überdies die Mittel und Möglichkeiten des Bundesbeauftragten noch nicht erschöpft. Zunächst löst sie nach Absatz 3 die Verpflichtung aus, dazu Stellung zu nehmen. Die **Stellungnahme** ist von der Stelle abzugeben, der die Beanstandung zugeleitet worden ist (Abs. 1 Nrn. 1 bis 4). Diese fordert ihrerseits die kontrollierte öffentliche Stelle zu einer Äußerung auf und bewertet sie nach deren Abgabe. Schließt sie sich der Auffassung des Bundesbeauftragten an, kann sie mit den ihr verfügbaren **Aufsichtsmaßnahmen auf Abhilfe** hinwirken. Sie kann die Beanstandung auch zurückweisen, sei es auf Grund anderer Tatsachenfeststellungen oder abweichender rechtlicher Bewertung. Sie muss dies in ihrer Stellungnahme darlegen. Sind auf Grund der Beanstandung Maßnahmen getroffen worden, die ganz oder teilweise der Abhilfe dienen, sollen auch sie dargestellt werden. Die Zuleitung einer Abschrift der Stellungnahme nach Satz 2 an die Aufsichtsbehörde dient dem Zweck, dieser noch die Möglichkeit des Eingreifens im Rahmen ihrer Aufsichtsbefugnisse zu geben.

5.2 Führt die Beanstandung nicht zu einer Behebung des Verstoßes oder zur 8 Beseitigung des Mangels, kann sich der Bundesbeauftragte, wenn es der Gegenstand rechtfertigt, nach § 26 Abs. 3 Satz 1 an die **Bundesregierung wenden** und ihr im Rahmen der Empfehlungen zur Verbesserung des Datenschutzes Vorschläge machen. Er kann den Fall in seinen **Tätigkeitsbericht** aufnehmen und dort seine Rechtsauffassung darlegen. Dies hat sich in der Vergangenheit deswegen als nützlich erwiesen, weil der Tätigkeitsbericht sehr eingehend in den Ausschüssen erörtert wird und gelegentlich zu Streitfragen auch Stellung genommen worden ist. In besonders gelagerten Fällen kann sich der Bundesbeauftragte auch nach § 26 Abs. 2 Satz 3 an den **Deutschen Bundestag** wenden.

5.3 Das Gesetz regelt nicht, ob und unter welchen Voraussetzungen der **Betrof-** 9 **fene** über das Ergebnis einer Kontrolle zu **unterrichten** ist. Grundsätzlich wird eine Unterrichtungspflicht anzunehmen sein, namentlich bei Kontrollen, die durch ihn nach § 21 ausgelöst worden sind. Auch in Fällen, in denen der Bundesbeauftragte von Amts wegen tätig geworden ist und der Betroffene ein berechtigtes Interesse an der Unterrichtung hat, weil er etwa einen Strafantrag stellen oder einen Schadensersatzanspruch geltend machen könnte, wird er zu unterrichten sein (Dammann in: Simitis, BDSG § 25 Rn. 17). Zuvor sollte, insbesondere in den letztgenannten Fällen, der verantwortlichen Stelle die Absicht der Unterrichtung mitgeteilt werden. Bei der Entscheidung über die Unterrichtung des Betroffenen muss dem Bundesbeauftragten ein **Ermessensspielraum** bleiben. Insbesondere kann eine Unterrichtung über geringe Verstöße und Mängel unterbleiben, die nicht zu einer Beanstandung geführt haben, desgleichen über solche, für die die verantwortliche Stelle daher ein Auskunftshindernis geltend gemacht hat (z. B. § 19 Abs. 4; § 15 Abs. 2 BVerfSchG; § 9 MADG; § 7 BNDG).

427

6. Streitigkeiten

10 Beanstandungen entfalten keine materiellen Rechtswirkungen. Sie sind kein mit Rechtsmitteln angreifbarer Verwaltungsakt (BVerwG, RDV 1993, 27). Für eine Klage der kontrollierten öffentlichen Stelle gegen eine Beanstandung durch den Bundesbeauftragten, die beim Verwaltungsgericht zu erheben wäre, fehlt daher das Rechtsschutzinteresse (Dammann in: Simitis, BDSG § 25 Rn. 20).

7. Landesrecht

11 Alle Landesdatenschutzgesetze haben das Instrument der Beanstandung übernommen. Die Abweichungen sind geringfügig. Wird in Bayern (Art. 31 Abs. 2), Hamburg (§ 25 Abs. 1 Satz 2) und Thüringen (§ 39 Abs. 2) ein beanstandeter Mangel nicht innerhalb der gesetzten Frist behoben, wendet sich der Datenschutzbeauftragte an den Landtag oder die Staatsregierung. In Bayern (Art. 31 Abs. 1) ist die Beanstandung gegenüber der kontrollierten Stelle, nicht der Aufsichtsbehörde gegenüber zu erklären, diese ist zu verständigen. Alle Landesdatenschutzgesetze haben die Regelung beibehalten, dass bei unerheblichen oder bereits beseitigten Mängeln von einer Beanstandung abgesehen werden kann. In Schleswig-Holstein (§ 42 Abs. 2) gibt es Beanstandungen nur bei erheblichen Verstößen, bei weniger erheblichen fordert das Unabhängige Landeszentrum für Datenschutz die kontrollierte Stelle lediglich zur Beseitigung der Mängel auf.

§ 26 Weitere Aufgaben des Bundesbeauftragten für den Datenschutz und die Informationsfreiheit

(1) ¹Der Bundesbeauftragte für den Datenschutz und die Informationsfreiheit erstattet dem Deutschen Bundestag alle zwei Jahre einen Tätigkeitsbericht. ²Er unterrichtet den Deutschen Bundestag und die Öffentlichkeit über wesentliche Entwicklungen des Datenschutzes.

(2) ¹Auf Anforderung des Deutschen Bundestages oder der Bundesregierung hat der Bundesbeauftragte Gutachten zu erstellen und Berichte zu erstatten. Auf Ersuchen des Deutschen Bundestages, des Petitionsausschusses, des Innenausschusses oder der Bundesregierung geht der Bundesbeauftragte ferner Hinweisen auf Angelegenheiten und Vorgänge des Datenschutzes bei den öffentlichen Stellen des Bundes nach. ²Der Bundesbeauftragte kann sich jederzeit an den Deutschen Bundestag wenden.

(3) ¹Der Bundesbeauftragte kann der Bundesregierung und den in § 12 Abs. 1 genannten Stellen des Bundes Empfehlungen zur Verbesserung des Datenschutzes geben und sie in Fragen des Datenschutzes beraten. ²Die in § 25 Abs. 1 Nr. 1 bis 4 genannten Stellen sind durch den Bundesbeauftragten zu unterrichten, wenn die Empfehlung oder Beratung sie nicht unmittelbar betrifft.

(4) ¹Der Bundesbeauftragte wirkt auf die Zusammenarbeit mit den öffentlichen Stellen, die für die Kontrolle der Einhaltung der Vorschriften über den Datenschutz in den Ländern zuständig sind, sowie mit den Aufsichtsbehörden nach ²§ 38 hin. § 38 Abs. 1 Satz 4 und 5 gilt entsprechend.

Literatur: Vgl. die Hinweise zu § 23.

Übersicht

	Rn.
1. Allgemeines	1
2. Tätigkeitsbericht	2
3. Gutachten, Berichte, Anrufungsrecht	4
4. Beratung	7
5. Zusammenarbeit mit den Ländern	9
6. Landesrecht	10

1. Allgemeines

Die Zusammenfassung der sonstigen Aufgaben des Bundesbeauftragten dient der Übersichtlichkeit des Gesetzes. Die EU-Datenschutzrichtlinie bot die Gelegenheit, das Datenschutzverfahren etwas zu vereinfachen. Die obligatorische Bestellung eines behördlichen Datenschutzbeauftragten (§ 4d Abs. 2) macht die Meldepflichten nach § 4d Abs. 1 i. V. m. § 4f Abs. 1 Satz 1 entbehrlich. Das beim Bundesbeauftragten für den Datenschutz und die Informationsfreiheit zu führende Register wird damit überflüssig. § 26 Abs. 5 BDSG 90 war zu streichen. **1**

2. Tätigkeitsbericht

2.1 Der Tätigkeitsbericht ist im Katalog der weiteren Aufgaben an erster Stelle aufgeführt. Dies dokumentiert dessen Bedeutung. Die Berichte sowohl des Bundesbeauftragten als auch der Landesinstitutionen für die Datenschutzkontrolle haben **2**

§ 26 Weitere Aufgaben des Bundesbeauftragten

sich als ein wirksames Instrument zur Durchführung und Verbesserung des Datenschutzes erwiesen. Von Anfang an waren sie mehr als nur Tätigkeitsberichte i. S. eines Tätigkeitsnachweises. Sie boten dem Bundesbeauftragten die Gelegenheit, auf besondere Probleme hinzuweisen und dadurch eine Diskussion nicht nur im Deutschen Bundestag, sondern auch in der Öffentlichkeit auszulösen. Dies hat mit zur **Fortentwicklung des Datenschutzes** beigetragen. Form und Inhalt des Berichts obliegen der freien Entscheidung des Bundesbeauftragten. Es kann wegen der **Prangerwirkung** notwendig sein, bestimmte Vorgänge in allen Einzelheiten darzustellen. Es kann sich auch empfehlen, besondere Probleme generell zu schildern oder auch Stillschweigen darüber zu bewahren.

3   2.2 Zunächst war der Bericht jährlich abzugeben. Die Einführung der **zweijährigen Berichtspflicht** im BDSG 90 ist sachgerecht. Sie hat sich bewährt. Es hat sich auch gezeigt, dass die Ausschüsse des Bundestages sich erst nach Ablauf einiger Zeit mit dem Bericht befassen können. Satz 2 ist Ausfluss der tatsächlichen Entwicklung. Der Bundesbeauftragte hat schon bisher regelmäßig über wesentliche **Entwicklungen** des Datenschutzes im **nichtöffentlichen Bereich** berichtet. Dies hat gelegentlich zu Auseinandersetzungen mit den Aufsichtsbehörden der Länder geführt, die ihre Kompetenzen beeinträchtigt sahen. Bedenken grundsätzlicher Natur sind auch in der Literatur gegen das oben vertretene Verständnis der Tätigkeitsberichte erhoben worden (Zöllner, Der Datenschutzbeauftragte S. 95 f., kritisch dazu Bull, DVBl. 1996, 1005). Der Gesetzgeber hat im BDSG mit der Regelung des Satzes 2 die oben vertretene Auffassung bestätigt. Die Berichte sind ein Instrument zur Durchführung und Verbesserung des Datenschutzes und zur Schärfung des Datenschutzbewusstseins (Dammann, Datenschutzkontrolle, S. 124 f., 191). Die Neuformulierung des Satzes 2 bestätigt dies. Die Unterrichtung über wesentliche Ergebnisse kann im Tätigkeitsbericht, aber auch außerhalb erfolgen. Der Bundesbeauftragte ist jetzt ermächtigt, sich auch außerhalb und unabhängig von dem jeweils fälligen Tätigkeitsbericht an den Deutschen Bundestag und die Öffentlichkeit zu wenden, um über wesentliche Entwicklungen zu unterrichten. Die dramatischen Fortschritte bei den neuen Medien und die damit verbundenen Gefahren für das Persönlichkeitsrecht der Betroffenen machen diese Erweiterung der Kompetenz des Bundesbeauftragten notwendig. Gezielte Äußerungen, die auf bestimmte Gefahrenpotentiale hinweisen, haben einen weit höheren Aufmerksamkeitswert, als es die Einbeziehung desselben Themas in den Tätigkeitsbericht hätte (Müller, RDV 2004, 211; zu den Grenzen solcher Stellungnahmen vgl. VG Köln, RDV 1999, 125). Die Bedeutung dieser Vorschrift ist jetzt durch den BGH eindrücklich bestätigt worden (RDV 2003, 84). Der sächsische Datenschutzbeauftragte hatte in einer Pressekonferenz dem sächsischen Justizminister einen schweren Verstoß gegen den Datenschutz vorgeworfen. Ein von der Staatsanwaltschaft wegen **Geheimnisverrats** eingeleitetes Verfahren endete vor dem BGH mit einem Freispruch. In der Begründung heißt es: „Ein Amtsträger, der wie der Angeklagte zur Kontrolle der Gesetzestreue eines anderen Amtsträgers berufen ist, kann gewichtige öffentliche Interessen nicht durch die Offenbarung eines Gesetzesverstoßes gefährden, wenn er die Öffentlichkeit – wie ersichtlich hier – auch als Verbündeten gewinnen will, um auf ein gesetzmäßiges Verhalten hinzuwirken." Damit verfolgte der Angeklagte selbst ein wichtiges öffentliches Interesse, was einen Verlust des Vertrauens hinsichtlich der Integrität des Datenschutzbeauftragten in der Öffentlichkeit ausschließt.

3. Gutachten, Berichte, Anrufungsrecht

4   3.1 Zur Erstellung von **Gutachten** und zur Erstattung von **Berichten** auf Anforderung des Bundestags oder der Bundesregierung ist der Bundesbeauftragte nach **Absatz 2 Satz 1** verpflichtet. Die Anforderung hat in der Form eines **Beschlusses**

Weitere Aufgaben des Bundesbeauftragten **§ 26**

des Bundestags oder der Bundesregierung zu erfolgen (Zöllner, Der Datenschutzbeauftragte, S. 142 ff. sieht in der Rolle des BfDI als „Hilfsorgan" des Parlaments einen Konflikt mit geltendem Verfassungsrecht). Weder ein Bundesminister noch ein Bundestagsausschuss kann ein Gutachten oder einen Bericht anfordern. Sie sind auf die Beratung nach Absatz 3 Satz 1 zu verweisen. In der Praxis wirkt sich die Unterscheidung kaum aus, da der Bundesbeauftragte die Bitte eines Ministers oder eines Ausschusses des Bundestags um die Erstattung eines Gutachtens als Beratungsersuchen auffassen und ihm entsprechen kann. In der Wahl der Themen für die Gutachten und Berichte sind Bundesregierung und Bundestag frei. Allerdings müssen sie einen Bezug zum Datenschutz aufweisen. Dem Bundesbeauftragten darf durch diese Verpflichtung nicht die Erfüllung seiner sonstigen Kontrollaufgaben unmöglich gemacht werden. Große praktische Bedeutung hat die Vorschrift nicht, da der gleiche Effekt durch die weniger aufwändige Beratung ebenso gut erreicht werden kann.

3.2 Nach Satz 2 können der Bundestag, dessen Petitionsausschuss, der Innenaus- 5 schuss oder die Bundesregierung den Bundesbeauftragten mit der **Untersuchung** bestimmter **Angelegenheiten des Datenschutzes** bei den öffentlichen Stellen des Bundes beauftragen. Auslöser solcher Aufträge sind „Hinweise" auf Angelegenheiten oder Vorgänge des Datenschutzes. Werden sie öffentlich bekannt, hat der Bundesbeauftragte ihnen auch von Amts wegen nachzugehen. Denkbar ist aber auch, dass ein solcher Auftrag durch eine Petition ausgelöst wird, oder der Innenausschuss im Rahmen seiner Tätigkeit eine Untersuchung bestimmter Angelegenheiten oder Vorgänge für geboten hält. Der Bundesbeauftragte hat dem Ersuchen zu entsprechen und der ersuchenden Stelle über das Ergebnis zu berichten.

3.3 Nach Satz 3 kann sich der Bundesbeauftragte **jederzeit** an den **Bundestag** 6 wenden. Dies kann sich in dringenden Fällen als wichtig und notwendig erweisen. Es hat schriftlich zu geschehen, da er im Plenum des Bundestags kein Rederecht hat. Er kann sich jedoch in den Ausschüssen, namentlich im Innenausschuss äußern.

4. Beratung

4.1 Die in **Absatz 3** vorgesehene Beratung hat in der Vergangenheit an Bedeu- 7 tung und Umfang zugenommen (BfD 12. TB, S. 7; 13. TB, S. 7). Dies ist ein Ergebnis der in den Jahren gewachsenen partnerschaftlichen Zusammenarbeit mit den öffentlichen Stellen des Bundes in Fragen des Datenschutzes. Die **Beratung** setzt bereits im Stadium der Vorbereitung datenschutzrelevanter Rechtsvorschriften ein. Sie ist ein Vorgang eigener Art, nicht identisch mit der Beteiligung nach § 16 GO BReg. Eine formelle **Beteiligung** des Bundesbeauftragten am Willensbildungsprozess der Bundesregierung gibt es nicht. Dies wäre mit seiner Funktion als Kontrollorgan unvereinbar. Die präventive empfehlende und beratende Tätigkeit ist als Kannvorschrift ausgestaltet. Der Bundesbeauftragte kann sich auch auf seine Kontrollaufgabe beschränken. Er braucht von sich aus die Beratung weder anzubieten, noch ist er verpflichtet, einem Beratungsersuchen nachzukommen. Die Form der Beratung ist ebenfalls seinem Ermessen überlassen. Er kann sich mündlich oder schriftlich äußern, seine Stellungnahme auf einen oder mehrere Teilbereiche des angesprochenen Problems beschränken. Sein Schweigen im Übrigen kann nicht als Zustimmung gewertet werden. Sollte er sich allerdings außerstande sehen, einem Beratungsersuchen überhaupt oder innerhalb der gesetzten Frist zu entsprechen, empfiehlt es sich, dies der ersuchenden Stelle mitzuteilen. Wird ihm ein Entwurf lediglich nachrichtlich oder mit der Anheimgabe einer Stellungnahme zugeleitet, so liegt darin kein Beratungsersuchen.

4.2 Adressat der Empfehlungen des Bundesbeauftragten und Partner seiner Bera- 8 tung sind die Bundesregierung sowie die in § 12 Abs. 1 aufgeführten öffentlichen Stellen des Bundes. Da der Bundesbeauftragte beim Bundesminister des Innern

§ 26 Weitere Aufgaben des Bundesbeauftragten

eingerichtet ist, ist der Verkehr mit nachgeordneten Stellen anderer oberster Bundesbehörden nach § 71 der Gemeinsamen Geschäftsordnung der Bundesministerien (GGO I) nur mit **Zustimmung** der jeweils betroffenen **obersten Bundesbehörde** zulässig. Absatz 3 ermöglicht davon eine **Ausnahme** und lässt den unmittelbaren Verkehr mit allen nachgeordneten Stellen im Bundesbereich zu. Satz 2 verpflichtet den Bundesbeauftragten, die jeweils zuständige oberste Bundesbehörde zu unterrichten, wenn er sich empfehlend oder beratend an eine Stelle aus ihrem Geschäftsbereich wendet. Sie kann dann im Rahmen ihrer Aufsichtsbefugnisse tätig werden.

5. Zusammenarbeit mit den Ländern

9   Die Zusammenarbeit mit den Landesbeauftragten für den Datenschutz funktioniert in mehrfacher Beziehung. Die Beteiligten treffen einander in der sog. „**Ständigen Konferenz**" zur Erörterung aktueller und genereller Fragen des Datenschutzes. Das Gremium, das unter wechselndem Vorsitz tagt, ist inzwischen zu zahlreichen Sitzungen zusammengetroffen. Der Bundesbeauftragte beteiligt sich auf der Grundlage seiner Zuständigkeit für die Kontrolle der öffentlich-rechtlichen Wettbewerbsunternehmen des Bundes auch an den Beratungen der obersten Aufsichtsbehörden für den Datenschutz der Länder im sog. „**Düsseldorfer Kreis**". Bei Bedarf lädt er auch zu gemeinsamen Sitzungen der für den öffentlichen und den nichtöffentlichen Bereich zuständigen Datenschutz-Kontrollinstitutionen ein (Dammann in: Simitis, BDSG § 26 Rn. 24; kritisch hierzu Zöllner, Der Datenschutzbeauftragte, S. 91).

6. Landesrecht

10 **6.1** Die hier aufgeführten weiteren Aufgaben finden sich auch in den Landesdatenschutzgesetzen. Das nach dem aufgehobenen Absatz 5 zu führende Register ist auch in den Landesdatenschutzgesetzen abgeschafft worden, soweit es dort noch bestand (Art. 27 BayDSG (alt); § 28 LDSG BW (alt); § 25 BlnDSG (alt); § 24 BbgDSG (alt); § 28 BremDSG (alt); § 24 HmbDSG (alt); § 23 DSG NRW (alt); § 24 LDSG SH (alt). Einige Länder haben – dem Beispiel Hessens (§ 24 Abs. 2) folgend – die Aufgaben des Datenschutzbeauftragten dahingehend erweitert, dass ihm auch die Beobachtung der Auswirkungen der automatisierten Datenverarbeitung auf die Gewaltenteilung, das Informationsgleichgewicht zwischen Exekutive und Legislative sowie die parlamentarischen Informationsrechte übertragen worden ist. Negativen Auswirkungen soll er entgegentreten (§ 24 Abs. 3 BlnDSG; § 27 Abs. 3 BremDSG; § 24 Abs. 2 HDSG; § 33 Abs. 5 DSG M-V; § 24 Abs. 6 LDSG RPf; § 40 Abs. 5 ThürDSG).

11 **6.2** Die Servicefunktion der Landesbeauftragten für den Datenschutz ist in allen novellierten Landesdatenschutzgesetzen in Form der Beratungs- und Gutachteraufgaben erhalten geblieben. Durch die Bündelung der Kontrolle für den öffentlichen und der Aufsicht über den nichtöffentlichen Bereich in den Ländern ist ein weiterer grundlegender Schritt hin zu einem allkompetenten Servicezentrum für Fragen des Datenschutzes vollzogen. Dieser Ansatz erfüllt nicht nur die Vorgaben der EG-Richtlinie nach „vollständiger Unabhängigkeit" (Art. 28 EG-DatSchRL) in bestmöglicher Weise; er rückt auch die Servicefunktion, nämlich Fortbildung und Beratung in Datenschutz- und Datensicherungsfragen in den Vordergrund. Damit besteht in der Tat die Chance, dass der Datenschutz nicht länger als lästiges Übel angesehen, sondern zu einem „unverzichtbaren Gestaltungselement auf dem Weg in eine demokratisch verantwortbare Informationsgesellschaft" (Bäumler, DuD 2000, 20 ff.) wird.

Dritter Abschnitt. Datenverarbeitung nicht-öffentlicher Stellen und öffentlich-rechtlicher Wettbewerbsunternehmen

Erster Unterabschnitt. Rechtsgrundlagen der Datenverarbeitung

§ 27 Anwendungsbereich

(1) ¹Die Vorschriften dieses Abschnittes finden Anwendung, soweit personenbezogene Daten unter Einsatz von Datenverarbeitungsanlagen verarbeitet, genutzt oder dafür erhoben werden oder die Daten in oder aus nicht automatisierten Dateien verarbeitet, genutzt oder dafür erhoben werden durch
1. nicht-öffentliche Stellen,
2. a) öffentliche Stellen des Bundes, soweit sie als öffentlich-rechtliche Unternehmen am Wettbewerb teilnehmen,
    b) öffentliche Stellen der Länder, soweit sie als öffentlich-rechtliche Unternehmen am Wettbewerb teilnehmen, Bundesrecht ausführen und der Datenschutz nicht durch Landesgesetz geregelt ist.

²Dies gilt nicht, wenn die Erhebung, Verarbeitung oder Nutzung der Daten ausschließlich für persönliche oder familiäre Tätigkeiten erfolgt. ³In den Fällen der Nummer 2 Buchstabe a gelten anstelle des § 38 die §§ 18, 21 und 24 bis 26.

(2) Die Vorschriften dieses Abschnittes gelten nicht für die Verarbeitung und Nutzung personenbezogener Daten außerhalb von nicht automatisierten Dateien, soweit es sich nicht um personenbezogene Daten handelt, die offensichtlich aus einer automatisierten Verarbeitung entnommen worden sind.

Literatur: *Battis/Bleckmann,* Personaldatenverarbeitung durch den Personalrat, CR 1989, 532; *Breinlinger,* Kontrolle des IV-Outsourcing durch die Aufsichtsbehörden im Hinblick auf den Auftragnehmer, RDV 1995, 211; *Däubler,* Handschriftliche Notizen als Problem des Datenschutzes?, CuA 6/2010, 11; *Dill/Schuster,* Rechtsfragen der elektronischen Personalakten, DB 2008, 928; *Drews,* Das neue Bundesdatenschutzgesetz: Datenschutz für Akten im nicht-öffentlichen Bereich, DuD 1991, 566; *Ehmann,* Prinzipien des deutschen Datenschutzrechts – unter Berücksichtigung der Datenschutzrichtlinie der EG, RDV 1999, 235 und 2000, 12; *Gola,* Die Digitalisierung der Personalakte und der Datenschutz, RDV 2008, 135; *ders.,* Von Personalakten und Beschäftigtendaten, RDV 2011, 66; *ders.,* Die Erhebung von Bewerberdaten, RDV 2011, 109; *Goldenbohm/Weise,* Erweiterter Datenschutz, DuD 1991, 447; *Grentzenberg/Schreibauer/Schuppert,* Die Datenschutznovelle (Teil III), K&R 2009, 535; *v. Lewinski,* Kaufleute im Schutzbereich des BDSG, DuD 2000, 39.

Übersicht

	Rn.
1. Allgemeines	1
2. Private Stellen als Normadressaten	3
3. Hoheitlich tätige private Stellen	6
4. Am Wettbewerb teilnehmende öffentliche Stellen	7

§ 27 Anwendungsbereich

	Rn.
5. Persönliche oder familiäre Tätigkeiten	11
6. Nicht automatisierte Verarbeitungen außerhalb von Dateien (in Akten)	13

1. Allgemeines

1   **1.1** Der bereits in § 1 Abs. 2 Nr. 3 generell festgelegte Anwendungsbereich des BDSG bei der Verarbeitung personenbezogener Daten durch nichtöffentliche Stellen wird durch § 27 konkretisiert, wobei der dritte Abschnitt jedoch ggf. noch differenziert zwischen Datenverarbeitung für eigene Zwecke und der geschäftsmäßigen Datenverarbeitung für fremde Zwecke.

2   **1.2** Die Vorschriften des **dritten Abschnitts** finden nach Absatz 1 generell bei Vorliegen folgender drei Voraussetzungen Anwendung:
- eine nichtöffentliche Stelle oder ein öffentliches Wettbewerbsunternehmen des Bundes
- verarbeitet oder nutzt personenbezogene Daten automatisiert oder in oder aus nichtautomatisierten Dateien
- nicht ausschließlich für persönliche oder familiäre Tätigkeiten.

Für einzelne Regelungen gibt es jedoch Ausnahmen, die nicht dateimäßige verarbeitete Daten mit einzubeziehen; so für die Zulässigkeit der Verarbeitung von Beschäftigtendaten in § 32 Abs. 2 oder für Auskunft über bei einer Auskunftei gespeicherter Daten in § 34 Abs. 1.

2. Private Stellen als Normadressaten

3   **2.1 Normadressat** des dritten Abschnitts sind also zunächst die in § 2 Abs. 4 definierten Stellen, d. h. alle natürlichen Personen, die Zusammenschlüsse solcher Personen, namentlich die juristischen Personen des Privatrechts. Ob eine privatrechtlich organisierte im Besitz der öffentlichen Hand befindliche Stelle nicht unter die Stellen des § 2 Abs. 4 fällt, richtet sich bei Bundesstellen nach § 2 Abs. 1 und bei Landesstellen nach dem jeweiligen Landesdatenschutzgesetz (vgl. hierzu aber auch § 2 Rn. 18 f.). Grundsätzlich wird jede natürliche sowie jede juristische Person, Gesellschaft oder andere Personenvereinigung des privaten Rechts, die personenbezogene Daten für die in Absatz 1 genannten Zwecke verarbeitet, erfasst. Daraus folgt, dass Personengemeinschaften, die diese Qualifikation nicht aufweisen, nicht **Normadressat** und damit nicht verantwortliche Stelle im Sinne des Gesetzes sein können. Nicht zu den Normadressaten zählen mithin Abteilungen eines Unternehmens, unselbstständige **Zweigstellen** sowie rechtlich unselbstständige soziale Einrichtungen von Unternehmen; dies ist nur dann anders zu sehen, wenn diese unselbstständigen Abteilungen etc. im **Ausland** gelegen sind (vgl. hierzu § 1 Rn. 27 ff.). Auch der **Betriebsrat** eines Unternehmens erfüllt diese Voraussetzungen nicht (vgl. hierzu § 3 Rn. 49); auch wenn er nach dem BetrVG eine gewisse Selbständigkeit und Unabhängigkeit im Betrieb genießt, ist er weder eine juristische Person, noch eine Personenvereinigung des privaten Rechts (vgl. bei Fitting, BetrVG § 1 Rn. 194 ff.). Da er nur als Beschlussorgan tätig werden kann, können auch seine einzelnen Mitglieder nicht verantwortliche Stelle sein (vgl. im Einzelnen bei Gola, PersR 1990, 33; ebenso die Aufsichtsbehörden, vgl. DuD 1981, 199; vgl. auch die Nachweise bei Gola/Wronka, Handbuch Arbeitnehmerdatenschutz, Rn. 1967 ff.; für die Personalvertretung, Battis/Bleckmann, CR 1989, 532).

4   **2.2** Die Entscheidung des Gesetzgebers, jede einzelne natürliche oder juristische Person des privaten Rechts als eigenständigen Normadressaten anzusehen, hat nach-

Anwendungsbereich **§ 27**

haltige Auswirkungen für Unternehmen, die zwar rechtlich selbstständig, wirtschaftlich aber mehr oder weniger eng miteinander verbunden sind. Derartige Unternehmensgruppen (z. B. **Konzerne**) vermögen ihre Funktionen vielfach nur zu erfüllen, wenn sie trotz ihrer rechtlichen Trennung wirtschaftlich als Einheit handeln. Der Gesetzgeber hat diesem Tatbestand auf anderem Gebiet wiederholt Rechnung getragen und für verbundene Unternehmen (§§ 15 ff. AktG) in Einzelfällen Sonderregelungen getroffen (z. B. § 7a Körperschaftsteuergesetz, § 2 Abs. 2 Gewerbesteuergesetz, § 2 Abs. 2 Nr. 2 Umsatzsteuergesetz, § 54 BetrVG). In datenschutzrechtlicher Hinsicht jedoch gilt ausschließlich die juristische Betrachtungsweise mit der Folge, dass innerhalb verbundener Unternehmen personenbezogene Daten nur nach Maßgabe des BDSG übermittelt werden dürfen. Ein **Konzernprivileg** kennt das BDSG **nicht,** da es nicht zu rechtfertigen ist, auf der Basis einer rein wirtschaftlichen Betrachtungsweise verbundene Unternehmen als Einheit anzusehen und damit auf den Datenschutz innerhalb dieses bedeutenden Wirtschaftsbereichs mehr oder weniger zu verzichten.

2.3 Insgesamt gesehen stehen Konzerne vor folgender Situation (vgl. hierzu im 5 Einzelnen § 11 Rn. 6 ff.; Schaffland/Wiltfang, BDSG § 27 Rn. 25 ff.): Betreibt ein Konzernunternehmen ausschließlich oder in einem überwiegenden Teil die Datenverarbeitung für die übrigen Konzernfirmen als **Dienstleistungsunternehmen,** so gelten hierfür die Bestimmungen des § 11. Wird in einem Konzernunternehmen eine Abteilung „Datenverarbeitung" eingerichtet, die auch für die übrigen konzernangehörigen Firmen arbeitet, so ist zu unterscheiden: Dient die Zentralisierung der Datenverarbeitung dem Zweck, die einheitliche Führung des Konzerns zu gewährleisten und die Geschäftstätigkeit der übrigen konzernangehörigen Firmen zu kontrollieren, so ist mit der technischen Durchführung der Datenverarbeitung auch noch eine weitere eigenständige Aufgabe verbunden, auf Grund derer die Zentrale die Daten als speichernde Stelle für eigene Zwecke verarbeitet; für die Übermittlung der Daten und deren Speicherung ist jeweils § 28 maßgebend (vgl. bei Schaffland/Wiltfang, BDSG § 27 Rn. 29; ferner das Outsourcing mit Funktionsübertragung im Personalbereich, Breinlinger, RDV 1995, 211 (213)). Entsprechendes gilt, wenn die Konzernmutter den gesamten Vertrieb oder die Personalverwaltung für alle Töchter erledigt und dafür auch Datenverarbeitungen durchführt. Es handelt sich dann um eine **Funktionsübertragung,** die wiederum für beide Unternehmen zur Anwendung des § 28 führt, bzw. bei Übernahme der Personaldatenverarbeitung der Einwilligung der Arbeitnehmer bzw. einer Legitimationsgrundlage per der Übermittlungsbefugnis nach § 28 Abs. 1 Satz 1 Nr. 2 auslotenden Betriebsvereinbarung bedarf. Erfüllt die Abteilung „Datenverarbeitung" hingegen lediglich die Funktion eines Service-Rechenzentrums, gilt wieder § 11 insoweit als die Daten der übrigen konzernangehörigen Firmen verarbeitet werden.

3. Hoheitlich tätige private Stellen

Eine Ausnahme greift dann, wenn und soweit die nichtöffentliche Stelle hoheitli- 6 che Aufgaben wahrnimmt (§ 2 Abs. 4 Satz 2). Diese Ausnahme bezieht sich auf die sog. **beliehenen Unternehmen,** d. h. auf die Unternehmen des privaten Rechts, die auf Grund besonderer Ermächtigung hoheitlich Aufgaben der öffentlichen Verwaltung wahrnehmen (z. B. Technische Überwachungsvereine oder privatrechtlich organisierte Eisenbahngesellschaften, die auf ihrem Gelände Aufgaben der Bahnpolizei wahrnehmen). Sie gelten als Behörden i. S. d. § 1 Abs. 4 VwVfG und fallen damit datenschutzrechtlich unter die Regelungen des zweiten Abschnitts. Die Ausnahmeregelung gilt allerdings nur insoweit, als die Unternehmen öffentliche Aufgaben erfüllen. Für den privatrechtlichen Teil ihrer Aktivitäten gilt § 27.

4. Am Wettbewerb teilnehmende öffentliche Stellen

7   **4.1** Öffentliche Stellen des Bundes, die als Unternehmen **am Wettbewerb teilnehmen** (z. B. Unternehmen im Bereich der Kredit- und Versicherungswirtschaft, Verkehrs- und Versorgungsunternehmen), werden aus Gründen der Wettbewerbsgleichheit denselben Regelungen unterworfen, wie ihre privat-wirtschaftliche Konkurrenz. Am Wettbewerb nehmen öffentliche Stellen dann teil, wenn sie Leistungen erbringen, die auch von privaten Anbietern erbracht werden (können), und die öffentliche Stelle keine rechtliche Monopolstellung als Anbieter einnimmt (Bergmann/Möhrle/Herb, BDSG § 27 Rn. 6 mit Beispielen). Auf Gewinnerzielung braucht die Tätigkeit nicht ausgerichtet zu sein. Generelle Aussagen, wann eine Teilnahme am Wettbewerb vorliegt, lassen sich nicht treffen; entscheidend ist stets die konkrete Art der Aufgabenerfüllung. Beteiligt sich ein öffentlich-rechtliches Unternehmen nur mit einem Teil seiner Aktivitäten am Wettbewerb, so sind auch nur insoweit die §§ 27 ff. anzuwenden, im Übrigen gilt der zweite Abschnitt.

8   **4.2** Am Wettbewerb teilnehmende öffentliche Stellen der Länder sind nach Absatz 1 Satz 1 Ziff. 2b nur dann Normadressat, wenn sie Bundesrecht ausführen und – was nicht der Fall ist – ein Landesdatenschutzgesetz nicht besteht. Zudem enthalten auch die Landesdatenschutzgesetze eigene Regelungen für dem Landesrecht unterliegende Wettbewerbsunternehmen (z. B. Sparkassen), die z.T. auf den dritten Abschnitt des BDSG verweisen.

9   **4.3** Im Übrigen ist die Bundesverwaltung über die Verweisung in § 12 Abs. 4 unter Umständen dann den Regelungen des dritten Abschnitts unterworfen, wenn Daten aus **dienst- und arbeitsrechtlichen Beschäftigungsverhältnissen** verarbeitet werden (vgl. § 12 Rn. 8).

10 **4.4** Die öffentlichen Stellen unterliegen jedoch nur hinsichtlich der Zulässigkeit der Verarbeitung und der Rechte der Betroffenen den Bestimmungen des dritten Abschnitts. Hinsichtlich der **Datenschutzkontrolle** verbleibt es bei der Zuständigkeit des BfDI (Abs. 1 Satz 2).

5. Persönliche oder familiäre Tätigkeiten

11 **5.1** Im Bereich privater Datenverarbeitung findet das BDSG keine Anwendung, wenn die personenbezogenen Daten **„ausschließlich für persönliche oder familiäre Tätigkeiten"** (§§ 1 Abs. 2 Nr. 3, 27 Abs. 1 Satz 2) erhoben, verarbeitet oder genutzt werden (vgl. hierzu auch § 1 Rn. 21). Will man den damit geschaffenen datenschutzrechtlichen Freiraum beschreiben, so fallen Verarbeitungen, die z. B. dem Hobby oder der Wirtschaftsführung des Privathaushalts dienen, nicht unter die Vorgaben des BDSG. Sicherlich zutreffend hat der Gesetzgeber erkannt, dass mit dem Einzug des PC selbst in die Kinderzimmer sich mancher EDV-Einsatz gesetzlicher Regelung entzogen hat. Unter diesem Aspekt kann eine „Speicherung" für persönliche Zwecke auch für nicht nur privat, sondern nicht vornehmlich „dienstlich" verwendete Daten bejaht werden. Speichert jemand auf seinem **Mobiltelefon** Nummern von Gesprächspartnern, mit denen er privaten und dienstlichen Kontakt hat, so muss das – allein schon aus Praktikabilitätsgründen – noch als automatisierte Verarbeitung ausschließlich für persönliche Tätigkeit verstanden werden (vgl. aber auch die restriktive Auslegung bei Simitis in: Simitis, BDSG § 27 Rn. 47 ff.; Wedde in: DKWW, BDSG § 27 Rn. 17; Stender-Vorwachs in: Wolff/Brink, DatenschutzR, BDSG § 27 Rn. 20 ff.). Maßgebend muss der Schwerpunkt der Datennutzung sein (so auch Plath, BDSG § 27 Rn. 23).

12 **5.2** Klargestellt ist mit der Neuformulierung des Ausnahmebereichs aber auch, dass karitative Einrichtungen oder **Vereine** etc. hinsichtlich ihrer internen Datenverarbeitung nicht vom BDSG befreit sind (zur Anwendung der Ausnahme nur auf

Anwendungsbereich § 27

natürliche Personen Simitis in: Simitis, BDSG § 27 Rn. 51), d. h. dass, wie auch zuvor schon vertreten wurde (vgl. 6. Aufl. § 27 Anm. 3.1), nur privaten, d. h. familiären und persönlichen Zwecken dienende Verarbeitung privilegiert werden. Die Abgrenzung zu ziehen wird vielfach nicht einfach sein. Der Hobby-Briefmarkensammler, der eine Datei seiner Tauschpartner und Tauschgeschäfte per PC führt, wird bei zunehmenden Umfang seiner Aktivitäten an einem bestimmten Punkt die Grenze von einer persönlich-privaten zu einer beruflichen oder geschäftsmäßigen Zwecken dienenden Datenverarbeitung überschreiten. Wo diese Grenze überschritten wird, kann immer nur im Einzelfall festgestellt werden.

6. Nicht automatisierte Verarbeitungen außerhalb von Dateien (in Akten)

6.1 In **Absatz 2** wird zunächst noch einmal quasi im Umkehrschluss zu Absatz 1 klargestellt, dass das BDSG im privaten Sektor bei nicht automatisiert bzw. nicht dateigebundenen Verfahren, also z. B. der Verarbeitung und Nutzung personenbezogener Daten in „unstrukturierten" **Akten** keine Anwendung findet. Für Daten des Bewachungsgewerbes hebt § 8 BewachVO diese Eingrenzung auf. Eigenständige Datenschutzregelungen wie die PDSV (§ 2 Nr. 2) oder das TKG (§ 91 Abs. 1) reduzieren den Datenschutz ebenfalls nicht. Für Beschäftigtendaten ergibt sich gleiches aus § 32 Abs. 2 BDSG. 13

6.2 Die Verarbeitung und Nutzung personenbezogener Daten in Akten oder sonstigen Datenträgern wird in Absatz 2 aber dann den Regelungen des BDSG unterworfen, wenn die Daten **offensichtlich aus einer automatisierten Verarbeitung** stammen. 14

6.3 Die Festlegung der Anwendungsbreite dieser Vorschrift auf nicht dateimäßig gespeicherte Dateiauszüge bereitet Probleme. Unter dem Hinweis, die Vorschrift solle verhindern, dass die Anwendung des BDSG dadurch umgangen wird, dass bestimmte Daten aus einer automatisierten Verarbeitung in eine Akte übernommen werden, könnte eine restriktive Auslegung dieser Regelung für geboten erachtet werden, indem das Erfordernis der „Offensichtlichkeit" dadurch ergänzt wird, dass die Daten **„unmittelbar"** aus der automatisierten Verarbeitung entnommen worden sein müssen und das BDSG nur hinsichtlich der Zulässigkeitsbedingungen Anwendung findet. Die Konsequenz einer restriktiven Handhabung des Absatzes 2 ist dann teilweise auch die, dass nur **aus eigenen Verarbeitungen** stammende Daten betroffen sind, da bei einer aktenmäßigen Speicherung von dritter Seite übermittelter Daten eine Umgehungsabsicht der verantwortlichen Stelle nicht bestehen kann (so dann auch Schaffland/Wiltfang, BDSG § 27 Rn. 51). Eine derartige Konsequenz hat aber selbst der Gesetzgeber nicht gezogen. Dies macht die Regelung des § 28 Abs. 5 deutlich. Demgemäß kann eine derartige restriktive Anwendung der Regelung des Absatzes 2 weder aus dem Wortlaut der gesetzlichen Regelung noch aus ihrem Sinn herausgelesen werden. 15

6.4 Vertretbar ist es insoweit allenfalls für eine praktikable Anwendung der Norm, das Merkmal **„offensichtlich"** (zu dem Begriff der Offensichtlichkeit vgl. auch Goldenbohm/Weise, DuD 1991, 447) durch das zusätzliche Merkmal **„unmittelbar"** zu konkretisieren (so auch Bergmann/Möhrle/Herb, BDSG § 27 Rn. 48, 49; Schaffland/Wiltfang, BDSG § 27 Rn. 20; a. A. Simitis in: Simitis, BDSG § 27 Rn. 32 ff.; vgl. zur Anwendung des Absatzes 2 bei dem Einsatz **digitaler** Fotokopierer mit eigenen Speichermedien Hinweis Nr. 41 des Innenministeriums Baden-Württemberg, RDV 2004, 238). Andererseits kann es aber nicht darauf ankommen, ob die Entnahme aus der Datei für den Sachbearbeiter erkennbar ist. Maßgebend kann allein sein, ob die verantwortliche Stelle die Herkunft der Daten kennt und damit für die Beachtung der Regelungen des BDSG Sorge tragen kann. Diese Kennt- 16 nis ist immer vorhanden, wenn die verantwortliche Stelle die Daten selbst aus einer automatisierten Verarbeitung entnommen hat; sei es, dass eigene Datenbestände genutzt wurden, sei es, dass z. B. im Abrufverfahren (§ 10) auf fremde Dateien zugegriffen wurde. Die Kenntnis ist ferner bei übermittelten Daten dadurch gegeben, dass § 28 Abs. 5 Satz 3 und § 29 Abs. 4 für die übermittelnde Stelle eine diesbezügliche Hinweispflicht gegenüber dem Empfänger begründen (vgl. auch Plath in: Plath, BDSG § 27 Rn. 15; zur gleichwohl bestehenden Erkundigungspflicht vgl. Simitis in: Simitis, BDSG § 27 Rn. 35). Erhält also die Firma X von der Kreditauskunftei eine „Computerauskunft" über den Betroffenen und nimmt sie diese zu der „Akte" des Kunden, so ist die Zulässigkeit der Speicherung anhand des § 28 zu prüfen; die Benachrichtigungspflicht besteht, sofern der betroffene Kunde nicht bereits Kenntnis über die Speicherung auch dieser Datenart hat (vgl. § 33 Rn. 4 ff.) bzw. ein sonstiger Ausnahmetatbestand des § 33 Abs. 2 vorliegt (a. A. die wohl überwiegende Meinung; vgl. auch Drews, DuD 1991, 566). Gleichfalls besteht ein Auskunftsanspruch und ggf. ein Löschungsanspruch.

Datenerhebung und -speicherung für eigene Geschäftszwecke §28

§28 Datenerhebung und -speicherung für eigene Geschäftszwecke

(1) ¹Das Erheben, Speichern, Verändern oder Übermitteln personenbezogener Daten oder ihre Nutzung als Mittel für die Erfüllung eigener Geschäftszwecke ist zulässig
1. wenn es für die Begründung, Durchführung oder Beendigung eines rechtsgeschäftlichen oder rechtsgeschäftsähnlichen Schuldverhältnisses mit dem Betroffenen erforderlich ist,
2. soweit es zur Wahrung berechtigter Interessen der verantwortlichen Stelle erforderlich ist und kein Grund zu der Annahme besteht, dass das schutzwürdige Interesse des Betroffenen an dem Ausschluss der Verarbeitung oder Nutzung überwiegt, oder
3. wenn die Daten allgemein zugänglich sind oder die verantwortliche Stelle sie veröffentlichen dürfte, es sei denn, dass das schutzwürdige Interesse des Betroffenen an dem Ausschluss der Verarbeitung oder Nutzung gegenüber dem berechtigten Interesse der verantwortlichen Stelle offensichtlich überwiegt.

²Bei der Erhebung personenbezogener Daten sind die Zwecke, für die die Daten verarbeitet oder genutzt werden sollen, konkret festzulegen.

(2) Die Übermittlung oder Nutzung für einen anderen Zweck ist zulässig
1. unter den Voraussetzungen des Absatzes 1 Satz 1 Nummer 2 oder Nummer 3,
2. soweit es erforderlich ist,
   a) zur Wahrung berechtigter Interessen eines Dritten oder
   b) zur Abwehr von Gefahren für die staatliche oder öffentliche Sicherheit oder zur Verfolgung von Straftaten und kein Grund zu der Annahme besteht, dass der Betroffene ein schutzwürdiges Interesse an dem Ausschluss der Übermittlung oder Nutzung hat, oder
3. wenn es im Interesse einer Forschungseinrichtung zur Durchführung wissenschaftlicher Forschung erforderlich ist, das wissenschaftliche Interesse an der Durchführung des Forschungsvorhabens das Interesse des Betroffenen an dem Ausschluss der Zweckänderung erheblich überwiegt und der Zweck der Forschung auf andere Weise nicht oder nur mit unverhältnismäßigem Aufwand erreicht werden kann.

(3) ¹Die Verarbeitung oder Nutzung personenbezogener Daten für Zwecke des Adresshandels oder der Werbung ist zulässig, soweit der Betroffene eingewilligt hat und im Falle einer nicht schriftlich erteilten Einwilligung die verantwortliche Stelle nach Absatz 3a verfährt. ²Darüber hinaus ist die Verarbeitung oder Nutzung personenbezogener Daten zulässig, soweit es sich um listenmäßig oder sonst zusammengefasste Daten über Angehörige einer Personengruppe handelt, die sich auf die Zugehörigkeit des Betroffenen zu dieser Personengruppe, seine Berufs-, Branchen- oder Geschäftsbezeichnung, seinen Namen, Titel, akademischen Grad, seine Anschrift und sein Geburtsjahr beschränken, und die Verarbeitung oder Nutzung erforderlich ist
1. für Zwecke der Werbung für eigene Angebote der verantwortlichen Stelle, die diese Daten mit Ausnahme der Angaben zur Gruppenzugehörigkeit beim Betroffenen nach Absatz 1 Satz 1 Nummer 1 oder aus allgemein zugänglichen Adress-, Rufnummern-, Branchen oder vergleichbaren Verzeichnissen erhoben hat,
2. für Zwecke der Werbung im Hinblick auf die berufliche Tätigkeit des Betroffenen und unter seiner beruflichen Anschrift oder

§ 28 Datenerhebung und -speicherung für eigene Geschäftszwecke

3. für Zwecke der Werbung für Spenden, die nach § 10b Absatz 1 und § 34g des Einkommensteuergesetzes steuerbegünstigt sind.

³Für Zwecke nach Satz 2 Nummer 1 darf die verantwortliche Stelle zu den dort genannten Daten weitere Daten hinzuspeichern. ⁴Zusammengefasste personenbezogene Daten nach Satz 2 dürfen auch dann für Zwecke der Werbung übermittelt werden, wenn die Übermittlung nach Maßgabe des § 34 Absatz 1a Satz 1 gespeichert wird; in diesem Fall muss die Stelle, die die Daten erstmalig erhoben hat, aus der Werbung eindeutig hervorgehen. ⁵Unabhängig vom Vorliegen der Voraussetzungen des Satzes 2 dürfen personenbezogene Daten für Zwecke der Werbung für fremde Angebote genutzt werden, wenn für den Betroffenen bei der Ansprache zum Zwecke der Werbung die für die Nutzung der Daten verantwortliche Stelle eindeutig erkennbar ist. ⁶Eine Verarbeitung oder Nutzung nach den Sätzen 2 bis 4 ist nur zulässig, soweit schutzwürdige Interessen des Betroffenen nicht entgegenstehen. ⁷Nach den Sätzen 1, 2 und 4 übermittelte Daten dürfen nur für den Zweck verarbeitet oder genutzt werden, für den sie übermittelt worden sind.

(3a) ¹Wird die Einwilligung nach § 4a Absatz 1 Satz 3 in anderer Form als der Schriftform erteilt, hat die verantwortliche Stelle dem Betroffenen den Inhalt der Einwilligung schriftlich zu bestätigen, es sei denn, dass die Einwilligung elektronisch erklärt wird und die verantwortliche Stelle sicherstellt, dass die Einwilligung protokolliert wird und der Betroffene deren Inhalt jederzeit abrufen und die Einwilligung jederzeit mit Wirkung für die Zukunft widerrufen kann. ²Soll die Einwilligung zusammen mit anderen Erklärungen schriftlich erteilt werden, ist sie in drucktechnisch deutlicher Gestaltung besonders hervorzuheben.

(3b) ¹Die verantwortliche Stelle darf den Abschluss eines Vertrags nicht von einer Einwilligung des Betroffenen nach Absatz 3 Satz 1 abhängig machen, wenn dem Betroffenen ein anderer Zugang zu gleichwertigen vertraglichen Leistungen ohne die Einwilligung nicht oder nicht in zumutbarer Weise möglich ist. ²Eine unter solchen Umständen erteilte Einwilligung ist unwirksam.

(4) ¹Widerspricht der Betroffene bei der verantwortlichen Stelle der Verarbeitung ober Nutzung seiner Daten für Zwecke der Werbung oder der Markt- oder Meinungsforschung, ist eine Verarbeitung oder Nutzung für diese Zwecke unzulässig. ²Der Betroffene ist bei der Ansprache zum Zweck der Werbung oder der Markt- oder Meinungsforschung und in den Fällen des Absatzes 1 Satz 1 Nummer 1 auch bei Begründung des rechtsgeschäftlichen oder rechtsgeschäftsähnlichen Schuldverhältnisses über die verantwortliche Stelle sowie über das Widerspruchsrecht nach Satz 1 zu unterrichten; soweit der Ansprechende personenbezogene Daten des Betroffenen nutzt, die bei einer ihm nicht bekannten Stelle gespeichert sind, hat er auch sicherzustellen, dass der Betroffene Kenntnis über die Herkunft der Daten erhalten kann. ³Widerspricht der Betroffene bei dem Dritten, dem die Daten im Rahmen der Zwecke nach Absatz 3 übermittelt worden sind, der Verarbeitung oder Nutzung für Zwecke der Werbung oder der Markt- oder Meinungsforschung, hat dieser die Daten für diese Zwecke zu sperren. ⁴In den Fällen des Absatzes 1 Satz 1 Nummer 1 darf für den Widerspruch keine strengere Form verlangt werden als für die Begründung des rechtsgeschäftlichen oder rechtsgeschäftsähnlichen Schuldverhältnisses.

(5) ¹Der Dritte, dem die Daten übermittelt worden sind, darf diese nur für den Zweck verarbeiten oder nutzen, zu dessen Erfüllung sie ihm übermittelt werden. ²Eine Verarbeitung oder Nutzung für andere Zwecke ist

Datenerhebung und -speicherung für eigene Geschäftszwecke   § 28

nicht-öffentlichen Stellen nur unter den Voraussetzungen der Absätze 2 und 3 und öffentlichen Stellen nur unter den Voraussetzungen des § 14 Abs. 2 erlaubt. ³Die übermittelnde Stelle hat ihn darauf hinzuweisen.

(6) Das Erheben, Verarbeiten und Nutzen von besonderen Arten personenbezogener Daten (§ 3 Abs. 9) für eigene Geschäftszwecke ist zulässig, soweit nicht der Betroffene nach Maßgabe des § 4a Abs. 3 eingewilligt hat, wenn

1. dies zum Schutz lebenswichtiger Interessen des Betroffenen oder eines Dritten erforderlich ist, sofern der Betroffene aus physischen oder rechtlichen Gründen außerstande ist, seine Einwilligung zu geben,
2. es sich um Daten handelt, die der Betroffene offenkundig öffentlich gemacht hat,
3. dies zur Geltendmachung, Ausübung oder Verteidigung rechtlicher Ansprüche erforderlich ist und kein Grund zu der Annahme besteht, dass das schutzwürdige Interesse des Betroffenen an dem Ausschluss der Erhebung, Verarbeitung oder Nutzung überwiegt, oder
4. dies zur Durchführung wissenschaftlicher Forschung erforderlich ist, das wissenschaftliche Interesse an der Durchführung des Forschungsvorhabens das Interesse des Betroffenen an dem Ausschluss der Erhebung, Verarbeitung und Nutzung erheblich überwiegt und der Zweck der Forschung auf andere Weise nicht oder nur mit unverhältnismäßigem Aufwand erreicht werden kann.

(7) ¹Das Erheben von besonderen Arten personenbezogener Daten (§ 3 Abs. 9) ist ferner zulässig, wenn dies zum Zweck der Gesundheitsvorsorge, der medizinischen Diagnostik, der Gesundheitsversorgung oder Behandlung oder für die Verwaltung von Gesundheitsdiensten erforderlich ist und die Verarbeitung dieser Daten durch ärztliches Personal oder durch sonstige Personen erfolgt, die einer entsprechenden Geheimhaltungspflicht unterliegen. ²Die Verarbeitung und Nutzung von Daten zu den in Satz 1 genannten Zwecken richtet sich nach den für die in Satz 1 genannten Personen geltenden Geheimhaltungspflichten. ³Werden zu einem in Satz 1 genannten Zweck Daten über die Gesundheit von Personen durch Angehörige eines anderen als in § 203 Abs. 1 und 3 des Strafgesetzbuchs genannten Berufes, dessen Ausübung die Feststellung, Heilung oder Linderung von Krankheiten oder die Herstellung oder den Vertrieb von Hilfsmitteln mit sich bringt, erhoben, verarbeitet oder genutzt, ist dies nur unter den Voraussetzungen zulässig, unter denen ein Arzt selbst hierzu befugt wäre.

(8) ¹Für einen anderen Zweck dürfen die besonderen Arten personenbezogener Daten (§ 3 Abs. 9) nur unter den Voraussetzungen des Absatzes 6 Nr. 1 bis 4 oder des Absatzes 7 Satz 1 übermittelt oder genutzt werden. ²Eine Übermittlung oder Nutzung ist auch zulässig, wenn dies zur Abwehr von erheblichen Gefahren für die staatliche und öffentliche Sicherheit sowie zur Verfolgung von Straftaten von erheblicher Bedeutung erforderlich ist.

(9) ¹Organisationen, die politisch, philosophisch, religiös oder gewerkschaftlich ausgerichtet sind und keinen Erwerbszweck verfolgen, dürfen besondere Arten personenbezogener Daten (§ 3 Abs. 9) erheben, verarbeiten oder nutzen, soweit dies für die Tätigkeit der Organisation erforderlich ist. ²Dies gilt nur für personenbezogene Daten ihrer Mitglieder oder von Personen, die im Zusammenhang mit deren Tätigkeitszweck regelmäßig Kontakte mit ihr unterhalten. ³Die Übermittlung dieser personenbezogenen Daten an Personen oder Stellen außerhalb der Organisation ist nur unter den Voraussetzungen des § 4a Abs. 3 zulässig. ⁴Absatz 2 Nummer 2 Buchstabe b gilt entsprechend.

§ 28 Datenerhebung und -speicherung für eigene Geschäftszwecke

Literatur: *Abel,* Die Nutzung von Meldedaten in der Wirtschaft, RDV 2008, 195; *ders.,* Die neuen BDSG-Regelungen, RDV 2009, 147; *Aßhoff,* Die wettbewerbsrechtliche Relevanz von Datenschutzverstößen, IPRB 2013, 233; *Baeriswyl,* Data Mining and Datawarehousing: Kundendaten als geschütztes Gut, RDV 2000, 7; *Behling,* Das „Opt-in"-Verfahren für den Adresshandel – eine Begutachtung der Auswirkungen auf die Unternehmenstransaktion, RDV 2010, 107; *Breinlinger,* Screening von Kundendaten im Rahmen der AEO-Zertifizierung, ZD 2013, 267; *Busse,* Wechselwirkungen zwischen BDSG und UWG-Auswirkungen auf das Direktmarketing, RDV 2005, 260; *Conrad,* Transfer von Mitarbeiterdaten zwischen verbundenen Unternehmen, ITRB 2005, 164; *Dieckmann/Eul/Klevenz,* Verhindert der Datenschutz Fusionen? – Fusionen aus Sicht der betrieblichen Datenschutzbeauftragten, RDV 2000, 149; *Dorn,* Lehrerbenotungen im Internet, DuD 2008, 98; *Eckardt/Rheinganz,* Direktmarketing bei Bestandskunden ohne Einwilligung? – Bewertung der Wechselwirkungen von Datenschutz und Wettbewerbsrecht, ZD 2013, 318; *Fisahn,* Bankgeheimnis und informationelle Selbstbestimmung, CR 1995, 632; *Geiger,* Kommerzielle Nutzung amtlich veröffentlichter Registereintragungen, CR 1992, 228; *Gola/Reif,* Datenschutz im Urlaub und auf Reisen: Die gesetzlichen Rahmenbedingungen, RDV 2008, 177; *dies.,* Datenschutzrechtliche Aspekte des neuen UWG, RDV 2009, 104; *Gola/Wronka,* Werbung, Wettbewerb und Datenschutz, RDV 1994, 157; *Grapentin,* Datenschutz und Globalisierung – Binding Corporate Rules als Lösung, CR 2009, 693; *Greve/Schärdel,* Der digitale Pranger – Bewertungsportale im Internet, MMR 2008, 644; *Hanloser,* „opt in" im Datenschutz und Wettbewerbsrecht, CR 2008, 713; *ders.,* Neuer Rechtsrahmen für das Direktmarketing, DB 2009, 663; *Heil,* Neues Wettbewerbsrecht: Wechselwirkungen zwischen UWG und Datenschutz, RDV 2004, 205; *Hoeren,* Kundenbefragungen über potentielle Interessenten. Grundsatz der Direkterhebung nach § 4 Abs. 2 BDSG verletzt?, ZD 2013, 530; *Ilgenfritz,* Erläuterungen zu den Anwendungshinweisen der Datenschutzaufsichtsbehörden zur Erhebung, Verarbeitung und Nutzung personenbezogener Daten für werbliche Zwecke, RDV 2013, 18; *Kamlah/Hoke,* Datenschutz und UWG – Unterlassungsansprüche bei Datenschutzverstößen, RDV 2008, 226; *Kesten,* RFID und Datenschutz, RDV 2008, 97; *Klas,* Grenzen der Erhebung und Speicherung allgemein zugänglicher Daten, 2012; *Koerner-Dammann,* Datenschutzprobleme beim Praxisverkauf, NJW 1992, 1543; *dies.,* Weitergabe von Patientendaten an ärztliche Verrechnungsstellen, NJW 1992, 729; *v. Lewinski,* Persönlichkeitsprofile und Datenschutz bei CRM, RDV 2003, 122; *Linsenbarth/Schiller,* Datenschutz und Lauterkeitsrecht – Ergänzender Schutz bei Verstößen gegen das Datenschutzrecht durch das UWG?, WRP 2013, 575; *Lixfeld,* § 28 Abs. 3a S. 1, 1. Altern. BDSG – Schriftform oder Textform?, RDV 2010, 163; *Mattke,* Adressenhandel, 1995; *Meltzian,* Die Neuregelung des Listenprivilegs, DB 2009, 2643; *Möller,* Data Warehouse als Warnsignal für die Datenschutzbeauftragten, DuD 1998, 555; *Neuhöfer,* Die Weitergabe von Mitgliederdaten im Verein, RDV 2012, 288; *Podlech/Pfeifer,* Die informationelle Selbstbestimmung im Spannungsverhältnis zu modernen Werbestrategien, RDV 1998, 139; *Roßnagel/Jandt,* Rechtskonformes Direktmarketing, MMR 2011, 86; *Schilde-Stenzel,* „Lehrevaluation" und die Prangerseite im Internet: www.meinprof.de, RDV 2006, 104; *Schmittmann,* Telefaxübermittlungen im Zivilrecht unter besonderer Berücksichtigung des Wettbewerbsrechts, 1999; *ders.,* Die Zulässigkeit von E-Mailwerbung nach deutschem Recht unter Berücksichtigung europarechtlicher Parameter, RDV 2001, 172; *Selk,* Datenschutz bei Unternehmenstransaktionen, RDV 2009, 254; *ders.,* Kundendaten in der Hotellerie – Aktuelle Datenschutzprobleme vom Check-In bis zum CRM, RDV 2008, 187; *Taeger,* Kundenprofile im Internet, K&R 2003, 220; *Teichmann/Kiessling,* Datenschutz bei Umwandlungen, ZGR 2001, 33; *Vander,* Telefonmarketing im Fadenkreuz, MMR 2008, 639; *Vogel/Glas,* Datenschutzrechtliche Probleme unternehmensinterner Übermittlungen, DB 2009, 1747; *Voigt,* Einwilligungsbasiertes Marketing, K&R 2013, 371; *Wagner,* Datenschutz bei Kundenkarten, DuD 2010, 30; *Weichert,* Datenschutz bei Vereinen – Veröffentlichung von Mitgliederlisten, DuD 1994, 200; *ders.,* Datenschutzrechtliche Probleme beim Adressenhandel, WRP 1996, 522; *ders.,* Datenschutzrechtliche Anforderungen an Data-Warehouse-Anwendungen bei Finanzdienstleistern, RDV 2003, 113; *Wengert/Wiedmann/Wengert,* Bankenfusionen und Datenschutz – Eine kritische Betrachtung, RDV 2000, 47; *Wittig,* Die datenschutzrechtliche Problematik der Anfertigung von Persönlichkeitsprofilen zu Marketingzwecken, RDV 2000, 59; *Wronka,* BDSG-Novelle II

Datenerhebung und -speicherung für eigene Geschäftszwecke **§ 28**

und Direktwerbung: Ein kritisches Verhältnis, RDV 2009, 247; *Zech,* Durchsetzung von Datenschutz mittels Wettbewerbsrecht, WRP 2013, 144.

Übersicht

Rn.

1. Allgemeines 1
2. Erfüllung eigener Geschäftszwecke 4
3. Die Zulässigkeitsalternativen des Absatzes 1 8
4. Das rechtsgeschäftliche bzw. rechtsgeschäftsähnliche Schuldverhältnis 12
5. Der Grundsatz der Erforderlichkeit 14
6. Interessenabwägung nach § 28 Abs. 1 Satz 1 Nr. 2 24
7. Allgemein zugängliche Daten 31
8. Zweckbindung, Zweckänderung und Hinweispflichten 34
9. Datenverarbeitungen zu Zwecken der Werbung 42
10. Widerspruch des Betroffenen 60
11. Werbeeinschränkungen durch das UWG 70
12. Privilegierung der Forschung 73
13. Das Erheben, Verarbeiten und Nutzen von besonderen Arten personenbezogener Daten 75

1. Allgemeines

1.1 Durch die Novelle II 2009 hat § 28 einen verdoppelten Umfang erhalten. **1** Maßgebend hierfür sind die Sonderregelungen für die Nutzung von Daten für Werbezwecke (Absätze 3, 3a, 3b). Indirekt wurde er ferner dadurch erweitert, dass die bisher nach seinen Zulässigkeitsvorgaben zu beurteilenden Datenübermittlungen an Auskunfteien (§ 28a) und die Durchführung von Scoringverfahren (§ 28b) eine eigenständige Regelung erfahren haben. Gleiches gilt für Teilbereiche des Arbeitnehmerdatenschutzes (§ 32).
1.2 Die ansonsten für Erheben, Speichern, Übermitteln, Verändern und Nutzen **2** personenbezogener Daten für **eigene Zwecke** maßgebenden Zulässigkeitstatbestände bleiben in § 28 zusammengefasst. Der Regelungsgegenstand ist also weiter als in der durch die Novellierung unsinnigerweise verkürzten Überschrift benannt. § 28 regelt die Verarbeitungsphasen des **Sperrens** und **Löschens** personenbezogener Daten. Die Zulässigkeit bzw. die Verpflichtung der Vornahme dieser Verarbeitungsschritte richtet sich sowohl bei Datenverarbeitung für eigene Zwecke als auch bei geschäftsmäßiger Verarbeitung zum Zwecke der Übermittlung nach § 35.
1.3 Deutlich gemacht wird der Grundsatz, dass die **Zweckbestimmung** der **3** Daten, d. h. ihre für einen konkreten Zweck bestehende **Erforderlichkeit** Ausgangspunkt für die Zulässigkeit der Erhebung, Verarbeitung oder Nutzung ist und dass eine zweckändernde Nutzung oder Übermittlung ebenfalls einer gesetzlichen Rechtfertigung bedarf. Noch konkreter sind die in den Absätzen 6 bis 9 enthaltenen restriktiven Erlaubnistatbestände hinsichtlich der Erhebung, Verarbeitung oder Nutzung von besonderen Arten personenbezogener Daten.

2. Erfüllung eigener Geschäftszwecke

2.1 Reglementiert wird gem. **Absatz 1 Satz 1** die Verwendung der Daten für **4** **eigene Geschäftszwecke.** Gemeint sind hiermit Datenverarbeitungen, die als Hilfsmittel zur Erfüllung bestimmter anderer, eigener Zwecke der Daten verarbeitenden Stelle erfolgen, z. B. zur Abwicklung von eingegangenen Verträgen oder zur

§ 28 Datenerhebung und -speicherung für eigene Geschäftszwecke

Betreuung von Kunden und Interessenten. Die Datenverarbeitung dient hier als **Mittel zum Zweck,** d. h. zur Erreichung eines dahinterstehenden Geschäftszwecks, eines wirtschaftlichen Erfolgs; sie bildet jedoch nicht selbst das geschäftliche Interesse. Wesentliches Abgrenzungsmerkmal zwischen § 28 und § 29 ist, ob die verantwortliche Stelle an den Daten ein eigenes Interesse hat, weil sie mit dem Betroffenen in Kontakt steht oder treten will. Dieses Eigeninteresse wird auch nicht dadurch aufgegeben, dass die Daten ggf. auch **im sich wiederholenden Einzelfall** an Dritte weitergegeben werden. Demgemäß wird die Übermittlung der **Kundendaten** eines **Versandhauses** an ein Tochterunternehmen in § 28 Abs. 3 geregelt. Werden die Daten „geschäftsmäßig", – d. h. nicht mehr als gelegentliche Ausnahme – vermarktet, greift insoweit § 29 (vgl. Simitis in: Simitis, BDSG § 28 Rn. 29).

5   **2.2 Datenweitergaben an Wirtschaftsprüfer, Steuerberater** und Beratungsbüros (z. B. Versicherungsmathematiker) unterliegen dem § 28, wenn sie zur Erfüllung ihres Auftrags selbstständige fachliche intellektuelle Leistungen erbringen und nicht nur lediglich (im Auftrag gem. § 11) Daten in ihrem Rechner (so aber die für Steuerberater tätige Datev) verarbeiten. Die Bekanntgabe der nicht die eigene Person betreffenden personenbezogenen Daten durch den Kunden an den **Steuerberater** stellt dann eine Übermittlung dar, deren Zulässigkeit anhand des § 28 zu prüfen ist (Schaffland/Wiltfang, BDSG § 28 Rn. 5). **Heiratsinstitute** verarbeiten die Daten ihrer Auftraggeber dann für eigene Zwecke, wenn der Schwerpunkt ihrer Tätigkeit bei der Beratung des Kunden liegt und die Bekanntgabe der Daten an in Betracht kommende Partner Ergebnis der Beratungstätigkeit ist (BayObLG, NJW 1981, 2313; zur Konkretisierung einer insoweit einzuholenden Einwilligung OLG Düsseldorf, RDV 1995, 246). Liegt der Schwerpunkt der Tätigkeit auf der reinen Übermittlung von Adressen (wie es z. B. bei der Vermittlung von **Briefpartnerschaften** der Fall ist), so liegt geschäftsmäßige Datenverarbeitung nach § 29 vor (vgl. BayObLG, NJW 1981, 2313). § 29 greift auch, wenn ein Unternehmen als „Geschäft" das Internet zur Publikation von **Lehrer- und Professoren-Bewertungen** bereitstellt, wobei der BGH (NJW 2009, 2888) hierdurch schutzwürdige Interessen der Betroffenen regelmäßig nicht als verletzt ansieht (a. A. Dorn, DuD 2008, 98, und die Datenschutzaufsichtsbehörden, LDI NW, 19. TB (2009), S. 25; vgl. hierzu auch § 29 Rn. 9.1 ff.). Datenverarbeitung für eigene Zwecke liegt ferner vor, wenn Forderungen zwecks Inkasso an eine **ärztliche Verrechnungsstelle** zur Einziehung im eigenen Namen abgetreten werden (vgl. BGH, NJW 1991, 2955). Beim Einzug in fremdem Namen handelt es sich um **Auftragsdatenverarbeitung** gem. § 11 (Simitis in: Simitis, BDSG § 28 Rn. 27).

6   **2.3** Unbestritten ist, dass ein Unternehmen sowohl Datenverarbeitung für eigene Geschäftszwecke betreiben und gleichzeitig geschäftsmäßig zum Zwecke der Übermittlung tätig werden kann. So verarbeitet eine **Kreditauskunftei** die Daten ihrer Mitarbeiter für eigene Geschäftszwecke, die Daten der Kreditnehmer geschäftsmäßig zur Übermittlung. Verantwortliche Stellen, die Datenverarbeitung sowohl für eigene als auch für fremde (z. B. **Auftragsdatenverarbeitung**) Zwecke betreiben, müssen die für jeden ihrer Verarbeitungsbereiche geltenden unterschiedlichen Vorschriften beachten. Betreibt ein **konzernangehöriges Unternehmen** die Datenverarbeitung für die anderen konzernangehörigen Firmen und gleichzeitig auch für die eigene juristische Person, dann ist für die Zulässigkeit des Eigenanteils § 28 (vgl. hierzu auch § 29 Rn. 4) anzuwenden. Für den Teil der Datenverarbeitung, der für die anderen Konzernunternehmen durchgeführt wird, gilt, sofern keine Funktionsübertragung vorliegt, § 11 (vgl. § 11 Rn. 8). Maßgeblich für die Anwendbarkeit der unterschiedlichen gesetzlichen Regelungskomplexe ist, dass die jeweilige, verschiedenen Zielen dienende Datenverarbeitung einen „abgrenzbaren Teil" der Gesamtorganisation bildet, die differierenden Zweckbestimmungen der Datenverarbeitung also erkennbar sind.

Datenerhebung und -speicherung für eigene Geschäftszwecke § 28

2.4 Ein weiteres Beispiel bilden **Handels- und Wirtschaftsauskunfteien,** die 6a geschäftsmäßig nach § 29 Daten speichern und übermitteln und die häufig gleichzeitig ein **Inkassobüro** betreiben, das als solches für seine Datenverarbeitungen der Zulässigkeitsnorm des § 28 unterworfen ist, wobei beide Bereiche die gleichen Datenbestände nutzen. Inwieweit die Nutzung der Daten für die jeweilige Zweckbestimmung zulässig ist, ist gesondert zu prüfen (vgl. AG Baden-Baden, RDV 2003, 248). Die Datenschutzaufsichtsbehörden gehen davon aus, dass die von beiden Geschäftsbereichen – Inkassotätigkeit und Auskunfteibetrieb – wahrgenommenen Funktionen strikt voneinander zu trennen seien (vgl. 5. TB des Saarl. DSB, S. 55) mit der Folge, dass sie auch datenschutzrechtlich unterschieden werden müssen (Nds. TB, LT-Drs. 10/5750, S. 1: „Da Handelsauskunftei und Inkassobüro datenschutzrechtlich als zwei verschiedene Stellen anzusehen sind, dürfen Daten vom Inkassobüro an die Handelsauskunftei nur unter den Zulässigkeitsvoraussetzungen des § 24 übermittelt werden.") (vgl. insoweit auch § 28a Rn. 3). Damit wird auch eine organisatorische Trennung der Daten des Inkassobüros und der Auskunftei erforderlich.

2.5 Hintergrund der Trennung zwischen Datenverarbeitung für eigene Zwecke 7 und geschäftsmäßiger Verarbeitung für Dritte (§§ 29, 30) ist die Tatsache, dass „der Einzelne als ein in der Gemeinschaft lebender Bürger in Kommunikation mit anderen tritt" (BVerfG, DÖV 1973, 451 – Lebach-Urteil). Das BVerfG führt weiter aus, dass sich aus der Tatsache der Kommunikation des Bürgers mit anderen gewisse „Einschränkungen seines ausschließlichen Bestimmungsrechts über seinen Privatbereich ergeben können"; was mit anderen Worten heißt, dass derjenige, der Beziehungen zu anderen Stellen oder Personen aufnimmt, diese nicht gleichzeitig von allen Informationen über sich ausschließen kann. Jeder Bürger lebt in zahlreichen sozialen Bezügen, z. B. als Arbeitnehmer, Versicherungsnehmer, Kunde, Patient etc. In allen diesen Bezügen gibt er freiwillig auf Grund der Gegebenheiten des jeweiligen Verhältnisses Daten über sich an die entsprechende Daten verarbeitende Stelle. Diesen Gedanken hat das BVerfG im Volkszählungsurteil (BVerfGE 65, 1 = NJW 1984, 419) fortgeführt. Für die Daten verarbeitende Stelle ist im Falle des § 28 die Verarbeitung der Daten Mittel zur Erfüllung eines – zumeist auch von dem Betroffenen mitbestimmten – übergeordneten Zweckes. In erster Linie – und ggf. auch ausschließlich (vgl. hierzu nachstehend Rn. 9) – werden daher den verantwortlichen Stellen durch die Zweckbestimmung des zugrundeliegenden rechtsgeschäftlichen oder rechtsgeschäftsähnlichen Schuldverhältnisses die Grenzen für die Speicherung, Übermittlung und sonstige Verwendung der Daten aufgezeigt. Es kann dem Betroffenen aber auch zugemutet werden, die Verarbeitung seiner Daten insoweit hinzunehmen, als sie zur Wahrung sich außerhalb einer vertraglichen Beziehung ergebenden berechtigter Interessen der verantwortlichen Stelle erforderlich ist, soweit dadurch seine schutzwürdigen Interessen nicht verletzt werden.

3. Die Zulässigkeitsalternativen des Absatzes 1

3.1 Absatz 1 enthält zunächst **drei Zulässigkeitsvarianten,** die jedenfalls 8 grundsätzlich unabhängig von einander die Zulässigkeit des Erhebens, Speicherns, Veränderns, Übermittelns und Nutzens von personenbezogenen Daten begründen können (Hoeren in: Roßnagel, Handbuch Datenschutzrecht, Kap. 4.6 Rn. 15). Die Zulässigkeit ist danach gegeben, wenn die jeweilige Verwendung der Daten
– im Rahmen der Begründung, Durchführung oder Beendigung eines rechtsgeschäftlichen oder rechtsgeschäftsähnlichen Schuldverhältnisses erforderlich ist,
– durch berechtigte Interessen der verantwortlichen Stelle bedingt ist und kein Grund zur Annahme besteht, dass vorrangige schutzwürdige Interessen des Betroffenen entgegenstehen,

§ 28 Datenerhebung und -speicherung für eigene Geschäftszwecke

– oder die Daten allgemein zugänglich sind bzw. gemacht werden dürften und ein dem berechtigten Interesse der verantwortlichen Stelle offensichtlich entgegenstehendes schutzwürdiges Interesse des Betroffenen nicht erkennbar ist.

9   3.2 Besonderer Betrachtung bedarf die Frage, in welchem Verhältnis die aufgezeigten Zulässigkeitsalternativen stehen, d. h. ob sie tatsächlich **alternativ** nebeneinander stehen (so Schaffland/Wiltfang, BDSG § 28 Rn. 13) oder ob jedenfalls dann, wenn zwischen dem Betroffenen und der verantwortlichen Stelle eine vertragliche oder vertragsähnliche Beziehung, d. h. ein **rechtsgeschäftliches oder rechtsgeschäftsähnliches Schuldverhältnis** (vgl. nachfolgend Rn. 12) besteht, sich aus diesem ausschließlich oder zumindest primär die Zulässigkeit der Datenverarbeitung bestimmt (vgl. Simitis in: Simitis, BDSG § 28 Rn. 55). Jedenfalls in solchen Rechtsverhältnissen wie **Dienstverträgen zwischen Arzt und Patient, Rechtsanwalt und Klient** oder auch bei **Bankverträgen** auf Grund des **Bankgeheimnisses** (Bergmann/Möhrle/Herb, BDSG § 28 Rn. 218), die dem Vertragspartner auf Grund **vertraglicher Schutz- und Vertraulichkeitspflichten** nur gestatten, solche Daten zu verarbeiten, die im Rahmen der **Zweckbestimmung** des Vertragsverhältnisses benötigt werden, können die weiteren Zulässigkeitsalternativen des BDSG nicht etwas gestatten, das die vertragliche Beziehung nicht zulässt. § 28 Abs. 1 Satz 1 Nr. 2 kann nur – und dies in enger Interpretation (Bergmann/Möhrle/Herb, BDSG § 28 Rn. 217) – dann zur Anwendung kommen, wenn vertragliche Schutzpflichten nicht verletzt werden (vgl. die Beispiele in Rn. 24, 41; ferner für das Arbeitsverhältnis § 32 Rn. 31 ff.). Demgemäß stellt die Aufsichtsbehörde Baden-Württemberg (Hinweis zum BDSG Nr. 3, Staatsanz. Baden-Württemberg, 1978 Nr. 52, S. 3) zumindest wie folgt fest: „Die andere Zulässigkeitsalternative (Erforderlichkeit zur Wahrung berechtigter Interessen und kein Grund zur Annahme der Beeinträchtigung schutzwürdiger Belange) hat daneben zwar selbstständige Bedeutung, ist aber bei Bestehen eines Vertragsverhältnisses eng auszulegen. Der Vertragspartner soll sich in der Regel darauf verlassen können, dass seine Daten nur für den Zweck verwendet werden, zu dem sie gegeben hat, so dass er bei einer anderweitigen Verwendung meist in seinen schutzwürdigen Belangen beeinträchtigt sein dürfte". Entsprechend hat auch wiederholt das BAG (DB 1987, 1048 = RDV 1987, 129) entschieden, wenn es die Interessenabwägung der 2. Alternative bereits im Rahmen der Ermittlung der Zweckbestimmung des Vertragsverhältnisses vornimmt und ausführt, „dass in die Privatsphäre des Arbeitnehmers nicht tiefer eingedrungen werden darf, als es der Zweck des Arbeitsverhältnisses unbedingt erfordert".

10 3.3 Verpflichtet ein Vertrag zu „speziellem" Schweigen, so kann dieses Gebot nicht durch eine außerhalb der vertraglichen Beziehung angesiedelte allgemeine Interessenabwägung aufgehoben werden (vgl. konkret zum **Bankgeheimnis** Simitis in: Simitis, BDSG § 28 Rn. 99). Demgemäß bedarf auch das Outsourcing von Bankleistungen datenschutzrechtlicher Übermittlungserlaubnisse (BayLDA TB 2011/12, Ziff. 8.2 ff). Daher bedarf die nicht der vertraglichen Zweckbestimmung dienende Nutzung/Weitergabe von Kundendaten einer Bank/Versicherung z. B. im **Rahmen von Allfinanzkonzepten** der Einwilligung (BfD 15. TB, S. 437). Ein Kreditinstitut ist nicht befugt, die Daten seiner Bankkunden nach dem Merkmal „Fahrzeughalter" und den Prämienzahlungen an die Versicherung des Fahrzeugs außerhalb des Vertrages in der Zweckbestimmung zu nutzen, um den Fahrzeughaltern in einem Werbeschreiben mitzuteilen, dass man sich dem Verbundpartner ein günstigeres Angebot als das des bisherigen Versicherers machen könne (Datenschutzaufsicht NRW, Bericht für 1995/96 = RDV 1998, 271; vgl. auch 15. Bericht der hess. Landesregierung über die Datenschutzaufsicht im nichtöffentlichen Bereich, LT-Drs. 15/4659 vom 22.11.2002, S. 35; ferner zum **Versicherungsgeheimnis** und der Unzulässigkeit der Weitergabe von Daten von Interessenten an einer sog. „Riesterrente" an ein Schwesterunternehmen, das Krankenversicherungen betreibt, zwecks Vorlage eines zugeschnittenen Krankenversicherungsangebots: 16. Bericht der hess. Landes-

Datenerhebung und -speicherung für eigene Geschäftszwecke **§ 28**

regierung über die Datenschutzaufsicht im nicht öffentl. Bereich, LT-Drs. 16/1680 vom 11.12.2003, S. 38) oder der vom LDI NRW sanktionierte Fall der Weitergabe von Kontobewegungsdaten an Berater der Tochtergesellschaft der Bank, um der werblichen Ansprache ein präzises Kundenprofil zu Grunde legen zu können.

3.4 Damit sind auch der Auswertung von im Rahmen von Vertragsbeziehungen gespeicherten Kundendaten zwecks Ermittlung von **Kundenprofilen** enge Grenzen gesetzt (Wittig, RDV 2000, 59; Podlech/Pfeifer, RDV 1998, 139; regelmäßig untersagt ist damit, derartige Profile als nach Abs. 3 Satz 2 **hinzugespeicherte Daten** zur Grundlage von Werbung zu machen. Bereits vor der Big Data-Problematik (Weichert, ZD 2013, 251; Bornemann, RDV 2013, 232; Ulmer, RDV 2013, 227) war eindeutig, dass die mit der konkreten Zweckbestimmung der Vertragsabwicklung gespeicherten Daten der Kunden in einem **„Data Warehouse"** per sog. **„Data Mining"** nach den verschiedensten, erst aus der Gesamtheit der Daten erkennbaren Kundenprofilen und Verbraucherverhalten zu durchforsten (vgl. bei Möncke, DuD 1998, 561; Weichert, DuD 2001, 264; ders., RDV 2003, 113) eindeutig aus § 28 Abs. 1 Satz Nr. 1 nicht legitimiert ist und auch regelmäßig nicht unter Heranziehung der Alternative Nr. 2 gerechtfertigt werden kann (Baeriswyl, RDV 2000, 7; LDSB Schleswig-Holstein, 21. TB (1998), 116 = RDV 1999, 236; BlnLDI, Jahresbericht 2000, Ziff. 1.1.1). Erfolgen derartige Auswertungen nicht durch Aggregierung anonymisiert oder zumindest pseudonymisiert, so setzt die Erstellung solcher **Konsumentendossiers** die Einwilligung der Betroffenen voraus (vgl. auch schon LDSB Bremen, 13. TB (1991), S. 56 zur Erstellung von Kundenprofilen durch Reisebüros; zur Unzulässigkeit der mit der Begründung, das erworbene Programm sehe dies so vor, gerechtfertigten Erstellung des Konsumverhaltens der Kunden eines Pizzadienstes vgl. BlnLDI, TB 2002, Ziff. 4.6.5). Werden von einer Bank im Rahmen der nach dem **Wertpapierhandelsgesetz** (WpHG) seit dem 1.1.1995 bestehenden Beratungspflicht der Bank Daten über die persönliche, finanzielle Situation des Kunden erhoben und gespeichert, so besteht insoweit eine strikte Zweckbindung (Aufsichtsbeh. Baden-Württemberg, Hinweis zum BDSG Nr. 34, Staatsanz. 1, 1996, S. 10). Gleiches gilt für auf Grund des **Geldwäschegesetzes** erhobene Daten (OLG Hamm, NJW 2000, 2599). Nicht mehr im Rahmen optimaler vertraglicher Betreuung liegt es, d. h. der regelmäßig wohl kaum erteilten Einwilligung bedarf es, wenn **Versicherungsvertreter** oder Kundenbetreuer einer Bank, um eine gute Gesprächsatmosphäre mit dem Kunden herzustellen, Daten über Ess- und **Trinkgewohnheiten** und Hobbys etc. als sog. **„Akquisedaten"** speichern (vgl. BlnLDI, TB 2003, S. 100).

4. Das rechtsgeschäftliche bzw. rechtsgeschäftsähnliche Schuldverhältnis

4.1 In Änderung des Wortlauts der bis zum 1.9.2009 geltenden Regelung knüpft der erste Zulässigkeitstatbestand des § 28 Abs. 1 Satz 1 nicht mehr an vertragliche sondern an Beziehungen auf Grund eines **rechtsgeschäftlichen oder rechtsgeschäftsähnlichen Schuldverhältnisses** an. Dadurch wurde nur im BGB erfolgte Begriffsänderung nachvollzogen. Eine Änderung der Rechtslage ist nicht eingetreten. Ein Schuldverhältnis ist eine Rechtsbeziehung zwischen mindestens zwei Personen, kraft derer der eine (Gläubiger) berechtigt ist, von dem anderen (Schuldner) eine Leistung zu fordern. Daneben kann es jeden Teil zur Rücksicht auf die Rechte, Rechtsgüter und Interessen des anderen Teils verpflichten (§ 241 BGB). Dieses Schuldverhältnis muss durch Rechtsgeschäft, d. h. in der Regel entsprechender **Willenserklärungen** begründet sein. Rechtsgeschäftliche Schuldverhältnisse entstehen daher üblicherweise durch **Vertrag** (§ 311 Abs. 1 BGB) oder ausnahmsweise einseiti-

§ 28 Datenerhebung und -speicherung für eigene Geschäftszwecke

ges Rechtsgeschäft (Auslobung, § 657 BGB). Beispiele für vertragliche Schuldverhältnisse sind etwa Kauf-, Tausch-, Darlehens-, Schenkungs- oder Mietverträge.

13 **4.2 Rechtsgeschäftsähnliche Schuldverhältnisse** sind solche Schuldverhältnisse, aus denen keine Leistungspflichten, sondern nur **Rücksichtnahme-** auch **Informations- und Aufklärungspflichten** erwachsen. Dazu zählt insbesondere das vorvertragliche Schuldverhältnis (§ 311 Abs. 2 BGB). Ein solches Verhältnis entsteht u. a. zwischen den Parteien eines potentiellen Vertrages mit Eintritt in die **Vertragsverhandlungen**. Desgleichen bestehen auch nach der Beendigung vertraglicher Beziehungen nachwirkende Rechte und Pflichten fort; vertragsähnliche Beziehungen können schließlich aus Gefälligkeiten im rechtsgeschäftlichen Bereich erwachsen, sofern ein sog. „**Gefälligkeitsvertrag**" und nicht nur ein jegliche rechtliche Verpflichtungen ausschließendes „Gefälligkeitsverhältnis" besteht (BGHZ 21, 107; Wedde in: DKWW, BDSG § 28 Rn. 23). Ein vertragsähnliches Vertrauensverhältnis liegt auch vor, wenn der von den Parteien beabsichtigte Vertragsabschluss nicht wirksam geworden ist oder z. B. rückwirkend durch Anfechtung (§§ 119, 123 BGB) aufgehoben wurde (§ 142 BGB). Auch **mitgliedschaftliche Beziehungen** (z. B. durch die Beteiligung in Gremien, als Aktionär, als **Vereinsmitglied** u. ä.) können ein vertragsähnliches Vertrauensverhältnis begründen (Schaffland/Wiltfang, BDSG § 28 Rn. 78). Gleiches gilt für die Teilnehmer eines **Preisausschreibens** im Verhältnis zum Veranstalter. Bei der bloßen kommentarlosen Anforderung eines Versandhauskatalogs ist ein rechtsgeschäftsähnlichen Schuldverhältnis jedoch in der Regel noch nicht begründet (vgl. auch nachstehend Rn. 52).

5. Der Grundsatz der Erforderlichkeit

14 **5.1** Besteht eine derartige schuldrechtliche Beziehungen zwischen dem Betroffenen und der verantwortlichen Stelle, so sind nur solche Verarbeitungsschritte gestattet, die zu Erfüllung der drei genannten Zweckbestimmungen, nämlich der **Begründung, Durchführung oder Beendigung** eines Schuldverhältnisses **erforderlich** sind. Das Gesetz war vor dem 1.9.2009 dahingehend formuliert, dass erlaubt ist, was „**der Zweckbestimmung** eines Vertragsverhältnisses" **dient.** Jedoch auch diese Formulierung war mit dem Begriff der Erforderlichkeit zu definieren (vgl. Bergmann/Möhrle/Herb, BDSG § 28 Rn. 18; kritisch Thüsing, NZA 2009, 865). Durch die frühere Formulierung sollte vielmehr – wenn auch wenig glücklich – der Gedanke der Zweckbestimmung verstärkt werden (vgl. Gesetzesbegründung, BT-Drs. 14/4329).

15 **5.2** Danach ist die Speicherung und nachfolgende Verwendung der Daten legitimiert, „wenn sie zur **Erfüllung der Pflichten** oder zur **Wahrnehmung der Rechte** aus einem mit dem Betroffenen geschlossenen Vertrag vorgenommen und benötigt wird". Dabei muss ein unmittelbarer Zusammenhang mit dem konkreten Zweck des Schuldverhältnisses bestehen (Simitis in: Simitis, BDSG § 28 Rn. 57). Dies bedeutet, dass die berechtigten Interessen auf andere Weise nicht bzw. nicht angemessen gewahrt werden können (Bergmann/Möhrle/Herb, BDSG § 28 Rn. 222, die jedoch „strenge" Maßstäbe anlegen). Die Erforderlichkeit ist nicht gegeben, wenn die Interessen auch ohne die Kenntnis der personenbezogenen Informationen gewahrt werden können. Jedoch würde es eine Überinterpretation bedeuten, wenn der Grundsatz der Erforderlichkeit im Sinne einer absolut **zwingenden Notwendigkeit** verstanden würde, vielmehr geht es um ein bei vernünftiger Betrachtung zu bejahendes Angewiesensein auf das in Frage stehende Mittel. Die Durchführung des Vertragsverhältnisses nur unterstützende Verarbeitungen fallen unter § 28 Abs. 1 Nr. 2. Somit ist eine Datenübermittlung grundsätzlich gerechtfertigt, wenn diese ein geeignetes Mittel ist, für das es keine zumutbare Alternative gibt (Schaffland/Wiltfang, BDSG § 28 Rn. 110). Erforderlich im vorgenannten Sinne

Datenerhebung und -speicherung für eigene Geschäftszwecke **§ 28**

bedeutet also nicht, dass die Speicherung oder weitere Verwendung in ggf. automatisierter Form aus technischen, wirtschaftlichen, organisatorischen oder sonstigen Gründen schlechterdings unverzichtbar wäre (vgl. OLG Köln, CR 2011. 680) – ein solcher Sachverhalt wäre ganz außerordentlich selten gegeben –, vielmehr genügt es, wenn nach den Gesamtumständen die Wahl einer anderen Informationsmöglichkeit oder der Verzicht hierauf **nicht sinnvoll** oder **unzumutbar** wäre (s. auch § 32 Rn. 9 ff.; vgl. aber auch Wedde in: DKWW, BDSG § 28 Rn. 15, der nur solche Verarbeitungen zulässt, ohne die die Durchführung des Schuldverhältnisses nicht möglich ist). Zudem dürfen auch Daten gespeichert werden, die im Verlaufe des Rechtsverhältnisses ggf. benötigt werden könnten, damit sie in der konkreten Situation aktuell zur Verfügung stehen (BAG, RDV 1987, 129). Hierbei handelt es sich nicht um eine unzulässige Vorratsspeicherung (vgl. auch bei Wolff in: Wolff/Brink, DatenschutzR, BDSG § 28 Rn. 34).

5.3 Welche Daten dann konkret benötigt werden, kann sich **unmittelbar** oder **16** **mittelbar** aus dem jeweiligen Vertragsinhalt ergeben. So kann der Vertrag ausdrücklich gegenseitige Rechte und Pflichten bezüglich der Verarbeitung von Daten regeln bzw. Rechte und Pflichten festlegen, die nur durch die Verarbeitung von Daten erfüllt werden können (Beispiele zum Arbeitsverhältnis s. § 32 Rn. 12 f.). Gewisse **Basisdaten** werden in jedem Falle gespeichert werden dürfen. Dazu gehören die Daten des Vertragspartners, die Daten über den wesentlichen Inhalt des Vertrages und die zur Kontrolle der ordnungsgemäßen Abwicklung erforderlichen Daten (vgl. bei Schaffland/Wiltfang, BDSG § 28 Rn. 20).

5.4 Wenn sich die Zweckbestimmung des Schuldverhältnisses, die die Datenverar- **17** beitung rechtfertigen kann, nicht unmittelbar aus dem Vertragswortlaut ablesen lässt, dann gilt es im Rahmen einer **Interessenabwägung** die gegenseitigen Rechte und Pflichten der Parteien festzustellen. So ist im Rahmen der Entscheidung über den Abschluss eines Kreditgeschäfts eine **Bonitätsanfrage** bei einer Auskunftei gestattet oder die Abfrage aus dem Schuldnerverzeichnis (BfDI, 24. TB 2011/2012, Ziff. 8.12). Bei Online-Bestellungen ist der Anbieter nur berechtigt, wenn per Rechnung geleistet wird, wobei der Transparenzpflicht des § 4 Abs. 3 zu genügen ist. Ansonsten bedarf sie der Einwilligung (BlnLDI, JB 2012, Ziff. 13.1.4). Der **Vermieter** darf sich jedoch nicht nach früheren Wohnverhältnissen oder den Motiven für den Wohnungswechsel erkundigen (AG Rensberg, WuM 1990, 507). Gleiches gilt für die Frage nach einem Mitbewohner oder dem Kinderwunsch (a. A. Bergmann/Möhrle/Herb, § 28 Rn. 149 für kleinere Wohnungen). Die Frage nach **Mietschulden** aus dem früheren Mietverhältnis ist zulässig und muss wahrheitsgemäß beantwortet werden (LG Itzehoe, RDV 2008, 210; vgl. insgesamt auch Aufsichtsbehörde Sachsen-Anhalt, 5. TB (2009-2011), S. 42); zur eingegrenzten Befugnis zur Einholung von Bonitätsauskünften, LDI NRW, 20 TB 2011, S. 501). Ist die Kenntnis der Identität des Kunden für den Vertragsabschluss erforderlich, kann die Vorlage des **Personalausweises** verlangt werden (LfDI Berlin bei Billigfliegern, TB 2002, 140). Eine Anfertigung einer Kopie ist jedoch regelmäßig unzulässig (IM Baden-Württemberg, 3. TB (2005), Ziff. 7.2; vgl. ferner Gola, RDV 2012, 184). Zulässig ist die **Speicherung der Unterschrift** des Kunden zwecks Unterschriftenkontrolle durch die Bank (15. Bericht der hess. Landesregierung über die Datenschutzaufsicht im nichtöffentlichen Bereich, LT-Drs. 15/4659 vom 22.11.2002, S. 32) oder das Verlangen vor Abschlusses eines Verbraucherdarlehns zur Überprüfung der Kreditwürdigkeit Kontoauszüge vorzulegen, sofern sensible und nicht relevante Angaben zuvor geschwärzt werden (BlnLDI, JB 2011, Ziff. 9.1.2).

5.5 Unmittelbar oder auch mittelbar kann sich aus den Vertragszielen auch die **18** Pflicht oder Berechtigung zur **Datenübermittlung** ergeben. Wer in einem **Reisebüro** eine Reise bucht, darf erwarten, weil dies zur Erfüllung des Vertragszwecks unmittelbar erforderlich ist, dass seine Daten an Fluggesellschaft, Hotel etc. – und ggf. auch in das Ausland (vgl. hierzu § 4c Rn. 4) – übermittelt werden. Gleiches

§ 28 Datenerhebung und -speicherung für eigene Geschäftszwecke

gilt für den Fall, dass bei einem selbstständigen Versicherungsvertreter eine **Versicherung** abgeschlossen wird, für die Übermittlung der Daten an die Versicherung. Andererseits ist die Übermittlung aus einem Versicherungsvertrag an Rückversicherer nicht gedeckt (Simitis in: Simitis, BDSG § 28, Rn. 78).

19 5.6 Anders ist die Sachlage auch, wenn bestimmte Risiken überprüft werden sollen (z. B. Schutz vor Versicherungsbetrügern) und die Vertragsdaten per Anfrage an ein Auskunftssystem oder eine **Warndatei** übermittelt werden (vgl. hierzu auch § 29 Rn. 14) und ob die zurückgemeldeten „**Bonitätsdaten**" gespeichert werden dürfen. Bei der Eingehung eines Kreditvertrages oder der Abwicklung eines Geschäfts gegen Rechnung gehört grundsätzlich die Einholung und Speicherung von Daten über die Bonität des Kunden zur Zweckbestimmung des Vertrages oder des ggf. noch bestehenden vorvertraglichen Vertrauensverhältnisses (BGH, BB 1978, 1278; ferner bei Schaffland/Wiltfang, BDSG § 28 Rn. 62 ff. m. N.); wenngleich hier auch hinsichtlich der Art und der Folgen, die die Speicherung negativer Daten für den Betroffenen hat, wieder unter Heranziehung des Verhältnismäßigkeitsprinzips zu differenzieren ist. Zulässig ist auch das Einholen und Speichern von **Bankauskünften** (zur Haftung für die Richtigkeit BGH, RDV 2001, 130). Unzulässige Datenerhebung findet jedoch statt, wenn Kreditdaten, die der datenerhebenden und speichernden Stelle nicht zugänglich sind, mit Hilfe einer **Selbstauskunft** des Betroffenen nach § 34 zugänglich gemacht werden sollen, indem u. a. **Vermieter** von dem Mietinteressenten oder Bürgen die Vorlage einer SCHUFA-Selbstauskunft verlangen (vgl. BfD, 15. TB, S. 435 f.; Hohenstatt/Stamer/Hinrichs, NZA 2006, 1068), wobei anzumerken ist, dass sich die Beurteilung der Zulässigkeit dieses Vorgangs auch dann nach § 28 Abs. 1 Satz 2 richtet, wenn diese Daten nicht dateimäßig gespeichert werden, weil sie jedenfalls „offensichtlich aus einer Datei entnommen worden sind" (§ 27 Abs. 2).

20 5.7 Die Übermittlung personenbezogener Daten, die **Sachversicherer** aus Anlass eines Schadensfalls gespeichert haben, an die Polizei oder Staatsanwaltschaft ist grundsätzlich zulässig, wenn der Versicherungsnehmer Verursacher des Schadens war. Sein Interesse dies zu verbergen, ist gegenüber den überwiegenden Interessen der Versichertengemeinschaft nicht schutzwürdig (Berg, CR 1993, 644 f.). Die Werbung einer **Zeitarbeitsfirma** durch Übermittlung von Name, Alter und Qualifikation von Mitarbeitern ist nicht durch berechtigte Interessen gestattet, da insoweit anonymisierte **Mitarbeiterprofile** (ohne Namen und Geburtsdatum) ausreichen (14. Bericht der hess. Landesregierung über Datenschutzaufsicht im nichtöffentl. Bereich, LT-Drs. 15/2950 vom 18.9.2001 = RDV 2002, 38).

21 5.8 Keineswegs selbstverständlich ist auch der Schluss, dass die Berechtigung zur Publikation in herkömmlicher Form auch die Befugnis zur Einstellung der Daten in das **Internet** einschließt (vgl. z. B. LDSB Baden-Württemberg, TB 1997, 97 = DSB 2/1998, 9; ferner LDSB Sachsen-Anhalt, IV. TB (1998), S. 44, wonach die Befugnis zur öffentlichen Bekanntmachung der **von den IHKs bestellten Sachverständigen** nicht die Publikation der Daten im Internet rechtfertigt; ähnliche Überlegungen stellt die LDSB NRW an (TB 1995/96, 117), wenn sie **Industrie- und Handelskammern** nicht als befugt ansieht, die Daten der eingetragenen Unternehmen ohne Einwilligung der Betroffenen in das Internet einzustellen). Im Gegensatz zur Veröffentlichung der Daten in gedruckten, von der Natur der Sache her einem begrenzten, interessierten Kreis zugänglichen Publikationen und Verzeichnissen, stellt die Bereitstellung im Internet – trotz seiner zum Alltag gehörenden Informationsfunktion – sich als Veröffentlichung in einer von **jedermann global** abrufbaren, virtuellen Zeitung dar, wobei diese Daten mit anderen im Internet anzutreffenden Daten über die betroffene Person problemlos verknüpft und losgelöst von dem Zweck der ursprünglichen Veröffentlichung verwendet werden können. Im Gegensatz zum OLG Karlsruhe (MMR 2009, 404) verletzt die Veröffentlichungen von Spielersperren oder sonstigen Disziplinarmaßnahmen auf der Homepage eines Sportverbandes die schutzwürdigen Interessen des Sportlers (Beschluss Düssel-

Datenerhebung und -speicherung für eigene Geschäftszwecke § 28

dorfer Kreis vom 26./27. 11 2009). Anders ist es bei der Bekanntgabe der Namen der Teilnehmer an öffentlich ausgetragenen Wettkämpfen (Nds. LDSB XX. TB 2009/2010, S. 41 (für Arbeitnehmerdaten vgl. § 32 Rn. 31 ff.).

5.9 Für die Verarbeitung von **Mitgliederdaten von Vereinen** ist der satzungsmäßige Vereinszweck maßgebend (vgl. hierzu Merkblatt des Innenministeriums Baden-Württemberg: Datenschutz im Verein). Hier kann auch die Befugnis zur Weitergabe der Daten an Dachorganisationen etc. geregelt sein. Innerhalb des Vereins sind die Personen zugriffsbefugt, die im Rahmen ihrer Funktion Kenntnis benötigen. Die Bekanntgabe der Mitglieder an andere Vereinsmitglieder (z. B. zur Bildung von Fahrgemeinschaften) oder die Herausgabe von **Mitgliederlisten** kann sich aus dem Vereinszweck ergeben, wenn die Pflege des persönlichen Kontakts oder die notwendig gemeinsam auszuübende sportliche Betätigung essentieller Bestandteil des Vereinszwecks ist. Dem einzelnen Mitglied ist jedoch vorab eine **Widerspruchsmöglichkeit** (vgl. § 4a Rn. 17 ff.) zu eröffnen. Die Bekanntgabe am **Schwarzen Brett** oder in der Vereinszeitung, d. h. die Übermittlung auch an ggf. einsichtnehmende Nichtmitglieder, bedarf der Einwilligung, sofern nicht der Vereinszweck diese Art der Mitteilung erfordert (z. B. Bekanntgabe der Mannschaftsaufstellung, Turniersieger etc.). Ggf. ist auch hier – dies auch abhängig von der Vereinsgröße – (z. B. bei der Bekanntgabe von Jubiläen bzw. deren Auszeichnung in einer öffentlichen Mitgliederversammlung) die Widerspruchslösung ausreichend. Für die Wahrnehmung **satzungsmäßiger Mitgliederrechte** ist, z. B. um zur Ausübung von **Minderheitenrechten** Unterschriften/Stimmen zu sammeln, zumindest Einsicht in die Vereins-/Parteilisten zu gewähren (zum Anspruch der elektronischen Übermittlung der Daten, BGH, MMR 2011, 206; OLG Köln, ZD 2012, 34; vgl. auch Neuhöfer, RDV 2012, 288) den Anspruch von Gesellschaftern einer BGB-Gesellschaft auf Information über die Mitgesellschafter bejaht der BGH (NJW 2010, 439) aus § 716 BGB; der Anspruch kann satzungsrechtlich nicht ausgeschlossen werden). Die Weitergabe der Mitgliederdaten an **Sponsoren** zwecks werblicher Ansprache erfordert auf Grund der nach Absatz 3 anzunehmenden entgegenstehenden Interessen der **Vereinsmitglieder** regelmäßig die Einwilligung. Die Nicht-Reaktion auf die mitgeteilte Übermittlungsabsicht innerhalb mitgeteilter Frist durch solche Mitglieder, die die Einwilligung verweigert oder widerrufen haben, begründet keine Berechtigung zur Datenübermittlung trotz der Günstigkeit z. B. eines **Gruppenversicherungsangebots** (vgl. 15. Bericht der hess. Landesregierung über die Datenschutzaufsicht im nichtöffentlichen Bereich, LT-Drs. 15/4659, S. 42).

5.10 Wenn der Vertrag beendet ist, kann die ungesperrte Speicherung (vgl. § 35 Rn. 13) bestimmter Daten weiterhin gerechtfertigt sein, z. B. wenn noch eine weitere Betreuung des Kunden (z. B. **Rückrufaktionen** der Autofirmen) erforderlich ist. Dies wird aber nicht die Regel sein. Die Struktur und Intensität eines **Versandhandelskaufes** sind regelmäßig nicht dazu angetan, besonders enge Verbindungen zwischen Käufer und Verkäufer für die Folgezeit zu begründen. Anders mag dies sein, wenn sich ein Kunde auf Grund wiederholter Bestellungen als „**Stammkunde**" erwiesen hat und eine Art laufender Geschäftsbeziehungen begründet hat (zur Speicherung von Schuldnerdaten bei einem Rechtsanwalt nach zunächst wegen Zahlungsunfähigkeit des Gegners beendeter Beitreibungsbemühungen und der nachvertraglichen Informationspflicht gegenüber dem Mandanten BGH, NJW 1984, 431). Die Zulässigkeit der weiteren Verarbeitung und Nutzung kann sich aber aus Abs. 2 oder Abs. 3 ergeben.

6. Interessenabwägung nach § 28 Abs. 1 Satz 1 Nr. 2

6.1 Die Zulässigkeitsalternative des § 28 Abs. 1 Satz 1 Nr. 2 gestattet die Verwendung der Daten im Rahmen einer **Interessenabwägung,** die abstellt auf die

§ 28 Datenerhebung und -speicherung für eigene Geschäftszwecke

Begriffe „berechtigte" und dagegen stehende „schutzwürdige" Interessen sowie das Tatbestandsmerkmal der „Erforderlichkeit". Wann ein **berechtigtes Interesse** der verantwortlichen Stelle (vgl. hierzu auch § 29 Rn. 11) zu bejahen ist, wird im Schrifttum nicht völlig einheitlich beantwortet. Die überwiegende Literaturmeinung, an die sich die Rechtsprechung anlehnt, definiert es zu Recht als ein nach vernünftiger Erwägung durch die Sachlage gerechtfertigtes, also ein tatsächliches Interesse, das wirtschaftlicher oder ideeller Natur sein kann (so Bergmann/Möhrle/Herb, BDSG § 28 Rn. 222), d. h. es muss sich um einen Zweck handeln, dessen Verfolgung vom gesunden Rechtsempfinden gebilligt wird. Berechtigtes Interesse kann daher jedes von der Rechtsordnung gebilligte Interesse sein (Schaffland/Wiltfang, BDSG § 28 Rn. 85).

25 6.2 Auch wenn es sich um Interessen jeder Art handeln kann, so müssen diese sich doch gerade im Hinblick auf die vorgesehene Datenverarbeitung ergeben. Die Erhebung, Speicherung und die sonstige in § 28 legitimierte Verwendung muss zur Wahrung der berechtigten Interessen nicht nur dienlich, sondern **erforderlich** sein (vgl. vorstehend Rn. 14).

26 **6.3 Bei der Prüfung der Erforderlichkeit ist zu beachten, ob** nicht anzunehmen ist, dass entgegenstehende **schutzwürdige Interessen** des Betroffenen überwiegen. Mit dem Begriff der „schutzwürdigen Interessen" stellt das Gesetz zunächst seinem Schutzziel gem. § 1 Abs. 1 entsprechend auf Begriffe wie „Privat-, Intim- oder Vertraulichkeitssphäre" ab, die Synonyme für das auf Art. 1, 2 GG beruhende **„informationelle Selbstbestimmungsrecht"** (BVerfGE 65, 1 = NJW 1984, 419) des einzelnen Betroffenen bilden. Jedoch können auch andere Gesichtspunkte, wie z. B. mit der Verarbeitung zu befürchtende wirtschaftliche oder berufliche Nachteile ein solches der Verarbeitung entgegenstehendes schutzwürdiges Interesse begründen; abgesehen davon, dass dem Persönlichkeitsrecht auch der wirtschaftliche Ruf und die freie Lebensgestaltung auch in beruflicher Beziehung zugehört (vgl. bei Schaffland/Wiltfang, BDSG § 28 Rn. 88 ff.).

27 6.4 Inwieweit die an sich schutzwürdigen Interessen des Betroffenen den ebenfalls erforderlichen berechtigten Interessen der verantwortlichen Stelle oder des Empfängers von Daten (vgl. § 28 Abs. 1 Satz 1 Nr. 2) vorrangig sind, kann nur im Rahmen einer **Interessenabwägung** ermittelt werden. Es muss ausgelotet werden, wie die Beeinträchtigung und die Schutzwürdigkeit der Interessen im Hinblick auf die Gesamtumstände einschließlich der Belange der verantwortlichen Stelle zu gewichten sind (vgl. hierzu § 29 Rn. 10). So hält der BGH wie folgt fest: „Der wertausfüllende Begriff der „schutzwürdigen" Belange verlangt eine Abwägung des Persönlichkeitsrechts des Betroffenen und des Stellenwerts, den die Offenlegung und Verwendung der Daten für ihn hat, gegen die Interessen der speichernden Stelle und der Dritten, für deren Zweck die Speicherung erfolgt. Dabei sind Art, Inhalt und Aussagekraft der beanstandeten Daten an den Angaben und Zwecken zu messen, denen ihre Speicherung dient. Nur wenn diese am Verhältnismäßigkeitsgrundsatz ausgerichtete Abwägung, die die speichernde Stelle vorzunehmen hat, keinen Grund zur Annahme bietet, dass die Speicherung der in Frage stehenden Daten zu dem damit verfolgten Zweck schutzwürdige Belange des Betroffenen beeinträchtigt, ist die Speicherung zulässig" (NJW 1986, 2505 = RDV 1986, 81).

28 6.5 Wenn das Gesetz verlangt, dass „kein Grund" zu einer solchen Annahme bestehen darf, so bedeutet dies, dass durch die Speicherung etc. **nicht von vorneherein** die schutzwürdigen Interessen beeinträchtigt werden dürfen; für die verantwortliche Stelle darf kein konkreter Umstand erkennbar sein, der auf eine solche Beeinträchtigung hinweisen würde. Nicht jede theoretisch denkbare Annahme einer möglichen Interessenverletzung soll der Zulässigkeit der Datenverarbeitung entgegenstehen, da dies in der Praxis einem völligen Ausschluss der Verarbeitung gleichkäme. Solange sich die Verarbeitung im Rahmen normaler Geschehensabläufe hält und im Rahmen einer **Pauschalprüfung** keine Anhaltspunkte für Persönlichkeits-

Datenerhebung und -speicherung für eigene Geschäftszwecke § 28

rechtsverletzungen erkennbar sind, d. h. wenn kein triftiger Grund vorliegt, der konkrete Hinweise auf eine Persönlichkeitsrechtsverletzung gibt, ist die Speicherung etc. zulässig. Einzelfallaspekte erhalten ggf. jedoch dadurch Gewicht, dass der Betroffene sie im Rahmen seines Widerspruchsrechts nach § 35 Abs. 5 geltend macht.

6.6 Ob bei sensitiven Daten, wie z. B. sog. „weichen" Negativmerkmalen (vgl. 29 hierzu Rn. 30) dem Betroffenen vor der Speicherung Gelegenheit gegeben werden muss, eventuell **Widerspruch** anzumelden, wie teilweise gefordert wird (vgl. Schapper/Dauer, RDV 1987, 169; dies., CR 1986, 318; Dammann/Stange, ZIP 1986, 488), hängt von den Gegebenheiten des Einzelfalls ab (zur Berücksichtigung der vorherigen ausdrücklichen Widerspruchsmöglichkeit im Rahmen der Interessenabwägung vgl. § 4a Rn. 19a f.).

6.7 Gleiche Abwägungen gelten für die Übermittlung von Daten an sog. **Warn-** 30 **dienste** (vgl. hierzu im Einzelnen bei Mitteilung offener Forderungen § 28a Rn. 5 ff. und § 29 Rn. 14). Handelt es sich um sog. „harte" **Bonitätsdaten**, so erachtet die Rechtsprechung die Belange der beteiligten Wirtschaft für so gravierend, dass dieses Interesse regelmäßig entgegenstehenden Interessen des Betroffenen überwiegt (vgl. die Rechtsprechungsübersicht bei Kamlah/Hoke, RDV 2007, 242). Angenommen wird dies bei der Weitergabe von Daten über die Konkurseröffnung, die Abgabe der eidesstattlichen Versicherung nach § 807 ZPO oder die Einleitung der Zwangsvollstreckung. Anders liegt es bei „weichen" Negativmerkmalen, deren Speicherung zwar nicht per se unzulässig ist; jedoch wird hier auf Grund der Erklärungsbedürftigkeit der Daten und dem damit gegebenen Grund „zur Annahme" eine Einzelfallprüfung dahingehend, ob Zahlungsunwilligkeit bzw. -unfähigkeit (vgl. KG Berlin, RDV 1995, 245; LG Bonn, RDV 1995, 253) vorliegt, gefordert. Unzulässig ist auch die Übermittlung von Daten an die SCHUFA, die zwar für sich genommen zutreffen, durch die wegen fehlender Voreintragungen der unrichtige Eindruck eines aktuellen vertragswidrigen Verhaltens entsteht (OLG Düsseldorf, RDV 2006, 124). Keine Beeinträchtigung schutzwürdiger Interessen ist anzunehmen, wenn z. B. eine Bank im Rahmen des Diskontgeschäfts Daten über den Bezogenen (mit dem kein Vertragsverhältnis besteht) speichert, denn dieser muss damit rechnen, dass der von ihm in Umlauf gegebene Wechsel vom Aussteller oder von einem Indossatar einem Kreditinstitut zum Ankauf oder zum Inkasso angeboten wird.

7. Allgemein zugängliche Daten

7.1 Für die Erhebung, Speicherung und nachfolgende Veränderung, Übermitt- 31 lung oder Nutzung von Daten, die **allgemein zugänglich sind,** sowie für Daten, die die verantwortliche Stelle allgemein zugänglich machen, d. h. veröffentlichen dürfte, enthält § 28 Abs. 1 Nr. 3 erleichterte Zulässigkeitsbedingungen (vgl. insgesamt Klas, Grenzen der Erhebung und Speicherung allgemein zugänglicher Daten, 2012). Die EG-DatSchRL sieht zwar eine entsprechende Privilegierung nicht vor. Die Verarbeitung ist nur ausnahmsweise unzulässig, nämlich dann, wenn ein schutzwürdiges Interesse des Betroffenen am Ausschluss der Verarbeitung oder Nutzung gegenüber dem berechtigten Interesse der verantwortlichen Stelle **offensichtlich überwiegt.** Das der Verarbeitung entgegenstehende schutzwürdige Interesse des Betroffenen muss „offensichtlich" überwiegen. Die verantwortliche Stelle ist daher nicht zu einer intensiven Einzelfallprüfung verpflichtet; es sei denn der Sachverhalt ist so gestaltet, dass ein schutzwürdiges Gegeninteresse jedenfalls als Möglichkeit auf der Hand liegt, h. für einen verständigen Beobachter ohne weitere Möglichkeit ersichtlich ist (Bergmann/Möhrle/Herb, BDSG § 28 Rn. 251). Die Privilegierung gilt für die aus der öffentlichen Quelle stammenden Daten in ihrem **„Urzustand".** Werden die Daten mit anderen Daten – selbst wenn diese ebenfalls aus einer öffentlichen Quelle stammen – zu einer neuen Information verknüpft, steht die

453

§ 28   Datenerhebung und -speicherung für eigene Geschäftszwecke

Verarbeitung nicht mehr unter erleichterten Bedingungen. Für die Werbewirtschaft spezifiziert Abs. 3 Satz 2 die erleichterte Zugriffsmöglichkeit auf aus öffentlichen Verzeichnissen entnehmbare Adressdaten.

32   **7.2** Die h. M. versteht diese Zulässigkeitserleichterungen als Konsequenz aus dem Grundrecht der **Informationsfreiheit** (Art. 5 Abs. 1 Satz 1 GG) (Schaffland/Wiltfang, BDSG § 28 Rn. 133). Wer sich aus allgemein zugänglichen Quellen unterrichten darf, dem muss es grundsätzlich auch gestattet sein, die dort zugänglichen Daten zu speichern. BDSG wie GG verlangen jedoch, dass es sich bei den Quellen um **„allgemein zugängliche"** handelt. Die verfassungsrechtliche Literatur (vgl. von Münch, GG Art. 5 Rn. 15; Herzog in: Maunz/Dürig/Herzog, GG Art. 5 Rn. 87, 90 f.) und die Datenschutzliteratur zählen hier zu Informationsquellen, „die sich sowohl ihrer technischen Ausgestaltung als auch ihrer Zielsetzung nach dazu eignen, einem individuell nicht bestimmbaren Personenkreis Informationen zu vermitteln" (Simitis in: Simitis, BDSG § 28 Rn. 151; ebenso BVerfGE 27, 73). Demnach sind allgemein zugängliche Quellen Zeitungen, Zeitschriften, Rundfunk- und Fernsehsendungen sowie sonstige, von jedem zu erwerbende Publikationen. Auch Ausstellungen und Messen oder auf einer dem Publikum geöffneten Veranstaltung gehaltene Vorträge gehören hierzu. **Öffentliche Register** zählen nur dann zu den allgemein zugänglichen Quellen, wenn die Einsichtnahme nicht von einem besonderen berechtigten Interesse abhängig ist (so das Schuldnerverzeichnis nach § 915 ZPO; das Handelsregister nach § 9 Abs. 1 HBG; das Vereinsregister nach § 79 BGB). Das **Grundbuch** hingegen ist nicht allgemein zugänglich, weil es nur bei Vorliegen eines berechtigten Interesses eingesehen werden kann. Ob das **Melderegister** in Hinblick auf die jedermann einfache Meldeauskunft als öffentliche Quelle einzuordnen ist, bejaht Abel (RDV 2011, 284; RDV 2008, 195; so auch Simitis in: Simitis, BDSG § 28 Rn. 86; ablehnend Weichert in: DKKW, BDSG § 28 Rn. 25). Jedoch liegt es hier auf der Hand, dass auf Grund der ggf. zu Unrecht eingetretenen Diskriminierung schutzwürdige Interessen der Betroffenen der Speicherung entgegenstehen können. In **Zeitungen,** allgemein zugänglichen Archiven etc. gespeicherte Daten (z. B. über strafrechtliche Verfehlungen) müssen jedoch ggf. durch Zeitablauf der „Gnade des Vergessens" unterliegen (Bergmann/Möhrle/Herb, BDSG § 28 Rn. 251). Ihre Verarbeitung verletzt ggf., insbesondere im Hinblick auf den Inhalt der Information offensichtlich schutzwürdige Interessen.

33   **7.3** Die erleichterten Zulässigkeitsregelungen greifen auch, wenn die Daten von der speichernden Stelle **veröffentlicht** werden dürfen. Dies ist z. B. der Fall bei Fachinformationsdiensten, die Autorenangaben speichern, da der Autor davon ausgeht, dass seine einmal publizierte Autoreneigenschaft auch weiter verbreitet werden darf und soll. Maßgebend ist die hinzunehmende bzw. gebilligte Publikationsberechtigung. Gleiches gilt für Vorlesungsverzeichnisse oder Theaterprogramme. Nicht in jedem Fall wird der Betroffene dem widersprechen können, wenn er die Maßnahme gemäß der vertraglichen Beziehungen hinnehmen muss (a. A. Simitis in: Simitis, BDSG § 28 Rn. 166).

33a   **7.4** Das **Internet** ist insoweit eine öffentlich zugängliche Quelle, wie der Zugriff für jedermann, u. a. durch Suchmaschinen eröffnet sein soll (OLG Hamburg, MMR 2010, 63). Geschehen kann das nach dem Willen des Betroffenen oder legitim handelnder Dritter (vgl. im Einzelnen Wedde in: DKWW, BDSG § 28 Rn. 56. Fraglich ist, ob bereits mit dem Erfordernis einer jedermann möglichen Anmeldung die öffentliche Zugänglichkeit endet (so Wolff in: Wolff/Brink, DatenschutzR, BDSG § 28 Rn. 84; zur Datenerhebung aus dem Internet im Arbeitsverhältnis § 32 Rn. 51 f.).

8. Zweckbindung, Zweckänderung und Hinweispflichten

34   **8.1** Für eigene Geschäftszwecke gespeicherte Daten dürfen nach § 28 Abs. 2 ggf. auch ohne bzw. gegen den erklärten Willen des Betroffenen für andere Zwecke

Datenerhebung und -speicherung für eigene Geschäftszwecke § 28

genutzt oder an Dritte übermittelt werden. Das zweckbestimmte Interesse der verantwortlichen Stelle an der Erhebung, Verarbeitung oder Nutzung ist dabei regelmäßig gleichwohl in Verhältnis zu setzen, mit ggf. vorrangigen entgegenstehenden Interessen des Betroffenen.

8.2 Dieses Grundprinzip macht § 28 Abs. 1 Satz 2 der verantwortlichen Stelle 35 zunächst dadurch deutlich, dass sie bei dem regelmäßig ersten Schritt des Umgangs mit personenbezogenen Daten, d. h. der Erhebung, die Zwecke, für die die Daten verarbeitet oder genutzt werden sollen, konkret festzulegen hat. Diese Verpflichtung ist insofern eine Selbstverständlichkeit, als auch nur an Hand der Verarbeitungszwecke die Zulässigkeit der Verarbeitung ermittelt werden kann. § 28 Abs. 1 Satz 2 macht aber deutlich, dass – jedenfalls zunächst – die Verarbeitung nur für die festgelegten Zwecke zulässig ist. Das Erfordernis der **„konkreten" Festlegung** beinhaltet einmal die Angabe, welcher Zweck das für die Verarbeitung erforderliche berechtigte Interesse begründet. Zum anderen beinhaltet eine konkrete Festlegung – jedenfalls unter Hinzuziehung der Anforderungen an eine datenschutzgerechte Organisation (Anlage zu § 9 Satz 1) –, die **schriftliche Dokumentation** der vorgesehenen Zweckbestimmung. Nur so können von den internen und externen Kontrollinstanzen die Zulässigkeitsüberlegung der verantwortlichen Stelle überprüft werden. Die dokumentierte Festlegung bildet zudem die Grundlage für die diesbezügliche **Hinweispflicht** nach § 4 Abs. 3 Satz 1 Nr. 2 (vgl. § 4 Rn. 29 ff.).

8.3 Die Festlegung der Verarbeitung oder Nutzung der Daten auf eine die Erlaub- 36 nistatbestände des § 28 Abs. 1 Satz 1 Nr. 1 bis 3 ausfüllende Zweckbestimmung ist jedoch für die weitere Verarbeitung oder Nutzung nicht abschließend. Einmal gestattet § 28 Abs. 2 Nr. 1 die spätere **Zweckänderung bzw. -erweiterung,** indem die Daten ggf. für zunächst nicht berücksichtigte oder bestehende Zwecke genutzt oder übermittelt werden dürfen, sofern der neue Zweck ebenfalls durch die Erlaubnistatbestände des Absatzes 1 Satz 1 Nr. 2 und 3 gedeckt ist. Des Weiteren werden in Nr. 2 zwei weitere berechtigte Interessen bzw. Empfänger zu übermittelnder Daten genannt. Relevant sein kann das berechtigte Interesse eines **Dritten** oder das allgemeine Interesse der Abwehr von Gefahren für die **öffentliche Sicherheit** sowie zur Verfolgung von Straftaten. Schließlich gestattet Nr. 3 die großzügigere Nutzung oder Übermittlung von Daten für Forschungszwecke.

8.4 Die Übermittlung von Daten kann somit nicht nur durch die „eigenen Zwe- 37 cke" der übermittelnden Stelle, sondern – im Einzelfall – auch durch **bei einem Dritten bestehende Interessen** bedingt sein, daneben kann ein **öffentliches Sicherheitsinteresse** den Verarbeitungsschritt legitimieren. Das berechtigte Interesse ist auch hier nur beachtenswert, wenn kein Grund zur Annahme besteht, dass der Betroffene ein schutzwürdiges Interesse an dem Ausschluss der Übermittlung hat. Solche entgegenstehende Interessen sind nicht anzunehmen, wenn ein Installateur seinen Betrieb nebst **Kundendaten** nach entsprechender Ankündigung und Einräumung eines Widerspruchsrechts (vgl. aber auch zu Firmenfusionen Selk, RDV 2009, 254) an einen Nachfolger übergibt. Bei einem Arzt oder Steuerberater (NJW 1996, 2087) erfordert diese Übergabe auf Grund der **besonderen Schweigepflichten** aus § 203 StGB jedoch in der Regel (vgl. zur Ausnahme BGH, NJW 1996, 773; OLG Koblenz, NJW 1996, 176; für **Rechtsanwälte** aber nunmehr anders BGH, RDV 2008, 70) die Einwilligung des Patienten/Klienten (BGH, NJW 1995, 2026; 1992, 737).

8.5 Übermittlungen zur Abwehr von Gefahren für die **staatliche oder öffentli-** 38 **che Sicherheit** oder zur Verfolgung von **Straftaten** können auf § 28 Abs. 2 Nr. 2b gestützt werden, sofern keine speziell geregelte Mitteilungspflicht besteht. Eine Auskunftspflicht besteht insoweit nach § 100a StPO oder § 93 AO (vgl. auch BVerfG, RDV 2001, 129 und BFH, RDV 2000, 223 zur Pflicht eines Energieversorgungsunternehmens, der **Finanzbehörde** Bankkonten seiner Abnehmer zwecks Steuerfahndung zu benennen). Gleichwohl wird ein Arbeitgeber nur bei schwer-

§ 28 Datenerhebung und -speicherung für eigene Geschäftszwecke

wiegenden Verkehrsverstößen oder bei Eigeninteresse (Vermeiden der Anordnung zur Führung eines **Fahrtenbuches**) berechtigt sein, der Polizei den Fahrer eines bei einer Geschwindigkeitsüberschreitung „geblitzten" Dienst-Pkws zu benennen. **Kreditkartenorganisationen** sind nach Auffassung des BVerfG (RDV 2009, 113) berechtigt der Staatsanwaltschaft Zahlungen zu benennen, die auf einen Bezug von Kinderpornographie schließen lassen. Auch die Überprüfung von Kunden nach Terrorismusverdächtigen wird durch § 28 Abs. 2 Nr. 2b gerechtfertigt (Breinlinger, ZD 2013, 267).

39 **8.6** Die oben aufgezeigte Begrenzung der Datenverarbeitung auf die die Übermittlung rechtfertigende Zweckbestimmung wird durch § 28 Abs. 5 auch **an Dritte weitergeleitet**. Der Dritte darf die übermittelten Daten – zunächst einmal – **nur** für den Zweck verarbeiten oder nutzen, der die Übermittlung rechtfertigte. Auch wenn das Gesetz es nicht vom Wortlaut her erwähnt, bezieht sich die Zulässigkeitsregelung des Satzes 1 selbstverständlich nur auf „rechtmäßig" übermittelte Daten. Die Einschränkung der Erlaubnis auf den Übermittlungszweck wird jedoch durch Satz 2 des Absatzes 5 relativiert, indem **Zweckänderungen** dann doch wieder unter Vorliegen der Erlaubnistatbestände des § 28 Abs. 2 und 3 bzw. § 14 Abs. 2 gestattet sind (vgl. auch Simitis in: Simitis, BDSG § 28 Rn. 284, der hier den Weg zu einer mit Art. 6 Abs. 1 Buchst. b EG-DatSchRL nicht vereinbaren letztlich grenzenlosen Zweckentfremdung eröffnet sieht).

40 **8.7** Satz 3 des Absatzes 5 verpflichtet die übermittelnde Stelle, den Dritten auf dieses „relative" **Zweckbindungsgebot** hinzuweisen. Die **Hinweispflicht** besteht sowohl gegenüber nichtöffentlichen als auch öffentlichen Stellen und unabhängig von dem die Übermittlung rechtfertigenden Erlaubnistatbestand. Die Hinweispflicht knüpft aber nur an aus § 28 gerechtfertigte Übermittlungen. Verpflichtet eine dem BDSG nach § 1 Abs. 4 oder § 4 Abs. 1 vorrangige Norm zu einer Datenübermittlung, so besteht nur eine Hinweispflicht, falls diese in der bereichsspezifischen Norm vorgesehen ist. Hinsichtlich Form und Inhalt des Hinweises (mündlich, schriftlich, für jeden Übermittlungsfall gesondert etc.) macht das Gesetz keine Aussage. Anzuknüpfen ist an die Art der Übermittlung (a. A. Wolff in: Wolff/Brink, DatenschutzR, BDSG § 28 Rn. 235). Werden Daten schriftlich übermittelt, so ist der Hinweis den übermittelten Daten anzufügen. Regelmäßig ist dabei der zulässige Zweck zu benennen. Eine bei jeglichen Datenübermittlungen verwendbare Standardformel, die nur den Gesetzestext des § 28 Abs. 5 wiedergibt, genügt der beabsichtigten Gewährleistung der Betroffenenrechte nicht. Der Hinweis ist mit dem Datenbestand zu verbinden, so dass jeder Dritte ihn zu Kenntnis nehmen muss (so ist bei der Weitergabe von firmeninternen **Telefonverzeichnissen** an Konzerntöchter für jeden dortigen Mitarbeiter die Zweckbestimmung der **ausschließlich dienstlichen Verwendung** deutlich zu machen; vgl. zur Problematik auch Aufsichtsbeh. Baden-Württemberg, Hinweis zum BDSG Nr. 34, Staatsanz. vom 2.1.1996, Nr. 1 S. 10 = RDV 1996, 44). Auf dem den Teilnehmern einer Tagung ausgehändigten **Teilnehmerverzeichnis** (zur Zulässigkeit: Bergmann/Möhrle/Herb, BDSG § 28 Rn. 170) ist die ausschließlich tagungsbezogene Zweckbestimmung zu vermerken. Werden Daten automatisiert und ggf. im Rahmen einer Dauerbeziehung übermittelt, wird der einmalige Hinweis in den zugrundeliegenden Vertragsbestimmungen genügen. Der Dritte erfährt im Übrigen durch den Hinweis, dass die übermittelten Daten aus einer Datei stammen, so dass die Zulässigkeitsvoraussetzungen für eine zweckändernde Verarbeitung und Nutzung gem. § 27 Abs. 2 auch greifen, wenn die übermittelten Daten von ihm nicht automatisiert oder in einer Datei gespeichert sind (Simitis in: Simitis, BDSG § 28 Rn. 319; a. A. Schaffland/Wiltfang, BDSG § 28 Rn. 158).

41 **8.8** Erlaubt § 28 Abs. 5 S. 2 eine zweckändernde Verwendung, so ist der Hinweis auf die „ausschließliche" Verwendbarkeit der übermittelten Daten für den Datenempfänger nur bindend, wenn er sich durch ausdrückliche oder konkludente Erklä-

Datenerhebung und -speicherung für eigene Geschäftszwecke **§ 28**

rung zu dieser **Zweckbindung** verpflichtet hat (a. A. Wolff in: Wolff/Brink, DatenschutzR, BDSG § 28 Rn. 233). Einseitige Erklärungen der übermittelnden Stelle heben die Zweckerweiterungsermächtigung des Abs. 5 Satz 2 nicht auf (vgl. Gola/Wronka, RDV 2007, 53; zu sog. E-Mail-Disclaimern Schmidl, MMR 2005, 501).

9. Datenverarbeitungen zu Zwecken der Werbung

9.1 § 28 enthält in seinem Absatz 3 eine abschließende Spezialregelung für die 42
Verarbeitung oder Nutzung personenbezogener Daten für Zwecke des **Adresshandels** oder der **Werbung**. Im Rahmen der Novellierung 2009 ging die Absicht zunächst dahin, die Verwendung von Daten zu Werbezwecken grundsätzlich von der **Einwilligung** des Betroffenen abhängig zu machen. Dieses Vorhaben wurde zwar nicht umgesetzt, jedoch werden – sofern die Einwilligung denn erforderlich ist – in **Absatz 3a und 3b** über die Regelungen in § 4a hinausgehende Forderungen für ihre Erteilung aufgestellt. Nach § 4a und der auf Grund des Charakters der Erklärung als **Allgemeine Geschäftsbedingung** geltenden §§ 305 ff. BGB sind Einwilligungen nur wirksam, wenn sie in Kenntnis der Sachlage und für den konkreten Fall erklärt sind, was bedeutet, dass die Art der beabsichtigten Werbung (Brief, E-Mail, Telefon, Fax), die zu bewerbenden Produkte und Dienstleistungen und die werbenden Unternehmen zu nennen sind (BGH, NJW 2013, 291 = RDV 2013, 250). Auf Grund der Forderungen nach einer vorher erklärten, ausdrücklichen, d. h. gesondert abgegebenen Einwilligung in § 7 Abs. 2 UWG, kommt eine in sonstige Texte eingefügte (wenn auch besonders hervorgehobene) Einwilligungserklärung nur bei Briefwerbung in Betracht. Der Gesamttext bedarf jedoch nur einer Unterschrift (BGH, RDV 2008, 201). Dem Aspekt der Freiwilligkeit wird auch durch eine Opt-out-Lösung genügt. Die Einwilligung hat ein „**Verfallsdatum**", wenn sie zunächst nicht genutzt wird und der Beworbene den Vorgang nicht mehr nachvollziehen kann (vgl. § 4a Rn. 32a).

9.2 Nicht mehr geregelt ist in Absatz 3 die nicht geschäftsmäßig zu eigenen Zwe- 43
cken erfolgende **Markt- und Meinungsforschung.** Dies gilt nur, soweit die Meinungsbefragung nicht **Werbecharakter** hat, indem „verbrämt" für bestimmte Produkte geworben bzw. primär Kundenzufriedenheit erzeugt werden soll (vgl. OLG Stuttgart, RDV 2003, 31; OLG Köln, RDV 2009, 75; RDV 2013, 316 zur unerbetenen Telefonwerbung), gelten dann statt Absatz 3 Absatz 1 Satz 1 Nr. 2 bzw. Absatz 2 Nr. 3. Hinsichtlich des auch insoweit bestehenden Widerspruchsrechts wird die Markt- und Meinungsforschung in Absatz 4 jedoch weiterhin benannt. Ansonsten ist geschäftsmäßige Markt- und Meinungsforschung Gegenstand des neuen Tatbestands des § 30a.

9.3 Wird die Einwilligung in anderer Form als der nach § 4a Abs. 1 Satz 3 regel- 44
mäßigen Schriftform erteilt, hat die verantwortliche Stelle dem Betroffenen gem. § 28 Abs. 3a den Inhalt der Einwilligung **schriftlich zu bestätigen**, es sei denn, dass die Einwilligung elektronisch erklärt wird und die verantwortliche Stelle sicherstellt, dass die Einwilligung protokolliert wird und der Betroffene deren Inhalt jederzeit abrufen und die Einwilligung jederzeit mit Wirkung für die Zukunft **widerrufen** kann (vgl. auch § 94 TKG und § 13 Abs. 2 und 3 TMG). Eine elektronische Erklärung geschieht im Rahmen der Kommunikation per Internet nicht jedoch bei Erklärungen am Telefon. Bei der Einwilligung in Telefonwerbung, die gesondert erteilt werden muss (BGH, RDV 2011, 187), muss bei elektronischer Form sichergestellt sein, dass der Betroffene die Erklärung abgegeben hat (vgl. BGH, RDV 2011, 235, wonach ein Double-opt-in-Verfahren dies nicht gewährleistet (zur diesbezüglichen **Dokumentationspflicht,** OLG Düsseldorf, RDV 2010, 35 sowie zur fortlaufenden Speicherung trotz Widerrufs LG Hamburg, RDV 2009, 282 = BeckRS

2010, 22679). Wird eine Einwilligung in **Telefonwerbung** am Telefon erklärt – was auf Grund § 7 Abs. 2 Nr. 2 UWG nur bei einem von Betroffenen durchgeführten Anruf in Betracht kommt (vgl. Schreyer-Bestmann/John, PinG 2014, 258) –, gilt im Hinblick auf die für diese Erklärung gleichzeitig erforderliche BDSG-Form (vgl. § 4a Rn. 5d) die schriftliche Bestätigungspflicht. Es genügt nicht, dass das Gespräch – nach ebenfalls hierzu eingeholter Einwilligung – **aufgezeichnet** und für das Abhören durch den Betroffenen bereitgehalten wird. § 28 Abs. 3a schreibt außerdem vor, dass, wenn die Einwilligung zusammen mit anderen Erklärungen schriftlich erteilt werden soll, sie in „drucktechnisch deutlicher Gestaltung besonders hervorzuheben" ist. Dies ergibt sich aber auch schon aus § 4a Abs. 1 Satz 4 (vgl. auch BT-Drs. 16/1357, S. 32 mit dem Hinweis auf ähnliche Regelungen in §§ 449, 451g, 451h, 466 HGB). Daraus ergibt sich ggf., dass bisher nicht gespeicherte Adressdaten nunmehr zur Erfüllung der Benachrichtigung erfasst werden müssen. Der Verstoß gegen die dem Betroffenen eine Kontrollmöglichkeit eröffnende (BT-Drs. 16/12 011) Bestätigungspflicht ist nicht Voraussetzung für die **Wirksamkeit** der Einwilligung (Eckhardt, CR 2009, 337; a. A. Hanloser, DB 2009, 663; ders., MMR 2009, 594). Meltzian (DB 2009, 2645) sieht ein Verwendungsverbot bis zur Bestätigung, lässt die Erteilung der Bestätigung jedoch mit dem Werbeschreiben zu.

45   9.4 Die **Bestätigungspflicht** bei mündlich erteilter Einwilligung beschränkt sich nach dem Wortlaut des Abs. 3a nicht auf „Werbeeinwilligungen" im Rahmen des Abs. 3 Satz 1. Gleichwohl besteht sie nicht allgemein für alle datenschutzrechtlichen Einwilligungen. Dies ergibt sich aus der Einordnung der Regelung in § 28 (vgl. ausführlich bei Eckhardt, DuD 2009, 587). Anderenfalls hätte die Regelung zum Inhalt des § 4a gemacht werden müssen, was durchaus angebracht gewesen wäre. Nicht einleuchtend ist, dass bei „harmlosen" Werbeeinwilligungen" nicht jedoch bei Einwilligungen in erheblich sensiblere Tatbestände eine Bestätigung zu erfolgen hat. Nach Auffassung der Aufsichtsbehörden (Düsseldorfer Kreis, Anwendungshinweise, RDV 2014, 49, Ziff. 4.1) handelt es sich bei Visitenkarten, die auf Messen etc. ausdrücklich zur Informationszusendung und weiteren geschäftlichen Kontaktaufnahme übergeben werden, um eine solche anderweitig erteilte Einwilligung. In gewagter Interpretation der vom Gesetz geforderten schriftlichen Bestätigung lassen es die Aufsichtsbehörden (Düsseldorfer Kreis, Anwendungshinweise, RDV 2014, 49, Ziff. 4.2) mit der Textform nach § 126b BGB (E-Mail, PDF-Dokument) der Erklärung genügen. Die Bestätigung muss zeitnah erfolgen. Die Drei-Monatsfrist der Aufsichtsbehörden erklärt sich wohl daraus, dass die Bestätigung sogar zusammen mit der ersten Werbezusendung erfolgen können soll (so auch Wolff in: Wolff/Brink, DatenschutzR, BDSG § 28 Rn. 150; a. A. Wedde in: DKWW, § 28 Rn. 126, der eine Wartezeit fordert, damit der Betroffene seine Einwilligung vor der Verarbeitung zurücknehmen kann).

46   9.5 § 28 Abs. 3b begründet ein **Kopplungsverbot**, wenn dem Betroffenen ein anderer Zugang zu gleichwertigen vertraglichen Leistungen ohne Einwilligung nicht oder nicht in zumutbarer Weise möglich ist, d. h., in den vorgenannten Fällen darf der Vertragsschluss nicht von der Abgabe einer Einwilligung abhängig gemacht werden (vgl. entspr. Regelungen in § 95 Abs. 5 TKG, § 12 Abs. 3 TMG). Es muss sich um einen **Monopolvertrag** handeln (zum Begriff Wolff in: Wolff/Brink, DatenschutzR, BDSG § 28 Rn. 170 f). Noch keine Unzumutbarkeit liegt z. B. vor, wenn vergleichbare Angebote nur zu einem höheren Preis oder zu schlechteren Gesamtkonditionen zu erhalten sind (a. A. Wedde in: DKWW, BDSG § 28 Rn. 135). Zulässig ist es also, die Einwilligung mit Vorteilen zu erkaufen (BT-Drs. 16/12011, S. 31). Wird eine Bestellung einer online angebotenen befristeten Zeitungslieferung nur akzeptiert, wenn zugleich eine Einwilligungsklausel angekreuzt wird, liegt kein Verstoß gegen § 28 Abs. 3b vor. Der Vorteil kann sogar in der reinen Vergütung der „Freigabe" der Adresse bestehen, sofern der gezahlte

Datenerhebung und -speicherung für eigene Geschäftszwecke § 28

Betrag die „freie Entscheidung" nicht beeinträchtigt. Ist ein Monopol-Vertrag ohne Einwilligung nicht möglich, so ist die Einwilligung unwirksam (Abs. 3 b Satz 2).

9.6 Absatz 3 stellt auch Regelungen für Verarbeitungen zu Zwecken des **Adress-** 47 **handels** auf. Geschäftsmäßig tätige Adresshändler fallen jedoch unter § 29. Damit stellt sich die Frage, welche Adressaten bzw. Zweckbestimmungen hier gemeint sind. Zwar mag Werbung mit Adresshandel symbiotisch verbunden sein (vgl. Ehmann in: Simitis, BDSG § 29 Rn. 74), jedoch ist diese im früheren Gesetz erfolgte „Gleichschaltung" nach den Neuregelungen der §§ 28, 29 nicht mehr möglich (Wronka, RDV 2009, 247). Von den in § 28 erfassten Stellen, die Daten für eigene Zwecke verarbeiten und nutzen, wird ein eine auch bislang dem § 28 zugeordneter „Adresshandel" ggf. nebenbei betrieben, indem sie ihre Daten anderen vermieten oder verkaufen, was nach § 28 Abs. 3 Satz 3 gestattet ist. Empfänger der Daten dürfen jedoch nicht Adresshändler sein, da die Übermittlung **nur für Zwecke der Werbung** gestattet ist (Wedde in: DKWW, BDSG § 28 Rn. 102, 111). Adresshändler speichern Daten nicht zum Zwecke der Werbung, sondern zum Zwecke des Verkaufs. Eine gesetzliche Regelung für den geschäftsmäßigen Adresshandel ist in § 28 Abs. 3 nicht enthalten (vgl. Eckhardt, DuD 2009, 587; Wronka, RDV 2009, 247); vgl. auch LfD Niedersachsen TB 2009/2010, S. 43: Der Gesetzgeber hat die selbst werbenden oder mit ihren selbst erhobenen Adressdaten handelnden Unternehmen deutlich privilegiert gegenüber reinen Adresshandelsunternehmen: Mit der Neufassung der einschlägigen Bestimmungen ist folglich ein Paradigmenwechsel im Bereich des Adresshandels mit der Folge einer gegangen, dass dieser in jedem Fall nur noch mit Einwilligung des Betroffenen in die automatisierte Verarbeitung und Übermittlung personenbezogener Daten zulässig ist (sog. Opt-in; a. A. jedoch die Mehrheit der Aufsichtsbehörden, Ilgenfritz, RDV 2013, 18, Ziff. 1.7). Nach Meltzian (DB 2009, 2643) wird der Adresshandel aufgeführt, um ihn in die speziellen Anforderungen an Einwilligungen einzubeziehen (zur Problematik insgesamt, vgl. Bahr, Recht des Adresshandels, 2011).

9.7 Bemerkenswert ist zudem, dass die das Einwilligungserfordernis aufhebenden 48 **sechs Ausnahmen** nicht nur insgesamt **allein für Verarbeitungen und Nutzungen zur Zwecke der Werbung** gelten, sondern dass der Tatbestand der **Erhebung** von Daten, der logischerweise beim Empfänger von übermittelten Daten vorliegt, von der Regelung des Abs. 3, d. h. weder in der Betonung des Einwilligungsgebots generell noch in der Einleitung des die Ausnahmen aufzählenden Satzes 2 genannt wird. Andererseits wird die Erhebung in den in Satz 2 Nr. 1 genannten Erlaubnistatbeständen genannt. Maßgebend dafür, ob Daten zu Zwecken der Werbung verwendet werden dürfen, ist die Quelle aus der sie erhoben wurden. Das Gesetz kennt nur **zwei Erhebungsquellen** und zwar zunächst die für Zwecke eines rechtsgeschäftlichen oder rechtsgeschäftlichen Schuldverhältnisses bestehenden Datenbestände und zum anderen **allgemein zugängliche Verzeichnisse**. Fraglich ist, wie der **Regelungskonflikt,** dass Daten für Werbezwecke zwar übermittelt, nicht aber empfangen werden dürfen, zu lösen ist. Man wird wohl davon ausgehen können, dass hier ein weiteres Beispiel von den vielen nachlässigen Formulierungen der BDSG-Novellen I und II vorliegt und dass nach § 28 Abs. 3 Satz 4 übermittelnde Dritte als weitere Quelle, von der Daten bezogen werden können, in Betracht kommen. Auch aus den weiteren Regelungen zur Nutzung übermittelter Daten ist zu entnehmen, dass diese als zulässig unterstellt wird. Das in Absatz 3 letzter Satz enthaltene Zweckbindungsgebot macht dies deutlich.

Bei Dritten zu Werbezwecken erhobene Daten zu speichern und werblich zu 48a nutzen, erlaubt das Gesetz nicht, was die sog. „Freundschaftswerbung" verbietet (Düsseldorfer Kreis, Anwendungshinweise, RDV 2014, 48 Rn. 3.16). Zudem werden schutzwürdige Interessen wegen Verstoßes gegen den Grundsatz der Direkterhebung und fehlenden Hinweises auf das Widerspruchsrecht bzw. die Möglichkeit dessen Ausübung verletzt (vgl. LfD B.-W., 30. TB 2009/2010, S. 166: „Letzteres

459

§ 28 Datenerhebung und -speicherung für eigene Geschäftszwecke

ist dann der Fall, wenn sich ein Unternehmen die Daten ohne Wissen des Betroffenen unter Ausnutzung der Gutmütigkeit eines Bekannten oder Freundes verschafft hat und der Betroffene keine Möglichkeit hatte, von seinem Widerspruchrecht Gebrauch zu machen." Der Versuch von Hoeren (ZD 2013, 530) unter Heranziehung von § 28 Abs. 1 Freundschaftswerbung zu gestatten, scheitert an der abschließenden Regelung des § 28 Abs. 3.

49 **9.8** Ohne Einwilligung erlaubt ist die **adressierte Briefwerbung** für eigene oder ggf. in Form der Beipack- oder Empfehlungswerbung für fremde Ziele, wenn
– sie sich an sog. **Bestandskunden** richtet, d. h. Betroffene, mit denen zumindest ein rechtsgeschäftsähnliches Schuldverhältnis begründet besteht oder bestand,
– die Adressen aus **allgemein zugänglichen Verzeichnissen** stammen
– die Werbung sich nicht an **Verbraucher** richtet, sondern der Adressat im Hinblick auf seine berufliche Tätigkeit und unter seiner beruflichen Anschrift beworben wird
– es sich um eine **Spendenwerbung** einer steuerbegünstigen Organisation handelt.
Unzulässig ist damit sog. **Freundschaftswerbung,** wonach Betroffene angesprochen werden, die vorhandene Kunden auf Befragen als mögliche Interessenten der Produkte oder Dienstleistung der verantwortlichen Stelle benannt haben, d. h. bereits die Datenerhebung, die mit dieser Zweckbestimmung erfolgt, ist rechtswidrig.

50 **9.9** Generell gilt insgesamt, dass die Erlaubnistatbestände voraussetzen, dass **schutzwürdige Interessen** der Betroffenen nicht verletzt werden (Abs. 3 Satz 6), was immer der Fall ist, wenn der Betroffene von seinem Widerspruchsrecht nach § 28 Abs. 4 Gebrauch gemacht hat. Diese Abwägungspflicht gilt auch für die Beipack- und Empfehlungswerbung, obwohl hier der genannte Vorbehalt nach dem Wortlaut mangels Inbezugnahme in Absatz 3 Satz 6 nicht gilt. Auch hier kann es sich nur um ein weiteres redaktionelles Versehen handeln (Eckhardt, DuD 2009, 587). So wie zuvor in Absatz 3 Satz 2 genannt, wird ein entgegenstehendes Interesse in der Regel bestehen bei Daten über **strafbare** oder ordnungswidrige **Handlungen** sowie bei Datenübermittlung eines **Arbeitgebers.** Gleiches gilt für Angaben über gesundheitliche Verhältnisse und religiöse und politische Anschauungen. Diese unterliegen nunmehr als zu den **„besonderen Arten personenbezogener Daten"** zählend (§ 3 Abs. 9) den speziellen Verarbeitungsrestriktionen der Absätze 6 bis 9. Gleiches gilt auch für die Weitergabe von Adressen von **„Blindenwarenkäufern"** als Adressat für Spendenwerbung (HambDSB, 5. TB (1987), 106). Nicht mehr durch berechtigte Interessen gedeckt ist auch die Übermittlung von **Mitgliederlisten** eines Sportvereins zu Werbezwecken an Sportartikelhersteller (LDSB Bremen, 12. TB (1990), 115). Dies gilt auch im Falle eines „im Gegenzug" erfolgenden Sponsorings.

50a Die Erlaubnis nach dem BDSG kommt auf Grund der Verletzung schutzwürdiger Interessen nicht zum Zuge, wenn das UWG eine bestimmte Werbeform als **unzumutbare Belästigung** bewertet (vgl. Rn. 70 ff.). Ergebnis ist, dass eine Briefwerbung ohne Einwilligung zulässig sein kann, die gleiche werbliche Ansprache per Telefon jedoch nicht. Wenn § 7 Abs. 3 UWG die uneingewilligte E-Mail-Werbung nur für eigene Produkte erlaubt, kann z. B. auf die „Beipackerlaubnis" des § 28 Abs. 3 nicht zurückgegriffen werden.

51 **9.10** Ausgangspunkt für die werbliche Ansprache sind folgende Adressdaten, die unter einer sie insgesamt beschreibenden **Gruppen-Überschrift** (z. B. Liste der Zahnärzte im Ort X) zusammengefasst sein können, jedoch nicht müssen. Hierbei handelt es sich um den Namen nebst Titel und akademischem Grad, die Anschrift, sowie die Berufs-, Branchen- oder Geschäftsbezeichnung. In den Katalog einbezogen ist ferner das Geburtsjahr. Gehört der Gruppe nur eine Person an, so ist der Tatbestand auch erfüllt. Die Gruppenbeschreibung darf **nur eine weitere Angabe** enthalten (Düsseldorfer Kreis, Anwendungshinweise, RDV 2014, 49 Ziff. 3.1). Gibt

Datenerhebung und -speicherung für eigene Geschäftszwecke **§ 28**

also ein **Versandhaus** Adressdaten seiner Kunden an ein Tochterunternehmen weiter und werden nur die aufgezählten Daten übermittelt – neben der Information „Kunden von Fa. XY" – so ist der Tatbestand erfüllt. Die Angabe der **Quelle der Daten** ist nur dann nicht als Gruppenbeschreibung zu werten, wenn sie ohne Informationswert für die Verarbeitung ist. Dies ist z. B. bei der Angabe „Übermittlung aus dem Datenbestand des Adressenhändlers X" der Fall, während die Herkunft der Daten aus dem Kundenbestand eines **Weinhändlers** bereits die werberelevante Gruppeninformation beinhaltet (unklar insofern Simitis in: Simitis, BDSG § 28 Rn. 238, der die Liste der zulässigen Daten „um eine achte, vom Gesetzgeber zwar nicht ausdrücklich genannte, aber geduldete Angabe" ergänzt sieht). Nicht zulässig wäre nach diesem Tatbestand eine weitere Angabe in der Gruppenbeschreibung von Kunden eines Versandhauses, wie etwa „Kunden, die Waren über 1000,– Euro Wert bestellten oder die an Schmuck interessiert sind" (großzügiger im Hinblick auf zielgerichtete Werbung Wolff in: Wolff/Brink, DatenschutzR, BDSG § 28 Rn. 122). Je nach der Art der Gruppenfestlegung können aber durchaus auch hierdurch schutzwürdige Interessen des Betroffenen verletzt werden. Dies kann der Fall sein, wenn ein **Spezialversender** seine Kunden „preisgibt". Hier bedarf es der Einwilligung des Betroffenen. Auch die unter einer einheitlichen Anschrift zusammengefasste Gruppe wird in ihren Interessen verletzt sein können, wenn es sich um die Anschrift einer **Trinkerheilanstalt** handelt. Gleiches gilt für die Weitergabe von **Mitgliederverzeichnissen** von Vereinen an Sponsoren, Anbieter von Gruppenversicherungen, Ausstatter etc. (vgl. vorstehende Rn. 22).

9.11 Wirbt die verantwortliche Stelle für eigene Angebote oder für Angebote 52 Dritter **(Beipack- und Empfehlungswerbung)** müssen die Adressdaten mit Ausnahme der Angaben zur Gruppenzugehörigkeit im Zusammenhang mit der Begründung, Durchführung oder Beendigung eines rechtsgeschäftlichen oder rechtsgeschäftsähnlichen Schuldverhältnisses (vgl. vorstehend Rn. 12 f.) mit dem Betroffenen bei diesem oder aus **allgemein zugänglichen** Adress-, Rufnummern-, Branchen- oder vergleichbaren **Verzeichnissen** erhoben worden sein (§ 28 Abs. 3 Satz 2 Nr. 1). Hier relevante rechtsgeschäftliche oder rechtsgeschäftsähnliche Schuldverhältnisse können beispielsweise bei einem **Gewinnspiel**, einem **Probeabonnement** oder einem **Schenkungsvertrag** vorliegen, die insbesondere bei der Interessentenwerbung eine Rolle spielen. Alleine der Umstand, dass jemand sich einmal „ohne weiteren Kommentar" für die Produkte der verantwortlichen Stelle interessiert und z. B. einen **Katalog angefordert** hat, führt hingegen noch nicht zum Vorliegen eines rechtsgeschäftsähnlichen Schuldverhältnisses.

9.12 Ein Verzeichnis setzt eine gewollte Struktur der Daten voraus. Es ist nicht 53 identisch mit den in § 28 Abs. 1 Satz 1 Nr. 3 genannten öffentlichen Quellen. Eine sonstige allgemeine Zugänglichkeit der Anschriften (Zeitungsanzeigen, unstrukturierte Daten im Internet etc.)genügt nicht. Hinsichtlich der Datenerhebung aus **Verzeichnissen** ist fraglich, ob das werbende Unternehmen die Datenerhebung selbst vorgenommen haben muss. Im Wege der Auslegung erscheint eine mittelbare Datenerhebung aus Verzeichnissen über einen Dienstleister, also einen **Adresshändler,** insoweit statthaft, als das Unternehmen die Daten selbst aus den Verzeichnissen hätte erheben können.

9.13 Zu den vorgenannten Zwecken darf die verantwortliche Stelle zu den reinen 54 Listendaten weitere Daten **hinzuspeichern** (§ 28 Abs. 3 Satz 3), sofern hierdurch nicht schutzwürdige Interessen verletzt werden (§ 28 Abs. 3 Satz 6), was bei sensiblen Daten nach § 3 Abs. 9 regelmäßig der Fall ist. Der Begriff des Speicherns ist nicht i. S. d. § 3 Abs. 4 Nr. 1 zu verstehen. Mit Hinzuspeichern ist auch und primär die Verwendung, d. h. Nutzung weiterer bereits über den Kunden vorhandener Informationen gemeint. Möglich ist es also insbesondere auch, **eigene Informationen über den Kunden** zu nutzen, um speicherungsfähige Informationen über diesen zu gewinnen **(z. B. Produktpräferenzen).** Insofern bleibt auch ein **Custo-**

§ 28   Datenerhebung und -speicherung für eigene Geschäftszwecke

mer **Relationship Management (CRM) möglich** (vgl. aber zur Ermittlung von Kundenprofilen zwecks CRM vorstehend Rn. 11). Trotz des missverständlichen Wortlauts des § 28 Abs. 3 Satz 3 müssen zulässigerweise generierbare Daten – schon im Hinblick auf den Grundsatz der Datensparsamkeit und der Datenvermeidung – nicht zwingend tatsächlich gespeichert werden, sondern können auch jedes Mal aufs Neue entsprechend selektiert werden (siehe auch obige Begriffsdefinition). Hinzugespeichert werden dürfen E-Mail-Adressen, die nach § 7 Abs. 3 UWG für E-Mail-Werbung und Telefonnummern, die für nicht an Verbraucher gerichtete Telefonate bei vermuteter Einwilligung (§ 7 Abs. 2 Nr. 2 UWG) genutzt werden dürfen (Düss. Kreis, Anwendungshinweise, RDV 2014, 48, Ziff. 3.9).

54a Keine Hinweise gibt § 28 Abs. 3 Satz 2 Nr. 1 wie lange Adressdaten und hinzugespeicherte Daten nach dem letzten aktiven Geschäftskontakt für weitere werbliche Ansprachen genutzt werden dürfen bzw. nach wie viel vergeblichen Ansprachen erkennbar ist, dass der Betroffene wahrscheinlich kein Interesse an weiteren Geschäftsbeziehungen hat (z. B. bei Beauftragung eines Bestattungsunternehmens). Abzustellen ist auf den Einzelfall, wobei entscheidend ist, ob noch eine Erforderlichkeit für die weitere werbliche Nutzung der Daten von der verantwortlichen Stelle nachvollziehbar dargelegt werden kann (Düsseldorfer Kreis, Anwendungshinweise, RDV 2014, 49, Ziff. 3.6). Die in § 35 Abs. 2 Nr. 3 enthaltene Prüfungsfrist kann ein Anhaltspunkt sein.

55 **9.14** Nicht hinzugespeichert werden dürfen bisher nicht im dem nach Absatz 3 Satz 2 Nr. 1 erhobenen Datenbestand enthaltene Katalogdaten, es sei denn sie stammen aus öffentlichen Verzeichnissen. § 28 Abs. 1 Satz 1 Nr. 3 kann die Hinzuspeicherung von Listendaten nicht rechtfertigen, d. h. andere öffentliche Quellen stehen für die Adressdatenerhebung nicht zur Verfügung. Die Daten, die hinzugespeichert werden sollen, muss die verantwortliche Stelle gestützt auf eine andere Zulässigkeitsbefugnis rechtmäßig erhoben bzw. übermittelt bekommen haben. Als Grundlage für eine Zuspeicherung kommt auch eine **Interessenabwägung nach § 28 Abs. 1 Satz 1 Nr. 2** in Betracht.

56 **9.15** § 28 Abs. 3 Satz 2 Nr. 2 und 3 enthalten Ausnahmetatbestände vom Einwilligungsprinzip für den Bereich der Verarbeitung oder Nutzung von Adressdaten zur berufsbezogenen Werbung bzw. zur Spendenwerbung. Die Daten müssen somit nicht aus den in Satz 2 Nr. 1 genannten Quellen stammen. Auch von **Adresshändlern** erhaltene Daten können hier verwendet werden (vgl. vorstehend Rn. 48). Zulässig ist nach den genannten Vorschriften auch eine Übermittlung von Listendaten zu entsprechenden Werbezwecken Dritter. Die **Einschränkungen** des § 28 Abs. 3 Satz 4 greifen insofern **nicht**.

57 **9.16 Berufsbezogene Werbung** liegt vor, wenn die Werbung im Hinblick auf die berufliche Tätigkeit des Betroffenen unter dessen beruflicher Anschrift erfolgt. Der Ausnahmetatbestand greift nicht nur gegenüber Selbstständigen und Freiberuflern. Persönlich angesprochen werden könnte – unter der Firmenadresse – z. B. auch der Leiter der IT-Abteilung bezogen auf Produkte, die sein berufliches Tätigkeitsfeld betreffen. Ist die berufliche Anschrift mit der Wohnadresse identisch, so ist die berufsbezogene Werbung – soweit deren Verwendung üblich ist – mit der Berufsbezeichnung (z. B. Herrn RA, Steuerberater etc.) zu versehen. Wettbewerbswidrig wäre es, die Werbepost zunächst als Privatpost erscheinen zu lassen. Nicht von der Ausnahmeregelung erfasst ist solche Werbung, die sich auf den privaten Bereich bezieht (Angebot von Urlaubsreisen, Lebensversicherungen etc.). Es gelten ähnliche Kriterien nach denen die nicht ausdrücklich zugestimmte **telefonische „berufliche" Werbung** auf Grund mutmaßlicher Einwilligung gestattet ist (§ 7 Abs. 2 Nr. 2 UWG; dazu BGH, RDV 2004, 220; 2008, 68), wobei hier die Einwilligung sich auch auf die Art der beruflichen Ansprache beziehen muss.

58 **9.17** Der verantwortlichen Stelle ist die Werbung für fremde Angebote und Leistungen in Form der **Beipack- und Empfehlungswerbung** gestattet (Abs. 3

Satz 5). Voraussetzung ist, dass die verantwortliche Stelle eindeutig erkennbar ist. Während bei Werbung, die eigener Post beigefügt wird – ggf. mit einem Empfehlungsschreiben – der Absender außer Frage steht, muss bei Empfehlungswerbung klar sein, dass die verantwortliche Stelle und nicht der Werbungstreibende der Absender ist. So kann auf dem Brief deutlich lesbar im Absenderfeld vermerkt sein: Absender dieses Briefes ist + Name + Anschrift. Empfehlungswerbung kann auch unter Einschaltung eines **Letter-Shops** erfolgen, der „im Auftrag" der verantwortlichen Stelle die von dem Werbenden bereitgestellte Post versendet.

9.18 Darüber hinaus ist weiterhin auch eine **Übermittlung von Adressdaten** zu Werbezwecken gestattet (Abs. 3 Satz 4). Auch hier ist – abgesehen von der generell erforderlichen Beachtung eventuell entgegenstehender schutzwürdiger Interessen – vorgeschrieben, dass für den Betroffenen der Absender, der die Daten erstmals in den Verkehr gebracht hat, eindeutig benannt wird. Die Transparenzpflicht gilt auch für zur B2B- oder Spendenwerbung übermittelte Daten (Düsseldorfer Kreis, Anwendungshinweise, RDV 2014, 48, Ziff. 3.11). Es muss also an markanter Stelle vermerkt sein: Ihre Anschriftendaten haben wir von Name + Adresse erhalten. Sodann sollte der nach Abs. 4 gebotene Hinweis auf das Widerspruchsrecht folgen. Zudem besteht nach § 34 Abs. 1a die auf zwei Jahre befristete Pflicht – was eine entsprechende Speicherung der Daten voraussetzt – **Auskunft über die (unmittelbare) Herkunft und die Empfänger** der Daten zu erhalten. Von dieser Transparenzpflicht wird erwartet, dass sich die verantwortlichen Stellen zurückhaltend bei entsprechenden Datenweitergaben verhalten werden (BT-Drs. 16/10 529).   59

10. Widerspruch des Betroffenen

10.1 Nach der hierzu in § 28 Abs. 4 getroffenen Regelung hat der Gesetzgeber in diesem Falle dem informationellen Selbstbestimmungsrecht des Betroffenen und der bis dato zu den Abwehransprüchen gegenüber unerwünschter Werbung ergangenen Rechtsprechung jedenfalls teilweise Rechnung getragen (vgl. hierzu auch § 29 Rn. 18 ff.). Bereits in der Vergangenheit und für Datenverarbeitungen außerhalb des Anwendungsbereichs des BDSG hatte die Rechtsprechung festgehalten, dass durch **unerwünschte Werbung** in mehrfacher Weise in Rechtspositionen des Betroffenen eingegriffen werden kann (vgl. Gola/Wronka, RDV 1994, 157; Paefgen, MDR 1992, 112). So hatte der BGH (NJW 1989, 902 = RDV 1989, 124) zur Abwehr erkennbar unerwünschter (z. B. durch Anbringen eines entsprechenden Briefkastenaufklebers) **Briefkastenwerbung** entschieden, dass dem Empfänger einmal als Haus- oder Wohnungseigentümer bzw. -besitzer aus §§ 1004, 903, 862 BGB das Recht zustehe, sich gegen eine Beeinträchtigung seiner räumlich-gegenständlichen Sphäre durch das Aufdrängen von unerwünschtem Werbematerial zur Wehr zu setzen, und dass er daneben bzw. sogar vorrangig je nach der Lage des Falls einen Abwehranspruch aus § 1004 BGB wegen Verletzung des allgemeinen Persönlichkeitsrechts geltend machen könne. Der Wille des Bürgers, frei von der „Suggestivwirkung" der Werbung zu bleiben und seinen Lebensbereich von jedem Zwang zur Auseinandersetzung mit Werbung nach Möglichkeit freizuhalten, wird ausdrücklich als schutzwürdig bezeichnet (vgl. hierzu ferner OLG Frankfurt a.M., RDV 1988, 265; OLG Stuttgart, ZIP 1987, 1487; zur BTX-Werbung BGH, BB 1988, 787; insgesamt Alt, NJW 1986, 1597; Gilles, NJW 1988, 2424).   60

10.2 Zur Abwehr unerwünschter Werbung räumt **Absatz 4** dem Betroffenen ein uneingeschränktes **Widerspruchsrecht** gegenüber der verantwortlichen Stelle bezüglich der Verarbeitung und Nutzung seiner Daten zu Zwecken der Werbung oder Markt- und Meinungsforschung. Nicht jede Werbung dienende Nutzung unterliegt dem Widerspruchsrecht, sondern nur solche zum Zwecke des **Direktmarketings.** Das Widerspruchsrecht besteht unabhängig davon, ob die Werbung   61

§ 28   Datenerhebung und -speicherung für eigene Geschäftszwecke

ohne (Ausnahmen des Abs. 3) oder mit Einwilligung des Betroffenen erfolgt. Über die **Form des Widerspruchs** äußert sich das Gesetz nicht; ein Telefonanruf muss daher genügen. Der Widerspruch kann konkludent geäußert werden (z. B. Beschwerde mit Abbruch der Geschäftsbeziehungen). Auch der Vermerk „Annahme verweigert" auf einem Werbeschreiben gibt den diesbezüglichen Willen des Betroffenen wider. Geäußert werden muss der Wunsch gegenüber der verantwortlichen Stelle. Wenn die verantwortliche Stelle, wozu sie im Rahmen einer rechtsgeschäftlichen Beziehung (Absatz 1 Satz 1 Nr. 1) offenbar als berechtigt angesehen wird, sich zu der Form des Widerspruchs äußert, darf für den Widerspruch keine strengere Form verlangt werden, als für die Begründung des rechtsgeschäftlichen Schuldverhältnisses. Der Widerspruch ist auch wirksam erklärt, wenn er einem **Erfüllungsgehilfen** oder Auftragnehmer gegenüber erklärt wird. Dies wird relevant bei Aktionen von Markt- und Meinungsforschungsunternehmen, die ihre Befragungen häufig von Personen durchführen lassen, die zu diesem Zweck eingestellt (Erfüllungsgehilfen) bzw. hiermit beauftragt werden. Der Widerspruch gegenüber dem Interviewer ist als Widerspruch nach Absatz 4 anzusehen. Hat der Betroffene zuvor in die Werbung eingewilligt, ist der Widerspruch als **Rücknahme der Einwilligung** zu verstehen.

62   10.3 Ein Eintrag in die sog. **Robinsonliste** (= eine vom Deutschen Direktmarketing Verband für die Mitgliedsfirmen geführte Sperrliste) genügt nicht; andererseits kann die verantwortliche Stelle den Widersprechenden nicht auf diese Liste verweisen (vgl. Aufsichtsbeh. Baden-Württemberg Hinweis zum BDSG Nr. 34, Staatsanz. v. 2.1.1996 Nr. 1 S. 10). Fraglich ist, ob entgegen der Praxis nicht vor einer Nutzung oder Übermittlung von Daten für Werbezwecke ein **Abgleich mit der Liste** zu erfolgen hat, um mit gebotener Sorgfalt zu prüfen, ob ein Grund zur Annahme entgegenstehender schutzwürdiger Interessen des Betroffenen besteht (so Mattke, Adressenhandel, S. 249; Weichert, WRP 1996, 522, 531). Zumindest bei der Vermarktung von Adressen dürfen nur solche eingesetzt werden, die von den „Robinsons" befreit wurden.

63   10.4 Zu beachten ist der Widerspruch (vgl. Aufsichtsbeh. Baden-Württemberg Hinweis zum BDSG Nr. 34, Staatsanz. v. 2.1.1996 Nr. 1 S. 10)
– von der Stelle, die Daten des Kunden für eigene Zwecke speichert;
– von dem werbetreibenden Unternehmen und zwar sowohl dann, wenn ihm Daten für Werbeaktionen durch eine dritte Stelle übermittelt wurden als auch dann, wenn fremde Adresslisten von Adresshandelsunternehmen oder über einen Adressmakler bezogen worden sind und die Daten des Betroffenen nicht selbst gespeichert werden, sowie
– von Adressverlagen, die Daten Dritten für Zwecke der Werbung oder Markt- und Meinungsforschung zur Verfügung stellen.

64   10.5 **Absatz 4 Satz 2** legt der verantwortlichen Stelle bzw. der Stelle, die die werbliche Ansprache durchführt, eine **Belehrungs- und Informationspflicht** gegenüber dem Betroffenen auf. Der Betroffene ist über sein Widerspruchsrecht und über die verantwortliche Stelle, d. h. die Stelle, der gegenüber sein Widerspruchsrecht auszuüben ist, **bei der werblichen Ansprache** zu informieren, wobei die letztgenannte Information nicht noch gesondert erfolgen muss, wenn der „Ansprechende" gleichzeitig die für die Speicherung oder Nutzung der Daten „verantwortliche Stelle" ist. Bei der Erteilung einer Einwilligung in Werbemaßnahmen ist auf deren jederzeitige Rücknahme hinzuweisen. Der Hinweis auf das Widerspruchsrecht muss nicht den Gesetzestext wiederholen. Er muss aber eindeutig zum Ausdruck bringen, dass dem Wunsch nicht mehr beworben zu werden, Rechnung getragen wird. Der Hinweis hat bereits **bei der Erhebung der Daten** zu erfolgen, wenn diese zusätzliche Zweckbestimmung, auf die nach § 4 Abs. 3 hinzuweisen wäre, bereits bei der Begründung des rechtsgeschäftsähnlichen bzw. rechtsgeschäftli-

Datenerhebung und -speicherung für eigene Geschäftszwecke **§ 28**

chen Schulverhältnisses besteht. Ansonsten muss er bei der werblichen Ansprache erfolgen und auch **wiederholt** werden.

10.6 Über die **Form** bzw. Art und Weise der Unterrichtung äußert sich das Gesetz nicht. Sie darf sicherlich nicht so zwischen Prospektseiten versteckt sein, dass sie erfahrungsgemäß überlesen wird. Eine besondere Herausgebung, wie bei der Einwilligung in § 4a Abs. 1 Satz 4, wird aber auch nicht gefordert. Beispiele wären das Impressum des Prospekts, die Antworthülle eines Rücksendekuverts oder die hintere Innenseite des Kuverts, die bei Herausnahme des Mailings sichtbar wird. Sie kann regelmäßig der Art der werblichen Ansprache angepasst sein. Erfolgt die Ansprache mündlich, kann auch die Unterrichtung mündlich erfolgen.

10.7 Das Gesetz lässt zwar offen, ob der Hinweis bei **jeder einzelnen werblichen Ansprache** erneuert werden muss. Vielfach wird dies schon auf Grund des Massengeschäfts, das nicht erkennen lässt, welche Adressaten schon „belehrt" wurden, so geschehen. Aber auch dann, wenn Daten zwecks Werbung beim Betroffenen mit der nach § 4 Abs. 3 gebotenen Information oder sogar unter Einholung einer Einwilligung nebst Widerspruchsbelehrung erhoben wurden, verlangt das Gesetz eine **ständige Wiederholung.** Es kann nicht darauf abgestellt werde, ob der Betroffene die Belehrung früher bereits gelesen haben müsste oder sogar im Rahmen einer Opt-out-Einwilligung über die Rücknahmemöglichkeit informiert wurde.

10.8 Der Verstoß gegen die Unterrichtungspflicht ist nach § 43 Abs. 1 Nr. 3 **eine Ordnungswidrigkeit.** Aus der Vorschrift wird ersichtlich, dass der Gesetzgeber hier vorrangig Befragungsaktionen durch sog. Interviewer im Auge hat. Ordnungswidrig handelt, wer den Betroffenen nicht richtig oder nicht rechtzeitig unterrichtet.

10.9 Widersprüche des Betroffenen gegen die Weitergabe ihrer Daten zu Werbezwecken an Dritte sammelt das werbende Unternehmen zumeist zunächst, um sie bei der nächsten turnusmäßigen Kundenstammbehandlung (ca. alle drei bis sechs Monate) abzugleichen und um dort einen **Sperrvermerk** anzubringen. Die dadurch eintretende Verzögerung bei der Sperrung muss von den Betroffenen hingenommen werden, weil ein sofortiger Abgleichlauf in aller Regel einen unverhältnismäßigen wirtschaftlichen Aufwand darstellen würde (HambDSB, 5. TB (1987) S. 105).

10.9 Die Führung der **Sperrliste** liegt im berechtigten Interesse auch des Betroffenen, da nur so seinem Wunsch entsprochen werden kann. Da andererseits der Widersprechende häufig, jedenfalls wenn seine Daten nur für Zwecke der Werbung gespeichert sind, oder die Löschung seiner Daten ausgebt bzw. oder sogar ausdrücklich verlangt, ist er über die weitere Führung seiner Daten in der Sperrliste zu **benachrichtigen.** Lehnt er es ab, in der **„Werbeverweigererdatei"** gespeichert zu sein, ist die Speicherung in der Sperrliste unzulässig. Wird der Widersprechende jedoch bei Nutzung von Fremddaten dann erneut beworben, kann dem werbenden Unternehmen kein Vorwurf gemacht werden. Unterschiedliche Konsequenzen ergeben sich auch daraus, ob der Widersprechende nur mit dem werbenden Unternehmen „nichts mehr zu tun haben will", oder generell Direktwerbung ablehnt. Im letzteren Fall ist der Widerspruch ggf. an den „Adresseigner" weiterzuleiten, der die Adresse zur Nutzung zur Verfügung gestellt hatte. Hat ein Adressenhändler auf verschiedene, der werbenden Stelle nicht bekannte Datenbestände z. B. im Wege der Auftragsnutzung zugegriffen, so muss sichergestellt sein, dass der Betroffene **Kenntnis über die Herkunft der Daten** und den Adressaten seines Widerspruchsrechts erhält.

11. Werbeeinschränkungen durch das UWG

11.1 Unerbetene bzw. erkennbar unerwünschte Werbung kann nach dem UWG eine von dem Betroffenen nicht hinnehmbare **unzumutbare Belästigung** bedeu-

65

66

67

68

69

70

§ 28   Datenerhebung und -speicherung für eigene Geschäftszwecke

ten (§ 7 Abs. 1 UWG). Dies gilt u. a., wenn der Verbraucher z. B. durch den Werbenden hartnäckig angesprochen wird, obwohl er das nicht wünscht. So kann das **Anreißen** von Straßenpassanten hierunter fallen (Ohly in: Piper/Ohly, UWG § 7 Rn. 73 ff. m. N.). Spezielle Aussagen enthält § 7 UWG per Telefon, Fax, SMS und elektronischer Post (E-Mail) (vgl. hierzu § 4a Rn. 5 ff.). Nach dem BGH (RDV 2011, 85) verstößt eine Werbung für Grabmale, die zwei Wochen nach dem Todesfall auf dem Postweg die Hinterbliebenen erreicht, keine solche unzulässige Belästigung dar.

70a 11.2 Insbesondere die Einwilligungserklärung bezüglich werblicher Ansprache scheitern häufig daran, dass sie den Anforderungen des BGB an **allgemeine Geschäftsbedingungen** (§§ 307 ff. BGB) nicht genügen (vgl. § 4a Rn. 13). Ein auch von Verbraucherschutzverbänden abzumahnender AGB-Verstoß kann auch in dem gleichzeitigen Verstoß gegen die Formvorschriften des § 7 Abs. 2 Nr. 3 UWG liegen, weil die Einwilligung als Opt-out-Erklärung formuliert war (OLG Jena, RDV 2011, 96). Unter den genannten Aspekt werden „Generalgenehmigungen", durch die das Unternehmen und auch Dritte z. B. zu einer uneingeschränkten telefonischen Werbung ermächtigt werden, als unwirksam angesehen. Auch darf der Inhalt der Werbung nicht im Unklaren gelassen werden (OLG Köln, RDV 2010, 37; LG Berlin, RDV 2010, 88; OLG Hamm, RDV 2010, 249).

71   11.3 Datenschutzrechtlich ist zu beachten, dass die Nutzung und ggf. auch die Speicherung der Telefon-/Faxnummer oder E-Mail-Adresse zur derartigen wettbewerbswidrigen Zweckbestimmungen rechtswidrig ist, auch wenn sie einer **allgemein zugänglichen Quelle**, z. B. der **Homepage** des Betroffenen entnommen wurde (unzutreffend insoweit LG Kiel, RDV 2000, 226). Hinzuweisen ist insoweit auch darauf, dass die Aufsichtsbehörde Baden-Württemberg die Aktivitäten des Telefonmarketing durch ein Dienstleistungsunternehmen und die zur Durchführung des Telefonmarketing stattfindende Datenspeicherung als Fall der **Auftragsdatenverarbeitung** betrachtet (Staatsanz. Baden-Württemberg, 1990, Nr. 1/2, S. 6).

72   11.4 Die Eigenwerbung **politischer Parteien** unterscheidet sich prinzipiell nicht von derjenigen zu wirtschaftlichen oder ideellen Zwecken. Das BVerfG (NJW 2002, 2938) hat keine Bedenken, die vom BGH (NJW 1989, 902) entwickelten Grundsätze zum Widerspruchsrecht gegenüber unerwünschter Briefkastenwerbung auf Prospekte politischer Parteien (KG, NJW 2002, 379) anzuwenden, d. h. Parteiwerbung kommerzieller Werbung gleichzustellen. In gleicher Richtung haben Instanzgerichte im Hinblick auf unerbetene Telefon- (OLG Stuttgart, ZIP 1988, 674) und E-Mail-Werbung (OLG München, MMR 2004, 324) politischer Parteien entschieden. Anderes könnte im Hinblick auf das den Parteien zustehende Recht, an der politischen Willensbildung mitzuwirken (Art. 21 Abs. 1 Satz 1 GG), gelten, wenn politische Parteien nicht für sich werben, sondern sich zu Sachthemen äußern und dadurch depolitischen Willensbildung mitwirken.

12. Privilegierung der Forschung

73   12.1 Das BDSG gewährt in § 28 Abs. 2 Satz 1 Nr. 3 für die **Forschung** erleichterte Verarbeitungsbedingungen. Tätig werden muss eine „Forschungseinrichtung" (vgl. hierzu § 40 Rn. 7 ff.). Erfasst wird der Fall, dass die verantwortliche Stelle die Daten nunmehr für Zwecke **eigener Forschung** nutzen will, als auch der, dass sie für diesen Zweck einem Dritten übermittelt werden. Die Zulässigkeit der Verarbeitung bzw. Nutzung ist im Rahmen einer Interessenabwägung zu ermitteln, bei der der Aspekt der verfassungsrechtlich verbürgten Forschungsfreiheit (Art. 5 GG) bei der Gewichtung der Interessen der speichernden Stelle mit zu berücksichtigen ist. Zuvor ist jedoch zu prüfen, ob der Forschungszweck nicht auch auf andere Weise erreicht werden kann, wobei der Gesetzgeber auch hier das **Verhältnismäßigkeits-**

Datenerhebung und -speicherung für eigene Geschäftszwecke § 28

prinzip anwendet. Sind die Daten zulässigerweise dem Forschungszweck zugeführt worden, so greifen die Verpflichtungen nach § 40, u. a. mit der Folge, dass diese Daten nur noch zweckgebunden verwendet werden dürfen.

12.2 Nach **Absatz 6 Nr. 4** greift das „Forschungsprivileg" auch bei der Erhe- 74 bung, Verarbeitung oder Nutzung von besonderen Arten personenbezogener Daten. Auch wenn nicht das Interesse einer „Forschungseinrichtung" erwähnt ist, setzt auch hier „wissenschaftliche Forschung" voraus, dass es sich um unabhängige Forschungstätigkeit handelt. Andererseits soll, da nicht von einer Forschungseinrichtung gesprochen wird, nur eigene Forschung der verarbeitenden Stelle zulässig sein (Wolff in: Wolff/Brink, DatenschutzR, BDSG § 28 Rn. 261). Auch hier kann das Interesse der Betroffenen entgegenstehen (BVerwG, NJW 2004, 2462).

13. Das Erheben, Verarbeiten und Nutzen von besonderen Arten personenbezogener Daten

13.1 „**Besonderen Kategorien personenbezogener Daten**" (§ 3 Abs. 9) ist 75 ein besonderer Schutz zu gewähren. (vgl. ausführlich BlnDSB, JB 2002, 25 = RDV 2003, 308). Gegenstand des besonderen Schutzes sind Angaben über
– rassische oder ethnische Herkunft
– politische Meinungen
– religiöse oder philosophische Überzeugungen
– Gewerkschaftszugehörigkeit
– Gesundheit
– Sexualleben.
Selbstverständlich und im Grunde überflüssig ist der Hinweis in Absatz 6 darauf, dass die Erhebung, Verarbeitung oder Nutzung auch per **Einwilligung** des Betroffenen nach § 4 a Abs. 3 gestattet werden kann. Die besonderen Voraussetzungen, unter denen diese Daten ausnahmsweise auch **ohne Einwilligung** des Betroffenen erhoben, verarbeitet oder genutzt werden dürfen, finden sich für private Stellen in § 28 Abs. 6 bis 9 und § 29 Abs. 5. Die Tatbestände, die das Verbot der Erhebung, Verarbeitung oder Nutzung der als besonders schutzwürdig betrachteten „besonderen Arten von personenbezogener Daten" auch ohne oder gegen den Willen aufheben, werden auf einige wenige, z. T. spezielle Zweckbestimmungen beschränkt.

13.2 § 28 Abs. 6 gilt auch für die Verarbeitung von Beschäftigtendaten und ver- 76 drängt § 32 Abs. 1 (vgl. § 32 Rn. 53 f.). Zu beachten ist jedoch, dass u. a. im Arbeitsverhältnis die Einwilligung als Erlaubnistatbestand für die Erhebung und Verarbeitung der Mehrzahl der besonderen Datenarten nicht in Betracht kommt, weil z. B. Informationen über rassische oder ethnische Herkunft, politische Meinungen, religiöse, philosophische, politische Überzeugungen oder auch die Gewerkschaftszugehörigkeit für Arbeitgeberentscheidungen im Regelfall – und speziell in der Ausnahmetatbestand des § 8 Abs. 1 AGG zulässig (vgl. § 32 Rn. 13 f.) irrelevant sein müssen. Der Arbeitgeber kann ihm unter Beachtung des Persönlichkeitsrechtsschutz des Arbeitnehmers nicht zugängliche Informationen auch nicht per – formal eingeholter – Einwilligung erheben und verarbeiten (vgl. Aufsichtsbehörde Baden-Württemberg, Hinweis zum BDSG Nr. 34, Staatsanz. vom 2.1.1996, Nr. 1 S. 10). Anders ist es jedoch z. B. bei **Gesundheitsdaten**. Geht es um solche Daten, die der Arbeitgeber unter Beachtung des Persönlichkeitsrechtsschutzes des Bewerbers/Arbeitnehmers und des § 8 Abs. 1 AGG aus objektiver Sicht zur Ausübung seiner Arbeitgeberfunktion für die Vornahme sachgerechter Personalentscheidungen benötigt, und die er außerhalb des Anwendungsbereichs des BDSG auch erheben und verarbeiten dürfte, so kann ihm – sofern das nunmehr zur automatisierten Verarbeitung der besonderen Arten personenbezogener Daten erforderlich sein sollte – die Einholung

§ 28 Datenerhebung und -speicherung für eigene Geschäftszwecke

der Einwilligung als Erlaubnistatbestand nicht verwehrt sein (vgl. Gola, RDV 2001, 125).

77 **13.3 Absatz 6** enthält vier Erlaubnistatbestände, wobei der in Nummer 3 genannte von allgemeiner Bedeutung ist für im Rahmen von Vertragsverhältnissen oder vertragsähnlichen Vertrauensverhältnissen erfolgende Datenerhebungen und -verarbeitungen. **Nummer 1** betrifft den Fall, dass der Betroffene aus physischen (z. B. Erkrankung) oder rechtlichen (z. B. fehlende Geschäftsfähigkeit; vgl. hierzu im Einzelnen § 4a Rn. 10) keine wirksame Einwilligung erteilen kann, die Daten aber zum **Schutz lebenswichtiger Interessen** des Betroffenen oder eines Dritten benötigt werden. Diese lebenswichtigen Interessen werden sich in der Regel auf Grund einer erforderlichen medizinischen Behandlung ergeben, wobei es nicht „um Leben und Tod" gehen muss (Wedde in: DKWW, BDSG § 28, Rn. 170). Als nicht schutzwürdig wird der Betroffene in **Nummer 2** angesehen, wenn er die Daten selbst öffentlich gemacht hat. **Die eigene „Veröffentlichung"** muss offenkundig, d. h. eindeutig von dem Betroffenen veranlasst sein. Eine Pressemeldung genügt also zur Erfüllung des Tatbestands nur dann, wenn der Betroffene sie durch eigene Mitteilung an die Presse veranlasst hat. Durch **Nummer 4** wird das **Forschungsprivileg** des Absatzes 3 Satz 1 Nr. 4 auf die besonderen Arten personenbezogener Daten erstreckt (vgl. vorstehend Rn. 75).

78 **13.4** Für die Datenverarbeitungen im Rahmen von Geschäfts- und **Vertragsbeziehungen** kommt regelmäßig allein **Nummer 3** in Betracht. Danach ist die Erhebung, Verarbeitung oder Nutzung der Daten gestattet, wenn dies zur Geltendmachung, Ausübung oder Verteidigung rechtlicher Ansprüche erforderlich ist und kein Grund zu der Annahme besteht, dass das schutzwürdige Interesse des Betroffenen an dem Ausschluss der Erhebung, Verarbeitung oder Nutzung überwiegt. Der Gesetzestext hat zum Ausgangspunkt der Rechtmäßigkeit der Verarbeitung die Wahrnehmung eines **„rechtlichen Anspruchs"** gemacht. Folgt man der Definition des BGB, so ist ein Anspruch das Recht einer Person, von einer anderen Person ein Tun oder Unterlassen zu verlangen (§ 194 Abs. 1 BGB). Ein solcher Anspruch kann sich auf Grund gesetzlicher als auch vertraglicher Regelung ergeben. Welche Bedeutung insoweit der Aussage zukommt, dass es sich um einen „rechtlichen" Anspruch handeln muss, ist nicht erkennbar. Auszugehen ist ferner davon, dass es sich sowohl um Ansprüche handeln kann, die der verantwortlichen Stelle gegenüber anderen zustehen, als auch um Informationen zur Klärung von gegen die verantwortliche Stelle gerichteten Ansprüche. Unerheblich ist es also, ob die verantwortliche Stelle Gläubiger oder Schuldner des Anspruchs ist (Wolff in: Wolff/Brink, DatenschutzR, BDSG § 28 Rn. 257). Erfasst wird auch die Begründung von Ansprüchen, d. h. also auch das Fragerecht des Arbeitgebers.

79 **13.5** Auswirkungen auf einen Teil der besonderen Daten des § 3 Abs. 9 haben die in § 1 AGG aufgestellten **Diskriminierungsverbote** wegen der Rasse, der ethnischen Herkunft, des Geschlechts, der Religion oder Weltanschauung, einer Behinderung, des Alters oder sexuellen Identität. Angaben hierzu dürfen auf Grund der eingeschränkten Verarbeitungsbedingungen des § 8 Abs. 1 AGG bei eine rechtsgeschäftlichen oder rechtsgeschäftlichen Schuldverhältnissen nur ausnahmsweise eine Rolle spielen.

80 **13.6** Die **Absätze 7 und 9** wenden sich an verantwortliche Stellen, die gemäß ihrer Aufgabenstellung aus der Natur der Sache heraus bestimmte Arten von personenbezogenen Daten verarbeiten müssen. **Absatz 7** gestattet die Verarbeitung von **Gesundheitsdaten** durch Stellen, die auf Grund der Schweigepflichten aus § 203 StGB zum besonders vertraulichen Umgang mit diesen Daten verpflichtet sind. Die Verwaltung von Gesundheitsdiensten erfasst auch die Abrechnung der ärztlichen Leistung. Satz 3 ist eine Auffangnorm für Leistungserbringer, die zu Lasten der Sozialversicherungssysteme abrechnen. Nicht unter Abs. 7 fallen private Kranken- und Lebensversicherungen. Für die Verarbeitungen, die ohne Einwilligung stattfin-

den, muss auf Abs. 6 zurückgegriffen werden (Simitis in: Simitis, BDSG § 28 Rn. 107).

13.7 Absatz 8 verankert das Prinzip der **Zweckbindung** für die in den vorstehenden Absätzen 6 und 7 geregelten Verarbeitungsfälle bzw. gestattet auch hier ggf. eine Zweckänderung. Satz 2 regelt einen zusätzlichen Fall zulässiger Zweckänderung, der sich aus Art. 8 Abs. 4 der EG-DatSchRL ergibt. Ähnlich wie in Absatz 2 wird zunächst auf die allgemeinen Erlaubnisse – hier für die Verarbeitung sensibler Daten – zurückverwiesen. Die Verwendung der Daten für Werbezwecke ist damit generell untersagt. Zudem wird der Erlaubniskatalog erweitert für Übermittlungen, die für die Abwehr von erheblichen Gefahren für die **öffentliche sowie die staatliche Sicherheit** und die **Verfolgung bedeutsamer Straftaten** erforderlich sind. 81

13.8 Absatz 9 setzt Art. 8 Abs. 2 Buchst. d der Richtlinie um. Normadressaten sind politische, philosophische, religiöse oder gewerkschaftliche Ziele verfolgende Einrichtungen. Nicht betroffen sind derartige Ziele verfolgende Einrichtungen, die aber einem Erwerbszweck dienen (z. B. der Verleger einer **Kirchenzeitung**). Hier gilt nach wie vor § 28 Abs. 1 Satz 1. Gestattet wird nur die Verarbeitung entsprechender, sich aus dem Zweck der Organisation ergebender Daten, soweit es um **Mitglieder** oder im regelmäßigen Kontakt stehende Interessenten geht. Da nach Satz 3 eine Übermittlung der Daten nur unter den Voraussetzungen des § 4a Abs. 3 zulässig ist, bedarf die Übermittlung einer Mitgliederliste an andere Stellen (z. B. auch von der Partei an die Fraktion oder von den politischen Stiftungen wie Konrad-Adenauer- oder Friedrich-Naumann-Stiftung an die Partei) der Einwilligung. Der ausdrücklichen Einwilligung bedarf die Übermittlung nicht, wenn sie in anderen Normen gestattet wird. Insoweit kann sich auch die politische Organisation auf **Absatz 6 Nr. 3** berufen, so wenn sie z. B. Mitgliederdaten an ein Gericht zwecks Beitreibung des Mitgliedsbeitrags weitergeben muss. Will eine Partei die Verarbeitung von Mitgliederdaten „outsourcen" so ist das nur im Wege der Auftragsdatenverarbeitung zulässig. Dies gilt z. B. auch für den Versand einer von einem eigenständigen Verlag herausgegebenen Parteizeitschrift an die Mitglieder unmittelbar durch den Verlag (vgl. zur diesbezüglichen Problematik beim Versand von Arbeitgeberzeitschriften Gola/Wronka, Handbuch Arbeitnehmerdatenschutz, Rn. 993 f.). 82

§ 28a Datenübermittlung an Auskunfteien

(1) ¹Die Übermittlung personenbezogener Daten über eine Forderung an Auskunfteien ist nur zulässig, soweit die geschuldete Leistung trotz Fälligkeit nicht erbracht worden ist, die Übermittlung zur Wahrung berechtigter Interessen der verantwortlichen Stelle oder eine Dritten erforderlich ist und
1. die Forderung durch ein rechtskräftiges oder für vorläufig vollstreckbar erklärtes Urteil festgestellt worden ist oder ein Schuldtitel nach § 794 der Zivilprozessordnung vorliegt,
2. die Forderung nach § 178 der Insolvenzordnung festgestellt und nicht vom Schuldner im Prüfungstermin bestritten worden ist,
3. der Betroffene die Forderung ausdrücklich anerkannt hat,
4. a) der Betroffene nach Eintritt der Fälligkeit der Forderung mindestens zweimal schriftlich gemahnt worden ist,
   b) zwischen der ersten Mahnung und der Übermittlung mindestens vier Wochen liegen,
   c) die verantwortliche Stelle den Betroffenen rechtzeitig vor der Übermittlung der Angaben, jedoch frühestens bei der ersten Mahnung über die bevorstehende Übermittlung unterrichtet hat und
   d) der Betroffene die Forderung nicht bestritten hat oder
5. das der Forderung zugrunde liegende Vertragsverhältnis aufgrund von Zahlungsrückständen fristlos gekündigt werden kann und die verantwortliche Stelle den Betroffenen über die bevorstehende Übermittlung unterrichtet hat.

²Satz 1 gilt entsprechend, wenn die verantwortliche Stelle selbst die Daten nach § 29 verwendet.

(2) ¹Zur zukünftigen Übermittlung nach § 29 Abs. 2 dürfen Kreditinstitute personenbezogene Daten über die Begründung, ordnungsgemäße Durchführung und Beendigung eines Vertragsverhältnisses betreffend ein Bankgeschäft nach § 1 Abs. 1 Satz 2 Nr. 2, 8 oder Nr. 9 des Kreditwesengesetzes an Auskunfteien übermitteln, es sei denn, dass das schutzwürdige Interesse des Betroffenen an dem Ausschluss der Übermittlung gegenüber dem Interesse der Auskunftei an der Kenntnis der Daten offensichtlich überwiegt. ²Der Betroffene ist vor Abschluss des Vertrages hierüber zu unterrichten. ³Satz 1 gilt nicht für Giroverträge, die die Einrichtung eines Kontos ohne Überziehungsmöglichkeit zum Gegenstand haben. ⁴Zur zukünftigen Übermittlung nach § 29 Abs. 2 ist die Übermittlung von Daten über Verhaltensweisen des Betroffenen, die im Rahmen eines vorvertraglichen Vertrauensverhältnisses der Herstellung von Markttransparenz dienen, an Auskunfteien auch mit Einwilligung des Betroffenen unzulässig.

(3) ¹Nachträgliche Änderungen der einer Übermittlung nach Absatz 1 oder Absatz 2 zugrunde liegenden Tatsachen hat die verantwortliche Stelle der Auskunftei innerhalb eines Monats nach Kenntniserlangung mitzuteilen, solange die ursprünglich übermittelten Daten bei der Auskunftei gespeichert sind. ²Die Auskunftei hat die übermittelnde Stelle über die Löschung der ursprünglich übermittelten Daten zu unterrichten.

Literatur: *Eichler/Weichert,* EC-Kartennutzung, elektronisches Lastschriftverfahren und Datenschutz, DuD 2011, 201; *Elgert,* Datenschutzrechtliche Aspekte der Übermittlung personenbezogener Daten an die SCHUFA, K&R 2013, 288; *Hoeren,* Datenschutz und Scoring: Grundelemente der BDSG-Novelle I, VuR 2009, 363; *Kamlah/Hoke,* Das SCHUFA-Verfahren im Lichte jüngerer obergerichtlicher Rechtsprechung, RDV 2007, 242; *Kamlah/Hornung,* Zur Übermittlung sogenannter Negativdaten an Auskunfteien, PinG 2014, 268; *Krämer,* Die Verarbeitung personenbezogener Daten durch Wirtschaftsauskunfteien, NJW 2012, 3201; *Ressmann/*

Datenübermittlung an Auskunfteien **§ 28a**

Serr, Voraussetzungen und Rechtsrisiken der Übermittlungsunterrichtung nach § 28 a I 1 Nr. 4 c BDSG, NJOZ 2013, 481; *Schulz*, Und er sah, dass es gut war. Zur Übermittlung von Positivdaten gewerblicher Marktteilnehmer an Auskunfteien, PinG 2014, 81; *Taeger*, Datenschutz im Versandhandel: Übermittlung von Kundendaten mit positivem Bonitätswert BB 2007, 785; vgl. ferner die Hinweise zu § 28b und § 6a.

Übersicht

	Rn.
1. Allgemeines	1
2. Die Übermittlungsbefugnis in Absatz 1	5
3. Die Übermittlungsvoraussetzungen	8
4. Weitere Befugnisse für Kreditinstitute	11
5. Nachberichtigung	18

1. Allgemeines

1.1 Die durch die BDSG-Novelle I 2009 in das BDSG eingefügte Vorschrift regelt in spezieller Weise Tatbestände, die sich bislang nach den Erlaubnisregelungen des § 28 Abs. 1 Nr. 2 bzw. Abs. 3 Nr. 1 richteten. Geregelt ist hier zunächst in **Absatz 1** die Übermittlung von Daten über offene Forderungen an eine Auskunftei. In **Absatz 2** werden sodann den Banken Übermittlungsbefugnisse im Rahmen einer Reihe aufgezeigter Bankgeschäfte eingeräumt. **Absatz 3** regelt die Pflicht der einmeldenden Stelle zur Nachberichtigung im Fall nachträglicher Änderungen. 1

1.2 § 28a greift nur, wenn es sich bei dem Empfänger der Daten um eine **Auskunftei** handelt. Der Begriff ist im BDSG nicht definiert. Eine Definition ergibt sich jedoch aus § 29 Abs. 1, nach dem das geschäftsmäßige Erheben, Speichern oder Verändern personenbezogener Daten zum Zwecke der Übermittlung den Tätigkeiten von Auskunfteien entspricht. Dieser Tätigkeit gehen ggf. auch Detektive nach (Bergmann/Möhrle/Herb, BDSG § 29 Rn. 38). Der Regelfall ist jedoch, dass ein Datenbestand allen oder einem bestimmten abstrakten Kreis von Anfragenden – ggf. routinemäßig – zur Verfügung gestellt wird (vgl. § 29 Rn. 7 f.; BT-Drs. 16/10529, S. 9, auf die Definition der Gesetzesbegründung Bezug nehmend auch Gola, RDV 2013, 191). Dies muss nicht gewerbsmäßig geschehen. Auch die SCHUFA oder andere Warndienste unterfallen dem Begriff. Nur so ergibt die Regelung des § 28a Abs. 2 einen Sinn (vgl. Bergmann/Möhrle/Herb, BDSG § 29 Rn. 28 ff.; a. A. bei der Interpretation des § 29 Ehmann in: Simitis, BDSG § 29 Rn. 71 unter Berufung auf den Anwendungsbereich des § 38 GewO; ferner Duhr in: Roßnagel, Handbuch Datenschutzrecht, Teil 7 Rn. 4). 2

1.3 Nach Satz 2 des Absatzes 1 gelten die Regelungen, die eine Übermittlung der Daten rechtfertigen, auch für Nutzungen der verantwortlichen Stelle im Rahmen einer eigenen Auskunfteitätigkeit. Insoweit kann die verantwortliche Stelle, je nach Verwendungszweck der Daten Adressat einerseits des § 28 und andererseits des § 29 sein (vgl. § 28 Rn. 6). 3

1.4 § 28a Abs. 3 begründet eine **Informationspflicht** gegenüber den Empfängern der Daten. Dies gilt solange, wie die Auskunftei nicht die Löschung der übermittelten Daten der übermittelnden Stelle pflichtgemäß mitgeteilt hat. 4

2. Die Übermittlungsbefugnis in Absatz 1

2.1 Gesetzgeber und Rechtsprechung erkennen zum Zwecke der Bonitätsprüfung ein Interesse daran an, dass potentielle Gläubiger über die Zahlungsunfähigkeit oder Zahlungsunwilligkeit von potentiellen Schuldnern informiert werden (vgl. BGH, 5

NJW 2011, 2204 = RDV 2011, 188 (190)). Dies gilt grundsätzlich auch hinsichtlich der Speicherung und Verwendung von Daten im Online-Lastschriftverfahren, wobei insofern aber eine hinreichende Transparenz für die Betroffenen vorausgesetzt wird (vgl. LDI NRW, 20. Datenschutz- und Informationsfreiheitsbericht, Ziff. 4.3). Die Datenübermittlung zum Zwecke der **Bonitätsprüfung** wird in § 28a nur insoweit gestattet, als es um die Nichtbegleichung von Forderungen geht.

6 **2.2** Dass bei der Datenübermittlung an Auskunfteien **schutzwürdige Interessen der Betroffenen** nicht verletzt werden, wird dadurch geregelt, dass die Zahlungsunfähigkeit oder Zahlungsunwilligkeit „gesichert" festgestellt ist. Die Kriterien hierfür enthalten die Ziffern 1 bis 5 in Absatz 1 Satz 1. Liegt eine der Voraussetzungen vor, so findet eine Abwägung mit schutzwürdigen Belangen des Betroffenen nicht statt (vgl. OLG Frankfurt a.M., Urt. v. 16.3.2011 – 19 U 291/10 = RDV 2011, 197 (Ls.)).

7 **2.3** Erforderlich ist jedoch ein **berechtigtes Interesse der übermittelnden oder der empfangenden Stelle**. Dies ergibt sich bei Warnsystemen bereits aus dem berechtigten Interesse an der Beteiligung an dem Warnsystem. Ansonsten entspricht das berechtigte Interesse der empfangenden Auskunftei, der nach § 29 Abs. 2 geforderten Rechtmäßigkeit der Übermittlungstätigkeit bzw. der den Geschäftsbetrieb ausmachenden Möglichkeit zur Auskunftserteilung.

3. Die Übermittlungsvoraussetzungen

8 **3.1** Nach Absatz 1 Satz 1 Nr. 1 bis 3 ist **Zahlungsunfähigkeit oder Zahlungsunwilligkeit belegt,** wenn die Forderung durch die Rechtsordnung oder Schuldner selbst „anerkannt" wurde. Anerkennung der Forderung durch die Rechtsordnung liegt vor, wenn sie ein rechtskräftiges oder für vorläufig vollstreckbares Urteil bestätigt hat oder ein Schuldtitel nach § 794 ZPO vorliegt oder wenn sie nach § 178 InsO festgestellt worden ist. Eine Anerkennung durch den Schuldner greift nur dann, wenn sie ohne Einschränkungen erfolgte, d. h. der Schuldner z. B. nicht von einem Zurückbehaltungsrecht oder einer Aufrechnungsmöglichkeit Gebrauch macht.

9 **3.2** Ist die Forderung nicht im obigen Sinne ausdrücklich „anerkannt", wird nach Absatz 1 Satz 1 Nr. 4 den schutzwürdigen Interessen des Betroffenen vor einer Übermittlung seiner Daten dadurch Rechnung getragen, dass ihm ausreichend **Gelegenheit** eingeräumt wird, die **Forderung zu begleichen** oder Einreden und Einwendungen geltend zu machen. Macht er letzteres nicht geltend, ist die Übermittlung zulässig, wenn der Betroffene nach Eintritt der Fälligkeit der Forderung mindestens zweimal schriftlich gemahnt wurde, zwischen der ersten Mahnung und der Übermittlung mindestens vier Wochen liegen und der Schuldner insofern „vorgewarnt" wurde, d. h. dass er über die ggf. erfolgende Übermittlung bei der ersten oder bei nachfolgenden Mahnungen informiert wurde. Durch die Fristsetzung soll dem Schuldner, der aus welchen Gründen auch immer in Verzug geraten ist, hinreichend Gelegenheit gegeben werden, noch reagieren zu können. Rechtzeitig ist die Unterrichtung über die beabsichtigte Übermittlung daher nur, wenn dem Schuldner hinreichend Zeit bleibt um zu reagieren, d. h. wird die Information mit der letzten Mahnung mitgeteilt, so wird wohl mindestens noch eine Woche Zeit zur Reaktion eingeräumt werden müssen. Steht die Absicht der Übermittlung von Nichtzahlungsfällen bereits bei Geschäftsabschluss fest, ist hierauf auch schon im Rahmen des § 4 Abs. 3 hinzuweisen, was jedoch nicht von der Informationspflicht im konkreten Fall enthebt.

10 **3.3** Die Übermittlungsvoraussetzung nach Nr. 4 beinhaltet, dass die **Forderung unbestritten** bleibt (vgl. OLG Celle, ZD 2014, 198). Durch die Ergänzung in Absatz 1 Satz 1 Nr. 5 soll sichergestellt werden, dass der Schuldner die Übermittlung auch dadurch unterbinden kann, dass er grundlos und treuwidrig der Forderung

Datenübermittlung an Auskunfteien § 28a

widerspricht. Die Übermittlung ist daher zulässig, wenn der Gläubiger die Forderung auf Grund von Zahlungsrückständen fristlos kündigen kann – was ggf. auch ohne Erfüllung der Voraussetzungen der Nr. 4 möglich sein kann. Auch hier ist jedoch vorher auf die Übermittlung hinzuweisen. Unzulässig ist alleine schon die Drohung mit einer Meldung an die SCHUFA, wenn die Übermittlungsvoraussetzungen im konkreten Fall nicht gegeben sind (zum Schutz des Persönlichkeitsrechts vgl. OLG Celle, ZD 2014, 198; zum Eilrechtsschutz gegen eine Datenübermittlung an eine Auskunftei vgl. AG Ahlen, ZD 2014, 198). Eine derartige Drohung kann überdies unlauter i. S. v. § 4 Nr. 1 UWG sein, wenn sie nicht die Voraussetzungen nach § 28a aufzeigt (vgl. OLG Düsseldorf, MMR 2013, 647).

4. Weitere Befugnisse für Kreditinstitute

4.1 Die Übermittlungsbefugnis des § 28a Abs. 1 erfasst alle Gläubiger, d. h. auch **11 Banken**. Neben dieser allgemeinen Erlaubnisregelung gibt § 28a Abs. 2 Banken für bestimmte Übermittlungen an Auskunfteien einen weiteren Erlaubnistatbestand.

4.2 Die Vorschrift gibt eine Rechtsgrundlage für die Teilnahme der Bank an **12** einem Kreditauskunftssystem, bei dem einerseits bei Eingehung eines Kreditgeschäfts Bonitätsdaten geholt werden, andererseits aber auch Daten über die Begründung und Durchführung dieses Kreditgeschäfts gemeldet werden. Insoweit erfasste **Bankgeschäfte** sind nach § 1a Abs. 1 Satz 2 Kreditwesengesetz (KWG) **Kreditgeschäfte** (Nr. 2), **Garantiegeschäfte** (Nr. 8) oder **Girogeschäfte** (Nr. 9). Die bisher geübte Praxis der Einholung der – weitgehend zwangsläufig abgegebenen. – Einwilligung kann entfallen. Andererseits ist der Betroffene gleichwohl vor dem Abschluss des Bankgeschäfts über die beabsichtigten Datenübermittlungen zu unterrichten (Abs. 2 S. 2). Dies gilt aber nur bei den erwähnten Vertragstypen. Verträge über eine Kreditkarte oder Leasingverträge gehören nicht hierzu und bedürfen weiter der Einwilligung (zur Unanwendbarkeit von § 28a Abs. 2 auf Leasing- und Telekommunikationsunternehmen vgl. auch den 23. Bericht der Landesregierung über die Tätigkeit der für den Datenschutz im nicht öffentlichen Bereich in Hessen zuständigen Aufsichtsbehörde, LT-Drs. 18/2942, Ziff. 7.1).

4.3 Übermittelt werden dürfen Daten über die **Begründung**, ordnungsgemäße **13 Durchführung** und **Beendigung** des Vertragsverhältnisses, d. h. Daten, die für die Bonitätsbeurteilung benötigt werden. Nicht umfasst sind Überlegungen, die den Inhalt des Vertrages bestimmt haben, wie z. B. Einkommensverhältnisse des Betroffenen. Nicht ausgeschlossen ist es jedoch, weitere Daten per Einwilligung zu übermitteln.

4.4 Das Gesetz geht von dem in der Regel bestehenden berechtigten Interesse an **14** der Teilnahme an dem Warnsystem aus, da nur **offensichtlich entgegenstehende Interessen** des Betroffenen Vorrang haben. Als ein Beispiel eines offensichtlich entgegenstehenden Interesses nennt die Gesetzesbegründung den Fall, dass eine offensichtlich bedrohte Person vermeiden möchte, dass ihre Daten von der Auskunftei der ihr drohenden Person übermittelt werden könnten.

4.5 Kein berechtigtes Interesse an der Datenübermittlung besteht wegen des feh- **15** lenden Kreditrisikos bei der Einrichtung eines **Girokontos ohne Überziehungsmöglichkeit** (Abs. 2 Satz 3).

4.6 Generell unzulässig, d. h. auch mit Einwilligung nicht zulässig ist die Über- **16** mittlung von Daten, die dabei anfallen, dass sich ein potentieller Kunde „**zur Herstellung der Markttransparenz**" nach den Kreditbedingungen der Bank erkundigt. Unterbunden wird damit, dass die bislang ebenfalls eingemeldeten ersten Kontaktaufnahmen bei dem Scorewert des Kunden negativ zu Buche schlagen. Nicht übermittelt werden, d. h. nicht in den Auskunftsbestand der Auskunftei oder eine Auswertung beim Scoring übernommen werden dürfen also Daten, die zur

§ 28a　　　　　　　　　　　　　　　Datenübermittlung an Auskunfteien

Ermittlung der Bonität für die Feststellung der anzubietenden Kreditkonditionen erhoben werden. Gleiches gilt, wenn der Kunde bereits einen Kreditantrag stellen muss, um die für ihn geltenden Konditionen zu erfahren und dann den Antrag zurückzieht.

17　**4.7** Unabhängig von der Regelung des § 28a Abs. 2 besteht die sich aus § 29 Abs. 2 Satz 3 ergebende Pflicht, nach der die Gründe für die Berechtigung der Anfrage bzw. Auskunft glaubhaft von der anfragenden Bank darzulegen und von der Auskunftei zu dokumentieren sind (vgl. § 29 Rn. 27 ff.).

5. Nachberichtigung

18　**5.1.** Sind die nach Absatz 1 oder 2 mitgeteilten Daten bzw. die ihnen zugrunde liegenden Tatsachen unrichtig geworden, so obliegt der verantwortlichen Stelle eine **Nachberichtigungspflicht** innerhalb eines Monats nach Kenntniserlangung. Diese besteht unabhängig davon, ob sich die Nachberichtigung aus Sicht des Kunden positiv oder negativ auswirkt. Mitzuteilen sind Negativ- und Positivdaten.

19　**5.2.** Die Nachberichtigung ist nur sinnvoll, wenn die Auskunftei die eingemeldeten Daten noch speichert. Um die unberechtigte Nachmeldung zu vermeiden, hat die Auskunftei die übermittelnde Stelle über die Löschung der Daten zu informieren.

20　**5.3.** Die gesetzliche Festschreibung der beiderseitigen Informationspflichten ermöglicht es nunmehr der Aufsichtsbehörde, die Einhaltung der bislang ggf. nur vertraglich vorgesehenen **Mitteilungspflichten** zu **kontrollieren**. Die Verletzung der Nachmeldepflicht ist bußgeldbewehrt (vgl. § 43 Abs. 1 Nr. 4a).

§ 28b Scoring

Zum Zweck der Entscheidung über die Begründung, Durchführung oder Beendigung eines Vertragsverhältnisses mit dem Betroffenen darf ein Wahrscheinlichkeitswert für ein bestimmtes zukünftiges Verhalten des Betroffenen erhoben oder verwendet werden, wenn
1. die zur Berechnung des Wahrscheinlichkeitswerts genutzten Daten unter Zugrundelegung eines wissenschaftlich anerkannten mathematisch – statistischen Verfahrens nachweisbar für die Berechnung der Wahrscheinlichkeit des bestimmten Verhaltens erheblich sind,
2. im Fall der Berechnung des Wahrscheinlichkeitswerts durch eine Auskunftei die Voraussetzungen für eine Übermittlung der genutzten Daten nach § 29 und in allen anderen Fällen die Voraussetzungen einer zulässigen Nutzung der Daten nach § 28 vorliegen,
3. für die Berechnung des Wahrscheinlichkeitswerts nicht ausschließlich Anschriftendaten genutzt werden,
4. im Fall der Nutzung von Anschriftendaten der Betroffene vor Berechnung des Wahrscheinlichkeitswerts über die vorgesehene Nutzung dieser Daten unterrichtet worden ist; die Unterrichtung ist zu dokumentieren.

Literatur: *Abel,* Die neuen BDSG-Regulierungen, RDV 2009, 147; *ders.,* Rechtsfragen von Scoring und Rating, RDV 2006, 108; *Becker,* Datenschutzrechtliche Fragen des SCHUFA-Auskunftsverfahrens, 2006; *Beckhusen,* Das Scoring-Verfahren der SCHUFA im Wirkungskreis des Datenschutzrechts, BKR 2005, 335; *ders.,* Der Datenumgang innerhalb des Kreditinformationssystems der SCHUFA, 2004; *Behm,* Datenschutzrechtliche Anforderungen an Scoringverfahren unter Einbeziehung von Geodaten, RDV 2010, 61; *Bull,* Neue Bewegung im Datenschutz, ZRP 2008, 233; *Eckhardt,* BDSG: Neuregelungen seit dem 1.9.2009, DuD 2009, 587; *Franzen,* Die Novellierung des Bundesdatenschutzgesetzes und ihre Bedeutung für die Privatwirtschaft, DB 2001, 1867; *GDD-Arbeitskreis „Datenschutz-Praxis",* Automatisierte Einzelentscheidung, Scoring, Datenübermittlung an Auskunfteien, 2009; *Giesswein,* Die Verfassungsmäßigkeit des Scoringverfahrens der SCHUFA, 2012; *Gürtler/Kriese,* Die Umsetzung der Scoringtransparenz bei Banken, RDV 2010, 47; *Hammersen/Eisenried,* Ist „Redlining" in Deutschland erlaubt?, ZD 2014, 342; *Heinemann/Wäßle,* Datenschutzrechtlicher Auskunftsanspruch beim Kreditscoring, MMR 2010, 600; *Helfrich,* Krediscoring und Scorebildung des SCHUFA: datenschutzrechtliche Zulässigkeit im Rahmen praktischer Anwendung, 2010; *Hoeren,* Datenschutz und Scoring: Grundelemente der BDSG-Novelle I, VuR 2009, 363; *ders.,* Rechtliche Grundlagen des SCHUFA-Scoringverfahren, RDV 2007, 93; *Iraschko-Luscher,* Der „gläserne" Schuldner, DuD 2005, 467; *Kamlah,* Scoringverfahren – Statistik und Datenschutzrecht, ZVI 2004, 9; *ders.,* Das SCHUFA-Verfahren und seine datenschutzrechtliche Zulässigkeit, MMR 1999, 395; *Kamlah/Hoke,* Das SCHUFA-Verfahren im Lichte jüngerer obergerichtlicher Rechtsprechung, RDV 2007, 242; *Klein,* Zur datenschutzrechtlichen Relevanz des Scorings von Kreditrisiken, BKR 2003, 488; *Kloepfer/Kutzschbach,* Schufa und Datenschutz, MMR 1998, 650; *Koch,* Scoringverfahren in der Kreditwirtschaft, MMR 1998, 458; *Mackenthun,* Voraussetzungen der Verarbeitung von Kundendaten beim zentralen Rating und Scoring im Bank-Konzern, WM 2004, 1713; *Möller/Florax,* Datenschutzrechtliche Unbedenklichkeit des Scoring von Kreditrisiken?; NJW 2003, 2724; *Moos,* Die Entwicklung des Datenschutzrechts im Jahr 2009, K&R 2010, 166; *Pauly/Ritzer,* Datenschutz-Novellen: Herausforderungen für die Finanzbranche, WM 2010, 8; *Petri,* Das Scoringverfahren der SCHUFA, DuD 2001, 290; *Piltz/Holländer,* Scoring als modernes Orakel von Delphi, ZRP 2008, 143; *Roßnagel,* Die Novellen zum Datenschutzrecht – Scoring und Adresshandel, NJW 2009, 2716; *Simon,* SCHUFA-Verfahren und neue SCHUFA-Klausel, CR 1988, 637; *Wäßle/Heinemann,* Scoring im Spannungsfeld zwischen Datenschutz und Informationsfreiheit, CR 2010, 410; *Weichert,* Datenschutzrechtliche Anforderungen an Verbraucher-Kredit-Scoring, DuD 2005, 582; *ders.,* Verbraucher-Scoring meets Datenschutz, DuD 2006, 399; *Wind,* Neues Datenschutzrecht und Direktwerbung, WRP 1991, 771; *Wolber,*

§ 28b Scoring

Datenschutzrechtliche Zulässigkeit automatisierter Kreditentscheidungen, CR 2003, 623; *Wuermeling,* Scoring von Kreditrisiken, NJW 2002, 3508; vgl. ferner die Hinweise zu § 6a und 28a.

Übersicht

	Rn.
1. Allgemeines	1
2. Anwendungsvoraussetzungen	5
3. Rechtliche Folge	8
4. Zulässigkeitsvoraussetzungen	11
5. Eingrenzung der Verwendung von Anschriftendaten	14

1. Allgemeines

1 1.1 § 28b legt **allgemeine Voraussetzungen** für die Durchführung von Scoringverfahren für den Fall fest, dass der ein zukünftiges Verhalten des Betroffenen prognostizierende Scorewert für die Entscheidung über die Begründung, Durchführung oder Beendigung eines konkreten Vertragsverhältnisses mit dem Betroffenen verwendet wird. Obwohl sich der Anlass der Spezialregelung des § 28b infolge von Rechtsunsicherheiten im Zusammenhang mit dem Kreditscoring ergab, ist die Regelung nicht auf derartige Vertragsverhältnisse beschränkt, so dass z. B. auch Scoringverfahren im Zusammenhang mit Versicherungs-, Telekommunikations-, Kfz- oder Wohnungsmietverträgen sowie Laufbahnprognosen vom Anwendungsbereich der Norm erfasst sind. Bei der Bonitätsprüfung werden personenbezogene Daten von (potenziellen) Kunden unter Verwendung mathematisch-statistischer Verfahren, d. h. der insoweit entwickelten Wertungsliste (**Scorecard**) für die Einschätzung des zukünftigen Zahlungsverhaltens ausgewertet (Braunsfeld/Richter, CR 1996, 775; Kamlah, ZVI 2004, 9; zum SCHUFA-Verfahren im Lichte bisheriger obergerichtlicher Rechtsprechung vgl. Kamlah/Hoke, RDV 2007, 242). Dazu werden auf Grund statistisch gewonnener Erfahrung für die Zahlungsmoral als relevant ermittelte Daten ausgewertet und mit Positiv- oder Negativpunkten (Score) bewertet. Gehört der Kunde zu einer bestimmten Personengruppe, d. h. weist er ein Persönlichkeitsprofil auf, bei dem auf Grund des Verhaltens anderer Personen mit gleichen Merkmalen die statistische Vermutung dafür spricht, dass er seinen Zahlungsverpflichtungen wahrscheinlich nicht nachkommen wird, so erhält er keinen Kredit oder keine auf Rechnung gelieferte Ware (zur Parallelität von Scoring und automatisierter Einzelentscheidung vgl. § 6a Rn. 15–17).

2 1.2 Es werden **Art und Umfang** der für Scoringverfahren **zulässigen Datengrundlagen** bestimmt. § 28b ist jedoch keine Erlaubnisnorm für die Speicherung und Nutzung dieser Daten. Bei der Durchführung des Scoringverfahrens handelt es sich um die Nutzung bereits gespeicherter Daten. Dieses setzt zunächst die Zulässigkeit der Speicherung der genutzten Daten voraus (§§ 28, 29). Das ermittelte Ergebnis darf verwendet werden, wenn die Regelungen des § 28b eingehalten werden. Für von einer Auskunftei ermittelte Scorewerte bedeutet dies, dass sie nur die Daten für die Berechnung eines Scorewertes eines Betroffenen nutzen darf, die sie auch nach § 29 an ihren Kunden übermitteln dürfte.

3 1.3 Das Gesetz enthält **keine Definition** des Scorings (Praxisbeispiele bei Ehmann, in: Simitis, BDSG, § 28b Rn. 38 ff.). Allerdings gibt die Begründung des Gesetzentwurfs der Bundesregierung (BT-Drs. 16/10 529, S. 1 f.) näheren Aufschluss: „Scoring ist ein mathematisch-statistisches Verfahren, mit dem die Wahrscheinlichkeit, mit der eine bestimmte Person ein bestimmtes Verhalten zeigen wird, berechnet werden kann. Diese Wahrscheinlichkeit wird angegeben durch den sogenannten Scorewert (zur fehlenden Schadensersatzpflicht bei als Meinungsäußerun-

Scoring § 28b

gen zu qualifizierenden Bonitätsbeurteilungen vgl. BGH, NJW 2011, 2204 = RDV 2011, 188 (190)). Vorwiegend werden Scoringverfahren zur Berechnung der Wahrscheinlichkeit des Zahlungsverhaltens und damit zur Ermittlung der Kreditwürdigkeit einer Person benutzt." (zum Zustandekommen von Scorewerten und insofern begrenzten Auskunftsansprüchen von Betroffenen vgl. BGH, NJW 2014, 1235 sowie § 6a Rn. 15 f. und § 34 Rn. 12c f.).

1.4 Unterschieden wird zwischen **internem Scoring** (das Unternehmen wertet selbst oder mit Hilfe eines Dienstleisters (§ 11) die eigenen Daten zur Ermittlung des individuellen Scorewerts des Kunden aus) und **externem Scoring** (externe Unternehmen setzen aus eigenen Datenbeständen entwickelte standardisierte oder branchenspezifische Scoringsysteme ein und übermitteln den Scorewert). Auch Mischformen finden Verwendung (vgl. Landesverwaltungsamt Sachsen-Anhalt, 3. Tätigkeitsbericht Ziff. 5). Die Ermittlung eines Score- bzw. Punktewerts zur Erstellung von Verhaltensprognosen (Prognose-Scoring) ist abzugrenzen von statistischen Erhebungen und Hochrechnungen. 4

2. Anwendungsvoraussetzungen

2.1 Die Anwendbarkeit der Norm setzt ferner voraus, dass personenbezogene Daten unter Einsatz von **Datenverarbeitungsanlagen** verarbeitet, genutzt oder dafür erhoben werden oder die Daten in oder aus nicht automatisierten Dateien verarbeitet, genutzt oder dafür erhoben werden (vgl. §§ 27, 1 Abs. 2 Nr. 3). Rein manuelle bzw. nicht dateigebundene Prozesse sind somit von § 28b nicht erfasst. 5

2.2 Betroffen sind Scorewerte, d. h. Wahrscheinlichkeitsaussagen über ein **zukünftiges Verhalten**. Rückblickende Leistungs- und Verhaltensanalysen ohne Zukunftsbezug fallen nicht unter § 28b. Unter zukünftigem Verhalten versteht der Gesetzgeber ein bevorstehendes selbstbestimmtes Handeln. Abzugrenzen hiervon sind Ereignisse, die auf **höherer Gewalt** (z. B. Blitzschlag) oder **Fremdeinwirkung** (z. B. Diebstahl) basieren. Verfahren zur Tarifierung z. B. von Lebens- oder Krankenversicherungen oder Versicherungen gegen Kfz-Diebstahl sollen nach der Gesetzesbegründung in Ermangelung selbstbestimmter Handlungen aus dem Anwendungsbereich ausscheiden. Andererseits ist die Prognostizierung von Haftpflichtfällen denkbar. 6

2.3 Wahrscheinlichkeitswerte können für **Entscheidungen** über die Begründung, Durchführung oder Beendigung von Kundenbeziehungen und Arbeitsverhältnissen verwendet werden. Allerdings muss es für die Anwendbarkeit der Norm auch in diesen Zusammenhängen um die Prognostizierung eines bestimmten zukünftigen Verhaltens gehen. Abzugrenzen ist die unter § 28b fallende automatisierte Ermittlung eines **Verhaltensscores** von der reinen Erstellung eines persönlichen **Qualifikationsprofils**. Für das Arbeitsverhältnis bedeutet dies aber keinesfalls, dass der Betroffene schutzlos gestellt wäre, denn für die Verarbeitung von Beschäftigtendaten hat der Gesetzgeber mit § 32 eine spezielle Zulässigkeitsnorm geschaffen, die ohnehin noch durch betriebsverfassungsrechtliche Schutzvorschriften (z. B. § 87 Abs. 1 Nr. 6 BetrVG) flankiert wird. Soweit aus der fehlenden Erwähnung des § 32 in § 28b Nr. 2 eine Unzulässigkeit der sog. **Bewerber Scorings** gefolgert wird, weil insoweit nicht vom internen Redaktionshinweis ausgegangen werden könne (vgl. Ehmann in: Simitis, BDSG § 28b Rn. 2 ff.), so erscheint diese streng am Gesetzestext orientierte Auffassung auf den ersten Blick konsequent. Zieht man allerdings das Fehlen einer Verweisung auf § 32 auch an anderer Stelle in Betracht (s. § 4b Abs. 1) und bedenkt man in diesem Zusammenhang die hohe Praxisrelevanz des grenzüberreifenden Austauschs von Beschäftigtendaten, so erscheint das Vorliegen eines Redaktionsversehens insgesamt naheliegend (ebenfalls von einem Redaktionsversehen bzgl. § 4b ausgehend Seifert in: Simitis, BDSG § 32 Rn. 120; Thüsing, Arbeit- 7

477

nehmerdatenschutz und Compliance, 2010, Rn. 434 sowie Wybitul/Patzak, RDV 2011, 11). **Potenzialanalysen** können, müssen aber nicht zwingend ein konkretes zukünftiges Verhalten betreffen. Dies gilt beispielsweise auch im Bereich des **Skill-Managements.** Wird auf Basis eines Scorewerts eine dahingehende Wahrscheinlichkeit bestimmt, dass ein potenzieller Arbeitnehmer das Arbeitsverhältnis alsbald wieder auflösen oder sich vertragswidrig verhalten, z. B. Diebstahl oder Untreue begehen würde, so ist § 28b zu beachten. Bestehen für Bewerber **feste Parameter** als Einstellungsvoraussetzung so liegt kein Scoring vor. Entscheidet sich beispielsweise ein potenzieller Arbeitgeber aus Prestigegründen dafür, nur Bewerber mit bestimmten Qualifikationen bzw. einem bestimmten Notendurchschnitt auszufiltern und in die engere Wahl zu nehmen, so liegt keine auf die Berechnung eines Wahrscheinlichkeitswertes für ein zukünftiges Verhalten gestützte Entscheidung vor.

3. Rechtliche Folge

8 **3.1** Der Scorewert muss Eingang in eine Entscheidung finden, die für den Betroffenen eine **rechtliche Folge** im Zusammenhang mit einem – potenziellen – Vertragsverhältnis nach sich zieht (BT-Drs. 16/10529, S. 16; a. A. Weichert in: DKWW, BDSG § 28b Rn. 2). Dies ist beispielsweise bei Entscheidungen über den Abschluss von Kunden- oder Arbeitsverträgen der Fall. Andererseits tritt noch keine rechtliche Folge beim sog. **Werbescoring,** bei dem lediglich die Adressaten von Werbung automatisiert ermittelt werden, ein. Gleiches gilt für die Verwendung von Scorewerten zur Pflege bestehender Kundenbeziehungen, d. h. wenn sie dazu dienen, auf den Kunden abgestimmte – über das eigentliche Vertragsverhältnis hinausgehende – Vergünstigungen oder Serviceleistungen anzubieten. Die Gewährung oder Nichtgewährung derartiger freiwilliger Leistungen stellt für die Kunden in der Regel keine Rechtsfolge dar.

9 **3.2** Anders als § 6a differenziert § 28b nicht danach, ob Entscheidungen getroffen werden, die den Betroffenen belasten oder nicht. Nachteile für den Betroffenen sind z. B. nicht zu befürchten, wenn ein Unternehmen mittels eines Scoringverfahrens die Kündigungswahrscheinlichkeit in Bezug auf einen bestimmten Kunden ermittelt und ihm daraufhin eine Vertragsänderung zu besseren Konditionen anbietet, um ihn als Kunden zu halten. Die Entscheidung, dem Kunden einen neuen Vertrag anzubieten stellt eine Rechtsfolge dar, womit der Anwendungsbereich des § 28b eröffnet ist. Allerdings dürfte der Zulässigkeit der wissenschaftlichen Berechnung derartiger Wahrscheinlichkeitswerte im Zusammenhang mit der Kundenpflege mangels entgegenstehender Interessen des Betroffenen wenig entgegenstehen.

10 **3.3** Das Erstellen sog. **Inkasso-Scores** im Zusammenhang mit Entscheidungen über die Beendigung von Vertragsverhältnissen fällt nur insoweit in den Anwendungsbereich der Norm, als es sich um verhaltensbezogene Wahrscheinlichkeitswerte und nicht lediglich um institutsinterne Regelungen für Prozessabläufe handelt.

4. Zulässigkeitsvoraussetzungen

11 **4.1** Die zur Berechnung des Scorewerts genutzten Daten müssen auf einem wissenschaftlich anerkannten mathematisch-statistischen Verfahren nachweisbar für die Berechnung der Wahrscheinlichkeit des Eintretens eines Verhaltens **erheblich** sein (vgl. § 28b Nr. 1). Hieraus resultiert eine **Dokumentationspflicht** der verantwortlichen Stelle auch im Hinblick auf die Nachprüfbarkeit durch die Datenschutzaufsichtsbehörden, die insofern zum Teil bereits einen weiteren Diskussionsbedarf mit den Auskunfteien angekündigt haben (vgl. LfD Niedersachsen, XX. Tätigkeitsbericht 2009-2010, S. 48). Bei der Offenlegung der Dokumentation gegenüber der

Scoring § 28b

Aufsichtsbehörde ist nicht zuletzt mit Blick auf bestehende Informationsfreiheitsgesetze ggf. der Umstand kenntlich zu machen, dass es sich um **Geschäfts- und Betriebsgeheimnisse** handelt, die Dritten nicht zugänglich gemacht werden dürfen.

4.2 Die Vorschrift verpflichtet nicht etwa zur Einholung von die **Wissenschaftlichkeit** der Verfahren bestätigenden **Prüfsiegeln**. Vielmehr genügt es, wenn entsprechend qualifiziertes **Fachpersonal** mit der Entwicklung der Formeln beschäftigt wird. Die Entwicklung sachgerechter Formeln liegt im Übrigen im Eigeninteresse der Unternehmen, die auf sinnvolle Scoringergebnisse angewiesen sind. Der betriebliche **Datenschutzbeauftragte** ist in das Verfahren mit einzubeziehen und hat ggf. ein Vorabkontrolle nach § 4d Abs. 5 durchzuführen. Er sollte sich die Wissenschaftlichkeit der mathematisch-statistischen Verfahren vom Fachpersonal bestätigen lassen und für die notwendige Dokumentation sorgen. 12

4.3 § 28b Nr. 2 setzt voraus, dass im Fall des Scorings durch eine Auskunftei die Übermittlungsvoraussetzungen nach **§ 29** vorliegen. Für alle anderen Stellen ist Voraussetzung, dass die Daten nach **§ 28** genutzt werden dürfen. 13

5. Eingrenzung der Verwendung von Anschriftendaten

Gem. § 28b Nr. 3 dürfen für die Verhaltensprognose nicht ausschließlich **Anschriftendaten** herangezogen werden (zur grundsätzlichen Zulässigkeit des Geoscorings vgl. auch LDI NRW, 20. Tätigkeitsbericht 2011, Ziff. 6.1; zum sog. Redlining und den Voraussetzungen nach § 28b Nr. 3 vgl. Hammersen/Eisenried, ZD 2014, 342). Laut der Gesetzesbegründung darf dies insbesondere nicht im Zusammenhang mit der Kreditwürdigkeit einer Person erfolgen. Bei der Auslegung des Begriffs „Anschrift" kann auf § 28 Abs. 3 zurückgegriffen werden. Gemeint sind Name, Straße und Ort, nicht aber beispielsweise die E-Mail-Adresse. Werden neben den Anschriftendaten auch andere Daten genutzt, so ist die Scorewertberechnung nur dann zulässig, wenn die anderen Daten nicht nur mit einer verschwindend geringen Gewichtung einbezogen werden. Damit soll einer Umgehung des diesbezüglichen Scoringverbots vorgebeugt werden. Bestimmen die Anschriftendaten den Scorewert maßgeblich mit, so ist dies nach dem Gesetzeswortlaut zulässig, weswegen bereits eine gesetzliche Nachbesserung gefordert wird (vgl. Gola, RDV 2013, 192) Im Übrigen besteht eine **Informationspflicht** gegenüber dem Betroffenen, über die Verwendung seiner Anschriftendaten im Rahmen des Scorings informiert zu werden, was auch zu dokumentieren ist (§ 28b Nr. 4). Die Unterrichtung kann auch über AGB erfolgen (ebenso Ehmann in: Simitis, BDSG § 28b Rn. 75). 14

§ 29 Geschäftsmäßige Datenerhebung und -speicherung zum Zweck der Übermittlung

(1) ¹Das geschäftsmäßige Erheben, Speichern, Verändern oder Nutzen personenbezogener Daten zum Zweck der Übermittlung, insbesondere wenn dies der Werbung, der Tätigkeit von Auskunfteien oder dem Adresshandel dient, ist zulässig, wenn
1. kein Grund zu der Annahme besteht, dass der Betroffene ein schutzwürdiges Interesse an dem Ausschluss der Erhebung, Speicherung oder Veränderung hat,
2. die Daten aus allgemein zugänglichen Quellen entnommen werden können oder die verantwortliche Stelle sie veröffentlichen dürfte, es sei denn, dass das schutzwürdige Interesse des Betroffenen an dem Ausschluss der Erhebung, Speicherung oder Veränderung offensichtlich überwiegt, oder
3. die Voraussetzungen des § 28a Abs. 1 oder Abs. 2 erfüllt sind; Daten im Sinne von § 28a Abs. 2 Satz 4 dürfen nicht erhoben oder gespeichert werden.

²§ 28 Absatz 1 Satz 2 und Absatz 3 bis 3b ist anzuwenden.

(2) ¹Die Übermittlung im Rahmen der Zwecke nach Absatz 1 ist zulässig, wenn
1. der Dritte, dem die Daten übermittelt werden, ein berechtigtes Interesse an ihrer Kenntnis glaubhaft dargelegt hat und
2. kein Grund zu der Annahme besteht, dass der Betroffene ein schutzwürdiges Interesse an dem Ausschluss der Übermittlung hat.

²§ 28 Absatz 3 bis 3b gilt entsprechend. ³Bei der Übermittlung nach Satz 1 Nr. 1 sind die Gründe für das Vorliegen eines berechtigten Interesses und die Art und Weise ihrer glaubhaften Darlegung von der übermittelnden Stelle aufzuzeichnen. ⁴Bei der Übermittlung im automatisierten Abrufverfahren obliegt die Aufzeichnungspflicht dem Dritten, dem die Daten übermittelt werden. ⁵Die übermittelnde Stelle hat Stichprobenverfahren nach § 10 Abs. 4 Satz 3 durchzuführen und dabei auch das Vorliegen eines berechtigten Interesses einzelfallbezogen festzustellen und zu überprüfen.

(3) ¹Die Aufnahme personenbezogener Daten in elektronische oder gedruckte Adress-, Rufnummern-, Branchen- oder vergleichbare Verzeichnisse hat zu unterbleiben, wenn der entgegenstehende Wille des Betroffenen aus dem zugrunde liegenden elektronischen oder gedruckten Verzeichnis oder Register ersichtlich ist. ²Der Empfänger der Daten hat sicherzustellen, dass Kennzeichnungen aus elektronischen oder gedruckten Verzeichnissen oder Registern bei der Übernahme in Verzeichnisse oder Register übernommen werden.

(4) Für die Verarbeitung oder Nutzung der übermittelten Daten gilt § 28 Abs. 4 und 5.

(5) § 28 Abs. 6 bis 9 gilt entsprechend.

(6) Eine Stelle, die geschäftsmäßig personenbezogene Daten, die zur Bewertung der Kreditwürdigkeit von Verbrauchern genutzt werden dürfen, zum Zweck der Übermittlung erhebt, speichert oder verändert, hat Auskunftsverlangen von Darlehensgebern aus anderen Mitgliedstaaten der Europäischen Union oder anderen Vertragsstaaten des Abkommens über den Europäischen Wirtschaftsraum genauso zu behandeln wie Auskunftsverlangen inländischer Darlehensgeber.

(7) ¹Wer den Abschluss eines Verbraucherdarlehensvertrags oder eines Vertrags über eine entgeltliche Finanzierungshilfe mit einem Verbraucher

Geschäftsmäßige Datenerhebung und -speicherung **§ 29**

infolge einer Auskunft einer Stelle im Sinne des Absatzes 6 ablehnt, hat den Verbraucher unverzüglich hierüber sowie über die erhaltene Auskunft zu unterrichten.²Die Unterrichtung unterbleibt, soweit hierdurch die öffentliche Sicherheit oder Ordnung gefährdet würde.³§ 6a bleibt unberührt.

Literatur: *Abel,* Die Nutzung von Meldedaten in der Wirtschaft, RDV 2008, 195; *Bahr,* Recht des Adresshandels, 2011; *Ballhausen/Roggenkamp,* Personenbezogene Bewertungsplattform, K&R 2008, 403; *Bergles/Eul,* Warndateien für international agierende Banken – vereinbar mit Datenschutz und Bankgeheimnis?, BKR 2003, 273; *Braunsfeld/Richter,* Bonitätsbeurteilung mittels DV-gestützter Verfahren, CR 1996, 775; *Drews,* Adresshandel – nur mit Einwilligung, RDV 2011, 18; *Gounalakis/Klein,* Zulässigkeit vor digitalen Bewertungsplattformen, NJW 2010, 566; *Greve/Schärdel,* Der digitale Pranger – Bewertungsportale im Internet, MMR 2008, 644; *Henning/Etgenton,* Arztbewertungen im Internet – Wie lassen sich solche Informationen für Verbraucher und individueller Datenschutz in Übereinstimmung bringen?, DuD 2011, 841; *Krämer,* Die Verarbeitung personenbezogener Daten durch Wirtschaftsauskunfteien, NJW 2012, 3201; *Ladeur/Gostomzyk,* Der Schutz von Persönlichkeitsrechten gegenüber Meinungsäußerungen in Blogs – Geht die große Zeit des privaten Presserechts im Internet zu Ende?, NJW 2012, 710; *Meltzian,* Die Neugestaltung des Listenprivilegs, DB 2009, 2643; *Moos,* Unzulässiger Handel mit Persönlichkeitsprofilen?, MMR 2006, 718; *Patzak/Beyerlein,* Adresshandel zu Telefonmarketingzwecken, MMR 2007, 687; *dies.,* Adresshandel unter dem neuen BDSG, MMR 2009, 525; *Schleifenbaum,* Datenschutz und Tatenschutz in der Versicherungswirtschaft, 2009; *Voskamp/Kipker,* Virtueller Pranger Internet?, DuD 2013, 787; *Waniorek,* Datenschutzrechtliche Anmerkungen zu den zentralen Warn- und Hinweissystemen in der Versicherungswirtschaft, RDV 1990, 228; *Wronka,* BDSG-Novelle II und Direktwerbung: Ein kritisches Verhältnis, RDV 2009, 247.

Übersicht

	Rn.
1. Allgemeines	1
2. Geschäftsmäßigkeit	6
3. Die Übermittlung als Zweckbestimmung	8
4. Zulässigkeit des Erhebens, Speicherns, Veränderns oder Nutzens nach Absatz 1 Satz 1 Nr. 1	10
5. Zulässigkeit des Erhebens, Speicherns, Veränderns oder Nutzens nach Absatz 1 Satz 1 Nr. 2 und 3	19
6. Besondere Vorgaben für Bonitätsauskünfte in Absatz 1 Satz 1 Nr. 3	20
7. Festlegung der Zweckbestimmung	21
8. Die Erhebung, Verarbeitung und das Nutzen besonderer Arten personenbezogener Daten	23
9. Zulässigkeit des Übermittelns	25
10. Verarbeitungen zum Zwecke des Adresshandels	31
11. Übermittlung durch Veröffentlichung von Verzeichnungen über Adressen, Rufnummern, Branchen etc.	37
12. Zweckbindung bei dem Empfänger	40
13. Bearbeitung von Bonitätsanfragen aus der EU	46
14. Information des Betroffenen über infolge Negativauskunft erteilter Kreditablehnung	47

1. Allgemeines

1.1 Das BDSG unterscheidet bei seinen Regelungen für privatwirtschaftliche **1** Datenverarbeiter, je nachdem ob sie die Datenverarbeitung für **eigene Zwecke**

§ 29 Geschäftsmäßige Datenerhebung und -speicherung

oder **geschäftsmäßig zum Zwecke der Übermittlung** betreiben (vgl. § 28 Rn. 4 ff.). § 29 regelt das geschäftsmäßige Erheben, Speichern, Verändern oder Nutzen personenbezogener Daten zum Zwecke der Übermittlung und die Zulässigkeit dieser Übermittlung. Weitere Aussagen zur geschäftsmäßigen Datenverarbeitung für fremde Zwecke enthalten § 30 (Speicherung der Daten zum Zwecke der Übermittlung in nicht personenbezogener Form), § 30a (Markt- und Meinungsforschung) und § 11 (Auftragsdatenverarbeitung).

2   **1.2** Die Regelungen des § 29 betreffen den Fall, in dem Daten den **Geschäftsgegenstand** bilden. Betroffen sind wichtige Wirtschaftszweige, wozu primär die Werbewirtschaft zählt. Der Gesetzgeber erlaubt unter den in § 29 geregelten Bedingungen, weiterhin – wenn auch mit erheblichen Einschränkungen zu dem Stand vor 1.9.2009 – dass nicht der Betroffene, sondern andere mit „seinen" Daten Geschäfte machen. Abgrenzungsfälle zu Datenübermittlungen, die sich auch aus § 28 rechtfertigen können, sind jedoch nicht immer eindeutig zuzuordnen (vgl. bei Ehmann in: Simitis, BDSG § 29 Rn. 20 ff.). Werden personenbezogene Daten primär für eigene Zwecke verarbeitet und nur **gelegentlich** an Dritte **weitergegeben** (z. B. im Falle der Bankauskunft), so bleibt § 28 Abs. 2 oder 3 anwendbar (vgl. Schaffland/Wiltfang, BDSG § 28 Rn. 9). Vermietet oder verkauft ein Versandhaus geschäftsmäßig eigene Kundendaten, liegt ein Fall des § 29 vor (Ehmann in: Simitis, BDSG § 29 Rn. 21). Es treten aber auch Fälle auf, in denen der gleiche Datenbestand parallel für Zwecke nach § 28 und § 29 Verwendung findet (vgl. § 28 Rn. 6).

3   **1.3** Die Zulässigkeitstatbestände des § 29 regeln getrennt die Phasen der Erhebung, des Speicherns und Veränderns (Absatz 1) zu den dort genannten Zwecken und des nachfolgenden Übermittelns der Daten im Rahmen eines dieser Zwecke. Während also Absatz 1 den allgemeinen Verwendungsrahmen vorgibt, verlangt Absatz 2 die Prüfung des konkreten Falls auf seine Zulässigkeit.

4   **1.4** Zur Sicherstellung der datenschutzrechtlichen Rechtspositionen unterliegen die Unternehmen des § 29 trotz der auch bestehenden Pflicht zur Bestellung eines Datenschutzbeauftragten, im Regelfall weiterhin der **Meldepflicht** gegenüber der Aufsichtsbehörde (vgl. § 4d Rn. 8; ferner Gola/Klug, NJW 2007, 118).

5   **1.5** Hinzuweisen ist auch auf spezielle Verbote der Weitergabe von Daten für Werbezwecke in u. a. den bereichsspezifischen Regelungen des Kommunikationsrechts (vgl. § 95 Abs. 2 TKG, mit einigen Ausnahmen § 7 PDSV). Nach § 15 Abs. 3 Satz 3 TMG dürfen nur anonymisierte Nutzungsdaten übermittelt werden.

2. Geschäftsmäßigkeit

6   **2.1** Maßgebend für die Anwendung der Zulässigkeitsregelungen des § 29 ist die „**Geschäftsmäßigkeit**" der angesprochenen Datenverarbeitungen. Geschäftsmäßig ist jede auf eine gewisse Dauer (vgl. Ehmann in: Simitis, BDSG § 29 Rn. 58 ff.) angelegte Tätigkeit. Der Begriff der Geschäftsmäßigkeit entspricht dem in § 157 ZPO, § 46 Abs. 4 Satz 1 AO oder § 1 Rechtsberatungsgesetz (vgl. auch die Definition in § 3 Nr. 10 TKG, wonach das „geschäftsmäßige Erbringen von Telekommunikationsdiensten das nachhaltige Angebot von Telekommunikation für Dritte mit oder ohne Gewinnabsicht ist (für die Anwendung im Arbeitsverhältnis Gola, MMR 1999, 322). Geschäftsmäßigkeit ist hiernach gegeben, wenn eine auf Wiederholung gerichtete Tätigkeit vorliegt und diese einen dauernden oder doch wiederkehrenden Bestandteil der Aktivitäten der Daten verarbeitenden Stelle bildet. Auch eine erstmalige Tätigkeit kann geschäftsmäßig sein, wenn aus den Umständen eine **Wiederholungsabsicht** erkennbar ist.

7   **2.2** Unerheblich ist, ob die Tätigkeit entgeltlich oder unentgeltlich ausgeübt wird. Somit unterscheidet sich der Begriff der Geschäftsmäßigkeit des § 29 von dem der **Gewerbsmäßigkeit,** dessen wesentliches Kriterium die Entgeltlichkeit ist. Da die

Geschäftsmäßige Datenerhebung und -speicherung **§ 29**

Absicht der Gewinnerzielung insoweit irrelevant ist, zählen auch brancheninterne **Warndienste** (vgl. hierzu Waniorek, RDV 1990, 228; LfD Bremen, 27. TB (2005), Ziff. 14.8.1) hierzu, die die Namen „Schwarzer Schafe" sammeln um sie an die angeschlossenen Firmen weiterzugeben (vgl. auch Schaffland/Wiltfang, BDSG § 27 Rn. 33). Ein Beispiel hierfür bildet das von den verschiedenen Branchen des **Versicherungswesens** aufgebauten zentralen Hinweis- und Informationssystem (HIS) zur Bekämpfung von Versicherungsbetrug und -missbrauch. Nach dem mit den Aufsichtsbehörden abgestimmten Verfahren wird das System von einer eigens im April 2011 hierzu gegründeten Auskunftei (IIRFP) geführt. Auskünfte aus HIS werden nur an Versicherungen und nur im Einzelfall bei Vorliegen eines berechtigten Interesses erteilt. Sämtliche Abfragen werden protokolliert. Durch Stichproben wird überprüft, ob die Abfragen in HIS zu Recht erfolgt sind. Antrags- und Leitungsbereich sowie die einzelnen Versicherungspartner sind streng voneinander getrennt. Damit wird sichergestellt, dass dem Sachbearbeiter bei einer Versicherung stets nur die Daten übermittelt werden, die er benötigt. Die Versicherungen benachrichtigen den Betroffenen von der Einmeldung seiner Daten in HIS. Er wird dadurch in die Lage versetzt, frühzeitig einen Antrag auf Erteilung einer Selbstauskunft zu stellen, wenn er Genaueres über die zu seiner Person gespeicherten Daten wissen will. Diese Selbstauskunft wird einmal pro Jahr unentgeltlich erteilt. Hierbei leiten die einzelnen Versicherungen die Daten derjenigen Personen, die als besonderes Risiko erkannt wurden oder in dubiose Versicherungsfälle verwickelt waren, an das Hinweissystem weiter. Als dubios werden ggf. auch Fälle behandelt, in denen der Versicherte häufig „auffällig" geworden ist.

2.3 Hierher gehört auch das von der **SCHUFA** betriebene Kreditinformations- 7a system (vgl. hierzu Hoeren, RDV 2007, 93), das mit den einzelnen Partnern (Kreditinstitute, Versandhäuser, Energieversorger, Wohnungswirtschaft und Inkassounternehmen) gesonderte Verträge mit unterschiedlichem Informationsangebot abschließt (vgl. aber auch LDI NRW, 18. TB 2007, Ziff. 7.2 zum bankübergreifenden Warndienst durch deren Sicherheitsbeauftragte und den zentralen Informationsdienst zwischen Banken und Strafverfolgungsbehörden).

3. Die Übermittlung als Zweckbestimmung

3.1 Wie die nicht abschließende Aufzählung der drei „klassischen" geschäftsmäßi- 8 gen Datenverarbeitungszwecke „für Dritte" in **Absatz 1 Satz 1** deutlich machen soll, betreiben Datenverarbeitung mit dem Ziel der Übermittlung zunächst alle die Unternehmen, die gewerbsmäßig mit personenbezogenen Daten handeln; z. B. Auskunfteien, Adresshandel, Warn- und Informationsdienste. Auch **soziale Netzwerke** (vgl. hierzu Buchner in: Wolff/Brink, DatenschutzR, BDSG § 29 Rn. 35 ff.) und **Bewertungsportale** können Normadressaten hinsichtlich der veröffentlichten Betroffenendaten sein (ansonsten gilt das TMG). Gleiches gilt für Verlage, die Verzeichnisse erstellen und verbreiten, wie z. B. Telefonbücher (Plath in: Plath, BDSG § 29 Rn. 24; vgl. nachfolgend Rn. 37 f.). Ob die Tätigkeit eines **Detektivs** unter § 28 oder § 29 fällt, beurteilt der BGH (RDV 2013, 297) im Hinblick auf eine heimliche GPS-Überwachung eines Fahrzeugs wie folgt: „Erweist sich die Datenverarbeitung für Dritte als Selbstzweck, kann sich die Erlaubnis zum Umgang mit fremden personenbezogenen Daten aus § 29 BDSG ergeben. Ist die Datenverarbeitung bloßes Hilfsmittel zur Erfüllung anderer Zwecke, greift dagegen regelmäßig § 28 BDSG" (vgl. auch Buchner in: Wolff/Brink, DatenschutzR, BDSG § 29 Rn. 32, wonach die Anwendung des § 29 nicht dadurch ausgeschlossen ist, dass Daten ggf. nur in einem konkreten Einzelfall ermittelt und weitergegeben werden). Das Informationsinteresse des Dritten, an den die Daten im Rahmen der Zulässigkeitstatbestände des Absatzes 2 übermittelt werden, ergibt sich z. B. vornehmlich

483

aus der Überprüfung von bestimmten Personen (z. B. hinsichtlich der Kreditwürdigkeit). Als Normadressat in Betracht kommen ggf. auch nicht mehr als Auftragnehmer einzugliedernde (Konzern-)Rechenzentren (so bei einem der Konzernunternehmern ggf. weltweit bedienenden eigenständigen **Human Ressource System;** vgl. § 11 Rn. 9). Zunehmend dient auch das Internet der Zweckbestimmung der geschäftsmäßigen Datenübermittlung (zur Einordnung von **Suchmaschinen,** vgl. bei Buchner in: Wolff/Brink, DatenschutzR, BDSG § 29 Rn. 41 ff.; vgl. auch nachstehend Rn. 25 ff.).

9 **3.2** § 29 Abs. 1 erfasst auch das, das Persönlichkeitsrecht weniger gefährdende Nutzen der Daten zur Gewinnung weiterer Erkenntnisse. Beispiele hierfür sind bei **Adresshandel** die Ermittlung des wahrscheinlichen Alters von Personen anhand ihrer Vornamen oder die Bewertung von unter einer übereinstimmenden Adresse geführten übereinstimmenden Namensinhabern, mit männlichen und weiblichen Vornamen als Familie. Ob es sich hierbei dann um eine Veränderung oder Nutzung handelt (vgl. § 3 Rn. 30) kann dahinstehen, wenn für beide Vorgänge die gleichen Kriterien gelten (vgl. auch Ehmann in: Simitis, BDSG § 29 Rn. 209 ff.). Gleiches gilt für die Übermittlung von Scorewerten.

4. Zulässigkeit des Erhebens, Speicherns, Veränderns oder Nutzens nach Absatz 1 Satz 1 Nr. 1

10 **4.1** Die Erhebung, Speicherung, Veränderung oder Nutzung von Daten zum Zwecke der Übermittlung ist nach **Absatz 1 Satz 1 Nr. 1** einmal zulässig, wenn kein Grund zur Annahme besteht, dass der Betroffene ein schutzwürdiges Interesse an dem Ausschluss der Erhebung, Speicherung oder Veränderung hat. Dass der Text der Nummern 1 und 2 im Gegensatz zum Eingangssatz den Tatbestand des Nutzens nicht erwähnt, kann nur an einem Versäumnis bei der Gesetzesformulierung liegen. Das zunächst erforderliche **berechtigte Interesse** der Auskunftei gibt der Gesetzgeber in § 29 Abs. 1 mit den genannten Zweckbestimmungen, denen die Daten dienen sollen, vom Grundsatz her vor. Aber auch wenn das Gesetz hier die berechtigten Interessen nicht erwähnt, so ergeben sie aus den zumindest generell bei potentiellen Empfängern geforderten berechtigten Interessen (Abs. 2 Satz 1 Nr. 1). Zudem kann die Schutzwürdigkeit der entgegenstehenden Interessen nur festgestellt werden, wenn diese den Interessen an der Verarbeitung gegenüber gestellt werden. Erforderlich ist eine Einzelfallbeurteilung, so dass zunächst bereits bei der Erhebung u. a. der Informationszweck von Relevanz ist. Die Unzulässigkeit der Erhebung, Speicherung, Veränderung oder Nutzung wird sodann ggf. durch ein **entgegenstehendes schutzwürdiges Interesse** des Betroffenen begründet. Die beiderseitigen Interessen sind in Anwendung des Verhältnismäßigkeitsprinzips abzuwägen, wobei im Falle des Absatzes 1 Satz 1 Nr. 1 dem Interesse des Betroffenen bereits Rechnung zu tragen ist, wenn beide Interessen gleichrangig sind (Ehmann in: Simitis, BDSG § 29 Rn. 155 ff.).

11 **4.2** Liegt ein Anhaltspunkt für eine Beeinträchtigung der Interessen des Betroffenen vor, so ist also **im Einzelfall abzuwägen** zwischen den Interessen des Betroffenen und denen der verantwortlichen Stelle bzw. als Empfänger in Betracht kommender Dritter an der Verarbeitung dieser Daten. Insoweit ist zu beachten, dass das BDSG von der Grundvorstellung ausgeht, dass durch die Erhebung, Speicherung oder jede sonstige Verarbeitung personenbezogener Daten in das gem. § 1 Abs. 1 zu schützende Persönlichkeitsrecht eingegriffen wird (vgl. § 1 Rn. 6 ff.). Nur hieraus ist das in § 4 Abs. 1 statuierte Verbot mit Erlaubnisvorbehalt zu erklären. Daher geht es bei der Feststellung der Zulässigkeit der Verarbeitung in § 29 Abs. 1 darum, zu ermitteln, wie die Beeinträchtigung und die Schutzwürdigkeit der Interessen des Betroffenen im Hinblick auf die Gesamtumstände einschließlich der Belange der

Geschäftsmäßige Datenerhebung und -speicherung § 29

verantwortlichen Stelle zu gewichten sind. Auch der BGH ermittelt in ständiger Rechtsprechung die Zulässigkeit der Datenverarbeitung im Rahmen einer solchen Interessenabwägung und dies eben auch bei denjenigen Bestimmungen des BDSG, die den Begriff der berechtigten Interessen der Daten verarbeitenden Stelle nicht ausdrücklich erwähnen (BGH, NJW 1984, 436; 1984, 1898; 1986, 46; besonders anschaulich insoweit auch BGH, NJW 1986, 2505 = RDV 1986, 81: „Dabei sind Art, Inhalt und Aussagekraft der beanstandeten Daten zu messen an den Aufgaben und Zwecken, denen ihre Speicherung dient").

4.3 Besteht auch nur ein **Grund zur Annahme,** dass die Interessen des Betroffe- 12 nen der Speicherung der Daten entgegenstehen, so sind die Speicherung und die hierfür ggf. erforderliche Erhebung unzulässig. Allerdings wird auch hier – ebenso wie im Fall des § 28 Abs. 1 Satz 1 Nr. 3 – die Einschränkung zu machen sein, dass ein triftiger Grund vorliegen muss, der der verantwortlichen Stelle **konkrete Anhaltspunkte** für die der Erhebung, Speicherung oder Veränderung entgegenstehendes schutzwürdiges Interesse gibt. Dieser Grund kann sich generell auf Grund der Sensibilität der Daten und eventueller Auswirkungen ihrer Übermittlung für den Betroffenen ergeben; er kann aber auch darin bestehen, dass der Betroffene seine entgegenstehenden Interessen der verantwortlichen Stelle mitgeteilt hat. Liegen solche konkreten Anhaltspunkte nicht vor, so kann sich die verantwortliche Stelle auf abstrakte Überlegungen beschränken, die darauf zu richten sind, ob schutzwürdige Interessen des bzw. der Betroffenen hypothetisch bestehen könnten. Für die verantwortliche Stelle darf kein sofort ins Auge fallender konkreter Umstand erkennbar sein, der auf eine solche Beeinträchtigung hinweisen würde.

4.4 Inwieweit eine **Prüfungspflicht** hinsichtlich der Richtigkeit der der verant- 13 wortlichen Stelle übermittelten Daten besteht, wie sie das LG Paderborn (MDR 1981, 581) bei Angaben bejaht, deren Speicherung und weitere Übermittlung zu Nachteilen für den Betroffenen führen kann (hier Erlass eines Vollstreckungsbescheids), kann nur im Einzelfall – abhängig von der Seriosität der Datenquelle – entschieden werden. Durch Nachmeldepflichten (§ 28a Abs. 3) soll jedoch sichergestellt werden, dass eine nachträglich eingetretene Veränderung berücksichtigt wird. Call-Center, die Telefonanschriften ankaufen, deren Inhaber in Werbeanrufe eingewilligt haben sollen, müssen diese Angabe nachprüfen. Gleiches gilt für den Ankauf von E-Mail-Adressen (OLG Düsseldorf, RDV 2010, 35).

4.5 Die Daten können – ein fortbestehendes berechtigtes Interesse hieran voraus- 14 gesetzt – bei der Auskunftei oder dem Adresshändler zunächst so lange zulässig gespeichert werden, wie der verantwortlichen Stelle keine **Anhaltspunkte** für entgegenstehende Interessen des Betroffenen vorliegen. Ferner ist auf die Überprüfungs- und Löschungsfristen des § 35 Abs. 2 Satz 2 Nr. 4 hinzuweisen.

4.6 Generelle Aussagen darüber, wann schutzwürdige Interessen beeinträchtigt 15 werden, sind nicht möglich; namentlich kann dies nicht bei bestimmten Arten von personenbezogenen Daten (zu dem den besonderen Arten personenbezogener Daten i. S. v. § 3 Abs. 9 gewährten verstärkten Schutz vgl. nachstehend Rn. 23 f.) von vornherein ausgeschlossen werden, denn jede Information gewinnt ihre Bedeutung erst aus dem Zusammenhang, in dem sie gespeichert wird. Die Übermittlung bedarf daher der **Rechtfertigung im Einzelfall.** Unzulässig ist z. B. nach OLG Hamm (DuD 1983, 149) die Speicherung wenig aussagekräftiger Daten, wenn sie geeignet sind, einen negativen Eindruck der wirtschaftlichen Situation des Betroffenen hervorzurufen. Gleiches gilt gemäß OLG Düsseldorf (RDV 2006, 124) für Daten, die zwar für sich genommen richtig sind, durch die aber infolge fehlender Voreintragungen der unrichtige Eindruck eines aktuellen vertragswidrigen Verhaltens hervorgerufen wird. Negativdaten müssen auf objektiven „harten" Faktoren beruhen.

4.7 Geschätzte Daten können gespeichert werden, wenn sie als solche gekenn- 16 zeichnet sind (§ 35 Abs. 1 Satz 2), und auf Indizien beruhen (zur Übermittlung sog.

485

§ 29 Geschäftsmäßige Datenerhebung und -speicherung

Scorewerte vgl. § 28b Rn. 4). Aus § 29 Abs. 1 zu rechtfertigen ist daher nicht die Erhebung, Speicherung und Übermittlung von **Vergleichsmietdaten** in bzw. aus zwangsläufig personenbezogenen (vgl. BVerfG, NJW 1995, 681) Mietkatastern durch Haus- und Grundbesitzervereine. Auch Daten über **strafbare Handlungen dürfen,** nur bei besonderen Informationserfordernissen gespeichert werden (vgl. im Einzelnen bei Ehmann in: Simitis, BDSG § 29 Rn. 187 f.). Unter § 29 fallen auch Unternehmen, die auftragsgemäß **Personen-Recherchen im Internet** vornehmen und z. B. anhand von Bildern nach entsprechenden Personen im Internet suchen, wobei hohe Anforderungen an das berechtigte Interesse des Suchenden zu stellen sind (vgl. die Bedenken der hess. Aufsichtsbehörde auch im Hinblick auf § 22 KUG, 16. Bericht der hess. Landesregierung zur Datenschutzaufsicht im nichtöffentlichen Bereich, LT-Drs. 15/4659 vom 26.11.2002, S. 23).

17 **4.8** Von besonderer Relevanz sind insoweit auch die von der Wirtschaft unter Einsatz der EDV zunehmend eingerichteten „**Warndateien**" (vgl. hierzu vorstehend Rn. 7; Ehmann in: Simitis, BDSG § 29 Rn. 110 ff.; ferner Bongard, RDV 1987, 209; Bergles/Eul, BKR 2003, 273; Reif, RDV 2007, 4; LDI NW, 19. TB, S. 61). Wer sich einem Unternehmen der Pharmaindustrie als **Proband** zur Erprobung neuer Arzneimittel zur Verfügung stellt, wird mit Hilfe eines zentralen Hinweissystems auf frühere Testteilnahmen auch bei anderen Unternehmen überprüft. Warndienste bestehen für Krankenhäuser vor kostenlos Aufenthalt erschleichenden **Simulanten** (zur Unzulässigkeit, vgl. Ehmann in: Simitis, BDSG § 29 Rn. 190); für Spielbanken hinsichtlich „unseriöser" Spieler, oder zwischen Wohnungsbaugesellschaften hinsichtlich zahlungsunwilliger Mieter und sog. Mietnomaden (vgl. Reif, RDV 2007, 4; LDI NW, 18. TB (2008), S. 73). Die Rechtsprechung hatte sich zu befassen mit der AVAD (Auskunftsstelle für den Versicherungsaußendienst) (LAG Berlin, DB 1979, 2187; LAG München, RDV 1986, 278; ArbG Bremen, DuD 1984, 248, wobei die Gerichte zu unterschiedlichen Ergebnissen hinsichtlich der Zulässigkeit des Verfahrens kamen) oder mit besonderer Intensität mit einem Warnsystem der Kreditwirtschaft „**SCHUFA**" (Schutzgemeinschaft für allgemeine Kreditsicherung) (vgl. hierzu u. a. BGH, NJW 1984, 436, 1889; OLG Frankfurt a.M., RDV 1988, 148; sowie ausführlich bei Ehmann in: Simitis, BDSG § 29 Rn. 116 ff. sowie Kamlah/Hoke, RDV 2007, 242). Auch im Versicherungswesen bestehen für die verschiedenen Branchen solche Warn- und Hinweissysteme (vgl. Rn. 7). Die Zulässigkeit solcher Systeme hängt zunächst ab von der Rechtmäßigkeit der von der einmeldenden Stelle vorgenommenen Datenübermittlung nach § 28 (vgl. hierzu Schaffland/Wiltfang, BDSG § 28 Rn. 119, 120). Die Zulässigkeit dieser Übermittlung wird durch die gleichen „berechtigten Interessen" bestimmt, die die Zulässigkeit der Speicherung in dem Hinweissystem bestimmen. Der Betroffene muss es also ggf. hinnehmen, in die geschilderten Warndateien aufgenommen zu werden, wenn die Existenz der Datei für das Geschäftsleben relevant ist und Anlass für die Aufnahme objektive Tatbestände oder Verhaltensweisen sind, die von der Rechtsordnung missbilligt werden. Nach dem BGH (NJW 1986, 2505) kann eine Wirtschaftsauskunftsdatei Angaben enthalten (hier Angaben über Geschäftsführer und Gesellschafter einer GmbH und deren frühere geschäftliche Tätigkeit), die etwaigen Kreditgebern zu einer sorgfältigen Bonitätsprüfung Grund geben. Hinsichtlich der Übermittlung bzw. Speicherung von infolge der Nichtbegleichung von Forderungen zu schließender **Kreditrisiken** enthält § 28a nunmehr eine spezielle Regelung. Soweit sich die Zulässigkeit beider Vorgänge nicht aus §§ 28, 29 ableiten lässt, ist die Einwilligung der Betroffenen (§ 4a) erforderlich.

18 **4.9** Es gehört zu den Eigentümlichkeiten der unter § 29 fallenden geschäftsmäßigen Datenverarbeiter – namentlich der Auskunfteien –, dass sie ggf. aus mehreren Quellen stammende personenbezogene Daten miteinander **verknüpfen** und die so zusammengefassten Daten an Dritte übermitteln. Dieser Vorgang des Kombinierens mehrerer Daten ist Veränderung nach Maßgabe der Definition des § 3 Abs. 5 Nr. 2

Geschäftsmäßige Datenerhebung und -speicherung § 29

(vgl. § 3 Rn. 30). Durch das Verbot der Missachtung schutzwürdiger Interessen des Betroffenen wird die Anlegung umfassender **Persönlichkeitsdossiers** zwar nicht unmöglich gemacht, jedoch an erschwerende Bedingungen geknüpft. Ist Art und Umfang der zusammengeführten Daten derart, dass ein Persönlichkeitsprofil des Betroffenen oder ein Teilabbild hiervon entsteht – wobei auf die Probleme der diesbezüglichen Grenzziehung nur hingewiesen werden soll –, so ist die Verarbeitung unzulässig. Die insoweit vom BVerfG (BVerfGE 65, 1 = NJW 1984, 419) zunächst für staatliche Datenspeicherung getroffene Aussage (vgl. § 1 Rn. 6) muss um so mehr gelten, wenn private Wirtschaftsunternehmen derartige Verarbeitungen zur Befriedigung kommerzieller Interessen betreiben wollen.

5. Zulässigkeit des Erhebens, Speicherns, Veränderns oder Nutzens nach Absatz 1 Satz 1 Nr. 2 und 3

5.1 Das Erheben, Speichern und Verändern der Daten ist unter erleichterten 19 Prüfbedingungen für die verantwortliche Stelle nach **Absatz 1 Satz 1 Nr. 2** dann möglich, wenn die Daten aus **allgemein zugänglichen Quellen** (zum Begriff vgl. § 28 Rn. 31 ff.) entnommen werden können. Gleiches gilt, wenn die verantwortliche Stelle die Daten **veröffentlichen** dürfte (zur geringen Relevanz dieses Erlaubnistatbestands vgl. Ehmann in: Simitis, BDSG § 29 Rn. 198 u. a. mit Hinweis auf melderechtliche Erlaubnisse für Adressbücher). Auch hier bedarf es nunmehr einer Abwägung mit entgegenstehenden Interessen des Betroffenen. Die Speicherung oder Veränderung ist jedoch nur untersagt, wenn ein solches entgegenstehendes Interesse **offensichtlich** ist. Es muss also einmal offensichtlich, d. h. eindeutig erkennbar sein, dass der Betroffene ein solches Gegeninteresse hat und zum anderen, dass es gegenüber dem Interesse der verantwortlichen Stelle überwiegt. Für **Auskunfteien** greifen wie in § 28 Abs. 1 Nr. 3 (vgl. § 28 Rn. 31 ff.) die erleichterten Verarbeitungsbedingungen bereits dann, wenn der Zugriff auf die Daten allgemein möglich ist, d. h. die Daten müssen nicht aus öffentlichen Quellen stammen. Es genügt, wenn sie diesen hätten entnommen werden **können.** Dies wäre z. B. der Fall bei der Speicherung von geschäftlichen Daten eines Kaufmanns, die aus dem Handelsregister hätten entnommen werden können (zur geschäftsmäßigen Speicherung von **Handelsregisterdaten** vgl. BGH, NJW 1989, 2818; OLG Köln, RDV 1991, 267; ferner Kohlhosser, NJW 1988, 2409). Der verantwortlichen Stelle muss die Tatsache, dass die Daten auch in öffentlichen Quellen zur Verfügung stehen, bei der Speicherung bekannt sein. Eine diesbezügliche Vermutung genügt nicht. Ist die Vermutung zutreffend, so ist zwar die Speicherung objektiv zulässig, es liegt dann ein – untauglicher – Versuch einer strafbaren unzulässigen Speicherung vor (§ 44 Abs. 1 Nr. 1).

5.2 Sollen Daten über offene Forderungen nach § 28a an eine Auskunftei über- 19a mittelt werden, erfordert das weder bei der übermittelnden Stelle noch bei der Auskunftei eine Prüfung entgegenstehender Interessen des Schuldners (§ 29 Abs. 1 Satz 1 Nr. 3). Der Betroffene kann bei der Speicherung der Daten entgegenstehende persönliche Belange nach § 35 Abs. 5 Satz 1 geltend machen, wobei allein das Interesse an der Erhaltung der Kreditwürdigkeit nicht genügt. Erst bei der Übermittlung an Kreditgeber sind entgegenstehende schutzwürdige Belange zu prüfen (vgl. OLG Frankfurt a.M., RDV 2011, 197).

6. Besondere Vorgaben für Bonitätsauskünfte in Absatz 1 Satz 1 Nr. 3

§ 29 Abs. 1 stellt in seinen Satz 1 Nr. 3 für Auskunfteien **zusätzliche Zulässig-** 20 **keitsbeschränkungen** auf, bei deren Vorliegen bzw. Nichtvorliegen die Zulässig-

§ 29   Geschäftsmäßige Datenerhebung und -speicherung

keitsregelungen des Satzes 1 Nr. 1 und 2 nicht greifen. In einer Parallelregelung zu § 28a, der sich an die Stellen wendet, die Daten über die Nichtbegleichung offener Forderungen (§ 28a Abs. 1) oder über Bankgeschäfte (§ 28a Abs. 2) an Auskunfteien übermitteln, wird den Auskunfteien die Pflicht auferlegt, nur entsprechende Informationen zu sammeln, wenn sie im Rahmen des Erlaubnistatbestands übermittelt wurden. Die Verweisungsregelung untersagt jedoch nicht, andere Informationsquellen, wie z. B. öffentliche Quellen wie das Schuldnerverzeichnis, Presseveröffentlichungen über die Unfähigkeit der Begleichung von Forderungen auszuschöpfen.

7. Festlegung der Zweckbestimmung

21   **7.1** Die Verweisung in **Absatz 1 Satz 2** auf § 28 Abs. 1 **Satz 2** soll auch im Bereich des § 29 sicherstellen, dass die verantwortliche Stelle die die Zulässigkeit ggf. begründende Zweckbestimmung bereits bei der Erhebung konkretisiert (vgl. hierzu § 28 Rn. 35 ff.). Ob der Zweck tatsächlich erreicht wird, ist bedeutungslos. Er muss jedoch wahrscheinlich sein. Speichert also eine **Auskunftei** im Hinblick auf potentielle Anfragen Daten „auf Vorrat", wird aber über den konkreten Betroffenen nie eine Auskunft eingeholt, so handelt es sich nicht um eine unzulässige **Vorratsspeicherung,** wenn Auskünfte über den fraglichen Personenkreis üblich sind (vgl. Taeger in: Taeger/Gabel, BDSG § 17; kritisch Ehmann in: Simitis, BDSG § 29 Rn. 49 ff.).

22   **7.2** Bedarf die Erhebung und nachfolgende Verarbeitung infolge des Umfangs und der Sensibilität der zwecks Vermarktung erhobenen Konsumentendaten der **Einwilligung,** so ist in dieser auch im Hinblick auf die Informationspflicht des § 4 Abs. 3 Satz 1 Nr. 3 die **Zweckbestimmung** und der **Kreis der Empfänger** offenzulegen (vgl. die Formulierung bei einer sog. großen **Haushaltsumfrage,** 16. Bericht der hess. Landesregierung über die Datenschutzaufsicht im nichtöffentlichen Bereich, LT-Drs. 16/1680 vom 11.12.2003, S. 45: „Die personenbezogene Weitergabe wird ausschließlich auf die Organisationen und Unternehmen aus den verschiedenen Branchen – z. B. Markenanbieter, Verlage, Autohersteller, Handel- und Dienstleistungsunternehmen – beschränkt, die meinen erkennbaren Interessen entgegenkommen. Diese Informationen und Unternehmen dürfen mir Informationen, Angebote, Werbung und kostenlose Produktmuster ... übermitteln").

8. Die Erhebung, Verarbeitung und das Nutzen besonderer Arten personenbezogener Daten

23   **8.1** Nach Absatz 5 wird auch im Bereich geschäftsmäßiger Datenverarbeitung der Schutz **sensibler Daten** (§ 3 Abs. 9) den besonderen, auch für Verarbeitungen für eigene Zwecke geltenden Restriktionen unterworfen. Fälle, aus denen sich in den in Bezug genommenen § 28 Abs. 6 bis 9 im Bereich des § 29 eine Erlaubnis ableiten ließe, beschränken sich auf Ausnahmen. In Betracht käme nur der Tatbestand des § 28 Abs. 6 Nr. 2, indem auf Daten zurückgegriffen wird, die der Betroffene offenkundig öffentlich gemacht hat (so z. B. Teilnehmer an den Paralympischen Spielen).

24   **8.2** Für Auskunfteien und Warndienste kann im Einzelfall die Speicherung erforderlich sein, wenn dies zur Geltendmachung, Ausübung oder Verteidigung dem Interesse des Betroffenen vorrangiger rechtlicher Ansprüche erforderlich ist (§ 28 Abs. 6 Nr. 4). Dies wird man (entgegen Ehmann in: Simitis, BDSG § 29 Rn. 190) für die Speicherung wiederholt festgestellter Simulanten in einer **Krankenhauswarndatei** bejahen können, was das Krankenhaus aber nicht davon befreit gleichwohl zu prüfen, ob konkret nicht doch ein Krankheitsfall vorliegt. Jedoch gibt die Warnung eben den berechtigten Anlass zu dieser Prüfung. Gleiches gilt für

Geschäftsmäßige Datenerhebung und -speicherung **§ 29**

Ärztewarnsysteme (zur Tätigkeit von Auskunfteien generell: LDI NRW 19. TB (2009), S. 61).

9. Zulässigkeit des Übermittelns

9.1 Die Zulässigkeit der Erhebung, Speicherung und Veränderung der zur Über- 25 mittlung bestimmten Daten setzt zunächst einmal – wie aufgezeigt – voraus, dass die Daten für eine rechtmäßige Übermittlung geeignet sind. Aber auch wenn dies der Fall ist, ist die nachfolgende Übermittlung jeweils im **Einzelfall** auf ihre Zulässigkeit zu prüfen, wobei, sofern nicht die Einwilligung des Betroffenen vorliegt, eine der Zulässigkeitsalternativen des **Absatzes 2** erfüllt sein muss. **Auskunfteien** ist nach Absatz 2 Satz 1 Nr. 1 die Übermittlung zunächst nur gestattet, wenn der Empfänger sein **berechtigtes Interesse** an der Information glaubhaft macht. Wie Absatz 2 Nr. 2 deutlich macht, ist die Übermittlung jedoch gleichwohl unzulässig, wenn ein Grund zur Annahme besteht, dass ein schutzwürdiges Interesse des Betroffenen der Übermittlung entgegensteht (zu dem insoweit bestehenden Prüfmaßstab vgl. vorstehend Rn. 10 ff.). Die Führung eines Online-Portals als **Förderungsbörse**, mit dem der Ankauf titulierter Forderungen ermöglicht wird, erfüllt den Tatbestand geschäftsmäßiger Übermittlung von Schuldnerdaten (§ 29 Abs. 1 BDSG), an dem ein vorrangiges berechtigtes Interesse des Titelinhabers auf Grund seines Rechts zum Forderungsverkauf besteht, sofern das Interesse des Schuldners an der Wohnung seinem Persönlichkeitsrecht gewahrt ist. Die kann dadurch geschehen, dass um Zugang begründet nachgesucht werden muss (LG Köln, RDV 2010, 177). Für Werbung und den **Adresshandel** wird hinsichtlich der Zulässigkeit der Übermittlung wieder auf § 28 Abs. 3 bis 3b verwiesen (Abs. 2 Satz 2) (vgl. nachfolgend Rn. 31 ff.).

9.2 Ob ein Interesse des Betroffenen an dem Ausschluss der Übermittlung – was 26 z. B. bei den bereits geschilderten Warndateien (vgl. vorstehend Rn. 7, 17) regelmäßig vorliegen wird – schutzwürdig ist, kann nur im Vergleich mit vom Empfänger glaubhaft zu machenden Informationsinteresse ermittelt werden. „Ein berechtigtes Interesse an der Kenntnis der personenbezogenen Daten eines anderen kann nur insoweit vorliegen, als die Kenntnis für die vom Empfänger beabsichtigten Ziele und Zwecke **erforderlich** ist" (BGH, NJW 1984, 1886, wobei für die Beurteilung der Person eines Antragstellers in einer **AG-Hauptversammlung** dessen Familienverhältnisse als bedeutungslos und die entsprechende Datenübermittlung als rechtswidrig angesehen wurden). Je nach der Zweckbestimmung eines Auskunftssystems ist der Empfängerkreis von vorneherein so festzulegen, dass hierzu nur solche gehören, bei denen ein solches Interesse vorliegen kann. So dürfen aus einem **Kreditinformationssystem** keine Auskünfte an Arbeitgeber zwecks Überprüfung der finanziellen Situation eines Bewerbers oder Arbeitnehmers erfolgen.

9.3 Die Erkenntnisse, die über den Betroffenen gespeichert und weitergegeben 26a werden, können in einem aus den vorhandenen Informationen gezogenen Resümee bestehen. Der BGH (RDV 2011, 188) sieht diese Bewertung durch das Recht auf **freie Meinungsäußerung** (Art. 5 GG) als gerechtfertigt an, wenn sie auf einer Tatsachengrundlage beruht. Damit ist für Ratingagenturen der Weg geöffnet. Das Recht der freien Meinungsfreiheit soll auch vorrangig sein vor den schutzwürdigen Interessen von Lehrern, Professoren etc. (vgl. BGH, MMR 2009, 608 – spickmich.de m. Anm. Greve/Schärdel). Vor Bewertungen im Internet gegenüber dem Recht des Betroffenen auf informationelle Selbstbestimmung wird dem Recht auf Kommunikationsfreiheit Vorrang eingeräumt, soweit die die berufliche Tätigkeit des Betroffenen betreffende Werturteile keinen über die Sozialsphäre hinausgehenden Eingriff in die Privatsphäre enthalten. Zahlreich sind auch die Entscheidungen, die Ärzten unter vorgenannten Bedingungen keinen Anspruch gegenüber Bewertungen

§ 29 Geschäftsmäßige Datenerhebung und -speicherung

ihrer Arbeit durch unzufriedene Patienten in **Ärztebewertungsportalen** (z. B. Jameda, DocInside, Sanego, Imedo, Topmedic etc.) einräumen (u.a. BAG, RDV 2014, 275; OLG Frankfurt a.M., RDV 2012, 200; OLG Hamburg, RDV 2012, 85; LG Kiel, RDV 2014, 217; vgl. auch Henning/Etgenton, DuD 2011, 841), wobei aber auch im Falle einer die Meinungsfreiheit überschreitenden Kritik der Portalbetreiber nicht befugt ist dem Betroffenen den Namen des regelmäßig anonymen Anschuldigers zu benennen (BGH, MMR 2014, 704 m. Anm. Palzer). In den Schutzbereich der Meinungsfreiheit fallen soll auch die Internet-Veröffentlichung von Sportlern, die mit Spielsperren belegt wurden (OLG Karlsruhe, RDV 2009, 179; zur berechtigten Kritik vgl. Ballhausen/Roggenkamp, K&R 2008, 403; Gounalakis/Klein, NJW 2010, 566; Greve/Schärdel, MMR 2008, 644). Insgesamt steht die Frage in Raum, ob durch Rechtsprechung und Gesetzgebung nicht zu viele problematische Aspekte bei der Gewährung der Kommunikationsfreiheit im Netz negiert werden (vgl. Buchner in: Wolff/Brink, DatenschutzR, BDSG § 29 Rn. 70 ff. und 117 ff.; Voskamp/Kipker, DuD 2013, 787; a. A. Härting/Schneider, ZRP 2011, 23).

27 **9.4** Das von dem Empfänger geltend gemachte Interesse ist **glaubhaft darzulegen**, d. h. hierfür muss eine überwiegende Wahrscheinlichkeit sprechen. Zur glaubhaften Darlegung brauchen die Gründe für das berechtigte Interesse nicht in allen Einzelheiten vorgetragen zu werden. Eine Kurzbeschreibung, unter Umständen in Form eines Stichworts (Vertrag, Darlehnsgewährung) kann ausreichen. Statt eines Stichworts können auch vorher abgesprochene Kennziffern verwendet werden. Die Darlegung muss so konkret sein, dass der Bezug zu einem bestimmten Vorgang herstellbar ist. Fragt ein Mitarbeiter einer Bank **Bonitätsauskünfte** zwecks „Anbahnung einer Geschäftsverbindung" ab und handelt es sich hierbei um eine private Geschäftsbeziehung, so ist die Anfrage unzulässig (vgl. 16. Bericht der hess. Landesregierung über die Datenschutzaufsicht im nichtöffentlichen Bereich, LT-Drs. 16/1680 vom 11.12.2003, S. 20: „Möchte ein Arbeitgeber seinen Mitarbeitern die günstigen Konditionen für solche Auskünfte zugänglich machen, bedarf es entsprechender Vereinbarung mit der Auskunftei und detaillierter Regelung gegenüber dem Mitarbeitern, die auch die Angabe des tatsächlichen privaten Anfrageinteresses enthalten"). Durch die Konkretisierung der anzugebenden Gründe stellt die Glaubhaftmachung eine **Übermittlung** ggf. sensitiver personenbezogener Daten dar, die durch § 29 Abs. 2 Satz 3 gerechtfertigt ist. Jedoch ist der Betroffene hierüber – abhängig von der Sensitivität der Angabe und dem Zweck der Anfrage – vorher zu **informieren**, damit er ggf. entgegenstehende Interessen geltend machen kann.

28 **9.5** Die übermittelnde Stelle braucht die Richtigkeit der Darlegungen des Anfragenden, wozu sie auch regelmäßig nicht in der Lage sein wird, zunächst nicht zu überprüfen, sofern sie nach **allgemeiner Lebenserfahrung glaubhaft** sind. Hierzu genügt es, dass eine überwiegende Wahrscheinlichkeit für das Vorliegen des – ggf. vorrangigen – berechtigten Interesses aufgezeigt wird. Hat die übermittelnde Stelle jedoch – z. B. auf Grund früherer falscher Angaben des Empfängers – berechtigte Zweifel an der Korrektheit der Angaben, bzw. müsste sie diese haben, so muss dies die Glaubhaftigkeit der Angaben ggf. in Frage stellen und die übermittelnde Stelle veranlassen, weitere Angaben zu fordern. Die Aufsichtsbehörden gehen ferner bei Auskünften (Datenübermittlungen) im Massenverkehr nur dann von einem datenschutzrechtlich zulässigen Verfahren aus, wenn neben der formularmäßig begründeten Anfrage **im Nachhinein** ausreichende und tiefergehende **Stichproben** zur Prüfung des berechtigten Interesses vorgenommen werden (vgl. Aufsichtsbeh. Baden-Württemberg, Hinweis zum BDSG Nr. 19, Staatsanz. 1983, Nr. 52, S. 6). Die Auskunft erteilende Stelle hat zu diesem Zweck von dem Empfänger über die Anfragemerkmale hinausgehende detaillierte Angaben bezüglich des berechtigten Interesses anzufordern; z. B. die Vorlage eines Dokuments, aus dem die für die Anfrage relevanten wirtschaftlichen Vorgänge erkennbar sind (wie Kreditantrag,

Geschäftsmäßige Datenerhebung und -speicherung § 29

Warenbestellung). Im Falle der Übermittlung in **automatisierten Abrufverfahren** schreibt Absatz 2 Satz 5 diese Pflicht ausdrücklich fest.

9.6 Nach **Absatz 2 Sätze 3 und 4** sind die Gründe für das Vorliegen eines berechtigten Interesses und die Art und Weise ihrer glaubhaften Darlegung aufzuzeichnen. Die **Aufzeichnungspflicht** obliegt bei Übermittlungen i. S. v. § 3 Abs. 5 Nr. 3a der übermittelnden Stelle. Bei Übermittlungen nach Absatz 5 Nr. 3b (Übermittlung im automatisierten Abrufverfahren) obliegt die Aufzeichnungspflicht dem Empfänger. Dies entspricht der Regelung des § 10 Abs. 4, der die Verantwortung für die Zulässigkeit des einzelnen Abrufs dem Empfänger auferlegt. Auch im Rahmen dieser Aufzeichnungspflicht genügen Kurzbeschreibungen wie „Vertrag" oder „Schadensersatzanspruch". Als Darlegungsmittel kommen mündliches oder schriftliches Vorbringen, Vorlage von Urkunden etc. in Betracht. Wird die Glaubhaftmachung durch die Vorlage von Urkunden etc. bewirkt, so ist nicht die Urkunde selbst, sondern die Tatsache der Vorlage, d. h. die „Art und Weise" der Glaubhaftmachung aufzuzeichnen. Nach Auffassung der Aufsichtsbehörde Baden-Württemberg (Hinweis zum BDSG Nr. 10, Staatsanz. 1980, Nr. 1, S. 6) gehört zu den vorgeschriebenen Aufzeichnungen über das Vorliegen eines berechtigten Interesses im Falle einer **Vertretung** des Anfragenden auch die Unterlage über die (schriftliche) Vollmacht und über die glaubhafte Darlegung des berechtigten Interesses in der Person des Vertretenen. Letzteres schließt die Anfrage durch einen Strohmann (verdeckte Vollmacht) aus. Die Aufzeichnungspflicht soll gewährleisten, dass das Vorliegen des berechtigten Interesses nach Absatz 2 Nr. 1a auch tatsächlich geprüft wird. Die Verletzung dieser Verpflichtung ist eine **Ordnungswidrigkeit** nach § 43 Abs. 1 Nr. 5 (AG Bremen RDV 1987, 91). Bei den Stichprobenüberprüfungen durch die übermittelnde Stelle bei **automatisierten Abrufverfahren** nach Abs. 1 Satz 5 besteht eine Aufzeichnungspflicht, damit die Aufsichtsbehörde die Beachtung des Gesetzes kontrollieren kann.

9.7 Das Gesetz legt keine Frist für die **Aufbewahrung** der Aufzeichnungen fest. Sie müssen gemäß ihrer Zweckbestimmung aber zunächst so lange aufbewahrt werden, wie mit Kontrollen der Rechtmäßigkeit des Verfahrens gerechnet werden muss (vgl. auch die bereichsspezifischen landesrechtlichen Aufzeichnungspflichten für Auskunfteien und Detekteien und die dort geregelte fünf-jährige Aufbewahrungspflicht). Zudem erscheint es auch im Hinblick auf die Beweisregelung des § 7 empfehlenswert, die Aufzeichnungen so lange aufzubewahren, wie eventuelle Schadensersatzansprüche der Betroffenen geltend gemacht werden können. Werden die übermittelten Daten gelöscht, so sind auch die Aufzeichnungen über die Übermittlungen zu löschen, da die Angaben ohne Kenntnis der betroffenen Daten ohne Aussagewert sind.

10. Verarbeitungen zum Zwecke des Adresshandels

10.1 Will der **Adresshandel** Daten ohne Einwilligung der Betroffenen verwenden, so ist von besonderer Problematik die in § 29 Abs. 1 Satz 2 und Abs. 2 Satz 2 enthaltene Pflicht zur Einhaltung des § 28 Abs. 3 bis 3b sowohl bei der Erhebung, Speicherung, Veränderung oder Nutzung von Adressdaten als auch bei deren Übermittlung. § 28 betrifft die Datenverarbeitung für eigene Zwecke und betrifft damit den geschäftsmäßig handelnden Adresshandel nicht, mag seine Tätigkeit auch im Satz 1 des § 28 Abs. 3 erwähnt sein (vgl. § 28 Rn. 47). Erst durch die Verweisungen sind die Vorschriften, die den für eigene Zwecke Werbenden betreffen, entsprechend auf geschäftsmäßige Übermittlung anzuwenden.

10.2 Damit gilt auch hier zunächst der Grundsatz, dass die Verarbeitung oder Nutzung für Zwecke des Adresshandels nur zulässig ist, wenn der Betroffene eingewilligt hat. Gleichwohl kann das Verbot mit Erlaubnisvorbehalt des § 4 Abs. 1 nicht

§ 29 Geschäftsmäßige Datenerhebung und -speicherung

nur durch die Einwilligung, sondern auch durch die Verarbeitung und Nutzung gestattende Erlaubnistatbestände des BDSG aufgehoben werden. Dabei stellt sich hier jedoch die Frage, inwieweit die in § 28 Abs. 3 enthaltenen Erlaubnistatbestände für Adresshändler greifen können (Wronka, RDV 2009, 247).

33 **10.3** § 28 Abs. 1 Satz 2 Nr. 1 erhält einen Erlaubnistatbestand für Adressdaten, die im Rahmen des § 28 Abs. 1 Satz 1 Nr. 1, d. h. für die Begründung, Durchführung oder Beendigung eines **rechtsgeschäftlichen oder rechtsgeschäftsähnlichen Schuldverhältnis** erhoben wurden. Derartiges liegt z. B. vor, wenn der Adresshändler ein Preisausschreiben, Gewinnspiel etc. veranstaltet mit dem Ziel die Daten der Teilnehmer für sein Werbegeschäft einsetzen zu können. Die Vorschrift erlaubt zunächst die Nutzung der Daten für Werbung für eigene Produkte; eine Absicht, die hier ausscheidet. § 28 Abs. 3 erlaubt aber auch die Daten für die Werbung für Produkte Dritter (**Empfehlungswerbung**) zu **nutzen** oder sie Dritten für deren Werbezwecke zu **übermitteln**. Der Betroffene ist gem. § 4 Abs. 3 Satz 1 auf diese Zweckbestimmung und gleichzeitig auf sein Widerspruchrecht hinzuweisen.

34 **10.4** Neben den Daten aus einer Beziehung nach Absatz 1 Satz 1 Nr. 1 erlaubt § 28 Abs. 3 Satz 2 Nr. 1 derartige Nutzungen oder Übermittlungen für Daten, die aus **allgemein zugänglichen** Adress-, Rufnummern-, Branchen- oder vergleichbaren **Verzeichnissen** entnommen wurden (vgl. § 28 Rn. 52).

35 **10.5** Zulässig ist ferner die Erhebung, Speicherung, Veränderung oder Nutzung und Übermittlung von Daten, die der **Werbung** für Produkte und Leistungen **im beruflichen Bereich** des Betroffenen dienen sollen. Gleiches gilt für zur **Spendenwerbung** bestimmte Adressdaten.

36 **10.6** Nicht zum Zwecke der Übermittlung werden Adresshändler tätig, wenn sie die Werbesendung als „Lettershop" unter Einsatz ihrer oder fremder Datenbestände (hier im Rahmen einer Auftragsverarbeitung erfolgenden Nutzung der verantwortlichen Stelle, vgl. § 28 Rn. 58) auf den Weg bringen oder Adressen durch Abgleich verschiedener Adressbestände vor der angesprochenen Vermarktung strukturieren (vgl. Gola/Reif, Kundendatenschutz, Rn. 50, 730). Die Transparenzpflicht der Deutlichmachung des Absenders ist einzuhalten.

36a **10.7** Wie im Zusammenhang mit der Regelung des § 28 Abs. 3 (dort Rn. 47) deutlich gemacht wurde, können Adresshändler nicht mehr mit „Daten handeln", die ihnen von Versandhäusern etc. übermittelt wurden. § 28 Abs. 3 enthält keine Übermittlungsbefugnis zwecks Vermarktung der Daten durch den Empfänger (Wronka, RDV 2009, 251; Wedde in: DKWW, BDSG § 18 Rn. 11; die Aussage von Meltzian (DB 2009, 2643), dass sich durch die Neugestaltung des Listenprivilegs für Adresshändler nichts geändert habe, mag Vorstellung der Urheber des Gesetzes gewesen sein, entspricht aber nicht der gesetzlichen Regelung). Adresshändler bedürfen daher der Einwilligung der Betroffenen (ebenso LfD Niedersachsen XX. TB (2008–2011), S. 22; vgl. auch Drewes, RDV 2011, 18; ferner bei Bahr, Rechts des Adresshandels, 2011, Rn. 463 ff., 546 ff., 702 ff., der die Handlungsspielräume des Adresshändlers mit dem aus dem Gesetz nicht ableitbaren mutmaßlichen Willen des Gesetzgebers begründet, wobei er einräumt, dass jedwede Interpretation des Querverweises in § 29 Abs. 1 und 2 zu unüberbrückbaren Widersprüchen führt). Daraus mag sich die abweichende Auffassung der Mehrheit der Aufsichtsbehörden begründen (vgl. Ilgenfritz, RDV 2013, 18, weil § 28 Abs. 3 Satz 4 keine Aussage zu den möglichen Empfängern von Daten enthalte; anders wiederum Plath in: Plath, BDSG § 29 Rn. 21 und § 28 Rn. 107, wonach der Begriff Adresshandel ein Unterfall des Begriffs der Werbung sei, so dass er sämtliche Befugnisse des § 28 Abs. 3 auch Adresshändlern einräumt).

36b **10.8** Kein geschäftsmäßiger Adresshandel, sondern der Tatbestand des § 28 liegt vor, wenn ein Unternehmensverkauf erfolgt bzw. ein Unternehmen, das seine Tätigkeit einstellt, als letzten Akt seine Kundendaten verkauft (vgl. Gola/Reif, Kundenda-

Geschäftsmäßige Datenerhebung und -speicherung § 29

tenschutz, Rn. 745 ff.). Während im ersten Fall der Geschäftsfortführung die Kundendaten, sofern keine besonderen Schweigepflichten bestehen, nach Einräumung einer Widerspruchsfrist übermittelt werden dürfen, ist im zweiten Fall nur die Übermittlung der Listendaten gestattet. Erfolgt im Rahmen einer Fusion eine Gesamtrechtsnachfolge, ist das übernehmende Unternehmen nicht Dritter (Selk, RDV 2009, 254).

11. Übermittlung durch Veröffentlichung von Verzeichnungen über Adressen, Rufnummern, Branchen etc.

11.1 Da sich die **Veröffentlichung** von Adressdaten als „gesteigerte" Form der 37 Übermittlung i. S. v. § 3 Abs. 4 Nr. 3 darstellt (vgl. § 3 Rn. 33), erfasst § 4 Abs. 1 auch Verlage, die Adress-, Rufnummern- oder sonstige entsprechende Verzeichnisse gleichgültig in welcher Form herausgeben. § 29 Abs. 3 enthält keine Aussage über die Zulässigkeit derartiger Veröffentlichungen. Insoweit ist auf Absatz 2 abzustellen, sofern nicht ausnahmsweise das Medienprivileg des § 41 Abs. 1 greift (vgl. § 41 Rn. 10). **Absatz 3** legt vielmehr nur fest, dass eine Vervielfältigung des eine allgemein zugängliche Quelle bildenden Verzeichnisses bei entgegenstehendem Willen dann zu unterbleiben hat, wenn dieser Wunsch aus dem Ursprungsverzeichnis hervorgeht. Der Wille des Betroffenen kann auch dahin gehen, dass er zwar in gedruckten, aber nicht in elektronischen Verzeichnissen publiziert wird.

11.2 Erforderlich ist, dass der entgegenstehende Wille aus dem zugrunde liegen- 38 den Verzeichnis ersichtlich ist. Besteht eine Regelung hierzu, wie es für die Anbieter von **Telekommunikationsdiensten** in § 104 TKG der Fall ist, wird das dem Betroffenen eingeräumte Selbstbestimmungsrecht durch Absatz 3 – unter der Voraussetzung, dass Nachfolgeverzeichnisse nach Urheberrecht etc. überhaupt zulässig sind – auch für die für die Erstellung des Nachfolgeverzeichnisses verantwortliche Stelle verbindlich. Der gegenüber dem Telekommunikationsdienstunternehmen geäußerte Wille ist also auch von solchen Unternehmen zu beachten, die Telefonverzeichnisse als öffentliche Quellen nutzen zwecks Herstellung und Vertrieb einer CD-ROM. Die Verletzung der Verpflichtung ist eine Ordnungswidrigkeit nach § 43 Abs. 1 Nr. 7.

11.3 Da derartige Verzeichnisse weitgehend auch der **Werbung** dienen, könnte 39 sich nunmehr die Frage stellen, ob der Herausgeber der Verweisung in Absatz 2 Satz 2 unterliegt, d. h. ob er bei seiner Publikation die Regelungen des § 28 Abs. 3 bis 3b zu beachten hat. Dies wäre jedoch ein Zirkelschluss, da § 28 Abs. 1 Satz 2 Nr. 1 gerade derartige Verzeichnisse als Quelle der für Werbezwecke zu verwendenden Daten benennt.

12. Zweckbindung bei dem Empfänger

12.1 In **Absatz 4** wird ferner hinsichtlich der Verarbeitung und Nutzung über- 40 mittelter Daten auf § 28 Abs. 4 und 5 verwiesen. Der Hinweis auf § 28 Abs. 4 macht deutlich, dass der Betroffene auch gegenüber einem Adresshändler von seinem **Werbewiderspruchsrecht** Gebrauch machen kann. Daneben verweist Abs. 4 auf den Abs. 5 des § 28. Diese Verweisung geht jedoch teilweise ins Leere, da § 28 Abs. 5 wiederum durch den im Rahmen des § 29 ebenfalls anzuwendenden § 28 Abs. 3 Satz 8 verdrängt wird.

12.2 Nach § 28 Abs. 5 darf der die Daten empfangende Dritte die übermittelten 41 Daten zunächst „nur" für den Zweck nutzen, der die Zulässigkeit der Übermittlung begründete. Ihm ist jedoch – und nunmehr unter den Zulässigkeitstatbeständen des § 28 Abs. 2 und 3 – gestattet, die Daten für andere Zwecke zu verarbeiten oder zu

§ 29 Geschäftsmäßige Datenerhebung und -speicherung

nutzen. Die Zulässigkeit der **Zweckänderung** nach § 28 und nicht nach § 29 beruht auf der Überlegung, dass der Empfänger der Daten diese regelmäßig für eigene Zwecke verarbeitet und nutzt.

42 **12.3** Für zu Zwecken der **Werbung** übermittelte Daten gilt die Möglichkeit der Zweckänderung jedoch nach § 28 Abs. 3 Satz 8 nicht, da hier eine absolute Zweckbindung vorgeschrieben ist (vgl. § 28 Rn. 69; zur strittigen Anwendung für den Adresshandel, Bahr, Recht des Adresshandels, 2011, Rn. 703 ff.).

43 **12.4** Auch die geschäftsmäßigen Datenverarbeiter haben eine diesbezügliche **Hinweispflicht,** durch die dem Empfänger gleichzeitig deutlich gemacht wird, dass die Daten aus einer Datei stammen und dass das BDSG und die Zweckbindung des § 28 Abs. 5 nunmehr gem. § 27 Abs. 2 (a. A. Schaffland/Wiltfang, BDSG § 28 Rn. 158 f.) auch bei nichtdateigebundener Speicherung Anwendung findet (vgl. hierzu im Einzelnen § 27 Rn. 13).

44 **12.5** Übermittelt also eine Wirtschaftsauskunftei Daten zwecks Überprüfung der Bonität im Kreditgeschäft, so dürfen die Daten auch unter dem Erlaubnistatbestand des § 28 Abs. 1 Satz 1 Nr. 2 auf Grund entgegenstehender schutzwürdiger Interessen nicht für Personalentscheidungen verwendet werden. Erfolgt eine rechtswidrige Zweckentfremdung durch Übermittlung, so stellt dies – auch wenn die Auskunftsdaten z. B. in einer Akte gespeichert wurden – ggf. eine Straftat nach § 44 Abs. 1 und Abs. 2 dar.

45 **12.6** Ggf. werden jedoch auch zwischen dem Datenübermittler und dem Empfänger vertraglich Datenverwendungsverbote vereinbart, die die vom BDSG erlaubte Zweckänderung ausschließen. Dies geschieht zumeist aus wirtschaftlichen Überlegungen, indem der Empfänger (so bei der vorübergehenden Bereitstellung eines Adressenbestandes für Werbezwecke) die Daten eben nur für einen bestimmten Zweck und ggf. befristet nutzen darf oder sich einem strikten Weitergabeverbot unterwirft. Ob hieraus auch der Betroffene Rechte ableiten kann, hängt von der Zielrichtung der vertraglichen Verpflichtung ab (vgl. Gola/Wronka, RDV 2007, 51 zum evtl. vorliegenden Vertrag zu Gunsten bzw. mit Schutzwirkungen zugunsten Dritter).

13. Bearbeitung von Bonitätsanfragen aus der EU

46 **Absatz 6** verpflichtet unter dem Gesichtspunkt der wirtschaftlichen Chancengleichheit eine Stelle, die geschäftsmäßig Daten zur Bewertung der Kreditwürdigkeit speichert, Auskunftsersuchen aus allen Mitgliedstaaten der EU gleich zu behandeln. Dies gilt jedoch nicht für „geschlossene" also z. B. konzerninterne Auskunfts- oder Warnsysteme, da hier dem Konzern nicht angehörende inländische Firmen ausgeschlossen sind. Branchenwarnsysteme, die jedem deutschen anfragenden Mitglied der Branche offen stehen, müssen auch Firmen aus anderen Ländern der EU akzeptieren.

14. Information des Betroffenen über infolge Negativauskunft erteilter Kreditablehnung

47 Die Regelung des **Absatz 7** des § 29 stellt einen weiteren Schritt zur Transparenz gegenüber den Betroffenen dar. Wird einem Verbraucher, d. h. einem nicht geschäftlich handelnden Betroffenen (§ 13 BGB) der Abschluss eines Darlehensvertrages infolge der Negativauskunft einer Auskunftei abgelehnt, so ist er über die Einholung und den Inhalt der Auskunft zu informieren. Als Darlehnsvertrag kennzeichnet Art. 3 Buchst. c der Verbraucherrichtlinie (vgl. Rn. 1), „einen Vertrag, bei dem der Kreditgeber einem Verbraucher einen Kredit in Form eines Zahlungsaufschubs,

Geschäftsmäßige Datenerhebung und -speicherung § 29

eines Darlehens oder einer sonstigen ähnlichen Finanzierungshilfe gewährt oder zu gewähren verspricht". Gleiches gilt für einen Vertrag über eine entgeltliche Finanzierungshilfe. Mit entgeltlicher Finanzierungshilfe sind Vereinbarungen gemeint, z. B. über eine Stundung der Kaufpreiszahlung (kaufe jetzt, zahle später) oder eine Gewährung der Zahlung in Raten. Der Teilzahlungspreis muss höher sein als der Bargeldpreis (vgl. auch §§ 499, 506 BGB).

§ 30 Geschäftsmäßige Datenerhebung und -speicherung zum Zweck der Übermittlung in anonymisierter Form

(1) ¹Werden personenbezogene Daten geschäftsmäßig erhoben und gespeichert, um sie in anonymisierter Form zu übermitteln, sind die Merkmale gesondert zu speichern, mit denen Einzelangaben über persönliche oder sachliche Verhältnisse einer bestimmten oder bestimmbaren natürlichen Person zugeordnet werden können. ²Diese Merkmale dürfen mit den Einzelangaben nur zusammengeführt werden, soweit dies für die Erfüllung des Zwecks der Speicherung oder zu wissenschaftlichen Zwecken erforderlich ist.

(2) Die Veränderung personenbezogener Daten ist zulässig, wenn
1. kein Grund zu der Annahme besteht, dass der Betroffene ein schutzwürdiges Interesse an dem Ausschluss der Veränderung hat, oder
2. die Daten aus allgemein zugänglichen Quellen entnommen werden können oder die verantwortliche Stelle sie veröffentlichen dürfte, soweit nicht das schutzwürdige Interesse des Betroffenen an dem Ausschluss der Veränderung offensichtlich überwiegt.

(3) Die personenbezogenen Daten sind zu löschen, wenn ihre Speicherung unzulässig ist.

(4) § 29 gilt nicht.

(5) § 28 Abs. 6 bis 9 gilt entsprechend.

Literatur: Vgl. die Hinweise zu § 29.

Übersicht

	Rn.
1. Allgemeines	1
2. Zulässigkeit der Erhebung, Verarbeitung und Nutzung	3
3. Rechte der Betroffenen	13
4. Sanktionen	14

1. Allgemeines

1.1 Die Bestimmung enthält spezielle datenschutzrechtliche Vorgaben für Stellen, die von ihnen erhobene Daten speichern und derart nutzen, dass sie durch entsprechende Auswertungen gewonnene **aggregierte Daten** an Dritte übermitteln. Dies sind in der Regel Zahlen und keine unter das BDSG fallenden personenbezogene Daten. Gleichwohl behalten die verantwortlichen Stellen das personenbezogene oder personenbeziehbare Basis-Datenmaterial in ihrem Besitz. Werden Daten von Interviewern bei bestimmten ausgewählten Personen erhoben und direkt ohne Personenbezug eingespeichert, so sind die Daten personenbezogen, die der Interviewer – wenn auch aus dem Gedächtnis – noch bestimmten Betroffenen zuordnen kann. Werden Daten unmittelbar anonym erhoben (z. B. mit dem Ausfüllen nicht mehr erkennbar lassenden, per Post versandten Fragebogens) greift § 30 nicht. Werden die bei bekannten bzw. sogar gezielt ausgesuchten Personen erhobenen Daten bereits bei der Speicherung anonymisiert, so gilt das Gleiche, da die keiner weiteren Verarbeitung dienende **manuelle Erhebung** nicht vom BDSG erfasst wird (§ 1 Abs. 2 Nr. 3) (vgl. aber auch Ehmann in: Simitis, BDSG § 30 Rn. 39 ff., der für die allein personenbezogene Erhebung nach § 4 Abs. 1 die Einwilligung fordert. Dazu dass diese jedenfalls von einem nach § 4 Abs. 3 informierten Befragten als erteilt unterstellt werden kann vgl. nachstehend Rn. 5).

Geschäftsmäßige Datenerhebung und -speicherung **§ 30**

1.2 § 30 ist nachrangig zu der lex specialis des § 30a für Markt- und Meinungsfor- 2
schung. Erfolgt die Erhebung, um Daten für eigene Zwecke anonymisiert auszuwerten, greift § 28 (Taeger in: Taeger/Gabel, BDSG § 30 Rn. 5). Bei geschäftsmäßiger Verarbeitung mit dem Ziel personenbezogener Übermittlung bildet § 29 den Zulässigkeitsmaßstab.

1.3 § 30 ist vorrangig gegenüber der ansonsten für Forschungsaktivitäten gelten- 2a
den Spezialregelungen des § 40, sofern die Forschungseinrichtung **kommerziell** tätig ist (vgl. § 27 Rn. 4) und **geschäftsmäßig** (zu dem Begriff vgl. § 29 Rn. 6) anonymisierte Auswertungen personenbezogener Daten übermittelt (Ehmann in: Simitis, BDSG § 30 Rn. 5). Liegt keine geschäftsmäßige, sondern reine „ideelle" Forschungstätigkeit vor, so greift die privilegierende Norm des § 40. Die verantwortliche Stelle kann sowohl geschäftsmäßig nach § 30 wie auch wissenschaftlich nach § 40 tätig sein (z. B. ein Pharmaunternehmen, das eine organisatorisch eigenständige Forschungsabteilung hat, vgl. hierzu § 40 Rn. 7a). Sollen die Daten beiden Zwecken dienen, müssen gesonderte Dateien angelegt werden, da nach § 40 für wissenschaftliche Zwecke gespeicherte Daten nur für diesen Zweck genutzt werden dürfen, für Zwecke nach § 30 aber eine **gesonderte Speicherung** der den Personenbezug ermöglichenden Merkmale vorgeschrieben ist. Nicht unter § 30, sondern unter § 28 fallen zu eigenen Marketingzwecken betriebene unternehmensinterne Data-Mining-Recherchen zur Ermittlung der Kundenprofile (vgl. § 28 Rn. 43 ff.).

2. Zulässigkeit der Erhebung, Verarbeitung und Nutzung

2.1 § 30 enthält keine Aussage dazu, unter welchen **Voraussetzungen** die **Erhe-** 3
bung und **Speicherung** der personenbezogenen Daten zum Zwecke anonymisierter Übermittlung zulässig ist. Für die Erhebung und Verwendung personenbezogener Daten zum Zweck der Markt- und Meinungsforschung enthält § 30a eine Sonderregelung. Im Übrigen kommt mangels gesetzlicher Regelung nur eine Einwilligung des Betroffenen in Betracht (Hanloser in: Wolff/Brink, DatenschutzR, BDSG § 30 Rn. 16). Allein wenn die Daten, die der Ansprache der Betroffenen dienen sollen, aus einer nach den §§ 28 oder 29 zulässigen Übermittlung stammen, wird von dem Erfordernis der Einwilligung u. a. unter Hinweis auf de Verarbeitungserleichterungen in Absatz 2 Nr. 2 verzichtet Dies gilt auch für aus allgemein zugänglichen Quellen entnommene Daten (vgl. Ehmann in: Simitis, BDSG § 30 Rn. 43; Weichert in: DKWW, BDSG § 30 Rn. 4) Rechte der Betroffenen werden durch seine Widerspruchsrechte aus § 28 Abs. 4 bzw. § 29 Abs. 4 gewahrt.

2.2 Absatz 1 schreibt die File-Trennung, d. h. die gesonderte Speicherung der 4
Identifizierungsdaten von den Einzelangaben aus der Befragung, vor (dazu ausführlich Ehmann in: Simitis, BDSG § 30 Rn. 54 ff.). Realisiert werden muss die in § 3 Satz 2 beschriebene Pseudonymisierung (zur unmittelbaren Anwendung der Norm vgl. Weichert in: DKWW, BDSG § 30 Rn. 2; dazu Hanloser in: Wolff/Brink, DatenschutzR, BDSG § 30 Rn. 22). Gleichwohl behalten die Daten beim Normadressaten den Personenbezug, während er bei den Empfängern der anonymisierten Auswertungsergebnisse nicht besteht (damit wird die relative Theorie des Personenbezugs bestätigt; vgl. § 3 Rn. 14ff.).

2.3 Eine ggf. ausnahmsweise beabsichtigte Übermittlung der gespeicherten Daten 5
in nicht anonymisierter Form gestattet § 30 nicht. § 30 Abs. 1 Satz 2 schließt diese Phase der Datenverarbeitung vielmehr generell aus. Soweit nicht die Sonderregelung des § 30a Anwendung findet, kann unter Beachtung des informationellen Selbstbestimmungsrechts auch eine **Einwilligung** des Betroffenen nicht völlig ausscheiden. Die per Einwilligung legitimierte Übermittlung des Betroffenen kann aber nur ausnahmsweise relevant werden, da ansonsten der Tatbestand des § 30 nicht mehr erfüllt wäre und § 29 zur Anwendung käme.

497

§ 30 Geschäftsmäßige Datenerhebung und -speicherung

6 **2.4** Sollen die Daten in **anonymisierter Form** (vgl. hierzu § 3 Rn. 43 f.) **übermittelt** werden, so ist dies ohne weiteres zulässig, da die Daten ihre Eigenschaft als „personenbezogene" Daten nach § 3 Abs. 1 verloren haben, so dass das in § 4 Abs. 1 aufgestellte Verbot mit Erlaubnisvorbehalt nicht greift. Die Daten sind ohne Personenbezug übermittelt, wenn der Personenbezug für den Empfänger nicht mehr herstellbar ist (§ 3 Abs. 6; vgl. ausführlich § 3 Rn. 43 f.). Auch die Anonymisierung selbst ist keine eine Erlaubnis benötigende Nutzung, Veränderung oder Löschung der betroffenen Daten (Hanloser in: Wolff/Brink, DatenschutzR, BDSG § 30 Rn. 36).

7 **2.5** Nach **Absatz 1 Satz 2** ist eine **Verknüpfung** der **getrennt gespeicherten Daten,** d. h. eine erneute Nutzung der Daten in personenbezogener Form – auch ohne spezielle Einwilligung des Betroffenen – zulässig, wenn der generelle Speicherungszweck, in den der Betroffene eingewilligt hat, dies von vornherein so vorgesehen hat und dies erfordert. Der Zweck der Speicherung braucht sich nicht in der Verwendung der Daten für ein einziges Vorhaben zu erschöpfen; er kann zusätzlich darin bestehen, die Daten später zu anderen Zwecken, z. B. der Erstellung von **Trendanalysen** zu verwenden. Sofern dabei auf das Basismaterial zurückgegriffen werden muss, ist dies dann durch die Zweckbestimmung gedeckt, wenn der Betroffene bei Erteilung der Einwilligung entsprechend informiert wurde. Eine ggf. wiederholte Zusammenführung der Daten ergibt sich aus dem Zweck der Speicherung u. a. bei **Langzeitstudien,** bei denen Verhaltens- oder Meinungsänderungen befragter Personen festgestellt werden sollen.

8 **2.6** Bei der erneuten Zusammenfügung zu **wissenschaftlichen Zwecken** muss die Erforderlichkeit der wissenschaftlichen Auswertung sich bei der verantwortlichen Stelle selbst ergeben, die Daten dürfen nicht zu Forschungszwecken an Dritte übermittelt werden. Der wissenschaftliche Zweck darf jedoch andersartig sein als der ursprüngliche Zweck der Speicherung. Stellt der wissenschaftliche Zweck ein eigenständiges Forschungsvorhaben dar, greift für seine Durchführung § 40. Sobald der Zweck nach Absatz 1 Satz 2 erweitert ist, sind die Daten zu anonymisieren.

9 **2.7** Für das **Verändern** der gespeicherten personenbezogenen Daten enthält **Absatz 2** zwei Zulässigkeitstatbestände. Nach **Nr. 1** genügt es, wenn eine pauschale Prüfung auf der Grundlage des bei der verantwortlichen Stelle vorhandenen Wissens ein entgegenstehendes schutzwürdiges Interesse nicht erkennen lässt, d. h. ein entgegenstehendes Interesse **offensichtlich** überwiegt (zur erforderlichen Interessenabwägung vgl. § 28 Rn. 24 ff.). Die in **Nr. 2** enthaltene Zulässigkeitsregelung entspricht den bereits in §§ 28 Abs. 1 Nr. 3, 29 Abs. 1 Nr. 1 enthaltenen erleichterten Zulässigkeitsbedingungen. Verlieren die Daten durch in diesem Bereich übliche Aggregierung den Personenbezug, so unterliegt die entsprechende Nutzung nicht mehr dem BDSG (zum Tatbestand der durch die **File-Trennung** gesondert gespeicherten Datenbeständen vgl. bei Ehmann in: Simitis, BDSG § 30 Rn. 75 ff.).

10 **2.8** Bei unzulässiger Speicherung verlangt **Absatz 3** die **Löschung** der Daten. Die Löschungspflicht besteht nur hinsichtlich der den Personenbezug ermöglichenden Daten, da der verbleibende anonymisierte Bestand nicht den Regelungen des BDSG unterliegt. Die Speicherung kann von Anfang an unzulässig sein, wenn z. B. die Einwilligung nicht vorlag. Die Unzulässigkeit kann auch später eingetreten sein, z. B. weil die Einwilligung **widerrufen** wurde. Die Regelung des Absatzes 3 ist jedoch, nachdem § 35 Abs. 2 sowieso Anwendung findet, im Grunde überflüssig (vgl. Rn. 13).

11 **2.9** Die in **Absatz 4** ausdrücklich verfügte Nichtanwendung des § 29 hat zur Folge, dass **Mischnutzungen** der Daten, d. h. z. B. eine gleichzeitig aus § 29 gerechtfertigte im Rahmen einer Auskunftstätigkeit entfällt (Ehmann in: Simitis, BDSG § 30 Rn. 91; a. A. Hanloser in: Wolff/Brink, DatenschutzR, BDSG § 30 Rn. 7 f., der eine multiple Zwecksetzung jedenfalls bei der Erhebung zulässt; vgl. auch Kamlah in: Plath, BDSG § 30 Rn. 22, wonach ein Unternehmen, das Daten

Geschäftsmäßige Datenerhebung und -speicherung §30

nach § 29 Abs. 1 erhoben hat, nachfolgend nach § 29 Abs. 2 und § 30 vorgehen kann). Sofern die Daten beim Betroffenen erhoben wurden, kann sich die einzuholende Einwilligung aber auch auf diese weitere Zweckbestimmung beziehen. Im umgekehrten Fall steht das BDSG mangels Personenbezug des Nutzungsergebnisses nicht entgegen, dass ein nach § 29 tätiges Unternehmen, aus seinen Datenbeständen anonyme Erkenntnisse herausfiltert und übermittelt.

2.10 Absatz 5 erstreckt den Schutz, den das BDSG den **besonderen Arten** 12 **personenbezogener Daten** (§ 3 Abs. 9) gewährt, auf auch Verarbeitungen im Rahmen des § 30, d. h. abgesehen vom Fall der „ausdrücklichen" Einwilligung (§ 4a Abs. 3) kann die weitere Verarbeitung nach Absatz 2 nur im Rahmen der Tatbestände des § 28 Abs. 6 bis 9 erfolgen, was z. B. eine Verarbeitung von aus öffentlichen Quellen entnehmbaren Daten ausschließt. Die Daten müssen vielmehr von dem Betroffenen offensichtlich öffentlich gemacht worden sein (§ 28 Abs. 6 Nr. 2). Ansonsten passt die Verweisung für Tatbestände des § 30 nur bedingt.

3. Rechte der Betroffenen

Die Rechte aus §§ 33–35 sind mangels anderer Regelung auch gegenüber den 13 nach § 30 tätigen Stellen gegeben. Da die Speicherung jedoch der Einwilligung bedarf, erfolgt schon auf diesem Wege die ansonsten nach § 33 ggf. erforderliche Information des Betroffenen. Auskunfts- und Korrekturrechte stehen dem Betroffen uneingeschränkt zu.

4. Sanktionen

Die unterlassene Pseudonymisierung bleibt sanktionsfrei, während die entgegen 14 § 30 Abs. 1 Satz 2 rechtswidrige Zusammenführung der getrennten Einzelangaben nach § 43 Abs. 2 Nr. 6 Nr. 1 bußgeldbewehrt und nach § 44 Abs. 1 strafbewehrt ist.

§ 30a Geschäftsmäßige Datenerhebung und -speicherung für Zwecke der Markt- oder Meinungsforschung

(1) ¹Das geschäftsmäßige Erheben, Verarbeiten oder Nutzen personenbezogener Daten für Zwecke der Markt- oder Meinungsforschung ist zulässig, wenn
1. kein Grund zu der Annahme besteht, dass der Betroffene ein schutzwürdiges Interesse an dem Ausschluss der Erhebung, Verarbeitung oder Nutzung hat, oder
2. die Daten aus allgemein zugänglichen Quellen entnommen werden können oder die verantwortliche Stelle sie veröffentlichen dürfte und das schutzwürdige Interesse des Betroffenen an dem Ausschluss der Erhebung, Verarbeitung oder Nutzung gegenüber dem Interesse der verantwortlichen Stelle nicht offensichtlich überwiegt.

²Besondere Arten personenbezogener Daten (§ 3 Absatz 9) dürfen nur für ein bestimmtes Forschungsvorhaben erhoben, verarbeitet oder genutzt werden.

(2) ¹Für Zwecke der Markt- oder Meinungsforschung erhobene oder gespeicherte personenbezogene Daten dürfen nur für diese Zwecke verarbeitet oder genutzt werden. ²Daten, die nicht aus allgemein zugänglichen Quellen entnommen worden sind und die die verantwortliche Stelle auch nicht veröffentlichen darf, dürfen nur für das Forschungsvorhaben verarbeitet oder genutzt werden, für das sie erhoben worden sind. ³Für einen anderen Zweck dürfen sie nur verarbeitet oder genutzt werden, wenn sie zuvor so anonymisiert werden, dass ein Personenbezug nicht mehr hergestellt werden kann.

(3) ¹Die personenbezogenen Daten sind zu anonymisieren, sobald dies nach dem Zweck des Forschungsvorhabens, für das die Daten erhoben worden sind, möglich ist. ²Bis dahin sind die Merkmale gesondert zu speichern, mit denen Einzelangaben über persönliche oder sachliche Verhältnisse einer bestimmten oder bestimmbaren Person zugeordnet werden können. ³Diese Merkmale dürfen mit den Einzelangaben nur zusammengeführt werden, soweit dies nach dem Zweck des Forschungsvorhabens erforderlich ist.

(4) § 29 gilt nicht.

(5) § 28 Absatz 4 und 6 bis 9 gilt entsprechend.

Literatur: *Hornung/Hofmann,* Die Zulässigkeit der Markt- und Meinungsforschung nach Datenschutz- und Wettbewerbsrecht, WRP 2014, 776 (Teil 1), 910 (Teil 2).

Übersicht

	Rn.
1. Allgemeines	1
2. Anwendungsbereich	3
3. Zulässigkeit der Erhebung, Verarbeitung und Nutzung	4
4. Zweckbindung	5
5. Anonymisierung, besondere Arten personenbezogener Daten, Widerspruch	6
6. Sanktionen	8

Geschäftsmäßige Datenerhebung und -speicherung § 30a

1. Allgemeines

1.1 Die **geschäftsmäßige Markt- und Meinungsforschung** hat in § 30a eine 1
eigenständige, ihr Handeln erleichternde Zulässigkeitsregelung erhalten. Ihre Tätigkeit bedarf nicht der Einwilligung, sondern kann auf auf ihre Belange abgestellte Erlaubnistatbestände abstellen (vgl. Gesetzesbegründung, BT-Drs. 16/13657, S. 33: „Sie stellt für öffentliche und private Auftraggeber mittels wissenschaftlicher Methoden und Techniken notwendige Informationen als empirische Grundlage und zur Unterstützung wirtschaftlicher, gesellschaftlicher und politischer Entscheidungen bereit und schafft damit eine wichtige Voraussetzung für die nachhaltige demokratische und wirtschaftliche Entwicklung der Bundesrepublik Deutschland"). Geschäftsmäßigkeit ist hiernach gegeben, wenn eine auf Wiederholung gerichtete Tätigkeit vorliegt und diese einen dauernden oder doch wiederkehrenden Bestandteil der Aktivitäten der Daten verarbeitenden Stelle bildet (vgl. § 29 Rn. 6 ff.). Führt ein Unternehmen hinsichtlich seiner Produktplanung eine Marktforschungsaktion durch, ist § 28 anzuwenden (Munz in: Taeger/Gabel, § 30a Rn. 5).

1.2 Unter dem Stichwort Markt- und Meinungsforschung firmierende Kunden- 1a
ansprachen, die ein Unternehmen als Nachfrage nach der Kundenzufriedenheit zur Förderung seiner Kundenbeziehungen betreibt, ist als Werbung zu bewerten (vgl. § 28 Rn. 43; zur Unzulässigkeit bei telefonischer Befragung Gola/Reif, RDV 2009, 105; großzügiger Pflüger, RDV 2010, 101). Maßgebend ist, ob die Absatzförderung im Vordergrund der Befragung steht (OLG Köln, RDV 2013, 316).

1.3 § 30a wurde in das BDSG aufgenommen, um als Sonderregelung zu den §§ 28 2
und 29 den Besonderheiten der Markt- und Meinungsforschung besser gerecht zu werden. Eine Regelung über die Zulässigkeit der Erhebung und Verwendung personenbezogener Daten zu diesen Zwecken fehlte bislang für Fälle, in denen – wie bei der Markt- und Meinungsforschung üblich – eine Übermittlung in anonymisierter Form beabsichtigt ist. Bislang wurden solche Daten auf der Grundlage einer Einwilligung erhoben und verwendet (s. dazu 9. Aufl., § 30 Rn. 3 ff.). Für die Datenerhebung mittels Befragung des Betroffenen ist dies weiterhin eine gängige Erlaubnis, zumal die Einwilligung von einem informierten Befragten in der Regel konkludent erteilt sein wird. Anderseits kann die Auswahl von Personen für Befragungen zwangsläufig hierauf nicht beruhen (Kamlah in: Plath, BDSG § 30a Rn. 3). Durch die Einführung einer gesetzlichen Befugnis für Markt- und Meinungsforschungsinstitute wird die Initiative auf den Betroffenen verlagert, der nur durch einen aktiven **Widerspruch** die Erhebung und Verwendung von Daten zu seiner Person verhindern kann.

2. Anwendungsbereich

Entgegen ihrer Überschrift, die nur die Erhebung und Speicherung aufführt, 3
gilt die Vorschrift für die geschäftsmäßige Erhebung, Verarbeitung und Nutzung personenbezogener Daten für Zwecke der Markt- und Meinungsforschung. **Markt- und Meinungsforschung** unterscheiden sich voneinander im Wesentlichen durch ihre unterschiedliche Zielrichtung. Während es bei der Meinungsforschung allgemein um die Ermittlung von Meinungen und Stimmungen der Bevölkerung oder Teilen davon geht, dient die Marktforschung der Informationsgewinnung über Märkte, auf denen Unternehmen tätig sind (vgl. Ehmann in: Simitis, BDSG § 29 Rn. 67 ff.). Die Verfahren sind für beide Forschungen gleich. Es werden zunächst durch **Befragung von Personen** Daten ermittelt, die anschließend statistisch aufbereitet und bewertet werden.

3. Zulässigkeit der Erhebung, Verarbeitung und Nutzung

4 3.1 Absatz 1 enthält zwei Zulässigkeitsalternativen, die denen des § 29 Abs. 1 nachgebildet sind. Auf das in § 29 Abs. 1 enthaltene Erfordernis, dass die Erhebung und Verwendung der Daten den dort genannten Zwecken dienen muss, wurde hier verzichtet. Gleichwohl ist der **Datenumfang** auch bei der Markt- und Meinungsforschung auf das für die **jeweilige Forschung nötige Maß** zu beschränken. Eine darüber hinausgehende Erhebung und Verwendung widerspräche den Grundsätzen der Erforderlichkeit und Zweckbindung (Art. 6 EG-DatSchRL). Im Übrigen entsprechen die Zulässigkeitsvoraussetzungen der Nummern 1 und 2 – trotz zum Teil etwas unterschiedlicher Formulierung (vgl. Kamlah in: Plath, BDSG § 30a Rn. 17) – denen des § 29 Abs. 1. Auf die Kommentierung zu § 29 wird insoweit verwiesen. Die Erhebung, Verarbeitung oder Nutzung hat nach Satz 1 Nr. 1 zu unterbleiben, wenn Grund zur Annahme besteht, dass der Betroffene ein schutzwürdiges Interesse an dem Unterbleiben hat. Bei aus öffentlichen Quellen entnehmbaren oder veröffentlichungsfähigen Daten, muss das entgegenstehende Interesse offensichtlich überwiegen (vgl. hierzu im Einzelnen § 28 Rn. 31 f.).

4a 3.2 Satz 2 enthält eine Sonderregelung für **besondere Arten personenbezogener Daten**. Diese dürfen nur zweckgebunden für ein bestimmtes Forschungsvorhaben erhoben, verarbeitet oder genutzt werden. Eine Vorratsspeicherung ist unzulässig, mag auch das Forschungsziel weit formuliert werden können. Daraus kann nicht allgemein abgeleitet werden, dass andere Daten stets auch für noch unbestimmte Forschungsvorhaben erhoben werden können (vgl. Kamlah in: Plath, BDSG § 30a Rn. 20 und 24). Abs. 1 Satz 1 stellt zwar auf Zwecke der Markt- und Meinungsforschung insgesamt ab (Forgó in: Wolff/Brink, DatenschutzR, BDSG § 30a Rn. 24), erlaubt die Verarbeitung oder Nutzung auch hier ggf. nach Absatz 2 Satz 2 nur für einen bei der Erhebung festgelegten Zweck. Es bleibt also auch für die anderen Daten bei dem allgemeinen Grundsatz, dass sie nur für einen bestimmten Forschungszweck erhoben werden dürfen (a. A. Forgó in: Wolff/Brink, DatenschutzR, BDSG § 30a Rn. 23 ff.; Munz in: Taeger/Gabel, BDSG § 30a Rn. 1).

4. Zweckbindung

5 Absatz 2 sieht für die nach Absatz 1 erhobenen Daten eine gestufte Zweckbindung vor. Sind die Daten aus **allgemein zugänglichen Quellen** erhoben worden oder dürfte die verantwortliche Stelle sie veröffentlichen (Absatz 1 Nr. 2), dürfen sie anschließend für jegliche Zwecke der Markt- und Meinungsforschung verarbeitet oder genutzt werden. Alle übrigen personenbezogenen Daten unterliegen einer strengeren Zweckbindung. Sie dürfen nur für das Forschungsvorhaben verwendet werden, für das sie erhoben worden sind. Der Ausnahme in Absatz 2 Satz 3 kann nur eine deklaratorische Bedeutung zukommen, da es sich bei den dort genannten absolut (im Sinne der ersten Alternative des § 3 Abs. 6) anonymisierten Daten nicht mehr um personenbezogene Daten handelt (zur Relativität des Begriffs vgl. § 3 Rn. 10). Eine Verwendung der nach Absatz 1 erhobenen personenbezogenen Daten für andere Zwecke als zur Markt- und Meinungsforschung ist durch Absatz 2 gänzlich ausgeschlossen.

5. Anonymisierung, besondere Arten personenbezogener Daten, Widerspruch

6 5.1 Gegenüber § 30 Abs. 1 sieht Absatz 2 einen weitergehenden Schutz der gespeicherten Daten vor, indem er die **frühestmögliche Anonymisierung** der

Geschäftsmäßige Datenerhebung und -speicherung § 30a

Daten vorschreibt. Die **getrennte Speicherung** von Identifizierungsdaten und Einzelangaben aus der Befragung nach Absatz 3 Satz 2 bewirkt keine Anonymisierung, sondern lediglich eine Pseudonymisierung (dazu näher § 30 Rn. 7). Für die Anonymisierung ist eine Löschung der reinen Identifizierungsdaten, z. B. Name, Anschrift, Geburtstag, nicht immer ausreichend. Die Anonymität der gespeicherten Daten i. S. d. § 3 Abs. 6 ist erst hergestellt, wenn auch aus den Einzelangaben, die aus der Befragung des Betroffenen gewonnen wurden, keine Rückschlüsse auf die Person des Betroffenen möglich sind. Die unbefugte Zusammenführung von Identifizierungsmerkmalen mit Einzelangaben ist nach § 43 Abs. 2 Nr. 6 bußgeldbewehrt. Absatz 4 enthält die Klarstellung, dass § 30a eine Sonderregelung zu § 29 ist. Die Regelung entspricht § 30 Abs. 4 und stellt sicher, dass ein Rückgriff auf § 29 ausgeschlossen ist. Absatz 5 erstreckt den Schutz für besondere Arten personenbezogener Daten auch auf die Erhebung und Verwendung von Daten zu Zwecken der Markt- und Meinungsforschung. Die Verweisung auf § 28 Abs. 6 bis 9 schränkt die in Absatz 1 Satz 2 erlaubte Verarbeitung sensibler Daten ein. § 28 Abs. 6 Nr. 4 erlaubt die Verarbeitung derartiger Daten für Zwecke der wissenschaftlichen Forschung, wozu auch Aktivitäten nach § 30a zählen können.

5.2 In Absatz 5 wird zudem auf § 28 Abs. 4 verwiesen. Demnach sind – wie 7 Absatz 4 aber auch selbst schon aussagt, die Pflichten zur Belehrung über das Widerspruchsrecht und die Beachtung eines jederzeit ausübbaren Widerspruchs auch hier gültig. Das Widerspruchsrecht besteht nicht mehr, wenn die Daten anonymisiert wurden. Für den Anwendungsbereich des TMG regelt § 15 Abs. 3 TMG den Widerspruch gegenüber Marktforschungsuntersuchungen, bei Telekommunikation ist § 95 Abs. 2 TKG lex specialis.

6. Sanktionen

Bußgeldbewehrt ist die nach Abs. 3 Satz 3 unzulässige Zusammenführung (§ 43 8 Abs. 2 Nr. 6). Für den Verstoß gegen die in Abs. 6 verwiesenen Bestimmungen des § 28 Abs. 4 s. § 28 Rn. 64.

§ 31 Besondere Zweckbindung

Personenbezogene Daten, die ausschließlich zu Zwecken der Datenschutzkontrolle, der Datensicherung oder zur Sicherstellung eines ordnungsgemäßen Betriebes einer Datenverarbeitungsanlage gespeichert werden, dürfen nur für diese Zwecke verwendet werden.

Literatur: *Kort,* Datenschutzrechtliche und betriebsverfassungsrechtliche Fragen bei IT-Sicherheitsmaßnahmen, NZA 2011, 1319; *Leopold,* Protokollierung und Mitarbeiterdatenschutz, DuD 2006, 274; *Rost,* Funktion und Zweck des Protokollierens, DuD 2007, 731; *Runge,* Protokolldaten zwischen Sicherheit und Rechtmäßigkeit, CR 1994, 710; *Thomsen/Rost,* Zentraler Protokollservice, DuD 2006, 292; *Wedde,* Protokollierung und Arbeitnehmerdatenschutz, DuD 2007, 752.

Übersicht

	Rn.
1. Allgemeines	1
2. Umfang der Zweckbindung	5
3. Beschäftigtendaten	8
4. Landesrecht	10

1. Allgemeines

1 **1.1** Die Vorschrift entspricht der für den öffentlichen Bereich maßgebenden Regelung des § 14 Abs. 4 (vgl. § 14 Rn. 27 ff.). § 31 enthält ein **Zweckentfremdungsverbot** für Daten, die ausschließlich für Zwecke der Datenschutzkontrolle, der Datensicherung oder zur Sicherung des ordnungsgemäßen Betriebs der DVA gespeichert sind. Sie dürfen nicht für andere Zwecke verwendet werden, d. h. verarbeitet oder genutzt werden. Insoweit besteht also ein striktes **Zweckbindungsgebot** (vgl. dazu Runge, CR 1994, 710, zur Realisierung Thomsen/Rost, DuD 2006, 292).

2 **1.2** Diese Verwendungsbeschränkung gilt für alle Adressaten des 3. Abschnitts, also auch für Stellen, die die Daten im Rahmen der vorgenannten Aufgabenstellungen erhalten, wie Sachverständige, Betriebsrat, der Datenschutzbeauftragte oder Versicherungsunternehmen (Dammann in: Simitis, BDSG § 31 Rn. 4).

3 **1.3** Die genannten Zweckbestimmungen sind teilweise identisch, bzw. überschneiden sich. Maßnahmen der **Datensicherung** dienen ggf. sowohl der **Datenschutzkontrolle**, d. h. der Gewährleistung des Persönlichkeitsrechts gem. § 1 Abs. 1 wie der **Datensicherheit**, d. h. dem Schutz der Daten vor Verlust, Zerstörung etc., wie auch dem **ordnungsgemäßen Betriebsablauf** der DVA. Bei der Installation der Maßnahmen gilt das Verhältnismäßigkeitsgebot (vgl. LDI Saar, 21. TB, S. 85 = RDV 2008, zur Videoüberwachung eines Serverraumes; ferner § 9 Rn. 7 ff.).

4 **1.4** Ob, da das Gesetz von gespeicherten Daten spricht, alle personenbezogenen Daten betroffen sind, die auf einem Datenträger gleich welcher Art, d. h. auch auf manuell geführten Protokollen, auf Anwesenheitslisten oder Empfangsbescheinigungen festgehalten sein sollen, erscheint fraglich (so Dammann in: Simitis, BDSG § 31 Rn. 5). Vielmehr wird § 31 wohl auch nur unter dem Anwendungsbereich des § 27 Abs. 1 Geltung haben (so von Lewinski in: Wolff/Brink, DatenschutzR, BDSG § 31 Rn. 9; Weichert in: DKWW, BDSG § 31. Rn. 3).

4a **1.5** Nicht in § 31 geregelt ist die Erlaubnis, primär zu anderen Zwecken gespeicherte Daten auch zu Zwecken der Datenschutzkontrolle oder Datensicherung zu verwenden oder zu Kenntnis zu nehmen. Die Berechtigung zur Zweckänderung ergibt sich aus § 32d Abs. 1 Nr. 2 i. V. m. § 9. Dies gilt auch für zunächst für Beschäf-

Besondere Zweckbindung **§ 31**

tigungszwecke gespeicherte Daten. Diesbezüglich bestimmt die spezielle Regelung des § 106 Abs. 3 BBG, dass für Zwecke der Personalverwaltung gespeicherte Daten auch für Zwecke der Datenschutzkontrolle verwendet werden dürfen. Gleiches gilt, soweit im Rahmen der Datensicherung oder der Sicherung des ordnungsgemäßen Betriebs eines Datenverarbeitungssystems eine nach dem Stand der Technik nicht oder nur mit unverhältnismäßigem Aufwand zu vermeidende Kenntnisnahme erfolgt.

1.6 Eine den § 31 ergänzende Zweckbindung von in Zusammenhang mit Daten- **4b** schutzpflichten verarbeiteten Daten enthält § 6 Abs. 3 hinsichtlich der Daten, die im Zusammenhang mit der Wahrnehmung der Betroffenen bei Wahrnehmung ihrer Rechte verwendet werden (vgl. § 6 Rn. 8a ff.).

2. Umfang der Zweckbindung

2.1 Nur **ausschließlich** zur Datenschutzkontrolle gespeichert sind solche Daten, **5** die von der verantwortlichen Stelle zwar nicht mehr benötigt werden, und nur noch gespeichert sind, um ggf. die Zulässigkeit der erfolgten Verarbeitungen und Zugriffe überprüfen zu können. Die Entscheidung, dass die Daten nur dieser Zweckbestimmung dienen, muss bei ihrer Erhebung getroffen worden sein (§ 28 Abs. 1 Satz 2). Häufig wird sie Gegenstand einer Betriebsvereinbarung sein. Die strikte Zweckbindung besteht nur, wenn die Daten „ausschließlich" zu den genannten Zwecken gespeichert wurden. Das Gesetz schreibt nicht vor, dass dies so sein muss. Die Entscheidung trifft vielmehr die verantwortliche Stelle. Jedenfalls wäre es von vorneherein nicht unzulässig, im Rahmen der Zugangskontrolle gespeicherte Zutritts- und Abgangsdaten auch für die Zwecke der Arbeitszeiterfassung und Vergütungsabrechnung zu nutzen. Eine **nachträgliche Änderung** der Zweckbestimmung mit dieser Zielrichtung wäre jedoch unzulässig, selbst wenn die Voraussetzungen für eine Nutzungsänderung nach § 28 vorliegen würden (vgl. Hess. LDSB, 14. TB, S. 32); es sei denn, eine spezielle Rechtsnorm gestattet sie. Dazu gehören auch Auskunftspflichten gegenüber der Aufsichtsbehörde nach § 38. Noch im Rahmen der Zweckbestimmung liegt die Übermittlung der Daten an Strafverfolgungsbehörden zur Verfolgung von Datenschutzverstößen (Weichert in: DKWW, BDSG § 31 Rn. 4).

2.2 § 31 erlaubt auch sog. Annexvereinbarungen, d.h. eine Verhaltenskontrolle, **6** die auf die Ermittlung unbefugter Datenverarbeitung gerichtet ist und darf und muss dann ggf. auch Anlass für die erforderlichen Personalmaßnahmen sein (von Lewinski in: Wolff/Brink, DatenschutzR, BDSG § 31 Rn. 28). Jedoch dürfen andere, nicht auf Datenschutzverletzungen gerichtete Kontrollen bzw. Auswertungen nicht stattfinden. Gleichwohl getroffene Feststellungen (z. B. auf Grund der Zugangskontrolldaten werden Verstöße gegen die Arbeitszeitregelungen festgestellt) dürfen nicht zum Nachteil des Arbeitnehmers verwendet werden. Zur Sicherung vor Zweckentfremdung kann die Pseudonymisierung von Protokolldaten dienen (Bizer, DuD 2006, 271). Verwendet werden dürfen die Daten auch zur Rechtsverteidigung, d.h. wenn behaupteter Verstoß gegen den Datenschutz widerlegt werden muss (von Lewinski in: Wolff/Brink, DatenschutzR, BDSG § 31 Rn. 35).

2.3 Ist die ausschließliche Zweckbestimmung des § 31 nicht gegeben, so greift **7** nicht die ansonsten geltende Ausnahme von der Benachrichtigungspflicht nach § 33 Abs. 2 Nr. 2, 2. Alt. und von der Auskunftspflicht gem. § 34 Abs. 4.

3. Beschäftigtendaten

3.1 Bei den in § 31 angesprochenen Daten wird es sich weitgehend um sog. **8** **Benutzerdaten,** d. h. also auch um Daten von Arbeitnehmern handeln, die bei

§ 31 Besondere Zweckbindung

der Datenverarbeitung tätig sind. Da es um Kontrollen mit Bezug auf die Durchführung des Beschäftigungsverhältnisses geht, handelt es sich um Beschäftigtendaten i.S.v. § 3 Abs. 12. Die automatisierte Verarbeitung solcher Mitarbeiterdaten unterliegt der **Mitbestimmung** durch die Mitarbeitervertretungen (§ 87 Abs. 1 Nr. 6 BetrVG bzw. § 75 Abs. 3 Nr. 17 BPersVG), da durch die Auswertung dieser Daten eine Kontrolle von Leistung oder Verhalten der Beschäftigten bewirkt wird oder jedenfalls möglich ist (so grundlegend BAG im Bildschirmarbeitsplatzbeschluss, NJW 1984, 1476; Nachweise zur Entwicklung der Rechtsprechung bei Gola, ArbuR 1988, 105; Heither, BB 1988, 1049; sowie für das Personalvertretungsrecht Battis/Schulte-Trux, CR 1991, 353). Die Mitbestimmung greift auch, wenn die Datenspeicherung Folge der in § 9 nebst Anlage vorgeschriebenen Maßnahmen ist, da dem Arbeitgeber regelmäßig auch insoweit ein gewisser Regelungsspielraum verbleibt.

9   3.2 Die Mitbestimmung wird regelmäßig durch Abschluss einer **Betriebs-/Dienstvereinbarung** ausgeübt, die dann eine dem BDSG gem. § 4 Abs. 1 vorrangige Erlaubnis- bzw. Verbotsnorm darstellt (vgl. § 4 Rn. 10). Es gehört zu den in der Praxis von den Mitarbeitervertretungen angestrebten und üblicherweise auch vereinbarten Klauseln, eine dem § 31 entsprechende Zweckbindung ausdrücklich vorzusehen, d. h. eine Auswertung der Benutzerdaten zum Zwecke einer allgemeinen Leistungs- und Verhaltenskontrolle ausdrücklich zu untersagen (vgl. die Fragen der Mitbestimmung Wedde, DuD 2007, 732).

4. Landesrecht

10   Einige Landesdatenschutzgesetze enthalten dem § 31 wortgleiche bzw. entsprechende Regelungen, § 11 Abs. 5 BlnDSG; § 12 Abs. 4 BremDSG; § 13 Abs. 5 HDSG; § 10 Abs. 4 NDSG; § 13 Abs. 6 LDSG RPf; § 10 Abs. 4 DSG-LSA; § 13 Abs. 6 LDSG S-H; § 20 Abs. 4 ThürDSG. Darüber hinaus ist auf die bereichsspezifischen Arbeitnehmerdatenschutzregelungen hinzuweisen, die festlegen, dass Beschäftigtendaten, die im Rahmen von Maßnahmen zur Datensicherung gespeichert wurden, nicht zu anderen Zwecken, insbesondere nicht zur Leistungs- und Verhaltenskontrolle genutzt werden dürfen (§ 29 Abs. 4 BbgDSG; § 20 Abs. 6 BremDSG; § 28 Abs. 7 HmbDSG; § 34 Abs. 6 HDSG; § 35 Abs. 7 DSG M-V; § 29 Abs. 6 DSG NRW; § 31 Abs. 5 LDSG RPf; § 31 Abs. 5 SDSG; § 28 Abs. 4 DSG-LSA; § 23 Abs. 2 LDSG S-H). Diese Regelung ist auch deshalb angezeigt, weil sonst eine Ungleichbehandlung gegenüber den anderweitig Beschäftigten eintreten würde.

§ 32 Datenerhebung, -verarbeitung und -nutzung für Zwecke des Beschäftigungsverhältnisses

(1) ¹Personenbezogene Daten eines Beschäftigten dürfen für Zwecke des Beschäftigungsverhältnisses erhoben, verarbeitet oder genutzt werden, wenn dies für die Entscheidung über die Begründung eines Beschäftigungsverhältnisses oder nach Begründung des Beschäftigungsverhältnisses für dessen Durchführung oder Beendigung erforderlich ist. ²Zur Aufdeckung von Straftaten dürfen personenbezogene Daten eines Beschäftigten nur dann erhoben, verarbeitet oder genutzt werden, wenn zu dokumentierende tatsächliche Anhaltspunkte den Verdacht begründen, dass der Betroffene im Beschäftigungsverhältnis eine Straftat begangen hat, die Erhebung, Verarbeitung oder Nutzung zur Aufdeckung erforderlich ist und das schutzwürdige Interesse des Beschäftigten an dem Ausschluss der Erhebung, Verarbeitung oder Nutzung nicht überwiegt, insbesondere Art und Ausmaß im Hinblick auf den Anlass nicht unverhältnismäßig sind.

(2) Absatz 1 ist auch anzuwenden, wenn personenbezogene Daten erhoben, verarbeitet oder genutzt werden, ohne dass sie automatisiert verarbeitet oder in oder aus einer nicht automatisierten Datei verarbeitet, genutzt oder für die Verarbeitung oder Nutzung in einer solchen Datei erhoben werden.

(3) Die Beteiligungsrechte der Interessenvertretungen der Beschäftigten bleiben unberührt.

Literatur: *Barton*, Risiko-/Compliance-Management und Arbeitnehmerdatenschutz – eine nach wie vor unbefriedigende Kollisionslage – Anmerkung zu § 32 BDSG, RDV 2009, 200; *Bausewein*, Erzwingbarkeit von Personalgesprächen, RDV 2012, 139; *Bayreuther*, Einstellungsuntersuchungen, Fragerecht und geplantes Beschäftigtendatenschutzgesetz, NZA 2010, 679; *Beckschulze/Natzel*, Das neue Beschäftigtendatenschutzgesetz, BB 2010, 2368; *Brandt*, BDSG-Novelle – was bringen die Änderungen dem Beschäftigten?, AiB 2009, 542; *Deutsch/Diller*, Die geplante Neuregelung des Arbeitnehmerschutzes in § 32 BDSG, DB 2009, 1462; *Erfurt*, Der neue Arbeitnehmerdatenschutz im BDSG, NJOZ 2009, 2914; *Ertel*, Das Fragerecht des Arbeitgebers, DuD 2012, 126; *Forst*, Der Regierungsentwurf zur Regelung des Beschäftigtendatenschutzes, NZA 2010, 1043; *Goepfert/Wilke*, Recherchen des Arbeitgebers in sozialen Netzwerken nach dem geplanten Beschäftigtendatenschutzgesetz, NZA 2010, 1329; *Gola*, Die Erhebung von Bewerberdaten – ein Vergleich der geltenden Rechtslage mit eventuell künftigem Recht, RDV 2011, 109; *ders.*, EU-Datenschutzgrundverordnung und der Beschäftigtendatenschutz, RDV 2012, 80; *Gola/Jaspers*, § 32 BDSG – eine abschließende Regelung?, RDV 2009, 212; *Grenzenberg/Schreibauer/Schuppert*, Die Datenschutznovelle II, K&R 2009, 535; *Hauschka*, Korruption, Datenschutz und Compliance, NJW 2010, 331; *Heinson/Sörup/Wybitul*, Der Regierungsentwurf zur Neuregelung des Beschäftigtendatenschutzes, CR 2010, 751; *Koch/Francke*, Mitarbeiterkontrolle durch systematischen Datenabgleich zur Korruptionsbekämpfung, NZA 2009, 646; *Körner*, Regierungsentwurf zum Arbeitnehmerdatenschutz, AuR 2010, 416; *Kort*, Zum Verhältnis von Datenschutz und Compliance im geplanten Beschäftigtendatenschutzgesetz, DB 2011, 651; *ders.*, Lückenhafte Reform des Beschäftigtendatenschutzes, MMR 2011, 294; *Mähner*, Neuregelung des § 32 BDSG zur Nutzung personenbezogener Mitarbeiterdaten am Beispiel der Deutsche Bahn AG, MMR 2010, 379; *Oberwetter*, Soziale Netzwerke im Fadenkreuz des Arbeitsrechts, NJW 2011, 417; *Polenz*, Fehlverhaltenskontrolle am Arbeitsplatz, DuD 2009, 561; *Rolf/Stöhr*, Datenerhebung im Arbeitsverhältnis und Beweisverwertung – Überlegungen im Hinblick auf die Neugestaltung des Datenschutzes, RDV 2012, 119; *Schild/Tinnefeld*, Entwicklungen im Arbeitnehmerdatenschutz, DuD 2009, 469; *Schmidt*, Arbeitnehmerdatenschutz nach § 32 BDSG, RDV 2009, 193; *ders.*, Datenschutz im Arbeitsverhältnis, NZA 2009, 865; *Schuler*, Gesetz zum Beschäftigtendatenschutz, DuD 2011, 126; *Schüßler/Zöll*, EU-Datenschutzgrundverordnung und Beschäftigtendatenschutz, DuD 2013, 639; *Seifert*, Videoüberwa-

§ 32 Datenerhebung, -verarbeitung und -nutzung

chung im künftigen Beschäftigtendatenschutzrecht – was bleibt, was geht, was kommt?, DuD 2011, 98; *Thüsing,* Verbesserungsbedarf beim Beschäftigtendatenschutz, NZA 2011, 16; *ders.,* Licht und Schatten im Entwurf eines Beschäftigtendatenschutzgesetzes, RDV 2010, 147; *Thüsing/Forst,* Der geplante Beschäftigtendatenschutz: strenger oder großzügiger als das geltende Recht?, RDV 2011, 163; *Tinnefeld/Petri/Brink,* Aktuelle Fragen um ein Beschäftigtendatenschutzgesetz, MMR 2010, 727; *dies.,* Aktuelle Fragen zur Reform des Beschäftigtendatenschutzes, MMR 2011, 427; *Vogel/Glas,* Datenschutzrechtliche Probleme unternehmensinterner Übermittlungen, DB 2009, 1747; *Wybitul,* Das neue Bundesdatenschutzgesetz: Verschärfte Regelungen für Compliance und interne Ermittlungen, BB 2009, 1582; *ders.,* Wie geht es weiter mit dem Beschäftigtendatenschutz?, ZD 2013, 99.

Zu Einzelfragen: *Adams,* Die Einstellung des Arbeitnehmers unter besonderer Berücksichtigung des öffentlichen Dienstes, ZTR 2003, 158; *Barton,* E-Mail-Kontrolle durch den Arbeitgeber, CR 2003, 839; *Beckschulze,* Internet-, Intranet- und E-Mail-Einsatz am Arbeitsplatz, DB 2007, 1526; *ders.,* Internet und E-Mail-Einsatz am Arbeitsplatz, DB 2009, 2097; *Bergwitz,* Verdeckte Videoüberwachung – weiterhin zulässig, NZA 2012, 1205; *Boemke,* Fragerecht des Arbeitnehmers nach Mitgliedschaft im Arbeitgeberverband?, NZA 2004, 142; *Breinlinger/Kräder,* Whistleblowing – Chancen und Risiken bei der Umsetzung von anonym nutzbaren Hinweissystemen, RDV 2006, 60; *Bourguignon,* Geheime Videoüberwachung auch ohne konkreten Verdacht, BB 2012 1087; *Conrad,* Transfer von Mitarbeiterdaten zwischen verbundenen Unternehmen, ITRB 2005, 164; *Dann/Gestell,* Geheime Mitarbeiterkontrollen: Straf- und arbeitsrechtliche Risiken bei unternehmensinterner Aufklärung, NJW 2008, 2945; *Däubler,* Gläserne Belegschaften? – Die Verwendung von Gendaten im Arbeitsverhältnis, RDV 2003, 7; *ders.,* Persönlichkeitsschutz des Arbeitnehmers im Internet, DuD 2013, 759; *Diller,* „Konten-Ausspäh-Skandal" bei der Deutschen Bahn: Wo ist der Skandal?, BB 2009, 438; *Diller/Deutsch,* Arbeitnehmerdatenschutz kontra Due Diligence, K& R 1998, 16; *Diller/Schuster,* Rechtsfragen der elektronischen Personalakte, DB 2008, 393; *Ehrich,* Fragerecht des Arbeitgebers bei Einstellungen und Folge der Falschbeantwortung, DB 2000, 421; *Franzen,* Die Zulässigkeit der Erhebung und Speicherung von Gesundheitsdaten der Arbeitnehmer nach dem novellierten BDSG, RDV 2003, 1; *Gola,* Die Erhebung und Verarbeitung „besonderer Arten personenbezogener Daten" im Arbeitsverhältnis, RDV 2001, 125; *ders.,* Die Frage nach dem Verhinderungsfall – ein Versuch zur Umgehung unzulässiger Datenerhebung?, RDV 2000, 202; *Gola/Wronka,* Arbeitnehmerdatenverarbeitung beim Betriebs-/Personalrat und der Datenschutz, NZA 1991, 790; *Hohenstatt/Stamer/Hinrichs,* Background Checks von Bewerbern in Deutschland: Was ist erlaubt?, NZA 2006, 1065; *Hunold,* Die Frage nach der Verfügbarkeit von Arbeitnehmern, DB 2000, 573; *Jordan/Bissels/Löw,* Arbeitnehmerkontrolle im Call-Center durch Silent Monitoring und Voice Recording, BB 2008, 2626; *Joussen,* Si tacuisses – der aktuelle Stand zum Fragerecht des Arbeitgebers nach der Schwerbehinderung, NJW 2003, 2857; *Kamp,* Der Abgleich von Mitarbeiterdaten gegen Antiterrorlisten, IT-Sicherheit 1/2010, 58; *Kock/Francke,* Mitarbeiterkontrolle durch systematischen Datenabgleich zur Korruptionsbekämpfung, NZA 2009, 646; *Kort,* Die Stellung des Betriebsrats im System des Beschäftigtendatenschutzes, RDV 2012, 8; *Kratz/Gubbels,* Beweisverwertungsverbot bei privater E-Mail-Nutzung am Arbeitsplatz, NZA 2009, 652; *Lambrich/Cahlik,* Austausch von Arbeitnehmerdaten in multinationalen Konzernen – Datenschutz- und betriebsverfassungsrechtliche Rahmenbedingungen, RDV 2002, 287; *v. Lewinski,* Der gläserne Arbeitnehmer-Datenschutz im Arbeitsverhältnis, Heidelberger StudZR 2006, 425; *Lingemann/Göpfert,* Der Einsatz von Detektiven im Arbeitsrecht, DB 1997, 374; *Matties,* Arbeitnehmerüberwachung mittels Kamera, NJW 2008, 2219; *ders.,* Mitarbeiterüberwachung durch Ortung von Arbeitnehmern, K&R 2009, 14; *Mengel,* Kontrolle der E-Mail- und Internetkommunikation am Arbeitsplatz, BB 2004, 2014; *Meyer,* Ethikrichtlinien internationaler Unternehmen und deutsches Arbeitsrecht, NJW 2006, 3605; *Messingschläger,* Sind sie schwerbehindert? – das Ende einer unbeliebten Frage, NZA 2003, 301; *Müller,* Wer fragt, der führt oder Drum prüfe, wer sich ewig bindet, AiB 2007, 709; *Pötters,* Beschäftigtendaten in der Cloud, NZA 2013, 1055; *Raffler/Hellich,* Unter welchen Voraussetzungen ist die Überwachung von Arbeitnehmer-E-Mails zulässig?, NZA 1997, 862; *Rittweger/Schmidl,* Arbeitnehmerdatenschutz im Lichte des AGG, RDV 2006, 235; *Rolf/Rötting,* Google, Facebook & Co als Bewerberdatenbank für Arbeitgeber, RDV

Datenerhebung, -verarbeitung und -nutzung § 32

2009, 263; *Salvenmoser/Hauschka,* Korruption, Datenschutz und Compliance, NJW 2010, 331; *Schaub,* Ist die Frage nach der Schwerbehinderteneigenschaft noch zulässig?, NZA 2003, 299; *Schmidl,* Datenschutz für Whistleblowing-Hotlines, DuD 2006, 353; *Schuster,* Weitergabe von Arbeitnehmeranschriften – Verstoß gegen den Datenschutz?, RDV 1989, 157; *Steidle,* Datenschutz bei der Nutzung von Location Based Services im Unternehmen, MMR 2009, 167; *Thüsing,* Arbeitnehmerdatenschutz als Aufgabe von Gesetzgebung und Rechtsprechung, RDV 2009, 1; *Thüsing/Lambrich,* Das Fragerecht des Arbeitgebers – aktuelle Probleme eines klassischen Themas, BB 2002, 1146; *Thum/Szczesny,* Checks im Einstellungsverfahren, BB 2007, 2405; *Wedde,* Protokollierung und Arbeitnehmerdatenschutz, DuD 2007, 75; *ders.,* Lidl und die grundrechtsfreien Zonen, AiB 2008, 243; *Weichert,* Gesundheitsdaten unter Bewerbern und Beschäftigten, RDV 2007, 189; *ders.,* Drittauskünfte über Beschäftigte, AuR 2010, 100; *Wetzling/Habel,* Betriebliches Eingliederungsmanagement und Mitwirkung des Mitarbeiters, NZA 2007, 1129; *Wilke/Kiesche,* Neue Überwachungsformen in Call-Centern, CuA 4/2012, 5; *Woerz,* Arbeitnehmerdatenschutz beim Betriebsübergang, 2011; *Wolf/Mulert,* Die Zulässigkeit der Überwachung von E-Mail-Korrespondenz am Arbeitsplatz, BB 2008, 442; *Wybitul/Rauer,* EU-Datenschutzgrundverordnung und Beschäftigtendatenschutz, ZD 2012, 160; *Zilkens/Klett,* Datenschutz im Personalwesen, DuD 2008, 41; *v. Zimmermann,* Whistleblowing und Datenschutz, RDV 2006, 249.

Übersicht

Rn.

1. Allgemeines 1
2. Personeller Geltungsbereich 3
3. Sachlicher Geltungsbereich 6
4. Der Erlaubnistatbestand des § 32 Abs. 1 Satz 1 9
5. Die Begründung des Beschäftigungsverhältnisses 12
6. Die Durchführung des Beschäftigungsverhältnisses 16
7. Die Beendigung des Beschäftigungsverhältnisses 34
8. Datenweitergaben an die Mitarbeitervertretung 37
9. Der Erlaubnistatbestand des § 32 Abs. 1 Satz 2 39
10. Die Anwendung der Erlaubnisnorm des § 28 für „beschäftigungsfremde" Zwecke 45
11. Die Anwendung des § 28 bei Beschäftigungszwecken 49
12. Datenerhebung bei Dritten 55
13. Zweckänderung nach § 28 Abs. 2 Nr. 1 und 2 57
14. Beteiligungsrechte der Interessenvertretungen 61
15. Öffentlicher Dienst/Landesrecht 62

1. Allgemeines

1.1 Der 2009 in das BDSG eingefügte § 32 sollte der erste Schritt hin zu einer 1 umfassenden bereichsspezifischen Regelung sein. Der zweite Schritt sollte erfolgen, als die damalige CDU/FDP-Regierung im Februar 2011 einen Entwurf eines Gesetzes in das Parlament einbrachte, mit dem das BDSG um konkrete Vorschriften zum Beschäftigtendatenschutz ergänzt werden sollte (BT-Drs. 17/4230). Der Entwurf (zum Text nebst Kommentierung vgl. *Gola,* Datenschutz am Arbeitsplatz, 5. Aufl. und das vorstehende Literaturverzeichnis) stieß sowohl bei Gewerkschaften als auch bei Arbeitgebern auf massiven Widerstand. Aufgrund von Widerständen in der CDU-Fraktion wurde ein zwischen den Koalitionsfraktionen ausgehandelter Kompromissentwurf bis zum Ende der Legislaturperiode nicht mehr auf die Tagesordnung des Bundestages gesetzt. In der Koalitionsvereinbarung der seit Ende 2013 im Amt befindlichen CDU/SPD-Regierung wird das Thema zunächst zurückgestellt, weil vorrangig versucht werden soll, die Verabschiedung der im EU-Gesetzgebungs-

§ 32 Datenerhebung, -verarbeitung und -nutzung

verfahren befindlichen EU-DS-GVO zum Abschluss zu bringen. Nach ihrer Verabschiedung sollen die Nationalstaaten die Befugnis behalten, den Beschäftigtendatenschutz unter den Vorgaben der ansonsten unmittelbar geltenden Verordnung national zu regeln (Art. 82 EU-DS-GVO) (zu den Auswirkungen der EU-DS-GVO auf den Beschäftigtendatenschutz vgl. Gola, RDV 2012, 60; Wybitul/Fladung, BB 2012, 509).

2 **1.2** Als Rechtsgrundlage für im Arbeitsverhältnis benötigte Daten ist an die Stelle des § 28 Abs. 1 Satz 1 Nr. 1 der Zulässigkeitstatbestand des § 32 Abs. 1 getreten. Die Norm erfasst alle in einem abhängigen Beschäftigungsverhältnis stehende Personen gem. § 3 Abs. 11 (zum Einbezug der Beamten vgl. § 3 Rn. 39a und § 12 Rn. 7 f.). Inhaltliche Änderungen im Bereich des Arbeitnehmerdatenschutzes enthält die Norm nicht, zumindest soll dies nach der Gesetzesbegründung nicht der Fall sein (BT-Drs. 16/13 657, S. 27). § 32 konkretisiert die sich bereits nach § 28 Abs. 1 Abs. 1 Satz 1 aus der Zweckbestimmung einer vertraglichen Beziehung ergebende Zulässigkeit in Absatz 1 Satz 1 im Allgemeinen und in Absatz 1 Satz 2 im besonderen Fall. Obwohl der Wortlaut dies nicht erkennbar macht, ist § 32 keine abschließende Regelung für die Verarbeitung von Beschäftigtendaten (Gesetzesbegründung, BT-Drs. 16/13 657, S. 34, 35). § 32 Abs. 1 Satz 1 verdrängt nur die allgemeinere Norm des § 28 Abs. 1 Satz 1 Nr. 1 (strittig, vgl. nachstehend Rn. 45 f.). Gleiches soll für die Pflicht zur Dokumentation der die Verarbeitung rechtfertigenden Zweckbestimmung gelten, da diese bereits durch § 32 Abs. 1 Satz 1 vorgegeben sei (BT-Drs. 16/13 657, S. 34; vgl. die berechtigte Kritik von Thüsing, NZA 2009, 865).

2. Personeller Geltungsbereich

3 **2.1** Aufgabe des § 32 ist nach seiner Überschrift der Beschäftigtendatenschutz. Wer diesen Schutz genießen soll, legt § 3 Abs. 11 fest. Der Begriff erfasst alle bei einer verantwortlichen Stelle in einem **abhängigen Beschäftigungsverhältnis** stehende Personen. Aufgezählt werden die Arbeitnehmer im klassischen Sinne, d. h. Arbeiter und Angestellte. Die zur Berufsbildung Beschäftigten werden gesondert genannt. Es folgt ein weitgezogener Kreis von Personen, die eine arbeitnehmerähnliche Stellung haben (vgl. im Einzelnen § 3 Rn. 39b). Sodann wird der Datenschutz auf das Vorfeld bzw. auf die Zeit nach Ende des Arbeitsverhältnisses erstreckt, indem Bewerber für ein Beschäftigungsverhältnis sowie Personen, deren Beschäftigungsverhältnis beendet ist, genannt werden. Am Ende der Aufzählung, also nach der Benennung der Bewerber und Ausgeschiedenen folgen die Beamten, Richter, Soldaten und Zivildienstleistenden.

4 **2.2** Nicht aufgezählt sind Leiharbeitnehmer, da diese in keinem Beschäftigungsverhältnis mit dem Entleiher stehen, sondern Arbeitnehmer des Verleihers sind. Ob die wohl regelmäßig auch beim Entleiher stattfindenden Verarbeitungen der Daten von Leiharbeitnehmern nicht von § 32, sondern weiterhin von § 28 erfasst werden, ist fraglich. Der Entwurf zum Beschäftigtendatenschutzgesetz will die Frage in § 3 Abs. 13 Satz 2 BDSG-E klarstellend zu Gunsten der Leiharbeitnehmer entscheiden (zustimmend auch Seifert in: Simitis, BDSG § 32 Rn. 283; Weichert in DKWW, BDSG § 3 Rn. 67; ablehnend Forst, RDV 2014, 128; vgl. auch § 3 Rn. 59a).

5 **2.3** Nur wenig erkennbar ist der Nutzen, der für **Beamte** in die Einbeziehung der Zulässigkeitsnorm des § 32 gewonnen werden soll. In der Sache betrifft die Bestimmung nur Bundesbeamte, da die Regelung des § 1 Abs. 2 Nr. 2 auf Grund einschlägigen Landesrechts nicht zum Zuge kommt. § 32 befindet sich jedoch im 3. Abschnitt des BDSG, der nur für private verantwortliche Stellen gilt (§ 27 Abs. 1). Damit greift § 32 unmittelbar nur für den Sonderfall, dass ein Beamter bei einer nichtöffentlichen Stelle beschäftigt ist. Die Anwendung der einschlägigen Normen des 3. Abschnitts für den Regelfall der öffentlich Bediensteten wurde schon bisher

Datenerhebung, -verarbeitung und -nutzung § 32

durch die nach wie vor bestehende Verweisungsvorschrift des § 12 Abs. 4 erreicht. Jedoch kommt diese und das BDSG insgesamt für Beamtendaten nicht mehr zum Tragen, seitdem und soweit das **Personalaktenrecht** abschließend (BVerwG, RDV 2004, 272) bereichsspezifisch geregelt ist (§§ 106 ff. BBG). Nur soweit die Bestimmungen der §§ 106 ff. BBG nicht greifen, käme § 32 zum Zuge. Das erkannt auch die Gesetzesbegründung (BT-Drs. 16/13 657, S. 29 f.), indem sie darauf hinweist, dass § 32 nur noch Anwendung findet, wenn sich Beamtendaten in sog. **Sachakten** befinden. Dies gilt aber auch nur sehr eingeschränkt, da insoweit auch Regelungen des Beamtenrechts (§ 110 Abs. 4 BBG) und insoweit geltende Spezialregelungen (z. B. SÜG, BDO) bestehen.

3. Sachlicher Geltungsbereich

3.1 § 32 vereinheitlicht in Absatz 2 den Datenschutz im Personalwesen nur teilweise, d. h. Absatz 1 gilt zwar für **jede Form** der Erhebung bzw. Verarbeitung, d. h. auch für nicht unter den Dateibegriff fallende Personalvorgänge und -akten. Die ansonsten geltende Eingrenzung der Anwendung des 3. Abschnitts des BDSG auf **dateigebundene bzw. automatisierte** Verarbeitungen (§§ 1 Abs. 2 Nr. 2, 27 Abs. 1) wird aufgehoben. Die Verweisung gilt jedoch nicht für andere Zulässigkeitstatbestände oder für die Wahrnehmung von sich aus dem BDSG ergebender Betroffenenrechte (so das BAG zur Verneinung von BDSG Auskunftsrechten bei Personalakten; NZA 2011, 453; Däubler in: DKWW, BDSG § 32 Rn. 5, anders für die Benachrichtigungspflicht in BDSG § 33 Rn. 4 a). Riesenhuber (in: Wolff/Brink, DatenschutzR, BDSG § 32 Rn. 53; anders aber in Rn. 92 ff.) will entgegen dem Wortlaut und der Systematik aber entsprechend einer zugestandenermaßen sinnvollen Interpretation der Vorschriften eine Erweiterung des Anwendungsbereichs des BDSG auf Beschäftigungsverhältnisse bejahen, so dass auch der erste Abschnitt auf „manuelle" Beschäftigtendaten anzuwenden wäre. Nach der Gesetzessystematik würde das aber nur zutreffen, wenn die Regelung des § 32 Abs. 2 zum Inhalt des § 1 Abs. 2 Nr. 3 gemacht worden wäre. Durch die Regelung des Absatzes 2 stellt sich jedenfalls nicht mehr die Frage, ob an die Überführung von herkömmlicher Personalakten in **digitalisierte Form** besondere datenschutzrechtliche Zulässigkeitstatbestände zu berücksichtigen sind (vgl. Gola, RDV 2008, 135; Diller/Schuster, DB 2008, 393).

3.2 Die Verweisungsnorm des für **Beamtendaten** maßgebenden § 12 Abs. 4 enthielt bisher ebenso eine ausdrückliche Erweiterung der BDSG-Normen, diese aber auch für Benachrichtigungs-, Auskunfts- und Korrekturvorschriften auf die Fälle, in denen personenbezogene Daten weder automatisiert verarbeitet noch in nicht automatisierten Dateien verarbeitet oder genutzt oder dafür erhoben werden. Wohl im Hinblick auf die Regelung des § 32 Abs. 2 ist dieser Satz nunmehr entfallen, was für die Ansicht von Riesenhuber (s. obige Rn. 6) der Komplettübernahme des BDSG sprechen könnte. Nach ihrem Wortlaut gilt die Erweiterung in § 32 Abs. 2 jedoch nur für diese Bestimmung. Danach greifen die BDSG-Auskunfts- und Korrekturrechte bezüglich der ggf. noch unter den 3. Abschnitt fallenden Sachakten nur bei automatisierter bzw. dateigebundener Verarbeitung. Gewollt wird das wohl kaum sein, für die neuen Beschäftigtendatenschutznormen sollte diese Eingrenzung aufgehoben werden (§ 27 Abs. 3 BDSG-E). Auch die bereits bisher gestellte Frage nach der Festschreibung der Zweckbindung der dem Datenschutzkontrolle dienenden Beamtendaten bleibt nach wie vor offen, da sowohl § 14 als auch § 31 als nicht anwendbar erklärt werden. Das ergibt nur einen Sinn, wenn man diese Daten nicht zu dem in § 12 Abs. 4 genannten Datenkreis zählen würde.

3.3 Die Ausweitung des Anwendungsbereichs führt nicht zu einer befürchteten Ausdehnung des Datenschutzes auf „harmlose" Vorgänge (so aber Deutsch/Diller, DB 2009, 1462; Grentzenberg/Schreibauer/Schuppert, K&R 2009, 535 (539)).

6

7

8

§ 32 Datenerhebung, -verarbeitung und -nutzung

Nichts spricht dagegen, Protokolle eines **Vorstellungsgesprächs** (Däubler in: DKWW, BDSG § 32 Rn. 5), die Einsichtnahme durch Vorgesetzte in Personalakten (Stamer/Kuhnke in: Plath, BDSG § 32 Rn. 6 f.), die telefonische Datenerhebung bei dem früheren Arbeitgeber (Riesenhuber in: Wolff/Brink, DatenschutzR, BDSG § 32 Rn. 53) oder die Durchführung der Krankenkontrolle durch Detektive in die gesetzlichen Vorgaben des § 32 Abs. 1 einzubeziehen. Persönliche oder dem gesellschaftlichen Smalltalk zuzurechnende Gespräche zwischen Beschäftigten und Vorgesetzten finden nach wie vor außerhalb datenschutzrechtlicher Restriktionen statt.

4. Der Erlaubnistatbestand des § 32 Abs. 1 Satz 1

9   **4.1** Die nach § 28 Abs. 1 Nr. 1 Satz 1 maßgebende **Zweckbestimmung** eines rechtsgeschäftlichen Schuldverhältnisses wird für das Arbeitsverhältnis in § 32 Abs. 1 Satz 1 dahin konkretisiert, dass Beschäftigtendaten erhoben, verarbeitet oder genutzt werden dürfen, wenn dies im Rahmen der verschiedenen Phasen eines Arbeitsverhältnisses, d. h. seiner **Begründung, Durchführung oder Beendigung** erforderlich ist. Die Erlaubnisvorschrift gilt – abgesehen von dem Vorrang der Direkterhebung nach § 4 Abs. 3 – auch für **Datenerhebungen bei Dritten** (Schmidt, RDV 2009, 193; a. A. Vogel/Glas, DB 2009, 1747). Zu klären sind damit für die Zulässigkeitsprüfung zwei Tatbestände; nämlich zum einen, ob der Verwendungszweck z. B. der **Durchführung** des Arbeitsverhältnisses zuzuordnen ist und zum anderen, ob der Tatbestand der **Erforderlichkeit** erfüllt ist. Dabei spielt die Abgrenzung der zur Durchführung des Arbeitsverhältnisses erforderlichen Informationen eine entscheidende Rolle (vgl. bei Thüsing, NZA 2009, 865). Je restriktiver dieser Begriff gewählt wird, desto eher stellt sich die Frage des Rückgriffs auf § 28 Abs. 1 Satz 1 Nr. 2 (vgl. nachstehend Rn. 45 f.). Dieser greift, wenn die Verwendung der Information nicht mehr der „Durchführung" zugerechnet wird, wobei insoweit auch von einem „**beschäftigungsfremden Zweck**" gesprochen wird (Erfurth, NJOZ 2009, 2914; Schmidt, RDV 2009, 193).

10   **4.2** Der vom Gesetzgeber für die Bestimmung der Zulässigkeit nunmehr wieder gewählte Begriff der **Erforderlichkeit** ändert nichts an der bisherigen Rechtslage, auch wenn § 28 Abs. 1 Satz 1 Nr. 1 zuvor dahingehend undeutlicher formulierte, dass die Verarbeitung der Zweckbestimmung des (Arbeits-)Vertragsverhältnisses zu dienen hätte (vgl. § 28 Rn. 14 sowie 9. Auflage § 28 Rn. 13; a. A. Thüsing, NZA 2009, 865, der in der neuen Formulierung eine Erschwerung sieht). Erlaubt sind die Verarbeitungen, die für das Arbeitsverhältnis als geboten und nicht nur als „nützlich" zu bewerten sind (Däubler, NZA 2001, 874). Dieses Erfordernis besteht nicht, wenn von mehreren gleichermaßen wirksamen Maßnahmen, die den Arbeitnehmer stärker belastende gewählt wurde, wobei insoweit auch das Gebot der Datensparsamkeit des § 3 a zum Tragen kommt (zu Maßnahmen im Rahmen der Compliance Hauschka/Greve, BB 2007, 165). Das Interesse muss objektiv so stark sein, dass dahinter – im Wege einer **Interessenabwägung** nach dem Grundsatz der **Verhältnismäßigkeit** – das Interesse des Bewerbers am Schutz seines Persönlichkeitsrechts und an der Unverletzbarkeit seiner Privatsphäre zurücktreten muss (zu den Grundsätzen der Erforderlichkeit und Verhältnismäßigkeit vgl. Wolff in: Wolff/Brink, DatenschutzR, Syst. A Rn. 23 ff.). Andererseits steht dem Arbeitgeber aber auch im Rahmen seiner **Unternehmerfreiheit** ein **Entscheidungsspielraum** über die **Organisation betrieblicher Abläufe** zu, wobei auch wirtschaftliche Aspekte zum Tragen kommen dürfen (Erfurth, NJOZ 2009, 2914; BAG, NJW 2005, 313).

11   **4.3** Somit kann eine **Arbeitszeitkontrolle** auch dann automatisiert durchgeführt werden, wenn eine – ggf. weniger einschneidende Kontrolle – durch Personal nicht zweckmäßig erscheint. Gleiches gilt für die unbare **Gehaltszahlung**, auch wenn diese bei manueller Gehaltszahlung per Lohntüte ohne die nunmehr zwangsläufig

Datenerhebung, -verarbeitung und -nutzung § 32

verbundenen Datenübermittlungen an die Bank erfolgen würde (vgl. zur hieran geknüpften Kritik am Erforderlichkeitsprinzip Thüsing, NZA 2009, 865). Bei entsprechender Regelung ergibt sich die Erforderlichkeit der Übermittlung an die Bank unmittelbar aus der Zweckbestimmung des Vertrags. Gerechtfertigt ist aber nur die Übermittlung solcher Daten, ohne die die **Gehaltsüberweisung** nicht erfolgen kann.

5. Die Begründung des Beschäftigungsverhältnisses

5.1 Dass der Arbeitgeber die Daten von einem Bewerber erfragen darf, die er aus objektiver Sicht für eine sachgerechte Einstellungsentscheidung benötigt, und dass andererseits der Bewerber gehalten ist, auch ungefragt persönliche Umstände mitzuteilen, von denen ihm bewusst sein muss, dass deren Kenntnis für den Arbeitgeber relevant ist, hat die arbeitsgerichtliche Rechtsprechung in einer umfangreichen Kasuistik unter dem Begriffspaar „**Fragerecht und Offenbarungspflicht**" abgehandelt (vgl. Gola/Wronka, Handbuch Arbeitnehmerdatenschutz, Rn. 472 ff.). Die Grenze des Erhebungsrechts wird gezogen durch das Persönlichkeitsrecht des Bewerbers und speziell den ihm gesetzlich gewährten Diskriminierungsschutz (§ 1 AGG; § 75 Abs. 1 BetrVG). Dabei ist zu beachten, dass im sog. **Anbahnungsverhältnis** nicht verwendbare Informationen im laufenden Beschäftigungsverhältnis vom Arbeitgeber durchaus verarbeitet werden dürfen bzw. müssen (Schwangerschaft; Schwerbehinderteneigenschaft; Familienstand, Kinderzahl etc.). In jedem Falle dürfen Vorname, Name, Adresse, Festnetz- oder Mobilfunknummer sowie E-Mail-Adressen zur Identifizierung und zum Kontakt erhoben und gespeichert werden. 12

5.2 Maßgebend ist der Bezug zum konkreten Arbeitsverhältnis. So sind eventuelle **Vorstrafen** (BAG, NZA 2014, 1131 = RDV 2014, 331; NJW 2013, 1115; NZA 1999, 975) aus objektiver Sicht nur relevant, wenn sie Bezug zu der vom Arbeitnehmer zu übernehmenden Tätigkeit haben (zu erledigten Ermittlungsverfahren BAG, RDV 2013, 152). Ein polizeiliches Führungszeugnis, aus dem ggf. auch nicht mitzuteilende Vorstrafen erkennbar sind, kann abgesehen von den gesetzlich vorgegebenen Fällen (z. B. in § 30a Abs. 1 BZRG sowie § 72a SGB VIII bei kinder- und jugendnaher Tätigkeit; vgl. hierzu ULD-SH, TB 203, Ziff. 5.9.4) nur bei **Vertrauenspositionen**, bei denen die Rechtstreue an sich von Bedeutung ist, verlangt werden (Gola/Wronka, Handbuch Arbeitnehmerdatenschutz, Rn. 561). Die Frage nach den **Vermögensverhältnissen** ist generell berechtigt bei **Führungspositionen oder bei Arbeitsplatzbezogenheit,** d.h. wenn der Arbeitsplatz den selbstständigen Umgang mit Geld beinhaltet. Gefragt werden kann, ob Lohnpfändungen oder -abtretungen erfolgt sind, der Bewerber eine eidesstattliche Versicherung abgegeben hat oder ein privates Insolvenzverfahren eröffnet wurde (vgl. Däubler in: DKWW, BDSG § 32 Rn. 17; ausführlich Riesenhuber in: Wolff/Brink, DatenschutzR, BDSG § 32 Rn. 69; Stamer/Kuhnke in: Plath, BDSG § 32 Rn. 37). Gleiches gilt für die Nachfrage nach **gesundheitlichen Handicaps,** die die Erfüllung der Arbeitspflicht über das normale Maß hinaus beeinträchtigen (Gola/Wronka, Handbuch Arbeitnehmerdatenschutz, Rn. 572 ff.). Dem stehen auch das AGG und § 28 Abs. 6 nicht entgegen (nachfolgend Rn. 53). So hat ein Bewerber einen **lückenlosen Lebenslauf** vorzulegen, um ggf. solche Informationen zu offenbaren, die zu klären, ob er gesundheitlich zum Tragen einer Waffe „geeignet" ist. Geht der Arbeitgeber nicht diesen Informationen nach, macht er sich bei Waffenmissbrauch ggf. schadensersatzpflichtig (BGH, RDV 2001, 235). Das zuletzt bezogene **Gehalt** hat den Arbeitgeber nur dann zu interessieren, wenn die Information für die Einstellungsentscheidung bzw. die auszuhandelnden vertraglichen Konditionen von Belang ist (BAG, DB 1984, 298). Unzulässig ist die Erhebung oder Verwendung von Daten, die zu einer nach dem AGG untersagten **Diskriminierung** führen würde. Da die 13

Schwangerschaft einer Bewerberin bei der Einstellungsentscheidung wegen der damit verbundenen unzulässigen geschlechtsbezogenen Diskriminierung keine Rolle spielen darf (EuGH, RDV 2000, 159; RDV 1991, 179) ist das Erheben des Datums vor Abschluss des Arbeitsvertrages (BAG, DB 1993, 1978; Gola, RDV 2000, 202) regelmäßig unzulässig. Dokumentiert der Arbeitgeber in den zurückgesandten Bewerbungsunterlagen einer Bewerberin durch Unterstreichen wiederholt den Text „Mutter mit 7-jähriger Tochter", so ist die geschlechtsbezogene Diskriminierung indiziert (LAG, Hamm RDV 2014, 111). Das **Alter** darf nur ausnahmsweise bei der Auswahlentscheidung eine Rolle spielen (BAG, NZA 2013, 37). Fragen nach der Religion, Konfession oder Weltanschauung eines Bewerbers sind nach §§ 8, 9 AGG dann zulässig, wenn ein konfessionsgebundener Träger einen „Tendenzträger" also einen Sekretär für den Pastor oder eine Kindergärtnerin in einem kirchlichen Kindergarten sucht. Aufgrund des Diskriminierungsverbots des Art. 9 Abs. 3 GG ist auch die Frage nach der Zugehörigkeit zu einer **Gewerkschaft** (vgl. ausführlich Gola/Wronka, Handbuch Arbeitnehmerdatenschutz, Rn. 569 f.; BAG, RDV 2004, 173 = NZA 2003, 1207; ferner hierzu Boemke, NZA 2004, 142) regelmäßig nicht gestattet. Ggf. auch ungefragt hat ein Personalberater bei Abschluss eines Auftrags seine **Scientology-Mitgliedschaft** mitzuteilen (OLG Stuttgart, RDV 2000, 71), wobei das Diskriminierungsverbot des § 1 AGG im Hinblick auf die „Weltanschauung" nach § 8 AGG nicht entgegensteht (BAG, NZA 1995, 823).

14 5.3 Offenbart ein Bewerber ungefragt, d.h. ohne zurechenbare Veranlassung durch den Arbeitgeber, Informationen, die der Arbeitgeber nicht erfragen dürfte, liegt zwar keine Erhebung vor. Erheben i.S.v. § 3 Abs. 3 setzt ein zielgerichtetes Beschaffen voraus. Der weitere Umgang mit solchen Informationen, insbesondere ihre Speicherung und Nutzung zum Zwecke der Bewerberauswahl, ist jedoch an § 32 zu messen und zumeist unzulässig. Legt die Bewerberin ein Attest vor, dass sie nicht schwanger werden kann, darf die Information schon im Hinblick auf die Diskriminierung der weiblichen Mitbewerber nicht verwendet werden (Gola/Wronka, Handbuch Arbeitnehmerdatenschutz, Rn. 502 f.). Entsprechend kann auch eine Einwilligung des Bewerbers den Kreis der zulässigen Fragen nicht erweitern.

15 5.4 Nach negativem Abschluss des Bewerbungsverfahrens sind die Bewerbungsunterlagen, die dem Bewerber gehören (Zeugnisse etc.) zurückzusenden (als Nebenpflicht aus dem Anbahnungsverhältnis) und die gespeicherten Daten zu löschen (für automatisiert und dateimäßig gespeicherte Daten gem. § 35 Abs. 2 Satz 1 Nr. 3; generell nach § 1004 BGB, so zur Vernichtung eines Personalfragebogens BAG, NZA 1984, 32) und §§ 311 Abs. 2 i. V. m. 241 Abs. 2 BGB (vgl. Riesenhuber in: Wolff/Brink, DatenschutzR, BDSG § 32 Rn. 93 f.). Ein berechtigtes Interesse an einer längeren Speicherung besteht, solange noch mit Rechtsstreitigkeiten, etwa Klagen eines abgelehnten Bewerbers nach § 15 AGG wegen **Diskriminierung**, zu rechnen ist (vgl. Gola/Wronka, Handbuch Arbeitnehmerdatenschutz, Rn. 657 ff.). Die Frist kann maximal sechs Monate betragen. Die gleiche Frist gilt für die Speicherung sog. Initiativbewerbungen (vgl. BayLDA, 5. TB (2011/2012), Ziff. 13). Eine längere Vorhaltung personenbezogener Bewerberdaten, etwa im Hinblick auf künftig zu besetzende Stellen in einem Bewerberpool, oder ihre Weitergabe an andere interessierte Stellen innerhalb des Unternehmens, ist nur gestattet, wenn der Bewerber ein solches Interesse ausdrücklich erklärt hat oder auf Nachfrage einwilligt. Ein bloßer Hinweis in dem Ablehnungsschreiben genügt nicht (a. A. BayLDA TB 2011/2012, S. 62). Auf Dauer festgehalten werden dürfen die „Grunddaten" des Vorgangs z. B. in Form des Bewerbungs- und Absageschreibens.

6. Die Durchführung des Beschäftigungsverhältnisses

16 6.1 Zur Durchführung des Arbeitsverhältnisses bestimmt sind die Daten, die der Arbeitgeber zur Erfüllung seiner Pflichten aber auch zur Wahrnehmung seiner

Datenerhebung, -verarbeitung und -nutzung § 32

Rechte gegenüber dem Arbeitnehmer vernünftigerweise benötigt. Gestattet sind auch Maßnahmen zur Kontrolle, ob der Arbeitnehmer den geschuldeten Pflichten nachkommt. Auch die zur Organisation des Betriebes und des Personaleinsatzes benötigten Informationen fallen unter die Zweckbestimmung. So darf der Arbeitgeber neben den Daten über die Person des Betroffenen (Name, Alter, Beruf etc.) auch solche über dessen Qualifikation und Einsatzfähigkeit speichern und nutzen. Es dürfen alle die **Stammdaten** gespeichert werden, die für den zukünftigen Verlauf des Arbeitsverhältnisses von Bedeutung werden können. Dabei stellt das BAG (DB 1987, 1048 = RDV 1987, 129; BVerwG, NJW 1988, 1405) zur Berechtigung nur möglicherweise zukünftig benötigter Personaldaten unter Hinweis auf die Wirtschaftlichkeit des EDV-Einsatzes fest, dass die Zweckbestimmung des Arbeitsverhältnisses auch ggf. die Speicherung solcher Daten in einem **Personalinformationssystem** rechtfertigt, deren Kenntnis erst im Verlauf des Arbeitsverhältnisses erforderlich werden kann und führt am Beispiel des Datums **„Familienstand"** wie folgt aus: „Der Familienstand kann für Sozialleistungen, die soziale Auswahl bei Kündigungen und für Entscheidungen über Versetzungen und auswärtigen Arbeitseinsatz wichtig werden. Wenngleich es zutrifft, dass Kündigungen nicht zu jedem Zeitpunkt bevorstehen, so kann nicht von einer unzulässigen **Vorratsspeicherung** gesprochen werden. Die durch die elektronische Verarbeitung der Personaldaten erstrebte Verwaltungsvereinfachung kann auf andere Weise nicht erreicht werden." Insoweit hat das BAG (DB 1979, 1703; MDR 1982, 694; RDV 2009, 70) auch die **Regelbeurteilung,** d. h. das Erheben und Speichern von Leistungs- und Verhaltensdaten auch ohne konkreten Entscheidungsbedarf als zulässig angesehen (zur Pflicht des Arbeitgebers, den Arbeitnehmer vor der Speicherung von Beurteilungen oder negativen Daten wie **Abmahnungen** etc. auch ohne entsprechende tarifliche Regelung anzuhören – die Verletzung der **Anhörungspflicht** führt zu einem Verwertungsverbot und zur Löschungspflicht – vgl. BAG, NZA 1990, 477; 1992, 1028; ArbG Frankfurt/Oder, RDV 2000, 277; gleiches gilt für verfahrensfehlerhaft erstellte Beurteilungen, BAG, RDV 2009, 70).

6.2 Für die Durchführung des Beschäftigungsverhältnisses benötigt der Arbeitgeber ggf. auch Daten, die im Rahmen der Begründung nicht erfragt werden dürfen. Die Frage des Arbeitgebers nach der Schwerbehinderung bzw. eines diesbezüglich gestellten Antrags ist im bestehenden Arbeitsverhältnis jedenfalls nach sechs Monaten, d.h. nach Erwerb des Behindertenschutzes gem. §§ 85 ff. SGB IX insbesondere zur Vorbereitung von beabsichtigten Kündigungen zulässig (BAG, NZA 2012, 555). Angaben über eine Schwangerschaft muss er speichern, um seinen Verpflichtungen aus dem Mutterschutz nachkommen zu können.   17

6.3 Ist die Zweckbestimmung, die die Datenverarbeitung rechtfertigen kann, nicht unmittelbar aus dem Vertragswortlaut ablesbar, so gilt es im Rahmen einer **Interessenabwägung** die gegenseitigen Rechte und Pflichten der Parteien festzustellen. Auszuloten ist u.a. inwieweit das Direktionsrecht den Beschäftigten zur Bekanntgabe von Daten verpflichten kann, d.h. z. B. zur Bedienung einer Zeiterfassungsanlage, zur Teilnahme an einem Personalgespräch (BAG, NZA 2009, 1011) oder einer Mitarbeiterumfrage (Gola, ZD 2013, 379). Anweisen kann der Arbeitgeber den Beschäftigten zwecks Beantragung und Nutzung einer **elektronischen Signaturkarte** seine Personalausweisdaten an den Zertifizierungsanbieter zu übermitteln (BAG, ZD 2014, 154 = RDV 2014, 98).   18

Das Recht des Beschäftigten am eigenen Bild (vgl. Gola, Datenschutz am Arbeitsplatz, Rn. 128 ff.) muss zurückstehen, wenn **Lichtbilder auf Werksausweisen** die Identifikation der Mitarbeiter durch den Wachdienst erleichtern sollen. Das Sicherheitsinteresse des Unternehmens überwiegt die Beeinträchtigung der Persönlichkeit durch ein unerwünschtes Bild (Aufsichts- und Dienstleistungsdirektion Rheinland-Pfalz, 1. Tätigkeitsbericht über den Datenschutz im nichtöffentlichen Bereich (2001–2003), S. 55). Zudem ist § 22 KUG nicht tangiert, wenn der Werksausweis   19

515

offen getragen werden muss (BayLDA, TB 2011/2012, Ziff. 13.7). Biometrische Daten wie Fingerabdrücke dürfen bei in Sicherheitsbereichen erforderlichen Zugangskontrollsystemen in datenschutzkonformer Weise (vgl. Gola, NZA 2007, 1139) Verwendung finden (Gola/Wronka, Handbuch Arbeitnehmerdatenschutz, Rn. 1093 ff.). Ihrer Verwendung bei der Zeiterfassung stehen schutzwürdige Interessen entgegen (ThürLfDI, Hinweise zu biometrischer Datenerfassung am Arbeitsplatz). Die Speicherung eines **Waffenbesitzes** ist nur zulässig, wenn dieser Umstand berufliche Relevanz besitzt, z. B. für Tätigkeiten in Sicherheitsunternehmen. **Private Telefonnummern** der Mitarbeiter sind in der Regel für das Arbeitsverhältnis nicht relevant und daher nur in solchen Fällen zu speichern, in denen dienstliche Interessen bestehen, z. B. bei Rufbereitschaft.

20   6.4 Erhoben werden dürfen auch Daten über Tatsachen, die die Verwirklichung des Vertragszwecks gefährden könnten, also z. B. tatsächliche oder vermeintliche Verletzungen der dem Vertragspartner obliegenden Verpflichtungen. Die insoweit zu wahrende Verhältnismäßigkeit und Erforderlichkeit ist jedoch nicht gegeben, wenn ein Arbeitnehmer – in diesem Falle handelte es sich um einen bewaffneten **Wachmann** – ohne konkrete Verdachtsmomente verpflichtet werden soll, sich zur Klärung, ob er alkohol- oder drogenabhängig ist, routinemäßigen Blutuntersuchungen zu unterziehen (BAG, NZA 2000, 141 = RDV 2000, 66; a. A. für regelmäßige Drogen- und Alkoholtests bei Personal im Straßen-, Schiffs- oder Flugverkehr Riesenhuber in: Wolff/Brink, DatenschutzR, BDSG § 2 Rn. 108; offen BVerfG, RDV 2005, 214 für entsprechende Tests bei Soldaten).

21   6.5 Ggf. ist ein Arbeitnehmer auch gehalten, Daten über Verfehlungen von Kollegen oder Vorgesetzten dem Arbeitgeber auf Grund einer betrieblichen **Ethikregelung** zu melden. Sofern die Meldepflicht als sog. **Whistleblower** nur die Pflicht des Arbeitnehmers konkretisiert, Schaden vom Betrieb fernzuhalten (§ 241 BGB), liegt die Anweisung, auf einem hierzu aufgezeichneten Weg (z. B. per Hotline an einen Compliance-Beauftragten) „relevante" Verfehlungen zu melden, im Rahmen des Direktionsrechts, d. h. die Erhebung und nachfolgende Verarbeitung erfolgt im Rahmen der arbeitsvertraglichen Beziehung mit dem Meldenden und dem Gemeldeten. Soll eine darüber hinausgehende Regelung per Arbeitsvertrag geschaffen werden, muss das **Verhältnismäßigkeitsprinzip** (§ 307 BGB) gewahrt bleiben (vgl. Breinlinger/Krader, RDV 2006, 60; Schmidl, DuD 2006, 353; v. Zimmermann, RDV 2006, 235). Aber auch hier erfolgt die zur Aufklärung des Verdachts erforderliche Datenverarbeitung nur unter den Vorgaben des § 32 Abs. 1 Satz 2 (vgl. Kramer/Gliss/Herrmann, CF 4/2006, 24). Nur auf Grund vertraglicher Abrede können in einer Ethikregelung (zu solchen Regelungen vgl. Gola/Wronka, Handbuch Arbeitnehmerdatenschutz, Rn. 747 ff.) für Redakteure einer Wirtschaftszeitung enthaltene Mitteilungspflichten bezüglich **privatem Wertpapierbesitz** Wirkung entfalten (BAG, RDV 2003, 83).

22   6.6 Von Relevanz ist insoweit auch die Frage, in welchem Umfang der Arbeitgeber das Arbeitsverhalten der Beschäftigten beim Einsatz von **„Multimedia"** kontrollieren darf (vgl. umfassend Mengel, BB 2004, 2014; Wolf/Mulert, BB 2008, 442). Bei der sog. **Telefondatenerfassung** ist als legitime Zweckbestimmung die Kosten- und Wirtschaftlichkeitskontrolle und der Schutz vor Missbrauch (= unerlaubtes Führen von Privatgesprächen) anerkannt. Eine darüber hinausgehende Zusammenführung der Daten zu „Profilen des Arbeitsverhaltens" lehnte die Rechtsprechung jedoch ab (BAG, NZA 1986, 643 = RDV 1986, 199; LAG Sachsen-Anhalt, NZA-RR 2000, 476). Stellt das Telefonat das eigentliche Arbeitsprodukt dar, wie es bei der Tätigkeit in einem **Callcenter** der Fall ist, so ist in gewissem Umfang auch eine Leistungskontrolle zulässig, indem der Arbeitgeber unter Einsatz **automatisierter Anrufverteilungstechnik** (ACD = automatic call distribution) (Faust, DuD 2008, 812) z. B. Zahl und Dauer der Anrufe registriert und in sog. **„Bedienplatzreports"** ermittelt, wie häufig sich der Mitarbeiter aus der Bearbei-

Datenerhebung, -verarbeitung und -nutzung § 32

tung einkommender Gespräche ausgeschaltet oder wie viel Nachbearbeitungs- oder Abwesenheitszeiten vom Arbeitsplatz er hat (BAG, NZA 1996, 218). Hinnehmen muss der hierüber informierte Callcenter-Mitarbeiter das **Aufzeichnen** seiner Gespräche, wenn das auf Grund von Dokumentationspflichten erforderlich ist. Eine Auswertung von mit seiner Einwilligung aufgezeichneter Gespräche (vgl. § 201 StGB) zu Zwecken des Coaching ist aber im Rahmen des § 32 Abs. 1 Satz 1 und damit des Verhältnismäßigkeitsprinzips nur stichprobenartig zulässig (zur Problematik insgesamt Gola, Datenschutz am Arbeitsplatz, Rn. 392 ff.). Ohne Information ist ein **Mithören** oder nur zu diesem Zweck bestimmtes Aufzeichnen zwecks Qualitätskontrolle mit dem Anspruch des Mitarbeiters auf Persönlichkeitsschutz nicht zu vereinbaren (BVerfG, NJW 1992, 815; BAG, RDV 1998, 69 m. N. der Rspr.; Jordan/Bissels/Löw, BB 2008, 2626) und kann auch nicht per Betriebsvereinbarung legitimiert werden (vgl. zur unterschiedlichen Handhabung in der Praxis und das Mithören bzw. Aufzeichnen durch Auftraggeber des Callcenters ggf. unter Einsatz von Spracherkennungsprogrammen Gola, Datenschutz am Arbeitsplatz Rn. 407 ff.).

6.7 Zulässig ist in oben aufgezeigten Grenzen auch die Kontrolle des Zugriffs auf 23 den **dienstlichen E-Mail-Verkehr** (Barton, CR 2003, 839; Beckschulze, DB 2007, 1626; Bijok/Class, RDV 2001, 52; Rath/Karner, K&R 2007, 446; Vogel/Glas, DB 2009, 1747, wobei diese Autoren z. T. aber auf § 28 Abs. 1 Satz Nr. 2 zurückgreifen; a. A. u. a. Ernst, NZA 2002, 589), der grundsätzlich wie dienstlicher Briefverkehr behandelt werden kann. Gestattet der Arbeitgeber die Nutzung der betrieblichen Telekommunikation (Telefon, E-Mail, Internet) auch für private Zwecke, unterliegt er den bereichsspezifischen Datenschutzregelungen des TKG bzw. des TMG und hierbei insbesondere dem **Fernmeldegeheimnis** des § 88 TKG (Gola, MMR 1999, 322; vgl. aber die gegenteilige Meinung des LAG Berlin-Brandenburg, RDV 2011, 251; Panzer-Heemeyer, DuD 2012, 48; Schuster, CR 2014, 21). Sollen bei sog. **Mischnutzung** – abgesehen von Abrechnungszwecken – Daten der Privatnutzung schon allein deshalb festgehalten werden, z. B. weil eine Trennung von dienstlicher und privater Nutzung technisch nicht möglich ist oder um diese in zeitlichen Grenzen zu halten, bedarf dies der **Einwilligung** der Beschäftigten (Gola, Datenschutz am Arbeitsplatz, Rn. 295 ff.).

6.8 Ausführlich befasst hat sich das BAG (vgl. bereits NZA 1992, 43; RDV 2003, 24 293; RDV 2005, 21; RDV 2008, 238) mit der Zulässigkeit der **Videoüberwachung**, wobei zu unterscheiden ist, ob diese im Regelungsbereich des § 6b, d.h. bei öffentlich zugänglichen Arbeitsplätzen erfolgt oder der Zweckbestimmung des § 32 Abs. 1 oder 2 zuzuordnen ist. Des Weiteren ist von Relevanz, ob die Überwachung offen oder heimlich erfolgt. Heimliche Überwachung lässt die Rechtsprechung – entgegen dem Gesetzeswortlaut – sowohl in öffentlichen Arbeitsplätzen (BAG, NZA 2012, 1025 = RDV 2012, 297) als auch nach § 32 Abs. 1 Satz 2 zu, wenn „gegen einen zumindest räumlich und funktional abgrenzbaren Kreis von Arbeitnehmern der konkrete Verdacht einer strafbaren Handlung oder einer anderen schweren Verletzung zu Lasten des Arbeitgebers besteht und die verdeckte Überwachung nach Ausschöpfung möglicher weniger einschneidender Mittel das einzig verbleibende Mittel darstellt und unter Beachtung des Verhältnismäßigkeitsprinzips erfolgt" (hierzu Bayreuther, DB 2012, 2222; Bergwitz, NZA 2012, 1205; Bourguignon, BB 2012, 1087; Kraska, BB 2012, 2815; Pötters/Traut, RDV 2013, 13; Wortmann, ArbR 2012, 279). Eine heimliche Videoüberwachung zum Nachweis der Absicht, sich einige Münzen im Wert von Centbeträgen zuzueignen ist schlechthin unzulässig (BAG, NZA 2014, 243 = RDV 2014, 96).

Teilweise trifft das BAG diese Abwägung unter Hintanstellung des BDSG auch 25 unter Heranziehung des Anspruchs auf Persönlichkeitsrechtsschutz (vgl. auch BAG, RDV 2014, 96 = NZA 2014, 243 zum Beweisverwertungsverbot „Ein prozessuales Verwertungsverbot heimlicher Videoaufzeichnungen ergibt sich aus der Verletzung des allgemeinen Persönlichkeitsrechts aus Art. 2 Abs. 1 i. V. m. Art. 1 Abs. 1 GG,

§ 32 Datenerhebung, -verarbeitung und -nutzung

wenn die Aufzeichnung nicht durch überwiegende Beweisinteressen gerechtfertigt ist. Inwieweit das auch unmittelbar aus § 6b BDSG oder § 32 BDSG folgt, kann dahinstehen.").

26 **6.9** Zulässig ist auch die regelmäßig transparente Beobachtung, wenn (vgl. auch LAG Köln, BB 1997, 476; LAG Mannheim, RDV 2000, 27) überwiegende Sicherheitsinteressen diese erforderlich machen. Berechtigt kann die Videoüberwachung also sein, wenn sie zum Schutz des Betriebes/der Dienststelle und der sich dort aufhaltenden Personen (so z. B. bei der Videoüberwachung in einem **Kernkraftwerk** das geeignete und unter dem Verhältnismäßigkeitsprinzip schonendste Mittel ist. Ist Zielrichtung der Überwachung, wie z. B. in der **Bank**, der Schutz vor Dritten, so ist auch hier mit den Schutzinteressen der mitbetroffenen Arbeitnehmern abzuwägen, wobei deren Interessen durch entsprechende Nutzungsverbote und Vergabe von Zugriffsrechen (u. a. durch Regelung per Betriebsvereinbarung) gewährleistet werden können. Die Überwachung der Beschäftigten zu dem Zweck, einen ordnungsgemäßen Dienstablauf zu gewährleisten, kann diese nicht rechtfertigen (Edenfeld, PersR 2000, 323). Für die Abwägung der Zulässigkeit ist auch die Intensität der Beobachtung relevant, also ob der Mitarbeiter gelegentlich (z. B. Betreten eines öffentlichen, zugänglichen Flures) oder dauernd erfasst wird (vgl. hierzu BAG, RDV 2005, 21 = NZA 2004, 1278 und RDV 2005, 216, zur Unverhältnismäßigkeit einer Videoüberwachung in **Briefverteilungszentren** der Post; anders unter Gestattung auch heimlicher Überwachung, BAG, RDV 2008, 238).

27 **6.10** Gegenüber unzulässiger Videoüberwachung am Arbeitsplatz steht dem Mitarbeiter nicht nur ein Unterlassungsanspruch zu; vielmehr kann er die Arbeitsleistung ggf. solange aussetzen, wie der ihm zugewiesene Arbeitsplatz im Blickfeld der Kamera liegt (ArbG Dortmund, CR 1989, 715). Andererseits ist eine nicht zulässige Videoüberwachung kein Grund, das Arbeitsverhältnis zu kündigen (SozG München, RDV 1992, 85). Dem Mitarbeiter steht ggf. ein Anspruch auf Schmerzensgeld zu (LAG Frankfurt a.M., RDV 2011, 99).

28 **6.11** Schon die angekündigte Möglichkeit der jederzeitigen Überwachung erzeugt einen mit dem Anspruch des Arbeitnehmers auf Wahrung seiner Persönlichkeitsrechte (§ 75 Abs. 2 BetrVG) und seines Rechts am eigenen Bild regelmäßig nicht zu vereinbarenden **Überwachungsdruck** (BAG, NZA 1992, 43). Daran ändert sich nichts, wenn die Videoüberwachung nur sporadisch erfolgt, die Mitarbeiter aber den Zeitpunkt nicht informiert sind und jederzeit mit der Überwachung rechnen müssen. Den gleichen Kriterien der Angemessenheit und Verhältnismäßigkeit unterliegt auch die Überwachung von Bewegungsdaten per RFID, Handy-Ortung oder **GPS** (Gola, NZA 2007, 1139; Meyer, K&R 2009, 14; Steidle, MMR 2009, 167; Kiesche/Wilke, CuA 7/2008, 5 mit Muster einer BV). Gesetzlich geregelt ist die **Handy-Ortung**. Der Arbeitgeber hat den Mitarbeiter über den von ihm mit dem Telekommunikationsdienstleister getroffenen Modus (§ 98 Abs. 1 TKG) zu unterrichten. Über die Zulässigkeit der Ortung besagt die Bestimmung jedoch nichts. Diese richtet sich nach § 32 Abs. 1 (Gola/Wronka, Handbuch Arbeitnehmerdatenschutz, Rn. 1084 f.).

29 **6.12** Die Beobachtung und Kontrolle per Video, RFID oder GPS (BVerwG, RDV 1989, 80; BAG, RDV 2005, 216) und die ggf. gleichzeitige Speicherung der Daten stellen der **Mitbestimmung** unterliegende technische Überwachungsmaßnahmen (§ 87 Abs. 1 Nr. 6 BetrVG, § 75 Abs. 3 Nr. 17 BPersVG) dar (vgl. das Muster einer Betriebsvereinbarung, Tammen, RDV 2000, 18). Liegt keine Zustimmung der Mitarbeitervertretung vor, hat sowohl der einzelne Beschäftigte als auch der Betriebsrat (vgl. Gola/Wronka, Handbuch Arbeitnehmerdatenschutz, Rn. 1944 ff.) einen **Unterlassungsanspruch**. Aus der fehlenden Mitbestimmung ergibt sich jedoch kein Beweisverwertungsverbot hinsichtlich der gewonnenen Informationen (BAG, RDV 2003, 233 und 2008, 20; dazu Schlewing, NZA 2004, 1071; Dzida/Grau, NZA 2010, 1201).

Datenerhebung, -verarbeitung und -nutzung § 32

6.13 Ein **konzerninterner Personaldatenfluss** kann nur dann bei der Begründung bzw. Durchführung des Arbeitsverhältnisses erforderlich sein, wenn das Arbeitsverhältnis Konzernbezug ausweist, also der Mitarbeiter sich z. B. zum **konzernweiten Einsatz** bereiterklärt hat. Ein „konzerndimensionales" Arbeitsverhältnis (vgl. Däubler, RDV 1999, 191) liegt – wie es dem Bewerber kundzutun war – vor bei Personalentscheidungen, die im Wege der **Funktionsübertragung** z. B. von der Konzernmutter getroffen werden (vgl. insoweit für das Outsourcing mit Funktionsübertragung im Personalbereich, Breinlinger, RDV 1995, 211 (213); Conrad, ITRB 2005, 164). Ein allgemeines „Konzerninteresse" (zur Verneinung eines sog. **Konzernprivilegs** vgl. auch Simitis in: Simitis, BDSG § 2 Rn. 143 ff.) mit einem Ausweichen auf die Zulässigkeitsalternative des § 28 Abs. 1 Satz 1 Nr. 2 vermag durch den Vertragszweck nicht mehr gedeckte Übermittlungen regelmäßig nicht zu rechtfertigen (vgl. Gola/Wronka, Handbuch Arbeitnehmerdatenschutz, Rn. 800 ff.). Nicht befugt ist der Arbeitgeber, ohne ausdrückliches Einverständnis des Arbeitnehmers Personaldaten an die Auskunftsstelle über den **Versicherungsaußendienst (AVAD)** weiterzugeben. Nach dem LAG Hamburg (RDV 1990, 39) ist der Arbeitgeber ebenfalls aus dem Vertragsverhältnis heraus nicht berechtigt, Personaldaten an eine von den Arbeitgebern freiwillig betriebene überbetriebliche **Prüfstelle** weiterzugeben.

6.14 Einen speziellen Fall der Übermittlung von Daten stellt deren **Veröffentlichung** dar (vgl. § 3 Rn. 33; zur Veröffentlichung von Mitarbeiterdaten in Werkszeitungen § 4a Rn. 19a). Die **Veröffentlichung individueller Prüfungsergebnisse** von Auszubildenden und Arbeitnehmern wird von der Zweckbestimmung des Arbeits- oder Ausbildungsvertrags nicht gedeckt. Eine Veröffentlichung darf deshalb nur mit schriftlicher Einwilligung des Betroffenen oder auf Grund von § 28 Abs. 1 Nr. 2 erfolgen. Diese Vorschrift setzt voraus, dass der Arbeitgeber in Einzelfällen ein berechtigtes Interesse an der Veröffentlichung von Prüfungsergebnissen hat (z. B. Veröffentlichung eines „Landessiegers"), die Veröffentlichung zur Wahrung seiner Interessen erforderlich ist und schutzwürdige Interessen des Betroffenen nicht entgegenstehen. Um dies beurteilen zu können, empfiehlt es sich, den Betroffenen von der beabsichtigten Veröffentlichung zu unterrichten und ihm Gelegenheit zu geben, hiergegen Einwände vorzubringen. Ähnliches gilt für die Erstellung und betriebsinterne Veröffentlichung von Arbeitnehmerdaten in „**Bestenlisten**" oder „**Rennlisten**", in denen z. B. für Bereiche wie Akquisition oder Verkauf die erfolgreichsten Mitarbeiter oder die Leistungen der Mitarbeiter der Reihe nach aufgeführt werden. Zu bedenken ist bei einer Veröffentlichung der besten Arbeitsergebnisse, dass damit indirekt auch Informationen über die übrigen Mitarbeiter preisgegeben werden. Dies kann bei einer geringen Mitarbeiterzahl leicht zu Diskriminierungen führen. Die Versicherungswirtschaft hat sich auf Aufforderung der Aufsichtsbehörden (HmbDSB, 19. TB (2002/2003), S. 93) grundsätzlich bereit erklärt, derartige Listen unter den im Außendienst tätigen Vermittlern nur nach erteilter Einwilligung oder in pseudonymisierter Form zu verteilen.

6.15 Eine besondere Problematik ergibt sich durch das **Einstellen von Personaldaten in das Internet** (vgl. hierzu Gola, Datenschutz am Arbeitsplatz, Rn. 637 ff.). Trotz der grundsätzlichen Vertraulichkeit von Personaldaten ist die **Veröffentlichung von Mitarbeiterdaten** in herkömmlicher Form (Briefbogen, Prospekten, (Vorlesungs-)Verzeichnissen, Werkszeitungen etc.) zulässig, wenn sie der Zweckbestimmung des Arbeitsverhältnisses liegt, also z. B. zur Erfüllung der Arbeitspflicht (als Kundenberater, Außenvertreter u. ä.) oder infolge gesetzlicher Publikationspflicht (z. B. Geschäftsführer einer GmbH) erforderlich ist Derartige **Veröffentlichungen** können auch im nunmehr üblich gewordenen Publikationsforum des Internets zur Durchführung des Arbeitsverhältnisses erforderlich sein (vgl. allgemein für Beamte OVG Rheinland-Pfalz, RDV 2008, 27; bestätigt durch BVerwG, RDV 2009, 30). Ansonsten wird die Erforderlichkeit einer weltweiten Verbreitung der

§ 32   Datenerhebung, -verarbeitung und -nutzung

Daten an jedermann selten zu begründen sein. Dann bedarf die Maßnahme der Einwilligung, was bei **Abbildungen** der Betroffenen im Hinblick auf ihr Recht am eigenen Bild generell der Fall ist (vgl. im Einzelnen und zu den Auffassungen der Aufsichtsbehörden Gola, Datenschutz am Arbeitsplatz, Rn. 641 ff.). Die Veröffentlichung des Bildes eines Mitarbeiters bedarf im Hinblick auf sein **Recht am eigenen Bild** (§ 22 KUG) der **Einwilligung** (vgl. auch Gounalakis/Rhode, Persönlichkeitsschutz im Internet, Rn. 55). Ob die Einwilligung auch frei widerruflich ist, hängt davon ab, ob der Arbeitnehmer die Veröffentlichung als Ausfluss seiner Arbeitspflicht akzeptiert hat (vgl. § 4a Rn. 18). So wird einem Mannequin, das vereinbarungsgemäß die Produkte seines Arbeitgebers im Katalog oder auf der Bestellseite der Homepage präsentiert, kein Widerrufsrecht zustehen, während der mit seiner Einwilligung im Internet veröffentlichte Betriebsratsvorsitzende die Erklärung jederzeit widerrufen kann. Endet das Arbeitsverhältnis, so endet die Einwilligung auch ohne Widerruf, wenn sie in Bezug zu dem konkreten Arbeitsverhältnis erteilt wurde. Anders soll nach dem LAG Köln (RDV 2009, 283) sein, wenn das Foto reinen Illustrationszwecken dient (LAG Köln, RDV 2009, 283; LAG Schleswig-Holstein, MMR 2011, 482; LAG Rheinland-Pfalz, ZD 2013, 286).

33   6.16 Fraglich ist ob bei einer Betriebsübernahme (§ 613a BGB) mit der Übernahme des Beschäftigungsverhältnisses ein Verfügungsrecht des **Betriebserwerbers** über die Personaldaten der Beschäftigten eintritt, da er mit Vollzug der Übernahme in die Rolle des Arbeitgebers eintritt und Vertragspartei wird. Folgt man dem nicht, so wäre Rechtsgrundlage für die Übermittlung der Personaldaten § 32 Abs. 1 Satz 1, da sie der weiteren Durchführung des Beschäftigungsverhältnisses dient (Woerz, Arbeitnehmerdatenschutz beim Betriebsübergang, S. 240 ff.). Gleichwohl finden sich überwiegend Stimmen, die § 28 Abs. 1 Satz 1 Nr. 2 bzw. Abs. 2 Nr. 2a heranziehen (Zöll in: Taeger/Gabel, BDSG § 32 Rn. 32; Däubler, Gläserne Belegschaften?, Rn. 489b; Wedde in: DKWW, BDSG § 32 Rn. 150). Für besondere Arten personenbezogener Daten ist § 28 Abs. 6 Nr. 3 in richtlinienkonformer Auslegung die Zulässigkeitsnorm (Woerz, Arbeitnehmerdatenschutz beim Betriebsübergang, S. 244). Im Ergebnis besteht zwischen den unterschiedlichen Bewertungen nur ein Unterschied. Bildet § 613a BGB nicht die Rechtsgrundlage, so hat der bisherige Arbeitgeber zu prüfen, ob alle von ihm gespeicherten Beschäftigtendaten für die Fortsetzung des Arbeitsverhältnisses bei dem Erwerber erforderlich sind und ob nicht ggf. schutzwürdige Interessen der Übermittlung im Einzelfall entgegenstehen.

7. Die Beendigung des Beschäftigungsverhältnisses

34   7.1 Der dritte Tatbestand zur Zulässigkeit der Verarbeitung von Beschäftigtendaten betrifft die **Beendigung des Beschäftigungsverhältnisses**. Der genannten Zweckbestimmung dienen bereits Schritte der Vorbereitung der Beendigung (Riesenhuber in: Wolff/Brink, DatenschutzR, BDSG § 32 Rn. 165; Seifert in: Simitis, BDSG § 32 Rn. 134 f.). Teilweise werden sich daher die Phasen der Durchführung und Beendigung überlappen. Zumeist wird es sich um eine Nutzung bereits vorhandener Daten im Zusammenhang mit der neuen Zweckbestimmung Beendigung handeln. Teilweise müssen aber gerade in diesem Zusammenhang auch neue Daten erhoben werden. Will der Arbeitgeber betriebsbedingt kündigen, so hat eine **soziale Auswahl** unter den in Betracht kommenden Beschäftigten zu treffen, wobei er in jedem Falle die Dauer der Betriebszugehörigkeit, das Lebensalter, die Unterhaltspflichtungen und die Schwerbehinderung des Arbeitnehmers ausreichend zu berücksichtigen hat (§ 1 Abs. 3 Satz 1 KSchG). Soweit der Arbeitgeber diese Daten nicht bereits vorrätig hat bzw. da zumindest die beiden letztgenannten Kriterien dem Arbeitgeber oft nicht bzw. nicht mit aktuellem Stand bekannt sein werden, wird er hierzu bei den zu dem Kreis der vergleichbaren Arbeitnehmer zählenden

Datenerhebung, -verarbeitung und -nutzung § 32

Beschäftigten Datenerhebungen durchführen dürfen. Macht ein **schwerbehinderter Beschäftigter** keine diesbezügliche Angabe, kann er sich anschließend nicht auf den ihm zustehenden besonderen Kündigungsschutz der §§ 85 ff. SGB IX berufen (BAG, NZA 2012, 555 = RDV 2012, 141). Mit der Beendigung des Beschäftigungsverhältnisses in unmittelbarem Zusammenhang steht die Auswertung von Personalakten und die Befragung von Vorgesetzten zwecks Erfüllung des Anspruchs auf Erstellung eines Zeugnisses (§§ 630 BGB, 73 HBG, 113 GewO, 8 BBiG etc.) (Riesenhuber in: Wolff/Brink, DatenschutzR, BDSG § 32 Rn. 165). Zu der Frage, welche Daten konkret insoweit herangezogen und gespeichert werden dürfen, gibt seit 2009 § 32 Abs. 1 den Maßstab vor, wobei sich die Rechtsprechung dazu, welche Informationen unter Wahrung des Persönlichkeitsrechts des Beschäftigten und des Informationsinteresses zukünftiger Arbeitgeber erforderlicher Inhalt eines Zeugnisses sein dürfen bzw. müssen, umfangreich geäußert hat (Gola/Wronka, Handbuch Arbeitnehmerdatenschutz, Rn. 997 ff.). Die mit der Umstrukturierung von Betrieben verbundene Personalreduzierung versucht der Arbeitgeber ggf. auch insoweit sozial abzumildern, dass er die Mitarbeiter in einer Auffanggesellschaft vorübergehend aufzufangen versucht oder einen privaten Arbeitsvermittler als sog. **Outplace-Manager** einschaltet. Die dazu erforderlichen Datenverarbeitungen stehen zwar im Zusammenhang mit der Beendigung des Beschäftigungsverhältnisses, dienen aber nicht mehr dieser Zweckbestimmung. Nach § 28 Abs. 2 Nr. 1, Alt. 1 i. V. m. § 28 Abs. 1 Satz 1 Nr. 2 wird der Arbeitgeber zwar Daten auswerten dürfen, um festzustellen, ob er dem Mitarbeiter ein Vermittlungsangebot machen will. Die sich daraus ergebende Datenweitergabe setzt aber die Einwilligung des Betroffenen voraus. § 32 Abs. 1 Satz 1 rechtfertigt auch die Mitteilung der **kündigungsrelevanten Daten** bei der Anhörung des **Betriebsrats** (§ 102 BetrVG), d.h. der Daten, die im jeweiligen Fall für die Entscheidungsfindung des Betriebsrats erforderlich sind (zur Anwendung des BDSG vgl. vorstehend § 4 und nachfolgend Rn. 37).

7.2 Hat der Mitarbeiter gekündigt, besteht – schon mit dem Ziel der Reduzierung 35 zukünftiger **Fluktuation** – ein Interesse die Gründe zu erfahren. Ggf. will man aber auch noch in Bleibeverhandlungen eintreten. Im letztgenannten Fall bietet sich auch die Einladung zu einem **Personalgespräch** an, dessen Zweckbestimmung noch dem Vorgang der Beendigung des Beschäftigungsverhältnisses zugeordnet werden kann (§ 32 Abs. 1 Satz 1). Eine Pflicht des Mitarbeiters hieran teilzunehmen, besteht jedoch nicht. Geht es jedoch nur um Informationen, die zukünftiger Personalpolitik dienen sollen, wäre § 28 Abs. 1 Satz 1 Nr. 2 als Zulässigkeitsnorm in Betracht zu ziehen, wobei jedoch – abgesehen von der auch hier fehlenden Auskunftspflicht – der Personenbezug der Speicherung der Daten in der Regel nicht erforderlich sein wird.

7.3 Nach Beendigung des Beschäftigungsverhältnisses stellt sich Frage, ob Perso- 36 naldaten ausgeschiedener Mitarbeiter weiterhin gespeichert werden dürfen bzw. müssen. Diesbezügliche Pflichten können sich aus dem BDSG vorrangigen speziellen **Aufbewahrungsnormen** und -fristen ergeben. So sind z. B. diverse Arbeitszeitnachweise zwecks Kontrolle der Einhaltung von Arbeitszeitregelungen zwei bzw. drei Jahre vorrätig zu halten; für bestimmte Unterlagen nach dem Arbeitnehmerüberlassungsgesetz (AÜG) oder dem Heimarbeitsgesetz (HAG) gelten drei bzw. vier Jahre, für nach dem HGB oder dem AO und dem EStG relevante Unterlagen sind sechs bzw. zehn Jahre vorgegeben. Besteht der Zweck der Speicherung allein in der Erfüllung einer Aufbewahrungspflicht sind die Daten in gesperrter Form zu speichern, § 35 Abs. 3 Nr. 1. Abgesehen von diesen Einzelvorschriften gibt es für das Arbeitsverhältnis – anders als im öffentlichen Dienst – keine generelle gesetzliche Vorschrift über die Aufbewahrung bzw. die Vernichtung von Personalakten nach beendetem Arbeitsverhältnis. Beschäftigtendaten dürfen nach § 32 Abs. 1 Satz 1 auch verarbeitet werden, soweit dies im Zusammenhang mit seiner Beendigung erforderlich ist. Eine solche Notwendigkeit kann zur Erfüllung mit der Beendigung entstan-

521

dener nachträglicher Vertragspflichten bestehen, wozu z. B. die Erstellung eines Zeugnisses gehört. Die fortbestehende Speicherung für andere, nicht mehr im Zusammenhang mit der Beendigung des Beschäftigungsverhältnisses stehender Zweckbestimmungen kann gem. § 28 Abs. 1 Satz 1 Nr. 2 legitimiert sein. So besteht sowohl ein Recht als auch eine Pflicht des Arbeitgebers gegenüber einem **ausgeschiedenen Arbeitnehmer auf Betreuung;** dies nicht nur hinsichtlich eventueller Glückwunschschreiben oder des irgendwann fälligen Nachrufs (Schaffland/Wiltfang, BDSG § 28 Rn. 75), vielmehr kann der ausgeschiedene Arbeitnehmer auch erwarten, von dem früheren Arbeitgeber später noch benötigte Bescheinigungen etc. über sein damaliges Arbeitsverhältnis zu erhalten. Bei im Geltungsbereich des § 27 gespeicherten Daten greift ansonsten § 35 Abs. 2 Satz 2 Nr. 3, der eine Löschungspflicht bejaht, wenn die Kenntnis der Daten für die Erfüllung der Zwecke der Speicherung nicht mehr erforderlich ist (vgl. auch vorstehend für Bewerberdaten Rn. 15). Bei der Entscheidung über die fortdauernde Speicherung ist dem Arbeitgeber ein unternehmerischer Entscheidungsspielraum zuzugestehen (Riesenhuber in: Wolff/Brink, DatenschutzR, BDSG § 32 Rn. 172).

8. Datenweitergaben an die Mitarbeitervertretung

37 **8.1** Der Arbeitgeber ist verpflichtet, der Mitarbeitervertretung die Informationen zu geben, die sie zur Wahrnehmung ihrer Aufgaben benötigt (§ 80 Abs. 2 Satz 1 und 2 BetrVG, § 68 Abs. 2 BPersVG). Diese Verpflichtungen bestehen bei Begründung, Durchführung und Beendigung des Beschäftigungsverhältnisses. Neben dieser pauschalen Regelung stehen konkrete Informationspflichten, wie z. B. die Pflicht zur Vorlage von Bewerbungsunterlagen (§ 99 Abs. 1 Satz 1 BetrVG; § 68 Abs. 2 BPerVG). Da der Betriebs-/Personalrat nach allgemeiner Auffassung (vgl. § 3 Rn. 49) keine eigenständige verantwortliche Stelle (§ 3 Abs. 7), sondern Teil des Betriebes und damit kein Dritter i. S. d. § 3 Abs. 8 Satz 2 ist, erfüllt der Datenfluss zwischen Personalabteilung und Mitarbeitervertretung mangels der Bekanntgabe an einen Dritten zwar nicht den Tatbestand der Datenübermittlung (§ 3 Abs. 4 Nr. 3), sondern den ebenfalls unter dem Verbot mit Erlaubnisvorbehalt (§ 4 Abs. 1) stehenden Tatbestand einer Datennutzung (§ 3 Abs. 5) (BAG, NZA 2012, 744 = RDV 2012, 192). Diese Datennutzung ist dann durch eine dem BDSG vorrangige Vorschrift des BetrVG erlaubt (§§ 1 Abs. 3 Satz 1, 4 Abs. 1), soweit diese nicht nur eine allgemeine Informationspflicht, sondern eine eindeutige konkrete Regelung bezüglich der Weitergabe personenbezogener Informationen enthält (vgl. § 4 Rn. 8), wie es bei der Pflicht zur Vorlage von Bewerbungsunterlagen oder der Gewährung der Einsicht in Bruttolohn- und -gehaltslisten (§ 80 Abs. 2 Satz 2, 2. Halbs. BetrVG) der Fall ist.

38 **8.2** Ansonsten ist § 32 Abs. 1 Satz 1 bzw. bei besonderen Arten personenbezoger Daten § 28 Abs. 6 Nr. 3 (vgl. nachstehend Rn. 53) als Rechtsgrundlage heranzuziehen. Dabei ist einmal festzustellen, ob bzw. für welche betriebsverfassungsrechtliche Aufgabe die Information erforderlich ist. So sieht das BAG (NZA 2014, 269 = RDV 2014, 165) keine Kontrollaufgabe, die den Arbeitgeber verpflichtet, den Betriebsrat rückwirkend über erteilte Abmahnungen zu informieren. Ggf. genügen auch zunächst anonymisierte oder pseudonymisierte Informationen, wie das BVerwG (NZA-RR 2014, 387 = RDV 2014, 212) im Zusammenhang mit der der Mitarbeitervertretung obliegenden Kontrolle der Einhaltung der Arbeitszeitvorschriften festgehalten hat. Die Pflicht zur Überwachung der Einhaltung des Mutterschutzes soll nach dem BAG (BAG, Beschl. v. 28.2.1968 – 1 ABR 6/67; a. A. ArbG Berlin, Beschl. v. 19.12.2007 – 76/BV 13504/07) den Arbeitgeber verpflichten, den Betriebsrat über ihm mitgeteilte Schwangerschaften von Mitarbeiterinnen unverzüglich zu unterrichten. Dem soll – entgegen der Auffassung des BVerwG (RDV 1991, 34 = NJW 1991, 373) – auch nicht

Datenerhebung, -verarbeitung und -nutzung **§ 32**

der ausdrücklich erklärte Wille der Mitarbeiterin auf Vertraulichkeit der Informationen gegenüber der Mitarbeitervertretung entgegenstehen (weitere Beispiele bei Gola/ Wronka, Handbuch Arbeitnehmerdatenschutz, Rn. 1985 ff.). Strittig gesehen wird auch, inwieweit die Mitarbeitervertretung über ein betriebliches Eingliederungsmanagement zu unterrichten ist (zustimmend BAG, RDV 2012, 192; dagegen BayLDSB, 25. TB (2012), Ziff. 11.2.1; s. auch Joussen, ZD 2013, 546; Seifert in: Simitis, BDSG § 32 Rn. 47). Nachdem auch das BAG anerkannt hat, dass die Erforderlichkeit der Datenweitergabe im Rahmen des § 32 Abs. 1 Satz 1 zu messen ist, hat nunmehr jedenfalls entgegen der bisher vielfachen a. A. der Literatur (Schild in: Wolff/Brink, DatenschutzR, BDSG § 3 Rn. 132 f.) und Rechtsprechung grundsätzlich vor der Datenweitergabe eine Abwägung des aufgabenbezogenen Informationsinteresses des Betriebsrats mit entgegenstehenden Interessen des Betroffenen im Rahmen des Verhältnismäßigkeitsprinzips zu erfolgen.

9. Der Erlaubnistatbestand des § 32 Abs. 1 Satz 2

9.1 Zur Durchführung des Arbeitsverhältnisses erforderlich sind also auch in dem aufgezeigten Rahmen durchgeführte Kontrollen, ob der Arbeitnehmer seinen aus dem Arbeitsvertrag geschuldeten Pflichten nachkommt. Eingeschlossen sind auch **präventive Kontrollmaßnahmen**, die zunächst bewirken sollen, dass Pflichtverletzungen erst gar nicht stattfinden (Zeiterfassung, offene Videoüberwachung (vgl. Forst, RDV 2009, 204), Taschenkontrolle, Kontrolle rechtmäßiger Internetnutzung, etc.). Durch Satz 2 des § 32 Abs. 1 werden derartige Kontrollen nicht tangiert (Wybitul, BB 2009, 1583). Vielmehr sollen mit § 32 Abs. 1 Satz 2 die vom BAG entwickelten Grundsätze zur Zulässigkeit von Videoüberwachung allgemein festgeschrieben werden (vgl. Gesetzesbegründung, BT-Drs. 16/13 657, S. 36). 39

9.2 Soweit nicht auf die Entdeckung von konkret Verdächtigen gerichtete Kontrollmaßnahmen stattfinden, sind sie aus § 32 Abs. 1 Satz 1 und ansonsten (vgl. Vogel/Glas, DB 2009, 1747) durch § 28 Abs. 1 Satz 1 Nr. 2 zu rechtfertigen (vgl. nachstehend Rn. 45 ff.). Auch die Durchführung sog. **Screenings** von Konten kann hierzu gerechnet werden, wenn es in Risikobereichen offen geschieht. Auch diese präventiven Kontrollen unterliegen selbstverständlich dem in Satz 2 besonders herausgestellten Verhältnismäßigkeitsprinzip. Erforderlich ist jeweils eine Risikoanalyse, die die Kontrollmaßnahme als geboten erscheinen lässt. 40

9.3 Die nach dem Wortlaut des § 32 Abs. 1 Satz 2 erst bei der Verfolgung von **Straftaten** (Schmidt, RDV 2009, 193 unter Hinweis auf die Parallelregelung des § 100 Abs. 3 Satz 1 TKG) bestehende Kontrollbefugnis verlangt, dass Tatsachen vorliegen, die zwar nicht den Straftatbestand erfüllen, wohl aber Indizien dafür bilden. Soll diesem Verdacht nun zielgerichtet nachgegangen werden, was regelmäßig durch **heimliche Beobachtung** geschieht (hierauf stellt auch die Parallelvorschrift des § 100 Abs. 3 Satz 1 TKG ab), ist den Anforderungen des Satzes 2 zu genügen. Zwar beschränkt sich Satz 2 im Wortlaut nicht auf heimliche Kontrollen, dies führt aber nicht dazu, dass hier auch Voraussetzungen für Taschenkontrollen oder in Anwesenheit des Beschäftigten stattfindenden Spindkontrollen (vgl. BAG, NZA 2014, 143 = RDV 2014, 103) aufgestellt werden (a. A. Deutsch/Diller, DB 2009, 1464). Wäre dies so, so würde Satz 2 tatsächlich zu einer befürchteten – aber nach der Gesetzesbegründung nicht gewollten – Erschwerung der Abwehr von Straftaten führen und die den Unternehmen insoweit auferlegten Kontrollpflichten (§ 91 Abs. 2 AktG, § 33 Abs. 1 Nr. 1 WpHG, § 130 OWiG) ad absurdum führen (vgl. so auch Grentzenberg/ Schreibauer/Schuppert, K&R 2009, 535; im Ergebnis auch Schmidt, RDV 2009, 193). 41

9.4 Auch wenn ein **hinreichender Tatverdacht** vorliegt, muss eine am Verhältnismäßigkeitsprinzip und der Interessenabwägung (vgl. VGH Baden-Württemberg, 42

523

§ 32 Datenerhebung, -verarbeitung und -nutzung

ArbuR 2001, 469 zur unzulässigen Aufdeckung des Schreibers beleidigender Briefe per **DNA-Analyse**) ausgerichtete Einzelfallentscheidung vorgenommen werden, so wie sie die Rechtsprechung u. a. zur heimlichen Videoüberwachung festgeschrieben hat (BAG, RDV 2003, 213; RDV 2008, 238; vgl. vorstehend Rn. 24). Unverhältnismäßig ist eine heimliche **Spindkontrolle**, wenn sie auch bei Gegenwart des Verdächtigten hätte stattfinden können (BAG, RDV 2014, 103 = NZA 2014, 143). Dabei ist die Intensität der Überwachungsmaßnahme an dem Gewicht der Straftat zu messen. Keineswegs ist damit jedoch verfügt, dass unbefugte Verwendungen von an sich geringfügigen Materialien grundsätzlich nicht durch eine systematische Datenauswertung überprüft werden dürften (vgl. die diesbezüglichen Fragen von Barton, RDV 2009, 200 oder Thüsing, NZA 2009, 865).

43   9.5 Besonderheiten des Satzes 2 sind, dass sich die Kontrollmaßnahme nur gegen einen oder auch mehrere konkret verdächtigte Betroffene richten darf und die dem Arbeitgeber ausdrücklich auferlegte **Dokumentationspflicht**. Die letzte Regelung ist zunächst sinnvoll, da – wie aufgezeigt (Rn. 2) die Dokumentationspflicht des § 28 Abs. 2 Satz 2 durch § 32 verdrängt sein soll. Ihre Erfüllung dient auch dem Nachweis der Berechtigung gegenüber dem Betroffenen und dies speziell für den Fall, dass sich die Recherche, über die er in jedem Fall nachträglich zu unterrichten ist (vgl. zum Verfolgung von Whistlebloweranschuldigungen Gola/Wronka, Handbuch Arbeitnehmerdatenschutz, Rn. 747 ff.), als unberechtigt zeigt.

44   9.6 § 32 Abs. 1 Satz 2 zielt ab auf Straftaten, die gegen das Unternehmen gerichtet sind. Ansonsten sind derartige Ermittlungen **Sache des Staates**, dem aber nach § 28 Abs. 2 Nr. 2 Hilfe geleistet werden kann.

10. Die Anwendung der Erlaubnisnorm des § 28 für „beschäftigungsfremde" Zwecke

45   10.1 Sollen die Zulässigkeitsnormen des § 28 neben bzw. statt des § 32 zur Anwendung kommen, ist zunächst zu unterscheiden, ob die Mitarbeiterdaten den in § 32 Abs. Satz 1 genannten Zwecken oder sog. **„beschäftigungsfremden" Zwecken** dienen sollen. Letzteres ist der Fall, wenn der Arbeitgeber die Daten für Zwecke benötigt, die außerhalb der Zweckbestimmung Begründung, Durchführung oder Beendigung des Beschäftigungsverhältnisses liegen.

46   10.2 So ist ausschließlich § 28 Abs. Satz 1 Nr. 1 anzuwenden, wenn mit dem Arbeitnehmer neben dem Beschäftigungsverhältnis laufende Schuldverhältnisse begründet oder durchgeführt werden. Daran ändert sich nichts, wenn die Vertragsbeziehung mit dem Arbeitsverhältnis verbunden, d. h. eine Leistung nur auf Grund des Arbeitsverhältnisses gewährt wird. Für den Kauf von **Werkswagen**, die Vermietung von **Werkswohnungen** oder aber auch den Ankauf von Mahlzeiten in der Kantine dürfen die Daten verarbeitet werden, die für die Begründung, Durchführung oder Beendigung der jeweiligen Schuldverhältnisse benötigt werden.

47   10.3 Die Erlaubnisnorm des § 28 kann bei außerhalb der Zweckbestimmungen des § 32 Abs. 1 Satz 1 liegenden Datenverarbeitungen auch mit ihren weiteren Zulässigkeitsbestimmungen Anwendung finden. Die nicht auf die vertragliche Erforderlichkeit abstellenden Zulässigkeitsalternativen des § 28 Abs. 1 Satz 1 Nr. 2, Abs. 2 Nr. 1 und 2 können greifen, wenn es um gleichfalls mit dem Arbeitsverhältnis in Bezug stehende Vorgänge geht, die jedoch bei enger Interpretation nicht mehr der Zweckbestimmung des Vertragsverhältnisses zuzuordnen sind. Hierbei kann es sich um Daten in Bezug auf z. B. **freiwillige Leistungen** des Arbeitgebers, um Veröffentlichungen in Werkszeitungen und ggf. auch um einen **konzerninternen Datenfluss** handeln. Ein weiteres Beispiel sind Datenübermittlungen im Rahmen von sog. **Due-Diligence-Prüfungen** beim Unternehmenserwerb. Reichen auch regelmäßig anonymisierte und aggregierte Angaben aus, damit der Erwerber die

Datenerhebung, -verarbeitung und -nutzung § 32

Situation des zu übernehmenden Personals beurteilen kann, so müssen personenbezogene Informationen für die Erwerbsüberlegung hinsichtlich des leitenden Managements und besonders relevanten Experten etc., d. h. die **„human resources"** des Unternehmens, als erforderlich angesehen werden (Aufsichtsbehörde Hessen, RDV 2009, 291; BayLDA, TB 2011/2012, Ziff. 13.3).

10.4 Nicht im Zusammenhang mit der Durchführung des Beschäftigungsverhältnisses steht es, wenn der Arbeitgeber die Beschäftigten werblich ansprechen will. § 28 Abs. 3 regelt bzw. erlaubt zwar die Verwendung von **Adressdaten für Werbezwecke** u. a., wenn diese im Rahmen eines rechtsgeschäftlichen Schuldverhältnisses mit dem Betroffenen erhoben wurden. Dies gilt jedoch nur, sofern dem keine schutzwürdigen Belange der Betroffenen entgegenstehen. Entgegen der früheren Regelung des § 28 besteht nunmehr eine ausdrückliche diesbezügliche Vermutung nicht mehr. Die Rechtslage bleibt jedoch die gleiche (Wolff in: Wolff/Brink, DatenschutzR, BDSG § 28 Rn. 138.1). Etwas anderes gilt, wenn dem Arbeitnehmer Angebote gemacht werden, die in Bezug zum Arbeitsverhältnis stehen (vgl. vorstehend Rn. 33). 48

11. Die Anwendung des § 28 bei Beschäftigungszwecken

11.1 Da § 32 Abs. 1 Satz 1 nur § 28 Abs. 1 Satz 1 Nr. 1 ersetzt (strittig, vgl. ausführlich Riesenhuber in: Wolff/Brink, DatenschutzR, BDSG § 32 Rn. 26 ff.), können die anderen Erlaubnistatbestände des § 28 auch zur Anwendung kommen, wenn die Erhebung, Verarbeitung oder Nutzung der Mitarbeiterdaten der Durchführung des Beschäftigungsverhältnisses dienen soll. 49

Dabei scheidet die auf einer **Interessenabwägung** basierende Zulässigkeitsregelung des § 28 Abs. 1 Satz 1 Nr. 2 jedoch regelmäßig aus, da sie zu keinem anderen Ergebnis führen kann, als die im Rahmen der bereits zuvor bei der Feststellung bzw. Nichtfeststellung der in § 32 Abs. 1 Satz 1 verlangten Erforderlichkeit stattgefundene Abwägung (BT-Drs. 16/13657; Wolff in: Wolff/Brink, DatenschutzR, BDSG § 28 Rn. 3). Zur Anwendung kommen jedoch § 28 Abs. 1 Satz 1 Nr. 3 und § 28 Abs. 6, wenn Daten zu den in § 32 Abs. 1 Satz 1 genannten Zwecken erhoben und verarbeitet werden sollen. 50

11.2 Für die Erhebung, Speicherung und nachfolgende Veränderung, Übermittlung oder Nutzung von Daten, die **allgemein zugänglich sind,** sowie für Daten, die die verantwortliche Stelle allgemein zugänglich machen, d. h. veröffentlichen dürfte, enthält Absatz 1 Satz 1 Nr. 3 erleichterte Zulässigkeitsbedingungen. Die Bestimmung kann im Arbeitsverhältnis nur ausnahmsweise Bedeutung haben, so z. B. wenn der Arbeitgeber Informationen über den Bewerber oder Arbeitnehmer der Presse und auch zunehmend dem **Internet** entnimmt. Erforderlich ist aber hier die zulässige Relevanz für die arbeitsvertragliche Beziehung (Steinbrück-Steinrück/Mosch, NJW-Spezial 2009, 450; Erfurth, NJOZ 2009, 2914; so unter Heranziehung von § 32 Abs. 1 Satz 1 Schmidt, RDV 2009, 193). Ferner ist die vom Betroffenen erkennbar gewählte Zweckbestimmung zu beachten. Sein Persönlichkeitsrecht wird z. B. durch den Zugriff auf Daten verletzt, die der Bewerber in einem **sozialen Netzwerk** ausschließlich privaten Nutzern zur Verfügung stellen will (Rolf/Rötting, RDV 2009, 263), wobei diese Daten nicht mehr als allgemein zugänglich gewollt sind (Wedde in: DKWW, BDSG § 28 Rn. 58). Nicht verwertet werden dürfen auch Daten, die Dritte in das Netz eingestellt haben, sofern die Legitimität des Vorgangs nicht eindeutig ist. 51

11.3 Der Umstand, dass der Arbeitgeber das Gebot der Direkterhebung des § 4 Abs. 2 Satz 1 nicht beachtet, ist unerheblich, da § 28 Abs. 1 Satz 1 Nr. 3 einen speziellen Erlaubnistatbestand bildet (vgl. § 4 Rn. 24; so auch Oberwetter, BB 2008, 1562; a. A. Däubler in: DKWW, BDSG § 32 Rn. 56 f.). Die Erhebung und Verwen- 52 dung der für die Einstellungsentscheidung erforderlichen Daten rechtfertigen sich aus § 32 Abs. 1 Satz 1. Die zunächst zwangsläufig auch stattfindende Kenntnisnahme nicht erforderlicher und damit auch nicht weiter verwertbarer Daten als „Nebenprodukt" rechtfertigt sich aus § 28 Abs. 1 Satz 1 Nr. 3 (vgl. Gola, CuA 3/2010, 31).

53 11.4 Die Voraussetzungen, unter denen **besondere Arten personenbezogener Daten** des § 3 Abs. 9 ausnahmsweise auch ohne Einwilligung des Betroffenen durch den Arbeitgeber erhoben, verarbeitet oder genutzt werden dürfen, finden sich in § 28 Abs. 6. Für die Datenverarbeitungen im Rahmen von arbeitsvertraglichen Beziehungen kommt regelmäßig § 28 Abs. 6 Nr. 3 in Betracht. Danach ist die Erhebung, Verarbeitung oder Nutzung der Daten gestattet, wenn dies zur Geltendmachung, Ausübung oder Verteidigung rechtlicher Ansprüche erforderlich ist und kein Grund zu der Annahme besteht, dass das schutzwürdige Interesse des Betroffenen an dem Ausschluss der Erhebung, Verarbeitung oder Nutzung überwiegt. Auch wenn die Entscheidung vor Einfügung des Abs. 6 ergangen ist, gilt nach wie vor, was das BAG (NJW 1986, 2724) zur Durchführung sog. **„Krankenläufe"** festgehalten hat: „Der Zweck des Arbeitsverhältnisses ist der Austausch von Arbeitsleistung gegen Zahlung von Arbeitsentgelt. Von daher entspricht es einem berechtigten Interesse des Arbeitgebers, festzustellen, inwieweit dieses Austauschverhältnis durch Krankheits- und Fehlzeiten gestört ist. Diesem Interesse kann und konnte zwar in der Vergangenheit auch dadurch genügt werden, dass solche Aussagen und Erkenntnisse auch ohne Einsatz technischer Hilfsmittel erarbeitet wurden, es ist aber auch ein berechtigtes Interesse des Arbeitgebers, sich diejenigen Kenntnisse, die er berechtigterweise benötigt, in wirtschaftlich sinnvoller Weise schnell und kostengünstig zu verschaffen." Zulässig sind auch sog. **Krankenrückkehrergespräche**, wenn sie nicht darauf gerichtet sind, über die Krankmeldung hinausgehende Details zu erfragen (zur Unzulässigkeit LDA Brandenburg, TB 2010/2011, Ziff. 7.2), sondern über zukünftige Einsatzmöglichkeiten zu sprechen (ausführlich dazu LfD Baden-Württemberg, 30. TB (2010/2011), S. 136). Die erheblich intensiver in die Rechte des Arbeitnehmers eingreifende **Krankenkontrolle**, die ggf. unter Einsatz von Detektiven erfolgt, ist erst dann zulässig, wenn ein konkreter Verdacht für unberechtigtes Fehlen besteht (BAG, NZA 1986, 526).

54 11.5 Der Gesetzestext hat zum Ausgangspunkt der Rechtmäßigkeit der Verarbeitung die Wahrnehmung eines **„rechtlichen Anspruchs"** gemacht (vgl. § 28 Rn. 76 ff.). Auszugehen ist davon, dass es sich um Ansprüche handeln kann, die sowohl der verantwortlichen Stelle gegenüber anderen zustehen als auch um solche, die sich gegen die verantwortliche Stelle richten. Für das Anbahnungsverhältnis erstreckt sich die Informationsberechtigung auch auf die Klärung von Ansprüchen, die erst im eventuell zu begründenden Arbeitsverhältnis entstehen (Franzen, RDV 2003, 1; Gola, RDV 2001, 125; Thüsing/Lambrich, BB 2002, 1145; vgl. aber auch BlnLfD, Materialien zum Datenschutz, Nr. 30, S. 29, der das Datenerhebungsrecht auf das „Recht auf Gewerbefreiheit" stützen will). Unzulässig sind Datenerhebungen, die zu einer Diskriminierung führen. Dies gilt im Stadium der Anbahnung auch für das Datum der **Schwerbehinderteneigenschaft**, dessen Erhebung im Hinblick auf das Diskriminierungsverbot wegen der Behinderung (§ 1 AGG) zumindest freigestellt sein muss (Adams, ZTR 2003, 158; Franzen, RDV 2003, 1; Leder, SAE 2003, 305; Schaub, NZA 2003, 299; vgl. auch BAG, RDV 2014, 328). Angaben zur Gesundheit des Bewerbers oder Arbeitnehmers sind von Belang für die Klärung von – zukünftigen – Ansprüchen auf Erbringung der Arbeitsleistung (zur Gestattung der Erhebung sensibler Daten durch Einwilligung, vgl. § 28 Rn. 75 ff.).

12. Datenerhebung bei Dritten

55 12.1 Auch für § 32 Abs. 1 gilt der Grundsatz der **Direkterhebung** des § 4 Abs. 2 Satz 1 (generell zur Dritterhebung, Weichert, AuR 2010, 100). Die Ausnahmen des

§ 4 Abs. 2 Satz 2 lassen die Erhebung u. a. dann zu, wenn der **Geschäftszweck** dies erfordert. Eindeutig ist, dass der Arbeitgeber Daten bei Dritten nur in dem Umfang erheben darf, indem ihm das **Fragerecht** auch einen Informationsanspruch gegenüber dem Beschäftigten einräumt. Häufig sollen die Drittauskünfte als sog. **Pre-Employments-** oder **Back-Ground-Checks** zur Überprüfung der beim Bewerber erhaltenen Angaben dienen (vgl. bei Gola/Wronka, Handbuch Arbeitnehmerdatenschutz, Rn. 499 ff.). Die **Dritterhebung** ist jedoch nur zulässig, wenn keine Anhaltspunkte dafür bestehen, dass überwiegende Interessen des Beschäftigten beeinträchtigt werden. Dazu gehört, dass die Überprüfung nicht hinter dem Rücken des Betroffenen stattfindet, d.h. dass ihm ein Widerspruchsrecht eingeräumt sein muss (BremLBfDI, 35. JB (2012) Ziff. 12.2.5). Geht es um die von der Gewerbeordnung vorgegebene Zuverlässigkeitsprüfung von Wachleuten, ist der Arbeitgeber befugt, bei der Gewerbebehörde nach dort bekannten einschlägigen Vorstrafen bzw. mit Einwilligung des Betroffenen im Wege des SCHUFA-Webcode-Verfahrens nach offenen Forderungen ab 5000 Euro nachzufragen (LfD Baden-Württemberg, 30. TB (2010/2011), S. 158).

12.2 Letzteres ist bei sog. **Arbeitgeberauskünften** jedenfalls der Fall, wenn der derzeitige Arbeitgeber des Bewerbers um zukünftige Auskünfte bzw. Bestätigung der Angaben des Bewerbers gebeten werden soll. Zudem ist die Umgehung des Willens des Bewerbers nicht erforderlich. Nichts steht entgegen, seine Einwilligung einzuholen (so auch § 32 Abs. 6 BDSG-E; anders BAG, NJW 1997, 341). Gleiches gilt für die Anfrage bei **Auskunfteien**, so wenn ausnahmsweise die Vermögensverhältnisse arbeitsplatzrelevant sind (zur Unzulässigkeit der Einholung einer SCHUFA-Auskunft, Seifert in: Simitis, BDSG § 32 Rn. 45). Der Entwurf des Beschäftigtendatenschutzgesetzes machte Dritterhebungen insgesamt von der Einwilligung abhängig (§ 32 Abs. 6 BDSG-E). Der Arbeitgeber hat grundsätzlich ein berechtigtes Interesse, die Einstellung von einer ärztlichen Untersuchung des Bewerbers abhängig zu machen. Er kann deshalb – gestützt auf §§ 32 Abs. 1, 28 Abs. 6 Nr. 3 – nach Abschluss des Auswahlverfahrens von dem zur Einstellung vorgesehen Bewerber die Mitwirkung an einer **ärztlichen Eignungsprüfung** verlangen (Behrens, NZA 2014, 401 (403)). Mit der Untersuchung kann der Arbeitgeber in der Regel einen **Arzt seiner Wahl** betrauen (Fuhlrott/Hoppe, ArbRAktuell 2010, 183; a. A. Iraschko-Luscher/Kiekenbeck, NZA 2009, 1239 (1240)) Der Umfang des Untersuchung erstreckt sich auf die diesbezügliche Offenbarungspflicht des Bewerbers (vgl. Gola/Wronka, Handbuch Arbeitnehmerdatenschutz, Rn. 572 ff.). Das **Untersuchungsprogramm** muss sich an **den Anforderungen des jeweiligen Arbeitsplatzes ausrichten** (zu Blut- und Drogentests vgl. Gola/Wronka, Handbuch Arbeitnehmerdatenschutz, Rn. 581 und 610 f.). Der Arzt hat den Bewerber vor der Einstellungsuntersuchung u.a. **über Zweck und Art der Untersuchung zu informieren**. Dem Arbeitgeber darf er nur das **Ergebnis der Einstellungsuntersuchung** (geeignet, nicht geeignet, bedingt/eingeschränkt geeignet) mitteilen.

13. Zweckänderung nach § 28 Abs. 2 Nr. 1 und 2

13.1 Die Frage der Zweckänderung kann sich stellen, weil Daten, die in einer anderen Zweckbestimmung gespeichert wurden, Bedeutung im Arbeitsverhältnis erhalten sollen bzw. im Rahmen des § 32 Abs. 1 gespeicherte Daten für andere Zwecke innerhalb oder außerhalb des Beschäftigungsverhältnisses verwendet werden sollen (vgl. Däubler in: DKWW, BDSG § 32 Rn. 9, wenn für Zwecke der Zutrittskontrolle zur Arbeitszeitkontrolle gespeicherte Daten verwendet werden sollen).

13.2 Steht der Beschäftigte in **mehrfachen Vertragsbeziehungen** zum Arbeitgeber, dürfen die im Zusammenhang mit der Abwicklung des jeweiligen Vertragsverhältnisses mitgeteilten bzw. ansonsten erhobenen und gespeicherten Daten zunächst

§ 32 Datenerhebung, -verarbeitung und -nutzung

nur im Rahmen der konkreten vertraglichen Beziehung verarbeitet und genutzt werden. Sollen die Daten auch in dem anderen Vertragsverhältnis genutzt werden, so ist diese **Zweckänderung** nur unter erneuter Prüfung und Bejahung einer der in § 28 genannten Zulässigkeitsalternativen gestattet. Ist der Angestellte eines **Kreditinstituts** gleichzeitig auch Kunde, so wird es in der Regel nicht gestattet sein, die Daten über die Bewegungen seines Kontos für im Rahmen des Arbeitsverhältnisses zu treffende Personalbeurteilungen heranzuziehen. Zulässig ist es jedoch, dass die Revision die Kundendaten stichprobenartig oder bei Verdacht auf die Durchführung verbotener **Insidergeschäfte** überprüft (Bergmann/Möhrle/Herb, BDSG § 28 Rn. 70 ff.; Simitis in: Simitis, BDSG § 28 Rn. 81).

59 **13.3** Obwohl der Grundsatz gilt, dass die Prüfungshandlungen der **Innenrevision** sich auf die Betriebsabläufe aller Teilbereiche des Kreditinstitutes erstrecken können, kann es kein uneingeschränktes Revisionsrecht geben. Private **Mitarbeiterkonten** darf die Innenrevision nur überprüfen, wenn sie als normale Kundenkonten für die Revision von Bedeutung sind. Die generelle Kontrolle von Mitarbeiterkonten ist auch und gerade zur Aufklärung von Straftaten – insbesondere ohne vorherige Einschaltung des Betriebsrats und Mitteilung an die Betroffenen – nicht zu akzeptieren. Lediglich bei konkreten Verdachtsmomenten im Einzelfall können Kontrollmaßnahmen gerechtfertigt sein, bevor die Bank als Arbeitgeber die Strafverfolgungsbehörden einschaltet, um das betrügerische Verhalten eines Mitarbeiters zu unterbinden (BlnDSB, TB 1995, S. 192).

60 **13.4** Auch die Rechtfertigung der Verarbeitung oder Nutzung von Beschäftigtendaten auf Grund einer der Erlaubnistatbestände des § 32 Abs. 1 und § 28 Abs. 1 Satz 1 Nr. 2 schließt eine spätere **Zweckänderung** bzw. -erweiterung nicht aus, sofern der neue Zweck ebenfalls durch die Erlaubnistatbestände des § 28 Abs. 1 Satz 1 Nr. 2 bis 3 gedeckt ist. Zum anderen erlaubt § 28 Abs. 2 die Übermittlung oder Nutzung der Daten für einen anderen als den ursprünglich die Erhebung, Verarbeitung oder Nutzung rechtfertigenden Zweck, wenn es das berechtigte Interesse eines Dritten oder das allgemeine Interesse der Abwehr von Gefahren für die öffentliche Sicherheit sowie zur Verfolgung von Straftaten erfordert (zur Anwendung von § 28 Abs. 2 vgl. auch Erfurth, NJOZ, 2009, 2914).

14. Beteiligungsrechte der Interessenvertretungen

61 § 32 Abs. 3 stellt fest, dass die Regelungen des § 32 die Beteiligungsrechte der Interessenvertretungen nicht berühren. Davon wäre wohl auch niemand ohne diese Aussage ausgegangen. In Betracht kommen die Mitbestimmung bei der formalisierten Erhebung von Personaldaten (§ 94 BetrVG, §§ 75 Abs. 3 Nr. 8, 76 Abs. 2 Nr. 1 BPersVG), datenschutzrelevante Regelungen im Bereich der betrieblichen Ordnung und des Verhaltens (§ 81 Abs. 1 Nr. 1 BetrVG, § 75 Abs. 3 Nr. 15 BPersVG) und insbesondere die Mitbestimmung bei dem u. a. durch automatisierte Personaldatenverarbeitung verwirklichten Einsatz technischer Überwachungseinrichtungen (§ 87 Abs. 1 Nr. 6 BetrVG, § 75 Abs. 3 Nr. 17 BPersVG). Die Zustimmung des Betriebsrats ist Rechtmäßigkeits- und Wirksamkeitsvoraussetzung der jeweiligen Maßnahme, Anweisung etc. (vgl. Gola/Wronka, Handbuch Arbeitnehmerdatenschutz, Rn. 1940 ff.).

15. Öffentlicher Dienst/Landesrecht

62 Parallelbestimmungen zu § 32 finden sich für den öffentlichen Dienst teilweise in den Beamtengesetzen (z.B. § 100 BBG, § 34 Abs. 4 LBeamtG NW) und teilweise daneben in den Landesdatenschutzgesetzen (z.B. § 29 Abs. 1 Satz 1 LDSG NW; vgl. im Einzelnen § 12 Rn. 11 ff.). Die Vorschriften für den öffentlichen Dienst erstrecken die zulässige Zweckbestimmung darüber hinaus darauf, dass auch zur Durchführung organisatorischer, personeller und sozialer Maßnahmen, insbesondere Zwecke der Personalplanung und des Personaleinsatzes benötigte Verarbeitungen gestattet sind (vgl. Schierbaum, CuA 10/2014, 33).

Zweiter Unterabschnitt. Rechte des Betroffenen

§ 33 Benachrichtigung des Betroffenen

(1) ¹Werden erstmals personenbezogene Daten für eigene Zwecke ohne Kenntnis des Betroffenen gespeichert, ist der Betroffene von der Speicherung, der Art der Daten, der Zweckbestimmung der Erhebung, Verarbeitung oder Nutzung und der Identität der verantwortlichen Stelle zu benachrichtigen. ²Werden personenbezogene Daten geschäftsmäßig zum Zweck der Übermittlung ohne Kenntnis des Betroffenen gespeichert, ist der Betroffene von der erstmaligen Übermittlung und der Art der übermittelten Daten zu benachrichtigen. ³Der Betroffene ist in den Fällen der Sätze 1 und 2 auch über die Kategorien von Empfängern zu unterrichten, soweit er nach den Umständen des Einzelfalles nicht mit der Übermittlung an diese rechnen muss.

(2) ¹Eine Pflicht zur Benachrichtigung besteht nicht, wenn
1. der Betroffene auf andere Weise Kenntnis von der Speicherung oder der Übermittlung erlangt hat,
2. die Daten nur deshalb gespeichert sind, weil sie aufgrund gesetzlicher, satzungsmäßiger oder vertraglicher Aufbewahrungsvorschriften nicht gelöscht werden dürfen oder ausschließlich der Datensicherung oder der Datenschutzkontrolle dienen und eine Benachrichtigung einen unverhältnismäßigen Aufwand erfordern würde,
3. die Daten nach einer Rechtsvorschrift oder ihrem Wesen nach, namentlich wegen des überwiegenden rechtlichen Interesses eines Dritten, geheim gehalten werden müssen,
4. die Speicherung oder Übermittlung durch Gesetz ausdrücklich vorgesehen ist,
5. die Speicherung oder Übermittlung für Zwecke der wissenschaftlichen Forschung erforderlich ist und eine Benachrichtigung einen unverhältnismäßigen Aufwand erfordern würde,
6. die zuständige öffentliche Stelle gegenüber der verantwortlichen Stelle festgestellt hat, dass das Bekanntwerden der Daten die öffentliche Sicherheit oder Ordnung gefährden oder sonst dem Wohle des Bundes oder eines Landes Nachteile bereiten würde,
7. die Daten für eigene Zwecke gespeichert sind und
   a) aus allgemein zugänglichen Quellen entnommen sind und eine Benachrichtigung wegen der Vielzahl der betroffenen Fälle unverhältnismäßig ist, oder
   b) die Benachrichtigung die Geschäftszwecke der verantwortlichen Stelle erheblich gefährden würde, es sei denn, dass das Interesse an der Benachrichtigung die Gefährdung überwiegt,
8. die Daten geschäftsmäßig zum Zweck der Übermittlung gespeichert sind und
   a) aus allgemein zugänglichen Quellen entnommen sind, soweit sie sich auf diejenigen Personen beziehen, die diese Daten veröffentlicht haben, oder
   b) es sich um listenmäßig oder sonst zusammengefasste Daten handelt (§ 29 Absatz 2 Satz 2) und eine Benachrichtigung wegen der Vielzahl der betroffenen Fälle unverhältnismäßig ist.
9. aus allgemein zugänglichen Quellen entnommene Daten geschäftsmäßig für Zwecke der Markt- oder Meinungsforschung gespeichert sind

Benachrichtigung des Betroffenen **§ 33**

und eine Benachrichtigung wegen der Vielzahl der betroffenen Fälle unverhältnismäßig ist.
²Die verantwortliche Stelle legt schriftlich fest, unter welchen Voraussetzungen von einer Benachrichtigung nach Satz 1 Nr. 2 bis 7 abgesehen wird.

Literatur: *Duisberg,* Bleibt die Einwilligung zur konzerninternen Weitergabe von personenbezogenen Kundendaten im Unternehmenskauf bestehen?, RDV 2004, 104; *Eggersmann/Hoene,* Anwaltliche Verschwiegenheit contra Benachrichtigungs- und Auskunftspflicht. Konflikt zwischen § 203 StGB und § 26 BDSG, CR 1990, 18; *Göpfert/Meyer,* Datenschutz bei Unternehmenskauf: Due Dilligence und Betriebsübergang, NZA 2011, 486; *Gola/Wronka,* Werbung, Wettbewerb und Datenschutz, RDV 1994, 157; *Goldenbohm/Weise,* Praxis der Benachrichtigung nach § 33 BDSG, CR 1991, 602; *Wächter,* Die Entbehrlichkeit der Benachrichtigung nach § 33 Abs. 1 Nr. 1 BDSG, CR 1992, 558.

Übersicht

Rn.

1. Allgemeines	1
2. Kenntnis des Betroffenen	4
3. Kenntnis durch vorverlagerte Informationspflicht	7
4. Erstmalige Speicherung oder Übermittlung	10
5. Der Zeitpunkt der Benachrichtigung	14
6. Mehrfache bzw. nachträgliche Benachrichtigung	16
7. Die Form der Benachrichtigung	18
8. Inhalt der Benachrichtigung	20
9. Der Adressat der Benachrichtigung	24
10. Ausnahmen von der Benachrichtigungspflicht	27
11. Anderweitige Kenntnis	28
12. Unverhältnismäßiger Aufwand	32
13. Geheimhaltungsbedürftige Daten	33
14. Bereichsspezifische Verarbeitungsbefugnisse	35
15. Wissenschaftliche Forschung	36
16. Geheimhaltung im öffentlichen Interesse	37
17. Daten aus allgemein zugänglichen Quellen	38
18. Gefährdung der Geschäftszwecke	39
19. Vom Betroffenen veröffentlichte Daten	41
20. Daten des Adresshandels und der Markt- und Meinungsforschung	42
21. Dokumentation der Befreiungstatbestände	43
22. Folgen bei Verstößen	44

1. Allgemeines

1.1 Im Volkszählungsurteil formuliert das Bundesverfassungsgericht wie folgt: **1** „Wer nicht mit hinreichender Sicherheit überschauen kann, welche ihn betreffenden Informationen in bestimmten Bereichen seiner sozialen Umwelt bekannt sind, und wer das Wissen möglicher Kommunikationspartner nicht einigermaßen abzuschätzen vermag, kann in seiner Freiheit wesentlich gehemmt sein, aus eigener Selbstbestimmung zu planen oder zu entscheiden. Mit dem Recht auf informationelle Selbstbestimmung wären eine Gesellschaftsordnung und eine diese ermöglichende Rechtsordnung nicht vereinbar, in der die Bürger nicht mehr wissen, wer was bei welcher Gelegenheit über sie weiß . . ." (BVerfGE 65, 1 = NJW 1984, 419). **Transparenz** der Datenverarbeitung gehört somit zu den verfassungsrechtlich gewährleisteten Grundpositionen des Betroffenen. Der Betroffene hat ein Recht auf Offenle-

§ 33 Benachrichtigung des Betroffenen

gung seiner Daten, was ihn dann auch erst in die Lage versetzt, Korrektur-, Löschungs- oder ggf. Schadensersatzansprüche geltend zu machen.

2   **1.2** Für den Geltungsbereich des BDSG wird dieser Anspruch auf Transparenz zunächst als unabdingbares Recht in § 6 festgeschrieben. Dem Betroffenen ist **Auskunft** zu erteilen, ob und welche Daten zu seiner Person gespeichert sind. Um die die Transparenz und Richtigkeit der Datenverarbeitung gewährleistenden Auskunftsrechte ausüben zu können, muss der Betroffene zunächst einmal wissen, wer Daten über ihn speichert. Im Bereich privater Datenverarbeitung soll der Betroffene diese Kenntnis einmal durch Information bei der Datenerhebung (vgl. § 4 Rn. 17 ff.) und ansonsten durch **„Benachrichtigung"** erhalten. Die Benachrichtigungspflicht besteht grundsätzlich für alle nichtöffentlichen Daten verarbeitenden Stellen. Unterschiedlich ist nur der Zeitpunkt geregelt, zu dem die Benachrichtigung zu erfolgen hat und einzelne Ausnahmen von der Benachrichtigungspflicht; nicht jedoch der Inhalt und die Art und Weise der Benachrichtigung. Auch wenn das Benachrichtigungsrecht gem. § 33 in § 6 nicht zu den unabdingbaren Rechten gezählt wird, so darf das nicht zu dem Schluss führen, dass dieses Recht minderen Ranges wäre. Dies belegt das Gesetz schon dadurch, dass es den Verstoß gegen die Benachrichtigungspflicht in § 43 Abs. 1 Nr. 8 als Ordnungswidrigkeit sanktioniert.

3   **1.3** Die Pflicht obliegt der verantwortlichen Stelle gem. § 27 Abs. 1 und 2. Große Unternehmen mit unselbständigen Zweigstellen und Betriebsstätten können die Benachrichtigung zentralisiert durchführen, so dass Doppelarbeit und unnötige Kosten vermieden werden. Die Benachrichtigung muss nicht von der verantwortlichen Stelle selbst durchgeführt werden. Sie kann auch durch andere Stellen erfolgen. Steht z. B. fest, dass Daten an Dritte (z. B. zum Zwecke der Überprüfung der Kreditwürdigkeit) übermittelt werden, so kann die übermittelnde Stelle auch über die nachfolgende Speicherung bei dem Empfänger benachrichtigen. Der Empfänger unterliegt dann zumindest deswegen keiner Benachrichtigungspflicht mehr, da der Betroffene **auf andere Weise** von der Speicherung erfahren hat.

2. Kenntnis des Betroffenen

4   **2.1** Die Benachrichtigungspflicht entsteht nach Absatz 1 Satz 1 und 2 dann, wenn personenbezogene Daten erstmals **„ohne Kenntnis des Betroffenen"** im Anwendungsbereich des § 27 **gespeichert** werden (im Falle von Personaldaten i. S. d. § 32 weitergehend Däubler in: DKWW, BDSG § 33 Rn. 4a; Dix in: Simitis, BDSG § 33 Rn. 6, wonach hier „bei sämtlichen manuell geführten Akten" grundsätzlich informiert werden soll). Gleichzeitig hebt Absatz 2 Satz 1 Nr. 1 die Benachrichtigungspflicht auf, wenn der Betroffene auf andere Weise Kenntnis von der Speicherung oder der Übermittlung erlangt hat. Einleuchtend ist, dass es überflüssigen bzw. zumindest unverhältnismäßigen Aufwand für die verantwortlichen Stellen bedeuten würde, wenn sie über etwas benachrichtigen müssten, das dem Betroffen bereits von ihnen mitgeteilt wurde bzw. ihm anderweitig bekannt wurde. Insofern gehen die die Benachrichtigungspflicht auslösenden Tatbestände „ohne Kenntnis" in Absatz 1 Satz 1 und 2 und „Kenntnis auf andere Weise" in Absatz 2 Satz 1 Nr. 1 von der gleichen Grundüberlegung aus. Keineswegs jedoch stellt der Einschub des Merkmals „ohne Kenntnis" in Absatz 1 Satz 1 und 2 nur eine Verstärkung des Ausnahmetatbestands des Absatzes 2 Satz 1 Nr. 1 dar.

5   **2.2** Die Benachrichtigungspflicht ist an die **erstmalige Speicherung** oder Übermittlung „ohne Kenntnis" geknüpft. Werden also zunächst Daten mit Kenntnis des Betroffenen gespeichert, so fehlt es bereits an den grundsätzlichen Voraussetzungen des Absatzes 1 für die Benachrichtigungspflicht. Werden jedoch nachfolgend andere Arten von Daten mit anderer Zweckbestimmung und nunmehr „erstmals ohne Kenntnis" gespeichert, so ist der Betroffene bei Wahrung des Verhältnismäßigkeits-

prinzips entsprechend Absatz 1 zu informieren (vgl. nachstehend Rn. 16; vgl. auch zur Speicherung von **Whistleblowermeldungen** Artikel-29-Datenschutzgruppe vom 1.2.2006, WP 117 = Breinlinger/Krader, RDV 2006, 60; von Zimmermann, RDV 2006, 249); es sei denn, dass die Pflicht nunmehr nach Absatz 2 in Wegfall kommt.

2.3 Nach Absatz 1 Satz 1 und 2 entsteht keine Benachrichtigungspflicht, wenn   6
die Speicherung mit Kenntnis des Betroffenen erfolgt. Fraglich ist, ob dem Betroffenen nur die Tatsache der Speicherung bekannt sein muss, oder ob er auch über deren nähere Umstände Kenntnis haben muss, d. h. ob die Benachrichtigungspflicht nur dann entfällt, wenn er **Kenntnis von** alledem hat, das **Inhalt der Benachrichtigung ist,** d. h. Identität der verantwortlichen Stelle, Zweckbestimmung der Erhebung, Verarbeitung oder Nutzung und ggf. der Kategorien. Nach der Gestaltung der Informationspflichten in § 4 Abs. 2 und § 33 Abs. 1 ist davon auszugehen, dass der Gesetzgeber eine derartige Aufklärung des Betroffenen will, die ihn in die Lage versetzt, das „Gefährdungspotential", das der „Umgang" mit seinen personenbezogenen Daten bei der verantwortlichen Stelle in sich birgt, hinreichend abzuschätzen (Däubler in: DKWW, BDSG § 33 Rn. 6, 8 ff.). Dies bringt er zunächst durch die Informationspflicht bei der als Regelfall vorgesehenen Datenerhebung beim Betroffenen in § 4 Abs. 2 Satz 1 zum Ausdruck (vgl. nachstehend Rn. 7). Werden Daten gespeichert, die nicht beim Betroffenen erhoben wurden, so kann das nicht dazu führen, dass sich hier die Information auf die bloße Kenntnis der Speicherung irgendwelcher Daten beschränkt. Dem Gesetzgeber ist nicht zu unterstellen, dass er zwei Gruppen von „informierten" Betroffenen schaffen wollte, nämlich den bei der Datenerhebung aufgeklärten Betroffenen und den nur vage informierten Betroffenen, dessen Daten die verantwortliche Stelle „hinter dessen Rücken" beschafft hatte.

3. Kenntnis durch vorverlagerte Informationspflicht

3.1 Von der Benachrichtigungspflicht nach § 33 sind somit vorgelagerte Informa-   7
tionspflichten zu unterscheiden, deren Erfüllung dann jedoch die nochmalige Benachrichtigungspflicht entfallen lässt. Von Relevanz ist insoweit zunächst § 4 Abs. 2 und 3 mit dem Gebot der Direkterhebung bei dem „informierten" Betroffenen. § 4 Abs. 2 Satz 1 schreibt der datenerhebenden Stelle vor – wiederum mit der Einschränkung, dass der Betroffene nicht bereits auf andere Weise entsprechende Kenntnis erlangt hat –, bereits bei der **Erhebung** dem Betroffenen die Informationen zu geben, die ansonsten bei der Speicherung der Daten zu erteilen wären, d. h. mitzuteilen sind Angaben über die Identität der verantwortlichen Stelle, die Zweckbestimmungen der Daten und ggf. die Kategorien von Empfängern (vgl. im Einzelnen § 4 Rn. 29 ff.). Es war bereits vor der in § 4 Abs. 2 Satz 1 Nr. 2 ausdrücklich normierten Pflicht zur Offenlegung der Zweckbestimmung der Erhebung, Verarbeitung oder Nutzung ein dem Gebot **von Treu und Glauben** (§ 242 BGB) immanenter Grundsatz gesehen worden, dass der Betroffene weiß, dass und zu welchem Zweck er seine Daten preisgibt (vgl. Aufsichtsbeh. Baden-Württemberg, Staatsanz. vom 4.7.1981, S. 3: „Soll die Durchführung eines **Preisausschreibens** vornehmlich der Erlangung von Werbeadressen dienen und werden die Daten nur deswegen unmittelbar dateimäßig gespeichert, so ist diese beabsichtigte Zweckbestimmung (Zusendung von Werbematerial u. ä.) dem Betroffenen erkennbar zu machen, insbesondere wenn für die Durchführung des Preisausschreibens nicht erforderliche Zusatzdaten mitgeteilt werden sollen."). Die Benachrichtigungspflicht kann aber entstehen, wenn nachträglich weitere Daten gespeichert werden. So wenn der Arbeitgeber über den **Bewerber** ergänzende Informationen im **Internet** erhebt (vgl. Rn. 16 f.).

§ 33   Benachrichtigung des Betroffenen

8   3.2 Kenntnis der beabsichtigten Speicherung nebst Zweckbestimmung etc. erhält der Betroffene ferner, wenn die Verarbeitung der Daten seine **Einwilligung** erfordert. Der Betroffene muss wissen, welche Verarbeitung er welcher verantwortlichen Stelle gestattet. Demgemäß schreibt § 4a Abs. 1 Satz 2 vor, dass er auf den vorgesehenen Zweck der Erhebung, Verarbeitung oder Nutzung hinzuweisen ist (vgl. hierzu im Einzelnen § 4a Rn. 10 ff.). Schon weil es nicht feststellbar ist, ist nicht erforderlich, dass dem Betroffenen der Vorgang noch bewusst ist bzw. sein muss (Kamlah in: Plath, BDSG § 33 Rn. 23; a. A. Dix in: Simitis, BDSG § 33 Rn. 53; vgl. aber zum Wegfall der Wirksamkeit einer Einwilligung durch Zeitablauf § 4 Rn. 32a).

9   3.3 Um einen eventuellen Grund zur Annahme der Verletzung entgegenstehender Interessen der Betroffenen auszuschließen, ist diesen ggf. vor einer Verarbeitung der Daten nebst der Benachrichtigung eine **Widerspruchsmöglichkeit** zu eröffnen (vgl. § 4a Rn. 19). So fordern die Aufsichtsbehörden (vgl. vor allem HmbDSB, 8. TB (1989), S. 116 f.; 9. TB (1990), S. 102), dass Daten Dritter (z. B. an einem Unfall beteiligter Dritter) in **Warndateien** namentlich der Sachversicherer nur eingestellt werden dürfen, wenn den Betroffenen davon Kenntnis gegeben wird, um ihre schutzwürdigen Interessen artikulieren zu können. Gleiches gilt für die bzw. vor der Weitergabe von dem Bankgeheimnis unterliegenden Kundendaten eines Kreditinstituts an ein mit einer Befragung zur Kundenzufriedenheit nach § 11 beauftragtes Marktforschungsinstitut (so Aufsichtsbehörde Baden-Württemberg, Staatsanz. vom 1.5.1999; Hinweis zum BDSG Nr. 37 = RDV 1999, 131). Entsprechend argumentiert Duisberg (RDV 2004, 104) bei Konzernveränderungen oder **Unternehmensübernahmen** (Selk, RDV 2009, 254), bei denen die „Datenübernahme" keiner Einwilligung bedarf.

4. Erstmalige Speicherung oder Übermittlung

10   4.1 Ausgelöst wird die Benachrichtigungspflicht, wenn erstmals personenbezogene Daten „ohne Kenntnis" automatisiert oder in oder aus Dateien gespeichert oder übermittelt werden. Dies ist auch der Fall, wenn ein Adresshändler einem werbenden Unternehmen **Adressaufkleber** zur Verfügung stellt, da hier Daten aus einer Datei übermittelt werden, wobei sich die Benachrichtigung dadurch erledigt, wenn mit Verwendung der Aufkleber die Speicherung entfällt. Bei der Direktwerbung fehlt diese Voraussetzung häufig bei den als Absender der Werbung auftretenden Unternehmen, wenn das werbende Unternehmen sich bei der Nutzung der angemieteten Daten eines ggf. im Auftrag des Vermieters tätigen sog. **„Lettershops"** bedient und eine Übermittlung nicht stattfindet (vgl. hierzu im Einzelnen Schaffland/Wiltfang, BDSG § 33 Rn. 23 ff.; ferner § 29 Rn. 6).

11   4.2 Fraglich ist, ob die Benachrichtigungspflicht auch greift, wenn „offensichtlich" **aus Dateien entnommene Daten** erstmals und zwar **in Akten** gespeichert werden (§ 27 Abs. 2). Für eine generelle Ausnahme von der Benachrichtigungs- und Auskunftspflicht sind jedoch keine Anhaltspunkte im Gesetz erkennbar. Auch wenn es Absicht des Gesetzgebers gewesen sein sollte, mit der Regelung des § 27 Abs. 2 Gesetzesumgehungen auszuschließen, so ist der Tatbestand gleichwohl nicht nur auf Daten beschränkt, die aus eigenen Verarbeitungen bzw. Dateien stammen (vgl. § 27 Rn. 15; a. A. Schaffland/Wiltfang, BDSG § 33 Rn. 9). In derartigen Fällen hätte die Benachrichtigungspflicht bereits zuvor bei der Speicherung der Daten in der Datei, aus der sie entnommen wurden, angestanden. Da die Regelung des § 27 Abs. 2 zudem auch nicht nur das BDSG hinsichtlich der Zulässigkeitskriterien für in Akten gespeicherte Daten anwendbar erklärt, begründet auch den Fall, dass von der verantwortlichen Stelle offensichtlich automatisiert oder aus einer Datei übermittelte Daten aktenmäßig gespeichert werden, eine Benachrichtigungspflicht (so

Benachrichtigung des Betroffenen **§ 33**

insgesamt auch Dix in: Simitis, BDSG § 33 Rn. 6), es sei denn, dass der Betroffene Kenntnis von der Speicherung oder Übermittlung hat oder einer der Ausnahmetatbestände des Absatzes 2 zum Tragen käme.

4.3 Die Regelung des **Absatzes 1 Satz 2,** nach der bei geschäftsmäßiger Datenspeicherung zum Zwecke der Übermittlung erst die Übermittlung der Daten die Benachrichtigungspflicht auslöst, kann dazu führen, dass Persönlichkeitsrechtsverletzungen bereits eingetreten sind, ehe der Betroffene von der Speicherung und Übermittlung erfahren hat. Gleichwohl wird diese erst verzögert eintretende Benachrichtigungspflicht dem andersartigen Gefährdungspotential als angemessen betrachtet, da eine die Interessen des Betroffenen tangierende Verwendung der Daten erst mit der Übermittlung eintrete. Die eigentliche Nutzung der Daten werde erst durch den Empfänger durchgeführt (hierzu kritisch Dix in: Simitis, BDSG § 33 Rn. 24 f.). 12

4.4 Eine die Benachrichtigungspflicht auslösende Übermittlung durch den geschäftsmäßigen Datenverarbeiter liegt insoweit auch nicht vor, wenn der **gesamte Datenbestand** oder das Unternehmen selbst von einem Dritten übernommen wird (Schaffland/Wiltfang, BDSG § 33 Rn. 32). Dies wird bei geschäftsmäßiger Speicherung i. S. v. § 29 damit begründet, dass die Daten zum Zeitpunkt der Übergabe allein zu dem Zweck gespeichert sind, um dem Erwerber die Speicherung zum Zwecke der Übermittlung zu gestatten. Bedarf ansonsten die mit einer **Unternehmensübernahme** verbundene Übergabe der Kunden- und Arbeitnehmerdaten nicht wegen besonderer Schweigepflichten der die Information des Betroffenen bewirkenden Einwilligung (zur Übernahme von Arzt- oder Rechtsanwaltspraxen vgl. § 28 Rn. 43), so obliegt dem Erwerber eine Benachrichtigungspflicht, der er schon zur im eigenen Geschäftsinteresse liegenden Fortsetzung des Kontakts mit dem Kunden nachkommen wird (vgl. zur Problematik bei per Einwilligung legitimierten Datenverarbeitungen: Duisberg, RDV 2004, 104). Dies gilt jedenfalls bei der Einzelrechtsnachfolge (**Asset Deal**), bei der eine Datenübermittlung erfolgt (vgl. § 4a Rn. 43c). Bei der Gesamtrechtsnachfolge (**Share Deal**) ändert sich an der rechtlichen Identität nichts. Gleichwohl wird der Nachfolger, insbesondere wenn er unter neuem Namen agiert, allein deswegen hierüber informieren. 13

5. Der Zeitpunkt der Benachrichtigung

5.1 Werden Daten für eigene Zwecke verarbeitet, so entsteht die Benachrichtigungspflicht bei der **erstmaligen Speicherung** (Abs. 1 Satz 1). Die Benachrichtigungspflicht hängt nicht davon ab, ob sich aus der Speicherung schon Folgen für den Betroffenen ergeben. Speichert ein Versandhaus z. B. zur Feststellung der Bonität von eventuellen Kunden in seiner Kunden- und Interessendatei personenbezogene Daten in Form sog. **Warnhinweise** (vgl. zu Warndateien Bongard, RDV 1987, 209; Waniorek, RDV 1990, 228; Reif, RDV 2007, 25), die nicht dem gerichtlichen Schuldnerverzeichnis (§ 915 ZPO) entnommen wurden, um von vorneherein jegliche Geschäftsbeziehung auszuschließen, so ist der Betroffene unverzüglich zu benachrichtigen. Es reicht nicht aus, dies erst zu tun, wenn z. B. ein Bestellvorgang des Betroffenen abgelehnt wird (vgl. Aufsichtsbeh. Baden-Württemberg, Hinweis zum BDSG Nr. 20, Staatsanz. 1984, Nr. 1/2, S. 5). 14

5.2 Erfolgt die Verarbeitung geschäftsmäßig zur Übermittlung, so hat die Benachrichtigung mit bzw. unmittelbar nach der **erstmaligen Übermittlung** zu erfolgen (Absatz 1 Satz 2), d.h. dann wenn die Speicherung konkrete Folgen für den Betroffenen hat. Vorher bleibt der Vorgang in der Regel intransparent. Eine Bekanntgabe des konkreten Empfängers der erstmaligen Übermittlung ist nicht geboten (Forgó in: Wolff/Brink, DatenschutzR, BDSG § 33 Rn. 35; vgl. nachfolgend Rn. 23a). 15

Das Gesetz nennt zwar keine Frist, innerhalb derer die verantwortliche Stelle nach Entstehen der Benachrichtigungspflicht tätig werden muss. Aus der Schutz- 15a

§ 33   Benachrichtigung des Betroffenen

funktion des Gesetzes wird aber herzuleiten sein, dass die Bekanntgabe **unverzüglich** (§ 121 BGB) nach der erstmaligen Speicherung bzw. Übermittlung zu erfolgen hat, wobei die Möglichkeit erhalten bleibt, betriebliche Erfordernisse zu berücksichtigen; so kann es zweckmäßig sein, die Benachrichtigungen in gesammelter Form – je nach Organisation der EDV-Läufe – (a. A. Dix in: Simitis, BDSG § 33 Rn. 41) etwa zum Monatsende zu bearbeiten, oder mit sowieso in absehbarer Zeit dem Betroffenen zuzusendender Post zum Versand zu bringen (vgl. bei Louis, Grundzüge des Datenschutzrechts, S. 132 m. N.; sehr weitgehend Schaffland/Wiltfang, BDSG § 33 Rn. 22, die ggf. sogar eine quartalsweise Benachrichtigung akzeptieren wollen; ähnlich Meents in: Taeger/Gabel, BDSG § 33 Rn. 22 mit bis zu drei Monaten). Regelmäßig als akzeptabel wird eine Frist von zwei bis drei Wochen anzusehen sein (HmbDSB, 12. TB S. 185).

6. Mehrfache bzw. nachträgliche Benachrichtigung

16   6.1 Fraglich ist, ob die Benachrichtigungspflicht ggf. auch **wiederholt** bzw. erst bei späteren Speicherungen erstmalig eintreten kann (vgl. vorstehend Rn. 5 f.). Die Sätze 1 und 2 des Absatzes 1 knüpfen nach wie vor für das Entstehen der Benachrichtigungspflicht an einen „erstmaligen" Verarbeitungsvorgang an. Daraus folgert die wohl h. M. einige Stimmen, dass die spätere Speicherung zusätzlicher oder anderer Daten keine neue Benachrichtigungspflicht auslöse (u. a. Kamlah in: Plath, BDSG § 33 Rn. 7; Schaffland/Wiltfang, BDSG § 33 Rn. 7). Andererseits umfasst die Benachrichtigung jedoch nicht nur die Mitteilung, dass Daten des Betroffenen gespeichert sind oder übermittelt werden, sondern auch die Angabe der **Art der Daten, der Zweckbestimmung der Erhebung, Verarbeitung oder Nutzung und ggf. der Kategorien von Empfängern.** Hieraus ist zu folgern, dass jedenfalls dann, wenn eine **neue Art** von Daten „erstmals" gespeichert oder übermittelt wird oder die Zweckbestimmung der Verarbeitung wesentlich geändert werden soll, auch eine neue Benachrichtigungspflicht ausgelöst wird (so u.a. auch Forgó in: Wolff/Brink, DatenschutzR, BDSG § 33 Rn. 28 f.). Andernfalls würde sich das Ziel der Benachrichtigung in sein Gegenteil verkehren, statt Transparenz hinsichtlich der über ihn gespeicherten Daten zu erhalten, würde der Betroffene ggf. in der irrigen Meinung gehalten, dass nur für ihn wenig sensible Daten für von ihm akzeptierte Zwecke gespeichert seien, so dass er auch keinen Anlass sieht, z. B. von seinem Auskunftsrecht (§ 34) oder seinem Widerspruchsrecht (§ 35 Abs. 5) Gebrauch zu machen (ebenso Dix in: Simitis, BDSG § 40 Rn. 10).

17   6.2 Eine spätere **Speicherung weiterer personenbezogener Daten** löst ferner dann eine Benachrichtigungspflicht aus, wenn bei der erstmaligen Speicherung eine Benachrichtigung wegen der Kenntnis des Betroffenen oder der in Absatz 2 genannten Ausnahmen unterbleiben konnte und der **Ausnahmetatbestand** bei den nunmehr gespeicherten Datenarten **nicht greift** (Dix in: Simitis, BDSG § 40 Rn. 47; a. A. Schaffland/Wiltfang, BDSG § 33 Rn. 91).

7. Die Form der Benachrichtigung

18   7.1 Zur **Form der Benachrichtigung** äußert sich das Gesetz nicht. Sie liegt daher im Ermessen der verantwortlichen Stelle. Eine mündliche Benachrichtigung genügt zwar, kann aber zu Beweisschwierigkeiten führen (vgl. aber auch Aufsichtsbeh. Hessen, 4. TB vom 22.9.1990 zur Problematik des „Überraschungseffekts" telefonischer Mitteilung). Die schriftliche Benachrichtigung wird daher den Regelfall bilden. Schon gem. Anlage zu § 9 Satz 1 Nr. 4 (**Zugriffskontrolle**) ist ein verschlossener Brief erforderlich. Eine unverschlüsselte E-Mail genügt ggf. – abhän-

Benachrichtigung des Betroffenen **§ 33**

gig von der „Sensibilität" des Inhalts – nicht (a. A. Forgó in: Wolff/Brink, DatenschutzR, BDSG § 33 Rn. 6 f.). Zu benachrichtigen ist der Betroffene, es genügt also nicht eine Veröffentlichung der Tatsache der Speicherung (ebenso Schaffland/Wiltfang, BDSG § 33 Rn. 19). Die erforderliche **individuelle Information** des Betroffenen kann auch nicht ersetzt werden durch Hinweise in allg. Geschäftsbedingungen; diese können jedoch ggf. bewirken, dass der Betroffene auf andere Art und Weise von der Speicherung Kenntnis hat. Hierzu bedarf es aber eines deutlichen Hinweises, da allgemeine Geschäftsbedingungen im Tagesgeschäft weitgehend ungelesen bleiben (vgl. bei Louis, Grundzüge, Rn. 235) Enthält der dem Betroffenen zugesandte Katalog eine gesondert ausgewiesene „Datenschutzerklärung" wird dies genügen (noch weitergehender Kamlah in: Plath, BDSG § 33 Rn. 11).

7.2 Die verantwortliche Stelle ist auch nicht gehindert, die Benachrichtigung mit weiteren Informationen (z. B. Werbung) zu versehen. Allerdings muss der Betroffene erkennen können, dass es sich um eine Benachrichtigung handelt. Eine **Werbesendung,** die irgendwo im Text den Benachrichtigungshinweis enthält, erfüllt die Voraussetzungen nicht (Schaffland/Wiltfang, BDSG § 33 Rn. 18). Dem Ziel der „regelmäßigen" Kenntnisnahme (§ 130 BGB) genügt auch ein Beiblatt, das gesondert z. B. einem Katalog beigelegt ist. **19**

8. Inhalt der Benachrichtigung

8.1 Neben der Tatsache, dass Daten gespeichert sind, sind auch die **Art der gespeicherten Daten,** deren Zweckbestimmung und ggf. die Kategorien von Empfängern mitzuteilen. Dass, wie Absatz 1 Satz 1 es zur Verpflichtung macht, auch die **Identität der verantwortlichen Stelle** dem Betroffen mitgeteilt werden muss, ist im Hinblick auf den Sinn der Benachrichtigung, nämlich ggf. von Auskunfts-, Korrektur- oder Widerspruchsrechten Gebrauch machen zu können eine Selbstverständlichkeit und gilt – auch wenn es in Absatz 1 Satz 2 nicht erwähnt wird – für die Benachrichtigungspflicht geschäftsmäßiger Datenverarbeiter. **20**

8.2 Versendet eine verantwortliche Stelle an ihre Kunden **Werbung** eines Dritten, so ist dem Kunden deutlich zu machen, dass eine Übermittlung nicht stattfand, und dass der Widerspruch nicht gegen den vermeintlichen Absender des Briefes sondern gegen die verantwortliche Stelle als Absender des **„Empfehlungs-Mailings"** zu richten ist. Ferner ist auf die mittelbare Übermittlung der „Kundenbeziehung" bei Reaktion auf das Werbeschreiben bei dem Auftraggeber der Versendeaktion hinzuweisen. **20a**

8.3 Hinsichtlich der Beschreibung der **Art der Daten** ist zu beachten, dass für den Betroffenen transparent werden soll, aus welchem Lebensbereich Daten über ihn gespeichert sind; die Beschreibung muss derart ausgestaltet sein, dass sie die ggf. zu erteilende Auskunft vorwegnimmt (Schaffland/Wiltfang, BDSG § 33 Rn. 5, 6). Zudem kann die Art der Daten so abstrakt umschrieben werden, dass bei einem größeren Personenkreis eine formularmäßige Abwicklung noch möglich bleibt (Meents in: Taeger/Gabel, BDSG, § 33 Rn. 14; vgl. aber auch Aufsichtsbehörde Baden-Württemberg (Hinweis zum BDSG Nr. 30, Staatsanz. 1991, Nr. 101, S. 8; sie führt hierzu aus: „Dabei genügen allgemeine, nicht auf den individuellen Einzelfall bezogene Angaben, soweit sich aus ihnen die einzelnen Datenarten für den Betroffenen hinreichend konkret ergeben. Nicht ausreichend sind Angaben, die keine über den Geschäftszweck der speichernden Stelle hinausgehenden Informationen enthalten, wie z. B. die Angabe „Daten, die zur Beurteilung der Bonität erforderlich sind". Derart allgemein gehaltene Angaben sind nicht geeignet, den vom Gesetzgeber verfolgten Informationszweck zu erreichen. Sie müssen näher konkretisiert werden („Vor- und Familiennamen, Geburtsdatum, Angaben zur Beschäftigung, Immobilien")". **21**

22 **8.4** Bei der Information über die **Zweckbestimmung** der Erhebung, Verarbeitung oder Nutzung sind die Festlegungen mitzuteilen, zu denen der Gesetzgeber die verantwortliche Stelle bereits im Vorfeld der Speicherung verpflichtet, indem nach § 28 Abs. 1 Satz 2 und § 29 Abs. 1 Satz 2 bei der Erhebung die Zwecke, für die die Daten verarbeitet oder genutzt werden, konkret festzulegen sind (vgl. insoweit § 28 Rn. 48; vgl. ferner die diesbezügliche Informationspflicht im Rahmen des § 4 Abs. 3 Satz 1 und dort § 4 Rn. 29 ff.).

23 **8.5** Bereits bisher galt, dass die Angaben zur **Identität der verantwortlichen Stelle** deren Namen nebst der **vollen Anschrift** bedingen, die Angabe des Postfaches allein genügt nicht. Der Betroffene ist nicht verpflichtet, schriftlich um Auskunft zu bitten. Er kann dies auch durch **persönliche Vorsprache** tun. Hierzu muss er die genaue Adresse kennen und am besten auch einen dortigen Ansprechpartner (Kamlah in: Plath, BDSG § 33 Rn. 15). Wird die Benachrichtigung durch eine unselbstständige Filiale erteilt, ist gleichzeitig auch die Anschrift des Hauptunternehmens anzugeben, damit der Betroffene weiß, an wen er sich wenden kann. Übermittelt ein geschäftsmäßiger Datenverarbeiter erstmals Daten, so kann er die jetzt ggf. (vgl. nachstehende Ausnahmen in Rn. 27 ff.) entstehende Benachrichtigungspflicht auch dem Empfänger der Daten übertragen, was sinnvoll ist, wenn dieser die Daten nutzen will, um z. B. in werblichen Kontakt mit dem Betroffenen zu treten (Wind, WRP 1991, 771).

23a **8.6** Über die Kategorien von Empfängern (§ 3 Abs. 8 Satz 1) ist zu unterrichten, wenn der Betroffene nicht mit der Datenweitergabe an diese rechnen muss (Absatz 1 Satz 3). Bei der Verwendung für Werbezwecke ist zumindest eine branchenbezogene Nennung geboten (vgl. auch § 34 Rn. 16b). Auftragnehmer sind anzugeben – auch wenn hier der fehlerhaft gewählte Begriff der Übermittlung nicht zutrifft –, wenn ihre Einschaltung nicht normalen Geschäftsprozessen entspricht (generell verneinend Kamlah in: Plath, BDSG § 33 Rn. 18).

9. Der Adressat der Benachrichtigung

24 **9.1** Zu benachrichtigen ist der Betroffene, dessen Daten gespeichert sind. Die Benachrichtigungspflicht setzt nicht voraus, dass dieser seinen Wohnsitz oder Aufenthalt im Geltungsbereich des BDSG hat (a. A. Schaffland/Wiltfang, BDSG § 33 Rn. 48). Auch wenn der Betroffene **minderjährig** und damit beschränkt geschäftsfähig ist, ist ihm die Benachrichtigung zuzuleiten, sofern er in der Lage ist, die Konsequenzen aus der Verarbeitung seiner Daten zu erkennen und die ihm zustehenden gesetzlichen Rechte wahrzunehmen (vgl. hierzu § 4a Rn. 10); ansonsten ist der gesetzliche Vertreter zu benachrichtigen.

25 **9.2** Fraglich ist, ob die Benachrichtigungspflicht die **Kenntnis der Anschrift** des Betroffenen bei der verantwortlichen Stelle voraussetzt. Werden personenbezogene Daten ohne Adresse bzw. werden Daten einer nur „bestimmbaren" Person gespeichert, so kann die Benachrichtigung nur erfolgen, wenn die verantwortliche Stelle nunmehr – je nachdem wie die dem Betroffenen die Information über die Speicherung seiner Daten zugehen soll – mit Hilfe von Zusatzwissen die Adresse (Wohnanschrift, E-Mail, Telefon etc.) ermittelt. Eine derartige Pflicht zur Ermittlung weiterer Daten wäre aber letztlich datenschutzkonträr (zur eventuellen im Interesse des Betroffenen liegenden anderen Verfahren bei sensiblen Daten vgl. Bergmann/Möhrle/Herb, BDSG § 33 Rn. 24 ff.). Hinsichtlich des insoweit typischen Beispiels der Speicherung der Telefonnummern von Angerufenen und Anrufern im Rahmen der betrieblichen Telefondatenerfassung besteht daher **keine Benachrichtigungspflicht** gegenüber dem Angerufenen bzw. dem Anrufer bei der Speicherung der Nummern einkommender Gespräche (vgl. Dix in: Simitis, BDSG § 33 Rn. 20 f.).

Benachrichtigung des Betroffenen § 33

9.3 Macht der „primär" Betroffene im Rahmen eines Vertrages **Angaben über** 26
Dritte, so sind diese zu benachrichtigen; es sei denn, dass sie z. B. auf andere Weise Kenntnis haben und deren Anschrift bekannt ist. Die Benachrichtigungspflicht entfällt nur dann, wenn diese Daten der Dritten ausschließlich als zur Person des Vertragspartners gespeichert anzusehen sind (sehr weitgehend insoweit Schaffland/Wiltfang, BDSG § 33 Rn. 10), bzw. wenn die insoweit häufig relevanten Ausnahmetatbestände nach Absatz 2 zum Zuge kommen. So müssen nach Auffassung der Aufsichtsbehörde Baden-Württemberg (Hinweis zum BDSG Nr. 33, Staatsanz. vom 5.1.1995, S. 9) **Familienangehörige** (vgl. nachfolgend Rn. 30) eines Arbeitnehmers davon ausgehen, dass bestimmte Grunddaten im Zusammenhang mit dem Arbeitsverhältnis des Ehepartners/Elternteils gespeichert werden, so dass sie insoweit Kenntnis auf andere Art erlangt haben. Anders ist dies jedoch zu beurteilen, wenn ein Versandhaus Angaben über im Haushalt des Kunden/Interessenten lebende Familienangehörige speichert, z. B. weil es von der Bonität eines Ehepartners auf die des anderen rückfolgert; dies gilt auch für den Fall, dass ein Ehepartner diese Angaben gemacht hat, so z. B. wenn die Hausfrau/Ehefrau bei dem Kreditkauf Angaben über den Ehemann und seinen Beruf machen muss.

10. Ausnahmen von der Benachrichtigungspflicht

Absatz 2 enthält einen umfangreichen Ausnahmekatalog, der die Benachrichti- 27
gungspflicht in der Praxis nicht zur Regel, sondern zu dem seltenen Ausnahmefall macht. Dies gilt sowohl bei Datenverarbeitung für eigene Zwecke als auch speziell bei geschäftsmäßiger Datenspeicherung für Werbezwecke. Einer der wenigen Fälle, der regelmäßig die Benachrichtigungspflicht auslöst, stellt die Speicherung personenbezogener Daten bei Auskunfteien dar.

11. Anderweitige Kenntnis

11.1 Hat der Betroffene **auf andere Weise Kenntnis** von der Speicherung oder 28
Übermittlung (hierzu gehört auch „grobe" Kenntnis der Art der Daten; vgl. vorstehend Rn. 16 und 26; vgl. Bergmann/Möhrle/Herb, BDSG § 33 Rn. 19) erlangt, so entfällt nach **Absatz 2 Nr. 1** die Benachrichtigungspflicht. Wie bereits aufgezeigt stellt sich die Frage, inwieweit sich dieser Ausnahmetatbestand mit der für die Begründung der Benachrichtigungspflicht fehlenden Kenntnis des Betroffenen in Absatz 1 Satz 1 und 2 deckt und somit ggf. obsolet ist. Auszugehen ist davon, dass Absatz 1 Satz 1 und 2 mit der Speicherung ohne Kenntnis generell die Fälle erfassen will, wo der Betroffene deshalb keine konkrete Kenntnis hat, weil die Daten abweichend von dem **Grundprinzip der Direkterhebung** nicht beim Betroffenen (§ 4 Abs. 2 Satz 1), sondern anderweitig beschafft wurden. In diesem Fall kann dann „auf andere Weise", d. h. nicht durch Aufklärung nach § 4 Abs. 3 Satz 1 erlangte Kenntnis die Benachrichtigung entfallen lassen. Auf welche Weise die Kenntnisse erlangt werden, ist unerheblich; desgleichen braucht der Betroffene auch nicht konkret zu wissen, auf welche Weise die Daten gespeichert werden; sofern er weiß bzw. nach allgemeiner Lebenserfahrung wissen muss, dass die Speicherung automatisiert bzw. dateigebunden erfolgt, denn nur dann liegt ein Speichern i. S. d. Dritten Abschnitts vor (vgl. bei Schaffland/Wiltfang, BDSG § 33 Rn. 38).
11.2 Kenntnis auf andere Weise erfordert nicht, dass der Betroffene ausdrücklich 29
darauf hingewiesen wurde; bekannt ist ihm die Speicherung auch dann, wenn sie nach den Umständen des Einzelfalls unvermeidbar oder sonst (handels-)üblich ist. Letztlich kann also nicht darauf abgestellt werden, ob die Kenntnis bei dem Betroffenen tatsächlich vorhanden ist, in diesem Fall wäre die Ausnahmeregelung nicht

§ 33   Benachrichtigung des Betroffenen

praktikabel, sondern darauf, ob **Kenntnis vorhanden sein müsste** (Forgó in: Wolff/Brink, DatenschutzR, BDSG § 33 Rn. 42; a. A. Däubler in: DKWW, BDSG § 33 Rn. 25). So ist dem Betroffenen die Speicherung bekannt, wenn er einem Vertragspartner zur Abwicklung eines Vertragsverhältnisses oder vertragsähnlichen Vertrauensverhältnisses personenbezogene Daten zuleitet, denn er muss heute – jedenfalls bei größeren Betrieben – von der Speicherung dieser Daten ausgehen (weitere Beispiele bei Schaffland/Wiltfang, BDSG § 33 Rn. 39 ff.).

29a Fraglich ist, ob allgemeine Kenntnis bei Bewertungsportalen im Internet unterstellt werden kann. Zutreffen könnte das jedoch nur bei Portalen (z. B. Mein-Prof.de), bei denen der Betroffene von „seiner Präsenz" ausgehen kann. Im Zweifel ist jedoch zu benachrichtigen, mag dadurch der Betrieb derartiger Portale auch erschwert werden (vgl. Forgó in: Wolff/Brink, DatenschutzR, BDSG § 33 Rn. 43; zur generellen Unanwendbarkeit bei **Bewertungsportalen** Härting, CR 2009, 21; zur Einordnung in § 30a und dem dann greifenden Ausnahmetartbestand des § 33 Abs. 2 Nr. 9 Iraschko-Luscher/Kiekenbeck, ZD 2012, 261).

30 11.3 Für das **Arbeitsverhältnis** kann davon ausgegangen werden, dass ein Arbeitnehmer Kenntnis über die Personaldatenverarbeitung des Arbeitgebers hat. Eine gesonderte Benachrichtigung ist entbehrlich (so auch Aufsichtsbeh. Baden-Württemberg, Hinweis zum BDSG Nr. 20, Staatsanz. 1984, Nr. 1/2 S. 6). Anderes jedoch gilt jedoch, wenn dem Arbeitnehmer **nicht bekannte Datenarten** gespeichert werden (Schierbaum/Kiesche, PersR 1994, 52). In der Regel kann der Arbeitnehmer aber durch die insoweit abzuschließende und ihm zugänglich zu machende Betriebsvereinbarung als informiert gelten. Auch **Familienangehörige** (vgl. auch vorstehend Rn. 26) müssen nach Auffassung der Aufsichtsbehörde davon ausgehen, dass bestimmte Grunddaten im Zusammenhang mit dem Arbeits- oder Dienstverhältnis ihres Ehepartners bzw. Elternteils gespeichert werden. Werden jedoch Angaben gespeichert, die über die üblichen Grunddaten wie Name, Geburtstag, Adresse, Beruf hinausgehen, so muss der Arbeitgeber benachrichtigen. Gleiches gilt hinsichtlich sonstiger Vertragsverhältnisse, die im Gesamtinteresse der Familie eingegangen werden und auch allen Familienangehörigen bekannt zu sein pflegen (im Ergebnis ebenso, aber mit der Begründung, dass es sich nicht um „personenbezogene" Daten der Familienmitglieder handele und daher generell keine Benachrichtigungspflicht bestehe: Schaffland/Wiltfang, BDSG § 33 Rn. 5, 10, 40). Die vielfältigen Regelungen zur sozialen Sicherung der Familie erfordern in der Regel Angaben über Familienangehörige. Bei Kredit- und Versicherungsanträgen, ärztlichen Anamneseerhebungen oder sonstigen Fragebögen, die ein Betroffener auszufüllen hat, wird aber nicht immer ohne weiteres davon auszugehen sein, dass die Familienangehörigen von der Speicherung Kenntnis haben.

31 11.4 Entsprechendes gilt, wenn bei **Verträgen zu Gunsten Dritter** (§ 328 BGB) personenbezogene Daten des Begünstigten gespeichert werden. Zu prüfen ist in derartigen Fällen jedoch, ob tatsächlich personenbezogene Daten der Angehörigen oder sonstiger Dritter gespeichert werden. Wird lediglich der Name des Angehörigen genannt, so ist dies allein eine Angabe über die persönlichen Verhältnisse des Betroffenen (vgl. hierzu § 3 Rn. 3); zudem wird eine Benachrichtigung wegen fehlender Information über die Adresse der Angehörigen entfallen (vgl. vorstehend Rn. 25).

12. Unverhältnismäßiger Aufwand

32 Sofern die Benachrichtigung einen **unverhältnismäßigen Aufwand** erfordern würde, ist die verantwortliche Stelle von dieser Pflicht nach **Absatz 2 Nr. 2** entbunden bei Daten, die nur noch deshalb gespeichert sind, weil sie auf Grund entsprechender Verpflichtungen **aufzubewahren** sind (als gesetzliche Aufbewahrungsnormen greifen z. B. § 257 HBG, § 273 Abs. 2, 3 AktG, § 147 Abs. 3 AO; vgl. ferner § 35 Rn. 18) und bei solchen Daten, die ausschließlich der **Datensicherung** oder **Datenschutzkontrolle** dienen. Die Ausnahmen des Absatzes 2 Nr. 2 sind jedoch hinsichtlich der Benachrichtigungspflicht weitgehend gegenstandslos, da die noch aufzubewahrenden Daten zuvor regelmäßig für einen bestimmten Zweck gespeichert wurden, der bereits ggf. eine Benachrichtigungspflicht begründete. Gleiches gilt für Daten, die ausschließlich der Datensicherung dienen, da es sich hierbei zumeist um **„Sicherungskopien"** handeln wird, die nur eine Kopie der der Benachrichtigungspflicht unterliegenden aktiven Daten bilden. Im Übrigen sind von der letztgenannten Ausnahmeregelung die durch § 31 erfassten und strenger Zweckbindung unterliegenden Verarbeitungen, wozu regelmäßig Protokolldateien gehören, betroffen (Kamlah in: Plath, BDSG § 33 Rn. 33; a. A. Dix in: Simitis, BDSG § 33 Rn. 28). Die Benachrichtigung entfällt jedoch nicht generell, sondern nur, wenn sie einen unverhältnismäßigen Aufwand erfordert, wovon bei Abwägung des für die verantwortliche Stelle entstehenden Aufwands mit dem minimalen Grad der Gefährdung des Selbstbestimmungsrechts des Betroffenen regelmäßig ausgegangen werden kann.

13. Geheimhaltungsbedürftige Daten

13.1 Absatz 2 Nr. 3 lässt die Benachrichtigungspflicht bei geheimhaltungsbedürf- 33
tigen Daten entfallen. Die Regelung entspricht der Ausnahmevorschrift für die Auskunftserteilung des § 19 Abs. 4 Nr. 3. Auf die Erläuterungen dazu wird verwiesen (§ 19 Rn. 28). Zu den Daten, die nach dieser Vorschrift einer Bekanntgabe – und nach § 34 Abs. 4 einer Auskunftspflicht – nicht unterliegen, gehören z. B. diejenigen, die einer speichernden Stelle (z. B. einem Kreditinstitut) im Rahmen eines **Vertrages zugunsten Dritter für den Todesfall** zugeleitet werden. Hier kann der Gläubiger aus persönlichen oder rechtlichen Gründen ein erhebliches Interesse daran haben, dass der Begünstigte erst nach seinem Ableben von den ihm eingeräumten Anwartschaften Kenntnis erhält. Dieses Interesse überwiegt gegenüber dem Auskunftsinteresse des Betroffenen. Stets bedarf es einer **Abwägung der Interessen** des Betroffenen und des Dritten im Einzelfall. Die Interessen werden auch so geartet sein müssen, dass sie gegeneinander abwägbar sind. Materielle Interessen lassen sich kaum mit ideellen Interessen (z. B. Erhaltung familiärer oder freundschaftlicher Bindungen) vergleichen und gegeneinander abwägen. Das überwiegende Interesse des Dritten an der Geheimhaltung muss in jedem Falle **„rechtlicher"** Art sein. Daher kann zumindest nicht generell davon ausgegangen werden, dass Daten ihrem Wesen nach geheim zu halten sind, wenn z. B. bei Bonitätsdaten auch der Name des Informanten gespeichert ist und ihm vertraulich zugesichert wurde oder der Informant bei Bekanntgabe sonstige, z. B. geschäftliche Nachteile zu erwarten hätte (so aber Schaffland/Wiltfang, BDSG § 33 Rn. 63). Ebenso kann eine zwischen einem Zessionar und dem Zedenten vereinbarte **„stille" Zession,** den Zedenten als Empfänger der die abgetretene Forderung beschreibenden personenbezogenen Daten von der Pflicht zur Benachrichtigung nicht entbinden (vgl. auch Rn. 39). Kein Ausnahmetatbestand ist auch für den Fall erkennbar, dass zwar über die Abtretung abstrakt – wie es z. B. im Zusammenhang mit der Datenschutzklausel des Versicherungsgewerbes hinsichtlich der **Abtretung an Rückversicherer** geschieht – informiert wird, die neue verantwortliche Stelle selbst aber nicht bekannt ist. Insoweit genügt es auch nicht, wenn der Name der Rückversicherung nur auf Nachfrage mitgeteilt wird (Dix in: Simitis, BDSG § 33 Rn. 17, 53).

13.2 Ihrem Wesen nach geheim zu halten können auch Daten sein, die ein Unter- 34
nehmen zur Eigensicherung speichert, z. B. bei sicherheitsgefährdeten Bereichen oder bei einer Warndatei, die dazu dient, Betrüger zu überführen. Dies gilt auch

§ 33 Benachrichtigung des Betroffenen

für eine im Rahmen eines **Whistleblowerverfahrens** erhobene Verdächtigung, solange eine „Verdunklungsgefahr" besteht. Eine Benachrichtigungspflicht besteht bei einem externen Beschuldigten per se und bei einem Arbeitnehmer – abgesehen von der arbeitsrechtlichen Anhörungspflicht – infolge der neuen, für den „Beschuldigten" gefährlichen Art neuer Daten (vgl. vorstehend Rn. 5, 16). Insoweit können sich Überschneidungen mit dem Ausnahmetatbestand des Absatzes 2 Nr. 7b ergeben. Auch im Rahmen einer Due-Dilligence-Prüfung ausnahmsweise übermittelter Daten (§ 32 Rn. 47) entfällt die Benachrichtigungspflicht (Göpfert/Meyer, NZA 2011, 486).

34a 13.3 Problematisch ist insoweit auch, ob und inwieweit medizinische Daten ihrem Wesen nach auch dem Betroffenen gegenüber geheim zu halten sind. Der BGH (NJW 1978, 2337, 2339) sieht in inzwischen gefestigter Rechtsprechung in der ordnungsgemäßen Führung der Krankenunterlagen auch eine Pflicht des Arztes dem Patienten gegenüber. Demgemäß hat der Patient gegenüber dem Arzt und dem Krankenhaus grundsätzlich auch einen Anspruch auf **Einsicht** in die ihn betreffenden **Krankenunterlagen**, soweit sie Aufzeichnungen über medizinisch-naturwissenschaftlich objektivierbare Befunde und Berichte über Behandlungsmaßnahmen betreffen (BGH, NJW 1985, 674). Das Einsichtsrecht kann aus medizinischen und rechtlichen Gründen beschränkt sein, die sich aus der Art der Erkrankung und dem Zustand des Patienten ergeben können. So kann auch einem Patienten, der psychiatrisch behandelt worden ist, die Einsichtnahme in die vollständigen Krankenunterlagen nicht verweigert werden, wenn keine schützenswerten Interessen des Patienten selbst, des Arztes oder Dritter entgegenstehen (BGHZ 85, 339 = NJW 1983, 330). Erstrebt ein Patient über die Kenntnis objektiver Befunde hinaus Einsicht in die Krankenunterlagen über seine **psychiatrische Behandlung**, so sind entgegenstehende therapeutische Gründe vom Arzt nach Art und Richtung näher zu kennzeichnen (BGH, RDV 1989, 79). Die Dokumentation der Behandlung und die Einsicht in die zu führende Patientenakte regeln in Umsetzung obiger Rechtsprechung seit dem 26.2 2013 die durch das Patientenrechtegesetz in das BGB eingefügten §§ 630a bis 630h (vgl. Reif, RDV 2013, 193; Katzenmeier, NJW 2013, 817).

14. Bereichsspezifische Verarbeitungsbefugnisse

35 Die **Nr. 4** des Ausnahmekatalogs entspricht dem in Art. 11 Abs. 2 EG-DatSchRL enthaltenen Ausnahmetatbestand. **Gesetzliche Vorschriften, die eine Speicherung oder Übermittlung ausdrücklich vorsehen,** d.h. vorschreiben (Kamlah in: Plath, BDSG § 33 Rn. 41) und insoweit dem BDSG vorrangig sind (vgl. § 4 Rn. 8) sind zahlreich. Der Gesetzgeber unterstellt wohl, dass dem Betroffenen derartige Vorschriften bekannt sind und geht wohl davon aus, dass die von dem Betroffenen mit Hilfe der Benachrichtigung ggf. zu klärende Frage der Zulässigkeit der Speicherung oder Übermittlung bereits vom Gesetzgeber entschieden wurde. Ein Anwendungsfall ist das **Geldwäschegesetz**, das die Institute „ausdrücklich" zur Speicherung und Übermittlung bestimmter Transaktionen verpflichtet. Ein weiteres Beispiel bildet § 9 Infektionsschutzgesetz.

15. Wissenschaftliche Forschung

36 Die **Nr. 5** setzt Art. 11 Abs. 2 EG-DatSchRL hinsichtlich der dort vorgesehenen Ausnahme von der Benachrichtigungspflicht im Rahmen der Datenverarbeitung für Zwecke der **wissenschaftlichen Forschung** (zum Begriff vgl. § 40 Rn. 7) um. Maßgebend ist aber auch hier das **Verhältnismäßigkeitsprinzip**. Abzuwägen ist der von dem Forschungsinstitut zu betreibende Aufwand, der sich ggf. auch schon aus der Vielzahl der Fälle ergeben kann, mit dem Informationsinteresse des Betroffenen, das u. a. von der „Sensitivität" der Daten, d. h. dem Grad der Gefährdung seines Persönlichkeitsrechts abhängt.

16. Geheimhaltung im öffentlichen Interesse

Nr. 6 betrifft Fälle, in denen Unternehmen mit **Behörden** Vertragsbeziehungen 37 unterhalten, die sich auf **geheimhaltungsbedürftige Angelegenheiten** beziehen (z. B. Forschungsaufträge, Waffenproduktion). Hier kann es sich als notwendig erweisen, dass auch personenbezogene Daten gegenüber dem Betroffenen geheim gehalten werden müssen, etwa wenn ein Mitarbeiter unter dem Verdacht geheimdienstlicher Tätigkeit steht. Allerdings unterliegt die Entscheidung über die Geheimhaltungsbedürftigkeit nicht der verantwortlichen Stelle, sondern der zuständigen öffentlichen Stelle (im Übrigen greifen die bereichsspezifischen Vorschriften des SÜG, vgl. bei Gola/Wronka, Handbuch zum Arbeitnehmerdatenschutz, Rn. 933 ff.). Dies ist in der Regel der öffentliche Auftraggeber. Die verantwortliche Stelle wird im Rahmen des Auftrags vertraglich zu verpflichten sein, die öffentliche Stelle in Zweifelsfällen zu unterrichten und um Weisung zu bitten, ob die Daten geheim gehalten werden müssen oder nicht. Die zuständige öffentliche Stelle hat zu prüfen, ob durch das Bekanntwerden (Benachrichtigung und Auskunft) die öffentliche Sicherheit oder Ordnung gefährdet oder sonst dem Wohle des Bundes oder eines Landes Nachteile entstehen würden. Die Geheimhaltungsbedürftigkeit ist gegenüber der verantwortlichen Stelle festzustellen. Dies bedeutet, dass jede Entscheidung einzelfallbezogen zu erfolgen hat.

17. Daten aus allgemein zugänglichen Quellen

Der in **Nr. 7 Buchst. a** enthaltene Ausnahmetatbestand für aus öffentlich zugäng- 38 lichen Quellen entnommene Daten betrifft nur die Datenverarbeitung für eigene Zwecke. Nach Nr. 7a ist nicht über aus **allgemein zugänglichen Quellen** (zum Begriff vgl. § 28 Rn. 44) **entnommene** Daten zu benachrichtigen, wenn die Benachrichtigung wegen der **Vielzahl der betroffenen Fälle** unverhältnismäßig ist. Diese Ausnahme beruht auf der Überlegung, dass personenbezogene Daten, die nach § 28 Abs. 1 Nr. 3 weitgehend frei gespeichert werden dürfen, auch der Benachrichtigungspflicht nicht zu unterliegen brauchen. Hier genügt es jedoch nicht, dass die Daten aus diesen Quellen hätten entnommen werden können; sie müssen vielmehr, wenn auch nicht mehr „unmittelbar" – hieraus stammen. Sie können also auch von einer anderen Stelle übermittelt worden sein, wobei jedoch erkennbar sein muss, dass diese Stelle auf die allgemein zugängliche Quelle zugegriffen hatte (a. A. Schaffland/Wiltfang, BDSG § 33 Rn. 74; Dix in: Simitis, BDSG § 33 Rn. 98, die weiterhin die „unmittelbare" Entnahme fordern). Dem Betroffenen entsteht dadurch kein Nachteil, denn er muss davon ausgehen, dass Daten, die veröffentlicht wurden oder ansonsten allgemein zugänglich sind, auch gespeichert werden. Andererseits ist nicht zu verkennen, dass durch diese Ausnahmeregelung dem Betroffenen, da er die Adressaten eines gleichwohl bestehenden Auskunftsanspruchs regelmäßig nicht kennt, die Möglichkeit genommen wird, nachzuprüfen, ob die Daten tatsächlich aus allgemein zugänglichen Quellen stammen und ob sie richtig sind (zum Internet als allgemein zugängliche Quelle vgl. § 28 Rn. 33a), zumal nicht erforderlich ist, dass der Betroffene die Daten selbst veröffentlicht hat (so Abs. 2 Nr. 8).

18. Gefährdung der Geschäftszwecke

39 **18.1** Nach **Nr. 7 Buchst. b** entfällt die Benachrichtigungspflicht bei für eigene Zwecke tätigen Datenverarbeitern weiterhin, wenn eine Information des Betroffenen in die **Geschäftszwecke** der verantwortlichen Stelle **erheblich gefährden** würde und das Informationsinteresse des Betroffenen deshalb zurücktreten muss. Die Beeinträchtigung geschäftlicher Interessen allein genügt nicht (anders Schaffland/ Wiltfang, BDSG § 33 Rn. 85, die sogar zur Marktanalyse erstellte Dateien der „Geheimhaltung" unterwerfen wollen, damit die Konkurrenz nicht ggf. über Absichten des Unternehmens Kenntnis erhält); vielmehr muss die Mitteilung dazu führen, dass **Geschäfte dieser Art unmöglich** werden (Louis, Grundzüge, Rn. 248). Der Geschäftszweck bezieht sich also nicht auf das konkrete Rechtsverhältnis mit dem Betroffenen, so dass die Benachrichtigungs- und Auskunftspflicht (§ 34 Abs. 4) nicht schon deshalb entfällt, weil deswegen ein Vertrag nicht abgeschlossen oder sein Abschluss oder seine Abwicklung gefährdet werden würde (Dix in: Simitis, BDSG § 33 Rn. 102 ff.; a. A. und auf konkrete Geschäfte im Einzelfall abstellen Kamlah in: Plath, BDSG § 33 Rn. 52). Die Praxis der Banken, ihren Kunden im Falle der Refinanzierung eines Kredits nicht mitzuteilen, dass deren Daten an das finanzierende Kreditinstitut weitergegeben werden, hält der BGH (NJW 1984, 436) nicht für generell akzeptierbar. Es bedarf auch hier einer Interessenabwägung im Einzelfall. Im Fall der **„stillen" Zession** (vgl. hierzu auch vorstehend Rn. 33) ist zudem zu beachten, dass das Kreditinstitut unabhängig von § 33 die stille Zession offenbaren kann, um eine nach § 407 BGB befreiende Leistung an den Zedenten zu verhindern (vgl. bei Dix in: Simitis, BDSG § 33 Rn. 97; ferner Louis, Grundzüge, Rn. 250 mit weiteren Problemfällen bei Bankgeschäften). Gleiches gilt für die Mitteilungspflicht einer Rückversicherung (Dix in: Simitis, BDSG § 33 Rn. 108).

40 **18.2** Entsprechende Probleme stellen sich im Fall der Speicherung von personenbezogenen Daten im Zusammenhang mit der **Bekämpfung der Wirtschaftskriminalität.** Wirtschaftsunternehmen erhalten aus zahlreichen Quellen (z. B. Auskunfteien, brancheninternen Warndiensten) Auskünfte über erkannte und potentielle Täter von Wirtschaftsdelikten. Das Interesse der verantwortlichen Stelle an der Kenntnis dieser Daten ist unbestreitbar. Die Führung derartiger Dateien hat sich als wirksames Instrument zur Bekämpfung der Wirtschaftskriminalität erwiesen (vgl. bei Bongard, RDV 1987, 209; Waniorek, RDV 1990, 228). Es würde aber den Grundsätzen des Datenschutzes zuwider laufen, wenn diese Daten dem Betroffenen gänzlich verschlossen blieben. Dies gilt namentlich in den Fällen, in denen jemand irrtümlich oder wegen weit zurückliegender Verfehlungen in eine solche Datei aufgenommen wurde. Hier wäre er völlig schutzlos den – oft sehr schwerwiegenden – Konsequenzen einer Eintragung ausgeliefert. Demgemäß muss das Interesse des Betroffenen an der Benachrichtigung – und der Auskunft (§ 34 Abs. 4) – regelmäßig als gewichtiger angesehen werden, als mögliche Gefährdungen des Geschäftszwecks der speichernden Stelle (Louis, Grundzüge, Rn. 253). Im Einzelfall wird jedoch zu prüfen sein, ob eine Geheimhaltung der Daten nach Absatz 2 Nr. 3 gerechtfertigt ist (Forgó in: Wolff/Brink, DatenschutzR, BDSG § 33 Rn. 72).

19. Vom Betroffenen veröffentlichte Daten

41 **19.1** Wiederum unter der Vorgabe, dass eine Benachrichtigung **wegen der Vielzahl der betroffenen Fälle unverhältnismäßig ist,** werden in **Nr. 8** die Stellen, die Daten geschäftsmäßig zur Übermittlung speichern, also Adresshändler, Auskunfteien etc. nach Maßgabe zweier weiterer Alternativen von der Benachrichtigungs- – nicht aber nachfolgend von der Auskunftspflicht – befreit. Ausgenommen sind

Benachrichtigung des Betroffenen **§ 33**

zunächst nach **Nr. 8 Buchst. a** Daten, die aus **allgemein zugänglichen Quellen** entnommen wurden. Betroffen sind jedoch nur solche Daten, die sich auf einen Betroffenen beziehen, der diese Daten **veröffentlicht** hat. Privilegiert sind hierdurch Informationsdienste, Bibliotheken etc., sofern sie **Autorendaten** nicht nur für eigene Zwecke, also zur Organisation des Entleihverkehrs – insoweit greift Absatz 2 Nr. 6a – speichern, sondern auch zur geschäftsmäßigen Übermittlung an Dritte. Auch wenn der Gesetzgeber (vgl. BT-Drs. 11/4306, S. 51) den Fall derartiger Autorendaten vor Augen hatte, liegt eine „Eigen"-Veröffentlichung i. S. d. Norm auch bei Publikation von Heiratsanzeigen etc. oder von Angaben im Telefonbuch (vgl. § 104 TKG) vor.

19.2 Die Ausnahme betrifft auch Stellen, die Veröffentlichungen im Internet **41a** „auswerten" oder diese in Bezug auf Informationen, die der Autor allgemein zugänglich gemacht hat, mit **Suchmaschinen** geschäftsmäßig übermitteln.

20. Daten des Adresshandels und der Markt- und Meinungsforschung

20.1 Die Ausnahmeregelung der **Nr. 8 Buchst. b** befreit ferner im Hinblick auf **42** die **Masse der Betroffenen** regelmäßig von der Benachrichtigungspflicht hinsichtlich listenmäßig oder sonst zusammengefasster, d. h. unter Ausnutzung des sog. **Listenprivilegs** des § 29 Abs. 2 Nr. 1b durch **Adresshändler** zu übermittelnder Daten (zur Frage unter welchen Voraussetzungen Adresshändler noch solche Listendaten ohne Kenntnis des Betroffenen, d. h. ohne seine Einwilligung bzw. Information nach § 4 Abs. 2 bei selbst erhobenen Daten speichern dürfen vgl. § 29 Rn. 31 ff.). Die Ausnahme ist dadurch gerechtfertigt, dass ansonsten angesichts der im Adresshandel anfallenden Datenmengen die Werbung betreibenden Unternehmen mit einem Aufwand belastet würden, der auch im Hinblick auf die geringe Sensibilität der Daten nicht vertretbar wäre. Wesentlich ist auch hier, dass die Privilegierung nur die Benachrichtigungspflicht, nicht aber die nachfolgend geregelte Auskunftspflicht erfasst. Der Ausnahmetatbestand greift aber nur, wenn nicht weitere als die aufgezählten Datenarten gespeichert sind. Hersteller von **Telefoninhaberdaten-CD-ROM** sind daher hier nicht privilegiert (Weichert, RDV 1995, 202 (209)).

20.2 Eine an den unverhältnismäßigen Aufwand geknüpfte Ausnahme enthält **42a** ferner Absatz 2 Satz 1 **Nr. 9** für Daten, die **Markt- und Meinungsforschungsinstitute** aus allgemein zugänglichen Quellen (vgl. hierzu § 28 Rn. 31 f.) entnommen haben. Gleichwohl kann auch hier die Erfüllung der Benachrichtigungspflicht weiter verhältnismäßig sein (vgl. Däubler in: DKWW, BDSG § 33 Rn. 50a für dem Internet entnommene fragwürdige Daten).

21. Dokumentation der Befreiungstatbestände

Nach **Absatz 2 Satz 2** hat die verantwortliche Stelle schriftlich festzulegen, dass **43** bzw. warum für bestimmte Datenspeicherungen eine Benachrichtigung unter Anwendung der Ausnahmen der Nummern 2 bis 7 nicht stattfindet. Diese Dokumentation ist sinnvollerweise Bestandteil der nach § 28 Abs. 1 Satz 2 und § 29 Abs. 1 Satz 2 bereits bei der Erhebung von Daten zu treffenden konkreten Zweckbestimmung (vgl. § 28 Rn. 48). Auch wenn die **schriftliche Begründung des Verzichts** auf die Benachrichtigung – im Gegensatz zu der Festlegung der Zweckbestimmung – nicht Gegenstand der dem Datenschutzbeauftragten nach §§ 4g Abs. 2, 4e Satz 1 zu erstattenden Meldung ist, hat der DSB im Rahmen der Wahrnehmung seiner Kontrollpflicht nach § 4g Abs. 1 Satz 1 auf die Erstellung der Dokumentation hinzuwirken und die Berechtigung der genannten Ausnahmetatbestände zu überprüfen.

Er kann daher verlangen, dass ihm die Dokumentation routinemäßig mit den sonstigen Angaben nach § 4g Abs. 2 Satz 1 zur Einsicht gegeben wird.

22. Folgen bei Verstößen

44 Festzuhalten ist abschließend, dass vorsätzliche und fahrlässige Verstöße (vgl. AG Bremen, RDV 1987, 91) gegen die Benachrichtigungspflicht als Ordnungswidrigkeit bußgeldbewehrt sind (§ 43 Abs. 1 Nr. 8). Die Benachrichtigung ist keine **Rechtmäßigkeitsvoraussetzung,** d. h. der Verstoß gegen die Benachrichtigungspflicht führt nicht zur Unzulässigkeit der Speicherung mit der Folge, dass der nicht benachrichtigte Betroffene einen Löschungsanspruch oder Schadensersatzansprüche wegen unzulässiger Datenerhebung oder -verarbeitung nach § 7 geltend machen könnte (BVerwG, NJW 1988, 1405; a. A. Dix in: Simitis, BDSG § 33 Rn. 43 bei erstmaliger Speicherung für eigene Zwecke unter Hinweis auf die Rechtslage bei § 4 Abs. 3 im Rahmen der dortigen Einzelfallabwägung, vgl. § 4 Rn. 46 ff.). Ein Schadensersatzanspruch kann jedoch evtl. daraus nach § 823 Abs. 2 BGB entstehen, falls die unterlassene Benachrichtigung und damit z. B. die Nichtausübung eines Auskunfts- oder Widerspruchsrechts zu einem Schaden geführt haben.

§ 34 Auskunft an den Betroffenen

(1) ¹Die verantwortliche Stelle hat dem Betroffenen auf Verlangen Auskunft zu erteilen über
1. die zu seiner Person gespeicherten Daten, auch soweit sie sich auf die Herkunft dieser Daten beziehen,
2. den Empfänger oder die Kategorien von Empfängern, an die Daten weitergegeben werden, und
3. den Zweck der Speicherung.

²Der Betroffene soll die Art der personenbezogenen Daten, über die Auskunft erteilt werden soll, näher bezeichnen. ³Werden die personenbezogenen Daten geschäftsmäßig zum Zweck der Übermittlung gespeichert, ist Auskunft über die Herkunft und die Empfänger auch dann zu erteilen, wenn diese Angaben nicht gespeichert sind. ⁴Die Auskunft über die Herkunft und die Empfänger kann verweigert werden, soweit das Interesse an der Wahrung des Geschäftsgeheimnisses gegenüber dem Informationsinteresse des Betroffenen überwiegt.

(1a) ¹Im Fall des § 28 Absatz 3 Satz 4 hat die übermittelnde Stelle die Herkunft der Daten und den Empfänger für die Dauer von zwei Jahren nach der Übermittlung zu speichern und dem Betroffenen auf Verlangen Auskunft über die Herkunft der Daten und den Empfänger zu erteilen. ²Satz 1 gilt entsprechend für den Empfänger.

(2) ¹Im Fall des § 28b hat die für die Entscheidung verantwortliche Stelle dem Betroffenen auf Verlangen Auskunft zu erteilen über
1. die innerhalb der letzten sechs Monate vor dem Zugang des Auskunftsverlangens erhobenen oder erstmalig gespeicherten Wahrscheinlichkeitswerte,
2. die zur Berechnung der Wahrscheinlichkeitswerte genutzten Datenarten und
3. das Zustandekommen und die Bedeutung der Wahrscheinlichkeitswerte einzelfallbezogen und nachvollziehbar in allgemein verständlicher Form.

²Satz 1 gilt entsprechend, wenn die für die Entscheidung verantwortliche Stelle
1. die zur Berechnung der Wahrscheinlichkeitswerte genutzten Daten ohne Personenbezug speichert, den Personenbezug aber bei der Berechnung herstellt oder
2. bei einer anderen Stelle gespeicherte Daten nutzt.

³Hat eine andere als die für die Entscheidung verantwortliche Stelle
1. den Wahrscheinlichkeitswert oder
2. einen Bestandteil des Wahrscheinlichkeitswerts

berechnet, hat sie die insoweit zur Erfüllung der Auskunftsansprüche nach den Sätzen 1 und 2 erforderlichen Angaben auf Verlangen der für die Entscheidung verantwortlichen Stelle an diese zu übermitteln. ⁴Im Fall des Satzes 3 Nr. 1 hat die für die Entscheidung verantwortliche Stelle den Betroffenen zur Geltendmachung seiner Auskunftsansprüche unter Angabe des Namens und der Anschrift der anderen Stelle sowie der zur Bezeichnung des Einzelfalls notwendigen Angaben unverzüglich an diese zu verweisen, soweit sie die Auskunft nicht selbst erteilt. ⁵In diesem Fall hat die andere Stelle die Auskunftsansprüche nach den Sätzen 1 und 2 gegenüber dem Betroffenen unentgeltlich zu erfüllen. ⁶Die Pflicht der für die Berechnung des Wahrscheinlichkeitswerts verantwortlichen Stelle nach Satz 3 entfällt, soweit die

§ 34 Auskunft an den Betroffenen

für die Entscheidung verantwortliche Stelle von ihrem Recht nach Satz 4 Gebrauch macht.

(3) [1]Eine Stelle, die geschäftsmäßig personenbezogene Daten zum Zweck der Übermittlung speichert, hat dem Betroffenen auf Verlangen Auskunft über die zu seiner Person gespeicherten Daten zu erteilen, auch wenn sie weder automatisiert verarbeitet werden noch in einer nicht automatisierten Datei gespeichert sind. [2]Dem Betroffenen ist auch Auskunft zu erteilen über Daten, die
1. gegenwärtig noch keinen Personenbezug aufweisen, bei denen ein solcher aber im Zusammenhang mit der Auskunftserteilung von der verantwortlichen Stelle hergestellt werden soll,
2. die verantwortliche Stelle nicht speichert, aber zum Zweck der Auskunftserteilung nutzt.

[3]Die Auskunft über die Herkunft und die Empfänger kann verweigert werden, soweit das Interesse an der Wahrung des Geschäftsgeheimnisses gegenüber dem Informationsinteresse des Betroffenen überwiegt.

(4) [1]Eine Stelle, die geschäftsmäßig personenbezogene Daten zum Zweck der Übermittlung erhebt, speichert oder verändert, hat dem Betroffenen auf Verlangen Auskunft zu erteilen über
1. die innerhalb der letzten zwölf Monate vor dem Zugang des Auskunftsverlangens übermittelten Wahrscheinlichkeitswerte für ein bestimmtes zukünftiges Verhalten des Betroffenen sowie die Namen und letztbekannten Anschriften der Dritten, an die die Werte übermittelt worden sind,
2. die Wahrscheinlichkeitswerte, die sich zum Zeitpunkt des Auskunftsverlangens nach den von der Stelle zur Berechnung angewandten Verfahren ergeben,
3. die zur Berechnung der Wahrscheinlichkeitswerte nach den Nummern 1 und 2 genutzten Datenarten sowie
4. das Zustandekommen und die Bedeutung der Wahrscheinlichkeitswerte einzelfallbezogen und nachvollziehbar in allgemein verständlicher Form.

[2]Satz 1 gilt entsprechend, wenn die verantwortliche Stelle
1. die zur Berechnung des Wahrscheinlichkeitswerts genutzten Daten ohne Personenbezug speichert, den Personenbezug aber bei der Berechnung herstellt oder
2. bei einer anderen Stelle gespeicherte Daten nutzt.

(5) Die nach den Absätzen 1a bis 4 zum Zweck der Auskunftserteilung an den Betroffenen gespeicherten Daten dürfen nur für diesen Zweck sowie für Zwecke der Datenschutzkontrolle verwendet werden; für andere Zwecke sind sie zu sperren.

(6) Die Auskunft ist auf Verlangen in Textform zu erteilen, soweit nicht wegen der besonderen Umstände eine andere Form der Auskunftserteilung angemessen ist.

(7) Eine Pflicht zur Auskunftserteilung besteht nicht, wenn der Betroffene nach § 33 Abs. 2 Satz 1 Nr. 2, 3 und 5 bis 7 nicht zu benachrichtigen ist.

(8) [1]Die Auskunft ist unentgeltlich. [2]Werden die personenbezogenen Daten geschäftsmäßig zum Zweck der Übermittlung gespeichert, kann der Betroffene einmal je Kalenderjahr eine unentgeltliche Auskunft in Textform verlangen. [3]Für jede weitere Auskunft kann ein Entgelt verlangt werden, wenn der Betroffene die Auskunft gegenüber Dritten zu wirtschaftlichen Zwecken nutzen kann. [4]Das Entgelt darf über die durch die Auskunftsertei-

lung entstandenen unmittelbar zurechenbaren Kosten nicht hinausgehen.
⁵Ein Entgelt kann nicht verlangt werden, wenn
1. besondere Umstände die Annahme rechtfertigen, dass Daten unrichtig oder unzulässig gespeichert werden, oder
2. die Auskunft ergibt, dass die Daten nach § 35 Abs. 1 zu berichtigen oder nach § 35 Abs. 2 Satz 2 Nr. 1 zu löschen sind.

(9) ¹Ist die Auskunftserteilung nicht unentgeltlich, ist dem Betroffenen die Möglichkeit zu geben, sich im Rahmen seines Auskunftsanspruchs persönlich Kenntnis über die ihn betreffenden Daten zu verschaffen. ²Er ist hierauf hinzuweisen.

Literatur: *Bäcker,* Die Betroffenenauskunft im Telekommunikationsrecht, MMR 2009, 803; *Bizer,* Lex Specialis: Auskunft nach TDDSG, DuD 2005, 297; *Breidenbach,* Auskunft nach BDSG und TDDSG, DuD 2005, 510; *Duttge,* Das Recht auf Nichtwissen in der Medizin, DuD 2010, 34; *Fischer,* Die zivilrechtliche Durchsetzung des Auskunftsanspruchs aus § 34 BDSG, RDV 2013, 230; *Flisek,* Der datenschutzrechtliche Auskunftsanspruch nach TDDSG. Materielle und prozessuale Fragen bei der Anwendung von § 4 Abs. 7 TDDSG im nicht-öffentlichen Bereich, CR 2004, 949; *Herb,* Entgelt für Auskünfte nach dem BDSG, CR 1992, 705; *Hoss,* Auskunftsrecht des Betroffenen aus § 34 Abs. 1 BDSG in der Praxis: wirksames Instrument oder zahnloser Tiger?, RDV 2011, 6; *Hüpers,* Zum beamtenrechtlichen Datenschutz in den sog. Denunziantenfällen, RDV 2004, 62; *Liedke,* BIG DATA: small information: muss der datenschutzrechtliche Auskunftsanspruch reformiert werden?, K&R 2014, 709; *Mallmann,* Zum datenschutzrechtlichen Auskunftsanspruch des Betroffenen, GewArch 2000, 354; *Riesenhuber,* Der Einsichts- und Löschungsanspruch nach §§ 34, 35 BDSG im Beschäftigungsverhältnis – Am Beispiel der Personalakten, NZA 2014, 753.

Übersicht

Rn.

1. Allgemeines 1
2. Antrag und Präzisierung des Auskunftswunsches 4
3. Identifizierung des Betroffenen 6
4. Reichweite des Auskunftsrechts 8
5. Inhalt der Auskunft 9
6. Auskunft über per Scoring ermittelter Wahrscheinlichkeitswerte ... 12c
7. Art und Weise der Auskunft 13
8. Zeitpunkt der Auskunft 16
9. Der Auskunft entgegenstehendes Geschäftsgeheimnis 16a
10. Weitere Ausnahmen von der Auskunftspflicht 17
11. Kosten der Auskunft 20
12. Persönliche Information vor Ort 24
13. Folgen bei Verstoß 25

1. Allgemeines

1.1 Das **Auskunftsrecht** gehört zu den unabdingbaren Rechten des Betroffenen 1 (§ 6 Abs. 1). Es steht jedem Betroffenen zu, also z. B. auch Ausländern mit ausländischem Wohnsitz. Das Recht auf Auskunft setzt den Betroffenen erst in die Lage, weitere Rechte bei unzulässiger Datenverarbeitung geltend zu machen (vgl. auch SozG Stuttgart, RDV 1990, 269, wonach auch bei der Auslegung anderer Auskunftsnormen (hier § 23 Abs. 1 und 3 SGB X) davon auszugehen ist, dass als Grundprinzip des Datenschutzes dem Bürger ein Anrecht auf Einsicht in alle ihn betreffenden Unterlagen zusteht). Die Erteilung der Auskunft setzt ein **Auskunftsersuchen**

§ 34 Auskunft an den Betroffenen

voraus. Eine bestimmte **Form** ist hierfür nicht vorgeschrieben. Ebenfalls ist nicht **Geschäftsfähigkeit** des Betroffenen erforderlich (vgl. hierzu § 4a Rn. 51). Es erstreckt sich sowohl auf für eigene Zwecke als auch auf geschäftsmäßig zum Zwecke der Übermittlung als auch nach § 30 gespeicherte Daten. Ein Übergang des Anspruchs auf Erben des Betroffenen ist zu verneinen (vgl. die Bedenken von Kamlah in: Plath, BDSG § 34 Rn. 3).

2 **1.2** Zu erteilen ist auch die Information über die Empfänger bzw. Kategorien von Empfängern. Offenzulegen ist somit auch der **interne Datenfluss** und zwar auch bei nicht automatisierter Verarbeitung. Die Information über Herkunft und Empfänger der Daten setzt nicht mehr Zweifel an der Richtigkeit der Daten voraus; sie kann bei geschäftsmäßiger Datenverarbeitung aber verweigert werden, wenn das Interesse der verantwortliche Stelle oder des Empfängers bzw. Datenlieferants an der Wahrung des **Geschäftsgeheimnisses** überwiegt. Im Übrigen besteht durch die Verweisung auf § 33 Abs. 2 in Absatz 4 eine Reihe von Ausnahmetatbeständen.

3 **1.3** Dem Betroffenen stehen neben dem Auskunftsrecht ggf. weitere Ansprüche auf Auskunft, Einsicht, Vorlage von Unterlagen etc. auf Grund **anderer Rechtsvorschriften** zu (vgl. ausführlich bei Dix in: Simitis, BDSG § 33 Rn. 90 ff.). Diese Rechtsvorschriften tragen zum Teil dem Gedanken des Datenschutzes Rechnung, zum Teil ergeben sie sich auf Grund sonstiger öffentlich- oder privatrechtlicher Beziehungen entweder aus Vertrag oder unmittelbar aus dem Gesetz (vgl. z. B. §§ 259, 260, 402, 444, 666, 681, 687 Abs. 2, 713, 1379, 1580, 1605, 1634 Abs. 3, 1799, 1839, 2027, 2057, 2127 oder 2314 BGB; § 178m VVG). Nach ständiger Rechtsprechung wird aus solchen Einzelvorschriften i. V. m. dem Grundsatz von Treu und Glauben (§ 242 BGB) eine Auskunftspflicht bejaht, wenn die konkreten Rechtsbeziehungen der Parteien ergeben, dass der Berechtigte in entschuldbarer Weise über Art und Umfang seines Rechts im Ungewissen ist und der Verpflichtete die zur Behebung der Ungewissheit erforderliche Auskunft unschwer erteilen kann (vgl. bei Grünning, VR 1991, 8; der BGH (NJW 1985, 674) gesteht dem Patienten einen vertraglichen Einsichtsanspruch in **Krankenunterlagen** zu (vgl. BVerfG, NJW 1999, 1777; 2006, 1117; hier gilt nunmehr § 630g BGB); zum Anspruch eines Heimbewohners auf Einsichtnahme bzw. Herausgabe der **Pflegedokumentation** BSG, RDV 2011, 247; zum Anspruch des Patienten gegenüber kassenärztlichen Vereinigungen aus § 83 SGB X BSG, RDV 2011, 94; zur Auskunftspflicht von privaten Krankenversicherern über ärztliche Gutachten BGH, RDV 2003, 292; LG Stuttgart, NJW-RR 1998, 1375; zum Auskunftsrecht des Patienten gegenüber dem Arzt vgl. im Übrigen Rn. 15; zum Auskunftsrecht gegenüber einem Arbeitgeber LAG Berlin, RDV 1990, 97; zur Auskunftspflicht eines Wettbewerbers über die Herkunft einer schwarzen Liste BGH, NJW 1995, 1965; zum Auskunftsrecht gegenüber einer Bank BGH, RDV 2001, 183). Eine solche besondere Rechtssituation ist auch gegeben, wenn die verantwortliche Stelle etwa ehrenrührige Daten übermittelt hat und der Betroffene einen **Schadensersatzanspruch** nach § 823 Abs. 1 und 2 BGB geltend machen will. Daraus kann dann auch ein Anspruch auf Benennung des Datenempfängers hergeleitet werden (BGH, NJW 1984, 1886). Ferner kann ein Auskunftsanspruch aus einer entsprechenden Anwendung des § 1004 BGB entstehen. Die Rechtsprechung gewährt in Analogie zu § 1004 BGB auch bei Beeinträchtigung absoluter Rechte gegen den jeweiligen **Störer** einen Anspruch auf Beseitigung der Beeinträchtigung (vgl. BGH, NJW 1984, 1886 m. w. N.). Die verschiedenen Auskunfts-, Einsichts- oder Vorlagerechte schließen das datenschutzrechtliche Auskunftsrecht mangels **Deckungsgleichheit** regelmäßig nicht nach § 1 Abs. 4 Satz 1 aus (vgl. § 1 Rn. 24).

3a **1.4** Dies gilt auch für die im Bereich des Arbeitnehmerdatenschutzes bestehenden speziellen **Einsichtsrechte** in die **Personalakten** (§ 83 Abs. 1 BetrVG; § 110 BBG). Dieses Recht erstreckt sich auf die materielle Personalakte, d. h. auf alle Unterlagen einschließlich der in Dateien gespeicherten, die in einem unmittelbaren inneren

Zusammenhang mit dem Beschäftigungsverhältnis stehen (Personalaktendaten). Während es für Arbeitnehmer nur während des Beschäftigungsverhältnisses besteht, dauert es bei Beamten nach Ende des Beschäftigungsverhältnisses fort. Bei nicht „einsichtbaren" Daten ist Einsicht am Bildschirm zu gewähren oder ein Ausdruck zu erstellen. Das Recht kann während der Arbeitszeit ausgeübt werden. Ist die Personalverwaltung nicht am Beschäftigungsort, gilt das Prinzip: Die Akte reist und nicht der Mitarbeiter. Soweit das Einsichtsrecht reicht, hat es Vorrang; darüber hinaus steht auch dem Arbeitnehmer das Auskunftsrecht des § 34 zu (Gola/Wronka, Handbuch Arbeitnehmerdatenschutz, Rn. 1301 ff.; Wohlgemuth, Datenschutz für Arbeitnehmer, Rn. 546; Garstka, ZRP 1978, 237; Fitting, BetrVG, § 83 Rn. 32 ff.; vgl. auch ArbG Berlin, DB 1988, 133 = RDV 1988, 48). Das BVerwG (DÖV 2003, 769 = RDV 2003, 238 m. Anm. Gola) sieht für den Anspruch eines **Beamten** auf Auskunft über zu seiner Person gespeicherte Daten nicht das allgemeine Datenschutzrecht sondern allein die bereichsspezifischen Regelungen des beamtenrechtlichen **Personalaktenrechts** als maßgebend an. Über nicht in Akten gespeicherte Informationen ist ggf. im Rahmen der Fürsorgepflicht Auskunft zu erteilen (kritisch hierzu hinsichtlich der Auskunft über Denunzianten Hüpers, RDV 2004, 62). Gleiches gilt im Arbeitsverhältnis für nach dem Ausscheiden geltend gemachte Einsichtsbegehren (BAG, RDV 1994, 249). Der Anspruch wird aber aktuell (BAG, RDV 2011, 243) nicht mehr an ein berechtigtes Interesse geknüpft. Die grundsätzliche Transparenzpflicht wird aus § 241 Abs. 2 BGB i. V. m. Art. 2 Abs. 1 und Art. 1 Abs. 1 GG abgeleitet (kritisch Husemann, SAE 2011, 155). Einen Anspruch eines Bewerbers auf Informationen über Mitbewerber zur Prüfung einer Diskriminierung verneint der EuGH (RDV 2011, 291 und RDV 2012, 190) bzw. lässt das BAG nur in Ausnahmefällen zu (BAG, ZD 2014, 311).

1.5 Ergänzende Regelungen enthält für Tele- und Mediendienste § 13 Abs. 7 TMG (vgl. Breidenbach, DuD 2005, 510; Bizer, DuD 2005, 297; Flisek, CR 2004, 949). Dem Nutzer eines Teledienstes ist nach Maßgabe des § 34 BDSG – auf Verlangen auch elektronisch – Auskunft über die zu seiner Person oder seinem Pseudonym gespeicherten Daten zu erteilen.

2. Antrag und Präzisierung des Auskunftswunsches

2.1 Die verantwortliche Stelle ist nicht verpflichtet – im Gegensatz zur Benachrichtigung nach § 33 – eine Auskunft von sich aus zu erteilen. Voraussetzung ist ein „Verlangen" des Betroffenen, das dieser mündlich oder schriftlich äußern kann. Unaufgeforderte regelmäßige Auskunftsverpflichtungen werden für den Arbeitgeber gegenüber seinen Beschäftigten häufig durch Betriebsvereinbarung.

2.2 Um pauschale Auskunftsersuchen und damit für die verantwortliche Stelle ggf. unnötigen Aufwand zu vermeiden, soll der Betroffene sein Auskunftsersuchen **präzisieren** (Abs. 1 Satz 2). Er kann hierzu jedoch nicht gezwungen werden, denn **Absatz 1 Satz 2** ist nur als Sollvorschrift gestaltet. Gleichwohl verzögert die verantwortliche Stelle die Auskunftserteilung nicht etwa rechtswidrig, wenn sie bei pauschalen Anfragen zunächst unter Hinweis auf die gespeicherten Datenarten oder die Verarbeitungszwecke nachfragt, welche Informationen der Betroffene wünscht. Der Betroffene kann ohne Begründung Auskunft über alle Daten verlangen, wovon im Zweifel auszugehen ist, wenn das Auskunftsersuchen nicht in bestimmte Richtung eingegrenzt ist. Die verantwortliche Stelle ist zudem nicht berechtigt, nur auf bestimmte Datenbereiche begrenzte Auskünfte zu erteilen, wenn ihr die Auswahl der weiteren Daten Schwierigkeiten bereitet (so zur Auskunftspflicht nach § 83 Abs. 1 SGB X BSG, RDV 2013, 308). Sie kann nicht solche Daten ausnehmen, von deren Speicherung der Betroffene als selbstverständlich ausgehen muss (z. B. die Adresse nach stattgefundenem Briefwechsel; vgl. AG Geislingen, RDV 2004,

§ 34 Auskunft an den Betroffenen

178). Andererseits ist ein Verlangen einer entsprechenden Auskunft in Textform rechtsmissbräuchlich, wenn die Daten durch Einblick in den eigenen E-Mail-Account selbst ermittelt werden können (HessLAG, RDV 2013, 203).

5a 2.3 Der Auskunftsanspruch kann nicht ins Blaue hinein geltend gemacht werden (HessLAG, RDV 2013, 203). Der Auskunftsanspruch steht nur einem Betroffenen zu, was für eine gerichtliche Geltendmachung nach LG München II (RDV 2006, 22) bedeutet, dass ausreichend darzulegen ist, dass personenbezogene Daten gespeichert sein könnten. Das ist nach Ansicht des LG nicht der Fall, wenn der Kläger allein deutlich macht, dass er Mandant einer Rechtsanwaltskanzlei sei und der Beklagte Daten über die Kanzlei sammelt. Bestehen begründete Zweifel, dass der von dem Betroffenen geltend gemachte Auskunftsanspruch nicht hinreichend erfüllt wurde, so kann der Auskunftspflichtige verurteilt werden, die Vollständigkeit der Auskunft zu beschwören (AG Geislingen, RDV 2004, 178).

5b Auch wenn einerseits nach dem Gesetz kein Anspruch auf Mitteilung einer **Nichtspeicherung** besteht (a. A. Däubler in: DKWW, BDSG § 34 Rn. 17; Dix in: Simitis, BDSG § 34 Rn. 18), sollte andererseits hierüber – allein schon um weitere Auseinandersetzungen zu verneinen – informiert werden. Anderes gilt, wenn der Anfragende aus der Information der Nichtspeicherung ggf. eine als **Geschäftsgeheimnis** zu bewertende Information enthält (vgl. auch Rn. 17).

3. Identifizierung des Betroffenen

6 3.1 Das Auskunftsrecht steht dem Betroffenen zu. Wird die Auskunft einem anderen erteilt, handelt es sich um eine ggf. unzulässige und als Ordnungswidrigkeit (§ 43 Abs. 2 Nr. 4) zu ahndende Datenübermittlung. Die verantwortliche Stelle wird sich daher vor Erteilung der Auskunft über die Identität des Auskunftsersuchenden zu vergewissern haben. Bestimmte Anforderungen stellt das Gesetz nicht; zu verlangen ist – um fahrlässige **unbefugte Übermittlung** zu vermeiden – die im Verkehr erforderliche Sorgfalt. Die Annahme, es bestehe in der Regel keine diesbezügliche Pflicht (Schaffland/Wiltfang, BDSG § 34 Rn. 16 ff.), sondern nur ein Recht des Auskunftspflichtigen zur Prüfung der Identität des Betroffenen, ist mit dem Schutzzweck des BDSG (zu beachten ist auch Anlage zu § 9 Satz 1) unvereinbar.

7 3.2 Das Verfahren und die Form der **Identitätsprüfung** bestimmt jedoch die verantwortliche Stelle. Erscheint der Betroffene persönlich, so kann die Vorlage eines Ausweispapieres verlangt werden. Bei schriftlicher Auskunft wird auf den Einzelfall und die Sensibilität der Daten abzustellen sein. Wird auf die vorausgegangene Benachrichtigung Bezug genommen und/oder stimmen die angegebenen Adressdaten des Betroffenen mit den gespeicherten Angaben überein, so kann von der Berechtigung des Auskunftsersuchens ausgegangen werden (vgl. zur diesbezüglichen Auffassung der Aufsichtsbehörden Gola, RDV 2012, 185). Weicht das Auskunftsersuchen jedoch von dem Normalfall ab, wird die Auskunft z. B. postlagernd erbeten, bedarf es zusätzlicher Maßnahmen zur Identifizierung. Telefonische Auskünfte können von der Angabe eines Passworts u. ä. abhängig gemacht werden. Schaltet der Betroffene einen **Bevollmächtigten** ein, wozu er berechtigt ist, ist neben der Identität des Betroffenen auch die **Gültigkeit der Vollmacht** zu prüfen (Schaffland/Wiltfang, BDSG § 33 Rn. 20).

4. Reichweite des Auskunftsrechts

8 4.1 Der Auskunftspflicht unterliegen generell nur solche Daten, die im Regelungsbereich des dritten Abschnitts verarbeitet werden, wie er in § 27 festgelegt ist.

Auskunft an den Betroffenen **§ 34**

Daraus ergibt sich zunächst, dass auch über in **Akten** gespeicherte, offensichtlich aus Dateien stammende Daten Auskunft zu erteilen ist. Auch wenn man die Regelung des § 27 Abs. 2 auf potentielle Umgehungsfälle beschränken will (vgl. hierzu § 33 Rn. 11), so stellt die Herausnahme der Daten aus einer Datei, um sie der Auskunftspflicht zu entziehen, einen auf der Hand liegenden Umgehungsfall dar.

4.2 Erweitert wird das Auskunftsrecht gegenüber Stellen, die Daten **geschäfts-** 8a **mäßig** zur Übermittlung speichern. In die Auskunftspflicht sind auch nicht auf einem Datenträger gespeicherte Informationen einbezogen (Abs. 1 Satz 3) und damit zunächst (Abs. 3 Satz 1) auch Daten, die weder automatisiert noch in einer nicht automatisierten Datei verarbeitet, d. h. also z. B. in Akten gespeichert sind. Der verantwortlichen Stelle ist damit indirekt eine Speicherpflicht oder ein Beschaffungsrisiko auferlegt (Kamlah in: Plath, BDSG § 34 Rn. 59 f.; Dix in: Simitis, BDSG § 34 Rn. 29 und 37).

4.3 Darüber hinaus sind hier zum einen auch Daten erfasst, die gegenwärtig **noch** 8b **keinen Personenbezug** haben, der aber bei der Auskunftserteilung hergestellt werden soll (Abs. 2 Satz 2 Nr. 1, Abs. 3 Satz 2 Nr. 1) und zum anderen Daten, die die verantwortliche Stelle nicht speichert, aber zum Zwecke der Auskunftserteilung nutzt. Vermieden werden soll, dass Auskunftsrechte deshalb ins Leere gehen, weil z. B eine Auskunftei Daten ohne Personenbezug speichert oder gar nicht selbst vorhält, sondern nur bei Bedarf automatisiert bei Dritten abruft und nach der Übermittlung an den Geschäftspartner wieder löscht (Reg. Begründung, BT-Drs. 16/10529, S. 17). Abgestellt wird hierbei auf die beim Scoring stattfindenden Verfahren (vgl. § 28b Rn. 4) oder bei der Speicherung von soziodemographischen Daten.

4.4 Die Erfüllung des Auskunftsanspruchs setzt hier voraus, dass der Personenbe- 8c zug auch für die Auskunftserteilung hergestellt wird. Nach **Absatz 5** besteht insoweit jedoch eine strikte Zweckbindung, dass die zum Zwecke der Auskunftserteilung nach den Absätzen 2 bis 4 zum Zwecke der Auskunftserteilung gespeicherten Daten, nur für diesen Zweck verwendet werden dürfen.

5. Inhalt der Auskunft

5.1 Mitzuteilen sind zunächst nach **Absatz 1 Satz 1 Nr. 1** die **zur Person des** 9 **Betroffenen** gespeicherten Daten, d. h. die Angaben über persönliche oder sachliche Verhältnisse, die auf seine Person bezogen oder beziehbar sind (vgl. hierzu § 3 Rn. 9). Der Begriff „zur Person gespeicherte Daten" ist identisch mit dem Begriff „personenbezogene Daten" (BGH, NJW 1981, 1738). Insofern ist auch dem HessVGH (RDV 1991, 187) zuzustimmen, wonach auch die **Bezeichnung der Datei,** in der die Daten gespeichert sind, bekanntzugeben ist; sofern sich aus dem Kontext der Datei Angaben über persönliche oder sachliche Verhältnisse ergeben, was z. B. der Fall ist, wenn neutrale Adressdaten in einer Datei „Alkoholliebhaber" gespeichert sind. Auch gesperrte Daten unterliegen der Auskunftspflicht, soweit nicht die Ausnahmeregelung nach § 33 Abs. 2 Nr. 2 gemäß der Verweisung in Absatz 4 greift.

5.2 Bekanntzugeben sind nach Absatz 1 Satz 1 Nr. 1 auch Angaben über **Her-** 10 **kunft** der Daten, sofern solche Angaben ebenfalls bei den „zur Person des Betroffenen" gespeicherten Daten gespeichert sind. Mit der Herkunft der Daten wird die Stelle oder Person oder sonstige Quelle beschrieben, von der die verantwortliche Stelle die Daten erhalten hat. Eine Pflicht zur Speicherung solcher Daten besteht nicht. Bei Auskunfteien sind aber Herkunftsangaben generell verpflichtend, da hier auch nicht gespeicherte Daten erfasst sind (vgl. Rn. 8a).

5.3 Nach **Absatz 1 Satz 1 Nr. 2** umfasst die Auskunft die **Empfänger** oder 11 zumindest **Kategorien von Empfängern** (vgl. hierzu § 4 Rn. 32 ff.). Empfänger sind diejenigen, an die Daten übermittelt werden (also Dritte) oder auch interne Stellen, denen ansonsten die Daten zur Nutzung zur Verfügung gestellt werden oder

§ 34 Auskunft an den Betroffenen

auch Datenverarbeiter im Auftrag (vgl. hierzu § 3 Rn. 53). Werden Adressdaten von Kunden von dem speichernden Unternehmen bei Dritten oder Auftragnehmern (z. B. Konzerntochter) vermarktet, so ist dies mitzuteilen (Mattke, Adressenhandel, S. 172). Nach der nunmehr für die verantwortliche Stelle bereits bei der Erhebung bestehenden Informationspflicht (§ 4 Abs. 3 Satz 1) und dem Umfang der Benachrichtigungspflicht (§ 33 Abs. 1 Satz 3) ist dem Betroffenen diese Information und auch die Information über die Zweckbestimmung, ggf. aber auch schon ohne spezielles Auskunftsbegehren, d. h. unaufgefordert zu erteilen.

12 5.4 Nach **Absatz 1 Satz 1 Nr. 3** ist ferner der **Zweck der Speicherung** der Daten mitzuteilen. Er kann pauschal umschrieben werden. Mit Zweck der Speicherung ist die **Zweckbestimmung** gemeint, der die Verarbeitung dient und durch sie legitimiert ist. Mitzuteilen ist also zunächst das, was die verantwortliche Stelle bereits bei der Erhebung der Daten nach § 28 Abs. 1 Satz 2 und § 29 Abs. 1 Satz 2 konkret festzulegen hatte (vgl. § 28 Rn. 48). Selbstverständlich sind auch spätere **Zweckänderungen** darzulegen.

12a 5.5 Die Auskunftspflicht umfasst neben den Datenempfängern auch die Angabe, mit welchem Übermittlungsmedium die Daten weitergegeben wurden, wenn dies erforderlich ist, um insbesondere Rechte auf künftiges Unterlassen, Löschen oder Schadensersatz verfolgen zu können. Dies ist u.a. der Fall, wenn der **Übermittlungsweg** den Zugriff unbefugter Dritter eröffnet (BSG, RDV 2013, 308).

12b 5.6 Eine spezielle Auskunftspflicht hinsichtlich von für Werbezwecke nach § 28 Abs. 3 Satz 4 **übermittelter Listendaten** enthält Abs. 1a. Danach müssen sowohl der Übermittler als auch der Empfänger die Tatsache der Übermittlung, die Herkunft der Daten und den Empfänger auf die Dauer von zwei Jahren speichern (vgl. Kamlah in: Plath, BDSG § 34 Rn. 28). Die Speicher- und Auskunftspflicht gilt auch für B2B- und Spendenwerbung (Anwendungshinweise der Aufsichtsbehörden, RDV 2014, 49).

6. Auskunft über per Scoring ermittelter Wahrscheinlichkeitswerte

12c 6.1 In **Absatz 2** wird eine umfassende Auskunftspflicht begründet, wenn ein gemäß § 28b ermittelter **Wahrscheinlichkeitswert** über ein zukünftiges Verhalten des Betroffenen zum Zwecke der Entscheidung über die Begründung, Durchführung oder Beendigung eines Vertragsverhältnisses verarbeitet wird. Adressat ist zunächst die Stelle, die die Information verwendet. Nach Satz 3 steht jedoch im Falle, dass eine andere Stelle den Wahrscheinlichkeitswert berechnet, auch diese in Informationsverpflichtungen. Des Weiteren nimmt **Absatz 4** die Stellen in die Transparenzpflicht mit ein, die geschäftsmäßig Wahrscheinlichkeitswerte übermitteln (vgl. Hammersen/Schade, DuD 2014, 342).

12d 6.2 Dem Betroffenen ist Auskunft über die in der Vergangenheit erstellten Berechnungen zu erteilen. Der Zeitraum beträgt die letzten sechs (Abs. 2 Satz 1 Nr. 1) bzw. zwölf Monate (Abs. 4 Satz 1 Nr. 1) vor Zugang des Auskunftsverlangens. Sie umfasst die der Berechnung zugrunde liegenden Datenarten (Abs. 2 Satz 1 Nr. 2, Abs. 4 Satz 1 Nr. 3). Zu erläutern ist ferner einzelfallbezogen und nachvollziehbar, wie die Wahrscheinlichkeitswerte zustande gekommen sind und welche Bedeutung sie für die Entscheidung hatten (Abs. 2 Satz 1 Nr. 3, Abs. 4 Satz 1 Nr. 4). Geschäftsmäßige Übermittler haben zudem den zum Zeitpunkt der Anfrage aktuellen Wahrscheinlichkeitswert mitzuteilen. Des Weiteren sind sowohl die Stelle, die die Daten für eigene Zwecke verwendet (Abs. 2 Satz 2), als auch der geschäftsmäßige Übermittler (Abs. 4 Satz 2) auskunftspflichtig auch für den Fall, dass sie die zur Berechnung der Wahrscheinlichkeitswerte genutzten Daten – zunächst – **ohne Personenbezug** speichern oder bei einer anderen Stelle gespeicherte Daten nutzen.

Auskunft an den Betroffenen §34

6.3 Hat die die Wahrscheinlichkeitswerte verwendende Stelle, diese nicht selbst 12e
berechnet, so stellt Absatz 2 Satz 3 bis 6 sicher, dass die berechnende Stelle ihr die
Informationen liefert, die sie benötigt, um dem Auskunftsanspruch des Betroffenen
zu genügen. Ggf. kann sie zur Geltendmachung seines Auskunftsanspruchs an die
berechnende Stelle verweisen. Dazu hat sie unverzüglich die erforderliche
Adresse sowie die zur Bezeichnung des Einzelfalls notwendigen Angaben zu machen.
Die berechnende Stelle hat die Auskunft – abweichend von Absatz 8 Satz 2 – immer
unentgeltlich zu erteilen. Da nunmehr die berechnende Stelle die Auskunft erteilt,
muss sie nicht mehr diesbezügliche Informationen an die die Entscheidung treffende
Stelle senden.

6.4 Die Auskunft ist so zu erteilen, dass dem **Transparenzgedanken** Rechnung 12f
getragen wird. Der Betroffene soll insbesondere abschätzen können, ob der zu seiner
Person gespeicherte Scorewert gut, mittel oder schlecht ist. Hierzu sind ihm neben
der zugrunde liegenden Datenbasis auch die dem Scoreergebnis zugrunde liegende
Werteskala oder eine Prozentangabe mitzuteilen. Des Weiteren ist der Betroffene
darüber zu informieren, auf welches zukünftige Verhalten (z. B. Kreditrückzahlung)
sich die Scorewertberechnung bezieht. Der BGH (NJW 2014 m. Anm. Schulte am
Hülse/Timm = RDV 2014, 154 m. Anm. Joos = ZD 2014, 306 m. Anm. Schade/
Wolff) sieht die sog. Scorewertformel als nicht auskunftspflichtiges Geschäftsgeheimnis der Auskunftei an, was bedeutet, dass danach dem Betroffenen die Kenntnis der
Gewichtung der in den Scorewert eingeflossenen Merkmale und konkrete Angaben
zu den Vergleichsgruppen versagt sind. Das LG Berlin (ZD 2014, 89) macht jedoch
deutlich, dass allgemeine, nicht konkret auf den Betroffenen bezogene Angaben
nicht genügen.

7. Art und Weise der Auskunft

7.1 Gem. **Absatz 6** ist die Auskunft regelmäßig **schriftlich** bzw. in **Textform** 13
zu erteilen. Textform bedeutet nach § 126b BGB, dass die Erklärung in einer
Urkunde oder auf andere zur dauerhaften Wiedergabe in Schriftzeichen geeignete
Weise abgegeben, die Person des Erklärenden genannt und der Abschluss der Erklärung durch Nachbildung der Namensunterschrift oder anders erkennbar gemacht
werden. Erfasst wird hiervon auch die elektronische Auskunft, z. B. per E-Mail,
sofern der Betroffene entsprechende Empfangsmöglichkeiten anbietet. Im Grunde
selbstverständlich ist, dass die Daten in verständlicher (entschlüsselter) Weise mitgeteilt werden müssen. Der Betroffene kann einen Klartext verlangen, den er nicht
erst selbst „entschlüsseln" muss. In der Regel wird er einen Auszug aus der Datei,
bei automatisierter Speicherung einen Computerausdruck erhalten. Dieser Text ist
mit den gebotenen Erklärungen dem Betroffenen **auf Kosten** der verantwortlichen
Stelle regelmäßig in einem verschlossenen Brief zuzuleiten. Der Betroffene kann
sich jedoch auch mit einer anderen Art der Auskunft zufrieden geben; unter den
Voraussetzungen des **Absatzes 9** hat er einen Anspruch auf Auskunft durch **Einsichtnahme vor Ort.** Die Auskunftserteilung bildet keinen Fall gesetzlich vorgeschriebener Schriftform. Daher bedarf es auch nicht der eigenhändigen Unterzeichnung nach § 126 BGB (Schaffland/Wiltfang, BDSG § 34 Rn. 28). Die
verantwortliche Stelle muss die Auskunft nicht selbst erteilen. Sie kann im Falle
der **Auftragsdatenverarbeitung** den Auftragnehmer anweisen, die Auskunft zu
erteilen. Wer intern innerhalb der verantwortlichen Stelle zuständig ist, Auskunftsersuchen zu bearbeiten, hängt von der jeweiligen Unternehmensorganisation ab,
jedoch mag es zweckmäßig sein, die Koordinierung dieser Aufgabe dem **betrieblichen Datenschutzbeauftragten** zu übertragen.

7.2 Von der schriftlichen Auskunft kann abgesehen werden, wenn wegen beson- 14
derer Umstände eine **andere Form der Auskunftserteilung** angemessen ist. Dies

§ 34 Auskunft an den Betroffenen

ist z. B. der Fall, wenn der Dateiauszug dem Betroffenen persönlich vorgelegt wird und er auf eine weitere Auskunft verzichtet oder die Auskunft nur darin besteht, dass keine Daten gespeichert sind (Louis, Grundzüge des Datenschutzrechts, Rn. 243); es sei denn, dass das Auskunftsersuchen bzw. die negative Auskunftserteilung nunmehr zu einer Datenspeicherung führt. Im Falle **wiederholter Auskunftsersuchen** kann sich die Auskunft auf die Angabe beschränken, dass der Dateiinhalt unverändert ist. Däubler (in: DKWW, BDSG § 34 Rn. 18) lässt das nur bei wenige Wochen zuvor erteilter Auskunft zu. Nach Dix (in: Simitis, BDSG § 34 Rn. 21) kann sich die Auskunft nicht auf zwischenzeitlich eingetretene Änderungen beschränken. Eine andere Form der Auskunft kann auch darin bestehen, dass dem Betroffenen die Möglichkeit eingeräumt ist, unmittelbar auf die über ihn gespeicherten Daten lesend zuzugreifen. Derartige Auskunfts-/Einsichtsverfahren sind bei automatisiert geführten Personaldaten und sog. **„elektronischen Personalakten"** realisiert (vgl. auch die spezielle Verfahrensweise bei der Auskunftserteilung in § 13 Abs. 7 TMG).

15 **7.3** Eine besondere Bedeutung erlangt die Ausnahme von der Schriftlichkeit der Auskunft in Absatz 3 im Falle der Auskunft über **gesundheitliche Verhältnisse** des Betroffenen. Die Aufklärung des **Patienten** über die Art seiner Krankheit, über Erfolgsaussichten und Risiken der Heilbehandlung zählt zu den vertraglichen **Hauptpflichten des Arztes** (Hollmann, NJW 1973, 1398). Geregelt ist das Verfahren nunmehr in den durch das Patientenrechtegesetz in das BGB eingefügten §§ 630a ff. BGB; vgl. auch Art. 26 Abs. 3 des Bayerischen Krankenhausgesetzes vom 22.7.1986 (GVBl. S. 147), wonach der Patient Anspruch auf Auskunft über die zu seiner Person im Krankenhaus aufbewahrten Daten hat; sie soll durch einen Arzt vermittelt werden, soweit dies mit Rücksicht auf den gesundheitlichen Zustand des Patienten dringend geboten ist, eine Beschränkung der Auskunft hinsichtlich ärztlicher Beurteilungen oder Wertungen ist zulässig; in gleiche Richtung gehen auch bereichsspezifische Regelungen anderer Bundesländer).

8. Zeitpunkt der Auskunft

16 Eine **Frist** ist für die Auskunftserteilung nicht vorgesehen; auch hier gilt der Grundsatz der **„Unverzüglichkeit"** (vgl. § 33 Rn. 14 f.). Jedoch werden insoweit die im Geschäftsverkehr **üblichen Fristen** eingeräumt werden müssen. Sind zahlreiche Auskünfte zu bearbeiten, so wird der verantwortlichen Stelle zugestanden werden müssen, sie gesammelt zu bearbeiten. In derartigen Fällen kann die im Normalfall bei etwa zwei Wochen liegende Beantwortungsfrist hinausgeschoben werden. Dies gilt auch dann, wenn das verwaltungstechnisch anders angemessen nicht möglich ist (z. B. der Lauf der Gehaltsdaten findet nur einmal im Monat statt). Verzögert sich die Auskunftserteilung, so sollte dem Betroffenen jedoch ein **Zwischenbescheid** erteilt werden; dies schon, um die Einschaltung der Aufsichtsbehörde oder des Gerichts zu vermeiden.

9. Der Auskunft entgegenstehendes Geschäftsgeheimnis

16a **9.1** Die Angabe über Herkunft und Empfänger kann im Falle geschäftsmäßiger Datenspeicherung zur Übermittlung (Absatz 1 Satz 4, Absatz 3 Satz 3) verweigert werden, wenn es sich insoweit um ein **„Geschäftsgeheimnis"** handelt, dessen Schutz dem persönlichkeitsrechtlichen Informationsinteresse des Betroffenen im Einzelfall vorgeht. Der Ausnahmetatbestand ist – soll das Auskunftsrecht nicht ins Leere gehen – eng auszulegen, da ein allgemeines „Geschäftsinteresse" des „Datenhändlers" seine Quellen und Abnehmer nicht offenzulegen, immer bestehen wird. Auf ein solches der Auskunft über die Empfänger entgegenstehendes **Geschäftsgeheimnis**

Auskunft an den Betroffenen § 34

kann sich die Auskunftei jedenfalls dann nicht berufen, wenn die Auskunft unrichtig war. Auch ansonsten handelt es sich immer um eine Einzelfallentscheidung (vgl. 15. Bericht der hess. Landesregierung über die Datenschutzaufsicht im nichtöffentlichen Bereich, LT-Drs. 15/4659 vom 26.11.2002, S. 40: „Bei der Abwägung der Interessen sind nur wenige Ausnahmefälle vorstellbar, in denen das Geschäftsgeheimnis der Auskunftei im Interesse des Auskunfteikunden eine Nennung des Auskunftsempfängers nicht zulässt, z. B. ein Verwandter des Betroffenen ist Kreditgeber").

9.2 Das gilt auch für Angaben über die Herkunft der Daten (vgl. zu alledem **16b** 19. TB der hess. Landesregierung zur Datenschutzaufsicht im nichtöffentlichen Bereich, S. 18: „Bei Auskunfteien, welche personenbezogene Daten zum Zwecke der Übermittlung speichern, ist eine Speicherung der Herkunft nicht Voraussetzung für die Auskunft (§ 34 Abs. 1 Satz 4 BDSG, hieraus ist also ggf. eine entsprechende Dokumentationspflicht für die Auskunfteien ableitbar). Demnach kann der Betroffene nach § 34 Abs. 1 Satz 3 und 4 BDSG Auskunft über Herkunft und Empfänger verlangen, sofern nicht das Interesse der Auskunftei an der Wahrung der verantwortlichen Stelle an der Wahrung des Geschäftsgeheimnisses überwiegen sollte. Nach einhelliger Meinung der Datenschutzaufsichtsbehörden im Bundesgebiet sind auf entsprechende Auskunftersuchen daher die Datenherkunft und Datenempfänger im Regelfall zu beauskunften. Nur das Bestehen besonderer Umstände rechtfertigt eine Auskunftsverweigerung. Bezüglich der Erteilung einer Auskunft zu den Datenempfängern besteht bereits seit längerem Einvernehmen zwischen den Aufsichtsbehörden, dass generell in folgenden, bestimmten Fallgruppen diese Auskunft zu erteilen ist:
– Sofern der Betroffene begründete Zweifel an der Richtigkeit der Daten vorträgt.
– Bei Vortrag des Betroffenen, wonach er Schadensersatz- oder Richtigstellungsansprüche geltend machen möchte, da einzelne Daten unzutreffend seien.
– Bei Angabe des Betroffenen, wonach der Auskunftsempfänger den Auskunftsdatenschutz in unberechtigter Weise an Dritte weitergegeben bzw. den Datensatz in der Weise missbräuchlich verwendet habe.
– Sofern der Betroffene vorträgt, dass der Auskunftsempfänger unter keinen Umständen ein berechtigtes Interesse an der Auskunft gehabt haben könne.
– Darüber hinaus generell bei folgenden Branchen:
  – Kreditversicherungen/Versicherungen,
  – Versandhandel,
  – Telekommunikation,
  – Banken,
  – Leasing-/Factoringgesellschaften,
  – Konzerngesellschaften
In den übrigen Fällen muss eine Prüfung im Einzelfall stattfinden. Dies wurde dem Verband der Handelsauskunfteien bereits im Jahre 2004 entsprechend schriftlich mitgeteilt."

10. Weitere Ausnahmen von der Auskunftspflicht

10.1 Nach **Absatz 7** gelten die in § 33 Abs. 2 Satz 1 Nr. 2, 3 und 5 bis 7 aufge- **17** stellten Ausnahmen von der Benachrichtigungspflicht auch für die Auskunftserteilung, wobei die bei der Benachrichtigung aufgezählten Ausnahmen ihre eigentliche Wirkung für die verantwortliche Stelle wie für den Betroffenen zum Teil erst im Rahmen des § 34 entfalten. Das **Auskunftsverweigerungsrecht** erstreckt sich ggf. dann auch auf die Information, dass keine Daten gespeichert sind (z. B. bei § 33 Abs. 2 Nr. 6). Bedeutsam ist, dass die Tatbestände des § 33 Abs. 2 Nr. 1, 4 und 8 zwar von der Benachrichtigungspflicht befreien, nicht aber von der Auskunftspflicht; d. h. für den letztgenannten Fall, dass **Adresshändler** in der Regel zwar nicht benachrichtigen, dem Betroffenen aber gleichwohl Auskunft erteilen müssen.

557

§ 34 Auskunft an den Betroffenen

18 10.2 Fraglich ist, ob in den Fällen, in denen eine Benachrichtigung unterbleiben kann, weil sie einen **„unverhältnismäßigen Aufwand"** erfordern würde (§ 33 Abs. 2 Nr. 2, 5 und 7a), auch eine Auskunft verweigert werden kann, die im konkreten Einzelfall unschwer gegeben werden könnte. Insbesondere wenn der „unverhältnismäßige Aufwand" sich aus der Masse der zu Benachrichtigenden ergibt, Auskunftsersuchen aber erfahrungsgemäß die seltene Einzelfallausnahme bilden, ist Auskunft zu erteilen, weil der Ausnahmetatbestand zwar für die Benachrichtigung nicht aber für den Auskunftsfall greift. Eine andere Interpretation des Absatzes 4 wäre mit Art. 13 EG-DatSchRL nicht vereinbar. Darüber hinaus steht es der verantwortlichen Stelle frei, auch wenn keine Auskunftspflicht besteht, gleichwohl Auskunft zu erteilen, es sei denn, dies ist ihr behördlich untersagt oder sie verstößt gegen die zu beachtenden Interessen Dritter (vgl. § 33 Abs. 2 Nr. 3).

19 10.3 Die Ablehnung der Auskunft ist zu begründen. Die **Begründung** muss derart detailliert sein, dass der Betroffene die Berechtigung der Verweigerung überprüfen und ggf. um Rechtsschutz nachsuchen kann. Andererseits braucht die verantwortliche Stelle insoweit keine „Begründung" liefern, wie diese bereits Rückschlüsse auf die gespeicherten Daten zulässt (so in den Fällen des § 33 Abs. 2 Nr. 3, 6 und 7b). Unzulässig ist es, keine Auskunft zu geben oder unzutreffend die Speicherung von Daten zu verneinen bzw. die „geheim zu haltenden" Daten ohne Hinweis aus den mitgeteilten Daten wegzulassen.

19a 10.4 § 34 trifft keine Aussage dazu, mit welcher Häufigkeit Auskunftsersuchen gestellt werden können. Wann Rechtsmissbrauch vorliegt, ist im Einzelfall zu entscheiden. Eine Wochenfrist anzusetzen, wenn die Daten sich nicht verändert haben (so Dix in: Simitis, BDSG § 34 Rn. 21), erscheint zu pauschal (Kamlah in: Plath, BDSG § 34 Rn. 75). Zudem erledigt sich die Frage ggf. durch die zeitliche Erledigung des Ersuchens (vgl. Rn. 9).

11. Kosten der Auskunft

20 11.1 Die Auskunftserteilung ist für den Betroffenen **kostenlos**, d. h. die verantwortliche Stelle hat die Kosten, die durch eine schriftliche Auskunftserteilung entstehen, nach Absatz 8 Satz 1 selbst zu tragen. Im Übrigen kann die verantwortliche Stelle offensichtlich nur schikanösen Auskunftswünschen mit dem Einwand des **Rechtsmissbrauchs** (§ 242 BGB) begegnen. Jedenfalls liegt es im Eigeninteresse der verantwortlichen Stelle, bereits bei der Entscheidung über neue Verarbeitungen personenbezogener Daten auch über eine kostengünstige Auskunftsorganisation nachzudenken.

21 11.2 Dieses kostenlose Auskunftsrecht gegenüber Stellen, die die Daten **geschäftsmäßig** zum Zwecke der Übermittlung speichern, steht dem Betroffenen nur einmal im Kalenderjahr zu. Kann der Betroffene die mitgeteilten Informationen gegenüber Dritten zu wirtschaftlichen Zwecken nutzen, kann für jede weitere Auskunft ein Entgelt genommen werden. Verhindert werden soll, dass z. B. bei einer **Kreditauskunft** nicht die Bank, die für sie entgeltliche Auskunft einholt, sondern der Betroffene die Informationen für die Kreditvergabe über eine im Rahmen des § 34 kostenlose **Selbstauskunft** beibringt (zur Rechtswidrigkeit des Abverlangens einer solchen Auskunft z. B. vor Eingehen eines **Mietvertrages** vgl. BfD, 15. TB, S. 435; § 28 Rn. 32). Die Regelung des **Absatz 8 Satz 2** stellt jedoch eine Ausnahme dar, die nicht zur Regel gemacht werden darf. Auskunfteien und Kreditinformationseinrichtungen sind also nicht befugt, generell darauf zu verweisen, dass die Daten auch als „Selbstauskunft" zu kommerziellen Zwecken verwendet werden könnten; vielmehr muss für die Auskunftei erkennbar sein, dass der Betroffene unmittelbar und in einem konkreten Fall ihm ansonsten entstehende Kosten erspart (Walz, CR 1991, 368). Insoweit wird man ihm aber eine gewisse **Darlegungs-**

Auskunft an den Betroffenen **§ 34**

pflicht zumuten können, indem er in derartigen Fällen ausnahmsweise auch Angaben zum Anlass des Auskunftsersuchens mitteilen muss, wenn er der Kostentragung entgehen will.

11.3 Diese Darlegungspflicht ergibt sich auch daraus, dass **kein Entgelt** verlangt 22 werden kann, wenn besondere Umstände eine **Unrichtigkeit oder Unzulässigkeit** der Daten vermuten lassen bzw. diese sich im Rahmen der Auskunft herausstellt (Abs. 8 Satz 6 Nr. 1 und 2). Der Betroffene und die verantwortliche Stelle sind gleichermaßen daran interessiert, dass nur richtige und zulässigerweise gespeicherte Daten vorhanden sind. Die verantwortliche Stelle erspart sich auf diese Weise eigene Recherchen und vermeidet die Verwendung unrichtiger Daten, wodurch u. a. Schadensersatzverpflichtungen ausgelöst werden könnten (vgl. hierzu § 7 Rn. 3 ff.). Erweisen sich die Daten auf Grund der Auskunft als unrichtig oder ist ihre Speicherung unzulässig, so entfällt die Verpflichtung zur Zahlung des Entgelts. Im **ersten Ausnahmefall** (Abs. 8 Satz 6 Nr. 1) muss durch besondere Umstände die Annahme gerechtfertigt sein, dass personenbezogene Daten unrichtig oder unzulässig gespeichert werden. Ein bloßer Verdacht reicht nicht aus. Besondere Umstände können vorliegen, wenn z. B. in einem Schreiben der verantwortlichen Stelle falsche Angaben enthalten sind. Daraus kann gefolgert werden, dass die Daten auch unrichtig gespeichert sind. Verlangt der Betroffene aus Anlass dieses **begründeten Verdachts** Auskunft, so bleibt sie selbst dann kostenfrei, wenn sich ergeben sollte, dass die Daten richtig gespeichert waren und nur aufgrund eines Schreibfehler unrichtig geworden sind. Im **zweiten Ausnahmefall** (Abs. 8 Satz 6 Nr. 2) hat erst ein ggf. an sich kostenpflichtiges Auskunftsbegehren ergeben, dass personenbezogene Daten zu berichtigen oder zu löschen sind. Hier entfällt die Verpflichtung zur Zahlung eines Entgelts aus diesem Grunde. Diese Regelung enthält zwar keine Einschränkungen; es wäre aber unbillig, den Betroffenen auch dann von der Zahlung des Entgelts zu befreien, wenn er selbst die falschen Angaben gemacht hat. Dabei ist es unerheblich, ob die Angaben gegenüber der verantwortlichen Stelle oder gegenüber einem Dritten gemacht wurden, der sie sodann an die verantwortliche Stelle übermittelt hat. In Fällen dieser Art hat der Betroffene zwar den Berichtigungsanspruch, wird aber dennoch das Entgelt zu zahlen haben (so auch Schaffland/Wiltfang, BDSG § 34 Rn. 61). Die Forderung nach kostenloser Auskunft würde sich in solchen Fällen als unzulässige Rechtsausübung darstellen. Schließlich entfällt die Verpflichtung zur Zahlung auch dann, wenn die Auskunft ergibt, dass die Daten unzulässig gespeichert wurden und nach § 35 Abs. 2 Satz 2 Nr. 1 zu löschen sind.

11.4 Das ausnahmsweise zu berechnende Entgelt ist der Höhe nach auf die **direkt** 23 **zurechenbaren Kosten** beschränkt, umfasst also nicht den Gemeinkostenanteil (z. B. allgemeine Personalkosten, Kosten für den Betrieb oder die Anschaffung der Anlagen). Auch ein Gewinn darf mit der Auskunft nicht gemacht werden. Demgemäß wird das Entgelt im Regelfall jedenfalls immer noch geringer sein, als das Entgelt, das die Auskunftei im Rahmen ihres Geschäftsbetriebs üblicherweise berechnen würde. In Rechnung gestellt werden können nur die für die Bearbeitung des **konkreten Einzelfalls** notwendigen Kosten. Dazu sind zu zählen: Material- und Portokosten, Personal- und Maschinenkosten für den Auskunftslauf etc. Eine gewisse Pauschalierung dieser Kosten wird unumgänglich sein. Der Betrag darf aber die direkt zurechenbaren Kosten nicht übersteigen. Direkt zurechenbar sind die Kosten, die nicht anfallen, wenn keine Auskunft erteilt wird. Das Entgelt ist nicht zu entrichten, wenn die Auskunft ergibt, dass keine Daten über den Betroffenen gespeichert sind, es sei denn, dass diese „Selbstauskunft" für den Betroffenen auch noch einen **wirtschaftlichen Wert** hat.

11.5 Wenn auch keine Vorleistungspflicht besteht (Dix in: Simitis, BDSG § 34 23a Rn. 70; a. A. Schaffland/Wiltfang, BDSG § 34 Rn. 56), so soll eine Leistung Zug um Zug (z. B. Zusendung per Nachnahme) zulässig sein, wobei es dem Betroffenen obliegen würde, evtl. Rückforderungsansprüche durchzusetzen. Wenn ausnahmsweise besonders hohe Kosten anfallen, sollte der Betroffene vorgewarnt werden (Dix in: Simitis, BDSG § 34 Rn. 72).

12. Persönliche Information vor Ort

24 In **Absatz 9** ist dem Betroffenen bei einer ausnahmsweise entgeltlichen Auskunft zudem eine Möglichkeit eingeräumt, die Auskunft im Falle ihrer Entgeltlichkeit „vor Ort" zu erhalten, indem er auf die schriftliche Auskunft verzichtet und bei der Auskunftei die über ihn gespeicherten Daten **einsieht.** Auch wenn der Gesetzwortlaut dies nicht ausdrücklich erwähnt, entfällt dann die Entgeltpflicht. Die verantwortliche Stelle ist sogar verpflichtet, vor Erhebung eines Entgelts auf diese Möglichkeit **hinzuweisen.** Dies kann z. B. im Zusammenhang mit der Benachrichtigung geschehen. Möglicherweise wird die Regelung des Absatzes 9 dazu führen, dass auch die schriftliche Auskunft kostenlos erteilt wird. Sollte nämlich von der Möglichkeit des Absatzes 6 in größerem Umfang Gebrauch gemacht werden, wäre der dadurch der verantwortlichen Stelle entstehende Aufwand ggf. höher, als das bei der schriftlichen Auskunft anfallende Entgelt.

13. Folgen bei Verstoß

25 Mit der Novelle I 2009 wurde auch der Verstoß gegen in § 34 verankerte Auskunftspflichten in den Bußgeldkatalog des § 43 Abs. 1 aufgenommen (vgl. § 43 Rn. 12a ff.). Der Betroffene kann ferner **gerichtlichen Rechtsschutz** suchen, der vor den ordentlichen Gerichten (vgl. im Einzelnen Fischer, RDV 2013, 230; OVG Münster, DuD 1981, 125) – und ggf. vor den Arbeitsgerichten – geltend zu machen ist. Dies gilt auch für einen nach Beendigung des Arbeitsverhältnisses geltend gemachten Anspruch (§ 2 Abs. 1 Nr. 4a ArbGG). Wenn der Anspruch auf einem anderen, nicht mit dem Arbeitsverhältnis zusammenhängenden Sachverhalt beruht, ist der ordentliche Rechtsweg gegeben (BAG, RDV 2014, 160).

§ 35 Berichtigung, Löschung und Sperrung von Daten

(1) ¹Personenbezogene Daten sind zu berichtigen, wenn sie unrichtig sind. ²Geschätzte Daten sind als solche deutlich zu kennzeichnen.

(2) ¹Personenbezogene Daten können außer in den Fällen des Absatzes 3 Nr. 1 und 2 jederzeit gelöscht werden. ²Personenbezogene Daten sind zu löschen, wenn
1. ihre Speicherung unzulässig ist,
2. es sich um Daten über die rassische oder ethnische Herkunft, politische Meinungen, religiöse oder philosophische Überzeugungen, Gewerkschaftszugehörigkeit, Gesundheit, Sexualleben, strafbare Handlungen oder Ordnungswidrigkeiten handelt und ihre Richtigkeit von der verantwortlichen Stelle nicht bewiesen werden kann,
3. sie für eigene Zwecke verarbeitet werden, sobald ihre Kenntnis für die Erfüllung des Zwecks der Speicherung nicht mehr erforderlich ist, oder
4. sie geschäftsmäßig zum Zweck der Übermittlung verarbeitet werden und eine Prüfung jeweils am Ende des vierten, soweit es sich um Daten über erledigte Sachverhalte handelt und der Betroffene nicht widerspricht, am Ende des dritten Kalenderjahres beginnend mit dem Kalenderjahr, das der erstmaligen Speicherung folgt, ergibt, dass eine längerwährende Speicherung nicht erforderlich ist. ³Personenbezogene Daten, die auf der Grundlage von § 28a Abs. 2 Satz 1 oder § 29 Abs. 1 Satz 1 Nr. 3 gespeichert werden, sind nach Beendigung des Vertrages auch zu löschen, wenn der Betroffene dies verlangt.

(3) An die Stelle einer Löschung tritt eine Sperrung, soweit
1. im Fall des Absatzes 2 Satz 2 Nr. 3 einer Löschung gesetzliche, satzungsmäßige oder vertragliche Aufbewahrungsfristen entgegenstehen,
2. Grund zu der Annahme besteht, dass durch eine Löschung schutzwürdige Interessen des Betroffenen beeinträchtigt würden, oder
3. eine Löschung wegen der besonderen Art der Speicherung nicht oder nur mit unverhältnismäßig hohem Aufwand möglich ist.

(4) Personenbezogene Daten sind ferner zu sperren, soweit ihre Richtigkeit vom Betroffenen bestritten wird und sich weder die Richtigkeit noch die Unrichtigkeit feststellen lässt.

(4a) Die Tatsache der Sperrung darf nicht übermittelt werden.

(5) ¹Personenbezogene Daten dürfen nicht für eine automatisierte Verarbeitung oder Verarbeitung in nicht automatisierten Dateien erhoben, verarbeitet oder genutzt werden, soweit der Betroffene dieser bei der verantwortlichen Stelle widerspricht und eine Prüfung ergibt, dass das schutzwürdige Interesse des Betroffenen wegen seiner besonderen persönlichen Situation das Interesse der verantwortlichen Stelle an dieser Erhebung, Verarbeitung oder Nutzung überwiegt. ²Satz 1 gilt nicht, wenn eine Rechtsvorschrift zur Erhebung, Verarbeitung oder Nutzung verpflichtet.

(6) ¹Personenbezogene Daten, die unrichtig sind oder deren Richtigkeit bestritten wird, müssen bei der geschäftsmäßigen Datenspeicherung zum Zweck der Übermittlung außer in den Fällen des Absatzes 2 Nr. 2 nicht berichtigt, gesperrt oder gelöscht werden, wenn sie aus allgemein zugänglichen Quellen entnommen und zu Dokumentationszwecken gespeichert sind. ²Auf Verlangen des Betroffenen ist diesen Daten für die Dauer der Speicherung seine Gegendarstellung beizufügen. ³Die Daten dürfen nicht ohne diese Gegendarstellung übermittelt werden.

(7) Von der Berichtigung unrichtiger Daten, der Sperrung bestrittener Daten sowie der Löschung oder Sperrung wegen Unzulässigkeit der Speicherung sind die Stellen zu verständigen, denen im Rahmen einer Datenübermittlung diese Daten zur Speicherung weitergegeben wurden, wenn dies keinen unverhältnismäßigen Aufwand erfordert und schutzwürdige Interessen des Betroffenen nicht entgegenstehen.

(8) Gesperrte Daten dürfen ohne Einwilligung des Betroffenen nur übermittelt oder genutzt werden, wenn
1. es zu wissenschaftlichen Zwecken, zur Behebung einer bestehenden Beweisnot oder aus sonstigen im überwiegenden Interesse der verantwortlichen Stelle oder eines Dritten liegenden Gründen unerlässlich ist und
2. die Daten hierfür übermittelt oder genutzt werden dürften, wenn sie nicht gesperrt wären.

Literatur: *Conrad/Hausen,* Datenschutzrechtliche Löschung personenbezogener Daten, ITRB 2011, 35; *Däubler,* Individualrechte des Arbeitnehmers nach dem neuen BDSG, CR 1991, 475; *Ernst/Schmittmann,* Kaufmännische Aufbewahrungspflichten im Computerzeitalter, RDV 2006, 189; *Fraenkel/Hammer,* Rechtliche Löschvorschriften, DuD 2007, 899; *Gassner/ Schmidl,* Datenschutzrechtliche Löschungspflichten und zivilrechtliche Verjährungsvorschriften, RDV 2004, 153; *Gola,* Informationelle Selbstbestimmung in Form des Widerspruchsrechts, DuD 2001, 278; *Hammer/Fraenkel,* Löschklassen – Standardisierte Fristen für die Löschung personenbezogener Daten, DuD 2011, 890; *Kühling/Klar,* Löschpflichten vs. Datenaufbewahrung, ZD 2014, 506; *Weichert,* Novelle zum Schutz von Internetdaten, DuD 2009, 7.

Übersicht

	Rn.
1. Allgemeines	1
2. Berichtigungspflicht	3
3. Kennzeichnung geschätzter Daten	6a
4. Berichtigung durch Gegendarstellung	7
5. Löschung	10
6. Sperrung	15
7. Folgen der Sperrung	20
8. Benachrichtigungspflicht gegenüber Empfängern von Daten	22
9. Sonstige zivilrechtliche Korrekturansprüche	25
10. Das Widerspruchsrecht des Betroffenen	27

1. Allgemeines

1 **1.1** In § 35 werden die **Korrekturrechte** der Betroffenen bei unrichtiger oder unzulässiger Datenverarbeitung, sowohl bei der Datenverarbeitung für **eigene Zwecke** als auch bei **geschäftsmäßiger Datenverarbeitung,** in einer Bestimmung zusammengefasst dargestellt, wobei Absatz 6 und Absatz 2 Nr. 4 jedoch Sonderregelungen für geschäftsmäßige Datenverarbeitung enthalten.

2 **1.2** Soweit bereichsspezifische Datenschutznormen keine speziellen Korrekturrechte enthalten, gilt auch hier § 35. Inwieweit § 35 noch neben bereichsspezifischen Korrekturrechten ganz oder teilweise greift, hängt von der Deckungsgleichheit der Norm bzw. einer abschließenden Regelung ab (vgl. Rn. 25 f.). Zum Teil wird in der Spezialnorm auf die Fortgeltung des BDSG verwiesen (vgl. § 12 Abs. 4 TMG zur ergänzenden Anwendung des BDSG und seiner Anwendung auf Aktendaten). Zu nennen ist die Pflicht zur Löschung über Daten aus dem Schuldnerverzeichnis innerhalb einer Dreijahresfrist nach §§ 915g Abs. 1, 915a ZPO.

Berichtigung, Löschung und Sperrung von Daten **§ 35**

1.3 Die Korrekturrechte des § 35 gelten auch für in das **Internet** eingestellte 2a
Daten. Dabei stellen sich einmal die rechtliche Frage, wer im konkreten Fall die
verantwortliche Stelle ist, der gegenüber der Anspruch geltend gemacht werden
kann und sodann die faktische Frage, wie dieser Anspruch im weltweiten Internet
durchgesetzt werden kann. Unzweifelhaft ist die Verantwortlichkeit des Webseitenbetreibers, der eine Information ins Netz stellt und der bei gesetzeskonformem
Verhalten durch die Impressumspflicht des TMG (§§ 5, 6) erkennbar ist (zum „**Recht
auf Vergessen**" beim Betrieb einer Internetsuchmaschine durch Entfernung eines
Links EuGH, ZD 2014, 350 m. Anm. Karg = MMR 2014, 455 m. Anm. Sörup).
Bei Suchmaschinen und von dritter ggf. anonymer Seite bereitgestellten Daten sind
Korrekturrechte nur schwerlich realisierbar. Der BGH (MMR 2014, 704 m. Anm.
Palzer; so auch OLG Hamm, RDV 2011, 305; OLG Hamburg, RDV 2013, 85)
gibt dem Anspruch auf Anonymität von Internetnutzern bei Einträgen in Bewertungsportalen (§ 12 Abs. 2 TMG) Vorrang vor Auskunftsansprüchen sich in ihrem
Persönlichkeitsrecht verletzt sehender Betroffener eingeräumt (dazu Lauber-Rönsberg, MMR 2014, 10). Der Betreiber der Suchmaschine ist verantwortlich, wenn
er durch einen Hinweis Kenntnis von einem unzulässigen Eintrag bzw. von einer
persönlichkeitsverletzenden **Suchwortergänzungsfunktion** hat (BGH, RDV
2013, 197) hat. Den Betreiber eines **Hotelbewertungsportals** betrifft jedoch nicht
die Pflicht, Bewertungen zu überprüfen oder vor Veröffentlichungen dem Hotelier
vorzulegen (KG, RDV 2011, 308). Die Schwierigkeit der Löschung illegitimer
Daten im Netz hat zu entgeltlichen Hilfsangeboten von sog. „Reputations Defendern" geführt (zur Problematik vgl. Weichert, RDV 2007, 54; ders., DuD 2009,
7).

1.4 Gegen den Betreiber eines Internetforums oder **Bewertungsportals** 2b
(Ladeur/Gostomzyk, NJW 2012, 710) kann ein **Unterlassungsanspruch** aus
§ 1004 Abs. 1 Satz 2 BGB analog i. V. m. § 823 Abs. 1 bzw. § 823 Abs. 2 oder §§ 4
Abs. 1, 35 Abs. 3 BDSG bestehen, wenn die Grenzen der Meinungsfreiheit überschritten (vgl. § 29 Rn. 10b, 26) werden oder der Betreiber als verantwortliche Stelle
auf die Unrichtigkeit von Tatsachenangaben aufmerksam gemacht wurde (vgl. aber
auch BGHZ 191, 219). Ein Anspruch auf Auskunft über den anonymen Einsender
besteht nicht (BGH, RDV 2014, 266; vgl. ferner OLG Frankfurt a.M., RDV 2012,
200; OLG Hamburg, RDV 2012, 85; LG München I, RDV 2013, 317). Das BDSG
ist auch dann anwendbar, wenn die Beiträge ausschließlich auf Servern gespeichert
sind, die sich außerhalb der EU befinden, aber in der Bundesrepublik abgerufen
werden können und sollen (vgl. BGH, MMR 2012, 124; OLG Hamburg, RDV
2011, 306 = ZD 2011, 138; Sujecki, K&R 2011, 315; Brand, NJW 2012, 127).

2. Berichtigungspflicht

2.1 Gem. **Absatz 1** sind unrichtig gespeicherte personenbezogene Daten zu 3
berichtigen. Die in § 35 verankerten Rechte auf Berichtigung, Sperrung und
Löschung sind gem. § 6 Abs. 1 unabdingbar. Die Berichtigungspflicht besteht auch
dann, wenn die Daten später unrichtig werden, es sei denn, es soll ein zu einem
bestimmten Zeitpunkt bestehender, zutreffender Sachverhalt beschrieben werden
(vgl. im Übrigen § 20 Rn. 3). Die verantwortliche Stelle ist zur **Berichtigung**
verpflichtet, wenn sie von der Unrichtigkeit der Daten Kenntnis erhält. Gleichgültig
ist, auf welche Weise dies geschieht.

2.2 Regelmäßig wird eine Korrektur unrichtiger Daten keine Probleme bereiten, 4
da auch der verantwortlichen Stelle daran gelegen sein wird, nur zutreffende Informationen zu verarbeiten. Gleichwohl stellt die Korrekturpflicht des BDSG ausschließlich auf das Interesse des Betroffenen ab, dessen **Persönlichkeitsrecht** durch
die Speicherung und die Nutzung unrichtiger Daten verletzt werden kann. Das

§ 35 Berichtigung, Löschung und Sperrung von Daten

Gesetz stellt aber hinsichtlich der Berichtigungspflicht nicht darauf ab, ob der Betroffene tatsächlich an der Berichtigung seiner Daten interessiert ist, was z. B. bei der Speicherung für ihn günstiger Daten in der Regel wohl nicht der Fall sein wird. Der Berichtigungsanspruch besteht auch dann, wenn nur eine geringfügige, den Persönlichkeitsbereich nicht tangierende Unrichtigkeit vorliegt, wie beispielsweise ein falsch geschriebener Straßenname in der Anschrift.

5 **2.3** Unrichtigkeit liegt auch vor, wenn Daten aus dem Kontext gelöst werden und der **Kontextverlust** so gravierend ist, dass Fehlinterpretationen nahe liegen (h. M. für Arbeitnehmerdaten vgl. bei Däubler, Gläserne Belegschaften?, Rn. 298).

Unrichtig sind auch an die SCHUFA gemeldete Daten, die für sich genommen zwar zutreffen, durch die aber infolge fehlender Voreintragung der unrichtige Eindruck eines aktuellen vertragswidrigen Verhaltens hervorgerufen wird (OLG Düsseldorf, RDV 2006, 124). Dies gilt – trotz ihrer subjektiven Grundlage – auch für **Werturteile,** die auf falschen Tatsachen oder unangemessenen Würdigungen der Tatsachen beruhen. Bewertungen der Bonität stellen nach Ansicht der Rechtsprechung (BGH, RDV 2011, 188 = NJW 2011, 204) Meinungsäußerungen dar und begründen in der Regel keine Ansprüche aus § 824 BGB und demgemäß auch keine Korrekturansprüche. Auch Ansprüche aus § 823 Abs. 1 BGB scheiden aus, wenn die Meinungsäußerung auf Grund zutreffender Tatsachen (zur Unrichtigkeit von Kreditinformationen vgl. ausführlich bei Dix in: Simitis, BDSG § 35 Rn. 12 ff.). Keine Korrekturansprüche bestehen gegenüber nach den Regeln des 28b ermittelten Wahrscheinlichkeitswerten (Kamlah in: Plath, BDSG § 35 Rn. 2; vgl. hierzu auch die evtl. Konsequenzen der Löschung von dem Scorewert zugrundeliegender Daten in Rn. 16 und 32).

6 **2.4** Das Gesetz schreibt keine bestimmte **Frist** vor, innerhalb derer die Berichtigung zu erfolgen hat, jedoch wird sie innerhalb zumutbarer Zeit durchgeführt werden müssen; in jedem Falle so rechtzeitig, d. h. ggf. **unverzüglich,** dass eine weitere Verarbeitung oder Nutzung der unrichtigen Daten nicht mehr stattfindet (die von Bergmann/Möhrle/Herb, BDSG § 35 Rn. 39 gesetzte Drei-Monats-Frist erscheint recht willkürlich; vgl. aber auch die dortigen Vorschläge (Rn. 54) für Übergangsregelungen bis zur evtl. erforderlichen Klärung der Berechtigung eines Löschungsbegehrens).

3. Kennzeichnung geschätzter Daten

6a Durch die Kennzeichnung von Schätzdaten (Abs. 1 Satz 2) soll die Fragwürdigkeit der Richtigkeit der Angaben deutlich werden. Zu derartigen Schätzdaten gehören insbesondere per **Scoring** ermittelte Werte (Dix in: Simitis, BDSG § 35 Rn. 18; a. A. Kamlah in: Plath, BDSG § 35 Rn. 7, da die „Schätzung" auf Grund wissenschaftlicher Grundlage erfolge). Die Kennzeichnung ist zwingende Voraussetzung für die „Richtigkeit" der Information und muss mit ihr eine Einheit bilden. Sie muss auch Bestandteil der Übermittlung der Daten sein. Werden die Daten ohne die Kennzeichnung übermittelt und damit als zutreffend dargestellt, ist die Übermittlung unzulässig und damit nach § 43 Abs. 2 Nr. 1 bußgeldbewehrt.

4. Berichtigung durch Gegendarstellung

7 **4.1** Eine Ausnahme von der Berichtigungspflicht bzw. der Pflicht zur Sperrung und Löschung enthält **Absatz 6** für solche Stellen, die Daten geschäftsmäßig zum Zwecke der Übermittlung speichern, wenn sie aus **allgemein zugänglichen Quellen** entnommen wurden – hier genügt nicht die bloße Möglichkeit des Zugriffs auf die Daten aus solchen Quellen – und wenn die Speicherung zu **Dokumentations-**

Berichtigung, Löschung und Sperrung von Daten   § 35

zwecken erfolgt. Der Ausnahmetatbestand des Absatzes 6 wendet sich also z. B. an Stellen, die **Presseauswertungen** datenbankmäßig zur Verfügung stellen (die urheberrechtliche Zulässigkeit bedarf gesonderter Prüfung). Geschäftszweck der verantwortlichen Stelle muss die Dokumentation von Ereignissen sein, die von jedermann zur Kenntnis genommen werden können bzw. konnten. In derartigen Fällen wäre eine Korrektur der dokumentierten Quelle sinnwidrig, da ansonsten die Dokumentation selbst wiederum unzutreffend würde.

4.2 Dem Betroffenen ist in diesen Fällen jedoch ein Recht auf **Gegendarstellung**   8
eingeräumt, wobei die Gegendarstellung bei den unrichtigen oder auch nur bestrittenen Daten zu speichern ist. Eine Übermittlung der Daten darf nur unter Beifügung der Gegendarstellung erfolgen. Nicht mehr nur auf die Gegendarstellung reduziert ist das Korrekturrecht des Betroffenen im Falle der Voraussetzungen des Absatzes 6, wenn es sich um Daten des Absatzes 2 Nr. 2, d. h. um **besondere Arten personenbezogener Daten,** d. h. besonders sensible Angaben über gesundheitliche Verhältnisse, strafbare Handlungen, Ordnungswidrigkeiten, politische Anschauungen etc. handelt (der Katalog ist weiter als der in § 3 Abs. 9), wobei derartige Angaben aber regelmäßig wohl nicht – außer bei Pressemeldungen – aus allgemein zugänglichen Quellen entnommen werden können.

4.3 Ein die Korrekturrechte aus § 35 ergänzendes, bereichsspezifisches Gegendar- 9
stellungsrecht, besteht bei der Speicherung von **Personaldaten** (§ 83 Abs. 2 BetrVG). Hiernach ist der Arbeitgeber verpflichtet, eine Erklärung des Beschäftigten, die dieser „zum Inhalt der Personalakte" (zum insoweit maßgebenden materiellen Personalaktenbegriff vgl. Gola/Wronka, Handbuch, Rn. 105 ff., 344) abgegeben hat, unabhängig davon, ob er deren Richtigkeit akzeptiert, zur **Personalakte** zu nehmen, d. h. bei automatisierter Speicherung in Bezug **zu den „bestrittenen" Daten abzuspeichern.** § 83 Abs. 2 BetrVG ist jedoch nicht als umfassende Korrekturregelung gegenüber unrichtiger Personaldatenverarbeitung zu verstehen, d. h. der Arbeitnehmer kann sowohl bei herkömmlicher Speicherung Berichtigungs-, bzw. Entfernungsansprüche geltend machen (vgl. die st. Rspr. des BAG, NJW 1986, 1065; DB 1988, 1702; MDR 1991, 974), als auch sich bei Verarbeitungen im Geltungsbereich des BDSG auf § 35 stützen (vgl. ArbG Berlin, RDV 1988, 48 = DB 1988, 137). Anderes gilt nach Ansicht des BVerwG (DÖV 2003, 769 = RDV 2003, 238 m. Anm. Gola) für das Personalaktenrecht der Beamten, das eine abschließende bereichsspezifische Regelung darstellen soll (so auch Dix in: Simitis, BDSG § 35 Rn. 81). Fraglich mag für das Arbeitsverhältnis allein sein, ob das **Gegendarstellungsrecht** des § 83 Abs. 2 BetrVG in dem **„non-liquet"**-Fall des § 35 Abs. 4 eine spezielle Korrekturregelung enthält (so Bergmann/Möhrle/Herb, BDSG § 35 Rn. 135; Fitting, BetrVG § 83 Rn. 35) oder ob zutreffenderweise auch insoweit beide Korrekturmöglichkeiten dem Betroffenen je nach Interessenlage offen stehen müssen (so wohl Dix in: Simitis, BDSG § 35 Rn. 80; Buschmann in: DKK, BetrVG § 83 Rn. 25). Verlangt der Arbeitnehmer die Speicherung der Gegenerklärung, so liegt hierin gleichzeitig seine Einwilligung in der gesetzlich zwingend vorgegebenen **Sperrung** der Daten abzusehen. Dieses Recht des Betroffenen, das seiner Interessenlage entsprechende Korrekturrecht zu wählen, kann ihm nicht durch Betriebsvereinbarung genommen werden (so aber Fitting, BetrVG § 83 Rn. 35).

5. Löschung

5.1 Nach **Absatz 2 Satz 1** wird der verantwortlichen Stelle die generelle **Erlaub-** 10
nis erteilt, gespeicherte Daten zu löschen, sofern nicht eine gesetzliche, satzungsmäßige oder vertragliche Pflicht zur Aufbewahrung, d. h. zur weiteren Speicherung der Daten besteht, bzw. Grund zur Annahme besteht, dass die **Löschung** schutzwürdige Interessen des Betroffenen beeinträchtigt. Da auch das Löschen ein unter dem Verbot

§ 35 Berichtigung, Löschung und Sperrung von Daten

mit Erlaubnisvorhalt (§ 4 Abs. 1) stehender Verarbeitungsschritt ist (§ 3 Abs. 4), beinhaltet Absatz 1 Satz 1 die notwendige, das allgemeine Verarbeitungsverbot aufhebende Zulässigkeitsregelung. Obwohl das Gesetz von der Annahme ausgeht, dass die Speicherung und weitere Verwendung von Daten den nur auf Grund einer speziellen Legitimation zulässigen Eingriff in das Persönlichkeitsrecht des Betroffenen darstellt (vgl. hierzu § 1 Rn. 10 ff.), ist es zunächst konsequent, die Löschung der Daten, mit der die vermutete Gefahr für das Persönlichkeitsrecht des Betroffenen beendet wird, generell zu gestatten. Das Gesetz verkennt mit dem Hinweis auf Absatz 3 Nr. 2 jedoch nicht, dass eine Speicherung von Daten ggf. auch durchaus im Interesse des Betroffenen liegen und sogar dem Schutz oder der Förderung der Entfaltung seines Persönlichkeitsrechts dienen kann. Keiner besonderen Aussage bedarf es, dass Daten dann nicht gelöscht werden dürfen, wenn dies zu einer Unrichtigkeit der verbleibenden Daten führt.

11   **5.2 Absatz 2 Satz 2** legt in den Nummern 1 bis 4 die Fälle fest, in denen die verantwortliche Stelle nicht nur das Recht, sondern auch die **Pflicht zur Löschung** gespeicherter Daten hat. Gem. **Nummer 1** ist dies zunächst der Fall, wenn die Speicherung unzulässig ist. Dies kann deshalb der Fall sein, weil die Daten unrichtig sind. Zwar besteht hier zunächst der Korrekturanspruch gem. Absatz 1; ist jedoch eine Korrektur nicht möglich, z. B. A wird unzutreffend als Eigentümer des Hauses X-Str. 7 bezeichnet, so ist die Angabe ersatzlos zu löschen. Das Gesetz knüpft die Löschungsverpflichtung daran, dass die Speicherung unzulässig „ist", d. h. maßgebend ist der Zeitpunkt **„ex nunc"**. War die Speicherung zunächst unzulässig, z. B. weil Personaldaten ohne die erforderliche **Zustimmung der Mitarbeitervertretung** gespeichert waren, und liegt diese nunmehr vor, so entfällt die bis dahin bestehende Löschungsverpflichtung.

12   **5.3** Durch **Nummer 2** wird der verantwortlichen Stelle hinsichtlich der aufgeführten, das Persönlichkeitsrecht des Betroffenen regelmäßig besonders tangierender Daten, die **Beweispflicht** für deren Richtigkeit auferlegt. Kann die verantwortliche Stelle die vom Betroffenen bestrittene Richtigkeit der Daten nicht beweisen, so sind sie – abweichend von der für diesen Fall ansonsten geltenden Regelung der Absätze 4 und 5 – nicht zu sperren, sondern zu löschen. Sind die Daten tatsächlich unrichtig, so greift vorrangig das Korrekturrecht nach Absatz 1 bzw. das Löschungsgebot nach Absatz 2 Satz 2 Nr. 1.

13   **5.4** Die Regelungen der **Nummern 1 und 2** gelten für alle dem dritten Abschnitt unterliegenden Daten verarbeitenden Stellen. Die nachfolgenden Nummern 3 und 4 wenden sich dagegen einmal an für eigene Zwecke tätige Stellen (Nr. 3) bzw. an geschäftsmäßig speichernde Stellen (Nr. 4). Nach **Nummer 3** sind die für **eigene Zwecke** gespeicherten Daten zu löschen, wenn ihre Kenntnis für den Speicherungszweck nicht mehr erforderlich ist, d. h. dass eine die weitere Speicherung legitimierende **Zweckbestimmung** nicht mehr vorliegt. Nicht ist gemeint, dass der ursprüngliche Speicherungszweck entfallen ist. Ergibt sich nach Wegfall des ursprünglichen Speicherungszwecks (z. B. Abwicklung eines Kaufvertrages mit dem Versandhauskunden) eine neue Legitimationsgrundlage für die weitere Speicherung (**Zusendung von Werbematerial** zwecks Motivation zur Tätigung weiterer Einkäufe), so besteht hinsichtlich der insoweit erforderlichen Daten keine Löschungsverpflichtung. Beispiele für derartige **Löschungspflichtungen** bildet die arbeitsgerichtliche Rechtsprechung zur Entfernung bzw. Löschung von durch Zeitablauf erledigten **Abmahnungen** (vgl. BAG, NZA 2013, 91 = RDV 2013, 87) oder ansonsten erledigter Vorgänge, die sich für den Arbeitnehmer ungünstig auswirken können (vgl. BAG, NZA 1988, 654).

13a   **5.5** Zivilrechtliche **Verjährungsfristen**, nach denen Dateien ggf. in den kommenden dreißig Jahren für eventuelle Haftungsansprüche etc. relevant werden könnten, berechtigen weder generell zur Nichtlöschung noch zur Speicherung in gesperrter Form. Die Berechtigung zur weiteren Speicherung kann dann bestehen,

Berichtigung, Löschung und Sperrung von Daten　　　　　§ 35

wenn derartige Auseinandersetzungen anstehen oder mit hinreichender Wahrscheinlichkeit zu erwarten sind (vgl. Dix in: Simitis, BDSG § 35 Rn. 37; etwas großzügiger Gassner/Schmidl, RDV 2004, 153). Fälle, in denen ein Unternehmen regelmäßig mit entsprechender Wahrscheinlichkeit mit derartigen Auseinandersetzungen hinsichtlich getroffener Entscheidungen zu rechnen hat, können nur eine Ausnahme bilden.

5.6 Die obigen Aussagen müssen auch für die Frage bestimmend sein, ob **Bewerbungsdaten** entgegen der bisherigen Rechtsprechung des BAG (NJW 1984, 2910) auf Grund nach dem **AGG** zu erwartenden Schadens- und Entschädigungsansprüchen (§ 15 AGG) und dem in § 22 AGG vom Arbeitgeber geforderten Entlastungsbeweis jeweils zumindest bis zum Ablauf der gesetzlich vorgesehenen zweimonatigen Beschwerdefristen zurückbehalten bzw. gespeichert werden sollten (vgl. Wisskirchen, AGG, S. 46; dies., DB 2006, 1491). Die bayerische Aufsichtsbehörde (BayLDA, 5. TB (2011/2012) Ziff. 13.1) hält eine Frist von sechs Monaten für berechtigt. Berechtigt ist der Arbeitgeber nach § 28 Abs. 1 Satz 1 Nr. 2, den Gang seiner Entscheidung und die Gründe für die getroffene Auswahl zu dokumentieren (vgl. auch Rittweger/Schmidl, RDV 2006, 235; Schmidl, DuD 2007, 11; Wedde, Computer-Fachwissen 12/2006, 26). Ob auch die Bewerbungsunterlagen zwecks eventueller Beweisführung zurückbehalten werden sollten, ist aus der bislang ergangenen Rechtsprechung nicht erkennbar. 13b

5.7 Die Regelung der **Nummer 4** betrifft Stellen, die Daten geschäftsmäßig zum Zwecke der Übermittlung speichern und insofern keinen speziellen Speicherungszweck kennen, außer regelmäßig den, dass die Daten vermarktet werden sollen. Handelt es sich um erledigte Sachverhalte und liegt kein Widerspruch des Betroffene vor, so ist der verantwortlichen Stelle nach dem Ablauf von drei Jahren, d. h. konkret zum Ende des dritten Kalenderjahres (die **Dreijahresfrist** beginnt also mit dem 1. Januar des auf die Speicherung folgenden Jahres), die Pflicht auferlegt, zu prüfen, ob die weitere Speicherung noch erforderlich ist. Die dem Betroffenen eingeräumte Widerspruchsmöglichkeit begründet aber keine Verpflichtung, den Betroffenen über die Löschung vorab zu informieren. Ergibt die Prüfung, dass die Daten weiter benötigt werden, d. h. also für eine Vermarktung noch interessant sind, können sie weiterhin längstens aber wieder für drei Jahre gespeichert werden, wenn die Zulässigkeit der Speicherung nach § 29 Abs. 1 fortbesteht (zur regelmäßig über den Drei-Jahreszeitraum fortbestehenden Speicherungsberechtigung für **Adresshändler** und nicht die Medienprivileg des § 41 Abs. 1 Satz 2 unterliegende Adressbuchverleger vgl. Bahr, Recht des Adresshandels, Rn. 198 ff.). Jeweils nach drei Jahren entsteht die Prüfungspflicht erneut. Ohne dass das Gesetz es erwähnt, wird eine ordnungsgemäße Datenschutzorganisation erfordern, dass die Durchführung der Prüfung und ihr Ergebnis **dokumentiert** und von dem **betrieblichen Datenschutzbeauftragten** kontrolliert werden. 14

5.8 Durch Kreditinstitute zwecks zukünftiger Übermittlung an Auskunfteien nach § 28a Abs. 2 übermittelte Daten über ein Bankgeschäft sind nach **Absatz 2 Satz 2 Nr. 4** letzter Satz nach Beendigung des das Bankgeschäft betreffenden Vertrages – abgesehen von der Drei-Jahres-Frist – auch zu löschen, wenn der Betroffene es verlangt. Vor Schaffung des die Übermittlung und Speicherung von Bankvertragsdaten gestattenden Erlaubnistatbestands konnte der Betroffene die bis dahin erforderliche Einwilligung widerrufen und damit die Speicherung beenden. Diese Möglichkeit soll ihm jedenfalls für die Zeit nach Beendigung des Vertrages weiter eröffnet sein. 14a

6. Sperrung

6.1 In **Absatz 3** werden drei Alternativen aufgestellt, bei denen die Daten entgegen den ansonsten bestehenden Löschungspflichten in nunmehr gesperrter Form 15

weiter gespeichert werden dürfen bzw. müssen. Die **Nummer 1** sieht die **Sperrungspflicht** für den Fall vor, dass die an sich nicht mehr benötigten Daten (Abs. 2 Nr. 3) auf Grund gesetzlicher, satzungsmäßiger oder vertraglicher Verpflichtungen weiter aufbewahrt werden müssen (vgl. hierzu auch § 33 Rn. 32; ferner Ernst/Schmittmann, RDV 2006, 189 zu kaufmännischen Aufbewahrungspflichten).

16 6.2 Nach der **Nummer 2** sind an sich zu löschende Daten „nur" zu sperren, wenn die Löschung schutzwürdige Interessen des Betroffenen beeinträchtigen würde. Jedoch ist davon auszugehen, dass die Löschung unzulässiger oder unrichtiger Daten die Interessen des Betroffenen regelmäßig nicht verletzt, sondern seinen vom Gesetz zu schützenden Interessen dient; zumindest wird der Betroffene in der Regel keine schützenswerten Interessen an der Speicherung unrichtiger Daten, mögen diese auch für ihn ggf. „positiver" sein, geltend machen können. Anders ist die Sachlage, wenn der Betroffene die gespeicherten Daten z. B. zum Beweis für von ihm geltend gemachte Ansprüche benötigt. Werden Teildaten gelöscht, die den verbleibenden Datenrest wegen des eingetretenen **Kontextverlustes** unrichtig machen, greift nicht die Sperrungsregelung, sondern das Korrekturrecht nach Absatz 1, d. h. die Löschung ist rückgängig zu machen. Das Gesetz begnügt sich auf Grund der Formulierung „Grund zur Annahme" auch hier mit einer von der verantwortlichen Stelle vor der Löschung vorzunehmenden pauschalen Prüfung eventueller entgegenstehender Interessen des Betroffenen.

17 6.3 Die Regelung der **Nummer 3** bringt der verantwortlichen Stelle schließlich eine Arbeitserleichterung, indem an die Stelle der an sich vorgeschriebenen Löschung die Sperrung der Daten tritt, wenn die Löschung wegen der technischen Gegebenheiten nicht oder nur unter **unverhältnismäßig hohem Aufwand** (dies bejahen Bergmann/Möhrle/Herb, BDSG § 35 Rn. 125 unzutreffend auch bei Speicherungen in Textverarbeitungssystemen) möglich ist. Die Unmöglichkeit der Löschung einzelner Daten ist u. a. in einem CD-ROM-Speicher gegeben, der nur gelesen werden kann. Hier kann die Sperrung eines einzelnen Datums nur durch entsprechenden manuellen Vermerk erfolgen. Nicht ausgeschlossen ist der Löschungsanspruch bei Strukturierung von Adressen von Adressenhändlern gespeicherten **Marktsegmentierungsdaten,** deren Personenbezug (zum Personenbezug dieser Daten vgl. § 3 Rn. 3) erst durch Abgleich der z. B. auf Straßenabschnittsebene erstellten Haushaltsbeschreibungen mit der Anschrift des Betroffenen hergestellt wird. Die verantwortliche Stelle ist insoweit nicht verpflichtet, die Marktsegmentierungsdaten zu löschen, weil sie in Bezug auf einen konkret Betroffenen unrichtig sind. Die Lösung liegt vielmehr darin, dass die Zuordnung der Strukturdaten zu der betreffenden Person aufgehoben wird und zwar ggf. dadurch, dass der Name des Anspruchsberechtigten im **Adressdatenbestand** gelöscht wird (vgl. Mattke, Adressenhandel, S. 204 f.).

18 6.4 In **Absatz 4** ist die Sperrung für den sog. **„non-liquet"-Fall** vorgeschrieben. Wie bereits zu den gleichgelagerten Korrekturrechten bzw. -verpflichtungen der öffentlichen Stellen (§ 20 Rn. 19 f.) aufgezeigt, kann die Richtigkeit gespeicherter Daten vom Betroffenen und der verantwortlichen Stelle unterschiedlich beurteilt werden. Verlangt der Betroffene die Berichtigung oder Löschung der Daten, so stellt sich die Frage nach der Verteilung der **Beweislast,** die – jedenfalls regelmäßig – bei dem Betroffenen liegt. Andererseits kann von dem Betroffenen nicht verlangt werden, die Unrichtigkeit falscher Daten durch die Angabe der richtigen Daten nachweisen zu müssen, da ansonsten die verantwortliche Stelle durch die bewusste Speicherung falscher Daten die Offenbarung der richtigen Daten erreichen könnte (zu den Anforderungen an die „Konkretisierung" des Bestreitens vgl. auch Bergmann/Möhrle/Herb, BDSG § 35 Rn. 130 ff.). Ferner ist hinsichtlich der dem Betroffenen regelmäßig obliegenden Beweislast zu berücksichtigen, dass es Daten gibt, deren Richtigkeit einem Beweisverfahren nicht zugänglich ist. Die Regelung des Absatzes 4 ermöglicht es dem Betroffenen – sofern er Anhaltspunkte für die

Berichtigung, Löschung und Sperrung von Daten **§ 35**

Unrichtigkeit aufzeigt –, personenbezogene Daten, die möglicherweise sogar richtig, ihm aber nachteilig sind, zunächst dadurch einer weiteren Nutzung durch die verantwortliche Stelle zu entziehen, dass er – ohne den Beweis für seine Behauptung antreten zu müssen – deren Richtigkeit bestreitet. Misslingt der verantwortlichen Stelle der jetzt ihr obliegende Gegenbeweis – tritt also der sog. **"non-liquet-Fall"** ein –, so sind die Daten zu sperren.

6.5 Die Verpflichtung zur Sperrung kann nicht dadurch umgangen werden, dass Daten nur "vermutlich" einer bestimmten Person zugeordnet werden, d. h. die Zweifel an der Richtigkeit bezüglich des Betroffenen ebenfalls gespeichert sind (vgl. OLG Hamburg, NJW 1987, 659). Somit sind auch statistische Daten, die z. B. im Rahmen der **Marktsegmentierung** bestimmte Adressinhaber mit einer bestimmten Wahrscheinlichkeit einer bestimmten Käuferschicht zuordnen, bei hinreichend begründetem Bestreiten zu sperren, wobei die Sperrung (vgl. zur Löschung Rn. 17) hinsichtlich der Nutzung der Adresse zu vermerken ist. Erfolgt die Speicherung zu Zwecken der **Werbung,** ist zudem der Sperrungsanspruch nach §§ 28 Abs. 3 Satz 2, 29 Abs. 3 zu beachten. 19

7. Folgen der Sperrung

7.1 In den **Absätzen 4a** und **8** wird festgelegt, welche Folgen für die verantwortliche Stelle mit der Sperrung der Daten verbunden sind. Die Regelung ist identisch mit den sich für eine öffentliche Stelle mit der Sperrung ergebenden Verarbeitungs- und Nutzungsverboten in § 20 Abs. 7; insoweit hätte es sich angeboten, diese Folgen für alle Adressaten des Gesetzes verbindlich im ersten Abschnitt des Gesetzes bei der Definition des Begriffs der Sperrung in § 3 Abs. 5 Nr. 4 zu regeln (vgl. im Einzelnen daher auch bei § 20 Rn. 25 ff.). 20

7.2 Die Übermittlung oder Nutzung gesperrter Daten ist – abgesehen von den Ausnahmen des Absatzes 8 nur zulässig, wenn der Betroffene seine **Einwilligung** erteilt hat. Nach **Absatz 4a** gilt dieses Übermittlungsverbot auch hinsichtlich der bloßen Mitteilung der Tatsache der Sperrung bestimmter Daten. Allein durch die Kenntnis, dass bestimmte Daten gesperrt wurden, könnten negative Rückschlüsse auf den Betroffenen gezogen werden. 20a

7.3 Ohne Einwilligung des Betroffenen können folgende drei Zweckbestimmungen die "Entsperrung" rechtfertigen: 21
– wissenschaftliche Zwecke,
– die Behebung einer bestehenden Beweisnot,
– sich aus einem überwiegende Interesse der verantwortlichen Stelle oder eines Dritten ergebende Gründe (vgl. hierzu im Einzelnen bei § 20 Rn. 32).
Voraussetzung ist jedoch ferner bei allen drei Zulässigkeitsalternativen, dass die beabsichtigte Übermittlung oder Nutzung für die fragliche Zweckerfüllung unerlässlich ist und die Daten ohne Sperrung hierfür übermittelt oder genutzt werden dürften. Unerlässlich bedeutet dabei mehr als das ansonsten für eine Verarbeitung erforderliche Kriterium der "Erforderlichkeit" (vgl. § 28 Abs. 1 Nr. 2 und 4). Die Übermittlung oder Nutzung ist nur dann unerlässlich, wenn der Zweck ohne eine "Entsperrung" der Daten überhaupt nicht erreicht werden kann. Zum anderen ist die Entsperrung nur zulässig, wenn, wie Nummer 2 zusätzlich fordert, die Daten für einen der drei genannten Zwecke auch dann verwendet werden dürften, wenn sie nicht gesperrt worden wären. Es würde dem Schutzziel der Sperrung der Daten zuwiderlaufen, wenn eine bestehende Übermittlungs- oder Nutzungsverbote durch ein Sperren der Daten aufgehoben würden. Dies bedeutet, dass neben den Kriterien für die Zulässigkeit der Entsperrung der Daten nach § 35 Abs. 8 zu prüfen ist, ob die Übermittlung oder Nutzung nach § 28 zulässig ist bzw. war.

8. Benachrichtigungspflicht gegenüber Empfängern von Daten

22 8.1 Nach **Absatz 7** sind die verantwortlichen Stellen ggf. verpflichtet, Dritte von unrichtigen bzw. bestrittenen und nunmehr berichtigten, oder gesperrten Daten sowie von nach der Übermittlung wegen Unzulässigkeit der Speicherung gelöschten oder gesperrten Daten über die erfolgte Korrekturmaßnahme zu verständigen. Diese **Informationspflicht** besteht nur **gegenüber Dritten,** da Absatz 7 fordert, dass die Daten im Rahmen einer Übermittlung weitergegeben wurden. Hinzutreten muss jedoch, dass die Daten zum Zwecke der − automatisierten oder datei- oder aktenmäßigen (vgl. § 27 Abs. 2) − Speicherung weitergegeben wurden. Wird nur eine Auskunft erteilt, greift die Benachrichtigungspflicht nicht. Die Benachrichtigung soll dem Empfänger der unrichtigen oder unzulässigen Daten die Möglichkeit der Korrektur zwecks Wahrung der Betroffenenrechte geben.

23 8.2 Keine Informationspflicht gegenüber dem Dritten besteht, wenn die Benachrichtigung einen **unverhältnismäßigen Aufwand** erfordert und schutzwürdige Interessen des Betroffenen nicht entgegenstehen. Die Benachrichtigungspflicht entfällt daher, wenn der Zweck, zu dem die Daten übermittelt wurden, für die übermittelnde Stelle erkennbar entfallen ist und die Daten bei dem Empfänger nach aller Wahrscheinlichkeit nicht mehr gespeichert werden. In einem derartigen Fall kann nämlich davon ausgegangen werden, dass die Interessen des Betroffenen die Benachrichtigung nicht erforderlich machen, bzw. kann die Benachrichtigung über einen bereits erledigten Fall sogar den Interessen des Betroffenen eklatant zuwider laufen. Bei Übermittlungen im Rahmen eines automatisierten Abrufverfahrens wird es genügen, die Korrektur in dem aktuellen Datenbestand vorzunehmen.

24 8.3 Neben der vom BDSG nur in dem sehr eingeschränkten Rahmen des Absatzes 7 vorgehenden Benachrichtigungspflicht kann dem Betroffenen aber auch nach allgemeinen Rechtsgrundsätzen ein Anspruch gegenüber der übermittelnden Stelle auf **Widerruf** der weitergegebenen Information gegenüber dem Empfänger zustehen. Der Betroffene kann (vgl. hierzu auch § 6 Rn. 2) ggf. **Unterlassung** und/oder Beseitigung eines Eingriffs in sein Persönlichkeitsrecht nach §§ 1004, 12 BGB von der speichernden Stelle verlangen, sofern die Störung fortdauert. So hat das OLG Hamm (RDV 1990, 36) dem Betroffenen einen Anspruch auf Widerruf einer Datenübermittlung durch eine Bank an die **SCHUFA** eingeräumt, wenn sich die Meldung tatsächlich oder aus Rechtsgründen als unrichtig erweist oder wenn sie unzulässig war. Auch der BGH (NJW 1984, 436; ZIP 1983, 552) hat einen solchen Anspruch grundsätzlich bejaht. Dieses sich im konkreten Einzelfall aus allgemeinem Recht ergebende Widerrufsrecht wird durch Absatz 7 nicht verdrängt bzw. ausgeschlossen.

9. Sonstige zivilrechtliche Korrekturansprüche

25 9.1 Hinsichtlich im Geltungsbereich des BDSG gespeicherter Daten sind die auf Löschung bzw. Sperrung gerichteten Korrekturansprüche, die sich aus der Verletzung des Persönlichkeitsrechts begründen, durch § 35 abschließend geregelt (BGH, NJW 1986, 2205; 1984, 1886), sodass § 823 Abs. 1 und Abs. 2 BGB als mögliche weitere Anspruchsgrundlagen ausscheiden (vgl. bei Bergmann/Möhrle/Herb, BDSG § 35 Rn. 96 ff.; Kamlah in: Plath, BDSG § 35 Rn. 57; vgl. aber auch die insoweit grundsätzlich bejahten Abwehransprüche bei rechtswidrigen Eintragungen in Internetportalen, s. Rn. 2a).

26 9.2 Weiterhin Wirkung entfalten kann jedoch bei infolge unzulässiger Datenspeicherung eintretender Kreditgefährdung § 824 BGB (OLG Frankfurt a.M., RDV 1988, 148). Des Weiteren besteht gegen künftige rechtswidrige Datenspeicherungen

Berichtigung, Löschung und Sperrung von Daten **§ 35**

ein vorbeugender **Unterlassungsanspruch** aus § 1004 BGB analog (BGH, NJW 1984, 436, 1886; vgl. ferner vorstehend Rn. 2b, § 6 Rn. 2). Ferner kann ein Unterlassungs- und Beseitigungsanspruch aus § 1 UWG bestehen, falls die Erhebung, Verarbeitung oder Nutzung der Daten eine unlautere Handlung im Wettbewerb darstellt (zur verbraucherschützenden Funktion von BDSG-Normen vgl. § 1 Rn. 4).

10. Das Widerspruchsrecht des Betroffenen

10.1 Nach Art. 14 Buchst. a EG-DatSchRL ist den Betroffenen zumindest (vgl. **27** Simitis, NJW 1997, 281 (286)) dann, wenn die Verarbeitung ihrer Daten auf Grund vorrangiger öffentlicher oder privater Interessen gestattet wird (Art. 7 Buchst. e und f) das Recht einzuräumen, „jederzeit aus überwiegenden, schutzwürdigen, sich aus der besonderen Situation ergebenden Gründen **Widerspruch** einlegen zu können." Im Falle eines berechtigten Widerspruchs muss die weitere Verarbeitung der Daten unterbleiben. Den Einzelstaaten ist es jedoch freigestellt, in bestimmten Fällen das Widerspruchsrecht auch auszuschließen oder aber auch die Bandbreite des Widerspruchsrechts zu erweitern (Ehmann/Helfrich, EG-Datenschutzrichtlinie Art. 14 Rn. 8).

10.2 Der Bundesgesetzgeber hat die Vorgabe in **Absatz 5** umgesetzt. (vgl. zum **28** Widerspruchsrecht im Einzelnen auch § 4a Rn. 17 ff.). Der Betroffene muss sich aus seiner **persönlichen Situation** ergebende Gründe vortragen, die den die Erhebung, Verarbeitung oder Nutzung im Regelfall gestattenden Interessen der verantwortlichen Stelle vorrangig sind. Die verantwortliche Stelle wird für die Prüfung des Begehrens des Betroffenen ggf. Nachweise verlangen können. Das Widerspruchsrecht greift auch, wenn z. B. die Speicherung im Rahmen eines Vertragsverhältnisses erfolgt und die Informationsinteressen der verantwortlichen Stelle im konkreten Fall anders zu bewerten sind als im „Normalfall".

10.3 Das „allgemeine" Widerspruchsrecht ist nach **Absatz 5 Satz 2** ausgeschlos- **29** sen, „wenn eine Rechtsvorschrift zur Erhebung, Verarbeitung oder Nutzung verpflichtet". Derartige Normen, die private Stellen **zu einer Datenverarbeitung verpflichten**, sind zunächst und regelmäßig solche, die Privatunternehmen konkret vorschreiben, personenbezogene Daten an staatliche Stellen zu übermitteln oder zumindest für diese bereitzuhalten. Dabei kann nicht Voraussetzung sein, dass sich die Verpflichtung auf die Speicherung in oder die Übermittlung aus Dateien bezieht. Es handelt sich insofern also um Normen, die – sofern es sich um Bundesrecht handelt – nach § 1 Abs. 3 oder ansonsten nach § 4 Abs. 1 als vorrangige Erlaubnisvorschriften das Verbot mit Erlaubnisvorbehalt im Rahmen der insoweit bestehenden doppelten Subsidiarität des BDSG durchbrechen. Demgemäß muss die Rechtsvorschrift eine **eindeutige Verarbeitungsverpflichtung** regelmäßig unter Nennung zumindest der Art der Daten und des Zwecks der Verarbeitung begründen.

10.4 Erforderlich ist, dass die Verpflichtung zur Verarbeitung unmittelbar in der **30** Norm geregelt ist und die Notwendigkeit der Verarbeitung sich nicht etwa nur als Folge der Verpflichtung zur Umsetzung der Norm ergibt. Ist Letzteres der Fall, kann die Norm nur in Ausfüllung der Erlaubnistatbestände des § 28 und der dort verlangten „Erforderlichkeit" Bedeutung erhalten. Diese **Erlaubnistatbestände** sind jedoch keine Normen mit Verpflichtungen zur Datenerhebung, -verarbeitung oder -nutzung, selbst wenn sich das „Erfordernis" aus einer Verpflichtung ergibt. Die Norm muss zudem eine Verpflichtung zur jeweiligen Erhebung, Verarbeitung oder Nutzung enthalten. Normen, die nur eine diesbezügliche Berechtigung begründen – mag diese auch zur Erfüllung einer Verpflichtung eingeräumt worden sein –, schließen das Widerspruchsrecht nicht aus; und dies auch dann nicht, wenn es in der jeweiligen Norm nicht erwähnt wird. Soll das Widerspruchsrecht in bereichsspezifisch geregelten Erlaubnistatbeständen ausgeschlossen werden, bedarf es einer im Rahmen des Art. 14 EG-DatSchRL zulässigen konkreten Regelung. Ansonsten wird die zum Widerspruchsrecht schweigende Norm durch das insoweit mangels Deckungsgleichheit nicht verdrängte BDSG ergänzt.

31   **10.5** Allein vom Willen des Betroffenen hängt jedoch die Beachtung des gegenüber unerwünschter Werbung bestehenden speziellen Widerspruchsrechts nach § 28 Abs. 4 Satz 1 ab. Ob mit dem Widerspruch eine Löschung begehrt wird, bedarf der Interpretation (vgl. § 28 Rn. 60 ff.; Kamlah in: Plath, BDSG § 35 Rn. 3).

Dritter Unterabschnitt. Aufsichtsbehörde

§§ 36, 37 *(weggefallen)*

§ 38 Aufsichtsbehörde

(1) ¹Die Aufsichtsbehörde kontrolliert die Ausführung dieses Gesetzes sowie anderer Vorschriften über den Datenschutz, soweit diese die automatisierte Verarbeitung personenbezogener Daten oder die Verarbeitung oder Nutzung personenbezogener Daten in oder aus nicht automatisierten Dateien regeln einschließlich des Rechts der Mitgliedstaaten in den Fällen des § 1 Abs. 5. ²Sie berät und unterstützt die Beauftragten für den Datenschutz und die verantwortlichen Stellen mit Rücksicht auf deren typische Bedürfnisse. ³Die Aufsichtsbehörde darf die von ihr gespeicherten Daten nur für Zwecke der Aufsicht verarbeiten und nutzen; § 14 Abs. 2 Nr. 1 bis 3, 6 und 7 gilt entsprechend. ⁴Insbesondere darf die Aufsichtsbehörde zum Zweck der Aufsicht Daten an andere Aufsichtsbehörden übermitteln. ⁵Sie leistet den Aufsichtsbehörden anderer Mitgliedstaaten der Europäischen Union auf Ersuchen ergänzende Hilfe (Amtshilfe). ⁶Stellt die Aufsichtsbehörde einen Verstoß gegen dieses Gesetz oder andere Vorschriften über den Datenschutz fest, so ist sie befugt, die Betroffenen hierüber zu unterrichten, den Verstoß bei den für die Verfolgung oder Ahndung zuständigen Stellen anzuzeigen sowie bei schwerwiegenden Verstößen die Gewerbeaufsichtsbehörde zur Durchführung gewerberechtlicher Maßnahmen zu unterrichten. ⁷Sie veröffentlicht regelmäßig, spätestens alle zwei Jahre, einen Tätigkeitsbericht. ⁸§ 21 Satz 1 und § 23 Abs. 5 Satz 4 bis 7 gelten entsprechend.

(2) ¹Die Aufsichtsbehörde führt ein Register der nach § 4d meldepflichtigen automatisierten Verarbeitungen mit den Angaben nach § 4e Satz 1. ²Das Register kann von jedem eingesehen werden. ³Das Einsichtsrecht erstreckt sich nicht auf die Angaben nach § 4e Satz 1 Nr. 9 sowie auf die Angabe der zugriffsberechtigten Personen.

(3) ¹Die der Kontrolle unterliegenden Stellen sowie die mit deren Leitung beauftragten Personen haben der Aufsichtsbehörde auf Verlangen die für die Erfüllung ihrer Aufgaben erforderlichen Auskünfte unverzüglich zu erteilen. ²Der Auskunftspflichtige kann die Auskunft auf solche Fragen verweigern, deren Beantwortung ihn selbst oder einen der in § 383 Abs. 1 Nr. 1 bis 3 der Zivilprozessordnung bezeichneten Angehörigen der Gefahr strafgerichtlicher Verfolgung oder eines Verfahrens nach dem Gesetz über Ordnungswidrigkeiten aussetzen würde. ³Der Auskunftspflichtige ist darauf hinzuweisen.

(4) ¹Die von der Aufsichtsbehörde mit der Kontrolle beauftragten Personen sind befugt, soweit es zur Erfüllung der der Aufsichtsbehörde übertragenen Aufgaben erforderlich ist, während der Betriebs- und Geschäftszeiten Grundstücke und Geschäftsräume der Stelle zu betreten und dort Prüfungen und Besichtigungen vorzunehmen. ²Sie können geschäftliche Unterlagen, insbesondere die Übersicht nach § 4g Abs. 2 Satz 1 sowie die gespeicherten personenbezogenen Daten und die Datenverarbeitungsprogramme, einsehen. ³§ 24 Abs. 6 gilt entsprechend. ⁴Der Auskunftspflichtige hat diese Maßnahmen zu dulden.

(5) ¹Zur Gewährleistung der Einhaltung dieses Gesetzes und anderer Vorschriften über den Datenschutz kann die Aufsichtsbehörde Maßnahmen

§ 38

zur Beseitigung festgestellter Verstöße bei der Erhebung, Verarbeitung oder Nutzung personenbezogener Daten oder technischer oder organisatorischer Mängel anordnen. ²Bei schwerwiegenden Verstößen oder Mängeln, insbesondere solchen, die mit einer besonderen Gefährdung des Persönlichkeitsrechts verbunden sind, kann sie die Erhebung, Verarbeitung oder Nutzung oder den Einsatz einzelner Verfahren untersagen, wenn die Verstöße oder Mängel entgegen der Anordnung nach Satz 1 und trotz der Verhängung eines Zwangsgeldes nicht in angemessener Zeit beseitigt werden. ³Sie kann die Abberufung des Beauftragten für den Datenschutz verlangen, wenn er die zur Erfüllung seiner Aufgaben erforderliche Fachkunde und Zuverlässigkeit nicht besitzt.

(6) Die Landesregierungen oder die von ihnen ermächtigten Stellen bestimmen die für die Kontrolle der Durchführung des Datenschutzes im Anwendungsbereich dieses Abschnittes zuständigen Aufsichtsbehörden.

(7) Die Anwendung der Gewerbeordnung auf die den Vorschriften dieses Abschnittes unterliegenden Gewerbebetriebe bleibt unberührt.

Literatur: *Arlt/Piendl*, Zukünftige Organisation der Datenschutzkontrolle in Deutschland, DuD 1998, 713; *Auernhammer*, Die Aufsichtsbehörde nach § 38 BDSG, DuD 1992, 621; *Garstka*, Datenschutzkontrolle: Das Berliner Modell, DuD 2000, 289; *Giesen*, Unabhängigkeit und Rechtskontrolle der Kontrollstellen nach Art. 28 der EG-Datenschutzrichtlinie, DuD 1997, 529; *Gola/Klug*, Neuregelungen zur Bestellung betrieblicher Datenschutzbeauftragter, NJW 2007, 118; *Gola/Schomerus*, Die Organisation der staatlichen Datenschutzkontrolle der Privatwirtschaft, ZRP 2000, 183; *Greib*, Kontrolle, Beratung, Multiplikatoreffekt, DuD 1992, 620; *Hellermann/Wieland*, Die Unabhängigkeit der Datenschutzkontrolle im nicht-öffentlichen Bereich, DuD 2000, 429; *Herb*, Eingriffsmöglichkeiten der Aufsichtsbehörden nach neuen BDSG, CR 1992, 110; *ders.*, Die Struktur der Datenschutzkontrollen in der Bundesrepublik, ZUM 2004, 530; *Kongehl*, Datenschutzkontrolle in der Arztpraxis, DuD 1997, 520; *Laubinger*, Die gewerberechtliche Unzuverlässigkeit und ihre Folgen, VerwArch Bd. 89 (1998), 145; *Leowsky*, Befugnisse der Aufsichtsbehörde gegenüber Rechtsanwälten, DuD 2011, 412; *Lepper/Wilde*, Unabhängigkeit der Datenschutzkontrolle, CR 1997, 703; *v. Lewinski*, Formelles und informelles Handeln der datenschutzrechtlichen Aufsichtsbehörden, RDV 2001, 205; *ders.*, Tätigkeitsberichte im Datenschutz, RDV 2004, 163; *Moos*, Datenschutzkontrolle bei Tele- und Mediendiensten, DuD 1998, 162; *Redeker*, Datenschutz auch bei Anwälten – aber gegenüber Datenschutzkontrollinstanzen gilt das Berufsgeheimnis, NJW 2009, 554; *Rüpke*, Freie Advokatur, anwaltliches Berufsgeheimnis und datenschutzrechtliche Kontrollbefugnisse, RDV 2003, 72; *Seiffert*, Datenschutzprüfung durch die Aufsichtsbehörden, 2009; *Walz*, Die erweiterten Eingriffsmöglichkeiten der Aufsichtsbehörden nach dem neuen BDSG – Abschied vom zweistufigen Kontrollmodell?, RDV 1994, 173; *Wedler*, Datenschutzaufsicht im Lande Bremen, CR 1992, 35; *ders.*, Quo vadis Datenschutzaufsicht?, RDV 1999, 251; *ders.*, Überwachung des Datenschutzes durch Aufsichtsbehörden – Erfahrungen aus der Prüfpraxis in Bremen, RDV 1992, 221; *Weichert*, Widerspruchsrecht gegen Datenschutzkontrollen, CR 1994, 174; *ders.*, Regulierte Selbstregulierung – Plädoyer für eine etwas andere Datenschutzaufsicht, RDV 2005, 1; *ders.*, Datenschutz auch bei Anwälten", NJW 2009, 550; *Wilde/Nawa*, Mitwirkung des TÜV bei der Datenschutzaufsicht über Private?, DuD 1997, 516; *Wind*, Die Kontrolle des Datenschutzes im nicht-öffentlichen Bereich, 1994.

Übersicht

	Rn.
1. Allgemeines	1
2. Kontrolle von Amts wegen im Geltungsbereich des BDSG	3
3. Beratung und Unterstützung der verantwortlichen Stelle und des DSB	7
4. Die Datenverarbeitungen und Informationsbefugnisse der Behörde	9

Aufsichtsbehörde **§ 38**

	Rn.
5. Die Durchführung der Kontrolle	14
6. Das öffentliche Register	18
7. Die Auskunftspflichten der Daten verarbeitenden Stelle	19
8. Zutritts- und Einsichtsrechte der Aufsichtsbehörde	22
9. Das Widerspruchsrecht des Betroffenen	24
10. Die Anordnungs- und Untersagungsrechte	25
11. Die Abberufung des betrieblichen Datenschutzbeauftragten	27
12. Die Aufsichtsbehörden als Landesverwaltung/Organisation und Zuständigkeiten	29
13. Die Anwendung der Gewerbeordnung	35

1. Allgemeines

1.1 § 38 regelt die Einrichtung und die Kompetenz der die Privatwirtschaft als **externe Kontrollinstanz** überwachenden Aufsichtsbehörden (Auernhammer, DuD 1992, 621; Greib, DuD 1992, 620; Herb, CR 1992, 110; Walz, RDV 1994, 173; Wedler, RDV 1992, 221). 1

1.2 Durch die BDSG-Fassung 2001 wurde der die Aufgabe der Behörde bislang beschreibende Begriff der „Überwachung" durch den vielleicht zutreffenderen Begriff der „Kontrolle" ersetzt. Diese Kontrolle ist seitdem nicht mehr anlassbezogen. Ferner wurde die Kompetenz der Behörde dahingehend präzisiert oder erweitert, dass sie mangels eigener Zuständigkeit zumindest dadurch für die Beseitigung von Datenschutzverstößen sorgen kann, dass sie die Betroffenen oder andere zuständige staatliche Stellen informiert. Schließlich wurde eine einheitliche Pflicht zur regelmäßigen Herausgabe von Tätigkeitsberichten festgeschrieben. Die Gesetzesänderung vom 22.8.2006 hat Absatz 1 durch den neuen Satz 2 ausdrücklich um die Pflicht zur Beratung und Unterstützung des Datenschutzbeauftragten und der verantwortlichen Stelle ergänzt (vgl. nachstehend Rn. 7a). In der Sache hat sich auf Grund der bereits bestehenden Beratungspflicht (BT-Drs. 16/1979 Nr. 6) nichts geändert, außer dass die Behörde auch in „typischen" Problemfeldern „präventiv und konstruktiv" tätig zu werden als Aufgaben im Gesetz zugewiesen bekommt (Bergmann/Möhrle/Herb, BDSG § 38 Rn. 6a). Durch das Gesetz zur Änderung datenschutzrechtlicher Vorschriften vom 3.7.2009 wurden die Befugnisse der Aufsichtsbehörden in Absatz 5 zum Erlass von Anordnungen und Untersagungsverfügungen erweitert. Die Aufsichtsbehörden haben nunmehr die Möglichkeit, auch gegen materielle Rechtsverstöße im Wege des Verwaltungsverfahrens vorzugehen. 2

2. Kontrolle von Amts wegen im Geltungsbereich des BDSG

2.1 Das Gesetz enthält hinsichtlich des Umfangs der Kompetenzen der Aufsichtsbehörde in Umsetzung von Art. 28 EG-DatSchRL in **Absatz 1 Satz 1** nicht mehr unterschiedliche Regelungen für die Stellen, die personenbezogene Daten für eigene Zwecke verarbeiten und für solche, die geschäftsmäßig für Dritte tätig sind. Die Kontrolle erstreckt sich auf die Überprüfung der Einhaltung der Vorschriften des BDSG und anderer Datenschutzvorschriften. Die Kontrolle der letztgenannten bereichsspezifischen Vorschriften ist ausdrücklich auf solche über die **automatisierte bzw. dateigebundene Verarbeitung** beschränkt. Es genügt, wenn die von der datenspeichernden Stelle zu beachtende Vorschrift sich auf automatisierte Verarbeitungen oder auf manuelle dateimäßige Verarbeitungen bezieht, wie es z. B. bei den Regelungen des Arbeitnehmerdatenschutzes auf Grund des **materiellen Personalaktenbegriffs** der Fall ist (vgl. Gola/Wronka, Handbuch, Rn. 105 ff.). Zu den 3

575

§ 38 Aufsichtsbehörde

bereichsspezifischen Vorschriften zählen auch die Verhaltensregelungen nach § 38a. Der Begriff der automatisierten Verarbeitung nach § 3 Abs. 2 umfasst auch die Erhebung von Daten. Für die Vorschriften des BDSG ergibt sich der Anwendungsbereich der Kontrolle aus § 27. Danach ist die Speicherung von aus Dateien stammenden Unterlagen in Akten unter der Voraussetzung des § 27 Abs. 2 der Kontrolle unterworfen (vgl. hierzu OLG Celle, NJW 1995, 3265 = RDV 1995, 244; Bergmann/Möhrle/Herb, BDSG § 38 Rn. 15). Gleiches gilt für Auskunfteien (vgl. § 34 Abs. 3) hinsichtlich der sich auch auf **Akten** erstreckenden Auskunftspflicht (zu den Datenschutzpflichten der Auskunfteien insgesamt Müller/Wächter, DuD 1991, 619). Des Weiteren unterliegen Unternehmen, die geschäftsmäßig Telekommunikationsdienste erbringen – insoweit (vgl. für das Arbeitsverhältnis bei Gola/Wronka, Handbuch, Rn. 733 ff., 1564) – nach § 115 Abs. 4 TKG der Kontrolle des BfDI (vgl. bei Moos, DuD 1998, 162). Für Landesbehörden tätige private Auftragnehmer sind nach dem Landesrecht häufig verpflichtet, sich insoweit der Aufsicht des Landesdatenschutzbeauftragten zu unterwerfen (vgl. z. B. § 4 Abs. 3 Satz 1 HDSG; im Einzelnen Bergmann/Möhrle/Herb, BDSG § 38 Rn. 16). Nach § 915e ZPO gilt gegenüber von Empfängern von Daten aus dem Schuldnerverzeichnis § 38 generell, d. h. auch wenn die Daten in Akten gespeichert sind.

4   **2.2** Die Kontrolle erstreckt sich auch auf die Datenverarbeitung durch **Berufs- und Amtsgeheimnisträger**. Nach Absatz 4 Satz 3 i. V. m. § 24 Abs. 6 und Abs. 2 gelten die Kontrollbefugnisse der Aufsichtsbehörde ausdrücklich für personenbezogene Daten, die einem Berufs- oder Amtsgeheimnis unterliegen. Umstritten ist, inwieweit das anwaltliche Berufsrecht im Bereich der Mandantenverarbeitung der Auskunftspflicht nach Absatz 3 entgegensteht. Das Kammergericht Berlin verneint auf Grund der anwaltlichen Verschwiegenheitspflicht eine Auskunftspflicht von Rechtsanwälten gegenüber der Datenschutzaufsichtsbehörde (KG, NJW 2011, 324 = MMR 2010, 864 = DuD 2011, 366; ebenso Redeker, NJW 2009, 554; Rüpke, RDV 2003, 72 ff.; Zuck in: Abel (Hrsg.), Datenschutz in Anwaltschaft, Notariat und Justiz, 2003, § 2 Rn. 55). Die Entscheidung ist aus zutreffenden Gründen kritisiert worden (vgl. Petri in: Simitis, BDSG § 38 Rn. 23 ff.; Leowsky, DuD 2011, 412 ff.; im Ergebnis ebenso Weichert, NJW 2009, 550 ff.).

5   **2.3** Schließlich macht Satz 1 des Absatzes 1 durch die Inbezugnahme von § 1 Abs. 5 deutlich, dass die Aufsichtsbehörde auch in Fällen, in denen nach § 1 Abs. 5 **das Recht anderer Mitgliedstaaten** zur Anwendung kommt, zuständig ist. Die Kenntnis des **ausländischen Rechts** ist daneben relevant bei der Prüfung eines angemessenen Datenschutzniveaus in einem Nicht-Mitgliedstaat (§ 4b Abs. 2 Satz 2, Abs. 3).

6   **2.4** Zu beachten ist, dass zur Ausführung des BDSG auch die Rechtmäßigkeit der **Datenerhebung** und der **Datennutzung** zu zählen ist. Ein Verstoß gegen die Anforderungen zur Datenerhebung nach § 4 Abs. 2 und 3 kann also bei der Aufsichtsbehörde auch dann beanstandet werden, wenn der Versuch, wider Treu und Glauben die Offenbarung von Daten zu erschleichen oder zu erzwingen, misslungen ist und eine nachfolgende, wegen der Rechtswidrigkeit der Erhebung auch rechtswidrige Speicherung nicht stattgefunden hat (zur Erhebung unter Verstoß gegen das UWG vgl. Busse, RDV 2005, 260). Für die betriebliche Praxis mag es insofern bedeutsam sein, dass auch der Betriebsrat in diesem Zusammenhang Verstöße gegen Mitbestimmungsrechte bei der Erhebung von Personaldaten, die die Erhebung rechtswidrig machen (vgl. BAG, NJW 1987, 2459 = RDV 1987, 129), zum Anlass für eine Einschaltung der Aufsichtsbehörde nehmen kann.

3. Beratung und Unterstützung der verantwortlichen Stelle und des DSB

7   **3.1** Die Aufsichtsbehörde hat den **betrieblichen Datenschutzbeauftragten** zu unterstützen, wenn er gem. § 4g Abs. 1 Satz 2 oder § 4d Abs. 6 Satz 3 um ihren Rat

Aufsichtsbehörde **§ 38**

nachsucht. Sie kann ihn – je nach dem vorgetragenen Sachverhalt – bei der Erfüllung seiner Aufgaben beraten oder auch im Falle eines Konflikts zwischen ihm und seiner Unternehmensleitung vermittelnd tätig werden. Sie wird hierbei auf eine gewisse Einheitlichkeit des Datenschutzes in den Unternehmen hinwirken. Die Unterstützung muss aber nicht immer darin bestehen, dass die Behörde die Partei des Beauftragten ergreift; die Unterstützung dient nicht seiner Person, sondern der Beratung bei der sachgerechten Umsetzung der Datenschutzanforderungen in der betrieblichen Praxis.

3.2 In **Absatz 1 Satz 2** wird diese **Beratungspflicht** ausdrücklich deutlich 7a gemacht. Die Pflicht zur Beratung und Unterstützung gilt auch gegenüber der **verantwortlichen Stelle**. Die bei der Aufsichtsbehörde vorhandene Kenntnis der typischen Geschehensabläufe einer Branche soll dem einzelnen DSB bzw. Unternehmen zu Gute kommen. Dabei geht es aber nicht nur um angeforderte Einzelberatung sondern – wie dies auch schon Praxis ist – um allgemein gehaltene Hinweise (dazu Brink in: Wolff/Brink, DatenschutzR, BDSG § 38 Rn. 32); auch Öffentlichkeitsarbeit kann dazu gehören (Brink, a. a. O., Rn. 34). Für den Betrieb soll damit auch eine **Entlastung** hinsichtlich der dem DSB zu verschaffenden Fachkenntnis (vgl. § 4f Rn. 6) eintreten (vgl. BT-Drs. 16/1407 vom 9.5.2006, S. 10: „Mit ihrem Einblick in sämtliche verantwortliche Stellen einer Branche kann die Aufsichtsbehörde typische Datenschutzprobleme identifizieren und durch Beratung und Unterstützung präventiv und konstruktiv tätig werden. So beugt sie Datenschutzverstößen vor und leistet einen Beitrag zur Entlastung der verantwortlichen Stellen"). Ob von den Aufsichtsbehörden auch die Darstellungen des Berufsbildes des DSB oder des Inhalts seiner Ausbildung als Erfüllung einer Pflichtaufgabe erwartet werden kann, erscheint fraglich (so aber Bergmann/Möhrle/Herb, BDSG § 38 Rn. 38b).

3.3 Andererseits wird, wenn der DSB oder die verantwortliche Stelle um bera- 8 tende Beurteilung eines Sachverhalts nachsucht, noch kein Anlass zum Einschreiten gegeben sein, selbst wenn der geschilderte Sachverhalt als rechtswidrig erkannt wird. An diesem Beispiel verdeutlicht sich das Spannungsverhältnis zwischen der ordnungsrechtlich und repressiv ausgestalteten Kontrollfunktion und der präventiv und kooperativ geprägten Beratungsfunktion der Aufsichtsbehörde (dazu ausführlich Brink in: Wolff/Brink, DatenschutzR, BDSG § 38 Rn. 32). Hier wird die Behörde dem DSB und der verantwortlichen Stelle zunächst selbst Gelegenheit geben müssen, nach Durchführung der Beratung die als unzulässig beurteilten Verfahrensweisen zu ändern.

4. Die Datenverarbeitungen und Informationsbefugnisse der Behörde

4.1 **Absatz 1 Satz 3 bis 6** legt einerseits die zweckgebundene Legitimität der 9 von der Aufsichtsbehörde im Rahmen ihrer Kontrolltätigkeit anfallenden Speicherungen von personenbezogenen Daten fest und regelt zugleich die Befugnis zur Datenübermittlung. Hinsichtlich einer zweckändernden Verarbeitung oder Nutzung wird auf Tatbestände der für öffentliche Stellen des Bundes insoweit generell maßgebenden Norm des § 14 Abs. 2 verwiesen. Zulässig ist in jedem Falle der **Informationsaustausch** mit nationalen Aufsichtsbehörden und ggf. auch solchen der EU-Mitgliedstaaten.

4.2 Stellt die Aufsichtsbehörde einen **Verstoß gegen Datenschutznormen** fest, 10 wobei **Absatz 1 Satz 6** insoweit nicht die Einschränkung des Satzes 1 macht, d. h. dass es sich um Datenschutznormen im BDSG-Geltungs- und damit Kontrollbereich der Behörde handeln muss, so ist die Behörde befugt, den **Betroffenen zu unterrichten.** Zumindest dann, wenn die Kontrolle der Behörde durch eine Beschwerde des Betroffenen ausgelöst wurde, wird die Behörde hierzu nicht nur als befugt,

577

§ 38 Aufsichtsbehörde

sondern auch als verpflichtet anzusehen sein. Gleiches gilt, wenn ansonsten, weil der Verstoß z. B. anderweitig nicht abgestellt werden kann, dem Betroffenen Nachteile entstehen würden. Die Unterrichtung beschränkt sich auf das Ergebnis der Prüfung; Einzelheiten über das geprüfte Verfahren müssen nicht mitgeteilt werden (VG Bremen, RDV 2010, 129).

11 4.3 Ferner ist sie nach **Absatz 1 Satz 6** (die Befugnis ergibt sich gleichzeitig aus der insoweit überflüssigen Verweisung in Abs. 1 Satz 7 auf § 23 Abs. 5 Satz 7) befugt, d. h. es steht in ihrem Ermessen, den Verstoß bei anderen für die Verfolgung oder Ahndung zuständigen Stellen anzuzeigen, wozu auch die Leitung der verantwortlichen Stelle gehört, die u. a. in der Funktion als **Arbeitgeber** zur Ahndung von Datenschutzverstößen von Mitarbeitern „zuständig" ist. Relevant ist insoweit auch das Recht der Aufsichtsbehörde, die **Strafverfolgungsbehörden** einzuschalten, da ihr gem. § 44 Abs. 2 Satz 2 ein **Strafantragsrecht** eingeräumt ist. Von diesem Antragsrecht wird sie im Rahmen pflichtgemäßer Ermessensausübung jedoch regelmäßig dann keinen Gebrauch machen dürfen, wenn der Betroffene selbst eine Strafverfolgung ausdrücklich nicht wünscht.

12 4.4 Die Befugnis zur Einschaltung der Gewerbeaufsicht bei schweren Verstößen korrespondiert mit der Regelung in Absatz 7, wonach die Anwendung der Vorschriften der Gewerbeordnung unberührt bleiben (vgl. hierzu Rn. 35 ff.).

13 4.5 Im Übrigen gelten für die Mitarbeiter der Aufsichtsbehörde durch die Verweisung in Absatz 1 Satz 8 auf § 23 Abs. 5 Satz 4 bis 7 die dort benannten Vorschriften der Abgabenordnung nicht (vgl. hierzu § 23 Rn. 13).

13a 4.6 Eine Pflicht zur Information der Öffentlichkeit ergibt sich aus der in Absatz 1 Satz 7 enthaltenen Verpflichtung zur Erstellung von **Tätigkeitsberichten**, die im Rahmen der Öffentlichkeitsarbeit der Sensibilisierung der verantwortlichen Stellen und der Betroffenen dient (vgl. v. Lewinski, RDV 2004, 163). Darüber hinaus ergibt sich aus der allgemeinen Beratungs- und Informationsaufgabe die Befugnis, Bürger sowie Fachkreise über abstrakte wie auch konkrete Gefährdungen für das Recht auf informationelle Selbstbestimmung zu informieren (OVG Schleswig, B. v. 4.3.2014 – 4 MB 82/13). Dies schließt die namentliche Nennung von Unternehmen, sowohl im Tätigkeitsbericht als auch in der weiteren Öffentlichkeitsarbeit, ein. Rechtsgrundlage für die durch eine unternehmensbezogene öffentliche Kritik verursachten Eingriffe in das Recht am eingerichteten und ausgeübten Gewerbebetrieb sowie die Berufsfreiheit sind nicht die Aufgabenbeschreibungen der Datenschutzbeauftragten in den Datenschutzgesetzen; vielmehr bemisst sich die Zulässigkeit solcher Eingriffe am Maßstab der Rechtsprechung zu Warnungen in Verbindung mit der Wahrnehmung von Schutzpflichten (VG Schleswig, ZD 2014, 102; zur grundsätzlich zulässigen öffentlichen Warnung durch den BfDI, VG Köln, RDV 1999, 126; s. auch v. Lewinski, RDV 2001, 275 (278 ff.); Müller, RDV 2004, 211 ff.; kritisch Härting, CR 2011, 585). Vorausgesetzt ist danach ein hinreichend gewichtiger und konkretisierter Anlass, mindestens im Grad eines begründeten Gefahrenverdachts, ein im Wesentlichen zutreffender bzw. vertretbar und sachgerecht gewürdigter Tatsachenkern sowie die Verhältnismäßigkeit der Äußerung; dies ermächtigt bei zureichendem Anlass auch zu scharfer sachlicher Kritik (VG Schleswig, ZD 2014, 102; Rechtsprechung des BVerfG zu Warnhinweisen: BVerfG, NJW 2002, 2621 ff. – Glykolwein; BVerfG, NJW 2002, 2626 ff.). Die Befugnis zur öffentlichen unternehmensbezogenen Äußerung ist nicht auf die der unmittelbaren Kontrolle unterstehenden Unternehmen beschränkt; hier ist aber die Beurteilung der unmittelbar zuständigen Aufsichtsbehörde zu berücksichtigen. Unterscheiden sich die Beurteilungen, muss eine Äußerung der nicht unmittelbar zuständigen Aufsichtsbehörde als eigene Position gekennzeichnet sein und darf nicht den Eindruck erwecken, absolut zu gelten (OVG Schleswig, B. v. 4.3.2014 – 4 MB 82/13).

5. Die Durchführung der Kontrolle

5.1 Ob, wie und in welchen Betrieben die Behörde Kontrollen durchführt, entscheidet sie nach pflichtgemäßen Ermessen, d. h. sie wird unter Berücksichtigung ihrer personellen Kapazitäten und wohl vorrangig stichprobenartig in besonderen Gefährdungsbereichen tätig werden. Anlass für ein Einschreiten kann auch ein Bericht in der Presse, ein Hinweis eines nicht betroffenen Bürgers, des Betriebsrats oder anderer Behörden sein.

5.2 Liegen ihr konkrete Anhaltspunkte für Datenschutzverstöße vor, dies kann sich insbesondere aus einer **Beschwerde des Betroffenen** selbst ergeben, wird sie in der Regel tätig werden müssen. Das Recht eines jeden und natürlich vorrangig des Betroffenen, die Behörde einzuschalten, stellt **Absatz 1 in Satz 8** durch Verweisung auf die insoweit für die Einschaltung des Bundesbeauftragten maßgebenden Normen nunmehr ausdrücklich fest (§ 21 Abs. 1 Satz 1). Der Betroffene wird dazu konkret darlegen müssen, wodurch er in seinen Rechten verletzt sein könnte; nicht jede Beschwerde **verpflichtet** also zum Einschreiten der Aufsichtsbehörde. Dass die Behörde aber auch unspezifizierten Beschwerden nachgehen kann, steht außer Frage.

5.3 In der Regel wird die Behörde bei der Durchführung einer Kontrolle auf Grund einer Beschwerde wie folgt verfahren (vgl. Aufsichtsbeh. Baden-Württemberg, Hinweis zum BDSG, Nr. 17, Staatsanz. 1982, Nr. 52): „Soweit nicht besondere Umstände andere Verfahrensweisen notwendig machen, wird die Daten verarbeitende Stelle, gegen die sich die Beschwerde richtet, zunächst telefonisch oder schriftlich zu einer regelmäßig schriftlichen Stellungnahme aufgefordert, ggf. auch zur Vorlage einzelner Aktenstücke oder anderer Unterlagen. Nach weiterer Aufklärung und Prüfung, bzw. nach einem Kontrollbesuch, teilt die Aufsichtsbehörde dem Beschwerdeführer und der Daten verarbeitenden Stelle das endgültige Ergebnis ihrer Nachforschungen unter Beachtung etwaiger Geheimhaltungsgebote (z. B. § 30 VwVfG) mit. Der Betroffene kann hiernach selbstständig strafrechtliche oder zivilrechtliche Schritte einleiten."

5.4 Wird die Aufsichtsbehörde auf Grund einer schlüssig begründeten Beschwerde eines Betroffenen nicht tätig, so kann das Tätigwerden im Wege einer **allgemeinen Leistungsklage** erzwungen werden (Wind, Kontrolle, S. 156; VG Darmstadt, MMR 2011, 416; a. A. VGH München, Urt. v. 11.2.2008 – 5 C 08.277, zitiert nach juris; Bergmann/Möhrle/Herb, BDSG § 38 Rn. 126: Untätigkeitsklage gem. § 75 VwGO). Ein Anspruch auf Einschreiten nach Absatz 5 setzt voraus, dass die Gewährleistung der Einhaltung der datenschutzrechtlichen Vorgaben im konkreten Fall zugleich die Individualbelange eines einzelnen Bürgers schützt (VG Darmstadt, MMR 2011, 416; a. A. VGH München, Urt. v. 11.2.2008 – 5 C 08.277, zitiert nach juris, der die Maßstäbe für die Datenschutzkontrolle im öffentlichen Bereich zu Grunde legt und dabei verkennt, dass die Aufsichtsbehörde für den nicht öffentlichen Bereich Maßnahmen mit Außenwirkung ergreifen kann, die u.U. für den Betroffenen eine begünstigende Drittwirkung entfalten). In der Regel besteht auch dann nur ein Anspruch auf fehlerfreie Ermessensentscheidung, es sei denn das Ermessen der zuständigen Behörde ist unter den gegebenen Umständen auf Null reduziert (VG Darmstadt, MMR 2011, 416). Das Versagen oder eine mangelhafte Durchführung der Prüftätigkeit kann als **Amtspflichtverletzung** gem. Art. 34 GG, § 839 BGB Schadensersatzverpflichtungen begründen (vgl. im Einzelnen bei Wind, Kontrolle, S. 156 f.).

6. Das öffentliche Register

Das von der Aufsichtsbehörde nach **Absatz 2** zu führende **öffentliche Register** meldepflichtiger automatisierter Datenverarbeitungen erstreckt sich auf Grund der

§ 38 Aufsichtsbehörde

Reduzierung der meldepflichtigen Unternehmen (vgl. hierzu § 4d Rn. 5) nur auf einen geringen Teil verantwortlicher Stellen. Nicht unter das jedermann zustehende Einsichtsrecht fallen die im Rahmen der **Meldepflicht** nach § 4e zu machenden Angaben über die getroffenen Maßnahmen zur Datensicherheit. Gleiches soll für die Angabe der **zugriffsberechtigten Personen** gelten, wobei eine derartige Angabe in § 4e jedoch nicht expressis verbis gefordert wird. Anzugeben sind vielmehr der Empfänger oder die Kategorien von Empfängern, wobei hierzu auch die Stellen gehören, denen der Direktzugriff eingeräumt ist (vgl. § 4e Rn. 8).

7. Die Auskunftspflichten der Daten verarbeitenden Stelle

19   7.1 Die Verpflichtung zur **Auskunftserteilung** nach **Absatz 3** erstreckt sich auf alle Angaben, die die Aufsichtsbehörde zur Erfüllung ihrer Aufgaben benötigt (zum Umfang vgl. auch AG Kiel, RDV 1988, 93; AG Trier, RDV 1988, 154; OLG Celle, RDV 1995, 244; VG Osnabrück, DuD 2007, 541). Dies kann insbesondere auch die Pflicht zur umfassenden Offenlegung der technischen und organisatorischen Abläufe und Zusammenhänge der Datenverarbeitung bedeuten (Sächs. OVG, DuD 2014, 55 (57)). Die Auskunft selbst muss unverzüglich, d. h. ohne schuldhaftes Zögern gegeben werden. Ein Entgelt kann dafür nicht verlangt werden. Sie kann sich auf die Verarbeitungsvorgänge bezüglich der nach diesem Gesetz geschützten Daten beschränken. Der Auskunftsanspruch der Aufsichtsbehörde kann durch den Erlass eines Verwaltungsakts und Festsetzung eines Zwangsgelds durchgesetzt werden (vgl. Sächs. OVG, ZD 2014, 48 = DuD 2014, 55).

20   7.2 Auskunftspflichtig ist nach Absatz 3 Satz 1 neben der verantwortlichen Stelle auch die mit deren **Leitung beauftragte Person**. Es handelt sich um eine persönliche Pflicht des Inhabers, Geschäftsführers, Vorstands oder sonstigen Leiters der Stelle. Der DSB ist nicht zur Auskunft verpflichtet, wird aber in der Regel hieran zumindest beteiligt sein. Die Verletzung der Auskunftspflicht ist eine Ordnungswidrigkeit nach § 43 Abs. 1 Nr. 10, es sei denn, dass ein Auskunftsverweigerungsrecht nach Absatz 3 Satz 2 vorliegt. Die Aufsichtsbehörde geht davon aus, dass an der Überprüfung auf Seiten der Daten verarbeitenden Stelle teilnehmen: das Mitglied der Geschäftsführung, dem der DSB unmittelbar unterstellt ist (§§ 2, 4f Abs. 3 Satz 1), die mit der Leitung der Datenverarbeitung beauftragte(n) Person(en) und der Beauftragte für den Datenschutz.

21   7.3 Die Ausnahme von der Auskunftspflicht nach **Absatz 3 Satz 2** macht klar, dass die Auskunftspflichtigen sich **nicht selbst belasten** müssen. Gem. § 383 Abs. 1 Nr. 1 bis 3 ZPO sind nur folgende Personen zur Verweigerung des Zeugnisses berechtigt:
- der Verlobte einer Partei oder derjenige, mit dem die Partei ein Versprechen zur Begründung der Lebenspartnerschaft eingegangen ist,
- der Ehegatte oder Lebenspartner einer Partei (auch wenn die Ehe nicht mehr besteht),
- diejenigen, die mit einer Partei in gerader Linie verwandt oder verschwägert, in der Seitenlinie bis zum dritten Grad verwandt oder bis zum dritten Grad verschwägert waren.

Der Auskunftsverpflichtete kann die Auskunft auf solche Fragen verweigern, deren Beantwortung ihn selbst oder eine der oben genannten Personen der Gefahr strafrechtlicher Verfolgung oder der Ahndung wegen einer Ordnungswidrigkeit aussetzen würde. Dies ist Ausdruck des strafverfahrensrechtlichen (vgl. § 136 Abs. 1 Satz 2, § 55 Abs. 1 StPO) „Nemotenetur"-Grundsatzes und gilt immer dann, wenn das Auskunftsersuchen sich auf ein Verhalten des Auskunftspflichtigen bezieht, das evtl. eine Straftat oder Ordnungswidrigkeit darstellt. Nicht erfasst ist die Konstellation, dass die Beantwortung des Auskunftsersuchens selbst eine Straftat oder Ordnungs-

Aufsichtsbehörde **§ 38**

widrigkeit darstellen könnte (so aber KG, DuD 2011, 366 für die anwaltliche Verschwiegenheitspflicht nach § 203 StGB; wie hier Meyer-Goßner, StPO § 55 Rn. 4); ein straf- oder bußgeldbewehrter Verstoß gegen Vorschriften über Datenschutz oder besondere Berufs- oder Amtsgeheimnisse kommt nicht in Betracht, da Absatz 3 Satz 1 die Rechtsgrundlage bzw. Offenbarungsbefugnis für die Auskunftserteilung bildet (s. oben Rn. 4). Die Aufsichtsbehörde ist verpflichtet, bei einem Auskunftsersuchen auf das Auskunftsverweigerungsrecht hinzuweisen. Eine Verletzung der Belehrungspflicht macht die Datenerhebung rechtswidrig und kann zu einem **Verwertungsverbot** führen. Will sich der Auskunftspflichtige auf sein Auskunftsverweigerungsrecht berufen, muss er dies ausdrücklich erklären (zum insoweit vergleichbaren Auskunftsverweigerungsrecht des Zeugen im Strafverfahren Meyer-Goßner, StPO § 55 Rn. 11), bloßes Schweigen reicht für die Inanspruchnahme des Auskunftsverweigerungsrechts nicht aus. Das Auskunftsverweigerungsrecht gilt für den Auskunftspflichtigen persönlich und nur soweit, wie die Gefahr der Verfolgung wegen einer Straftat oder Ordnungswidrigkeit besteht (Petri in: Simitis, BDSG § 38 Rn. 58).

8. Zutritts- und Einsichtsrechte der Aufsichtsbehörde

8.1 Im Rahmen des für die Aufgabenerfüllung Erforderlichen können die Vertreter der Aufsichtsbehörde gem. **Absatz 4** während der Betriebs- und Geschäftszeiten Grundstücke und Geschäftsräume betreten und dort **Prüfungen** und Besichtigungen vornehmen. Eingriffe in das Grundrecht auf Unverletzlichkeit der Wohnung nach Art. 13 GG sind damit ausgeschlossen (Begründung des Regierungsentwurfs zum BDSG 90, BT-Drs. 11/4306, S. 53); aus diesem Grund gelten für die Vor-Ort-Kontrolle der Aufsichtsbehörde nicht die strengen Anforderungen, die an Wohnungsdurchsuchungen zu stellen sind (vgl. BVerfG, B. v. 13.10.1971, BVerfGE 32, 54 = NJW 1971, 2299, 2300). Zur Aufgabenerfüllung können sowohl anlassbezogene als auch anlasslose Vorortprüfungen erforderlich sein; auch unangekündigte Prüfungen sind von Absatz 4 umfasst, soweit eine Ankündigung den Erfolg der Maßnahme gefährden würde (näher dazu Petri in: Simitis, BDSG § 38 Rn. 61; Hillenbrand-Beck in: Roßnagel (Hrsg.), Handbuch Datenschutzrecht, Kap. 5.4 Rn. 72). Im Rahmen dieser Prüfungen können Geschäftspapiere, Dateien und Datenverarbeitungsprogramme eingesehen werden. Der Aufsichtsbehörde können bundesgesetzliche **Geheimhaltungsverpflichtungen** nur in dem Umfang entgegengehalten werden, wie dies eine Behörde gegenüber dem BfDI könnte (vgl. die Verweisung in Abs. 4 Satz 3 auf § 24 Abs. 6). Das Recht, Auskünfte zu verlangen und Geschäftsräume zu betreten, besteht auch dann, wenn sich die Aufsichtsbehörde lediglich vergewissern will, ob die verantwortliche Stelle zu den in Absatz 2 genannten Datenverarbeitern zu zählen ist (OLG Celle, NJW 1995, 3265 = RDV 1995, 244).

22

8.2 Die verantwortliche Stelle hat die Betretung der Räume und die Vornahme der Prüfung durch die Aufsichtsbehörde zu **dulden (Absatz 4 Satz 4)**. Diese Pflicht ist bußgeldbewehrt (§ 43 Abs. 1 Nr. 10). Aus der Duldungspflicht folgt eine begrenzte Unterstützungspflicht der verantwortlichen Stelle (vgl. Meßerschmidt in: Pielow (Hrsg.), Beck'scher Online-Kommentar GewO § 29 Rn. 19). Sie hat den Zugang zu den Räumen, zu Unterlagen und zu den Rechnern zu gewähren (Hillenbrand-Beck in: Roßnagel (Hrsg.), Handbuch Datenschutzrecht, Kap. 5.4 Rn. 77; Petri in: Simitis, BDSG § 38 Rn. 65), d. h. sie muss insbesondere auf Verlangen Akten und andere Unterlagen vorlegen sowie bei automatisierter Datenverarbeitung das Verfahren starten, Anwendungen ausführen und gespeicherte Daten sichtbar machen. Zu einer über die Schaffung der Voraussetzungen für die Durchführung der Kontrolle hinausgehenden Mitwirkung an der Kontrolle verpflichtet Absatz 4

23

nicht. Die aktive Mitwirkung, z. B. in Form von Auskünften und Erläuterungen, kann die Aufsichtsbehörde auch in der Situation der Vorortprüfung nach den Voraussetzungen des Absatzes 3 einfordern (so auch Weichert in: Däubler/Klebe/Wedde/ Weichert, BDSG § 38 Rn. 23). Hierbei ist das Auskunftsverweigerungsrecht aus Absatz 3 Satz 2 zu beachten. Absatz 4 ermöglicht der Aufsichtsbehörde die Besichtigung sowie Einsichtnahmen in alle relevanten Unterlagen und Datenverarbeitungsprogramme. Eingeschlossen ist die Befugnis, Notizen oder eigene Abschriften zu erstellen (Petri in: Simitis, BDSG § 38 Rn. 63; Marcks in: Landmann/Rohmer, Gewerbeordnung, 53. Ergänzungslieferung § 29 Rn. 15), auch die eigenständige Anfertigung von Skizzen, Lageplänen, Fotoaufnahmen und Kopien ist zulässig. Zur Herstellung von Fotokopien auf eigene Kosten kann die verantwortliche Stelle dagegen nicht verpflichtet werden (Petri in: Simitis, BDSG § 38 Rn. 63; Marcks in: Landmann/Rohmer, Gewerbeordnung, 53. Ergänzungslieferung § 29 Rn. 15; a. A. Hillenbrand-Beck in: Roßnagel, Handbuch Datenschutzrecht, Kap. 5.4 Rn. 75); eine Pflicht zur Bereitstellung von Kopien enthält weder die Auskunftsregelung des Absatzes 3 (Petri in: Simitis, BDSG § 38 Rn. 54), noch kann sie aus der Duldungspflicht nach Absatz 4 abgeleitet werden. Die Mitnahme von Originalunterlagen ist ebenfalls nicht von Absatz 4 umfasst (Hillenbrand-Beck in: Roßnagel, Handbuch Datenschutzrecht, Kap. 5.4 Rn. 75). Die Befugnisse des § 38 gelten nicht für die Durchführung von Ordnungswidrigkeitenverfahren, hier sind auf Grund des Verweises in § 46 Abs. 1 OWiG die §§ 102 ff. StPO für die Durchsuchung und die §§ 94 ff. StPO für die Sicherstellung oder Beschlagnahme von beweisrelevanten Gegenständen, Daten und Unterlagen anzuwenden.

9. Das Widerspruchsrecht des Betroffenen

24 Indem in Absatz 4 Satz 3 auf § 24 Abs. 6 verwiesen wird, entfällt gem. § 24 Abs. 2 Satz 4, auf den insoweit wieder verwiesen wird, das Prüfrecht der Aufsichtsbehörde für Akten über eine Sicherheitsüberprüfung, wenn der Betroffene der Kontrolle der auf ihn bezogenen Daten gegenüber der Aufsichtsbehörde widerspricht (zur Kritik an dieser Regelung: Weichert, CR 1994, 174). Das **Widerspruchsrecht** erstreckt sich nicht auf Daten in **Personalakten,** sondern nur noch auf Daten in Akten über die **Sicherheitsüberprüfung.**

10. Die Anordnungs- und Untersagungsrechte

25 **10.1 Absatz 5** wurde durch das am 3.7.2009 vom Bundestag beschlossene „Gesetz zur Änderung datenschutzrechtlicher Vorschriften" (BT-Drs. 16/13 657) auf Vorschlag des Bundesrates (BR-Drs. 4/09, S. 17 f.) geändert. Die bislang auf technische und organisatorische Mängel beschränkten Anordnungs- und Untersagungsbefugnisse sind erweitert worden auf die **Beseitigung und Untersagung von materiellen Rechtsverstößen** bei der Erhebung, Verarbeitung und Nutzung personenbezogener Daten. Dadurch wird eine für den Vollzug des Gesetzes und anderer Datenschutzvorschriften wesentliche Lücke geschlossen und die Umsetzung von Art. 28 Abs. 3 EG-DatSchRL gefördert, nach der die Kontrollstellen über wirksame Eingriffsbefugnisse verfügen müssen (siehe Stellungnahme des Bundesrates, BR-Drs. 4/09, S. 18; Beschluss der obersten Aufsichtsbehörden für den Datenschutz im nicht-öffentlichen Bereich vom 13./14.11.2008 „Novellierung des Bundesdatenschutzgesetzes in den Bereichen Adresshandel, Werbung und Datenschutzaudit"). Stellt die Aufsichtsbehörde im Rahmen ihrer Prüftätigkeit materielle Verstöße gegen Datenschutzvorschriften oder technische oder organisatorische Mängel fest, kann sie zunächst deren Beseitigung anordnen. Die Anordnung stellt

Aufsichtsbehörde **§ 38**

einen Verwaltungsakt dar, so dass ergänzend zu Absatz 5 das allgemeine Verwaltungsrecht anzuwenden ist. Während nach dem bisherigen Wortlaut des Absatzes 5 Satz 1 die Aufsichtsbehörde lediglich die Befugnis hatte, anzuordnen, *dass* Maßnahmen zur Beseitigung der Mängel getroffen werden und damit nach enger Wortlautauslegung die Wahl der Maßnahme in das Ermessen der verantwortlichen Stelle gestellt war (s. dazu 9. Aufl., Rn. 25), kann die Aufsichtsbehörde nach der neuen Fassung auch die Art der Maßnahme festlegen. Der Wortlaut ist insoweit eindeutig („kann die Aufsichtsbehörde Maßnahmen zur Beseitigung […] anordnen", z. B. die Verschlüsselung von E-Mails, gegen die das VG Berlin keine verfahrensmäßigen Bedenken geäußert hat, sondern die Rechtswidrigkeit der Anordnung damit begründet hat, dass der Versand unverschlüsselter E-Mails im vorgelegten Fall kein Verstoß gegen Datenschutzvorschriften sei, VG Berlin, Urt. v. 24.5.2011 – VG 1 K 133.10, BeckRS 2011, 52814).

10.2 Die Beseitigungs- und Untersagungsbefugnisse bleiben grundsätzlich auf die **25a** **automatisierte Verarbeitung** und die Verarbeitung personenbezogener Daten in oder aus nicht automatisierten Dateien beschränkt. Anders als nach dem Wortlaut des BDSG 2001 gelten die Befugnisse des Absatzes 5 jetzt für den gesamten Anwendungsbereich nach § 27, also auch für die nicht automatisierte Verarbeitung und Nutzung von Daten, die offensichtlich aus einer automatisierten Verarbeitung entnommen wurden, nach § 27 Abs. 2 (anders dagegen für das BDSG 2001 OVG Hamburg, RDV 2006, 73).

10.3 Wurde die Beseitigung der Mängel angeordnet und führte dies nicht zu dem **26** erwarteten Ergebnis, so greift ein abgestuftes Verfahren. Die Aufsichtsbehörde ist nunmehr gehalten, die Beseitigung der Mängel unter Setzung einer angemessenen Frist durch Verhängung eines **Zwangsgelds** durchzusetzen. Daraus folgt, dass selbst bei gravierenden Mängeln ein sofortiges Verbot der Verarbeitungsverfahren nicht vorgesehen ist. Von diesem Grundsatz muss allerdings nach dem Sinn und Zweck der Regelung im Ausnahmefall abgewichen werden, wenn ein Datenverarbeitungsverfahren nicht nur unter einzelnen Gesichtspunkten mangelhaft, sondern – etwa wegen Fehlens einer Rechtsgrundlage – in seiner Gesamtheit unzulässig ist und dieser Mangel nur durch eine Einstellung des Verarbeitungsverfahrens beseitigt werden kann. Die nach Satz 1 anzuordnende Maßnahme zur Beseitigung des Verstoßes kann in einem solchen Fall nur in einer Untersagung des Verfahrens bestehen, so dass in diesem Fall ein sofortiges Verbot ohne Einhaltung des abgestuften Verfahrens zulässig ist (ähnlich Petri in: Simitis, BDSG § 38 Rn. 73; Plath in: Plath, BDSG § 38 Rn. 64; so auch VG Hannover, ZD 2014, 266 für die Untersagung des unzulässigen Scannens von Personalausweisen; offen gelassen von OVG Schleswig, CR 2011, 359). In allen anderen Fällen ist zunächst für die Mängelbeseitigung eine Frist zu setzen, die sich u.a. an der Schwere des festgestellten Mangels orientieren sollte. Wird die verantwortliche Stelle auch in dieser Frist nicht wie angeordnet tätig, so hat die Aufsichtsbehörde das Recht, den Einsatz des „ungesicherten" Verfahrens **zu untersagen.** Untersagt werden kann insoweit z. B. die Benutzung eines unsicheren Netzes – soweit Sicherungsmängel beseitigt wurden oder nicht beseitigt werden können – oder die **Auftragsverarbeitung** bei einem bestimmten Auftragnehmer (Walz, RDV 1994, 173 (175)). Aus dem Wortlaut des Satzes 2 leitet das VG Oldenburg ab, dass keine Befugnis zur Beseitigung von Datenverarbeitungsanlagen – im konkreten Fall die Deinstallation von Videokameras -; besteht, sondern sich die Anordnung auf eine Nutzungsuntersagung beschränken muss (VG Oldenburg, ZD 2013, 296 = DuD 2013, 471 (472)). Voraussetzung für die Untersagung ist das Vorliegen eines „schwerwiegenden" Verstoßes oder Mangels, der insbesondere bei einer besonderen Gefährdung des Persönlichkeitsrechts der Betroffenen vom Gesetz bejaht wird. Diese Gefährdung muss bedingt sein durch die zuvor gerügten und nicht abgestellten Verstöße oder Mängel.

§ 38 Aufsichtsbehörde

11. Die Abberufung des betrieblichen Datenschutzbeauftragten

27 **11.1** Aus **Absatz 5 Satz 3** und § 4 Abs. 3 Satz 4 ergibt sich die Befugnis der Aufsichtsbehörde, die **Abberufung des betrieblichen Datenschutzbeauftragten** zu verlangen. Voraussetzung hierfür ist, dass bei aus bestimmten Anlässen oder bei einer von Amts wegen durchgeführten Kontrolle die **Unzuverlässigkeit** bzw. **fehlende Fachkunde** des DSB festgestellt wurde. Zur Abberufung berechtigende Mängel können sich bei einem nebenamtlichen DSB aus unzulässiger Interessenkollision bzw. einer sich aus seiner überwiegend ausgeübten Funktion zu folgernden fehlenden Fachkunde ergeben. Ferner spricht hierfür jahrelange Untätigkeit, bzw. das Unvermögen, bisherige Tätigkeiten durch Verfahrensübersicht, Tätigkeitsberichte, Richtlinien belegen zu können (vgl. Breinlinger, RDV 1993, 53; dies., RDV 1995, 7).

28 **11.2** Das **Abberufungsverlangen** ist ein Verwaltungsakt, der sich zwar an die verantwortliche Stelle richtet, gegen den aber sowohl die verantwortliche Stelle als auch der betroffene DSB Widerspruch einlegen können (Bergmann/Möhrle/Herb, BDSG § 38 Rn. 79 ff.). Wird der Verwaltungsakt bestandskräftig, so endet damit nicht die Bestellung des DSB automatisch (Walz, RDV 1995, 176); vielmehr ist die Unternehmensleitung nunmehr verpflichtet, den **Widerruf der Bestellung** auszusprechen. Da bei einem Abberufungsverlangen regelmäßig die Fachkunde oder Zuverlässigkeit des betrieblichen Datenschutzbeauftragten fehlt, liegt keine ordnungsgemäße Bestellung i. S. d. § 4f Abs. 2 vor (s. Rn. 37a zu § 4f), womit auch der Bußgeldtatbestand des § 43 Abs. 1 Nr. 2 erfüllt ist. Die Aufsichtsbehörde hat neben der Durchsetzung des Widerrufs im Verwaltungswege auch die Möglichkeit, ein Bußgeld zu verhängen.

12. Die Aufsichtsbehörden als Landesverwaltung/Organisation und Zuständigkeiten

29 **12.1** Die Aufgabe der Kontrolle und Überwachung der nichtöffentlichen Stellen ist in **Absatz 6** den Ländern übertragen, die hierzu die entsprechenden Behörden installiert haben. Mit Ausnahme von Bayern sind in allen Bundesländern die Aufsicht über den privaten und den öffentlichen Bereich in einer Hand zusammengefasst und den **Landesdatenschutzbeauftragten** zugewiesen. In Bayern erfolgt die Prüfung bei Datenverarbeitung für fremde Zwecke im technischen Bereich durch den **TÜV** (Heymann, DuD 1981, 97; ders., CR 1992, 370), der berechtigt ist, für seine Tätigkeit bei der überprüften Stelle **Gebühren** zu erheben (VG Bayreuth, CR 1989, 1019; VG München, CR 1989, 1019). Gebühren für die Aufsichtstätigkeit sind auch in Baden-Württemberg (§ 32a LDSG BW), Bayern (Art. 35 Abs. 3), Hamburg (§ 34 HmbDSG), Schleswig-Holstein (§ 43 Abs. 4 LDSG SH) und Thüringen (§ 42 ThürDSG) im Landesdatenschutzgesetz vorgesehen (vgl. bei Wind, Kontrolle, S. 114 f.; VG Lüneburg, RDV 2007, 216).

29a **12.2** Nach § 115 Abs. 4 TKG ist dem BfDI die Prüfungskompetenz gegenüber geschäftsmäßig tätigen Anbietern von **Telekommunikationsdiensten** eingeräumt, d. h. auch gegen den Mitarbeitern die Privatnutzung der betrieblichen Kommunikationsmittel gestattenden Arbeitgeber (vgl. hierzu § 24 Rn. 7).

30 **12.3** In einem Urteil vom 9.3.2010 im Vertragsverletzungsverfahren der Europäischen Kommission gegen die Bundesrepublik Deutschland hat der EuGH das damalige System der Datenschutzkontrolle über nichtöffentliche Stellen als nicht vereinbar mit der EU-Datenschutzrichtlinie (Urt. v. 9. 3 – 2010 – C-518/07) erachtet. Art. 28 Abs. 1 EG-DatSchRL verpflichtet die Mitgliedstaaten, eine oder mehrere öffentliche

Aufsichtsbehörde **§ 38**

Stellen zu beauftragen, die Anwendung der von den Mitgliedstaaten zur Umsetzung der Richtlinie erlassenen Vorschriften zu überwachen. Nach Satz 2 nehmen diese Stellen ihre Aufgaben in **„völliger Unabhängigkeit"** wahr. Während die Bundesrepublik die Auffassung vertreten hat, die Richtlinie verlange lediglich eine funktionale Unabhängigkeit, d. h. die Unabhängigkeit von den zu kontrollierenden Stellen und die Freiheit von sachfremden Einflüssen (so auch Kopp, DuD 1995, 204 (211); Lepper/Wilde, CR 1997, 703; Rudolf, DuD 1995, 446; Weber, DuD 1995, 698; dies., CR 1995, 297), versteht der EuGH den Begriff der völligen Unabhängigkeit weitergehend. Die Kontrollstellen müssen nach seiner Auffassung mit einer Unabhängigkeit ausgestattet sein, die es ihnen ermöglicht, ihre Aufgaben ohne äußere Einflussnahme wahrzunehmen. Diese Unabhängigkeit schließe nicht nur jegliche Einflussnahme seitens der kontrollierten Stellen aus, sondern auch jede Anordnung oder jede sonstige äußere Einflussnahme, sei sie unmittelbar oder mittelbar, durch die in Frage gestellt werden könnte, dass die Kontrollstellen ihre Aufgabe erfüllen (Urt. v. 9.3.2010 – C-518/07, Rn. 30 – ähnlich, und zwar im Sinne einer institutionellen Unabhängigkeit, verstehen den Begriff Arlt/Piendl, CR 1998, 713; Bizer, DuD 1997, 481; Brühann/Zerdick, CR 1996, 429 (435); Giesen, RDV 1998, 15; Trute, JZ 1998, 822 (826); Walz, DuD 1998, 150; Simitis, NJW 1997, 281 (287)).

12.4 Mit diesen Anforderungen war die staatliche Aufsicht, der die Datenschutz- **31** aufsichtsbehörden des Bundes (s. Rn. 29a) und der Länder unterlagen, nicht vereinbar. Es ließe sich, so der EuGH, nicht ausschließen, dass die Aufsichtsstellen, die Teil der allgemeinen Staatsverwaltung und damit der Regierung des jeweiligen Landes unterstellt sind, nicht zu objektivem Vorgehen in der Lage sind, wenn sie die Vorschriften über die Verarbeitung personenbezogener Daten auslegen und anwenden. Es bestehe eine Gefahr der politischen Einflussnahme durch die Regierung, die bereits ausreichen könne, die Entscheidungsfreiheit der Aufsichtsbehörde einzuschränken (Urt. v. 9.3.2010 – C-518/07, Rn. 34 ff.; kritisch dagegen im Hinblick auf die Bindung der Verwaltung an Recht und Gesetz Frenzel, DÖV 2010, 925; zweifelnd im Hinblick auf die entstehenden Eindruck, die Unabhängigkeit der Aufsichtsbehörden sei in der Praxis bislang nicht gewährleistet Taeger, K&R 2010, 330). Eine Einflussnahme durch das Parlament sei durch die Richtlinie dagegen nicht ausgeschlossen (a. a. O., Rn. 43). Die Entscheidung betraf alle Datenschutzaufsichtsbehörden in Deutschland. Auch die Landesbeauftragten für den Datenschutz und das Unabhängige Landeszentrum für Datenschutz Schleswig-Holstein unterlagen nach bisherigem Recht jedenfalls der Rechtsaufsicht durch die Landesregierung oder einzelner Ministerien, soweit sie als Datenschutzaufsichtsbehörde nach § 38 tätig waren. Diese Aufsicht war mit der EG-DatSchRL nicht vereinbar. Bemerkenswert ist, dass der EuGH nicht nur die Freiheit von Fach- und Rechtsaufsicht verlangt, sondern von jeglicher sonstiger, auch mittelbarer, staatlicher Einflussnahme, durch die die Aufgabenwahrnehmung in Frage gestellt sein könnte. Am ehesten entspricht es diesen Anforderungen, die Datenschutzaufsichtsbehörde als eigenständige Behörde, z. B. als Oberste Behörde einzurichten (siehe Entschließung der Datenschutzbeauftragten des Bundes und der Länder vom 27./28.10.2005).

12.5 Infolge der Entscheidung ist die Unabhängigkeit der Aufsichtsbehörden in **32** allen Ländern gestärkt worden. In erster Linie wurde die Fach- oder Rechtsaufsicht der Regierungen über die Aufsichtsbehörden gestrichen (zu verfassungsrechtlichen Bedenken wegen entstehender „ministerialfreier Räume" Faßbender, RDV 2009, 96; kritisch auch Frenzel, DÖV 2010, 925; dagegen Petri/Tinnefeld, MMR 2010, 157, die auf die Verantwortlichkeit der Aufsichtsbehörden gegenüber dem Parlament hinweisen). Zur Stärkung der Datenschutzaufsicht und im Interesse der Verschlankung und Effektivitätssteigerung der Verwaltung ist es sinnvoll, die Aufsicht über den Datenschutz im öffentlichen und im nichtöffentlichen Bereich in einer Institution zu bündeln (Taeger, K&R 2010, 330). Dies entspricht nicht nur dem „Geist" der EG-DatSchRL, sondern lässt sich auch aus Art. 28 Abs. 3 EG-DatSchRL ableiten,

§ 38 Aufsichtsbehörde

der verlangt, dass jede Kontrollstelle über „wirksame" Einwirkungsbefugnisse verfügen müsse (vgl. LDA Brandenburg, 11. TB, Ziff. 1.1). Der Erfolg der **Kompetenzbündelung in einer Stelle** lässt sich daran erkennen, dass mit Ausnahme von Bayern alle Länder dieses Modell übernommen haben und die Aufsicht über den öffentlichen und den nichtöffentlichen Bereich beim Landesdatenschutzbeauftragten konzentriert haben.

33   12.6 Aus den Verwaltungsverfahrensgesetzen der Länder folgt dann auch die **örtliche Zuständigkeit**. Danach ist ausschlaggebend, in welchem Zuständigkeitsbereich der Betrieb liegt oder der mit der DV verbundene Beruf ausgeübt wird. Hat das Unternehmen mehrere Zweigstellen oder **Betriebe in verschiedenen Bundesländern** können mehrere Aufsichtsbehörden zuständig sein (dazu Kranig, ZD 2013, 550). Auch wenn keine abschließende Zuständigkeit der Behörde besteht, in deren Zuständigkeitsbereich der Sitz des Unternehmens angesiedelt ist, sollten die zuständigen Behörden sich in Fragen von standortübergreifender Bedeutung abstimmen. In der Praxis hat dies zu einer Übung der Aufsichtsbehörden geführt, der Aufsichtsbehörde für den Sitz des Unternehmens die Federführung zumindest für Datenverarbeitungsvorgänge zu überlassen, die von der Unternehmenszentrale durchgeführt oder gesteuert werden (Brink in: Wolff/Brink, DatenschutzR, BDSG § 38 Rn. 89).

34   12.7 Über die Aktivitäten und Prüfungen der Aufsichtsbehörden geben die gesetzlich vorgeschriebenen (Absatz 1 Satz 7) **Tätigkeitsberichte** Aufschluss (Wedler, CR 1992, 685; vgl. die Auswertung der Berichte durch Wind, Die Kontrolle des Datenschutzes im nicht-öffentlichem Bereich; ferner die stichwortmäßige Auswertung von Arendt, Register der Tätigkeitsberichte zum Datenschutz, Teil II, Nicht-öffentlicher Bereich; v. Lewinski, RDV 2004, 163; ein Archiv der Tätigkeitsberichte ist über www.thm.de/zaftda abrufbar). Für die Praxis von Bedeutung sind auch die von der Aufsichtsbehörde Baden-Württemberg bis zum Jahre 2002 in regelmäßigen Abständen im Staatsanzeiger veröffentlichten **Hinweise zur Anwendung des BDSG in der privaten Wirtschaft,** die weitgehend auf in dem sog. **„Düsseldorfer Kreis"** zur bundeseinheitlichen Praktizierung der Aufsicht stattfindenden Abstimmung der Aufsichtsbehörden beruhen. Neben diesen für die verantwortlichen Stellen konzipierten Hinweisen geben die Behörden im Rahmen ihrer Öffentlichkeitsarbeit auch diverse, in der Regel kostenlos erhältliche Schriften heraus. Schließlich ist auf ihre Präsenz im Internet hinzuweisen (u. a. www.datenschutz.de).

13. Die Anwendung der Gewerbeordnung

35   13.1 Soweit die verantwortlichen Stellen den Regelungen der Gewerbeordnung unterliegen, können nach **Absatz 7** Verstöße gegen Datenschutzvorschriften auch nach Maßgabe der gewerblichen Bestimmungen geahndet werden. Ob dies geschieht, entscheidet jedoch nicht die Datenschutzaufsichtsbehörde, sondern das zuständige **Gewerbeaufsichtsamt**. Die Datenschutzaufsichtsbehörden sind jedoch befugt, die Gewerbeaufsichtsämter über festgestellte Rechtsverletzungen zu unterrichten.

36   13.2 Ist der Gesetzesverstoß derart schwerwiegend, dass die für die Ausübung des Gewerbes erforderliche **Zuverlässigkeit** verneint werden muss, kann im Extremfall (Walz in: Simitis, BDSG § 38 Rn. 75) sogar die weitere gewerbliche Tätigkeit ganz oder teilweise untersagt werden (§ 35 GewO). Voraussetzung ist, dass die Untersagung zum Schutz der Allgemeinheit oder der Beschäftigten erforderlich ist. Es können aber auch bestimmte Auflagen gemacht werden, die für die weitere Fortsetzung des Gewerbes erfüllt werden müssen.

§ 38a Verhaltensregeln zur Förderung der Durchführung datenschutzrechtlicher Regelungen

(1) **Berufsverbände und andere Vereinigungen, die bestimmte Gruppen von verantwortlichen Stellen vertreten, können Entwürfe für Verhaltensregeln zur Förderung der Durchführung von datenschutzrechtlichen Regelungen der zuständigen Aufsichtsbehörde unterbreiten.**

(2) **Die Aufsichtsbehörde überprüft die Vereinbarkeit der ihr unterbreiteten Entwürfe mit dem geltenden Datenschutzrecht.**

Literatur: *Abel*, Umsetzung der Selbstregulierung: Probleme und Lösungen, RDV 2003, 11; *Berghoff*, Selbstregulierung im Marketing, RDV 2002, 78; *Bizer*, Selbstregulierung des Datenschutzes, DuD 2001, 168; *Büllesbach/Höss-Löw*, Vertragslösung, Safe Harbor oder Privacy durch Code of Conducts, DuD 2001, 135; *Bull*, Aus aktuellem Anlass: Bemerkung über Stil und Technik der Datenschutzgesetzgebung, RDV 1999, 148; *Heil*, Datenschutz durch Selbstregulierung – Der europäische Ansatz, DuD 2001, 129; *Kahlert*, Unlautere Werbung mit Selbstverpflichtungen, DuD 2003, 421; *Karstedt-Meierrieks*, Selbstregulierung des Datenschutzes – Alibi oder Chance?, DuD 2001, 287; *Kranz*, Neue Aufgaben für den betrieblichen Datenschutzbeauftragten, DuD 1999, 463; *Schaar*, Selbstregulierung und Selbstkontrolle – Auswege aus dem Kontrolldilemma?, DuD 2003, 421; *Vomhof*, Verhaltensregeln nach § 38a BDSG, PinG 2014, 443; *Wronka*, Anmerkungen zu den Verhaltensregeln der Deutschen Versicherungswirtschaft, RDV 2014, 93.

Übersicht

	Rn.
1. Allgemeines	1
2. Die Antragsberechtigten	4
3. Das Anerkennungsverfahren	5
4. EU-weite Verhaltensregelungen	9

1. Allgemeines

1.1 Die Bestimmung überträgt den Aufsichtsbehörden der Privatwirtschaft in Umsetzung von Art. 27 EG-DatSchRL (zu dem aus Holland und Großbritannien stammenden Vorgehen: Wuermeling, DSB 7+8/1993, 1) eine neue Pflichtaufgabe. Ähnlich wie durch das Audit nach § 9a für die betriebliche Ebene die Möglichkeit freiwilliger Optimierung des Datenschutzes angeboten werden soll, soll auch auf überbetrieblicher Ebene, d. h. für bestimmte Branchen und Berufsgruppen/Stände die Möglichkeit bestehen, Datenschutzkonzepte, d. h. **Verhaltensregelungen** mit einer Art **„Gütesiegel"** zu versehen. Neben der durch § 38a geschaffenen Möglichkeit amtlich geprüfter „einzelstaatlicher" Verhaltensregelungen, ermöglicht Art. 27 Abs. 1 und 3 EG-DatSchRL auch die Prüfung und Bekanntmachung „gemeinschaftlicher", d. h. wohl EU-einheitlicher Verhaltensregelungen. 1

1.2 Ziel von Verhaltensregelungen (**Codes of Conduct**) ist u. a. durch Selbstregulierung zu „bereichsspezifischen" Regelungen zu kommen, die die Flut an entsprechender gesetzgeberischer Aktivität (vgl. Bull, RDV 1999, 148) entbehrlich macht. Zudem können sie als **amtlich bestätigte Interpretationshilfen** zur Vermeidung von Unsicherheiten und ggf. rechtlichen Auseinandersetzungen beitragen. Weiter können sie Möglichkeiten aufzeigen, die Grundsätze der Datenvermeidung und Datensparsamkeit des § 3a umzusetzen. 2

1.3 Keinen unmittelbaren Bezug haben die in § 38a vorgesehenen Verhaltensregelungen zu den „Binding Corporate Rules", d. h. den verbindlichen Unternehmensrichtlinien, die Grundlage für einen EU-grenzüberschreitenden Datenverkehr bil- 3 den können (vgl. § 4c Rn. 15). Während die Regelungen nach § 38a keine Rechtsverbindlichkeit haben, müssen Binding Corporate Rules i. S. v. § 4c Abs. 2 (vgl. hierzu Gackenholz, DuD 2000, 727; Rittweger/Weiße, CR 2003, 142; BlnDSB, TB 2002, 33 = RDV 2003, 206 sowie TB 2003, RDV 2004, 135) dem Betroffenen rechtlich garantierte Rechtspositionen einräumen.

3a **1.4** Zum Schutz des Vertrauens von Verbrauchern gegenüber Unternehmen, die sich auf die Beachtung und Einhaltung eines Verhaltenskodexes verpflichten, wird eine geschäftliche Handlung wettbewerbsrechtlich als irreführend und unlauter (§ 5 Abs. 1 Satz 1 Nr. 6 UWG) bewertet, wenn die hierzu gemachten Angaben unzutreffend sind. Nach der Anlage zu § 3 Abs. 3 UWG ist stets nicht nur unlauter sondern unzulässig, wenn der Unternehmer unwahr behauptet, zu den Unterzeichnern eines Verhaltenskodexes zu gehören (Nr. 1 der Anlage) oder unwahr behauptet, der Verhaltenskodex sei von einer öffentlichen oder einer anderen Stelle gebilligt. Täuschungen über Verhaltensregelungen nach § 38a fallen unter diese vom UWG sanktionierten Tatbestände (Gola/Reif, RDV 2009, 104).

2. Die Antragsberechtigten

4 Antragsberechtigt sind Berufs- und Wirtschaftsverbände, die für die ihnen angeschlossenen Firmen, Gewerbetreibenden oder freiberuflich Tätigen Verhaltensregelungen entwickeln können, die eine einheitliche und praxisgerechte Umsetzung des Datenschutzes fördern. Es muss sich um Vereinigungen handeln, die eine „gewisse Homogenität" aufweisen (Petri in: Simitis, BDSG, § 38a Rn. 12), aus der sich ein gemeinsamer bereichsspezifischer Regelungsbedarf ergibt. Sinnvollerweise zieht man in den Kreis der Antragsberechtigten auch große „im Verband" operierende **Konzerne** ein. Die Regelungen sind in rechtlicher, technischer und organisatorischer Hinsicht zu begründen und auf Verlangen der Aufsichtsbehörde zu erläutern (BT-Drs. 14/4329, S. 46). Die in Art. 27 Abs. 2 Satz 3 EG-DatSchRL vorgesehene Möglichkeit der Einholung von Stellungnahmen der betroffenen Personen oder ihrer Vertreter bedurfte im Hinblick auf § 13 Abs. 2 VwVfG keiner ausdrücklichen Regelung.

3. Das Anerkennungsverfahren

5 **3.1** Die Aufsichtsbehörde überprüft im Rahmen eines förmlichen Verwaltungsverfahrens, das mit dem Antrag (§ 22 VwVfG) beginnt und mit dem Bescheid (§ 39 Abs. 1 VwVfG) endet, die vorgelegten Entwürfe allein im Hinblick auf die Vereinbarkeit mit dem geltenden Datenschutzrecht. Ein Mehr an materiellem Datenschutz, wie er mit dem **Audit** nach § 9a angestrebt wird, wird nicht verlangt (so nach Abel, RDV 2003, 11, die Praxis einiger Aufsichtsbehörden; in diese Richtung auch Weichert in: Däubler/Klebe/Wedde/Weichert, BDSG § 38a Rn. 2), allerdings reicht die bloße Wiedergabe der gesetzlichen Vorschriften nicht aus. Die Verhaltensregel muss vielmehr den Gesetzestext angepasst an die bereichsspezifischen Gegebenheiten konkretisieren (16. Bericht der Landesregierung über die Tätigkeit der Datenschutzaufsichtsbehörden in Hessen, LT-Drs. 16/1680 S. 11; Petri in: Simitis, BDSG § 38a Rn. 17). Die Prüfung soll verhindern, dass die genannten Verbände interne Verhaltensregelungen erstellen, die im Widerspruch zu den gesetzlichen Regelungen stehen. Problematisch könnte sein, dass insoweit keine Exklusivrechte bestehen und ggf. konkurrierende Verbände unterschiedliche Regelungen vorlegen, die trotz der Abweichungen den gesetzlichen Anforderungen genügen. Gleichwohl wird es der Aufsichtsbehörde nach der sich aus § 38a Abs. 2 übertragenen Aufgabe nicht gestattet sein, eine Empfehlung für die datenschutzgerechtere Regelung abzugeben.

Verhaltensregeln zur Förderung der Durchführung § 38a

3.2 Auch wenn das Gesetz es nicht ausdrücklich aussagt, ergibt sich aus der 6
Pflichtaufgabe der Prüfung auch die Verpflichtung den Antragsteller zu bescheiden
(§§ 37, 39 Abs. 1 VwVfG), d. h. ihm das Ergebnis der Prüfung mitzuteilen. **Rechtliche Verbindlichkeit** erhalten die Verhaltensregelungen dadurch nicht (zum Aspekt
des unlauteren Wettbewerbs bei Nichteinhaltung propagierter Selbstverpflichtung:
Kahlert, DuD 2003, 412). Ob der Berufsverband sie dann für seine Mitglieder
verbindlich machen kann, hängt von dem insoweit maßgebenden Satzungsrecht
ab. Verbindlichkeit für die Betroffenen können sie z. B. durch Aufnahme in die
allgemeinen Geschäftsbedingungen der Branche erhalten.
3.3 § 38a enthält im Gegensatz zu dem in Art. 27 Abs. 3 EG-DatSchRL vorgese- 7
henen Verfahren bei „gemeinschaftlichen" Verfahrensregelungen keine Aussage zur
Veröffentlichung der gebilligten Verhaltensregelung durch die Aufsichtsbehörde.
Andererseits steht ihr die Möglichkeit offen, wobei sich insbesondere die nach § 38
Abs. 1 Satz 6 vorgeschriebenen Tätigkeitsberichte anbieten (näher dazu Petri in:
Simitis, BDSG § 38a Rn. 27).
3.4 Durchgeführt wird die Prüfung von der zuständigen Aufsichtsbehörde. Wel- 8
che Behörde dies im konkreten Fall ist, richtet sich gem. § 38 Abs. 6 nach dem
einschlägigen Landesrecht. Da die Verhaltensregelungen in der Regel bundesweite
Geltung haben werden, ist eine Abstimmung zwischen den Aufsichtsbehörden in
dem sog. „Düsseldorfer Kreis" angezeigt. Die Entscheidung der Aufsichtsbehörde
ist ein Verwaltungsakt (vgl. im Einzelnen bei Petri in: Simitis, BDSG § 38a Rn. 18f f.
und 22 ff.). Bislang wurde von der Möglichkeit des § 38a in der Praxis kaum
Gebrauch gemacht (s. Abel, RDV 2003, 11).

4. EU-weite Verhaltensregelungen

Art. 27 EG-DatSchRL sieht die Förderung von nationalen und gemeinschaftli- 9
chen Verhaltensregelungen vor. Gemäß Abs. 3 der Vorschrift können Entwürfe für
gemeinschaftliche Verhaltensregelungen der **Art. 29-Datenschutzgruppe** unterbreitet werden. Prüfgegenstand ist die Übereinstimmung mit der Richtlinie und
nationalen Umsetzungsbestimmungen sowie ein Mehrwert (grundlegend zum Verfahren WP 13 der Art. 29-Datenschutzgruppe). Ein erstes Beispiel dort akzeptierter
Regelungen ist der von der FEDMA (Federation of European Direkt Marketing)
vorgelegte und von der Art. 29-Datenschutzgruppe im Jahr 2003 akzeptierte Ehrenkodex für die Verwendung personenbezogener Daten in der **Direktwerbung** (vgl.
RDV 2003, 195; WP 77 der Art. 29-Datenschutzgruppe) sowie der im Jahr 2010
akzeptierte Anhang dazu (WP 174 der Art. 29-Datenschutzgruppe). Der von dem
Deutschen Direktmarketing Verband (DDV) vorgelegte Best Practice Guide ist
zwar mit den Aufsichtsbehörden abgestimmt, von der Beantragung einer formellen
Genehmigung wurde aber bewusst abgesehen.

Vierter Abschnitt. Sondervorschriften

§ 39 Zweckbindung bei personenbezogenen Daten, die einem Berufs- oder besonderen Amtsgeheimnis unterliegen

(1) ¹Personenbezogene Daten, die einem Berufs- oder besonderen Amtsgeheimnis unterliegen und die von der zur Verschwiegenheit verpflichteten Stelle in Ausübung ihrer Berufs- oder Amtspflicht zur Verfügung gestellt worden sind, dürfen von der verantwortlichen Stelle nur für den Zweck verarbeitet oder genutzt werden, für den sie erhalten hat. ²In die Übermittlung an eine nicht-öffentliche Stelle muss die zur Verschwiegenheit verpflichtete Stelle einwilligen.

(2) Für einen anderen Zweck dürfen die Daten nur verarbeitet oder genutzt werden, wenn die Änderung des Zwecks durch besonderes Gesetz zugelassen ist.

Literatur: *Abel* (Hrsg.), Datenschutz in Anwaltschaft, Notariat und Justiz, 2003; *Breyer,* Die systematische Aufzeichnung und Vorhaltung von Telekommunikations-Verkehrsdaten für staatliche Zwecke, 2005; *Conrad,* Datenschutzkontrollen in der Anwaltskanzlei, ZD 2014, 165; *v. Falkenhausen/Widder,* Die Weitergabe von Insiderinformationen innerhalb einer Rechtsanwalts-, Wirtschaftsprüfer- oder Steuerberatungssozietät, BB 2004, 165; *Giesen,* Zum Begriff des Offenbarens nach § 203 StGB im Falle der Einschaltung privatrechtlicher Verrechnungsstellen, NStZ 2012, 122; *Henssler,* Das anwaltliche Berufsgeheimnis, NJW 1994, 1817; *Heyers/Heyers,* Arzthaftung – Schutz von digitalen Patientendaten, MDR 2001, 1209; *Kramer,* Datenschutzrechtliche Besonderheiten bei der Beauftragung eines Steuerberaters, PinG 2014, 77; *Kunkel,* Ist das Sozialgeheimnis justizfest?, ZfSH/SGB 2000, 643; *Rüpke,* Freie Advokatur, anwaltliche Informationsverarbeitung und Datenschutzrecht, 1995; *ders.,* Freie Advokatur, anwaltliches Berufsgeheimnis und datenschutzrechtliche Kontrollbefugnisse, RDV 2003, 72; *Weichert,* Datenschutz auch bei Anwälten?, NJW 2009, 550; *Wüstenberg,* Argumente gegen die Rechtmäßigkeit einer Vorratsspeicherung, RDV 2006, 102.

Übersicht

Rn.

1. Die Zweckbindung beim Empfänger 1
2. Die Einwilligung in Übermittlungen an nichtöffentliche Stellen 5
3. Die Durchbrechung der Zweckbindung 7
4. Auftragsdatenverarbeitung 9
5. Landesrecht 10

1. Die Zweckbindung beim Empfänger

1.1 Normadressat des § 39 ist nicht die Stelle, die dem den Vorschriften des BDSG vorrangigen (vgl. § 1 Abs. 4 Satz 2) **Berufs- oder Amtsgeheimnis** verpflichtet ist (z. B. § 83 Steuerberatungsgesetz, § 64 Wirtschaftsprüferordnung, § 203 StGB, § 16 Abs. 1 BStatG, das Fernmeldegeheimnis des § 88 TKG, das Postgeheimnis in § 39 PostG, Personalaktengeheimnis der §§ 106 ff. BBG; nicht zählen hierzu jedoch § 5 oder das nicht gesetzlich normierte „Bankgeheimnis"; vgl. Weichert in: DKWW, BDSG § 39 Rn. 1; a. A. Uwer in: Wolff/Brink, Datenschutzrecht, BDSG § 39 Rn. 20), sondern diejenige Stelle, an die der Geheimhaltungspflicht unterliegenden Daten – ausnahmsweise – übermittelt wurden. Ob die Übermittlung an den der **Zweckbindung** unterliegenden Dritten zulässig ist, ist unter Beachtung der

Zweckbindung bei personenbezogenen Daten **§ 39**

§§ 1 Abs. 4, 4 Abs. 1 nach den speziellen Regelungen des „Geheimnisses" festzustellen (vgl. die Rechtsprechung zur Weitergabe von nach § 203 StGB geschützten Daten durch **Ärzte** (BGH, NJW 1991, 2955; 1992, 737; 1993, 2371), **Steuerberater** (LG Kiel, RDV 2004, 131; OLG Naumburg, RDV 2003, 29) oder **Rechtsanwälte** zur Abtretung von Forderungen oder beim Kanzleiverkauf (BGH, NJW 1993, 1912; 2001, 2462; hiervon abweichend nunmehr BGH, NJW 2007, 1196). Für den rechtmäßigen Empfänger der Daten ist nicht nur die weitere Übermittlung der Daten untersagt, vielmehr erstreckt sich das **Zweckentfremdungsverbot** auf jegliche anderweitige Verwendung. Damit wird das auch ansonsten bei Übermittlungen im Geltungsbereich des BDSG geltende allgemeine, aber gleichwohl aufhebbare Zweckbindungsgebot (§ 28 Abs. 5) absolut festgeschrieben (vgl. Dammann in: Simitis, BDSG § 39 Rn. 4).

1.2 Das Gesetz spricht davon, dass die Daten „zur Verfügung gestellt worden sind", d. h. der Empfänger muss die Daten nicht im Rahmen einer Übermittlung i. S. v. § 3 Abs. 5 Nr. 3 erhalten haben. Auch wenn nicht gespeicherte Daten bekannt gegeben wurden, wird das Geheimhaltungsgebot durch die Zweckbindung an den Empfänger weitergegeben. Gleiches gilt für den Datenfluss innerhalb der verantwortlichen Stelle, also z. B. für Angaben, die der **Betriebsarzt** bei der Mitteilung über das Ergebnis einer Einstellungsuntersuchung dem Arbeitgeber „zur Verfügung stellt". 2

1.3 § 39 Abs. 1 Satz 1 geht davon aus, dass die Daten in Ausübung der Berufs- oder Amtspflicht zur Verfügung gestellt wurden, d. h. das Gesetz geht von Übermittlungen oder Nutzungen aus, die mit der jeweiligen Berufs- oder Amtspflicht vereinbar sind. Ist das nicht der Fall, so ist die Zweckbindungsregelung deshalb gegenstandslos, weil die Speicherung bei dem Empfänger unzulässig ist und durch Löschung der Daten beendet werden muss (z. B. gem. § 35 Abs. 2 Satz 2 Nr. 1). 3

1.4 Das Zweckbindungsgebot gilt sowohl für die öffentlichen als auch für die privaten Daten verarbeitenden Stellen. Im privaten Bereich greift es aber nur, soweit die Daten vom Empfänger in oder aus Dateien verarbeitet oder genutzt werden (§ 1 Abs. 2 Nr. 2). Gibt der private Empfänger die zur Verfügung gestellten Daten ohne vorhergehende Speicherung weiter, so liegt bei ihm keine anderweitige Verarbeitung oder Nutzung vor (Bergmann/Möhrle/Herb, BDSG § 39 Rn. 8; a. A. Dammann in: Simitis, BDSG § 39 Rn. 15). Das BDSG greift jedoch, falls der Tatbestand des § 27 Abs. 2 vorliegt, d. h. dass die die zur Verfügung gestellten Daten enthaltende Unterlage offensichtlich aus einer Datei stammt. 4

2. Die Einwilligung in Übermittlungen an nichtöffentliche Stellen

2.1 Für eine Übermittlung an eine nichtöffentliche Stelle schreibt Satz 2 des Absatzes 1 die **Einwilligung** der zur Verschwiegenheit verpflichteten Stelle vor. Gemeint ist hiermit der Fall, dass die Daten vom Erstempfänger weitergegeben werden sollen. Die Vorschrift ist, auch wenn sie die Zweckbindung noch einmal verstärkt, im Grunde entbehrlich, da eine Weitergabe sowieso nur im Rahmen der von der übermitteInden Stelle konkret gestatteten Zweckbestimmung zulässig ist. 5

2.2 Die Regelung des **Absatzes 1 Satz 2** geht davon aus, dass der Zweck, zu dem die Daten von der zur Verschwiegenheit verpflichteten Stelle zur Verfügung gestellt wurden, auch die – an sich durch das Zweckbindungsgebot ausgeschlossene – weitere Übermittlung sein kann. Auch hier ist nicht wie vor zu beachten, dass diese Einwilligung nur erteilt werden darf, wenn sie mit der Verschwiegenheitspflicht vereinbar, d. h. durch die rechtmäßige Ausübung der Verpflichtung zur Wahrung des Berufs- oder Amtsgeheimnisses gedeckt ist. Ansonsten kann das Zweckbindungs- 6 gebot nicht mit Hilfe desjenigen, der die Daten zur Verfügung stellt, eingeschränkt oder aufgehoben werden.

3. Die Durchbrechung der Zweckbindung

7 **3.1** Durch **Absatz 2** wird darauf hingewiesen, dass eine Verarbeitung der Daten für einen anderen Zweck zulässig ist, wenn dies durch ein besonderes Gesetz zugelassen ist. Dieser Hinweis hat auf Grund der generellen Nachrangigkeit des BDSG gegenüber bereichsspezifischen Regelungen gem. §§ 1 Abs. 4, 4 Abs. 1 nur klarstellende Funktion. Absatz 1 ändert also nichts an gesetzlich festgelegten Übermittlungsverpflichtungen des Empfängers (vgl. z. B. Große-Wilde, MDR 2002, 1288 zu Verpflichtungen von Rechtsanwälten nach dem Geldwäschegesetz). Zugelassen ist die Verarbeitung auch in Gesetzen, die dem Empfänger der Daten bestimmte Auskunftspflichten, z. B. gegenüber staatlichen Stellen auferlegen (so z. B. die Normen, die Ermittlungsbefugnisse der Strafverfolgungs- oder Finanzbehörden statuieren).

8 **3.2** Auch ohne dass Absatz 2 dies erwähnt, ist eine zweckändernde Verarbeitung oder Nutzung aber dann zulässig, wenn der Betroffene diese wünscht bzw. seine **Einwilligung** erteilt hat. Keineswegs soll das Recht des Betroffenen auf informationelle Selbstbestimmung durch § 39 ausgeschaltet werden.

4. Auftragsdatenverarbeitung

9 Die Vorschrift des § 39 steht der Weitergabe von einen Berufs- oder Amtsgeheimnis unterliegenden Daten an einen Auftragsdatenverarbeiter nicht entgegen (Dammann in: Simitis, BDSG § 39 Rn. 41; Uwer in: Wolff/Brink, DatenschutzR, BDSG § 39 Rn. 11; a. A. Weichert in: DKWW, BDSG § 39 Rn. 2). Da der Auftragnehmer nur nach den Weisungen des Auftraggebers mit den Daten umgehen darf (§ 11 Abs. 3), sind sie ihm nicht „zur Verfügung gestellt" i. S. v. Absatz 1 Satz 1. Die Weitergabe an den Auftragnehmer kann jedoch auf Grund des Berufs- oder Amtsgeheimnisses selbst unzulässig sein, bzw. der Einwilligung der Betroffenen bedürfen (vgl. hierzu § 11 Rn. 1).

5. Landesrecht

10 Eine dem § 39 entsprechende Regelung zur Zweckbestimmung bei personenbezogenen Daten, die einem Berufs- oder besonderen Amtsgeheimnis unterliegen, haben nur Bayern (Art. 22), Baden-Württemberg (§ 34), Rheinland-Pfalz (§ 13 Abs. 7), Sachsen-Anhalt (§ 26 Abs. 2) und Thüringen (§ 24). Berlin (§ 11), Brandenburg (§ 13 Abs. 2 Satz 2), Hamburg (§ 13 Abs. 2 Satz 2), Niedersachsen (§ 10 Abs. 2 Satz 2) und Nordrhein-Westfalen (§ 13 Abs. 2 Satz 2) haben abgeschwächte Regelungen in die allgemeinen Zweckbindungsvorschriften aufgenommen. Die übrigen Länder halten offenbar die allgemeine Regelung über die Zweckbindung bei Übermittlungen für ausreichend.

Verarbeitung und Nutzung personenbezogener Daten § 40

§ 40 Verarbeitung und Nutzung personenbezogener Daten durch Forschungseinrichtungen

(1) Für Zwecke der wissenschaftlichen Forschung erhobene oder gespeicherte personenbezogene Daten dürfen nur für Zwecke der wissenschaftlichen Forschung verarbeitet oder genutzt werden.

(2) ¹Die personenbezogenen Daten sind zu anonymisieren, sobald dies nach dem Forschungszweck möglich ist. ²Bis dahin sind die Merkmale gesondert zu speichern, mit denen Einzelangaben über persönliche oder sachliche Verhältnisse einer bestimmten oder bestimmbaren Person zugeordnet werden können. ³Sie dürfen mit den Einzelangaben nur zusammengeführt werden, soweit der Forschungszweck dies erfordert.

(3) Die wissenschaftliche Forschung betreibenden Stellen dürfen personenbezogene Daten nur veröffentlichen, wenn
1. der Betroffene eingewilligt hat oder
2. dies für die Darstellung von Forschungsergebnissen über Ereignisse der Zeitgeschichte unerlässlich ist.

Literatur: *Berliner Datenschutzbeauftragter,* Datenschutz in Wissenschaft und Forschung, Materialien zum Datenschutz, Heft 18; *Bizer,* Forschungsfreiheit und informationelle Selbstbestimmung, 1997; *ders.,* Der Datentreuhänder, DuD 1999, 392; *Bull/Dammann,* Wissenschaftliche Forschung und Datenschutz, DÖV 1982, 213; *Gerling,* Datenschutzprobleme der Forschung, DuD 1999, 384; *Graalmann-Scheerer,* Die Übermittlung personenbezogener Daten zu Forschungszwecken, NStZ 2005, 434; *Kilian,* Medizinische Forschung und Datenschutzrecht, NJW 1998, 787; *Krupp/Preissl,* Die Neufassung des BDSG und die wissenschaftliche Forschung, CR 1989, 121; *Lennartz,* Datenschutz und Wissenschaftsfreiheit, 1989; *Luttenberger/Reischl/Schröder/Stürzebecher,* Datenschutz in der pharmakogenetischen Forschung – eine Fallstudie, DuD 2004, 356; *Tinnefeld,* Anmerkungen zu einem Informationsrecht für die Forschung, RDV 1995, 22; *dies.,* Freiheit der Forschung und europäischer Datenschutz, DuD 1999, 35; *Vetter,* Forschungs(daten)geheimnis, DuD 1999, 389.

Übersicht

	Rn.
1. Allgemeines	1
2. Datenschutz und Forschungsfreiheit	2
3. Die Zweckbestimmung „Wissenschaftliche Forschung"	7
4. Die forschungsbezogene Zweckbindung	11
5. Datenvermeidung durch Anonymisierung und Pseudonymisierung	13
6. Veröffentlichung der Forschungsergebnisse	15
7. Landesrecht	18

1. Allgemeines

§ 40 enthält keine „privilegierenden" Erlaubnisregelungen für Datenverarbeitungen zum Zwecke der Forschung. Vielmehr werden der Forschungseinrichtung, die legitimerweise Daten zu Zwecken wissenschaftlicher Forschung erhoben, gespeichert oder übermittelt erhalten hat, einerseits besondere Pflichten zur Wahrung der Zweckbindung und andererseits besondere Rechte im Bereich der Veröffentlichung wissenschaftlicher Erkenntnisse auferlegt bzw. eingeräumt. Ob die Erhebung, Speicherung oder Übermittlung zulässig ist, richtet sich nach den für die öffentlichen (§ 14 Abs. 2 Nr. 9) bzw. nicht öffentlichen Stellen (§ 28 Abs. 3 Satz 1 Nr. 4; Abs. 6

Nr. 4) maßgebenden speziellen Erlaubnistatbeständen (zur Kritik an dieser „Zersplitterung" vgl. Simitis in: Simitis, BDSG § 40 Rn. 3).

2. Datenschutz und Forschungsfreiheit

2 2.1 Seit Beginn der Datenschutzgesetzgebung wird in Praxis, Literatur und Rechtsprechung der zumindest teilweise zu Ungunsten der Forschung entschiedene Konflikt zwischen Datenschutz und Forschungsfreiheit vermerkt (vgl. Bizer, Forschungsfreiheit und informationelle Selbstbestimmung, Nomos Universitätsschriften Bd. 85; Tinnefeld, RDV 1995, 22; Berliner Datenschutzbeauftragter, Datenschutz in Wissenschaft und Forschung, Materialien zum Datenschutz, Heft 18), den das BDSG mit speziellen „Forschungstatbeständen" auszugleichen versucht.

3 2.2 Die Verwendung personenbezogener Daten für wissenschaftliche Zwecke muss zwei sich ggf. konträr gegenüberstehenden Verfassungsprinzipien gerecht werden: Der verfassungsrechtlich garantierten **Freiheit** von **Wissenschaft** und **Forschung** einerseits und andererseits dem Anspruch des Einzelnen auf Achtung seines informationellen Selbstbestimmungsrechts. Das allgemeine Persönlichkeitsrecht aus Art. 2 Abs. 1 GG und der Anspruch auf Schutz der Menschenwürde gem. Art. 1 Abs. 1 GG, die dem Einzelnen das Recht auf informationelle Selbstbestimmung gewähren (BVerfGE 65, 1 = NJW 1984, 423) stehen der Freiheit von Wissenschaft und Forschung nach Art. 5 Abs. 3 Satz 1 1. Halbs. GG gegenüber (vgl. Albrecht, CR 1986, 92; Berg, CR 1988, 234; Bull/Dammann, DÖV 1982, 213; Heydenreuter, CR 1988, 241; Miller, DuD 1986, 7; Lennartz, Datenschutz und Wissenschaftsfreiheit, 1989; ders., RDV 1988, 132; Pickel, DuD 1985, 143).

4 2.3 Art. 5 Abs. 3 GG schützt die Freiheit der Wissenschaft in Forschung und Lehre primär gegen staatliche Eingriffe in den für wissenschaftliche Betätigung erforderlichen Freiraum. Im Bereich datenschutzrechtlicher Regelungen besteht dieser Eingriff darin, dass auch wissenschaftliche Verarbeitungen personenbezogener Daten unter dem **„Verbot mit Erlaubnisvorbehalt"** stehen und dass darüber hinaus bereits der **Zugang zu Daten**, die anderweitig angesammelt wurden, erschwert oder verschlossen wurde. Hinsichtlich dieser letztgenannten Informationsansprüche kann sich die Wissenschaft darauf berufen, dass das Grundrecht des Art. 5 Abs. 3 GG nicht nur als Abwehrrecht zu verstehen ist, sondern den Staat auch dazu verpflichtet, „schützend und fördernd einer Aushöhlung der Freiheitsgarantie vorzubeugen" (BVerfGE 35, 114). Insoweit spricht das BVerfG sogar von einem Teilhaberecht des einzelnen Wissenschaftlers in den Bereichen, in denen der Staat hinsichtlich der für den Wissenschaftsbetrieb erforderlichen Leistungen eine Monopolstellung einnimmt (vgl. im Einzelnen bei Lennartz, Datenschutz und Wissenschaftsfreiheit, S. 8 f.), wobei diesem Anspruch auch Interessen des Staates und seiner Bürger entgegengehalten werden können (so BVerwG, DÖV 1986, 475). Danach sind Behördenakten ihrer Natur nach keine allgemein zugänglichen Quellen i. S. d. Art. 5 Abs. 1 Satz 1 2. Halbs. GG. Abgesehen von allgemeinen Ansprüchen aus Informationsfreiheitsgesetzen (vgl. § 1 Rn. 18 f.) muss bei einer Entscheidung über **Akteneinsicht** zu Forschungszwecken die Behörde auch den Stellenwert beachten, den das Grundgesetz der Forschungsfreiheit einräumt (BVerfG, RDV 1986, 80).

5 2.4 Wenn es um den Zugang zu personenbezogenen Daten geht, ist zudem dem **informationellen Selbstbestimmungsrecht** des Betroffenen Rechnung zu tragen „nicht ungefragt zum Forschungsobjekt zu werden" (Bull/Dallmann, DÖV 1982, 213). Keineswegs kann davon ausgegangen werden, dass die Verarbeitung personenbezogener Daten im wissenschaftlichen Kontext regelmäßig schutzwürdige Interessen der Betroffenen nicht tangiert, zumal für wissenschaftliche Zwecke häufig auch sehr sensible Daten verarbeitet werden und der Begriff der „Wissenschaft" auch sehr facettenreich ist (zu insoweit erforderlicher eindeutiger Zweckbindung vgl. Simitis

Verarbeitung und Nutzung personenbezogener Daten § 40

in: Simitis, BDSG § 40 Rn. 12 ff.). Aufgabe des Gesetzgebers ist es also, beiden Belangen Rechnung zu tragen, d. h. zwischen den im Interesse der Allgemeinheit liegenden Erfordernissen der Forschung und dem verfassungsrechtlich verbürgten Schutz des Einzelnen hinsichtlich seiner ggf. sehr sensitiven Daten **den gebotenen Ausgleich** herzustellen.

2.5 Die allgemeinen Auffangnormen des BDSG vermögen dies nur bedingt, da 6 sie auf die verschiedenen unter den Begriff der wissenschaftlichen Forschung zu fassenden Sachverhalte nicht differenzierend eingehen können. Daher bedarf es jedenfalls für besonders sensible Bereiche wissenschaftlicher Betätigung konkreter **bereichsspezifischer Regelungen** (vgl. die Regelungen zur Verarbeitung von Patientendaten in den Krankenhausgesetzen der Bundesländer oder dem Krebsregistergesetz vom 4.11.1994 (BGBl. I S. 3351) und über die Bereitstellung von archivierten Verwaltungsvorgängen für Forschungszwecke in den Archivgesetzen des Bundes und der Länder, vgl. u. a. § 5 Abs. 5 Satz 3 BArchG; weitere insoweit relevante Regelungen sind z. B. §§ 3, 75 SGB X; § 16 BStatG, § 15 HochschulStatG sowie des StUG (§ 32); hierzu im Detail bei Simitis in: Simitis, BDSG § 40 Rn. 19 ff.). Ohne unmittelbare rechtliche Wirkung, aber gleichwohl als Maßstab heranziehbar (vgl. bei Nungesser, HDSG, § 33 Rn. 2) ist die Empfehlung des Ministerkomitees des **Europarats** zum Schutz personenbezogener Daten für Zwecke der wissenschaftlichen Forschung und der Statistik vom 14.9.1983 zu nennen (wiedergegeben in BfD, 6. TB (1984), Anlage 1). Maßstab können ferner Standesregelungen gem. § 38a für bestimmte Fachdisziplinen sein.

3. Die Zweckbestimmung „Wissenschaftliche Forschung"

3.1 Normadressaten des § 40 sind gemäß der Überschrift **Forschungseinrich-** 7 **tungen** als verantwortliche Stellen (§ 3 Abs. 7). Definiert wird dieser Begriff in **Absatz 1** allein dahingehend, dass die verantwortliche Stelle Daten für Zwecke der „wissenschaftlichen" Forschung erhoben bzw. übermittelt bekommen hat. Fraglich bleibt, ob der Begriff der Forschungseinrichtung voraussetzt, dass es sich um eine rechtlich und organisatorisch selbstständige Einrichtung handelt oder ob eine verantwortliche Stelle auch nur teilweise Forschungseinrichtung sein kann, d. h. ob auch eine Forschungsabteilung eines Industriebetriebs oder einer Verwaltung hierunter fallen kann (auf die Selbstständigkeit stellt Simitis in: Simitis, BDSG § 40 Rn. 29 ff. und 41 ab, der Eigenforschung einer öffentlichen Stelle nur akzeptiert, wenn sie nicht als „in ihrem Tätigkeitsbereich integrierte Aufgabe", sondern unabhängig durchgeführt wird (a. a. O., § 40 Rn. 41 ff.). Auch wenn das Kriterium der Unabhängigkeit dem Begriff wissenschaftlicher Forschung immanent ist (vgl. nachstehend Rn. 7a), setzt das aber nicht voraus, dass diese Unabhängigkeit nur dann sichergestellt ist, wenn die Forschungseinrichtung eine öffentlich- oder privatrechtliche juristische Person ist, die ausschließlich wissenschaftlich tätig ist. Ebenso wie bei der Abgrenzung der in § 41 angesprochenen Unternehmen der Presse (vgl. § 41 Rn. 7), muss es genügen, dass die Forschungsabteilung „abgeschottet", als „Unternehmen im Unternehmen" ausschließlich wissenschaftlich tätig wird (vgl. Rn. 8). Schon begrifflich fallen jedoch Einzelforscher nicht unter die Regelung des § 40. Jedoch können mehrere eine BGB-Gesellschaft bildende Einzelpersonen den Begriff der Einrichtung erfüllen (Lindner in: Wolff/Brink, DatenschutzR, BDSG § 40 Rn. 10).

3.2 Von grundlegender Bedeutung für die Reichweite der verschiedenen im 7a BDSG für **Zwecke der Wissenschaft** getroffenen privilegierenden Regelungen ist die inhaltliche Präzisierung dieses Begriffs. Zuzugestehen ist, dass der Begriff unklar und unbestimmt ist. Dies mag dann der Fall sein, wenn man insoweit den weiten, vom BVerfG zur Auslegung des Art. 5 Abs. 3 GG herangezogenen Wissenschaftsbegriff anwenden würde, der alles umfasst, „was nach Inhalt und Form als ernsthafter,

§ 40   Verarbeitung und Nutzung personenbezogener Daten

planmäßiger Versuch zur Ermittlung der Wahrheit anzusehen ist" (BVerfG, NJW 1978, 1621) bzw. „jede geistige Tätigkeit mit dem Ziel, in methodischer und nachprüfbarer Weise neue Erkenntnisse zu gewinnen" (BVerfGE 35, 79 ff. = NJW 1973, 1176). Eine derart weite Fassung des Wissenschaftsbegriffs könnte in der Tat die privilegierenden Befreiungen von den regelmäßigen Schutzvorkehrungen des Gesetzes zum nicht mehr akzeptablen Nachteil des Betroffenen auf unkontrollierbare Bereiche ausdehnen. Demgemäß wurden in der Literatur (vgl. Mallmann in: Simitis/Dammann/Mallmann/Reh, BDSG 77 § 14 Rn. 52 ff.; Lennartz, Datenschutz und Wissenschaftsfreiheit, S. 8 ff.) und auch von der Gesetzgebung frühzeitig Versuche der Eingrenzung unternommen (§ 33 HDSG erstreckte die Privilegierung bisher nur auf Vorhaben „unabhängiger" Forschung. Diese Einschränkung enthält das gegenwärtige Datenschutzgesetz nicht mehr. Landesrechtliche Regelungen (vgl. Rn. 18 f.) gestatten die Übermittlung der Daten nur für „bestimmte" Forschungsvorhaben, d. h. es wird ein bereits definierter Forschungszweck verlangt, der den Maßstab für die Erforderlichkeit der Übermittlung der einzelnen Daten abgibt; eine allgemeine wissenschaftliche Zweckbestimmung kann also die Übermittlung personenbezogener Daten nicht rechtfertigen).

8   3.3 Um den Zugang zu den Daten auch dem Betroffenen gegenüber zu rechtfertigen, muss sichergestellt sein, dass die Daten auch tatsächlich und ausschließlich **wissenschaftlicher Tätigkeit** zugute kommen, was jedenfalls bei privater Forschungstätigkeit problematisch sein kann. Zu fordern ist, dass auch hier die **Unabhängigkeit der Forschungstätigkeit** gegeben ist. Diese kann sich bereits aus der Organisation der Forschungseinrichtung ergeben. Unabhängigkeit ist z. B. nicht mehr gegeben, wenn die wissenschaftliche Tätigkeit wirtschaftlichen oder sonstigen anderweitigen Interessen eindeutig untergeordnet ist. Eine derartige Unterordnung muss aber keineswegs bei von der Wirtschaft vergebener Auftragsforschung vorliegen. Die Unabhängigkeit öffentlicher und privater Forschung wird nicht von vornherein dadurch in Frage gestellt, dass der Auftrag und die Mittel von einem Dritten stammen, sofern dieser Dritte aber auf Grund der selbstständigen Organisation der Forschungstätigkeit keinen Einfluss auf den wissenschaftlichen Erkenntnisprozess nehmen kann. Auch aus wirtschaftlichen Überlegungen motivierte Forschung, wie z. B. die Auswertung von **Probandendaten** durch die Forschungsabteilung von Unternehmen der Pharmaindustrie vor Freigabe neuer Medikamente kann im Rahmen einer unabhängig strukturierten Forschungstätigkeit vollzogen werden.

9   3.4 Zu differenzieren ist insoweit bei der Erhebung und Auswertung personenbezogener Daten zu Zwecken der **Markt- und Meinungsforschung.** Wird die Marketingabteilung des Wirtschaftsunternehmens selbst in dieser Richtung tätig, so muss das kommerzielle Interesse als vorrangig betrachtet werden. Gleiches gilt, wenn ein privates Markt- und Meinungsforschungsinstitut mit der Durchführung einer Marktstudie beauftragt wird, da auch hier sowohl bei dem Auftraggeber wie bei dem Auftragnehmer die jeweiligen eigenen kommerziellen Interessen im Vordergrund stehen werden. Zudem ist darauf hinzuweisen, dass der Gesetzgeber für derartige kommerzielle Tätigkeiten, mögen sie auch unter Anwendung wissenschaftlicher Methoden betrieben werden, die Sonderregelung des § 30 vorgesehen hat. Anders schließlich wird ein derartiger Sachverhalt wieder zu bewerten sein, wenn eine Marktanalyse als **Auftragsforschung** an ein unabhängiges Forschungsinstitut vergeben wird, und das Institut den Auftrag eben nicht vorrangig aus kommerziellen Interessen des Auftraggebers durchführt.

10   3.5 Schließlich weist auch die Tatsache, dass die Gesetzgeber auf Bundes- und Landesebene auch **verwaltungsinterne Forschung,** d. h. die dementsprechende unter Änderung der Zweckbestimmung der gespeicherten Daten erfolgende Nutzung der Daten durch die die Daten speichernde Verwaltung, ebenfalls unter privilegierende Regelungen des Bundes- bzw. der Landesdatenschutzgesetze gestellt haben (vgl. § 14 Abs. 2 Nr. 9), darauf hin, dass die wissenschaftliche Betätigung nicht

Verarbeitung und Nutzung personenbezogener Daten § 40

Selbstzweck sein muss, und auch nicht durch eine rechtlich selbstständige Forschungsorganisation durchgeführt werden muss, sondern auch erfolgen kann, um einen konkreten Informationsbedarf für weiteres Verwaltungshandeln zu befriedigen.

4. Die forschungsbezogene Zweckbindung

4.1 Gem. **Absatz 1** dürfen zu Forschungszwecken erhobene und gespeicherte 11 Daten nur für diesen Zweck und auch nur so lange in personenbezogener Form (Abs. 2) verarbeitet und genutzt werden, wie sie hierfür benötigt werden. Die vorhabenbezogene **Zweckbindung** ist endgültig (vgl. bei Nungesser, HDSG § 33 Rn. 26). Jedenfalls können für empirische Sozialforschung erhobene Daten nicht für medizinische Verwendung finden (Lindener in: Wolff/Brink, DatenschutzR, BDSG § 40 Rn. 23). Sie gilt auch für die Erhebung der Daten, d. h. eine nachfolgende Speicherung muss nicht stattfinden, um das Zweckentfremdungsverbot auszulösen. Gleichwohl ist, auch wenn § 40 dies nicht ausdrücklich erwähnt, nach der Grundstruktur des BDSG eine Verarbeitung oder Nutzung für andere Zwecke zulässig, wenn der Betroffene einwilligt oder eine spezielle Rechtsvorschrift dies gestattet. Zu beachten ist ferner, dass § 40 Abs. 1 kein generelles **Übermittlungsverbot** enthält oder die Zweckbindung auf das konkrete Forschungsvorhaben bezieht, für das die Daten als erforderlich übermittelt wurden. Daher ist eine Übermittlung der Daten an ein anderes Forschungsinstitut für andere wissenschaftliche Zwecke nicht generell untersagt (Bergmann/Möhrle/Herb, BDSG § 40 Rn. 15). Die Pflicht des Empfängers zur Benachrichtigung der Betroffenen folgt aus §§ 19a, 33, die insoweit seine spezielle Privilegierung (§ 33 Abs. 2 Nr. 5) vorsehen (vgl. aber auch bei Simitis in: Simitis, BDSG § 40 Rn. 59 ff. mit der Forderung wiederholter Benachrichtigung bei mehrfachen Übermittlungen).
4.2 Ob die Übermittlung gestattet ist, ist an Hand der allgemeinen Zulässigkeits- 12 tatbestände des BDSG zu klären. Für öffentliche Stellen ist § 15 Abs. 1 i. V. m. § 14 Abs. 1 bei Übermittlungen an andere öffentliche Stellen und § 16 Abs. 1 i. V. m. § 14 Abs. 1 bei Übermittlungen an private forschende Stellen maßgebend. Private Daten verarbeitende Stellen haben die Zulässigkeit der Übermittlung nach § 28 Abs. 3 Satz 1 Nr. 4 bzw. Abs. 6 Nr. 4 zu prüfen.

5. Datenvermeidung durch Anonymisierung und Pseudonymisierung

5.1 Absatz 2 enthält eine Konkretisierung des allgemeinen Gebots zur **Daten-** 13 **vermeidung** bzw. Datensparsamkeit in § 3a für die Forschungseinrichtung. Zunächst dürfen die für den Forschungszweck benötigten Daten nach den einschlägigen Erlaubnistatbeständen nur dann mit Personenbezug erhoben und gespeichert werden, wenn dies für die Gewinnung der Forschungserkenntnisse erforderlich ist. Gleichwohl soll die Gefährdung der Betroffeneninteressen so gering wie möglich gehalten werden, indem eine **pseudonymisierte Speicherung** (§ 3 Abs. 6a) vorgeschrieben wird. Bedingt der Forschungszweck nicht mehr den Personenbezug, ist die Berechtigung zur Verarbeitung personenbezogener Daten entfallen. Absatz 2 Satz 1 verlangt die **Anonymisierung** (§ 3 Abs. 6).
5.2 Regelmäßig haben Forscher kein Interesse an der Identität des Betroffenen – 14 abgesehen von Historikern –, so dass die Daten zumeist in nicht personenbezogener Form ausgewertet werden können (vgl. hierzu auch die einschlägige Empfehlungen der Aufsichtsbehörden wie: Datenschutzkommission Rheinland-Pfalz, Datenschutzrechtliche Anforderungen an wissenschaftliche Forschungsvorhaben; Informationen

zum Datenschutz, Heft 3; Der Berliner Datenschutzbeauftragte, Forschung und Planung – Checkliste zum Datenschutz, 1987). Ob gleichwohl die hinter den Daten stehende Person weiter identifizierbar bleiben muss, hängt davon ab, ob z. B. **Langzeitstudien** durchgeführt werden, die wiederholte Befragungen oder Erhebungen oder Übermittlungen von Daten über eine bestimmte Person erfordern. Ggf. ist der fortdauernde Personenbezug der auszuwertenden Daten auch nur erforderlich, um Verwechslungen auszuschließen. Letzteres wird aber häufig durch **Codierungen** der die Person identifizierenden Merkmale auch erreicht werden können. Ist es für die Durchführung des Forschungsvorhabens erforderlich, dass der Personenbezug der Daten erhalten bzw. herstellbar bleibt, so ist das Merkmal, das den Betroffenen auffindbar macht, **gesondert zu speichern,** so dass die „beforschten" Daten anonym bleiben und ein Rückschluss auf eine bestimmte Person bei der eigentlichen Forschungstätigkeit nicht möglich ist. Sobald der Rückgriff auf den Betroffenen verzichtbar ist, sind die zur Identifizierung dienenden Daten zu löschen. Solange der Personenbezug durch Zusammenführung der getrennt gespeicherten Identifizierungsmerkmale herstellbar ist, darf dies nur geschehen, wenn und soweit dies der Forschungszweck erfordert.

6. Veröffentlichung der Forschungsergebnisse

15   6.1 Die **Veröffentlichung** der Forschungsergebnisse ist datenschutzrechtlich unproblematisch, wenn ein Bezug zu den Personen, deren Daten für das Forschungsergebnis ausgewertet wurden, nicht mehr herstellbar ist. Eine Veröffentlichung mit fortbestehendem Personenbezug – ob dieser vorliegt, ist an Hand der Aussagen des § 3 Abs. 1 und Abs. 6 zu messen – ist nur unter den Voraussetzungen des **Absatzes 4** zulässig.

16   6.2 Es entspricht zunächst dem den allgemeinen Datenschutzgesetzen zugrunde liegenden „Verbot mit Erlaubnisvorbehalt", dass eine Veröffentlichung mit **Einwilligung** des Betroffenen zulässig ist. Der besondere Hinweis auf die Erforderlichkeit der Einwilligung ist hier nur deshalb erfolgt, weil eine Veröffentlichung ggf. nicht als Verarbeitung (Übermittlung) der Daten verstanden werden kann (vgl. aber § 3 Rn. 33). Zumindest der Tatbestand des Nutzens bedarf dann einer Einwilligung, die den Anforderungen des § 4a genügt.

17   6.3 Das Gesetz lässt die Veröffentlichung des Forschungsergebnisses unter Aufrechterhaltung des Personenbezugs zu, wenn dies für die Darstellung von Forschungsergebnissen über Ereignisse der **Zeitgeschichte** unerlässlich ist. Diese Klausel trägt insbesondere der Forschungstätigkeit der **Historiker** Rechnung und dem Informationsinteresse der Öffentlichkeit, hinter das das informationelle Selbstbestimmungsrecht des Betroffenen jedenfalls insoweit zurückzutreten hat, wie es zur Darstellung und zum Verständnis des Forschungsergebnisses wirklich erforderlich ist, die beteiligten Personen zu benennen.

7. Landesrecht

18   7.1 Alle Landesdatenschutzgesetze tragen in einem speziellen Tatbestand den besonderen Belangen der Forschung Rechnung, der sowohl die Zulässigkeit der Verarbeitung der Daten durch die forschende Stelle wie auch die Übermittlung der von der öffentlichen oder privaten Stelle für den wissenschaftlichen Zweck benötigten Daten durch eine Behörde regelt. Die Regelungen stimmen jedoch weder vom Wortlaut noch im vollen Umfang vom Inhalt her überein. Ihnen ist gemeinsam, dass sie festlegen, unter welchen Bedingungen der auch insoweit primär geforderte Grundsatz des Einverständnisses des Betroffenen durch Verzicht auf dessen Einwilli-

Verarbeitung und Nutzung personenbezogener Daten **§ 40**

gung durchbrochen werden kann. Voraussetzung für den Verzicht auf die Einwilligung ist grundsätzlich, dass der Zweck der Forschung nicht auf andere Weise erreichbar ist. § 30 Abs. 1 BlnDSG; § 28 Abs. 2 Buchst. a BbgDSG; § 19 Abs. 1 und 2 BremDSG; § 27 Abs. 1 HmbDSG; § 33 Abs. 1 HDSG; § 34 Abs. 2 Nr. 2 DSG M-V; § 25 Abs. 2 Nr. 3 NDSG; § 28 Abs. 2 Nr. 2 DSG NRW; § 30 Abs. 2 SDSG und § 22 Abs. 3 Nr. 2 LDSG S-H verzichten hierauf jedoch, wenn wegen der Art der Daten, wegen ihrer Offenkundigkeit oder wegen der Art ihrer Verwendung schutzwürdige Belange des Betroffenen nicht beeinträchtigt werden.

7.2 Einige Landesdatenschutzgesetze enthalten abweichend vom BDSG Regelungen, die den Datenschutz auch dann sicherstellen sollen, wenn die Forschungsdaten an Stellen verarbeitet werden, für die das LDSG nicht gilt. Die empfangenden Stellen haben sich an die Regelungen des LDSG zu halten und sich nach einigen Gesetzen der Kontrolle des LDSB zu unterwerfen (§ 30 Abs. 3 BlnDSG; § 19 Abs. 5 BremDSG; § 28 Abs. 4 Bbg DSG; § 27 Abs. 6 HmbDSG; § 33 Abs. 4 HDSG; § 34 Abs. 6 DSG MV; § 25 Abs. 7 NDSG; § 28 Abs. 5 DSG NRW; § 30 Abs. 2 RPf; § 30 Abs. 7 SDSG; § 36 Abs. 5 SächsDSG; § 27 Abs. 2 DSG LSA; § 22 Abs. 7 LDSG SH; § 25 Abs. 2 ThürDSG). **19**

7.3 Eine Aussage zur Veröffentlichung der Forschungsergebnisse mit Fortbestand des Personenbezugs der genutzten Daten enthalten dem Wortlaut der Regelung des BDSG entsprechend § 35 Abs. 3 LDSG BW; Art. 23 Abs. 4 BayDSG; § 30 Abs. 5 BlnDSG; § 28 Abs. 4 BbgDSG; § 27 Abs. 5 HmbDSG; § 34 Abs. 5 DSG M-V; § 25 Abs. 5 NDSG; § 28 Abs. 4 DSG NRW; § 30 Abs. 4 LDSG RPf; § 30 Abs. 6 SDSG; § 36 Abs. 4 SächsDSG; § 27 Abs. 4 DSG LSA; § 22 Abs. 6 LDSG SH; § 25 Abs. 4 ThürDSG. Eine allen Regelungen gemeinsame Bestimmung ist das Gebot der Zweckbindung, d. h. dass die den Personenbezug herstellenden Identifikationsmerkmale gesondert zu speichern und zu löschen sind, wenn der Personenbezug für die Durchführung des Forschungsvorhabens nicht mehr erforderlich ist. **20**

§ 41 Erhebung, Verarbeitung und Nutzung personenbezogener Daten durch die Medien

(1) Die Länder haben in ihrer Gesetzgebung vorzusehen, dass für die Erhebung, Verarbeitung und Nutzung personenbezogener Daten von Unternehmen und Hilfsunternehmen der Presse ausschließlich zu eigenen journalistisch-redaktionellen oder literarischen Zwecken den Vorschriften der §§ 5, 9 und 38a entsprechende Regelungen einschließlich einer hierauf bezogenen Haftungsregelung entsprechend § 7 zur Anwendung kommen.

(2) Führt die journalistisch-redaktionelle Erhebung, Verarbeitung oder Nutzung personenbezogener Daten durch die Deutsche Welle zur Veröffentlichung von Gegendarstellungen des Betroffenen, so sind diese Gegendarstellungen zu den gespeicherten Daten zu nehmen und für dieselbe Zeitdauer aufzubewahren wie die Daten selbst.

(3) [1]Wird jemand durch eine Berichterstattung der Deutschen Welle in seinem Persönlichkeitsrecht beeinträchtigt, so kann er Auskunft über die der Berichterstattung zugrunde liegenden, zu seiner Person gespeicherten Daten verlangen. [2]Die Auskunft kann nach Abwägung der schutzwürdigen Interessen der Beteiligten verweigert werden, soweit
1. aus den Daten auf Personen, die bei der Vorbereitung, Herstellung oder Verbreitung von Rundfunksendungen berufsmäßig journalistisch mitwirken oder mitgewirkt haben, geschlossen werden kann,
2. aus den Daten auf die Person des Einsenders oder des Gewährsträgers von Beiträgen, Unterlagen und Mitteilungen für den redaktionellen Teil geschlossen werden kann,
3. durch die Mitteilung der recherchierten oder sonst erlangten Daten die journalistische Aufgabe der Deutschen Welle durch Ausforschung des Informationsbestandes beeinträchtigt würde.

[3]Der Betroffene kann die Berichtigung unrichtiger Daten verlangen.

(4) [1]Im Übrigen gelten für die Deutsche Welle von den Vorschriften dieses Gesetzes die §§ 5, 7, 9 und 38a. [2]Anstelle der §§ 24 bis 26 gilt § 42, auch soweit es sich um Verwaltungsangelegenheiten handelt.

Literatur: *Ballhause/Roggenkamp,* Personenbezogene Bewertungsplattformen, K&R 2008, 403; *Bartsch/Lutterbeck* (Hrsg.), Neues Recht für neue Medien, 1998; *Binder,* Freie Rundfunkberichterstattung und Datenschutz, ZUM 1994, 257; *Birkner/Rösler,* Pressefreiheit stärken, Strafprozessordnung ändern, ZRP 2006, 109; *Dorn,* Lehrerbenotung im Internet, DuD 2008, 98; *Dörr/Schiedermair,* Rundfunk und Datenschutz – Die Stellung des Datenschutzbeauftragten des Norddeutschen Rundfunks, 2002; *Eberle,* Informationsrecht – der große Wurf?, CR 1992, 757; *Gall,* Datenschutz im öffentlich-rechtlichen Rundfunk, DuD 1993, 383; *Gounalakis/Klein,* Zulässigkeit von personenbezogenen Bewertungsplattformen, NJW 2010, 566; *Grewe/Schärdel,* Der digitale Pranger – Bewertungsportale im Internet, MMR 2008, 644; *Heil,* Informationsansprüche gegenüber Medien, DuD 1999, 94; *Herb,* Aufgaben und Stellung des Datenschutzbeauftragten bei den öffentlich-rechtlichen Rundfunkanstalten, DuD 1993, 380; *Hochstein,* Teledienste, Mediendienste und Rundfunkbegriff – Anmerkungen zur praktischen Abgrenzung multimedialer Erscheinungsformen, NJW 1997, 2977; *Jacob,* Journalismus im Spannungsfeld zwischen Pressefreiheit und Datenschutz, DuD 1998, 65; *Kaufmann,* Für immer und ewig beschuldigt? Verdachtsberichterstattung in Internet und Onlinearchiven, MMR 2010, 520; *Klee,* Pressedatenbanken und datenschutzrechtliches Medienprivileg, 1992; *Kugelmann,* Pressefreiheit ohne Informantenschutz?, ZRP 2005, 260; *Lauber-Rönsberg,* Internetveröffentlichungen und Medienprivileg, ZD 2014, 177; *Müller,* Whistleblowing – Ein Kündigungsgrund?, NZA 2002, 424; *Münch,* Der Schutz der Privatsphäre in der Spruchpraxis des Deutschen Presserats, AfP 2002, 18; *Paefgen,* Adresshandel und Medienprivileg, CR 1994,

14; *ders.,* Der Schutz der Persönlichkeitsrechte vor Verletzungen durch die Medien, NJW 1995, 817; *ders.,* Geldentschädigung bei Persönlichkeitsverletzungen durch Medien, NJW 1996, 953; *Roßnagel* (Hrsg.), Recht der Multimediadienste (Loseblattkommentar); *Scherer,* Persönlichkeitsschutz und Medienrecht, AfP 1996, 213; *Schrader,* Datenschutz und Auskunftsansprüche im Rundfunkbereich, AfP 1994, 114; *ders.,* Datenschutz und Medienfreiheit, DuD 2000, 68; *Steffen,* Schmerzensgeld bei Persönlichkeitsverletzungen durch Medien, NJW 1997, 10; *Seibel-Schwiedernoch,* Die verfassungsrechtliche Problematik des Medienprivilegs, CR 1988, 861; *Weichert,* Datenschutz bei Internetveröffentlichungen, VuR 2009, 232; *ders.,* Datenschutz und Meinungsfreiheit: Regulierung im BDSG, AnwBl. 2011, 252.

Übersicht

Rn.

1. Allgemeines 1
2. Das Medienprivileg 4
3. Journalistisch-redaktionelle und literarische Zweckbestimmung 11
4. Das Medienprivileg der Deutschen Welle 13
5. Kontrollkompetenzen 17
6. Landesrecht 18

1. Allgemeines

1.1 Mit den Regelungen der §§ 41 und 42 hat sich der Gesetzgeber der Datenschutzprobleme der Medien, d.h. der Presse und speziell der seiner Gesetzgebungskompetenz unterliegenden Rundfunkanstalten des Bundesrechts – der „Deutschen Welle" – angenommen. Für die Bestimmung des § 41 relevant ist zunächst die Festlegung und begriffliche Präzisierung des sog. **Medienprivilegs** (zur teilweisen Kritik an dem Begriff „Privileg" vgl. Westphal in: Taeger/Gabel, BDSG § 41 Rn. 15 bzw. Buchner in: Wolff/Brink, DatenschutzR, BDSG § 41 Rn. 10) einschließlich der datenschutzrechtlichen Verwirklichung des presserechtlichen Gegendarstellungsrechts und einem Auskunftsrecht; dies auf Grund der insoweit eingeschränkten Gesetzgebungskompetenz des Bundes jedoch nur für die Rundfunkanstalt des Bundes (vgl. hierzu Hein, NJW 1991, 2614); wobei unter Rundfunk nicht nur der Hörfunk, sondern auch der Fernsehfunk (vgl. Bergmann/Möhrle/Herb, BDSG § 42 Rn. 26 f.) zu verstehen ist. 1

1.2 Absatz 1 enthält eine in der Gesetzgebungskompetenz des Bundes liegende Rahmenvorschrift (Art. 75 GG) für die Gesetzgebung der Länder. Die Vorschrift nimmt damit, da sie lex specialis auf dem Gebiet des **redaktionellen Datenschutzes** ist, die Medien aus der Anwendung des BDSG völlig heraus. Die den Ländern auferlegte „Regelungspflicht" beschränkt sich auf einen zwingenden Datenschutz-Mindeststandard und trägt Art. 9 EG-DatSchRL Rechnung, indem die Regelung des § 7 über die Haftung und des § 38a über **Verhaltensregelungen** zur Förderung des Datenschutzes, von denen Art. 9 EG-DatSchRL die Medien nicht ausnimmt, ebenfalls zur Anwendung kommen sollen. Der Gesetzgeber (BT-Drs. 14/4329 zu Nr. 45, 46) erwartete, dass die Deutsche Presse von der damit auf eine gesetzliche Grundlage gestellten Aufforderung zur **Selbstregulierung** Gebrauch machen würde, was inzwischen geschehen ist (Pressekodex des Deutschen Presserats i.d.F. vom 3.12.2008 und Beschwerdeordnung vom 19.11.2008; vgl. hierzu bereits HmbDSB, 18. TB 2000/01, Ziff. 2.2.3; vgl. im Detail bei Buchner in: Wolff/Brink, DatenschutzR, BDSG § 41 Rn. 4 ff.). 2

1.3 Die Länder haben für an die Allgemeinheit gerichtete Informations- und Kommunikationsdienste datenschutzrechtliche Regelungen im Staatsvertrag für Rundfunk und Telemedien datenschutzrechtliche Privilegierung in § 57 Abs. 1 3

§ 41 Erhebung, Verarbeitung und Nutzung personenbezogener Daten

Satz 1 RStV geregelt. Das am 1.3.2007 in Kraft getretene **Telemediengesetz** (BGBl. I 2007 S. 179) des Bundes fasst das TDG, TDDSG und den Mediendienste-Staatsvertrag zusammen, wobei es Pressegesetze unberührt lässt.

3a **1.4** Innerhalb der Pressefreiheit besitzt das Recht zur Geheimhaltung von Informationsquellen besondere Relevanz. Nur bei hinreichendem **Informantenschutz** kann die Presse ihrem Beitrag zur Kontrolle gesellschaftlicher, wirtschaftlicher und politischer Vorgänge leisten (Birkner/Rösler, ZRP 2006, 111; Kugelmann, ZRP 2005, 260). Damit müssen zum Schutz der Pressefreiheit einerseits und der – häufig betriebs- und dienststelleninterne – Missstände aufdeckenden Informanten (sog. „**externe Whistleblower**") (vgl. hierzu Müller, NZA 2002, 424) andererseits hinreichende Schutzmechanismen durch die Eingrenzung staatlicher Zugriffsrechte auf Pressedaten oder auf (Telekommunikations-)Daten von Informanten (BVerfG, NJW 2006, 976) gewährleistet sein.

2. Das Medienprivileg

4 **2.1** Die Ausnahmeregelungen für die Presse sind Ausfluss der im Grundgesetz verankerten **Pressefreiheit** (Art. 5 Abs. 1 GG). Sie haben ihren Grund nicht darin, dass es dort keines Datenschutzes bedarf; im Gegenteil, namentlich Presse und Rundfunk speichern und nutzen personenbezogene Daten in starkem Umfang, vielfach handelt es sich dabei um besonders sensitive Daten. So beruht ein großer Teil der Rechtsprechung zum Schutz des allgemeinen Persönlichkeitsrechts auf Sachverhalten aus diesem Bereich (vgl. zur öffentlichen Fahndung mit Hilfe der Presse OLG Hamburg, NJW 1980, 842; zur Kriminalberichterstattung unter Nennung des Betroffenen OLG Köln, NJW 1987, 2682; zur unberechtigten Veröffentlichung privater Fotos LG Oldenburg, GRUR 1988, 694; zur Veröffentlichung ungenehmigter Informationen BGH, DB 1987, 2640; zum sich insoweit ergebenden Schmerzensgeldanspruch LG Köln, NJW 1992, 443; ferner zum Anspruch auf Richtigstellung und Schmerzensgeld BGH, NJW 1995, 861; OLG Brandenburg, NJW 1995, 886; vgl. auch Prinz, NJW 1995, 817; zur Veröffentlichung von diskriminierenden Mitarbeiterdaten BAG, NJW 1999, 3576; zur Herstellung und Veröffentlichung von Luftbildaufnahmen von Feriendomizilen Prominenter BGH, RDV 2004, 120 und BVerfG, RDV 2006, 156; zum Widerruf der Einwilligung in die Veröffentlichung von Filmaufnahmen LG Hamburg, RDV 2006, 77; zur Geldentschädigung wegen Presseveröffentlichung über Verstorbene Thüringer OLG, RDV 2006, 20; zur Veröffentlichung über Prominentenkinder BVerfG, NJW 2005, 1857; NJW 2012, 1500 und BGH, ZD 2014, 410). Die uneingeschränkte Anwendung des Gesetzes auf diese Medien würde aber zu Kollisionen mit der grundgesetzlich garantierten Pressefreiheit führen. Soweit Einrichtungen des Medienbereichs personenbezogene Daten zum Zwecke der Veröffentlichung verarbeiten und nutzen, bedarf es zum Schutz des Bürgers besonderer Regelungen, die einerseits die Pressefreiheit nicht in ihrem Wesensgehalt beeinträchtigen, andererseits aber auch das im Grundgesetz verankerte **informationelle Selbstbestimmungsrecht** nur insofern einschränken dürfen, wie es die Pressefreiheit erfordert.

5 **2.2** Das Medienprivileg gilt nicht für Behörden und sonstige öffentliche Stellen, die personenbezogene Daten zu eigenen publizistischen Zwecken verarbeiten, denn das Grundrecht der Pressefreiheit gilt nur gegenüber der **staatlichen Gewalt,** nicht aber für sie. Die Berufung auf das Medienprivileg ist demgemäß auch für privatrechtlich organisierte Unternehmen ausgeschlossen, deren Anteile sich in der Hand öffentlich-rechtlicher Körperschaften befinden (vgl. Aufsichtsbeh. Baden-Württemberg, Hinweis zum BDSG Nr. 28, Staatsanz. 1989, Nr. 1/2, S. 10).

6 **2.3** Nach dem Wortlaut des **Absatzes 1 Satz 1** gilt es auch nicht für **Rundfunkanstalten,** sondern nur für die Presse und deren Hilfsunternehmen. Das heißt aber

Erhebung, Verarbeitung und Nutzung personenbezogener Daten **§ 41**

nun keineswegs, dass Rundfunkanstalten nicht an der Pressefreiheit des Art. 5 Abs. 1 GG partizipierten (vgl. bei Tillmanns/Hein, DVBl. 1990, 91). Die Nichteinbeziehung der Rundfunkanstalten ist auf Grund der ausschließlichen Gesetzgebungskompetenz des Bundesgesetzgebers für die Rundfunkanstalt nicht konsequent erfolgt. Dass der Gesetzgeber gleichwohl den Sondertatbestand der „journalistisch-redaktionellen" Verarbeitung und Nutzung personenbezogener Daten auch durch die Bundesrundfunkanstalt anerkennt, wird durch die Regelung der Absätze 2 und 4 Satz 1 deutlich.

2.4 Das Medienprivileg gilt ferner nur für **Unternehmen oder Hilfsunterneh-** 7 **men der Presse.** Als Träger des Pressseprivilegs gelten – ausgehend von dem formellen Pressebegriff (vgl. hierzu Anm. 2.7) – alle Hersteller von Druckwerken. Daraus folgt, dass das Medienprivileg auch auf eine Kunden- oder **Werkszeitung** oder ein sonstiges Informationsblatt Anwendung findet, wenn die Schrift von einer Stelle herausgegeben wird, deren unternehmerische Tätigkeit gerade die Herausgabe solcher Druckwerke zum Gegenstand hat. Fraglich ist jedoch, ob das Medienprivileg auch dann noch greift, wenn die Publikation von einem an sich pressefremden Betrieb herausgegeben wird, wie es u. a. bei dem Großteil der Werks- und Kundenzeitungen, aber auch bei Partei- und Vereinszeitungen der Fall ist. Soll die Regelung des Absatzes 1 dem beabsichtigten Grundrechtsschutz gerecht werden, kann jedoch auch in diesem Fall die Werks- oder Kundenzeitung nicht aus dem Medienprivileg ausgenommen werden. Maßgebend dafür, ob und wieweit das Medienprivileg greift, muss der Schutzbereich der Norm sein, der die mit der publizistischen Aktivität unmittelbar zusammenhängende Unternehmung, d. h. die redaktionelle Organisation der Kunden- oder Werkszeitung erfasst; gleichgültig, ob diese einem anderen Zwecken dienendem größeren Unternehmen rechtlich zugehört.

2.5 Zu beachten ist jedoch, dass aus dem Schutzbereich des BDSG nur solche Daten 8 ausgenommen sind, die **„ausschließlich" zu publizistischen Zwecken** verarbeitet werden. Es ist also erforderlich, dass die von der Redaktion der Werkszeitung vorgenommenen Datenverarbeitungen losgelöst von den für andere Zwecke der Redaktion (z. B. Vertrieb, Anzeigenverwaltung) oder des Betriebs (z. B. sonstige Personalverwaltung) durchgeführten Verarbeitungen erfolgen (vgl. auch bei Gola/Wronka, Handbuch Arbeitnehmerdatenschutz, Rn. 842 ff.). Tauglicher Adressat des Medienprivilegs sind deshalb organisatorisch in sich geschlossene, gegenüber den sonstigen betrieblichen Stellen abgeschottete, in der redaktionellen Tätigkeit **autonome Organisationseinheiten** (Gola, DB 1978, 2159; Dix in: Simitis, BDSG § 40 Rn. 11).

2.6 Liegt eine derartige **Abschottung** vor, d. h. wird die publizierende Abteilung 9 als „Unternehmen im Unternehmen" tätig, so ergibt sich daraus die Konsequenz, dass für die Weitergabe von Daten aus dem nicht publizistischen Bereich an die die Zeitschrift herausgebende Abteilung des Unternehmens die datenschutzrechtlichen Voraussetzungen für eine Übermittlung gegeben sein müssen (zur Veröffentlichung von **Personalnachrichten** in Werkszeitungen, HessLDSB, 16. TB S. 139; vgl. auch den von der Aufsichtsb. Baden-Württemberg beurteilten Fall der Herausgabe einer **Kurzeitung**, bei der jedoch das Erfordernis der klaren organisatorischen Abschottung der Redaktion verneint wurde; Hinweis zum BDSG Nr. 28, Staatsanz. 1989, Nr. 1/2, S. 10 = RDV 1989, 142).

2.7 Welche Publikationen unter den Begriff des **Presseerzeugnisses** zu fassen sind, 10 wird in § 41 nicht näher definiert. Gemeint ist der in Art. 5 Abs. 1 Satz 2 GG und den einschlägigen Fachgesetzen angesprochene und durch die Rechtsprechung konkretisierte Publikationsbereich (vgl. bei Seibel-Schwiedernoch, CR 1988, 861). Danach gehören zur Presse grundsätzlich alle zur Verbreitung bestimmten Druckerzeugnisse, sofern sie Minimalanforderungen an Auflagenhöhe und Verbreitungsgrad erfüllen, um dem Anspruch „Verbreitung in der Öffentlichkeit" zu genügen (Garstka, JZ 1978, 507; zum objektiven und subjektiven Element journalistischer Tätigkeit s. ausführlich Bergmann/Möhrle/Herb, BDSG § 41 Rn. 34 ff.). Erforderlich ist jedoch auch, dass die Publikation eine **redaktionelle Arbeit** widerspiegelt, d. h. als Beitrag

603

zur Meinungsbildung oder Berichterstattung angesehen werden kann. Qualitative Bewertungen sind für diese Beurteilung jedoch ausgeschlossen. So sind sogar **Branchenfernsprechbücher** (Gelbe Seiten) der Presse zugeordnet worden (OLG Saarbrücken, NJW 1981, 136). Auch wenn Absatz 1 nicht mehr die in BDSG 90 enthaltenen Hinweise enthält, dass die Herausgabe von reinen Adress-, Telefon- oder Branchenverzeichnissen die Anforderungen an eine redaktionelle Tätigkeit noch nicht erfüllt, ist diese Abgrenzung weiter zutreffend. Das Medienprivileg greift jedoch dann wieder, wenn mit der Herausgabe eine journalistisch-redaktionelle Tätigkeit verbunden ist, wozu nicht genügt, dass in die Verzeichnisse Werbung aufgenommen wird (Bergmann/Möhrle/Herb, BDSG § 41 Rn. 48; Dix in: Simitis, BDSG § 41 Rn. 13 verlangt bei **Anzeigenblättern** zumindest eine redaktionelle Aufbereitung in Form von Veranstaltungshinweisen, kommunalpolitischen Hinweisen etc.). Zutreffend ist darauf abzustellen, ob die veröffentlichten Adressen etc. durch eine redaktionelle Tätigkeit eine gewisse Strukturierung und Aufbereitung erfahren haben.

10a 2.8 Auch im TMG regulierte **Publikationen im Internet** können unter das Medienprivileg fallen. Presse im verfassungsrechtlichen Sinne sind auch auf journalistisch-redaktioneller Tätigkeit beruhende elektronische Publikationen. Die bloße Übermittlung von erhobenen Daten ohne eigenen journalistischen Beitrag erfüllt diese Anforderungen jedoch nicht (so der BGH zum sog. spick-mich-Fall, NJW 2009, 2888). Ein Internetforum ohne Moderation oder Bearbeitung ist dem TMG bzw. hinsichtlich des Inhalts der Information dem BDSG zuzuordnen. Die Zulässigkeit der Publikation, d.h. der Übermittlung personenbezogener Daten (vgl. § 3 Rn. 33), richtet sich dann nach § 29. Andere Stimmen weisen zutreffend darauf hin, dass § 41 Abs. 1 nicht das Tor für ein **allgemeines Meinungsprivileg** im Internet eröffnen will (Dix in: Simitis, BDSG § 41 Rn. 11; Kühling/Seidel/Sivritis, Datenschutzrecht, 2. Aufl., S. 224 m. N.). Daher wird von dieser einschränkenden Auffassung zusätzlich darauf abgestellt, dass ein Presseunternehmen das Informationsangebot konkret gestaltet und aufbereitet (vgl. Schmittmann in: Schwartmann (Hrsg.), Praxishandbuch IT-, Medien- und Urheberrecht, 2. Aufl., S. 285 m. N. der insoweit unterschiedlichen Rechtsprechung; s. aber auch Gounalakis/Klein, NJW 2010, 566; Greve/Schärdel, MMR 2006, 644; Plog, CR 2007, 668). Übereinstimmende Zustimmung findet daher die Anwendung des Meinungsprivilegs auf eine von einem Verlag zum Abruf im Internet mit Straßen und Häusern nebst Erläuterungen versehenen **Touristenführer** „Bilderbuch Köln" (LG Köln, CR 2010, 198). Der BGH (RDV 2011, 190) bejahte das Meinungsprivileg bei dem Betrieb eines Straftäter durch Links auf Presseveröffentlichungen identifizierenden **Online-Archivs** (hierzu Kaufmann, MMR 2000, 520). Die Zielrichtung der Veröffentlichung für einen unbestimmten Personenkreis verneint er nicht deshalb, weil dem Nutzer eine Berechtigung zugeteilt wird. Im Endeffekt unerheblich ist die gebotene Einschränkung des Medienprivilegs, wenn im Rahmen der Anwendung des § 29 der Meinungsfreiheit gegenüber den schutzwürdigen Interessen der Betroffenen unangemessen Vorrang eingeräumt wird (vgl. § 29 Rn. 27). Die Datenschutzrechte der Betroffenen sind durch die Länder zu regeln; was hier im **RStV** geschehen ist (vgl. auch Buchner in: Wolff/Brink, DatenschutzR, BDSG § 41 Rn. 18, der bei Onlinebewertungssystemen im Falle eines journalistisch-redaktionellen Charakters auf § 57 Abs. 1 Satz 1 RStV als maßgebende, wenngleich dem § 41 entsprechende Regelung hinweist).

3. Journalistisch-redaktionelle und literarische Zweckbestimmung

11 3.1 Nach **Absatz 1** und **Absatz 2** privilegiert sind nur die mit der **journalistisch-redaktionellen Zweckbestimmung** gespeicherten Daten. Hierzu gehören

Erhebung, Verarbeitung und Nutzung personenbezogener Daten **§ 41**

z. B. eindeutig nicht Daten von Lieferanten etc. oder Personaldaten des technischen oder Verwaltungspersonals. Ob aber **Honorardaten** von freien Mitarbeitern, wenn das Honorar untrennbar mit einer bestimmten journalistischen Leistung verbunden ist, oder (Abrechnungs-)Daten über bei Recherchen angefallene Reisekosten bereits von der Anwendung des BDSG ausgenommen sind (so Bergmann/Möhrle/Herb, BDSG § 41 Rn. 39), muss fraglich erscheinen. Auch Daten der **Abonnentenverwaltung** und selbst von **Leseranalysen,** auch wenn letztere ggf. Einfluss auf die redaktionelle Arbeit haben, fallen unter das BDSG; immer vorausgesetzt, dass dessen allgemeine Anwendungsvoraussetzungen nach § 27 gegeben sind.

3.2 Mit dem Einbezug der **literarischen Zweckbestimmung** in das Privileg werden auch Daten, die ausschließlich der Herstellung belletristischer oder Sachliteratur dienen, aus dem Anwendungsbereich des BDSG ausgenommen. Entsprechendes gilt für Datenbestände selbstständiger Buchautoren (Dix in: Simitis, BDSG § 41 Rn. 14). **12**

3.3 Nicht zu journalistisch-redaktionellen Zwecken gespeichert sind im Zusammenhang mit dem **Gebühreneinzug** gespeicherte Daten von Rundfunkteilnehmern; ebenso ist die GEZ (Gebühreneinzugszentrale) kein mit dem Medienprivileg versehenes Hilfsunternehmen. Die mit dem Gebühreneinzug anfallenden Datenerhebungen und -verarbeitung richten sich nach den bereichsspezifischen Vorschriften des Rundfunkgebührenstaatsvertrags (vgl. hierzu auch VGH Mannheim, DÖV 1995, 386 und 424). **12a**

3.4 Die Privilegierung des Absatzes 1 setzt die Verarbeitung für **eigene Zwecke** voraus. Diese können – wie es bei den in Absatz 1 Satz 1 erwähnten Hilfsunternehmen der Presse, d. h. bei einem **Pressearchiv** oder einer **Nachrichtenagentur** generell der Fall ist – auch in der Übermittlung an Zeitungen der Journalisten bestehen. Die Ausnahme des § 41 entfällt, wenn der ausschließlich journalistische Bereich verlassen wird und die Pressedaten auch ansonsten vermarktet werden. **12b**

4. Das Medienprivileg der Deutschen Welle

4.1 Für die **Rundfunkanstalt des Bundesrechts,** also die Deutsche Welle, ergibt sich das ansonsten in die Länderkompetenz gelegte Medienprivileg aus **Absatz 4 Satz 1.** Daneben enthalten die Absätze 2 bis 3 konkrete, bereichsspezifische datenschutzrechtliche Vorgaben. Insoweit ist relevant, insbesondere hinsichtlich der in diesen Bestimmungen gegenüber den Betroffenen eingeräumten Verpflichtungen, dass die Verarbeitung und Nutzung der Daten ohne die Einschränkung des Dateibezugs geregelt ist, d. h. dass auch die **in Akten** gespeicherten Daten erfasst werden. **13**

4.2 Absatz 2 verpflichtet die Deutsche Welle, falls sie nach dem Presserecht zur Veröffentlichung einer **Gegendarstellung** oder eines Widerrufs des Betroffenen verpflichtet war, diese Gegendarstellung zu den gespeicherten Daten zu nehmen, zu denen sie abgegeben wurde. Die Gegendarstellung ist so lange zu speichern, wie die durch sie bestrittenen Daten. Insoweit weist die Regelung des Absatzes 2 Parallelen zu dem im Arbeitsrecht gem. § 83 Abs. 2 BetrVG bestehenden Gegendarstellungsrecht auf (vgl. hierzu § 35 Rn. 15 ff.). Zu beachten ist, dass die Pflicht zur Speicherung der Gegendarstellung unabhängig von der Art der Speicherung der Daten besteht, also bei aktenmäßiger Datenspeicherung ebenso greift wie bei einem automatisiert geführten Pressearchiv (zu dem insoweit je nach Speicherungsmodus zu ergreifenden Verfahren, vgl. Bergmann/Möhrle/Herb, BDSG § 41 Rn. 56 f.). **14**

4.3 Absatz 3 gewährt dem Betroffenen ein – wenn auch nur unter einschränkenden Voraussetzungen zu realisierendes – **Auskunftsrecht.** Der Anspruch auf Auskunft besteht erst dann, wenn eine Verletzung des Persönlichkeitsrechts eingetreten ist, was durchaus strittig sein kann. Zudem erstreckt sich die Auskunft ggf. nicht **15**

§ 41 Erhebung, Verarbeitung und Nutzung personenbezogener Daten

auf Daten über den bei der Berichterstattung beteiligten Journalisten und den **Informanten** oder Einsender von Beiträgen, d. h. das Auskunftsrecht setzt den Betroffenen nicht einmal in die Lage, den „Täter" der Persönlichkeitsrechtsverletzung zu ermitteln, falls dessen schutzwürdigen Interessen Vorrang einzuräumen ist. Die Auskunft kann ferner dann verweigert werden, wenn das Interesse der Deutschen Welle, nicht in ihrer journalistischen Aufgabe beeinträchtigt zu werden, gewichtiger ist als das Informationsinteresse des Betroffenen. Die Auskunft ist kostenlos zu erteilen.

16   4.4 Schließlich gewährt Absatz 3 Satz 3 dem Betroffenen ein **Korrekturrecht,** indem die Rundfunkanstalt verpflichtet wird, unrichtige Daten zu berichtigen (vgl. hierzu aber auch Eberle, CR 1992, 320). Kann der Betroffene die Unrichtigkeit der Daten nicht nachweisen, so bleibt ihm im Falle der Veröffentlichung das Mittel der – nunmehr auch bei den bestrittenen Daten zu speichernden – Gegendarstellung.

5. Kontrollkompetenzen

17   In **Absatz 4** Satz 2 wird klargestellt, dass der BfDI gegenüber dem Bundesrundfunk nicht die Kontrollrechte nach § 24 bis 26 hat, sondern dass die Kontrolle auch im Bereich der uneingeschränkten Geltung des BDSG im Verwaltungssektor dem Selbstkontrollorgan des nach § 42 zu bestellenden **Rundfunkdatenschutzbeauftragten** obliegt.

6. Landesrecht

18   6.1 Einige Länder haben eigene **Mediengesetze** erlassen und dort auch den Datenschutz geregelt. Bayern und Hamburg haben entsprechende Regelungen in ihren Landesdatenschutzgesetzen aufgehoben. Soweit die Landesdatenschutzgesetze noch Regelungen enthalten, bestätigen sie in erster Linie das Medienprivileg (vgl. dazu näher Rn. 4 ff.). Auslöser für solche Regelungen ist teilweise die Existenz einer landeseigenen Rundfunkanstalt (§ 37 LDSG BW; § 31 BlnDSG; § 36 BremDSG, § 37 HDSG; § 28 Abs. 1 ThürDSG). Diese Gesetze enthalten Regelungen für zu journalistisch-redaktionellen Zwecken verarbeitete personenbezogene Daten sowie die Verpflichtung, veröffentlichte Gegendarstellungen anschließend bei den bestrittenen Daten zu speichern. Baden-Württemberg (§ 37 Abs. 3) und Thüringen (§ 28 Abs. 3) haben noch ein besonderes Auskunfts- und Berichtigungsrecht des Betroffenen aufgenommen.

19   6.2 Nicht gefolgt sind auch einige Bundesländer darin, die Rundfunkanstalt gänzlich aus der Kontrolle des Landesdatenschutzbeauftragten auszunehmen, d. h. sie haben die ausschließliche Eigenkontrolle der Rundfunkanstalt (was Bergmann/Möhrle/Herb, BDSG § 41 Rn. 92 für verfassungswidrig halten) auf den journalistisch-redaktionellen Teil begrenzt (so § 31 BlnDSG; §§ 1 Abs. 5, 36 BremDSG; §§ 3 Abs. 5, 37 HDSG).

§ 42 Datenschutzbeauftragter der Deutschen Welle

(1) ¹Die Deutsche Welle bestellt einen Beauftragten für den Datenschutz, der an die Stelle des Bundesbeauftragten für den Datenschutz und die Informationsfreiheit tritt. ²Die Bestellung erfolgt auf Vorschlag des Intendanten durch den Verwaltungsrat für die Dauer von vier Jahren, wobei Wiederbestellungen zulässig sind. ³Das Amt eines Beauftragten für den Datenschutz kann neben anderen Aufgaben innerhalb der Rundfunkanstalt wahrgenommen werden.

(2) ¹Der Beauftragte für den Datenschutz kontrolliert die Einhaltung der Vorschriften dieses Gesetzes sowie anderer Vorschriften über den Datenschutz. ²Er ist in Ausübung dieses Amtes unabhängig und nur dem Gesetz unterworfen. ³Im Übrigen untersteht er der Dienst- und Rechtsaufsicht des Verwaltungsrates.

(3) Jedermann kann sich entsprechend § 21 Satz 1 an den Beauftragten für den Datenschutz wenden.

(4) ¹Der Beauftragte für den Datenschutz erstattet den Organen der Deutschen Welle alle zwei Jahre, erstmals zum 1. Januar 1994 einen Tätigkeitsbericht. ²Er erstattet darüber hinaus besondere Berichte auf Beschluss eines Organes der Deutschen Welle. ³Die Tätigkeitsberichte übermittelt der Beauftragte auch an den Bundesbeauftragten für den Datenschutz und die Informationsfreiheit.

(5) ¹Weitere Regelungen entsprechend den §§ 23 bis 26 trifft die Deutsche Welle für ihren Bereich. ²Die §§ 4f und 4g bleiben unberührt.

Literatur: Vgl. die Hinweise zu § 41.

Übersicht

	Rn.
1. Allgemeines	1
2. Die Stellung des Datenschutzbeauftragten	2
3. Die Kompetenzen des Datenschutzbeauftragten	4
4. Landesrecht	8

1. Allgemeines

§ 42 regelt die interne Datenschutzkontrolle der – einzigen – Rundfunkanstalt des Bundes; dem Auslandsrundfunk „**Deutsche Welle**" (zur Zuständigkeit des Bundes im Bereich des Rundfunks vgl. bei Bergmann/Möhrle/Herb, BDSG § 42 Rn. 3 ff.). Die Deutsche Welle ist somit gesetzlich verpflichtet, bzw. berechtigt, einen eigenen Beauftragten für den Datenschutz zu bestellen. Mit der Einführung dieses unabhängigen, **rundfunkinternen Datenschutzbeauftragten** hat der Gesetzgeber die aus der grundgesetzlichen Rundfunkfreiheit resultierende Staatsferne der Bundesrundfunkanstalt auch für den Bereich des Datenschutzes verwirklicht (Hein, NJW 1991, 2614; Herb, Neue Justiz, 1991, 97). 1

2. Die Stellung des Datenschutzbeauftragten

2.1 Der Datenschutzbeauftragte wird von dem Verwaltungsrat ernannt, der auch ausschließlich die Dienst- und Rechtsaufsicht über den Amtsinhaber ausübt. Aufgabe des Beauftragten ist es, die Einhaltung der Vorschriften des BDSG und sonstiger 2

§ 42 Datenschutzbeauftragter der Deutschen Welle

Datenschutzvorschriften in der Rundfunkanstalt zu kontrollieren; dies gilt sowohl im journalistisch-redaktionellen Bereich, wie bei den der Verwaltung der Rundfunkanstalt dienenden Datenverarbeitungen. Der DSB nimmt insofern die Stelle einer **unabhängigen Kontrollinstanz** ein. Dem steht jedoch nicht entgegen, dass ein Mitarbeiter der Anstalt zum DSB bestellt wird, wie Absatz 1 Satz 3 deutlich macht.

3   2.2 Die rechtliche Grundlage für die Übernahme der Funktion des DSB wird in der Regel ein Beschäftigungsverhältnis als Angestellter sein. Dies geht auch daraus hervor, dass der DSB gem. Absatz 1 Satz 3 sein Amt auch neben anderen Aufgaben ausüben kann. Bei nebenamtlicher Tätigkeit müssen gleichermaßen wie bei dem betrieblichen DSB (vgl. § 4f Rn. 23 ff.) Interessenkollisionen vermieden werden (Bergmann/Möhrle/Herb, BDSG § 42 Rn. 12 ff.). Aus den Regelungen des § 42 geht jedoch nicht hervor, dass nicht auch ein **externer DSB** im Rahmen eines Geschäftsbesorgungsvertrages eingesetzt werden kann. Insoweit gelten also alle Variationsmöglichkeiten, die auch § 4f den Daten verarbeitenden Stellen eröffnet. Im Übrigen ist bemerkenswert, dass die Befristung der Bestellung ausdrücklich vorgesehen ist.

3a   2.3 Nach **Absatz 2** Satz 2 übt er sein Amt nicht nur wie der DSB nach § 4f weisungsunabhängig sondern auch „nur dem Gesetz unterworfen" aus. Dadurch wird auch deutlicher, dass er keiner Fachaufsicht unterliegt. Die Dienst- und Rechtsaufsicht bleibt bestehen; dies jedoch beim Verwaltungsrat und nicht beim Intendanten.

3. Die Kompetenzen des Datenschutzbeauftragten

4   3.1 Bei der Kontrollbefugnis des DSB ist zu beachten, dass die zu journalistisch-redaktionellen Zwecken verarbeiteten personenbezogenen Daten auf Grund des Medienprivilegs des § 41 weitgehend nicht unter die Regelungen des BDSG fallen. Alle anderen Daten jedoch, die nicht diesen Zwecken dienen, also u. a. die Personal-, Mitarbeiter- und Autorendaten unterliegen der uneingeschränkten Anwendung des BDSG und zwar speziell dem zweiten Abschnitt des Gesetzes. Auch in diesem Bereich ist nicht der Bundesbeauftragte zuständig (vgl. die abweichenden Regelungen der Länder, Rn. 9), sondern der Beauftragte der Anstalt. Die in Absatz 4 Satz 3 getroffene **Berichtspflicht** gegenüber dem Bundesbeauftragten begründet keine diesbezügliche Weisungs- oder Kontrollbefugnis des BfD.

5   3.2 Durch Satz 2 des Absatzes 5, der die Regelungen zur Bestellung eines behördlichen Datenschutzbeauftragten „als unberührt" bezeichnet, stehen dem DSB auch die dort genannten Kontrollbefugnisse und -pflichten zu.

6   3.3 Das in **Absatz 3** für „Jedermann" – entsprechend der für den BfD in § 21 Satz 1 und für den internen DSB in § 4f Abs. 5 getroffenen Regelung – begründete Recht, sich an den DSB zu wenden, beinhaltet gleichzeitig natürlich die Pflicht, als Anwalt des Petenten der Beanstandung, sofern sie begründet sein könnte, nachzugehen. Das **Beschwerderecht** gilt vom Wortlaut des Gesetzes her nur für den Betroffenen, der sich in seinen Rechten verletzt sieht. Jedoch gibt die in Absatz 2 Satz 2 verbürgte Unabhängigkeit des DSB selbstverständlich auch das Recht, Beanstandungen nachzugehen, die von anderer Seite an ihn herangetragen werden, wobei er, auch wenn dies nicht ausdrücklich geregelt ist, über die Person des Beschwerdeführers Stillschweigen bewahren kann (zur Regelung von inzident erfolgenden Programmbeschwerden vgl. § 20 DWG).

7   3.4 Die Unabhängigkeit des DSB wird nicht bzw. kann nicht durch die der Rundfunkanstalt in **Absatz 5** eingeräumte Regelungskompetenz eingeschränkt werden. Zwar haben die Rundfunkanstalten das Recht, für die Ausgestaltung des Amtes nähere Regelungen hinsichtlich der Amtsführung unter Berücksichtigung der rundfunkspezifischen Besonderheiten zu treffen; dabei sind sie jedoch an die

Vorgaben der gesetzlichen Regelung über die Rechtsstellung, Kontroll- und Beanstandungsbefugnisse des Bundesbeauftragten für den Datenschutz gebunden (Hein, NJW 1991, 2614).

4. Landesrecht

4.1 Für die dem Landesrecht unterstehenden öffentlich-rechtlichen Rundfunkanstalten haben die Landesgesetzgeber wohl in der Mehrzahl inzwischen ähnliche Regelungen getroffen, indem sie eine diesbezügliche Bestimmung entweder in das Landesdatenschutzgesetz (so § 38 LDSG BW; § 31 BlnDSG; § 36 BremDSG; § 37 HDSG; § 28 Abs. 2 ThürDSG) oder in das jeweilige Landesrundfunkgesetz (vgl. § 52 WDR-Gesetz) aufgenommen haben.

4.2 Bemerkenswert ist insoweit, dass in den Landesdatenschutzgesetzen von Bremen (§ 36) und Hessen (§ 37 Abs. 2 HDSG) dem Beauftragten der Rundfunkanstalt zunächst nur die Kompetenz für die im journalistisch-redaktionellen Bereich stattfindenden Verarbeitungen übertragen wurde; es jedoch gestattet ist, ihm auch die Aufgabe des „behördeninternen DSB" für die sonstigen Verarbeitungen personenbezogener Daten zu übertragen, die damit aber nicht der fortbestehenden Zuständigkeit des Landesdatenschutzbeauftragten entzogen wird (vgl. bei Nungesser, HDSG § 37 Rn. 7).

§ 42a Informationspflicht bei unrechtmäßiger Kenntniserlangung von Daten

¹Stellt eine nichtöffentliche Stelle im Sinne des § 2 Absatz 4 oder eine öffentliche Stelle nach § 27 Absatz 1 Satz 1 Nummer 2 fest, dass bei ihr gespeicherte
1. besondere Arten personenbezogener Daten (§ 3 Abs. 9),
2. personenbezogene Daten, die einem Berufsgeheimnis unterliegen,
3. personenbezogene Daten, die sich auf strafbare Handlungen oder Ordnungswidrigkeiten oder den Verdacht strafbarer Handlungen oder Ordnungswidrigkeiten beziehen, oder
4. personenbezogene Daten zu Bank- oder Kreditkartenkonten

unrechtmäßig übermittelt oder auf sonstige Weise Dritten unrechtmäßig zur Kenntnis gelangt sind, und drohen schwerwiegende Beeinträchtigungen für die Rechte oder schutzwürdigen Interessen der Betroffenen, hat sie dies nach den Sätzen 2 bis 5 unverzüglich der zuständigen Aufsichtsbehörde sowie den Betroffenen mitzuteilen. ²Die Benachrichtigung der Betroffenen muss unverzüglich erfolgen, sobald angemessene Maßnahmen zur Sicherung der Daten ergriffen worden oder nicht unverzüglich erfolgt sind und die Strafverfolgung nicht mehr gefährdet wird. ³Die Benachrichtigung der Betroffenen muss eine Darlegung der Art der unrechtmäßigen Kenntniserlangung und Empfehlungen für Maßnahmen zur Minderung möglicher nachteiliger Folgen enthalten. ⁴Die Benachrichtigung der zuständigen Aufsichtsbehörde muss zusätzlich eine Darlegung möglicher nachteiliger Folgen der unrechtmäßigen Kenntniserlangung und der von der Stelle daraufhin ergriffenen Maßnahmen enthalten. ⁵Soweit die Benachrichtigung der Betroffenen einen unverhältnismäßigen Aufwand erfordern würde, insbesondere aufgrund der Vielzahl der betroffenen Fälle, tritt an ihre Stelle die Information der Öffentlichkeit durch Anzeigen, die mindestens eine halbe Seite umfassen, in mindestens zwei bundesweit erscheinenden Tageszeitungen oder durch eine andere, in ihrer Wirksamkeit hinsichtlich der Information der Betroffenen gleich geeignete Maßnahme. ⁶Eine Benachrichtigung, die der Benachrichtigungspflichtige erteilt hat, darf in einem Strafverfahren oder in einem Verfahren nach dem Gesetz über Ordnungswidrigkeiten gegen ihn oder einen in § 52 Absatz 1 der Strafprozessordnung bezeichneten Angehörigen des Benachrichtigungspflichtigen nur mit Zustimmung des Benachrichtigungspflichtigen verwendet werden.

Literatur: *Dorn,* Informationspflicht bei Datenschutzpannen: Wie geht man mit § 42a BDSG um?, DSB 7+8/2011, 16; *Duisberg/Picot,* Rechtsfolgen von Pannen in der Datensicherheit, CR 2009, 823; *Eckhardt/Schmitz,* Informationspflicht bei „Datenschutzpannen", DuD 2010, 390; *Gabel,* Informationspflicht bei unrechtmäßiger Kenntniserlangung von Daten, BB 2009, 2045; *Grentzenberg/Schreibauer/Schuppert,* Die Datenschutznovelle (Teil I), K&R 2009, 368; *Hanloser,* Security Breach Notification: Neue Informationspflichten bei Datenschutzpannen, DSB 11/2009, 11; *ders.,* Datenschutz-Compliance: Security Breach Notification bei Datenpannen, CCZ 2010, 25; *Hansen,* Informationen bei Datenschutzvorfällen: Ja, bitte!, DANA 1/2009, 12; *Holländer,* Datensündern auf der Spur – Bußgeldverfahren ungeliebtes Instrument der Datenschutzaufsichtsbehörden?, RDV 2009, 215; *Hornung,* Informationen über „Datenpannen" – Neue Pflichten für datenverarbeitende Unternehmen, NJW 2010, 1841; *Schuler,* Pseudo-Transparenz bei Datenschutzvorfällen: Nein, danke!, DANA 1/2009, 14.

Übersicht

	Rn.
1. Allgemeines	1
2. Anwendungsbereich	2

Informationspflicht bei Kenntniserlangung § 42a

	Rn.
3. Benachrichtigung	5
4. Strafrechtliches Verwendungsverbot	9
5. Einbindung des Datenschutzbeauftragten	10
6. Landesrecht	11

1. Allgemeines

Die Vorschrift ist durch das am 3.7.2009 vom Bundestag beschlossene „Gesetz zur 1
Änderung datenschutzrechtlicher Vorschriften" in das BDSG aufgenommen worden.
Das BDSG knüpft damit an den – inzwischen vom EU-Parlament gebilligten – Entwurf der Kommission der Europäischen Gemeinschaften zur Änderung der Richtlinie 2002/58/EG über die Verarbeitung personenbezogener Daten und den Schutz der Privatsphäre in der elektronischen Kommunikation an (KOM(2007) 698 endg.). In den USA gibt es bereits seit einigen Jahren vergleichbare Regelungen (näher dazu Duisberg/Picot, CR 2009, 823 (827)). Die Neuregelung soll Transparenz schaffen und es den Betroffenen und den Datenschutzaufsichtsbehörden erleichtern, bei Datenverlusten, d. h. wenn die genannten sensiblen Daten unrechtmäßig in die Hände Dritter gelangt sind, Folgeschäden zu vermeiden (vgl. auch die Entschließung der 76. Konferenz der Datenschutzbeauftragten des Bundes und der Länder am 6. und 7. November 2008). Die Regelung verfolgt daneben auch präventive Ziele. So soll sie für Unternehmen einen Anreiz bieten, Maßnahmen zur Verhinderung von meldepflichtigen Ereignissen zu ergreifen (näher dazu Hansen, DANA 1/2009, 12; Dorn, DSB 7+8/2011, 16; kritisch Schuler, DANA 1/2009, 14). Die Informationspflicht kann auch bei einem Verlust von Beschäftigtendaten bestehen. In diesen Fällen kann sie neben der arbeitgeberseitigen Fürsorgepflicht zur Information zwecks Schadensabwendung bzw. -minimierung bestehen. Die Information ist auch im Eigeninteresse des Arbeitgebers geboten, um Haftungsansprüche aus § 7 zu vermeiden. Nach zwei Jahren praktischer Erfahrung mit der Anwendung der Regelung zogen die Aufsichtsbehörden eine positive Bilanz: Fast 90 gemeldete Fälle zeigen, dass die Unternehmen die Informationspflicht ernst nehmen (RDV 2011, 263).

2. Anwendungsbereich

2.1 Die Informationspflicht gilt für **nichtöffentliche Stellen** i. S. d. § 2 Abs. 4 2
(s. § 2 Rn. 19 ff.) sowie für öffentlich-rechtliche Wettbewerbsunternehmen des Bundes und der Länder nach § 27 Abs. 1 Nr. 2 (die Konferenz der Datenschutzbeauftragten spricht sich für die Einführung einer Informationspflicht für öffentliche Stellen aus, „Ein modernes Datenschutzrecht für das 21. Jahrhundert", Eckpunkte, verabschiedet am 18. März 2010, Anlage 6 zum 32. Tätigkeitsbericht des BfDI, S. 29; kritisch zur Ausnahme der öffentlichen Stellen Pressemitteilung des BfDI vom 31.8.2011, RDV 2011, 263). Über die Verweisungen in § 93 Abs. 3 TKG und § 15a TMG gilt § 42a auch für Anbieter von Telekommunikations- und Telemediendiensten. Werden Daten im Wege der Datenverarbeitung im Auftrag durch den Auftragnehmer verarbeitet, bleibt der Auftraggeber für die Informationspflicht verantwortlich (Hornung, NJW 2010, 1841 (1842); Eckhardt/Schmitz, DuD 2010, 390 (393); Dix in: Simitis, BDSG § 42a Rn. 3; Gabel in: Taeger/Gabel, BDSG § 42a Rn. 9). Der Auftragnehmer kann aber aus dem Vertrag mit dem Auftraggeber verpflichtet sein (§ 11 Abs. 2 Nr. 8), diesen über Ereignisse nach § 4a zu unterrichten (dazu Scheffczyk in: Wolff/Brink, DatenschutzR, BDSG § 42a Rn. 10).

2.2 Die Pflicht zur Information bezieht sich nicht auf jegliche bei der verantwortli- 3
chen Stelle gespeicherten **Daten**, sondern nur auf die in Satz 1 genannten Daten, die der Gesetzgeber als **besonders sensibel** ansieht (dazu die Begründung des Regie-

611

§ 42a Informationspflicht bei Kenntniserlangung

rungsentwurfs, BT-Drs. 16/12 011, S. 34). Hierzu gehören die in § 3 Abs. 9 genannten besonderen Arten personenbezogener Daten, wobei für das Arbeitsverhältnis speziell Angaben über die Gesundheit, Gewerkschaftszugehörigkeit, Religion und ethnische Herkunft in Betracht kommen. Ferner geht es um den Schutz von Daten, die einem Berufsgeheimnis unterliegen (vgl. § 39 Rn. 1); hierzu zählen z. B. auch Daten des Betriebsarztes. Nicht zuletzt der verstärkte Missbrauch und das Schadenspotential in diesem Bereich haben zu der Einbeziehung personenbezogener Daten zu Bank- und Kreditkartenkonten geführt. Sonderregelungen für Bestands- und Verkehrsdaten nach dem Telekommunikations- und dem Telemediengesetz enthalten § 93 Abs. 3 TKG und § 15a TMG.

4 2.3 Ausgelöst wird die Informationspflicht dadurch, dass die verantwortliche Stelle auf Grund tatsächlicher Anhaltspunkte (Hinweise von Mitarbeitern, Auftragsdatenverarbeitern, Dritten etc.) feststellt, dass die in Satz 1 genannten Daten unrechtmäßig übermittelt oder auf sonstige Weise Dritten unrechtmäßig zur **Kenntnis** gelangt sind. Durch die letztgenannte Variante ist klargestellt, dass es auf eine Mitwirkung der verantwortlichen Stelle, etwa in Form der Weitergabe oder der Bereitstellung der Daten zum Abruf oder zur Einsicht, nicht ankommt. Damit sind Fälle von Daten- bzw. Identitätsdiebstahl und auch der bloße Verlust von Datenträgern von der Regelung mit umfasst. Zwar setzt § 42a nach dem Wortlaut eine tatsächliche Kenntnisnahme durch Dritte voraus; damit die Regelung ihren Zweck erfüllen kann, gilt die Pflicht zur Information aber bereits dann, wenn aus Sicht der verantwortlichen Stelle eine hohe Wahrscheinlichkeit für eine Kenntnisnahme durch Dritte besteht (ausführlich dazu Dorn, DSB 7+8/2011, 16, 17; Dix in: Simitis, BDSG § 42a Rn. 8; Gabel in: Taeger/Gabel, BDSG § 42a Rn. 17; Gabel, BB 2009, 2045 (2047); Scheffczyk in: Wolff/Brink, DatenschutzR, BDSG § 42a Rn. 30; Hullen in: Plath, BDSG § 42a Rn. 7, der allerdings tatsächliche Anhaltspunkte verlangt; a. A. Grentzenberg/Schreibauer/Schuppert, K&R 2009, 368 (374); Hanloser, CCZ 2010, 25 (26), der im Fall eines abhanden gekommenen Datenträgers den Beweis für eine Kenntnisnahme durch einen Dritten verlangt). Eine wirksame Verschlüsselung (z. B. Festplattenverschlüsselung bei Notebooks) kann einer unrechtmäßigen Kenntnisnahme vorbeugen (vgl. auch Satz 3 der Anlage zu § 9). Die Informationspflicht setzt weiterhin voraus, dass den Betroffenen durch die Kenntnisnahme des Dritten **schwerwiegende Beeinträchtigungen** für ihre Rechte oder schutzwürdigen Interessen drohen. Hierbei geht es um Beeinträchtigungen materieller oder immaterieller Art. Anders als in § 14 Abs. 2 Nr. 8 sind nicht nur Beeinträchtigungen von Rechten, sondern auch von schutzwürdigen Interessen erfasst (zum Vergleich zu § 14 Holländer, RDV 2009, 215 (220); Bergmann/Möhrle/Herb, BDSG § 42a Rn. 12). Zu Letzteren gehören auch Vermögensinteressen (so auch Dix in: Simitis, BDSG § 42a Rn. 9; Gabel in: Taeger/Gabel, BDSG § 42a Rn. 19). Materielle Schäden können z. B. bei Bekanntwerden von (Gehalts-)Kontodaten entstehen. Immaterielle Beeinträchtigungen werden regelmäßig vorliegen, wenn sie zugleich als gravierende Persönlichkeitsrechtsverletzung einen immateriellen Schadensersatzanspruch begründen. Erforderlich ist mithin eine **Prognoseentscheidung** des betreffenden Unternehmens. Dabei sind umso geringere Anforderungen an die Eintrittswahrscheinlichkeit zu stellen, je größer die mögliche Beeinträchtigung des Betroffenen ist (Gabel in: Taeger/Gabel, BDSG § 42a Rn. 20). Wenn ein Schaden eintritt, entfällt hierdurch die Informationspflicht nicht (a. A. Eckhardt/Schmitz, DuD 2010, 390 (392); Hanloser, CCZ 2010, 25 (27); wie hier Dix in: Simitis BDSG § 42a Rn. 9). Auch in diesen Fällen kann die Aufklärung für den Betroffenen zur Verhinderung weiterer Schäden und für die Geltendmachung von Schadensersatzansprüchen erforderlich sein.

3. Benachrichtigung

5 3.1 Adressaten der Benachrichtigung sind die zuständigen Datenschutzaufsichtsbehörden sowie die Betroffenen. Ausgangspunkt ist das Vorliegen tatsächlicher

Informationspflicht bei Kenntniserlangung § 42a

Anhaltspunkte für eine unrechtmäßige Übermittlung oder Kenntnisgabe der Daten. Die Information hat unverzüglich, d. h. ohne schuldhaftes Zögern (§ 121 BGB) zu erfolgen. Gegenüber den **Betroffenen** ist eine Verzögerung einer an sich sofort möglichen Information nicht schuldhaft, sondern berechtigt, wenn der Offenlegung zuvor noch zu schließende Sicherheitslücken oder Interessen der Strafverfolgung entgegenstehen. Die erste Alternative dient vor allem der Schadensbegrenzung und -behebung. Würde vorzeitig über eine Sicherheitslücke informiert, durch die sich Dritte Kenntnis von den betreffenden Daten verschaffen konnten, bestünde die Gefahr, dass weitere Dritte die Sicherheitslücke zur Beschaffung von Daten nutzen. Die verantwortliche Stelle soll daher zunächst die Gelegenheit erhalten, die Sicherheitslücke zu schließen (näher dazu die Begründung des Regierungsentwurfs, BT-Drs. 16/12 011, S. 34; Scheffczyk in: Wolff/Brink, DatenschutzR, BDSG § 42a Rn. 42). Die zweite Alternative dient dem Schutz von strafrechtlichen Ermittlungsverfahren vor Beeinträchtigungen, die durch eine Offenlegung entstehen können. Die Benachrichtigung oder ihre Zurückstellung einschließlich der Gründe sollten dokumentiert werden (Eckhardt/Schmitz, DuD 2010, 390 (394)). Die Zurückstellungsgründe nach Satz 2 bestehen gegenüber der **Aufsichtsbehörde** auf Grund der ihr obliegenden Verschwiegenheitspflicht nicht.

3.2 Auch hinsichtlich ihres **Inhalts** sind die Mitteilungen an die Aufsichtsbehörde 6 und an die Betroffenen unterschiedlich geregelt. Die Benachrichtigung der Betroffenen verfolgt in erster Linie den Zweck, diese in verständlicher Form über drohende Beeinträchtigungen zu informieren, damit sie die zur Abwehr, Begrenzung oder zum Ersatz eines Schadens erforderlichen Maßnahmen treffen können. Dementsprechend sind ihnen die Art der Verletzung sowie Empfehlungen für Schadensminderungsmaßnahmen mitzuteilen. Die Aufsichtsbehörde ist darüber hinaus über die von der verantwortlichen Stelle ergriffenen Maßnahmen zu unterrichten, damit sie beurteilen kann, ob der Datenschutzverstoß beseitigt wurde.

3.3 Grundsätzlich sind die Betroffenen individuell – z. B. per Brief oder E-Mail – 7 zu benachrichtigen. Ist dies nur mit einem **unverhältnismäßigen Aufwand** möglich, dann kann die Information auch durch eine Veröffentlichung in Tageszeitungen oder gleich geeignete Maßnahmen erfolgen. Als Beispiel für einen unverhältnismäßigen Aufwand nennt das Gesetz die Vielzahl der betroffenen Fälle. In der Begründung des Regierungsentwurfs wird auch der Umstand, dass Adressdaten der Betroffenen nicht bekannt sind, als unverhältnismäßiger Aufwand betrachtet (BT-Drs. 16/12 011, S. 35; im Ergebnis auch Dorn, DSB 7+8/2011, 16, 19). Auch hier muss die Anzahl der Fälle berücksichtigt werden. Die Alternative zur Veröffentlichung in Form einer halbseitigen Anzeige in mindestens zwei bundesweit erscheinenden Tageszeitungen entspricht einer Forderung des Bundesrates (BT-Drs. 16/12 011, S. 45) und gilt für Fälle, in denen diese Art der Veröffentlichung – etwa wegen einer begrenzten regionalen Bedeutung des Datenschutzverstoßes – unverhältnismäßig wäre (Beschlussempfehlung und Bericht des Innenausschusses, BT-Drs. 16/13 657, S. 38). Im Beschäftigungsverhältnis kann ggf. statt einem individuellen Anschreiben auch ein Rundschreiben oder eine Mitteilung in der Werkszeitung ausreichend sein.

3.4 **Verstöße gegen die Unterrichtungspflicht** sind nach § 43 Abs. 2 Nr. 7 8 bußgeldbewehrt. Bei Missachtung der Informationspflichten drohen Bußgelder bis zu 300.000 Euro. Eine Anordnung der Unterrichtung durch die Aufsichtsbehörde nach § 38 Abs. 5 kommt in der Regel nicht in Betracht, da die Unterrichtung der Betroffenen nicht geeignet ist, einen von der verantwortlichen Stelle begangenen Verstoß zu beseitigen (a. A. Hanloser, CCZ 2010, 22, 27). Die Aufsichtsbehörde kann aber nach § 38 Abs. 1 Satz 6 die Unterrichtung der Betroffenen selbst vornehmen (Hanloser, CCZ 2010, 25 (27); Dix in: Simitis, BDSG § 42a Rn. 21). Zivilrechtlich kommt ein Schadensersatzanspruch der Betroffenen in Betracht (Hanloser, DSB 11/2009, 11 (13); Gabel, BB 2009, 2045 f. und Eckhardt/Schmitz, DuD 2010, 390 (396) betrachten § 42a als Schutzgesetz nach § 823 Abs. 2 BGB).

4. Strafrechtliches Verwendungsverbot

9 Die Offenlegung der Datenschutzversäumnisse gegenüber der Aufsichtsbehörde ist gem. Satz 6 **keine Selbstanzeige**, d. h. sie darf nicht in ein Straf- oder Ordnungswidrigkeitsverfahren gegen den Benachrichtigungspflichtigen oder einen seiner Angehörigen nach § 52 Abs. 1 StPO Eingang finden, es sei denn der Benachrichtigungspflichtige stimmt zu. Hierdurch soll dem Konflikt Rechnung getragen werden, der darin besteht, dass sich der Benachrichtigungspflichtige entweder selbst belastet oder dass er sich ansonsten wegen der Nichtanzeige nach § 43 Abs. 2 Nr. 7 ordnungswidrig verhält. Die Regelung bezieht sich nach ihrem Wortlaut nur auf den Benachrichtigungspflichtigen, d. h. auf die verantwortliche Stelle (vgl. hierzu Eckhardt, DuD 2009, 585). Da diese, soweit sie eine juristische Person ist, nicht wegen einer Straftat verfolgt werden kann und die Festsetzung einer Geldbuße gegen eine juristische Person nach § 30 OWiG stets die Begehung einer Ordnungswidrigkeit durch eine natürliche Person voraussetzt, muss die Regelung für die vertretungsberechtigten Organe der juristischen Person (§ 9 Abs. 1 OWiG), die mit der Leitung beauftragten Personen (§ 9 Abs. 2 OWiG) sowie für die juristische Person selbst gelten (vgl. Dix in: Simitis, BDSG § 42a Rn. 19). Das Verwendungsverbot ist § 97 Abs. 1 Satz 3 InsO nachgebildet. Es geht über ein Verwertungsverbot hinaus und entfaltet eine **Fernwirkung**, die jegliche weitere Verwendung der Informationen für Straf- oder Bußgeldverfahren verbietet (Holländer, RDV 2009, 215 (221); Hornung, NJW 2010, 1841 (1844)). Die Information darf auch nicht als Grundlage für weitere Ermittlungen mit dem Ziel der Schaffung selbstständiger Beweismittel eingesetzt werden (Holländer, RDV 2009, 215 (221)). Die verantwortliche Stelle kann bei Vorliegen der Voraussetzungen gegenüber den Betroffenen zivilrechtlich zum Schadensersatz verpflichtet sein (näher dazu Hanloser, CCZ 2010, 25 (28 f.); Eckhardt/Schmitz, DuD 2010, 390, 396); für das Zivilverfahren gilt das Verwendungsverbot nicht (Dix in: Simitis, BDSG § 42a Rn. 20, 21; Taeger/Gabel, BDSG § 42a Rn. 32).

5. Einbindung des Datenschutzbeauftragten

10 Der betriebliche Datenschutzbeauftragte ist in mehrfacher Hinsicht in das Verfahren eingebunden. Das betrifft zunächst seine Pflicht, von ihm festgestellte oder ihm bekannt gewordene – eine Informationspflicht begründende – Tatbestände unverzüglich der Geschäftsleitung zu melden. Generell sollte der Datenschutzbeauftragte sowohl schon im Rahmen der Entwicklung des Krisenmanagements als auch als Teil des die Informationspflicht beurteilenden Gremiums eingebunden werden (BT-Drs. 16/12 011, S. 46). Die Letztentscheidung über die Erteilung der gesetzlich vorgeschriebenen Information obliegt aber der Geschäftsleitung. Die Pflicht zur Information des Betriebsrats folgt aus § 80 Abs. 2 BetrVG.

6. Landesrecht

11 Die Unterrichtungspflicht bei Datenschutzverstößen ist in Berlin (§ 18a BlnDSG), Rheinland-Pfalz (§ 18a LDSG RPf) und Schleswig-Holstein (§ 27a LDSG SH) ebenfalls in das Gesetz aufgenommen worden. Die Informationspflicht ist anders als in § 42a nicht auf die Kenntniserlangung bestimmter Daten beschränkt; wie in § 42a tritt die Pflicht aber nur ein, wenn schwerwiegende Beeinträchtigungen für die Rechte oder schutzwürdigen Interessen der Betroffenen drohen.

Fünfter Abschnitt. Schlussvorschriften

§ 43 Bußgeldvorschriften

(1) Ordnungswidrig handelt, wer vorsätzlich oder fahrlässig
1. entgegen § 4d Abs. 1, auch in Verbindung mit § 4e Satz 2, eine Meldung nicht, nicht richtig, nicht vollständig oder nicht rechtzeitig macht,
2. entgegen § 4f Abs. 1 Satz 1 oder 2, jeweils auch in Verbindung mit Satz 3 und 6, einen Beauftragten für den Datenschutz nicht, nicht in der vorgeschriebenen Weise oder nicht rechtzeitig bestellt,
2a. entgegen § 10 Absatz 4 Satz 3 nicht gewährleistet, dass die Datenübermittlung festgestellt und überprüft werden kann,
2b. entgegen § 11 Absatz 2 Satz 2 einen Auftrag nicht richtig, nicht vollständig oder nicht in der vorgeschriebenen Weise erteilt oder entgegen § 11 Absatz 2 Satz 4 sich nicht vor Beginn der Datenverarbeitung von der Einhaltung der beim Auftragnehmer getroffenen technischen und organisatorischen Maßnahmen überzeugt,
3. entgegen § 28 Abs. 4 Satz 2 den Betroffenen nicht, nicht richtig oder nicht rechtzeitig unterrichtet oder nicht sicherstellt, dass der Betroffene Kenntnis erhalten kann,
3a. entgegen § 28 Absatz 4 Satz 4 eine strengere Form verlangt,
4. entgegen § 28 Abs. 5 Satz 2 personenbezogene Daten übermittelt oder nutzt,
4a. entgegen § 28a Abs. 3 Satz 1 eine Mitteilung nicht, nicht richtig, nicht vollständig oder nicht rechtzeitig macht,
5. entgegen § 29 Abs. 2 Satz 3 oder 4 die dort bezeichneten Gründe oder die Art und Weise ihrer glaubhaften Darlegung nicht aufzeichnet,
6. entgegen § 29 Abs. 3 Satz 1 personenbezogene Daten in elektronische oder gedruckte Adress-, Rufnummern-, Branchen- oder vergleichbare Verzeichnisse aufnimmt,
7. entgegen § 29 Abs. 3 Satz 2 die Übernahme von Kennzeichnungen nicht sicherstellt,
7a. entgegen § 29 Abs. 6 ein Auskunftsverlangen nicht richtig behandelt,
7b. entgegen § 29 Abs. 7 Satz 1 einen Verbraucher nicht, nicht richtig, nicht vollständig oder nicht rechtzeitig unterrichtet,
8. entgegen § 33 Abs. 1 den Betroffenen nicht, nicht richtig oder nicht vollständig benachrichtigt,
8a. entgegen § 34 Absatz 1 Satz 1, auch in Verbindung mit Satz 3 entgegen § 34 Absatz 1a, § 34 Absatz 2 Satz 1, auch in Verbindung mit Satz 2, oder entgegen § 34 Absatz 2 Satz 5, Absatz 3 Satz 1 oder Satz 2 oder Absatz 4 Satz 1, auch in Verbindung mit Satz 2, eine Auskunft nicht, nicht richtig, nicht vollständig oder nicht rechtzeitig erteilt, oder entgegen § 34 Absatz 1a Daten nicht speichert,
8b. entgegen § 34 Absatz 2 Satz 3 Angaben nicht, nicht richtig, nicht vollständig oder nicht rechtzeitig übermittelt,
8c. entgegen § 34 Absatz 2 Satz 4 den Betroffenen nicht oder nicht rechtzeitig an die andere Stelle verweist,
9. entgegen § 35 Abs. 6 Satz 3 Daten ohne Gegendarstellung übermittelt,
10. entgegen § 38 Abs. 3 Satz 1 oder Abs. 4 Satz 1 eine Auskunft nicht, nicht richtig, nicht vollständig oder nicht rechtzeitig erteilt oder eine Maßnahme nicht duldet oder
11. einer vollziehbaren Anordnung nach § 38 Abs. 5 Satz 1 zuwiderhandelt.

§ 43   Bußgeldvorschriften

(2) Ordnungswidrig handelt, wer vorsätzlich oder fahrlässig
1. unbefugt personenbezogene Daten, die nicht allgemein zugänglich sind, erhebt oder verarbeitet,
2. unbefugt personenbezogene Daten, die nicht allgemein zugänglich sind, zum Abruf mittels automatisierten Verfahrens bereithält,
3. unbefugt personenbezogene Daten, die nicht allgemein zugänglich sind, abruft oder sich oder einem anderen aus automatisierten Verarbeitungen oder nicht automatisierten Dateien verschafft,
4. die Übermittlung von personenbezogenen Daten, die nicht allgemein zugänglich sind, durch unrichtige Angaben erschleicht,
5. entgegen § 16 Abs. 4 Satz 1, § 28 Abs. 5 Satz 1, auch in Verbindung mit § 29 Abs. 4, § 39 Abs. 1 Satz 1 oder § 40 Abs. 1, die übermittelten Daten für andere Zwecke nutzt,
5a. entgegen § 28 Absatz 3b den Abschluss eines Vertrages von der Einwilligung des Betroffenen abhängig macht,
5b. entgegen § 28 Absatz 4 Satz 1 Daten für Zwecke der Werbung oder der Markt- oder Meinungsforschung verarbeitet oder nutzt,
6. entgegen § 30 Absatz 1 Satz 2, § 30a Absatz 3 Satz 3 oder § 40 Absatz 2 Satz 3 ein dort genanntes Merkmal mit einer Einzelangabe zusammenführt oder
7. entgegen § 42a Satz 1 eine Mitteilung nicht, nicht richtig, nicht vollständig oder nicht rechtzeitig macht.

(3) ¹Die Ordnungswidrigkeit kann im Falle des Absatzes 1 mit einer Geldbuße bis zu fünfzigtausend Euro, in den Fällen des Absatzes 2 mit einer Geldbuße bis zu dreihunderttausend Euro geahndet werden. ²Die Geldbuße soll den wirtschaftlichen Vorteil, den der Täter aus der Ordnungswidrigkeit gezogen hat, übersteigen. ³Reichen die in Satz 1 genannten Beträge hierfür nicht aus, so können sie überschritten werden.

Literatur: *Bestmann,* „Und wer muß zahlen?" – Datenschutzrecht im Internet – die Bußgeldvorschriften, K&R 2003, 496; *Holländer,* Datensündern auf der Spur. Bußgeldverfahren ungeliebtes Instrument der Datenschutzaufsichtsbehörden?, RDV 2009, 215.

Übersicht

	Rn.
1. Allgemeines	1
2. Normadressaten	2
3. Verstöße gegen Verfahrensvorschriften	4
4. Verstöße gegen materielle Schutzvorschriften	16
5. Objektive Tatbestände des Absatzes 2	19
6. Rechtswidrigkeit	26
7. Subjektiver Tatbestand	27
8. Zuständigkeit	28
9. Sanktionen	29
10. Landesrecht	30

1. Allgemeines

1   Im Hinblick auf die Vielzahl der Datenverarbeitungsvorgänge, die vom Gesetzgeber als sanktionswürdig angesehen werden, ist es nicht mehr sachgerecht, „jeden unbefugten Umgang mit personenbezogenen Daten unter Strafe zu stellen (BR-Drs. 461/00 (Beschluss) Nrn. 15 und 16)". Der Katalog der Bußgeldtatbestände gibt

Bußgeldvorschriften **§ 43**

jedoch den zuständigen Kontrollbehörden die Möglichkeit Verstöße als Ordnungswidrigkeit nach dem Opportunitätsprinzip zu ahnden. Die Zusammenfassung der Straf- und Bußgeldvorschriften ist sachgerecht (BT-Innenausschuss, Beschlussempfehlung und Bericht v. 4.4.2001, BT-Drs. 14/5793 Nrn. 47 und 48), weil es sich um sog. Mischtatbestände (dazu näher Gürtler in: Göhler, OWiG vor § 1 Rn. 36) handelt. Von den Bußgeldtatbeständen unterscheiden sich die Straftatbestände nur dadurch, dass hier noch weitere Merkmale hinzukommen, nämlich das Handeln gegen Entgelt oder in Bereicherungs- oder Schädigungsabsicht. Ohne diese zusätzlichen Merkmale sind die Verstöße nicht als Unrecht zu bezeichnen, das Strafe verdient. Es reicht aus, sie mit einer spürbaren Geldbuße zu ahnden.

2. Normadressaten

2.1 Normadressaten sind vorrangig nichtöffentliche Stellen, weil die Mehrzahl 2 der aufgeführten Tatbestände solche des dritten Abschnitts sind. Da auch Verstöße gegen die Verpflichtungen in §§ 4d, 4e und 4f aufgeführt sind, sind damit auch öffentliche Stellen des Bundes Normadressaten.

2.2 Der im Einzelfall konkret Verantwortliche ist bei Stellen, deren Inhaber bzw. 3 Betreiber eindeutig feststellbar ist, relativ leicht auszumachen. Bei juristischen Personen mit breit gefächertem Aufgabenspektrum und verteilten Verantwortlichkeiten ist Normadressat derjenige, dem die **tatsächliche Verantwortung** und Entscheidungsbefugnis über den gesetzlich geregelten Sachverhalt obliegt (§ 9 OWiG; Ehmann in: Simitis, BDSG § 43 Rn. 24); also z. B. derjenige, der entgegen der Pflicht nach § 38 Abs. 3 Satz 1 eine Auskunft verweigert (OLG Celle, RDV 1995, 244). Bei öffentlichen Stellen ist es der für die Entscheidung verantwortliche Mitarbeiter. Ist die Ordnungswidrigkeit durch eine Leitungsperson einer juristischen Person (§ 9 Abs. 1 und 2 OWiG) begangen worden, kann nach § 30 OWiG eine Geldbuße gegen die juristische Person festgesetzt werden. Wird diese im selbstständigen Verfahren nach § 30 Abs. 4 OWiG festgesetzt – also kein Bußgeldverfahren gegen die handelnde Person betrieben – braucht die Identität des Täters nicht festgestellt werden. Es reicht die Feststellung, dass eine Leitungsperson die Ordnungswidrigkeit begangen hat (Gürtler in: Göhler, OWiG § 30 Rn. 40; BGH, NStZ 1994, 346). Die Ordnungswidrigkeit der Leitungsperson kann auch in einer Aufsichtspflichtverletzung nach § 130 OWiG bestehen, wenn diese für eine Zuwiderhandlung eines nicht zur Leitung gehörigen Mitarbeiters nach § 43 ursächlich war.

3. Verstöße gegen Verfahrensvorschriften

3.1 Die in **Absatz 1 Nr. 1** geregelte Verletzung der **Meldepflicht** betrifft die 4 Pflichten der §§ 4d und 4e. Meldepflichtig sind automatisierte Verarbeitungen vor ihrer Inbetriebnahme (§ 4d Abs. 1). Zweck der Vorschrift: Es soll sichergestellt werden, dass die zuständigen Aufsichtsbehörden und der BfDI (bei öffentlichen Stellen des Bundes) einen vollständigen Überblick über die ihrer Kontrolle unterliegenden automatisierten Verarbeitungen haben.

3.2 Ausgenommen von der Meldepflicht sind die verantwortlichen Stellen, die 5 einen **Beauftragten für den Datenschutz** bestellt haben. Öffentliche Stellen des Bundes haben nach § 4f einen solchen Beauftragten zu bestellen; für nichtöffentliche Stellen richtet sich die Bestellpflicht nach den Voraussetzungen des § 4 f. Die Mehrzahl der nichtöffentlichen Stellen sowie praktisch alle öffentlichen Stellen des Bundes sind damit von der Meldepflicht ausgenommen. Relevant ist die Bußgeldvorschrift vor allem für die in § 4d Abs. 4 genannten Stellen – etwa Auskunfteien, Detekteien und Markt- und Meinungsforschungsinstitute –, da diese unabhängig von der Bestel-

§ 43 Bußgeldvorschriften

lung eines Datenschutzbeauftragten zur Meldung verpflichtet sind. Die Verletzung der der Meldepflicht in etwa entsprechenden Unterrichtungspflicht nach § 4g Abs. 1 Nr. 1 2. Halbs. ist keine Ordnungswidrigkeit.

6 3.3 In **Absatz 1 Nr. 2** ist der Verstoß gegen die Verpflichtung zur Bestellung eines **Datenschutzbeauftragten** geregelt. Ordnungswidrig handelt, wer einen Datenschutzbeauftragten nicht bestellt; nicht in der vorgeschriebenen Weise bestellt, wer den Datenschutzbeauftragten nur mündlich mit dieser Aufgabe betraut (§ 4f Abs. 1 Satz 1 verlangt schriftliche Bestellung); nicht rechtzeitig bestellt oder wer die Frist des § 4f Abs. 1 Satz 2 nicht beachtet. Die Ein-Monats-Frist für nichtöffentliche Stellen beginnt, sobald die Daten verarbeitende Stelle die Voraussetzungen erfüllt, namentlich also die in § 4f Abs. 1 Satz 3 vorgesehene Anzahl der mit der Verarbeitung personenbezogener Daten beschäftigten Arbeitnehmer erreicht ist. Sind die Vorbereitungen für die Bestellung rechtzeitig eingeleitet worden, wird auch eine gewisse Fristüberschreitung ungeahndet bleiben können. Wird ein Beauftragter für den Datenschutz zwar formell bestellt, ist er aber außerstande, diese Funktion wahrzunehmen oder erfüllt er eindeutig die Qualifikationsvoraussetzungen nicht, liegt keine Bestellung vor und ist der Tatbestand der Ordnungswidrigkeit erfüllt (Simitis in: Simitis, BDSG § 4f Rn. 111 f.). Entsprechendes gilt, wenn ein geeigneter Datenschutzbeauftragter zwar bestellt, aber derart mit andersartigen Aufgaben eingedeckt wird, dass er seine Funktion als Datenschutzbeauftragter nicht oder nur höchst unzulänglich wahrnehmen kann.

6a 3.4 Sanktioniert wird in Absatz 1 Nr. 2a der Fall, dass bei automatisierten Abrufverfahren nicht die Pflicht des § 10 Abs. 4 Satz 3 erfüllt wird, nach der durch geeignete Stichprobenverfahren die Übermittlungen festgestellt und überprüft werden (näher zu § 10 Rn. 15 f.).

6b 3.5 Von Bedeutung ist, dass nach Absatz 1 Nr. 2b auch Versäumnisse bei der Vergabe einer Auftragsverarbeitung ordnungswidrig sind. Dies gilt, wenn der Auftrag nicht gesetzeskonform (§ 11 Abs. 2 Satz 2) erteilt wurde. Dazu zählt auch, wenn der Auftragnehmer nicht sorgfältig ausgewählt, d. h. vor Auftragsvergabe hinsichtlich der von ihm getroffenen technischen und organisatorischen Maßnahmen überprüft wurde (§ 11 Abs. 4). Umstritten ist, ob und ggf. in welchem Zeitraum vor dem 1.9.2009 abgeschlossene Verträge den Anforderungen des § 11 Abs. 2 Satz 2 angepasst werden müssen (vgl. § 11 Rn. 17).

7 **3.6 Absatz 1 Nr. 3** bezieht sich auf die Verpflichtung zur Unterrichtung des Betroffenen im Falle der Ansprache zu **Werbe-, Markt- oder Meinungsforschungszwecken.** Eine Ordnungswidrigkeit nach Nr. 3 liegt vor, wenn die **Unterrichtung** nicht oder nicht rechtzeitig erfolgt oder nicht sichergestellt ist, dass der Betroffene Kenntnis erhalten kann. Ordnungswidrig handelt, wer die Unterrichtung gänzlich unterlässt. Nicht richtig ist eine Unterrichtung abgesehen von der offensichtlichen Unrichtigkeit auch dann, wenn sie unvollständig ist, ferner dann, wenn die verantwortliche Stelle nicht mit ihrer korrekten Anschrift angegeben ist. Dies ist wichtig, weil ein Widerspruch nach Satz 1 gegenüber der verantwortlichen Stelle erklärt werden muss. Die Unterrichtung hat „bei der **Ansprache** ..." zu erfolgen. Sie kann schriftlich (bei Werbung durch adressierten Brief) oder mündlich (bei Interview) sein. Bei schriftlicher Ansprache durch einen adressierten Werbebrief wird die Sendung einen entsprechenden Hinweis enthalten müssen. Bei mündlicher Ansprache (z. B. Werbeveranstaltung, Interview zur Markt- oder Meinungsforschung) wird die Unterrichtung im Regelfall durch den Ansprechenden erfolgen. Dieser ist – je nach Vertragsgestaltung – Erfüllungsgehilfe oder Auftragnehmer der erhebenden verantwortlichen Stelle. Geschieht die Unterrichtung „bei der Ansprache", ist sie rechtzeitig, wenn sie vor, während oder unmittelbar nach der tatsächlichen Erhebung erfolgt. Nicht rechtzeitig ist sie demnach, wenn sie erst nachträglich durchgeführt wird und ein daraufhin unverzüglich erhobener Widerspruch praktisch ins Leere läuft, weil die verantwortliche Stelle die Daten bereits zu einem der aufge-

Bußgeldvorschriften **§ 43**

führten Zwecke genutzt oder übermittelt hat. Werden für die Ansprache des Betroffenen Daten genutzt, die bei einer anderen, dem Betroffenen nicht bekannten Stelle gespeichert sind – etwa beim Adresshandel – hat der Ansprechende nach § 28 Abs. 4 Satz 2 2. Halbs. sicherzustellen, dass der Betroffene Kenntnis über die Herkunft der Daten erhalten kann (§ 28 Rn. 68). Ein Verstoß gegen diese Pflicht ist ebenfalls bußgeldbewehrt. Die werbende oder die Markt- oder Meinungsforschung betreibende Stelle wendet sich vielfach an Betroffene, deren Namen und Anschrift sie selbst gar nicht kennt, weil sie nur bestimmte Interessengruppen ansprechen will. In diesem Fall ist die vermittelnde Adressagentur die Stelle, bei der der Widerspruch einzulegen ist. Die werbende Stelle hat also im Verhältnis zu dieser sicherzustellen, dass der Betroffene bei ihr den Widerspruch gegen die Verwendung seiner Daten einlegen kann.

3.7 Wird für die Möglichkeit der Abgabe des Werbewiderspruchs nach § 28 Abs. 4 **7a** eine strengere Form verlangt als sie für das die Datenerhebung rechtfertigende rechtsgeschäftliche Schuldverhältnisses gewählt wurde, greift ebenfalls die Sanktionsmöglichkeit. Dies ist vor allem bei Vertragsschlüssen im Internet zu beobachten; hier reicht oftmals eine elektronisch abgegebene Erklärung für den Vertragsschluss aus, für den Widerspruch wird dagegen häufig die Schriftform verlangt (Holländer, RDV 2009, 215 (218); BT-Drs. 16/12011, S. 33). Dies ist nach § 28 Abs. 4 Satz 4 unzulässig.

3.8 § **28 Abs. 5 Satz 2** regelt, unter welchen Voraussetzungen Dritte, denen per- **8** sonenbezogene Daten übermittelt worden sind, diese für andere Zwecke verarbeiten oder nutzen dürfen. Die übermittelnde Stelle hat den Dritten nach § 28 Abs. 5 Satz 3 auf die insoweit eingeschränkten Möglichkeiten hinzuweisen. Verstößt der Dritte dagegen und **übermittelt** oder **nutzt** er die Daten zu **anderen Zwecken,** handelt er nach **Absatz 1 Nr. 4** ordnungswidrig.

3.9 Absatz 1 Nr. 4a sanktioniert Verstöße gegen die in § 28a Abs. 3 Satz 1 einge- **8a** führte Nachberichtigungspflicht beim Eintritt von Änderungen der einer Auskunftei übermittelten Daten (dazu § 28a Rn. 18 ff.). Die Übermittlungsfrist beträgt einen Monat.

3.10 Absatz 1 Nr. 5 betrifft die Aufzeichnung nach Maßgabe der hier aufgeführ- **9** ten Vorschriften und ist wichtig, um den Nachweis führen zu können, dass die Daten zulässigerweise übermittelt wurden. Damit wird gleichzeitig erreicht, dass die übermittelnde bzw. abrufende Stelle auch die ihr obliegende Prüfung tatsächlich durchführt (AG Bremen, RDV 1987, 91). Ohne diese Aufzeichnung wäre eine spätere Überprüfung der Zulässigkeit einer erfolgten Übermittlung nicht möglich.

3.11 Absatz 1 Nr. 6 betrifft die in § 29 Abs. 3 Satz 1 aufgeführten **Kommunika-** **10** **tionsverzeichnisse,** die als elektronische (z. B. CD-ROM) oder gedruckte Verzeichnisse im Umlauf sind. Nach § 104 TKG kann jeder Betroffene bestimmen, mit welchen Daten er eingetragen werden möchte und mit welchen nicht. Er kann auch entscheiden, ob und welche Eintragungen in das zu veröffentlichende Verzeichnis aufgenommen werden dürfen. Nach **Nr. 6** handelt ordnungswidrig, wer gegen den ersichtlichen entgegenstehenden Willen des Betroffenen personenbezogene Daten in eines der Verzeichnisse aufnimmt. Der entgegenstehende Wille ist im zugrundeliegenden elektronischen oder gedruckten Verzeichnis ersichtlich zu machen. Ist der Hersteller des Verzeichnisses lediglich Auftragnehmer nach § 11 begeht die Ordnungswidrigkeit der Auftraggeber (Ehmann in: Simitis, BDSG § 43 Rn. 41).

3.12 Absatz 1 Nr. 7 knüpft an die vorherige Nummer an. Hiermit soll sicherge- **11** stellt werden, dass eine Entscheidung des Betroffenen nach § 104 TKG nachhaltig wirksam und erkennbar bleibt. Derartige Verzeichnisse werden in vielfältiger Weise genutzt. Sie werden nach Interessengruppen variiert. Die personenbezogenen Daten des Betroffenen können sich nach kurzer Zeit in den unterschiedlichsten Einzelverzeichnissen finden. Es ist daher wichtig, sicherzustellen, dass seine Entscheidung

§ 43   Bußgeldvorschriften

hinsichtlich der Aufnahme oder Nichtaufnahme seiner personenbezogenen Daten in allen Verzeichnissen erkennbar ist.

11a 3.13 **Absatz 1 Nr. 7a** und **7b** sanktionieren die Nichterfüllung sich aus § 29 ergebender Informationspflichten, die im Rahmen der Gewährung von Verbraucherkrediten begründet wurden (dazu Holländer, RDV 2009, 215 (218)).

12 3.14 Die Unterlassung der **Benachrichtigung** gem. § 33 ist nach **Absatz 1 Nr. 8** eine Ordnungswidrigkeit. Die Regelung unterstreicht die Bedeutung, die der Gesetzgeber der Transparenz der Datenverarbeitung beimisst. Der Betroffene muss wissen, wer was wann über ihn speichert und verarbeitet, wenn er von seinen Rechten Gebrauch machen soll. Die Schwierigkeit der Anwendung der Vorschrift ergibt sich aus den zahlreichen Ausnahmen des § 33 Abs. 2. Beruft sich die verantwortliche Stelle auf eine dieser Ausnahmen, hat sie detailliert darzulegen, dass sie die Voraussetzungen und deren Vorhandensein sorgfältig geprüft hat.

12a 3.15 Die mit der BDSG-Novelle I 2009 eingefügten Bußgeldtatbestände in **Absatz 1 Nr. 8a bis 8c** sanktionieren nunmehr auch Verstöße gegen die sich aus § 34 ergebenden Auskunftspflichten. Die Regelung erscheint insbesondere deshalb konsequent, weil bislang nur die verabsäumte Erfüllung der Benachrichtigungspflicht als Ordnungswidrigkeit gewertet wurde. Zur Erfüllung seiner Auskunftsrechte ist der Betroffene also nicht mehr nur auf den Klageweg angewiesen, vielmehr steht der Aufsichtsbehörde die Möglichkeit offen, ihm durch die Androhung bzw. Verhängung von Bußgeldern zur Durchsetzung seines Rechtsanspruchs zu verhelfen. Bußgeldbewehrt ist nunmehr auch die Verletzung der speziellen Auskunftspflicht im Fall des Scorings nach § 28b, wobei grundsätzlich sowohl die für die Entscheidung verantwortlichen Stellen als auch andere Stellen, die den Wahrscheinlichkeitswert erstellt haben (z. B. Auskunfteien), zur ordnungsgemäßen Auskunft verpflichtet sind. Den für die Entscheidung verantwortlichen Stellen drohen nach Nr. 8c im Übrigen auch Bußgelder, falls sie ihrer Verpflichtung zur Verweisung an die den Wahrscheinlichkeitswert berechnende Stelle nicht oder nicht rechtzeitig nachkommen. Im Fall geschäftsmäßig zum Zweck der Übermittlung gespeicherter Daten ist Auskunft über die Herkunft und die Empfänger auch dann zu erteilen, wenn diese Angaben nicht gespeichert sind (dazu § 34 Rn. 8a). Bußgeldbewehrt ist im Fall der Übermittlung listenmäßig zusammengefasster Daten für Werbezwecke nach § 28 Abs. 3 Satz 4 auch ein Verstoß gegen die Pflicht der übermittelnden Stelle und des Empfängers, die Herkunft der Daten und den Empfänger nach § 34 Abs. 1a zu speichern.

13 3.16 In **Absatz 1 Nr. 9** ist die Verletzung der Verpflichtung, personenbezogene Daten, denen nach § 35 Abs. 5 Satz 2 eine **Gegendarstellung** beigefügt ist, nur zusammen mit der Gegendarstellung zu übermitteln (§ 35 Abs. 5 Satz 3), ebenfalls mit Bußgeld sanktioniert. Wird dagegen verstoßen, kann dies zu erheblichen Beeinträchtigungen des Betroffenen führen, zumal die Beifügung der Gegendarstellung nur auf sein Betreiben erfolgte.

14 3.17 **Absatz 1 Nr. 10** dient dem Zweck, der Aufsichtsbehörde die ihr obliegenden Kontrollaufgaben zu ermöglichen. Die vollständige und rechtzeitige **Auskunftserteilung** auf Fragen der Aufsichtsbehörde und die Gewährung des **Zutritts** sind unabdingbare Voraussetzungen dafür (vgl. AG Kiel, RDV 1988, 93; AG Trier, RDV 1988, 154; OLG Celle, RDV 1995, 244), weshalb die Aufsichtsbehörden entsprechende Verstöße häufig mit einem Bußgeld ahnden (vgl. 31. Jahresbericht LfDI Bremen, Ziff. 18.14, S. 171; 33. Tätigkeitsbericht des Unabhängigen Landeszentrums für Datenschutz Schleswig-Holstein, Ziff. 5.8.10, S. 94 f.; Hessische Datenschutzaufsichtsbehörde, 21. Tätigkeitsbericht, S. 11; 22. Tätigkeitsbericht, S. 14 f.). Zu beachten ist aber auch das Verweigerungsrecht des § 38 Abs. 3 Satz 1. Der Bußgeldtatbestand ist erfüllt, wenn der Auskunftspflichtige über sein Auskunftsverweigerungsrecht belehrt wurde und ohne sich auf dieses zu berufen, die Auskunft nicht, nicht vollständig, nicht richtig oder nicht rechtzeitig erteilt. Darüber hinaus kommt ein Bußgeld in Betracht, wenn sich der Auskunftspflichtige auf das Auskunftsverwei-

Bußgeldvorschriften **§ 43**

gerungsrecht beruft, die Voraussetzungen hierfür aber nicht vorliegen. Dass Nr. 10 nur § 38 Abs. 4 Satz 1 ausdrücklich in Bezug nimmt, nicht aber die weiteren Sätze, hat auf den Umfang der Bußgeldbewehrung keinen Einfluss (a. A. Ehmann in: Simitis, BDSG § 43 Rn. 50; Plath in: Plath, BDSG § 38 Rn. 60; KG Berlin, B. v. 5.8.2011 – 3 Ws (B) 362/11, zitiert nach juris; KG Berlin, NJW 2011, 324), da Betretungs-, Besichtigungs- und Prüfrecht der Aufsichtsbehörde vollständig in § 38 Abs. 4 Satz 1 geregelt ist. Bei den in § 38 Abs. 4 Satz 2 aufgeführten Einsichtsrechten handelt es sich lediglich um Konkretisierungen des Prüfrechts nach § 38 Abs. 4 Satz 1. Das bloße Recht, die Geschäftsräume der verantwortlichen Stelle zu betreten, würde eine Überprüfung nicht ermöglichen. Daher ergänzt § 38 Abs. 4 Satz 1 das Betretungsrecht um das Recht, in den Geschäftsräumen Prüfungen und Besichtigungen vorzunehmen. Da auf Grund der speziellen Vorschrift des § 38 Abs. 3 mit Prüfung i. S. d. § 38 Abs. 4 keine Befragung der verantwortlichen Stelle gemeint sein kann und der in § 38 Abs. 4 Satz 1 gesondert erwähnte Begriff der Besichtigung bereits die Inaugenscheinnahme der Geschäftsräume beschreibt, verbleiben für den Begriff der Prüfung nur solche Handlungen, wie sie in § 38 Abs. 4 Satz 2 konkretisierend beschrieben sind.

3.18 Absatz 1 Nr. 11 sanktioniert die Verpflichtung des § 38 Abs. 5. Auch diese 15 Vorschrift dient dem Zweck, den Anordnungen der Aufsichtsbehörde die notwendige Durchsetzungskraft zu geben.

4. Verstöße gegen materielle Schutzvorschriften

4.1 Die in **Absatz 2** niedergelegten Tatbestände stellen je nach der Begehungs- 16 weise entweder eine Ordnungswidrigkeit oder einen Straftatbestand (§ 44) dar. Während Absatz 1 weitgehend die Durchsetzung von formalen Handlungsweisen betrifft, sanktioniert Absatz 2 unrechtmäßige Verarbeitungsvorgänge, also Verstöße gegen das Verbot des § 4 Abs. 1.

4.2 Der potentielle **Täterkreis** ist nicht auf diejenigen beschränkt, die als Nor- 17 madressat des Gesetzes personenbezogene Daten verarbeiten, sondern er umfasst – wie bereits in Absatz 1 – jedermann („wer"), der eine der aufgeführten Tathandlungen verwirklicht. Der **Betroffene** selbst kann hinsichtlich der sich auf ihn beziehenden Daten **nicht Täter** sein. Andererseits kann der **Datenschutzbeauftragte** als Anstifter oder Beihilfeleistender in Betracht kommen (Ehmann in: Simitis, BDSG § 43 Rn. 26).

4.3 Geschützt sind personenbezogene Daten. Insofern spielt es keine Rolle, ob 18 das BDSG oder eine bereichsspezifische Norm den Schutz gewährleistet. Zum Teil enthalten bereichsspezifische Normen einen ausdrücklichen Hinweis auf die Fortgeltung der übrigen, d. h. auch der Buß- und Strafrechtsnormen des BDSG (vgl. § 37 BKAG). Aber auch wenn keine derartige Verweisung vorliegt, und die bereichsspezifische Norm keine eigenen Bußgeldtatbestände enthält, so greift ebenfalls, sofern die spezielle Norm erkennbar keine abschließende Regelung enthält, die Sanktionsmöglichkeit des § 43 oder des § 44 (Ehmann in: Simitis, BDSG § 43 Rn. 19). Nicht geschützt sind personenbezogene Daten, die **allgemein zugänglich** sind. Der frühere Wortlaut, der „offenkundige Daten" von der Bußgeldbewehrung ausschloss, wurde durch das BDSG 2001 auf Vorschlag des Bundesrats in „allgemein zugängliche Daten" geändert (BR-Drs. 461/00, BT-Drs. 14/4329, S. 59). Damit war eine Erweiterung der Bußgeld- und Strafvorschriften beabsichtigt. Während personenbezogene Daten bereits dann als offenkundig gelten, wenn sie bei Vorliegen bestimmter im Einzelnen geregelten Voraussetzungen an jedermann übermittelt werden können, sind allgemein zugänglich nur diejenigen Daten, die von jedermann zur Kenntnis genommen werden können, ohne dass der Zugang aus Gründen des Persönlichkeitsrechts rechtlich beschränkt ist (Stellungnahme des Bundesrats, BT-

§ 43 Bußgeldvorschriften

Drs. 14/4329, S. 59; zustimmend Bundestag, BT-Drs. 14/5793, S. 67; BGH, DuD 2013, 666 (669)). Damit ist die Streitfrage, ob Daten, die grundsätzlich privaten Dritten unter bestimmten Voraussetzungen bekannt gegeben werden dürfen, in den Schutzbereich der §§ 43 und 44 fallen, in dem Sinne geklärt, dass für entsprechende Verarbeitungen der Anwendungsbereich des Absatzes 2 Nr. 1–4 eröffnet ist (nach der alten Rechtslage sahen die Gerichte Fahrzeug- und Halterdaten als offenkundige Daten an, so dass bei unbefugten Zugriffen die Bußgeld- und Strafvorschriften nicht anwendbar waren, BayObLG, NJW 1999, 1727, m. krit. Anm. Pätzel, NJW 1999, 3246; OLG Hamburg, NStZ 1998, 358 = RDV 1998, 216 m. krit. Anm. Behm, JR 2000, 274, Weichert, NStZ 1999, 490; anders BGH, NJW 2003, 226, m. Anm. Behm, JR 2003, 292; zum Schutz von Daten in polizeiinternen Datenbanken OLG Bamberg, DuD 2010, 661). Zu dem Begriff „allgemein zugänglich" s. auch die Erläuterungen zu § 10 Abs. 5 (vgl. ferner § 44 Rn. 4).

5. Objektive Tatbestände des Absatzes 2

19 **5.1 Absatz 2** sanktioniert bestimmte Vorgänge unzulässiger Datenverarbeitung in unterschiedlicher Reichweite. Während die unzulässige Erhebung (Nr. 1) und Verarbeitung i. S. d. § 3 Abs. 4 voll umfasst ist (Nr. 1 und 2), wird das unbefugte Nutzen nur in Einzelfällen (Nr. 5 und 5b) sanktioniert. Die Bundesregierung hat eine Forderung des Bundesrates nach einer Aufnahme der Nutzung in die Nr. 1 (BT-Drs. 16/10529, S. 29 f., BT-Drs. 16/12011, S. 45) mit der Begründung abgelehnt, damit „würden auch Verhaltensweisen erfasst, die das informationelle Selbstbestimmungsrecht des Betroffenen nur vergleichsweise gering beeinträchtigen und bei denen daher eine Ahndung als Ordnungswidrigkeit unverhältnismäßig erscheint" (BT-Drs. 16/12011, S. 52; zur Kritik siehe Konferenz der Datenschutzbeauftragten des Bundes und der Länder, „Ein modernes Datenschutzrecht für das 21. Jahrhundert", Eckpunkte, verabschiedet am 18.3.2010; Anlage 6 zum 23. Tätigkeitsbericht des BfDI, S. 32). Die Nr. 6 betrifft den Tatbestand einer Veränderung.

20 **5.2 Absatz 2 Nr. 1** schützt vor der **unbefugten** Erhebung oder Verarbeitung personenbezogener Daten. Nicht einbezogen ist die Nutzung (dazu Rn. 19). Zum Begriff der Verarbeitung s. § 3 Abs. 4. Auch die Löschung von Daten kann den Bußgeldtatbestand erfüllen, etwa wenn ihr nach § 35 Abs. 3 Nr. 2 schutzwürdige Interessen des Betroffenen entgegenstehen. Davon ist auszugehen, wenn durch die Löschung ein Auskunftsanspruch des Betroffenen umgangen wird (dazu § 19 Rn. 4). Eine unbefugte Erhebung und Verarbeitung personenbezogener Daten liegt etwa in der Erstellung von Bewegungsprofilen mittels am Fahrzeug angebrachter GPS-Peilsender (BGH, DuD 2013, 666). Zum Verarbeiten gehört auch das Übermitteln von Daten (zu einem verhängten Bußgeld wegen Übermittlung von Kunden- und Kontodaten durch ein Kreditinstitut an externe Kundenberater DuD 2011, 66; zu einem Bußgeld wegen Übermittlung von Zahlungsdaten durch ein Zahlungsdienstleistungsunternehmen an einen Anbieter von Bonusprogrammen DuD 2011, 827). Da die Übermittlung bereits erfolgt ist, wenn der Empfänger die bloße Möglichkeit zur Kenntnisnahme von den Daten hat (Dammann in: Simitis, BDSG § 3 Rn. 146), fallen hierunter auch die in der Praxis häufig vorkommenden Fälle, in denen Unterlagen mit personenbezogenen Daten in öffentlichen Müllcontainern entsorgt werden (s. 32. Tätigkeitsbericht des Unabhängigen Landeszentrums für Datenschutz Schleswig-Holstein, Tz. 4.6.2, S. 72). Ausgenommen sind allgemein zugängliche Daten (s. oben Rn. 18; Ehmann in: Simitis, BDSG § 43 Rn. 54).

21 **5.3 Das Bereithalten zum Abruf nach Absatz 2 Nr. 2** hat im Katalog der geschützten Tatbestände seinen Platz, weil mit der Entscheidung der Abrufmöglichkeit die Daten praktisch offengelegt werden, ohne dass damit der Tatbestand der Übermittlung nach § 3 Abs. 4 Nr. 3 Buchst. b erfüllt ist. Sie können, wenn sie dem

Bußgeldvorschriften **§ 43**

Zugriff offen stehen, nicht nur in großen Mengen abgerufen werden, es ist u. U. auch nicht erkennbar, dass ein Abruf erfolgte. Das Bereithalten zum Abruf ist wegen der damit verbundenen potentiellen Gefährdung der gespeicherten Daten als abstraktes Gefährdungsdelikt hier mit einbezogen.

5.4 Durch **Absatz 2 Nr. 3** ist der **unbefugte Abruf** einbezogen. Dem Schutz 22 unterliegen damit nur personenbezogene Daten, die auch abrufbar gespeichert sind, d. h. Daten, die in **automatisierter Form** vorgehalten werden (vgl. AG Düsseldorf, RDV 1986, 285). Im Unterschied zum Tatbestand der Nr. 2 geht es hier nicht um Daten, die zum Abruf bereitgehalten werden (Ehmann in: Simitis, BDSG § 43 Rn. 61). Es geht um Daten, die – weil automatisiert gespeichert – mit entsprechenden technischen Mitteln abgerufen werden können. Dabei ist es unerheblich, ob der Täter abrufberechtigt ist und seine Befugnisse nur überschreitet (etwa bei Abrufen durch Polizeibeamte aus polizeilichen Datenbanken außerhalb dienstlicher Zwecke, vgl. OLG Bamberg, DuD 2010, 661), oder ob er sich unabhängig von einer Befugnis Zugang zu den Daten verschafft (zur unbefugten Verschaffung von Beurteilungsdaten durch einen System-Administrator AG Osnabrück, RDV 1998, 118). Die 2. Tatbestandsalternative bezieht sich auf den **unbefugten Zugriff** auf personenbezogene Daten **aller Art** und unabhängig davon, ob und wie sie gesichert sind (dies kann grundsätzlich auch der Zugang zu einem unverschlüsselten WLAN-Netzwerk sein; die Gerichte verneinen überwiegend den Tatbestand des § 43 Abs. 2 Nr. 3, weil sie die dabei erhobene IP-Adresse des Betreibers nicht als personenbezogenes Datum (dazu § 3 Rn. 10a) oder als allgemein zugängliches Datum ansehen (LG Wuppertal, MMR 2011, 65; Ernst/Spoenle, CR 2008, 439; Gramespacher/Wichering, K&R 2010, 840; a. A. AG Wuppertal, MMR 2008, 632 mit Anm. Höfinger, MMR 2008, 632). Da die Daten „aus automatisierten Verarbeitungen" verschafft sein müssen, fällt die Wegnahme einer Computerliste nicht unter den Tatbestand. Der Tatbestand ist auch dann erfüllt, wenn der Abruf oder das Verschaffen nicht im eigenen Interesse, sondern für einen anderen erfolgt (Ehmann in: Simitis, BDSG § 43 Rn. 64; Näheres zum Begriff des Verschaffens bei Binder, RDV 1995, 57 (60)). Es spielt keine Rolle, ob der Abrufende oder die Person, die sich die Daten verschafft, Dritter oder selbst Teil der verantwortlichen Stelle ist (siehe AG Osnabrück, RDV 1998, 118). In dieser speziellen Form des Abrufs ist daher auch eine bloße Nutzung (s. oben Rn. 19) bußgeldbewehrt. Der Abruf oder das Verschaffen der Daten kann gleichzeitig eine Erhebung sein; hier ist Absatz 2 Nr. 3 lex specialis gegenüber der allgemeinen Regelung des Absatzes 2 Nr. 1.

5.5 Der Tatbestand des **Absatzes 2 Nr. 4** gibt das Gewollte nur unpräzise wieder. 23 Erfasst werden soll namentlich die **Datenbeschaffung** durch sog. **Hacker** (BT-Drs. 11/4306, S. 55). Diese erschleichen sich die Daten vielfach nicht durch unrichtige Angaben, sondern durch richtige, nämlich das gültige **Passwort**. Tatsächlich täuschen sie mit der Benutzung des Passwortes über ihre Identität bzw. ihre Zugriffsbefugnis. Das Gemeinte wird indes durch die offenbar bewusst weit und unpräzise gefasste Formulierung „erschleicht" deutlich. Erfasst sind damit alle Fälle, in denen durch Täuschung – welcher Art auch immer – die Übermittlung geschützter personenbezogener Daten veranlasst wird. Dies kann auch dadurch geschehen, dass der Empfänger z. B. ein berechtigtes Interesse an der Kenntnis der Daten (§ 16 Abs. 2 Satz 1 oder § 29 Abs. 1 Nr. 1a) durch falsche Angaben glaubhaft dargelegt hat (Ehmann in: Simitis, BDSG § 43 Rn. 70).

5.6 Absatz 2 Nr. 5 ist eine Konsequenz aus der gesetzlichen Fixierung des 24 Zweckbindungsprinzips. Es sind unterschiedliche Fallgestaltungen erfasst. Die ersten drei aufgeführten Tatbestände (§ 16 Abs. 4 Satz 1, § 28 Abs. 5 Satz 1 und § 29 Abs. 4) beziehen sich darauf, dass personenbezogene Daten einem **Empfänger im nichtöffentlichen** Bereich mit einer bestimmten **Zweckbestimmung** übermittelt worden sind. Diese Zweckbestimmung muss ausdrücklich erklärt worden oder – etwa bei wiederholten Übermittlungen – klar erkennbar sein. Zusätzlich muss der

§ 43

Empfänger auf seine Verpflichtung, die Daten nur zu diesem und zu keinem anderen Zweck zu verarbeiten und zu nutzen, **hingewiesen** worden sein. Eine zweckfremde Nutzung durch den Empfänger wäre nur unter den in den Vorschriften aufgeführten Ausnahmefällen zulässig und damit gerechtfertigt. Seit der Änderung durch die BDSG-Novelle II im Jahr 2009 ist die zweckfremde Nutzung allgemein bußgeldbewehrt; eine Weitergabe der Daten durch den Empfänger an Dritte wird nicht mehr vorausgesetzt (BT-Drs. 16/12011, S. 35). **§ 39** bezieht sich auf personenbezogene Daten, die einem **Berufs- oder besonderen Amtsgeheimnis** unterliegen. Normadressat ist hier indes nicht die Person, die selbst zur Wahrung dieses Geheimnisses verpflichtet ist, sondern die Person oder Stelle, die solche Daten zulässigerweise empfangen hat. Mit deren Übermittlung erlischt in der Regel auch der Schutz des Berufs- oder Amtsgeheimnisses, denn dieses ist an die Person des den Beruf Ausübenden (z. B. Arzt) oder Amtsträgers gebunden. Die Folge der Übermittlung wäre, sofern nicht der Empfänger derselben Verpflichtung unterliegt, dass die Daten dort frei verfügbar werden und uneingeschränkt weiter übermittelt werden könnten. § 39 **perpetuiert den Schutz** und § 43 schützt die Einhaltung der Zweckbindung. Schließlich ist noch **§ 40 Abs. 1** benannt, der den Zweckbindungsgrundsatz bei personenbezogenen Daten, die für **wissenschaftliche Forschungen** verwendet werden, enthält und die zweckfremde Nutzung unter Strafe stellt.

24a 5.7 Die **Nr. 5a** und **5b** des **Absatzes 2** betreffen die Nichterfüllung von Verpflichtungen im Rahmen der Werbung. Sanktioniert wird das in § 28 Abs. 3b untersagte Koppelungsgeschäft und die Nichtbeachtung eines ausgeübten Widerspruchs (§ 28 Abs. 4).

25 5.8 Die in **Absatz 2 Nr. 6** genannte Gruppe der in §§ 30 und 40 aufgeführten Daten bezieht sich auf den Vorgang, dass personenbezogene Daten durch Abtrennung und gesonderte Speicherung der personenbezogenen und der nicht personenbezogenen Daten **anonymisiert** worden sind. Die Ahndungsmöglichkeit als Ordnungswidrigkeit soll dazu beitragen, dass die Deanonymisierung nur in den in § 30 Abs. 1 Satz 2 und § 40 Abs. 3 Satz 2 aufgeführten Fällen erfolgt. Den Tatbestand verwirklichen kann nur, wer den **ursprünglichen Zweck** kennt. Durch Maßnahmen der Datensicherung sind Vorkehrungen zu treffen, dass die getrennten Dateien nicht unbeabsichtigt zusammengeführt werden.

6. Rechtswidrigkeit

26 Die Tatbestandsmäßigkeit indiziert die Rechtswidrigkeit. Diese wird hier durch den Begriff **„unbefugt"** zum Ausdruck gebracht. Die Vorschrift schützt gegen die unbefugte Erhebung, Verarbeitung oder Nutzung. Aus der Grundkonzeption „Verbot mit Erlaubnisvorbehalt" des Gesetzes (§ 4 Abs. 1) folgt, dass die Erhebung, Verarbeitung oder Nutzung personenbezogener Daten grundsätzlich verboten ist. Sie ist nur erlaubt (zulässig), wenn sie **befugt**, d. h. entsprechend den Normen des BDSG oder anderer Vorschriften über den Datenschutz erfolgt. Die **Befugnis** ist also ein allgemeiner **Rechtfertigungsgrund** (zu § 203 StGB Fischer, StGB § 203 Rn. 31).

7. Subjektiver Tatbestand

27 Abweichend von der Strafvorschrift des § 44 ist hier neben der **vorsätzlichen** auch die **fahrlässige Begehungsweise** als ordnungswidrig anzusehen und zu ahnden. Viele Tatbestände enthalten normative Tatbestandsmerkmale, z. B. das Merkmal „unbefugt" in Absatz 2 Nr. 1-3. Auch die Wertungen dieser normativen Tatbestandsmerkmale muss der Betroffene in seinen **Vorsatz** aufgenommen haben (Gürt-

Bußgeldvorschriften **§ 43**

ler in: Göhler, OWiG § 11 Rn. 5). Hier reicht es für die vorsätzliche Begehung jedoch aus, wenn der Betroffene die Wertung in Form einer Parallelwertung in der Laiensshäre nachvollzogen hat, seine Vorstellung also dem wesentlichen Sinngehalt des Merkmals entspricht (Gürtler in: Göhler, OWiG § 11 Rn. 7). Hat der Betroffene die wesentlichen Merkmale des Tatbestands erfasst, daraus aber falsche Schlussfolgerungen gezogen, liegt kein den Vorsatz ausschließender Tatbestandsirrtum, sondern ein Verbotsirrtum vor, der nach § 11 Abs. 2 OWiG den Vorwurf entfallen lässt, wenn er unvermeidbar war (Beispielsfälle zur Abgrenzung zwischen Tatbestands- und Verbotsirrtum bei Gürtler in: Göhler, OWiG § 11 Rn. 9, 30 ff.).

8. Zuständigkeit

Das BDSG legt die für die Ahndung der Ordnungswidrigkeit zuständige Behörde 28 nicht fest. Es gelten die allgemeinen Vorschriften des OWiG. Nach § 36 Abs. 2 Nr. 2 Buchst. b OWiG ist sachlich zuständig das fachlich zuständige Bundesministerium. Von der Möglichkeit des Absatzes 3, die Zuständigkeit auf eine andere öffentliche Stelle, etwa den BfDI, zu übertragen, hat bisher kein Bundesministerium Gebrauch gemacht. In den Ländern sind nach § 36 Abs. 1 Nr. 2 Buchst. a OWiG die jeweils obersten Landesbehörden zuständig. Sie können ihrerseits die Zuständigkeit auch den direkt verantwortlichen Behörden übertragen (§ 36 Abs. 2 OWiG), dies ist in der Mehrzahl der Bundesländer durch entsprechende Verordnung geschehen, d. h. die obersten Landesbehörden, soweit sie nicht selbst die Aufsicht wahrnehmen, haben den Aufsichtsbehörden die Zuständigkeit übertragen (vgl. im Einzelnen bei Wind, Kontrolle, S. 36 und unten Rn. 30). Die Konferenz der Datenschutzbeauftragten des Bundes und der Länder spricht sich für eine Konzentration der Zuständigkeit für die Verfolgung von Datenschutzverstößen in den Ländern aus („Ein modernes Datenschutzrecht für das 21. Jahrhundert", Eckpunkte, verabschiedet am 18.3.2010; Anlage 6 zum 23. Tätigkeitsbericht des BfDI, S. 32).

9. Sanktionen

Die für die Verfolgung und Ahndung zuständigen Behörden haben bei der Festset- 29 zung des Bußgeldes einen breiten Ermessensspielraum. Für die Tatbestände nach Absatz 1 kann eine **Geldbuße bis zu 50 000 Euro**, bei denen nach Absatz 2 von bis zu **300 000 Euro** festgesetzt werden. Die Höhe ist so bemessen, dass sie hinlänglich abschreckend wirkt. Welches Bußgeld tatsächlich festgesetzt wird, richtet sich nach den Umständen des Einzelfalls. Auf ein Bußgeld kann im Rahmen der Ermessensausübung verzichtet werden, wenn die Verantwortlichen der verantwortlichen Stelle einsichtig sind und Besserung geloben. Ist das nicht der Fall, ist die Geldbuße die angemessene Reaktion. Bei der Bemessung der Höhe wird auf die **Schwere des Verstoßes** und die Umstände der Begehung abzustellen sein. Nach § 17 Abs. 3 Satz 2 OWiG können auch die wirtschaftlichen Verhältnisse der verantwortlichen Stelle in Betracht gezogen werden (vgl. AG Bremen, RDV 1987, 91). Dies ist sicher dann angezeigt, wenn die verantwortliche Stelle ersichtlich aus Kostengründen die ihr obliegenden Pflichten versäumt hat. Die Geldbuße sollte dann höher ausfallen, als der wirtschaftliche Vorteil ausmacht, den sie dadurch erlangt hat (§ 17 Abs. 4 OwiG).

10. Landesrecht

10.1 Die Mehrzahl der Landesdatenschutzgesetze hatte die Neukonzeption der 30 §§ 43 und 44 bereits früher verwirklicht. Nunmehr haben sie Bayern (Art. 37),

Baden-Württemberg (§§ 40 und 41), Brandenburg (§ 38), Bremen (§§ 37 und 38), Hamburg (§§ 32 und 33), Hessen (§§ 40 und 41), Nordrhein-Westfalen (§§ 30 und 34), das Saarland (§§ 35 und 36), Sachsen (§§ 38 und 39) und Sachsen-Anhalt (§§ 31 und 31a) beibehalten. In Hessen (§ 41) und Niedersachsen (§ 29) ist nur noch die zweckwidrige Verwendung empfangener Daten als Ordnungswidrigkeit vorgesehen, wobei in Niedersachsen noch das Verschaffen durch Vortäuschen falscher Tatsachen hinzukommt (§ 29 Abs. 1 Nr. 2). In Schleswig-Holstein (§ 44) gibt es nur noch den Ordnungswidrigkeitstatbestand. In Berlin, Mecklenburg-Vorpommern und Rheinland-Pfalz gibt es keinen mehr.

31 **10.2** Die Zuständigkeit für die Ahndung von Ordnungswidrigkeiten ist in den Ländern unterschiedlich geregelt. Die Konferenz der Datenschutzbeauftragten des Bundes und der Länder spricht sich für eine Zentralisierung der Zuständigkeit aus (Ein modernes Datenschutzrecht für das 21. Jahrhundert, Eckpunkte verabschiedet am 18. März 2010, 23. Tätigkeitsbericht des BfDI, Anlage 6 S. 32 f.).

Strafvorschriften **§ 44**

§ 44 Strafvorschriften

(1) Wer eine in § 43 Abs. 2 bezeichnete vorsätzliche Handlung gegen Entgelt oder in der Absicht, sich oder einen anderen zu bereichern oder einen anderen zu schädigen, begeht, wird mit Freiheitsstrafe bis zu zwei Jahren oder mit Geldstrafe bestraft.

(2) ¹Die Tat wird nur auf Antrag verfolgt. ²Antragsberechtigt sind der Betroffene, die verantwortliche Stelle, der Bundesbeauftragte für den Datenschutz und die Informationsfreiheit und die Aufsichtsbehörde.

Literatur: *Beck*, Internetbeleidigung de lege lata und de lege ferenda, MMR 2009, 736; *Binder*, Computerkriminalität und Datenfernübertragung, RDV 1995, 116; *Gola*, Der neue strafrechtliche Schutz unbefugter Bildaufnahmen im Lichte der Zulässigkeits- und Straftatbestände des BDSG, RDV 2004, 215; *Pätzel*, Zur Offenkundigkeit von Halterdaten, NJW 1999, 3246; *Weichert*, Datenschutzstrafrecht – ein zahnloser Tiger?, NStZ 1999, 490; *Wybitul/Reuling*, Umgang mit § 44 BDSG im Unternehmen: Die weitreichenden zivilrechtlichen Folgen einer unscheinbaren Strafnorm, CR 2010, 829.

Übersicht

	Rn.
1. Allgemeines	1
2. Subsidiarität	2
3. Täterkreis	3
4. Geschütztes Rechtsgut	4
5. Objektiver Tatbestand	5
6. Rechtswidrigkeit	6
7. Subjektiver Tatbestand	7
8. Strafantrag	8
9. Landesrecht	9

1. Allgemeines

Die Vorschrift sanktioniert die Bußgeldtatbestände des § 43 Abs. 2 unter den 1 genannten verschärfenden Tatbeständen als Straftatbestände. Strafbewehrtes Unrecht sind die Tatbestände des § 43 Abs. 2 nur dann, wenn sie vorsätzlich, gegen Entgelt oder in der Absicht, sich oder einen anderen zu bereichern oder einen anderen zu schädigen begangen werden. Auf die Ausführungen zu § 43 Rn. 1 wird verwiesen.

2. Subsidiarität

§ 44 ist auch anwendbar, wenn personenbezogene Daten nach anderen Rechts- 2 vorschriften des Bundes über den Datenschutz verarbeitet werden; es sei denn die Subsidiarität des BDSG gegenüber diesen Vorschriften (§ 1 Abs. 4) steht dem entgegen. Die Anwendung der Strafnorm entfällt also nicht, wenn die im Geltungsbereich des BDSG verarbeiteten Daten zwar durch eine vorrangige bereichsspezifische Norm geschützt werden, diese Norm aber keinen eigenen Straftatbestand enthält (vgl. Ehmann in: Simitis, BDSG § 43 Rn. 18 ff.). Andererseits sind bereichsspezifische Sanktionen der Persönlichkeitsrechtsverletzung vorrangig (so für § 203 StGB gegenüber § 32 Abs. 1 Nr. 1 SächsDSG BGH, RDV 2003, 139). Gleiches gilt wohl für § 201a StGB (vgl. Gola, RDV 2004, 215), wobei der ansonsten greifende § 44 den Schutz genauso sichergestellt hätte. Bei § 202a StGB, der allgemein das unbefugte

Ausspähen von Daten unter Strafe stellt, besteht ggf. Tateinheit mit § 44 BDSG (Fischer, StGB § 202a Rn. 15).

3. Täterkreis

3   Der potentielle **Täterkreis** ist nicht auf diejenigen beschränkt, die als Normadressat des Gesetzes personenbezogene Daten verarbeiten, sondern er umfasst jedermann („wer"), der eine der aufgeführten Tathandlungen verwirklicht. Dies ergibt sich namentlich aus Absatz 2 Nr. 3 und Nr. 4, die sich auf Personen beziehen, die sich außerhalb des Kreises der Normadressaten des BDSG befinden. Der **Betroffene** selbst kann hinsichtlich der sich auf ihn beziehenden Daten **nicht Täter** sein.

4. Geschütztes Rechtsgut

4   Geschütztes Rechtsgut sind personenbezogene Daten, die nicht allgemein zugänglich sind (dazu Rn. 19 zu § 43). Auch wenn die Handlungen oftmals mit einer Verletzung der Strafnormen zum Schutz des persönlichen Lebens- und Geheimbereichs in §§ 201 ff. StGB einhergehen, unterscheiden sich die Schutzbereiche. Während durch §§ 201 ff. StGB die Privatsphäre sowie besondere Geheimnisse der Betroffenen geschützt sind, geht es bei §§ 43 und 44 um das Recht auf informationelle Selbstbestimmung, das – hier weitgehend unabhängig von der Sensibilität der Daten – einen rechtskonformen Umgang mit jedweden personenbezogenen Daten sichert.

5. Objektiver Tatbestand

5   Auf die Ausführungen zu § 43 Abs. 2 wird verwiesen. Voraussetzung der Strafbarkeit ist, dass neben der Verwirklichung des Tatbestandes des § 43 Abs. 2 der Täter **gegen Entgelt** oder in **Bereicherungs-** bzw. **Schädigungsabsicht** handelt. Entgelt ist nach § 11 Abs. 1 Nr. 9 StGB „jede in einem Vermögensvorteil bestehende Gegenleistung". Der Begriff „Gegenleistung" setzt eine entsprechende Vereinbarung voraus; ob sie gewährt wird, ist gegenstandslos. Ob damit eine Bereicherung angestrebt oder erreicht wird, ist bedeutungslos (Fischer, StGB § 11 Rn. 31).

6. Rechtswidrigkeit

6   Auf die Ausführungen zu § 43 Rn. 6 wird verwiesen.

7. Subjektiver Tatbestand

7   Strafbar ist nach Absatz 1 nur die **vorsätzliche** Begehung eines der in § 43 Abs. 2 aufgeführten Tatbestände in der **Absicht,** sich oder einen anderen zu bereichern oder einen anderen zu schädigen. Der „Andere" kann der Betroffene, die verantwortliche Stelle oder ein Dritter sein. Aus dem Begriff „Absicht" folgt, dass die Tat insoweit mit direktem Vorsatz begangen werden muss. Bedingter Vorsatz reicht nicht aus.

Strafvorschriften

§ 44

8. Strafantrag

Das Strafantragsrecht steht neben dem Betroffenen auch den in Absatz 2 zusätzlich aufgeführten Stellen zu. Die Antragsfrist beträgt drei Monate ab Kenntnis von Tat und Täter (§ 77b Abs. 1 StGB). Dass auch der verantwortlichen Stelle ein Antragsrecht eingeräumt ist, kann dazu führen, dass ein Verfahren auch ggf. gegen den Willen des Betroffenen eingeleitet wird. 8

9. Landesrecht

Die jetzt vom BDSG übernommene Konzeption, die Strafbarkeit nur noch an das Vorliegen der qualifizierenden Merkmale zu knüpfen, haben einige Landesdatenschutzgesetze verwirklicht: Bayern (Art. 37); Baden-Württemberg (§ 41); Brandenburg (§ 38); Sachsen (§ 39); Sachsen-Anhalt (§ 31) und Thüringen (§ 43). Schleswig-Holstein hat keine Strafvorschrift mehr. Ein erweitertes Antragsrecht wie in Absatz 2 haben Bayern (Art. 37 Abs. 3 Satz 3) und Berlin (§ 32 Abs. 3), wobei in Berlin der Beauftragte für Datenschutz und Informationsfreiheit Strafantrag auch gegen den Willen des Betroffenen erheben kann. Der Versuch ist strafbar in Baden-Württemberg, Brandenburg, Bremen, Hamburg, Niedersachsen, Nordrhein-Westfalen, Rheinland-Pfalz und Sachsen. 9

Sechster Abschnitt. Übergangsvorschriften

§ 45 Laufende Verwendungen

¹Erhebungen, Verarbeitungen oder Nutzungen personenbezogener Daten, die am 23. Mai 2001 bereits begonnen haben, sind binnen drei Jahren nach diesem Zeitpunkt mit den Vorschriften dieses Gesetzes in Übereinstimmung zu bringen. ²Soweit Vorschriften dieses Gesetzes in Rechtsvorschriften außerhalb des Anwendungsbereichs der Richtlinie 95/46/EG des Europäischen Parlaments und des Rates vom 24. Oktober 1995 zum Schutz natürlicher Personen bei der Verarbeitung personenbezogener Daten und zum freien Datenverkehr zur Anwendung gelangen, sind Erhebungen, Verarbeitungen oder Nutzungen personenbezogener Daten, die am 23. Mai 2001 bereits begonnen haben, binnen fünf Jahren nach diesem Zeitpunkt mit den Vorschriften dieses Gesetzes in Übereinstimmung zu bringen.

§ 46 Weitergeltung von Begriffsbestimmungen

(1) ¹Wird in besonderen Rechtsvorschriften des Bundes der Begriff Datei verwendet, ist Datei
1. eine Sammlung personenbezogener Daten, die durch automatisierte Verfahren nach bestimmten Merkmalen ausgewertet werden kann (automatisierte Datei), oder
2. jede sonstige Sammlung personenbezogener Daten, die gleichartig aufgebaut ist und nach bestimmten Merkmalen geordnet, umgeordnet und ausgewertet werden kann (nicht automatisierte Datei).

²Nicht hierzu gehören Akten und Aktensammlungen, es sei denn, dass sie durch automatisierte Verfahren umgeordnet und ausgewertet werden können.

(2) ¹Wird in besonderen Rechtsvorschriften des Bundes der Begriff Akte verwendet, ist Akte jede amtlichen oder dienstlichen Zwecken dienende Unterlage, die nicht dem Dateibegriff des Absatzes 1 unterfällt; dazu zählen auch Bild- und Tonträger. ²Nicht hierunter fallen Vorentwürfe und Notizen, die nicht Bestandteil eines Vorgangs werden sollen.

(3) ¹Wird in besonderen Rechtsvorschriften des Bundes der Begriff Empfänger verwendet, ist Empfänger jede Person oder Stelle außerhalb der verantwortlichen Stelle. ²Empfänger sind nicht der Betroffene sowie Personen und Stellen, die im Inland, in einem anderen Mitgliedstaat der Europäischen Union oder in einem anderen Vertragsstaat des Abkommens über den Europäischen Wirtschaftsraum personenbezogene Daten im Auftrag erheben, verarbeiten oder nutzen.

Literatur: *Haslach*, Unmittelbare Anwendung der EG-Datenschutzrichtlinie, DuD 1998, 693; *ders.*, Auswirkungen einer fehlenden Umsetzung der EG-Datenschutzrichtlinie, in: Sokol (Hrsg.), Die Bedeutung der EG-Datenschutzrichtlinie für öffentliche Stellen, 1998; *Jarass*, Folgen der innerstaatlichen Wirkung von EG-Richtlinien, NJW 1991, 2665; *Ress*, Die richtlinienkonforme Interpretation innerstaatlichen Rechts, DÖV 1994, 489; *Winter*, Direktwirkung in EG-Richtlinien, DVBl. 1991, 657.

Übersicht

	Rn.
1. Allgemeines	1
2. Vereinbarkeit mit der EG-Richtlinie	2

1. Allgemeines

Da sich der Gesetzgeber aus zeitlichen Gründen nicht in der Lage sah, das gesamte bereichsspezifische Datenschutzrecht an die neue Terminologie der EG-DatSchRL bzw. des BDSG anzupassen, sollen frühere Definitionen des BDSG für die Begriffe Datei, Akte und Empfänger, dort wo die entsprechenden Begriffe noch zu finden sind, weiterhin gelten (hinsichtlich der Interpretation der Begriffe vgl. die 6. Aufl., Kommentierung zu § 3 BDSG 90). **1**

2. Vereinbarkeit mit der EG-Richtlinie

Fraglich ist, inwieweit diese Regelung dazu führt, dass in bestimmten, bereichsspezifisch geregelten Bereichen zwingendes EU-Recht weiterhin nicht zur Anwen- **2** dung kommt. Sollte dies der Fall sein, so ist zu beachten, dass die Richtlinie dann gleichwohl Vorrang genießt und unmittelbar anzuwenden ist (vgl. Haslach, DuD 1998, 693; Schierbaum, PersR 1998, 502; Jarass, NJW 1991, 2665).

Übergangsregelung § 47

§ 47 Übergangsregelung

Für die Verarbeitung und Nutzung vor dem 1. September 2009 erhobener oder gespeicherter Daten ist § 28 in der bis dahin geltenden Fassung weiter anzuwenden
1. **für Zwecke der Markt- oder Meinungsforschung bis zum 31. August 2010,**
2. **für Zwecke der Werbung bis zum 31. August 2012.**

Übersicht

	Rn.
1. Allgemeines	1
2. Änderung bestehender Datensätze	2

1. Allgemeines

§ 47 enthält für die Anwendung der durch die BDSG-Novelle II in § 28 Abs. 3 für Werbung und Markt-und Meinungsforschung geänderten Zulässigkeitsregelungen Übergangsregelungen. Sollen vor dem 1.9.2009 erhobene und gespeicherte Daten anschließend verarbeitet oder genutzt werden, gilt das bisherige Recht weiter. Für **Werbung** ist der Stichtag für die Anwendung der jetzigen Fassung des Gesetzes der 1.9.2012. Hinsichtlich der **Markt- und Meinungsforschung**, die nicht als Werbung konzipiert ist, gilt der neue § 30a ab dem 1.10.2010. 1

2. Änderung bestehender Datensätze

Keine Aussage wird dazu getroffen, ob bei einer nur teilweisen Änderung von Adressdaten, die unveränderten Daten gleichwohl weiter altem Recht unterliegen. Den Datenbestand aufzugliedern in altem und neuem Recht unterliegende Daten wäre jedenfalls vielfach unsinnig. Altes Recht bei unverändertem Kernbestand (so Eckhardt, DuD 2009, 587) für alle Daten fortgelten zu lassen, wirft die Frage nach dem Umfang des Kernbestands auf. Konsequent ist es daher, dass jede Änderung der Adressdaten zur Beendigung der Übergangsfrist führt. Werden Altdaten nach dem 1.9.2009 zulässig nach altem Recht übermittelt, muss auch der Empfang, d. h. die Erhebung sich an altem Recht ausrichten dürfen. 2

§ 48 Bericht der Bundesregierung

¹Die Bundesregierung berichtet dem Bundestag
1. bis zum 31. Dezember 2012 über die Auswirkungen der §§ 30a und 42a,
2. bis zum 31. Dezember 2014 über die Auswirkungen der Änderungen der §§ 28 und 29

²Sofern sich aus Sicht der Bundesregierung gesetzgeberische Maßnahmen empfehlen, soll der Bericht einen Vorschlag enthalten.

1 Der Gesetzgeber hat den Neuregelungen der §§ 30a und 42a und §§ 28 und 29 eine „Probezeit" gegeben, indem die Bundesregierung bis zum 31.12.2012 bzw. 31.12.2014 dem Bundestag einen Bericht über die praktischen Auswirkungen der Normen vorzulegen hat. Führt die Evaluierung zu einem Bedarf an Veränderungen der Gesetzeslage, sind gleichzeitig entsprechende Vorschläge zu machen.

Anhang

EG-Datenschutz-Richtlinie

Richtlinie 95/46/EG des Europäischen Parlaments und des Rates vom 24. Oktober 1995 zum Schutz natürlicher Personen bei der Verarbeitung personenbezogener Daten und zum freien Datenverkehr

(Amtsblatt der EG vom 23. November 1995 Nr. L 281/31)
Zuletzt geändert durch Anh. II Nr. 18 ÄndV (EG) 1882/2003 vom 29.9.2003
(ABl. Nr. L 284 S. 1)

DAS EUROPÄISCHE PARLAMENT UND DER RAT DER EUROPÄISCHEN UNION –

gestützt auf den Vertrag zur Gründung der Europäischen Gemeinschaft, insbesondere auf Artikel 100a,

auf Vorschlag der Kommission[1],

nach Stellungnahme des Wirtschafts- und Sozialausschusses[2],

gemäß dem Verfahren des Artikels 189b des Vertrags[3],

in Erwägung nachstehender Gründe:

(1) Die Ziele der Gemeinschaft, wie sie in dem durch den Vertrag über die Europäische Union geänderten Vertrag festgelegt sind, bestehen darin, einen immer engeren Zusammenschluss der europäischen Völker zu schaffen, engere Beziehungen zwischen den in der Gemeinschaft zusammengeschlossenen Staaten herzustellen, durch gemeinsames Handeln den wirtschaftlichen und sozialen Fortschritt zu sichern, indem die Europa trennenden Schranken beseitigt werden, die ständige Besserung der Lebensbedingungen ihrer Völker zu fördern, Frieden und Freiheit zu wahren und zu festigen und für die Demokratie einzutreten und sich dabei auf die in den Verfassungen und Gesetzen der Mitgliedstaaten sowie in der Europäischen Konvention zum Schutze der Menschenrechte und Grundfreiheiten anerkannten Grundrechte zu stützen.

(2) Die Datenverarbeitungssysteme stehen im Dienste des Menschen; sie haben, ungeachtet der Staatsangehörigkeit oder des Wohnorts der natürlichen Personen, deren Grundrechte und -freiheiten und insbesondere deren Privatsphäre zu achten und zum wirtschaftlichen und sozialen Fortschritt, zur Entwicklung des Handels sowie zum Wohlergehen der Menschen beizutragen.

(3) Für die Errichtung und das Funktionieren des Binnenmarktes, der gemäß Artikel 7a des Vertrags den freien Verkehr von Waren, Personen, Dienstleistungen und Kapital gewährleisten soll, ist es nicht nur erforderlich, dass personenbezogene Daten von einem

---

[1] ABl. Nr. C 277 vom 5.11.1990, S. 3, und ABl. Nr. C 311 vom 27.11.1992, S. 30.
[2] ABl. Nr. C 159 vom 17.6.1991, S. 38.
[3] Stellungnahme des Europäischen Parlaments vom 11. März 1992 (ABl. Nr. C 94 vom 13.4.1992, S. 198), bestätigt am 2. Dezember 1993 (ABl. Nr. C 342 vom 20.12.1993, S. 30). Gemeinsamer Standpunkt des Rates vom 20. Februar 1995 (ABl. Nr. C 93 vom 13.4.1995, S. 1) und Beschluss des Europäischen Parlaments vom 15. Juni 1995 (ABl. Nr. C 166 vom 3.7.1995).

Anhang

EG-Datenschutz-RL

Mitgliedstaat in einen anderen Mitgliedstaat übermittelt werden können, sondern auch, dass die Grundrechte der Personen gewahrt werden.

(4) Immer häufiger werden personenbezogene Daten in der Gemeinschaft in den verschiedenen Bereichen wirtschaftlicher und sozialer Tätigkeiten verarbeitet. Die Fortschritte der Informationstechnik erleichtern die Verarbeitung und den Austausch dieser Daten beträchtlich.

(5) Die wirtschaftliche und soziale Integration, die sich aus der Errichtung und dem Funktionieren des Binnenmarktes im Sinne von Artikel 7a des Vertrags ergibt, wird notwendigerweise zu einer spürbaren Zunahme der grenzüberschreitenden Ströme personenbezogener Daten zwischen allen am wirtschaftlichen und sozialen Leben der Mitgliedstaaten Beteiligten im öffentlichen wie im privaten Bereich führen. Der Austausch personenbezogener Daten zwischen in verschiedenen Mitgliedstaaten niedergelassenen Unternehmen wird zunehmen. Die Verwaltungen der Mitgliedstaaten sind auf Grund des Gemeinschaftsrechts gehalten, zusammenzuarbeiten und untereinander personenbezogene Daten auszutauschen, um im Rahmen des Raums ohne Grenzen, wie er durch den Binnenmarkt hergestellt wird, ihren Auftrag erfüllen oder Aufgaben anstelle der Behörden eines anderen Mitgliedstaats durchführen zu können.

(6) Die verstärkte wissenschaftliche und technische Zusammenarbeit sowie die koordinierte Einführung neuer Telekommunikationsnetze in der Gemeinschaft erfordern und erleichtern den grenzüberschreitenden Verkehr personenbezogener Daten.

(7) Das unterschiedliche Niveau des Schutzes der Rechte und Freiheiten von Personen, insbesondere der Privatsphäre, bei der Verarbeitung personenbezogener Daten in den Mitgliedstaaten kann die Übermittlung dieser Daten aus dem Gebiet eines Mitgliedstaats in das Gebiet eines anderen Mitgliedstaats verhindern. Dieses unterschiedliche Schutzniveau kann somit ein Hemmnis für die Ausübung einer Reihe von Wirtschaftstätigkeiten auf Gemeinschaftsebene darstellen, den Wettbewerb verfälschen und die Erfüllung des Auftrags der im Anwendungsbereich des Gemeinschaftsrechts tätigen Behörden verhindern. Dieses unterschiedliche Schutzniveau ergibt sich aus der Verschiedenartigkeit der einzelstaatlichen Rechts- und Verwaltungsvorschriften.

(8) Zur Beseitigung der Hemmnisse für den Verkehr personenbezogener Daten ist ein gleichwertiges Schutzniveau hinsichtlich der Rechte und Freiheiten von Personen bei der Verarbeitung dieser Daten in allen Mitgliedstaaten unerlässlich. Insbesondere unter Berücksichtigung der großen Unterschiede, die gegenwärtig zwischen den einschlägigen einzelstaatlichen Rechtsvorschriften bestehen, und der Notwendigkeit, die Rechtsvorschriften der Mitgliedstaaten zu koordinieren, damit der grenzüberschreitende Fluss personenbezogener Daten kohärent und in Übereinstimmung mit dem Ziel des Binnenmarktes im Sinne des Artikels 7a des Vertrags geregelt wird, lässt sich dieses für den Binnenmarkt grundlegende Ziel nicht allein durch das Vorgehen der Mitgliedstaaten verwirklichen. Deshalb ist eine Maßnahme der Gemeinschaft zur Angleichung der Rechtsvorschriften erforderlich.

(9) Die Mitgliedstaaten dürfen auf Grund des gleichwertigen Schutzes, der sich aus der Angleichung der einzelstaatlichen Rechtsvorschriften ergibt, den freien Verkehr personenbezogener Daten zwischen ihnen nicht mehr aus Gründen behindern, die den Schutz der Rechte und Freiheiten natürlicher Personen und insbesondere das Recht auf die Privatsphäre betreffen. Die Mitgliedstaaten besitzen einen Spielraum, der im Rahmen der Durchführung der Richtlinie von den Wirtschafts- und Sozialpartnern genutzt werden kann. Sie können somit in ihrem einzelstaatlichen Recht allgemeine Bedingungen für die Rechtmäßigkeit der Verarbeitung festlegen. Hierbei streben sie eine Verbesserung des gegenwärtig durch ihre Rechtsvorschriften gewährten Schutzes an. Innerhalb dieses Spielraums können unter Beachtung des Gemeinschaftsrechts Unterschiede bei der Durchführung der Richtlinie auftreten, was Auswirkungen für den Datenverkehr sowohl innerhalb eines Mitgliedstaats als auch in der Gemeinschaft haben kann.

(10) Gegenstand der einzelstaatlichen Rechtsvorschriften über die Verarbeitung personenbezogener Daten ist die Gewährleistung der Achtung der Grundrechte und -freiheiten, insbesondere die auch in Artikel 8 der Europäischen Konvention zum Schutze der Menschenrechte und Grundfreiheiten und in den allgemeinen Grundsätzen des Gemeinschaftsrechts anerkannten Rechts auf die Privatsphäre. Die Angleichung dieser Rechtsvorschriften darf deshalb nicht zu einer Verringerung des durch diese Rechtsvorschriften garantierten Schutzes führen, sondern muss im Gegenteil darauf abzielen, in der Gemeinschaft ein hohes Schutzniveau sicherzustellen.

(11) Die in dieser Richtlinie enthaltenen Grundsätze zum Schutz der Rechte und Freiheiten der Personen, insbesondere der Achtung der Privatsphäre, konkretisieren und erweitern die in dem Übereinkommen des Europarats vom 28. Januar 1981 zum Schutze der Personen bei der automatischen Verarbeitung personenbezogener Daten enthaltenen Grundsätze.

(12) Die Schutzprinzipien müssen für alle Verarbeitungen personenbezogener Daten gelten, sobald die Tätigkeiten des für die Verarbeitung Verantwortlichen in den Anwendungsbereich des Gemeinschaftsrechts fallen. Auszunehmen ist die Datenverarbeitung, die von einer natürlichen Person in Ausübung ausschließlich persönlicher oder familiärer Tätigkeiten – wie zum Beispiel Schriftverkehr oder Führung von Anschriftenverzeichnissen – vorgenommen wird.

(13) Die in den Titeln V und VI des Vertrags über die Europäische Union genannten Tätigkeiten, die die öffentliche Sicherheit, die Landesverteidigung, die Sicherheit des Staates oder die Tätigkeiten des Staates im Bereich des Strafrechts betreffen, fallen unbeschadet der Verpflichtungen der Mitgliedstaaten gemäß Artikel 56 Absatz 2 sowie gemäß den Artikeln 57 und 100a des Vertrags zur Gründung der Europäischen Gemeinschaft nicht in den Anwendungsbereich des Gemeinschaftsrechts. Die Verarbeitung personenbezogener Daten, die zum Schutz des wirtschaftlichen Wohls des Staates erforderlich ist, fällt nicht unter diese Richtlinie, wenn sie mit Fragen der Sicherheit des Staates zusammenhängt.

(14) In Anbetracht der Bedeutung der gegenwärtigen Entwicklung im Zusammenhang mit der Informationsgesellschaft bezüglich Techniken der Erfassung, Übermittlung, Veränderung, Speicherung, Aufbewahrung oder Weitergabe von personenbezogenen Ton- und Bilddaten muss diese Richtlinie auch auf die Verarbeitung dieser Daten Anwendung finden.

(15) Die Verarbeitung solcher Daten wird von dieser Richtlinie nur erfasst, wenn sie automatisiert erfolgt oder wenn die Daten, auf die sich die Verarbeitung bezieht, in Dateien enthalten oder für solche bestimmt sind, die nach bestimmten personenbezogenen Kriterien strukturiert sind, um einen leichten Zugriff auf die Daten zu ermöglichen.

(16) Die Verarbeitung von Ton- und Bilddaten, wie bei der Videoüberwachung, fällt nicht unter diese Richtlinie, wenn sie für Zwecke der öffentlichen Sicherheit, die Landesverteidigung, die Sicherheit des Staates oder der Tätigkeiten des Staates im Bereich des Strafrechts oder anderen Tätigkeiten erfolgt, die nicht unter das Gemeinschaftsrecht fallen.

(17) Bezüglich der Verarbeitung von Ton- und Bilddaten für journalistische, literarische oder künstlerische Zwecke, insbesondere im audiovisuellen Bereich, finden die Grundsätze dieser Richtlinie gemäß Artikel 9 eingeschränkt Anwendung.

(18) Um zu vermeiden, dass einer Person der gemäß dieser Richtlinie gewährleistete Schutz vorenthalten wird, müssen auf jede in der Gemeinschaft erfolgte Verarbeitung personenbezogener Daten die Rechtsvorschriften eines Mitgliedstaats angewandt werden. Es ist angebracht, auf die Verarbeitung, die von einer Person, die dem in dem Mitgliedstaat niedergelassenen für die Verarbeitung Verantwortlichen unterstellt ist, vorgenommen werden, die Rechtsvorschriften dieses Staates anzuwenden.

(19) Eine Niederlassung im Hoheitsgebiet eines Mitgliedstaats setzt die effektive und tatsächliche Ausübung einer Tätigkeit mittels einer festen Einrichtung voraus. Die Rechts-

Anhang
EG-Datenschutz-RL

form einer solchen Niederlassung, die eine Agentur oder eine Zweigstelle sein kann, ist in dieser Hinsicht nicht maßgeblich. Wenn der Verantwortliche im Hoheitsgebiet mehrerer Mitgliedstaaten niedergelassen ist, insbesondere mit einer Filiale, muss er vor allem zu Vermeidung von Umgehungen sicherstellen, dass jede dieser Niederlassungen die Verpflichtungen einhält, die im jeweiligen einzelstaatlichen Recht vorgesehen sind, das auf ihre jeweiligen Tätigkeiten anwendbar ist.

(20) Die Niederlassung des für die Verarbeitung Verantwortlichen in einem Drittland darf dem Schutz der Personen gemäß dieser Richtlinie nicht entgegenstehen. In diesem Fall sind die Verarbeitungen dem Recht des Mitgliedstaats zu unterwerfen, in dem sich die für die betreffenden Verarbeitungen verwendeten Mittel befinden, und Vorkehrungen zu treffen, um sicherzustellen, dass die in dieser Richtlinie vorgesehenen Rechte und Pflichten tatsächlich eingehalten werden.

(21) Diese Richtlinie berührt nicht die im Strafrecht geltenden Territorialitätsregeln.

(22) Die Mitgliedstaaten können in ihren Rechtsvorschriften oder bei der Durchführung der Vorschriften zur Umsetzung dieser Richtlinie die allgemeinen Bedingungen präzisieren, unter denen die Verarbeitungen rechtmäßig sind. Insbesondere nach Artikel 5 in Verbindung mit den Artikeln 7 und 8 können die Mitgliedstaaten neben den allgemeinen Regeln besondere Bedingungen für die Datenverarbeitung in spezifischen Bereichen und für die verschiedenen Datenkategorien gemäß Artikel 8 vorsehen.

(23) Die Mitgliedstaaten können den Schutz von Personen sowohl durch ein allgemeines Gesetz zum Schutz von Personen bei der Verarbeitung personenbezogener Daten als auch durch gesetzliche Regelungen für bestimmte Bereiche, wie zum Beispiel die statistischen Ämter, sicherstellen.

(24) Diese Richtlinie berührt nicht die Rechtsvorschriften zum Schutz juristischer Personen bei der Verarbeitung von Daten, die sich auf sie beziehen.

(25) Die Schutzprinzipien finden zum einen ihren Niederschlag in den Pflichten, die den Personen, Behörden, Unternehmen, Geschäftsstellen oder anderen für die Verarbeitung verantwortlichen Stellen obliegen; diese Pflichten betreffen insbesondere die Datenqualität, die technische Sicherheit, die Meldung bei der Kontrollstelle und die Voraussetzungen, unter denen die Verarbeitung vorgenommen werden kann. Zum anderen kommen sie zum Ausdruck in den Rechten der Personen, deren Daten Gegenstand von Verarbeitungen sind, über diese informiert zu werden, Zugang zu den Daten zu erhalten, ihre Berichtigung verlangen bzw. unter gewissen Voraussetzungen Widerspruch gegen die Verarbeitung einlegen zu können.

(26) Die Schutzprinzipien müssen für alle Informationen über eine bestimmte oder bestimmbare Person gelten. Bei der Entscheidung, ob eine Person bestimmbar ist, sollten alle Mittel berücksichtigt werden, die vernünftigerweise entweder von dem Verantwortlichen für die Verarbeitung oder von einem Dritten eingesetzt werden könnten, um die betreffende Person zu bestimmen. Die Schutzprinzipien finden keine Anwendung auf Daten, die derart anonymisiert sind, dass die betroffene Person nicht mehr identifizierbar ist. Die Verhaltensregeln im Sinne des Artikels 27 können ein nützliches Instrument sein, mit dem angegeben wird, wie sich die Daten in einer Form anonymisieren und aufbewahren lassen, die die Identifizierung der betroffenen Person unmöglich macht.

(27) Datenschutz muss sowohl für automatisierte als auch für nichtautomatisierte Verarbeitungen gelten. In der Tat darf der Schutz nicht von den verwendeten Techniken abhängen, da andernfalls ernsthafte Risiken der Umgebung entstehen würden. Bei manuellen Verarbeitungen erfasst diese Richtlinie lediglich Dateien, nicht jedoch unstrukturierte Akten. Insbesondere muss der Inhalt einer Datei nach bestimmten personenbezogenen Kriterien strukturiert sein, die einen leichten Zugriff auf die Daten ermöglichen. Nach der Definition in Artikel 2 Buchstabe c) können die Mitgliedstaaten die Kriterien zur Bestimmung der Elemente einer strukturierten Sammlung personenbezogener Daten sowie die verschiedenen Kriterien zur Regelung des Zugriffs zu einer solchen Sammlung

festlegen. Akten und Aktensammlungen sowie ihre Deckblätter, die nicht nach bestimmten Kriterien strukturiert sind, fallen unter keinen Umständen in den Anwendungsbereich dieser Richtlinie.

(28) Die Verarbeitung personenbezogener Daten muss gegenüber den betroffenen Personen nach Treu und Glauben erfolgen. Sie hat dem angestrebten Zweck zu entsprechen, dafür erheblich zu sein und nicht darüber hinausgehen. Die Zwecke müssen eindeutig und rechtmäßig sein und bei der Datenerhebung festgelegt werden. Die Zweckbestimmungen der Weiterverarbeitung nach der Erhebung dürfen nicht mit den ursprünglich festgelegten Zwecken unvereinbar sein.

(29) Die Weiterverarbeitung personenbezogener Daten für historische, statistische oder wissenschaftliche Zwecke ist im Allgemeinen nicht als unvereinbar mit den Zwecken der vorausgegangenen Datenerhebung anzusehen, wenn der Mitgliedstaat geeignete Garantien vorsieht. Diese Garantien müssen insbesondere ausschließen, dass die Daten für Maßnahmen oder Entscheidungen gegenüber einzelnen Betroffenen verwendet werden.

(30) Die Verarbeitung personenbezogener Daten ist nur dann rechtmäßig, wenn sie auf der Einwilligung der betroffenen Person beruht oder notwendig ist im Hinblick auf den Abschluss oder die Erfüllung eines für die betroffene Person bindenden Vertrags, zur Erfüllung einer gesetzlichen Verpflichtung, zur Wahrnehmung einer Aufgabe im öffentlichen Interesse, in Ausübung hoheitlicher Gewalt oder wenn sie im Interesse einer anderen Person erforderlich ist, vorausgesetzt, dass die Interessen oder die Rechte und Freiheiten der betroffenen Person nicht überwiegen. Um den Ausgleich der in Frage stehenden Interessen unter Gewährleistung eines effektiven Wettbewerbs sicherzustellen, können die Mitgliedstaaten insbesondere die Bedingungen näher bestimmen, unter denen personenbezogene Daten bei rechtmäßigen Tätigkeiten im Rahmen laufender Geschäfte von Unternehmen und anderen Einrichtungen an Dritte weitergegeben werden können. Ebenso können sie die Bedingungen festlegen, unter denen personenbezogene Daten an Dritte zum Zweck der kommerziellen Werbung oder der Werbung von Wohltätigkeitsverbänden oder anderen Vereinigungen oder Stiftungen, z. B. mit politischer Ausrichtung, weitergegeben werden können, und zwar unter Berücksichtigung der Bestimmungen dieser Richtlinie, nach denen betroffene Personen ohne Angabe von Gründen und ohne Kosten Widerspruch gegen die Verarbeitung von Daten, die sie betreffen, erheben können.

(31) Die Verarbeitung personenbezogener Daten ist ebenfalls als rechtmäßig anzusehen, wenn sie erfolgt, um ein für das Leben der betroffenen Person wesentliches Interesse zu schützen.

(32) Es ist nach einzelstaatlichem Recht festzulegen, ob es sich bei dem für die Verarbeitung Verantwortlichen, der mit der Wahrnehmung einer Aufgabe betraut wurde, die im öffentlichen Interesse liegt oder in Ausübung hoheitlicher Gewalt erfolgt, um eine Behörde oder um eine andere unter das öffentliche Recht oder das Privatrecht fallende Person, wie beispielsweise eine Berufsvereinigung, handeln soll.

(33) Daten, die auf Grund ihrer Art geeignet sind, die Grundfreiheiten oder die Privatsphäre zu beeinträchtigen, dürfen nicht ohne ausdrückliche Einwilligung der betroffenen Person verarbeitet werden. Ausnahmen von diesem Verbot müssen ausdrücklich vorgesehen werden bei spezifischen Notwendigkeiten, insbesondere wenn die Verarbeitung dieser Daten für gewisse auf das Gesundheitswesen bezogene Zwecke von Personen vorgenommen wird, die nach dem einzelstaatlichen Recht dem Berufsgeheimnis unterliegen, oder wenn die Verarbeitung für berechtigte Tätigkeiten bestimmter Vereinigungen oder Stiftungen vorgenommen wird, deren Ziel es ist, die Ausübung von Grundfreiheiten zu ermöglichen.

(34) Die Mitgliedstaaten können, wenn dies durch ein wichtiges öffentliches Interesse gerechtfertigt ist, Ausnahmen vom Verbot der Verarbeitung sensibler Datenkategorien vorsehen in Bereichen wie dem öffentlichen Gesundheitswesen und der sozialen Sicherheit, – insbesondere hinsichtlich der Sicherung von Qualität und Wirtschaftlichkeit der

Anhang

Verfahren zur Abrechnung von Leistungen in den sozialen Krankenversicherungssystemen –, der wissenschaftlichen Forschung und der öffentlichen Statistik. Die Mitgliedstaaten müssen jedoch geeignete besondere Garantien zum Schutz der Grundrechte und der Privatsphäre von Personen vorsehen.

(35) Die Verarbeitung personenbezogener Daten durch staatliche Stellen für verfassungsrechtliche oder im Völkerrecht niedergelegte Zwecke von staatlich anerkannten Religionsgesellschaften erfolgt ebenfalls im Hinblick auf ein wichtiges öffentliches Interesse.

(36) Wenn es in bestimmten Mitgliedstaaten zum Funktionieren des demokratischen Systems gehört, dass die politischen Parteien im Zusammenhang mit Wahlen Daten über die politische Einstellung von Personen sammeln, kann die Verarbeitung derartiger Daten aus Gründen eines wichtigen öffentlichen Interesses zugelassen werden, sofern angemessene Garantien vorgesehen werden.

(37) Für die Verarbeitung personenbezogener Daten zu journalistischen, literarischen oder künstlerischen Zwecken, insbesondere im audiovisuellen Bereich, sind Ausnahmen von bestimmten Vorschriften dieser Richtlinie vorzusehen, soweit sie erforderlich sind, um die Grundrechte der Person mit der Freiheit der Meinungsäußerung und insbesondere der Freiheit, Informationen zu erhalten oder weiterzugeben, die insbesondere in Artikel 10 der Europäischen Konvention zum Schutze der Menschenrechte und der Grundfreiheiten garantiert ist, in Einklang zu bringen. Es obliegt deshalb den Mitgliedstaaten, unter Abwägung der Grundrechte Ausnahmen und Einschränkungen festzulegen, die bei den allgemeinen Maßnahmen zur Rechtmäßigkeit der Verarbeitung von Daten, bei den Maßnahmen zur Übermittlung der Daten in Drittländer sowie hinsichtlich der Zuständigkeiten der Kontrollstellen erforderlich sind, ohne dass jedoch Ausnahmen bei den Maßnahmen zur Gewährleistung der Sicherheit der Verarbeitung vorzusehen sind. Ferner sollte mindestens die in diesem Bereich zuständige Kontrollstelle bestimmte nachträgliche Zuständigkeiten erhalten, beispielsweise zur regelmäßigen Veröffentlichung eines Berichts oder zur Befassung der Justizbehörden.

(38) Datenverarbeitung nach Treu und Glauben setzt voraus, dass die betroffenen Personen in der Lage sind, das Vorhandensein einer Verarbeitung zu erfahren und ordnungsgemäß und umfassend über die Bedingungen der Erhebung informiert zu werden, wenn Daten bei ihnen erhoben werden.

(39) Bestimmte Verarbeitungen betreffen Daten, die der Verantwortliche nicht unmittelbar bei der betroffenen Person erhoben hat. Des Weiteren können Daten rechtmäßig an Dritte weitergegeben werden, auch wenn die Weitergabe bei der Erhebung der Daten bei der betroffenen Person nicht vorgesehen war. In diesen Fällen muss die betroffene Person zum Zeitpunkt der Speicherung der Daten oder spätestens bei der erstmaligen Weitergabe der Daten an Dritte unterrichtet werden.

(40) Diese Verpflichtung erübrigt sich jedoch, wenn die betroffene Person bereits unterrichtet ist. Sie besteht auch nicht, wenn die Speicherung oder Weitergabe durch Gesetz ausdrücklich vorgesehen ist, oder wenn die Unterrichtung der betroffenen Person unmöglich ist oder unverhältnismäßigen Aufwand erfordert, was bei Verarbeitungen für historische, statistische oder wissenschaftliche Zwecke der Fall sein kann. Diesbezüglich können die Zahl der betroffenen Personen, das Alter der Daten und etwaige Ausgleichsmaßnahmen in Betracht gezogen werden.

(41) Jede Person muss ein Auskunftsrecht hinsichtlich der sie betreffenden Daten, die Gegenstand einer Verarbeitung sind, haben, damit sie sich insbesondere von der Richtigkeit dieser Daten und der Zulässigkeit ihrer Verarbeitung überzeugen kann. Aus denselben Gründen muss jede Person außerdem das Recht auf Auskunft über den logischen Aufbau der automatisierten Verarbeitung der sie betreffenden Daten, zumindest im Fall automatisierter Entscheidungen im Sinne des Artikels 15 Absatz 1, besitzen. Dieses Recht darf weder das Geschäftsgeheimnis noch das Recht an geistigem Eigentum, insbesondere das

EG-Datenschutz-RL **Anhang**

Urheberrecht zum Schutz von Software, berühren. Dies darf allerdings nicht dazu führen, dass der betroffenen Person jegliche Auskunft verweigert wird.

(42) Die Mitgliedstaaten können die Auskunfts- und Informationsrechte im Interesse der betroffenen Person oder zum Schutz der Rechte und Freiheiten Dritter einschränken. Zum Beispiel können sie vorsehen, dass Auskunft über medizinische Daten nur über ärztliches Personal erhalten werden kann.

(43) Die Mitgliedstaaten können Beschränkungen des Auskunfts- und Informationsrechts sowie bestimmter Pflichten des für die Verarbeitung Verantwortlichen vorsehen, soweit dies beispielsweise für die Sicherheit des Staates, die Landesverteidigung, die öffentliche Sicherheit, für zwingende wirtschaftliche oder finanzielle Interessen eines Mitgliedstaats oder der Union oder für die Ermittlung und Verfolgung von Straftaten oder von Verstößen gegen Standesregeln bei reglementierten Berufen erforderlich ist. Als Ausnahmen und Beschränkungen sind Kontroll-, Überwachungs- und Ordnungsfunktionen zu nennen, die in den drei letztgenannten Bereichen in Bezug auf öffentliche Sicherheit, wirtschaftliches oder finanzielles Interesse und Strafverfolgung erforderlich sind. Die Erwägung der Aufgaben in diesen drei Bereichen lässt die Zulässigkeit von Ausnahmen und Einschränkungen aus Gründen der Sicherheit des Staates und der Landesverteidigung unberührt.

(44) Die Mitgliedstaaten können auf Grund gemeinschaftlicher Vorschriften gehalten sein, von den das Auskunftsrecht, die Information der Personen und die Qualität der Daten betreffenden Bestimmungen dieser Richtlinie abzuweichen, um bestimmte der obengenannten Zweckbestimmungen zu schützen.

(45) Auch wenn die Daten Gegenstand einer rechtmäßigen Verarbeitung auf Grund eines öffentlichen Interesses, der Ausübung hoheitlicher Gewalt oder der Interessen eines einzelnen sein können, sollte doch jede betroffene Person das Recht besitzen, aus überwiegenden, schutzwürdigen, sich aus ihrer besonderen Situation ergebenden Gründen Widerspruch dagegen einzulegen, dass die sie betreffenden Daten verarbeitet werden. Die Mitgliedstaaten können allerdings innerstaatliche Bestimmungen vorsehen, die dem entgegenstehen.

(46) Für den Schutz der Rechte und Freiheiten der betroffenen Personen bei der Verarbeitung personenbezogener Daten müssen geeignete technische und organisatorische Maßnahmen getroffen werden, und zwar sowohl zum Zeitpunkt der Planung des Verarbeitungssystems als auch zum Zeitpunkt der eigentlichen Verarbeitung, um insbesondere deren Sicherheit zu gewährleisten und somit jede unrechtmäßige Verarbeitung zu verhindern. Die Mitgliedstaaten haben dafür Sorge zu tragen, dass der für die Verarbeitung Verantwortliche diese Maßnahmen einhält. Diese Maßnahmen müssen unter Berücksichtigung des Standes der Technik und der bei ihrer Durchführung entstehenden Kosten ein Schutzniveau gewährleisten, das den von der Verarbeitung ausgehenden Risiken und der Art der zu schützenden Daten angemessen ist.

(47) Wird eine Nachricht, die personenbezogene Daten enthält, über Telekommunikationsdienste oder durch elektronische Post übermittelt, deren einziger Zweck darin besteht, Nachrichten dieser Art zu übermitteln, so gilt in der Regel die Person, von der die Nachricht stammt, und nicht die Person, die den Übermittlungsdienst anbietet, als Verantwortlicher für die Verarbeitung der in der Nachricht enthaltenen personenbezogenen Daten. Jedoch gelten die Personen, die diese Dienste anbieten, in der Regel als Verantwortliche für die Verarbeitung der personenbezogenen Daten, die zusätzlich für den Betrieb des Dienstes erforderlich sind.

(48) Die Meldeverfahren dienen der Offenlegung der Zweckbestimmungen der Verarbeitungen sowie ihrer wichtigsten Merkmale mit dem Zweck der Überprüfung ihrer Vereinbarkeit mit den einzelstaatlichen Vorschriften zur Umsetzung dieser Richtlinie.

(49) Um unangemessene Verwaltungsformalitäten zu vermeiden, können die Mitgliedstaaten bei Verarbeitungen, bei denen eine Beeinträchtigung der Rechte und Freiheiten

Anhang

der Betroffenen nicht zu erwarten ist, von der Meldepflicht absehen oder sie vereinfachen, vorausgesetzt, dass diese Verarbeitungen den Bestimmungen entsprechen, mit denen der Mitgliedstaat die Grenzen solcher Verarbeitungen festgelegt hat. Eine Befreiung oder eine Vereinfachung kann ebenso vorgesehen werden, wenn ein vom für die Verarbeitung Verantwortlichen benannter Datenschutzbeauftragter sicherstellt, dass eine Beeinträchtigung der Rechte und Freiheiten der Betroffenen durch die Verarbeitung nicht zu erwarten ist. Ein solcher Beauftragter, ob Angestellter des für die Verarbeitung Verantwortlichen oder externer Beauftragter, muss seine Aufgaben in vollständiger Unabhängigkeit ausüben können.

(50) Die Befreiung oder Vereinfachung kann vorgesehen werden für Verarbeitungen, deren einziger Zweck das Führen eines Registers ist, das gemäß einzelstaatlichem Recht zur Information der Öffentlichkeit bestimmt ist und entweder der gesamten Öffentlichkeit oder allen Personen, die ein berechtigtes Interesse nachweisen können, zur Einsichtnahme offen steht.

(51) Die Vereinfachung oder Befreiung von der Meldepflicht entbindet jedoch den für die Verarbeitung Verantwortlichen von keiner der anderen sich aus dieser Richtlinie ergebenden Verpflichtungen.

(52) In diesem Zusammenhang ist die nachträgliche Kontrolle durch die zuständigen Stellen im Allgemeinen als ausreichende Maßnahme anzusehen.

(53) Bestimmte Verarbeitungen können jedoch auf Grund ihrer Art, ihrer Tragweite oder ihrer Zweckbestimmung – wie beispielsweise derjenigen, betroffene Personen von der Inanspruchnahme eines Rechts, einer Leistung oder eines Vertrags auszuschließen – oder auf Grund der besonderen Verwendung einer neuen Technologie besondere Risiken im Hinblick auf die Rechte und Freiheiten der betroffenen Personen aufweisen. Es obliegt den Mitgliedstaaten, derartige Risiken in ihren Rechtsvorschriften aufzuführen, wenn sie dies wünschen.

(54) Bei allen in der Gesellschaft durchgeführten Verarbeitungen sollte die Zahl der Verarbeitungen mit solchen besonderen Risiken sehr beschränkt sein. Die Mitgliedstaaten müssen für diese Verarbeitungen vorsehen, dass vor ihrer Durchführung eine Vorabprüfung durch die Kontrollstelle oder in Zusammenarbeit mit ihr durch den Datenschutzbeauftragten vorgenommen wird. Als Ergebnis dieser Vorabprüfung kann die Kontrollstelle gemäß einzelstaatlichem Recht eine Stellungnahme abgeben oder die Verarbeitung genehmigen. Diese Prüfung kann auch bei der Ausarbeitung einer gesetzgeberischen Maßnahme des nationalen Parlaments oder einer auf eine solche gesetzgeberische Maßnahme gestützten Maßnahme erfolgen, die die Art der Verarbeitung und geeignete Garantien festlegt.

(55) Für den Fall der Missachtung der Rechte der betroffenen Personen durch den für die Verarbeitung Verantwortlichen ist im nationalen Recht eine gerichtliche Überprüfungsmöglichkeit vorzusehen. Mögliche Schäden, die den Personen auf Grund einer unzulässigen Verarbeitung entstehen, sind von dem für die Verarbeitung Verantwortlichen zu ersetzen, der von seiner Haftung befreit werden kann, wenn er nachweist, dass der Schaden ihm nicht angelastet werden kann, insbesondere weil ein Fehlverhalten der betroffenen Person oder ein Fall höherer Gewalt vorliegt. Unabhängig davon, ob es sich um eine Person des Privatrechts oder des öffentlichen Rechts handelt, müssen Sanktionen jede Person treffen, die die einzelstaatlichen Vorschriften zur Umsetzung dieser Richtlinie nicht einhält.

(56) Grenzüberschreitender Verkehr von personenbezogenen Daten ist für die Entwicklung des internationalen Handels notwendig. Der in der Gemeinschaft durch diese Richtlinie gewährte Schutz von Personen steht der Übermittlung personenbezogener Daten in Drittländer, die ein angemessenes Schutzniveau aufweisen, nicht entgegen. Die Angemessenheit des Schutzniveaus, das ein Drittland bietet, ist unter Berücksichtigung aller Umstände im Hinblick auf eine Übermittlung oder eine Kategorie von Übermittlungen zu beurteilen.

(57) Bietet hingegen ein Drittland kein angemessenes Schutzniveau, so ist die Übermittlung personenbezogener Daten in dieses Land zu untersagen.

(58) Ausnahmen von diesem Verbot sind unter bestimmten Voraussetzungen vorzusehen, wenn die betroffene Person ihre Einwilligung erteilt hat oder die Übermittlung im Rahmen eines Vertrags oder Gerichtsverfahrens oder zur Wahrung eines wichtigen öffentlichen Interesses erforderlich ist, wie zum Beispiel bei internationalem Datenaustausch zwischen Steuer- oder Zollverwaltungen oder zwischen Diensten, die für Angelegenheiten der sozialen Sicherheit zuständig sind. Ebenso kann eine Übermittlung aus einem gesetzlich vorgesehenen Register erfolgen, das der öffentlichen Einsichtnahme oder der Einsichtnahme durch Personen mit berechtigtem Interesse dient. In diesem Fall sollte eine solche Übermittlung nicht die Gesamtheit oder eine ganze Kategorie der im Register enthaltenen Daten umfassen. Ist ein Register zur Einsichtnahme durch Personen mit berechtigtem Interesse bestimmt, so sollte die Übermittlung nur auf Antrag dieser Person oder nur dann erfolgen, wenn diese Personen die Adressaten der Übermittlung sind.

(59) Besondere Maßnahmen können getroffen werden, um das unzureichende Schutzniveau in einem Drittland auszugleichen, wenn der für die Verarbeitung Verantwortliche geeignete Sicherheiten nachweist. Außerdem sind Verfahren für die Verhandlungen zwischen der Gemeinschaft und den betreffenden Drittländern vorzusehen.

(60) Übermittlungen in Drittstaaten dürfen auf jeden Fall nur unter voller Einhaltung der Rechtsvorschriften erfolgen, die die Mitgliedstaaten gemäß dieser Richtlinie, insbesondere gemäß Artikel 8, erlassen haben.

(61) Die Mitgliedstaaten und die Kommission müssen in ihren jeweiligen Zuständigkeitsbereichen die betroffenen Wirtschaftskreise ermutigen, Verhaltensregeln auszuarbeiten, um unter Berücksichtigung der Besonderheiten der Verarbeitung in bestimmten Bereichen die Durchführung dieser Richtlinie im Einklang mit den hierfür vorgesehenen einzelstaatlichen Bestimmungen zu fördern.

(62) Die Einrichtung unabhängiger Kontrollstellen in den Mitgliedstaaten ist ein wesentliches Element des Schutzes der Personen bei der Verarbeitung personenbezogener Daten.

(63) Diese Stellen sind mit den notwendigen Mitteln für die Erfüllung dieser Aufgabe auszustatten, d. h. Untersuchungs- und Einwirkungsbefugnissen, insbesondere bei Beschwerden, sowie Klagerecht. Die Kontrollstellen haben zur Transparenz der Verarbeitungen in dem Mitgliedstaat beizutragen, dem sie unterstehen.

(64) Die Behörden der verschiedenen Mitgliedstaaten werden einander bei der Wahrnehmung ihrer Aufgaben unterstützen müssen, um sicherzustellen, dass die Schutzregeln in der ganzen Europäischen Union beachtet werden.

(65) Auf Gemeinschaftsebene ist eine Arbeitsgruppe für den Schutz der Rechte von Personen bei der Verarbeitung personenbezogener Daten einzusetzen, die ihre Aufgaben in völliger Unabhängigkeit wahrzunehmen hat. Unter Berücksichtigung dieses besonderen Charakters hat sie die Kommission zu beraten und insbesondere zur einheitlichen Anwendung der zur Umsetzung dieser Richtlinie erlassenen einzelstaatlichen Vorschriften beizutragen.

(66) Für die Übermittlung von Daten in Drittländer ist es zur Anwendung dieser Richtlinie erforderlich, der Kommission Durchführungsbefugnisse zu übertragen und ein Verfahren gemäß den Bestimmungen des Beschlusses 87/373/EWG des Rates[4] festzulegen.

(67) Am 20. Dezember 1994 wurde zwischen dem Europäischen Parlament, dem Rat und der Kommission ein Modus vivendi betreffend die Maßnahmen zur Durchführung

---

[4] ABl. Nr. L 197 vom 18.7.1987, S. 33.

der nach dem Verfahren des Artikels 189b des EG-Vertrags erlassenen Rechtsakte vereinbart.

(68) Die in dieser Richtlinie enthaltenen Grundsätze des Schutzes der Rechte und Freiheiten der Personen und insbesondere der Achtung der Privatsphäre bei der Verarbeitung personenbezogener Daten können – besonders für bestimmte Bereiche – durch spezifische Regeln ergänzt oder präzisiert werden, die mit diesen Grundsätzen in Einklang stehen.

(69) Den Mitgliedstaaten sollte eine Frist von längstens drei Jahren ab Inkrafttreten ihrer Vorschriften zur Umsetzung dieser Richtlinie eingeräumt werden, damit sie die neuen einzelstaatlichen Vorschriften fortschreitend auf alle bereits laufenden Verarbeitungen anwenden können. Um eine kosteneffiziente Durchführung dieser Vorschriften zu erleichtern, wird den Mitgliedstaaten eine weitere Frist von zwölf Jahren nach Annahme dieser Richtlinie eingeräumt, um die Anpassung bestehender manueller Dateien an bestimmte Vorschriften dieser Richtlinie sicherzustellen. Werden in solchen Dateien enthaltene Daten während dieser erweiterten Umsetzungsfrist manuell verarbeitet, so sollten die Dateien zum Zeitpunkt der Verarbeitung mit diesen Vorschriften in Einklang gebracht werden.

(70) Die betroffene Person braucht nicht erneut ihre Einwilligung zu geben, damit der Verantwortliche nach Inkrafttreten der einzelstaatlichen Vorschriften zur Umsetzung dieser Richtlinie eine Verarbeitung sensibler Daten fortführen kann, die für die Erfüllung eines in freier Willenserklärung geschlossenen Vertrags erforderlich ist und vor Inkrafttreten der genannten Vorschriften mitgeteilt wurde.

(71) Diese Richtlinie steht den gesetzlichen Regelungen eines Mitgliedstaats im Bereich der geschäftsmäßigen Werbung gegenüber in seinem Hoheitsgebiet ansässigen Verbrauchern nicht entgegen, sofern sich diese gesetzlichen Regelungen nicht auf den Schutz der Person bei der Verarbeitung personenbezogener Daten beziehen.

(72) Diese Richtlinie erlaubt bei der Umsetzung der mit ihr festgelegten Grundsätze die Berücksichtigung des Grundsatzes des öffentlichen Zugangs zu amtlichen Dokumenten –

HABEN FOLGENDE RICHTLINIE ERLASSEN:

Kapitel I. Allgemeine Bestimmungen

Art. 1 Gegenstand der Richtlinie. (1) Die Mitgliedstaaten gewährleisten nach den Bestimmungen dieser Richtlinie den Schutz der Grundrechte und Grundfreiheiten und insbesondere den Schutz der Privatsphäre natürlicher Personen bei der Verarbeitung personenbezogener Daten.

(2) Die Mitgliedstaaten beschränken oder untersagen nicht den freien Verkehr personenbezogener Daten zwischen Mitgliedstaaten aus Gründen des gemäß Absatz 1 gewährleisteten Schutzes.

Art. 2 Begriffsbestimmungen. In Sinne dieser Richtlinie bezeichnet der Ausdruck
a) „personenbezogene Daten" alle Informationen über eine bestimmte oder bestimmbare natürliche Person („betroffene Person"); als bestimmbar wird eine Person angesehen, die direkt oder indirekt identifiziert werden kann, insbesondere durch Zuordnung zu einer Kennnummer oder zu einem oder mehreren spezifischen Elementen, die Ausdruck ihrer physischen, physiologischen, psychischen, wirtschaftlichen, kulturellen oder sozialen Identität sind;
b) „Verarbeitung personenbezogener Daten" („Verarbeitung") jeden mit oder ohne Hilfe automatisierter Verfahren ausgeführten Vorgang oder jede Vorgangsreihe im Zusammenhang mit personenbezogenen Daten wie das Erheben, das Speichern, die Organisation, die Aufbewahrung, die Anpassung oder Veränderung, das Auslesen, das Abfragen, die Benutzung, die Weitergabe durch Übermittlung, Verbreitung oder jede andere

Form der Bereitstellung, die Kombination oder die Verknüpfung sowie das Sperren, Löschen oder Vernichten;
c) „Datei mit personenbezogenen Daten" („Datei") jede strukturierte Sammlung personenbezogener Daten, die nach bestimmten Kriterien zugänglich sind, gleichgültig ob diese Sammlung zentral, dezentralisiert oder nach funktionalen oder geographischen Gesichtspunkten aufgeteilt geführt wird;
d) „für die Verarbeitung Verantwortlicher" die natürliche oder juristische Person, Behörde, Einrichtung oder jede andere Stelle, die allein oder gemeinsam mit anderen über die Zwecke und Mittel der Verarbeitung von personenbezogenen Daten entscheidet. Sind die Zwecke und Mittel der Verarbeitung von personenbezogenen Daten in einzelstaatlichen oder gemeinschaftlichen Rechts- und Verwaltungsvorschriften festgelegt, so können der für die Verarbeitung Verantwortliche bzw. die spezifischen Kriterien für seine Benennung durch einzelstaatliche oder gemeinschaftliche Rechtsvorschriften bestimmt werden;
e) „Auftragsverarbeiter" die natürliche oder juristische Person, Behörde, Einrichtung oder jede andere Stelle, die personenbezogene Daten im Auftrag des für die Verarbeitung Verantwortlichen verarbeitet;
f) „Dritter" die natürliche oder juristische Person, Behörde, Einrichtung oder jede andere Stelle, außer der betroffenen Person, dem für die Verarbeitung Verantwortlichen, dem Auftragsverarbeiter und den Personen, die unter der unmittelbaren Verantwortung des für die Verarbeitung Verantwortlichen oder des Auftragsverarbeiters befugt sind, die Daten zu verarbeiten;
g) „Empfänger" die natürliche oder juristische Person, Behörde, Einrichtung oder jede andere Stelle, die Daten erhält, gleichgültig, ob es sich bei ihr um einen Dritten handelt oder nicht. Behörden, die im Rahmen eines einzelnen Untersuchungsauftrags möglicherweise Daten erhalten, gelten jedoch nicht als Empfänger;
h) „Einwilligung der betroffenen Person" jede Willensbekundung, die ohne Zwang für den konkreten Fall und in Kenntnis der Sachlage erfolgt und mit der die betroffene Person akzeptiert, dass personenbezogene Daten, die sie betreffen, verarbeitet werden.

Art. 3 Anwendungsbereich. (1) Diese Richtlinie gilt für die ganz oder teilweise automatisierte Verarbeitung personenbezogener Daten sowie für die nicht automatisierte Verarbeitung personenbezogener Daten, die in einer Datei gespeichert sind oder gespeichert werden sollen.

(2) Diese Richtlinie findet keine Anwendung auf die Verarbeitung personenbezogener Daten,
– die für die Ausübung von Tätigkeiten erfolgt, die nicht in den Anwendungsbereich des Gemeinschaftsrechts fallen, beispielsweise Tätigkeiten gemäß den Titeln V und VI des Vertrags über die Europäische Union, und auf keinen Fall auf Verarbeitungen betreffend die öffentliche Sicherheit, die Landesverteidigung, die Sicherheit des Staates (einschließlich seines wirtschaftlichen Wohls, wenn die Verarbeitung die Sicherheit des Staates berührt) und die Tätigkeiten des Staates im strafrechtlichen Bereich;
– die von einer natürlichen Person zur Ausübung ausschließlich persönlicher oder familiärer Tätigkeiten vorgenommen wird.

Art. 4 Anwendbares einzelstaatliches Recht. (1) Jeder Mitgliedstaat wendet die Vorschriften, die er zur Umsetzung dieser Richtlinie erlässt, auf alle Verarbeitungen personenbezogener Daten an,
a) die im Rahmen der Tätigkeiten einer Niederlassung ausgeführt werden, die der für die Verarbeitung Verantwortliche im Hoheitsgebiet dieses Mitgliedstaats besitzt. Wenn der Verantwortliche eine Niederlassung im Hoheitsgebiet mehrerer Mitgliedstaaten besitzt, ergreift er die notwendigen Maßnahmen, damit jede dieser Niederlassungen die im jeweils anwendbaren einzelstaatlichen Recht festgelegten Verpflichtungen einhält;
b) die von einem für die Verarbeitung Verantwortlichen ausgeführt werden, der nicht in seinem Hoheitsgebiet, aber an einem Ort niedergelassen ist, an dem das einzelstaatliche

Anhang EG-Datenschutz-RL

Recht dieses Mitgliedstaats gemäß dem internationalen öffentlichen Recht Anwendung findet;
c) die von einem für die Verarbeitung Verantwortlichen ausgeführt werden, der nicht im Gebiet der Gemeinschaft niedergelassen ist und zum Zwecke der Verarbeitung personenbezogener Daten auf automatisierte oder nicht automatisierte Mittel zurückgreift, die im Hoheitsgebiet des betreffenden Mitgliedstaats belegen sind, es sei denn, dass diese Mittel nur zum Zweck der Durchfuhr durch das Gebiet der Europäischen Gemeinschaft verwendet werden.

(2) In dem in Absatz 1 Buchstabe c) genannten Fall hat der für die Verarbeitung Verantwortliche einen im Hoheitsgebiet des genannten Mitgliedstaats ansässigen Vertreter zu benennen, unbeschadet der Möglichkeit eines Vorgehens gegen den für die Verarbeitung Verantwortlichen selbst.

Kapitel II. Allgemeine Bedingungen für die Rechtmäßigkeit der Verarbeitung personenbezogener Daten

Art. 5 Die Mitgliedstaaten bestimmen nach Maßgabe dieses Kapitels die Voraussetzungen näher, unter denen die Verarbeitung personenbezogener Daten rechtmäßig ist.

Abschnitt I. Grundsätze in Bezug auf die Qualität der Daten

Art. 6 (1) Die Mitgliedstaaten sehen vor, dass personenbezogene Daten
a) nach Treu und Glauben und auf rechtmäßige Weise verarbeitet werden;
b) für festgelegte eindeutige und rechtmäßige Zwecke erhoben und nicht in einer mit diesen Zweckbestimmungen nicht zu vereinbarenden Weise weiterverarbeitet werden. Die Weiterverarbeitung von Daten zu historischen, statistischen oder wissenschaftlichen Zwecken ist im Allgemeinen nicht als vereinbar mit den Zwecken der vorausgegangenen Datenerhebung anzusehen; sofern die Mitgliedstaaten geeignete Garantien vorsehen;
c) den Zwecken entsprechen, für die sie erhoben und/oder weiterverarbeitet werden, dafür erheblich sind und nicht darüber hinausgehen;
d) sachlich richtig und, wenn nötig, auf den neuesten Stand gebracht sind; es sind alle angemessenen Maßnahmen zu treffen, damit im Hinblick auf die Zwecke, für die sie erhoben oder weiterverarbeitet werden, nicht zutreffende oder unvollständige Daten gelöscht oder berichtigt werden;
e) nicht länger als es für die Realisierung der Zwecke, für die sie erhoben oder weiterverarbeitet werden, erforderlich ist, in einer Form aufbewahrt werden, die die Identifizierung der betroffenen Personen ermöglicht. Die Mitgliedstaaten sehen geeignete Garantien für personenbezogene Daten vor, die über die vorgenannte Dauer hinaus für historische, statistische oder wissenschaftliche Zwecke aufbewahrt werden.

(2) Der für die Verarbeitung Verantwortliche hat für die Einhaltung des Absatzes 1 zu sorgen.

Abschnitt II. Grundsätze in Bezug auf die Zulässigkeit der Verarbeitung von Daten

Art. 7 Die Mitgliedstaaten sehen vor, dass die Verarbeitung personenbezogener Daten lediglich erfolgen darf, wenn eine der folgenden Voraussetzungen erfüllt ist:
a) Die betroffene Person hat ohne jeden Zweifel ihre Einwilligung gegeben;
b) die Verarbeitung ist erforderlich für die Erfüllung eines Vertrags, dessen Vertragspartei die betroffene Person ist, oder für die Durchführung vorvertraglicher Maßnahmen, die auf Antrag der betroffenen Person erfolgen;
c) die Verarbeitung ist für die Erfüllung einer rechtlichen Verpflichtung erforderlich, der der für die Verarbeitung Verantwortliche unterliegt;

d) die Verarbeitung ist erforderlich für die Wahrung lebenswichtiger Interessen der betroffenen Person;
e) die Verarbeitung ist erforderlich für die Wahrnehmung einer Aufgabe, die im öffentlichen Interesse liegt oder in Ausübung öffentlicher Gewalt erfolgt und dem für die Verarbeitung Verantwortlichen oder dem Dritten, dem die Daten übermittelt werden, übertragen wurde;
f) die Verarbeitung ist erforderlich zur Verwirklichung des berechtigten Interesses, das von dem für die Verarbeitung Verantwortlichen oder von dem bzw. den Dritten wahrgenommen wird, denen die Daten übermittelt werden, sofern nicht das Interesse oder die Grundrechte und Grundfreiheiten der betroffenen Person, die gemäß Artikel 1 Abs. 1 geschützt sind, überwiegen.

Abschnitt III. Besondere Kategorien der Verbreitung

Art. 8 Verarbeitung besonderer Kategorien personenbezogener Daten. (1) Die Mitgliedstaaten untersagen die Verarbeitung personenbezogener Daten, aus denen die rassische und ethnische Herkunft, politische Meinungen, religiöse oder philosophische Überzeugungen oder die Gewerkschaftszugehörigkeit hervorgehen, sowie von Daten über Gesundheit oder Sexualleben.

(2) Absatz 1 findet in folgenden Fällen keine Anwendung:
a) Die betroffene Person hat ausdrücklich in die Verarbeitung der genannten Daten eingewilligt, es sei denn, nach den Rechtsvorschriften des Mitgliedstaats kann das Verbot nach Absatz 1 durch die Einwilligung der betroffenen Person nicht aufgehoben werden; oder
b) die Verarbeitung ist erforderlich, um den Rechten und Pflichten des für die Verarbeitung Verantwortlichen auf dem Gebiet des Arbeitsrechts Rechnung zu tragen, sofern dies auf Grund von einzelstaatlichem Recht, das angemessene Garantien vorsieht, zulässig ist;
oder
c) die Verarbeitung ist zum Schutz lebenswichtiger Interessen der betroffenen Person oder eines Dritten erforderlich, sofern die Person aus physischen oder rechtlichen Gründen außerstande ist, ihre Einwilligung zu geben;
oder
d) die Verarbeitung erfolgt auf der Grundlage angemessener Garantien durch eine politisch, philosophisch, religiös oder gewerkschaftlich aus-gerichtete Stiftung, Vereinigung oder sonstige Organisation, die keinen Erwerbszweck verfolgt, im Rahmen ihrer rechtmäßigen Tätigkeiten und unter der Voraussetzung, dass sich die Verarbeitung nur auf die Mitglieder der Organisation oder auf die Mitglieder der Organisation oder auf Personen, die im Zusammenhang mit deren Tätigkeitszweck regelmäßige Kontakte mit ihr unterhalten, bezieht und die Daten nicht ohne Einwilligung der betroffenen Personen an Dritte weitergegeben werden;
oder
e) die Verarbeitung bezieht sich auf Daten, die die betroffene Person offenkundig öffentlich gemacht hat, oder ist zur Geltendmachung, Ausübung oder Verteidigung rechtlicher Ansprüche vor Gericht erforderlich.

(3) Absatz 1 gilt nicht, wenn die Verarbeitung der Daten zum Zweck der Gesundheitsvorsorge, der medizinischen Diagnostik, der Gesundheitsversorgung oder Behandlung oder für die Verwaltung von Gesundheitsdiensten erforderlich ist und die Verarbeitung dieser Daten durch ärztliches Personal erfolgt, das nach dem einzelstaatlichen Recht, einschließlich der von den zuständigen einzelstaatlichen Stellen erlassenen Regelungen, dem Berufsgeheimnis unterliegt, oder durch sonstige Personen, die einer entsprechenden Geheimhaltungspflicht unterliegen.

(4) Die Mitgliedstaaten können vorbehaltlich angemessener Garantien aus Gründen eines wichtigen öffentlichen Interesses entweder im Wege einer nationalen Rechtsvor-

Anhang

schrift oder im Wege einer Entscheidung der Kontrollstelle andere als die in Absatz 2 genannten Ausnahmen vorsehen.

(5) Die Verarbeitung von Daten, die Straftaten, strafrechtliche Verurteilungen oder Sicherungsmaßregeln betreffen, darf nur unter behördlicher Aufsicht oder auf Grund von einzelstaatlichem Recht, das angemessene Garantien vorsieht, erfolgen, wobei ein Mitgliedstaat jedoch Ausnahmen auf Grund innerstaatlicher Rechtsvorschriften, die geeignete besondere Garantien vorsehen, festlegen kann. Ein vollständiges Register der strafrechtlichen Verurteilungen darf allerdings nur unter behördlicher Aufsicht geführt werden.

Die Mitgliedstaaten können vorsehen, dass Daten, die administrative Strafen oder zivilrechtliche Urteile betreffen, ebenfalls unter behördlicher Aufsicht verarbeitet werden müssen.

(6) Die in den Absätzen 4 und 5 vorgesehenen Abweichungen von Absatz 1 sind der Kommission mitzuteilen.

(7) Die Mitgliedstaaten bestimmen, unter welchen Bedingungen eine nationale Kennziffer oder andere Kennzeichen allgemeiner Bedeutung Gegenstand einer Verarbeitung sein dürfen.

Art. 9 Verarbeitung personenbezogener Daten und Meinungsfreiheit. Die Mitgliedstaaten sehen für die Verarbeitung personenbezogener Daten, die allein zu journalistischen, künstlerischen oder literarischen Zwecken erfolgt, Abweichungen und Ausnahmen von diesem Kapitel sowie von den Kapiteln IV und VI nur insofern vor, als sich dies als notwendig erweist, um das Recht auf Privatsphäre mit den für die Freiheit der Meinungsäußerung geltenden Vorschriften in Einklang zu bringen.

Abschnitt IV. Information der betroffenen Person

Art. 10 Information bei der Erhebung personenbezogener Daten bei der betroffenen Person. Die Mitgliedstaaten sehen vor, dass die Person, bei der die sie betreffenden Daten erhoben werden, vom für die Verarbeitung Verantwortlichen oder seinem Vertreter zumindest die nachstehenden Informationen erhält, sofern diese ihr noch nicht vorliegen:
a) Identität des für die Verarbeitung Verantwortlichen und gegebenenfalls seines Vertreters,
b) Zweckbestimmungen der Verarbeitung, für die die Daten bestimmt sind,
c) weitere Informationen, beispielsweise betreffend
   – die Empfänger oder Kategorien der Empfänger der Daten,
   – die Frage, ob die Beantwortung der Fragen obligatorisch oder freiwillig ist, sowie mögliche Folgen einer unterlassenen Beantwortung,
   – das Bestehen von Auskunfts- und Berichtigungsrechten bezüglich sie betreffender Daten,
sofern sie unter Berücksichtigung der spezifischen Umstände, unter denen die Daten erhoben werden, notwendig sind, um gegenüber der betroffenen Person eine Verarbeitung nach Treu und Glauben zu gewährleisten.

Art. 11 Informationen für den Fall, dass die Daten nicht bei der betroffenen Person erhoben wurden. (1) Für den Fall, dass die Daten nicht bei der betroffenen Person erhoben wurden, sehen die Mitgliedstaaten vor, dass die betroffene Person bei Beginn der Speicherung der Daten bzw. im Fall einer beabsichtigten Weitergabe der Daten an Dritte spätestens bei der ersten Übermittlung vom für die Verarbeitung Verantwortlichen oder seinem Vertreter zumindest die nachstehenden Informationen erhält, sofern diese ihr noch nicht vorliegen:
a) Identität des für die Verarbeitung Verantwortlichen und gegebenenfalls seines Vertreters,
b) Zweckbestimmungen der Verarbeitung,
c) weitere Informationen, beispielsweise betreffend

- die Datenkategorien, die verarbeitet werden,
- die Empfänger oder Kategorien der Empfänger der Daten,
- das Bestehen von Auskunfts- und Berichtigungsrechten bezüglich sie betreffender Daten,

sofern sie unter Berücksichtigung der spezifischen Umstände, unter denen die Daten erhoben werden, notwendig sind, um gegenüber der betroffenen Person eine Verarbeitung nach Treu und Glauben zu gewährleisten.

(2) Absatz 1 findet – insbesondere bei Verarbeitungen für Zwecke der Statistik oder der historischen oder wissenschaftlichen Forschung – keine Anwendung, wenn die Information der betroffenen Person unmöglich ist, unverhältnismäßigen Aufwand erfordert oder die Speicherung oder Weitergabe durch Gesetz ausdrücklich vorgesehen ist. In diesen Fällen sehen die Mitgliedstaaten geeignete Garantien vor.

Abschnitt V. Auskunftsrecht der betroffenen Person

Art. 12 Auskunftsrecht. Die Mitgliedstaaten garantieren jeder betroffenen Person das Recht, vom für die Verarbeitung Verantwortlichen folgendes zu erhalten:
a) frei und ungehindert in angemessenen Abständen ohne unzumutbare Verzögerung oder übermäßige Kosten
   - die Bestätigung, dass es Verarbeitungen sie betreffender Daten gibt oder nicht gibt, sowie zumindest Informationen über die Zweckbestimmungen dieser Verarbeitungen, die Kategorien der Daten, die Gegenstand der Verarbeitung sind, und die Empfänger oder Kategorien der Empfänger, an die die Daten übermittelt werden;
   - eine Mitteilung in verständlicher Form über die Daten, die Gegenstand der Verarbeitung sind, sowie die verfügbaren Informationen über die Herkunft der Daten;
   - Auskunft über den logischen Aufbau der automatisierten Verarbeitung der sie betreffenden Daten, zumindest im Fall automatisierter Entscheidungen im Sinne von Artikel 15 Absatz 1;
b) je nach Fall die Berichtigung, Löschung oder Sperrung von Daten, deren Verarbeitung nicht den Bestimmungen dieser Richtlinie entspricht, insbesondere wenn diese Daten unvollständig oder unrichtig sind;
c) die Gewähr, dass jede Berichtigung, Löschung oder Sperrung, die entsprechend Buchstabe b) durchgeführt wurde, den Dritten, denen die Daten übermittelt wurden, mitgeteilt wird, sofern sich dies nicht als unmöglich erweist oder kein unverhältnismäßiger Aufwand damit verbunden ist.

Abschnitt VI. Ausnahmen und Einschränkungen

Art. 13 Ausnahmen und Einschränkungen. (1) Die Mitgliedstaaten können Rechtsvorschriften erlassen, die die Pflichten und Rechte gemäß Artikel 6 Absatz 1, Artikel 10, Artikel 11 Absatz 1, Artikel 12 und Artikel 21 beschränken, sofern eine solche Beschränkung notwendig ist für
a) die Sicherheit des Staates;
b) die Landesverteidigung;
c) die öffentliche Sicherheit;
d) die Verhütung, Ermittlung, Feststellung und Verfolgung von Straftaten oder Verstößen gegen die berufsständischen Regeln bei reglementierten Berufen;
e) ein wichtiges wirtschaftliches oder finanzielles Interesse eines Mitgliedstaats oder der Europäischen Union einschließlich Währungs-, Haushalts- und Steuerangelegenheiten;
f) Kontroll-, Überwachungs- und Ordnungsfunktionen, die dauernd oder zeitweise mit der Ausübung öffentlicher Gewalt für die unter den Buchstaben c), d) und e) genannten Zwecke verbunden sind;
g) den Schutz der betroffenen Person und der Rechte und Freiheiten anderer Personen.

Anhang

(2) Vorbehaltlich angemessener rechtlicher Garantien, mit denen insbesondere ausgeschlossen wird, dass die Daten für Maßnahmen oder Entscheidungen gegenüber bestimmten Personen verwendet werden, können die Mitgliedstaaten in Fällen, in denen offensichtlich keine Gefahr eines Eingriffs in die Privatsphäre der betroffenen Person besteht, die in Artikel 12 vorgesehenen Rechte gesetzlich einschränken, wenn die Daten ausschließlich für Zwecke der wissenschaftlichen Forschung verarbeitet werden oder personenbezogen nicht länger als erforderlich lediglich zur Erstellung von Statistiken aufbewahrt werden.

Abschnitt VII. Widerspruchsrecht der betroffenen Person

Art. 14 Widerspruchsrecht der betroffenen Person Die Mitgliedstaaten erkennen das Recht der betroffenen Person an,

a) zumindest in den Fällen von Artikel 7 Buchstaben e) und f) jederzeit aus überwiegenden, schutzwürdigen, sich aus ihrer besonderen Situation ergebenden Gründen dagegen Widerspruch einlegen zu können, dass sie betreffende Daten verarbeitet werden; dies gilt nicht bei einer im einzelstaatlichen Recht vorgesehenen entgegenstehenden Bestimmung. Im Fall eines berechtigten Widerspruchs kann sich die vom für die Verarbeitung Verantwortlichen vorgenommene Verarbeitung nicht mehr auf diese Daten beziehen;

b) auf Antrag kostenfrei gegen eine vom für die Verarbeitung Verantwortlichen beabsichtigte Verarbeitung sie betreffender Daten für Zwecke der Direktwerbung Widerspruch einzulegen oder vor der ersten Weitergabe personenbezogener Daten an Dritte oder vor deren erstmaliger Nutzung im Auftrag Dritter zu Zwecken der Direktwerbung informiert zu werden und ausdrücklich auf das Recht hingewiesen zu werden, kostenfrei gegen eine solche Weitergabe oder Nutzung Widerspruch einlegen zu können.

Die Mitgliedstaaten ergreifen die erforderlichen Maßnahmen, um sicherzustellen, dass die betroffenen Personen vom Bestehen des unter Buchstabe b) Untersatz 1 vorgesehenen Rechts Kenntnis haben.

Art. 15 Automatisierte Einzelentscheidungen. (1) Die Mitgliedstaaten räumen jeder Person das Recht ein, keiner für sie rechtliche Folgen nach sich ziehenden und keiner sie erheblich beeinträchtigenden Entscheidung unterworfen zu werden, die ausschließlich auf Grund einer automatisierten Verarbeitung von Daten zum Zwecke der Bewertung einzelner Aspekte ihrer Person ergeht, wie beispielsweise ihrer beruflichen Leistungsfähigkeit, ihrer Kreditwürdigkeit, ihrer Zuverlässigkeit oder ihres Verhaltens.

(2) Die Mitgliedstaaten sehen unbeschadet der sonstigen Bestimmungen dieser Richtlinie vor, dass eine Person einer Entscheidung nach Absatz 1 unterworfen werden kann, sofern diese

a) im Rahmen des Abschlusses oder der Erfüllung eines Vertrags ergeht und dem Ersuchen der betroffenen Person auf Abschluss oder Erfüllung des Vertrags stattgegeben wurde oder die Wahrung ihrer berechtigten Interessen durch geeignete Maßnahmen – beispielsweise die Möglichkeit, ihren Standpunkt geltend zu machen – garantiert wird oder

b) durch ein Gesetz zugelassen ist, das Garantien zur Wahrung der berechtigten Interessen der betroffenen Person festlegt.

Abschnitt VIII. Vertraulichkeit und Sicherheit der Verarbeitung

Art. 16 Vertraulichkeit der Verarbeitung. Personen, die dem für die Verarbeitung Verantwortlichen oder dem Auftragsverarbeiter unterstellt sind und Zugang zu personenbezogenen Daten haben, sowie der Auftragsverarbeiter selbst dürfen personenbezogene Daten nur auf Weisung des für die Verarbeitung Verantwortlichen verarbeiten, es sei denn, es bestehen gesetzliche Verpflichtungen.

Art. 17 Sicherheit der Verarbeitung. (1) Die Mitgliedstaaten sehen vor, dass der für die Verarbeitung Verantwortliche die geeigneten technischen und organisatorischen Maßnahmen durchführen muss, die für den Schutz gegen die zufällige oder unrechtmäßige Zerstörung, den zufälligen Verlust, die unberechtigte Änderung, die unberechtigte Weitergabe oder den unberechtigten Zugang – insbesondere, wenn im Rahmen der Verarbeitung Daten in einem Netz übertragen werden – und gegen jede andere Form der unrechtmäßigen Verarbeitung personenbezogener Daten erforderlich sind.

Diese Maßnahmen müssen unter Berücksichtigung des Standes der Technik und der bei ihrer Durchführung entstehenden Kosten ein Schutzniveau gewährleisten, das den von der Verarbeitung ausgehenden Risiken und der Art der zu schützenden Daten angemessen ist.

(2) Die Mitgliedstaaten sehen vor, dass der für die Verarbeitung Verantwortliche im Fall einer Verarbeitung in seinem Auftrag einen Auftragsverarbeiter auszuwählen hat, der hinsichtlich der für die Verarbeitung zutreffenden technischen Sicherheitsmaßnahmen und organisatorischen Vorkehrungen ausreichende Gewähr bietet; der für die Verarbeitung Verantwortliche überzeugt sich von der Einhaltung dieser Maßnahmen.

(3) Die Durchführung einer Verarbeitung im Auftrag erfolgt auf der Grundlage eines Vertrags oder Rechtsakts, durch den der Auftragsverarbeiter an den für die Verarbeitung Verantwortlichen gebunden ist und in dem insbesondere folgendes vorgesehen ist:
– Der Auftragsverarbeiter handelt nur auf Weisung des für die Verarbeitung Verantwortlichen;
– die in Absatz 1 genannten Verpflichtungen gelten auch für den Auftragsverarbeiter, und zwar nach Maßgabe der Rechtsvorschriften des Mitgliedstaats, in dem er seinen Sitz hat.

(4) Zum Zwecke der Beweissicherung sind die datenschutzrelevanten Elemente des Vertrags oder Rechtsakts und die Anforderungen in Bezug auf Maßnahmen nach Absatz 1 schriftlich oder in einer anderen Form zu dokumentieren.

Abschnitt IX. Meldung

Art. 18 Pflicht zur Meldung bei der Kontrollstelle. (1) Die Mitgliedstaaten sehen eine Meldung durch den für die Verarbeitung Verantwortlichen oder gegebenenfalls seinen Vertreter bei der in Artikel 28 genannten Kontrollstelle vor, bevor eine vollständig oder teilweise automatisierte Verarbeitung oder eine Mehrzahl von Verarbeitungen zur Realisierung einer oder mehrerer verbundener Zweckbestimmungen durchgeführt wird.

(2) Die Mitgliedstaaten können eine Vereinfachung der Meldung oder eine Ausnahme von der Meldepflicht nur in den folgenden Fällen und unter folgenden Bedingungen vorsehen:
– Sie legen für Verarbeitungskategorien, bei denen unter Berücksichtigung der zu verarbeitenden Daten eine Beeinträchtigung der Rechte und Freiheiten der betroffenen Personen unwahrscheinlich ist, die Zweckbestimmungen der Verarbeitung, die Daten oder Kategorie(n) der betroffenen Personen, die Empfänger oder Kategorien der Empfänger, denen die Daten weitergegeben werden, und die Dauer der Aufbewahrung fest, und/oder
– der für die Verarbeitung Verantwortliche bestellt entsprechend dem einzelstaatlichen Recht, dem er unterliegt, einen Datenschutzbeauftragten, dem insbesondere folgendes obliegt:
  – die unabhängige Überwachung der Anwendung der zur Umsetzung dieser Richtlinie erlassenen einzelstaatlichen Bestimmungen,
  – die Führung eines Verzeichnisses mit den in Artikel 21 Absatz 2 vorgesehenen Informationen über die durch den für die Verarbeitung Verantwortlichen vorgenommenen Verarbeitungen,

Anhang
EG-Datenschutz-RL

um auf diese Weise sicherzustellen, dass die Rechte und Freiheiten der betroffenen Personen durch die Verarbeitung nicht beeinträchtigt werden.

(3) Die Mitgliedstaaten können vorsehen, dass Absatz 1 keine Anwendung auf Verarbeitungen findet, deren einziger Zweck das Führen eines Registers ist, das gemäß den Rechts- oder Verwaltungsvorschriften zur Information der Öffentlichkeit bestimmt ist und entweder der gesamten Öffentlichkeit oder allen Personen, die ein berechtigtes Interesse nachweisen können, zur Einsichtnahme offen steht.

(4) Die Mitgliedstaaten können die in Artikel 8 Absatz 2 Buchstabe d) genannten Verarbeitungen von der Meldepflicht ausnehmen oder die Meldung vereinfachen.

(5) Die Mitgliedstaaten können die Meldepflicht für nicht automatisierte Verarbeitungen von personenbezogenen Daten generell oder in Einzelfällen vorsehen oder sie einer vereinfachten Meldung unterwerfen.

Art. 19 Inhalt der Meldung. (1) Die Mitgliedstaaten legen fest, welche Angaben die Meldung zu enthalten hat. Hierzu gehört zumindest folgendes:
a) Name und Anschrift des für die Verarbeitung Verantwortlichen und gegebenenfalls seines Vertreters;
b) die Zweckbestimmung(en) der Verarbeitung;
c) eine Beschreibung der Kategorie(n) der betroffenen Personen und der diesbezüglichen Daten oder Datenkategorien;
d) die Empfänger oder Kategorien von Empfängern, denen die Daten mitgeteilt werden können;
e) eine geplante Datenübermittlung in Drittländer;
f) eine allgemeine Beschreibung, die es ermöglicht, vorläufig zu beurteilen, ob die Maßnahmen nach Artikel 17 zur Gewährleistung der Sicherheit der Verarbeitung angemessen sind.

(2) Die Mitgliedstaaten legen die Verfahren fest, nach denen Änderungen der in Absatz 1 genannten Angaben der Kontrollstelle zu melden sind.

Art. 20 Vorabkontrolle. (1) Die Mitgliedstaaten legen fest, welche Verarbeitungen spezifische Risiken für die Rechte und Freiheiten der Personen beinhalten können und tragen dafür Sorge, dass diese Verarbeitungen vor ihrem Beginn geprüft werden.

(2) Solche Vorabprüfungen nimmt die Kontrollstelle nach Empfang der Meldung des für die Verarbeitung Verantwortlichen vor, oder sie erfolgen durch den Datenschutzbeauftragten, der im Zweifelsfall die Kontrollstelle konsultieren muss.

(3) Die Mitgliedstaaten können eine solche Prüfung auch im Zuge der Ausarbeitung einer Maßnahme ihres Parlaments oder einer auf eine solche gesetzgeberische Maßnahme gestützten Maßnahme durchführen, die die Art der Verarbeitung festlegt und geeignete Garantien vorsieht.

Art. 21 Öffentlichkeit der Verarbeitungen. (1) Die Mitgliedstaaten erlassen Maßnahmen, mit denen die Öffentlichkeit der Verarbeitungen sichergestellt wird.

(2) Die Mitgliedstaaten sehen vor, dass die Kontrollstelle ein Register der gemäß Artikel 18 gemeldeten Verarbeitungen führt.

Das Register enthält mindestens die Angaben nach Artikel 19 Absatz 1 Buchstaben a) bis e).

Das Register kann von jedermann eingesehen werden.

(3) Die Mitgliedstaaten sehen vor, dass für Verarbeitungen, die von der Meldung ausgenommen sind, der für die Verarbeitung Verantwortliche oder eine andere von den Mitgliedstaaten benannte Stelle zumindest die in Artikel 19 Absatz 1 Buchstabe a) bis e) vorgesehenen Angaben auf Antrag jedermann in geeigneter Weise verfügbar macht.

Die Mitgliedstaaten können vorsehen, dass diese Bestimmungen keine Anwendung auf Verarbeitungen findet, deren einziger Zweck das Führen von Registern ist, die gemäß den Rechts- und Verwaltungsvorschriften zur Information der Öffentlichkeit bestimmt sind und die entweder der gesamten Öffentlichkeit oder allen Personen, die ein berechtigtes Interesse nachweisen können, zur Einsichtnahme offen stehen.

Kapitel III. Rechtsbehelfe, Haftung und Sanktionen

Art. 22 Rechtsbehelfe. Unbeschadet des verwaltungsrechtlichen Beschwerdeverfahrens, das vor Beschreiten des Rechtswegs insbesondere bei der in Artikel 28 genannten Kontrollstelle eingeleitet werden kann, sehen die Mitgliedstaaten vor, dass jede Person bei der Verletzung der Rechte, die ihr durch die für die betreffende Verarbeitung geltenden einzelstaatlichen Rechtsvorschriften garantiert sind, bei Gericht einen Rechtsbehelf einlegen kann.

Art. 23 Haftung. (1) Die Mitgliedstaaten sehen vor, dass jede Person, der wegen einer rechtswidrigen Verarbeitung oder jeder anderen mit den einzelstaatlichen Vorschriften zur Umsetzung dieser Richtlinie nicht zu vereinbarenden Handlung ein Schaden entsteht, das Recht hat, von dem für die Verarbeitung Verantwortlichen Schadensersatz zu verlangen.

(2) Der für die Verarbeitung Verantwortliche kann teilweise oder vollständig von seiner Haftung befreit werden, wenn er nachweist, dass der Umstand, durch den der Schaden eingetreten ist, ihm nicht zur Last gelegt werden kann.

Art. 24 Sanktionen. Die Mitgliedstaaten ergreifen geeignete Maßnahmen, um die volle Anwendung der Bestimmungen dieser Richtlinie sicherzustellen und legen insbesondere die Sanktionen fest, die bei Verstößen gegen die zur Umsetzung dieser Richtlinie erlassenen Vorschriften anzuwenden sind.

Kapitel IV. Übermittlung personenbezogener Daten in Drittländer

Art. 25 Grundsätze. (1) Die Mitgliedstaaten sehen vor, dass die Übermittlung personenbezogener Daten, die Gegenstand einer Verarbeitung sind oder nach der Übermittlung verarbeitet werden sollen, in ein Drittland vorbehaltlich der Beachtung der auf Grund der anderen Bestimmungen dieser Richtlinie erlassenen einzelstaatlichen Vorschriften zulässig ist, wenn dieses Drittland ein angemessenes Schutzniveau gewährleistet.

(2) Die Angemessenheit des Schutzniveaus, das ein Drittland bietet, wird unter Berücksichtigung aller Umstände beurteilt, die bei einer Datenübermittlung oder einer Kategorie von Datenübermittlungen eine Rolle spielen; insbesondere werden die Art der Daten, die Zweckbestimmung sowie die Dauer der geplanten Verarbeitung, das Herkunfts- und das Endbestimmungsland, die in dem betreffenden Drittland geltenden allgemeinen oder sektoriellen Rechtsnormen sowie die dort geltenden Staatsregeln und Sicherheitsmaßnahmen berücksichtigt.

(3) Die Mitgliedstaaten und die Kommission unterrichten einander über die Fälle, in denen ihres Erachtens ein Drittland kein angemessenes Schutzniveau im Sinne des Absatzes 2 gewährleistet.

(4) Stellt die Kommission nach dem Verfahren des Artikels 31 Absatz 2 fest, dass ein Drittland kein angemessenes Schutzniveau im Sinne des Absatzes 2 des vorliegenden Artikels aufweist, so treffen die Mitgliedstaaten die erforderlichen Maßnahmen, damit keine gleichartige Datenübermittlung in das Drittland erfolgt.

(5) Zum geeigneten Zeitpunkt leitet die Kommission Verhandlungen ein, um Abhilfe für die gemäß Absatz 4 festgestellte Lage zu schaffen.

(6) Die Kommission kann nach dem Verfahren des Artikels 31 Absatz 2 feststellen, dass ein Drittland auf Grund seiner innerstaatlichen Rechtsvorschriften oder internationaler Verpflichtungen, die es insbesondere infolge der Verhandlungen gemäß Absatz 5 eingegan-

Anhang

gen ist, hinsichtlich des Schutzes der Privatsphäre sowie der Freiheiten und Grundrechte von Personen ein angemessenes Schutzniveau im Sinne des Absatzes 2 gewährleistet.

Die Mitgliedstaaten treffen die auf Grund der Festlegung der Kommission gebotenen Maßnahmen.

Art. 26 Ausnahmen. (1) Abweichend von Artikel 25 sehen die Mitgliedstaaten vorbehaltlich entgegenstehender Regelungen für bestimmte Fälle im innerstaatlichen Recht vor, dass eine Übermittlung oder eine Kategorie von Übermittlungen personenbezogener Daten in ein Drittland, das kein angemessenes Schutzniveau im Sinne des Artikels 25 Absatz 2 gewährleistet, vorgenommen werden kann, sofern

a) die betroffene Person ohne jeden Zweifel ihre Einwilligung gegeben hat oder
b) die Übermittlung für die Erfüllung eines Vertrags zwischen der betroffenen Person und dem für die Verarbeitung Verantwortlichen oder zur Durchführung von vorvertraglichen Maßnahmen auf Antrag der betroffenen Person erforderlich ist oder
c) die Übermittlung zum Abschluss oder zur Erfüllung eines Vertrags erforderlich ist, der im Interesse der betroffenen Person vom für die Verarbeitung Verantwortlichen mit einem Dritten geschlossen wurde oder geschlossen werden soll, oder
d) die Übermittlung entweder für die Wahrung eines wichtigen öffentlichen Interesses oder zur Geltendmachung, Ausübung oder Verteidigung von Rechtsansprüchen vor Gericht erforderlich oder gesetzlich vorgeschrieben ist oder
e) die Übermittlung für die Wahrung lebenswichtiger Interessen der betroffenen Person erforderlich ist oder
f) die Übermittlung aus einem Register erfolgt, das gemäß den Rechts- oder Verwaltungsvorschriften zur Information der Öffentlichkeit bestimmt ist und entweder der gesamten Öffentlichkeit oder allen Personen, die ein berechtigtes Interesse nachweisen können, zur Einsichtnahme offen steht, soweit die gesetzlichen Voraussetzungen für die Einsichtnahme im Einzelfall gegeben sind.

(2) Unbeschadet des Absatzes 1 kann ein Mitgliedstaat eine Übermittlung oder eine Kategorie von Übermittlungen personenbezogener Daten in ein Drittland genehmigen, das kein angemessenes Schutzniveau im Sinne des Artikels 25 Absatz 2 gewährleistet, wenn der für die Verarbeitung Verantwortliche ausreichende Garantien hinsichtlich des Schutzes der Privatsphäre, der Grundrechte und der Grundfreiheiten der Personen sowie hinsichtlich der Ausübung der damit verbundenen Rechte bietet; diese Garantien können sich insbesondere aus entsprechenden Vertragsklauseln ergeben.

(3) Der Mitgliedstaat unterrichtet die Kommission und die anderen Mitgliedstaaten über die von ihm nach Absatz 2 erteilten Genehmigungen.

Legt ein anderer Mitgliedstaat oder die Kommission einen in Bezug auf den Schutz der Privatsphäre, der Grundrechte und der Personen hinreichend begründeten Widerspruch ein, so erlässt die Kommission die geeigneten Maßnahmen nach dem Verfahren des Artikels 31 Absatz 2.

Die Mitgliedstaaten treffen die auf Grund des Beschlusses der Kommission gebotenen Maßnahmen.

(4) Befindet die Kommission nach dem Verfahren des Artikels 31 Absatz 2, dass bestimmte Standardvertragsklauseln ausreichende Garantien gemäß Absatz 2 bieten, so treffen die Mitgliedstaaten die auf Grund der Freistellung der Kommission gebotenen Maßnahmen.

Kapitel V. Verhaltensregeln

Art. 27 (1) Die Mitgliedstaaten und die Kommission fördern die Ausarbeitung von Verhaltensregeln, die nach Maßgabe der Besonderheiten der einzelnen Bereiche zur ordnungsgemäßen Durchführung der einzelstaatlichen Vorschriften beitragen sollen, die die Mitgliedstaaten zur Umsetzung dieser Richtlinie erlassen.

(2) Die Mitgliedstaaten sehen vor, dass die Berufsverbände und andere Vereinigungen, die andere Kategorien von für die Verarbeitung Verantwortlichen vertreten, ihre Entwürfe für einzelstaatliche Verhaltensregeln oder ihre Vorschläge zur Änderung oder Verlängerung bestehender einzelstaatlicher Verhaltensregeln der zuständigen einzelstaatlichen Stelle unterbreiten können.

Die Mitgliedstaaten sehen vor, dass sich diese Stellen insbesondere davon überzeugen, dass die ihr unterbreiteten Entwürfe mit den zur Umsetzung dieser Richtlinie erlassenen einzelstaatlichen Vorschriften in Einklang stehen. Die Stelle holt die Stellungnahmen der betroffenen Personen oder ihrer Vertreter ein, falls ihr dies angebracht erscheint.

(3) Die Entwürfe für gemeinschaftliche Verhaltensregeln sowie Änderungen oder Verlängerungen bestehender gemeinschaftlicher Verhaltensregeln können der in Artikel 29 genannten Gruppe unterbreitet werden. Die Gruppe nimmt insbesondere dazu Stellung, ob die ihr unterbreiteten Entwürfe mit den zur Umsetzung dieser Richtlinie erlassenen einzelstaatlichen Vorschriften in Einklang stehen. Sie holt die Stellungnahmen der betroffenen Personen oder ihrer Vertreter ein, falls ihr dies angebracht erscheint. Die Kommission kann dafür Sorge tragen, dass die Verhaltensregeln, zu denen die Gruppe eine positive Stellungnahme abgegeben hat, in geeigneter Weise veröffentlicht werden.

Kapitel VI. Kontrollstelle und Gruppe für den Schutz von Personen bei der Verarbeitung personenbezogener Daten

Art. 28 Kontrollstelle. (1) Die Mitgliedstaaten sehen vor, dass eine oder mehrere öffentliche Stellen beauftragt werden, die Anwendung der von den Mitgliedstaaten zur Umsetzung dieser Richtlinie erlassenen einzelstaatlichen Vorschriften in ihrem Hoheitsgebiet zu überwachen.

Diese Stellen nehmen die ihnen zugewiesenen Aufgaben in völliger Unabhängigkeit wahr.

(2) Die Mitgliedstaaten sehen vor, dass die Kontrollstellen bei der Ausarbeitung von Rechtsverordnungen oder Verwaltungsvorschriften bezüglich des Schutzes der Rechte und Freiheiten von Personen bei der Verarbeitung personenbezogener Daten angehört werden.

(3) Jede Kontrollstelle verfügt insbesondere über:
– Untersuchungsbefugnisse, wie das Recht auf Zugang zu Daten, die Gegenstand von Verarbeitungen sind, und das Recht auf Einholung aller für die Erfüllung ihres Kontrollauftrags erforderlichen Informationen;
– wirksame Einwirkungsbefugnisse, wie beispielsweise die Möglichkeit, im Einklang mit Artikel 20 vor der Durchführung der Verarbeitungen Stellungnahmen abzugeben und für eine geeignete Veröffentlichung der Stellungnahmen zu sorgen, oder die Befugnis, die Sperrung, Löschung oder Vernichtung von Daten oder das vorläufige oder endgültige Verbot einer Verarbeitung anzuordnen, oder die Befugnis, eine Verwarnung oder eine Ermahnung an den für die Verarbeitung Verantwortlichen zu richten oder die Parlamente oder andere politische Institutionen zu befassen;
– das Klagerecht oder eine Anzeigebefugnis bei Verstößen gegen die einzelstaatlichen Vorschriften zur Umsetzung dieser Richtlinie.
Gegen beschwerende Entscheidungen der Kontrollstelle steht der Rechtsweg offen.

(4) Jede Person oder ein sie vertretender Verband kann sich zum Schutz der die Person betreffenden Rechte und Freiheiten bei der Verarbeitung personenbezogener Daten an jede Kontrollstelle mit einer Eingabe wenden. Die betroffene Person ist darüber zu informieren, wie mit der Eingabe verfahren wurde.

Jede Kontrollstelle kann insbesondere von jeder Person mit dem Antrag befasst werden, die Rechtmäßigkeit einer Verarbeitung zu überprüfen, wenn einzelstaatliche Vorschriften gemäß Artikel 13 Anwendung finden. Die Person ist unter allen Umständen darüber zu unterrichten, dass eine Überprüfung stattgefunden hat.

Anhang

(5) Jede Kontrollstelle legt regelmäßig einen Bericht über ihre Tätigkeit vor. Dieser Bericht wird veröffentlicht.

(6) Jede Kontrollstelle ist im Hoheitsgebiet ihres Mitgliedstaats für die Ausübung der ihr gemäß Absatz 3 übertragenen Befugnisse zuständig, unabhängig vom einzelstaatlichen Recht, das auf die jeweilige Verarbeitung anwendbar ist. Jede Kontrollstelle kann von einer Kontrollstelle eines anderen Mitgliedstaats um die Ausübung ihrer Befugnisse ersucht werden.

Die Kontrollstellen sorgen für die zur Erfüllung ihrer Kontrollaufgaben notwendige gegenseitige Zusammenarbeit, insbesondere durch den Austausch sachdienlicher Informationen.

(7) Die Mitgliedstaaten sehen vor, dass die Mitglieder und Bediensteten der Kontrollstellen hinsichtlich der vertraulichen Informationen, zu denen sie Zugang haben, dem Berufsgeheimnis, auch nach Ausscheiden aus dem Dienst, unterliegen.

Art. 29 Datenschutzgruppe. (1) Es wird eine Gruppe für den Schutz von Personen bei der Verarbeitung personenbezogener Daten eingesetzt (nachstehend „Gruppe" genannt).

Die Gruppe ist unabhängig und hat beratende Funktion.

(2) Die Gruppe besteht aus je einem Vertreter der von den einzelnen Mitgliedstaaten bestimmten Kontrollstellen und einem Vertreter der Stelle bzw. der Stellen, die für die Institutionen und Organe der Gemeinschaft eingerichtet sind, sowie einem Vertreter der Kommission.

Jedes Mitglied der Gruppe wird von der Institution, der Stelle oder den Stellen, die es vertritt, benannt. Hat ein Mitgliedstaat mehrere Kontrollstellen bestimmt, so ernennen diese einen gemeinsamen Vertreter. Gleiches gilt für die Stellen, die für die Institutionen und die Organe der Gemeinschaft eingerichtet sind.

(3) Die Gruppe beschließt mit der einfachen Mehrheit der Vertreter der Kontrollstellen.

(4) Die Gruppe wählt ihren Vorsitzenden. Die Dauer der Amtszeit des Vorsitzenden beträgt zwei Jahre. Wiederwahl ist möglich.

(5) Die Sekretariatsgeschäfte der Gruppe werden von der Kommission wahrgenommen.

(6) Die Gruppe gibt sich eine Geschäftsordnung.

(7) Die Gruppe prüft die Fragen, die der Vorsitzende von sich aus oder auf Antrag eines Vertreters der Kontrollstellen oder auf Antrag der Kommission auf die Tagesordnung gesetzt hat.

Art. 30 (1) Die Gruppe hat die Aufgabe,
a) alle Fragen im Zusammenhang mit den zur Umsetzung dieser Richtlinie erlassenen einzelstaatlichen Vorschriften zu prüfen, um zu einer einheitlichen Anwendung beizutragen;
b) zum Schutzniveau in der Gemeinschaft und in Drittländern gegenüber der Kommission Stellung zu nehmen;
c) die Kommission bei jeder Vorlage zur Änderung dieser Richtlinie, zu allen Entwürfen zusätzlicher oder spezifischer Maßnahmen zur Wahrung der Rechte und Freiheiten natürlicher Personen bei der Verarbeitung personenbezogener Daten sowie zu allen anderen Entwürfen von Gemeinschaftsmaßnahmen zu beraten, die sich auf diese Rechte und Freiheiten auswirken;
d) Stellungnahmen zu den auf Gemeinschaftsebene erarbeiteten Verhaltensregeln abzugeben.

(2) Stellt die Gruppe fest, dass sich im Bereich des Schutzes von Personen bei der Verarbeitung personenbezogener Daten zwischen den Rechtsvorschriften oder der Praxis der Mitgliedstaaten Unterschiede ergeben, die die Gleichwertigkeit des Schutzes in der Gemeinschaft beeinträchtigen könnten, so teilt sie dies der Kommission mit.

(3) Die Gruppe kann von sich aus Empfehlungen zu allen Fragen abgeben, die den Schutz von Personen bei der Verarbeitung personenbezogener Daten in der Gemeinschaft betreffen.

(4) Die Stellungnahmen und Empfehlungen der Gruppe werden der Kommission und dem in Artikel 31 genannten Ausschuss übermittelt.

(5) Die Kommission teilt der Gruppe mit, welche Konsequenzen sie aus den Stellungnahmen und Empfehlungen gezogen hat. Sie erstellt hierzu einen Bericht, der auch dem Europäischen Parlament und dem Rat übermittelt wird. Dieser Bericht wird veröffentlicht.

(6) Die Gruppe erstellt jährlich einen Bericht über den Stand des Schutzes natürlicher Personen bei der Verarbeitung personenbezogener Daten in der Gemeinschaft und in Drittländern, den sie der Kommission, dem Europäischen Parlament und dem Rat übermittelt. Dieser Bericht wird veröffentlicht.

Kapitel VII. Gemeinschaftliche Durchführungsmaßnahmen

Art. 31 Ausschussverfahren. (1) Die Kommission wird von einem Ausschuss unterstützt.

(2) Wird auf diesen Artikel Bezug genommen, so gelten die Artikel 4 und 7 des Beschlusses 1999/468/EG unter Beachtung von dessen Artikel 8.

Der Zeitraum nach Artikel 4 Absatz 3 des Beschlusses 1999/468/EG wird auf drei Monate festgesetzt.

(3) Der Ausschuss gibt sich eine Geschäftsordnung.

Schlussbestimmungen

Art. 32 (1) Die Mitgliedstaaten erlassen die erforderlichen Rechts- und Verwaltungsvorschriften, um dieser Richtlinie binnen drei Jahren nach ihrer Annahme nachzukommen. Wenn die Mitgliedstaaten derartige Vorschriften erlassen, nehmen sie in den Vorschriften selbst oder durch einen Hinweis bei der amtlichen Veröffentlichung auf diese Richtlinie Bezug. Die Mitgliedstaaten regeln die Einzelheiten der Bezugnahme.

(2) Die Mitgliedstaaten tragen dafür Sorge, dass Verarbeitungen, die zum Zeitpunkt des Inkrafttretens der einzelstaatlichen Vorschriften zur Umsetzung dieser Richtlinie bereits begonnen wurden, binnen drei Jahren nach diesem Zeitpunkt mit diesen Bestimmungen in Einklang gebracht werden.

Abweichend von Unterabsatz 1 können die Mitgliedstaaten vorsehen, dass die Verarbeitungen von Daten, die zum Zeitpunkt des Inkrafttretens der einzelstaatlichen Vorschriften zur Umsetzung dieser Richtlinie bereits in manuellen Dateien enthalten sind, binnen zwölf Jahren nach Annahme dieser Richtlinie mit den Artikeln 6, 7 und 8 in Einklang zu bringen sind. Die Mitgliedstaaten gestatten jedoch, dass die betroffene Person auf Antrag und insbesondere bei Ausübung des Zugangsrechts die Berichtigung, Löschung oder Sperrung von Daten erreichen kann, die unvollständig, unzutreffend oder auf eine Art und Weise aufbewahrt sind, die mit den vom für die Verarbeitung Verantwortlichen verfolgten rechtmäßigen Zwecken unvereinbar ist.

(3) Abweichend von Absatz 2 können die Mitgliedstaaten vorbehaltlich geeigneter Garantien vorsehen, dass Daten, die ausschließlich zum Zwecke der historischen Forschung aufbewahrt werden, nicht mit den Artikeln 6, 7 und 8 in Einklang gebracht werden müssen.

(4) Die Mitgliedstaaten teilen der Kommission den Wortlaut der innerstaatlichen Vorschriften mit, die sie auf dem unter diese Richtlinie fallenden Gebiet erlassen.

Art. 33 Die Kommission legt dem Europäischen Parlament und dem Rat regelmäßig, und zwar erstmals drei Jahre nach dem in Artikel 32 Absatz 1 genannten Zeitpunkt,

Anhang

einen Bericht über die Durchführung dieser Richtlinie vor und fügt ihm gegebenenfalls geeignete Änderungsvorschläge bei. Dieser Bericht wird veröffentlicht.

Die Kommission prüft insbesondere die Anwendung dieser Richtlinie auf die Verarbeitung personenbezogener Bild- und Tondaten und unterbreitet geeignete Vorschläge für Maßnahmen die sich unter Berücksichtigung der Entwicklung der Informationstechnologie und der Arbeiten über die Informationsgesellschaft als notwendig erweisen könnten.

Art. 34 Diese Richtlinie ist an die Mitgliedstaaten gerichtet.

Stichwortverzeichnis

Die fettgedruckte Zahl gibt den Paragraphen wieder und die mager gedruckten Ziffern bezeichnen die Randnummern

Abbildung 32 32
Ablehnung der Auskunft des Betroffenen 18 39; an den Betroffenen 19 31
Abmahnung 32 16; 35 13
Abonnentenverwaltung 41 12
Abrechnungszwecke, automatisiertes Abrufverfahren 10 17
Abrufverfahren 10 3; 27 16; automatisiertes 29 28, 29; beteiligte Stellen 10 9; Betriebsrat 10 5; Interessenabwägung 10 11; Personaldatei 10 5; Protokollierung 10 16; als Teledienst 10 7
Abschriften 16 13, 15
Abwehr, künftiger Straftaten 14 8; von Nachteilen 13 20
Adressaufkleber 3 28; 33 10
Adressdaten, Übermittlung von 28 59
Adressen, Waschen 3 37
Adressenmieter 11 5
Adressennutzung im Auftrag 11 5
Adresshandel 4f 10; 28 42; 29 1, 47, 31; 33 42; 34 17; 35 14
Adresshändler 28 53, 56
After-Sales-Kontakt 4a 5a
aggregierte Daten 30 1
Aids-Test 4a 3
Akquisedaten 28 11
Akte 1 20, 22a; 23, 27; 20 7–8, 17; 27 13; 34 8; Auskunft aus 19 10; Begriff 3 22; Einsicht in 19 3, 15; 40 4; nicht-automatisierte Verarbeitung 27 13; rechtswidrige Weiterführung 20 25; Sperrung 20 25
Akteneinsichts- und Informationsrecht 1 19; 19 3
aktenkundige Vorgänge 14 26
Aktensammlung 3 20
Aktenvollständigkeit 20 7–8, 25
Allfinanzklausel 4 35; 4a 3, 20a
Allfinanzkonzept 28 10; 4a 43c
allgemein zugängliche Quellen 14 16, 17; 28 71; 30a 5; 32 51
Allgemeine Geschäftsbedingungen 4a 5f, 8; 9 19; 28 42; 38a 6
Allgemeines Gleichbehandlungsgesetz 3 57a; 35 13b
allgemeines Informationszugangsrecht 1 18

Allgemeininteresse 1 17
Alter 3 57a; 32 13
Amtseid des Bundesbeauftragten 22 6–7
Amtsgeheimnis 1 25; 15 12
Amtshilfe 15 6–7
Amtspflichtverletzung 4g 33; 6 7; 38 17
Amtsverschwiegenheit 19 28
Amtszeit des Bundesbeauftragten 22 7
Änderung, Mitteilung 4e 11
Anbahnungsverhältnis 32 12
Anfragerecht 4g 12
Angaben, sensible 3 56
Angemessenheit 4b 10, 14; 4c 1
Angemessenheitsgrundsatz 9 11
Anhörungspflicht 32 16
Anhörungsrecht des DSB 4g 18
Anonymisierung 3 10, 31, 43; 3a 8, 9; 30 6; 30a 6; 40 13
Anrufverteilungstechnik, automatisierte 32 22
Anschlussberichtigung 20 35
Anschrift 3 18; Kenntnis der 33 25
Anschriftendaten 28b 14
Anspruch, rechtlicher 32 54
Antragsformular 3 24
Anwalt der Betroffenen 4g 32
Anwalt, Berufsgeheimnis 2 12
Anwendungsbereich des BDSG E 28; 1 22
Apotheke 4d 7
Arbeit, mobile 9 19
Arbeitgeber 28 50; -auskunft 4 27; 32 56; -wechsel 32 33; -zeitschrift 11 7a
Arbeitnehmer 32 23; -daten 4c 6, 31 8; 32 42; -datenschutz 3 59a; an Versicherung 4a 20
Arbeitsplatz, Anforderungen an den jeweiligen 32 56; Beobachtung am 6b 9; -bezogenheit 32 13; -rechner, Verzeichnis über 18 5
arbeitsrechtliche Schutzgesetze 1 5
Arbeitsschutz 32 34
Arbeitsverhältnis 4 9; 4c 5; 28 76; 33 30
arbeitsvertragliche Treuepflicht 4d 18
arbeitsvertragliche Verpflichtung des DSB 4g 32
Arbeitszeitkontrolle 32 11
Archiv Auskunft und Akteneinsicht 19 18; Aufbewahrung 20 12; als verantwortliche Stelle 19 18; 20 12

Stichwortverzeichnis

fette Zahlen = §§

Archivierung 9 15
Art der gespeicherten Daten **33** 20
Arzt 4a 16c; **4d** 7; **39** 1; **28** 9; -geheimnis **14** 30; Hauptpflichten **34** 15; nach Wahl **32** 56; Patientendaten **4a** 18a
Ärztebewertungsportal 29 26; **35** 2b
ärztliche Verrechnungsstelle 28 5
Assessmentverfahren 4d 13
Asset Deal 4a 43a; **33** 13
Audit 9a 1, 9; **38a** 5
Aufbewahrung der Aufzeichnung **29** 30; -sfrist bei Sperrung **20** 15; im Archiv **20** 12; -svorschriften **19** 16; **32** 36
Auffangfunktion, informationelles Selbstbestimmungsrecht **4** 13
Auffanggesetz 1 24; **4** 5
Auffangtatbestand 3 42
Aufgaben des Datenschutzbeauftragten **4g** 2; Gefährdung der Erfüllung der ordnungsgemäßen **18** 29; **19** 25; hoheitliche **2** 4, 15; öffentlicher Verwaltung **2** 5a; **2** 18a
Aufklärungspflicht 28 13
Aufnehmen von Daten 3 26
Aufsicht und Kontrolle 14 21, 22; **15** 11
Aufsichtsbehörde 3a 2; **4** 50; **4c** 10, 16; **4d** 18; **4e** 1; **4f** 37a; **4g** 12, 15; **9a** 11; **38** 1; **42a** 5; **43** 12a; Anordnungs- und Untersagungsrechte **38** 25; Auskunftsanspruch **38** 19 ff.; Ausnahmegenehmigung **4c** 6; Datenverarbeitung der **38** 9; Datenverarbeitungsbefugnisse der **38** 29 ff.; Geheimhaltungspflicht **38** 22; Informationsbefugnis der **38** 9; als Landesverwaltung **38** 29; Mitteilungsinhalt **42a** 6; örtliche Zuständigkeit **38** 33, 35; Tätigkeitsbericht **38** 34; Telekommunikationsdienstanbieter **38** 29a; Unabhängigkeit der **38** 30; Zusammenwirken mit DSB **38** 7; zuständige **4e** 4; **38** 29; Zutritts- und Einsichtsrechte der **38** 22
Auftraggeber, Pflichten **11** 21; im Drittstaat **4c** 16 ff.; **11** 16a
Auftragnehmer im Ausland **11** 16; als rechtliche Einheit **11** 4; strafbare Handlung **11** 25; Übermittlung von Daten **3** 34
Auftragsdatenverarbeiter 9 19
Auftragsdatenverarbeitung 3 50, 51; **4** 35; **4b** 5; **4c** 6, 13; **4e** 8; **6** 6; **9** 3; **10** 6; **28** 5, 6; **34** 11a; **38** 26; **39** 9; Datenfluss **4** 33; Datenschutzbeauftragter **11** 22; Haftung **11** 26; Mitarbeitervertretung **11** 23; Pflichten des Auftragnehmers **11** 24; durch Subunternehmer **11** 27
Auftragserteilung 11 17, 20, 28
Auftragsforschung 40 9
Auftragsgegenstand 11 18

Auftragskontrolle 5 14; **9** 28
Auftragsvergabe 11 17; Beweisführung **11** 19
Auftragsverhältnis 11 6
Aufwand, unverhältnismäßiger **4** 24, 28; **33** 32; **42a** 7
Aufzeichnen 32 22
Aufzeichnung, Telefongespräche **32** 17
Aufzeichnungspflicht 29 29
Ausbildung bei öffentlichen Stellen **14** 23; Datenverarbeitung zum Zweck der **14** 25
Auskunft 6 3; **6a** 18; **9** 8; **33** 2; **34** 14; aus Akten **19** 10; Antrag auf Erteilung der **19** 13; Art und Weise **34** 13; begehrender Verwaltungsakt **4** 46; an den BfDI **19** 33; durch Einsichtnahme vor Ort **34** 13; Erteilung als Realakt **19** 9; fernmündliche **19** 13–14; Form **19** 14; -sinhalt **34** 9; ohne konkretisierenden Hinweis **19** 10; Kosten **34** 20; ohne nennenswerten Aufwand **19** 21; über an Sicherheitsbehörden übermittelte Daten **19** 22; über Informanten **19** 25; Verwaltungsakt **19** 9; Zeitpunkt **34** 16; -spflicht gegenüber der Aufsichtsbehörde **38** 19 ff.
Auskunftei 4f 10; **29** 21; **32** 56; **35** 14a; **43** 8a, 12a
Auskunfts- und Nachrichtenwesen, polizeiliches **14** 8
Auskunftsersuchen 34 14; des Betroffenen **34** 1; querulatorische **19** 26
Auskunftpflicht 4 42; **43** 12a; Ausnahme von der **19** 24 ff.; **34** 17; erweiterte **6a** 18
Auskunftsrecht des Betroffenen **19** 2; **34** 1; Reichweite und Gegenstand **34** 8
Auskunftsverpflichtung, Hinweispflicht **4** 41
Auskunftsverweigerungsrecht 19 24; **34** 17; **38** 20
Ausland, Auftragnehmer im **11** 16; private Stelle im **27** 3
Ausländer 13 13; -behörde **14** 13; -datenübermittlungsverordnung **14** 13
ausländische Stellen, Tätigkeiten im Inland **1** 27
Ausnahmegenehmigung, Aufsichtsbehörde **4c** 6
Ausnahmetatbestände 4c 4
Aussagegenehmigung des Bundesinnenministers **23** 16
Auswertungsstichproben 9 10
Auszubildende 4a 20; **4f** 12
Authentizität 9 2
Auto-Cockpit-Kamera 6b 9b
automatisierte Einzelentscheidung E 18; **6a** 1
automatisierte Erhebung 3 24

magere Zahlen = Randnummern

Stichwortverzeichnis

automatisierte Verarbeitung 1 9; **3** 15, 60; **27** 14; besondere Risiken der **4d** 10; auf Karte **6c** 2a; Kontextverlust durch **7** 4; Meldepflicht bei **4d** 1; Schadensersatz **7** 21
automatisiertes Verfahren 4g 23; **6b** 23; schriftliche Freigabe **4d** 21
Autorendaten 33 41
AVAD 32 30

Bankauskunft 4 27; **28** 19
Banken 28a 11; **32** 26
Bankgeheimnis 1 25; **7** 11; **11** 2; **28** 9, 10
Bankgeschäfte 28a 12; **35** 14a
Bankvertrag 28 9
Basisdaten 28 16
BDSG, Anwendungsbereich **1** 22; Novellierung **E** 5
Beamte 32 6
Beamtendaten 32 8
Beamtenverhältnis, Datenschutzbeauftragter im **4g** 33; automatisierte Entscheidung **6a** 2a; **34** 3a, 17; **35** 14
Bedienplatzreport 32 22
Beeinträchtigung von Persönlichkeitsrechten **1** 2; schwerwiegende **43a** 4
Befragung von Personen **30a** 3
Befreiungstatbestände 4d 11; Dokumentation der **33** 43
Begriff, Datenschutz **1** 1
Begriffsbestimmungen 2 1
Behörden im Bundesbereich 2 17
Behördenbegriff 2 6; Funktionsbezogenheit **2** 7
Beipackwerbung 28 52, 58
Belästigung, unzumutbare **28** 50a
Belehrung des Beschäftigten 5 12
Belehrungspflicht 28 64
beliehene Unternehmen 2 15
Benachrichtigung 19a 1; **33** 2; Adressat der **33** 24; Ausnahmen **33** 27; des Betroffenen **4g** 25; **42a** 5; Dokumentation bei Nichterfüllung **19a** 10; Folgen bei Verstoß gegen **33** 44; Form der **33** 18; Inhalt der **33** 20; Landesrecht **20** 44; Mängel bei Datenerhebung **4** 48; mehrfache bzw. nachträgliche **33** 16; mit der ersten Übermittlung **19a** 4; -spflicht **E** 17; **19a** 3; **43** 12a; Ausnahmen von der **19a** 6 ff.; bei der ersten Übermittlung **19a** 4; Inhalt **19a** 5; unverhältnismäßiger Aufwand **34** 18; Verpflichtung zur **19a** 6; bei Videoüberwachung **6b** 5; Vorverlagerung **4** 17; Zeitpunkt **33** 14
Benachteiligungsverbot 4f 28, 53
Benutzerdaten 31 8
Beobachtung 6b 3; Dauer **6b** 12; Erforderlichkeit **6b** 14; heimliche **32** 40; Hinweispflicht **6b** 10; Identifizierbarkeit **6b** 11; Kenntlichmachung **6b** 24; Löschungspflicht **6b** 29; Möglichkeit **6b** 13; Personenbezug **6b** 11; Tatbestand **6b** 10; verantwortliche Stelle **6b** 27; Zweckbestimmung **6b** 14; Zweckbindung **6b** 29
Beratungspflicht 38 7a; des Bundesbeauftragten **4g** 17
berechnende Stelle 34 12c
berechtigtes Interesse 28 24; der empfangenden/übermittelnden Stelle **28a** 7; Darlegung des **16** 10; Glaubhaftmachung **16** 12; nicht offensichtlich überwiegendes **15** 21; bei der Übermittlung durch öffentliche Stellen **16** 10
bereichsspezifische Gesetzgebung E 8; **1** 11
Berichterstattung durch Datenschutzbeauftragten **4g** 9
Berichtigung, Frist **35** 6; -spflicht **35** 3
Berufs- oder Amtsgeheimnis 4f 52a; **15** 12; **39** 1; **43** 32
Berufsgeheimnis, Anwalt **2** 12
berufsständische Regeln 4b 12
Berufswahl, Einschränkung der **13** 20
Beschaffen von Daten 3 24; **4** 18
Beschäftigte, 3 59a–59b; Belehrung der **5** 12; bei der Datenverarbeitung **5** 8; formelle Verpflichtung der **5** 10
Beschäftigtendatenschutz E 29
Beschäftigtendatenschutzgesetz 32 1
Beschäftigungsverhältnis 32 4, 33; Daten aus **27** 9
beschäftigungsvertragliches Recht 32 33
Beschlagnahmeverbot 4f 52b
besondere Arten personenbezogener Daten 4d 12; **28** 50; **30** 12; **30a** 4; **32** 40; **35** 8
besondere persönliche Situation 20 23; **35** 27
Bestandsaufnahme 9a 12
Bestandskunden 28 49
Bestellung des Datenschutzbeauftragten, Pflicht **4f** 7; befristet, kommissarisch **4f** 32; Widerruf **38** 28
Bestenliste 32 31
Bestimmtheitsgrundsatz 4 8
Betreuung, ausgeschiedener Mitarbeiter **32** 36
betrieblicher Ablauf, Organisation des **32** 12
Betriebs-/Dienstvereinbarung 1 23; **4** 10; **4c** 10; **4f** 48c; **6** 4; **6a** 14; **31** 9; Drittlandtransfer **4c** 10
Betriebs-/Personalrat 1 5; **3** 49, 51; **4** 11, 34; **4f** 51, 53, 55; **4g** 10; **27** 3; **32** 34;

Stichwortverzeichnis

fette Zahlen = §§

Abrufverfahren **10** 5; Auftragsdatenverarbeitung **11** 23; Beteiligung **4f** 33; Datenverarbeitung des **4g** 11; fehlende Zustimmung **8** 9; Geheimhaltungspflicht **5** 15; Kontrolle beim **4g** 11; Kontrollrechte des **4g** 25; Mitbestimmungsrecht des **5** 5; **4a** 16c; **6a** 14; **4f** 33; Mitbestimmungsrecht bei Schulungen **4g** 20; Verpflichtung des **5** 15
Betriebs-/Personalratsmitglied als DSB **4f** 28
Betriebsablauf, ordnungsgemäßer **9** 5; **31** 3
Betriebsarzt 4a 3; **39** 2
Betriebskrankenkasse 11 11
Betriebsrisiko 4g 35
Betriebsveräußerung 3 35; **32** 33
Betroffener 3 13; Ablehnung der Auskunft **19** 31; Akteneinsichtsrecht **19** 10; Auskunft an den **33** 2; Auskunft auf Antrag **19** 19; Auskunftsanspruch des **19** 2; Auskunftsrecht **34** 1; Benachrichtigung **4g** 25; **33** 2; Beschwerde des **38** 15; Einschaltung eines Bevollmächtigten **34** 7; Einverständnis bei Werbeansprache **4a** 5a; Einwirkungsmöglichkeiten **16** 16; Geschäftsfähigkeit **34** 1; Identifizierung **19** 13, 14; **34** 6; individuelle Information **33** 18; Informationsinteresse **19** 10; Interesse **14** 15; Kenntnis **33** 4; Korrekturrechte **35** 1; Korrekturrechte bei der Deutsche Welle **41** 16; minderjähriger **33** 24; Mitteilung tatsächlicher Angaben **18** 32; Pflicht zur Information des **4g** 15; Recht zur Anrufung **4f** 57; Rechtsmissbrauch bei Sperrung durch **20** 20; Rechtsnachteile bei Auskunftserteilung **19** 30; Rechtsnachteile des **18** 35; schutzwürdiges Interesse **28a** 6; unnötige Beteiligung **14** 18; Unterrichtung des **16** 17, 21; Veröffentlichung eigener Daten **33** 41
Bewachungsgewerbe 6b 1a
Bewegungsdaten 6c 5b
Beweisführung, Entsperrung unerlässlicher Daten **20** 32
Beweislast 20 19 f.; Sonderregelung **20** 19
Beweisnot 20 32; Nutzung gesperrter Daten **20** 32
Beweisverwertung 6b 19, 20
Bewerberauswahlprogramm 5 6; **45** 4
Bewerber-Scoring 28b 7
Bewerbungsdaten 35 13b
Bewerbungsverfahren bei Bundesbehörden **13** 6b
Bewertungen, Lehrer und Professoren **28** 5
Bewertungsportal 29 8; **33** 29a
Beziehungen, mitgliedschaftliche **28** 13

BGB-Gesellschaften 2 20
Bild- und Tonträger 3 21; **6b** 5
Bild, Recht am eigenen **4a** 4; **6b** 1;
Bildaufnahme 6b 12
Binding Corporate Rules 4c 15
biometrische Daten 3 6, 57
biometrische Identifikationsmerkmale 6a 8
Blindenwarenkäufer 28 50
Bonitätsanfrage 28 17; **29** 46
Bonitätsdaten 4 33; **28** 19
Bonitätsprüfung 28 30; **28a** 5; **29** 27
Branchenfernsprechbücher 41 10
Briefkastenwerbung 28 60
Briefpartnerschaft 28 5
Briefverteilungszentren 6b 20a; **32** 26
Briefwerbung 28 49
Bund, fach- und bereichsspezifische Rechtsnormen **4** 7; öffentliche Stellen **1** 19; öffentlich-rechtliche Tätigkeit **1** 19
Bundesarchivgesetz, Vorrang **20** 39
Bundesbeauftragter 4g 17; Amtsbezüge **23** 19; Amtseid **22** 6; Amtszeit **22** 7; **23** 2; Amtsbezüge **23** 19; anderweitige Berufsausübung **23** 3; Anrufung als Recht für jedermann **21** 2; Anrufung durch Personalvertretung **21** 2; Anrufungsrecht für jedermann **21** 2; als Anwalt des Bürgers **23** 5; Anzeigerecht des **23** 14; Auskunft an **19** 33; Beanstandung durch **25** 1; Bearbeitung der Anrufung **21** 6; Beratung durch **4g** 17; **26** 7; Berichtspflicht **26** 2–4; Dienstaufsicht **22** 12; Dienstunfähigkeit **22** 13; Durchführung der Kontrolle durch **24** 5; Entlassung **22** 13; **23** 2; Ernennungsurkunde; **23** 2; Folgen der Beanstandung durch **25** 7; Geschenke **23** 4; Gutachten **23** 17; **26** 4; Justizverwaltung **21** 4; **24** 11; Kontrolle durch **24** 2; Kontrolle bei besonderen Berufs- und Amtsgeheimnissen **24** 6 ff.; Mitteilungspflicht **24** 5; Nebenamt **22** 1; öffentliche Verwaltung **22** 4; öffentlich-rechtliches Amtsverhältnis eigener Art **22** 9; Personal- und Sachausstattung **22** 12; Rechtsaufsicht **22** 11; Rechtspflege **24** 11; Tätigkeitsbericht **25** 8; Unabhängigkeit **22** 10; Unterstützung **24** 12; Verschwiegenheitspflicht **23** 9; Vertretung **22** 13; Verweigerung der Aussagegenehmigung **22** 11; Wahl **22** 2; Zeugnisverweigerungsrecht **23** 5
Bundesbehörden, Bewerbungsverfahren **13** 6
Bundeskriminalamt 14 8
bundesunmittelbare Körperschaften 2 17a
Bundesverfassungsgericht E 6

magere Zahlen = Randnummern

Stichwortverzeichnis

bürger- und techniknaher Datenschutz 1 14
Bürgerbüro 2 7
Bürokratie 4d 3; kostenaufwendige 9a 5
Bußgeldtatbestand 43 12a
Bußgeldvorschrift, objektiver Tatbestand 43 19; Sanktionen 43 29; subjektiver Tatbestand 43 27
Call-Center 4g 8; 11 9; 32 22
Chipkarten 3 58
Cloud Computing 4b 5; 9 9; 11 8
Codes of Conduct 38a 3
Codierung 40 14
Cross Selling 4a 43c
Customer Relationship Management (CRM) 28 54
Darlegungspflicht 34 21
Darlehensvertrag 4 38
Dash-Cam 6b 9b
Data-Mining 28 11
Data-Warehouse 4d 12; 28 11
Datei 3 16; -begriff 3 16a, 20; Zweckbestimmung 3 30
Dateibezeichnung 3 7
Dateien, Übermittlung 3 35
Dateistatut 18 5
Daten, aggregierte 30 1; allgemein zugängliche 4 24; 33 38; anonymisierte 30 6; Art 4b 7; 10 14; 33 20; Bekanntgabe an Dritte 3 33; aus Beschäftigungsverhältnis 27 9; besondere Art 4d 12; besonders sensible 42a 3; Beweispflicht für Richtigkeit 35 12; biometrische 3 6, 57; zur Datenschutzkontrolle 33 32; zur Datensicherung 33 32; aus eigener Verarbeitung 27 15; Erfassung 3 26; Erhebung 3 23; faktisch anonym 3a 10; geheimhaltungsbedürftige 33 33; genetische 3 57; Herkunft der 34 10; -herrschaft 11 3; Kontext 3 30; Kontextverlust 35 5; kündigungsrelevante 32 34; Löschung 3 40; 30 11; 35 10; medizinische 13 22; 14 30, 33; 34 15; neue Art 33 16; des Nutzers 10 7; Nutzung 3 41, 49; 4f 14; Nutzung im Auftrag 3 55; Patienten- 11 2; Pflicht zur Löschung 35 11; pseudonyme 30 7; Pseudonymisierung 3 31; für publizistische Zwecke 41 8; Quelle der 28 51; Reanonymisierung 3 44; Sozial- 11 2; Sperrung 3 38; 35 19; Übermittlung 3 32; unbefugte Verwendung 5 3; Unrichtigkeit oder Unzulässigkeit der 34 22; verändern 3 30; 30 10; Urzustand 32 31; Verarbeitung 3 25; Verfügbarkeit 3 44; Verknüpfung 3 30; Veröffentlichung 3 42; Veröffentlichung durch den Betroffenen 33 41; Verstorbener 3 12b; Verwendung 3 25; zweckbestimmter Gebrauch 3 42
Datenabgleich 15 7
Datenbanken, jedermann zugängliche 10 17; Lifestyle- 4d 13; offene 10 17
Datenbestand, Übernahme von Dritten 33 13
dateneinsparende Organisation 3a 4
Datenempfänger 3 51; Hinweis auf 4 32; Kategorien 4 32
Datenerhebung 3 15; 38 25a; 28 64; zur Aufgabenerfüllung nicht erforderliche 13 7; Benachrichtigung bei Mängel in der 4 48; bei Demonstrationen 13 6; bei Dritten 32 10; in gerichtlichen Verfahren 4 6; öffentlicher Stellen 4 41; ohne Mitwirkung 15 7; Ordnungswidrigkeit 4 47; Rechtswidrigkeit 13 7; auf Vorrat 13 4; Zulässigkeit 4 1; Zweckbestimmung 4e 6
Datenfluss an Auftragsdatenverarbeiter 4 33; innerhalb der EU 4b 3; interner 4 33; 34 2; konzerninterner 32 47
Datengeheimnis 4f 52; 4g 9; 5 1; 7 10; Einführungsschreiben des Datenschutzbeauftragten 4g 21; Wahrung 5 4
Datengrundlagen 28b 2
Datenpool, Haftung 8 12
Datenschutz, bürger- und techniknaher 1 14; Grundrecht mit E 28; überobligatorischer 9a 7; Ziel und Zweck 1 7
Datenschutzaudit 4f 49; 9a 1; betrieblicher Datenschutzbeauftragter 9a 8; Datenschutzerklärung 9a 7; Förderung datenschutzfreundlicher Technik 9a 3
Datenschutzbeauftragter 4f 1; 28b 12; 34 13; 35 14; 43 5, 17; Abberufung 38 27; Abberufungsverlangen 38 27; aktive Unterstützung des 4f 54; Anfragerecht des 4g 12; Anhörungsrecht 4g 18; Arbeitszeit 4f; arbeitsvertragliche Verpflichtung 4g 32; Aufgaben 4g 2; Auftragsdatenverarbeitung 11 22; im Beamtenverhältnis 4g 9; behördlicher 4d 4; 4g 17; Benachteiligungsverbot 4f 53; Berichterstattung des 4g 9; Berichtspflicht 4f 50; Berufsbild 4f 29a; Bestellfrist 4f; Bestellpflicht 4f 1; Bestellung 4f 30; betriebliche Selbstkontrolle 9a 5; Datenschutzaudit 9a 8; der Deutsche Welle 42 1; direktes Vortragsrecht 4f 47; Einfluss der Bestellung 9a 9; Einstellung 4f 33; Entlastung 38 7a; keine Entscheidungsbefugnisse 4f 48; extern 3 54; 4f 17; Fachkunde 4f 20; 38 27; Freistellungsanspruch 4g 34a; Fortbildung 4f 21a, 54, 55; freiwillige Bestellung 4d 8; Grundwissen 4f 29; Haftung 4g 33,

663

Stichwortverzeichnis

fette Zahlen = §§

35; internes Kontrollorgan **4d** 3; Kompetenz **4g** 4; Konzern- **4f** 8; Kündigungsschutz **4f** 3, 40; Mehrfachtätigkeit **4f** 24; Meldepflicht **4d** 7; Mitbestimmung **4g** 6; nebenamtlich **4f** 25; organisatorische Stellung **4f** 46; personelle, sachliche, finanzielle Mittel **4f** 55; Prüfauftrag **4f** 48a; Schulungsfunktion **4g** 20; Schweigepflicht **4f** 52a; **4g** 10; Stabsfunktion des **4g** 8; Stellenbeschreibung **4g** 8, 24; Treuepflicht **4g** 12, 16; Unabhängigkeit **4f** 3, 46; **9a** 9; Unterrichtung **4g** 18; Unterstützungspflicht **4f** 55; Verschwiegenheit **4f** 50; Versetzung **4f** 33; Weisungsfreiheit **4f** 19, 48; Widerruf der Bestellung **4f** 43; **38** 28; Zusammenwirken mit Aufsichtsbehörde **38** 7; Zuverlässigkeit **4f** 23; **38** 27
Datenschutzerklärung 9a 12
Datenschutzkontrolle 9 3; **14** 25, 27; **27** 10; **31** 3; Auskunft über Dateien zur **19** 20; Beteiligung des Betriebsrats **9** 11; Daten zur **19** 20; **33** 32; Stärkung der **38** 32a; völlige Unabhängigkeit **38** 31
Datenschutzkonzept 4f 49; **9a** 8
Datenschutzkoordinatoren 4f 8
Datenschutzniveau E 28; **4** 10; **4b** 4, 7, 10, 16; **4c** 1
Datenschutznormen, Verstoß gegen **38** 10
Datenschutzordnung 4g 9
Datenschutzrecht, Grundsätze des modernen **E** 12
Datenschutzverstoß, haftungsauslösender **7** 3
Datensicherung 4e 10; **9** 1; **14** 25, 26; **31** 3; Daten zur **33** 32; Protokolle **9** 10
Datensicherungsmaßnahmen 9 10; in der Bundesverwaltung **18** 13; Kontrolle der **11** 22
Datenspeicherung, Unterlassungsanspruch **35** 20
Datenträger 3 26; mobile **9** 16
Datentransfer, grenzüberschreitender **1** 30
Datenübermittlung 10 1; **28** 18; an öffentliche Stellen **15** 4; in Drittländer **E** 19
Datenumfang 30a 4
Datenverarbeitung der Aufsichtsbehörde **38** 9; automatisierte **1** 9; **3** 15; beschäftigte Personen bei der **5** 2; Mindestumfang **4f** 9; der Mitarbeitervertretung **4g** 11; Mittel zum Zweck **28** 4; aus persönlichen oder familiären Tätigkeiten **27** 11; technische Entwicklungen **E** 2; Transparenz **33**
Datenverarbeitungsanlage, Einsatz **3** 15; **28b** 5; **38** 25a; ordnungsgemäßer Betrieb **14** 26, 27

Datenverarbeitungsermächtigungsklausel 4a 8
Datenverarbeitungsprogramme, Überwachung **4g** 18
Datenvermeidung 3a 4; **40** 13
Datenvermeidung/Datensparsamkeit 3a 1
deckungsgleiche Regelung 1 24
Deckungsgleichheit 34 3
Demokratieprinzip 38 31
Denunziant 19 26
Detektiv 4 26, 29
Deutsche Post AG 2 3
Deutsche Welle 2 17a; **41** 13; Datenschutzbeauftragter **42** 1; Pflicht zur Gegendarstellung **41** 14
Device Mobile Management 9 19
Dialogverfahren 10 3
Dienst- und Fachaufsicht 14 22, 23
Dienstleistungsunternehmen 27 5
digitaler Kopierer 27 16
digitalisierte Form 32 6
Direkterhebung E 18; **4** 17; **32** 55; Grundprinzip **33** 28; Transparenzpflicht **4** 29
direktes Vortragsrecht, Datenschutzbeauftragter **4f** 47
Direktionsrecht 4f 30; **9** 18
Direktmarketing 11 12; **28** 61; **38a** 9
Direktvertrieb 4f 26
Diskriminierung 32 13, 15
Diskriminierungsverbot 4a 16b; **28** 79; **32** 71
DNA-Analyse 13 6a; **32** 42; Speicherung Identifizierungsmuster **14** 13
Dokumentation der Nichterfüllung der Benachrichtigungspflicht **19a** 10; **33** 43; schriftliche **28** 35
Dokumentationspflicht 10 14; **11** 15a, 21; **28b** 11; **32** 43
Dome-Kamera 6b 7a
Double-Opt-in 4a 29
Doppelbezug 4 20
Dreijahresfrist 35 14
Drittbegünstigungsklausel 4c 15
Dritte 3 49; **11**, 3; **28** 36, 48; Angaben über **33** 26; Bekanntgabe der Daten an **3** 33; bestehendes Interesse gegenüber **28** 37; beteiligte **16** 6; Übernahme des Datenbestands **33** 13
Dritterhebung 32 55
Dritter gegenüber **35** 22; Interesse des **18** 34; **19** 28; Vertrag mit Schutzwirkung zugunsten des **4g** 32; Vertrag wg. Todesfall **33** 33; Zweckbindung bei **16** 18
Drittlandtransfer 4b 6; Ausnahmegenehmigungen **4c** 10; Schutzgarantien **4c** 10; Vertragsklauseln **4c** 10; verbindliche Unternehmensregelungen **4c** 10

magere Zahlen = Randnummern

Stichwortverzeichnis

Drittstaaten E 28; **4** 10; **4b** 5, 7; **4e** 8; **11** 16, 16a
Drohne 6b 7b
Due-Diligence-Prüfung 32 47
Durchschnittswerte 3 3
Düsseldorfer Kreis 26 9, 10; **38** 34
DV-Anlage, Miete von fremden **11** 8

E-Discovery 4c 7
EG-Datenschutzrichtlinie E 10; **1** 2; **2** 1; **4** 6; **4a** 21; Drittländer E 19; Geltungsbereich E 15; Transparenz E 12; Widerspruchsrecht E 18
Ehepartner, Frage nach **4** 20
Eigenbetriebe, unselbstständig **2** 14
Eignungsprüfung, ärztliche **32** 56
Einführungsschreiben 4g 21
Eingabefehler 8 9
Eingabekontrolle 3 8; **9** 27
Eingriffsnorm, BDSG als **1** 16
Einsatz, konzernweiter **32** 30
Einsichtnahme vor Ort **34** 13
Einsichtsfähigkeit 4a 10
Einsichtsrecht 4g 30; **34** 3
Einstandspflicht 4g 36
Einstellung, Datenschutzbeauftragter **4f** 33
Einstellungsuntersuchung 32 56
Einwilligung 3 35, 57; **4** 5, 15, 40, 49; **4a** 1; **4c** 5; **6a** 13; **13** 16, 17; **14** 14, 16; **15** 11; **16** 21; **20** 10; **28** 42, 75, 76; **30** 5; **32** 23, 37; **35** 20a; **39** 5; Form und Zeitpunkt **4a** 13; Freiwilligkeit **4a** 6; informierte **4a** 10; Mitbestimmung bei **4a** 16b; mutmaßliche **13** 17; **14** 15; nachträgliche **4a** 15; zur Nutzung gesperrter Daten **20** 30; schriftliche Bestätigung **4a** 13a; bei sensitiven Daten **4a** 16a; Überwachung **6b** 22; Verweigerung **4a** 12; **14** 17; werbliche Ansprache **4a** 4; Widerruf **4a** 17; **30** 11; Wirksamkeit **28** 44; ohne Zwang **4a** 23
Einwohnermeldeamt 4 27
Einzelangaben 3 2
Einzelfirma 3 12a
E-Mail-Verkehr, dienstlicher **32** 23
E-Mail-Werbung 4a 5
empfangende Stelle, berechtigtes Interesse der **28a** 7
Empfänger 3 51; **4e** 8; **28** 59; Hinweispflicht **4b** 12; -kategorien **34** 11; Zweckentfremdungsgebot **39** 1
Empfehlungs-Mailing 33 20a
Empfehlungswerbung 28 52, 58; **29** 33
Entbürokratisierung 4g 31
Entscheidungsbefugnisse 4f 48
Entscheidungsspielraum 32 10
Entsorgungsunternehmen im Auftrag **11** 7

Entsperrung, Gründe **35** 21; zur Behebung einer Beweisnot **20** 32; bei überwiegendem Interesse **20** 33; unerlässlicher Daten zur Beweisführung **20** 32; zu wissenschaftlichen Zwecken **20** 31
E-Recruiting 6a 5
Erfassung von Daten 3 26
Erforderlichkeit 32 10; zur Aufgabenerfüllung **13** 2 f.; **14** 7; der Beobachtung **6b** 14; Grundsatz **9** 7; **13** 3, 20; **14**; Prüfung der **28** 26
Erfüllungsgehilfen 28 61
Erhebung 3 23; **30** 3; **33** 7; zur Aufgabenerfüllung **13** 2 f.; automatisierte **3** 24; beim Betroffenen **4** 29; in Bewerbungsverfahren bei Bundesbehörden **13** 6b; von Daten **3** 15; **4** 17; bei Demonstrationen **13** 6a; Folgen rechtswidriger **13** 7; bei nicht öffentlicher Stelle **13** 9; manuelle **30** 1; ohne Mitwirkung **4** 19, 22, 23; bei nicht-öffentlicher Stelle **13** 9; -squellen **28** 48; rechtmäßige Weise **4** 46; sensitiver Daten **13** 13; Täuschung bei **4** 47; Treu und Glauben **4** 46; auf Vorrat **13** 4; Zulässigkeit **13** 2; Zulässigkeit für öffentliche Stelle **13** 2 f.; Zweck **4** 31
Erlaubnisnormen, vorrangige **4** 7, 10
Erlaubnistatbestand 32 10, 24
Erlaubnisvorbehalt 4 3, 48
Ermittlungsverfahren 38 23
Ersatzpflichtige, Haftung **8** 12
Erstkontrolle 11 21, 28
Ersuchen, Übermittlung auf **17** 7, 14
Ethikregelung 32 21
EU E 4; Datenfluss **4b** 3; Kontrolle **4c** 11
EU/EWR-Bereich 4b 5
EU-Ausland 1 29; **3** 53
EU-Datenschutzgrundverordnung 4f 4b
EU-grenzüberschreitender Datenverkehr 1 27
EU-Kommission 4b 2, 5, 14; **4c** 12, 13, 19; **38** 31a; Datenschutz-Grundverordnung E 28
EU-konformes Verhalten 4c 12
Europäische Gemeinschaft E 4
Europäischer Wirtschaftsraum 1 27
Europäisches Datenschutzsiegel 9a 2
Europarat E 4; **40** 6
EU-Verordnung E 28
Evaluierung der Lehre 4a 3
Exkulpation 7 9; **8** 4

Fachkunde 4f 29
Fachpersonal 28b 12
Fahrerlaubnisentziehung 20 11
Fahrtenbuch 28 13
Familienangehörige 33 26
Familienstand 32 16

Stichwortverzeichnis

fette Zahlen = §§

Fangschaltung **13** 6
Fernmeldegeheimnis **5** 3; **32** 23
Fernwartung **11** 15
Festlegung der Zwecke **14** 9
File-Trennung **30** 10
Filmaufnahmen, Veröffentlichung **4a** 18
Finanzbehörde **4** 23; **28** 38
Finanzleiter **4f** 23
Firmen- oder Praxisübergabe **3** 35
Firmenfusion **4f** 45
Firmengelände **6b** 9
Flugpassagierdaten **4b** 1, 14
Fluktuation **32** 35
Förderungsbörse **29** 25
Folgen bei Verstoß gegen Benachrichtigung **33** 44
Forderung, Abtretung **4** 38; begleichen **28a** 8
formelle Verpflichtung 5 10
Formular **4** 18; -verträge **4a** 14
Formvorschrift **4a** 5d
Forschung **28** 73; **40** 2; Unabhängigkeit **40** 7; verwaltungsinterne **40** 10; wissenschaftliche **4a** 16; **13** 23; **14** 20, 21; **33** 36; **40** 7; Zweckbindung **40** 11
Forschungseinrichtung **40** 7
Forschungsergebnis, Einwilligung **40** 16; Veröffentlichung **40** 19
Forschungsprivileg **28** 77
Fortbildung des Datenschutzbeauftragten **4f** 21a, 54, 55
Fragerecht **4a** 7; **32** 55
Fragerecht und Offenbarungspflicht 32 12
Franchising **11** 9
freie Meinungsäußerung **29** 26a
freie Mitarbeiter **4f** 10a
freiwillige Leistung **32** 33
Freiwilligkeit der Herausgabe **4** 44; Hinweis auf **13** 12
Fremdeinwirkung **28b** 6
Frist für die Auskunftserteilung **24** 16; zur Berichtigung **35** 6
Führerscheinkartei **20** 10
Führungsposition **32** 13
Funktionstrennung **9** 14
Funktionsübertragung **11** 6; **27** 5; **32** 30

Garantiegeschäfte **28a** 12
Garantien, ausreichende **4c** 2
Gebühreneinzug **41** 12
Geburtstage, betriebliche **4a** 19a
Gefährdung der ordnungsgemäßen Erfüllung der Aufgaben **19** 25
Gefährdungshaftung **7** 21; **8** 4
Gefälligkeitsvertrag **28** 13
Gegendarstellung **35** 7, 9

Gehalt **32** 13; -sabrechnung **4b** 8; -sprogramm **6a** 4; -süberweisung **32** 11; -szahlung **32** 11
Geheimhaltung **4** 11; **19** 25, 28; **33** 37
Geheimhaltungspflicht der Aufsichtsbehörde **38** 22; der Mitarbeiter **5** 1; der Mitarbeitervertretung **5** 15
Geheimhaltungspflichten **1** 25
Geheimnisverrat **26** 3
Geldabhebung **6a** 4
Geldwäschegesetz **4c** 7; **28** 11
Gemeinschaftseigentum **6b** 7a
Gemeinwohl **13** 20; **14** 18, 20
Gendiagnostikgesetz **3** 57
Genehmigung **4c** 10, 14, 16, 18
Generalklausel, polizeiliche **13** 2
genetische Daten 3 57
genetischer Fingerabdruck 14 8
Gerichte, Anwendung des BDSG **12** 5; Kontrollbefugnisse des Bundesbeauftragten **24** 11; ordentliche **16** 26
Gerichtsvollzieher **2** 13
Gesamtrechtsnachfolge **3** 35
Gesamtschuldner **7** 15
Geschäftsbedingungen, allgemeine **4a** 8, 14
Geschäftsfähigkeit **4a** 10; **34** 4
Geschäftsgegenstand **29** 3
Geschäftsgeheimnis **6a** 18a; **15** 28; **28b** 11; **34** 2, 5a, 11a, 12a, 16a
Geschäftsinteresse **15** 27
geschäftsmäßige Datenerhebung 30 2; **34** 21
geschäftsmäßige Verarbeitung 4e 1
Geschäftsmäßigkeit **29** 6
Geschäftszwecke **4** 27; **28** 4; **32** 55; Gefährdung **33** 39
Geschlecht **3** 57a
gesetzgebende Körperschaften 2 14
gesperrte Daten 3 29; **18** 4; Ausnahmen **20** 30 ff.; Kennzeichnung **20** 14; Nutzung bei Beweisnot **20** 32; Nutzung bei Einwilligung **20** 30; Nutzung zu wissenschaftlichen Zwecken **20** 31; Verwertungsverbot **20** 29
gesundheitliche Verhältnisse 34 15
Gesundheitsdaten **28** 76, 80
Gewährleistung der Vertraulichkeit und Integrität informationstechnischer Systeme **1** 1; **13** 5c
Gewerbeaufsicht **38** 35
Gewerbeordnung **38** 35
Gewerbsmäßigkeit **29** 7
Gewerkschaft **32** 13; -swerbung **4a** 5c
Gewinnspiel **29** 3
Girogeschäfte **28a** 12
Girokonto **28a** 15

magere Zahlen = Randnummern

Stichwortverzeichnis

Glaubhaftmachung des berechtigten Interesses **16** 10, 13
gleichartiger Aufbau 3 17
Google Glass 6b 7b
grenzüberschreitende Problemstellung E 4
grenzüberschreitende Übermittlung 3 33
großer Lauschangriff 1 7; **13** 5a
Grundbuch 4c 8; **16** 8; **28** 32
Grundrecht auf Datenschutz E 3
Grundrechte-Charta 4b 1
Gruppenbeschreibung 3 3
Gruppenbezeichnung 18 9
Gruppenergebnis 3 3a
Gruppen-Überschrift 28 51
Gruppenversicherung 4a 19a; **28** 22
Gütesiegel 9a 2a, 3; Verhaltensregelung als **38a** 1

Hacker 43 23
Haftung 4c 15; **7** 10; bei Auftragsdatenverarbeitung **11** 26; bei Auftragsvergabe **11** 19; Datenpool **8** 12; des Datenschutzbeauftragten **4g** 32; Gefährdungs- **7** 21; mehrere Ersatzpflichtiger **8** 12; öffentlicher Stellen **8** 1; nach § 831 BGB **7** 10; bei Übermittlung an nicht-öffentliche Stelle **16** 20; bei Übermittlung an öffentliche Stelle **15** 32; vermögensrechtliche **4g** 33; bei Vermögensschaden **7** 18; verschuldensunabhängige **7** 2
Haftungsansprüche, vertragliche **7** 16
Handelsregister 4c 8; **14** 17, 19; **16** 13; **29** 19
Handelsvertreter 3 54
Handicap, gesundheitliches **32** 13
Handlungen, strafbare **28** 50
Handwerker 4d 7
Handwerksinnung 2 18
Handy-Ortung 32 28
Hard- oder Software, private **9** 18
Hausausweise 6c 2a
Haushalte 3 4
Haushaltsumfrage 29 22
Hausrecht 6b 16
Heiratsinstitute 28 5
Herkunft der Daten **18** 6; **19** 5; **28** 59, 68; **34** 10
Hinweispflicht 4 45; **4a** 11; **4b** 19; **4c** 9; **11** 25; **13** 9; **27** 16; **28** 35, 40; **29** 43; Beobachtung **6b** 10; bei Erhebung bei nicht öffentlichen Stelle **13** 9
Historiker 40 17
HIV-Test 4a 3
hoheitliche Aufgaben, DSB 2 4, 15
hoheitliche Tätigkeit, DSB 4g 34
höhere Gewalt 28b 6

Homepage 28 71
Hotelbewertungsportal 35 2a
Human Resources 3 9; **32** 47
Human Resource System 29 8

Identifikationsmerkmale, biometrische **6a** 8
Identifizierbarkeit bei Beobachtung 6b 11
Identifizierung 6b 19
Identität der verantwortlichen Stelle **4** 30; **33** 23
Identitätsprüfung 34 7
IHK, Sachverständige **28** 21
immaterieller Schaden 7 21
Informant 19 25; -enschutz **19** 5; **41** 3a
informationelle Selbstbestimmung E 6; **1** 6, 10, 12; **4** 16; **40** 5
informationeller Selbstschutz 1 8
informationelles Selbstbestimmungsrecht 1 6, 10; Auffangfunktion **4** 13; in den Medien **41** 4
Informationsaustausch mit nationalen Behörden **38** 9
Informationsbedürfnis der öffentlichen Stelle **14** 20
Informationsbefugnis der Aufsichtsbehörde **38** 9
Informationsfreiheit 28 32; -sgesetz **19** 12; **22** 1
Informationsgehalt 15 2
Informationsinteresse des Betroffenen **18** 12
Informationsmaterial, Zusendung **4a** 5a
Informationspflicht 7 3; **28** 13, 64; **28a** 4; **28b** 14; vorverlagerte **33** 7
Informationsrecht der öffentlichen Stelle **14** 7
Informationszugangsrecht 1 18
Inkassobüro 28 6
Inkasso-Score 28b 10
inländische Vertreter 1 29; **4e** 12
Innenrevision 32 59
Insider, -informationen **3** 35; -geschäfte **32** 58
Integrität 9 2
Interesse des Betroffenen **14** 20; **16** 10; des Dritten **19** 29; entgegenstehendes **28a** 14; gegenüber Dritten **28** 37; Schutz des lebenswichtigen **4c** 7; **28** 77; bei Übermittlung ins Ausland **4b** 8
Interessenabwägung 4b 11; **6b** 19; **10** 11; **20** 23; **28** 17, 24, 27, 55; **32** 10, 18, 33
Interessenkollision 4f 24
Interessenten 28 52
Interessenvertretung 32 43
Interessenwahrung 6a 14
Internet 10 8a; **28** 21, 33a; **32** 32; Personaldaten im **3** 33; Personen-Recherchen **29** 16; private Nutzung **13** 6

667

Stichwortverzeichnis

fette Zahlen = §§

Internet 32 22, 35
IT-Abteilung 11 13
IT-Dienstleistungsunternehmen 4f 24a

Jubiläumsdaten 16 4
Justizverwaltung 2 10; **12** 5; Bundesbeauftragter **21** 4; **24** 11
Justizverwaltungsangelegenheiten, Bundesbeauftragter **21** 4; **24** 11

Kameraatrappe 6b 7
Kassenpersonal 4f 13
Katalog 28 52
Kaufkraftklasse 3 3
Kenntnis auf andere Weise **16** 17; anderweitige **33** 28; der Anschrift **33** 25
Kennzeichnung geschätzter Daten **35** 6a; gesperrter Daten **20** 14
Kernbereich privater Lebensgestaltung **13** 5a ff.; **20** 10
Kernkraftwerk 32 26
Kfz -Kennzeichenerfassung **1** 7; **13** 6d; -Zulassungsdaten **10** 6
Kirchenzeitung 28 82
kirchliche Einrichtungen 4f 6
Kleinstbetrieb, Meldepflicht **4d** 7
Klient 28 9
Klienten-/Patientendaten 3 35
Kommission 4b 8
Kommunikationsverzeichnis 4b 8
Konsumentendossiers 28 11
Kontaktperson 4f 21
Kontextverlust 7 4; **15** 2; **35** 5, 16
Kontostammdaten 13 3
Kontrolle, Auftrags- **9** 28; beim Betriebsrat **4g** 11; Durchführung **38** 14; durch EU **4c** 11; Organisations- **9** 15; Transport- **9** 15; Verfügbarkeits- **9** 29; Weitergabe- **9** 26, 27; Zugangs- **9** 24; Zugriffs- **9** 15; Zutritts- **9** 23
Kontrollmaßnahme, präventive **32** 39
Kontrollrecht 11 18d, 18 f, 20, 21; Grenzen des **4g** 10; der Mitarbeitervertretung **4g** 25
Konzern, Personalverwaltung **11** 9
konzernangehörige Unternehmen 4f 17; 28 6
Konzerndatenschutzbeauftragter 4f 8, 24, 48b
Konzernprivileg E 28; **2** 21; **27** 4; **32** 30
Kopien 16 13
Kopierer, digitaler **27** 16; mit eigenem Speichermedium **3** 15a
Kopplungsverbot 28 46
Körperschaften, bundesunmittelbare **2** 17a; des öffentlichen Rechts **15** 19, 20
Korrekturansprüche, sonstige zivilrechtliche **35** 25

Korrekturrecht 6a 19; **11** 18d, 18 f, 20, 21; des Betroffenen **35** 1; bei der Deutsche Welle **41** 16
Kosten bei Auskunft **19** 34
Kraftfahrzeughalter 14 6
Krankenhauswarndatei 29 24
Krankenkasse 4a 7
Krankenkontrolle 4 23; **32** 15, 53
Krankenläufe 32 15, 53
Krankenrückkehrgespräche 32 53
Krankenunterlagen 7 11; **33** 34a; **34** 3, 15
Krankheitsdiagnose 4a 7
Kreditablehnung 29 47
Kreditauskunft 28 6; **34** 21
Kreditinformationssystem 29 26
Kreditinstitut 28a 11; **32** 37; **35** 14a; öffentlich-rechtliche **2** 17a
Kreditkartenorganisation 28 38
Kredit-Scoring 6a 13
Kriminalakten 20 11
Kriminalpolizei 14 8
Kunden, -befragung **11** 9; -daten **28** 37; -daten im Versandhaus **28** 4; -informationen **28** 54; -profil **28** 11; -rückgewinnung **4a** 5a
Kündigung 4f 40a
Kündigungsschutz 4d 19; **4f** 40

Laienwerbung 4 47
Länder, öffentliche Stellen **1** 19
Landesdatenschutzbeauftragter 38 29; Kontrollbefugnis des **24** 20
Landesdatenschutzgesetz 1 19a, 1 32; Vorrangigkeit **2** 18a
Landesinnungsverbände 2 16
Landesrecht 4 51
Landesverwaltung, Aufsichtsbehörde **38** 29
Langzeitstudien 40 14
Lauschangriff, großer **13** 5a
Lebenserfahrung 29 28
Lebensgestaltung 1 13
Lebenslauf, lückenloser **32** 13
Lehrerbewertung 4a 3a; **28** 5
Leiharbeitnehmer 4f 10a
Leistung, freiwillige **32** 47
Leistungsklage 27 1
leitender Angestellter 4f 33
Leiter, EDV- **4f** 26; Personal- **4f** 26
Lesegerät 6c 9
Letter-Shop 3 37; **11** 7, 11, 12; **28** 58; **33** 10
Lichtbilder 32 19
Lifestyle-Datenbanken 4d 13
Listbroker 11 12
Listenabgleich 28 62
Listendaten, übermittelte **34** 12b
Listenprivileg 33 42

magere Zahlen = Randnummern **Stichwortverzeichnis**

literarische Zweckbestimmung 40 12a
Löschung 3 28, 31, 40; **13** 7, 8; **20** 9; **28** 2; **30** 11; **35** 10; als Aufhebung der Verknüpfung von Daten **20** 9; Anspruch auf 4 48; ex nunc **35** 11; grundbuchrechtlicher Begriff 3 40; Regelfrist **4e** 9; **18** 11; **20** 9; schutzwürdiges Interesse bei **20** 16; unverhältnismäßiger Aufwand **35** 17; verhältnismäßiger Aufwand **20** 18
Löschungspflicht 35 13; bei Beobachtung **6b** 29

Mailing, Empfehlungs- **33** 20a
Mandantenfähigkeit 9 9
Markentransparenz 28a 16
Marketing 6a 10
Markt- und Meinungsforschung 4d 5; **4f** 10; **11** 9; **16** 12; **28** 43; **29** 1; **40** 9; **43** 7; **47** 1; geschäftsmäßige **30a** 1, 3
Markt- und Meinungsumfragen 4a 13
Markt- und Sozialforschungsinstitute 3 4
Marktsegmentierungsdaten 35 17
Marktteilnehmer, sonstige **4a** 5b
Maßnahmen, technische und organisatorische **9** 1
Maßregelungs- und Nutzungsverbot 6 8a
Matrixstrukturen 4b 8
Medien, Honorardaten **41** 11; Personalnachrichten **41** 9; redaktionelle Arbeit **41** 10; Selbstregulierung **41** 2; Verhaltensregeln **41** 2; Werkszeitung **41** 4; **-dienste,** Anbieter von **9a** 1; -dienstestaatsvertrag **9a** 1; **41** 3; **-privileg 41** 1; Deutsche Welle **41** 13
medizinische Daten 13 22; **14** 30; **19** 28; **34** 15
Mehrfachtätigkeit 4f 24
Mehrparteienvertrag 4c 14
Meinungsäußerung, freie **29** 26a
Meinungsumfrage 4a 17
Meldepflicht E 28; **4e** 1; **4f** 2, 3a; **4g** 25; **29** 5; **38** 18; bei automatisierter Verarbeitung **4d** 1; Datenschutzbeauftragter **4d** 7; Kleinstbetrieb **4d** 7; Verstoß **4e** 14; Verzicht **10** 12
meldepflichtige, Angaben **4e** 5
Meldung, Art und Weise **4d** 8b
Merkblatt 5 12
Merkmal 3 18
Miete von Rechnerkapazität 11 8
Mietschulden 28 17
Mietvertrag 34 21
Minderheitenrechte 28 22
Ministerialfreiheit 38 31
Mischnutzung 30 11a; **32** 23

Mitarbeiter, freie **4f** 10a; -daten **4b** 8; **32** 32; -konten **32** 38, 59; Maßnahmen zur Schulung **4g** 20, 31a; -profil **28** 20; Verdachtskündigung **5** 4; Verschulden **5** 4; Verhaltenspflicht **5** 5; -vertretung **4d** 15; Zugriffsberechtigung **5** 6
Mitbestimmung 4b 4; **4f** 33; **4g** 20; **32** 29; Betriebsrat **4a** 16c; **6a** 14, 14b; bei Videoüberwachung **6b** 21
Mitbestimmungsrecht 4g 6
Mitgesellschafter 4f 23
Mitglieder 28 82
Mitgliederdaten, Verein **28** 22
Mitgliederlisten 28 50
Mitgliederrechte 28 22
Mitgliederverzeichnis 28 51
Mithören, Telefongespräche **32** 17
Mitteilungspflicht 28a 20
Mitverschulden, Verjährung **8** 13
mobile Arbeit 9 19
mobile Datenträger 9 16
Mobiltelefon 27 11; Reparatur **11** 15
Monopolvertrag 28 46
Multimedia 32 22

Nachberichtungspflicht 20 35 ff.; **28a** 18; **43** 8a
Nachfragehandlungen 4a 4a
Nachnahme 6a 10
Nachrichtenagentur 41 12
Nachrichtendienste 14 8; **15** 16
nasciturus 3 12b
natürliche Person 3 3, 12
Negativauskunft 19 4
Netzwerk, soziales **29** 8; **32** 35
nicht-automatisierte Verarbeitung, Schadensersatz **7** 21
nicht-öffentliche Stelle 1 20, 21; **2** 19; Übermittlung an **39** 5; **42a** 2
Nichtspeicherung 34 5a
Niederlassung im Inland 1 28
non-liquet-Fall 35 18
Normadressaten 1 19; **2** 1; **3** 48; **27** 3
Normenflut 1 15
Notare 2 11
Notebook 6c 4; **9** 16
Novellierung des BDSG E 5
NSA-Überwachung 4b 14
Nutzung 3 28, 41, 49; **4f** 14; **14** 4; anderweitige **15** 29; gesperrter Daten **20** 29 ff.; gesperrter Daten bei Beweisnot **20** 32; gesperrter Daten mit Einwilligung **20** 30; **35** 21; gesperrter Daten zu wissenschaftlichen Zwecken **20** 31; **35** 21; rechtswidrige **5** 5; Verwertungsverbot **20** 29
Nutzungs- und Maßregelungsverbot 6 8a

669

Stichwortverzeichnis

fette Zahlen = §§

offenkundig 44 4
öffentlich zugängliche Räume 6b 8
öffentliche Aufgaben, Wahrnehmung 2 16a
öffentliche Sicherheit 13 19, 25; 14 18, 20; 16 17; 33 37
öffentliche Stelle 2 4; Aufgaben 13 2; 16 5; Ausbildung bei 14 6; beliehene Unternehmen und private Vereinigungen 2 15; Bundesrecht 12 4; Datenerhebung 4 41; Datensicherung 14 25; des Bundes 1 19; Kontrolle 24 2; des Bundes und der Länder 2 17; erforderliche Daten 14 19; Erforderlichkeitsgrundsatz 13 3; Erhebung 12 9; Erhebung durch Personalrat 13 6; Ermächtigung zur Übermittlung durch 16 19; Ermittlung der 19 25; Gefährdung 19 27; Gefährdungshaftung 8 4; Geschäftsprüfung 14 24; Informationsbedürfnis 14 16; Haftungsnorm 8 1; Hinweispflicht 13 9; der Länder 1 19; 2 18; 12 3 ff.; Informationsrecht 14 7; Personalakten 12 9; Personaldatenverarbeitung 8 2; Personalrat der 14 7; Speicherung für anderen Zweck 15 14; Telefongespräche 13 6; Vereinigung der 2 5; 15 4; verschuldensunabhängiger Haftungstatbestand 8 1; Weitergabe innerhalb der 15 31; am Wettbewerb teilnehmend 27 7; Wettbewerbsunternehmen 8 2
öffentliche Verwaltung, Aufgaben der 2 5a; 2 18a
öffentlicher Bereich E 7
öffentliches Interesse 4c 7; 13 15; 16 15; Geheimhaltung im 33 37
öffentliches Register 4e 2; 15 7; 28 32; 38 18
öffentlich-rechtlich organisierte Einrichtungen 2 14
öffentlich-rechtliche Kreditinstitute 2 17a
öffentlich-rechtliche Tätigkeit des Bundes 1 19
Online-Lastschriftverfahren 28a 5
Opt-in 28 47
Opt-out-Klausel 4a 29
Ordenskanzlei 4 26
Ordnung, öffentliche 19 28
Ordnungswidrigkeit 4e 14; 4f 23; 28 67, 69; 29 29; 43 12a, 18; Datenerhebung 4 47
Organe der Rechtspflege 2 10
Organisation betrieblicher Abläufe 32 10
Organisation, dateneinsparende 3a 4
Organisationseinheiten, autonome 41 8
Organisationsform, privatrechtliche 2 19
Organisationshaftung 7 10

Organisationskontrolle 9 13
Organisationsuntersuchungen 14 23
Outplacementmanager 32 20
Outsourcing 4 35; 11 13

Parteien, politische 4a 5c; 16 4
Passbild 3 56a; 15 6
Passenger Name Records 4b 14
Passwort 9 12; 43 23
Patienten, 28 9; -daten 3 35; 4a 14, 18a; 11 2, 11; Einwilligung des 3 35
Pauschalprüfung 28 28
Personalakte 4g 10; 7 5, 42; 35 9; 38 24; Einsichtsrecht 34 3a; elektronische 34 14
Personalaktenbegriff 3 9; 38 4; materieller 38 4
Personalaktenführung 4g 4
Personalaktenkontrolle 4g 4
Personalaktenrecht 32 6; 34 3a
Personalausweis 28 17
Personalberater 4 35; 11 9
Personalcomputer 9 16; arbeitnehmereigene 9 18; tragbare 3 59
Personaldatei, Abrufverfahren 10 5
Personaldaten 4 10, 34; 4d 15; 4f 48a; 6a 14; 8 2; 35 9; -fluss, konzernintern 32 30; im Internet 3 33; 32 32; -schutz 4f 48c; Verarbeitung/Nutzung durch Betriebsrat 4f 28; Veröffentlichung 7 19
Personalfragebogen 35 13
Personalgespräch 32 35
Personalien, Feststellung 13 6a
Personalinformations- und -auswahlsysteme 4d 13, 32 16
Personalleiter 4f 26
Personalplanung 3 8
Personalrat 14 7; 15 24, 31; Anrufung des Bundesbeauftragten 21 2; Beteiligung bei Datenschutzkontrollen 9 11
Personalverwaltung 11 9; im Konzern 11 2
Personen bei der Datenverarbeitung beschäftigte 5 2; juristische 4f 19; natürliche 3 12; 4f 19; zugriffsberechtigte 4g 26
Personenbefragung 30a 3
personenbezogene Daten 1 9, 13, 24; 3 2, 10; 18 5; besondere Arten 3 56, 60; 30 12; 32 53; 35 8; Bestimmbarkeit 3 10; Kategorien 28 75; strukturierte Sammlung 3 17; per Video 6b 5; mit der Wirklichkeit nicht übereinstimmend 20 3
Personenbezug 34 8b, 12b, bei Beobachtung 6b 11; Relativität des 3 44a
Personengemeinschaft 3 12a
Personengesellschaft 2 20
Personengruppe 3 3; meldepflichtigen Angaben 4e 7

magere Zahlen = Randnummern

Stichwortverzeichnis

persönliche oder familiäre Tätigkeiten 1 21
persönliche oder sachliche Verhältnisse 3 3a, 5, 6, 7, 8
Persönlichkeit, freie Entfaltung der 4a 4
Persönlichkeitsbewertung 4d 13
Persönlichkeitsmerkmale 6a 2, 7, 8; Gesamtwert 6a 9
Persönlichkeitsprofil 4 6; 6a 6, 7; 28b 7
Persönlichkeitsrecht 1 2; 4a 4, 5; 6b 7; Gefährdung 4f 10; -sschutz 4b 2; vermögenswerte Bestandteile 3 12b
Persönlichkeitssphäre, engere 13 7
Petitionsausschuss 15 6
Planungs- und Prognosedaten 3 9
politische Parteien 4a 5c; 16 4; 28 72
Polizei 13 6a; 14 8; 15 7
polizeiliche Generalklausel 13 2
polizeiliches Auskunfts- und Nachrichtenwesen 14 8
Positivliste 4b 8
Post- und Fernmeldegeheimnis 13 5b; 24 7
Postdienstleistungen 2 3
Potenzialanalyse 28b 7
Praxis- oder Firmenübergabe 3 35; 33 13
Preisausschreiben 28 13; 33 7
Presse 16 6, 18; -archiv 41 12b; Übermittlung an die 16 6, 7, 10 f.; -auswertung 35 7; -erzeugnis 41 10;
Pressefreiheit 41 4
private Stelle im Ausland 27 3; als Normadressat 27 3
private Vereinigungen 2 15
Privatisierung 2 2
privatrechtliche Organisationsform 2 19
Probandendaten 40 8
Probeabonnement 28 52
Produkt, datenschutzfreundliches 9a 3, 7; -präferenz 28 54
Programm, Anwendung 18 13; -fehler 8 11; -freigabe 4g 19; -prüfung 4g 19; -satz 3a 2; -überwachung 4g 18
Protokolldateien 9 11
Protokolle der Datensicherung 9 10
Protokollpflichten 10 8
Protokollverfahren 10 15
Prozessorchip 3 58; 6c 6
Prüfauftrag 4f 48c
Prüfsiegel 28b 12
Prüfstelle 32 30
Prüfung 11 15
Prüfungsergebnis 32 31
Prüfungspflicht 29 11
Pseudonym 3 45
pseudonyme Daten 30 7

Pseudonymisierung 3 60, 3a 3; von Daten 3 31, 45; wg. Datenvermeidung 40 13; Zielvorgabe 3a 8
psychiatrische Behandlung 33 34a

Qualifikationsprofil 28b 7
Quellen, der Daten 28 51; allgemein zugängliche 14 17, 20; 30a 5; 33 38
querulatorische Auskunftsersuchen 19 26

Rabattverein 4a 8
Random-Stichproben 3 4
Rasterfahndung 13 5c, 5d
Realakt als Berichtigung des Informationsgehalts 20 5; als Erteilung der Auskunft 19 9
Reanonymisierung 3 44; unverhältnismäßig großer Aufwand 3 44
Rechenzentrum 11 7
Rechnungsprüfung 14 23, 24
Recht am eigenen Bild 4a 4; 6b 1; 32 32
Recht am gesprochenen Wort 4a 4
Recht auf Vergessen 35 2a
Rechte, Minderheiten- 28 22; Mitglieder- 28 22
rechtliche Folge 6a 10; 28b 8
rechtlicher Anspruch 28 78
rechtmäßige Weise, Erhebung 4 46
Rechtmäßigkeitsvoraussetzung 33 44; Vorabkontrolle 4d 15
Rechtsansprüche 4c 7
Rechtsanwalt 11 11; 28 9, 37; 39 1; Berufsgeheimnis 2 12
Rechtsanwaltskanzlei 13 5d
Rechtsaufsicht der Bundesregierung 22 12
Rechtsgeschäft 4 43
Rechtsmissbrauch 4a 7
Rechtsnachteile des Betroffenen 19 29
Rechtsnormen, fach- und bereichsspezifische des Bundes 4 7
Rechtspersönlichkeit 2 20
Rechtspflege 2 10; 12 5; 24 11
Rechtsstreitigkeiten 15 33
Rechtsverhältnis, dienst- oder arbeitsrechtliches 12 8
Rechtsvorschriften als Gegenstand der Hinweispflicht 13 11; als Verbotsnorm 4 11; als Zulässigkeitsnormen 4 7
rechtswidrige Weiterführung von Akten 20 25
Referenzdatei 3 46
Referenzliste 3a 10
Regelbeurteilung 32 16
Regelfrist, Löschung 4e 9; 18 11; 35 14
Regeln, berufsständische 4b 12
Regelungen, vertragliche 4c 7
Regelungskonflikt 28 48

Stichwortverzeichnis

fette Zahlen = §§

Register, 4c 8; **14** 6; **15** 7a; **38** 18; Inhalt **18** 7; jedermann einsehbar **4e** 2; öffentliches **4e** 4; **15** 7; **38** 18
Reinigungsdienst **5** 9
Reisebüro **4c** 6
Religionsgesellschaften **2** 14a; **4a** 3; **15** 19 ff.
Religionszugehörigkeit **4a** 3
remonstrieren **5** 5
Rennliste **32** 31
Resozialisierung **20** 25
Revision **4f** 27; **4g** 19
RFID **6c** 5a
RFID-Technik **6c** 2a, 5c
Risikoanalyse **3** 4; **9** 9
Robinson-Liste **28** 62
Rückrufaktion **28** 23
Rückschlüsse auf Inhalt der Daten **18** 31; **19** 31
Rückversicherung **33** 33
Rundfunkanstalten **41** 6
Rundfunkdatenschutzbeauftragter **41** 17
Rundfunkstaatsvertrag **41** 3

sachliche oder persönliche Verhältnisse **3** 3a, 5, 6, 7, 8
Sachakten **32** 5
Sachverhaltsermittlung **1** 26
Sachversicherer **28** 20
Sachverständiger **4f** 36, 48a, 48c; IHK **28** 21
Safe Harbor List **4b** 14
Sammlung, gleichartige **3** 18; strukturierte **3** 17
Sanktionsmöglichkeit **43** 7a
Schaden **7** 7; immaterieller **7** 12, 19; **8** 7; Vermögens- **7** 12; durch Verrichtungsgehilfen **7** 10
Schadensersatz **1** 3; **7** 4, 14, 18; **13** 8; **34** 3; eigenständige Haftungsnorm **7** 1
Schadensersatzanspruch **7** 14; **34** 3; gegenüber dem Datenschutzbeauftragten **4f** 51
Schenkungsvertrag **28** 52
schlicht-hoheitliches Handeln **20** 14
Schmerzensgeld **7** 13, 19; **16** 20
Schornsteinfeger **2** 15
Schriftform **11** 17
schriftliche Dokumentation **4d** 16
SCHUFA **4a** 7, 17; **29** 17; **35** 24
Schuldnerliste **4c** 8
Schuldnerverzeichnis **4c** 8; **14** 6; **38** 3
Schuldverhältnis **28** 14; rechtsgeschäft(sähn)liches **28** 9, 12, 13; **29** 33
Schulung der Mitarbeiter **4g** 20
Schulungsfunktion des Datenschutzbeauftragten **4g** 20
Schutz des Betroffenen **1** 3

Schutzgarantien **4c** 10
Schutzgegenstand **1** 6
Schutzgesetz **1** 3; **4g** 32; **15** 32
Schutzgüter der Bürger **14** 20
Schutzpflicht **28** 9
schutzwürdiges Interesse **4b** 7; **6b** 19; **14** 17, 19; **20** 16, 23; **28** 26, 50; **28a** 6; bei Übermittlung ins Ausland **4b** 8
Schutzzweck und Aufwand **9** 9
Schwangerschaft **13** 6; **32** 13
Schwarzes Brett **28** 22
Schweige- und Geheimhaltungsgebote **4** 11
Schweigepflicht **4f** 52a; **4g** 10; **28** 37
Schwerbehinderte **3** 56a; -neigenschaft **32** 54; -vertretung **3** 49
Scientology-Mitgliedschaft **32** 13
Scorecard **28b** 1
Scorewert **29** 16; unangemessene Würdigung **6a** 19
Scoring **3** 3a, 11; **6a** 5, 13, 15–17; **28b** 1; internes **28b** 4; **34** 12a; externes **28b** 4
Screening **32** 40
Selbstanzeige **42a** 9
Selbstauskunft **19** 30; **28** 19; **34** 21
Selbstdatenschutz **3a** 1
Selbstkontrolle E 20; **4f** 1, 4; **9a** 5
Selbstregulierung **9a** 1
Selbstschutz, informationeller **1** 8
sensitive Daten **3** 56; **13** 13; **14** 28 ff.; **15** 6
Serververlagerung **4b** 5, 8
Service, Aufgaben **11** 14; -Unternehmen **11** 3, 14
Share Deal **4a** 43; **33** 19
Sicherheit, öffentliche **13** 19, 23; **16** 15; **19** 27; **28** 38; staatliche **28** 38
Sicherheitsbeauftragter **4f** 27
Sicherheitsbehörde **6** 8; **19** 22, 23; **24** 14
Sicherheitsinteresse, öffentliches **28** 37
Sicherheitskonzept **4d** 20
Sicherheitsmanagement **9** 9
Sicherheitsüberprüfung **13** 6b; **19** 23; **24** 10; **38** 24
Sicherheitsunternehmen = Bewachungsgewerbe **6b** 2
Sicherstellungsaufgabe **4g** 2
Sicherungskopie **3** 29; **11** 8
Signaturkarte, elektronische **32** 18
Sitzlandprinzip **1** 27, 30
Skilldatenbank **4b** 8
Skill-Management **28b** 7
Sozialdaten **4** 9; **11** 2; -geheimnis **14** 13
soziales Netzwerk **29** 8; **32** 35
Sozialhilfe **4** 16
Sozialleistungsträger **4f** 6
Speicher- und Verarbeitungsmedien, Informationspflichten **6c** 2; mobile personenbezogene **3** 58, 60; Transparenz **6c** 2

magere Zahlen = Randnummern

Stichwortverzeichnis

Speicher- und Verarbeitungsmedium, Funktionsweise **6c** 6; Kenntnis des Betroffenen **6c** 8; kostenlose Nutzung **6c** 10; technische Voraussetzung **6c** 9
Speicherdauer 9 11
Speichermedium 6c 4; Informationspflicht **6c** 2; Kopierer mit eigenem **3** 15a; Transparenz **6c** 2
Speicherung, 30 3; Begriff **3** 26; ohne Benachrichtigung **8** 10; als Dokumentationszweck **35** 7; erstmalig **33** 5, 10, 14; durch Gesetz ausdrücklich vorgesehen **19a** 9; getrennte **30a** 6; pseudonymisierte **40** 13; Rechtsnorm **20** 10; Tatbestand **3** 27; Unterschrift **28** 17; unzulässige **20** 10; Vierjahresfrist **35** 14; auf Vorrat **14** 8; Zweck **4a** 11a; **18** 9; **34** 12; zweckändernde **33** 5
Spendenwerbung 28 49; **29** 35
Sperrliste 28 68
Sperrung 20 13; **28** 2; **35** 9; in Akten **20** 25; Aufbewahrungsfrist **20** 15; Folgen **35** 20; Kennzeichnung **20** 14, 28; Landesrecht **20** 43; non-liquet **20** 19 f.; Rechtsfolgen **20** 29; keine Übermittlung oder Nutzung bei **20** 14; Verwertungsverbot **20** 29
Sperrung von Daten 3 38
Sperrungspflicht 35 15
Sperrvermerk 3 39; **28** 68
Spezialversender 28 51
Spindkontrolle 32 42
Spontanübermittlung 15 7
staatliche Gewalt, Pressefreiheit **41** 5
staatliche Leistungen 4 23, 26
staatliche Sicherheit 28 81
Staatshaftung 7 17
Staatssache 32 44
Stabsfunktion 4g 8
Stammdaten 32 16
Stammkunde 28 23
Standardvertragsklausel 4b 16; **4c** 12
Standesrecht 1 25
ständige Konferenz 26 10
Stapelverarbeitung 10 4
Stasiunterlagengesetz 20 8, 25
statistische Auswertung 3 42a
statistische Zwecke 3 43
Stellenbeschreibung des Datenschutzbeauftragten 4g 8, 24
Stellung, Datenschutzbeauftragter **4f** 46
Steuerberater 11 11; **39** 1; Datenweitergabe an **28** 5
Steuerfahndung 4 25
Steuergeheimnis 11 2; **14** 13
Steuerverwaltung 4c 7
Stichproben 29 28

Strafantrag 38 11; **44** 8
strafbare Handlung des Auftragnehmers **11** 25
Strafrecht 1 31
Straftaten 28 38, 81
Strafverfahren, Löschung von Daten **20** 11
Strafverfolgung 14 19, 21; **15** 7; **38** 11
Strafverfolgungs- und Vollstreckungsmonopol, staatliches **14** 21
Strafvorschriften 44 5; Subsidiarität des BDSG **44** 2
subjektiver Tatbestand, Bußgeldvorschrift **43** 27, 36; Strafvorschriften **44** 7
Subsidiarität des BDSG 1 24
Subunternehmer, Auftragsdatenverarbeitung durch **11** 27
Suchmaschine 29 8
Suchwortergänzungsfunktion 35 2a
Systemdatenschutz 3a 4
Systeme, vernetzte **6** 6
Systemergebnisse, strikte Anwendung **6a** 6

Tagebücher 4 25
Tarifverträge 1 23
Tatbestand der Beobachtung 6b 10
Tatbestandskongruenz 1 24
Tatverdacht, hinreichender **32** 42
Täterschaft, mittelbar **3** 36
Tätigkeiten, persönliche oder familiäre **1** 21
Tätigkeitsbericht, Aufsichtsbehörde **38** 13a, 34
Tatsachenangaben 20 4–5
Täuschung, bei Erhebung **4** 47
Taxifahrer 6b 9c
technik- und bürgernaher Datenschutz 1 14
technische/organisatorische Maßnahmen 9 1; **11** 18b, 21
Teilakten 15 23, 30
Teilnehmerverzeichnis 28 40
Teilzeitbeschäftigter 4f 11
Telearbeit 9 20, 22; **11** 10
Telebanking 10 6
Teledienst, Abrufverfahren als **10** 7
Teledienstanbieter 3a 9
Teledienstedatenschutzgesetz 9a 2; **18** 3
Telefax 9 9
Telefon, -gespräche **13** 6; -marketing **4a** 5; **4g** 4; **11** 12; -nummer **4** 43; **32** 19; -überwachung **4** 25; **13** 5b; **14** 8; **20** 10; -verzeichnis **4b** 8; **28** 40
Telefondaten 3 14; -erfassung **4f** 51; **32** 22; Vorratsspeicherung von **1** 7
Telefonwerbung 4a 5, 11a; **28** 44; formularmäßige Einwilligung **4a** 5 f; Transpa-

673

Stichwortverzeichnis

fette Zahlen = §§

renz **4a** 5e; Unterlassungsanspruch **4a** 5i; Unterlassungsklage **4a** 5j
Telekommunikation in der Bundesverwaltung **13** 5b; **18** 3; -süberwachung **13** 5b; **20** 11; Verkehrsdaten **14** 8; Vorratsspeicherung **14** 8
Telekommunikationsdienste 29 38; **38** 29a
Telekommunikationsdienstleister 2 3; **4g** 17a
Telemediengesetz 41 3
Territorialprinzip 1 27
Terrorismus 13 6a
Textverarbeitungsanlage 3 19
Thinking Cameras 6b 4
Todesfall 33 33
Transparenz 4g 29; **19a** 1, 4; **33** 1; -gedanken **34** 12d; Telefonwerbung **4a** 5e
Transparenzpflicht, bei Direkterhebung **4** 29
Transportkontrolle 9 15
Trendanalyse 30 8
Trennungsgebot 9 30
Treu und Glauben 33 7; Erhebung **4** 46
Treuepflicht, arbeitsvertragliche **4g** 12
Treuhänder 4a 43b
Trinkerheilanstalt 28 51
Trinkgewohnheiten 28 11
TÜV 38 29

Übergangsfrist 45 1
übermittelnde Stelle, berechtigtes Interesse der **28a** 7; Erforderlichkeit zur Aufgabenerfüllung **15** 6; Hinweispflicht **27** 16
Übermittlung 3 32, 44a; **4** 33; **15** 2, 11; **33** 10, 15; von Adressdaten **28** 59; Benachrichtigungspflicht **19a** 4; in Drittländer **18** 12; Einwilligung zur – an nicht-öffentliche Stelle **39** 5; einzelfallbezogene **16** 16; Ermächtigung der öffentlichen Stelle **16** 19; der ersten mit Benachrichtigungspflicht **19a** 4; im Geltungsbereich des Gesetzes **16** 3; geschäftsmäßige **4f** 10; geschäftsmäßige Erhebung zum Zweck der **29** 2; durch Gesetze ausdrücklich vorgeschrieben **19a** 9; grenzüberschreitende **3** 33; Interesse am Ausschluss **16** 9; kompletter Dateien **3** 35; als Nachteil **16** 11; an öffentliche Stelle **15** 18; personenbezogener Daten **29** 27; an die Presse **16** 8; Rechtsvorschrift zur **15** 10; unbefugte **34** 6; Verantwortung für die **15** 13 ff.; **16** 15; Verbot **4** 11; Widerspruch **16** 12; Zweckänderung **15** 9
Übermittlungsverbot 40 11
Übermittlungsweg 34 12a

Überschreiben der zu löschenden Daten **20** 9
Übersicht, Verfahrensverzeichnis 4g 23
Überwachung der Datenverarbeitungsprogramme **4g** 18; digitalisierte **6b** 21a; Einwilligung **6b** 22
Überwachungsdruck 6b 20; **32** 28
Überwachungsunternehmen 6b 27
Umgang mit Daten **3** 25; mit personenbezogenen Daten **1** 2, 27
Umkehr der Beweislast **7** 9
Umkleidekabine 6b 19
Umweltinformationen 1 18
Unabdingbarkeit 6 4
Unabhängiges Landeszentrum 38 29
Unabhängigkeit des Bundesbeauftragten **22** 10; Datenschutzbeauftragter **4f** 4, 46
Unionsrecht 4 10
Unkenntlichmachen 3 40
unlauterer Wettbewerb 4 47; **4a** 5
unlesbar 3 40
Unrichtigkeit der Daten **34** 22
Unterauftrag 11 16e
Unterlagenvernichtung 9 9
Unterlassungsanspruch 32 29; Videoüberwachung **6b** 21; Telefonwerbung **4a** 5i
Unterlassungsklage, Telefonwerbung **4a** 5j
Unternehmen, beliehene **27** 6; konzernangehöriges **4f** 17; **28** 6
Unternehmensregelungen, verbindliche E 28; **4b** 16; **4c** 15
Unternehmensrichtlinie, Genehmigung **4c** 10; verbindliche **4c** 15
Unternehmensübernahme 4a 20a; **33** 9
Unterrichtung des Betroffenen bei Übermittlung **16** 16 f.; des Datenschutzbeauftragten **4g** 18
Unterrichtungspflicht 4b 11; **6** 7; **16** 16
Unterschrift, Speicherung **28** 17
Unterstützung des Datenschutzbeauftragten **4f** 55
Untersuchung, Art und Zweck der **32** 16; -sprogramm **32** 56
Unverzüglichkeit 34 16

Veränderung 14 3; **30** 10; von Daten **3** 30
verantwortliche Stelle 2 6; **3** 48, 60; **4b** 18; **15** 13 ff.; **16** 15; als Auskunftspflichtiger **19** 8; Beobachtung **6b** 10, 26; Beweispflicht für Richtigkeit der Daten **35** 12; Identifikation **4e** 5; Identität **4** 30; **33** 23; Personen bei der **3** 54
Verantwortung für Übermittlung **15** 13 ff.; **16** 15
Verarbeitung zu anderen Zwecken **15** 14; im Auftrag **5** 14; automatisierte **3** 15, 60; bereichsspezifische Befugnisse **33** 35; Beschäftigte **4f** 14; dateigebundene bzw.

magere Zahlen = Randnummern **Stichwortverzeichnis**

automatisierte **32** 7; von Daten **3** 25; für eigene Zwecke **28** 2; geschäftsmäßige **4e** 1; Modalitäten **19a** 5; sensitiver Daten **14** 28; unzulässige **7** 3; Widerspruch **4a** 17; **20** 22; Zulässigkeit **30** 3; Zweck **3** 28; Zweckbestimmung **4b** 7
Verarbeitungsverbot 4a 5h
Verbot mit Erlaubnisvorbehalt 4 3; **40** 4
Verbotsirrtum 16 18
Verbotsnorm, Rechtsvorschriften **4** 11
Verbraucher 4a 5; **28** 49; -kredite **43** 11a
Verbraucherschutz 1 4; -vereinigung **4** 50
verbraucherschützender Funktion 1 4
Verbraucherverbände 1 4
Verbrechensbekämpfung 13 6a
Verbunddateien 2 20; **6** 6
Verdachtskündigung des Mitarbeiters 5 4
Vereine 27 12
Vereinigung juristischer Personen 2 5, 14
Vereinsmitglied 4a 19; **28** 13; -daten **28** 22; -erlisten **4a** 19a; **28** 22
Verfahren, Begriff **4d** 9a; gemeinsame **2** 20
Verfahrensdaten 3 7
Verfahrensverzeichnis 4g 23, 24, 25, 26, 31a; **11** 23; **45** 5; interner Teil der Übersicht **4g** 25–5; bei Personalverwaltung **4g** 27
Verfahrensvorschriften, Verstöße gegen **43** 5
Verfallsdatum 28 42
verfassungsmäßige Ordnung 14 17
Verfassungsschutz 18 13
Verfilmung 6b 12
Verfügbarkeit 9 2
Verfügbarkeit von Daten 3 44
Verfügbarkeitskontrolle 9 29
Verfügbarmachung 4g 29
Verfügungsgewalt 10 4
Vergleichsmietdaten 29 16
Verhalten, EU-konform **4c** 12
Verhaltenskodex 38a 3a
Verhaltenspflicht, Mitarbeiter **5** 5
Verhaltensregelung 38a 3; Gütesiegel **38a** 1; rechtliche Verbindlichkeit **38a** 6; Veröffentlichung **38a** 7
Verhaltensscore 28b 7
Verhältnismäßigkeit 3 4; **9** 5, 7; **32** 10; **33** 36; **38** 25a; -sprinzip **28** 73; **32** 21
Verhältnisse, persönliche oder sachliche **3** 3a, 5, 6, 7, 8
Verjährung 8 14; Mitverschulden **8** 13; -sfrist **35** 13a
Verkehrsdaten 13 4; der Telekommunikation **14** 8
Verkehrsregelung 6b 7

Verknüpfung von Daten 3 30
verlängertes Auge 6b 10
Vermieter 28 17, 19
Vermögensinteresse 14 20
Vermögensschaden 7 12; Haftung **7** 18
Veröffentlichung 3 42; **32** 31, 22; in Adressverzeichnissen **29** 37; eigene **28** 77; Filmaufnahmen **4a** 18; individueller Prüfungsergebnisse **32** 31; von Mitarbeiterdaten **32** 32
Verpflichtungen, international **13** 26; der Mitarbeitervertretung **5** 15
Verrechnungsstelle 4a 39; ärztliche **28** 5
Versandhandelskauf 28 23
Versandhaus 28 51; Kundendaten **28** 4
Verschlüsselung 9 29a
Verschulden des Mitarbeiters 5 4
Verschwiegenheitserklärung 5 16a
Verschwiegenheitspflicht des Datenschutzbeauftragten **4f** 50
Versetzung, Datenschutzbeauftragter **4f** 33
Versicherungsaußendienst 32 30
Versicherungsgeheimnis 28 10
Versicherungsunternehmen 4a 20
Versicherungsvertreter 28 11
Versorgungsbetriebe 12 2
Verstorbene, Daten **3** 12b
Verstöße gegen Auskunftspflicht **34** 25; gegen materielle Schutzvorschriften **43** 22; gegen Verfahrensvorschriften **43** 5
Verteidigung 4b 5
Vertrag mit Schutzwirkung zugunsten Dritter **4g** 32; zugunsten Dritter wg. Todesfall **33** 33; -sänderung **4f** 30; -sabschluss **4** 49
Vertragsbeziehung 28 78
Vertragsbeziehungen, mehrfache **32** 58
Vertragsgestaltung 4c 13
Vertragsklausel 4c 6
Vertragsverhältnis 4a 5h; Zweckbestimmung **4** 7; **4d** 12
Vertragsverhandlungen 28 13
Vertragsverletzungsverfahren 38 31a
Vertrauensmann 3 54
Vertrauensposition 32 13
Vertraulichkeitspflicht 28 9
Vertreter 4a 10; im Inland ansässig **4e** 12
Verwaltungsakt, Auskunft begehrender **4** 46; bei Widerspruch **20** 24
Verwaltungsaufgabe 4 26
Verwaltungseinheiten 2 8
Verwaltungshandeln, tatsächliches **15** 3
Verweigerung der Einwilligung **14** 17
Verwendung von Daten **3** 25
Verwendungszwecke, Hinweis auf beabsichtigte **4** 29
Verwertungsverbot 6b 21a; **38** 21; bei Nutzung **20** 29

Stichwortverzeichnis

fette Zahlen = §§

Verwertungsverfahren, Überprüfung des **11** 22
Verzeichnis 28 53; **29** 34; allgemein zugängliches **28** 48, 52; **29** 34; über Arbeitsplatzrechner **18** 5; über zentrale Datenverarbeitungsanlagen **18** 5; über Arbeitsplatzrechner **18** 5
Videoaufzeichnungen 3 21
Videobeobachtung 4g 4
Videokamera 7 19
Videoüberwachung 4d 10; **32** 24; zur Abschreckung **6b** 17; am Arbeitsplatz **6b** 20, 20a, 20b; Attrappe **6b** 27, 29; digitalisierte **6b** 21a; Mitbestimmung bei **6b** 21; Rechtmäßigkeitsvoraussetzung **6b** 28; zur Sicherung von Beweismaterial **6b** 17; Unterlassungsanspruch **6b** 21; Verbrechensbekämpfung **13** 6a; Vorabkontrolle **6b** 33; Zweckänderung **6b** 30
Viren, Abwehr von **9** 18
Volkszählungsurteil 1 11
Vorabkontrolle 4d 2, 10, 19; **4e** 7; **4f** 10; **4g** 12; **10** 13; formales Genehmigungsrecht **4d** 15; Rechtmäßigkeitsvoraussetzung **4d** 15; Videoüberwachung **6b** 33
Vorabprüfung 4f 2
Vorfeldsicherung 1 6; **15** 2; **24** 3
Vorkasse 6a 10
Vorrangigkeit nach § 1 Abs. 3 **1** 23; **4** 4
Vorratsdatenspeicherung 4b 1
Vorratsspeicherung 14 8; **32** 16; **39** 7; von Telefondaten **1** 7
Vorsprache, persönliche **33** 23
Vorstellungsgespräch 32 9
Vorstrafen 32 13; Befragung bei **13** 6b

Wachmann 32 20
Waffenbesitz 32 19
Wahrscheinlichkeitswert 34 12a
Wahrung, erheblicher Belange **13** 20
Warndatei 4 26; **4d** 13; **28** 19; **29** 17; **33** 9
Warndienste 28 30
Warnhinweis 13 14
Wartung 11 14, 15
Wartungsaufgaben 11 14
Wartungsunternehmen 5 8; **11** 14
Wehrpflicht 32 14
Weinhändler 28 51
Weisungsbefugnis 11 18h
Weisungsfreiheit 4f 19, 48; **9a** 13
Weiterbeschäftigungsanspruch 4f 44a
Weitergabe innerhalb der öffentlichen Stelle **15** 31
Weitergabekontrolle 9 26
Weitergeltung von Begriffsdefinitionen 46 1
Weiterleitungspflicht 6 7
Werbecharakter 28 43

Werbeeinschränkungen 28 70
Werbe-Scoring 28b 8
Werbesendung 33 19
Werbeverweigerungsdatei 28 68
Werbewiderspruch 43 7a; -srecht **29** 40
Werbewirtschaft 29 1
Werbezwecke 32 41, 42; **43** 7
werbliche Ansprache 28 64, 66; Einwilligung **4a** 4; Einverständnis **4a** 5a
Werbung 4 49; **4a** 4, 4a, 20; **16** 12; **28** 42, 47, 48; **29** 35, 39, 26; **33** 20a; **43** 24a; **47** 1; berufsbezogene **28** 57; Briefkasten- **28** 60; Laien- **4** 47; Telefon- **4a** 5; unerwünschte **28** 60
Werksausweis 32 19
Werkschutz 11 13
Werkswagen 32 46
Werkswohnung 32 46
Werkszeitung 41 7
Wertpapierbesitz, privater **32** 21
Wertpapierhandelsgesetz 28 11
Werturteile 3 6; **19** 28; **20** 4–5; **35** 5
Wettbewerb 2 5, 16a; gute Sitten im **4a** 5; -unternehmen **12** 2; -svorteil **9a** 1, 2a, 4; -handlung **4a** 4; unlauterer **4** 47; **4a** 5
Whistleblower 4 27a; **4b** 8; **32** 21; -benachrichtigung **33** 34a; externe **41** 3a
Whistleblowermeldung 33 5; -verfahren **33** 34
Widerruf 4a 37; der Bestellung, Formfreiheit **4f** 43; der Einwilligung **4a** 18; **28** 44; **30** 11; konkludent **4f** 43; durch Kündigung **4f** 40a; Schriftform **4f** 43
Widerspruch 4a 17, 19; **20** 22; **28** 29; **30a** 2; **33** 9; des Betroffenen **28** 60; -smöglichkeit **3** 35; **28** 22; Prüfung des schutzwürdigen Interesses **20** 23; zur Übermittlung **16** 15; bei Verarbeitung **20** 22; Verwaltungsakt **20** 24
Widerspruchsrecht E 18; **20** 21 ff.; **28** 61; **33** 9; **35** 27; **38** 24; bei rechtmäßiger Erhebung **20** 22; überwiegendes schutzwürdiges Interesse **20** 23
Wiederholungsabsicht 29 6
Wildkamera 6b 9a
Willenserklärung 28 12
Wirtschaftsauskunftei 28 6
Wirtschaftskriminalität, Bekämpfung der **33** 40
Wirtschaftsprüfer, Datenweitergabe an **28** 5
Wissenschaft, Freiheit der **40** 3
wissenschaftliche Forschung 13 23; **14** 20, 21; **33** 36; Daten für **43** 33; Zweckbestimmung **40** 7
wissenschaftliche Zwecke 30 9; Nutzung gesperrter Daten **20** 31
Wissenschaftlichkeit 28b 12

magere Zahlen = Randnummern

Stichwortverzeichnis

Wohnanlage 6b 7a
Wohnraumüberwachung 13 5a
Wohnung 6b 8; Zugang 9 21
Wohnungsdurchsuchung 13 5a

Zahlungsunfähigkeit 28a 8
Zahlungsunwilligkeit 28a 8
Zeitarbeitsfirma 28 20
Zeitgeschichte 40 17
Zeitung 28 32
zentrale Datenverarbeitungsanlage, Verzeichnis über 18 5
Zertifizierung 9a 2a, 3a
Zession, stille 33 33, 39
Zessionare 4 38
Zeugenvernehmung 13 6b
Zeugnisverweigerungsrecht 4f 52b; 12 6
Ziel und Zweck des Datenschutzes 1 7
Zielvorgabe 3a 2
Zollverwaltung 4c 7
Zufallserkenntnis 13 5b
Zugangskontrolle 9 24
zugriffsberechtigte Personen 4g 26
Zugriffsberechtigung der Mitarbeiter 5 6
Zugriffskontrolle 9 15, 27
Zulässigkeitsnormen, Rechtsvorschriften 4 7
Zulässigkeitsprüfung, zweistufige 4c 3
Zulässigkeitstatbestände, allgemeine 4 13
Zulässigkeitsvarianten 28 6
Zuordnungsvorschrift 3 46

Zurückbehaltungsrecht 6 5
Zusatzwissen 3 44
Zustimmung zur Übermittlung an Bundesbeauftragten für den Datenschutz 19 33
Zutrittskontrolle 9 23
Zutrittsrecht 11 20
Zuverlässigkeit 4f 23
Zuverlässigkeitsprüfung 13 6b
Zwangsgeld 38 26
Zweck, beschäftigungsfremder 32 11, 45; der Verarbeitung und Nutzung 3 28; statistischer 3 43
zweckändernde Übermittlung 15 9
Zweckänderung 14 12, 20 f; 28 36, 39; 29 41; 31 5; 32 36, 37, 39, 58, 60; 34 12; bei Übermittlung 15 9
Zweckbestimmung 3 30, 42; 4b 7, 13; 4e 6; 5 6; 6a 19; 18 9; 28 3, 9, 14; 29 8; 32 10; 33 22; 34 12; der Beobachtung 6b 14; journalistisch-redaktionelle 41 11
Zweckbindung 28 41, 69, 81; 30a 5; besondere 31 1; beim Dritten 16 18; bei Empfänger 16 18; 29 40; forschungsbezogene 40 11; -sgebot 28 40; 31 1; -sgrundsatz 4g 6; 14 2, 9; 15 23; 16 6; Hinweispflicht 4b 12; Umfang 31 5; -sverbot 31 1
Zweckerweiterung 28 36
Zwei-Schrank-Modell 4a 43b
Zweifelsfall 4d 19; 4g 14
Zweigstelle, unselbstständige 3 53
zwingende Notwendigkeit 28 15

677